产品请以实车为准

一汽-大众

Audi
突破科技 启迪未来
感享·感肆放
全新奥迪A4L焕新上市
quattro
All New Audi A4L

感享·感肆放

全新奥迪A4L焕新上市

全新奥迪A4L在上海东方体育中心焕新上市，以全面领先的实力和由内而外的新意，掀起新一轮的市场标准变革。全新奥迪A4L发布了2.0 TFSI高低功率两个版本的共6款车型，价格区间为29.98万元—41.28万元。丰富的产品阵容，全面满足多元化的用车需求。

作为2016年中国豪华B级车市场最受期待的一款车型，全新奥迪A4L凭借引领潮流的设计美学、优化升级的高效动力、全面领先的智能科技，以及越级的豪华品质，为市场带来一款充满科技魅力的豪华B级车。这款明星车型，不仅是奥迪品牌年轻化的重要载体，更全面展示了一汽-大众奥迪全价值链本土化的最新成果。它的投放，标志着一汽-大众奥迪国产车型开始新一轮的产品换代、科技升级和竞争力提升。

感享 凌厉外观，肆放 立体美学潮流

全新奥迪A4L采用了极具吸引力的全新设计语言，引领潮流的直线美学，展现了汽车设计与制造工艺的新风尚，接连斩获包括“2016红点大奖”、“2016 iF设计金奖”在内的多项国际顶级设计大奖。

立体雕刻感的六边形进气格栅，具有超高辨识度；“闪电”造型的矩阵式LED大灯和过目不忘的“底切”尾灯遥相呼应，十分夺人眼球；贯穿车身始末的腰线，彰显动感优雅。全新奥迪A4L提供9种车身颜色，包括阿格斯棕、探戈红、探索蓝、冰川蓝4种新增选择，其中，探索蓝和冰川蓝均为中国专属颜色，充分满足了用户的个性化定制需求。

充满科技感的高品质内饰，尽显优雅格调。环抱式的设计理念，营造出宽敞、舒适的空间感受；浮岛式仪表台与集成式中控台相得益彰，延展至整个仪表台的三维镶嵌饰条与贯穿式的空调出风口，拉伸了内部视觉宽度；多达30种颜色的内饰氛围灯，将尊贵与科技完美融合。

感享 高效动力，肆放 极致驾控乐趣

全新奥迪A4L拥有同级最高效的动力系统，搭载全新第三代EA888 发动机，配合全新7速S tronic变速器，2.0 TFSI高功率版本车型的最大功率可达185kW，峰值扭矩370N·m，百公里加速时间仅需5.9s，综合油耗6.9L/100km，动力性能与燃油经济性俱佳。各项数据不仅较现款车型有明显提升，更全面领先于同级竞品，树立了动力性能的新标准。

全新奥迪A4L全系标配了换挡拨片，只需轻轻触动指尖，即可体验到赛车般的加速快感。全新的前后五连杆独立悬架，在保证操控稳定性的同时，更有效过滤掉路面颠簸，让全新奥迪A4L兼具了出众的驾驶乐趣和舒适的乘坐感受。

感享 创新科技，肆放 前瞻数字生活

在全新奥迪 A4L 车内，集成了同级最丰富的电子科技配置和最广泛的驾驶辅助系统，充分贴合了数字化和互联网的时代潮流。同级独有的虚拟驾驶舱，配备了 12.3 英寸全液晶仪表盘，通过灵活的 3D 效果显示信息，可以在驾驶员眼前集成所有车辆和道路信息；基于 MIB Ⅱ平台的 MMI 信息娱乐系统，增加了手写输入及缩放功能，操作逻辑也更加人性化。支持苹果 CarPlay 功能的车载系统，可通过 8.3 英寸高分辨率 MMI 屏幕显示智能手机内容，功能丰富且操作便捷。此外，ACC 自适应巡航、堵车辅助系统、主动车道保持、侧向辅助系统、360 度全景影像、后方通行警示等驾驶辅助系统，更为驾乘者带来了全方位的保障，让安全一路随行。

除了功能上的升级，全新奥迪 A4L 的科技优势还在于操作流程上的简化，用“ 减法 ”诠释智能，带给用户触手可及的方便，开拓了车载智能的新思路。

感享 匠心品质，肆放 越级豪华体验

全新奥迪A4L与全新奥迪Q7出于同一平台——基于MLB　evo平台打造，将品质感提升到了新的高度。得益于智能材料组合和全新轻量化结构，使车身减重65kg，而安全性和尺寸却大幅增加。空气动力学和声学的全面优化，在降低全新奥迪A4L车身空气阻力、提升经济性的同时，使车内达到了图书馆级别的静音标准。

不仅如此，全新奥迪A4L还配备了全新B&O 3D音响，拥有19个高性能扬声器，精确再现了真实的环境音效，为车内乘员带来震撼的听觉体验。带活性炭的组合过滤器，对1微米可吸入颗粒物的透过率仅为3%，赋予全新奥迪A4L同级最佳的空气质量，让每一次出行都成为最惬意的享受。

致敬经典最好的方式，就是秉承进取精神，不断突破创新。历“9”而弥新的全新奥迪A4L，以由内而外的全面革新，彰显了一汽大-众奥迪不凡的豪华品质与科技实力。这款“品智如一”的实力派座驾，将持续引领豪华B级车市场的王者地位，给用户带来越级的全新驾乘体验。

NISSAN TEANA 天籁
全新天籁形象大使 林丹

我就这Young
驭胜S330鲜活上市
官方指导价8.88万元起

驭天下 胜在心
驭胜S330

i来电

JAC 江淮汽车

E起SUV

精于中
中华H320
中华新H530
中华V3

30
吉利
让世界充满吉利
1986-2016
吉利博瑞

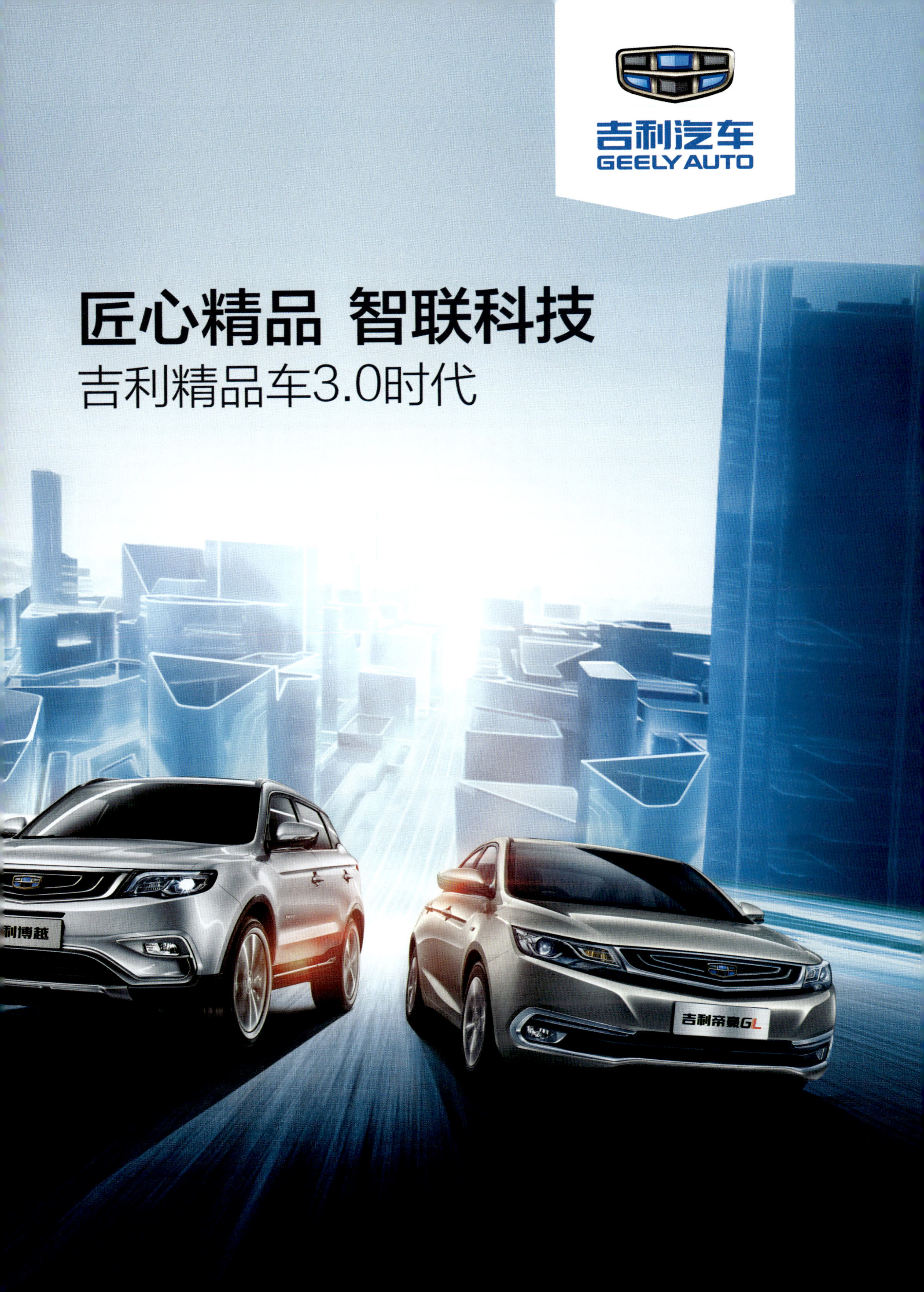
吉利汽车
GEELY AUTO
匠心精品 智联科技
吉利精品车3.0时代
利博越
吉利帝豪GL

新福特翼虎 全新上市

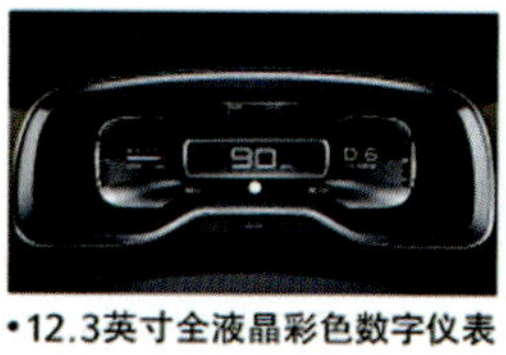

我是C6” 全新越享高级轿车

广汽 HONDA | 让梦走得更远
Your Dreams. Our Drive.

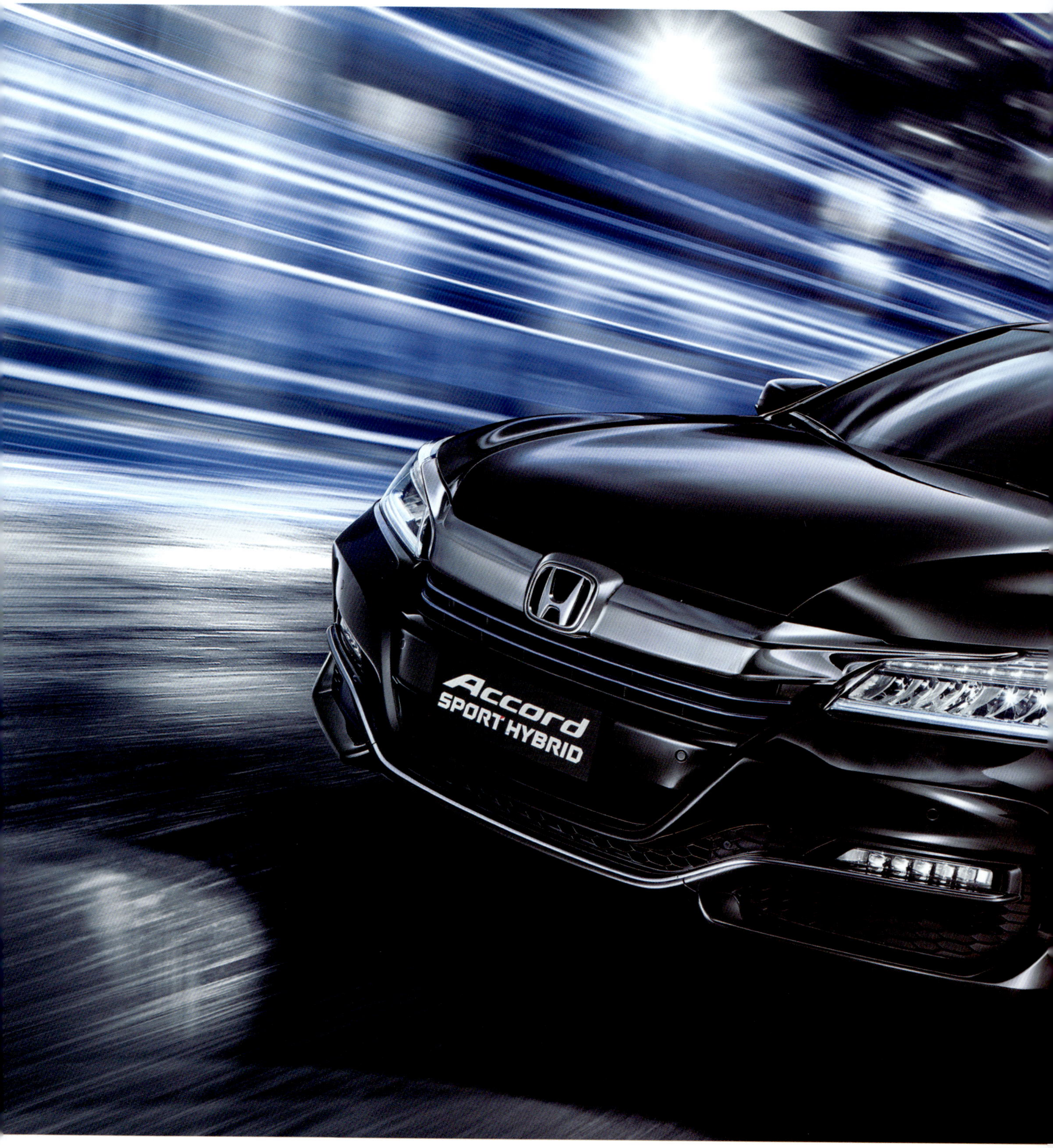

FUNTEC

Honda SENSING
安全超感

Honda CONNECT
智导互联

广汽本田汽车有限公司 / 地址：广州市 黄埔区 广本路1号 / 邮编：510700 / 免费服务热线：

中国国家田径队首席汽车合作伙伴
斯柯达
—实在 不简单—
400 820 1111
速派
速派
Yeti
明锐

这一步 给世界一个新看点
柯达速派，以水晶棱面为灵感，灵动线条勾勒出动感车身，令人眼前
亮。更以锋芒身形行进间一跃成为闪耀看点。鼎力支持中国国家
径队突破极限。这一路，实在不简单。
柯达速派 16.98万元起
Superb速派
ŠKODA
Since 1895

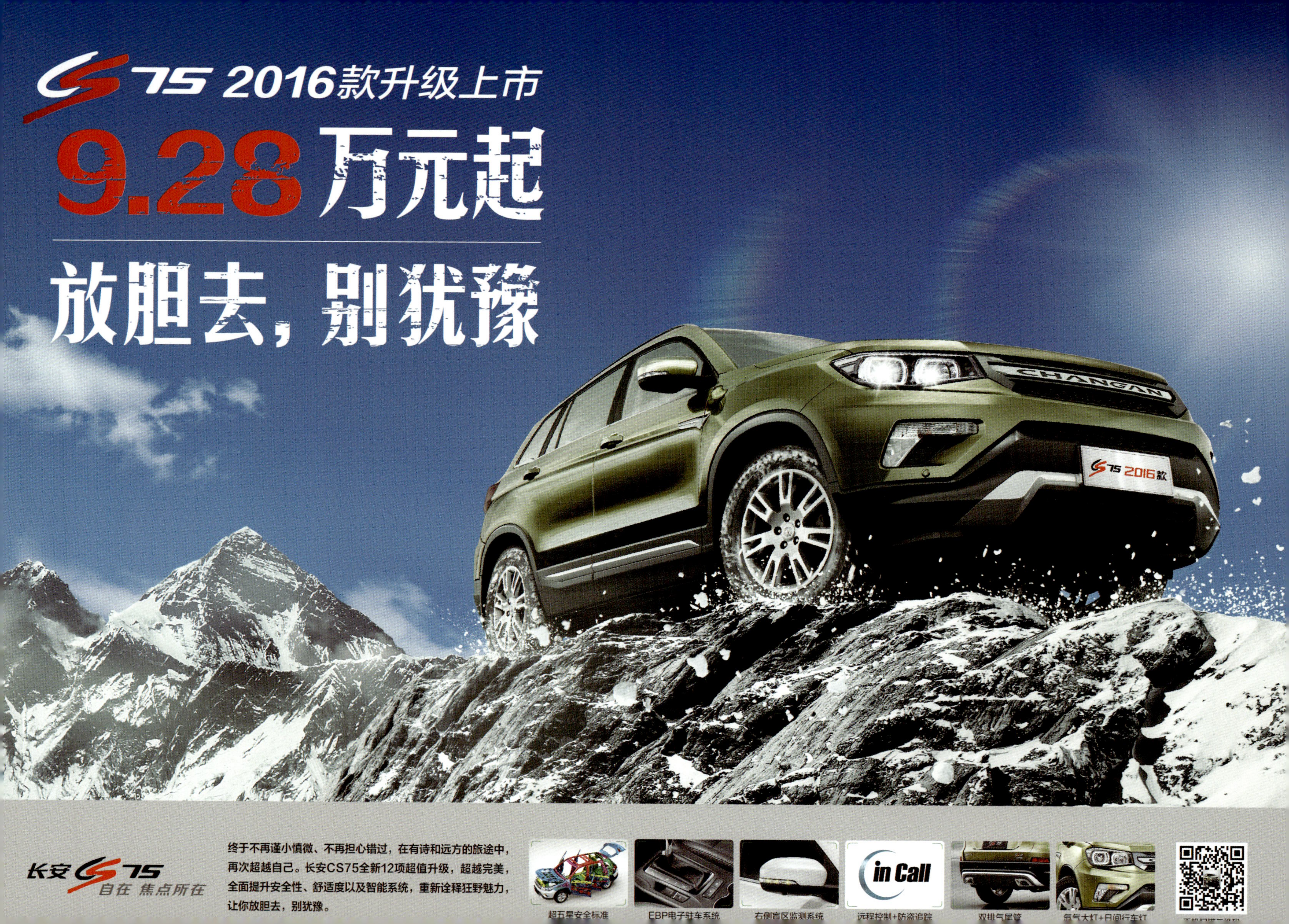

超五星安全标准

EBP电子驻车系统

右侧盲区监测系统

远程控制+防盗追踪

双排气尾管

氙气大灯+日间行车灯

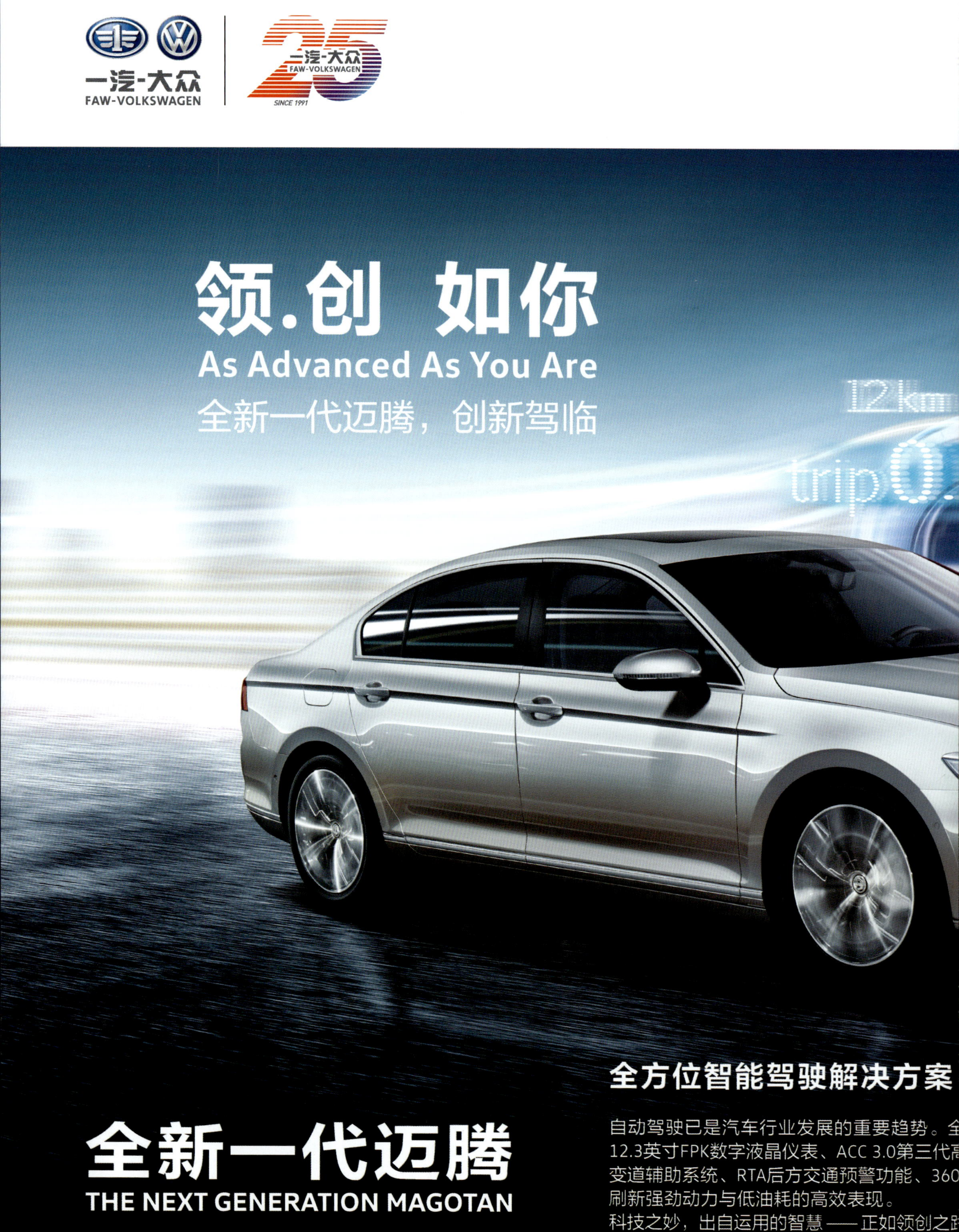
一汽-大众
FAW-VOLKSWAGEN
一汽-大众
FAW-VOLKSWAGEN
SINCE 1991
领.创 如你
As Advanced As You Are
全新一代迈腾，创新驾临
全方位智能驾驶解决方案
自动驾驶已是汽车行业发展的重要趋势。
12.3英寸FPK数字液晶仪表、ACC 3.0第三代
变道辅助系统、RTA后方交通预警功能、360
刷新强劲动力与低油耗的高效表现。
科技之妙，出自运用的智慧——正如领创之
全新一代迈腾
THE NEXT GENERATION MAGOTAN

广告
60
100
140
40
180
20
220
km/h
0
260
100 km/h
13:56
全新一代迈腾
创驾驭科技新动向。

i来电

JAC 江淮汽车

E起SUV

我是谁？
2016.10.18 拭目以待
ERNA
Hyundai Capital 北京现代汽车金融
广告

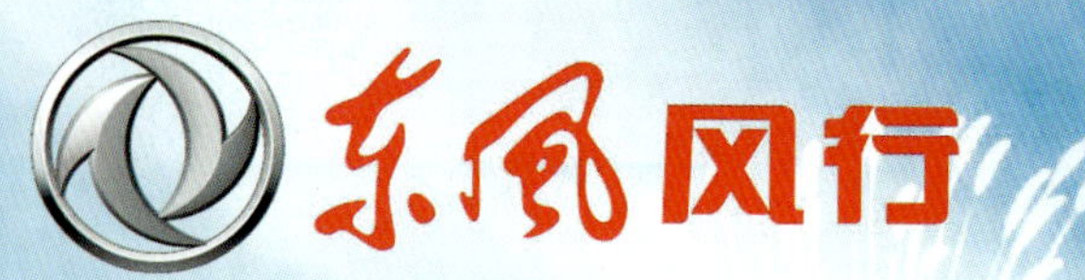

用心成

东风风行 与你一

菱智M5／菱智M3／菱智V3 | 风行'F600 | 风行'CM7 | 风行'

东风风行车主俱乐部

东风风行官方微信

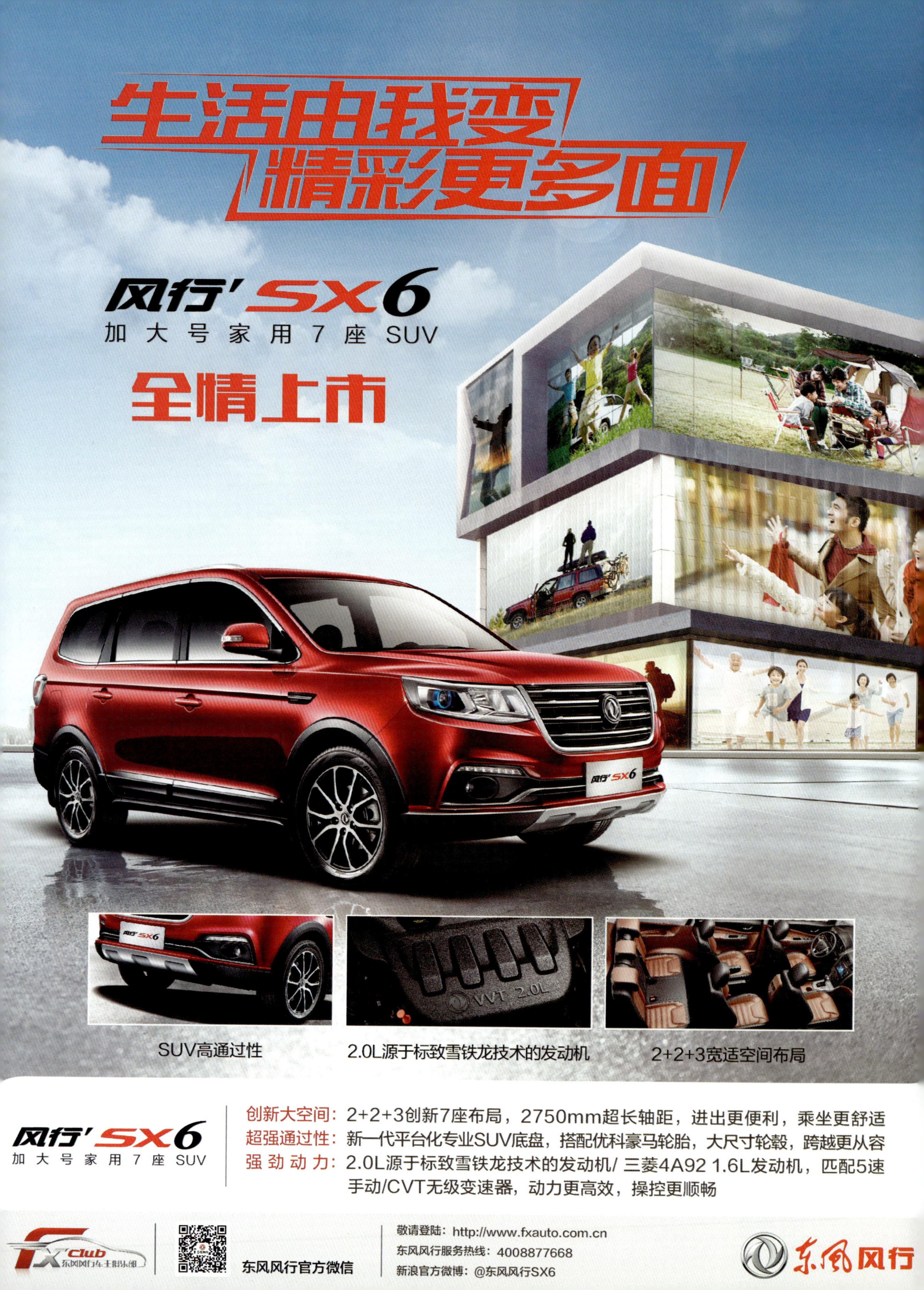

生活由我变
精彩更多面
风行' SX6
加 大 号 家 用 7 座 SUV
全情上市
SUV高通过性
2.0L源于标致雪铁龙技术的发动机
2+2+3宽适空间布局
风行' SX6
加 大 号 家 用 7 座 SUV
创新大空间：2+2+3创新7座布局，2750mm超长轴距，进出更便利，乘坐更舒适
超强通过性：新一代平台化专业SUV底盘，搭配优科豪马轮胎，大尺寸轮毂，跨越更从容
强 劲 动 力：2.0L源于标致雪铁龙技术的发动机/ 三菱4A92 1.6L发动机，匹配5速手动/CVT无级变速器，动力更高效，操控更顺畅
东风风行官方微信
敬请登陆：http://www.fxauto.com.cn
东风风行服务热线：4008877668
新浪官方微博：@东风风行SX6
东风风行

自去年米兰街头刷爆朋友圈，深秋珠江河畔公开亮相，2016猴年初春莫干山竹海深度试练后，观致5 SUV一路驰骋而至，以139900～194900元的价格正式上市。作为观致品牌市场呈现的首款真正意义上的SUV车型，观致5 SUV贴合中国消费者需求而生，在颜值、操控和配置等方面显现任性而又暖心的竞争优势，为中级SUV拥趸者带来一款极具独立风格的动感SUV。

全新观致5 SUV共包含6款车型，全系标配QADCS先进底盘控制系统、一键起动、EPB电子驻车、AutoHold自动驻车、转向盘四向可调、LED日间行车灯、LVC低频分段控制悬架等，丰富又贴心，只为满足生而不羁的时代独立者对于高品质SUV的全方位需求。

在外观设计方面，观致5 SUV一直坚持极具表现力的设计理念，独具风格的设计引领了SUV设计的新思路。观致5 SUV在同级别中率先使用的COUPE动感造型，配合奔放的线条；从锋利的新型头灯和前轮拱开始，金属线条就被设计师赋予了魔性，在观致5 SUV上变得不再呆板；流线型车顶、大角度前倾的后风窗、圆滑的后屁股、上扬的窗台线和犀利深刻的腰线，这些都令观致5散发着强烈的动感张力和独特的魅力。同时观致5 SUV对于细节又有不尽的追求，比如外观上的鲨鱼腮式立体前照灯、A柱下方的数字"5"车身侧标、19英寸钻石切割般效果的轮圈，都如同精心剪裁的英式绅士西服的细节一般，越打量越着迷。

在内饰方面，没有任何复杂的线条，坚持家族化的简约之风，水平化的布局让空间感更出色，也减少了视觉的压力。而在选材上，NAPPA头层小牛皮多功能转向盘，保留了毛皮本身的毛孔，既美观透气性又好。中控台和车门上部使用了软性搪塑饰板，触感更好，用车年份长了也不易产生变形。

在内部空间方面，4587mm×1869mm×1676mm的显赫“三围”，2697mm的优秀轴距，1462mm、1445mm前后排肩部空间；1000mm开口、895mm深度的宽大行李舱，轻松实现450～1500 L的变换；行李舱地板下的分层设计，一手可操作的安全卷帘，还有遍布车内的灵活储物空间，这恐怕是同级最会玩“心机”的座舱设计；同时座舱内部使用的环保材质按照全球最严格的空气质量标准——中国国家GB标准打造，车内VOC空气质量指标比国家标准高5倍，给车主提供了最健康舒适的座舱环境。

在动力上，全系1.6T高效涡轮增压发动机+6速DCT双离合变速器黄金动力总成，兼具驾驶乐趣和燃油经济性，最低可达7.4L/百公里的综合油耗。比起观致3 系列1.6T发动机增加了20N·m转矩，达成115 kW最大功率和230N·m峰值转矩。其在2500rpm即可实现最大转矩输出，起步、中速段及高速段加速都更为迅猛和顺畅。经过全球化测试和铢积寸累的调校，能符合各种极端工况和路况的行驶，尤其是应对中国各地参差的油品质量毫无压力，能满足欧6b排放标准；同时麦弗逊前悬架+四连杆式后悬架组合，由观致国际工程团队历经三年精心调校，其中避震采用LVC (Low Velocity Control)低频分段控制悬架，阻尼四段可调，在驾驶时能够带来更加精准扎实的稳定性，同时配合观致QADCS(Qoros Advanced Dynamic Control System)先进底盘控制系统，辅以19英寸马牌高性能轮胎给驾驶者带来无限的驾驶乐趣。

观致5 SUV的正式上市为竞争激烈的中级SUV带来全新看点，极具竞争力的价格和同级领先的产品价值再次印鉴观致的造车理念：坚持以一流的性能、品质和安全标准来打造每一款产品，为每一位生而不羁的时代独立者带来愉悦、精致的驾乘体验。同时，随着观致5 SUV的落地生根，加上2016年2月22日观致3全系价格调整之后，观致汽车已经完成新一轮产品价格型谱和战略位置的梳理，将以国际品质和国民价格为中国品牌塑形，凭借独立、坚持、敢不同的理念继续发力主流汽车市场。

LUXGEN
纳智捷

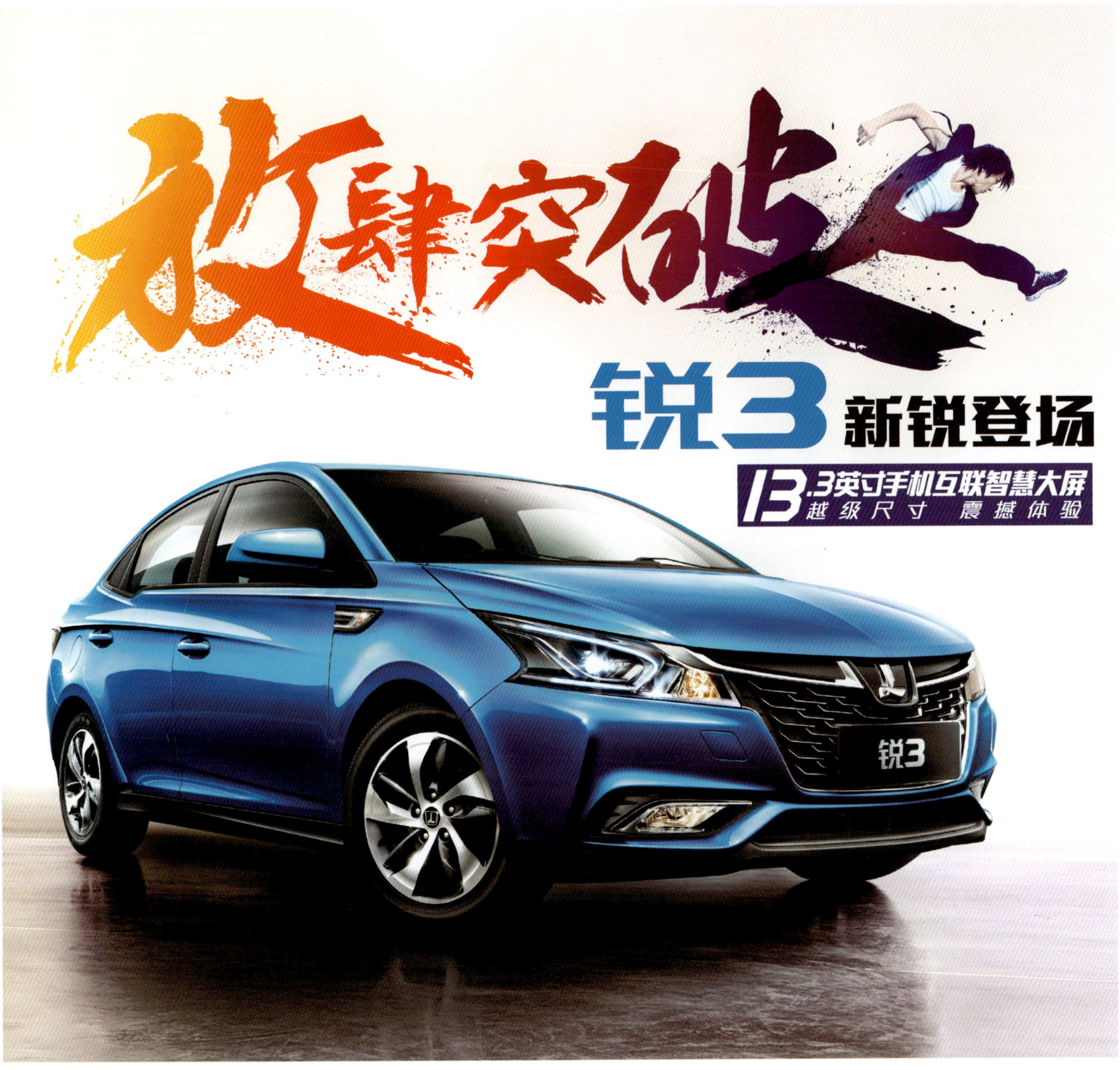

新锐越级轿车

谁说，入门级轿车注定被规则束缚？

我们用13.3英寸手机互联智慧大屏,突破局限,让世界大有不同。以动感新锐外观设计，让入门级轿车不再追随别人的时尚。让媲美SUV的安全视野，表达不可妥协的安全态度。以赛道为师，大师级底盘调校和F1赛车手的专业验证，成就不将就的驾乘体验。

锐3，全方位打破主流规则，为突破而生！

*13.3英寸手机互联智慧大屏为汽车生活馆选装配备

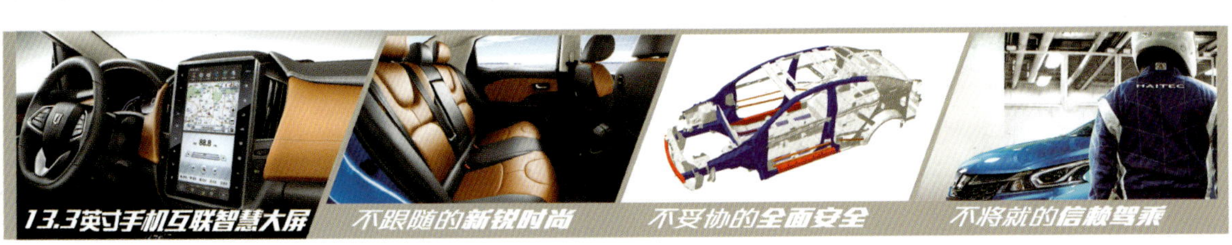

请扫描二维码了解更多详情

24小时全国服务热线:40005-88888　官方网站:http://www.dfyl-luxgen.com　官方微博:http://weibo.com/dfylluxgen　官方微信:东风裕隆纳智捷

东风裕隆

新大7 MPV ECO HYPER 全家享在一起!

由10.2英寸安全影像屏、9英寸智慧触屏、10.2英寸影音娱乐屏及云端安防组成的三屏一云,让家人享更有趣安全的快乐旅程;2910mm轴距超大7座空间,让家人享团聚时刻的其乐融融;双侧电动滑门采用进口滑门控制器,让家人享安全便捷的尊贵上车体验。

三屏一云

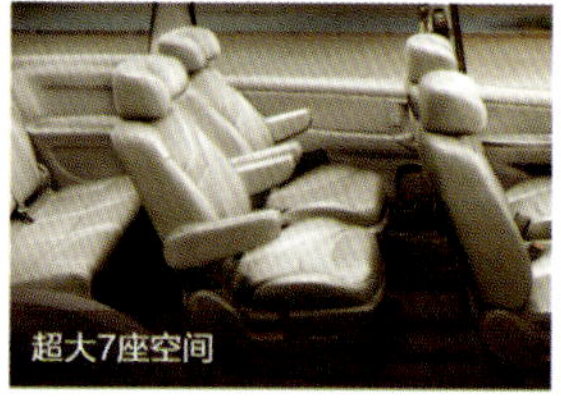
超大7座空间

双侧电动滑门

智慧安全影像系统

ECO HYPER高效节能动力系统

请扫描二维码了解更多详情

24小时全国服务热线:40005-88888 官方网站:http://www.dfyl-luxgen.com 官方微博:http://weibo.com/dfylluxgen 官方微信:东风裕隆纳智捷

东风裕隆

白羊

冲在最前的，可能是白羊座，可能是优6，最可能的是白羊座开着优6。

金牛

血液里涌动着精明的DNA，除了优6，还有金牛座。

双子

时尚控、科技控、装备控、运动控……我是优6控。

巨蟹

装的很多，给的更多——巨蟹的爱&优6大空间。

狮子

狮子座的优6，是大写的骄傲、大写的傲娇。

处女

完美的代言人是处女座，完美的代名词是优6。

天秤

开着优6在路上，总觉得镜子不够多。

天蝎

优6什么时候出机关枪配件？给我来一套。

射手

开着优6在路上、在海边、在购物……就是不在家。

摩羯

用精准去生活，用优6去行走。

水瓶

现在出发，我和我的优6要去火星！

双鱼

一定还有更美、更浪漫的邂逅，等着我和优6。

2016款 优6 SUV

10.98万起 星动上市

和你的星座

一起遛时尚

当12星座，遇见优6 SUV，时尚有了无限种可能。

它用设计时尚，造就迷人时刻；运动时尚，带你风风火火；科技时尚，洞察瞬息万变；更有ECO HYPER高效节能动力系统，开启更有价值的旅程。1辆优6 SUV，12个星座，成就千万种时尚的绽放。马上启动无限可能的旅程，一起遇见时尚！

请扫描二维码了解更多详情

24小时全国服务热线：40005-88888　官方网站：http://www.dfyl-luxgen.com　官方微博：http://weibo.com/dfylluxgen　官方微信：东风裕隆纳智捷

东风裕隆

BAIC BJEV
北汽新能源

VELING IN BLUE LIVING IN BLUE

梦想不可辜负，我们依然坚守来时的“卫蓝”之路：

探索之路、创新之路、合作之路、希望之路，更是一条幸福之路，

能、明天更美好！

新一代东风标致308，得中级车得天下

汽车圈儿流行的一句话：得中级车者得天下！早在2015年初就有汽车大数据披露，80后、90后已经代替60后和70后，扛起中级车用户大旗！

即将引领中级车新格局的新一代东风标致308，不止于漂亮、运动、时尚，更具有一种未来提前到来的视觉冲击感，法系浪漫的线条气息让人倾倒又神往。

动感造型

新一代东风标致308的动感造型和LED理念，外观风格更趋向于轿跑化，细节处理也更加犀利和细腻。灵感来自黑白方格旗的点阵式进气格栅，采用横拉式排序，视觉效果精致感十足。

LED狮眼前照灯总成延续了新一代标致家族风，犹如雄狮炯炯有神，配合犀利的LED日行灯，如同睫毛，不怒自威，精致感大增！

质感座舱

新一代东风标致308的座舱采用5.8度倾斜中控设计，环抱立体操控。拥有碳纤维纹理面的镀铬包边仪表盘十分精致，运动风造型座椅，更加符合人体工程学设计，与背部曲线完美贴合。座舱风格大幅度提升了驾乘感受，更加迎合了年轻人高频率的出行刚需。

驭感科技

年轻化的中级轿车市场更加讲究智能科技，驾驶感受和节能环保。标致的动力调教总能给人惊喜，新一代东风标致308搭配三款动力系统。1.2THP、1.6THP、1.6CVVT发动机。其中1.2THP这款发动机的最大转矩、功率调教已经超过了市场上同级别很多1.4T车型，大有赶超自吸2.0的直观感受，且百公里油耗低至5.1L，优势明显。搭配在新一代东风标致308身上，使得驾驶的平顺性和耐久度及低噪声水平，都已把控的游刃有余。

至于1.6THP发动机最大功率更是达到了123kW，245N•m，百公里油耗6.1L。由于采用了1000转速涡轮介入和1400rpm即达到最大转矩的设定，因此驾驶起来并没有其他同级车惯有的涡轮延迟问题，加速非常轻快、迅捷。1.6CVVT发动机的调校也保障了平顺性和可靠性，百公里5.9L的油耗达到了领先竞品的水平。

于此，勒芒的缔造者标致汽车带来的这款新世代中级车创行者——新一代东风标致308，它会用130年的造车理念告诉我们，你们真正需要的是什么！

外有颜 内有智 如此全新3008谁不心动？

作为东风标致“升蓝向上”品牌计划的首款车型，全新3008可以说是东风标致诸款车型中的佼佼者。秉承法国浪漫的设计基因，采用标致新一代的设计风格，并首次搭载ADAS智能驾驶辅助系统，以“T+STT高效动力”“Mirage幻影战斗机智能驾驶舱”“Hobby休闲生活方式”三大核心产品力，打造出与众不同的SUV魅力。

休闲生活新方式，开启高颜值城市时尚

3008车型是东风标致面向都市人群开发的一款城市型SUV，自进入中国市场以来，始终致力于推动Hobby休闲生活方式的普及，以更时尚并多样化的设计理念，让购车后的生活有了更多可能。

值得一提的是，全新3008还有电动可开启全景天窗，以及保留了深受车友喜爱的Hobby分体式尾门设计，可上下对开的行李舱门在逐乐途中可以随时用于停靠时休息，让驾乘者更好地享受“Hobby休闲生活方式”，开启都市休闲体验。在静谧的世外桃源，与爱人相拥着坐在打开的行李舱门上休息，也可以在户外进行垂钓等等，尽情享受想要的自由。

T+STT高效动力 为新逐乐族省钱省心

全新3008搭载的1.6THP涡轮增压发动机，是连续八年获得“国际年度发动机”大奖的明星发动机，采用“Twin scroll双涡管涡轮技术”，最大功率可达123kW，峰值转矩为245N•m，给予驾乘者纵横驾驭的快感。除此之外，全新3008在1.6THP车型中标配了Stop-Start发动机智能起停系统（STT）tt，先进的节油技术可使车辆节约最高15%的燃油，实现百公里最低油耗6.4L，在动力驰骋的同时为车主最大限度的减少油耗。

Mirage幻影战斗机智能驾驶舱，同级领先

除了“T+STT高效动力”和“Hobby休闲生活方式”外，全新3008还有着极具竞争优势的核心产品力“Mirage幻影战斗机智能驾驶舱”。“Mirage幻影战斗机智能驾驶舱”首次搭载ADAS智能驾驶辅助系统，包含车道偏离警示功能，随时预警因开车走神而偏离车道的危险；前方碰撞预警功能，实时监测与前车的行车距离以及相对车速，让追尾事故无从发生；在行车途中并线、超车时，全新3008前后保险杠外侧4个盲区传感器，可快速探测视野盲区，并通过外侧后视镜上的报警灯预警，避免危险。“Mirage幻影战斗机智能驾驶舱”，以“战斗”的整装戒备为行车保驾护航，让新逐乐族们在逐乐的过程中，可以心无旁骛的享受乐趣，安心的感受智能科技的全方位呵护。

作为拥有20万用户基础的高性能欧系都市SUV车型，东风标致3008拥有着良好的市场口碑。本次采用全新设计风格并搭载了ADAS智能驾驶辅助系统的全新3008，重塑了“TMH”三大核心竞争优势。面对福特翼虎、现代ix35、起亚智跑等热门SUV产品，依然主张“活，该快乐”的全新3008将以更具科技感和时尚感的形象为城市SUV市场带来更多惊喜，也将为新逐乐族们带来更好地快乐体验与享受。

ZOOM-ZOOM

未来派轿跑SUV

MAZDA CX-4 划世而出

走自己的路

DRIVE YOUR STYLE

一汽马自达

魅·力 科技

专业级小型SUV

智能全时四驱系统

- 45年专业SUV血统
- 1.4T BOOSTERJET涡轮增压发动机
- 传承专业的SUV底盘技术

敢行我路
I'M VITARA!
VITARA
维特拉
VITARA 维特拉

Jeep推出75周年致敬版全系车型

全球SUV领导者Jeep已经走过了75年的征程，历经无数锤炼却也因此写满传奇。从SUV鼻祖威利斯到终极四驱利器牧马人，无一不是车迷如数家珍的经典。如今，Jeep将这份荣耀赋予4款75周年致敬版车型之上，令其成为无法复刻的珍藏。

每一款75周年致敬版车型都拥有诸多彰显独特身份的专属配置和纪念标识，极具纪念意义和收藏价值。车身统一佩戴独一无二的75周年荣誉徽章，镂有初产的威利斯车型轮廓，彰显与众不同的身份，是对Jeep精神最好的诠释。专属棕色橘边的Jeep Logo如火焰般炽烈，象征着源自家族血液的荣耀历久弥新。而极富质感的古铜色7孔格栅、古铜色哑光雾灯装饰环以及全新古铜色哑光铝合金轮毂，又让整车流露出75年岁月洗礼的庄重和初心未改的坚持。

Jeep大切诺基75周年致敬版采用了墨绿色涂装的车身涂装，其前进气格栅及轮毂在细节方面有所调整，车身上配备了独特的75周年荣誉徽章，车内配备印有75周年专属徽标的真皮座椅等。

Jeep牧马人75周年致敬版主要在于外观的个性化调整，包括引人注目的哑光古铜色橘边Jeep标志、哑光古铜色进气格栅饰框及大灯装饰条、哑光古铜色铝轮毂及车轮饰盖、引擎盖空气导流槽以及Trail Rated标志和75周年特殊铭牌等。

Jeep自由光75周年致敬版的变化主要体现在外观和内饰的大量细节上，包括桔红色 “Jeep”前后标牌、古铜色亚光前部格栅、古铜色亚光饰条、新的18英寸桔红色亚光轮毂、古铜色亚光车轮盖、桔红色新的“75”周年标牌、橘红色双缝线、75周年专属标识等。

最让人欣喜的是全新Jeep自由侠 75周年致敬版的到来，这意味着拥有同级最强全路况能力的SUV终于“千呼万唤始出来”。作为13万～17万专业级超驾趣SUV，全新Jeep自由侠一直以同级超高的回头率、高性能、高安全及专业的全路况能力，为都市年轻族群提供独一无二的超级驾趣体验，而75周年致敬版除了跟几位大哥一样拥有多处代表Jeep 75周年专业传承的特色标识，包括哑光古铜色橘边Jeep标志、哑光古铜色进气格栅饰框及大灯装饰条、座椅Logo变为古铜色橘边等之外，最大的看点还在于Jeep家族专业全路况动态掌控系统——Selec-Terrain路况选择模式+Active Drive Low智能四驱系统的加持，继承了家族专业全路况能力，必然能让驾驶乐趣翻番。

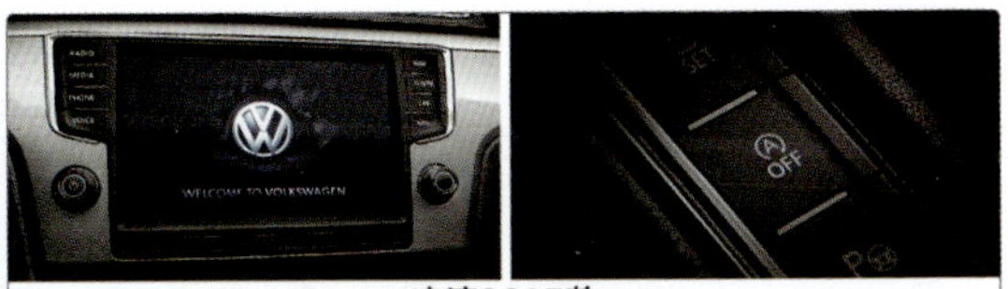

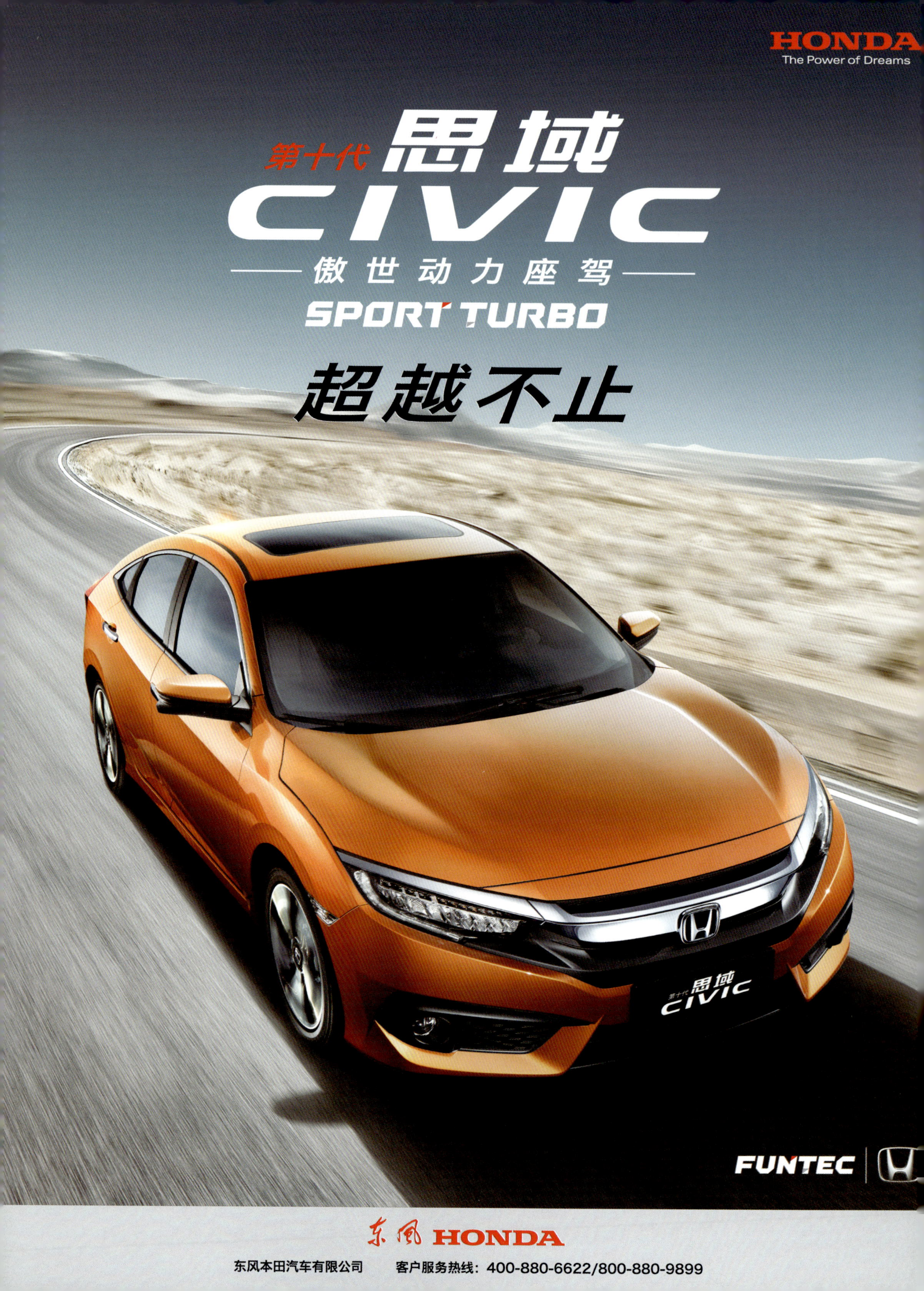
HONDA
The Power of Dreams
第十代 思域
CIVIC
傲世动力座驾
SPORT TURBO
超越不止
第十代 思域
CIVIC
FUNTEC
东风 HONDA
东风本田汽车有限公司
客户服务热线：400-880-6622/800-880-9899

TUNLAND 拓陆者

激越人生路
唯有拓陆者

TUNLAND 拓陆者

FOTON 福田汽车

1996-2016 福田汽车二十周年

打造高端品质 尊享“自由”出行

拓陆者创造了国内高端皮卡品质的典范，它从动力、舒适、全能、智能、安全等五个方面全面展示了第六代时尚跨界多功能皮卡的优异性能

欧美科技 超级动力

ISF2.8T：美国康明斯国V发动机
动力130KW/360N · m，百公里加速<9.8秒。
TGDI：德国E-POW发动机
动力148KW/300N.m，百公里加速＜8秒。

超大空间

5310/1880/1870mm超长超宽大惊人车身，前后排座椅间距800mm，属于皮卡中的“B”级车。

安全配置

通过E-NCAP欧洲4星级安全碰撞，ABS+EBD+ESP双安全气囊、外加强化车身钢板，高强度车身结构，主被动安全一应俱全。

轿车级享受

采用中高级轿车内饰，配备遥控中控锁、电动门窗，颠覆传统皮卡形象，NVH隔音降噪工厂，英国跑车级调校，开拓舒适新静界。

中国越野拉力赛柴油组超级厂商杯冠军
可可西里自然保护区生态护航专用车
中国南北极科考专用皮卡

齐星D-MAX皮卡房车，翻越雪山、征战沙漠、驰骋草原、赏阅都市繁华、品味细水流长。只为在每一次的旅行中坚定自己的选择。

齐星D-MAX皮卡房车，澎湃动力、纵横无间；跋山涉水、淋漓尽致；静若处子,动若脱兔；

升降之间体会从容优雅。国内首款全金属厢体，进得下地库，保障得食住行。亦房亦车。只为那份随性自在、驾驭生活、随遇而安的旅居人生。

中国乘用车车型手册
THE CATALOGUE OF CHINA CARS
(2017)

中国汽车工业协会 北京中汽华轮信息技术有限公司 编

人民交通出版社股份有限公司
China Communications Press Co.,Ltd.

前言 Preface

中国经济在持续高速发展后面临重要经济转型。中国汽车市场作为世界最大、最活跃的汽车市场，为中国汽车工业发展提供了难得的机遇与优良的外部环境。随着中国经济的持续转型调整，2016年的中国汽车市场面临更为严峻的压力，汽车企业和产品的竞争更加激烈，从更多追求销量的提升向提高产品质量、技术水平和服务能力转变。2016年也是汽车相关政策出台频繁的一年，中央和地方政府陆续推出的市场政策、环保节能和新能源汽车政策等，都对当前车型变化产生了重要影响。

作为国内唯一全面展示中国乘用车车型的年度工具书，《中国乘用车车型手册（2017）》（以下简称《手册》）仍由中国汽车工业协会、北京中汽华轮信息技术有限公司联合国内各乘用车生产企业共同编纂。从2007年起，《手册》至今已经连续出版10年，受到了国内外各界的广泛关注，并已经成为汽车生产、汽车销售、二手车评估、汽车保险、车管部门管理等方面的重要工具书，同时也成为公务车采购、集团用车采购、社会精英们汽车采购的重要参考依据。

2016年中国汽车车型最显著的变化是新车型推出速度趋于平稳，更多的是产品细化后推出的针对性车型；中国品牌获得了持续的发展，同时也面临着更大的生存挑战，提升车型品质成为关键工作。《手册》中的车型与2016版相比，90%以上的车型都有了不同程度的变化，其中新增车型数量达到100多种。《手册》共收录了当前生产的中国乘用车车型2390余款，包括轿车、多用途乘用车、新能源车、运动型多用途车、小型客车、皮卡等系列车系。

《手册》特别注重与上一版数据的高度可对比性，车型的参数和价格均以当年的3月到8月间数据为基础，这对各界用户了解各企业车型的变化，积累系列的车型数据有重要价值。为了方便读者阅读，在书籍正文与目录编排上将每个系列中的生产企业按国家行政区域划分的次序排列。应广大读者的要求，2017版《手册》在索引部分中，除保留按主要车型价格和车型排量的索引外，还特别增加了年度新上市车型的索引，以便与前一年度车型《手册》进行对比。

《手册》中每个车型含技术参数、主要配置及近期参考价格等数据。特别值得关注的是，《手册》中所有的数据均为生产企业直接提供并可用于校验工作，这不仅增加了其准确性和权威性，同时使其具有更大的实用价值。

2017版《手册》在编纂过程中，得到各级领导、专家和所有乘用车企业的大力支持与帮助，在此表示衷心感谢。由于时间紧、工作量大，书中一定有很多不足之处，欢迎提出宝贵意见。

《中国乘用车车型手册》编委会

2016年 9 月

说明：汽车生产企业普遍对轮辋尺寸、显示屏尺寸等使用英寸(in)单位，读者可按1in=2.54cm换算。

内容提要

本书系统介绍了2016年中国生产的轿车、多用途乘用车、新能源车、运动型多用途车、小型客车、皮卡等2390余款车型的基本信息，包括参数、配置和价格信息，是《中国乘用车车型手册(2016)》的续本。本书对从事汽车生产、汽车销售、二手车评估、汽车保险、公安交通管理等工作的读者具有参考价值。

图书在版编目(CIP)数据

中国乘用车车型手册. 2017 / 中国汽车工业协会，北京中汽华轮信息技术有限公司编. — 北京 ：人民交通出版社股份有限公司，2016.12
ISBN 978-7-114-13438-8

Ⅰ.①中… Ⅱ.①中… ②北… Ⅲ.①汽车－中国－2017－手册 Ⅳ.①U469-62

中国版本图书馆CIP数据核字(2016)第265980号

书　　名：中国乘用车车型手册(2017)
著 作 者：中国汽车工业协会　北京中汽华轮信息技术有限公司
责任编辑：刘　博
出版发行：人民交通出版社股份有限公司
地　　址：(100011)北京市朝阳区安定门外外馆斜街3号
网　　址：http://www.ccpress.com.cn
销售电话：(010) 59757973
总 经 销：人民交通出版社股份有限公司发行部
经　　销：各地新华书店
印　　刷：北京画中画印刷有限公司
开　　本：880×1230　1/16
印　　张：37.75
字　　数：1178千
版　　次：2016年12月　第1版
印　　次：2016年12月　第1次印刷
书　　号：ISBN 978-7-114-13438-8
定　　价：360.00元
(有印刷、装订质量问题的图书由本公司负责调换)

2017版《中国乘用车车型手册》

编 委 会

2017版《中国乘用车车型手册》

编辑部

CONTENTS 目录

轿车 MPV EV SUV 小客 皮卡

轿车 CAR

北京奔驰汽车有限公司/002
全新长轴距E级轿车 全新长轴距E级运动轿车 长轴距C级轿车 长轴距C级运动轿车 全新C级车运动版

北京现代汽车有限公司/007
第九代索纳塔 名图 新朗动 领动 瑞纳 瑞奕

华泰汽车集团/013
华泰B11 路盛E70

天津一汽夏利汽车股份有限公司/015
骏派A70 威志V5 夏利N7 夏利N5

天津一汽丰田汽车有限公司/019
皇冠 锐志 卡罗拉 花冠 威驰

长城汽车股份有限公司/024
长城C50 长城C30 长城C30经典版

华晨汽车集团控股有限公司/027
中华新H530 中华H330 中华H320 中华H230 中华H220

华晨宝马汽车有限公司/032
BMW5系 BMW3系

一汽轿车股份有限公司/035
红旗L5 红旗H7 奔腾B90 奔腾B70 奔腾B50 一汽欧朗 睿翼轿车 睿翼轿跑车 阿特兹 马自达6

一汽-大众汽车有限公司/046
奥迪A6L 奥迪A4L 奥迪A3 CC 迈腾 新速腾 新速腾GLI 新速腾R-line 高尔夫 高尔夫R-Line 高尔夫GTI 全新高尔夫·嘉旅 全新宝来 宝来Sportline 捷达

上汽大众汽车有限公司/061
全新帕萨特 凌渡 全新朗境 全新朗行 全新朗逸 全新朗逸运动版 全新朗逸蓝驱技术版 New Polo Cross Polo Polo GTI 桑塔纳·浩纳 全新桑塔纳 全新速派 明锐 昕动

上汽通用汽车有限公司/118
凯迪拉克XTS 凯迪拉克ATS-L 全新一代君越 君威 君威GS 威朗 全新英朗 全新凯越 迈锐宝 全新科鲁兹 爱唯欧 赛欧3

上海汽车集团股份有限公司乘用车公司/131
荣威950 荣威750 荣威550 荣威350 MG6 MG5 MG3

观致汽车有限公司/138
观致3五门版 观致3轿车

东风悦达起亚汽车有限公司/140
全新K5 K5 K4 新K3 K3S 新福瑞迪 赛拉图 K2

长安马自达汽车有限公司/149
Mazda3 AXELA昂克赛拉 Mazda3星骋

东风裕隆汽车有限公司/153
全新纳5 锐3

浙江吉利控股集团有限公司/155
熊猫 自由舰 博瑞 新帝豪 帝豪RS 全新金刚 金刚CROSS 新远景 TX4 海景

众泰控股集团有限公司/165
Z300 Z100

奇瑞汽车股份有限公司/167
艾瑞泽7 艾瑞泽5 艾瑞泽3 奇瑞E3 新QQ

安徽江淮汽车股份有限公司/172
全新和悦 和悦A30 和悦A13 悦悦

东南(福建)汽车工业有限公司/176
戈蓝 翼神 蓝瑟

江西昌河铃木汽车有限责任公司/179
第五代利亚纳 北斗星X5 北斗星

海马(郑州)汽车有限公司/182
海马M6 海马M3

神龙汽车有限公司/184
C6 C5 全新C4L 全新爱丽舍 东风标致508 东风标致408 东风标致308S 东风标致308 新一代308 东风标致301

东风本田汽车有限公司/194
思铂睿 杰德 思域 思铭 哥瑞

东风汽车集团股份有限公司乘用车公司/199
东风A9 东风风神A60 东风风神L60 东风风神H30 CROSS 东风风神A30 东风风神S30

东风日产乘用车公司/205
西玛 天籁·公爵 天籁 新一代轩逸 蓝鸟 轩逸·经典 阳光 新生代TIIDA 骊威 玛驰 启辰R50X 启辰R50 启辰D50 启辰R30

广汽本田汽车有限公司/219
歌诗图 雅阁 凌派 锋范 飞度 理念

广汽丰田汽车有限公司/225
凯美瑞 雷凌 致炫

广汽菲亚特克莱斯勒汽车销售有限公司/228
菲翔 致悦

长安标致雪铁龙汽车有限公司/230
DS 5 DS 5LS DS 4S

广州汽车集团乘用车有限公司/233
传祺GA8 传祺GA6 传祺GA5 传祺GA3

上汽通用五菱汽车股份有限公司/237
宝骏630 宝骏610 宝骏乐驰

东风柳州汽车有限公司/240
东风风行景逸 S50

一汽海马汽车有限公司/241
海马M8 福美来轿车 丘比特

重庆长安铃木汽车有限公司/244
启悦 天语SX4 雨燕 新奥拓

重庆长安汽车股份有限公司/248
睿骋 新逸动XT 新逸动 悦翔V7

长安福特汽车有限公司/252
福特金牛座 新蒙迪欧 福特-致胜 全新福克斯 经典福克斯 新嘉年华

重庆力帆乘用车有限公司/261
力帆820

比亚迪汽车有限公司/262
思锐 F6 速锐 L3 G5 G6 G3 G3R F3 F3R F0

多用途乘用车 MPV

北汽福田汽车股份有限公司/274
蒙派克

北京汽车股份有限公司/275
北汽威旺M35 北汽威旺M30 北汽威旺M20

华晨汽车集团控股有限公司/278
华颂7 全新阁瑞斯 阁瑞斯丰田系列

华晨宝马汽车有限公司/281
BMW2系

一汽轿车股份有限公司/282
Mazda8

一汽吉林汽车有限公司/283
佳宝V80

上汽大众汽车有限公司/284
全新途安L

上汽通用汽车有限公司/285
GL8豪华商务车 GL8商务车

上汽大通汽车有限公司/287
上汽大通G10

东风裕隆汽车有限公司/288
MASTER CEO 新大7 MPV ECO HYPER

众泰控股集团有限公司/290
众泰M300

广汽吉奥汽车有限公司/291
星朗

奇瑞汽车股份有限公司/292
艾瑞泽M7

安徽江淮汽车股份有限公司/293
瑞风M5第二代 瑞风M3 瑞风·祥和 瑞风·穿梭

东南(福建)汽车工业有限公司/298
君阁

福建奔驰汽车工业有限公司/299
唯雅诺 威霆

江西昌河铃木汽车有限责任公司/301
福瑞达M50S

郑州日产汽车有限公司/302
NV200

东风本田汽车有限公司/303
艾力绅

东风小康汽车有限公司/304
东风风光370 东风风光360

广汽本田汽车有限公司/306
奥德赛

广汽丰田汽车有限公司/307
逸致

东风柳州汽车有限公司/308
东风风行CM7 东风风行F600 东风风行菱智系列 东风风行S500

上汽通用五菱汽车股份有限公司/315
宝骏730 五菱宏光S 五菱宏光

一汽海马汽车有限公司/318
福美来七座版

重庆长安汽车股份有限公司/319
欧诺 欧尚

重庆力帆乘用车有限公司/321
力帆乐途

潍柴(重庆)汽车有限公司/322
英致737 英致727

比亚迪汽车有限公司/324
新M6

新能源车 EV

北京现代汽车有限公司/326
第九代索纳塔混合动力
北京新能源汽车股份有限公司/327
北汽EU260 北汽ES210 EV200 EV160 EX200 威旺307EV
上海汽车集团股份有限公司乘用车公司/333
荣威E50
众泰控股集团有限公司/334
众泰M300EV 众泰M300EV 纯电动
安徽江淮汽车股份有限公司/335
和悦IEV4 和悦IEV5 和悦IEV6S
山东新大洋电动车有限公司/338
知豆D2 知豆牌
一汽海马汽车有限公司/341
普力马 EV
东风日产乘用车公司/342
启辰晨风
比亚迪汽车有限公司/343
e6 秦EV300 唐 元 秦 F3DM

运动型多用途车 SUV

北京奔驰汽车有限公司/350
梅赛德斯-奔驰GLK级 梅赛德斯-奔驰GLA
北京现代汽车有限公司/352
全新胜达 ix35 ix25 全新途胜
北汽福田汽车股份有限公司/356
萨瓦纳
北京汽车销售有限公司/357
北京/BJ80 北京/BJ40L 北京/BJ20 绅宝X55 绅宝X35 绅宝X25
北京汽车股份有限公司/363
北汽威旺S50
华泰汽车集团/364
宝利格 新圣达菲
天津一汽夏利汽车股份有限公司/366
骏派D60
天津一汽丰田汽车有限公司/367
RAV4
长城汽车股份有限公司/368
哈弗H8 哈弗H6 哈弗H5 哈弗H2
华晨汽车集团控股有限公司/372
中华V5 中华V3 II
华晨宝马汽车有限公司/374
BMW X1
一汽轿车股份有限公司/375
奔腾X80 CX-4
一汽-大众汽车有限公司/377
奥迪Q5 奥迪Q3
一汽吉林汽车有限公司/379
森雅S80
上汽大众汽车有限公司/380
途观 野帝
上汽通用汽车有限公司/382
昂科威 昂科拉 科帕奇 创酷
上海汽车集团股份有限公司乘用车公司/386
荣威W5 荣威RX5 MG GS名爵锐腾
观致汽车有限公司/389
观致5 SUV 观致3都市SUV 1.6T
东风悦达起亚汽车有限公司/391
智跑 狮跑 秀尔
长安马自达汽车有限公司/394
Mazda CX-5
东风裕隆汽车有限公司/395
新大7 SUV ECO HYPER 优6 SUV ECO HYPER
浙江吉利控股集团有限公司/397
GX7 豪情 帝豪GS
众泰控股集团有限公司/400
众泰T600 T200
广汽吉奥汽车有限公司/402
奥轩GX5 奥轩G5
奇瑞汽车股份有限公司/404
新瑞虎5 新瑞虎3
安徽江淮汽车股份有限公司/406
第二代瑞风S5 瑞风S3
东南(福建)汽车工业有限公司/408
东南DX7
江西昌河铃木汽车有限责任公司/409
昌河Q25
江西江铃控股有限公司/410
陆风X8 陆风X7 陆风X5
江铃汽车股份有限公司/413
江铃·驭胜
郑州日产汽车有限公司/414
帕拉丁
东风本田汽车有限公司/415
CR-V XR-V
海马(郑州)汽车有限公司/417
海马S5
广汽本田汽车有限公司/418
缤智
东风汽车集团股份有限公司乘用车公司/419
东风风神AX7 东风风神AX3
神龙汽车有限公司/421
东风标致3008 东风标致2008
湖南猎豹汽车股份有限公司/423
猎豹CS10
东风日产乘用车公司/424
楼兰 奇骏 逍客 启辰T70 启辰T70X
广汽丰田汽车有限公司/429
汉兰达
广汽三菱汽车有限公司/430
新劲炫ASX 帕杰罗·劲畅
长安标致雪铁龙汽车有限公司/432
DS 6
广州汽车集团乘用车有限公司/433
传祺GS4 传祺GS5
东风柳州汽车有限公司/436
景逸X3 景逸X5 景逸XV 风行SX6
上汽通用五菱汽车股份有限公司/440
宝骏560
一汽海马汽车有限公司/441
海马S7
重庆长安铃木汽车有限公司/442
锋驭 维特拉
重庆长安汽车股份有限公司/444
CS75 CS35 CS15 CX70
长安福特汽车有限公司/448
福特翼虎 福特翼博
重庆力帆乘用车有限公司/450
力帆X60 力帆X50 力帆迈威
潍柴(重庆)汽车有限公司/453
英致G5 英致G3
四川汽车工业集团有限公司/455
野马T70 野马F12 野马F10
比亚迪汽车有限公司/459
S7 S6

小型客车 MINI & LIGHT BUS

北汽福田汽车股份有限公司/462
风景G7 风景
北京汽车股份有限公司/464
北汽威旺306
华晨汽车集团控股有限公司/465
新海狮 海狮 大海狮
一汽吉林汽车有限公司/470
佳宝V70 II 代 佳宝V77
上汽大通汽车有限公司/472
上汽大通V80
广汽吉奥汽车有限公司/473
星旺 星旺L 星旺CL
开瑞汽车公司/476
开瑞优优2代 开瑞优优加长版 开瑞优优柴油版 开瑞优雅2代
安徽江淮汽车股份有限公司/480
星锐
东南(福建)汽车工业有限公司/481
得利卡
江铃汽车股份有限公司/482
经典全顺 新世代全顺
东风小康汽车有限公司/484
东风小康C37
上汽通用五菱汽车股份有限公司/485
五菱荣光S 新五菱之光 五菱荣光 五菱之光加长版
贵州航天成功汽车制造有限公司/489
多用途乘用车 SCH6431
多用途乘用车 GHT6403

皮卡 PICKUP

北汽福田汽车股份有限公司/492
萨普 拓陆者
长城汽车股份有限公司/494
风骏5
广汽吉奥汽车有限公司/495
财运500 财运300 财运100
江西昌河铃木汽车有限责任公司/498
福瑞达K系
江铃汽车股份有限公司/499
江铃·域虎 江铃·宝典
郑州日产汽车有限公司/501
锐骐皮卡
东风小康汽车有限公司/502
东风小康K01

索引一 中国乘用车车型年度新上市车型索引/503
索引二 中国乘用车车型按发动机排量分类索引/512
索引三 中国乘用车车型按价格参考索引/517
附件一 中国乘用车部分车型VIN码一览表/532
附件二 乘用车企业网址及全国销售热线/535

轿　车
CAR

此专栏由一汽-大众汽车有限公司特别支持

北京奔驰汽车有限公司 Beijing Benz Automotive Co.,Ltd.

梅赛德斯-奔驰Mercedes-Benz：奔驰全新长轴距E级轿车 New E-Glass LSedan 奔驰全新长轴距E级运动轿车 New E-Glass Sport Sedan 奔驰长轴距C级轿车 C-Sedan 奔驰长轴距C级运动轿车 C-Sport Sedan 梅赛德斯-奔驰全新C级车运动版 C-Class Sport

梅赛德斯-奔驰全新长轴距E级轿车

Mercedes-Benz New E-Glass L Sedan

主要配置

E 200 L：驾驶员和前排乘客气囊、驾驶员和前排乘客侧部气囊和髋部气囊、车窗气囊、防抱死制动系统(ABS)、加速防滑控制(ASR)、制动辅助系统(BAS)、电控车辆稳定行驶系统(ESP®)带侧风稳定控制辅助系统、碰撞响应式踏板装置、注意力辅助系统(ATTENTION ASSIST)、电动驻车制动器/在起步时具有自动释放功能、自适应制动(ADAPTIVE BRAKE)带坡道起步辅助系统、预制动功能等、自动泊车：包括驻车定位系统(PARKTRONIC)和倒车影像、交通标志辅助系统、轮胎压力流失警告系统、预防性安全系统(PRE-SAFE®)，包括可逆式安全带收紧器和碰撞听力保护预防性安全系统(PRE-SAFE®)等、主动式制动辅助系统(带横向行人车辆探测)，包括车距和碰撞警告、按需调节的制动辅助以及针对前方车辆和横向穿过的行人的自主制动功能、动态操控选择(DYNAMIC SELECT)控制器、ECO起动/停止功能、定速巡航控制/带可变电子限速功能(SPEEDTRONIC)、自动空调(THERMATIC)\触摸板、驾驶室管理和数据系统以及联网功能(COMAND Online)、Mercedes me互联/包括实时路况信息/车辆控制/车辆设定以及梅赛德斯-奔驰紧急呼叫系统等服务、智能手机整合功能系统，包括Apple CarPlay、无线充电功能以及NFC蓝牙快速连接、双12.3英寸高清显示屏包含31.2厘米(12.3英寸)高分辨率仪表盘显示屏和媒体显示屏、数字仪表盘有3种显示风格可供选择、滑动天窗、一触式刮水器功能、可电动折叠的外部后视镜、左右可加热外部后视镜/可从车内电动调节、带定时控制的可加热后车窗、带雨量传感器的风挡玻璃刮水器、LED高性能前照灯、LED尾灯、前照灯辅助系统、可电动折叠的外部后视镜、Nappa皮饰多功能转向盘带有感应触控板、后舱通风、舒适型前排头枕、豪华型后排头枕、驾驶员和乘客带腰部支撑的12向电动可调式座椅、后排电动调节前排乘客座椅、环境氛围照明系统/64种颜色可选

时尚型：E 200 L+后视镜组件：包括自动防炫目内部后视镜和驾驶员侧外部后视镜等、可加热前排座椅、记忆组件包括可电动调节并带记忆功能的前排座椅、头枕和转向柱等

豪华型：时尚型+360° 摄像头、全景式滑动天窗、后车窗电动遮阳帘、后侧窗电动遮阳帘

车身颜色：北极白色、曜岩黑色、铱银色、水晶棕色、水硅钒钙石蓝色、宝石蓝色、月光石灰色、炭灰蓝色、钻石白色(亮色)、锆英石红色

内饰颜色：黑色/栗棕色、黑色、玛奇朵米色

主要车型参数及价格

车 型		E 200 L	E 300 L 时尚型	E 300 L 豪华型
基本参数	长×宽×高(mm)	5065×1860×1467		
	轴距(mm)	3079		
	前/后轮距(mm)	1596/1600		
	车身材料	钢板		
	车身类型/乘员人数	3厢4门/5		
发动机参数	发动机类型	直列4缸		
	排量(mL)	1991		
	额定功率[kW/(r/min)]	135/5500	180/5500	
	最大转矩[N·m/(r/min)]	300/1200~4000	370/1300~4000	
	建议用油	97#(95#)汽油		
底盘参数	变速器类型	9挡自动变速器		
	驱动类型	后驱		
	悬架系统	四连杆独立悬架/可调被动减振系统的敏捷操控悬架		
	制动系统	前后通风盘式制动器		
	轮胎规格	255/40 R18		245/40 R19
性能	最高车速(km/h)	235	250	
	0~100km/h加速时间(s)	8.6	6.9	
工信部综合工况油耗(L/100km)		6.9	7.1	
厂家建议价格(万元)		43.68	47.48	49.98

注：厂家建议价格以2016年3~8月为准

梅赛德斯–奔驰全新长轴距E级运动轿车

Mercedes-Benz New E- Glass Sport Sedan

主要配置

E 200 L：驾驶员和前排乘客气囊、驾驶员和前排乘客侧部气囊和髋部气囊、车窗气囊、防抱死制动系统(ABS)、加速防滑控制(ASR)、制动辅助系统(BAS)、电控车辆稳定行驶系统(ESP®)带侧风稳定控制辅助系统、碰撞响应式踏板装置、注意力辅助系统(ATTENTION ASSIST)、电动驻车制动器/在起步时具有自动释放功能、自适应制动(ADAPTIVE BRAKE)带坡道起步辅助系统、预制动功能等、自动泊车：包括驻车定位系统(PARKTRONIC)和倒车影像、交通标志辅助系统、轮胎压力流失警告系统、预防性安全系统(PRE-SAFE®)，包括可逆式安全带收紧器和碰撞听力保护预防性安全系统(PRE-SAFE®)等、主动式制动辅助系统(带横向行人车辆探测)，包括车距和碰撞警告、按需调节的制动辅助以及针对前方车辆和横向穿过的行人的自主制动功能、动态操控选择(DYNAMIC SELECT)控制器、ECO起动/停止功能、定速巡航控制/带可变电子限速功能(SPEEDTRONIC)、自动空调(THERMATIC)\触摸板、驾驶室管理和数据系统以及联网功能(COMAND Online)、Mercedes me互联/包括实时路况信息/车辆控制/车辆设定以及梅赛德斯–奔驰紧急呼叫系统等服务、智能手机整合功能系统，包括Apple CarPlay、无线充电功能以及NFC蓝牙快速连接、双12.3英寸高清显示屏包含31.2厘米(12.3英寸)高分辨率仪表盘显示屏和媒体显示屏、数字仪表盘有3种显示风格可供选择、滑动天窗、一触式刮水器功能、可电动折叠的外部后视镜、左右可加热外部后视镜/可从车内电动调节、带定时控制的可加热后车窗、带雨量传感器的风挡玻璃刮水器、LED高性能前照灯、LED尾灯、前照灯辅助系统、AMG车身风格组件：包括特有的前裙板、后裙板和侧裙板饰板、可电动折叠的外部后视镜、Nappa皮饰多功能转向盘带有感应触控板、后舱通风、舒适型前排头枕、豪华型后排头枕、驾驶员和乘客带腰部支撑的12向电动可调式座椅、后排电动调节前排乘客座椅、环境氛围照明系统/64种颜色可选

时尚型：E 200 L+后视镜组件：包括自动防炫目内部后视镜和驾驶员侧外部后视镜等、可加热前排座椅、记忆组件包括可电动调节并带记忆功能的前排座椅、头枕和转向柱等

豪华型：时尚型+360° 摄像头、全景式滑动天窗、后车窗电动遮阳帘、后侧窗电动遮阳帘

车身颜色：北极白色、曜岩黑色、铱银色、水晶棕色、水硅钒钙石蓝色、宝石蓝色、月光石灰色、炭灰蓝色、钻石白色(亮色)、锆英石红色

内饰颜色：黑色/栗棕色、黑色、玛奇朵米色

主要车型参数及价格

	车　型	E 200 L	E 300 L 时尚型	E 300 L 豪华型
基本参数	长×宽×高(mm)	5065×1860×1467		
	轴距(mm)	3079		
	前/后轮距(mm)	1596/1600		
	车身材料	钢板		
	车身类型/乘员人数	3厢4门/5		
发动机参数	发动机类型	直列4缸		
	排量(mL)	1991		
	额定功率[kW/(r/min)]	135/5500	180/5500	
	最大转矩[N·m/(r/min)]	300/1200～4000	370/1300～4000	
	建议用油	97#(95#)汽油		
底盘参数	变速器类型	9挡自动变速器		
	驱动类型	后驱		
	悬架系统	四连杆独立悬架/可调被动减振系统的敏捷操控悬架		
	制动系统	前后通风盘式制动器		
	轮胎规格	255/40 R18	245/40 R19	
性能	最高车速(km/h)	235	250	
	0～100km/h加速时间(s)	8.6	6.9	
工信部综合工况油耗(L/100km)		6.9	7.1	
厂家建议价格(万元)		43.68	47.48	49.98

注：厂家建议价格以2016年3～8月为准

梅赛德斯-奔驰长轴距C级轿车
Mercedes-Benz C-Sedan

主要配置

C 200 L：驾驶席和前排乘客安全气囊和侧部安全气囊、驾驶席膝部安全气囊、车窗安全气囊、ATTENTION ASSIST注意力辅助系统、ESP® 3段式电控车辆稳定行驶系统、ABS防抱死制动系统、ESP®电控车辆稳定行驶系统、弯道动态辅助功能、警告蜂鸣器、制动摩擦片磨损警告显示、电动驻车制动器、ADAPTIVE BRAKE自适应制动功能、主动式驻车辅助系统、COLLISION PREVENTION ASSIST PLUS碰撞预防辅助系统增强版碰撞警告系统、PRE-SAFE®预防性安全系统、碰撞响应式踏板装置、三点式安全带、ECO起动/停止功能、ASSYST主动维护提示系统维护间隔指示、AGILITY SELECT敏捷操控选择开关、ATA防盗警报系统、全景式滑动天窗、中央锁止系统、KEYLESS-GO无钥匙起动功能、防起动装置、行李舱盖遥控解锁、定速巡航控制、THERMATIC自动空调、梅赛德斯-奔驰智能互联、Garmin®地图导航(MAP PILOT)预留装置、带触摸板的Audio 20、蓝牙®接口、FrontBass®扬声器、后部220V插座、轿车外观组件、一触式刮水器功能、左右可加热外部后视镜/可从车内电动调节、可加热后车窗带定时控制、深色隔热私密玻璃、LED高性能前照灯、前照灯光程调节、前照灯辅助系统、ARTICO皮革内饰、3辐皮饰包裹多功能转向盘、乘客全电动8向可调式座椅(不带记忆功能)、可加热前排座椅、驾驶席全电动8向可调式座椅(不带记忆功能)

C 260 L：C 200 L+车道保持辅助系统、驻车组件：PARKTRONIC带驻车定位系统和后视摄像头的主动式驻车辅助系统、倒车影像、车道追踪组件、车内空气调节组件：负离子发生器/增强型空气滤清器和香氛喷雾发生、驾驶室管理和数据系统以及联网功能(COMAND Online)、LED智能照明系统、后视镜组件：自动防炫内后视镜和驾驶席侧外部后视镜/以及左侧和右侧电动折叠外部后视镜、皮革内饰、环境氛围照明系统、可电动调节驾驶席座椅带记忆功能

车身颜色：北极白色、曜岩黑色、铱银色、钯银色、水晶棕色、钻石白色、水硅钒钙石蓝色、宝石蓝色、钻石银色、锆英石红色

内饰颜色：黑色、真丝米色/咖啡棕色、水晶灰色/深海蓝色、真色米色/咖啡棕色、水晶灰色/深海蓝色

主要车型参数及价格

	车　型	C 200 L	C 260 L
基本参数	长×宽×高(mm)	4783×1810×1442	
	轴距(mm)	2920	
	前/后轮距(mm)	1563/1545	
	前/后悬距(mm)	840/1059	
	车身材料	钢板	
	车身类型/乘员人数	3厢4门/5	
发动机参数	发动机类型	直列4缸 第三代BlueDIRECT缸内直喷涡轮增压发动机	
	排量(mL)	1991	
	额定功率[kW/(r/min)]	135/5500	155/5500
	最大转矩[N·m/(r/min)]	300/1200～4000	350/1200～4000
	排放标准/建议用油	欧Ⅴ/97#汽油	
底盘参数	变速器类型	7挡自动变速器增强版	
	驱动类型	后驱	
	悬架系统	前4连杆弹簧支架式独立悬架/后优化的多连杆独立悬架	
	制动系统	前后盘式制动器	
	轮胎规格	225/50 R17	前 235/40 R18、后 245/40 ZR18
性能	最高车速(km/h)	226	241
	0～100km/h加速时间(s)	7.8	6.99
工信部综合工况油耗(L/100km)		6.3	6.7
上市时间		2014年8月25日	
厂家建议价格(万元)		36.90	47.90

注：厂家建议价格以2016年3～8月为准

梅赛德斯—奔驰长轴距C级运动轿车
Mercedes-Benz C-Sport Sedan

主要配置

C 200 L：驾驶席和前排乘客安全气囊和侧部安全气囊、驾驶员膝部安全气囊、车窗安全气囊、ATTENTION ASSIST注意力辅助系统、ESP®电控车辆稳定行驶系统、ABS防抱死制动系统、警告蜂鸣器、制动摩擦片磨损警告显示、电动驻车制动器、ADAPTIVE BRAKE自适应制动功能、主动式驻车辅助系统、COLLISION PREVENTION ASSIST PLUS碰撞预防辅助系统增强版碰撞警告系统、PRE-SAFE®预防性安全系统、碰撞响应式踏板装置、中央锁止系统、KEYLESS-GO无钥匙起动功能、行李舱盖遥控解锁、防起动装置、ATA防盗警报系统、三点式安全带、定速巡航控制、ECO起动/停止功能、主动维护提示系统(ASSYST)维护间隔指示、全景式滑动天窗、敏捷操控选择(AGILITY SELECT)开关、THERMATIC自动空调、梅赛德斯-奔驰智能互联、Garmin®地图导航(MAP PILOT)预留装置、带触摸板的Audio 20、蓝牙®接口、FrontBass®扬声器、后部220V插座、运动轿车外观组件、AMG车身风格组件、一触式刮水器功能、左右可加热外部后视镜/可从车内电动调节、可加热后车窗带定时控制、深色隔热私密玻璃、LED高性能前照灯、前照灯光程调节、前照灯辅助系统、警告三角标志、"Mercedes-Benz"字样的迎宾踏板(带照明)和前迎宾踏板、运动轿车内饰组件、ARTICO皮革内饰、皮饰多功能转向盘、乘客全电动8向可调式座椅(不带记忆功能)、驾驶席全电动8向可调式座椅(不带记忆功能)、前排座椅占用传感器

C 260 L：C 200 L+倒车影像、驻车组件：带驻车定位系统(PARKTRONIC)和后视摄像头的主动式驻车辅助系统、车道保持辅助系统、车道追踪组件、车内空气调节组件：负离子发生器、增强型空气滤清器和香氛喷雾发生、驾驶室管理和数据系统以及联网功能(COMAND Online)、LED智能照明系统、后视镜组件：自动防炫内部后视镜、驾驶员侧外部后视镜、左右侧电动折叠外部后视镜、环境氛围照明系统、皮革内饰、可电动调节驾驶席座椅带记忆功能

车身颜色：北极白色、曜岩黑色、铱银色、钯银色、水晶棕色、钻石白色、水硅钒钙石蓝色、宝石蓝色、钻石银色、锆英石红色

内饰颜色：黑色、真丝米色/黑色、真色米色/黑色、水晶灰色/黑色

主要车型参数及价格

	车　型	C 200 L	C 260 L
基本参数	长×宽×高(mm)	4783×1810×1442	
	轴距(mm)	2920	
	前/后轮距(mm)	1563/1545	
	前/后悬距(mm)	840/1059	
	车身材料	钢板	
	车身类型/乘员人数	3厢4门/5	
发动机参数	发动机类型	直列4缸 第三代BlueDIRECT缸内直喷涡轮增压发动机	
	排量(mL)	1991	
	额定功率[kW/(r/min)]	135/5500	155/5500
	最大转矩[N·m/(r/min)]	300/1200～4000	350/1200～4000
	排放标准/建议用油	欧Ⅴ/97#汽油	
底盘参数	变速器类型	7挡自动变速器增强版	
	驱动类型	后驱	
	悬架系统	前4连杆弹簧支架式独立悬架/后优化的多连杆独立悬架	
	制动系统	前后盘式制动器	
	轮胎规格	225/50 R17	前 225/45 R18、后 245/40 R18
性能	最高车速(km/h)	226	241
	0～100km/h加速时间(s)	7.8	6.99
工信部综合工况油耗(L/100km)		6.3	6.7
上市时间		2014年8月25日	
厂家建议价格(万元)		36.90	47.90

注：厂家建议价格以2016年3～8月为准

梅赛德斯–奔驰全新C级车运动版
Mercedes-Benz C-Class Sport

主要配置

C 200：前排安全气囊、车窗安全气囊、前排侧部安全气囊(组合式胸部/髋部安全气囊)、ATTENTION ASSIST注意力辅助系统、ESP电控车辆稳定行驶系统、弯道动态辅助功能、ABS防抱死制动系统、电动驻车制动器、AGILITY SELECT敏捷操控选择功能、轮胎压力流失警告系统、PRE-SAFE预防性安全系统、COLLISION PREVENTION ASSIST PLUS碰撞预防辅助系统增强版、碰撞响应式踏板装置、直接转向系统、工作液液位警告灯、ADAPTIVE BRAKE自适应制动功能、中央锁止系统、KEYLESS-GO无钥匙起动功能、行李舱盖遥控解锁功能、ATA防盗警报系统、ISOFIX儿童座椅固定装置固定装置带Top Tether顶部系链、定速巡航控制、ASSYST主动维护提示系统带维护间隔指示灯、制动摩擦片磨损警告显示功能、ECO启动/停止功能、制冷增强组件、手动可调转向柱、THERMATIC自动空调、加强劲的空气滤清器、Garmin®地图导航(MAP PILOT)预留装置、Audio 2.0触摸板、蓝牙接口、FrontBass扬声器、Mercedes-Benz CONNECT梅赛德斯-奔驰智能互联、运动版内/外饰组件、AMG车身风格组件、滑动天窗、一触式刮水器功能、左右可加热/电动调节外部后视镜、防夹保护传感器的电动车窗带一触式控制功能、可加热后车窗带定时控制功能、风窗玻璃刮水器带雨量传感器、深色私密玻璃、深色隔热私密玻璃、LED高性能前照灯、前照灯辅助系统、自适应制动灯、轻质铝饰件带纵纹、3辐皮饰多功能转向盘、电动调节前排座椅、前排座椅8向电动调节

C 200 4MATIC：C 200+主动式驻车辅助系统、驻车组件、全景式滑动天窗、LED智能照明系统、自适应远光灯辅助系统增强版、可加热前排座椅

C 300：C 200 4MATIC+车道追踪组件(车道保持辅助系统和盲点辅助系统)、THERMOTRONIC多区域智能空调、车内空气调节组件、COMAND Online驾驶室管理和数据系统以及联网功能、后视镜组件(包括自动防炫内后视镜和驾驶员侧外后视镜，以及左侧和右侧电动折叠外部后视镜)、环境氛围照明系统、皮革内饰、电动调节驾驶席座椅带记忆功能

车身颜色：北极白色、曜岩黑色、铱银色、钯银色、水晶棕色、水硅钒钙石蓝色、宝石蓝色、钻石银色、锆英石红色、钻石白色

内饰颜色：蔓莓红色/黑色、水晶灰色/黑色、黑色

主要车型参数及价格

	车 型	C 200	C 200 4MATIC	C 300
基本参数	长×宽×高(mm)	4714×1810×1442		
	轴距(mm)	2840		
	前/后轮距(mm)	1563/1545		
	前/后悬距(mm)	812/1062		
	车身材料	钢板		
	车身类型/乘员人数	3厢4门/5		
发动机参数	发动机类型	直列4缸 每缸4气门		
	排量(mL)	1991		
	额定功率[kW/(r/min)]	135/5500		180/5500
	最大转矩[N·m/(r/min)]	300/1200～4000		370/1300～4000
底盘参数	变速器类型	7挡自动变速器增强版		
	驱动类型	后驱	四驱	后驱
	悬架系统	敏捷操控悬架带可调减振器		
	制动系统	前后盘式制动器		
	轮胎规格	225/50 R17	225/45 R18	前225/45 R18 后245/40 R18
性能	最高车速(km/h)	230	225	250
工信部综合工况油耗(L/100km)		6.3	7.3	6.9
上市时间		2014年		
厂家建议价格(万元)		31.48	38.98	45.90

注：厂家建议价格以2016年3～8月为准

北京现代汽车有限公司 Beijing Hyundai Motor Company

第九代索纳塔 名图 新朗动 领动 瑞纳 瑞奕

第九代索纳塔

主要配置

智能型：前排双安全气囊、前排侧安全气囊、ESP车身电子稳定系统、VSM车辆稳定控制系统、HAC上坡辅助系统、BOS制动优先系统、发动机电子防盗系统、ISO FIX儿童座椅安全固定装置、前排预紧式安全带、前排安全带未系提醒、后驻车雷达、驾驶模式选择、遥控钥匙、脚踏式驻车系统、电动车窗(驾驶席一键升降)、双区独立控制自动空调、后排空调出风口、空调离子发生器、蓝牙、单碟CD、6扬声器、电动天窗、外后视镜电动调节/加热/折叠、外后视镜LED转向灯、金属迎宾踏板、前照灯延时关闭、投射式前照灯、前雾灯、无骨刮水器、4向调节真皮包裹转向盘(多功能)、变速杆真皮包裹、前排座椅头枕4向可调、后排座椅头枕2向可调、后排中央头枕2向可调、皮质&织物拼接座椅、驾驶席座椅手动6向调节、副驾驶席座椅手动4向调节、后排中央扶手(带杯架)，1.6TGDi GLS智能型增加倒车影像、定速巡航、智能钥匙一键起动系统、8英寸车载多媒体系统、LED日间行车灯、自动控制前照灯、镀铬双排气管、车身侧面镀铬装饰条、镀铬外门把手、鲨鱼鳍天线、D-Cut运动转向盘、仪表上部蒙皮包覆、真皮座椅、驾驶席座椅电动12向调节(带腰部支撑)、副驾驶席座椅电动8向调节、前排座椅加热、智能迎宾灯光系统、行李舱感应自动开启

时尚型：智能型+LED日间行车灯、镀铬双排气管、车身侧面镀铬装饰条

舒适型：时尚型+智能钥匙一键起动系统、镀铬外门把手、真皮座椅、驾驶席座椅电动12向调节(带腰部支撑)、副驾驶席座椅电动8向调节、前排座椅加热、行李舱感应自动开启、智能迎宾灯光系统

领先型：舒适型+侧气帘、膝部气囊、TPMS独立数显胎压监测、倒车影像、定速巡航、车载空气净化器、8英寸车载多媒体系统、自动控制前照灯、LED组合尾灯、全景天窗、鲨鱼鳍天线、D-Cut运动转向盘、仪表上部蒙皮包覆、电子驻车制动

尊贵型：领先型+前驻车雷达、LDWS车道偏离警示系统、6/7扬声器、远近光一体式HID氙气前照灯、前照灯自动清洗&自动调节、智能转向辅助照明系统、智能远近光调节、防紫外线玻璃、超级仪表盘、雨量感应器、后风窗电动遮阳帘、电子防炫目内后视镜，2.4GDi DLX尊贵型增加后排预紧式安全带、6扬声器、投射式前照灯、刮水器除霜、电动车窗(驾驶席&副驾驶一键升降)、前风窗自动除雾、副驾驶座椅后排可调，无远近光一体式HID氙气前照灯、前照灯自动清洗&自动调节、智能转向辅助照明系统、智能远近光调节、防紫外线玻璃、D-Cut运动转向盘

尊享型：2.4GDi DLX尊贵型+LDWS车道偏离警示系统、远近光一体式HID氙气前照灯、前照灯自动清洗&自动调节、智能转向辅助照明系统、智能远近光调节、防紫外线玻璃、超级仪表盘、前排通风座椅、后排座椅加热、后排豪华中央扶手(带座椅加热及音响控制)、后排侧窗手动遮阳帘、后风挡电动遮阳帘

旗舰型：尊享型+SPAS智能泊车辅助系统、ASCC智能自适应巡航系统、单碟CD、导航+blue Link+车载电视、7扬声器、低音炮、JBL品牌音响、转向盘加热、IMS记忆功能(驾驶席座椅&外后视镜)

车型颜色：珍珠白、爵士黑、古月银、橄榄棕、沙漠金、碧海蓝

内饰颜色：黑色、米色、棕色

主要车型参数及价格

车型		2.0 GLS	1.6TGDi GS	1.6TGDi GX	1.6TGDi GLS	1.6TGDi GLX	1.6TGDi DLX	2.4GDi DLX	2.4GDi LUX	2.4GDi TOP
		智能型	时尚型	舒适型	智能型	领先型	尊贵型	尊贵型	尊享型	旗舰型
基本参数	长×宽×高(mm)	4855×1865×1485								
	轴距(mm)	2805								
	最小离地间隙(mm)	145								
	油箱/行李舱容积(L)	70/510								
	整备质量(kg)	1465	1500~1566					1578		
	车身类型/乘员人数	3厢4门/5								
发动机参数	发动机类型	2.0L Nu	1.6L γ Turbo-GDi					2.4L θ Ⅱ GDi		
	排量(mL)	1999	1591					2359		
	额定功率[kW/(r/min)]	118/6500	132.4/5500					139/6300		
	最大转矩[N·m/(r/min)]	193/4800	265/1500~4500					240/4250		
底盘参数	变速器类型	6挡手自一体	7挡双离合变速器					6挡手自一体		
	驱动类型	前驱								
	悬架系统	前麦弗逊式独立悬架/后多连杆式独立悬架								
	轮胎规格	215/55 R17				235/45 R18				
性能	最高车速(km/h)	197	210					206		
工信部综合工况油耗(L/100km)		7.6	6.7					8.1		
厂家建议价格(万元)		17.48	17.98	18.68	19.48	20.78	21.78	21.78	22.78	24.98

注：厂家建议价格以2016年3~8月为准

MISTRA名图

主要配置

舒适型：前排双安全气囊、ABS+EBD+BAS、前后排预紧式安全带、副驾驶安全带未系提醒、ISO-FIX儿童安全座椅固定装置、发动机防盗系统、液压助力系统、并线快闪、前后电动门窗(驾驶席防夹车窗)、手动空调、后排空调出风口、CD、AUX+USB、iPod、6扬声器、投射式前照灯、LED高位制动灯、外后视镜LED转向灯、前后雾灯、无骨刮水器、电动调节外后视镜、仪表盘亮度调节、织布座椅，AT舒适型增加电动助力系统、脚踏式驻车制动踏板、转向盘四向可调(上下&伸缩)、后排分离式头枕、钢琴烤漆装饰

智能型：舒适型+智能钥匙一键起动、后驻车雷达、倒车影像、脚踏式驻车系统、电动助力系统、双区独立控制自动空调、全景天窗、7英寸多媒体显示屏、蓝牙、发动机隔音垫、LED日间行车灯、鲨鱼鳍式天线、镀铬外门把手、镀铬门内把手、行李舱自动开启、转向盘音响调节、转向盘四向可调(上下&伸缩)、皮质座椅、后排中央头枕(分离式)

尊贵型：智能型+前排侧安全气囊、VSM车辆稳定控制系统、ESC电子车身稳定系统、HAC坡道辅助系统、TPMS胎压监测系统、速度感应自动落锁、碰撞感应自动解锁、定速巡航、主动式ECO驾驶模式、车载空气净化器、转向辅助灯、自动控制前照灯、前照灯延时关闭、LED尾灯组合、运动式镀铬双排气管、电动折叠加热外后视镜、超级仪表盘、真皮转向盘套、驾驶席座椅10向可调电动(含腰托)

尊享型：尊贵型+柔性转向系统离子发生器、电子防炫后视镜、高级真皮座椅、前排座椅加热、前排座椅头枕前后可调

旗舰型：尊贵型+1.6T专用座椅、金属踏板、铝合金门槛、高级木纹装饰

车身颜色：水晶白、梦幻银、幻影黑、丝绸金、玫瑰红、玛瑙棕

内饰颜色：深色

主要车型参数及价格

车　型		1.8 GL MT	1.8 GL AT	1.8 GLS AT	1.8 DLX AT	2.0 LUX AT	1.6T-GDi TOP AT	1.6T-GDi GLS AT
		舒适型		智能型	尊贵型	尊享型	旗舰型	旗舰型
基本参数	长×宽×高(mm)	4710×1820×1470						
	轴距(mm)	2770						
	最小离地间隙(mm)	152						
	油箱/行李舱容积(L)	62/526						
	整备质量(kg)	1364	1378	1421	1441		1495	
	车身类型/乘员人数	3厢4门/5						
发动机参数	发动机类型	MPI(DOHC D-CVVT)					T-GDi(DOHC D-CVVT)	
	排量(mL)	1797				1999	1591	
	额定功率[kW/(r/min)]	105/6200				114/6200	128.7/5500	
	最大转矩[N·m/(r/min)]	176/4500				192/4000	265/1500~4500	
底盘参数	变速器类型	6挡手动	6挡手自一体变速器				7挡双离合变速器	
	驱动类型	前驱						
	悬架系统	前麦弗逊式独立悬架/后多连杆式独立悬架						
	轮胎规格	205/60 R16		215/50 R17				
性能	最高车速(km/h)	195	192			195	210	
工信部综合工况油耗(L/100km)		7.3	7.0		7.1	7.5	6.7	
厂家建议价格(万元)		12.98	13.98	14.98	15.98	17.68	16.98	15.98

注：厂家建议价格以2016年3~8月为准

新朗动

主要配置

时尚型：前排双安全气囊、ABS+EBD、中控门锁、发动机防盗系统、前/后排预紧式安全带、儿童安全座椅安装锁扣、遥控钥匙+防盗报警系统、四门电动车窗、手动空调、空调离子发生器、行车电脑、UBS+AUX、Radio+CD+MP3、6扬声器、高位制动灯、投射式前照灯、前照灯延时关闭、大视野外后视镜、投射式前雾灯、可变间歇式前刮水器、电动调节外后视镜、转向盘上下双向可调、驾驶席座椅手动6向调节、前排中央扶手、12V电源输出端口、左脚休息踏板

智能型：时尚型+后驻车雷达、LED日间行车灯(前照灯内)、车窗下沿镀铬

尊贵型：智能型+副驾驶席安全带未系提醒、倒车影像、智能钥匙一键起动系统、蓝牙、智能手机互联系统(8英寸)、Radio+MP3、驾驶席防夹车窗(一键上升)、电动折叠外后视镜、外后视镜自动折叠/展开(智能钥匙联动)、电加热外后视镜、外后视镜带转向灯、一般天窗、镀铬装饰包、转向盘音响调节、超级仪表盘、后排头枕上下可调、后排中央扶手(可通透)，1.6 DLX AT尊贵型增加前排侧安全气囊、ESC车身电子稳定系统、VSM车辆稳定控制系统、定速巡航、转向盘音响调节

车身颜色：玫瑰红、梦幻银、琥珀金、幻影黑、典雅铜、极地白、魔力灰

主要车型参数及价格

	车型	1.6 GS MT	1.6 GLS AT	1.6 DLX MT	1.6 DLX AT
		时尚型	智能型	尊贵型	尊贵型
基本参数	长×宽×高(mm)	4570×1775×1445			
	轴距(mm)	2700			
	前/后轮距(mm)	1551/1564			
	前/后悬距(mm)	870/1000			
	最小离地间隙(mm)	150			
	油箱/行李舱容积(L)	50/473			
	整备质量(kg)	1233	1275	1233	1275
	车身类型/乘员人数	3厢4门/5			
发动机参数	发动机类型	1.6L γ			
	排量(mL)	1591			
	额定功率[kW/(r/min)]	93.8/6300			
	最大转矩[N·m/(r/min)]	155.5/4850			
底盘参数	变速器类型	6挡手动	6挡手自一体	6挡手动	6挡手自一体
	悬架系统	前麦弗逊式独立悬架/后扭力梁式半独立悬架			
	制动系统	前后盘式制动器			
	轮胎规格	205/55 R16		205/55 R16(选装：215/45 R17)	
工信部综合工况油耗(L/100km)		6.3(带ISG 5.9)	6.2(带ISG 5.9)	6.3(带ISG 5.9)	6.2(带ISG 5.9)
厂家建议价格(万元)		10.58	11.58	11.58	12.78

注：厂家建议价格以2016年3～8月为准

领动

主要配置

智炫·青春型： 前排双安全气囊、ABS+EBD、发动机防盗系统、前排安全带未系提醒、儿童安全座椅安装锁扣、并线快闪、折叠遥控钥匙、四门电动车窗、空调离子发生器、Radio+MP3+USB+AUX+iPod、4扬声器、12V电源输出端口+车载USB充电接口、高位制动灯、大视野外后视镜、投射式前照灯、外后视镜带LED侧转向灯、投射式前雾灯、前照灯延时关闭、电动调节外后视镜、行李舱照明、转向盘可调(上下双向)、超级仪表盘、驾驶席座椅手动6向调节、前排中央扶手，AT智炫·青春型增加驾驶模式选择

智炫·活力型： 智炫·青春型+前排侧安全气囊、ESC车身电子稳定系统、VSM车辆稳定控制系统、HAC上坡辅助系统、ESS紧急制动提醒系统、后驻车雷达、车载蓝牙、6扬声器、Radio+MP3+USB+AUX+iPod(带CD)、一般天窗、转向辅助照明系统、一键升降防夹电动车窗(驾驶席侧)、转向盘可调(上下&伸缩四向)、转向盘音响调节、前排双遮阳板带化妆镜及照明

智炫·精英型： 智炫·活力型+倒车影像(倒车动态引导线)、驾驶模式选择、Radio+MP3+USB+AUX+iPod、智能手机互联系统(CarPlay/CarLife)、8英寸高清触控显示屏、LED日间行车灯、自动控制前照灯、无骨刮水器、镀铬装饰包(前格栅、下窗线、驻车制动按钮)

智炫·豪华型： 智炫·精英型+前驻车雷达、TPMS独立数显胎压监测、BSD盲区监测系统、定速巡航、智能钥匙远程遥控车窗、智能钥匙一键起动、后排空调出风口、电动调节外后视镜(电加热)、电动折叠外后视镜(联动自动折叠/展开)、LED高位制动灯、LED后组合尾灯、全车一键升降防夹电动车窗、镀铬装饰包、镀铬装饰包(前格栅、下窗线、手制动按钮、外门把手)、金属迎宾踏板、皮质内饰(座椅、转向盘、门饰板、挡把)、驾驶席座椅电动10向调节(带腰部支撑)、后排中央扶手、行李舱智能开启

智炫·旗舰型： 智炫·豪华型+LDWS车道偏离警示系统、AEB自动紧急制动系统、双区独立控制自动空调、空气净化系统、超级仪表盘(彩色4.2英寸)、前风窗玻璃自动除雾、电子防炫目内后视镜、驾驶席座椅记忆功能、副驾驶席座椅电动调节(带腰部支撑)、后排头枕上下可调(含中央头枕)、后排座椅6:4折叠、手套箱制冷

炫动·活力型： 智炫·活力型+倒车影像(倒车动态引导线)、驾驶模式选择、Radio+MP3+USB+AUX+iPod、超级仪表盘(彩色4.2英寸)、8英寸高清触控显示屏、智能手机互联系统(CarPlay/CarLife)、LED高位制动灯、自动控制前照灯、LED日间行车灯、单侧双排气管、无骨刮水器、镀铬装饰包(前格栅、下窗线、驻车制动按钮)、D-Cut运动转向盘、后排中央扶手

炫动·精英型： 智炫·精英型+智能钥匙一键起动、LED高位制动灯、单侧双排气管、镀铬装饰包(前格栅、下窗线、驻车制动按钮、外门把手)、电动调节外后视镜带电加热功能、电动折叠外后视镜(联动自动折叠/展开)、D-Cut运动转向盘、皮质内饰(座椅、转向盘、门饰板、挡把)、超级仪表盘(彩色4.2英寸)、后排中央扶手、行李舱智能开启、铝合金加速踏板+左脚休息踏板、后排空调出风口

炫动·旗舰型： 智炫·旗舰型+单侧双排气管、铝合金加速踏板+左脚休息踏板，无AEB自动紧急制动系统

车身配色： 优雅白、星辉银、格调灰、柠檬黄、活力橙、中国红、流沙金、古典铜、深海蓝、乌木黑

内饰颜色： 全黑、黑红、黑米、黑棕

主要车型参数及价格

车型		1.6L GS MT	1.6L GS AT	1.6L GLS MT	1.6L GLS AT	1.6L LUX AT	1.6L TOP AT	1.4T GLS DCT	1.4T GLX DCT	1.4T TOP DCT
		智炫·青春型	智炫·青春型	智炫·活力型	智炫·精英型	智炫·豪华型	智炫·旗舰型	炫动·活力型	炫动·精英型	炫动·旗舰型
基本参数	长×宽×高(mm)	4610×1800×1450								
	轴距(mm)	2700								
	前/后轮距(mm)	1549/1558								
	油箱/行李舱容积(L)	53/462								
	整备质量(kg)	1225	1254	1225	1317			1317		
	车身类型/乘员人数	3厢4门/5								
发动机参数	发动机类型	自然吸气	缸内直喷	自然吸气	缸内直喷			涡轮增压+缸内直喷		
	排量(mL)	1591						1353		
	额定功率[kW/(r/min)]	93.8/6300	95.3/6300	93.8/6300	95.3/6300			95.6/5500		
	最大转矩[N·m/(r/min)]	155.5/4850	157/4850	155.5/4850	157/4850			210.8/1400~3700		
底盘参数	变速器类型	6挡手动	6挡手自一体	6挡手动	6挡手自一体			7挡双离合变速器		
	驱动类型	前驱								
	悬架系统	前麦弗逊式悬架/后双扭力梁式悬架								
	制动系统	前后盘式制动器								
	轮胎规格	205/55 R16			225/45 R17			205/55 R16		225/45 R17
性能	最高车速(km/h)	195	204	195	204			200		
工信部综合工况油耗(L/100km)		6.1(带ISG 5.9)						5.7(带ISG 5.5)		
厂家建议价格(万元)		9.98	11.18	10.98	11.98	13.38	14.58	12.98	13.78	15.18

注：厂家建议价格以2016年3～8月为准

主要配置

1.4L

时尚型：前排双气囊、ABS+EBD、前排预张紧三点式安全带、驾驶席安全带未系提醒、后排儿童安全门锁、发动机电控防盗系统、电动助力转向系统、前电动车窗(驾驶席一键下降)、AMS电源管理系统、手动空调、空气过滤器、Radio+CD+AUX、4扬声器、高位制动灯、镀铬+黑色前进气格栅、间歇可调式刮水器、后窗除雾功能、12V电源输出端口、前排座椅4向手动调节

智能型：时尚型+ESS紧急制动系统、后驻车雷达、中控门锁、折叠遥控钥匙、后电动车窗、MP3+USB+iPod、前雾灯、电动调节外后视镜、行李舱照明灯

领先型：智能型+智能钥匙一键起动、一般天窗、投射式前照灯、镀铬外门把手、行李舱镀铬装饰条、行李舱隔音垫

旗舰型：领先型+ISO-FIX后排儿童座椅固定装置、LED后组合尾灯、外后视镜带侧转向灯、镀铬+车身色前进气格栅、钢琴漆装饰、镀铬内门把手&空调出风口、转向盘音响调节、驾驶席座椅扶手，自动旗舰型增加前排侧安全气囊、副驾驶席安全带未系提醒、皮质座椅、皮质包裹转向盘&换挡手柄

1.6L

领先型：1.4L领先型+ISO-FIX后排儿童座椅固定装置、6扬声器、转向盘音响调节、LED后组合尾灯、外后视镜带侧转向灯、镀铬+车身色前进气格栅、钢琴漆装饰、镀铬内门把手&空调出风口、驾驶席座椅扶手

旗舰型：领先型+前排侧安全气囊、副驾驶席安全带未系提醒、车速感应自动落锁、皮质座椅、皮质转向盘套&换挡手柄套

车身颜色：星辉银、优雅白、乌木黑、流沙金、迎春黄、中国红

内饰颜色：米色、灰色

主要车型参数及价格

车型		1.4 GS		1.4 GLS		1.4 GLX	1.4 TOP		1.6 GLX	1.6 TOP
		时尚型 MT	时尚型 AT	智能型 MT	智能型 AT	领先型 AT	旗舰型 MT	旗舰型 AT	领先型 AT	旗舰型 AT
基本参数	长×宽×高(mm)	4375×1700×1460								
	轴距(mm)	2570								
	前/后轮距(mm)	1489/1493								
	前/后悬距(mm)	840/965								
	油箱/行李舱容积(L)	43/454								
	整备质量(kg)	1070	1086	1070	1086		1070	1086	1088	
	车身类型/乘员人数	3厢4门/5								
发动机参数	发动机型号	γ系列发动机								
	排量(mL)	1396							1591	
	额定功率[kW/(r/min)]	78.7/6300							90.4/6300	
	最大转矩[N·m/(r/min)]	135.4/5000							155/4200	
底盘参数	变速器类型	5挡手动	4挡自动	5挡手动	4挡自动		5挡手动	4挡自动		
	驱动类型	前驱								
	悬架系统	前麦弗逊式独立悬架/后扭力梁式半独立悬架								
	制动系统	前通风盘式/后鼓式制动器				前通风盘式/后盘式制动器				
	轮胎规格	175/70 R14					195/50 R16			
性能	最高车速(km/h)	180	175	180	175		180	175	180	
工信部综合工况油耗(L/100km)		5.7	6.5	5.7	6.1		5.7	6.1	6.3	
厂家建议价格(万元)		7.39	8.19	7.89	8.69	9.29	8.89	10.29	9.99	10.69

注：厂家建议价格以2016年3～8月为准

VERNA 瑞奕

V·我非凡

主要配置

舒适型：前排双安全气囊、ABS+EBD、前排预张紧三点式安全带、驾驶席安全带未系提醒、ISO-FIX后排儿童座椅固定装置、后排儿童安全门锁、发动机电控防盗系统、前电动车窗(驾驶席一键控制)、AMS电源管理系统、电动助力系统、手动空调、空气过滤器、Radio+CD+AUX、4扬声器、高位制动灯、后窗刮水器、分级式前刮水器、镀铬前进气格栅、前排座椅4向手动调节、驾驶席座椅手扶

领先型：舒适型+后驻车雷达、中控门锁、折叠遥控钥匙、行车电脑、MP3+USB+iPod、前雾灯、后电动车窗、一舱天窗、电动调节外后视镜

旗舰型：领先型+ESS紧急制动系统、前排安全带高度调节、智能钥匙一键起动、6扬声器、投射式前照灯、镀铬外门把手、钢琴漆装饰、镀铬内门把手&空调出风口，1.6 TOP旗舰型增加转向盘音响遥控、外后视镜带侧转向灯、后尾翼

车身颜色：星辉银、优雅白、乌木黑、深海蓝、中国红、活力橙、流沙金、迎春黄

内饰颜色：黑色、白黑炫彩、红黑炫彩

主要车型参数及价格

	车 型	1.4 GL	1.4 GLX		1.4 TOP	1.6 TOP
		舒适型 MT	领先型 MT	领先型 AT	旗舰型 AT	旗舰型 AT
基本参数	长×宽×高(mm)	4120×1700×1460				
	轴距(mm)	2570				
	前/后轮距(mm)	1489/1493				
	前/后悬距(mm)	840/710				
	油箱/行李舱容积(L)	43/375-1210(后排座椅折叠后)				
	整备质量(kg)	1060		1086		1088
	车身类型/乘员人数	2厢5门/5				
发动机参数	发动机型号	γ系列发动机				
	排量(mL)	1396				1591
	额定功率[kW/(r/min)]	78.7/6300				90.4/6300
	最大转矩[N·m/(r/min)]	135.4/5000				155/4200
底盘参数	变速器类型	5挡手动		4挡自动		
	驱动类型	前驱				
	悬架系统	前麦弗逊式独立悬架/后扭力梁式半独立悬架				
	制动系统	前通风盘式/后鼓式制动器			前通风盘式/后盘式制动器	
	轮胎规格	175/70 R14			195/50 R16	
性能	最高车速(km/h)	175		170		175
工信部综合工况油耗(L/100km)		5.8		6.2		6.4
厂家建议价格(万元)		7.29	7.99	8.79	9.49	9.99

注：厂家建议价格以2016年3~8月为准

华泰汽车集团 HAWTAI MOTOR GROUP

华泰B11　路盛E70

华泰 B11

级 / 别 / 之 / 上

主要配置

舒适版：前排安全气囊、ABS制动防抱死系统、EBD/CBC制动力分配系统、安全带未系提示、发动机电控防盗系统、车内中控锁、遥控钥匙、后驻车雷达、手动空调、后座出风口、车内空气调节/花粉过滤、前/后电动车窗、外接音源接口(AUX/USB/iPod等)、行车电脑显示屏、单碟CD、6/7扬声器、前雾灯、防紫外线/隔热玻璃、铝合金轮辋、后视镜电动调节、转向盘上下+前后调节、座椅高低调节、座椅腰部支撑调节

豪华版：舒适版+前排侧安全气囊、前/后排头部气囊(气帘)、倒车视频影像、定速巡航、自动空调、温度分区控制、电动天窗、车窗防夹手功能、单碟DVD、后视镜加热、真皮/仿皮座椅、真皮包裹转向盘

尊贵版：豪华版+制动辅助系统(EBA/BAS/BA等)、牵引力控制系统(ASR/TCS/TRC等)、车身稳定控制系统(ESC/ESP/DSC等)、并线辅助功能、GPS导航系统、中控台彩色大屏、蓝牙/车载电话、车载电视、多媒体系统、内置硬盘、氙气前照灯、自动前照灯、前照灯高度可调、前照灯清洗装置、感应刮水器、电动折叠后视镜、自动防炫内后视镜、多功能转向盘、驾驶席座椅电动调节、前排座椅加热

主要车型参数及价格

车型		1.8T 汽油				2.0T 柴油		
		舒适版 MT	舒适版	豪华版	尊贵版	舒适版	豪华版	尊贵版
基本参数	长×宽×高(mm)	4943×1852×1511						
	轴距(mm)	2764						
	前/后轮距(mm)	1578/1560						
	最小离地间隙(mm)	138						
	油箱/行李舱容积(L)	70/450–500				60/450–500		
	整备质量(kg)	1510	1555		1585			
	车身材料	钢板						
	车身类型/乘员人数	3厢4门/5						
发动机参数	发动机型号	18K4G				OED483Q03		
	发动机类型	直列4缸 16气门 DOHC 涡轮增压 多点电喷铝合金发动机						
	排量(mL)	1796				1991		
	额定功率[kW/(r/min)]	118/5500				110/4000		
	最大转矩[N·m/(r/min)]	215/2500～4500				310/2000		
	排放标准/建议用油	欧Ⅳ/93#(京92#)汽油				欧Ⅳ/柴油		
底盘参数	变速器类型	5挡手动	4挡自动			6挡手动	4挡自动	
	驱动类型	前驱						
	悬架系统	前麦弗逊式独立悬架/后双连杆独立悬架						
	制动系统	前通风盘式/后盘式制动器						
	轮胎规格	225/60 R16						
工信部综合工况油耗(L/100km)		8.9	9.3		–	8.1	–	
上市时间		2011年						
厂家建议价格(万元)		11.97	12.97	14.47	16.27	13.37	15.87	17.67

注：厂家建议价格以2016年3～8月为准

路盛E70

主要配置

舒适型：前排安全气囊、ABS制动防抱死系统、EBD制动力分配系统(CBC等)、安全带未系提示、ISOFIX儿童座椅接口、遥控钥匙、车内中控锁、自动空调、后排出风口、前/后电动车窗、(AUX/USB/iPod等)外接音源接口、CD支持MP3/WMA、中控台彩色显示屏、4/5扬声器、前雾灯、真皮包裹转向盘、转向盘上下+前后调节、后视镜电动调节、座椅高低调节

尊贵型：舒适型+无钥匙起动系统、无钥匙进入系统、后驻车雷达、倒车视频影像、电动天窗、6/7扬声器、多功能转向盘、真皮/仿皮座椅

主要车型参数及价格

车型		2.0L 手动		2.0L 自动	
		舒适型	尊贵型	舒适型	尊贵型
基本参数	长×宽×高(mm)	4777×1794×1481			
	轴距(mm)	2678			
	最小离地间隙(mm)	126			
	油箱/行李舱容积(L)	55/527			
	整备质量(kg)	1461			
	车身材料	钢板			
	车身类型/乘员人数	3厢4门/5			
发动机参数	发动机型号	4G94D		4G63	
	发动机类型	直列4缸 16气门 自然吸气 DOHC			
	排量(mL)	1997			
	额定功率[kW/(r/min)]	108/6000		100/6000	
	最大转矩[N·m/(r/min)]	177/4800		180/4000	
	排放标准/建议用油	国V/93#(京92#)汽油			
底盘参数	变速器类型	5挡手动		4挡手自一体	
	驱动类型	前驱			
	悬架系统	前麦弗逊式独立悬架/后多连杆独立悬架			
	制动系统	前通风盘式/后盘式制动器			
	轮胎规格	205/55 R16			
性能	最高车速(km/h)	178		170	
	0～100km/h加速(s)	14.2		13.2	
上市时间		2013年			
厂家建议价格(万元)		6.97	7.97	7.97	8.97

注：厂家建议价格以2016年3～8月为准

天津一汽夏利汽车股份有限公司 Tianjin FAW Xiali Automobile Co.,Ltd.

骏派A70 威志V5 夏利N7 夏利N5

骏派A70

年度**新上市**车型

骏派A70是中国一汽整合优势国际资源，在自主研发的A级车平台上正向开发的一款高品质产品。作为天津一汽的首款A级车，骏派A70以年轻消费者为目标用户群体，在产品力上拥有符合目标群体的产品优势。骏派A70共包含7款车型，动力部分搭载中国一汽自主研发的CA4GB16系列1.6L自然吸气发动机，分别匹配5挡手动和爱信第二代6挡手自一体变速器。作为一款主打高品质和高安全性的A级车，骏派A70除了拥有极具个性的时尚帅气造型外，其丰富的安全与科技配置也颇具亮点。

主要配置

基本型：驾驶座安全气囊、副驾驶安全气囊、ABS+EBD、BOS制动优先系统、发动机电子防盗系统、前排安全带高度可调、前排预张紧式安全带、驾驶席安全带未系报警功能、前排防挥鞭伤(防颈椎伤害头枕)、碰撞后车门自动解锁、车内中控锁、遥控钥匙(带行李舱开启功能)、电子助力转向系统、儿童安全锁、四门电动车窗、手动空调、空调系统带滤清器、收音机+MP3、行车电脑、外接音源接口(AUX/USB)、4扬声器、卤素前照灯、前照灯光线高度调节、LED高位制动灯、光导尾灯、电动调节外后视镜带侧转向灯、车身同色外后视镜、后部鸭尾式行李舱盖、侧窗下部镀铬、进气上格栅镀铬、后风窗加热、针织面料座椅、驾驶席座椅4向调节、后排座椅整体折叠、后排手动调节头枕、手动防炫目内后视镜、转向盘上下调节、内置开启加油口盖、自发光仪表盘

技术型：基本型+定速巡航、后驻车雷达、后驻车影像、7英寸液晶屏+手机映射、蓝牙免提功能、6扬声器、电动天窗、铝合金轮毂、着色玻璃、多功能转向盘、行李舱照明

豪华型：技术型+BA制动辅助装置系统、ESP车身稳定控制系统、TCS牵引力控制系统、TPMS轮胎气压报警装置系统、一键起动+无钥匙进入、发动机怠速起停、LED日间行车灯、发动机装饰罩盖、皮布拼接座椅、真皮包裹转向盘、驾驶席座椅6向调节，AT豪华型增加前排侧气囊、前后贯通式头部气帘、HHC坡道起步辅助系统、自动空调

主要车型参数及价格

	车 型	1.6L MT			1.6L AT		
		基本型	技术型	豪华型	基本型	技术型	豪华型
基本参数	长×宽×高(mm)	4610×1790×1500			4610×1790×1500		
	轴距(mm)	2630			2630		
	前/后轮距(mm)	1530/1520			1530/1520		
	最小离地间隙(mm)	131			131		
	整备质量(kg)	1230		1245	1270		
	油箱/行李舱容积(L)	50/450			50/450		
	车身材料	钢板			钢板		
	乘员人数	5			5		
发动机参数	发动机型号/类型	CA4GB16/直列4缸 自然吸气			CA4GB16/直列4缸 自然吸气		
	排量(mL)	1598			1598		
	额定功率[kW/(r/min)]	83/5500			83/5500		
	最大转矩[N·m/(r/min)]	155/3600			155/3600		
	排放标准	国V			国V		
底盘参数	变速器类型	5挡手动			6挡手自一体		
	悬架系统	前麦弗逊式独立悬架/后扭力梁式半独立悬架			前麦弗逊式独立悬架/后扭力梁式半独立悬架		
	制动系统	前通风盘式/后盘式制动器			前通风盘式/后盘式制动器		
	轮胎规格	195/65 R15	205/55 R16		195/65 R15	205/55R16	
性能	最高车速(km/h)	180			175		
工信部综合工况油耗(L/100km)		6.5		6.1	6.8		
上市时间		2016年9月21日			2016年9月21日		
厂家建议价格(万元)		6.48	6.98	7.58	7.68	7.98	8.78

注：厂家建议价格以2016年3～8月为准

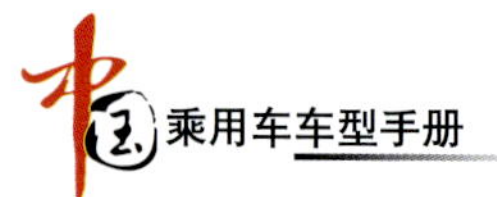

威志 V5

主要配置

标准型：驾驶席安全气囊、ABS+EBD(带失效报警)、BOS制动优先系统、高刚性笼型吸能车身、内置定位整体侧围、防颈椎伤害式头枕、前/后排安全带、安全带未系提示(D席)、车门未关报警提示、后门儿童安全锁、四车门内置防撞钢梁、防侵入式制动踏板、内附防撞钢梁的前保险杠、可溃缩吸能式转向管柱、车身底盘及轮罩外层防石击专用涂层、环保/防火阻燃内饰材料、发动机芯片电子防盗装置、儿童安全座椅固定装置(ISO−FIX)、EPS电子助力转向系统、电控供油、电子中央集控锁、可折叠遥控钥匙(带2次上锁功能)、高功率冷暖空调、四门电动车窗(带一键下降功能)、行车电脑、收音机+USB、4扬声器、后风窗玻璃除霜装置、前照灯高度调节功能、前照灯未关提醒功能、雕栏式嵌镀铬亮条前格栅、工艺水晶LOGO、墨晶鹰目式前照灯、丹晶鹰目式后尾灯、前/后雾灯、发动机下护板、鲨鱼鳍天线、可折叠电动外后视镜(带侧转向灯)、高位制动灯、阶梯式后保险杠、内置开启加油口盖/行李舱盖、前排座椅4向可调节、吸能式三幅转向盘、深色环舱内饰、防炫目内后视镜，智能节油标准型增加ISS智能节油系统

进取型：标准型+副驾驶安全气囊、倒车雷达、数字收音机、USB接口、高保真CD机，智能节油进取型增加ISS智能节油系统

精英型：进取型+车身防碰条、车轮挡泥板、高级皮质座椅、发动机盖隔音棉，AT精英型增加TPMS胎压报警系统，智能节油精英型增加ISS智能节油系统

主要车型参数及价格

车　型		1.5L AT			1.5L 智能节油			1.5L MT		
		标准型	进取型	精英型	标准型	进取型	精英型	标准型	进取型	精英型
基本参数	长×宽×高(mm)	4290×1680×1500			4290×1680×1500			4290×1680×1500		
	轴距(mm)	2425			2425			2425		
	前/后轮距(mm)	1440/1420			1440/1420			1440/1420		
	最小离地间隙(mm)	130(满载)			130(满载)			130(满载)		
	油箱容积(L)	45			45			45		
	整备质量(kg)	1010			995			995		
	车身材料	钢板			钢板			钢板		
	乘员人数	5			5			5		
发动机参数	发动机型号	CA4GA5			CA4GA5			CA4GA5		
	发动机类型	直列4缸 水冷 4冲程 16气门 DOHC VCT−i电控多点燃油喷射汽油机			直列4缸 水冷 4冲程 16气门 DOHC VCT−i电控多点燃油喷射汽油机			直列4缸 水冷 4冲程 16气门 DOHC VCT−i电控多点燃油喷射汽油机		
	排量(mL)	1497			1497			1497		
	额定功率[kW/(r/min)]	75/6000			75/6000			75/6000		
	最大转矩[N·m/(r/min)]	135/4400			135/4400			135/4400		
底盘参数	变速器类型	爱信4挡手动			5挡手动			5挡手动		
	悬架系统	前麦弗逊式独立悬架/后纵臂扭梁式半独立悬架			前麦弗逊式独立悬架/后纵臂扭梁式半独立悬架			前麦弗逊式独立悬架/后纵臂扭梁式半独立悬架		
	制动系统	前通风盘式/后鼓式制动器			前通风盘式/后鼓式制动器			前通风盘式/后鼓式制动器		
	轮胎规格	185/65 R14			175/65 R14		185/65 R14	175/65 R14		185/65 R14
性能	最高车速(km/h)	180			180			180		
工信部综合工况油耗(L/100km)		6.5			5.3			6.1		
厂家建议价格(万元)		5.89	6.19	6.59	−	−	−	5.29	5.59	5.89

注：厂家建议价格以2016年3～8月为准

夏利N7

主要配置

舒适型： BOS制动优先系统、EPS电子随速助力转向系统、电控供油、高刚性笼型吸能车身、内置式整体侧围、防颈椎伤害式头枕、前后排安全带、驾驶席安全带未系提示、后门儿童安全锁、四车门内置防撞钢梁、防侵入式制动踏板、内附防撞钢梁的前保险杠、可溃缩吸能式转向管柱、车身底盘及轮罩外层防石击专用涂层、环保/防火阻燃内饰材料、ISO-FIX儿童安全座椅固定装置、点火开关指示亮圈、四门电动车窗(驾驶席带一键下降功能)、电子中央集控锁、可折叠遥控钥匙(带2次上锁功能)、内置开启加油口盖、高功率冷暖电动空调、行车电脑、数字收音机+SD卡、4扬声器、高位制动灯、运动型后保险杠、网纹式前格栅、工艺水晶LOGO、晶钻式前照灯、前照灯高度调节功能、丹晶式后尾灯车顶中置天线、前/后雾灯、行李架、变形金刚式数字娱乐中心、仪表亮度6档调节、整体式可折叠后排座椅、防炫目内后视镜、运动型内饰、运动型多功能转向盘、前排座椅4向可调节，1.3L舒适型增加TPMS胎压报警系统、后风窗玻璃除霜装置

豪华型： 舒适型+驾驶席安全气囊、ABS+EBD(带失效报警)，1.3L豪华型增加TPMS胎压报警系统、后风窗玻璃除霜装置

尊贵型： 豪华型+TPMS胎压报警系统、发动机电子防盗系统、后风窗玻璃除霜装置

主要车型参数及价格

车型		1.0L		1.3L		
		舒适型	豪华型	舒适型	豪华型	尊贵型
基本参数	长×宽×高(mm)	3950×1650×1490		3950×1650×1505		
	轴距(mm)	2410		2410		
	前/后轮距(mm)	1405/1385		1405/1385		
	最小离地间隙(mm)	119(满载)		137(满载)		
	油箱容积(L)	37		37		
	车身材料	钢板		钢板		
	乘员人数	5		5		
发动机参数	发动机型号	CA3GA5		CA4GA1		
	发动机类型	直列3缸 水冷 四冲程 12气门 DOHC VCT-i 电控多点燃油喷射汽油机		直列4缸 水冷 四冲程 16气门 DOHC VCT-i 电控多点燃油喷射汽油机		
	排量(mL)	993		1339		
	额定功率[kW/(r/min)]	50.5/6000		67/6000		
	最大转矩[N·m/(r/min)]	90/3600		120/4400		
底盘参数	变速器类型	5挡手动		5挡手动		
	悬架系统	前麦弗逊式独立悬架/后带纵拉力杆的滑柱双摆臂式独立悬架		前麦弗逊式独立悬架/后带纵拉力杆的滑柱双摆臂式独立悬架		
	制动系统	前盘式/后鼓式制动器		前盘式/后鼓式制动器		
	轮胎规格	175/65 R14		175/65 R15		
性能	最高车速(km/h)	150		166		
工信部综合工况油耗(L/100km)		5.5		5.8		
厂家建议价格(万元)		–	–	–	4.99	5.09

注：厂家建议价格以2016年3～8月为准

夏利N5

主要配置

标准型： BOS制动优先系统高刚性笼型吸能车身、前排安全带、后排安全带、儿童座椅固定装置(ISO-FIX)、防颈椎伤害式头枕、车门未关提示、后门儿童安全锁、四车门内置双防撞钢梁、防侵入式制动踏板、可溃缩吸能式转向管柱、内附防撞钢梁的吸能前保险杠、车身底板及轮罩外层防石击专用涂层、驾驶席安全带未系提醒、电控供油、高效率冷暖电动空调、电子中央集控锁、前门电动窗、行车电脑显示屏、收音机+USB(音乐+充电)、4扬声器、高位制动灯、前\后雾灯、前照灯高度可调、可折叠手动外后视镜带侧转向灯、后风窗玻璃除霜装置、防炫目内后视镜、转向盘锁止功能、驾驶席座椅4向调节、内置开启加油口盖\行李舱，标准型(铝轮)增加铝合金轮毂，1.3L标准型增加EPS电子助力转向系统、遥控门锁、后门电动窗

舒适型： 标准型+EPS电子助力转向系统、后门电动窗、遥控门锁，1.3L舒适型增加ABS+EBD(带失效报警)、发动机电子防盗系统、倒车雷达、可折叠电动外后视镜带侧转向灯

豪华型： 舒适型+驾驶席安全气囊、副驾驶席安全气囊、ABS+EBD(带失效报警)、发动机电子防盗系统、倒车雷达、可折叠电动外后视镜带侧转向灯

主要车型参数及价格

车型		1.0L			1.3L		
		标准型	标准型(铝轮)	舒适型	标准型	舒适型	豪华型
基本参数	长×宽×高(mm)	4155×1645×1435			4155×1645×1435		
	轴距(mm)	2405			2405		
	前/后轮距(mm)	1405/1385			1405/1385		
	最小离地间隙(mm)	125(满载)			125(满载)		
	油箱/行李舱容积(L)	37/450			37/450		
	整备质量(kg)	905			915		
	车身材料	钢板			钢板		
	乘员人数	5			5		
发动机参数	发动机型号	CA3GA5			CA4GA1		
	发动机类型	直列3缸 水冷 4冲程 12气门 DOHC VCT-i 电控多点燃油喷射汽油机			直列4缸 水冷 4冲程 16气门 DOHC VCT-i 电控多点燃油喷射汽油机		
	排量(mL)	993			1339		
	额定功率[kW/(r/min)]	50.5/6000			67/6000		
	最大转矩[N·m/(r/min)]	90/3600			120/4400		
底盘参数	变速器类型	5挡手动			5挡手动		
	悬架系统	前麦弗逊式独立悬架/后带纵拉力杆的滑柱双摆臂式独立悬架+横向稳定杆			前麦弗逊式独立悬架/后带纵拉力杆的滑柱双摆臂式独立悬架+横向稳定杆		
	制动系统	前盘式/后鼓式制动器			前盘式/后鼓式制动器		
	轮胎规格	165/70 R13			165/70 R13	175/65 R14	
性能	最高车速(km/h)	156			173		
工信部综合工况油耗(L/100km)		5.6			5.8		
厂家建议价格(万元)		3.89	–	4.19	4.39	4.59	4.79

注：厂家建议价格以2016年3～8月为准

天津一汽丰田汽车有限公司
TIANJIN FAW TOYOTA MOTOR CO.,LTD.

天津一汽丰田汽车有限公司 Tianjin FAW Toyota Motor Co.,Ltd.

丰田TOYOTA：皇冠CROWN　锐志REIZ　卡罗拉COROLLA
花冠COROLLA EX　威驰VIOS

皇冠
CROWN

主要配置

行政版：前排及驾驶席膝部SRS空气囊、前排侧部SRS及帘式SRS空气囊、DSC起步辅助控制系统、TRC牵引力控制系统、VSC车身稳定性控制系统、紧急制动警示系统、智能弹起式发动机罩(保护行人)、发动机防盗锁止系统、自动门锁、自动报警、EPS速度感应式、电动助力转向系统、智能钥匙、一键起动、左右独立空气滤清式智能、空调系统、一键控制智能防夹车窗、7英寸+5英寸TFT双屏可触多媒体显示系统、7英寸屏显多媒体系统(Display-Audio)、CD、6扬声器、蓝牙/AUX/USB、前部12V电源、前刮水器加热、后风窗玻璃除雾、后侧窗及后窗隐私玻璃、时间调整式刮水器、炬目LED组合式前照灯、LED组合式尾灯、LED日间行车灯、前照灯自动上下调节、前照灯感光自动控制系统、前照灯清洗装置、车外后视镜(电动折叠、可加热、亲水式)、树脂包裹转向盘、多功能转向盘、木纹装饰条、车内迎宾照明系统、高级织物座椅、行李舱盖便捷开启

智享版：行政版+后排侧部SRS空气囊、PCS预碰撞安全系统、ACC自适应雷达巡航控制系统、测距雷达(可视系统)、超声波探测自动报警、定速巡航、一键控制智能防夹天窗、真皮包裹转向盘、真皮座椅、驾驶席8向/副驾驶席4向电动调节座椅、驾驶席2向电动调节腰靠、前排座椅加热

先锋版：与行政版配置相同

时尚版：先锋版+后排侧部SRS空气囊、PCS预碰撞安全系统、ACC自适应雷达巡航控制系统、TPMS胎压监测系统、超声波探测自动报警、测距雷达(可视系统)、定速巡航、nanoeTM纳米水离子、一键控制智能防夹天窗、车门外把手镀铬、真皮包裹转向盘、真皮座椅、驾驶席8向/副驾驶席4向电动调节座椅、驾驶席2向电动调节腰靠、前排座椅加热

精英版：时尚版+驾驶席电动便利上下车系统、测距雷达(可视系统)带引导线、空调出风口摆页式、8英寸屏显多媒体系统(带导航功能/SD式)、DVD、G-BOOK智能副驾驶(手机版)、车外后视镜(电动折叠、可加热、亲水式)带倒车自动角度调节、自动防炫目后视镜、车外后视镜照地灯、后部氛围照明系统、前排通风座椅、驾驶席最佳2组记忆装置、可上下/前后电动调节转向盘

豪华版：精英版+3区独立空气滤清式智能空调系统、10扬声器、G-BOOK智能副驾驶、鲨鱼鳍天线、后部氛围照明系统含后车门装饰板照明灯、40:20:40分割比/电动可调式后排座椅、后排座椅加热、后排中央扶手箱带音响/座椅/空调操控键、前/后12V电源

尊享版：豪华版+BSM并线盲点监视器、VDIM车辆动态综合管理系统、RCTA倒车侧后方盲点警示系统

主要车型参数及价格

	车　型	2.5L		2.0T				
		行政版	智享版	先锋版	时尚版	精英版	豪华版	尊享版
基本参数	长×宽×高(mm)	5020×1805×1480		5020×1805×1480				
	轴距(mm)	2925		2925				
	前/后轮距(mm)	1540/1540		1540/1540			1530/1530	
	最小离地间隙(mm)	140		140				
	油箱/行李舱容积(L)	70/510		70/510			70/427	
	整备质量(kg)	1625	1645	1660	1680	1690	1735	
	车身材料	钢板						
	车身类型/乘员人数	3厢4门/5						
发动机参数	发动机型号	5GR-FE		8AR-FTS				
	发动机类型	V型6缸 24气门 顶置双凸轮轴电喷(Dual VVT-i)		D-4ST(双涡管涡轮增压直喷发动机) 直列4缸 16气门 DOHC(顶置双凸轮轴) VVT-iW智能广角可变气门正时进气系统 VVT-i智能可变气门正时电子控制排气系统				
	排量(mL)	2497		1998				
	额定功率[kW/(r/min)]	142/6200		173/5200～5800				
	最大转矩[N·m/(r/min)]	236/4400		350/1650～4400				
	排放标准	国V		国V				
底盘参数	变速器类型	手自一体式6档自动变速器(6 Super ECT)		手自一体式8档自动变速器(8 Super ECT)				
	驱动类型	后驱						
	悬架系统	前双叉杆式独立悬架/后多连杆式独立悬架						
	制动系统	前通风盘式/后实心盘式制动器						
	轮胎规格	225/50 R17		225/50 R17			235/45 R18	
性能	最高车速(km/h)	210		230				
工信部综合工况油耗(L/100km)		8.8		7.1	7.4			
上市时间		2015年9月29日		2015年				
厂家建议价格(万元)		25.48	28.48	26.48	29.48	33.98	36.98	38.98

注：厂家建议价格以2016年3～8月为准

锐志
REIZ

主要配置

2.5S

菁锐版：前排双SRS空安全气囊、驾驶席膝部SRS空安全气囊、前后排侧部SRS空安全气囊、窗帘式SRS空安全气囊、VSC车身稳定性控制系统、主动式头枕、前排预紧限力式安全带、ISO-FIX儿童座椅固定装置、触弹式折叠遥控钥匙、左右独立式自动空调、后排空调出风口、一键升降防夹电动门窗、CD音响系统、USB/AUX音频输入接口、6扬声器、豪华铝合金轮辋、全车防紫外线玻璃、氙气前照灯(HID/带自动上下调节)、前照灯清洗装置、手动车内防炫后视镜、电动折叠大视野后视镜(带转向灯)、间歇式感应刮水器、组合式仪表盘(带OEL多信息显示屏)、高级织物座椅、驾驶席座椅手动4向调节、转向盘集控按键、转向盘4向手动调节(上下/左右)

2.5V

菁锐版：2.5S 菁锐版+一键式防夹电动天窗、真皮座椅、驾驶席座椅4向电动腰部支撑调节

尚锐版：尚锐版：菁锐版+倒车影像显示系统、FAD振动感应自适应悬架、定速巡航控制系统、6.1英寸显示屏智能影音系统(CD)、蓝牙免提、加热亲水式电动折叠大视野后视镜(带转向灯)、真皮+欧缔兰座椅

尚锐导航版：尚锐版+倒车影像显示系统(带引导功能)、7.0英寸显示屏多媒体导航系统(DVD)、10扬声器

尊锐版：尚锐版+智能钥匙、一键起动用智能触摸门把手、真皮座椅、转向盘4向电动调节(上下/左右)

尊锐导航版：尚锐导航版+多探头倒车测距雷达系统、车侧影像显示系统、智能泊车辅助系统、智能钥匙、一键起动用智能触摸门把手、真皮座椅、转向盘4向电动调节(上下/左右)

3.0V

尊锐导航版：2.5V 尊锐导航版+PCS预碰撞安全系统、VDIM车辆动态综合管理系统、HAC坡起辅助控制系统、ACC自适应雷达巡航控制系统、VGRS可变齿轮比转向系统、后侧车窗及后车窗浅色隐私玻璃、AFS智能前照灯随转系统、电动车内防炫后视镜

车身颜色：宝石珍珠白色、银金属色、冰钛金属色、深红云母金属色、深蓝云母色、黑色

内饰颜色：贝壳浅色、黑色

主要车型参数及价格

车型		2.5S	2.5V					3.0V
		菁锐版	菁锐版	尚锐版	尚锐导航版	尊锐版	尊锐导航版	尊锐导航版
基本参数	长×宽×高(mm)	4750×1795×1450						
	轴距(mm)	2850						
	前/后轮距(mm)	1545/1545		1535/1535				1535/1535
	最小离地间隙(mm)	175.1(空载)						
	油箱/行李舱容积(L)	70/480						
	整备质量(kg)	1520	1545	1580				1595
	车身材料	钢板						
	车身类型/乘员人数	3厢4门/5						
发动机参数	发动机型号	5GR						3GR
	发动机类型	V型6缸 24气门 双顶置凸轮轴电喷(Dual VVT-i)						
	排量(mL)	2497						2995
	额定功率[kW/(r/min)]	142/6200						167/6200
	最大转矩[N·m/(r/min)]	236/4400						293/4400
	排放标准	京Ⅴ、国Ⅳ						
底盘参数	变速器类型	6挡手自一体						
	驱动类型	前置后驱						
	悬架系统	前双叉杆式悬架/后多连杆独立悬架						
	制动系统	前通风盘式/后实体盘式制动器						
	轮胎规格	215/60 R16		235/45 R18				
性能	最高车速(km/h)	220						230
	0~100km/h加速时间(s)	9.0						7.8
工信部综合工况油耗(L/100km)		8.8	9.0					9.1
上市时间		2013年						
厂家建议价格(万元)		20.98	22.98	24.28	25.18	25.98	27.48	31.48

注：厂家建议价格以2016年3～8月为准

卡罗拉
COROLLA

主要配置

1.6L

GL：前排前部+侧部SRS空安全气囊、ABS+EBD、EPS电子助力转向系统、遥控开启车门(带开启行李舱功能)、手动空调、全新花粉型空调滤清器、CD音响(含AM/FM及MP3/WMA播放功能)、AUX+USB音频输入端口、6扬声器、前雾灯、投射式前照灯、前照灯手动水平调节、卤素组合尾灯、间歇式刮水器(带时间调节功能)、车身同色外后视镜(带转向灯/加热功能)、防炫内后视镜、织物座椅、三筒组合式仪表盘(带驾驶信息显示)、前排座椅4向手动调节

GL-i：GL+发动机锁止系统(带警报功能)、驻车雷达(前2后4)、驾驶席防夹设计电动车窗、电动天窗、双筒+3.5英寸黑白屏幕信息显示、驾驶席座椅6向手动调节

真皮版：GL-i+铝合金轮辋、LED组合尾灯、真皮座椅、真皮包裹转向盘可上下前后调节(带电话音响操控键)、6:4分割可翻转式后排座椅

GLX-i：真皮版+智能钥匙、一键起动系统、倒车影像、自动空调、多功能显示屏音响系统(含CD光驱/AM、FM及MP3/WMA播放功能)、AUX+USB+蓝牙音频输入端口、自动灯光控制系统

导航版：GLX-i+多媒体导航系统(可手写输入/含CD光驱/AM、FM及MP4、WMA播放功能)、驾驶席座椅6向电动调节、驾驶席座椅腰部支撑2向电动调节、前排座椅加热功能

1.8L

GLX-i：1.6L GLX-i+VSC车身稳定性控制系统、TRC牵引力控制系统、双筒+4.2英寸彩色屏幕信息显示、投射式前照灯、LED日间行车灯、自动折叠车身同色外后视镜(带转向灯/加热功能)

至高版：GLX-i+前排帘式SRS空气安全气囊、定速巡航、多媒体导航系统(可手写输入/含CD光驱/AM、FM及MP4、WMA播放功能)、驾驶席座椅腰部支撑2向电动调节

车身颜色：宝石珍珠白色、银金属色、冰钛金属色、深红云母金属色、深蓝云母色、黑色

内饰颜色：贝壳浅色、黑色

主要车型参数及价格

车型		1.6L									1.8L		
		GL		GL-i		真皮版		GLX-i		导航版	GLX-i		至高版
		MT	CVT	MT	CVT	MT	CVT	MT	CVT	CVT	MT	CVT	CVT
基本参数	长×宽×高(mm)	4630×1775×1480											
	轴距(mm)	2700											
	前/后轮距(mm)	1535/1535				1525/1520							
	最小离地间隙(mm)	145											
	油箱/行李舱容积(L)	55/426				55/452(6:4分割可翻倒式后排座椅放倒后)							
	整备质量(kg)	1265	1285	1275	1295	1285	1305	1290	1310	1315	1295	1315	1320
	车身材料	钢板											
	乘员人数	5											
发动机参数	发动机型号	1ZR-FE									2ZR-FE		
	发动机类型	直列4缸 16气门 顶置双凸轮轴电喷16气门（双 VVT-i）											
	排量(mL)	1598									1798		
	额定功率[kW/(r/min)]	90/6000									103/6400		
	最大转矩[N·m/(r/min)]	154/5200									173/4000		
	排放标准/建议用油	国Ⅳ/93#及以上汽油											
底盘参数	变速器类型	5MT	CVT	5MT	CVT	5MT	CVT	5MT	CVT		6MT	CVT	
	驱动类型	前驱											
	悬架系统	前麦弗逊式悬架/后扭力梁式悬架											
	制动系统	前通风盘式/后盘式制动器											
	轮胎规格	195/65 R15				205/55 R16							
性能	最高车速(km/h)	193	180	193	180	193	180	193	180		205	180	
工信部综合工况油耗(L/100km)		6.3	5.9	6.3	5.9	6.3	5.9	6.3	5.9		6.5	6.1	
厂家建议价格(万元)		10.78	11.78	11.78	12.78	12.48	13.48	13.18	14.18	14.78	14.08	15.08	15.98

注：厂家建议价格以2016年3~8月为准

花冠
COROLLA EX

主要配置

超值版： 前排SRS安全气囊、ABS(带EBD)、BOS制动优先系统、ISO-FIX标准儿童座椅固定装置、前排ELR三点式安全带(预紧限力式)、后排ELR三点式安全带、驾驶席安全带未系提示(闪灯+声音)、EPS电控助力转向系统、电动门窗(驾驶席防夹)、3旋钮式手动空调、空调出风口带银色装饰、单碟CD音响、2扬声器、间歇式刮水器、LED光导亮眉投射式前照灯、后雾灯、带LED组合尾灯、高位制动灯、COROLLA EX尾部车名标志、集成转向灯电动后视镜、中控台、蓝色时尚指针式仪表盘、转向盘带银色装饰树脂、驾驶座椅6向手动调节、副驾驶座椅4向手动调节、织物座椅、手动防炫内后视镜、上下可调节转向盘

卓越版： 超值版+电动天窗、发动机锁止功能、忘拔取车门钥匙提醒功能、遥控车门开启装置、4扬声器、带AUX+USB功能音响、镀铬前格栅、前雾灯、前雾灯周围镀铬装饰、忘关前照灯提醒功能、银色涂装中控台

豪华版： 卓越版+倒车雷达、铝合金轮辋、真皮座椅

主要车型参数及价格

车型		超值版	卓越版		豪华版	
		MT	MT	AT	MT	AT
基本参数	长×宽×高(mm)	4555×1705×1490				
	轴距(mm)	2600				
	前/后轮距(mm)	1470/1460				
	最小离地间隙(mm)	170				
	油箱/行李舱容积(L)	50/430				
	整备质量(kg)	1150		1180	1150	1180
	车身材料	钢板				
	乘员人数	5				
发动机参数	发动机类型	直列4缸 16气门 顶置双凸轮轴电喷(Dual VVT-i) EFI(电子控制式燃料喷射装置)				
	排量(mL)	1598				
	额定功率[kW/(r/min)]	88/6000				
	最大转矩[N·m/(r/min)]	152/5200				
底盘参数	变速器类型	5挡手动		4挡自动	5挡手动	4挡自动
	驱动类型	前驱				
	悬架系统	前麦弗逊式悬架/后拖曳臂式悬架				
	制动系统	前通风盘式/后盘式制动器				
	轮胎规格	195/60 R15				
性能	最高车速(km/h)	200		180	200	180
工信部综合工况油耗(L/100km)		6.5				
上市时间		2012年11月22日				
厂家建议价格(万元)		9.08	10.08	10.88	10.58	11.38

注：厂家建议价格以2016年3～8月为准

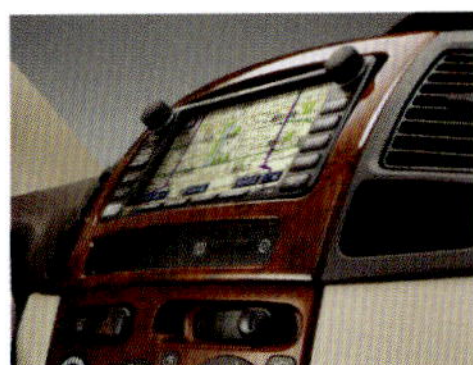

威驰
VIOS

主要配置

超值版： 前部SRS空气囊(驾驶席/助手席)、ABS(带EBD)、BA制动辅助系统、EPS电子助力转向系统、前排ELR三点式安全带(预紧限力式)、后排ELR三点式安全带、中央控制门锁、碰撞燃油自动切断装置、前排安全带未系报警(警示灯+提示音)、车门未关闭提醒(提示音)、手制动未解除提醒(提示音)、油量提醒、离车钥匙未拔提醒、IOS-FIX标准儿童座椅固定装置、电动门窗、手动空调、空气过滤装置、2扬声器、高位制动灯、锋锐前脸设计、F1动力学导流鳍、离车前照灯未关提醒、卤素前照灯(带手动水平调节)、后雾灯、组合式尾灯、车尾装饰条(黑色)、前格栅装饰(黑色)、外侧门把手(黑色)、钢制轮毂、全车深色车窗玻璃、间歇式刮水器、AirSpats(空气扰流件)、蓝色动感仪表盘、高精密缝线式装饰、可上下调节式树脂转向盘、高级中控装饰面板、树脂变速器挡把、织物座椅(黑色/象牙色)、前排座椅头枕可调节、驾驶席座椅6向调节、WIL概念座椅、防炫目车内后视镜、车顶可折叠扶手(助手席/后排两侧)

型尚版： 超值版+遥控钥匙、收音机(AM/FM)、AUX+USB、车尾装饰条(车身同色)、前格栅装饰(银色涂装)、外侧门把手(车身同色)、车身同色电动后视镜

智臻版： 前部SRS空气囊(驾驶席/助手席)、ABS(带EBD)、BA制动辅助系统、EPS电子助力转向系统、前排ELR三点式安全带(预紧限力式)、后排ELR三点式安全带、碰撞燃油自动切断装置、前排安全带未系报警(警示灯+提示音)、车门未关闭提醒(提示音)、驻车制动未解除提醒(提示音)、油量提醒、中央控制门锁、离车钥匙未拔提醒、IOS-FIX标准儿童座椅固定装置、遥控钥匙、手动空调、空气过滤装置、收音机(AM/FM)、AUX+USB、2扬声器、锋锐前脸设计、F1动力学导流鳍、离车前照灯未关提醒、卤素前照灯(带手动水平调节)、间歇式刮水器、后雾灯、组合式尾灯、高位制动灯、车尾装饰条(车身同色)、前格栅装饰(镀铬)、外侧门把手(车身同色)、钢制轮毂、全车深色车窗玻璃、车身同色电动后视镜、AirSpats(空气扰流件)、蓝色动感仪表盘、可上下调节式树脂转向盘、织物座椅(黑色/象牙色)、防炫目车内后视镜、前排座椅头枕可调节、驾驶席座椅6向手动调节、WIL概念座椅

智臻星耀版： 智臻版+铝合金轮毂、白色劲酷仪表盘、黑白劲酷座椅(黑白双色)

智享版： 智臻星耀版+侧部SRS空气囊(驾驶席/助手席)、发动机锁止装置、后排ELR三点式安全带(左右为预紧限力式)、电动天窗、单碟CD音响(含MP3、WMA播放功能)、4扬声器、前雾灯、蓝色动感仪表盘、转向盘操控键(音频控制)、转向盘银色装饰、高级织物座椅

智尊版： 智享版+智能钥匙、一键起动系统、定速巡航、MID多元信息显示屏、遥控行李舱开启装置、车尾装饰条(镀铬)、外侧门把手(镀铬)、真皮转向盘、转向盘操控键(音频+信息显示屏控制)、变速器挡把(真皮+银色装饰)、真皮座椅(象牙色)、6/4分割可倒式后排座椅

主要车型参数及价格

车型		1.3L			1.5L						
		超值版	型尚版		智臻版		智臻星耀版		智享版		智尊版
		MT	MT	AT	MT	AT	MT	AT	MT	AT	AT
基本参数	长×宽×高(mm)	4410×1700×1490			4410×1700×1490						
	轴距(mm)	2550			2550						
	前/后轮距(mm)	1470/1470		1460/1460	1460/1460						
	最小离地间隙(mm)	135		140	140						
	油箱/行李舱容积(L)	42/476			42/476						42/506
	整备质量(kg)	1025		1040	1035	1045	1035	1045	1035	1045	1065
	车身材料	钢板			钢板						
	乘员人数	3厢4门/5			3厢4门/5						
发动机参数	发动机型号	4NR-FE			5NR-FE						
	发动机类型	直列4缸 16气门 顶置双凸轮轴电喷(Dual VVT-i)			直列4缸 16气门 顶置双凸轮轴电喷(Dual VVT-i)						
	排量(mL)	1329			1496						
	额定功率[kW/(r/min)]	73/6000			79/6000						
	最大转矩[N·m/(r/min)]	123/4200			140/4200						
	排放标准	国Ⅳ(京Ⅴ)			国Ⅳ(京Ⅴ)						
底盘参数	变速器类型	5MT		i-Super AT	5MT、i-Super AT						
	驱动类型	前驱			前驱						
	悬架系统	前麦弗逊式悬架/后拖曳臂式悬架			前麦弗逊式悬架/后拖曳臂式悬架						
	制动系统	前通风盘式/后鼓式制动器			前通风盘式/后鼓式制动器						
	轮胎规格	175/65 R14		185/60 R15	185/60 R15						
性能	最高车速(km/h)	170			190	180	190	180	190	180	
工信部综合工况油耗(L/100km)		5.3		5.5	5.5	5.6	5.5	5.6	5.5	5.6	
上市时间		2013年11月6日									
厂家建议价格(万元)		6.98	7.58	8.38	7.98	8.78	8.18	8.98	9.18	9.98	11.28

注：厂家建议价格以2016年3～8月为准

长城汽车股份有限公司 Great Wall Motor Company Limited

长城：长城C50　长城C30　长城C30经典版

长城C50

主要配置

舒适型： 高强度激光焊接车身、前排正面双安全气囊、ABS+EBD、BOS制动优先系统、智能四探头后倒车雷达、高刚性四门防撞杆、前排高度可调燃爆式预紧限力安全带、全车三点式安全带、前排安全带未系警示、可溃缩式转向管柱、行人保护设计、车门未关警示、前照灯未关警示、后排ISO FIX儿童座椅固定装置、儿童安全锁、发动机电子防盗系统、智能防盗报警系统、感速型车门自动锁止系统、液压助力转向、门锁自动回防功能、碰撞自动解锁功能、中控门锁、车门二次解锁功能、CCS定速巡航系统、智能车门防误锁功能、智能钥匙、高速CAN总线系统、寻车功能、行李舱遥控开启功能、四门电动车窗、4扬声器、多功能行车电脑、智能GPS导航系统、MP5影音娱乐系统(带AUX、USB接口)、蓝牙电话连接功能、倒车影像、8英寸高清触摸液晶显示屏、Follow me home伴我回家功能、高穿透力时尚前雾灯、后雾灯、高度可调前组合前照灯、LED后组合灯、高位制动灯、LED转向灯/迎宾灯一体式后视镜、普通迎宾灯、静音无骨刮水器、车身同色装饰电镀门把手、车窗精致镀铬装饰条、行李舱盖时尚镀铬装饰条、镀铬装饰排气管、后窗热线除霜功能、外后视镜电动调节、科技纹中控装饰条、精致镀铬装饰、炮筒式炫酷组合仪表、多功能真皮包裹转向盘、转向盘高度和角度可调、PU座椅、驾驶席座椅6向手动调节、副驾驶座椅4向手动调节、转向盘音响控制

时尚型： 舒适型+ESC车身稳定控制系统、TCS牵引力控制系统、HHC坡道起步辅助系统、KESSY无钥匙进入系统、一键起动系统(START ENGINE STOP)、4声道6扬声器高保真音响、LED日间行车灯、一键式双模式防夹电动天窗、车身豪华镀铬防擦条

精英型： 时尚型+前排侧面安全气囊、前后贯穿式侧安全气帘、TPMS智能胎压监测系统、自动恒温空调、四门一键式防夹电动车窗+自动闭窗、激光迎宾灯带C50标识、不锈钢迎宾踏板带C50标识、运动型门槛侧裙、夜间格调LED氛围灯、顶置便捷眼镜盒、后排中央头枕

主要车型参数及价格

车型		1.5T MT		
		舒适型	时尚型	精英型
基本参数	长×宽×高(mm)	4669×1775×1455		
	轴距(mm)	2700		
	最小离地间隙(mm)	170(空载)		
	油箱/行李舱容积(L)	50/530		
	整备质量(kg)	1305		
	车身材料	钢板		
	车身类型/乘员人数	3厢4门/5		
发动机参数	发动机型号	GW4G15T		
	发动机类型	直列4缸 水冷 4冲程 屋脊型燃烧室 多点电子控制燃油喷射 16气门 双顶置凸轮轴 链传动 可变气门正时 涡轮增压 进气中冷		
	排量(mL)	1497		
	额定功率[kW/(r/min)]	98/5600		
	最大转矩[N·m/(r/min)]	188/2000～4500		
	排放标准	国Ⅳ、国Ⅴ		
底盘参数	变速器类型	5挡手动		
	驱动类型	前驱		
	悬架系统	前麦弗逊式独立悬架/后双横臂式独立悬架		
	制动系统	前通风盘式/后盘式制动器		
	轮胎规格	205/55 R16		
性能	最高车速(km/h)	185		
上市时间		2015年11月6日		
厂家建议价格(万元)		7.39	7.99	8.59

注：厂家建议价格以2016年3～8月为准

长城C30

主要配置

舒适型： 前排双安全气囊、博世ABS+EBD、安全带未系报警系统、车门未关/驻车制动操纵杆未放报警系统、前排预紧式安全带、可溃缩式吸能转向柱、发动机电子防盗系统、后门儿童锁、儿童座椅固定装置、行车自动落锁、单把折叠式遥控钥匙(内置防盗芯片)、倒车雷达、液压助力转向系统、中央门锁、四门电动车窗、油量不足警告系统、右前盲区可视、定速巡航、遥控开启行李舱、自动空调、倒车影像、行车电脑、MP5影音娱乐系统+AUX+USB接口、转向盘带音响控制+蓝牙、晶钻日间行车灯、高亮黑电镀中网/通风格栅、横贯式运动前保险杠、车身同色车门拉手、前/后雾灯、冰蓝投射式透镜前照灯、激光迎宾灯、后风窗印刷式天线、LED高位制动灯、多层次动感后保险杠、无骨式前窗刮水器、前照灯电动可调、后风挡玻璃除霜、行李舱车内开启、电动调节外后视镜带电热除霜、中控台装饰条、真皮包裹转向盘、主驾驶座椅6向调节、仿皮座椅(打孔设计)、智能电子组合仪表、后排高度可调节头枕、仪表亮度可调、后排6/4分体座椅(带中央扶手)、换挡指示，AT舒适型增加博世第九代ESP车身电子稳定系统、HBA制动辅助系统、TCS牵引力控制系统、HHC坡道起步辅助系统

豪华型： 舒适型+博世第九代ESP车身电子稳定系统、HBA制动辅助系统、TCS牵引力控制系统、HHC坡道起步辅助系统、GPS导航、电动天窗、雾灯辅助转向照明、车身同色车门拉手带电镀装饰条、鲨鱼鳍天线

精英型： 豪华型+TPMS智能胎压监测系统、智能钥匙(双把)、一键起动系统、智能无钥匙进入系统、电动调节/折叠外后视镜带电热除霜、几何纹中控台装饰条、不锈钢迎宾门槛、冰蓝色格调氛围灯、主驾驶座椅腰部支撑带按摩功能

车身颜色： 珠光黑、星光银、瀚海蓝、爵士红、贵族灰

主要车型参数及价格

车型		1.5L MT			1.5L AT	
		舒适型	豪华型	精英型	舒适型	豪华型
基本参数	长×宽×高(mm)	4471×1705×1480				
	轴距(mm)	2610				
	最小离地间隙(mm)	155(空载)				
	行李舱容积(L)	510				
	整备质量(kg)	1160				
	车身材料	钢板				
	车身类型/乘员人数	3厢4门/5				
发动机参数	发动机型号/类型	GW4G15/直列4缸 4冲程 水冷 双顶置凸轮轴 可变气门正时技术				
	排量(mL)	1497				
	额定功率[kW/(r/min)]	78/6000				
	最大转矩[N·m/(r/min)]	138/4200				
	排放标准	国Ⅳ、国Ⅴ				
底盘参数	变速器类型	5挡手动			6挡手自一体	
	驱动类型	前驱				
	悬架系统	前麦弗逊式独立悬架/后纵臂扭转梁复合式悬架				
	制动系统	前通风盘式/后盘式制动器				
	轮胎规格	185/65 R15		195/55 R16	185/65 R15	
上市时间		2015年11月2日				
厂家建议价格(万元)		6.29	6.69	7.09	6.79	7.19

注：厂家建议价格以2016年3～8月为准

长城C30经典版

主要配置

畅享型： 前排双安全气囊、博世9.0版ABS+EBD、3H高强度笼式车身、四门防撞钢梁、安全带未系报警、车门未关报警系统、钥匙未拔报警系统、前排预紧式安全带、可溃缩式吸能转向柱、后排中间两点式安全带、发动机电子防盗系统、后门儿童锁、儿童座椅固定装置、行车自动落锁、折叠式钥匙(单把)、倒车雷达、中央门锁、电控供油、油量不足警告系统、液压助力转向系统、加油口盖/行李舱车内开启、行车电脑(续航里程+瞬时油耗)、遥控开启行李舱、手动空调、四门电动车窗、单碟CD+USB、4扬声器、蓝牙免提通话系统、转向盘带蓝牙控制、转向盘带音响控制、前照灯高度可调(电动)、动感双五辐铝合金轮毂、钢琴漆/电镀中网、车身同色保险杠、车身同色外后视镜、车身同色车门拉手、前/后雾灯、LED高位制动灯、一体式卤素前照灯、后风窗印刷式天线、后风窗玻璃除霜、电动调节外后视镜、主驾驶座椅4向调节、织物座椅、转向盘上下调节、整体式后排座椅、后排高度可调节头枕、备胎盖板、"飞翼式"数字智能组合仪表、点火锁照明、全尺寸备胎、副驾遮阳板带化妆镜、车顶扶手、后行李舱照明灯、点烟器/烟灰缸

悦享型： 畅享型+GPS导航+MP5、倒车影像、转向盘带音响控制、昼间行车灯(欧盟标准设计)、鲨鱼鳍天线、主驾驶座椅6向调节、前阅读灯、后排座椅6/4分体(带中央扶手)、皮质打孔座椅

车身颜色： 钛白、珠光黑、星光银、爵士红、贵族灰、瀚海蓝

主要车型参数及价格

	车　型	1.5L MT	
		畅享型	悦享型
基本参数	长×宽×高(mm)	4452×1705×1480	
	轴距(mm)	2610	
	最小离地间隙(mm)	155(空载)	
	行李舱容积(L)	510	
	整备质量(kg)	1160	
	车身材料	钢板	
	车身类型/乘员人数	3厢4门/5	
发动机参数	发动机型号/类型	GW4G15/直列4缸 4冲程 水冷 双顶置凸轮轴 可变气门正时技术 电喷汽油发动机	
	排量(mL)	1497	
	额定功率[kW/(r/min)]	78/6000	
	最大转矩[N·m/(r/min)]	138/4200	
	排放标准	国Ⅳ、国Ⅴ	
底盘参数	变速器类型	5挡手动	
	驱动类型	前驱	
	悬架系统	前麦弗逊式独立悬架/后纵臂扭转梁复合式悬架	
	制动系统	前通风盘式/后盘式制动器	
	轮胎规格	185/65 R15	
上市时间		2015年9月8日	
厂家建议价格(万元)		5.49	5.89

注：厂家建议价格以2016年3～8月为准

Brilliance Auto
华 晨 汽 车

华晨汽车集团控股有限公司 Huachen Automotive Group Holdings Co.,Ltd.

中华：中华新H530 中华H330 中华H320 中华H230 中华H220

中华新H530

主要配置

舒适型：前排正面双安全气囊、前排限力+预拉紧三点式安全带、儿童约束系统固定点、ABS+EBD、EBA+BAS、MASR加速防滑系统、MSR发动机阻力矩控制系统、车门防撞梁、电动转向、自动落锁功能、儿童锁、碰撞后门自动解除功能、发动机防盗系统、未关车灯报警仪表、燃油不足警示灯、前排安全带未系报警、电动门窗控制系统、行李舱盖中控锁、智能中控门锁、集控关闭车窗、倒车雷达、手动空调、USB接口+AUX-IN音频接口、4扬声器、中控彩屏多媒体系统、转向盘音响控制、行车电脑显示屏、新一代车载蓝牙交互系统、卤素前照灯、前后雾灯、鲨鱼鳍车顶天线、整车绿色玻璃、电动外后视镜、后风窗定时除霜装置、防炫内后视镜、驾驶座椅6向/副驾驶座椅4向手动调节、可折叠翻转后排座椅、针织面料座椅、数字化仪表、室内灯自动关闭系统

豪华型：舒适型+前排侧面双安全气囊、无钥匙进入及一键起动、电动空调、一触式双层双模式电动天窗、8扬声器、外后视镜电加热功能、真皮包裹转向盘、高档皮面面料座椅，1.6 AT/1.5T AT增加侧安全气帘

精英型：舒适型+ESC车身电子稳定系统、AYC车身横摆控制系统、HSA坡道辅助系统、TCS牵引力控制系统、无MASR加速防滑系统

智能型：豪华型+胎压监测报警系统、定速巡航、倒车可视、氙气前照灯

内饰颜色：灰黑、灰棕

主要车型参数及价格

	车 型	1.6MT	1.6AT	1.6MT	1.6AT	1.5T MT	1.5T AT	1.5T MT	1.5T AT	1.5T AT
		舒适型		豪华型		舒适型	精英型	豪华型		智能型
基本参数	长×宽×高(mm)	4740×1788×1475								
	轴距(mm)	2700								
	油箱/行李舱容积(L)	55/520								
	车身材料	钢板								
	车身类型/乘员人数	3厢4门/5								
发动机参数	发动机类型	直列4缸 16气门 双顶置凸轮轴 自然吸气				直列4缸 16气门 双顶置凸轮轴 涡轮增压				
	排量(mL)	–				1498				
	额定功率[kW/(r/min)]	87/5600～6000				110/5500～6000				
	最大转矩[N·m/(r/min)]	151/4000				220/2000～4500				
	排放标准	国Ⅳ、国Ⅴ								
底盘参数	变速器类型	5挡手动	5挡手自一体	5挡手动	5挡手自一体	5挡手动	5挡手自一体	5挡手动	5挡手自一体	
	驱动类型	前驱								
	悬架系统	前麦弗逊式悬架/后扭转梁式悬架								
	制动系统	前通风盘式/后盘式制动器								
	轮胎规格	195/65 R15		205/55 R16						
性能	最高车速(km/h)	–				190	185	–		185
上市时间		2014								
厂家建议价格(万元)		8.58	9.58	9.38	10.38	9.28	10.38	9.98	10.98	12.58

注：厂家建议价格以2016年3～8月为准

中华H330

主要配置

舒适型：前排正面双安全气囊、ABS+EBD制动系统、电动转向、吸能可溃缩式转向管柱、20km/h自动落锁功能、20km/h未系安全带语音提示、碰撞后门锁自动解除功能、儿童安全锁、智能中控门锁、发动机防盗系统、未关车灯报警仪表、车门防撞梁、行李舱开启中控锁、前后电动门窗控制系统、手动空调、空气过滤器、黄光数字化组合仪表、单碟CD带MP3、USB接口+AUX-IN音频接口、4扬声器、高位制动灯、卤素前照灯、后雾灯、前照灯高度调节、车顶天线、手动外后视镜、防炫内后视镜、转向盘角度可调、前后可调座椅头枕、针织面料座椅、普通转向盘、前排座椅4向调节，1.5AT舒适型增加转向盘带音响按键

豪华型：舒适型+无钥匙进入+无钥匙起动系统、集控关闭车窗、遥控智能中控门锁、倒车雷达、电动空调、电动天窗、真皮转向盘套带音响按键、6扬声器、前/后雾灯、电动外后视镜、前排座椅8向调节带腰撑、绒质面料座椅

主要车型参数及价格

	车　型	1.5MT 舒适型	1.5AT 舒适型	1.5MT 豪华型	1.5AT 豪华型
基本参数	长×宽×高(mm)	4510×1755×1460			
	轴距(mm)	2580			
	行李舱容积(L)	460			
	整备质量(kg)	1250	1270	1250	1270
	车身材料	钢板			
	车身类型/乘员人数	3厢4门/5			
发动机参数	发动机型号	BM15L			
	发动机类型	直列4缸 16气门 双顶置凸轮轴 电控燃油多点喷射			
	排量(mL)	1498			
	额定功率[kW/(r/min)]	77/5800			
	最大转矩[N·m/(r/min)]	143/3800～4200			
	排放标准/建议用油	欧Ⅳ、国Ⅴ/93#汽油			
底盘参数	变速器类型	5MT	4AT	5MT	4AT
	驱动类型	前驱			
	悬架系统	前麦弗逊式独立悬架/后复合扭转梁式悬架			
	制动系统	前通风盘式/后鼓式制动器		前通风盘式/后盘式制动器	
	轮胎规格	195/65 R15			
性能	最高车速(km/h)	175	170	175	170
	90km/h等速油耗(L/100km)	5.5	5.8	5.5	5.8
工信部综合工况油耗(L/100km)		6.3	6.6	6.3	6.6
上市时间		2013年4月20日			
厂家建议价格(万元)		6.58	6.98	7.18	7.58

注：厂家建议价格以2016年3～8月为准

中华H320

主要配置

舒适型：前排正面双安全气囊、ABS+EBD制动系统、吸能可溃缩式转向管柱、24km/h自动落锁功能、20km/h未系安全带语音提示、碰撞后门锁自动解除功能、儿童安全锁、电动助力转向、车门防撞梁、智能中控门锁、尾门中控门锁、发动机防盗系统、未关车灯报警仪表、手动空调、空气过滤器、前后电动门窗控制系统、电磁式背门开启功能、单碟CD+MP3、USB接口、4扬声器、高位制动灯、前照灯高度调节、卤素前照灯、后雾灯、手动外后视镜、后风窗定时除霜装置、车顶天线、防炫内后视镜、普通转向盘、转向盘角度可调、前排座椅4向调节、前后可调座椅头枕、针织面料座椅、黄光时尚组合仪表

豪华型：舒适型+遥控智能中控门锁、倒车雷达、遥控关闭车窗、电动空调、电动天窗、6扬声器、前/后雾灯、电动外后视镜、前排座椅8向调节带腰撑、绒质面料座椅

主要车型参数及价格

	车型	1.5MT 舒适型	1.5AT 舒适型	1.5MT 豪华型	1.5AT 豪华型
基本参数	长×宽×高(mm)	4210×1755×1460			
	轴距(mm)	2580			
	油箱/行李舱容积(L)	55/314			
	整备质量(kg)	1240	1270	1240	1270
	车身材料	钢板			
	车身类型/乘员人数	3厢4门/5			
发动机参数	发动机型号	BM15L			
	发动机类型	直列4缸 16气门 双顶置凸轮轴 电控燃油多点喷射			
	排量(mL)	1498			
	额定功率[kW/(r/min)]	77/5800			
	最大转矩[N·m/(r/min)]	143/4000			
	排放标准	欧Ⅳ、国Ⅴ			
底盘参数	变速器类型	5MT	4AT	5MT	4AT
	驱动类型	前驱			
	悬架系统	前麦弗逊式悬架/后扭转梁式悬架			
	制动系统	前通风盘式/后鼓式制动器		前通风盘式/后盘式制动器	
	轮胎规格	195/65 R15			
性能	最高车速(km/h)	175	170	175	170
工信部综合工况油耗(L/100km)		6.3	6.6	6.3	6.6
上市时间		2012年8月31日			
厂家建议价格(万元)		6.38	7.08	7.18	7.88

注：厂家建议价格以2016年3～8月为准

中华H230

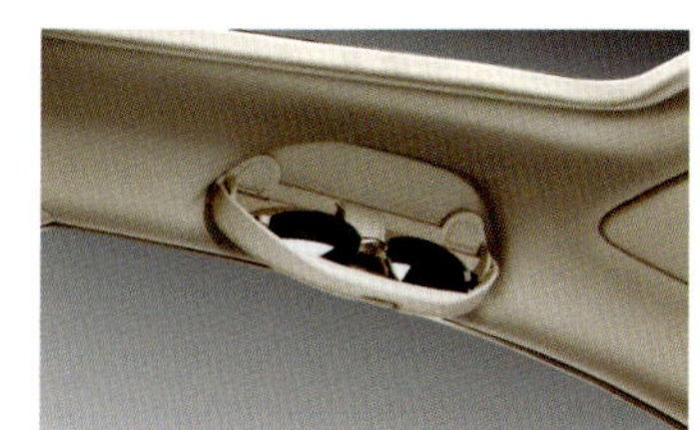

主要配置

舒适型：前排正面双安全气囊、ABS+EBD制动系统、电动助力转向、吸能可溃缩式转向管柱、20km/h自动落锁功能、20km/h未系安全带语音提示、碰撞后门锁自动解除功能、发动机防盗系统、儿童安全锁、遥控智能中控门锁、车门防撞梁、转向盘角度可调、遥控关闭车窗、前后电动门窗控制系统、手动空调、空气过滤器、行车电脑、USB接口+AUX-IN音频接口+收音机、4扬声器、高位制动灯、卤素前照灯、前照灯高度调节、后雾灯、车顶天线、电动外后视镜、后风窗定时除霜装置、防炫内后视镜、前排座椅4向调节、上下可调座椅头枕、针织面料座椅、普通转向盘、时尚组合仪表

精英型：舒适型+儿童座椅约束系统、倒车雷达、USB接口+AUX-IN音频接口+单碟CD+MP3、6扬声器、前雾灯

酷悦型：精英型+侧安全气囊、侧安全气帘、发动机下部导风板

天窗型：精英型+电动天窗、发动机下部导风板

车身颜色：白银灰、珍珠黑、名士蓝、炫耀红、冰雪白、蒙特利尔灰

内饰颜色：黑色

主要车型参数及价格

车型		1.5MT 舒适型	1.5MT 精英型	1.5MT 酷悦型	1.5AMT 精英型	1.5AMT 天窗型
基本参数	长×宽×高(mm)	4390×1703×1482				
	轴距(mm)	2570				
	前/后轮距(mm)	1465/1460				
	油箱/行李舱容积(L)	42/470				
	整备质量(kg)	1207			1214	
	车身材料	钢板				
	车身类型/乘员人数	3厢4门/5				
发动机参数	发动机型号	BM15L				
	发动机类型	直列4缸 16气门 双顶置凸轮轴 电控燃油多点喷射				
	排量(mL)	1498				
	额定功率[kW/(r/min)]	77/5800				
	最大转矩[N·m/(r/min)]	143/3800～4200				
	排放标准	国V				
底盘参数	变速器类型	5MT			6AMT	
	驱动类型	前驱				
	悬架系统	前麦弗逊式独立悬架/后扭力梁式拖曳臂式悬架				
	制动系统	前通风盘式/后鼓式制动器				
	轮胎规格	185/60 R15				
性能	最高车速(km/h)	180				
工信部综合工况油耗(L/100km)		6.3			6.6	
上市时间		2012年8月31日				
厂家建议价格(万元)		5.58	5.98	6.28	6.68	6.88

注：厂家建议价格以2016年3～8月为准

中华H220

中华

主要配置

舒适型：前排正面双安全气囊、ABS＋EBD制动系统、前排三点式安全带(普通)、后排安全带(两侧三点式/中间两点式)、电动助力转向、吸能可溃缩式转向管柱、20km/h自动落锁功能、20km/h未系安全带语音提示、碰撞后门锁自动解除功能、发动机防盗系统、儿童安全锁、遥控智能中控门锁、车门防撞梁、遥控关闭车窗、前后电动门窗控制系统、手动空调、空气过滤器、行车电脑、4扬声器、USB接口+AUX-IN音频接口+收音机、高位制动灯、卤素前照灯、前照灯高度调节、后雾灯、后车窗刮水器及后洗涤器、车顶天线、电动外后视镜、防炫内后视镜、前排座椅4向调节、上下可调座椅头枕、针织面料座椅、普通转向盘、时尚组合仪表

精英型：舒适型+儿童座椅约束系统、倒车雷达、USB接口+AUX-IN音频接口+单碟CD+MP3、6扬声器、前雾灯

酷悦型：精英型+侧安全气囊、侧安全气帘、发动机下部导风板

天窗型：精英型+电动天窗、发动机下部导风板

车身颜色：白银灰、珍珠黑、炫耀红、冰雪白、炫舞橙

主要车型参数及价格

	车　型	1.5MT 舒适型	1.5MT 精英型	1.5MT 酷悦型	1.5AMT 精英型	1.5AMT 天窗型
基本参数	长×宽×高(mm)	4190×1703×1482				
	轴距(mm)	2570				
	前/后轮距(mm)	1465/1460				
	油箱/行李舱容积(L)	42/250-1190				
	整备质量(kg)	1207			1214	
	车身材料	钢板				
	车身类型/乘员人数	2厢5门/5				
发动机参数	发动机型号	BM15L				
	发动机类型	直列4缸 16气门 双顶置凸轮轴 电控燃油多点喷射				
	排量(mL)	1498				
	额定功率[kW/(r/min)]	77/5800				
	最大转矩[N·m/(r/min)]	143/4000				
	排放标准	国Ⅳ、国Ⅴ				
底盘参数	变速器类型	5MT			6AMT	
	驱动类型	前驱				
	悬架系统	前麦弗逊式独立悬架/后扭力梁式拖曳臂式悬架				
	制动系统	前通风盘式/后鼓式制动器				
	轮胎规格	185/60 R15				
性能	0~100km/h加速时间(s)	12.3				
工信部综合工况油耗(L/100km)		6.3			6.6	
上市时间		2013年11月21日				
厂家建议价格(万元)		5.48	5.88	6.18	6.58	6.78

注：厂家建议价格以2016年3～8月为准

华晨宝马汽车有限公司 BMW Brilliance Automotive Ltd.

BMW5系　BMW3系

BMW5系长轴距

在2013年9月中期改款之后，BMW 5系Li继续着豪华商务轿车细分市场的巨大成功。第六代BMW 5系Li自上市以来获得了消费者的高度认可，并改写了市场格局。运动优雅是BMW 5系轿车最为突出的特点。不断进行的产品升级和技术创新铸就了5系Li的持续成功。例如，自适应LED前照灯、强大的驾驶辅助系统、带停车起步功能的主动巡航系统、夜视系统、全彩平视显示系统等保障用户安全。专业级后排娱乐系统、专属定制等满足高端商务人士的尊享个性化消费需求。不断丰富的BMW互联驾驶更让5系用户时刻位于时代的前沿。

主要配置

520Li

典雅型：前排安全气囊、前后排头部安全气囊、驾驶席/前排乘客侧面安全气囊、主动保护系统(带注意力警示功能)、报警系统、可更换的前后撞击溃缩原件的保险杠系统、动态稳定控制系统扩展型、PDC前/后驻车距离报警器/配有视觉和声音反馈、ISOFIX儿童座椅固定装置、蓄电池安全接线柱、三点式安全带、防爆轮胎、车轮螺栓锁、巡航控制系统、发动机节能自动起停功能、驾驶体验控制系统带ECO PRO、电子助力转向、中控锁、伺服式助力转向、电动玻璃天窗、高级双区自动空调、BMW专业级收音机/带CD光盘驱动器、带USB接口的手机蓝牙免提功能和音乐播放功能、前照灯清洗系统、含自动前照灯控制、LED雾灯、远近光氙气前照灯、雨量探测器、金属漆、外部后视镜/非球面/电动可调和可加热、前排座椅电动调节、驾驶席座椅带记忆功能、吸烟配套、Dakota真皮、警告三角标志及急救包、多功能真皮包裹转向盘

525Li

领先型：520Li典雅型+丝绒脚垫、前排座椅加热功能

豪华设计套装：领先型+后视摄像机、带手写输入功能的iDrive系统、BMW专业级导航系统、BMW互联驾驶(BMW应用/实时路况信息/资讯在线/旅程咨询服务/呼叫中心远程协助服务及BMW远程助理/智能紧急呼叫/道路救援服务/客户关怀中心/维护自动提醒服务)、具自动防炫功能内部后视镜、运动型多功能转向盘、Nappa真皮座椅

528Li

领先型/xDrive领先型：525Li豪华设计套装+后排音响遥控器、BMW专业级收音机带CD光盘驱动器、Harman/Kardon环绕音响系统、具自动防炫目功能的内部后视镜及驾驶席侧外后视镜(含外后视镜电动折叠及加热功能)、前排座椅腰部支撑、Dakota真皮座椅，无防爆轮胎

豪华设计套装/xDrive豪华设计套装：xDrive领先型+智能全轮驱动、舒适进入功能(带后行李舱智能开启功能)、后窗电动遮阳帘、后侧窗机械式遮阳帘、后排座椅加热功能、环境灯

535Li

领先型：528LixDrive豪华设计套装+全彩平视显示系统、LED随动控制前照灯/带防炫目远光自动控制、扩展型仪表板、前排舒适型座椅/电动可调

行政型豪华设计套装：领先型+自动泊车辅助功能、驾驶辅助功能、后排专业级娱乐系统(带9.2英寸显示屏)、全电子可编程仪表板、后排区折叠桌、BMW个性版后座阅读灯

车身颜色：冰河银、宝石青、矿石白、开士米银、巴西棕、雪山白

内饰颜色：黑色高光、高光白蜡木粒状高级木饰/深色、炫晶灰色细线纹高级木饰、炫晶灰色细线纹高级木饰、深色白蜡木纹理高级木饰带镶嵌

主要车型参数及价格

车型		520Li	525Li		528Li				535Li	
		典雅型	领先型	豪华设计套装	领先型	xDrive领先型	豪华设计套装	xDrive豪华设计套装	领先型	行政型豪华设计套装
基本参数	长×宽×高(mm)	5055×1860×1491								
	轴距(mm)	3108								
	前/后轮距(mm)	1600/1626								
	油箱/行李舱容积(L)	70/520								
	整备质量(kg)	1740	1760			1830	1760	1830	1850	
	车身材料	钢板								
	车身类型/乘员人数	3厢4门/5								
发动机参数	发动机类型	BMW双涡管单涡轮增压技术 Valvetronic电子气门 高精度直喷 Double-VANOS双凸轮轴可变气门正时系统								
	排量(mL)	1997							2979	
	额定功率[kW/(r/min)]	135/5000	160/5000		180/5000				225/5800	
	最大转矩[N·m/(r/min)]	270/1250～4500	310/1350～4800		350/1250～4800				400/1200～5000	
	建议用油	95#无铅燃油								
底盘参数	变速器类型	8挡手自一体变速器							8挡运动型手自一体变速器带换挡拨片	
	驱动类型	后驱				全驱	后驱	全驱	后驱	
	悬架系统	前双叉臂独立悬架/后整体铝质悬架								
性能	最高车速(km/h)	225	237		250	247	250	247	250	
	0～100km/h加速时间(s)	8.7	7.6		6.9	7.1	6.9	7.1	6.2	
工信部综合工况油耗(L/100km)		6.9	7.0		7.2	7.8	7.2	7.8	8.3	
上市时间		2013年9月								
厂家建议价格(万元)		43.56	46.66	49.96	55.06	57.66	61.96	64.56	68.86	77.86

注：厂家建议价格以2016年3～8月为准

BMW3系长轴距

2015年9月，第六代BMW 3系的中期改款车型正式在中国上市，新车型在保留原有畅销款车型的基础上，增添了加装M运动套件的标准轴距车型，此外通过技术升级和配置提升使得豪华、舒适特性在3系长轴距车型上更加突出。新BMW 3系外观设计更加动感，全系标配LED前照灯。新BMW 3系还提供更具个性和质感的设计套装，对于更强调驾乘舒适性的客户，配备豪华设计套装的长轴距车型可以充分满足他们的专属需求。经过全新设计造型时尚的前后保险杠镀铬条、更多豪华设计标识等专属设计都让新BMW 3系变得卓尔不群。BMW互联驾驶的丰富应用令新BMW 3系在智能互联方面再次树立行业标杆。"BMW互联驾驶基础服务"和"资讯在线及远程服务"、"实时路况信息和旅程咨询服务"为车主提供方便快捷的服务。新BMW 3系还配备了诸多创新配置：BMW全彩平视显示系统，Harman Kardon环绕声音响系统，舒适进入功能，双向泊车辅助系统，车道变更警告功能，自适应巡航等。

主要配置

316Li

时尚型：前排安全气囊、前/后排头部和前排侧面安全气囊、主动保护系统、车轮螺栓锁、报警系统、前后部驻车距离报警器、胎压报警指示灯、防爆轮胎、电动助力转向系统、伺服式助力转向系统、动态稳定控制系统、制动能量回收、发动机节能自动启停功能、ECO PRO节能模式、起动/停止按钮、车载电脑、高级双区自动空调、带USB接口的手机蓝牙免提和音乐播放功能、AUX-IN连接、直通装载系统、LED前照灯、雾灯、后侧窗遮阳帘、个性版后排阅读灯、后排中央扶手、具自动防炫目功能的内部后视镜、多功能运动型真皮转向盘、黑色高光内饰、带珠光镀铬装饰条、前排座椅电动调节、驾驶者座椅带记忆功能、后排化妆镜、后排绅士功能按键

320Li

进取型：与316Li时尚型配置相同

时尚型：进取型+后视摄像机、BMW互联驾驶技术(远程售后服务/智能紧急呼叫/资讯在线/远程协助服务/道路救援服务)、BMW商业级导航系统、具自动防炫目功能的内部后视镜及驾驶席侧外后视镜(含外后视镜电动折叠及加热功能)、后排舒适座椅

豪华设计套装：时尚型+带制动功能的巡航控制系统、BMW互联驾驶技术(远程售后服务/智能紧急呼叫/资讯在线/实时路况信息/远程协助服务/旅程咨询服务/道路救援服务/语音控制功能)、高保真扬声器系统、后窗电动遮阳帘、豪华设计套装、扩展型仪表板、炫晶灰色细线纹高级木饰、前排座椅腰部支撑、前排座椅加热功能

328Li

时尚型：320Li豪华设计套装+精致抛光铝制内饰/带黑色高光装饰条，无豪华设计套装

豪华设计套装：时尚型+全彩平视显示系统、Harman/Kardon环绕音响系统、舒适进入功能(带后行李舱盖智能开启功能)、胡桃木高级内饰/带珠光镀铬装饰条、豪华设计套装

xDrive豪华设计套装：豪华设计套装+智能全轮驱动系统、LED随动控制前照灯

335Li

豪华设计套装：335LixDrive豪华设计套装+驾驶辅助功能、自动泊车辅助功能、可变运动转向系统、车道变更警告功能、全景摄像机、后视摄像机、LED雾灯、前照灯清洗系统、远光自动控制、白蜡木纹理高级木饰/带珠光镀铬装饰条

车身颜色：开士米银、哈瓦那灰、宝石青、墨尔本红、冰河银、埃斯托蓝、栗铜棕色、矿石白、勃艮第红、雪山白

内饰颜色：黑色高光内饰/带珠光镀铬装饰条、炫晶灰色细线纹高级木饰/带珠光镀铬装饰条、精致抛光铝制内饰、带黑色高光装饰条、胡桃木高级木饰/带珠光镀铬装饰条、白蜡木纹理高级木饰/带珠光镀铬装饰条

主要车型参数及价格

车型		316Li	320Li			328Li			335Li
		时尚型	进取型	时尚型	豪华设计套装	时尚型	豪华设计套装	xDrive豪华设计套装	豪华设计套装
基本参数	长×宽×高(mm)	4753×1811×1453				4753×1811×1455		4753×1811×1458	4753×1811×1455
	轴距(mm)	2920							
	前/后轮距(mm)	1453/1583							1543/1583
	油箱/行李舱容积(L)	60/480							
	整备质量(kg)	1530	1560			1590		1675	1650
	车身材料	钢板							
	车身类型/乘员人数	3厢4门/5							
发动机参数	发动机类型	直列4缸 双涡管单涡轮增压发动机 Double-VANOS双凸轮轴可变气门正时系统 Valvetronic电子气门							直列6缸 双涡管单涡轮增压发动机 Double-VANOS双凸轮轴可变气门正时系统 Valvetronic电子气门
	排量(mL)	1598	1997						2979
	额定功率[kW/(r/min)]	100/4400~6450	135/5000			180/5000			225/5800~6400
	最大转矩[N·m/(r/min)]	220/1350~4300	270/1250~4500			350/1250~4800			400/1200~5000
	建议用油	95#无铅燃油							
底盘参数	变速器类型	8挡手自一体变速器				8挡运动型手自一体变速器带换挡拨片			
	驱动类型	后驱						全驱	后驱
	轮胎规格	225/55 R16	225/50 R17			225/45 R18			
性能	最高车速(km/h)	210	235			250			
工信部综合工况油耗(L/100km)		6.4	6.9			7.2			8.3
上市时间		2015年9月24日							
厂家建议价格(万元)		30.98	32.58	34.98	39.38	43.08	46.48	48.68	59.88

注：厂家建议价格以2016年3～8月为准

BMW3系标准轴距

2015年9月，第六代BMW 3系的中期改款车型正式在中国上市，新车型在保留原有畅销款车型的基础上，增添了加装M运动套件的标准轴距车型，此外通过技术升级和配置提升使得豪华、舒适特性在3系长轴距车型上更加突出。新BMW 3系外观设计更加动感，全系标配LED前照灯。新BMW 3系还提供更具个性和质感的设计套装，专为追求极致运动的车主而打造的M运动套件替代了之前的运动设计套装，让更多"M"拥趸梦想成真，并且M运动套件可以为标准轴距和长轴距两种车型提供选择。BMW互联驾驶的丰富应用令新BMW 3系在智能互联方面再次树立行业标杆。"BMW互联驾驶基础服务"和"资讯在线及远程服务"、"实时路况信息和旅程咨询服务"为车主提供方便快捷的服务。新BMW 3系还配备了诸多创新配置：BMW全彩平视显示系统，Harman Kardon环绕声音响系统，舒适进入功能，双向泊车辅助系统，车道变更警告功能，自适应巡航等。

主要配置

316Li

时尚型：前排安全气囊、前后头部和前排侧面安全气囊、主动保护系统、前后部驻车距离报警器、报警系统、车轮螺栓锁、胎压报警指示灯、防爆轮胎、电动助力转向系统、伺服式助力转向系统、动态稳定控制系统、制动能量回收、发动机节能自动起停功能、ECO PRO节能模式、自动/停止按钮、直通装载系统、高级双区自动空调、车载电脑、带USB接口的手机蓝牙免提和音乐播放功能、AUX/IN连接、LED前照灯、雾灯、后排中央扶手、多功能运动型真皮包裹转向盘、黑色高光内饰/带珠光镀铬装饰条、前排座椅电动调节、驾驶者座椅带记忆功能

320Li

时尚型：316i时尚型+后视摄像机、BMW互联驾驶技术(远程售后服务/智能紧急呼叫/资讯在线/远程协助服务/道路救援服务)、BMW商业及导航系统、自动防炫目功能的内部后视镜及驾驶席侧外后视镜(含外后视镜电动折叠及加热功能)

M运动型：时尚型+巡航控制系统带制动功能、高保真扬声器系统、BMW互联驾驶技术(远程售后服务/智能紧急呼叫/资讯在线/实时路况信息/远程协助服务/旅程咨询服务/道路救援服务/语音控制功能)、LED雾灯、BMW个性版墨灰色车顶篷、M运动套装、M空气动力学套件、BMW个性版shadow line外饰条、前排座椅腰部支撑、前排运动型座椅、M运动型多功能真皮包裹转向盘、铝制六边形内饰

328Li

M运动型：320iM运动型+Harman/Kardon环绕音响系统、全彩平视显示系统、舒适进入功能(带后行李舱盖智能开启功能)

xDrive M运动型：M运动型+全轮驱动系统

车身颜色：开士米银、哈瓦那灰、宝石青、墨尔本红、冰河银、埃斯托蓝、栗铜棕色、矿石白、雪山白

内饰颜色：黑色高光内饰/带珠光镀铬装饰条，铝制六边形内饰/带黑色高光装饰条

主要车型参数及价格

	车型	316i	320i		328i	
		时尚型	时尚型	M运动型	M运动型	xDrive M运动型
基本参数	长×宽×高(mm)	4643×1811×1454		4650×1811×1454	4650×1811×1455	4650×1811×1454
	轴距(mm)	2810				
	前/后轮距(mm)	1453/1583				1543/1583
	油箱/行李舱容积(L)	60/480				
	整备质量(kg)	1500	1530		1560	1640
	车身材料	钢板				
	车身类型/乘员人数	3厢4门/5				
发动机参数	发动机类型	直列4缸 双涡管单涡轮增压发动机 Double-VANOS双凸轮轴可变气门正时系统 Valvetronic电子气门				
	排量(mL)	1598	1997			
	额定功率[kW/(r/min)]	100/4400～6450	135/5000		180/5000	
	最大转矩[N·m/(r/min)]	220/1350～4300	270/1250～4500		350/1250～4800	
	建议用油	95#无铅燃油				
底盘参数	变速器类型	8挡手自一体变速器		8挡运动型手自一体变速器(带换挡拨片)		
	驱动类型	后驱				四驱
	轮胎规格	205/60 R16	225/50 R17	前：225/45 R18、后：225/40 R18		
性能	最高车速(km/h)	210	235		250	
工信部综合工况油耗(L/100km)		6.4	6.7			7.2
上市时间		2015年9月24日				
厂家建议价格(万元)		28.30	32.80	37.90	45.20	47.40

注：厂家建议价格以2016年3～8月为准

一汽轿车

一汽轿车股份有限公司 FAW Car Co.,Ltd.

红旗L5　红旗H7

一汽奔腾：奔腾B90　奔腾B70　奔腾B50

一汽欧朗

一汽马自达：睿翼轿车　睿翼轿跑车　阿特兹　马自达6

红旗L5

红旗L5大量采用中国传统文化符号，在增添民族风格的同时，更蕴含了中国人自古崇尚的君子人格与新中国成立后的积极与自信。

红旗L5还以现代科技打造超豪华驾乘体验，充分体现了其所代表的中国汽车工业最高科技水平。红旗L5搭载中国一汽自主研发的V型12缸全铝汽油发动机。该款发动机不仅能够提供澎湃动力，而且静音性极佳，豪华全液压四点悬置与发动机自身的超低振动匹配，一元硬币可以直立不倒。加上全时智能四驱系统，为红旗L5带来更安全、完美的驾驭感。

主要配置

前排双安全气囊、ABS防抱死制动系统、EBD电控制动力分配系统、EPB电控驻车制动系统/具有辅助行驶功能、前后排三点预紧安全带、前后8探头驻车雷达、八刀蝉造型遥控钥匙、四温区自动空调、等离子发生器/制造正/负离子/改善空气质量、DBS系统/双蓄电池管理单元、创造性全液晶显示屏(包括15.3英寸液晶组合仪表，分为影像显示区以及左右侧仪表区并搭配前后两块8英寸触摸操控屏、集成AM/FM广播、车载蓝牙电话系统、倒车影像系统、6碟DVD机，可对整车运行状态进行监测及控制)、车载电视功能、15个专属标定BOSE高品质扬声器(8个中高音扬声器、1个低音炮、4个低音扬声器、2个高音扬声器)、容积8L的车载冷暖箱、传统扇形面罩、36根进气格栅、高强度氙气前照灯带高度自动调节功能和前照灯清洗装置、前后雾灯、“红旗”造型LED侧转向灯、立式宫灯状尾灯、前后车门自动吸合功能、电动外后视镜带电动调节/折叠/电加热和记忆功能、后风窗除霜除雾功能、镶玉内门把手、前排液晶式变光遮阳板、防炫内后视镜带麦克风功能、驾驶席座椅8向电动调节带腰部支撑功能、驾驶员座椅4向电动调节带腰部支撑功能、前排座椅3挡记忆功能与转向盘及外后视镜联动、2辐真皮包裹多功能转向盘带有4方向电动调节/位置记忆和方便出入功能、苏格兰全粒面小牛皮手工包覆座椅、前后排座椅通风加热、后排座椅角度电动调节功能、大漆装饰面板、如意造型中控台、手动推拉式窗帘、后排多功能中央扶手带液晶触控屏/漆器面板/漆器划盖/水杯架/放物盒

主要车型参数及价格

车型		红旗L5
		帜尊版
基本参数	长×宽×高(mm)	5555×2018×1578
	轴距(mm)	3435
	前/后轮距(mm)	1690/1692
	油箱容积(L)	105
	整备质量(kg)	3150
	车身材料	钢板
	车身类型/乘员人数	3厢4门/5
发动机参数	发动机类型	V型12缸 双顶置凸轮轴 自然吸气
	排量(mL)	5985
	额定功率[kW/(r/min)]	300/5600
	最大转矩[N·m/(r/min)]	550/4000
	排放标准/建议用油	国Ⅳ/97#汽油
底盘参数	变速器类型	6挡手自一体变速器
	驱动类型	智能四驱
	悬架系统	前四连杆式独立悬架/后H型多连杆独立悬架
	制动系统	前后通风盘式制动器
	轮胎规格	275/40 R20
性能	最高车速(km/h)	190
工信部综合工况油耗(L/100km)		18
上市时间		2014年4月20日
厂家建议价格(万元)		500

注：厂家建议价格以2016年3～8月为准

红旗H7

主要配置

技术型：双级启爆智能式前排双安全气囊、头部侧安全气帘、ABS+EBD、EPB电控驻车制动系统、TCS牵引力控制系统、制动辅助系统、CDP车辆动态减速功能、ESP车身电子稳定系统、定速巡航系统、AUTO HOLD自动保持功能、后排儿童座椅固定装置、车身防盗系统、发动机防盗系统、直接式胎压报警系统、前后8探头驻车雷达、倒车视频影像系统、智能起动系统、前后电动防夹车窗、电动防夹天窗、电动行李舱盖启闭、数字电视接收系统、单碟DVD、USB接口+SD卡+AUX接口、GPS导航系统、8英寸触控液晶屏、鲨鱼鳍式天线、车载蓝牙电话系统、13个BOSE环绕立体声扬声器、电动加热外后视镜、隔热防紫外线前后窗玻璃、前后风窗除霜除雾功能、高强度氙气前照灯、前照灯清洗装置、前后雾灯、高位制动灯、外后视镜迎宾照明+LED转向灯、4辐真皮多功能转向盘、织物座椅、驾驶席座椅8向电动调节、副驾驶座椅4向电动调节、前排头枕4向调节、后排头枕2向调节、自动防炫内后视镜

豪华型：技术型+前排侧安全气囊、三温区自动空调、电动折叠外后视镜带记忆功能、驾驶席座椅记忆功能、真皮座椅、前排座椅加热/通风功能、后排座椅加热，2.0T/3.0L发动机、前排膝部双安全气囊、智能进入、8L车载冷暖箱、后排座椅通风/按摩功能、后风窗电动遮阳帘、后车窗手动遮阳帘、后排座椅两侧靠背倾斜角度可调

尊贵型：豪华型+FCW前防撞预警系统、主动制动系统、LDW道路偏航预警系统、驾驶席状态监控系统、ACC带停-走功能的主动巡航系统、ANV主动夜视系统、AFS智能前照灯

车身颜色：幻影黑、钛金灰、深幽蓝、摩卡棕

内饰颜色：灰色、栗棕色

主要车型参数及价格

车型		1.8T		2.0T		3.0L	
		技术型	豪华型	豪华型	尊贵型	豪华型	尊贵型
基本参数	长×宽×高(mm)	5095×1875×1485					
	轴距(mm)	2970					
	前/后轮距(mm)	1610/1608					
	油箱/行李舱容积(L)	70/468					
	整备质量(kg)	1800				1805	
	车身材料	钢板					
	车身类型/乘员人数	3厢4门/5					
发动机参数	发动机型号	CA4GC18T-01		CA4GC20T		CA6GV1	
	发动机类型	直列4缸 16气门 双顶置凸轮轴				V型6缸 16气门 双顶置凸轮轴	
	排量(mL)	1796		1995		2995	
	额定功率[kW/(r/min)]	260/2000～4500				300/3000	
	最大转矩[N·m/(r/min)]	138/5500		150/5500		170/6000	
	排放标准/建议用油	国V/97#汽油					
底盘参数	变速器类型	6挡自动					
	驱动类型	前置后驱					
	悬架系统	前双叉臂式独立悬架带横向稳定杆/后多连杆式独立悬架带横向稳定杆					
	制动系统	前后通风盘式制动器					
	轮胎规格	225/55 R17					235/45 R18
性能	最高车速(km/h)	200				220	
工信部综合工况油耗(L/100km)		9.8				10.1	
上市时间		2015年4月		2014年9月10日			
厂家建议价格(万元)		24.98	27.98	31.98	37.98	39.98	47.98

注：厂家建议价格以2016年3～8月为准

奔腾B90

主要配置

舒适型： 前排安全气囊、前排侧安全气囊、ABS制动防抱死系统、EBD电子制动力分配系统、EBA电子控制辅助制动系统、TCS牵引力控制系统、ESP电子稳定程序、后车门儿童保护锁、电子驻车制动、驾驶席安全带未系提示、ISO FIX儿童座椅接口、发动机电控防盗系统、车内中控锁、RKE遥控钥匙、倒车雷达、前后电动车窗、4门车窗防夹手功能、全自动空调、车外温度显示、后排空调出风、行车电脑显示屏、中控台7英寸TFT屏、MMI人机交互系统、USB接口、CD播放机支持MP3/WMA、单碟CD、6扬声器、卤素前照灯、日间行车灯、自动灯光点亮系统、LED制动灯、高位制动灯、防紫外线/隔热玻璃、外后视镜电动调节含侧转向灯、外后视镜电动折叠及电加热、自动感应刮水器、铝合金轮辋、自动防炫内后视镜、真皮包裹转向盘、转向盘4向调节、多功能转向盘、丝绒面料座椅、腰部支撑调节

豪华型： 舒适型+头部侧安全气帘、胎压报警系统、PKE智能钥匙一键起动系统、定速巡航、前部泊车雷达、电动天窗、双区独立控制空调、蓝牙/车载电话、虚拟6碟CD、氙气前照灯、前照灯自动水平控制系统、前照灯自动清洗装置、前照灯延时关闭功能、皮革面料座椅、前排座椅电动调节、前排座椅加热

尊贵型： 豪华型+倒车影像系统、空气净化装置、GPS导航系统、单碟DVD、前照灯智能随动转向、外后视镜与座椅记忆联动功能、鲨鱼鳍天线、驾驶席电动座椅记忆功能、后排座椅加热

旗舰型： 尊贵型+车载保险箱、DVD头枕，2.0T旗舰型无车载保险箱、DVD头枕

车身颜色： 北极白、幻影黑、钛灰、云层银

主要车型参数及价格

	车　型	1.8T				2.0T	
		舒适型	豪华型	尊贵型	旗舰型	豪华型	旗舰型
基本参数	长×宽×高(mm)	4860×1812×1472					
	轴距(mm)	2780					
	前/后轮距(mm)	1550/1550					
	最小离地间隙(mm)	114					
	油箱/行李舱容积(L)	64/488					
	整备质量(kg)	1560				1565	
	车身材料	钢板					
	车身类型/乘员人数	3厢4门/5					
发动机参数	发动机型号/类型	CA4GC18T/涡轮增压				CA4GC20T/涡轮增压	
	排量(mL)	1796				1995	
	额定功率[kW/(r/min)]	137/5500～6000				150/5500～6000	
	最大转矩[N·m/(r/min)]	235/2000～4500				260/2000～4500	
	排放标准	国Ⅴ带OBD功能					
底盘参数	变速器类型	6挡手自一体					
	驱动类型	前驱					
	悬架系统	前双横臂式独立悬架带横向稳定杆/后E型多连杆式独立悬架带横向稳定杆					
	制动系统	前通风盘式/后盘式制动器					
	轮胎规格	215/50 R17					
性能	最高车速(km/h)	215				220	
	0～100km/h加速时间(s)	9.4				9.3	
工信部综合工况油耗(L/100km)		9.4				9.6	
上市时间		2014年3月25日					
厂家建议价格(万元)		14.58	15.58	17.78	19.98	15.98	20.18

注：厂家建议价格以2016年3～8月为准

奔腾B70

运动型

主要配置

舒适型：前排安全气囊、ABS制动防抱死系统、EBD电子制动力分配系统、BA/EBA控制辅助制动系统、三点式预紧安全带、后倒车雷达、驾驶席安全带未系提示、ISOFIX儿童座椅接口、发动机电控防盗系统、车内中控锁、后门儿童保护锁、RKE遥控钥匙、120km/h超速报警功能、定速巡航、真皮包裹变速器操纵杆、行车电脑显示屏、车内备用电源、全自动空调、后排出风口、前/后电动车窗、车外温度显示、杂物箱冷暖通风系统、4门车窗防夹手功能、AUX/USB外接音源接口、CD支持MP3/WMA、单碟CD、4扬声器、双远光前组合灯、日间行车灯、前照灯高度可调(手动调节)、前照灯延时功能、高位制动灯、防紫外线/隔热玻璃、后风窗定时除霜、窗式天线、铝合金轮辋、后视镜电动调节、后视镜电动折叠、多功能转向盘、转向盘四向调节、织物座椅、驾驶席座椅高低调节、驾驶席座椅腰部支撑调节、后视镜手动防炫，AT舒适型增加TCS牵引力控制系统、ESP电子稳定程序系统

豪华型：舒适型+前排侧安全气囊、副驾驶席安全带未系提示、车前雷达、电动天窗、蓝牙/车载电话、8扬声器、驾驶席座椅电动调节、前排座椅加热、后视镜自动防炫，AT豪华型增加TCS牵引力控制系统、ESP电子稳定程序系统

精英型：舒适型+电动天窗

运动豪华型：豪华型+TCS牵引力控制系统、ESP电子稳定程序、运动外观套装、运动型铝合金踏板、运动风格座椅、真皮转向盘套

运动尊享型：运动豪华型+胎压报警系统、倒车视频影像、GPS导航系统、中控台7英寸TFT屏、单碟DVD、鲨鱼鳍天线

运动尊贵型：运动尊享型+侧安全气帘、双区独立控制空调、转向灯(转角灯)、前雾灯、自动灯光点亮系统、感应刮水器、后视镜电加热

主要车型参数及价格

车型		2.0 MT		2.0 AT		1.8T			
		舒适型	豪华型	舒适型	豪华型	精英型	运动豪华型	运动尊享型	运动尊贵型
基本参数	长×宽×高(mm)	4800×1820×1472							
	轴距(mm)	2725							
	油箱/行李舱容积(L)	58/522							
	前/后轮距(mm)	1550/1550							
	整备质量(kg)	1460		1480		1545			
	车身材料	钢板							
	车身类型/乘员人数	3厢4门/5							
发动机参数	发动机型号/类型	CA4GD1/自然吸气				CA4GC18T/涡轮增压			
	排量(mL)	1999				1796			
	额定功率[kW/(r/min)]	108/6500				137/5500~6000			
	最大转矩[N·m/(r/min)]	184/4000				235/2000~4500			
	排放标准/建议用油	国Ⅳ、国Ⅴ/93#及以上汽油							
底盘参数	变速器类型	6挡手动		6挡手自一体					
	驱动类型	前置前驱							
	悬架系统	前双横臂式独立悬架带横向稳定杆/后E型多连杆式独立悬架带横向稳定杆							
	制动系统	前后盘式制动器							
	轮胎规格	215/50 R17							
性能	最高车速(km/h)	200		196		215			
	0~100km/h加速时间(s)	11.51		12.58		10.7			
工信部综合工况油耗(L/100km)		7.5		7.6		9.4			
上市时间		2014年5月8日							
厂家建议价格(万元)		9.98	10.98	10.98	11.98	12.28	12.98	13.98	14.98

注：厂家建议价格以2016年3~8月为准

奔腾B50

年度**新上市**车型

全新奔腾B50采用最新家族式前脸造型，前照灯造型也更加犀利，配置上增加了LED日间行车灯和前照灯延时关闭功能。新车运动版车型在前翼子板处嵌有“TURBO”的标识，同时尾部配备有后扰流板。新车轴距相比现款车型增加了50mm，达到2725mm。

主要配置

技术型：前排安全气囊、ABS制动防抱死系统、EBD电子制动力分配系统、三点式预紧安全带、后车门儿童保护锁、驾驶位安全带未系提示、ISO FIX儿童座椅接口、发动机电子防盗系统、车内中控锁、车速20km电动锁自动锁止功能、120km/h超速报警、遥控钥匙、电动空调、单区空调、USB接口、4扬声器系统、卤素前照灯、前照灯高度可调、前照灯延时功能、高位制动灯、前/后电动车窗、外后视镜电动调节、外后视镜电动调节含侧转向灯、后风窗除霜、铝合金轮毂、转向盘上下调节、行车电脑显示屏、织物座椅、驾驶员座椅6向手动调节、副驾驶座椅4向手动调节、前排中央扶手、内后视镜手动防炫目

舒适型：技术型+定速巡航、日间行车灯、电动天窗、多功能转向盘，AT舒适型增加EBA电子控制辅助制动系统、TCS牵引力控制系统、ESP电子稳定程序系统、HHC上坡辅助控制系统、ECO节能模式

豪华型：舒适型+前排侧安全气囊、倒车雷达、副驾驶位安全带未系提示、倒车视频影像、手机互联系统、7寸彩色触摸屏、蓝牙/车载电话、语音控制系统、Ipod功能、6扬声器系统、皮革座椅，AT豪华型增加EBA电子控制辅助制动系统、TCS牵引力控制系统、ESP电子稳定程序系统、HHC上坡辅助控制系统、ECO节能模式

1.4T豪华型：豪华型+EBA电子控制辅助制动系统、TCS牵引力控制系统、ESP电子稳定程序系统、HHC上坡辅助控制系统、ECO节能模式、车外温度显示

运动豪华型：1.4T豪华型+运动外观套件、真皮包裹转向盘、运动内饰套件、运动风格座椅、后座中央扶手、后排杯架

运动尊贵型：运动豪华型+胎压监测系统、前泊车雷达、一键起动系统、无钥匙进入系统、全自动空调、四门车窗防夹手功能、自动刮水器、自动灯光点亮系统、外后视镜电加热、外后视镜电动折叠、后视镜锁车后自动折叠、驾驶席座椅6向电动调节、前排座椅加热

主要车型参数及价格

车型		1.6L MT			1.6L AT		1.4T AT		
		技术型	舒适型	豪华型	舒适型	豪华型	豪华型	运动豪华型	运动尊贵型
基本参数	长×宽×高(mm)	4695×1795×1460							
	轴距(mm)	2725							
	前/后轮距(mm)	1560/1560							
	最小离地间隙(mm)	140(空载)、100(满载)					140(空载)、110(满载)		
	油箱/行李舱容积(L)	58/435							
	整备质量(kg)	1365			1390		1432		
	车身材料	钢板							
	车身类型/乘员人数	3厢4门/5							
发动机参数	发动机型号/类型	CA4GB16/自然吸气					CA4GB14TD/涡轮增压		
	排量(mL)	1595					1400		
	额定功率[kW/(r/min)]	80/5500					100/4500～5500		
	最大转矩[N·m/(r/min)]	155/3800					220/1500～4350		
	排放标准	国V+OBD/93#汽油							
底盘参数	变速器类型	5挡手动			6挡手自一体				
	驱动类型	两驱							
	悬架系统	前双横臂式独立悬架带横向稳定杆/后E型多连杆式独立悬架							
	制动系统	前通风盘式/后盘式制动器							
	轮胎规格	205/60 R16							
性能	最高车速(km/h)	186			182		195		
上市时间		2016年7月15日							
厂家建议价格(万元)		8.18	8.58	8.98	9.58	10.08	10.38	10.78	11.78

注：厂家建议价格以2016年3～8月为准

一汽 欧朗 三厢
FAW Oley

主要配置

基本型： 高强度3H环抱式车身结构、前排双安全气囊、ABS+EBD、前后贯通式底板纵梁、4门超高强整体冲压式防撞钢梁、发动机防盗系统、制动优先系统、碰撞解锁功能、前排三点约束电子预紧限力式安全带(高度可调)、后排座椅左右三点式安全带/中间两点式安全带、儿童安全座椅固定系统、前排安全带高度可调、角度可调转向柱、转向柱锁止装置、电子节气门、液压助力转向、中控门锁、前后电动车窗、手动空调、收音机、单碟CD、USB接口、2扬声器、外后视镜手动折叠、后风窗定时加热功能、前照灯调节功能、高位制动灯、手动防炫内后视镜、转向盘2向调节、织物座椅、驾驶席座椅6向手动调节、副驾驶座椅4向手动调节

舒适型： 基本型+行车自动落锁、驾驶员安全带未系报警装置、遥控门锁、驾驶席侧车窗一触式电动防夹功能、4扬声器、电动调节外后视镜

豪华型： 舒适型+侧安全气囊、倒车雷达、锁车时电动车窗自动升起关闭、电动天窗、四门车窗电动防夹及自动回位功能、自动空调、自动空调/阳光传感器和温度传感器、空调信息显示系统、3辐式皮革转向盘套、真皮座椅

尊贵型： 豪华型+D-Partner车联网系统，无收音机、单碟CD、USB接口

车身颜色： 眩光酒红、波西米亚蓝、云层银、北极、白钛灰、银珠黑

主要车型参数及价格

车型		1.5 MT			1.5 AT		
		基本型	舒适型	豪华型	舒适型	豪华型	尊贵型
基本参数	长×宽×高(mm)	4485×1660×1465					
	轴距(mm)	2525					
	前/后轮距(mm)	1429/1422					
	前/后悬距(mm)	873/1087					
	最小离地间隙(mm)	130					
	油箱/行李舱容积(L)	48/450					
	整备质量(kg)	1115			1138		
	车身材料	钢板					
	车身类型/乘员人数	3厢4门/5					
发动机参数	发动机型号/类型	1.5L ET1系列/直列4缸 16气门 自然吸气					
	排量(mL)	1497					
	额定功率[kW/(r/min)]	75/6000					
	最大转矩[N·m/(r/min)]	135/4400					
	排放标准/建议用油	国Ⅳ/93#汽油					
底盘参数	变速器型号/类型	爱信S系列/5挡手动			爱信S40i/4挡自动		
	驱动类型	前驱					
	悬架系统	前麦弗逊式独立悬架/后扭杆梁式非独立悬架					
	制动系统	前盘式/后鼓式制动器					前后盘式制动器
	轮胎规格	195/50 R15					
性能	最高车速(km/h)	170					
	0~100km/h加速时间(s)	13					
	90km/h等速油耗(L/100km)	5.35(5挡)			7.5(D挡)		
工信部综合工况油耗(L/100km)		6.5			6.8		
上市时间		2012年4月					
厂家建议价格(万元)		6.28	6.68	7.38	7.38	8.18	8.98

注：厂家建议价格以2016年3～8月为准

一汽 欧朗 两厢
FAW Oley

主要配置

舒适型：高强度3H环抱式车身结构、前排双安全气囊、ABS+EBD、前后贯通式地板纵梁、4门超高强整体冲压式防撞钢梁、发动机防盗系统、制动优先、行车自动落锁和碰撞解锁、前排三点约束电子预紧限力式安全带(高度可调)、驾驶员安全带未系报警装置、后排座椅三点式安全带、儿童安全座椅固定系统、前排安全带高度可调、角度可调转向柱、转向柱锁止装置、电子节气门、液压助力转向、遥控门锁、中控门锁、前后电动车窗、驾驶席侧车窗一触式电动防夹功能、手动空调、收音机、单碟CD、4扬声器、USB接口、电动调节外后视镜、外后视镜手动折叠、后风窗定时加热功能、前照灯调节功能、高位制动灯、转向盘两向调节、织物座椅、驾驶席座椅6向手动调节、副驾驶席座椅4向手动调节、手动防炫内后视镜

豪华型：舒适型+侧部安气囊、倒车雷达、锁车时电动车窗自动升起关闭、4门车窗电动防夹及自动回位功能、自动空调、自动空调阳光传感器和温度传感器、空调信息显示系统、电动天窗、行车信息显示系统、3辐式皮革转向盘套、真皮座椅

主要车型参数及价格

车型		1.5 MT		1.5 AT	
		舒适型	豪华型	舒适型	豪华型
基本参数	长×宽×高(mm)	4200×1660×1465			
	轴距(mm)	2525			
	前/后轮距(mm)	1429/1422			
	前/后悬距(mm)	873/802			
	最小离地间隙(mm)	130			
	油箱/行李舱容积(L)	48/307			
	整备质量(kg)	1100		1123	
	车身材料	钢板			
	车身类型/乘员人数	2厢5门/5			
发动机参数	发动机型号/类型	1.5L ET1系列/直列4缸 16气门			
	排量(mL)	1497			
	额定功率[kW/(r/min)]	75/6000			
	最大转矩[N·m/(r/min)]	135/4400			
	排放标准/建议用油	国Ⅳ/93#汽油			
底盘参数	变速器型号/类型	爱信S系列/5挡手动变速器		爱信S40i/智能4挡自动变速器	
	驱动类型	前驱			
	悬架系统	前麦弗逊式独立悬架/后扭杆梁式非独立悬架			
	制动系统	前盘式/后鼓式制动器			
	轮胎规格	195/50 R15			
工信部综合工况油耗(L/100km)		6.5		6.8	
上市时间		2013年12月18日			
厂家建议价格(万元)		6.68	7.38	7.18	8.18

注：厂家建议价格以2016年3～8月为准

睿翼轿车
MAZDA

主要配置

精英版： 前排安全气囊、前排侧安全气囊、前/后排侧安全气帘、3H结构高刚性车身、ABS防抱死制动系统、EBD电子制动力分配系统、BA机械式制动辅助系统、倒车雷达、ESS紧急制动信号系统、BOS制动优先系统、儿童安全锁、儿童安全座椅固定装置、EPAS电动助力转向系统、防侵入式自动报警装置、发动机芯片锁止防盗系统、双开启模式电动天窗、折叠式遥控钥匙、钥匙遥控车窗玻璃升降、钥匙遥控天窗开关、CF-Net多功能人机界面系统、定速巡航系统、前后门车窗玻璃一触式升降/带防夹功能、前后门车窗玻璃延时关闭功能、电动门锁、双区独立控制自动空调系统、车外温度显示、行车电脑(显示平均油耗/瞬时油耗/平均车速/续驶里程)、6扬声器立体声音响系统、AM/FM收音机、单碟CD带MP3、USB+IPOD接口、音量随车速变化自动控制系统、卤素前照灯、前/后雾灯、高位制动灯、后风窗除霜、五点式运动型水箱面罩、复合式鹰眼前照灯、车身同色前后保险杠、外后视镜带侧转向灯、LED后组合灯、前门车窗及前后风窗绿色隔热玻璃、高科技智能迎宾照明及迎宾音乐系统、电动折叠外后视镜/驾驶席侧广角镜、间歇可调式自动前刮水器、斥水型外后视镜、后窗印刷式天线、运动型高级布座椅、高级真皮包裹转向盘、中控台多功能信息显示屏、钢琴黑深色装饰中控面板、三维立体式自发光仪表、手动防炫内后视镜、转向盘音响控制/空调调节控制/换挡控制/定速巡航控制/行车电脑控制、驾驶席座椅6向手动调节(腰部支撑)、副驾驶座椅4向手动调节、高度/前后4向可调转向盘

豪华版： 精英版+7英寸多媒体彩色显示屏、雨量感应式智能前刮水器、光感式智能前照灯自动开关系统、不锈钢迎宾踏板、打孔运动型高级真皮座椅、自动防炫内后视镜、前排座椅加热装置、驾驶席座椅8向电动调节/带3组位置记忆功能

车身颜色： 经典红、极夜黑、流星灰、紫晶檀、炫亮银、珠光白

内饰颜色： 灰色

主要车型参数及价格

车 型		睿翼轿车	
		精英版	豪华版
基本参数	长×宽×高(mm)	4755×1795×1440	
	轴距(mm)	2725	
	前/后轮距(mm)	1560/1560	
	前/后悬距(mm)	980/1050	
	最小离地间隙(mm)	122(满载)	
	油箱/行李舱容积(L)	64/519	
	整备质量(kg)	1413	
	车身材料	钢板	
	车身类型/乘员人数	3厢4门/5	
发动机参数	发动机型号	LF	
	发动机类型	直列4缸 16气门 双顶置凸轮轴 多点喷射 S-VT可变气门正时控制系统 VIS可变进气歧管系统 TSCV可变涡流控制系统 电子控制节气阀 AAS主动适应式换挡系统 全铝合金汽油发动机	
	排量(mL)	1999	
	额定功率[kW/(r/min)]	108/6500	
	最大转矩[N·m/(r/min)]	184/4000	
	排放标准	国Ⅳ(北京地区为国Ⅴ)	
底盘参数	变速器型号/类型	FST6/5挡手自一体	
	驱动类型	前驱	
	悬架系统	前双横臂式独立悬架带横向稳定杆/后E型多连杆式独立悬架带横向稳定杆	
	制动系统	前通风盘式/后实体盘式制动器	
	轮胎规格	205/60 R16	
性能	最高车速(km/h)	200	
	0～100km/h加速时间(s)	10.9	
工信部综合工况油耗(L/100km)		8.2	
改款时间		2015年3月	
厂家建议价格(万元)		16.48	17.28

注：厂家建议价格以2016年3～8月为准

睿翼轿跑车 MAZDA

主要配置

精英版： 前排安全气囊、前排侧安全气囊、前/后排侧安全气帘、3H结构高刚性车身、ABS防抱死制动系统、EBD电子制动力分配系统、BA机械式制动辅助系统、前/后泊车雷达(共8个探头)、ESS紧急制动信号系统、BOS制动优先系统、儿童安全锁、儿童安全座椅固定装置、防侵入式自动报警装置、发动机芯片锁止防盗系统、EPAS电动助力转向系统、CF-Net多功能人机界面系统、定速巡航系统、前后门车窗玻璃一触式升降/带防夹功能、前后门车窗玻璃延时关闭功能、电动门锁、双开启模式电动天窗折叠式遥控钥匙、钥匙遥控车窗玻璃升降、钥匙遥控天窗开关、双区独立控制自动空调系统、车外温度显示、行车电脑(显示平均油耗/瞬时油耗/平均车速/续驶里程)、6扬声器立体声音响系统、AM/FM收音机、单碟CD带MP3、USB+IPOD接口、音量随车速变化自动控制系统、复合式鹰眼前照灯、外后视镜带侧转向灯、LED后组合灯、独特5门跑车式掀背设计、飞翼式运动型水箱面罩、运动型前后保险杠、运动型侧扰流裙、运动型尾翼、前门车窗及前风窗绿色隔热玻璃、后门车窗及后风窗深色玻璃、卤素前照灯、间歇可调式自动前刮水器、间歇式后刮水器、前后雾灯、高位制动灯、斥水型外后视镜、后风窗除霜、电动折叠外后视镜/驾驶席侧广角镜、运动型高级布座椅、高级真皮包裹转向盘、三维立体式自发光仪表、中控台多功能信息显示屏、手动防炫内后视镜、转向盘音响控制/空调调节控制/换挡控制/定速巡航控制/行车电脑控制、高科技智能迎宾照明及迎宾音乐系统、驾驶席座椅6向手动调节(腰部支撑)、副驾驶座椅4向手动调节、高度/前后四向可调转向盘

豪华版： 精英版+7英寸多媒体彩色显示屏、光感式智能前照灯自动开关系统、外后视镜电加热、雨量感应式智能前刮水器、打孔运动型高级真皮座椅、自动防炫内后视镜、前排座椅加热装置、驾驶席座椅8向电动调节/带3组位置记忆功能

车身颜色： 经典红、极夜黑、珠光白

内饰颜色： 黑色

主要车型参数及价格

车　型		睿翼轿跑车	
		精英版	豪华版
基本参数	长×宽×高(mm)	4755×1795×1440	
	轴距(mm)	2725	
	前/后轮距(mm)	1560/1560	
	前/后悬距(mm)	980/1050	
	最小离地间隙(mm)	122(满载)	
	油箱/行李舱容积(L)	64/510	
	整备质量(kg)	1459	
	车身材料	钢板	
	车身类型/乘员人数	2厢5门/5	
发动机参数	发动机型号	LF	
	发动机类型	直列4缸 16气门 双顶置凸轮轴 多点喷射 S-VT可变气门正时控制系统 VIS可变进气歧管系统 TSCV可变涡流控制系统 电子控制节气阀 AAS主动适应式换挡系统 全铝合金汽油发动机	
	排量(mL)	1999	
	额定功率[kW/(r/min)]	108/6500	
	最大转矩[N·m/(r/min)]	184/4000	
	排放标准	国Ⅳ(北京地区为国Ⅴ)	
底盘参数	变速器型号/类型	FST6/5挡手自一体	
	驱动类型	前驱	
	悬架系统	前双横臂式独立悬架带横向稳定杆/后E型多连杆式独立悬架带横向稳定杆	
	制动系统	前通风盘式/后实体盘式制动器	
	轮胎规格	205/60 R16	
性能	最高车速(km/h)	198	
	0～100km/h加速时间(s)	10.9	
工信部综合工况油耗(L/100km)		8.2	
改款时间		2015年3月	
厂家建议价格(万元)		17.68	18.48

注：厂家建议价格以2016年3～8月为准

阿特兹
MAZDA
年度新改款车型

主要配置

蓝天时尚版： 6安全气囊、DSC、TCS、ABS、EBD、HLA、BOS、ESS、前后8探头雷达、发动机防盗报警、自动落锁、儿童安全锁、EPB电子手制动、双区独立控制空调、一键起动、四门一触式升降防夹车窗、I-stop、7英寸大屏马自达悦联系统带中央操控键、导航、CD、BOSE音响、FM收音机、wifi、Apple Carplay、蓝牙、全系LED前照灯、自动开闭前照灯、前照灯水平调整、LED雾灯、电动折叠外镜、LED转向灯、LED尾灯、全系电动天窗、进口头层真皮包裹转向盘、多功能转向盘、布座椅、NVH静音座舱、内饰大量软皮革材质包裹

蓝天豪华版： 蓝天时尚版+高清倒车摄像头、DVD、电加热外镜、真皮座椅、自动防炫目内后视镜、电动10向调节座椅带记忆功能

蓝天尊贵版： 蓝天豪华版+RCTA、无钥匙进入系统、I-eloop、雨量感应式刮水器、前座椅电加热、副驾驶座椅电动4向调节、LED室内照明

蓝天运动版： 蓝天豪华版+2.5L排气量标识、副驾驶座椅电动4向调节、LED室内照明

蓝天尊崇版： 蓝天运动版+BSM、RCTA、无钥匙进入系统、I-eloop、BOSE音响、雨量感应式刮水器、AFS前照灯、前照灯清洗功能、ADD平视安全座舱(抬头显示屏)、前座椅电加热、副驾驶座椅电动4向调节

蓝天至尊版： 蓝天尊崇版+SBS、SCBS、FOW、MRCC自适应巡航、I-eloop、前/后座椅加热

车身颜色： 魂动红、珠光白、星际蓝、极夜黑、紫晶檀、幻影银

内饰颜色： 沙色、黑色、白色

主要车型参数及价格

车型		2.0L			2.5L		
		蓝天时尚版	蓝天豪华版	蓝天尊贵版	蓝天运动版	蓝天尊崇版	蓝天至尊版
基本参数	长×宽×高(mm)	4870×1840×1450					
	轴距(mm)	2830					
	前/后轮距(mm)	1585/1575			1595/1585		
	前/后悬距(mm)	955/1085					
	最小离地间隙(mm)	162			169		
	油箱容积(L)	58					
	整备质量(kg)	1447		1469	1484		1497
	车身材料	钢板					
	车身类型/乘员人数	3厢4门/5					
发动机参数	发动机型号	创驰蓝天汽油直喷全铝合金发动机					
	发动机类型	水冷 直列4缸 16气门 双顶置凸轮轴(DOHC) 13:1压缩比/i-stop					
	排量(mL)	1998			2488		
	额定功率[kW/(r/min)]	116/6400			141/6100		
	最大转矩[N·m/(r/min)]	202/4000			252/3250		
	排放标准/建议用油	国V/93#(北京92#)及以上无铅汽油					
底盘参数	变速器类型	6速手自一体变速器					
	驱动类型	前驱					
	悬架系统	前麦弗逊式独立悬架带横向稳定杆/后多连杆式独立悬架					
	制动系统	前通风盘式/后实心盘式制动器					
	轮胎规格	225/55 R17			225/45 R19		
性能	最高车速(km/h)	195			215		
工信部综合工况油耗(L/100km)		6.4		6.3	7.0		6.9
最新改款时间		2016年8月					
厂家建议价格(万元)		17.58	18.98	19.88	19.98	21.58	23.58

注：厂家建议价格以2016年3～8月为准

马自达 6 MAZDA

主要配置

手动型： 前排双安全气囊、ABS+EBD、3H结构高刚性车身、儿童安全锁、后排安全带(带儿童座椅固定装置)、电动车窗带断电控制系统、折叠式遥控钥匙(车门和行李舱)、手动空调、颗粒过滤式空气滤清器、防盗自动报警装置、发动机防盗系统、遥控开关玻璃窗、双层电动天窗、电动门锁(车门和行李舱)、车外温度显示器、行车电脑、4扬声器立体声音响系统、立体声收音机、可播放MP3/WMA格式的单碟CD机、USB接口、4门电动防夹功能的玻璃窗、运动型前保险杠及前格栅、带遮阳区的绿色风窗玻璃、宝石斜面一体式卤素前照灯、LED日间行车灯、宝石斜面整体组合式后灯、外后视镜带侧转向灯、电动调整外后视镜/驾驶席侧带广角镜、感速式前风窗刮水器、后风窗定时除霜装置、高位制动灯、外后视镜电加热、高级织布座椅、高级真皮包裹转向盘、手动防炫内后视镜、灯光亮度可控仪表盘、驾驶席座椅6向手动调节、前排座椅头枕可调、高度/前后可调转向盘、行李舱内操控式4/6分折叠后座椅

经典型： 手动型+6扬声器立体声音响系统、电动折叠外后视镜、组合仪表带AT挡位显示、带音响便携式开关的真皮转向盘

时尚型： 经典型+前排安全气囊、前排/后排侧安全气帘、倒车雷达、自动巡航、全自动空调、倒车影像、7英寸触摸显示屏、AUX音频接口+USB接口(可播放图片及视频文件)+IPOD接口、蓝牙免提通话系统、带自动巡航便携式开关的真皮包裹转向盘、排气尾管镀铬装饰

豪华型： 时尚型+雨量感应式前风窗刮水器、前照灯自动开关、高级打孔真皮座椅、自动防炫内后视镜、自发光仪表盘、前排座椅电加热

超豪华型： 豪华型+GPS导航系统、驾驶席座椅8向电动调节

车身颜色： 流星灰、炫亮银、极夜黑、经典红、紫晶檀、珠光白

内饰颜色： 灰色、黑色

注：珠光白需加价2000元。

主要车型参数及价格

车型		2.0L				
		手动型	经典型	时尚型	豪华型	超豪华型
基本参数	长×宽×高(mm)	4670×1780×1435				
	轴距(mm)	2675				
	前/后轮距(mm)	1540/1540				
	前/后悬距(mm)	960/1035				
	最小离地间隙(mm)	150				
	油箱/行李舱容积(L)	64/500				
	整备质量(kg)	1386	1427			
	车身材料	钢板				
	车身类型/乘员人数	3厢4门/5				
发动机参数	发动机型号/类型	LF/直列4缸 16气门 双顶置凸轮轴 多点喷射汽油机				
	排量(mL)	1999				
	额定功率[kW/(r/min)]	108/6500				
	最大转矩[N·m/(r/min)]	183/4000				
	排放标准/建议用油	国Ⅳ(部分地区为国Ⅴ)/93#及以上无铅汽油				
底盘参数	变速器类型	6挡手动	5挡手自动一体			
	驱动类型	前驱				
	悬架系统	前双横臂式独立悬架带横向稳定杆/后E型多连杆式独立悬架				
	制动系统	前通风盘式/后实体盘式制动器				
	轮胎规格	205/55 R16				
性能	最高车速(km/h)	211	201			
	90km/h等速油耗(L/100km)	5.9	6.0			
工信部综合工况油耗(L/100km)		7.8	8.1			
改款时间		2015年3月				
厂家建议价格(万元)		12.98	13.98	14.78	15.28	15.98

注：厂家建议价格以2016年3～8月为准

一汽-大众汽车有限公司 FAW-VW Automobile Co.,Ltd.

奥迪：奥迪A6L 奥迪A4L 奥迪A3

大众：CC 迈腾 新速腾 新速腾GLI 新速腾R-line 高尔夫 高尔夫R-Line

高尔夫GTI 全新高尔夫·嘉旅 全新宝来 宝来Sport line 捷达

Audi
突破科技 启迪未来

奥迪A6L

主要配置

技术型： 全尺寸驾驶和前排乘员安全气囊、前后乘员侧安全气囊、头部安全侧气帘、EBD电子制动力分配系统、ABS液压制动辅助的防抱死系统、EDL电子差速锁、ASR驱动防滑系统、ESP电子稳定程序制动辅助系统、EPB电子机械式驻车制动系统、奥迪整体式头部约束系统、儿童安全锁、电动机械式转向系统、后排ISOFIX儿童座椅固定装置、防盗报警系统、轮胎压力监测系统、发动机起动停止按钮、发动机怠速起停(Start&Stop)系统/带能量回收装置、奥迪保持辅助系统、奥迪驾驶模式选项、巡航控制、舒适型悬架、带倒车影像的模拟可视前后驻车报警系统、豪华舒适型自动空调、带汉语显示多媒体交互界面系统MMI®触摸板的MMI®汉语显示多媒体交互界面系统/含增强型导航系统、彩色驾驶员信息系统、Audi Connect互联科技、奥迪音响系统、玻璃天窗、LED后尾灯、雨水传感器、光线传感器、增强版双氙灯/包括LED日间行驶灯、前照灯清洗装、灯光范围自动调整装、绿色隔热玻璃、电动可折叠/可调整/可加热外后视镜、后风窗电动防晒帘和后侧窗手动防晒帘、铝装饰条、自动防炫内后视镜、亮条包、前排座椅电动可调、4辐多功能真皮包裹转向盘/带换挡拨片、标准座椅、电动调节前排座椅、丝路特(Silhouette)织物座椅

舒适型： 技术型+4区豪华舒适型自动空调含离子发生器、全景天窗、桃木装饰条、米莱诺(milano)真皮座椅

运动型： 舒适型+LED前照灯、全景影像、玻璃天窗、铝装饰条、3辐多功能带换挡功能的真皮包裹转向盘

主要车型参数及价格

车　型		Audi A6L TFSI		
		技术型	舒适型	运动型
基本参数	长×宽×高(mm)	5036×1874×1466		
	轴距(mm)	3012		
	最小离地间隙(mm)	110		
	油箱/行李舱容积(L)	75/470		
	整备质量(kg)	1750		
	车身材料	钢板		
	车身类型/乘员人数	3厢4门/5		
发动机参数	发动机类型	直列4缸 燃油直喷 涡轮增压发动机		
	排量(mL)	1798		
	额定功率[kW/(r/min)]	140/4200~6200		
	最大转矩[N·m/(r/min)]	320/1400~4100		
底盘参数	变速器类型	7挡双离合变速器S tronic®		
	驱动类型	前驱		
	轮胎规格	225/55 R17		245/45 R18
性能	最高车速(km/h)	235		
	0~100km/h加速时间(s)	8.5		
工信部综合工况油耗(L/100km)		6.5		
厂家建议价格(万元)		41.53	44.85	46.12

注：厂家建议价格以2016年3~8月为准

Audi

突破科技 启迪未来

奥迪A4L

年度新上市车型

奥迪A4L，不仅是奥迪品牌最重要的车型之一，也是豪华B级车市场的标杆之作。它面向最广泛的消费人群，完美地展现了奥迪最前沿的创新技术与高品质的制造工艺，以及不断进取的品牌精神。

全新奥迪A4L不是对现款奥迪A4L的优化，而是由内而外的全面革新，具有90%以上的不同，实现了十大科技革新和40项变化——同级最丰富的驾驶辅助系统、行业标杆的灯光技术等全方位的智能应用，以及奥迪虚拟驾驶舱、全新B&O 3D音响、Audi connect互联科技等引领同级的电子配置，赋予全新奥迪A4L越级的科技感；而与全新奥迪Q7相同的全新MLB evo平台，以及众多诠释匠心精神的细节设计，更是将全新奥迪A4L的品质感提升到了一个新的高度，使其成为一款"品智如一"的实力派座驾，带给用户更加动感、舒适、智能的驾乘体验。

主要配置

进取型：全尺寸前排安全气囊、驾驶员和前排乘员侧安全气囊、头部安全侧气帘、EBD电子制动力分配装置系统、ABS防抱死制动系统系统、EDL电子差速锁系统、ASR驱动防滑控制系统、EBA制动辅助系统、奥迪保持辅助系统、发动机起停(Start&Stop)系统2.0/带能量回收装置、发动机起动防盗锁止系统、安全带未系报警装置、防盗报警系统、防盗车轮螺栓、行人保护系统、ISOFIX儿童座椅固定装置、电子机械助力转向系统、ESP电子稳定程序系统、后倒车雷达、无钥匙起动、舒适型自动空调、单色驾驶员信息系统、手机准备系统带蓝牙功能、奥迪音乐接口、奥迪扬声器系统、天窗、氙气前照灯、外后视镜电动可调/可加热、微金属饰条、铝门槛条、普通保险杠、LED日间行车灯、LED后尾灯、亮条包、舒适型前座椅、织物面料座椅、三幅运动型真皮包裹多功能转向盘/低配带拨片、随车工具、坏路底盘、前后脚垫、三角警示牌、折叠式后座椅靠背、小尺寸轮辋备胎、前座中央扶手、电动调节前排座椅、电动腰部支撑

时尚型：进取型+奥迪预安全系统基本版、前后倒车雷达组合、豪华舒适型三区自动空调、彩色驾驶员信息系统、多媒体交互界面MMI®增强型导航系统，支持语音控制、Audi connect互联科技、奥迪智能手机接口、LED前照灯、电动折叠外后视镜、铝饰条、米莱诺真皮面料座椅、储物包

风尚型：时尚型+定速巡航系统、倒车影像系统、智能钥匙、全景天窗、远光辅助系统、风尚保险杠、灯光组合包、棕色亚光蜡木扩展内饰条、电动折叠自动防炫目外后视镜、自动防炫目内后视镜、3辐运动型真皮包裹多功能转向盘/高配带拨片

运动型：风尚型+后侧安全气囊、电动折叠外后视镜、灰色拉丝铝饰条、S line外部包(前后运动型保险杠，S line徽标、门槛条)、三幅运动型真皮包裹多功能转向盘/高配平底(带拨片)、奥迪虚拟座舱

主要车型参数及价格

车型		A4L 40 TFSI				A4L 45 TFSI quattro	
		进取型	时尚型	风尚型	运动型	风尚型	运动型
基本参数	长×宽×高(mm)	4818×1843×1432（1430）					
	轴距(mm)	2908					
	最小离地间隙(mm)	107					
	油箱/行李舱容积(L)	54/523				58/523	
	整备质量(kg)	1565				1645	
	车身材料	钢板					
	车身类型/乘员人数	3厢4门/5					
发动机参数	发动机类型	2.0 L直列4缸 4气门 电控双喷射系统(直接喷射和多点喷射) 涡轮增压 AVS系统				2.0 L直列4缸 4气门 电控双喷射系统(直接喷射和多点喷射) 涡轮增压 AVS系统	
	排量(mL)	1984					
	额定功率[kW]	140				185	
	最大转矩[N·m]	320				370	
底盘参数	变速器类型	7挡S tronic®双离合变速器					
	驱动类型	前驱				quattro®全时四轮驱动	
	悬架系统	前轻质五连杆式独立悬架/后五连杆式独立悬架					
	制动系统	前后盘式制动器					
	轮胎规格	205/60 R16	225/50 R17	245/40 R18			
性能	最高车速(km/h)	233				250	
	0～100km/h加速时间(s)	7.9				5.9	
工信部综合工况油耗(L/100km)		5.9				6.9	
上市时间		2016年9月10日					
厂家建议价格(万元)		29.98	33.98	36.88	37.28	40.88	41.28

注：厂家建议价格以2016年3～8月为准

Audi
突破科技 启迪未来

奥迪A3

主要配置

进取型：驾驶员及前排侧安全气囊、前排侧气囊带头部气帘、驾驶员膝部气囊、前排未系安全带自动报警、防盗车轮螺栓、电子防盗系统、ESP电子稳定程序系统、后排座椅ISOFIX儿童座椅固定装置、中控门锁、电动玻璃升降器、手动儿童安全锁、三点式燃爆预警式安全带、胎压监控系统、坡路启车辅助系统、随速助力转向系统、发动机自动起停系统、制动能量回收、EPB电子机械驻车制动系统、后倒车雷达、半自动空调带花粉过滤器、带高效程序的行车电脑、5.8英寸电动折叠轻薄液晶显示屏、MMI收音机、多功能驾驶民信息系统/行画电脑、舒适型音响系统8扬声器、外部亮条包、车顶扰流板、隔热玻璃、可加热后风窗、风窗清洗水位显示、后车窗刮水器和清洗系统、左侧带侧转向指示的双曲率外后视镜、右侧带侧转向指示的大视野凸面后视镜、卤素前照灯及组合尾灯、独立日间行车灯、前/后雾灯、外视镜电动调整、微金属装饰条、客舱储物包、高级织物面料座椅、前排手动调整、三辐真皮包裹转向盘、手动防炫目后视镜、整体式后座板/靠背可分开折叠

领英型：进取型+前后倒车雷达带模拟显示、蓝牙接口、氙灯包(双氙灯、LED尾灯、前照灯照射距离动态调整/LED日间行车灯/前照灯清洗)、铝饰条、驾驶座椅电动调整及腰部支撑、三辐多功能真皮包裹转向盘

风尚型：领英型+倒车影像系统、自动空调/新鲜空气吸入功能/活性炭过滤器、外视镜电动调整/加热/折叠/风窗清洗喷嘴加热、铬镀排气尾管、内部灯光包、内部铝饰包、米莱诺真皮座椅、前排座椅电动调整及腰部支撑

主要车型参数及价格

车型		35 TFSI		
		进取型	领英型	风尚型
基本参数	长×宽×高(mm)	4319×1785×1441		
	轴距(mm)	2629		
	油箱/行李舱容积(L)	50/380–1220(后座靠背放倒)		
	整备质量(kg)	1340		
	车身材料	钢板		
	乘员人数	5		
发动机参数	发动机类型	直列4缸 16气门 1.4L汽油直喷涡轮增压发动机		
	排量(mL)	1395		
	额定功率[kW/(r/min)]	110/5000～6000		
	最大转矩[N·m/(r/min)]	250/1750～3000		
底盘参数	变速器类型	7挡双离合变速器S tronic®		
	驱动类型	前驱		
	悬架系统	前麦弗逊式悬架带Y字形下控制臂带副车架和管状横向稳定杆/后四连杆式独立后悬架/采用弹簧和减振器分体布置/带副车架和管状横向稳定杆		
	制动系统	前通风盘式/后盘式制动器		
	轮胎规格	205/55 R16		225/45 R17
性能	最高车速(km/h)	213		
	0～100km/h加速时间(s)	8.4		
工信部综合工况油耗(L/100km)		5.5		
上市时间		2016年4月6日		
厂家建议价格(万元)		18.49	20.92	22.59

注：厂家建议价格以2016年3～8月为准

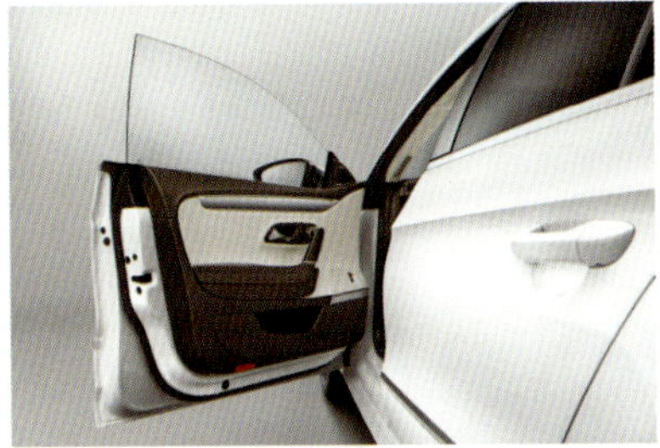

主要配置

尊贵型： 驾驶席及前排成员正面SRS安全气囊、驾驶席及前排成员侧面SRS安全气囊、模拟可视泊车影像(OPS)、ESP电子稳定程序带ASR驱动防滑控制系统、XDS电子差速锁、EPB电子驻车制动系统、AUTO HOLD自动驻车功能、RKA轮胎压力监测系统、全方位泊车侦测雷达、前排带限力器的预紧式三点安全带、后排中央座椅带三点式安全带、前排带内部锁止功能的KIE安全头枕、前排乘员感知系统、第四代电子防盗系统、中控锁带遥控车门解锁功能、ISOFIX儿童座椅固定装置、GRA定速巡航功能、四门一键式防夹电动车窗、双区独立控制自动空调 带粉尘过滤器、空气质量传感器(内外循环自动切换)、行李舱遥控开启功能、后排中央通道空调出风口、多功能中文显示行车电脑、6.5英寸彩色触摸屏音响系统、前置6碟CD换碟机、MP3/WMA播放功能、SD卡数据接口、AUX-IN音频接口、USB接口(支持iPod接入)、GALA随速音量自动调节功能、8扬声器高保真立体声扬声器、跑车式豪华无框车门、B柱及后风窗高光饰板、前镀铬散热格栅，带大众徽标镀铬亮条、侧窗及车身侧面镀铬亮条、双氙气前照灯带高度自动调节和大灯清洗装置、AFS前照灯智能随动转向、前照灯"离/回家"照明功能、光感式前照灯自动开闭系统、智能无骨雨刷带雨量传感器、低速转向辅助照明角灯、LED日间行车灯、"CC造型"LED尾灯、17英寸铝合金轮辋"Kent"、车身同色外后视镜集成LED转向灯、绿色防紫外线隔热玻璃、电动调节外后视镜带加热功能、电动折叠外后视镜、Vienna高级真皮运动座椅、驾驶席座椅12方向电动调节(8向座椅+4向腰靠)、副驾驶席座椅12方向电动调节(8向座椅+4向腰靠)、前排座椅可分级加热、集控式三辐真皮包裹多功能转向盘带换挡拨片、转向盘高度角度可调、自动防炫内后视镜

豪华型： 尊贵型+前后贯穿式头部安全气帘、Keyless智能钥匙、一键起动系统、第二代智能泊车辅助系统(Park Assist 2.0)、后视影像系统(Rear Assist)、彩屏多功能中文显示行车电脑、蓝牙电话系统带无线音乐传输功能、Easy Open尾箱盖感应开启、RNS315导航系统、Panaroma电动全景天窗带遮阳帘、17英寸铝合金轮辋"Lakeville"、深色防紫外线隐私玻璃、鲨鱼鳍天线、驾驶席座椅/后视镜记忆功能

至尊型： 豪华型+第二代自适应巡航系统(ACC 2.0)、预碰撞安全系统(Front Assist)、车道保持系统(Lane Assist)、变道辅助系统(Side Assist)、动态前灯辅助系统(Dynamic Light Assist)、DCC动态底盘控制系统(Dynamic Chassis Control)、10扬声器剧院级高保真立体声扬声器、丹拿(Dynaudio)音响系统、17英寸铝合金轮辋"Lakeville"(高亮抛光)、Vienna高级打孔真皮运动座椅、前排通风座椅

车身颜色： 朱鹭白、极地白、流沙金、橡木棕、水晶银、波尔多红、幻影黑、开罗金

主要车型参数及价格

车型		1.8TSI		2.0TSI		
		尊贵型	豪华型	尊贵型	豪华型	至尊型
基本参数	长×宽×高(mm)	4812×1855×1417				
	轴距(mm)	2712				
	油箱/行李舱容积(L)	70/532				
	整备质量(kg)	1540		1550		
	车身材料	钢板				
	乘员人数	5				
发动机参数	发动机类型	水冷直列4缸 涡轮增压 16气门电控燃油缸内直接喷射				
	排量(mL)	1798		1984		
	额定功率[kW/(r/min)]	118/5000~6200		147/5100~6000		
	最大转矩[N·m/(r/min)]	250/1500~4500		280/1700~5000		
	排放标准	国V				
底盘参数	变速器类型	带运动模式的7挡手/自动一体DSG®双离合自动变速器		带运动模式的6挡手/自动一体DSG®双离合自动变速器		
	驱动类型	前驱				
	悬架系统	前优化的麦弗逊独立悬架/后优化的四连杆独立悬架				
	制动系统	前通风盘式/后盘式制动器				
	轮胎规格	235/45 R17 94Y				
性能	最高车速(km/h)	215		230		
	0~100km/h加速时间(s)	8.8		7.9		
	90km/h等速油耗(L/100km)	5.5				
工信部综合工况油耗(L/100km)		7.8		8.0		
改款时间		2013年6月29日				
厂家建议价格(万元)		25.28	26.88	26.78	28.38	30.38

注：厂家建议价格以2016年3~8月为准

迈腾 MAGOTAN

年度**新上市**车型

迈腾兼具创新科技与豪华体验的德系中高级轿车。

1973年，迈腾的基因起源者Passat B1凭借无懈可击的德国品质，迅速席卷了全球市场。历经7代车型更迭，2015年，Passat B8在海外亮相，凭借大众最新设计语言，不断创新的品牌精神，以及该级别最先进的汽车技术收获广泛赞誉，其国产化进程也备受期待。

时尚美学，外观运动时尚；卓越科技，科技创新人性；豪华体验，体验尊贵豪华；纯正品牌，最正宗的德系血统。

主要配置

舒适型： 激光焊接技术、热成型钢板HSB高强度安全车身、前排正面双安全气囊、前排侧面双安全气囊、前后贯穿式两侧头部安全气帘、EPB智能电子驻车制动+Autohold自动驻车、全方位8探头泊车雷达、MKB多次碰撞预防系统、全功能ESP车身稳定系统(含ABS/ASR/HBA等多项扩展功能)、RKA胎压监测系统、(ISOFIX+Top Tether)儿童座椅固定装置、转向柱主动溃缩设计、前排安全带未系提醒功能、前排燃爆式预紧限力安全带、第五代智能在线防盗系统、SSR 2.0第二代发动机起停及能量回收系统、遥控中央门锁、智能一键起动系统、半自动空调、CLEAN AIR PM 2.5空气净化系统、四门一键式防夹电动车窗、智能中文显示行车电脑、高保真车载音响系统带8扬声器、车载蓝牙系统、MIB G Standard Update信息娱乐系统(含CD/SD/AUX-IN/USB接口)、卤素前照灯、前雾灯(带转弯自动辅助照明功能)、凌动全LED尾灯、防紫外线绿色隔热玻璃、横拉一体式镀铬前格栅、车身环绕豪华镀铬防擦条、雅致侧窗全框镀铬装饰条、单侧镀铬双排气尾管、后风窗电加热功能、三幅真皮包裹转向盘、转向盘四向可调、真皮换挡手柄、Vienna真皮座椅(黑色/灰色)、前排座椅6向手动调节、精致内饰镀铬装饰、仪表板实时同步计时石英钟、琴弦式一体化设计前仪表板出风口、后排出风口、仪表台/车门科技纹装饰条、外后视镜电动加热/调节功能(集成LED转向灯)、12V点烟器、手套箱带制冷功能、18英寸应急备胎、后排座椅4/6可分折叠、前/后排 尊贵中央扶手、前排脚部氛围灯

领先型： 舒适型+GRA定速巡航系统、超大全景天窗(滑动/倾斜双模开启/防夹功能)、MIB G Standard Plus信息娱乐系统：6.5英寸触摸彩屏(含SD/AUX-IN/USB接口/Mirror Link手机映射)、电动天窗遮阳帘、外后视镜电动折叠、金属迎宾踏板、集控式三幅真皮包裹多功能转向盘、前排座椅12向电动调节(含4向电动腰托调节)、副驾驶座椅后排电动可调、高亮钢琴漆中控台装饰面板、前排四向调节头枕

豪华型： 领先型+后排侧面双安全气囊、驾驶员膝部安全气囊、MKE智能疲劳监测系统、智能三区自动恒温空调、AQS空气质量自动控制系统(内外循环自动切换)、凌犀全LED前照灯、LED日间行车灯、双侧一体式精致镀铬尾管、自动防炫目内后视镜、Alcantara高级翻毛皮座椅(黑色/灰色)、豪华内饰格调氛围灯(前后脚部/前后车门装饰条/前后门把手/前后门扣手)、仪表台/车门桃木风格饰条、前排座椅加热功能、后排220V电源

尊贵型： 豪华型+PLA 3.0第三代智能泊车辅助系统(全方位12探头泊车雷达)、RVC倒车影像系统(大众徽标翻盖隐藏式摄像头)、MDFS智能动态前照灯辅助系统、KESSY智能四门无钥匙进入系统、MIB Standard Navi导航升级版：8.0英寸触摸彩屏(含独立主机CD/SD/AUX-IN/USB接口/Mirror Link/CarPlay)、高分辨率真彩智能中文显示行车电脑、后排USB接口、凌犀全LED高级前照灯(带透镜/前照灯随动转向/动态灯光辅助及前照灯清洗功能)、自动感应前照灯、前照灯离回家功能、智能雨量感应无骨刮水器、动感车顶鲨鱼鳍天线、外后视镜锁车自动折叠、外后视镜LED迎宾照地灯、副驾驶外后视镜倒车辅助功能、外后视镜位置记忆功能、LED光"Magotan"徽标金属迎宾踏板、Alcantara高级翻毛皮带侧面打孔真皮座椅(黑色/蓝色)、尊贵内饰格调氛围灯(前后脚部/三色可变仪表台及前后车门装饰条/前后门把手/前后门扣手/天窗控制面板/前中扶手卷帘/全景天窗)、行李舱脚部感应开启、后排深色防紫外线隐私玻璃、驾驶员座椅记忆功能、后排舒适睡眠头枕、行李舱12V电源

旗舰型： 尊贵型+TPMS数字式胎压监测系统、ACC 3.0第三代高级自适应巡航系统、Front assist前部辅助系统、Pre-Crash预碰撞保护系统、Side assist变道辅助系统、Lane assist车道保持系统、RTA后方交通预警系统、前排电机式预紧限力安全带、DCC动态底盘控制系统、Dynaudio丹拿高级环绕音响带12扬声器、MIB High导航：8.0英寸触摸彩屏(含独立主机DVD/SD/AUX-IN/USB接口/Mirror Link/CarPlay/3D地图)、HUD平视显示系统、FPK数字液晶仪表、Nappa顶级打孔真皮座椅(蓝白双色)、仪表台/车门真桃木饰条、自动防炫目外后视镜、后排座椅加热功能、后排电动遮阳帘、后排娱乐准备系统、行李舱电动启合功能、前排座椅通风功能、驾驶员座椅按摩功能

主要车型参数及价格

车型		280TSI DSG		330TSI DSG				380TSI DSG		
		舒适型	领先型	舒适型	领先型	豪华型	尊贵型	豪华型	尊贵型	旗舰型
基本参数	长×宽×高(mm)	4866×1832×1464								
	轴距(mm)	2871								
	油箱/行李舱容积(L)	66/533								66/483
	整备质量(kg)	1440		1500		1540		1550		
	车身材料	钢板								
	乘员人数	5								
发动机参数	发动机类型	直列4缸 16气门 涡轮增压 电控燃油缸内直接喷射								
	排量(mL)	1395		1798				1984		
	额定功率[kW/(r/min)]	110/5000～6000		132/4300～6250				162/4500～6200		
	最大转矩[N·m/(r/min)]	250/1750～3000		300/1450～4100				350/1500～4400		
	排放标准	国V								
底盘参数	变速器类型	7挡干式DSG®双离合手自一体		7挡湿式DSG®双离合手自一体						
	驱动类型	前驱								
	悬架系统	前优化麦弗逊独立悬架/后升级柔性多连杆独立悬架								
	制动系统	前通风盘式/后实心盘式制动器								
	轮胎规格	215/60 R16				215/55 R17				235/45 R18
性能	最高车速(km/h)	218		230				230		
	0～100km/h加速时间(s)	8.6		8.3				7.1		
	90km/h等速油耗(L/100km)	4.5		5.2				5.3		
工信部综合工况油耗(L/100km)		5.5		6.4				6.7		
上市时间		2016年7月								
厂家建议价格(万元)		18.99	20.99	20.99	21.99	23.49	25.89	24.99	27.39	31.69

注：厂家建议价格以2016年3～8月为准

NEW SAGITAR | 新速腾

主要配置

时尚型：驾驶席安全气囊、副驾驶席安全气囊、前排侧面安全气囊、行车自动落锁、ABS防抱死制动系统、ASR驱动防滑系统、ESP车身稳定系统、HHC坡路起车辅助系统、静态转弯补光功能、前排高度可调预紧式安全带、后排固定三点式安全带、驾驶席安全带未系提醒、副驾驶席安全带未系提醒、后门儿童安全锁、ISOFIX儿童座椅固定装置、在线电子防盗系统、前排一键式防夹电动车窗、后排一键式防夹电动车窗、中央门锁、远程遥控开启行李舱、6扬声器、USB接口、AUX-IN接口、SD卡接口、单碟CD播放器、MIB1-G Standard update 收音机、电控半自动空调、电动调节外后视镜、外后视镜加热功能、外后视镜带LED转向灯、16英寸铝轮辋、轮胎 205/55 R16 91V、非全尺寸备胎、发动机罩盖、外后视镜与门把手车身同色、前格栅上部镀铬装饰、闪耀LED尾灯、前雾灯、前照灯与前雾灯集成角灯功能、动态卤素前照灯、拉丝铝风格IMD饰条、内饰镀铬包、迎宾门槛条带SAGITAR标识、多功能行车电脑、转向盘长度调节、转向盘高度调节、长度/角度可调前中扶手带手套箱、后中扶手带杯架、后排座椅可分拆调节、织物座椅、驾驶席座椅手动6向调节、前排12V电源(点烟器)

舒适型：时尚型+GRA定速巡航系统、TPMS智能胎压监测系统、后部4探头倒车雷达、后排出风口、Keyless无钥匙进入功能、一键起动系统、8扬声器、智能蓝牙功能、6.5英寸触摸屏、MIB2-G Standard plus 收音机、前格栅下部镀铬装饰、侧窗下沿镀铬装饰、后防擦条镀铬装饰、侧防擦条镀铬装饰、双开启模式防夹电动天窗、闪耀LED尾灯、银色科技纹风格IMD饰条、黑色钢琴漆内饰风格装饰、运动风格多功能真皮包裹转向盘、真皮换挡手柄、Vienna皮座椅、驾驶席座椅腰部支撑

领先型：舒适型+发动机起停与能量回收系统、前照灯感光自动开启功能、前照灯智能离回家功能、智能雨量传感器、高级多功能行车电脑、自动防炫目内后视镜

1.4T舒适型：领先型+智能防盗报警系统、可见双排气尾管、白色豪华内饰氛围灯

豪华型：1.4T舒适型+前后8探头倒车雷达、MKE疲劳提醒系统、智能雨量传感器、智能双区独立控制自动净化空调、氙气前照灯、犀利LED日间行车灯、前照灯感光自动开启功能、前照灯智能离回家功能、亚光木纹风格IMD饰条、手套箱冷藏功能、高级Alcantara座椅、驾驶席座椅电动8向调节、自动防炫目内后视镜

旗舰型：豪华型+泊车后视影像系统、发动机起停与能量回收系统、MIB2 Standard Navi 导航系统、精抛高光双排气尾管、亮光木纹风格IMD饰条

车身颜色：波斯灰、雅士银、极地白、凯旋金、玛雅红、孔雀蓝、深黑、唐古拉白、提拉米苏

主要车型参数及价格

车型		1.6L				180TSI (1.2T)	230TSI(1.4T)				280TSI(1.4T)
		时尚型		舒适型		领先型	舒适型		豪华型		旗舰型
基本参数	长×宽×高(mm)	4655×1780×1453									
	轴距(mm)	2651									
	最小离地间隙(mm)	113									
	行李舱容积(L)	510									
	整备质量(kg)	1300	1330	1300	1330	1370	1360	1380	1360	1380	1395
	车身材料	钢板 NA									
	乘员人数	5									
发动机参数	发动机类型	直列4缸 16气门 电控燃油喷射				涡轮增压 直列4缸 16气门 电控燃油缸内直接喷射					
	排量(mL)	1598				–	1395				
	额定功率[kW/(r/min)]	81/5800				81/5000	96/5000~6000				110/5000~6000
	最大转矩[N·m/(r/min)]	155/3800				200/2000~3500	225/1500~3500				250/1750~3000
	排放标准	国V									
底盘参数	变速器类型	5挡手动变速器	6挡手/自动一体变速器	5挡手动变速器	6挡手/自动一体变速器	7挡手/自动一体DSG®双离合自动变速器	5挡手动变速器	7挡手/自动一体DSG®双离合自动变速器	5挡手动变速器	7挡手/自动一体DSG®双离合自动变速器	
	驱动类型	前驱									
	悬架系统	前麦弗逊式独立悬架/后四连杆式独立悬架									
	制动系统	前通风盘式/后盘式制动器									
性能	最高车速(km/h)	187	185	187	185	190	200				210
	0~100km/h加速时间(s)	12.5	13.9	12.5	13.9	10.9	9.8	9.7	9.8	9.7	9.2
	90km/h等速油耗(L/100km)	5.1	5.3	5.1	5.3	4.8	5.0	4.9	5.0	4.9	
工信部综合工况油耗(L/100km)		6.5	6.8	6.5	6.8	5.5	6.3	6.2	6.3	6.2	5.9
上市时间		2015年3月									
厂家建议价格(万元)		13.18	14.38	13.88	15.08	15.88	14.68	16.08	15.68	17.08	18.58

注：厂家建议价格以2016年3~8月为准

一汽-大众 FAW-VOLKSWAGEN

新速腾 GLI
NEW SAGITAR GLI

年度新上市车型

主要配置

GLI：驾驶席安全气囊、副驾驶席安全气囊、前排侧面安全气囊，前后贯穿式头部安全气帘、ABS防抱死制动系统、ASR驱动防滑系统、ESP车身稳定系统、HHC坡路起车辅助系统、GRA定速巡航系统、TPMS智能胎压监测系统、前后8探头倒车雷达、MKE疲劳提醒系统、泊车后视影像系统、在线电子防盗系统、智能防盗报警系统、静态转弯补光功能、前排高度可调预紧式安全带、后排固定三点式安全带，驾驶席安全带未系提醒、副驾驶席安全带未系提醒、ISOFIX儿童座椅固定装置、后门儿童安全锁、行车自动落锁、中央门锁、远程遥控开启行李舱、Keyless无钥匙进入功能、一键起动系统、前排一键式防夹电动车窗、后排一键式防夹电动车窗、智能双区独立控制自动净化空调、后排出风口、8扬声器、USB接口、AUX-IN接口、SD卡接口、智能蓝牙功能、单碟CD播放器、6.5英寸触摸屏、MIB2 Standard Navi 导航系统、电动调节外后视镜、外后视镜加热功能、外后视镜带LED转向灯、电动折叠外后视镜、智能雨量传感器、自动防炫目内后视镜、17英寸铝轮辋、轮胎 225/45 R17 91W、非全尺寸备胎、发动机罩盖、哑光镀铬外后视镜、蜂巢造型前格栅、前格栅上部镀铬装饰、侧窗下沿镀铬装饰、侧防擦条镀铬装饰、双开启模式防夹电动天窗、专属车身侧裙、GLI专属立体扰流尾翼、GLI专属车身刀锋标识、专属运动前后保险杠、红色制动卡钳、熏黑闪耀LED尾灯、前雾灯、前照灯与前雾灯集成角灯功能、高级氙气前照灯带智能随动转向与前照灯清洗功能、犀利LED日间行车灯、前照灯感光自动开启功能、前照灯智能离回家功能、可见双排气尾管、镀铬双排气尾管、前排12V电源(点烟器)、后排12V电源

主要车型参数及价格

车型		2.0T 147kW
		GLI
基本参数	长×宽×高(mm)	4664×1785×1480
	轴距(mm)	2651
	最小离地间隙(mm)	121
	行李舱容积(L)	510
	整备质量(kg)	1465
发动机参数	发动机类型	涡轮增压 直列4缸 16气门 电控燃油缸内直接喷射
	排量(mL)	1984
	额定功率[kW/(r/min)]	147/5100～6000
	最大转矩[N·m/(r/min)]	280/1700～5000
	排放标准	国Ⅴ
底盘参数	变速器类型	6挡手/自动一体DSG®双离合自动变速器
	驱动类型	前驱
	悬架系统	前麦弗逊式独立悬架/后四连杆式独立悬架
	制动系统	前通风盘式/后盘式制动器
	轮胎规格	225/45 R17
性能	最高车速(km/h)	230
	0～100km/h加速时间(s)	7.3
	90km/h等速油耗(L/100km)	6.1
工信部综合工况油耗(L/100km)		8.0
上市时间		2016年6月
厂家建议价格(万元)		21.88

注：厂家建议价格以2016年3～8月为准

新速腾 R-Line
NEW SAGITAR R-Line

主要配置

R-Line：驾驶席安全气囊、副驾驶席安全气囊、前排侧面安全气囊、ABS防抱死制动系统、ASR驱动防滑系统、ESP车身稳定系统、HHC坡路起车辅助系统、前排高度可调预紧式安全带、后排固定三点式安全带、驾驶席安全带未系提醒、副驾驶席安全带未系提醒、ISOFIX儿童座椅固定装置、Keyless无钥匙进入功能、一键起动系统、后门儿童安全锁、行车自动落锁、GRA定速巡航系统、TPMS智能胎压监测系统、后部4探头倒车雷达，在线电子防盗系统、前排一键式防夹电动车窗、后排一键式防夹电动车窗、中央门锁、远程遥控开启行李舱、发动机起停与能量回收系统、电控半自动空调、后排出风口、8扬声器、USB接口、AUX-IN接口、SD卡接口、智能蓝牙功能、6.5英寸触摸屏、MIB2-G Standard plus 收音机、17英寸铝轮辋、轮胎 225/45 R17 91W、非全尺寸备胎、发动机罩盖、高亮黑外后视镜、前格栅带R-Line标识、前格栅上部镀铬装饰、前格栅下部镀铬装饰、侧防擦条镀铬装饰、双开启模式防夹电动天窗、专属车身侧裙、R-Line运动扰流尾翼、专属运动前后保险杠、熏黑闪耀LED尾灯、动感卤素前照灯、可见双排气尾管、精抛高光双排气尾管、R-Line专属运动风格装饰条、电动调节外后视镜、外后视镜加热功能、外后视镜带LED转向灯、酷黑内饰、黑色钢琴漆内饰风格装饰、内饰镀铬包、迎宾门槛条带R-Line标识、高级多功能行车电脑、运动真皮包裹多功能转向盘带R-Line标识、转向盘带换挡拨片、转向盘长度调节、转向盘高度调节、长度/角度可调前中扶手带手套箱、后中扶手带杯架、后排座椅可分拆调节、真皮换挡手柄、白色豪华内饰氛围灯、专属缝线(座椅、转向盘、换挡护套、驻车制动护套、前中央扶手)、双拼Alcantara座椅带R-Line标识、驾驶席座椅手动6向调节、驾驶席座椅腰部支撑，前排12V电源(点烟器)、后排12V电源

主要车型参数及价格

车型		280TSI 110kW
		R-Line
基本参数	长×宽×高(mm)	4668×1785×1453
	轴距(mm)	2651
	最小离地间隙(mm)	113
	行李舱容积(L)	510
	整备质量(kg)	1395
发动机参数	发动机类型	涡轮增压 直列4缸 16气门 电控燃油缸内直接喷射
	额定功率[kW/(r/min)]	110/5000～6000
	最大转矩[N·m/(r/min)]	250/1750～3000
	排放标准	国Ⅴ
底盘参数	变速器类型	7挡手/自动一体DSG®双离合自动变速器
	驱动类型	前驱
	悬架系统	前麦弗逊式独立悬架/后四连杆式独立悬架
	制动系统	前通风盘式/后盘式制动器
	轮胎规格	225/45 R17 91W
性能	最高车速(km/h)	210
	0～100km/h加速时间(s)	9.2
	90km/h等速油耗(L/100km)	4.9
工信部综合工况油耗(L/100km)		5.9
上市时间		2016年7月
厂家建议价格(万元)		17.08

注：厂家建议价格以2016年3～8月为准

GOLF | 高尔夫

主要配置

1.6L手动/自动时尚型： 前排正面双安全气囊、前排侧面双安全气囊、后部4探头泊车雷达、EPB智能电子手制动+Autohold自动驻车、ESP车身稳定系统(含ABS，ASR，HBA等多项扩展功能)、XDS动态电子差速锁、MKB多次碰撞预防系统、儿童座椅固定装置(2套ISOFIX+Top Tether)、后门儿童安全锁、前排WOKS安全头枕、前排三点预紧式安全带(带高度调节和未系报警)、后排三个独立三点式安全带+三个安全头枕、第五代智能在线防盗、正弦激光焊接技术、热成型钢板安全车身、CLEAN AIR高效空调滤芯、舒适电控半自动空调、四门一键式防夹电动车窗、标准仪表(多功能行车电脑)、4扬声器、MIB G Standard Update收音机(含CD/SD/AUX-IN/USB接口/蓝牙)、卤素前照灯(带日行灯)、LED高位制动灯、前雾灯(带转弯自动辅助照明功能)、LED尾灯(带双侧LED倒车灯)、外后视镜/后风窗独立电动加热功能、外后视镜电动调节(集成LED转向灯)、绿色防紫外线隔热玻璃、前/后超静音无骨刮水器、15英寸"Mitnal"铝合金轮毂+环保轮胎:195/65 R15 91H、钢琴漆优雅前格栅、豪华上下格栅镀铬装饰条、车身同色后视镜和门把手、大众徽标翻转开启行李舱、两把遥控钥匙，PU转向盘、转向盘高低前后四向可调、DianDian织物标准座椅(黑色)，驾驶席座椅手动6向调节、后排4/6可分折叠座椅、仪表台/车门科技质感装饰条+中控台科技质感装饰面板、遮阳板带化妆镜、主驾驶侧储物盒，中控台储物盒(带12V点烟器)、全植绒静音车门储物/手套箱(带分区储物、照明灯)、全植绒静音行李舱(带照明灯)

1.6L/180TSI(1.2T)自动舒适型： 1.6L手动/自动时尚型+前后贯穿式两侧头部安全气帘、驾驶员膝部气囊、RKA胎压监测、MKE疲劳提醒、GRA定速巡航、豪华仪表(多功能行车电脑)、6扬声器、MIB G Standard Plus 信息娱乐系统：6.5英寸触摸彩屏(含SD/AUX-IN/USB接口/蓝牙/Mirror Link)、全景天窗(滑动/倾斜开启，带手动遮阳帘和防夹功能)、16英寸"Cubix"铝合金轮毂+环保轮胎:205/55 R16 91V、豪华侧窗下沿镀铬装饰条、精致钥匙镀铬、真皮包裹转向盘、Zoom/Merlin织物舒适座椅(黑色/米色)、豪华皮质车门扶手和前中扶手(用于米色织物内饰)、副驾驶席座椅手动6向调节、驾驶席座椅腰托、前排中央扶手(高低前后四方向可调)、后排出风口、后排中央扶手(带柔性杯架)、豪华内饰氛围灯(前排车门装饰条、门把手、门扣手、脚窝)、精致内饰镀铬套装(灯光旋钮、车窗和后视镜开关、门把手)、仪表台/车门金属拉丝装饰条+中控台金属拉丝装饰面板、遮阳板带化妆镜和照明灯、顶棚储物盒、中通道储物盒(带水杯限位器、可移动烟灰缸)、中控台储物盒盖板/中通道储物盒拉帘

230TSI(1.4T)手动/自动舒适型： 1.6L/180TSI(1.2T)自动舒适型+6扬声器、单侧可见双出排气管、前风挡PVB膜高效隔音玻璃

230TSI(1.4T)自动豪华型： 230TSI(1.4T)手动/自动舒适型+Kessy智能钥匙系统(无钥匙进入和一键起动)、6扬声器，金属门槛迎宾饰条(带GOLF标识)、智能感光自动前照灯、灯光离/回家功能、雨量传感器、自动防炫目内后视镜、16英寸"Cosmic"铝合金轮毂+环保轮胎;205/55 R16 91V、真皮多功能转向盘、真皮换挡手柄、Vienna真皮运动座椅(黑色/米色)、前排座椅加热

280TSI(1.4T)自动旗舰型： 230TSI(1.4T)自动豪华型+前后8探头泊车雷达、OPS模拟可视泊车影像、智能双区自动恒温空调、8扬声器、MIB Standard Plus 信息娱乐系统：8.0英寸触摸彩屏(含独立主机

CD/SD/AUX-IN/USB接口/蓝牙/Mirror Link/CarPlay)、氙气前照灯(带日行灯、前照灯清洗)、排气管精致镀铬装饰、外后视镜电动折叠，外后视镜LED迎宾照地灯、副驾驶侧外后视镜倒车自动翻转照地、Alcantara高级翻毛皮运动座椅(黑色/棕色)、驾驶席座椅电动8向调节、仪表台/车门碳纤维风格装饰条+中控台高亮钢琴漆装饰面板

车身颜色： 极地白、唐古拉白、水晶银、塔希提金、季风灰、玛雅红、魅力紫、珊瑚蓝、深黑

内饰颜色： 黑色织物、棕色织物、米色真皮、黑色真皮、棕色翻毛皮、黑色翻毛皮

主要车型参数

	车型	1.6L			230TSI (1.4T)			280TSI (1.4T)	180TSI (1.2T)
		手动时尚型	自动时尚型	自动舒适型	手动舒适型	自动舒适型	自动豪华型	自动旗舰型	自动舒适型
基本参数	长×宽×高(mm)	4255×1799×1452							
	轴距(mm)	2637							
	油箱/行李舱容积(L)	50/380							
	整备质量(kg)	1210	1260			1280		1305	1280
	车身材料	钢板							
	乘员人数	5							
发动机参数	发动机类型	直列4缸 16气门 电控燃油喷射			涡轮增压 直列4缸 16气门 电控燃油缸内直接喷射				
	排量(mL)	1598			1395				1197
	额定功率[kW/(r/min)]	81/6000			96/5000～6000			110/5000～6000	81/5000
	最大转矩[N·m/(r/min)]	155/3800			225/1500～3500			250/1750～3000	200/2000～3500
	排放标准	国V							
底盘参数	变速器类型	5挡手动(带换挡提示)	6挡手自一体		5挡手动(带换挡提示)	7挡DSG®双离合			
	驱动类型	前驱							
	悬架系统	前麦弗逊式独立悬架/后扭转梁式半独立悬架							
	制动系统	前通风盘式/后实心盘式制动器							
	轮胎规格	195/65 R15 91H			205/55 R16 91V				
性能	最高车速(km/h)	188	180		204			212	190
	0～100km/h加速时间(s)	10.9	12.9		9.1	8.9		8.2	10.6
	90km/h等速油耗(L/100km)	5.0			4.3				
工信部综合工况油耗(L/100km)		6.1	6.3		5.9	5.8		5.4	5.1
上市时间		2013年12月							2015年4月

注：价格请咨询厂家或经销商

高尔夫R-Line

一汽-大众 FAW-VOLKSWAGEN

主要配置

280TSI（1.4T）手动R-Line/自动R-Line：前排正面双安全气囊、前排侧面双安全气囊、前后贯穿式两侧头部安全气帘、驾驶员膝部气囊、后部4探头泊车雷达、EPB智能电子手制动+Autohold自动驻车、ESP车身稳定系统(含ABS，ASR，HBA等多项扩展功能)、XDS动态电子差速锁、MKB多次碰撞预防系统、RKA胎压监测系统、MKE疲劳提醒系统、GRA定速巡航、儿童座椅固定装置(2套ISOFIX+Top Tether)、后门儿童安全锁、前排WOKS安全头枕、前排三点预紧式安全带(带高度调节和未系报警)、后排三个独立三点式安全带+三个安全头枕、第五代智能在线防盗系统、正弦激光焊接技术、热成型钢板安全车身、两把遥控钥匙、精致钥匙镀铬、CLEAN AIR高效空调滤芯、舒适电控半自动空调、全景天窗(滑动/倾斜开启、带手动遮阳帘和防夹功能)、氙气前照灯(带日行灯、前照灯清洗)、前雾灯(带转弯自动辅助照明功能)、樱桃红熏黑LED尾灯(带双侧LED倒车灯)、17英寸"Singapore"铝合金轮毂+环保运动宽胎：225/45 R17 91W、钢琴漆优雅前格栅、豪华上下格栅镀铬装饰条、豪华侧窗下沿镀铬装饰条、车身同色后视镜和门把手、单侧可见双出排气管、排气管精致镀铬装饰、大众徽标翻转开启行李舱、R-Line专属运动套件(前/后保险杆、格栅、侧裙、尾翼)、LED高位制动灯、雨量传感器、外后视镜/后风窗独立电动加热功能、外后视镜电动调节(集成LED转向灯)、四门一键式防夹电动车窗、绿色防紫外线隔热玻璃、前风挡PVB膜高效隔音玻璃、前/后超静音无骨刮水器、R-Line运动风格真皮包裹多功能转向盘(自动挡带换挡拨片)、转向盘高低前后四向可调、真皮换挡手柄、Alcantara+Vienna双色真皮运动座椅(灰黑双色、带R-Line标识)、豪华皮质车门扶手和前中扶手(用于米色织物内饰)、前排座椅加热、驾驶席座椅手动6向调节、副驾驶席座椅手动6向调节、驾驶席座椅腰托、前排座椅后背储物袋、前排中央扶手(高低前后四方向可调)、后排出风口、后排4/6可分折叠座椅、后排中央扶手(带柔性杯架)、豪华内饰氛围灯(前排车门装饰条、门把手、门扣手、脚窝)、精致内饰镀铬套装(灯光旋钮、车窗和后视镜开关、门把手)、金属门槛迎宾饰条(带R-Line标识)、仪表台/车门运动风格装饰条+中控台高亮钢琴漆装饰面板、动感黑色顶棚(全黑内饰)、水晶灰缝线套装(座椅、头枕、转向盘、换挡防尘套等)、金属脚踏板(含左脚休息区踏板)、遮阳板带化妆镜和照明灯、顶棚储物盒、驾驶席侧储物盒、中控台储物盒(带12V点烟器)、中通道储物盒(带水杯限位器、可移动烟灰缸)、中控台储物盒盖板/中通道储物盒拉帘、全植绒静音车门储物/手套箱(带分区储物、照明灯)、全植绒静音行李舱(带照明灯)

车身颜色：极地白、水晶银、季风灰、深黑

内饰颜色：灰黑双色 米色

主要车型参数

	车型	280TSI 1.4T	
		手动 R-Line	自动 R-Line
基本参数	长×宽×高(mm)	4255×1799×1452	
	轴距(mm)	2637	
	油箱/行李舱容积(L)	50/380	
	整备质量(kg)	1295	1305
	车身材料	钢板	
	乘员人数	5	
发动机参数	发动机类型	直列4缸 16气门 涡轮增压 电控燃油缸内直接喷射	
	排量(mL)	1395	
	额定功率[kW/(r/min)]	110/5000～6000	
	最大转矩[N·m/(r/min)]	250/1750～3000	
	排放标准	国V	
底盘参数	变速器类型	5挡手动(带换挡提示)	7挡DSG双离合
	驱动类型	前驱	
	悬架系统	前麦弗逊式独立悬架/后扭转梁式半独立悬架	
	制动系统	前通风盘式/后实心盘式制动器	
	轮胎规格	225/45 R17 91W	
性能	最高车速(km/h)	212	
	0～100km/h加速时间(s)	8.6	8.2
	90km/h等速油耗(L/100km)	4.3	
工信部综合工况油耗(L/100km)		5.5	5.4
上市时间		2015年6月16日	

注：价格请咨询厂家或经销商

高尔夫GTI GOLF

一汽-大众 FAW-VOLKSWAGEN

主要配置

前排正面安全气囊、前排侧面安全气囊、前后贯穿式双侧头部安全气帘、驾驶员膝部气囊、ESP车身稳定系统(含ABS、ASR、HBA等多项扩展功能)、XDS电子差速锁、MKB多次碰撞预防系统、MKE疲劳提醒系统、GRA定速巡航系统、RKA胎压监测系统，EPB智能电子驻车制动+Autohold自动驻车、前后8探头倒车雷达+OPS模拟可视泊车影像，泊车后视影像系统(大众徽标翻盖隐藏式摄像头)、ISOFIX+Top tether儿童座椅固定装置、后门儿童安全锁、WOKS防颈部扭伤安全头枕、前排预紧式安全带(带高度调节和未系报警)、后排三个独立三点式安全带+三个安全头枕、第五代智能在线防盗系统、正弦激光焊接技术、全景天窗(滑动/倾斜双模式可开启/带手动遮阳帘)、DCC动态底盘控制系统、Mode驾驶模式选择、Kessy智能钥匙系统(无钥匙进入+一键起动)、智能双区自动恒温空调，全新造型遥控钥匙(2把)、"MIB Standard Plus 信息娱乐系统：8.0英寸触摸彩屏(含独立主机CD/SD/iPod/USB接口/蓝牙/Mirror Link/手写识别)"、"MIB High导航：8.0英寸触摸彩屏(含独立主机CD/SD/iPod/USB接口/蓝牙/Mirror Link/手写识别)"、Media-in多媒体接口(带USB/iPod转接线)、8扬声器，Dynaudio丹拿高级音响系统带行李箱低音炮(9扬声器)、超长LED高位制动灯(26颗LED灯珠效果)、智能感光自动前照灯、灯光离回家功能、智能雨量传感器、高级远近光双氙气前照灯(带红色装饰线和前照灯清洗功能)、AFS随动转向功能、U形LED日行灯、虎牙行LED前雾灯、樱桃红动感熏黑LED尾灯、GTI专属蜂窝格栅(带红色装饰条和GTI Logo)、GTI专属前保险杠(空气动力学设计)、GTI专属侧裙(空气动力学设计)、GTI专属后保险杠和尾部扰流板(空气动力学设计)、GTI专属运动尾翼(空气动力学设计)、GTI专属侧窗下沿黑色高亮装饰条、GTI专属动感双侧排气管(带镀铬装饰)、GTI专属17英寸"Brooklyn"战斧铝合金轮毂+225/45/R17高性能轮胎、GTI专属18英寸"Austin"镜面战斧铝合金轮毂+225/40/R18高性能轮胎、18英寸应急备胎、动感鲨鱼鳍天线、四门一键式防夹电动车窗、绿色隔热玻璃、前风窗PVB膜高效隔音玻璃、前/后超静音无骨刮水器、外后视镜/后风窗独立电动加热功能、外后视镜照地迎宾灯、外后视镜电动折叠、精致钥匙镀铬环(带GTI Logo)、GTI专属黑色Vienna真皮运动座椅、驾驶席12向电动调节座椅(含4向电动调节腰托)、副驾驶席8向手动调节座(含2向手动调节腰托)、前排座椅三档极速电动加热功能、前排座椅后背储物袋、豪华真皮内饰套装(挡把、中扶手、门护板)、GTI专属红色缝线套装(座椅、头枕、转向盘、挡把等)、GTI专属真皮包裹多功能转向盘(带换挡拨片和GTI Logo)、GTI专属换挡手柄、GTI专属彩色仪表、豪华行车电脑、GTI专属红色动感内饰氛围灯、GTI专属红色LED灯光门槛迎宾饰条、GTI专属碳纤维风格后仪表台/车门IMD装饰条、中控台装饰面板、精致内饰镀铬装饰、金属脚踏板(含左脚休息区)、动感黑色顶棚(全黑内饰)、后排4/6可分折叠座椅、自动防炫目内后视镜、前中央扶手(四方向可调/上下五级可调)、后排出风口、中控台百叶帘式储物盒(带水杯限位器)、后中央扶手(带柔性杯架)、大众徽标翻转开启行李舱、转向盘高低前后四向可调、副驾驶侧外后视镜倒车自动翻转、全植绒静音行李舱(带照明功能)、全植绒静音车门储物/手套箱(带分区储物和照明功能)、顶盖承重梁加强装置(可加装行李架)、遮阳板带化妆镜和照明功能、顶棚眼镜储物盒、驾驶侧便利储物盒+可移动烟灰缸

车身颜色：旋风红，极地白，深黑

内饰颜色：黑色真皮内饰

主要车型参数

	车　型	2.0TSI GTI
基本参数	长×宽×高(mm)	4275×1799×1446
	轴距(mm)	2631
	油箱/行李舱容积(L)	50/380
	整备质量(kg)	1420
	车身材料	钢板
	乘员人数	5
发动机参数	发动机类型	第三代EA888 2.0L涡轮增压 直列4缸 16气门 电控双喷射系统(直接喷射和多点喷射)
	排量(mL)	1395
	额定功率[kW/(r/min)]	162/4500～6200
	最大转矩[N·m/(r/min)]	350/1500～4400
	排放标准	国Ⅴ
底盘参数	变速器类型	7挡手/自动一体湿式DSG®双离合器自动变速器
	驱动类型	前驱
	悬架系统	前加强麦弗逊独立悬架/后加强四连杆独立悬架
	制动系统	前通风盘式/后实心式制动器
	轮胎规格	225/45 R17
性能	最高车速(km/h)	240
	0～100km/h加速时间(s)	6.9
	90km/h等速油耗(L/100km)	5.3
工信部综合工况油耗(L/100km)		6.6
上市时间		2015年11月4日

注：价格请咨询厂家或经销商

全新高尔夫·嘉旅

GOLF 一汽-大众 FAW-VOLKSWAGEN

年度**新上市**车型

主要配置

1.6L手动/自动舒适：前排正面双安全气囊、前排侧面双安全气囊、后部4探头泊车雷达、EPB智能电子驻车制动+Autohold自动驻车、ESP车身稳定系统(含ABS，ASR，HBA等多项扩展功能)、XDS动态电子差速锁、MKB多次碰撞预防系统、RKA胎压监测、儿童座椅固定装置(2套ISOFIX+Top Tether)、后门儿童安全锁、前排WOKS安全头枕、前排三点预紧式安全带(带高度调节和未系报警)、后排三个独立三点式安全带+三个安全头枕、第五代智能在线防盗、底盘发动机护板、正弦激光焊接技术、热成型钢板安全车身、两把遥控钥匙、CLEAN AIR高效空调滤芯、舒适电控半自动空调、4扬声器、MIB G Standard Update 收音机(含CD/SD/AUX-IN/USB接口/蓝牙)、LED高位制动灯、卤素前照灯(带日行灯)、前雾灯(带转弯自动辅助照明功能)、灯带式LED尾灯(带双侧LED倒车灯)、16英寸"Cubix"铝合金轮毂+环保轮胎:205/55 R16 91V、18英寸应急备胎(支持行李舱地板上下2级可调)、三条幅钢琴漆优雅前格栅、豪华上下格栅镀铬装饰条、车身同色后视镜和门把手、后风窗两侧扰流尾翼、前后牌照板支架(后牌照板LED灯)、大众徽标翻转开启行李舱、PU转向盘(带高亮钢琴漆装饰)、转向盘高低前后四向可调、Peper织物标准座椅(黑色/灰黑双色)、豪华皮质车门扶手和前中扶手(用于织物灰黑内饰)、前排座椅6向手动调节、前排座椅腰托、前排中央扶手(高低前后四方向可调)、后排出风口(带后排12V电源)、后排座椅前后180mm可调、后排座椅靠背角度可调、后排座椅4/2/4可分折叠、遮阳板带化妆镜和照明灯、顶棚储物盒、主驾驶席侧储物盒、副驾驶席侧储物固定绑带、仪表台储物盒(带按压式盖板)、中控台储物盒(带12V点烟器)、中通道储物盒(带水杯限位器、固定绑带、可移动烟灰缸)、多功能手套箱(带制冷功能、安全锁、分区储物、照明灯)、多功能行李箱(带2层可调地板、12V电源、挂钩、照明灯)、外后视镜/后风窗独立电动加热功能，外后视镜电动调节(集成LED转向灯)、四门一键式防夹电动车窗、高效绿色防紫外线隔热玻璃、前/后超静音无骨刮水器、全植绒静音超大车门储物/手套箱/扶手箱、全植绒静音行李箱、24项豪华静音科技，标准仪表(多功能行车电脑)

180TSI (1.2T)：1.6L手动/自动舒适+前后贯穿式两侧头部安全气帘、前后8探头泊车雷达、OPS模拟可视泊车影像、GRA定速巡航、豪华仪表(多功能行车电脑)、6扬声器、MIB G Standard Plus 信息娱乐系统：6.5英寸触摸彩屏(含SD/AUX-IN/USB接口/蓝牙/Mirror Link)、全尺寸全景天窗(滑动/倾斜开启，带电动遮阳帘和防夹功能)、16英寸"Toronto"铝合金轮毂+环保轮胎:205/55 R16 91V、豪华侧窗全框镀铬装饰条、智能感光自动前照灯、灯光离/回家功能、雨量传感器、真皮包裹多功能转向盘、真皮换挡手柄、Zoom织物舒适座椅(黑色/灰黑双色)、后排中央扶手(带杯架)、豪华内饰氛围灯(前排车门装饰条、门把手、门扣手、脚窝)、LED内饰照明灯(前排/后排阅读灯、遮阳板化妆镜照明灯)、精致内饰镀铬套装(灯光旋钮、车窗和后视镜开关、门把手等)、前排座椅抽屉、前排座椅后背储物袋、后排折叠小桌板、中控台储物盒盖板/中通道储物盒拉帘

230TSI (1.4T)手动进取：180TSI (1.2T)+单侧可见双出排气管、前风窗PVB膜高效隔音玻璃

230TSI (1.4T)自动进取：230TSI (1.4T)手动进取+选装包："真皮包"：含Perforietes打孔真皮运动座椅、豪华皮质车门扶手和前中扶手、前排座椅加热

230TSI (1.4T)自动豪华：230TSI (1.4T)自动进取+MKE疲劳提醒、KESSY智能钥匙系统(无钥匙进入和一键起动)、精致钥匙镀铬、8扬声器、MIB Standard Plus 信息娱乐系统：8.0英寸触摸彩屏(含独立主机CD/SD/AUX-IN/USB接口/蓝牙/Mirror Link/CarPlay)、16英寸"Madrid"铝合金轮毂+环保轮胎:205/55 R16 91V、后视镜整体车身同色、Perforietes打孔真皮运动座椅(黑色/灰黑双色/棕黑双色)、前排座椅加热、自动防炫目内后视镜

280TSI (1.4T)自动豪华：230TSI (1.4T)自动豪华+排气管精致镀铬装饰

280TSI (1.4T)自动旗舰：280TSI (1.4T)自动豪华+PLA自动泊车系统(前后12探头泊车雷达)、FAS驾驶辅助摄像头、MODE驾驶模式选择、智能双区自动恒温空调、8扬声器、氙气前照灯(带U形LED日行灯、AFS前照灯随动转向、前照灯清洗)、MDFS动态前照灯辅助、金属门槛迎宾饰条、外后视镜电动折叠(带锁车自动折叠)、外后视镜LED迎宾照地灯、17英寸"Geneva"铝合金轮毂+环保运动宽胎:225/45 R17 91W、副驾驶侧外后视镜倒车自动翻转照地、Alcantara高级翻毛皮运动座椅(黑色/灰黑双色/棕黑双色

车身颜色：极地白、唐古拉白、水晶银、塔希提金、季风灰、玛雅红、魅力紫、太平洋蓝、深黑

内饰颜色：黑色打孔真皮，棕黑双色打孔真皮，灰黑双色打孔真皮，灰黑双色翻毛皮，棕黑双色翻毛皮，黑色翻毛皮

主要车型参数

	车型	1.6L		180TSI (1.2T)	230TSI 1.4T			280TSI 1.4T	
		手动舒适	自动舒适	自动进取	手动进取	自动进取	自动豪华	自动豪华	自动旗舰
基本参数	长×宽×高(mm)	4348×1807×1574(带行李架和鲨鱼鳍天线高度1596)							
	轴距(mm)	2680							
	油箱/行李舱容积(L)	50/500—1520							
	整备质量(kg)	1285	1320	1385	1395	1425		1430	
	车身材料	钢板							
	乘员人数	5							
发动机参数	发动机类型	直列4缸 16气门 电控燃油喷射		涡轮增压 直列4缸 16气门 电控燃油缸内直接喷射					
	排量(mL)	1598			1395			1197	
	额定功率[kW/(r/min)]	81/6000		81/5000	96/5000~6000			110/5000~6000	
	最大转矩[N·m/(r/min)]	155/3800		200/2000~3500	225/1500~3500			250/1750~3000	
	排放标准	国V							
底盘参数	变速器类型	5挡手动(带换挡提示)	6挡手自一体		5挡手动(带换挡提示)	7挡DSG®双离合			
	驱动类型	前驱							
	悬架系统	前麦弗逊式独立悬架/后扭转梁式半独立悬架			前麦弗逊独立悬架/后多连杆独立悬架				
	制动系统	前通风盘式/后实心盘式制动器							
	轮胎规格	195/65 R15 91H		205/55 R16 91V					
性能	最高车速(km/h)	186	175	190	202			210	
	0~100km/h加速时间(s)	12.4	13.6	11.5	9.9			8.9	
	90km/h等速油耗(L/100km)	5.0		4.7	4.8	4.9			
工信部综合工况油耗(L/100km)		6.2	6.4	5.3	5.7	5.6			
上市时间		2016年5月							

注：价格请咨询厂家或经销商

全新宝来 ALL NEW BORA

年度**新上市**车型

最新家族化前脸设计配合动感时尚的车身线条，创造出令世界怦然心动的进取风格；领新EA211发动机让动力与油耗完美平衡，更带来人车一体的全新驾驶乐趣；多项新增科技配置与超大实用空间以及人性化多功能设计，完美诠释内外兼修一脉相承的德系品质。

主要配置

手动/自动时尚型：先激光焊接工艺高强度车身、前排正面双安全气囊、ABS防抱死制动系统、ESP车身稳定系统、ASR驱动防滑系统、HBA液压制动辅助系统、HHC坡路起车辅助功能、智能电子防盗系统、前排高度可调预紧式安全带、后排三点式安全带、驾驶席安全带未系提醒、WOKS主动式安全头枕、前后排高度可调头枕、后倒车雷达、遥控钥匙、ISOFIX儿童座椅固定装置、可溃式转向柱系统、后门儿童安全锁、换挡提示(手动时尚型)、手动空调、Clean Air PM 2.5高效空气滤芯、智能多功能行车电脑、MIB G Entry 收音机、单碟CD、6扬声器立体声音响系统、输入接口(AUX-IN/SD/USB)、电动可调外后视镜、外后视镜LED转向灯、防紫外线绿色隔热玻璃、四门一键式防夹电动车窗、车门未关报警、前照灯未关提醒、前风窗无骨刮水器、后风窗加热、动感犀利前照灯、飞梭式尾灯、LED高位制动灯、15英寸时尚铝轮辋/195轮胎、散热器格栅镀铬、窗式天线、行李舱内部开启、整体折叠后排座椅、高度可调转向盘、自动行李舱照明、手动防炫目内后视镜、炮筒式白背光组合仪表、驾驶席座椅6向手动调节、前排中央通道带杯座和卡槽、前排可拉伸/高度可调中央扶手带储物盒、前后室内灯带关闭延时功能、手套箱内集成笔架/名片夹、前排遮阳板带化妆镜、点烟器/烟灰盒、IMD饰条 New Brushed、IMD饰条 Sail Palace、精致织物座椅

手动/自动舒适型：手动/自动时尚型+RKA智能胎压监控系统、副驾驶安全带未系提醒、定速巡航、MIB G Standard 收音机、蓝牙手机免提系统、输入接口(I-Pod)、智能防夹电动天窗、前雾灯、16英寸动感铝轮辋/205轮胎、进气格栅镀铬、侧窗下沿镀铬装饰条、前雾灯镀铬、车门镀铬装饰条、后保险杠镀铬装饰条、黑色钢琴漆B柱面板、外后视镜加热、三辐真皮包裹转向盘、高级真皮座椅、4/6可分体折叠后排座椅、手动无级调节驾驶席座椅腰托、后排中央扶手、前排脚窝氛围灯、前门扣手氛围灯、前座椅靠背地图袋、眼镜盒、真皮驻车制动操纵杆护套/真皮换挡手柄、金属质感内饰，230TSI增加制动片磨损报警、发动机起停/能量回收系统

自动豪华型：手动/自动舒适型+前排侧面双安全气囊、两侧头部安全气帘、无钥匙起动系统、全自动空调、智能钥匙、雨量传感器、静态转弯照明、LED飞梭式尾灯、16英寸豪华铝轮辋/205轮胎、IMD饰条桃木风格、电动折叠外后视镜带倒车自动调节功能、自动防炫目内后视镜、Art Velours高级翻毛皮座椅、可单独分级调节前座椅加热、多功能转向盘、桃木风格内饰、门槛迎宾饰条，230TSI增加制动片磨损报警、发动机起停/能量回收系统

车身颜色：镭射金、水晶银、幻影黑、极地白、柏林灰、玛瑙红、喀什米尔棕

主要车型参数及价格

车型		1.6L					230TSI		
		手动时尚型	自动时尚型	手动舒适型	自动舒适型	自动豪华型	手动舒适型	自动舒适型	自动豪华型
基本参数	长×宽×高(mm)	4562×1793×1468							
	轴距(mm)	2614							
	最小离地间隙(mm)	122							
	油箱/行李舱容积(L)	55/490							
	整备质量(kg)	1220	1260	1220	1260		1285	1310	
	车身材料	钢板							
	车身类型/乘员人数	3厢4门/5							
发动机参数	发动机类型	EA211直列4缸 16气门 电控燃油喷射					EA211涡轮增压 直列4缸 16气门 电控燃油缸内直接喷射		
	排量(mL)	1598					1395		
	额定功率[kW/(r/min)]	81/5800					96/5000		
	最大转矩[N·m/(r/min)]	155/3800					225/1400~3500		
	排放标准	国V							
底盘参数	变速器类型	5挡手动	6挡手/自动一体	5挡手动	6挡手/自动一体		5挡手动	7挡手自动一体DSG®双离合	
	驱动类型	前驱							
	悬架系统	前麦弗逊式独立悬架/后复合扭转梁式半独立悬架							
	制动系统	前通风盘式/后盘式制动器							
性能	最高车速(km/h)	185	180	185	180		200		
	0~100km/h加速时间(s)	11.7	12.7	11.7	12.7		9.7	9.6	
	90km/h等速油耗(L/100km)	5.3					4.7		
工信部综合工况油耗(L/100km)		6.2					5.6	5.3	
上市时间		2016年3月							
厂家建议价格(万元)		10.78	11.98	11.98	13.18	14.38	12.78	14.18	15.38

注：厂家建议价格以2016年3~8月为准

宝来 Sportline

主要配置

手动：前排正面双安全气囊/前排侧面双安全气囊、全新ESP电子稳定程序(含ABS/EBD/MSR/ASR/EDS)、HHC坡路起车辅助功能、HBA液压制动辅助功能、PDC数字式后倒车雷达、RKA智能胎压监控系统、制动片磨损报警、先进的防撞和吸能车身、高刚性四门侧面防撞杆、前排高度可调燃爆预紧式三点安全带、后排3个三点式安全带、驾驶席安全带未系提醒/副驾驶席安全带未系提醒、ISOFIX儿童座椅固定装置、可溃式转向柱、防盗报警装置、第四代在线智能电控防盗系统、后车门儿童安全锁、碰撞后车门自动解锁/燃油自动切断、智能化多功能行车电脑、定速巡航GRA、BCM车身控制模块、车门二次解锁功能、液压助力转向系统、E-Gas电控供油、Keyless智能钥匙/一键起动系统、电动折叠外后视镜带倒车自动调节功能、四门一键式防夹电动车窗、车门未关报警、前照灯未关提醒、手动空调、灰尘和花粉过滤器、遥控中控锁、加油口盖遥控、内部开启、行李舱内部电动、双开启模式防夹电动天窗、6扬声器立体声音响系统、收音机+CD/MP3功能、USB接口、AUX-IN音频接口、SD卡槽、蓝牙手机免提系统、飞翼式熏黑前照灯、LED日间行车灯、LED高位制动灯、窗式天线、17英寸运动铝轮辋/225轮胎、LED尾灯、蜂窝状运动风格散热器格栅、全新运动风格前/后保险杠、运动风格侧裙边/后保杠下裙边、炫黑外后视镜、镀铬排气尾管、车窗下饰条/车窗上饰条/行李舱饰条、全新运动风格黑内饰带装饰条、前风窗多档无骨刮水器、后风窗加热、电动可调外后视镜集成LED侧转向灯、外后视镜加热、防紫外线绿色隔热玻璃、驾驶席座椅6向手动调节、副驾驶席座椅4向手动调节、炮筒式白背光仪表、运动风格真皮座椅、运动风格多功能真皮包裹转向盘、真皮驻车制动操纵杆套、真皮换挡手柄套、运动标识车门迎宾踏板、前排中央通道带杯座和卡槽、前排可拉伸/高度可调中央扶手带储物盒、手套箱内集成眼镜盒/笔架/名片夹、后排中央扶手、后排可折叠杯架、驾驶席座椅腰托手动无级调节、车内照明灯、前排遮阳板带化妆镜、点烟器、烟灰盒带可翻折盖板、前座椅靠背地图袋、前后排高度可调头枕、手动防炫内后视镜、高度可调转向盘、真皮包裹多功能转向盘、自动行李舱照明、4/6可分体折叠后排座椅、高亮加速踏板/制动踏板/离合器踏板

自动：手动+换挡拨片、换挡提示、高穿透力动感前雾灯、高亮度后雾灯、分体式尾灯

车身颜色：极地白、炫酷灰、旋风红、幻影黑

主要车型参数及价格

车型		1.4TSI	
		手动	自动
基本参数	长×宽×高(mm)	4523×1775×1467	
	轴距(mm)	2610	
	油箱/行李舱容积(L)	55/450	
	整备质量(kg)	1325	1345
	车身材料	钢板	
	车身类型/乘员人数	3厢4门/5	
发动机参数	发动机类型	直列4缸 4气门 电控燃油缸内直喷 涡轮增压发动机	
	排量(mL)	1390	
	额定功率[kW/(r/min)]	96/5000	
	最大转矩[N·m/(r/min)]	220/1750～3500	
	排放标准	国V	
底盘参数	变速器类型	5挡手动变速器	7挡手自动一体DSG®双离合自动变速器
	驱动类型	前驱	
	悬架系统	前麦弗逊式独立悬架/后复合扭转梁式半独立悬架，充气式避振系统	
	制动系统	前通风盘式/后盘式制动器，NAO舒适性制动片	
性能	最高车速(km/h)	200	
	0～100km/h加速时间(s)	9.8	9.7
	90km/h等速油耗(L/100km)	5.1	
上市时间		2014年3月24日	
厂家建议价格(万元)		13.58	14.98

注：厂家建议价格以2016年3～8月为准

一汽-大众
FAW-VOLKSWAGEN

JETTA | 捷达

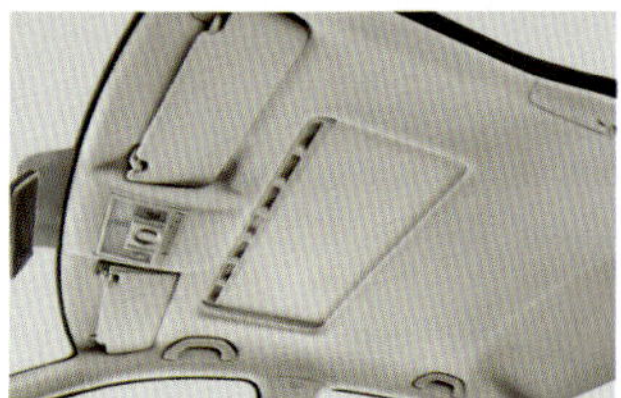

主要配置

时尚型： 激光焊接高强度车身、驾驶席侧安全气囊、副驾驶席侧安全气囊、ABS+EBD+MSR、前排三点式安全带/带高度可调功能、前排燃爆预紧式安全带/带高度可调功能、后排三点式安全带、前排安全带未系提醒、WOKS主动安全头枕、ISOFIX后排儿童座椅固定装置、溃缩式吸能转向柱、智能在线电控防盗系统、后车门儿童安全锁、电子随速助力转向系统、电控供油、高位制动警示灯、中控锁、驾驶席窗带点动下降功能、换挡提示功能、车门未关提醒(显示)、前照灯未关提醒(声音)、前/后门电动窗、灰尘及花粉过滤器、机械空调、按压开启式油箱盖、收音机、2扬声器、单碟CD机+MP3可读+USB数据接口、AUX-IN数据接口、前照灯高度调节、后窗加热功能、飞翼式熏黑前照灯、飞梭式立体尾灯、灵犀式车顶天线、车身同色门把手/外后视镜、优雅钢琴漆上进气格栅、高亮度后雾灯、前风窗多档无骨刮水器、14英寸钢制轮辋、电动调节外后视镜带加热功能、普通转向盘/驻车制动操纵杆/换挡手柄、防炫内后视镜、转向盘高度可调、高级机织座椅、顶棚阅读灯、便利12V电源、前部可移动烟灰缸、分体式前排头枕、三个后排头枕高度可调、副仪表板便利式储卡槽、前后门板储物盒、行李舱照明、行李舱电动开启、遥控钥匙带行李舱开起功能、驾驶席座椅手动6向调节

舒适型： 时尚型+自动侦测车尾倒车雷达、定速巡航、双开启防夹电动天窗、行李舱电动开启、多功能智能行车电脑、4扬声器、SD卡数据接口、上进气格栅镀铬装饰、高穿透力动感前雾灯、金属质感装饰条、"Venus"15英寸铝合金轮辋、绿色防辐隔热玻璃、舒适镀铬包、前排中央扶手、点烟器

豪华型： 舒适型+前排侧面安全气囊、ESP电子稳定程序系统、智能自动恒温空调、蓝牙手机免提系统、豪华镀铬包、碳纤维风格装饰条、钢琴漆面板(收音机&空调)、真皮包裹转向盘/驻车制动操纵杆/换挡手柄、多功能转向盘、尊贵真皮座椅、门槛迎宾踏板、侧窗底边精致镀铬装饰(自动型)、"Star"15英寸铝合金轮辋、雾灯镀铬、后排中央扶手、优雅钢琴漆B柱护板(自动型)、换挡提示(手动型)

运动版： 豪华型+RKA智能胎压监控系统、炫酷熏黑尾灯、黑色高亮外后视镜、全新运动风格前/后保险杠、"Tornado"15英寸铝合金轮辋、运动导流尾翼、蜂窝状运动风格进气格栅、黑色高亮车门装饰条、"Sport"运动版车身标识、镀铬双排气尾管、运动风格黑色内饰、贯通式"Mel Stripe"运动风格座椅、金属脚踏板、后盘式制动

车身颜色： 深黑、糖果白、闪光银、板岩灰、甜蜜金、玛雅红

主要车型参数及价格

车型		1.4L MT		1.6L MT	1.6L AT	1.6L MT	1.6L AT	1.6L MT	1.6L AT	1.4TSI AT
		时尚型	舒适型	时尚型	时尚型	舒适型	舒适型	豪华型	豪华型	运动版
基本参数	长×宽×高(mm)	4487×1706×1470								
	轴距(mm)	2603								
	最小离地间隙(mm)	120								
	油箱/行李舱容积(L)	55/466								
	整备质量(kg)	1120					1170	1120	1170	1215
	车身材料	钢板								
	车身类型/乘员人数	3厢4门/5								
发动机参数	发动机类型	EA211 直列4缸 4气门 电控燃油喷射								EA211 直列4缸 4气门 电控燃油缸内直喷 涡轮增压发动机
	排量(mL)	1395		1598						1395
	额定功率[kW/(r/min)]	66/5500		81/6000						96/5000～6000
	最大转矩[N·m/(r/min)]	132/3800		160/3800						225/1500～3500
	排放标准	国V								
底盘参数	变速器类型	5挡手动			6挡自动	5挡手动	6挡自动	5挡手动	6挡自动	7挡®DSG双离合
	驱动类型	前驱								
	悬架系统	前麦弗逊式独立悬架/后复合扭转梁式半独立悬架								
	制动系统	前通风盘式/后鼓式制动器								前通风盘/后盘式制动器
	轮胎规格	175/70 R14	185/60 R15	175/70 R14		185/60 R15				
性能	最高车速(km/h)	181		185						200
	0～100km/h加速时间(s)	12.4		10.8	11.8	10.8	11.8	10.8	11.8	9.2
	90km/h等速油耗(L/100km)	4.6		4.7	5.2	4.7	5.2	4.7	5.2	4.7
工信部综合工况油耗(L/100km)		5.9		6.0	6.6	6.0	6.6	6.0	6.6	5.8
改款时间		2015年7月						2013年3月		2015年7月
厂家建议价格(万元)		7.99	8.99	8.56	9.56	9.56	10.56	10.93	11.93	12.08

注：厂家建议价格以2016年3～8月为准

上汽大众汽车有限公司 SAIC VOLKSWAGEN Automotive Co.,Ltd.

大众：全新帕萨特　凌渡　全新朗境　全新朗行　全新朗逸　全新朗逸 运动版　全新朗逸 蓝驱技术版

New Polo　Cross Polo　Polo GTI　桑塔纳·浩纳　全新桑塔纳

斯柯达：全新速派　明锐　昕动

全新帕萨特 New Passat

年度**新改款**车型

主要配置

至尊版：激光焊接高强度车身、前排双SRS安全气囊、前排侧面SRS安全气囊、前后贯穿式头部安全气帘、后排双侧安全气囊、驾驶席膝部气囊、新版全能ESP车身动态电子稳定系统(含ABS/EBD/MSR/ASR/HBA/DSR/BSW/EDS功能)、EPB电子驻车制动系统、Auto Hold自动驻车、MKB防碰撞缓解制动装置、全方位泊车雷达、倒车影像、全方位智能PLA自动泊车辅助系统、Top Tether ISO-FIX的儿童安全保障系统、智能胎压检测系统、燃爆式预紧限力安全带、前排双安全带未系报警、第三代WOKS安全头枕、可溃式吸能转向管柱、智能防盗系统、BVA前制动片磨损过度报警装置、MKE智能疲劳监测系统、LDW车道保持系统、BSD智能盲点监测系统、驻车启停及制动能量回收系统、遥控中控门锁(带行李舱/车窗独立控制)、GRA定速巡航、KESSY无钥匙进入/一键起动系统、前后电动车窗(全车窗一键升降)、双层防夹电动天窗、Climatronic 双温区自动恒温空调、后排独立空调温控优先设计、AQS空气质量自动控制系统、Clean Air PM2.5空气净化系统、后排空调独立出风口、质感MIB多媒体娱乐终端(含6.33″ Touch Screen/GPS/USB/SD/AUX-IN/手写识别/Mirror Link/CD)后排双屏娱乐准备系统、8扬声器高保真立体声音响、车载蓝牙系统、智能化多功能行车电脑(QVGA真彩中文显示屏)、Dynamic balance横拉式镀铬格栅、车身豪华/车窗精致镀铬防擦条、行李舱盖时尚镀铬装饰条、晶钻双翼全LED前照灯(带AFS动态转角辅助照明系统/智能DLA动态前照灯/前照灯清洗)、光线感应自动点亮前照灯、"离家"智能前照灯点亮、"回家"前照灯灯延迟熄灭、静态转角辅助照明、晶灿LED日间行车灯、晶棱立体式LED尾灯、防紫外线绿色隔热玻璃、精致镀铬装饰、外后视镜集成LED高穿透转向灯、自动防炫目内/外后视镜、静音无骨刮水器、电动调节后视镜、可加热外后视镜、外后视镜位置记忆、外后视镜倒车辅助、停车自动折叠外后视镜、智能雨量传感器、前风窗清洗液不足报警、前照灯未关报警、后风挡电加热除霜、电加热刮水器喷嘴、智能启合电动尾门、前排座椅电动12向调节(含4向电动腰托调节)、前后排座椅电加热、前排通风座椅、三幅运动式多功能转向盘、转向盘四方向可调、打孔高级真皮座椅、高档桃木纹转向盘/换挡手柄、NVH静音座舱

车身颜色：金黑、玉白、曜银、晶灰、铂金、珊红、釉金、檀紫

内饰颜色：米色、黑色、棕色

主要车型参数及价格

	车　型	380TSI DSG 至尊版
基本参数	长×宽×高(mm)	4872×1834×1484
	轴距(mm)	2803
	油箱/行李舱容积(L)	69/490
	整备质量(kg)	1600
	车身材料	钢板
	车身类型/乘员人数	3厢4门/5
发动机参数	发动机类型	TSI涡轮增压缸内直喷汽油发动机
	排量(mL)	1984
	额定功率[kW/(r/min)]	162/4500~6200
	最大转矩[N·m/(r/min)]	350/1500~4400
	排放标准	国V
底盘参数	变速器类型	DSG7挡双离合变速器
	驱动类型	前驱
	悬架系统	前麦弗逊式独立悬架/后四连杆独立悬架
	制动系统	前通风盘式/后实心盘式制动器
	轮胎规格	235/45 R18
性能	最高车速(km/h)	238
	0~100km/h加速时间(s)	7.4
	90km/h等速油耗(L/100km)	5.2
工信部综合工况油耗(L/100km)		7.0
最新改款时间		2016年1月18日
厂家建议价格(万元)		29.39

注：厂家建议价格以2016年3~8月为准

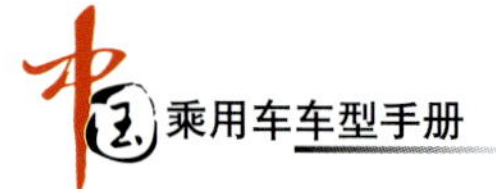

凌渡
Lamando

主要配置

豪华版： 前高刚性激光焊接车身、前排双SRS安全气囊、前排侧面SRS安全气囊、前后贯穿式头部安全气帘、全新ESP车身动态电子稳定系统(含ABS/ASR/EBD/EDS等功能)、MKB多次碰撞预防系统、EPB高效电子驻车制动系统、Auto Hold自动驻车功能、ISOFIX+Top tether儿童安全座椅稳固装置、前后8探头倒车雷达、第五代智能电子防盗系统、智能胎压检测系统、制动盘自动除水、定速巡航、KESSY无钥匙进入/一键起动功能、Climatronic恒温自适应双区净化空调、Start-stop起停装置与能量回收、彩屏多功能行车电脑、智感MIB多媒体娱乐终端MIB Standard Plus GEN2(含前置CD/MP3播放功能/SD/AUX-IN/USB接口/蓝牙功能/6.5寸彩色触摸屏/Mirror Link)、后排USB接口/带充电及数据传输功能、高保真立体声音响/8扬声器(4声道)、高强度超广角双开启天窗(带打开/滑动和防夹功能)、LED高位制动灯、前/后雾灯、弯道辅助照明、锐气动感氙气前照灯(高度可调带AFS智能随动转向及前照灯清洗装置)、前照灯离回家功能和感光自动开启、凌耀LED运动尾灯、外后视镜集成LED转向灯、凌视LED日间行车灯、智能雨量传感器、外后视镜上下车照明功能、可加热风窗洗涤喷嘴、车顶鲨鱼鳍天线、可加热电动调节外后视镜、外后视镜电动折叠功能(锁车自动折叠)、副驾驶侧外后视镜倒车自动下翻、豪华打孔真皮运动座椅、真皮包裹多功能转向盘及真皮换挡手柄、可锁手套箱(带照明及冷藏功能)、前排可加热电动座椅(8向电动调节+4向腰托)

车身颜色： 摩登棕、炫目金、澎湃蓝、凌厉红、狂野黑、魅影灰、锐利银、凛冽白

内饰颜色： 黑色、米色、棕色

主要车型参数及价格

	车　型	330TSI DSG 豪华版
基本参数	长×宽×高(mm)	4598×1826×1425
	轴距(mm)	2656
	油箱/行李舱容积(L)	50/480-1150
	整备质量(kg)	1445
	车身材料	钢板
	乘员人数	5
发动机参数	发动机型号/类型	EA888/全铝环保TSI发动机
	排量(mL)	1798
	额定功率[kW/(r/min)]	132/4300~6250
	最大转矩[N·m/(r/min)]	300/1450~4100
	排放标准	国V
底盘参数	变速器类型	全新DSG7挡双离合变速器
	驱动类型	前驱
	悬架系统	前麦弗逊式独立悬架/后四连杆独立悬架
	制动系统	前通风盘式/后盘式制动器
	轮胎规格	225/50 R17
性能	最高车速(km/h)	225
	90km/h等速油耗(L/100km)	5.0
上市时间		2015年1月9日
厂家建议价格(万元)		21.39

注：厂家建议价格以2016年3~8月为准

全新朗境
Cross Lavida

主要配置

豪华版： 前排正面双安全气囊、前排侧面安全气囊、前后贯穿式头部安全气帘、全新ESP车身动态电子稳定系统(含ABS/EBV/MASR/MSR功能)、ASR牵引力控制系统、HBA紧急制动辅助系统、NBW紧急制动提示、HHC坡道起步辅助系统、MKB多次碰撞预防系统、高刚性四门侧面防撞杆、RKA智能胎压检测系统、BCM车身控制模块、EPS电子助力转向系统、8探头前后倒车雷达、Isofix+Top Tether后排儿童座椅同步固定装置、前排三点式燃爆预紧式安全带/高度可调、后排全独立三点式安全带、前排安全带未系警告装置、碰撞后燃油自动切断/车门自动解锁设计、可溃式吸能转向管柱、后门儿童安全锁、第五代电子滚码防盗系统、防盗警示系统、E-Gas电控供油、遥控式中央集控门锁(带行李舱/车窗独立控制)、四门一键式防夹电动摇窗机、制动灯/转向灯/倒车灯/灯泡损坏报警装置、KESSY无钥匙进入/一键起动功能、定速巡航、双层防夹电动天窗、Climatronic全自动精控恒温空调、Clean Air PM2.5粉尘过滤装置、智能化多功能行车电脑、智感MIB多媒体娱乐终端MIB-G Standard Plus(含前置CD/MP3播放功能/SD/AUX-IN/USB接口/蓝牙功能/5寸彩色触摸屏/Mirror Link)、8扬声器高保真立体声音响、双音鸣号扬声器、前雾灯带弯道辅助照明系统、后雾灯、高位制动灯、锐光氙气前照灯带LED日间行车灯、前照灯离回家功能和感光自动开启、流光LED熏黑尾灯、外后视镜集成LED侧转向灯、外饰豪华镀铬套装(上进气格栅镀铬/侧窗镀铬饰条/行李舱镀铬饰条)、车顶鲨鱼鳍天线、鲨齿式哑光镀铬前格栅、Cross风格保险杠、Cross风格大包围、防紫外线绿色隔热玻璃、内饰精致镀铬套装(车窗开关/前照灯开关)、雨量感应静音无骨刮水器、后风窗空气刮水器、前后风窗洗涤装置、车门/前照灯未关警示装置、电动可调可加热外后视镜、动感真皮打孔座椅、内饰豪华真皮套装(真皮驻车制动杆/真皮换挡手柄/真皮转向盘套)、前排座椅电加热、驾驶席座椅6向电动调节、副驾驶座椅4向手动调节、驾驶席座椅3挡手动腰托、炮筒式白背光多功能仪表、高度可调转向盘、尊贵真皮多功能转向盘、智趣换挡拨片、自动防炫目内后视镜

车身颜色： 雅致白、神秘黑、简约银、绅雅灰、(选装)猎奇棕、(选装)峡谷棕

内饰颜色： Cross风格相拼

主要车型参数及价格

	车　型	1.6L自动 豪华版	230TSI DSG 豪华版
基本参数	长×宽×高(mm)	4446×1767×1495	
	轴距(mm)	2610	
	油箱/行李舱容积(L)	55/412−1285	
	整备质量(kg)	1280	1310
	车身材料	钢板	
	乘员人数	5	
发动机参数	发动机类型	EA211全铝环保直列4缸电控多点喷射汽油发动机	EA211全铝环保TSI涡轮增压汽油直喷发动机
	排量(mL)	1598	1395
	额定功率[kW/(r/min)]	81/5800±200	96/5000±200
	最大转矩[N·m/(r/min)]	155/3800±200	225/(1400～3500)±200
	排放标准	国V	
底盘参数	变速器类型	6挡手自一体	DSG 7挡双离合变速器
	驱动类型	前驱	
	悬架系统	前麦弗逊式独立悬架/后复合扭转梁式半独立悬架	
	制动系统	前通风盘式/后实心盘式制动器	
	轮胎规格	205/50 R17	
性能	最高车速(km/h)	183	200
	0～100km/h加速时间(s)	12.3	9.3
	90km/h等速油耗(L/100km)	4.9	
上市时间		2015年7月20日	
厂家建议价格(万元)		16.19	17.19

注：厂家建议价格以2016年3～8月为准

全新朗行
Gran Lavida

主要配置

豪华版：前排正面双安全气囊、前排侧面安全气囊、前后贯穿式头部安全气帘、全新ESP车身动态电子稳定系统(含ABS/EBV/MASR/MSR功能)、ASR牵引力控制系统、HBA紧急制动辅助系统、NBW紧急制动提示、HHC坡道起步辅助系统、MKB多次碰撞预防系统、RKA智能胎压检测系统、高刚性四门侧面防撞杆、BCM车身控制模块、EPS电子助力转向系统、8探头前后倒车雷达、Isofix+Top Tether后排儿童座椅同步固定装置、前排三点式燃爆预紧式安全带/高度可调、后排全独立三点式安全带、前排安全带未系警告装置、碰撞后燃油自动切断/车门自动解锁设计、可溃式吸能转向管柱、后门儿童安全锁、第五代电子滚码防盗系统、防盗警示系统、E-Gas电控供油、KESSY无钥匙进入/一键起动功能、定速巡航、双层防夹电动天窗、四门一键式防夹电动摇窗机、遥控式中央集控门锁(带行李舱/车窗独立控制)、车门/前照灯未关警示装置、制动灯/转向灯/倒车灯/灯泡损坏报警装置、Climatronic全自动精控恒温空调、Clean Air PM2.5粉尘过滤装置、8扬声器高保真立体声音响、双音鸣号扬声器、智能化多功能行车电脑、智感MIB多媒体娱乐终端MIB-G Standard Plus(含前置CD/MP3播放功能/SD/AUX-IN/USB接口/蓝牙功能/5英寸彩色触摸屏/Mirror Link)、雨量感应静音无骨刮水器、后风窗空气刮水器、前后风窗洗涤装置、外后视镜电动可折叠、电动可调可加热外后视镜、鹰眼双飞翼式前照灯、前照灯离回家功能和感光自动开启、前雾灯带弯道辅助照明系统、后雾灯、高位制动灯、流光LED尾灯、外后视镜集成LED侧转向灯、外饰豪华镀铬套装(上进气格栅镀铬/雾灯镀铬条/侧窗镀铬饰条/行李舱镀铬饰条)、车顶鲨鱼鳍天线、防紫外线绿色隔热玻璃、内饰精致镀铬套装(车窗开关/前照灯开关)、豪华打孔真皮座椅、前排座椅电加热、内饰豪华真皮套装(真皮驻车制动杆/真皮换挡手柄/真皮转向盘套)、前排高度可调头枕、驾驶席座椅6向电动调节、副驾驶座椅4向手动调节、驾驶员座椅3挡手动腰托、筒式白背光多功能仪表、自动防炫目内后视镜、高度可调转向盘、尊贵真皮包裹多功能转向盘

车身颜色：神秘黑、雅致白、简约银、绅雅灰、锐雅红、自由蓝

内饰颜色：黑色、白色、棕色

主要车型参数及价格

	车型	1.6L自动	230TSI DSG
		豪华版	豪华版
基本参数	长×宽×高(mm)	4445×1765×1485	
	轴距(mm)	2610	
	油箱/行李舱容积(L)	55/412	
	整备质量(kg)	1255	1300
	车身材料	钢板	
	乘员人数	5	
发动机参数	发动机型号/类型	EA211/全铝环保直列四缸电控多点喷射汽油发动机	EA211/全铝环保TSI涡轮增压汽油直喷发动机
	排量(mL)	1598	1395
	额定功率[kW/(r/min)]	81/5800±200	96/5000±200
	最大转矩[N·m/(r/min)]	155/3800±200	225/(1400–3500)±200
	排放标准	国Ⅳ、国Ⅴ	国Ⅴ
底盘参数	变速器类型	6挡手自一体	DSG 7挡双离合变速器
	驱动类型	前驱	
	悬架系统	前麦弗逊式独立悬架/后复合扭转梁式半独立悬架	
	制动系统	前通风盘式/后实心盘式制动器	
	轮胎规格	205/55 R16	
性能	最高车速(km/h)	183	200
	0~100km/h加速时间(s)	12.3	9.3
	90km/h等速油耗(L/100km)	4.9	
工信部综合工况油耗(L/100km)		6.4	5.7
上市时间		2015年7月20日	
厂家建议价格(万元)		15.29	16.29

注：厂家建议价格以2016年3～8月为准

全新朗逸
New Lavida

主要配置

豪华版： 前排正面双安全气囊、前排侧面安全气囊、前后贯穿式头部安全气帘、ASR牵引力控制系统、全新ESP车身动态电子稳定系统(含ABS/EBV/MASR/MSR功能)、HBA紧急制动辅助系统、NBW紧急制动提示、HHC坡道起步辅助系统、MKB多次碰撞预防系统、RKA智能胎压检测系统、EPS电子助力转向系统、8探头前后倒车雷达、Isofix+Top Tether后排儿童座椅同步固定装置、高刚性四门侧面防撞杆、前排三点式燃爆预紧式安全带/高度可调、后排全独立三点式安全带、前排安全带未系警告装置、碰撞后燃油自动切断/车门自动解锁设计、可溃式吸能转向管柱、后门儿童安全锁、第五代电子滚码防盗系统、防盗警示系统、BCM车身控制模块、E-Gas电控供油、四门一键式防夹电动摇窗机、遥控式中央集控门锁(带行李舱/车窗独立控制)、定速巡航、KESSY无钥匙进入/一键起动功能、车门/前照灯未关警示装置、制动灯/转向灯/倒车灯/灯泡损坏报警装置、双层防夹电动天窗、Climatronic全自动精控恒温空调、Clean Air PM2.5粉尘过滤装置、智能化多功能行车电脑、8扬声器高保真立体声音响、双音鸣号扬声器、智感MIB多媒体娱乐终端MIB-G Standard Plus(含前置CD/MP3播放功能/SD/AUX-IN/USB接口/蓝牙功能/5寸彩色触摸屏/Mirror Link)、前雾灯带弯道辅助照明系统、后雾灯、高位制动灯、鹰眼双飞翼式前照灯、前照灯离回家功能和感光自动开启、明耀LED尾灯、外后视镜集成LED侧转向灯、外饰豪华镀铬套装(水平和竖直条状上进气格栅镀铬/下进气格栅镀铬/侧窗镀铬饰条/行李舱镀铬饰条)、车顶鲨鱼鳍天线、防紫外线绿色隔热玻璃、电动可调可加热外后视镜、外后视镜电动可折叠、雨量感应静音无骨刮水器、前风窗洗涤装置、自动防炫目内后视镜、豪华打孔真皮座椅、前排座椅电加热、内饰豪华真皮套装(真皮驻车制动杆/真皮换挡手柄/真皮转向盘套)、前排高度可调头枕、驾驶席座椅6向电动调节、副驾驶座椅4向手动调节、驾驶员座椅3挡手动腰托、炮筒式白背光多功能仪表、高度可调转向盘、尊贵真皮包裹多功能转向盘

车身颜色： 神秘黑、雅致白、简约银、绅雅灰、锐雅红、风采蓝

内饰颜色： 黑色、米色、棕色

主要车型参数及价格

	车　型	1.6L自动	230TSI DSG
		豪华版	豪华版
基本参数	长×宽×高(mm)	4605×1765×1460	
	轴距(mm)	2610	
	油箱/行李舱容积(L)	55/478	
	整备质量(kg)	1245	1290
	车身材料	钢板	
	乘员人数	5	
发动机参数	发动机类型	EA211全铝环保直列四缸电控多点喷射汽油发动机	EA211全铝环保TSI涡轮增压汽油直喷发动机
	排量(mL)	1598	1395
	额定功率[kW/(r/min)]	81/5800±200	96/5000±200
	最大转矩[N·m/(r/min)]	155/3800±200	225/(1400–3500)±200
	排放标准	国Ⅳ、国Ⅴ	
底盘参数	变速器类型	6挡手自一体	7挡双离合变速器
	驱动类型	前驱	
	悬架系统	前麦弗逊式独立悬架/后复合扭转梁式半独立悬架	
	制动系统	前通风盘式/后实心盘式制动器	
	轮胎规格	205/55 R16	
性能	最高车速(km/h)	183	200
	0~100km/h加速时间(s)	12.3	9.3
	90km/h等速油耗(L/100km)	4.9	
工信部综合工况油耗(L/100km)		6.4	5.7
上市时间		2015年7月20日	
厂家建议价格(万元)		14.99	15.99

注：厂家建议价格以2016年3~8月为准

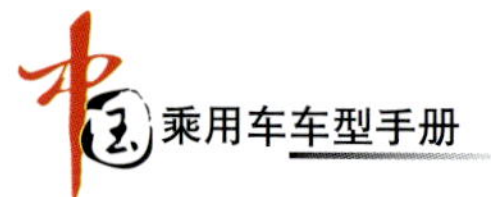

全新朗逸 运动版

New Lavida Sport

年度**新上市**车型

主要配置

运动版：前排正面双安全气囊、前排侧面安全气囊、全新ESP车身动态电子稳定系统(含ABS/EBV/MASR/MSR功能)、ASR牵引力控制系统、HBA紧急制动辅助系统、NBW紧急制动提示、HHC坡道起步辅助系统、MKB多次碰撞预防系统、RKA智能胎压检测系统、8探头前后倒车雷达、BCM车身控制模块、EPS电子助力转向系统、E-Gas电控供油、高刚性四门侧面防撞杆、Isofix+Top Tether后排儿童座椅同步固定装置、前排三点式燃爆预紧式安全带/高度可调、后排全独立三点式安全带、前排安全带未系警告装置、碰撞后燃油自动切断/车门自动解锁设计、可溃式吸能转向管柱、后门儿童安全锁、第五代电子滚码防盗系统、防盗警示系统、定速巡航、制动灯/转向灯/倒车灯/灯泡损坏报警装置、车门/前照灯未关警示装置、四门一键式防夹电动摇窗机、遥控式中央集控门锁(带行李舱/车窗独立控制)、环保节能型手动空调、Clean Air PM2.5粉尘过滤装置、智能化多功能行车电脑、智感MIB多媒体娱乐终端MIB-G Standard Update(含前置CD/MP3播放功能/SD/AUX-IN/USB接口/蓝牙功能)、8高保真立体声音响扬声器、双音鸣号扬声器、间歇可调静音无骨刮水器、前风窗洗涤装置、电动可调可加热外后视镜、前雾灯带弯道辅助照明系统、后雾灯、高位制动灯、锐光氙气前照灯带日间行车灯、熏黑LED尾灯、运动双色保险杠、运动造型车身侧裙边、蜂窝状进气前格栅、带套筒排气管、防紫外线绿色隔热玻璃、外后视镜集成LED侧转向灯、外饰豪华镀铬套装(水平条状上进气格栅镀铬/下进气格栅镀铬/侧窗镀铬饰条)、车顶鲨鱼鳍天线、手动防炫目内后视镜、内饰豪华真皮套装(真皮驻车制动杆/真皮换挡手柄/真皮转向盘套)、前排高度可调头枕、后排3个高度可调头枕、驾驶席座椅6向手动调节、副驾驶座椅4向手动调节、驾驶员座椅3挡手动腰托、炮筒式白背光多功能仪表、高度可调转向盘、尊贵真皮包裹多功能转向盘

车身颜色：神秘黑、雅致白、简约银、绅雅灰、逐光红

内饰颜色：黑色

主要车型参数及价格

车型		280TSI DSG 运动版
基本参数	长×宽×高(mm)	4605×1765×1460
	轴距(mm)	2610
	油箱/行李舱容积(L)	55/478
	整备质量(kg)	1300
	车身材料	钢板
	乘员人数	5
发动机参数	发动机类型	EA211全铝环保TSI涡轮增压汽油直喷发动机
	排量(mL)	1395
	额定功率[kW/(r/min)]	110/5000±200
	最大转矩[N·m/(r/min)]	250/(1400~3500)±200
	排放标准	国Ⅴ
底盘参数	变速器类型	DSG 7挡双离合变速器
	驱动类型	前驱
	悬架系统	前麦弗逊式独立悬架/后复合扭转梁式半独立悬架
	制动系统	前通风盘式/后实心盘式制动器
	轮胎规格	205/50 R17
性能	最高车速(km/h)	210
	0~100km/h加速时间(s)	8.4
	90km/h等速油耗(L/100km)	4.9
上市时间		2016年5月10日
厂家建议价格(万元)		15.59

注：厂家建议价格以2016年3~8月为准

全新朗逸 蓝驱技术版

New Lavida BlueMotion

主要配置

蓝驱技术版：前排正面双安全气囊、前排侧面安全气囊、全新ESP车身动态电子稳定系统(ABS/EBV/MASR/MSR功能)、ASR牵引力控制系统、HBA紧急制动辅助系统、NBW紧急制动提示、HHC坡道起步辅助系统、MKB多次碰撞预防系统、RKA智能胎压检测系统、EPS电子助力转向系统、8探头前后倒车雷达、(Isofix+Top Tether)后排两个儿童座椅同步固定装置、BCM车身控制模块、高刚性四门侧面防撞杆、前排三点式燃爆预紧式安全带/高度可调、后排全独立三点式安全带、前排安全带未系警告装置、E-Gas电控供油、第五代电子滚码防盗系统、后门儿童安全锁、防盗警示系统、可溃式吸能转向管柱、碰撞后燃油自动切断/车门自动解锁设计、定速巡航、制动灯/转向灯/倒车灯/灯泡损坏报警装置、四门一键式防夹电动摇窗机、遥控式中央集控门锁(带行李舱/车窗独立控制)、Clean Air PM2.5粉尘过滤装置、Climatronic全自动精控恒温空调、8扬声器高保真立体声音响、双音鸣号扬声器、智能化多功能行车电脑、智感MIB多媒体娱乐终端MIB-G Standard Update(含前置CD/MP3播放功能/SD/AUX-IN/USB接口/蓝牙功能)、前雾灯带弯道辅助照明系统、后雾灯、高位制动灯、鹰眼双飞翼式前照灯、前照灯离回家功能和感光自动开启、车门/前照灯未关警示装置、炫光立体造型尾灯、外后视镜集成LED侧转向灯、外饰豪华镀铬套装(水平条状上进气格栅镀铬、下进气格栅镀铬、侧窗镀铬饰条、行李舱镀铬饰条)、车顶鲨鱼鳍天线、电动可调可加热外后视镜、雨量感应静音无骨刮水器、前风窗洗涤装置、防紫外线绿色隔热玻璃、蓝驱金属质感贴标、蓝黑镶拼精工针织座椅、内饰豪华真皮套装(真皮驻车制动杆/真皮换挡手柄/真皮转向盘套)、炮筒式白背光多功能仪表、自动防炫目内后视镜、高度可调转向盘

车身颜色：神秘黑、雅致白、简约银、绅雅灰

内饰颜色：黑色

主要车型参数及价格

车　型		1.2TSI DSG 蓝驱技术版
基本参数	长×宽×高(mm)	4605×1765×1460
	轴距(mm)	2610
	油箱/行李舱容积(L)	55/478
	整备质量(kg)	1280
	车身材料	钢板
	乘员人数	5
发动机参数	发动机类型	EA211全铝环保TSI涡轮增压汽油直喷发动机
	排量(mL)	1197
	额定功率[kW/(r/min)]	81/5000±200
	最大转矩[N·m/(r/min)]	200/(2000~3500)±200
	排放标准	国Ⅴ
底盘参数	变速器类型	DSG 7挡双离合变速器
	驱动类型	前驱
	悬架系统	前麦弗逊式独立悬架/后复合扭转梁式半独立悬架
	制动系统	前通风盘式/后实心盘式制动器
	轮胎规格	205/55 R16
性能	最高车速(km/h)	196
	0~100km/h加速时间(s)	10.5
	90km/h等速油耗(L/100km)	4.4
工信部综合工况油耗(L/100km)		5.1
上市时间		2015年7月20日
厂家建议价格(万元)		14.29

注：厂家建议价格以2016年3~8月为准

New Polo

主要配置

豪华版： 前前排正面安全气囊、前排侧面安全气囊、头部安全气囊、ESP(含ABS/ASR/CBC/EDS/HHC/HBA/NBW/MSR)、胎压检测系统、WOKS安全头枕、Isofix儿童安全座椅同步安装装置、车门未关警示装置、电子防盗系统、前排燃爆三点式安全带/高度可调、后排三点式安全带、前排安全带未系警告装置、车尾倒车雷达、前部雷达、电子助力转向系统、四门一键式防夹电动摇窗机、遥控中央集控门锁、定速巡航、E-gas电控供油、双层防夹电动天窗、Climatronic全自动恒温空调、Clean Air PM2.5粉尘过滤装置、智能化多功能行车电脑、加油口盖集控、收音机带CD播放机、SD存储卡接口、AUX-IN音频输入端口、USB接口、蓝牙手机免提系统带电话薄功能、高保真立体声音响(6扬声器)、前照灯离回家功能、前照灯感光自动开启、雨量感应静音无骨刮水器、绿色隔热玻璃、车身同色保险杠、双高光镀铬饰条上格栅、凌厉冲刺线镀铬下格栅、双翼钻石切割造型前照灯、动感斜面前雾灯、劲酷立体尾灯、外后视镜带转向灯、前照灯未关报警装置、车门未关警示装置、电动可折叠可加热外后视镜、静态弯道辅助照明系统、动感打孔真皮座椅、动感真皮包裹多功能转向盘、高度可调转向盘、内饰豪华真皮套装(真皮换挡球头/真皮驻车制动手柄)、内饰精致镀铬套装(空调出风口边框/驻车制动按钮/换挡护套边框)、内饰豪华镀铬套装(前照灯开关/门嵌饰板)、手动防炫目内后视镜、驾驶席座椅手动6向调节

车身颜色： 星耀黄、风格红、锐利银、极地白

内饰颜色： 酷黑

主要车型参数及价格

	车　型	1.6L自动
		豪华版
基本参数	长×宽×高(mm)	3970×1682×1462
	轴距(mm)	2470
	前/后轮距(mm)	1463/1456
	油箱/行李舱容积(L)	45/250
	整备质量(kg)	1120
	车身材料	钢板
	乘员人数	5
发动机参数	发动机类型	水冷直列四缸四气门电子控制多点喷射汽油发动机
	排量(mL)	1598
	额定功率[kW/(r/min)]	81/5800±200
	最大转矩[N·m/(r/min)]	155/3800±200
	排放标准	国V
底盘参数	变速器类型	6挡自动
	驱动类型	前驱
	悬架系统	前麦弗逊式悬架/后半独立非驱动桥
	制动系统	前盘式/后鼓式制动器
	轮胎规格	185/60 R15
性能	最高车速(km/h)	185
	0~100km/h加速时间(s)	11.8
	90km/h等速油耗(L/100km)	4.9
工信部综合工况油耗(L/100km)		6.2
上市时间		2014年5月25日
厂家建议价格(万元)		11.59

注：厂家建议价格以2016年3～8月为准

Cross Polo

—— 无 视 边 界 ——

主要配置

1.6L 自动：前排正面安全气囊、前排侧面安全气囊、ESP(含ABS/ASR/CBC/EDS/HHC/HBA/NBW/MSR)、WOKS安全头枕、胎压检测系统、电子助力转向系统、Isofix儿童安全座椅同步安装装置、前后倒车雷达、电子防盗系统、前排燃爆三点式安全带/高度可调、后排三点式安全带、前排安全带未系警告装置、遥控中央集控门锁、定速巡航、加油口盖集控、双层防夹电动天窗、车门未关警示装置、E-gas电控供油、Climatronic全自动恒温空调、Clean Air PM2.5粉尘过滤装置、四门一键式防夹电动摇窗机、智能化多功能行车电脑、高保真立体声音响(6扬声器)、收音机带CD播放机、SD存储卡接口、AUX-IN音频输入端口、USB接口、蓝牙手机免提系统带电话薄功能、绿色隔热玻璃、Cross风格保险杠、外饰镀铬饰条、Cross风格前照灯、前雾灯、劲酷立体尾灯、外后视镜带转向灯、银色外后视镜、炫银车顶行李架、跨界高位底盘、Cross风格车身大包围、Cross车身跨界标志、高位制动灯、前照灯未关报警装置、前照灯感光自动开启、雨量感应静音无骨刮水器、前照灯离回家功能、电动可折叠可加热外后视镜、Cross风格踏板、动感真皮包裹多功能转向盘、缝线真皮换挡手柄、缝线真皮驻车制动杆、Cross专属镀铬套装(空调出风口边框/驻车制动按钮/换挡护套边框/前照灯开关)、卡槽、Cross风格踏步饰条、手动防炫目内后视镜、高度可调转向盘、驾驶座椅手动6向调节

车身颜色：皓月金、风格红

内饰颜色：酷黑

主要车型参数及价格

车型		Cross Polo
		1.6L自动
基本参数	长×宽×高(mm)	3987×1705×1486
	轴距(mm)	2470
	前/后轮距(mm)	1463/1456
	油箱/行李舱容积(L)	45/250
	整备质量(kg)	1135
	车身材料	钢板
	车身类型/乘员人数	2厢5门/5
发动机参数	发动机类型	水冷直列四缸四气门电子控制多点喷射汽油发动机
	排量(mL)	1598
	额定功率[kW/(r/min)]	81/5800±200
	最大转矩[N·m/(r/min)]	155/3800±200
	排放标准	国V排放标准
底盘参数	变速器类型	Tiptronic 6挡手自一体
	驱动类型	前驱
	悬架系统	前麦弗逊式悬架/后半独立非驱动桥悬架
	制动系统	前通风盘式/后鼓式制动器
	轮胎规格	185/60 R15
性能	最高车速(km/h)	185
	0～100km/h加速时间(s)	12.0
	90km/h等速油耗(L/100km)	4.9
工信部综合工况油耗(L/100km)		6.3
上市时间		2014年5月25日
厂家建议价格(万元)		11.79

注：厂家建议价格以2016年3～8月为准

Polo GTI

主要配置

1.4TSI DSG：前排正面安全气囊、前排侧面安全气囊、ESP(含ABS/ASR/CBC/EDS/HHC/HBA/NBW/MSR)、头部安全气囊、Isofix儿童安全座椅同步安装装置、WOKS安全头枕、车尾倒车雷达、前部雷达、电子防盗系统、电子助力转向系统、E-gas电控供油、车门未关警示装置、前排燃爆三点式安全带/高度可调、后排三点式安全带、驾驶席安全带未系警告装置、副驾驶安全带未系警告装置、遥控中央集控门锁、加油口盖集控、智能导航系统、定速巡航、Climatronic全自动恒温空调、Clean Air PM2.5粉尘过滤装置、四门一键式防夹电动摇窗机、双层防夹电动天窗、高保真立体声音响(6扬声器)、冲刺前后保险杠、劲黑蜂窝进气格栅、锐亮极光前照灯、速影前雾灯、熏黑劲酷立体尾灯、外后视镜带转向灯、烈焰制动卡钳、炫银镀铬双炮筒排气管、GTI炫银侧标、GTI炫银尾标、黑曜疾风扰流板、酷黑动感大包围、高光金属徽标、电动可折叠可加热外后视镜、高位制动灯、静态弯道辅助照明系统、前照灯未关报警装置、前照灯感光自动开启、雨量感应静音无骨刮水器、前照灯离回家功能、炫银运动型踏板、GTI运动风方格镶拼运动座椅、GTI专属红色缝线多功能转向盘、换挡拨片、星空白背光多功能组合仪表显示、内饰真皮套装(真皮换挡球头/驻车制动手柄/人造革换挡护套)、内饰镀铬套装(空调出风口边框/驻车制动按钮镀铬/换挡护套边框镀铬/前照灯/空调开关/门嵌饰板)、手动防炫目内后视镜、卡槽、高度可调转向盘、驾驶席座椅手动6向调节

车身颜色：极地白、风格红

内饰颜色：酷黑

主要车型参数及价格

	车　型	1.4TSI DSG
基本参数	长×宽×高(mm)	3975×1682×1487
	轴距(mm)	2470
	前/后轮距(mm)	1451/1444
	油箱/行李舱容积(L)	45/205-952
	整备质量(kg)	1207
	车身材料	钢板
	乘员人数	5
发动机参数	发动机型号	EA211
	发动机类型	全铝环保TSI涡轮增压汽油直喷发动机
	排量(mL)	1395
	额定功率[kW/(r/min)]	110/5800±200
	最大转矩[N·m/(r/min)]	250/(1750~3000)±200
	排放标准	国V
底盘参数	变速器类型	DSG 7挡双离合变速器
	驱动类型	前驱
	悬架系统	前麦弗逊式悬架/后半独立非驱动桥悬架
	制动系统	前后盘式制动器
	轮胎规格	215/45 R16
性能	最高车速(km/h)	205
	0~100km/h加速时间(s)	8.3
	90km/h等速油耗(L/100km)	4.7
工信部综合工况油耗(L/100km)		5.9
上市时间		2015年5月6日
厂家建议价格(万元)		14.69

注：厂家建议价格以2016年3～8月为准

桑塔纳·浩纳
Gran Santana

主要配置

豪华版：前排正面双安全气囊、前排侧安全气囊、头部侧安全气帘、ABS+EBD+MSR+CBC、ESP车身动态电子稳定系统、HBA紧急制动辅助系统、BSW制动盘擦拭除水、ASR牵引力控制系统、EPS电子助力转向系统、胎压检测系统、后门儿童安全门锁、前排燃爆式预紧限力安全带、前排三点式高度可调安全带、后排三独立三点式安全带、前排安全带未系提醒、Isofix+Top Tether儿童安全座椅固定装置、倒车雷达、第四代滚码防盗系统、遥控钥匙、定速巡航、Climatronic自动恒温空调(带粉尘过滤功能)、车门/前照灯未关警示装置、双开启式防夹电动天窗、多功能行车电脑、智感MIB多媒体娱乐终端MIB-G Standard(含蓝牙、单碟CD机、SD存储卡、USB接口及AUX-IN接口)、智能车载蓝牙系统、高保真立体声音响(6扬声器)、高位制动灯、静态弯道辅助照明系统、飞翼式独立光源立体前照灯、精雅外饰镀铬套装(横拉式镀铬格栅)、精雅外饰镀铬套装(后盖镀铬/车窗下沿镀铬饰条)、精雅外饰镀铬套装(前雾灯镀铬/下隔栅镀铬)、后保险杠反射片、车侧钢琴黑装饰、防紫外线绿色隔热玻璃、电动可加热外后视镜集成转向灯功能、雨量感应静音无骨刮水器、前照灯离回家功能、前照灯感光自动开启、转向盘高度可调、尊崇真皮包裹多功能转向盘、臻享真皮座椅、新一代WOKS安全头枕、后排三独立高度可调头枕、防炫目内后视镜

车身颜色：酷炫橙、纯净蓝、炫雅棕、曙光棕、如意黑、平安白、吉祥银

内饰颜色：黑色

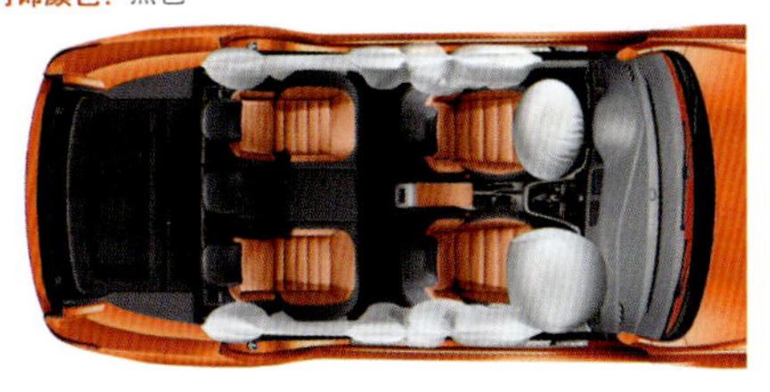

主要车型参数及价格

车　型		1.6L自动	230TDSG
		豪华版	豪华版
基本参数	长×宽×高(mm)	4282×1706×1475	
	轴距(mm)	2603	
	前/后轮距(mm)	1460/1500	
	油箱/行李舱容积(L)	55/372-1255	
	整备质量(kg)	1155	1208
	车身材料	钢板	
	乘员人数	5	
发动机参数	发动机型号/类型	EA211/全铝环保直列四缸电控多点喷射汽油发动机	EA211/全铝环保涡轮增压汽油直喷发动机
	排量(mL)	1598	1395
	额定功率[kW/(r/min)]	81/5800±200	96/5000±200
	最大转矩[N·m/(r/min)]	225/(1400~3500)±200	155/3800±200
	排放标准	国V	
底盘参数	变速器类型	6挡自动	7挡双离合变速器
	驱动类型	前驱	
	悬架系统	前麦弗逊式独立悬架/后复合扭转梁式半独立悬架	
	制动系统	前通风盘式/后鼓式制动器	
	轮胎规格	185/60 R15	
性能	最高车速(km/h)	185	200
	0~100km/h加速时间(s)	11.8	9.1
	90km/h等速油耗(L/100km)	4.9	4.8
工信部综合工况油耗(L/100km)		6.2	5.7
上市时间		2015年6月19日	
厂家建议价格(万元)		12.69	13.68

注：厂家建议价格以2016年3~8月为准

New Santana
—全新桑塔纳—

主要配置

豪华版：前排正面双安全气囊、前排侧安全气囊、头部侧安全气帘、ABS+EBD+MSR+CBC、ESP车身动态电子稳定系统、HBA紧急制动辅助系统、BSW制动盘擦拭除水、ASR牵引力控制系统、胎压检测系统、EPS电子助力转向系统、后门儿童安全锁、Isofix+Top Tether儿童安全座椅固定装置、前排燃爆式预紧限力安全带、前排三点式高度可调安全带、后排三独立三点式安全带、前排安全带未系提醒、车门未关警示装置、第四代滚码防盗系统、遥控钥匙、倒车雷达、定速巡航、Climatronic 自动恒温空调(带粉尘过滤功能)、双开启式防夹电动天窗、前/后排车窗电动升降、驾驶席侧车窗一键下降、多功能行车电脑、高品质收音机带单碟CD机、SD存储卡、USB接口及AUX-IN接口、4扬声器高保真立体声音响、智能车载蓝牙系统、飞翼式立体前照灯、精雅外饰镀铬套装(横拉式镀铬格栅/车窗下沿镀铬饰条)、精雅外饰镀铬套装(前雾灯镀铬/后盖镀铬)、防紫外线绿色隔热玻璃、车侧钢琴黑装饰、无骨刮水器、高位制动灯、静态弯道辅助照明系统、前照灯未关警报装置、电动可调可加热外后视镜、至真真皮座椅、尊崇真皮内饰套装(真皮装饰驻车制动杆及换挡手柄)新一代WOKS安全头枕、后排三独立高度可调头枕、防炫目内后视镜、转向盘高度可调、驾驶席座椅高度可调、驾驶席侧行李舱车内开关、尊崇真皮包裹多功能转向盘

车身颜色：吉祥银、和谐灰、如意黑、平安白、康宁蓝

内饰颜色：黑色

主要车型参数及价格

	车　型	1.6L 自动
		豪华版
基本参数	长×宽×高(mm)	4473×1706×1469
	轴距(mm)	2603
	前/后轮距(mm)	1460/1500
	油箱/行李舱容积(L)	55/466
	整备质量(kg)	1155
	车身材料	钢板
	乘员人数	5
发动机参数	发动机型号/类型	EA211/全铝环保直列四缸电控多点喷射汽油发动机
	排量(mL)	1598
	额定功率[kW/(r/min)]	81/5800±200
	最大转矩[N·m/(r/min)]	155/3800±200
	排放标准	国Ⅳ、国Ⅴ
底盘参数	变速器类型	6挡自动
	驱动类型	前驱
	悬架系统	前麦弗逊式独立悬架/后复合扭转梁式半独立悬架
	制动系统	前通风盘式/后鼓式制动器
	轮胎规格	185/60 R15
性能	最高车速(km/h)	185
	0~100km/h加速时间(s)	11.8
	90km/h等速油耗(L/100km)	4.9
工信部综合工况油耗(L/100km)		6.2
上市时间		2014年8月18日
厂家建议价格(万元)		12.38

注：厂家建议价格以2016年3~8月为准

全新速派 New Superb

ŠKODA 斯柯达

年度新上市车型

2015年10月25日，上海大众汽车斯柯达品牌New Superb全新速派在上海正式上市，价格区间为16.98万~27.68万元。基于大众汽车集团MQB B平台，New Superb全新速派搭载了新一代EA系列发动机，提供TSI280、TSI330和TSI380三种动力选择，匹配高性能的7挡湿式DSG双离合变速器、7挡干式DSG双离合变速器和5挡手动变速器，结合不同配置，共推出8款车型。

主要配置

前行版：高刚性激光焊接车身、前排正面双安全气囊、前排侧面双安全气囊、全模块ESP电子车身稳定系统(含ABS/ASR/EBD/EDS等19项功能)、EPS电子精确控制动力转向系统、智能电子滚码防盗系统、EPB高效电子手制动系统、Auto Hold自动驻车系统、TPMS轮胎气压监测系统、MKE驾驶员疲劳识别系统、碰撞后紧急措施(车辆自动解锁/切断油路/MKB多次碰撞预防/开启警示灯)、前排三点式燃爆预紧式安全带/高度可调、后排三点式安全带/两侧带限力功能、前排安全带未系警报、前排Woks安全头枕、ISOFIX+Top tether儿童座椅固定装置、后倒车雷达、定速巡航、Clean Air电子手动空调/带PM2.5过滤器、前后排一触式电动防夹车窗、双遥控钥匙(含后行李舱盖单独开启/车窗启闭及天窗关闭功能)、CAN-BUS电子智能管家、车载蓝牙语音系统、高保真8扬声器立体环绕音响、MIB-G 多功能收音机带CD、SD读卡器、AUX-IN/USB接口、支持Ipod、掀背式开启行李舱、LED双C尾灯、前雾灯转向辅助照明系统、气动无骨刮水器、绿色隔热玻璃、前风窗隔音玻璃、立体悬浮式氙气前照灯、车身镀铬包(环水箱格栅饰框、水箱格栅、环侧窗)、外后视镜电动可调可加热/带转向灯、织物座椅、三辐转向盘、转向盘四向可调、组合仪表带行驶信息显示、缓降式手套箱带照明功能、前排中央扶手带冷藏功能、4/6可分体折叠后排座椅、全车头枕高度可调、驾驶席侧8向手动调节座椅(含2向腰托)、副驾驶侧4向手动调节座椅

创行版：前行版+AQS空气智能监控系统、Clean Air双温区全自动空调/带PM2.5过滤器、琉黑一体式全景天窗、外后视镜锁车自动折叠带迎宾灯、智能雨量感应器、全时智能光感应系统(离回家照明/昏暗环境智能开启)、自动防炫目内后视镜、镶拼座椅、三辐多功能真皮包裹转向盘、真皮换挡球头、前排加热座椅及前风窗加热喷嘴、组合仪表带彩色行驶信息显示、驾驶席侧12向电动调节座椅(含4向腰托)、 副驾驶侧8向手动调节座椅(含2向腰托)

智行版：创行版+前后贯穿式头部安全气帘、驾驶侧膝部安全气囊、PLA 3.0智能泊车辅助系统、后排两侧三点式燃爆预紧式安全带、前倒车雷达、免钥匙进入及一键起动、Lane Assist车道偏离辅助系统、MIB-G 5英寸触控收音机支持MirrorLink、立体悬浮式智能氙气前照灯(带前照灯清洗/AFS随动转向/MDFS前照灯动态辅助)、光导式LED日间行车灯、前后车门迎宾踏步饰条、简约内饰氛围灯、后排220V电源接口、副驾驶侧12向电动调节座椅(含4向腰托)、Boss Button副驾驶座后排调节控制、真皮座椅

尊行版：智行版+后排侧面双安全气囊、Clean Air三温区全自动空调/带PM2.5过滤器、MIB 8英寸多点触控导航支持MirrorLink和CarPlay、RSE后排无线娱乐控制系统、后视摄像头、手动后风窗遮阳帘、外后视镜副驾驶侧倒车自动调节、四辐多功能真皮包裹桃木转向盘、尊贵内饰氛围灯、打孔真皮座椅、后排加热座椅、前排通风座椅、驾驶席侧座椅及双侧外后视镜记忆功能、可调节式电动尾门带虚拟踏板开启

旗舰版：尊行版+BSD盲点监测系统、Front Assist前方安全辅助系统、倒车防撞智能干预系统、Pre-Crash预碰撞保护系统、ACC自适应巡航系统、前排电子安全带、Canton 12扬声器豪华音响系统带低音炮、MIB 8英寸多点触控3D立体导航支持MirrorLink、CarPlay和DVD播放、后视摄像头、自动防炫目双侧外后视镜、可调节式电动尾门带虚拟踏板开启、Nappa高级真皮座椅

车身颜色：古堡褐、圣像灰、穹顶金、廊柱白、哥特黑、琥珀棕

内饰颜色：黑色、米色、棕色

主要车型参数及价格

车型		TSI280 手动	TSI280 双离合器手自一体		TSI330 双离合器手自一体	TSI280 双离合器手自一体	TSI330 双离合器手自一体		TSI380 双离合器手自一体
		前行版	前行版	创行版	创行版	智行版	智行版	尊行版	旗舰版
基本参数	长×宽×高(mm)	4861×1865×1489							
	轴距(mm)	2841							
	前/后轮距(mm)	1584/1572							
	油箱/行李舱容积(L)	66/570–1680							
	整备质量(kg)	1380	1420		1495	1420	1495	1530	
	车身材料	钢板							
	车身类型/乘员人数	3厢4门/5							
发动机参数	发动机类型	直列4缸 16气门 TSI汽油机							
	排量(mL)	1395			1798	1395	1798	1984	
	额定功率[kW/(r/min)]	110/5000			132/4300~6250	110/5000	132/4300~6250	162/4500~6200	
	最大转矩[N·m/(r/min)]	250/1750~3000			300/1450~4100	150/1750~3000	300/1450~4100	350/1500~4400	
	排放标准/建议用油	国V带车载诊断(OBD)系统/95#汽油							
底盘参数	变速器类型	5挡手动	7挡DSG双离合手自一体						
	驱动类型	前驱							
	悬架系统	前麦弗逊式独立悬架/后四连杆式独立悬架							
	制动系统	前通风盘式/后盘式制动器							
	轮胎规格	215/60 R16		215/55 R17			235/45 R18		
性能	最高车速(km/h)	215			225	215	225	235	
	0~100km/h加速时间(s)	8.5	8.7		8.2	8.7	8.2	7.2	
	90km/h等速油耗(L/100km)	4.7			5.2	4.7	5.2	5.3	
工信部综合工况油耗(L/100km)		5.9	6.1		7.3	6.1	7.3	7.6	
上市时间		2015年10月25日							
厂家建议价格(万元)		16.98	17.98	18.98	19.98	21.28	21.98	24.98	27.68

注：厂家建议价格以2016年3~8月为准

ŠKODA 斯柯达 明锐 Octavia

年度**新上市**车型

2016年4月21日，上汽大众斯柯达品牌2017款Octavia明锐升级上市。在外形上，增加了源自高性能Octavia RS车型的运动风格前保险杠，还提供晶耀炫黑车顶和动感黑外后视镜的组合，全系采用更具动感的三辐式多功能方向盘，视觉效果更具年轻气息。与此同时，2017款明锐对轮毂进行了优化升级，提供4款16－17英寸动感造型轮毂，精致有型。新车外观、内饰设计均有优化升级，带来更加年轻、动感的视觉体验，传递出〞心，就该比路远一点〞的前行精神。

主要配置

前行版： 前排正面双安全气囊、激光焊接全方位安全车身、(ABS+EBD+MSR+MASR)多重主动安全系统、EPS电子精确控制动力转向系统、前排安全带提醒装置、前排三点式燃爆预紧式安全带/高度可调、后排三点式安全带、可溃缩式转向管柱、行驶时自动落锁、碰撞时自动解锁、中断燃油供给并开启警告灯、第五代智能电子滚码防盗系统、ISOFIX+Top tether儿童安全座椅固定装置、2把遥控钥匙、电子机械手动空调带灰尘花粉过滤器、行李舱电子机械式轻触开启装置、加油口盖电动开启装置/中央集控门锁相连接、前后排一触式电动车窗带防夹功能、儿童保险装置、CAN－BUS电子智能管家、多功能行车电脑、MIB G Entry收音机、单碟CD播放机、SD卡/USB/AUX－IN接口、高保真立声音响4扬声器、RS风格运动前保险杠、卤素前照灯、前照灯未关警告、光导式C型LED尾灯、前雾灯转向辅助照明系统、LED高位制动灯、电动调节外后视镜集成LED侧面转向灯、环水箱格栅镀铬、B柱黑色高亮饰板、气动无骨安全刮水器、防紫外线绿色隔热玻璃、金属质感装饰、内隐式印刷天线、三辐条转向盘、高级织物座椅、转向盘纵向及高度可调、12V电源插口，手自一体前行版增加ESP电子稳定系统、HHC坡道辅助控制系统、MCB多重碰撞预防系统、TPMS轮胎气压监测系统

创行版： 前行版+数字式无盲区PDC倒车雷达、GRA定速巡航、8高保真立体环绕音响扬声器、水箱格栅镀铬饰条、下进气格栅镀铬饰条、侧窗下沿镀铬装饰条、前翼子板装饰条、高级织物与真皮镶拼座椅，手自一体创行版增加ESP电子稳定系统、HHC坡道辅助控制系统、MCB多重碰撞预防系统、TPMS轮胎气压监测系统

智行版： 创行版+前排侧面双安全气囊、疲劳驾驶提醒、豪华多功能行车电脑、MIB G Standard收音机、蓝牙及手机准备系统、车尾带镀铬饰条、后扰流板镀铬饰条、金属踏步饰条带Octavia标志、可加热外后视镜、氛围灯包(前后排脚步照明及四门内开扳手照明)、高级真皮座椅、豪华真皮包裹多功能转向盘/真皮驻车制动杆/真皮换挡手柄、驾驶席座椅手动8向调节/含2向腰托

尊行版： 智行版+双侧头部安全气帘、免钥匙进入及一键起动、双温区全自动空调/带灰尘花粉过滤器、MIB Standard Plus信息娱乐系统、外后视镜电动折叠、副驾驶侧外后视镜倒车自动翻转、侧面镀铬饰条、自动前照灯、前照灯离回家功能、雨量传感器、高级打孔真皮座椅、电子自动调节防炫目内后视镜、驾驶席座椅电动12向调节/含4向腰托、副驾驶座椅手动6向调节、驾驶座椅三组记忆功能(与外后视镜同步)、冬季包(前排座椅电加热)

车身颜色： 神秘黑、晶莹白、星辉银、潮流灰、琥珀棕、流光金

内饰颜色： 黑色、米色

主要车型参数及价格

	车型	1.6L 手动	1.6L 手自一体	1.6L 手动	1.6L 手自一体	1.6L 手动	1.6L 手自一体	TSI280 双离合手自一体	
		前行版	前行版	创行版	创行版	智行版	智行版	智行版	尊行版
基本参数	长×宽×高(mm)	4659×1814×1460							
	轴距(mm)	2686							
	前/后轮距(mm)	1549/1520							
	油箱/行李舱容积(L)	55/590－1580							
	整备质量(kg)	1210	1250	1210	1250	1210	1250	1290	
	车身材料	钢板							
	车身类型/乘员人数	3厢4门/5							
发动机参数	发动机类型	直列4缸 16气门 电喷汽油机						直列4缸 16气门 TSI汽油机	
	排量(mL)	1598						1395	
	额定功率[kW/(r/min)]	81/5800						110/5000	
	最大转矩[N·m/(r/min)]	155/3800						250/1750～3000	
	排放标准/建议用油	国Ⅴ带车载诊断(OBD)系统/92#汽油							
底盘参数	变速器类型	5挡手动	Tiptronic 6挡手自一体	5挡手动	Tiptronic 6挡手自一体	5挡手动	Tiptronic 6挡手自一体	7挡DSG双离合手自一体	
	驱动类型	前驱							
	悬架系统	前麦弗逊式独立悬架/后创新扭力梁悬架							
	制动系统	前通风盘式/后盘式制动器							
	轮胎规格	205/55 R16							
性能	最高车速(km/h)	190	185	190	185	190	185	208	
	0～100km/h加速时间(s)	11.2	12.5	11.2	12.5	11.2	12.5	8.5	
	90km/h等速油耗(L/100km)	4.9	5.0	4.9	5.0	4.9	5.0	4.8	
工信部综合工况油耗(L/100km)		6.2	6.5	6.2	6.5	6.2	6.5	5.9 (5.5)	
上市时间		2016年4月21日							
厂家建议价格(万元)		11.99	13.69	12.89	14.19	13.99	15.19	16.69	17.99

注：厂家建议价格以2016年3～8月为准

2016年3月1日，上海大众斯柯达旗下高品质的大两厢车型Rapid Spaceback昕动以6.99万元全新起步价上市，全系车型的市场指导价区间为6.99~11.79万元，性价比优势明显。作为斯柯达品牌推进年轻化战略的重要一员，昕动自上市以来，凭借动感时尚的设计、宽敞越级的空间以及强劲节能的动力迅速赢得了众多年轻消费者的青睐。昕动拥有1.4L、1.6L和1.4TSI三款发动机，共7个配置车型。购买昕动全系车型还可获赠超值原装附件，尽享实惠。

昕动 Rapid Spaceback

ŠKODA 斯柯达

主要配置

前行版：高强度安全车身结构、前排正面双安全气囊、(ABS+EBD+MSR+CBC)多重主动安全系统、前排WOKS安全头枕、EPS电子精确控制动力转向系统、驾驶席安全带未系报警装置、前排三点式燃爆预紧式安全带/高度可调、后排三独立三点式安全带、Isofix+Top Tether儿童安全座椅固定装置、车门及行李舱盖未关报警、第四代智能电子滚码防盗系统、可溃缩式转向管柱、行驶时自动落锁、 车外误开车门自动落锁、碰撞时自动解锁、四门侧面防撞杆、遥控式中央集控门锁/折叠式钥匙、手动空调/带灰尘花粉滤清器、前/后排电动车窗、CAN-BUS电子智能管家、单碟CD带MP3功能/SD/USB/AUX-IN音源输入插口、四扬声器高保真立体声音响、卤素前照灯、前照灯未关警告、后雾灯、双扣式C型尾灯、高位制动灯、车身同色门外把手及外后视镜、家族翼展式镀铬饰框、前后空气刮水器、可拆卸式车顶天线、中断燃油供给并开启警告灯、高级织物座椅、动感三辐造型转向盘、防炫目内后视镜、晶炫白背光组合仪表盘、电动可调/可加热外后视镜、后排座椅整体可翻折、转向盘高度可调、驾驶席座椅高度可调、手动挡换挡提示，自动前行版无手动挡换挡提示

创行版：前行版+前排侧面安全气囊、副驾驶安全带未系报警装置、PDC数字式倒车雷达、GRA定速巡航系统、双层电动防夹天窗、家族直瀑式钢琴高光黑进气格栅、车窗下沿镀铬饰条、防紫外线绿色隔热玻璃、金属质感装饰、高级镶拼织物座椅、后排座椅4/6翻折、手动挡换挡提示

智行版：创行版+ESP电子稳定系统、TPMS胎压监测系统、自动温控空调/带灰尘花粉滤清器、晶钻透镜前照灯、家族翼展式钢琴高光黑饰框、钢琴高光黑B柱、炫酷潮流黑包(透黑超广角后窗玻璃+动感熏黑高光轮毂+黑耀炫黑顶+炫动璨黑前雾灯+双C型熏黑尾灯+时尚黑化后视镜)、运动风格迎宾踏步饰条、运动风格侧面镀铬标签、运动风格IMD装饰、运动风格镶拼座椅、镀铬高光黑装饰三幅造型转向盘，手自动一体智行版增加HHC上坡辅助系统

车身颜色：明朗白、璀璨金、梦想蓝、奔放红

内饰颜色：雅米、炫黑

主要车型参数及价格

车型		1.4L手动 前行版	1.6L手动 前行版	1.6L自动 前行版	1.6L手动 创行版	1.6L自动 创行版	1.6L自动 智行版	TSI 230双离合手自动一体 智行版
基本参数	长×宽×高(mm)	4304×1706×1475						
	轴距(mm)	2603						
	前/后轮距(mm)	1460/1500						
	油箱/行李舱容积(L)	55/372-1255						
	整备质量(kg)	1110	1120	1155	1120	1155		1200
	车身材料	钢板						
	车身类型/乘员人数	2厢5门/5						
发动机参数	发动机类型	直列4缸 16气门 电控燃油喷射汽油机						直列4缸 16气门 TSI汽油机
	排量(mL)	1398	1598					1398
	额定功率[kW/(r/min)]	66/5500	81/5800					96/5000
	最大转矩[N·m/(r/min)]	132/3800	155/3800					225/1400~3500
	排放标准/建议用油	国Ⅳ/93#汽油						国Ⅴ/95#汽油
底盘参数	变速器类型	5挡手动		6挡自动	5挡手动	6挡自动		7挡DSG双离合手自动一体
	驱动类型	前驱						
	悬架系统	前麦弗逊式独立悬架/后半独立扭转梁式悬架						
	制动系统	前通风盘式/后鼓式制动器						前通风盘式/后盘式制动器
	轮胎规格	185/60 R15						
性能	最高车速(km/h)	181	185					200
	0~100km/h加速时间(s)	12.4	10.8	11.8	10.8	11.8		9.1
	90km/h等速油耗(L/100km)	4.6	4.7	4.9	4.7	4.9		4.8
工信部综合工况油耗(L/100km)		5.9	6.0	6.2	6.0	6.2		5.6
上市时间		2016年3月1日						
厂家建议价格(万元)		6.99	7.99	8.99	8.99	9.99	10.99	11.79

注：厂家建议价格以2016年3~8月为准

融两极者，一统驾趣

以创新技术设立行业标准，BMW领航新能源汽车发展

iPERFORMANCE 电动性能

3个车系 / 6款BMW 新能源车上市 助力细分市场布局和商业成功

在"下一个100年"的开局之年，宝马集团保持成功发展并继续引领汽车行业的创新大潮。宝马集团宣布将在中国提供5个车系9款新能源车型，包括纯电动汽车和插电式混合动力汽车，这是豪华品牌中覆盖面最广而技术最领先的新能源汽车阵容。

i3

BMW i3升级款宣布上市，这是宝马集团及时采用更强电池技术的最新证明。新车的电池在尺寸保持不变的情况下，电容量提升至94A，功率输出达33kW时，0-100km/h加速只需要7.3s。在开启空调的情况下，BMW i3升级款纯电动车型的续航里程提升至达200km，而采用增程技术的BMW i3升级版则可达330km。

i8

BMW i8质子红限量版带来了全新的全新颜色及外观变化，质子红带磨砂灰金属漆装饰的 BMW i 专属双肾格栅和车身尾部，以及采用 W 型设计辐条的墨灰色20英寸铝合金轮圈凸现了车辆的专属性格。其内饰集顶级工艺品质与优雅的运动气质于一身。车门槛装饰板上带有醒目的身份标识，同时配有黑色陶瓷换挡开关护盖和中控装置。座椅配备全Spheric多孔型真皮，墨灰色和红色搭配。5处带有纯碳纤维薄层的饰件，让车内内饰格调更为突出，也更赋予驾驶乐趣。

全新BMW740Le提供sDrive(后轮驱动）和xDrive(四轮驱动）两个版本，纯电动行驶里程分别为42km和39km，每百公里平均油耗分别为2.4L和2.6L。新车的推出不仅完善了BMW旗舰系列的阵容，而且标志着BMW eDrive引入技术最为精密的大型豪华车细分市场，树立了性能、豪华与高效的新标杆。

BMW China

www.bmw.com.cn

Sheer
Driving Pleasure

目前，宝马可为中国客户提供BMW i3三个车型、BMW i8两个车型，BMW 7系插电式混合动力两个车型，以及BMW X5插电式混合动力共8款车型，国产的全新BMW X1插电式混合动力推出后将达到9款，是豪华品牌中最强大的新能源产品阵容。全新BMW X1插电式混合动力的纯电行驶里程可达60km，将可满足相关法规要求享受政府鼓励政策。

宝马在新能源汽车领域的产品扩张与公司在内燃机车型的战略一脉相承。根据“全新第一战略”，宝马集团将在未来数年内扩展在大型豪华车、高性能汽车、豪华SAV及紧凑型豪华车等领域的产品组合。”BMW高效动力“及”BMW Connected互联驾驶“将贯穿于每一个细分市场，继续引领汽车行业创新和可持续发展。

在中国，宝马集团的业务继续成功发展，宝马还在二手车、售后服务、金融服务等新兴业务领域取得质的提升，经销商库存水平也均优于去年同期。同时，宝马集团的本土化进程逐步加快，在成功推出全新BMW 2系旅行车和全新BMW X1之后还会在不久之后推出第五款国产新车，进一步接近正在崛起的年轻一代消费者。宝马集团在今天的商业成功和大胆创新正在铺平通往未来的坦途。

BMW i8

全新科鲁兹
把路交给我
BRING ON THE ROAD

科鲁兹 CRUZE

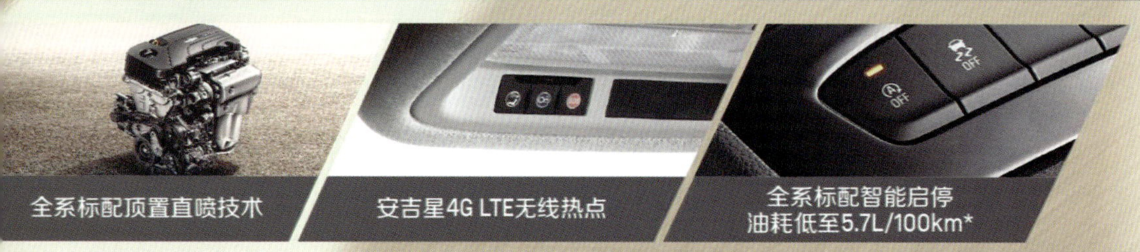

*本画面中所提及的油耗数据为1.4T车型

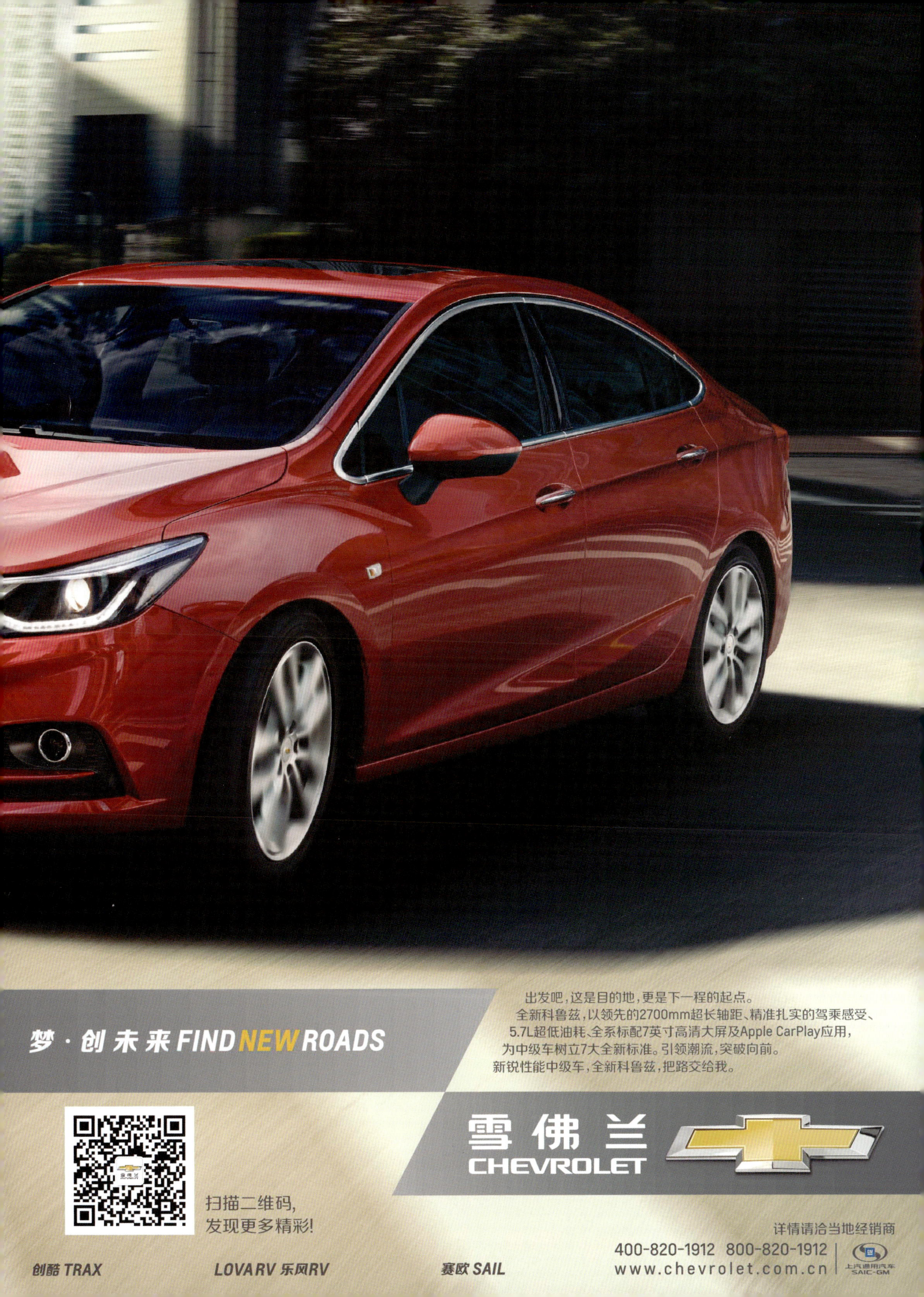

梦·创未来 FIND NEW ROADS

出发吧，这是目的地，更是下一程的起点。
全新科鲁兹，以领先的2700mm超长轴距、精准扎实的驾乘感受、
5.7L超低油耗、全系标配7英寸高清大屏及Apple CarPlay应用，
为中级车树立7大全新标准。引领潮流，突破向前。
新锐性能中级车，全新科鲁兹，把路交给我。

扫描二维码，
发现更多精彩！

详情请洽当地经销商

400-820-1912 800-820-1912
www.chevrolet.com.cn

创酷 TRAX　　LOVA RV 乐风RV　　赛欧 SAIL

这一次 让全面胜在每一面
斯柯达速派，配备ACC自适应巡航系统、车道偏离辅助系统、前方安全辅助系统、智能泊车辅助系统等，以全方位智导科技，让你无所顾忌，畅行无际。鼎力支持中国国家现代五项队创造奇迹。这一路，实在不简单。
斯柯达速派 16.98万元起
Superb速派
中国国家现代五项队官方主赞助商
斯柯达
—实在 不简单—
400 820 1111
速派
速派 / Yeti / 明锐 /

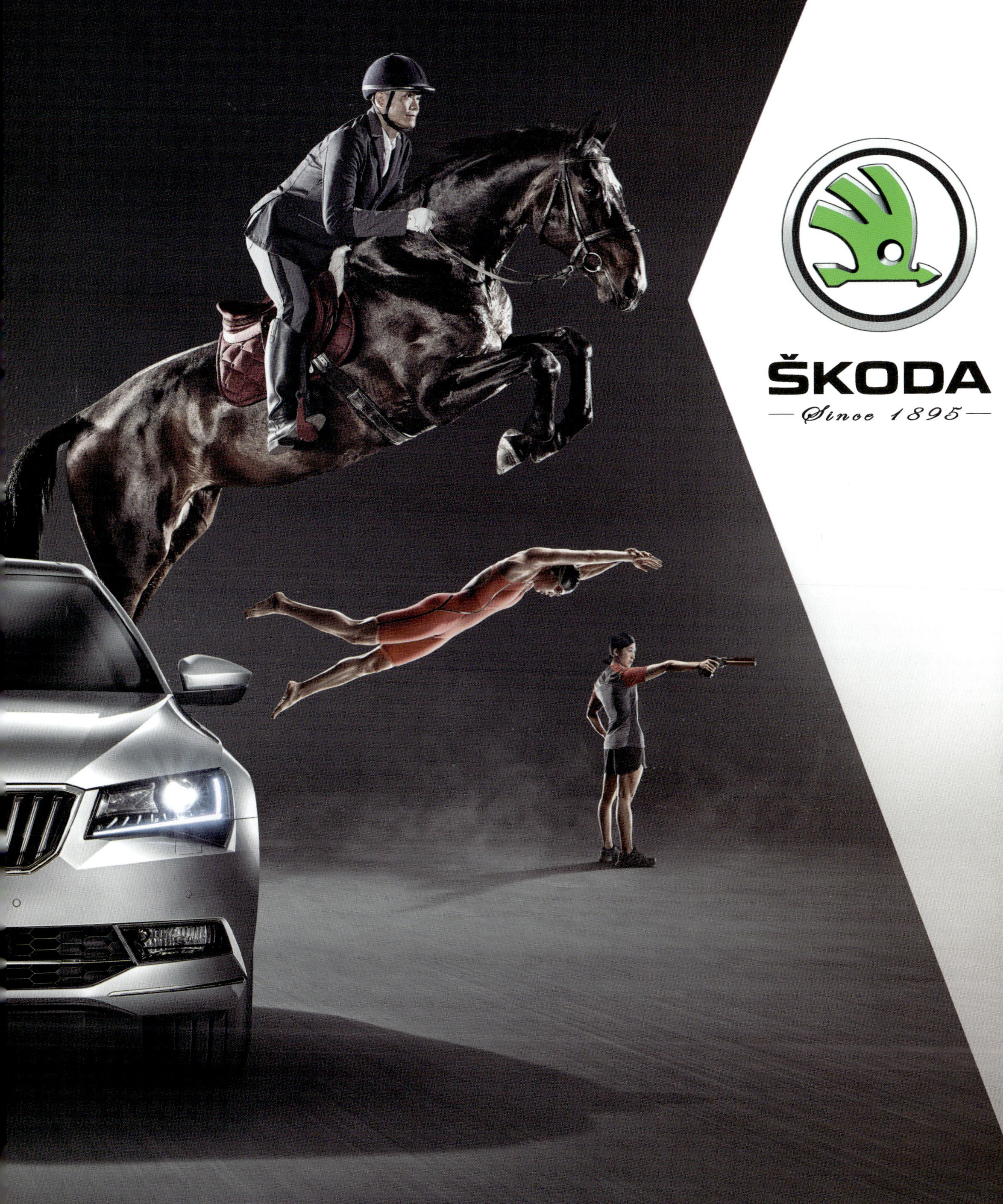
ŠKODA
Since 1895
昕锐 晶锐
广告

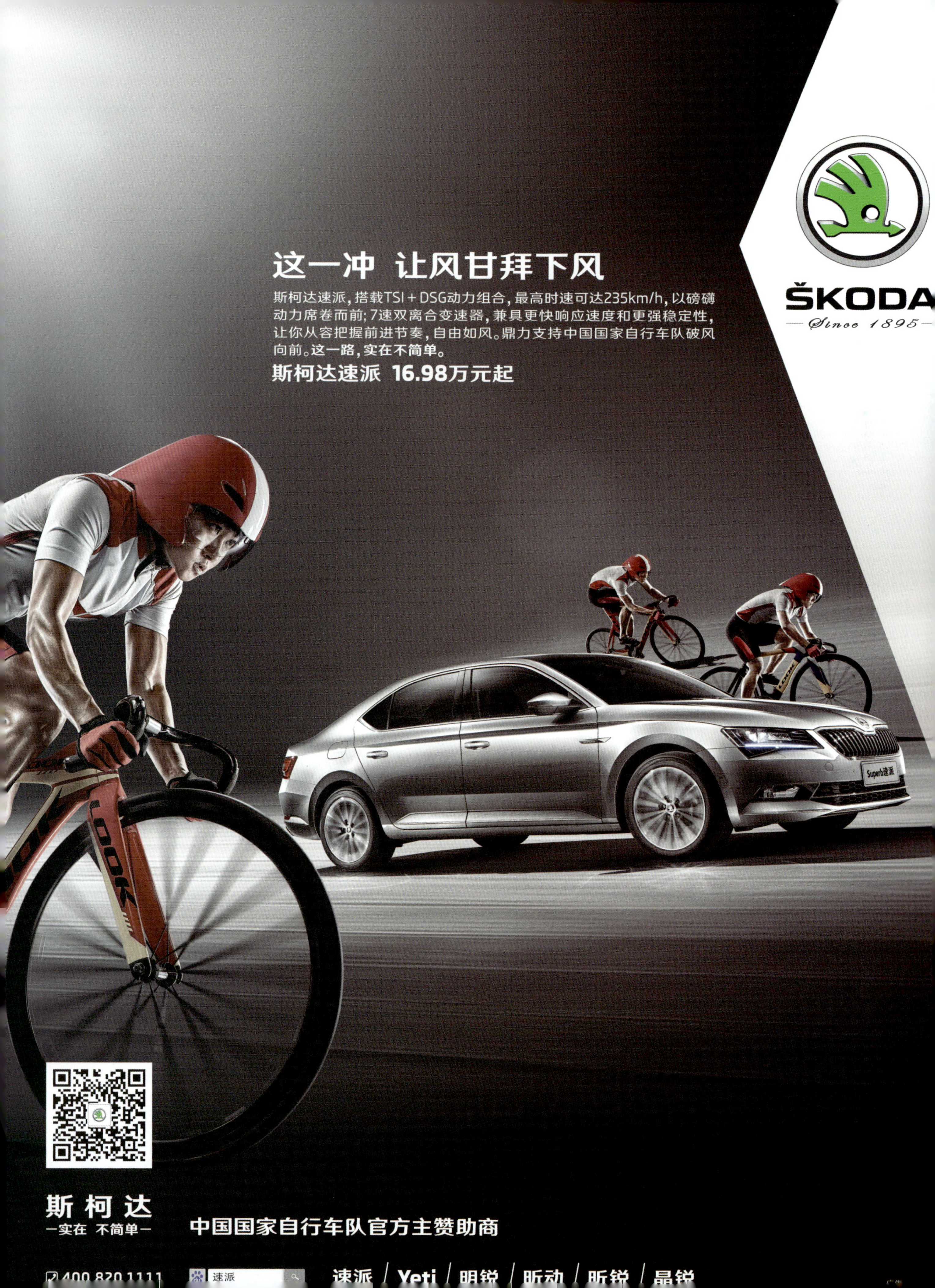

这一冲 让风甘拜下风
斯柯达速派，搭载TSI + DSG动力组合，最高时速可达235km/h，以磅礴动力席卷而前；7速双离合变速器，兼具更快响应速度和更强稳定性，让你从容把握前进节奏，自由如风。鼎力支持中国国家自行车队破风向前。这一路，实在不简单。
斯柯达速派 16.98万元起
ŠKODA
Since 1895
斯柯达
—实在 不简单—
中国国家自行车队官方主赞助商
400 820 1111
速派
速派 / Yeti / 明锐 / 昕动 / 昕锐 / 晶锐

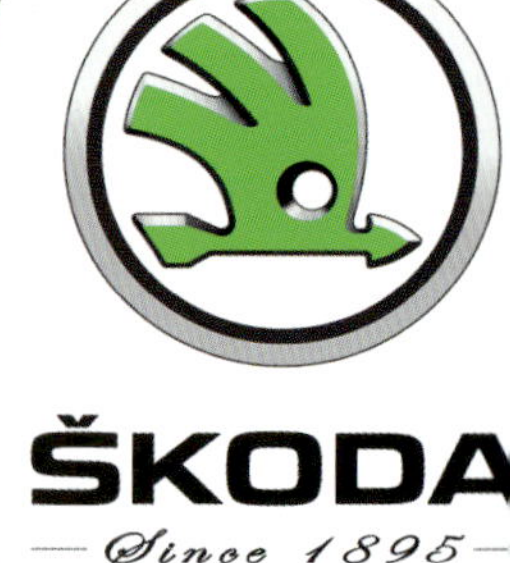

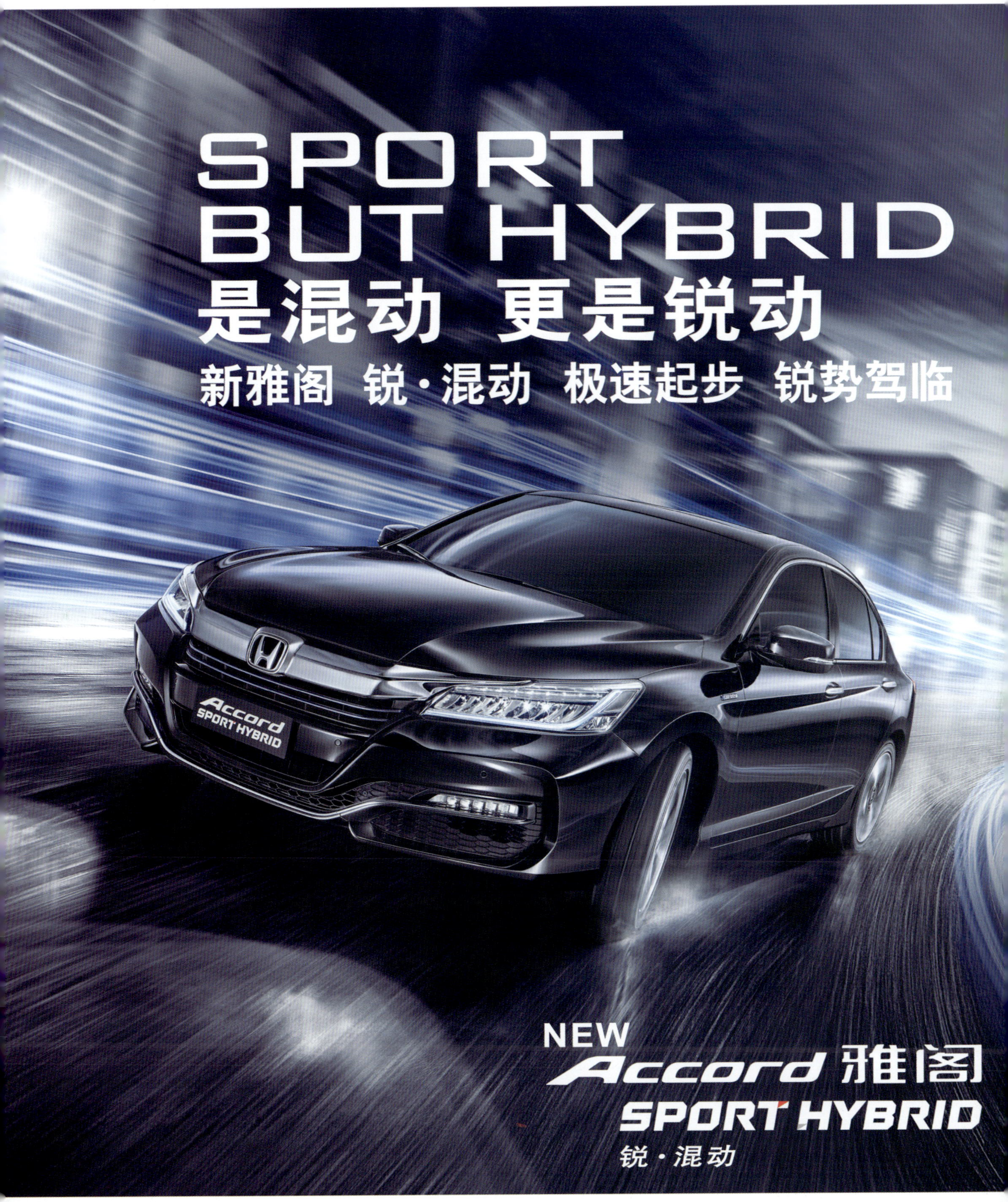
SPORT
BUT HYBRID
是混动 更是锐动
新雅阁 锐·混动 极速起步 锐势驾临
Accord
SPORT HYBRID
NEW
Accord 雅阁
SPORT HYBRID
锐·混动

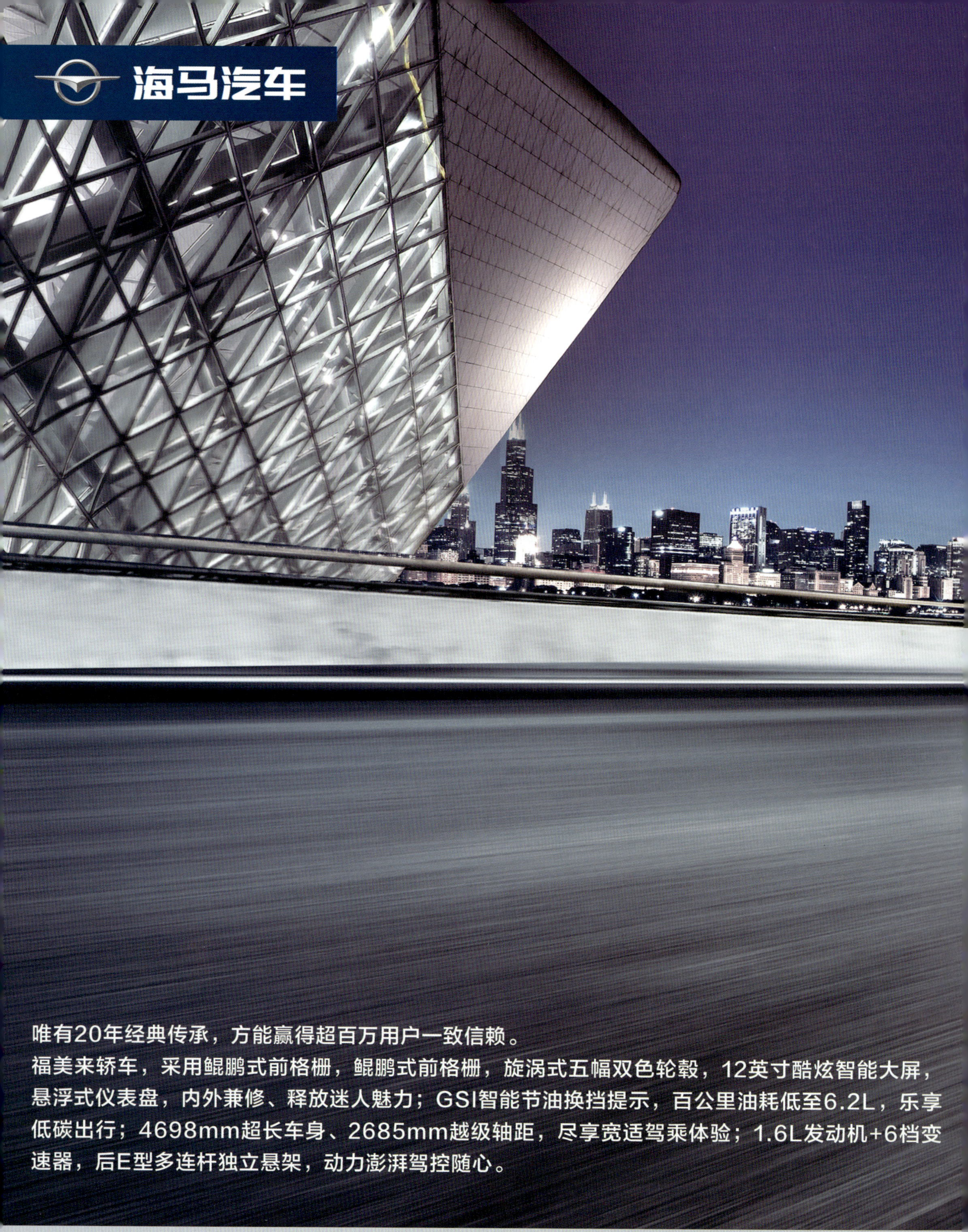
海马汽车
唯有20年经典传承，方能赢得超百万用户一致信赖。
福美来轿车，采用鲲鹏式前格栅，鲲鹏式前格栅，旋涡式五幅双色轮毂，12英寸酷炫智能大屏，悬浮式仪表盘，内外兼修、释放迷人魅力；GSI智能节油换挡提示，百公里油耗低至6.2L，乐享低碳出行；4698mm超长车身、2685mm越级轴距，尽享宽适驾乘体验；1.6L发动机+6档变速器，后E型多连杆独立悬架，动力澎湃驾控随心。

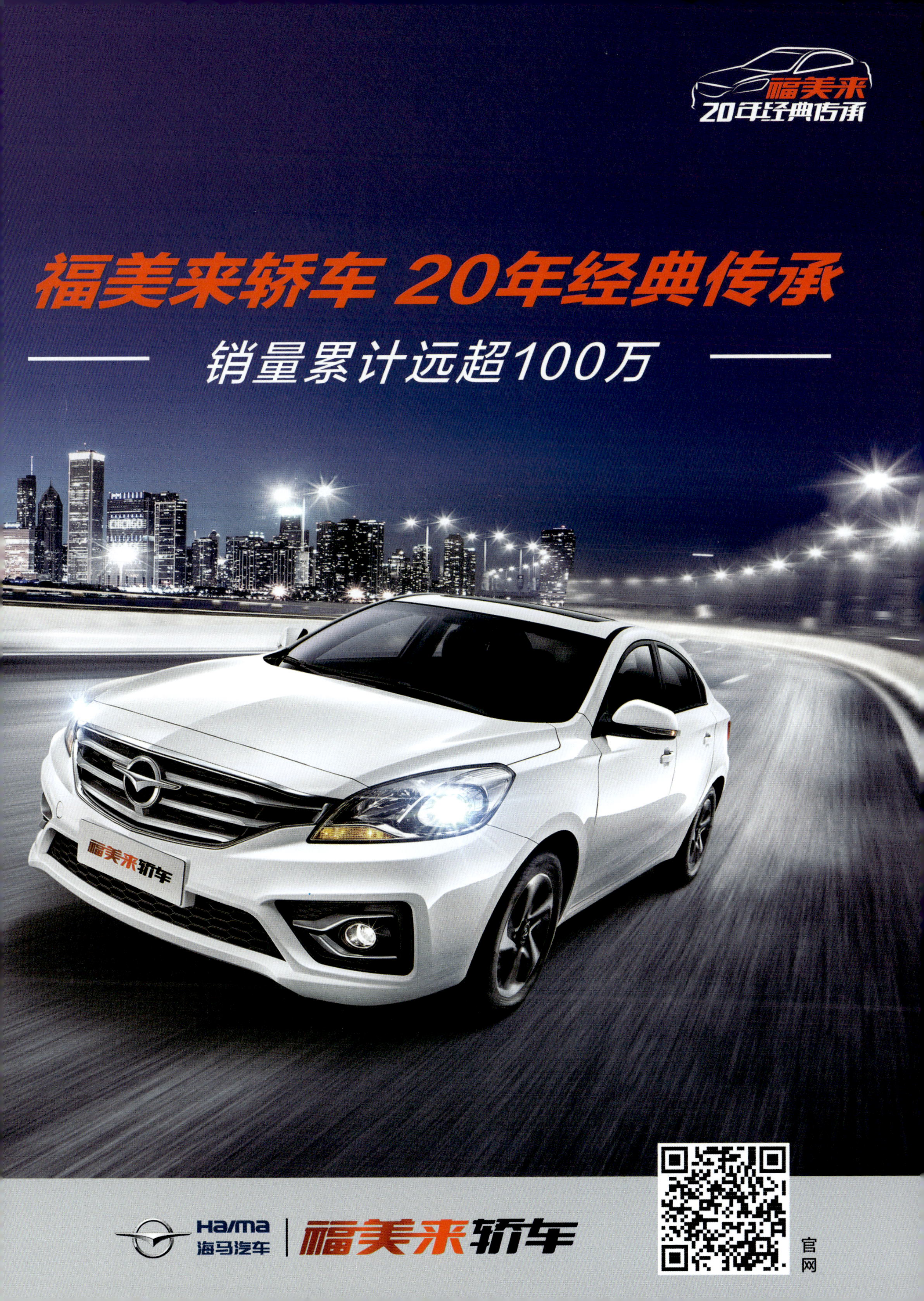
福美来
20年经典传承
福美来轿车 20年经典传承
销量累计远超100万
CHICAGO
福美来轿车
HAIMA
海马汽车
福美来轿车
官网

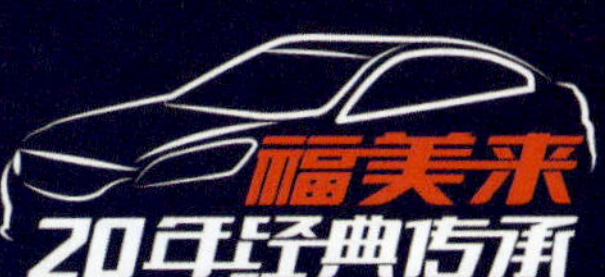

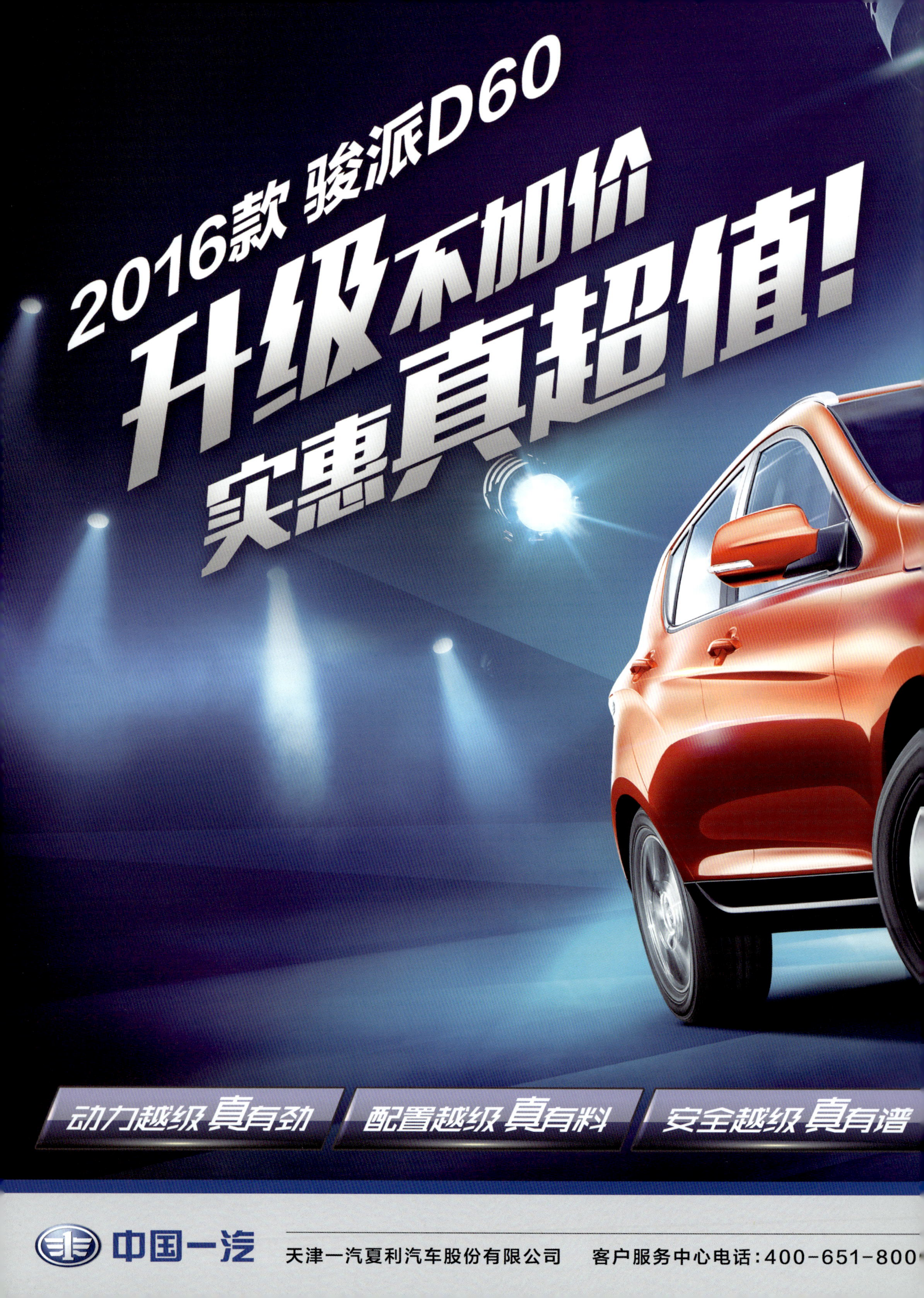
2016款 骏派D60
升级不加价
实惠真超值!
动力越级真有劲
配置越级真有料
安全越级真有谱
中国一汽
天津一汽夏利汽车股份有限公司
客户服务中心电话:400-651-800

骏派D60
外观越级 真有范

凝聚百万信赖　品质

新瑞虎3以全新质感酷越内饰及Cloudrive2.0智云互联
升级携新瑞虎5全景天窗、星光蓝时尚车色，卓越焕新上市

百万用户选择，百万信赖驱动。奇瑞瑞虎心系每一用户所需，不断创新前行。
新瑞虎 3 以全新质感酷越内饰设计和精益优化的 39 dB 静谧空间，携全系 ESP，Cloudrive2.0 智
全景天窗，让你自由驾驭品质人生。双虎更新增多样车色，丰富您的选择。

每一次全新出发，只为不辜负您的信赖之托。

CHERY

你有多挑，它有多好！北汽威旺全新力作，T动力SUV风靡来袭

- 1.5T发动机与6MT变速器黄金组合，动力性与经济性并举，满足您的挑剔之选。
- 沿袭高端车底盘设计，前麦弗逊、后五连杆独立悬架，舒适与安全相得益彰。
- 1.25m²全景天窗、豪华大空间，与诸多时尚配置，只为犒赏您的独具慧眼。

满载挑T的幸福，北汽威旺S50欢乐驾临

上汽通用五菱
SGMW

江西昌河汽车有限责任公司坐落在千年瓷都景德镇，孕育于1969年组建的昌河军用直升机工业，2013年重组进入北京汽车集团有限公司，定位为北汽集团南方基地、第二自主品牌、节能环保车型战略基地和新能源汽车发展基地，现注册资本27.83亿元，职工近6000人。

昌河汽车于1973年生产出第一辆“昌河”牌大客车，1982年成功研制出中国第一辆微型汽车，1995年引进“铃木”国际品牌进军乘用车领域，2003年推出第一款自主品牌乘用车产品。公司先后获得“消费者信得过产品”“中国汽车行业最受消费者喜爱十大知名品牌”“中国驰名商标”等荣誉。

昌河汽车拥有景德镇、九江两个整车生产基地和九江发动机生产基地，目前具备年产近30万辆整车和15万台汽车发动机的综合产能，具有自主品牌轿车和微车以及合资品牌轿车、微车、发动机以及新能源汽车的生产资质，形成了涵盖汽车整车及零部件制造、研发、营销、售后服务以及进出口贸易的完整产业链。2014年，昌河汽车按照北汽集团“集团化、大昌河”的发展思路，启动了景德镇新基地45万辆整车、30万台发动机的产能项目；2015年底，启动了九江新基地25万辆整车，其中包括5万辆新能源整车的产能项目。景德镇新基地产能项目也于2015年底分期投产。

40多年来，昌河汽车先后通过自主开发、技术引进等途径，成功研制出9大系列整车和3大系列汽车发动机产品。现有主要产品包括北斗星系列多功能轿车、利亚纳系列经济型轿车、福瑞达系列紧凑型MPV和微型客货车，以及K系列发动机等。2015年以后，昌河汽车将陆续推出A0级SUV、A级轿车、小型直喷增压发动机等新产品，逐步实现轿车、SUV、MPV、交叉乘用车和新能源车的全覆盖。

未来，在北汽集团由大变强、走向国际的“北汽梦”和“行有道·达天下”的品牌理念引领下，昌河汽车将以互联网思维，紧扣行业发展形势，全面推进向制造服务型企业和创新型企业的战略转型，以科技、品质、创新、责任为核心价值追求，朝“百万千亿”的宏伟蓝图阔步迈进。

江西昌河汽车有限责任公司

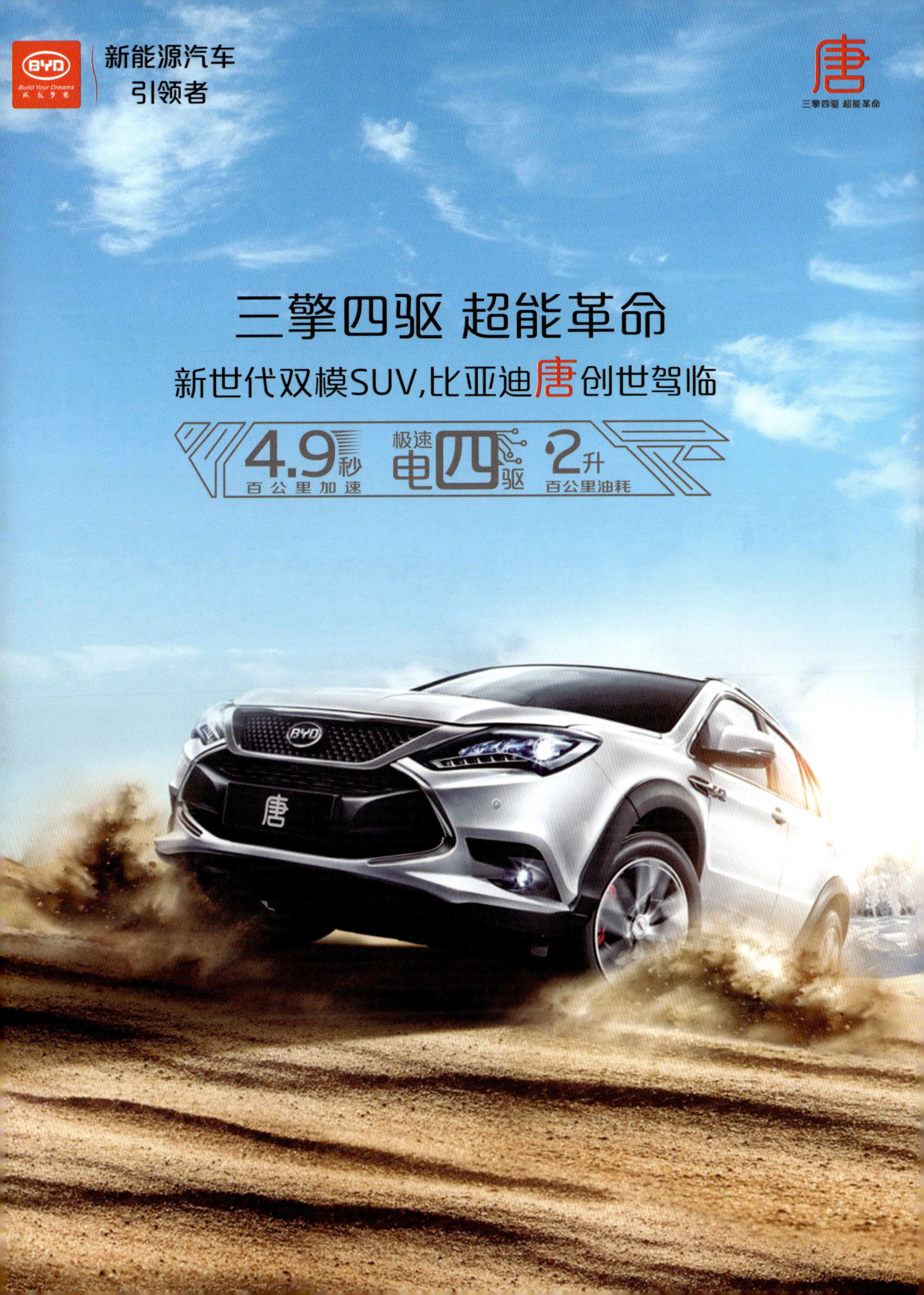
新能源汽车
引领者
唐
三擎四驱 超能革命
三擎四驱 超能革命
新世代双模SUV,比亚迪唐创世驾临
4.9秒
百公里加速
极速
电四驱
2升
百公里油耗
BYD
唐

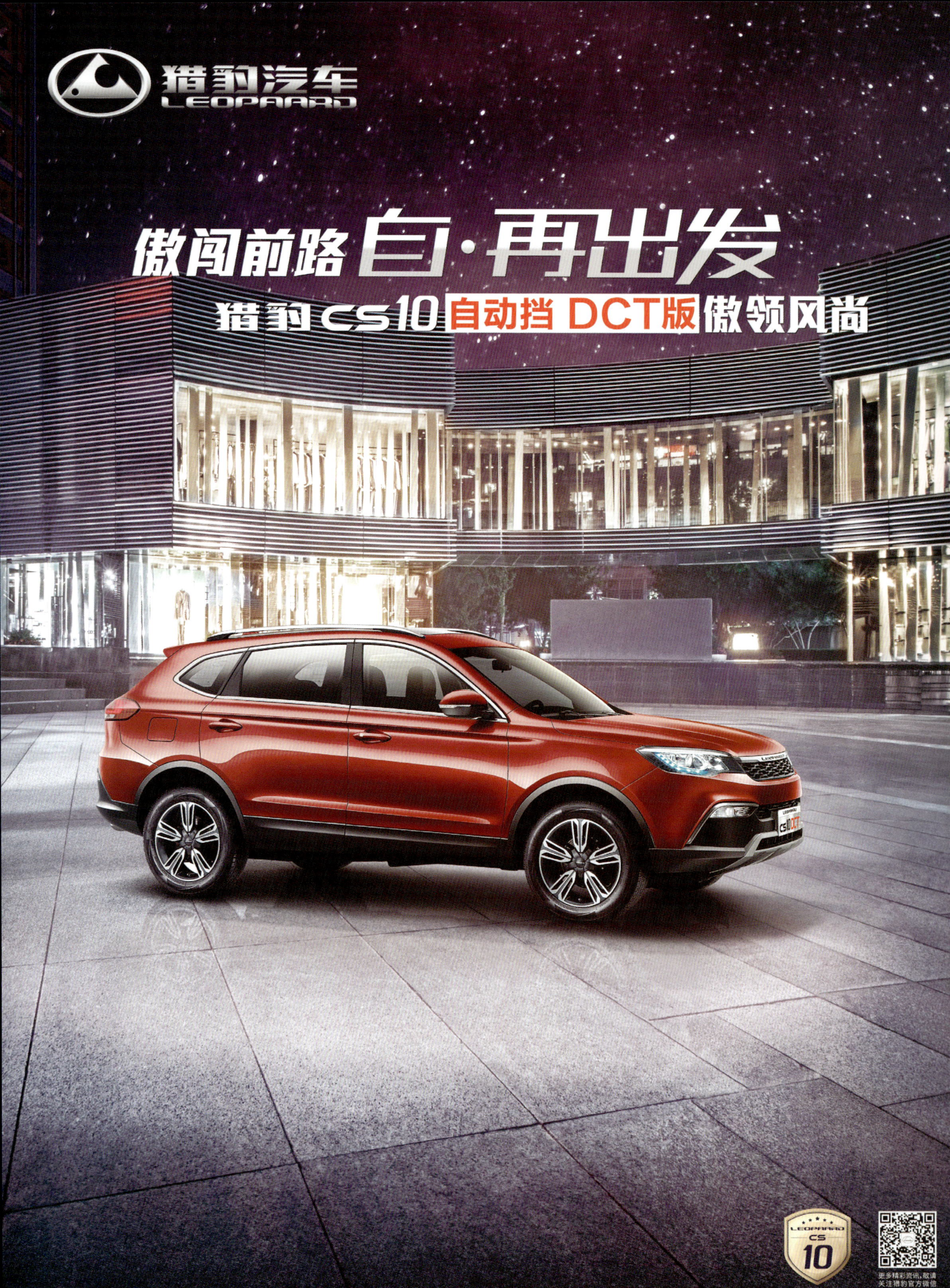
猎豹汽车
LEOPAARD
傲阅前路 自·再出发
猎豹CS10 自动挡 DCT版 傲领风尚
LEOPAARD CS 10
更多精彩资讯，敬请
关注猎豹官方微信

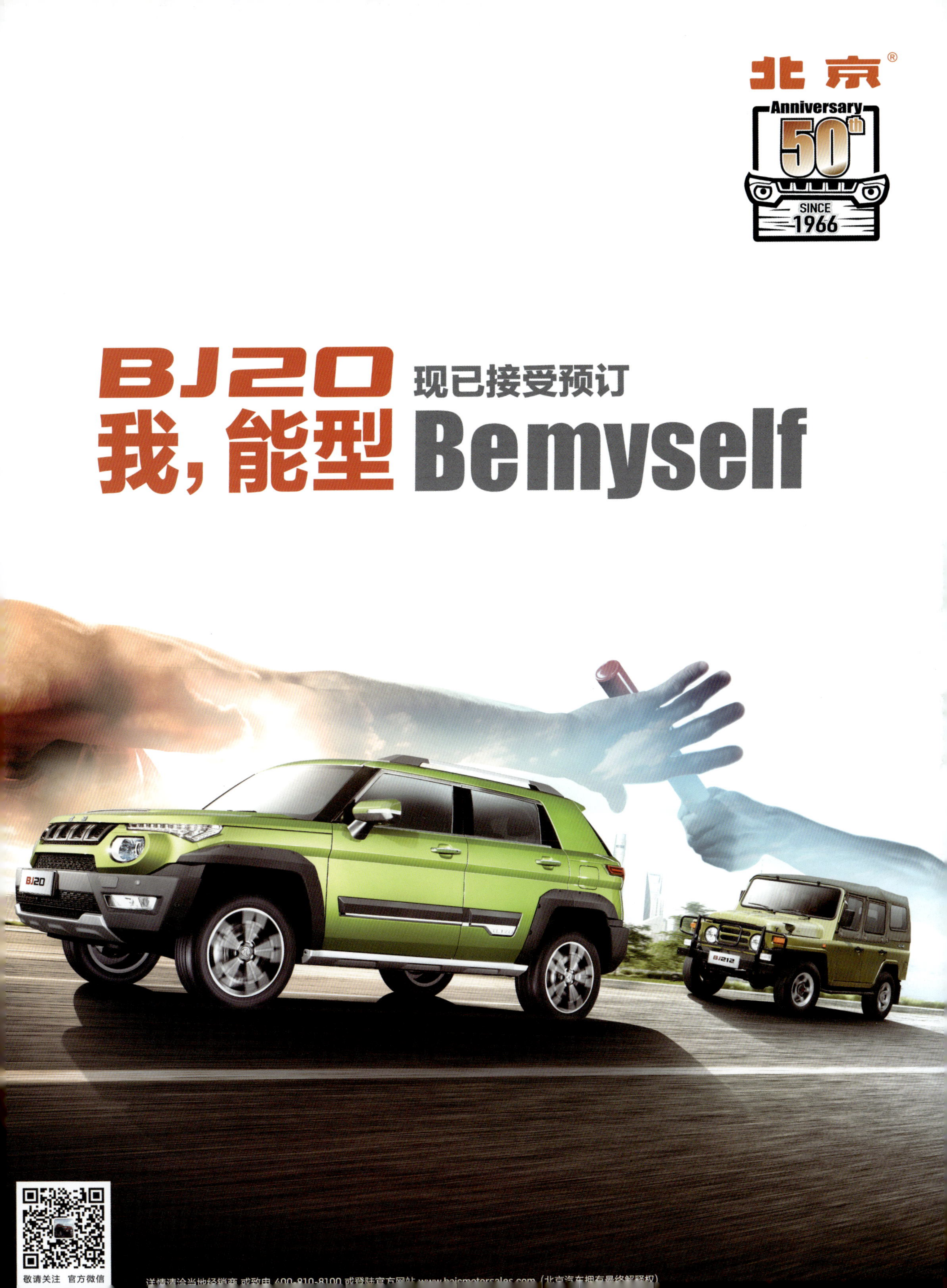
北京®
Anniversary 50th
SINCE 1966
BJ20 现已接受预订
我，能型 Bemyself
BJ20
BJ212
敬请关注 官方微信
详情请洽当地经销商 或致电 400-810-8100 或登陆官方网站 www.baicmotorsales.com（北京汽车拥有最终解释权）

TOYOTA

RAV4
全新 荣放 与世界前行
RAV4荣放

品牌代言人：赵又廷
全新中文名“荣放”
一汽丰田

豪车新势力
DS打造源自巴黎的豪华体验

DS是源自巴黎的新世代豪华汽车品牌，是PSA集团旗下的高端品牌。作为创新、前卫、精致和科技的象征，DS表达了对汽车未来的全新思考方式，受到历史传承的启迪，继承了创意和高贵的基因。2012年6月DS品牌在中国市场正式发布，迄今为止已成功进入中国豪华车阵营。

DS 4S

DS 4S 红与黑动感内饰设计

食品级材质阻尼片，打造健康车内空间

在营造健康安全的用车环境方面，DS 处于行业领先地位。它是国内首家做到阻尼垫 100% 无沥青的豪车品牌，旗下车型均采用 PVC 和丁基橡胶制作阻尼垫，即使是新车也没有异味。同时，借助国际领先的 MASCI 制造材料信息系统，DS 对零部件进行严格筛选和监控，包括采用环保的水性涂料、皮革无铬鞣制等，全面控制车内挥发性有机化合物排放。

在产品层面，DS 旗下目前在售的共计有三款国产车型。其中旗舰车型新 DS 5，作为新世代前卫豪华跨界车，它的原创设计、动态舒适、精湛工艺、绿色环保及人性科技，从每个细节诠释了 DS 品牌现在和未来车型的所有亮点，进一步树立起了 DS 新世代豪华汽车的品牌形象。

野性优雅豪华 SUV DS 6，提供 1.6T 和 1.8T 两种动力选择。其中新增的 1.8T 发动机，动力输出强力升级。最大功率150kW（即203 马力）、最大转矩 280N·m，1400 转即可输出最大扭矩，直至 4000 转均保持稳定的巅峰转矩输出、百公里油耗仅为 6.5L。

DS 5LS 是 DS 品牌打造的首款 5D 全感官 A 级豪华三厢轿车，最大特点就是为消费者提供全感官豪华体验，主要体现在原创设计、高效动力、精工细作、人性科技和绿色健康 5 大方面，为消费者提供了视、听、品、触、嗅的全感官驾乘体验。

除此之外，DS 还将于今年上半年推出一款全新的精致动感两厢车 DS 4S。相比市场上的同级车，DS 4S 更接近年轻人的审美和使用需求。它采用五门掀背的动感设计，造型极具视觉冲击力。内饰采用红黑设计，消费者还可以选择 Alcantara 翻毛皮运动座椅、全 NAPPA 真皮表链式座椅等多种风格的内饰。动力方面，DS 4S 搭载了三种 T 动力，消费者可根据需求选择 THP130、THP160 或 THP200 排量。其中，THP130 涡轮增压直喷发动机是首次出现在 DS 产品当中，配合 6 速手自一体变速器，能够发挥出 100kW 的最大功率和 230N·m的最大转矩，无论是动力性能还是油耗表现，都优于市场上主流的 1.6L 发动机。

戴德造

好房车

哆啡C6自行式房车

品质出行，畅享生活

车身仿生海豚造型原理，设计极具视觉上的悦动流线感，有效地降低风阻。

车身整体光滑度达到国内先进水准。

一体式模具的钢化玻璃产品能承受2~3人的踩踏重量。

车尾部设计为国内最大级别的下沉式左右贯通行李舱。

整车自重仅3.69 t ，为国内同级别车型最轻。

车身长宽高分别为 5990*2240*3150mm，满足蓝牌C1的驾驶需求。

行驶途中可乘坐4人，车内共有三张卧床，可供4~6人同时休息。

C15拖挂式房车

轻量设计、轻松出行

造型端庄，外柔内刚

采用澳洲CAE设计分析的越野底盘，安全可靠，坚如磐石

采用美国三明治车厢结构，坚固保温，固若金汤

采用欧洲风格的车内布局，科学合理，宾至如归

精选物料，注重环保，无甲醛，无异味，车内空气质量达标

经济节能，绿色环保

最新欧洲时尚元素和配色内饰方案，表里兼修，落落大方

房车专用电器，安全专业

高档五金把手，精致入微

专业房车冷暖设计，防冻裂

太阳能电池板系统，适用野外露营，绿色节能

酷睿CORE自行式房车

极致空间 极致轻量 极致生活

一款从整车布局到细节设计都发挥到极致的房车

将造型的极度简洁及材质的精益求精融合为一体，实用性、工艺性与美感兼具

从客户角度出发，为您打造超大生活空间

充满人性化的布局，让您的长途出行尤感心舒意惬

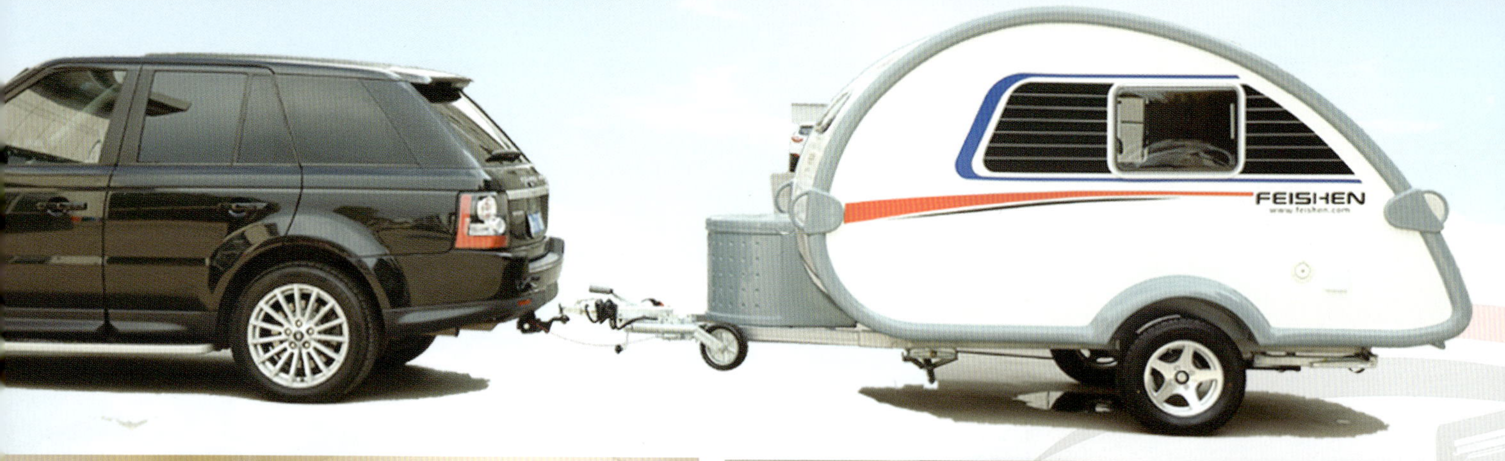

飞神集团是国家高新技术企业，中科院院士工作站，新能源特种车辆省级高新技企业研究院，中国全地形车联盟副理事长、浙江省休闲运动车行业协会会长、中国汽工业协会旅居车（房车）委员会副理事长单位，中国旅游车船协会自驾游与露营房车会理事单位。

飞神房车，具备国家工信部专用车及旅居挂车的生产资质，系列产品有自行式房水滴房车、营地房车、旅居拖车。产品设计新颖，融合现代房车的流行元素和国人的美观点，采用国外进口先进生产设备，先进工艺技术，新型轻量化玻纤增强复合材料是休闲旅游栖居的装备产品。

飞神房车租赁、房车俱乐部、露营地建设、营地管理、运动休闲体育旅游，实现外运动旅游产业链的整体式规划及建设，倡导绿色时尚、休闲旅游！

FEISHEN
www.feishen.com
IVECO
飞神房车

IVECO

FEISHEN
中国·飞神集团

潍柴英致汽车
ENRANGER

超大空间

英

- **超大空间**
  2785mm超长轴距，2+3+2和2+2+3多种座椅布局，第二排腿部空间818mm，第三排座椅角度灵活可调，腿部空间795mm，软包中央扶手，独立空调出风口，满足多样空间需求。

- **优越操控**
  三菱动力，德国格特拉克
  188mm离地间隙，16英寸
  通过性更出众

潍柴（重庆）汽车有限公司

英
创

据广汽丰田发布的信息，2016年7月凯美瑞实际销量11676辆，1-7月累计销量达到7.8万辆，在中高级车市场继续保持领先地位。实际上，作为一款诞生于1982年的经典车型，凯美瑞这枚“80后”在全球范围内一直备受热捧，迄今为止，在全球已经取得超过1700万辆的销量，每一分钟就会有一名新车主诞生。

前不久，凯美瑞迎来全面革新，更趋极致均衡的产品魅力、更强劲的2.0 L双喷射系统直喷引擎、更省心的售后服务，让全新凯美瑞成为车主挚爱的“My Car”。

极致均衡：你需要 我做到

与凯美瑞同年的小邹现在是广州一家制衣作坊的老板，由于妻子在佛山工作，小邹经常要在广佛两地穿梭。两人目前还没有自己的房子，经常载着他和妻子相聚的凯美瑞便成为了两人的甜蜜空间。“我们看中的就是全新凯美瑞的全面均衡，我希望这一辆车子可以给我们家的感觉。”小邹说。

全新凯美瑞给予了每一位车主踏实可靠的安全感，而My Car的温暖，更是从方方面面给予人们超凡的驾乘体验。匠心打造的内饰空间尊贵温馨、先进的内核技术兼顾动力操控与燃油经济、超级静谧的影院级静音车厢、配备空气净化器让你无惧雾霾、可以调节角度的后排座椅……全新凯美瑞时时处处为车主考虑，在各方面做出最合理舒适的设置。

在日常生活中，我需要你可靠耐用，你比我想要的更靠谱；我需要你空间够大，你比我想要的更宽敞；我需要你无论严寒酷暑都能让我感到舒服，你比我想要的更舒适；我需要你好开好用，操作要简单、反应要敏捷、该发力时就发力，你比我想要的更听话；我需要你帮我保护车上每一个人，你比我想要的更周全……这是My Car凯美瑞给予小邹的感觉。

强劲动力：让生活多点激情

全新凯美瑞启用了丰田全球最新的2.0L双喷射系统直喷发动机，焕然一新的发动机，拥有包括D-4S双燃油喷射系统、VVT-iW可变气门正时智能广角系统、水冷EGR废气再循环系统和超高压缩比等四大核心技术，加上全新优化升级的6AT变速箱，组成了“铂金动力组合”。

换“芯”之后的新凯美瑞，改变可谓惊人：功率达到123kW，比旧款提升了15%；综合工况油耗降至7.0L/100km，轻松挑战1.8T车型。

任职于苏州某IT企业的孔先生今年40岁了，举手投足间透出一股洒脱。他笑称自己是“汽车技术控”，空闲时最爱研究自己那辆新凯美瑞。“这台车的发动机比普通直喷发动机多一套喷射系统，可以根据行驶中的实际情况灵活调配，让动力输出既强劲，又节油。”孔先生说，从踩下加速踏板的那一刻就能感受到惊喜，反应非常灵敏，驾驶感觉非常顺滑，加速也很有劲道。无论是闹市中还是高速上，车辆动力都能够尽情挥洒，为沉闷的“驾途”增添了不少激情与乐趣。

省心服务：实实在在的“减负”

“买车容易养车难。花一大笔积蓄，买一辆新车，车开回了家后，才发现真正‘掏空’自己钱包的原来不是购车费，而是一年到头源源不断的各种支出。”这是老车主王先生的经验之谈。

凯美瑞在全球已经售出超过1700万辆，凯美瑞经受了全球110个国家和地区不同路况、地理环境的考验，可靠性得到充分证明，也意味着车主不用为各种各样的小故障和小问题“买单”。因此当全新凯美瑞上市的时候，王先生就把目光投到全新凯美瑞上。后来获知全新凯美瑞的“My Car尊享计划”，也就毫不犹豫地成为全新凯美瑞的车主。

“My Car尊享计划”等于一个免费维护承诺，每一位全新凯美瑞车主，都可获得购车后3个月或5000km免费检查和每6个月或每10000km总共6次的免费基础维护，基本实现三年内用车维护免费。

王先生算了一笔账：“保修费用未必会发生，但日常维护的花费，是任何车型都躲不过的。6次免费维护，至少让我省下4000元，这才是真真正正的减负。”

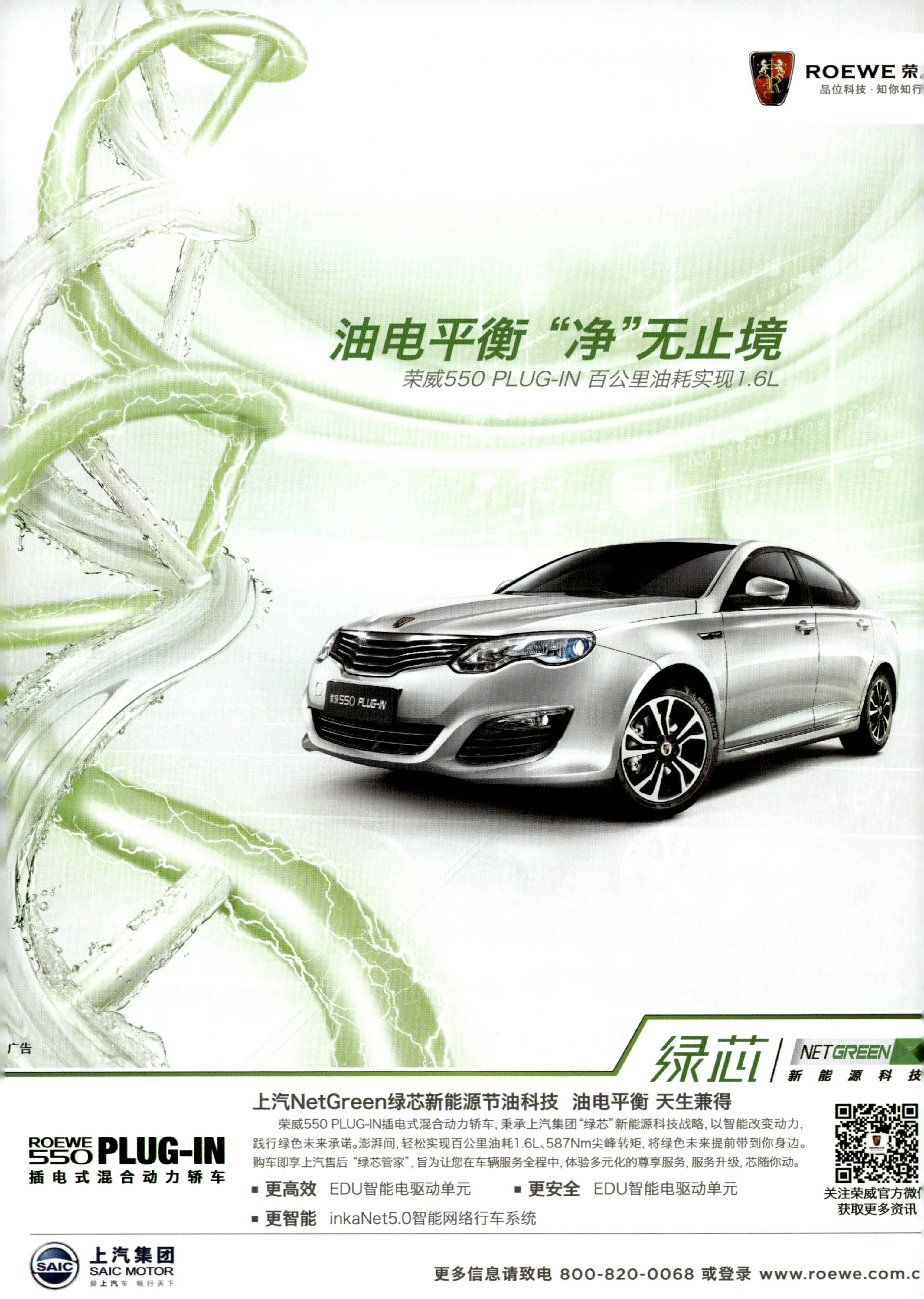
ROEWE 荣
品位科技 · 知你知行
油电平衡“净”无止境
荣威550 PLUG-IN 百公里油耗实现1.6L
广告
绿芯
NETGREEN
新能源科技
上汽NetGreen绿芯新能源节油科技 油电平衡 天生兼得
荣威550 PLUG-IN插电式混合动力轿车，秉承上汽集团“绿芯”新能源科技战略，以智能改变动力，践行绿色未来承诺。澎湃间，轻松实现百公里油耗1.6L、587Nm尖峰转矩，将绿色未来提前带到你身边。购车即享上汽售后“绿芯管家”，旨为让您在车辆服务全程中，体验多元化的尊享服务，服务升级，芯随你动。
ROEWE 550 PLUG-IN
插电式混合动力轿车
■ 更高效 EDU智能电驱动单元
■ 更安全 EDU智能电驱动单元
■ 更智能 inkaNet5.0智能网络行车系统
关注荣威官方微
获取更多资讯
上汽集团
SAIC MOTOR
爱上汽车 畅行天下
更多信息请致电 800-820-0068 或登录 www.roewe.com.c

重庆蓝黛动力传动机械股份有限公司

重庆蓝黛动力传动机械股份有限公司前身重庆市蓝黛实业有限公司，成立于1996年5月8日，2015年6月12日公司股票在深圳证券交易所上市交易，证券代码：002765，证券简称：蓝黛传动。公司主营业务是乘用车变速器齿轮及壳体等零部件、变速器总成、摩托车主副轴组件的研发、生产与销售，产品主要应用于主机市场。

经过多年发展，公司已经确立了自己在乘用车变速器行业中的市场地位，公司是吉利汽车、奇瑞汽车、力帆股份、众泰汽车等多家知名乘用车企业动力传动部件供应商，部分产品出口到中东地区、印度，初步形成了内销外销同步发展的业务格局。在乘用车变速器齿轮份额和品牌影响力不断增加的基础上，公司继续加强产品和技术的开发，将竞争优势向乘用车变速器总成领域延伸，在手动变速器总成已经在力帆股份、赛帕汽车、众泰汽车得到规模应用的基础上，未来将进一步拓展自动变速器、混合动力变速器市场。

公司注重技术创新和人才培养，建立了重庆市市级研发中心，并与重庆大学机械传动国家重点实验室建立战略合作关系，进行汽车动力传动产品技术攻关。作为国家科技重大专项项目牵头单位，“蓝黛轿车变速器总成及零部件”、“蓝黛轿车变速器总成8A4+1”获得“重庆市名牌产品”称号，“LD517MF变速器总成”、“LD型汽车变速器总成”被认定为“重庆市高新技术产品”，取得了多项授权专利。

公司拥有先进的齿轮加工检测生产线、变速器装配线，并建立了变速器台架实验室，先进的生产设备是公司产品质量的基础，同时公司高度重视产品制造过程的质量管理，通过了ISO9001:2008和ISO/TS16949:2009的质量体系认证，依靠持续改善质量管理体系来确保产品质量的稳定性，先后获得吉利汽车、奇瑞汽车、力帆股份、钱江摩托、华泰汽车“优秀供应商”、“最佳合作伙伴”、“卓越质量表现奖”等荣誉称号。

公司地址：重庆市璧山区璧泉街道剑山路100号
邮箱：sckfb@cqld.com
电话：023-4141-0199
传真：023-4141-0199
公司网址：www.cqld.com

产品简介

产品名称：LD516 变速器总成

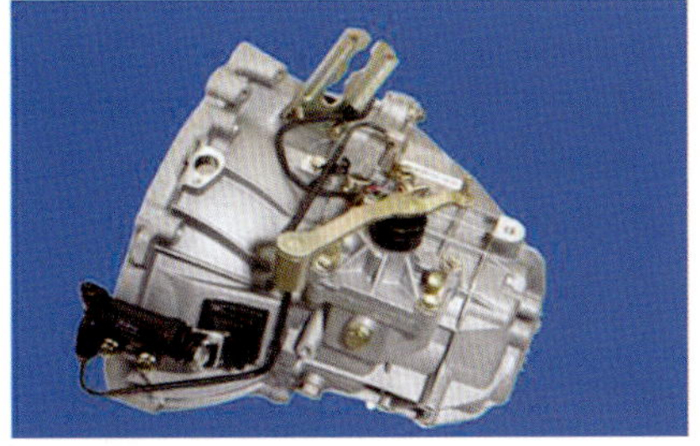

产品详情

换挡形式：五挡手动

最大输入扭矩：160N.m

最大输出转速：6000rpm

产品外形尺寸：324*523*357

产品重量：33kg

产品名称：LD517 变速器总成

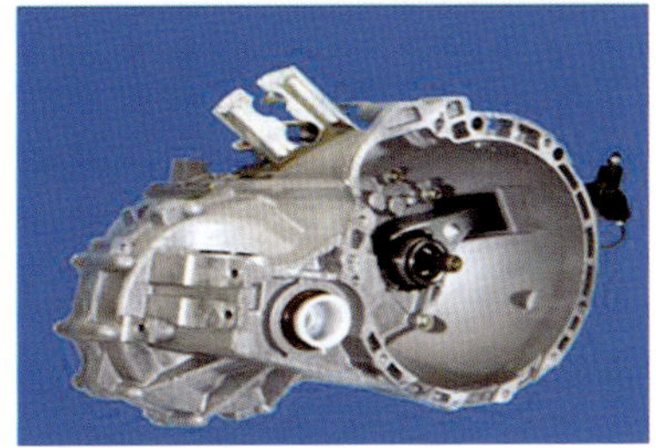

产品详情

换挡形式：五挡手动

最大输入扭矩：172N.m

最大输出转速：6000rpm

产品外形尺寸：345*523*357

产品质量：38kg

产品名称：LD513 变速器总成

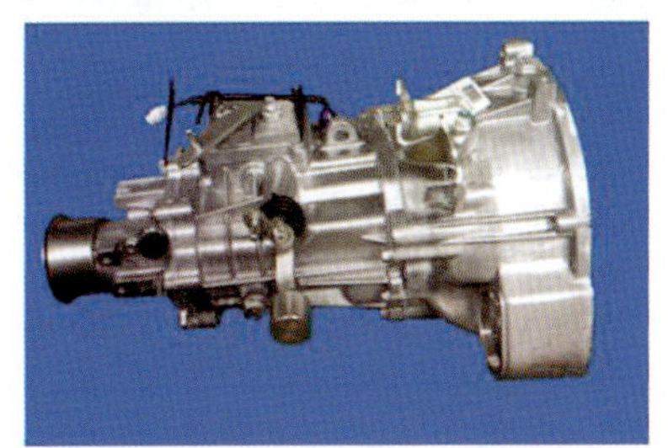

产品详情

换挡形式：五挡手动

最大输入扭矩：130N.m

最大输出转速：6400rpm

产品外形尺寸：517*341*350

产品质量：36kg

产品名称：LD525 变速器总成

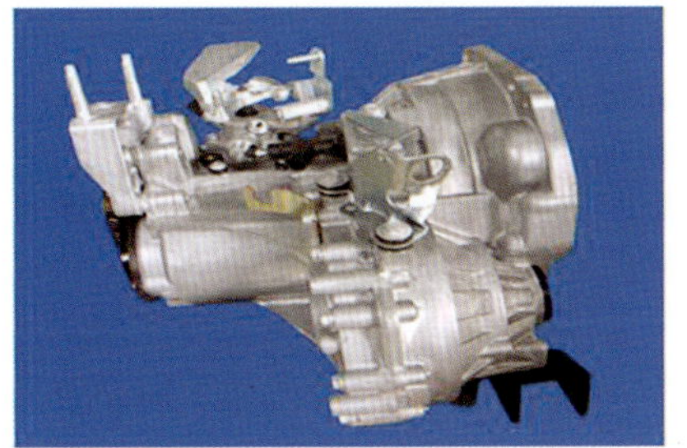

产品详情

换挡形式：五挡手动

最大输入扭矩：250N.m

最大输出转速：5000rpm

产品外形尺寸：473*371*421

产品质量：38kg

产品名称：LD626 变速器总成

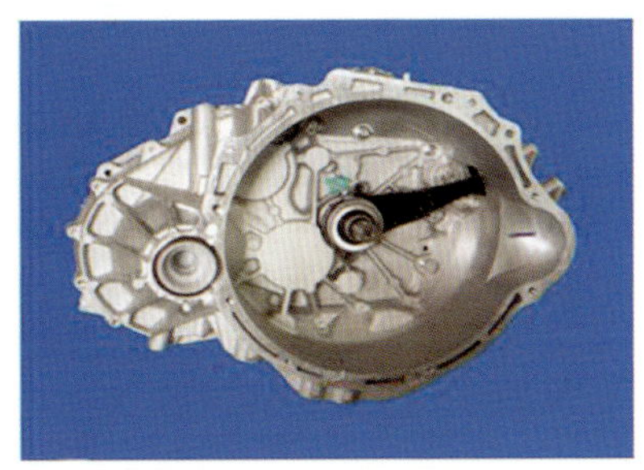

产品详情

换挡形式：六挡手动

最大输入扭矩：260N.m

最大输出转速：6000rpm

产品外形尺寸：393*519*411

产品重量：48kg

产品名称:LD628 变速器总成

产品详情

换挡形式：六挡手动

最大输入扭矩：280N.m

最大输出转速：5000rpm

产品外形尺寸：360*528*439

产品重量：52kg

产品名称:4G18 缸体

产品名称：DA5 缸体

产品名称：LD517 离壳

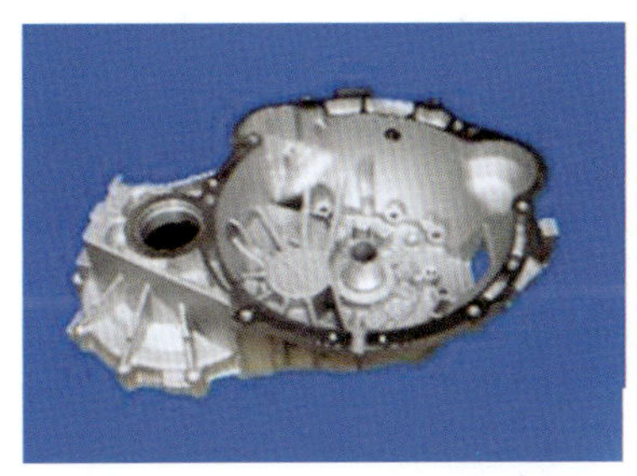

产品名称：4AT 零部件

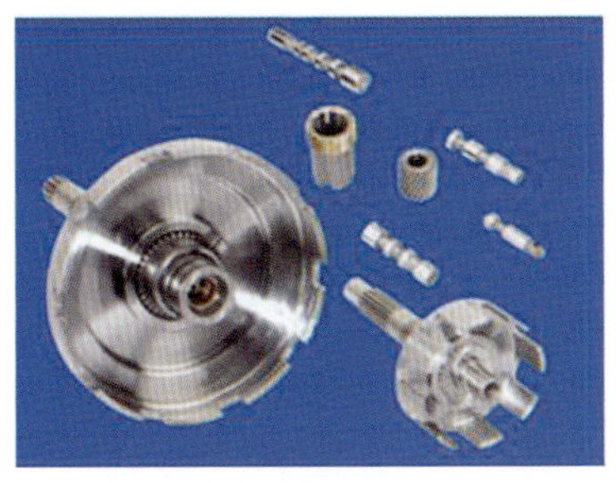

产品名称：MT 零部件

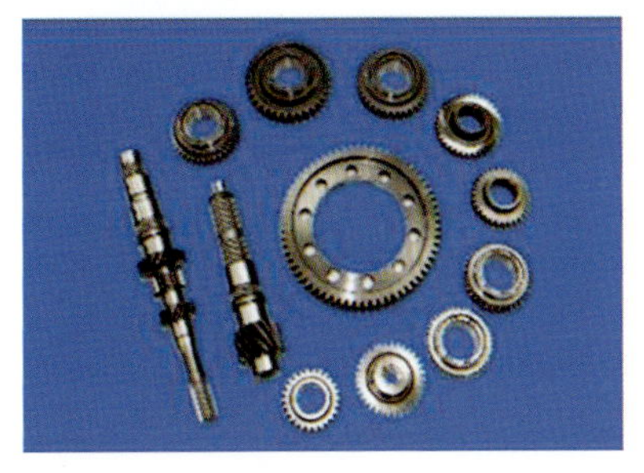

产品名称：CVT 零部件

上汽通用汽车有限公司 SAIC-GM Co.,Ltd.

凯迪拉克：凯迪拉克XTS　凯迪拉克ATS-L

别克：全新一代君越　君威　君威GS　威朗　全新英朗　全新凯越

雪佛兰：迈锐宝　全新科鲁兹　爱唯欧　赛欧3

凯迪拉克XTS

Cadillac

年度**新上市**车型

主要配置

技术型：前排双安全气囊2个、前排侧安全气囊2个、后排侧安全气囊2个、前后一体式防翻滚窗气帘2个、前排双膝部气囊2个、ABS四轮独立制动防抱死系统、EPB电子驻车制动系统、EBD电子制动力分配系统、TCS牵引力控制系统、StabiliTrak电子车身稳定系统、TPMS智能胎压监测系统、EPS电子助力转向系统、后倒车雷达、电子定速巡航、智能无钥匙进入系统、一键式起动、智能双区空调系统、驾驶员车窗一键升降带防夹功能、前置8寸彩色高精度显示屏/带触摸功能、彩色驾驶员信息中心、接近感应式菜单、车载蓝牙电话功能、人声识别系统、Bose®音响系统/带8个扬声器、Bose ANC主动降噪静音系统、OnStar安吉星信息通信系统、Apple Car Play手机映射、全景电动天窗、水滴型自适应HID氙气前照灯(自动感应开启/高度自动调节)、前照灯清洗、LED直列式飞翼尾灯、外后视镜照地灯、电动调节带加热功能外后视镜、18英寸11幅铝合金轮毂轮胎235/50R18 97V、三幅多功能转向盘、高级真皮座椅、前排座椅多向电动调节、后排折叠中央扶手、电子防炫目内后视镜、电动开启手套箱、私密安全储物设计

精英型：技术型+发动机远程起动系统、AFL随动转向前照灯、LED“闪电”日行灯、电动折叠带加热功能外后视镜、前排座椅电动腰托、多功能后座折叠式中控扶手带音响控制键、无后倒车雷达

豪华型：精英型+座椅震动预警系统、前方碰撞预警系统、道路偏离预警系统、车道保持辅助功能、侧面盲区接近预警系统、后方交通预警系统、倒车影像带导引辅助线、智能三区空调系统、GPS卫星定位车载导航系统、后排剧院式8寸双屏影音娱乐系统带蓝光DVD、后排USB外接系统/遥控器、门把手水晶迎宾灯、电动折叠带加热及电子防炫目外后视镜、转向盘加热功能、前排座椅加热及通风制冷功能、后排座椅加热功能、人性化设定的记忆系统(驾驶员座椅、外后视镜、转向柱)、多功能后座折叠式中控扶手带、后排电动遮阳帘及侧窗手动遮阳帘、车内环境氛围灯、230V/150w电源

铂金版：豪华型+ACC自适应巡航系统、碰撞缓解系统、自动泊车辅助系统、Air Spring空气弹簧、MRC主动电磁感应悬架、12.3英寸个性化驾驶员信息中心、全彩HUD飞航显示仪、Bose Centerpoint®环绕音响系统/带14个扬声器、无线充电、19英寸10幅嵌件(螺旋翼)铝合金轮毂轮胎245/45R19 98V、前排座椅腿部支撑

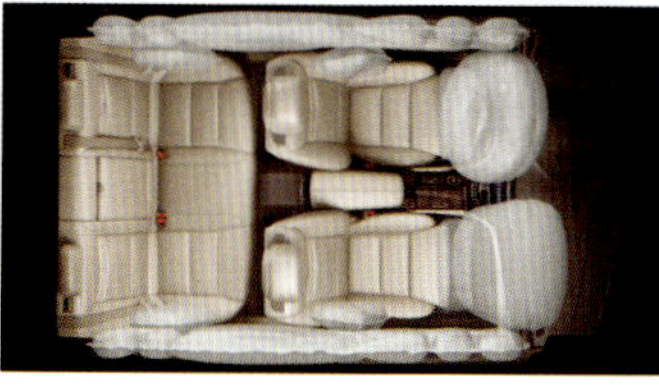

主要车型参数及价格

	车　型	28T			
		技术型	精英型	豪华型	铂金版
基本参数	长×宽×高(mm)	5131×1852×1501			
	轴距(mm)	2837			
	前/后轮距(mm)	1580/1591			
	最小离地间隙(mm)	127			
	油箱/行李舱容积(L)	70/537			
	整备质量(kg)	1840			
	车身材料	钢板			
	车身类型/乘员人数	3厢4门/5			
发动机参数	发动机类型	2.0T 涡轮增压直喷发动机			
	排量(mL)	1998			
	额定功率[kW/(r/min)]	198/5500			
	最大转矩[N·m/(r/min)]	400/2400～4400			
	排放标准/建议用油	京V、国V/95#及以上汽油			
底盘参数	变速器类型	6挡手自一体自动变速器(6T70)			
	悬架系统	前HiPer-Strut悬架/后h-arm四连杆独立后悬架			
	制动系统	前后通风盘式制动器			
	轮胎规格	235/50 R18 97V			245/45 R19 98V
性能	最高车速(km/h)	218			
	0～100km/h加速时间(s)	8.0			
工信部综合工况油耗(L/100km)		8.7			
上市时间		2016年2月17日			
厂家建议价格(万元)		34.99	36.99	40.99	47.99

注：厂家建议价格以2016年3～8月为准

凯迪拉克ATS–L
Cadillac

凯迪拉克ATS–L长轴版继续坚持轻量化高强度的车身设计，车身焊点多达6000余个，较普通车身工艺多出50%，同时以高强度钢和激光焊接、结构胶等先进工艺提高车身强度，并采用大量轻量化材料，使得车身重量仅1600kg，前后重量分配依然保持50:50的完美平衡，确保了优异的车身动态平衡。

主要配置

技术型：前排正面安全气囊、前排侧面安全气囊、前后贯穿式侧安全气帘、前排双膝部气囊、ABS四轮独立制动防抱死系统、EBD电子制动力分配系统、TCS牵引力控制系统、ESC电子稳定控制系统、TPMS智能胎压监测系统、定速巡航系统、一键式起动系统、无钥匙进入系统(Pass Entry)、EPS电子助力转向系统、前排车窗一键升降带防夹功能、全自动双区空调系统、电动天窗、彩色驾驶员信息中心、车载蓝牙电话功能、前置4.2英寸彩色显示屏、Bose®音响系统/带7个扬声器、4GLTE WIFI、Bose ANC主动降噪静音系统、OnStar安吉星信息通信系统、自适应前照灯、LED直列式飞翼尾灯、LED高位制动灯、驾驶席8向电动座椅(座椅6向+腰托2向)、副驾驶8向电动座椅(座椅6向+腰托2向)、前排座椅头枕4向调节、多功能转向盘

时尚型：技术型+后倒车雷达、前置8英寸彩色高精度显示屏/带触摸功能、人声识别系统、Apple CarPlay手机映射、外后视镜电动调整/电动折叠/加热、外后视镜电子防炫目(驾驶员侧)、真皮座椅、自动防炫目后视镜

精英型：时尚型+豪华CD播放器、适应HID氙气前照灯带高度调节和清洗功能、LED日间行车灯、转向盘拨片换挡功能，无真皮座椅

豪华型：精英型+后排侧面安全气囊、泊车辅助系统(前后雷达)、倒车影像带导引辅助线、车道偏离预警系统、碰撞预警系统、安全振动警示座椅、GPS卫星定位车载导航系统、Bose Centerpoint®环绕音响系统/带10个扬声器、AFL智能随动转向功能、门把手水晶迎宾灯、真皮座椅、驾驶员座椅记忆功能、驾驶席12向电动座椅(座椅10向+腰托2向)、副驾驶10向电动座椅(座椅8向+腰托2向)、前排座椅加热功能

领先型：豪华型+EPB电子驻车制动系统、侧方盲区报警系统、后方交通报警系统、碰撞缓解系统、全车速自适应巡航系统、MRC主动电磁感应悬架、感应刮水器、全彩HUD飞航显示仪、手机无线充电、转向盘加热功能

主要车型参数及价格

车型		28T				
		技术型	时尚型	精英型	豪华型	领先型
基本参数	长×宽×高(mm)	4730×1824×1426				4730×1824×1429
	轴距(mm)	2860				
	前/后轮距(mm)	1535/1578				
	最小离地间隙(mm)	117				118
	油箱容积(L)	62				
	整备质量(kg)	1600				
	车身材料	钢板				
	车身类型/乘员人数	3厢4门/5				
发动机参数	发动机类型	2.0T涡轮增压直喷发动机				
	排量(mL)	1998				
	额定功率[kW/(r/min)]	205/5500				
	最大转矩[N·m/(r/min)]	400/2900～4600				
	排放标准/建议用油	国V、京V/京95#汽油、其他 地区97#或以上无铅汽油				
底盘参数	变速器类型	8挡手自一体自动变速器				
	悬架系统	前双球节麦弗逊悬架/后五连杆悬架				
	制动系统	前后通风盘式制动器				
	轮胎规格	225/45 R17				前225/40 RF18 后255/35 RF18
性能	最高车速(km/h)	215				240
	0～100km/h加速时间(s)	6.2				
工信部综合工况油耗(L/100km)		7.8				
上市时间		2015年12月4日				
厂家建议价格(万元)		29.88	31.88	33.88	36.88	42.88

注：厂家建议价格以2016年3～8月为准

全新一代君越

ALL NEW LACROSSE

年度新上市车型

全新一代君越使用了第二代CDC全时主动式液力减振系统，减振器内部的传感器以每秒100次的频率监测减振器的工作状态，以此判断路面状态并实时调整减振阻尼，确保卓越的减振性和操控性。此外，此减振系统还会随着驾驶风格的变化或车辆运动模式的启动而调整减振阻尼，最大调整范围达20%。车型使用了科技感十足的HUD平视显示系统。该显示屏带有4个页面视图：车速、影音、导航和性能。如果车辆配备了如车道偏离警告或前撞预警等功能，HUD上也会显示警告。

主要配置

领先型：前排正面安全气囊、前排侧面安全气囊、一体式侧安全气帘、ABS防抱死制动系统、EBD电子制动力分配系统、TCS牵引力控制系统、博世ESP9.1电子稳定控制系统、EHHSA增强型坡道辅助系统、TPMS智能胎压监测系统、EPB电子驻车制动系统、BFI一体化车身结构、后排儿童座椅ISO FIX固定装置、前排安全带未系提醒、前排双向预紧式安全带、后排三点式预紧安全带、四门自动落锁系统、Onstar安吉星全时在线助理(4G LTE WiFi)、倒车雷达、ANC主动降噪科技、无钥匙进入及一键起动、中控门锁及遥控钥匙、发动机远程起动系统、ETRS电子排挡/运动模式、双区独立全自动空调系统、AQS空气质量控制系统带PM2.5高效过滤网、后排空调出风口、新一代智慧互联系统、无边纯平8英寸高清触摸屏、4.2英寸高清行车电脑、蓝牙免提电话、智能手机映射(Baidu CarLife)、AUX IN/USB智能多路音源输入系统、AVL随速音量调节系统、高保真立体声收音机、高保真车载音响系统带8扬声器、前照灯伴你回家功能、风窗玻璃热线式除雾功能、飞翼式镀铬进气格栅、LED日间行车灯、展翼型自动感应前照灯、展翼型LED尾灯、LED高位制动灯、外后视镜电动调节/加热/LED转向灯、两片式超大全景天窗、鲨鱼鳍综合信号接收天线、全框式车窗镀铬饰条、驾驶座椅6向电动调节、副驾驶座椅6向电动调节、前排座椅头枕4向调节、后排座椅头枕2向调节、6/4分割可倒式后排座椅、前排座椅加热功能、雅士米高级真皮内饰、隐藏式后盖开启按钮、手动防炫目内后视镜、触摸式空调及座椅控制面板

精英型：领先型+展翼型HID感应前照灯、AFS智能随动转向前照灯带清洗功能、驾驶侧电子防炫目/电动折叠外后视镜、车身镀铬门把手、全遮光电动遮阳帘、前排座椅通风功能、时尚棕打孔麂皮绒面内饰、电子防炫目内后视镜，28T 精英型增加第二代CDC全时主动液力减振、一体化镀铬双排气管

豪华型：精英型+APA自动泊车系统、ACC自适应巡航系统、LKA车道保持系统、LDW车道偏离预警、SBZA侧盲区预警系统、LCA车道变更辅助系统、FDI前车距离提示、FCA前方碰撞预警系统、CMB碰撞缓解系统、PD行人识别/保护、RCTA泊车预警系统、HBA智能远近光灯控制系统、8英寸高清行车电脑、驾驶座安全震动提醒功能、倒车影像、驾驶侧电子防炫目/电动折叠/记忆外后视镜、驾驶席座椅6向电动调节12向带电动腰托、副驾驶座椅6向电动调节12向带电动腰托、副驾驶座后排电动控制、前排座椅按摩功能、驾驶座位置记忆功能，28T 豪华型增加前排膝部安全气囊、第二代CDC全时主动液力减振、展翼型全LED前照灯、一体化镀铬双排气管、后排座椅椅背角度电动调节，无高保真车载音响系统带8扬声器

旗舰型：豪华型+前排膝部安全气囊、后排侧面安全气囊、三区独立全自动空调系统、第二代CDC全时主动液力减振、展翼型全LED前照灯、一体化镀铬双排气管、后排座椅椅背角度电动调节、后排座椅加热/通风/按摩功能、后排中央扶手空调娱乐控制面板、后排电动遮阳帘

主要车型参数及价格

车型		20T			28T		
		领先型	精英型	豪华型	精英型	豪华型	旗舰型
基本参数	长×宽×高(mm)	5018×1866×1459			5018×1866×1461		5018×1866×1469
	轴距(mm)	2905					
	前/后轮距(mm)	1599/1602					
	油箱/行李舱容积(L)	55/523					
	整备质量(kg)	1510			1615		
	车身材料	钢板					
	车身类型/乘员人数	3厢4门/5					
发动机参数	发动机类型	1.5T SIDI直喷涡轮增压发动机 带发动机自动起停功能			2.0T SIDI直喷涡轮增压发动机 带发动机自动起停功能		
	排量(mL)	1490			1998		
	额定功率[kW/(r/min)]	125/5600			192/5400		
	最大转矩[N·m/(r/min)]	252/2000～4000			350/2000～5000		
	排放标准/建议用油	国Ⅴ/92#或以上无铅汽油			国Ⅴ/95#或以上无铅汽油		
底盘参数	变速器类型	7挡DCG智能双离合变速器			6挡DSS智能起停变速器		
	驱动类型	前驱					
	悬架系统	前麦弗逊悬架/后多连杆悬架					
	制动系统	前通风盘式/后盘式制动器/带制动盘清洁功能					
	轮胎规格	235/55 R17			235/50 R18		245/45 R19
性能	最高车速(km/h)	205			235		
	0～100km/h加速时间(s)	10.0			7.4		
	90km/h等速油耗(L/100km)	4.9			6.0		
工信部综合工况油耗(L/100km)		6.2			7.6		
上市时间		2016年3月18日					
厂家建议价格(万元)		22.58	23.98	25.98	26.98	29.98	33.98

注：厂家建议价格以2016年3～8月为准

主要配置

领先时尚型： 超高强度BFI一体化车身结构、前排安全气囊、前排侧安全气囊、ABS电子防抱死系统、EBD电子制动力分配系统、TCS牵引力控制系统、ESC电子稳定控制系统、Hill Assist坡道辅助系统、TPMS智能胎压监测系统、EPS电子转向助力系统、后倒车雷达(4探头)、感速型车门自动锁止系统、行人保护设计、双回路制动系统、全车3点式安全带(前排碰撞主动预紧)、前排安全带未系提醒、后车门儿童安全门锁、ISO FIX后排儿童座椅固定器、中控门锁+遥控钥匙、智能防夹电动天窗(带防尘网)、一触式4门自动下降电动窗(驾驶席侧带一触式上升防夹功能)、独立双区触摸式空调、AQS空气质量控制系统、Floating悬浮设计中控台、IntelliLink多维交互系统、USB/IPod/AUX-IN、3.5英寸单色仪表盘数码显屏驾驶信息中心、4.2英寸彩色液晶中控显示屏、蓝牙电话系统、7扬声器车载扬声系统、随速自动音量调节功能、卤素前照灯(带卤素日间行车灯)、自动感应式前照灯、前/后雾灯、展翼型LED尾灯、LED高位制动灯、外后视镜电动调整/电加热/LED转向灯、立体直瀑式镀铬格栅、车身同色门把手、Porthole镀铬舷窗、后车窗热线式除雾功能、驾驶席座椅4向手动调节/2向电动调节+2向座椅头枕、副驾驶座椅4向手动调节+2向座椅头枕、米色绒面革座椅、转向盘4向调节

精英时尚型： 领先时尚型+侧安全气帘、On Star安吉星全时在线助理、EPB电子驻车制动系统、无钥匙进入/一键起动系统、RES发动机远程起动、定速巡航、4.2英寸彩色仪表盘数码显屏驾驶信息中心、车身镀铬门把手、驾驶席座椅8向电动+2向座椅头枕、前排加热座椅、米色真皮座椅、多功能转向盘

领先技术型： 领先时尚型+黑色绒面革内饰

时尚技术型： 领先技术型+OnStar安吉星全时在线助理、驾驶席座椅8向电动+2向座椅头枕、前排加热座椅、黑色真皮内饰

精英技术型： 精英技术型：时尚技术型+侧安全气帘、定速巡航、无钥匙进入/一键起动系统、EPB电子驻车制动系统、USB/iPod/AUX-IN/SD卡、8英寸高清彩色仪表盘数码显屏驾驶信息中心、8英寸高清数码触摸式中控显示屏、车载智能导航系统、车身镀铬门把手、Alcantara太妃棕镶拼绒面内饰、真皮包裹多功能转向盘

主要车型参数及价格

车型		2.0L		1.6T	2.4L	
		领先时尚型	精英时尚型	领先技术型	时尚技术型	精英技术型
基本参数	长×宽×高(mm)	4843×1856×1484				
	轴距(mm)	2737				
	前/后轮距(mm)	1585/1588				
	最小离地间隙(mm)	154				
	油箱/行李舱容积(L)	70/442				
	整备质量(kg)	1585		1590		
	车身材料	钢板				
	车身类型/乘员人数	3厢4门/5				
发动机参数	发动机类型	2.0L ECOTEC全铝合金缸体发动机		1.6T 涡轮增压发动机		
	排量(mL)	1998		1598		
	额定功率[kW/(r/min)]	113/6200		135/5800		
	最大转矩[N·m/(r/min)]	190/4600		235/2200～5600		
	排放标准/建议用油	国Ⅳ、京Ⅴ/93#及以上无铅汽油				
底盘参数	变速器类型	6挡手自一体变速器				
	驱动类型	前驱				
	悬架系统	前增强型麦弗逊式悬架/后增强型多连杆独立悬架				
	制动系统	前通风盘式/后实心盘式制动器		前后通风盘式制动器		
	轮胎规格	225/55 R17				
性能	最高车速(km/h)	197		205		
	0～100km/h加速时间(s)	11.7		9.8		
	90km/h等速油耗(L/100km)	5.6		6.2		
工信部综合工况油耗(L/100km)		8.2				
上市时间		2013年9月28日		2014年10月13日		
厂家建议价格(万元)		17.89	19.39	18.99	19.99	20.99

注：厂家建议价格以2016年3～8月为准

君威GS REGAL

主要配置

豪情运动版：超高强度BFI一体化车身结构、前排安全气囊、前排侧安全气囊、侧安全气帘、ABS电子防抱死系统、EBD电子制动力分配系统、TCS牵引力控制系统、ESC电子稳定控制系统、Hill Assist坡道辅助系统、TPMS智能胎压监测系统、后倒车雷达(4探头)、EPB电子驻车制动系统、倒车可视影像系统、感速型车门自动锁止系统、行人保护设计、双回路制动系统、全车3点式安全带(前排碰撞主动预紧)、前排安全带未系提醒、后车门儿童安全门锁、ISO FIX后排儿童座椅固定器、定速巡航、RES发动机远程起动、无钥匙进入/一键起动系统、On Star安吉星全时在线助理、中控门锁+遥控钥匙、智能防夹电动天窗(带防尘网)、一触式4门自动下降电动窗(驾驶席侧带一触式上升防夹功能)、独立双区触摸式空调、AQS空气质量控制系统、Floating悬浮设计中控台、IntelliLink智能车载交互系统、USB/IPod/AUX-IN音源输入、4.2英寸彩色仪表盘数码显屏驾驶信息中心、4.2英寸彩色液晶中控显示屏、蓝牙电话系统、7扬声器车载扬声系统、随速自动音量调节功能、HID冰蓝氙气前照灯(带自动水平调整、前照灯清洗功能)、展翼型LED日间行车灯、自动感应式前照灯、后雾灯、展翼型LED尾灯、LED高位制动灯、外后视镜电动调整/电加热/LED转向灯、立体直瀑式镀铬格栅、车身镀铬门把手、Porthole镀铬舷窗、后车窗热线式除雾功能、驾驶席座椅8向电动调节+4向主动安全头枕、副驾驶座椅4向手动调节+4向主动安全头枕、前排加热座椅、6/4分割可倒式后排座椅、真皮包裹多功能转向盘、转向盘4向调节

燃情运动版：豪情运动版+一触式4门自动下降电动窗(4门车窗带一触式上升防夹功能)、USB/iPod/AUX-IN/SD卡音源输入、8英寸高清彩色仪表盘数码显屏驾驶信息中心、8英寸高清数码触摸式中控显示屏、Multi-Touch触摸式独立手写输入板、车载智能导航系统、Bose Centerpoint®环绕音响系统、外后视镜电动折叠/记忆功能/防炫、雨量感应式无骨刮水器、驾驶席电动记忆座椅、副驾驶座椅8向电动调节+4向主动安全头枕、前排通风座椅、电子防炫内后视镜

纵情运动版：燃情运动版+Flexride底盘自适应控制系统、IntelliSafe前瞻性主动安全系统、全车速自适应巡航系统、碰撞预警系统、车道偏离预警系统、车道变更辅助系统、驻车预警系统、Brembo®原装进口制动系统(前轮)、动态平衡尾翼、防滑铝合金运动踏板、真皮包裹多功能运动转向盘(带换挡拨片)

车身颜色：幻白、霓虹、雅蓝

主要车型参数及价格

	车　型	2.0T 豪情运动版	2.0T 燃情运动版	2.0T 纵情运动版
基本参数	长×宽×高(mm)	4830×1856×1484		
	轴距(mm)	2737		
	前/后轮距(mm)	1585/1588		1577/1580
	最小离地间隙(mm)	162		163
	油箱/行李舱容积(L)	70/442		
	整备质量(kg)	1660		
	车身材料	钢板		
	车身类型/乘员人数	3厢4门/5		
发动机参数	发动机类型	2.0 Turbo DI智能直喷涡轮增压发动机		
	排量(mL)	1998		
	额定功率[kW/(r/min)]	187/5300		
	最大转矩[N·m/(r/min)]	350/2000~5000		
	排放标准/建议用油	国Ⅳ、京Ⅴ/97#(京95#)及以上无铅汽油		
底盘参数	变速器类型	6挡手自一体		
	驱动类型	前驱		
	悬架系统	前增强型麦弗逊悬架/后增强型多连杆独立悬架		前HiPer-Strut高性能悬架/后增强型多连杆独立悬架
	制动系统	前后通风盘式制动器		
	轮胎规格	235/50 R18		245/45 R19
性能	最高车速(km/h)	240		
	0~100km/h加速时间(s)	7.3		
	90km/h等速油耗(L/100km)	6.6		
工信部综合工况油耗(L/100km)		9.2		
上市时间		2013年9月		
厂家建议价格(万元)		22.99	24.99	27.99

注：厂家建议价格以2016年3~8月为准

威朗 VERANO

BUICK

别克威朗为追求时尚动感与高品质驾驶体验的年轻消费者提供了极具吸引力的全新选择，并与他们携手谱写精彩人生。威朗的上市，也折射出别克品牌以产品更新换代为契机，着力为用户打造创新体验，并通过不断完善产品型谱，满足消费者多层次、多元化需求，加速品牌新一轮的跨越式发展。

主要配置

进取型： BFI一体化车身结构、前排安全气囊、前排侧安全气囊、一体式侧气帘、ABS防抱死制动系统、EBD电子制动力分配系统、TCS牵引力控制系统、ESC电子稳定控制系统、PBA紧急制动辅助系统、CBC弯道制动控制系统、SLS直线稳定性控制系统、EDC发动机阻力矩控制系统、VSC车辆脱困控制系统、HSA坡道辅助系统、TPMS智能胎压监测系统、MSD备胎行驶检测系统、前排双级主动预紧式安全带、后排三点式安全带、前座安全带未系提醒、电子智能防盗系统、感速型车门自动锁止系统、后车门儿童安全门锁、ISOFIX后排儿童座椅固定装置、倒车雷达、中控门锁+遥控钥匙、四门电动车窗(驾驶席带一触式防夹升降功能)、一键式电动防夹天窗、手动空调系统、双效纳米级防PM2.5空调滤芯、高保真立体声收音机、6扬声器高保真车载音响系统、AUX-IN/USB多路音源输入、4.3英寸高清触摸屏、3.5英寸高清行车电脑、直瀑式镀铬进气格栅、LED日间行车灯、展翼型远近光一体式手动前照灯、前照灯高度调节、展翼型尾灯、防UV隔热隔音型夹层前挡玻璃、间歇式无骨刮水器、外后视镜电动调节/电加热/LED转向灯、后车窗热线式除雾功能、手动换挡提示、前排座椅4向手动调节、3辐运动型多功能转向盘、雅士米织物座椅，AT进取型增加EPB电控驻车制动功能、ECO节油驾驶提醒功能、运动模式、后排空调出风口

15S领先型： 进取型+蓝牙电话、展翼型远近光一体式自动前照灯、前排座椅6向电动调节、前排座椅电加热、雅士米Alcantara麂皮绒面座椅，AT领先型增加定速巡航、EPB电控驻车制动功能、ECO节油驾驶提醒功能、运动模式、后排空调出风口

20T领先型： 15S领先型+定速巡航、ECO节油驾驶提醒功能、运动模式、EPB电控驻车制动功能、展翼型LED尾灯、一体化嵌入式双排气管、前排座椅4向手动调节、冷峻黑织物座椅、后排空调出风口

精英型： 领先型+APA自动泊车系统、SBZA侧盲区预警功能、倒车雷达(10雷达)、倒车影像、智能手机无线映射功能、全框式车窗镀铬饰条、前排座椅6向电动调节、冷峻黑Alcantara麂皮绒面座椅

豪华型： 精英型+一键起动/无钥匙进入、RES发动机远程起动功能、双区独立自动空调、AUX-IN/USB多路音源输入(双USB)、后排双USB充电接口、SD卡多媒体输入、安吉星全时在线助理、两片式全景天窗、鲨鱼鳍综合信号接收天线

旗舰型： 豪华型+ACC自适应巡航系统、FDI前车距离提示系统、FCA前方碰撞预警系统、CMB碰撞缓解系统、LKA车道保持系统、LDW车道偏离预警功能、HBA智能远近光灯控制功能、ACC自适应巡航系统、四门电动车窗(带一触式防夹升降功能)、四门电动遥控启闭车窗、天窗遥控关闭、车载导航系统、间歇式无骨雨刷(带雨量感应)、电动折叠外后视镜/电动调节/电加热/LED转向灯、前照灯高度自动调节展翼型HID自动前照灯、前照灯清洗功能系统、3辐运动型多功能真皮包裹转向盘、时尚棕Alcantara麂皮绒面座椅、电子防炫内后视镜

车身颜色： 玛瑙红、琥珀棕、云母蓝、赛道灰、珍珠黑、雪域白、冰川银

主要车型参数及价格

车型		15S MT	15S AT	15S MT	15S AT	20T 双离合			
		进取型		领先型		领先型	精英型	豪华型	旗舰型
基本参数	长×宽×高(mm)	4718×1802×1466				4718×1802×1471			
	轴距(mm)	2700							
	前/后轮距(mm)	1540/1558							1534/1552
	油箱/行李舱容积(L)	52/460							
	整备质量(kg)	1260	1295	1260	1295	1320			1345
	车身材料	钢板							
	车身类型/乘员人数	3厢4门/5							
发动机参数	发动机类型	1.5L SIDI直喷直列4缸发动机 带发动机自动起停功能				1.5T SIDI直喷涡轮增压发动机 带发动机自动起停功能			
	排量(mL)	1490							
	额定功率[kW/(r/min)]	87/6600				124/5600			
	最大转矩[N·m/(r/min)]	146/4000				250/1700~4400			
	排放标准/建议用油	国V/92#及以上无铅汽油							
底盘参数	变速器类型	6挡手动	6挡自动	6挡手动	6挡自动	7挡DCG智能双离合变速器			
	驱动类型	前驱							
	悬架系统	前增强型麦弗逊悬架/后扭力梁式悬架带增强型瓦特连杆							
	制动系统	前通风盘式/后盘式制动器							
	轮胎规格	205/55 R16							225/45 R17
性能	最高车速(km/h)	185	180	185	180	205			
	0~100Km/h加速性能(s)	12.5	13.2	12.5	13.2	8.8			8.9
	90km/h等速油耗(L/100km)	4.6	5.1	4.6	5.1	5.0			
工信部综合工况油耗(L/100km)		5.9	6.3	5.9	6.3	6.1			6.2
上市时间		2015年6月27日							
厂家建议价格(万元)		13.59	14.69	14.49	15.49	16.29	17.29	18.59	19.99

注：厂家建议价格以2016年3～8月为准

全新英朗

全新英朗采用别克新一代产品高效造车理念，凭借简约动感的外观设计、高效舒适的内部空间、高效敏捷的动力操控以及高效全面的安全配置，带来真正读"懂"消费者需求的全新中级车驾乘体验。

高效舒适内部空间：别克标志性的360度环抱一体式座舱设计，并采用高效空间布局，带来舒适宽绰的乘坐体验。

主要配置

15N

进取型： BFI一体化车身结构、前排安全气囊、ABS防抱死制动系统、EBD电子制动力分配系统、CBC弯道制动控制系统、SLS直线稳定性控制系统、TCS牵引力控制系统、EDC发动机阻力矩控制系统、VSC车辆脱困控制系统、ESC电子稳定控制系统、BP制动预充液系统、FBA制动衰退补偿系统、PBA紧急制动预警功能、EBW紧急制动提醒功能、TPMS智能胎压监测系统、HSA坡道辅助系统、前排预紧式安全带、后排三点式预紧安全带、驾驶席安全带未系提醒功能、ISO FIX后排儿童座椅固定装置、后车门儿童安全门锁、感速型车门自动锁止系统、电子智能防盗系统、中控门锁+遥控钥匙、4门电动车窗(带驾驶座一键下降)、发动机起停功能、手动换挡提示、手动空调系统、后排空调出风口、纳米级防PM2.5空调滤芯、高保真车载音响系统(带6扬声器)、高保真立体声收音机、USB音源输入、2.3英寸液晶显屏行车电脑、经典直瀑式镀铬进气隔栅、LED日间行车灯、展翼型前照灯、展翼型尾灯、防UV隔热型前风窗玻璃、间歇式刮水器、电动调节外后视镜(带电加热功能)、后风窗热线式除雾功能、3辐多功能转向盘、驾驶席座椅6向手动调节、副驾驶座椅4向手动调节，AT进取型增加ECO节油驾驶提醒模式

精英型： 进取型+后倒车雷达(4探头)、一键式电动天窗、四门电动车窗(带驾驶席一触式防夹升降功能)、3.5英寸高清数码显屏行车电脑、6/4分割可折叠后排座椅，AT精英型增加ECO节油驾驶提醒模式

豪华型： 精英型+自动恒温空调系统、新一代智慧互联系统、7英寸高清触摸式显屏、iPOD/SD卡多音源输入、蓝牙电话、自然语音识别功能、展翼型HID前照灯，AT精英型增加ECO节油驾驶提醒模式、一键起动功能

18T

精英型： 15N精英型+前排侧安全气囊、前排双预紧式安全带、副驾驶安全带未系提醒、ECO节油驾驶提醒模式、展翼型HID前照灯、尾部高亮镀铬饰条

豪华型： 精英型+一键起动功能、定速巡航、自动恒温空调系统、新一代智慧互联系统、7英寸高清触摸式显屏、iPOD/SD卡多音源输入、蓝牙电话、自然语音识别功能、驾驶席座椅4向手动调节(2向电动腰托)

运动旗舰型： 豪华型+运动型车门金属饰条、运动型光幕LED尾灯、运动型外观套件(前后保险杠/后盖扰流板)、前排座椅电加热、运动型红黑拼色麂皮绒面座椅

车身颜色： 雪域白、珍珠黑、深空蓝、中国红、月光银、托帕石棕

内饰颜色： 灰色、黑色、米色

主要车型参数及价格

	车　型	15N MT	15N AT	15N MT	15N AT	15N MT	15N AT	18T 双离合		
		进取型		精英型		豪华型		精英型	豪华型	运动旗舰型
基本参数	长×宽×高(mm)	4587×1798×1463								
	轴距(mm)	2640								
	前/后轮距(mm)	1538/1541								
	油箱容积(L)	44								
	整备质量(kg)	1225	1255	1225	1255	1225	1255	1295		
	车身材料	钢板								
	车身类型/乘员人数	3厢4门/5								
发动机参数	发动机类型	1.5L DVVT直列4缸发动机						1.4T DVVT涡轮增压发动机		
	排量(mL)	1485						1372		
	额定功率[kW/(r/min)]	84/6000						106/4900～6000		
	最大转矩[N·m/(r/min)]	143/4400						200/1700～4800		
	排放标准/建议用油	国V/92号或以上无铅汽油								
底盘参数	变速器类型	5挡手动	6挡自动	5挡手动	6挡自动	5挡手动	6挡自动	7挡DCG智能双离合变速器		
	驱动类型	前驱								
	悬架系统	前增强型麦弗逊悬架/后多连杆独立悬架								
	制动系统	前通风盘式/后盘式制动器								
	轮胎规格	195/65 R15		205/55 R16						
性能	最高车速(km/h)	180						190		
	90km/h等速油耗(L/100km)	4.6	4.7	4.6	4.7	4.6	4.7	4.5		
工信部综合工况油耗(L/100km)		5.8	6.1	5.8	6.1	5.8	6.1	5.9		
上市时间		2015年3月2日								
厂家建议价格(万元)		10.99	11.99	11.69	12.69	12.69	13.69	14.09	15.09	15.99

注：厂家建议价格以2016年3～8月为准

全新凯越

BUICK

主要配置

经典型：前排双安全气囊、ABS防抱死制动系统、EBD电子制动力分配系统、驾驶座安全带未系提醒、感速型车门自动锁止系统、中控门锁、ISOFIX儿童安全座椅接口、蓄电池防耗保护装置、ECO节油驾驶提醒模式、高性能手动调节空调、加油口盖遥控开启装置、车门未关仪表盘提醒、一键式电动天窗、前/后排电动车窗(驾驶席侧带One-Touch快速下降功能)、6扬声器、高级立体声收音机/USB/AUX-IN智能多路音源系统(支持MP3格式)、LED高位制动灯、晶钻冰蓝投射前照灯带水平调节功能、直瀑式镀铬隔栅、前/后雾灯、超大视野电动调节外后视镜、间歇式刮水器、高级PVC绒布座椅、双炮筒蓝光仪表盘、驾驶座椅前后8向调节、副驾驶座椅4向手动调节、2向可调转向盘、驾驶员信息中心，自动经典型增加Immobilizer发动机防盗锁止系统、折叠式遥控钥匙，无一键式电动天窗

尊享型：经典型+后倒车雷达(4探头)、驾驶座椅前后8向调节带腰部支撑、高级真皮座椅

主要车型参数及价格

	车 型	1.5L 手动经典型	1.5L 自动经典型	1.5L 手动尊享型	1.5L 自动尊享型
基本参数	长×宽×高(mm)	4515×1725×1445			
	轴距(mm)	2600			
	前/后轮距(mm)	1475/1475			
	油箱/行李舱容积(L)	60/405			
	整备质量(kg)	1210	1230	1210	1230
	车身材料	钢板			
	车身类型/乘员人数	3厢4门/5			
发动机参数	发动机类型	1.5L 直列4缸 DVVT 发动机			
	排量(mL)	1485			
	额定功率[kW/(r/min)]	83/6000			
	最大转矩[N·m/(r/min)]	141/4000			
	排放标准/建议用油	欧Ⅴ/93#(92#)以上无铅汽油			
底盘参数	变速器类型	5挡手动	6挡手动一体	5挡手动	6挡手动一体
	驱动类型	前驱			
	悬架系统	前麦弗逊式独立悬架/后双连杆加纵臂式独立悬架			
	制动系统	前通风盘式/后实心盘式制动器			
	轮胎规格	185/65 R14		195/55 R15	
性能	最高车速(km/h)	177	175	177	175
	0~100km/h加速时间(s)	12.7	13.5	12.7	13.5
	90km/h等速油耗(L/100km)	5.0	5.4	5.0	5.4
工信部综合工况油耗(L/100km)		6.6	7.6	6.6	7.6
上市时间		2013年2月1日			
厂家建议价格(万元)		8.69	9.19	9.59	10.59

注：厂家建议价格以2016年3~8月为准

迈锐宝 MALIBU

年度新上市车型

上汽通用汽车雪佛兰旗下的2017款迈锐宝正式上市，共推出3款车型，新增金棡棕车色，售价为16.49万～18.99万元。2017款迈锐宝主要变化是全系搭载了1.5T涡轮增压发动机。

主要配置

舒适版： 前排安全气囊、前排侧安全气囊、ABS防抱死制动系统、EBD电子制动力分配系统、ESC电子车身稳定控制系统、TCS牵引力控制系统、倒车雷达、发动机电子防盗系统、前排安全带未系提醒、ISO标准儿童座椅固定装置、后车门儿童安全门锁、EPS电动助力转向(SSPS随速助力)、中控门锁、遥控钥匙、四门电动窗、全自动空调、空调花粉过滤、高保真车载音响系统带6扬声器、AUX-IN+USB多媒体接入端口、多功能驾驶员信息显示系统、后风窗除雾功能、卤素投射式前照灯、前照灯自动感应开启、LED尾灯、高位制动灯、前雾灯、外后视镜电动调整/转向灯、外后视镜电加热、智能电动天窗(带防夹功能)、铝合金轮毂、驾驶席座椅6向手动调节、副驾驶座椅手动调节、前排中央扶手、后排中央扶手带杯托

豪华版： 舒适版+一键起动和无钥匙进入、定速巡航、电子驻车系统、四门电动窗(驾驶员侧一键上下)、后排空调出风口、氙气前照灯、前照灯水平控制系统、前照灯清洗功能、驾驶席座椅8向电动调节、真皮转向盘套、多功能转向盘、转向盘四向可调、真皮座椅

旗舰版： 豪华版+前后一体安全气帘、倒车影像、蓝牙电话、蓝牙音乐和蓝牙控制、智能手机映射、Onstar安吉星智能行车伙伴、4G LTE原装集成车载Wi-Fi、百度CarLife、车载本地导航(SD卡)、7英寸多点触控彩色液晶屏、感应式刮水器、外后视镜电动折叠、驾驶席座椅腰托、前排座椅加热

车身颜色： 加州红、皓沙白、金棡棕、爵士黑、奥斯卡金、天际灰

主要车型参数及价格

车　型		1.5T		
		舒适版	豪华版	旗舰版
基本参数	长×宽×高(mm)	4855×1854×1476		
	轴距(mm)	2737		
	前/后轮距(mm)	1585/1587		
	油箱/行李舱容积(L)	61/544		
	整备质量(kg)	1520		
	车身材料	钢板		
	车身类型/乘员人数	3厢4门/5		
发动机参数	发动机类型	1.5T顶置直喷涡轮发动机		
	排量(mL)	1490		
	额定功率[kW/(r/min)]	125/5600		
	最大转矩[N·m/(r/min)]	250.3/2000～4000		
	排放标准/建议用油	国Ⅴ/92#及以上无铅汽油		
底盘参数	变速器类型	6挡手自一体DSS智能起停变速器/Sport驾驶模式		
	驱动类型	前驱		
	悬架系统	前麦弗逊式独立悬架/后多连杆式独立悬架		
	制动系统	前后盘式制动器		
	轮胎规格	225/60 R16	225/55 R17	
性能	最高车速(km/h)	205		
	0～100km/h加速时间(s)	10.2		
	90km/h等速油耗(L/100km)	5.9		
工信部综合工况油耗(L/100km)		6.8		
上市时间		2016年8月3日		
厂家建议价格(万元)		16.49	17.99	18.99

注：厂家建议价格以2016年3～8月为准

全新科鲁兹
CRUZE

CHEVROLET

年度**新上市**车型

全新科鲁兹，传承雪佛兰科尔维特Corvette、科迈罗Camaro的“3C”家族赛车设计基因，以领先同级的2700mm超长轴距、先进的动力系统、卓越的操控性能、全方位的安全防护、高科技轻量化制造工艺、高效节能科技以及领先的互联技术应用，为中级车树立全新7大标准，引领潮流，突破向前。

主要配置

1.5L

先锋版：前排安全气囊、前排侧安全气囊、ABS防抱死制动系统、ESC电子车身稳定控制系统、TPMS智能胎压监测系统(四轮独立数显)、HSA坡道辅助系统、前排预拉紧安全带、发动机电子防盗系统、安全带高度可调、前排安全带未系提醒、ISO标准儿童座椅固定装置、后车门儿童安全门锁、Start/Stop智能起停系统、四门电动窗(驾驶员侧一键上下防夹功能)、中控门锁、遥控钥匙、手动空调、高保真车载音响系统带6扬声器、AUX-IN+USB多媒体接入端口、MyLink智能车载互联系统、7英寸多点触控电容彩屏、蓝牙音乐和蓝牙控制、多功能驾驶信息显示系统、苹果CarPlay、间歇式无骨刮水器、锐眼立体前照灯、前照灯水平控制系统、外后视镜电动调整、五辐铝合金运动轮毂、织物内饰、转向盘4向调节、驾驶员座椅6向手动调节、副驾驶座椅4向手动调节、后排座椅整体放倒、前排中央扶手、星罗深灰织物座椅，先锋版(天窗)增加电子驻车制动、智能电动天窗(带防夹功能)

炫锋版：先锋版+倒车雷达、自然语音控制、百度Carlife、前雾灯、车身镀铬装饰、PVC+织物内饰、多功能转向盘、后排座椅4/6放倒、后排中央扶手带杯托，自动炫锋版增加前后一体安全气帘、后排预拉紧安全带、电子驻车制动

1.4T双离合

先锋版(天窗)：1.6L先锋版+电子手制动、智能电动天窗(带防夹功能)、车身镀铬装饰

炫锋版：先锋版(天窗)+前后一体安全气帘、后排预拉紧安全带、倒车雷达、倒车影像、Onstar智能行车伙伴、4G LTE原装集成车载Wi-Fi、自然语音控制、百度Carlife、前雾灯、真皮内饰、真皮转向盘套、多功能转向盘、后排座椅4/6放倒、后排中央扶手带杯托

领锋版：炫锋版+APA自动泊车系统、侧盲区报警系统、一键起动和无钥匙进入、定速巡航、全自动空调、投射前照灯、前照灯自动感应开启、LED日间行车灯、外后视镜电加热、五辐铝合金运动轮毂、驾驶席座椅8向电动调节、驾驶席座椅腰托、前排座椅加热

车身颜色：极光白、耀岩黑、冷铂银、冰河蓝、钛金灰、烈焰红

内饰颜色：马鞍棕、雅光灰黑双拼、织锦深灰双拼、织锦浅灰双拼、星罗深灰

主要车型参数及价格

	车型	1.5L手动	1.5L自动	1.5L手动	1.5L自动	1.4T双离合		
		先锋版	先锋版(天窗)	炫锋版	炫锋版	先锋版(天窗)	炫锋版	领锋版
基本参数	长×宽×高(mm)	4666×1807×1460						
	轴距(mm)	2700						
	前/后轮距(mm)	1541/1561						1535/1555
	油箱/行李舱容积(L)	52/430						
	整备质量(kg)	1240	1270	1240	1270	1310		
	车身材料	钢板						
	车身类型/乘员人数	3厢4门/5						
发动机参数	发动机类型	1.5L 自然吸气 SIDI顶置直喷				1.4L 涡轮增压 SIDI顶置直喷		
	排量(mL)	1490				1399		
	额定功率[kW/(r/min)]	84/6600				110/5600		
	最大转矩[N·m/(r/min)]	146/4000				240/2000～4000		
	排放标准/建议用油	国V/93#(京沪92#)或以上无铅汽油						
底盘参数	变速器类型	6挡手动	6挡自动	6挡手动	6挡自动	7挡手自一体		
	驱动类型	前驱						
	悬架系统	前麦弗逊悬架/后扭力梁悬架				前麦弗逊悬架/后扭力梁悬架+后瓦特连杆		
	制动系统	前通风盘式/后实心盘式制动器						
	轮胎规格	205/55 R16						225/45 R17
性能	最高车速(km/h)	185	180	185	180	200		
	0～100km/h加速时间(s)	11.7	12.1	11.7	12.1	9.9		
	90km等速油耗(L/100km)	4.8	5.0	4.8	5.0	4.7		
工信部综合工况油耗(L/100km)		5.9	6.3	5.9	6.3	5.7		
上市时间		2016年8月19日						
厂家建议价格(万元)		10.99	12.49	12.49	13.69	13.99	14.99	16.99

注：厂家建议价格以2016年3～8月为准

爱唯欧 三厢
CHEVROLET AVEO

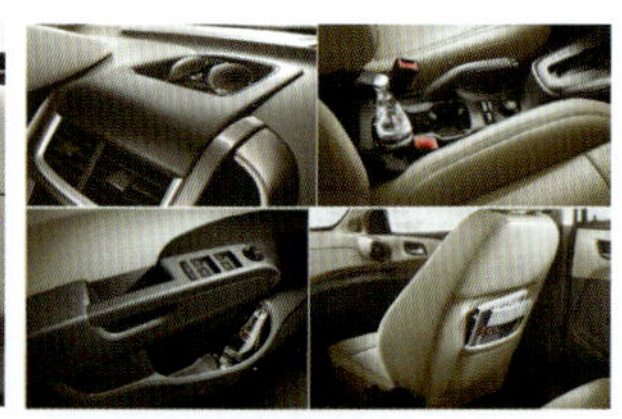

主要配置

舒适版：前排双安全气囊、ABS防抱死制动系统、EBD电子制动力分配系统、发动机防盗系统、三点式安全带、前排安全带未系提醒系统、中控门锁、后排儿童安全锁、ISOFIX儿童安全座椅固定装置、环保无氟空调系统、进风过滤器、旋风式空调风门、前门电动车窗、FM、AM收音功能、AUX-IN音频输入端口、CD播放器(带Mp3播放功能)、高保真4扬声器音响系统、中置高位制动灯、经典双格栅、动感科技前照灯、前照灯高度可调、蝶形双尾灯、后窗除雾功能、深灰织物座椅、流光仪表盘、3辐运动转向盘、U型流线中控台、4向可调转向盘

舒享版：舒适版+遥控钥匙、后门电动车窗

时尚版：与舒享版配置相同

时尚版(天窗)：时尚版+智能电动天窗

乐悠版：时尚版(天窗)+前排侧安全气囊、后倒车雷达、高质感雾灯、外后视镜电动调节、转向盘音响控制

畅悠版：乐悠版+On Star智能行车伙伴

风尚版：畅悠版+前排安全带高度可调、预拉紧式安全带、智能电动天窗、高保真6扬声器音响系统、USB/iPod智能信息输入接口、MyLink智能车载互联系统、7英寸高清彩色触摸显示屏、车载蓝牙系统、外后视镜LED转向灯、外后视镜电加热、深灰皮质座椅、真皮转向盘套、驾驶员信息中心、驾驶席座椅6向调节

车身颜色：冷械银、极光白、耀石黑、火星橙、冰河蓝、星绛红

主要车型参数及价格

车型		1.4L MT		1.4L AT		1.4L MT	1.4L AT	1.6L AT
		舒适版	舒享版	时尚版	时尚版(天窗)	乐悠版	畅悠版	风尚版
基本参数	长×宽×高(mm)	4378×1735×1517						
	轴距(mm)	2525						
	前/后轮距(mm)	1509/1509						
	油箱/行李舱容积(L)	46/458						
	整备质量(kg)	1190		1220		1190	1220	
	车身材料	钢板						
	车身类型/乘员人数	3厢4门/5						
发动机参数	发动机类型	1.4L S-TEC III DOHC						1.6L ECOTEC DVVT
	排量(mL)	1399						1598
	额定功率[kW/(r/min)]	76/6000						89/6000
	最大转矩[N·m/(r/min)]	131/4200						155/4000
	排放标准/建议用油	国Ⅳ、国Ⅴ/93#(92#)或以上无铅汽油						
底盘参数	变速器类型	5挡手动		6挡手自一体		5挡手动	6挡手自一体	
	驱动类型	前驱						
	悬架系统	前麦弗逊式独立悬架/后扭杆梁式半独立悬架						
	制动系统	前通风盘式/后鼓式制动器						
	轮胎规格	195/65 R15						205/55 R16
性能	最高车速(km/h)	176		168		176	168	178
	0~100km/h加速时间(s)	12.3		12.8		12.3	12.8	11.3
	90km等速油耗(L/100km)	5.7		6.1		5.7	6.1	
工信部综合工况油耗(L/100km)		6.0		7.1		6.0	7.1	7.2
上市时间		2014年6月						
厂家建议价格(万元)		7.39	7.89	8.69	8.99	8.39	9.39	10.99

注：厂家建议价格以2016年3～8月为准

爱唯欧 两厢 AVEO

CHEVROLET

主要配置

舒适版：前排双安全气囊、ABS防抱死制动系统、EBD电子制动力分配系统、发动机防盗系统、三点式安全带、前排安全带未系提醒系统、中控门锁、后排儿童安全锁、ISOFIX儿童安全座椅固定装置、前门电动车窗、环保无氟空调系统、进风过滤器、FM、AM收音功能、AUX-IN音频输入端口、CD播放器(带Mp3播放功能)、高保真4扬声器音响系统、中置高位制动灯、经典双格栅、动感科技前照灯、前照灯高度可调、蝶形双尾灯、后窗除雾功能、深灰织物座椅、流光仪表盘、旋风式空调风门、3辐运动转向盘、4向可调转向盘、U型流线中控台、前排头枕2向调节、后排座椅4/6可分离翻折

舒享版：舒适版+遥控钥匙、后门电动车窗

时尚版：与舒享版配置相同

乐悠版：时尚版+前排侧安全气囊、后倒车雷达、转向盘音响控制、高质感雾灯、外后视镜电动调节、烟灰盒

畅悠版：乐悠版+On Star智能行车伙伴

风尚版：畅悠版+前排安全带高度可调、预拉紧式安全带、智能电动天窗、驾驶员信息中心、高保真6扬声器音响系统、USB/iPod智能信息输入接口、My Link智能车载互联系统、7英寸高清彩色触摸显示屏、车载蓝牙系统、一体式锐翼扰流板、外后视镜电加热、外后视镜LED转向灯、深灰皮质座椅、真皮转向盘套、驾驶席座椅6向调节

车身颜色：冷械银、极光白、耀石黑、火星橙、冰河蓝、耀斑红、星尘黄

主要车型参数及价格

车型		1.4L MT 舒适版	1.4L MT 舒享版	1.4L AT 时尚版	1.4L MT 乐悠版	1.4L AT 畅悠版	1.6L AT 风尚版
基本参数	长×宽×高(mm)	4378×1735×1517					
	轴距(mm)	2525					
	前/后轮距(mm)	1509/1509					
	油箱/行李舱容积(L)	46/253					
	整备质量(kg)	1180		1210	1180	1210	1220
	车身材料	钢板					
	车身类型/乘员人数	2厢5门/5					
发动机参数	发动机类型	1.4L S-TEC III DOHC					1.6L ECOTEC DVVT
	排量(mL)	1399					1598
	额定功率[kW/(r/min)]	76/6000					89/6000
	最大转矩[N·m/(r/min)]	131/4200					155/4000
	排放标准/建议用油	国IV、国V/93#(92#)或以上无铅汽油					
底盘参数	变速器类型	5挡手动		6挡手自一体	5挡手动	6挡手自一体	
	驱动类型	前驱					
	悬架系统	前麦弗逊式独立悬架/后扭杆梁式半独立悬架					
	制动系统	前通风盘式/后鼓式制动器					
	轮胎规格	195/65 R15					205/55 R16
性能	最高车速(km/h)	176		168	176	168	178
	0~100km/h加速时间(s)	12.3		12.8	12.3	12.8	11.3
	90km等速油耗(L/100km)	5.7		6.1	5.7	6.1	
工信部综合工况油耗(L/100km)		6.0		7.1	6.0	7.1	7.2
上市时间		2014年6月					
厂家建议价格(万元)		7.39	7.89	8.69	8.39	9.39	10.99

注：厂家建议价格以2016年3~8月为准

赛欧3 SAIL

雪佛兰赛欧3基于上海通用汽车全新一代小车平台打造，采用同级领先技术并拥有更具时尚感的外形和内饰、更大气的车身尺寸和宽大的内部空间、全新开发极致省油的高效动力系统，并运用多种科技配置，产品实力得到全面提升。赛欧3将满足中国最广泛消费群体的高品质用车需求，再次树立国民家轿的品质、价值双标杆。

主要配置

温馨版：前排双安全气囊、ABS防抱死制动系统、EBD电子制动力分配系统、CBC弯道控制系统、五座标准安全带(前排带预张紧功能)、驾驶席安全带未系提醒系统、ISOFIX儿童安全座椅固定装置、后排儿童安全门锁、安全笼式车体、EPS电动助力转向系统、Start/Stop智能起停系统、电源管理系统、中央控制门锁、电动前车窗、空气净化/花粉过滤系统、手动空调、FM、AM收音机、AUX-IN音乐接口、高保真2扬声器音响系统、时尚晶钻前照灯、蝶形双尾灯、盾形格栅、外后视镜电动调节、后窗加热除雾、质感双飞翼中控台、车内阅读灯、转向盘上下调节、驾驶席座椅4向调节、12V电源

理想版：温馨版+速度感应自动落锁、折叠遥控钥匙、电动后车窗、USB接口、高保真4扬声器音响系统、镀铬格栅饰条、铝合金锋型轮毂、驾驶员信息系统(行车电脑)

理想版(天窗)：理想版+智能双模电动天窗

幸福版(天窗)：理想版(天窗)+前排侧安全气囊、蓝牙音乐、4.2英寸彩屏(MyLink智能车载互联系统)、自然语音识别、流光质感雾灯、驾驶席座椅6向调节、雷达波仪表盘、多功能转向盘、镀铬内饰套件

车身颜色：珊瑚红、琥珀橙、水星蓝、茉莉白、新月银、卡其金

主要车型参数及价格

车型		1.3L MT			1.5L MT	
		温馨版	理想版	理想版(天窗)	理想版(天窗)	幸福版(天窗)
基本参数	长×宽×高(mm)	4300×1735×1504			4300×1735×1503	
	轴距(mm)	2500				
	前/后轮距(mm)	1477/1468				
	油箱/行李舱容积(L)	35/366			39/366	
	整备质量(kg)	1057			1103	
	车身材料	钢板				
	车身类型/乘员人数	3厢4门/5				
发动机参数	发动机类型	全新1.3L VVT发动机			全新1.5L DVVT发动机	
	排量(mL)	1349			1485	
	额定功率[kW/(r/min)]	76/6000			83/6000	
	最大转矩[N·m/(r/min)]	127/4000			141/4000	
	排放标准/建议用油	国Ⅴ/92#及以上无铅汽油				
底盘参数	变速器类型	5挡手动				
	驱动类型	前驱				
	悬架系统	前麦弗逊式独立悬架/后扭杆梁式非独立悬架				
	制动系统	前通风盘式/后鼓式制动器				
	轮胎规格	175/70 R14				
性能	最高车速(km/h)	175			180	
	0～100km/h加速时间(s)	12.4			11.3	
	90km/h等速油耗(L/100km)	4.5			4.6	
工信部综合工况油耗(L/100km)		5.3			5.4	
上市时间		2014年12月		2016年6月17日	2014年12月	
厂家建议价格(万元)		5.99	6.29	6.59	6.79	7.39

注：厂家建议价格以2016年3～8月为准

SAIC MOTOR 上海汽车

上海汽车集团股份有限公司乘用车公司 SAIC Motor Passenger Vehicle Co.,Ltd.

荣威：荣威950　荣威750　荣威550　荣威350

MG：MG6　MG5　MG3

荣威950 ROEWE

主要配置

精英版： 车身激光焊接技术、Enhanced USD超高强度车身、前排双安全气囊、前排双侧安全气囊、ABS+EBD+TCS+ESP、后倒车雷达、速度感应式车门锁止系统、全车3点式安全带(前排预紧)、前排安全带未系提醒、气动式发动机盖顶升机构、后车门儿童安全门锁、后排儿童座椅ISO FIX固定器、EPB一键式电子驻车系统、独立双区全自动空调、全效空气粉尘及异味过滤器、AQS超清新空气质控自循环系统、音响系统6扬声器车载扬声系统、USB优盘MP3歌曲读取功、自动音量增益功能、车载电脑单色中文车载电脑、V-Chief展翼型前格栅、Cigar Shape尊雅腰线设计、双排气尾管、雅致豪华尾部镀铬、卤素前照灯、RADIC高亮度LED辐射尾灯、自动感应式前照灯、前照灯延时关闭功能、外后视镜电动调整/电加热/LED转向灯、前后门一触式下降/前门带防夹一触式自动上升、一触防夹式电动内藏天窗、间歇式智能刮水器、后内窗热线式除雾功能、HOLO三维立体全息组合仪表、暖色真皮内饰、Super Wide超宽式中央扶手、驾驶席座椅8向电动调节、副驾驶座椅4向手动调节、前排4向座椅头枕、360°可旋转全方向航空阅读灯、4向可调式转向盘(上下/前后)、真皮转向盘套

典雅版： 精英版+弯道辅助照明、Full LED晶璨飞翼前照灯

行政版： 典雅版+循轨式智能辅助可视倒车系统、中控台8英寸WVGA高清触摸功能显示屏、Voice Touch语音控制自律航法全球定位系统/单DVD格式光驱/支持CD/MP3/WMA/iPod、暖色打孔真皮内饰

豪华版： 行政版+双侧安全气帘、循轨式智能辅助可视倒车系统、Push Start一键起动功能、Touch Access智能无钥匙进入、CCS定速巡航系统、蓝牙电话系统、Lazy Locking车窗遥控关闭系统、LED日间行车灯、后排电动遮阳帘、后排220V电源输出

豪华行政版： 豪华版+后排双侧气囊、ANF主动式四向安全枕头、Di-TPMS数字式智能胎压监测系统、NIG离子发生空气净化装置、Infinity11扬声器豪华殿堂级高保真环绕音响、多功能豪华电子防炫目内后视镜、电动折叠防炫目可记忆外后视镜、全车电加热座椅、后排调整前排副驾驶座椅、多功能集控后排扶手、驾驶席座椅调节8向电动记忆座椅

旗舰版： 豪华行政版+前倒车雷达、空调系统Triole Zone独立三区控制自动空调系统、NIG离子发生空气净化装置、ICC后排多维信息中心、车窗自动除雾功能、后排通风座椅

车身颜色： 汉雅白、鼎泰蓝、星瀚银、玄墨黑、寒松灰、琥珀金、玉玺红

主要车型参数及价格

车型		1.8TGI				2.0TGI	
		精英版	典雅版	行政版	豪华版	豪华行政版	旗舰版
基本参数	长×宽×高(mm)	4996×1857×1502					
	轴距(mm)	2837					
	油箱容积(L)	70					
	车身材料	钢板					
	车身类型/乘员人数	3厢4门/5					
发动机参数	发动机类型	1.8TGI缸内直喷涡轮增压发动机				2.0TGI缸内直喷涡轮增压发动机	
	排量(mL)	1798				1995	
	额定功率[kW/(r/min)]	136/5000～5500				162/5000～5300	
	最大转矩[N·m/(r/min)]	290/2000～4000				350/2500～4000	
底盘参数	变速器类型	TST6速油冷双离合变速器					
	驱动类型	前驱					
	悬架系统	前麦弗逊式悬架/后多连杆式悬架					
	制动系统	前后通风盘式制动器					
	轮胎规格	225/55 R17	245/45 R18				
性能	最高车速(km/h)	210				230	
工信部综合工况油耗(L/100km)		7.6				8.1	
上市时间		2015年7月17日					
厂家建议价格(万元)		17.98	18.98	19.98	20.98	23.98	28.98

注：厂家建议价格以2016年3～8月为准

荣威750
ROEWE

主要配置

迅雅版：前排双安全气囊、ABS+EBD、Immobilizer发动机防盗系统、ETC8集成全新电子节气门控制系统、UHSD双面镀锌车身、发动机熄火自动解锁功能、高度自适应燃爆式预张紧安全带、前照灯自动延时功能、安全带未系报警(驾驶侧)、四向可调多级溃缩转向柱、后驻车雷达、电动天窗、电子控制空调、驾驶席电动车窗带防夹功能、电动车窗带一键向下功能、6碟CD、8扬声器、Dual-Bus电子集成构架、盾型皇家镀铬一体式格栅、Cigar Shape雪茄型车身、精钢隽长镀铬腰线、双镀铬排气尾管、扇形晶钻立体尾灯、翼式无骨Visioblade专利智能速度感应刮水器、智能后风窗除霜系统、外后视镜带电动折叠功能、电动加热外后视镜、豪华前中央扶手带车载冰箱、后排12V电源插座、高级头层牛皮座椅、前排座椅智能加热功能、英式分体仪表及蚝银时钟、剧院式车内灯、高级木纹真皮包裹转向盘带集控功能

商雅版：迅雅版+前排侧双安全气囊、全息影像后倒车雷达、GYRO全触控式GPS全球定位系统、全自动恒温空调、DVD+MP3、收音机、液晶显示屏、手机蓝牙准备系统、聚能双模凌光HID氙气前照灯、Anti-UV节能滤膜隐秘玻璃、荧蓝冷光ROEWE门槛饰条

祺雅版：商雅版+全新行政级专用轮辋、后排行政级多功能中央集控扶手、乘客座椅电动8向调节、驾驶座椅记忆功能、前排按摩座椅带电动腰托功能、后排座椅智能加热

贵雅版：商雅版+副驾驶安全带未系报警、DSC电子稳定程序系统、智能光学雨量感应器、自动防炫目内后视镜、副驾驶电动8向调节、后排座椅智能加热功能

豪雅版：贵雅版+车内空气清新负离子发生器、后排Clarion行政双LCD显示屏、驻车外后视镜自适应功能、记忆功能外后视镜、驾驶席记忆功能、前排按摩座椅带电动腰托功能、电动智能后遮阳帘、后排按摩座椅

车身颜色：皇家蓝、绅士灰、骑士银、温莎白、星光黑

主要车型参数及价格

	车 型	迅雅版		商雅版		祺雅版	贵雅版	豪雅版
		MT	AT	MT	AT	AT	AT	AT
基本参数	长×宽×高(mm)	4865×1765×1422						
	轴距(mm)	2849						
	油箱/行李舱容积(L)	65/432						
	车身材料	双面镀锌钢板						
	车身类型/乘员人数	3厢4门/5						
发动机参数	发动机型号/类型	Torrento 1.8T/全铝合金缸体超高压耐久涡轮增压发动机		Torrento 1.8T/全铝合金缸体超高压耐久涡轮增压发动机			-/航空级全铝24气门 2.5L高性能V6发动机	
	排量(mL)	1796					2497	
	额定功率[kW/(r/min)]	118/5500					135/6500	
	最大转矩[N·m/(r/min)]	215/2500～4500					230/4000	
底盘参数	变速器类型	5挡手动	5挡Triple-Mode智能电子控制自动变速器	5挡手动	5挡Triple-Mode智能电子控制自动变速器			
	驱动类型	前驱						
	悬架系统	前ALB柔性连接锻铝下摆臂麦弗逊独立悬架/后DDS创新Z型独立悬架						
	制动系统	四轮通风盘式制动，后轮盘毂一体式制动器						
	轮胎规格	215/55 16R		215/55 17R				
性能	0～100km/h加速时间(s)	9.5	11.5	9.5	11.5			10.2
	90km/h等速油耗(L/100km)	6.0	6.1	6.0	6.1			6.4
改款时间		2011年5月						
厂家建议价格(万元)		16.28	17.48	18.28	19.28	22.48	18.28	22.48

注：厂家建议价格以2016年3～8月为准

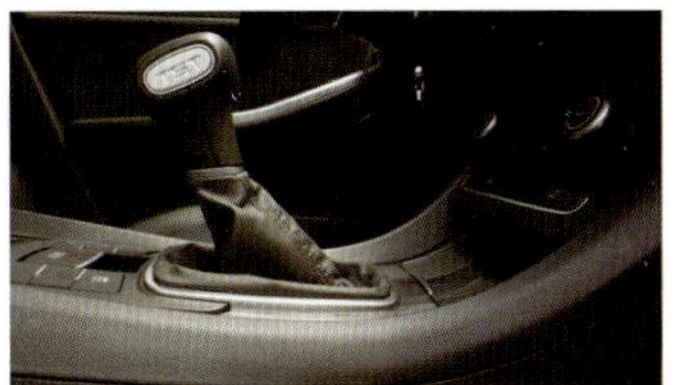

荣威550 ROEWE

主要配置

启悦版：超高强度UHSD车身、前排双SRS安全气囊、ABS制动防抱死系统、EBD电子制动力分配系统、BA制动辅助系统、前排三点式燃爆式预张紧安全带/高度可调、后排两个三点式安全带/中间两点式、驾驶席安全带未系报警、4向可调多级溃缩转向管柱、欧洲标准行人保护设计、限速报警、行车自动落锁/熄火解锁功能、驻车启动提醒、全车防侵入保护、ISOFIX儿童安全座椅固定装置、后门儿童安全锁、行李舱紧急逃生拉索、EPB数字智能电子驻车系统、Four-Bus智能行车管家系统、ECM电源控制管理系统、维护自动提示、数字温控空调、Push start一键起动、全车窗One-touch-down功能(驾驶侧One-touch-up功能带防夹功能)、高集成汉化行车电脑、一体化多媒体信息交互系统、带Class D功放音效处理技术的XBM®8扬声器Hi-Fi高保真音响、多媒体CD播放器(MP3,etc)、数字FM/AM、AUX-IN外接音频播放端口、单USB数据接口(支持手机充电)、Configurable色彩自定义数字仪表系统、FLYING-WING双翼飞翔式镀铬格栅、Shark Gill鲨鱼腮饰件、欧式锋锐高腰线、滑道式车顶镀铬饰条、Shark Fin鲨鱼鳍天线、晶钻LED行车灯、卤素前照灯、利刃型前雾灯、电动加热宽视野外后视镜带LED转向灯、Sharp Style光导尾灯组、随速感应智能无骨刮水器、前照灯延时关闭功能、前照灯高度手动调节、前照灯高度手动调节、Follow Me Home智能伴我回家功能、行李舱12V备用电源接口、人性化中控台设计、高强骨架座椅、雅典织物座椅、驾驶座椅6向手动调节带带腰托、副驾驶座椅6向手动调节、4/6分离可翻折后排座椅靠背、多媒体集控真皮包裹转向盘、后排两头枕

启智版：启悦版+F1 Paddle Shift换挡快拨键

智选版：启智版+SCS-Ⅲ十位一体智能主动安全控制系统、CBC转向制动控制系统、MSR发动机拖滞力矩控制系统、TCS牵引力控制系统、VSC车辆稳定性控制系统、BDC制动盘智能自动清洗功能、TPMS胎压智能监视系统、HSA坡道起步辅助功能、ASL主动限速功能、Start-Stop数字智能起停节能系统、声音报警PDC后倒车雷达、定速巡航、双开启内藏式防夹电动天窗、高品质进口豪华头层牛皮、全功能多媒体集控真皮转向盘、前排座椅靠背地图袋、贵宾级后排可调空调出风口、豪华前中央扶手带车载冰箱，AT版增加F1 Paddle Shift换挡快拨键

启逸版：智选版+胸腹一体式侧面安全气囊、Smart Radio智能收音机、双USB数据接口(支持手机充电)、SD卡数据接口、多点触控高精准GPS导航系统、TMC实时交通信息、驾驶席座椅6向电动调节-带腰托

启臻版：启逸版+F1 Paddle Shift换挡快拨键、Smart Radio智能收音机、双USB数据接口(支持手机充电)、SD卡数据接口、多点触控高精准GPS导航系统、TMC实时交通信息

品逸版：启逸版+Climate-Tech智能双区恒温空调、带Class D功放音效处理技术的XBM® 8扬声器Hi-Fi高保真音响、多媒体CD播放器(MP3,etc)、数字FM/AM、聚能多模式HID氙气前照灯、DHL动态前照灯高度自动调节、HLC前照灯清洗功能、TAL弯道辅助照明

品臻版：品逸版+F1 Paddle Shift换挡快拨键

品仕版：品臻版+前/后排一体式侧帘式安全气囊、后排3个三点式安全带、SWPS头颈保护式主动安全座椅、副驾驶安全带未系报警、V-PDC全息影像后倒车雷达(带距离辅助线)、全车窗One-touch-up&down带防夹功能、Lazy Locking全方位车窗遥控功能、智能光学雨量感应器、Forest Air森林活氧系统、AUX-IN外接音频播放端口带Vedio输入功能、多功能蓝牙传输系统、inkaNet 3G数字智能网络行车系统、光感应前照灯自动启闭控制、Anti-NV节能滤膜隐秘玻璃、尊崇享受后遮阳帘、自动防炫内后视镜、副驾驶座椅6向电动调节、前排座椅电加热功能、航空独享阅读灯、后排三头枕

车身颜色：伯爵黑、约克红、燕尾灰、雅仕金、骑士银、温莎白

主要车型参数及价格

车型		550 1.8DVVT		550S 1.8DVVT		550S 1.8DVVT		550D 1.8T		550G 1.8T
		启悦版	启智版	智选版(MT)	智选版(6TST)	启逸版	启臻版	品逸版	品臻版	品仕版
基本参数	长×宽×高(mm)	4648×1827×1483								
	轴距(mm)	2705								
	油箱/行李舱容积(L)	62/452								
	整备质量(kg)	1483	1525	1485	1527	1485	1527	1488	1530	
	车身材料	钢板								
	车身类型/乘员人数	3厢4门/5								
发动机参数	发动机型号/类型	Torrento 1.8/DVVT全铝合金缸体 高性能发动机(进排气双连续可变气门正时发动机)						Torrento 1.8T/全铝合金缸体 超耐久涡轮增压发动机		
	排量(mL)	1796								
	额定功率[kW/(r/min)]	98/6000						118/5500		
	最大转矩[N·m/(r/min)]	170/4800						215/2000~4500		
	排放标准	国Ⅳ、京Ⅴ								
底盘参数	变速器类型	5挡手动	TST 6挡油冷双离合变速系统	5挡手动	TST 6挡油冷双离合变速系统	5挡手动	TST 6挡油冷双离合变速系统	5挡手动	TST 6挡油冷双离合变速系统	
	驱动类型	前驱								
	悬架系统	前超路感高循迹麦弗逊悬架/后多连杆Z型悬架								
	制动系统	前后四轮通风盘式制动器								
	轮胎规格	205/55 R16		215/55 R16				215/50 R17		
性能	最高车速(km/h)	188						205		
	90km/h等速油耗(L/100km)	5.6	6.3	5.6	6.3	5.6	6.3	5.6	6.3	
工信部综合工况油耗(L/100km)		7.9	8.2	7.7	8.0	7.7	8.0	7.7	8.0	
改款时间		2013年5月								
厂家建议价格(万元)		11.88	13.18	11.68	12.98	12.38	13.68	13.88	15.18	18.28

注：厂家建议价格以2016年3~8月为准

荣威350
ROEWE

主要配置

豪华天窗版：前排双安全气囊、S-PDC声音报警泊车辅助系统、ABS+EBA+EBD+CBC、驾驶座安全带未系报警、行车自动落锁、发动机防盗锁止装置、多级溃缩转向柱、经济运行模式提示、紧急制动双闪功能、后排ISO Fix儿童座椅、儿童安全门锁、遥控中控门锁、Solig一键式豪华天窗、电子温控空调、遥控行李舱开启、XBM蓝韵系列高保真音响系统带随速感应音量调节功能、Smart Radio智能收音机带AUX IN音频输入MP3播放、手机充电用USB、行车电脑、高位制动灯、前照灯延迟关闭(Follow Me Home)、Lazy-Locking车窗关闭系统、前照灯高度调节、全新Flying-V酷黑双翼前格栅、外后视镜集成转向灯、炫白酷黑外观可选配置、可变间歇式智能无骨刮水器、Loetsch全息数字仪表、驾驶席座椅手动4向调节、副驾驶座椅手动4向调节、前排12V电源、高度可调后排头枕、高度可调转向盘，豪华天窗版AT增加精致舒适换挡杆

尊享版：豪华天窗版+V-PDC全息影像泊车辅助系统、经济运行模式、GPS全球定位导航系统、第三代inkaNet 3G智能网络行车系统、蓝牙手机免提系统、翼式优雅前雾灯、电加热宽视野外后视镜、驾驶席座椅手动6向调节、雅致皮仿双拼座椅、多功能集控转向盘，尊享版AT增加精致舒适换挡杆

劲锐版：尊享版+前排侧安全气囊、TPMS精算式胎压检测系统、液压助力转向系统、粉尘过滤器、6扬声器Smart Radio智能收音机带AUX-IN音频输入、单碟CD、LED后视镜转向灯、晶炫双五幅铝合金轮毂、折叠式座椅4/6折叠式后排座椅

劲逸版：劲锐版+ESP电子车身稳定系统、精致舒适换挡杆

劲尚版：劲逸版+前后侧安全气帘、8扬声器Smart Radio智能收音机带AUX IN音频输入、高位制动灯、真皮座椅、真皮包裹转向盘

车身颜色：月星白、极光红、泰坦灰、铀核金、镭射蓝、矩阵黑、光速银

主要车型参数及价格

	车 型	1.5L				1.5T		
		豪华天窗版		尊享版		劲锐版	劲逸版	劲尚版
基本参数	长×宽×高(mm)	4521×1788×1492						
	轴距(mm)	2650						
	最小离地间隙(mm)	121						
	油箱/行李舱容积(L)	55/458						
	车身材料	钢板						
	车身类型/乘员人数	3厢4门/5						
发动机参数	发动机型号/类型	1.5L/VTi-Tech高效能发动机				1.5T/Hyperboost中冷涡轮增压发动机		
	排量(mL)	1498						
	额定功率[kW/(r/min)]	80/6000				95/5500		
	最大转矩[N·m/(r/min)]	135/4500				210/2000～4400		
	排放标准	国V						
底盘参数	变速器类型	SSG5挡手动变速器	Mulit-Mode智控自动变速器	SSG5挡手动变速器	Mulit-Mode智控自动变速器	SSG6挡手动变速器	AW6挡Multi-Mode手自一体变速器	
	驱动类型	前驱						
	悬架系统	前麦弗逊式悬架/后H型悬架						
	制动系统	前后盘式制动器						
	轮胎规格	205/55 R16						
工信部综合工况油耗(L/100km)		6.6	6.9	6.6	6.9	7.2	7.8	
上市时间		2015年6月5日				–		
厂家建议价格(万元)		7.87	8.77	9.07	9.97	10.57	11.77	14.07

注：厂家建议价格以2016年3～8月为准

MG6

主要配置

驾值版：前排双SRS安全气囊、创新加固型USD车身、欧洲标准行人保护设计、ABS制动防抱死系统、EBD电子制动力分配系统、BA制动辅助系统、EPB智能电子驻车系统、限速报警、全车防侵入保护、四向可调多级溃缩转向柱、儿童安全锁+ISOFIX儿童安全座椅固定装置、前排三点式燃爆式预张紧安全带/高度可调、后排三点式安全带/中间两点式安全带、驾驶席安全带未系报警、Push-Start发动机一键起动、Multi-Core Bus多核整车管理系统、后声音报警PDC倒车雷达 、智能温控空调、CTC高集成中央行车电脑、带DSP数字信号处理的XBM Digi Version/8扬声器高保真音响、多媒体CD播放器(MP3,etc)/数字FM/AM、Multi-Format跨格式多媒体信息交互系统、USB数据接口、AUX-IN外接音频设备播放端口、Webasto双层豪华电动天窗/带一触防夹功能、驾驶席侧车窗一触式升降功能/带防夹功能、前照灯高度调节、前雾灯、LED矩阵式制动灯、电加热宽视野外后视镜带LED转向灯、Follow me home伴我回家功能、随速感应智能无骨前窗刮水器、Wing-Sharp蜂巢式动感格栅、Wing Blade刀锋式前照灯、Fast-Back风背设计、Super-Wide超广角背掀车门、Shark Gill精钢鲨鱼鳃、风啸级大口径排气管、柳叶式立体LED尾灯、Sport-Instrument运动型双炮筒仪表、四翼防潜滑赛车型座椅、动感织物座椅、驾驶席座椅手动6向调节带腰托、副驾驶座椅手动4向调节、全功能多媒体集控真皮包裹转向盘、后座椅靠背4/6分体可折叠，驾值版TST增加F1 Paddle Shift换挡快拨键

性能版：驾值版+SCS Ⅲ十位一体主动安全控制系统、CBC转向制动控制系统、MSR加速防滑系统、TCS牵引力控制系统、VSC车辆稳定性控制系统、BDC制动盘智能自动清洗功能、TPMS胎压智能监视系统、HSA坡道起步辅助系统、Start-Stop智能起停节能系统、定速巡航、Air-Flow Tuner Plus低风阻尾翼、真皮红色缝线内饰(座椅、转向盘、换挡杆)、前排座椅靠背地图袋，性能版TST增加F1 Paddle Shift换挡快拨键

豪华版：性能版+胸腹一体式侧安全气囊、前后排侧帘式安全气囊、V-PDC全息影像后倒车雷达、后排及后排中间三点式安全带、副驾驶安全带未系报警、前声音报警PDC倒车雷达、数控分区恒温空调、空调负离子功能、贵宾级后排可调空调出风口、全车窗一触式升降功能/带防夹功能、全车窗遥控Lazy Locking功能、Anti-UV节能隐秘玻璃、外后视镜电动折叠、光感应前照灯自动启闭控制、自动防炫目内后视镜、智能光学雨量感应器、驾驶席座椅电动6向调节带腰托、副驾驶座椅电动6向调节、前排座椅电加热、豪华前中央扶手带车载冰箱、航空独享阅读灯、后排三头枕、高级真皮座椅

车身颜色：曼城红、圣峰白、伯明翰橙、耀石黑、雾都灰、香槟金、苏格兰银

主要车型参数及价格

车型		1.8DVVT		1.8T		
		驾值版 MT	驾值版 TST	性能版 MT	性能版 TST	豪华版 TST
基本参数	长×宽×高(mm)	4653×1827×1478				
	轴距(mm)	2705				
	油箱/行李舱容积(L)	62/429-1138				
	车身材料	金属				
	车身类型/乘员人数	2厢5门/5				
发动机参数	发动机型号/类型	Kavachi 1.8DVVT/全铝合金缸体 高性能发动机(进排气双连续可变气门正时发动机)		Kavachi 1.8T/全铝合金缸体 超高压耐久涡轮增压发动机		
	排量(mL)	1796				
	额定功率[kW/(r/min)]	98/6000		118/5500		
	最大转矩[N·m/(r/min)]	170/4800		215/2000～4500		
	排放标准	京V				
底盘参数	变速器类型	5挡手动	TST6挡双离合自动变速器	5挡手动	TST6挡双离合自动变速器	
	驱动类型	前驱				
	悬架系统	前麦弗逊独立悬架/后Z型多连杆独立悬架				
	制动系统	前后四轮通风盘式制动器				
	轮胎规格	215/55 R16		215/50 R17		
性能	最高车速(km/h)	. 188		205		
	90km/h等速油耗(L/100km)	5.6	6.3	5.6	6.3	
工信部综合工况油耗(L/100km)		7.9	8.2	7.7	8.0	
上市时间		2013年10月				
厂家建议价格(万元)		11.68	12.98	12.57	13.87	18.28

注：厂家建议价格以2016年3～8月为准

MG5

主要配置

精英版：前排双安全气囊、CBC转向制动控制系统、ABS制动防抱死系统、EBD电子制动力分配系统、BA制动辅助系统、前排安全带未系警报、倒车雷达(声音提示)、驾驶席电动车窗防夹功能、驾驶席一键式电动车窗、Start-Stop智能起停节能系统、Smart-Charging制动能量回收系、ECO节能驾驶模式提醒、遥控中控门锁&车门自动落锁&遥控行李舱开启、多媒体单碟CD播放器(MP3.etc)数字FM/AM、USB、AUX-IN多媒体接入端口、6扬声器、无骨刮水器、Wings-Flow尾部扰流板(带高位制动灯)、全车窗Lazy Locking功能、后视镜集成转向灯、前照灯延时关闭、电动调节后视镜、织物运动座椅、驾驶席座椅手动6向可调、ISOFIX儿后排童座椅 固定装置、灵动空间6/4折叠后排座椅、前排中央扶手带储物功能

精英版(inkaNet)：精英版+HSA坡道起步辅助系统、MSR加速防滑系统、TCS牵引力控制系统、VSC车辆动态稳定性控制系统、转向盘音量控制(6键)、inkaNet 3.0智能网络行车系统(高清多点触控屏、GPS实时路况导航、智能语音交互、24小时人工后台服务、APP应用软件、蓝牙手机免提系统、数字FM/AM电台)

豪华版(inkaNet)：精英版(inkaNet)+侧安全气囊、电动天窗、外后视镜电加热、驾驶席座椅手动腰托调节、副驾驶席座椅下方储物盒、后排中央扶手带杯托、后排阅读灯，1.5T增加Redline前格栅红色竞速饰条、Redline红色竞速内饰套件（红色缝线内饰、红色饰条）、多功能集控真皮包裹转向盘、真皮座椅、后排3头枕、铝合金运动套件(踏板、加速踏板、离合踏板)

豪华版：精英版+HSA坡道起步辅助系统、MSR加速防滑系统、TCS牵引力控制系统 、VSC车辆动态稳定性控制系统、电动天窗、Redline前格栅红色竞速饰条、外后视镜电加热、Redline红色竞速内饰套件(红色缝线内饰、红色饰条)、铝合金运动套件(踏板、加速踏板、离合踏板)、多功能集控真皮包裹转向盘、转向盘音量控制(6键)、真皮座椅、驾驶席座椅手动调节带腰托

旗舰版：1.5T豪华版(inkaNet)+TPMS胎压检测系统、前排安全带预警、多媒体单碟CD播放器(MP3.etc)数字FM/AM、8扬声器、前照灯自动点亮、驾驶席电动座椅6向调节

车身颜色：雾都灰、月星白、英伦红、耀石黑

内饰颜色：黑色

主要车型参数及价格

车型		1.5L MT	1.5L AT	1.5L AT nkaNet		1.5T AT	1.5T AT inkaNet	
		精英版		精英版	豪华版	豪华版	豪华版	旗舰版
基本参数	长×宽×高(mm)	4363×1800×1492						
	轴距(mm)	2650						
	油箱/行李舱容积(L)	55/327-705						
	车身材料	钢板						
	车身类型/乘员人数	2厢5门/5						
发动机参数	发动机类型	1.5VTi-Tech 16气门 DOHC 发动机				1.5T Hyperboost中冷涡轮增压发动机		
	排量(mL)	1498						
	额定功率[kW/(r/min)]	80/6000				95/5500		
	最大转矩[N·m/(r/min)]	135/4500				210/2000~4400		
	排放标准	国Ⅳ、国Ⅴ						
底盘参数	变速器类型	5挡手动	新一代4挡自动			6挡自动		
	驱动类型	前驱						
	悬架系统	前超刚性麦弗逊式悬架/后精准H型扭转梁式悬架						
	制动系统	前后盘式制动器						
	轮胎规格	205/55 R16						
性能	最高车速(km/h)	180	170			200		
工信部综合工况油耗(L/100km)		6.6	7.2			7.8		
改款时间		2015年						
厂家建议价格(万元)		9.97	10.77	11.37	12.37	11.97	12.77	14.07

注：厂家建议价格以2016年3～8月为准

2016款MG3在外观细节方面进行了新的设计，其中前进气格栅采用了镀铬处理，前、后保险杠下部以及车顶使用了与车身不同色的特别设计。搭载1.3L和1.5L两款自然吸气发动机，其中1.3L发动机最大功率68kW，最大转矩118N·m；1.5L发动机最大功率80kW，最大转矩135N·m，与两款发动机匹配的依旧是5MT或AMT变速器。

主要配置

舒适版：前排双SRS安全气囊、强化型高刚韧性USD车身结构、ABS+EBD、CBC弯道辅助控制系统、前排预触发限力主动式安全带、驾驶员安全带未系报警、溃缩式转向管柱、安全带高度不可调、后排中间3点式安全带、15km/h低速损控激光焊接超高强度前防撞梁、碰撞时自动解锁带警告灯自动开启、车门自动落锁功能、前照灯未关报警、第四代Euro-TCI防盗系统、中控锁、ISOFIX儿童安全座椅固定装置、高度调节转向管柱、手动空调、花粉过滤器、四门电动车窗/驾驶侧一键式下降、高智能多功能行车电脑、影院式高保真立体声音响系统、收音机、USB/AUX-IN无限扩展多媒体娱乐影音系统、4扬声器LED高位制动灯、鹰眼熏黑炫酷前照灯、"Follow me home"伴我回家前照灯延迟关闭系统、Lazy Locking车窗自动关闭系统、外后视镜带转向灯、可调式刮水器、高点晶璨个性潮流立式尾灯、车身同色运动型保险杠、运动型前保险杠、前格栅黑色竞速饰条、运动后保饰板、静音低滚阻宽胎、i-Style简约风格内饰设计、电动调节带加热功能外后视镜、多功能实时讯显垂立式指针仪表、英伦潮流织物座椅、副驾驶座椅4向调节、后排座椅靠背4/6分体可折叠、4独立头枕带高度调节，AT舒适版增加后倒车雷达(声音报警)

精英版：舒适版+侧安全气囊、BA紧急辅助制动系统、燃爆预紧式安全带、副驾驶座安全带未系报警、后防撞梁、后倒车雷达(声音报警)、遥控中控锁、电动空调、一键式启闭自动防夹天窗、四门电动车窗/前门一键式下降、CD播放器可播放MP3、6扬声器、间歇可调式刮水器、LED日间行车灯、Redline前格栅红色竞速饰条、后排无阻尼拉手、车身同色门拉手、多功能集控转向盘、驾驶席座椅6向调节、副驾驶座椅储物盒

主要车型参数及价格

	车型	1.3L MT 舒适版	1.3L AT 舒适版	1.5L AT 精英版
基本参数	长×宽×高(mm)	4018×1728×1517		
	轴距(mm)	2520		
	油箱/行李舱容积(L)	45/256-938		
	车身材料	钢板		
	车身类型/乘员人数	2厢5门/5		
发动机参数	发动机类型	升级型高效节能 1.3L发动机		升级型高效节能 VTi多角度连 续可变正时发动机
	排量(mL)	1343		1498
	额定功率[kW/(r/min)]	68/6000		80/6000
	最大转矩[N·m/(r/min)]	118/5000		135/4500
	排放标准/建议用油	国V/92#及以上的无铅汽油		
底盘参数	变速器类型	5挡手动	5挡e-shift	
	驱动类型	前驱		
	悬架系统	前麦弗逊式悬架/后精准转H型转梁式悬架		
	制动系统	前通风盘/后鼓式制动器		
	轮胎规格	185/70 R14		185/65 R15
性能	最高车速(km/h)	175	173	180
工信部综合工况油耗(L/100km)		5.6		5.9
上市时间		2016年4月11日		
厂家建议价格(万元)		6.37	7.07	8.37

注：厂家建议价格以2016年3～8月为准

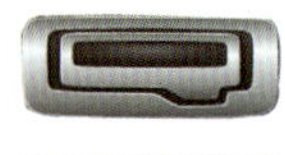
QOROS
观致汽车

观致汽车有限公司 QOROS Automotive Co.,Ltd.

观致3五门版　观致3轿车

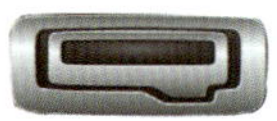
QOROS

观致3五门版

主要配置

致享型： 前排双安全气囊、ABS双回路4轮防抱死制动系统、EBD电子制动力分配系统、主动限速器、QCMS碰撞管理设计高钢性车身、驾驶席安全带未系提醒、前排三点式预紧限力安全带、后排三座三点式安全带、遥控式中央集控门锁、ISOFIX+TOP Tether(儿童座椅固定装置)、防盗警报系统、发动机防盗锁止系统、一键起动功能、手动空调、多功能行车电脑、观致MMH™多媒体信息娱乐系统带8英寸电容式抚屏™、车载蓝牙系统带免提及音乐播放功能、支持iPod播放的USB和AUX-IN接口、高保真4扬声器音响系统、卤素前照灯、前照灯高度手动调节、LED日间行车灯、"Follow me home"伴我回家功能、LED导光轨组合式尾灯、动感尾翼、LED高位制动灯、外后视镜带一体式LED转向灯、间歇式可调前窗刮水器、间歇式后窗刮水器、后窗除雾功能、四门电动车窗、驾驶席侧一键降窗功能、经典织物座椅、前排高度可调头枕、驾驶席座椅6向手动调节、副驾驶座椅4向手动调节

致能型： 致享型+ESC车身动态稳定控制系统、TCS牵引力控制系统、CBC弯道制动控制系统、HA坡道辅助系统、BA制动辅助系统、发动机自动起停系统、行驶时自动落锁、倒车影像、自动制动盘清洁功能、双区独立控制自动恒温空调(带后排空调出风口)、3.5英寸多功能显示屏(彩色TFT)、观致逸云™多功能云导航和车管家服务、高保真6扬声器音响系统、前照灯自动开闭、前雾灯、侧窗镀铬装饰条、ECO徽标、外后视镜电加热功能、前排两侧一键式升降电动防夹车窗、月光银精致装饰套件、真皮包裹多功能转向盘、双后排阅读灯

致悦型： 致享型+前排侧安全气囊、ESC车身动态稳定控制系统、TCS牵引力控制系统、CBC弯道制动控制系统、HA坡道辅助系统、BA制动辅助系统、行驶时自动落锁、倒车影像、自动制动盘清洁功能、定速巡航系统、双区独立控制自动恒温空调(带后排空调出风口)、观致逸云™多功能云导航和车管家服务、3.5英寸多功能显示屏(彩色TFT)、高保真6扬声器音响系统、前雾灯、侧窗镀铬装饰条、外后视镜电加热功能、前排两侧一键式升降电动防夹车窗、一键开启电动防夹天窗、月光银精致装饰套件、真皮包裹多功能转向盘、双后排阅读灯、时尚混搭座椅、后排中央扶手带杯托、前排座椅背储物袋

致酷型： 致悦型+熏黑设计前照灯、前照灯自动开闭、劲酷镀铬套件、外后视镜自动折叠功能、轮胎气压指示

致臻型： 致酷型+侧安全气帘、前排乘客安全带未系提醒、倒车影像带动态倒车辅助线提示及超声波测距、无钥匙进入功能、双氙气前照灯带主动弯道辅助照明+高度自动调节+清洁系统、侧窗/门把手/侧身镀铬装饰条、自动随速间歇式前窗刮水器、钢琴黑烤漆精致装饰套件、自动防炫目车内后视镜、流光车内氛围灯、臻享皮质座椅带前排电加热、驾驶席座椅带两组记忆功能、驾驶席座椅6向电动调节、副驾驶座椅4向电动调节、后排中央扶手连通行李舱

主要车型参数及价格

车型		1.6L MT	1.6L AT	1.6L AT	1.6L AT	1.6T AT	1.6T AT
		致享型		致能型	致悦型	致酷型	致臻型
基本参数	长×宽×高(mm)	4438×1839×1445					
	轴距(mm)	2690					
	前/后轮距(mm)	1579/1585					
	油箱/行李舱容积(L)	55/403-1105					
	整备质量(kg)	1320	1360	1320	1360	1410	
	车身材料	钢板					
	乘员人数	5					
发动机参数	发动机类型	可变进气系统 双可变气门正时 双顶置凸轮轴 直列4缸 16气门 多点电喷汽油机				涡轮增压 双可变气门正时 双顶置凸轮轴 直列4缸 16气门 多点电喷汽油机	
	排量(mL)	1598					
	额定功率[kW/(r/min)]	93/6150				115/5500	
	最大转矩[N·m/(r/min)]	155/3900				210/1750~5000	
	排放标准/建议用油	国Ⅴ/93#或以上汽油(京/沪92#或以上汽油)					
底盘参数	变速器类型	6挡手动	6挡QorosTroniq™手自一体双离合变速器				
	驱动类型	前驱					
	悬架系统	前麦弗逊式独立悬架/后OMEGA型扭力梁式悬架					
	制动系统	前通风盘式/后盘式制动器					
	轮胎规格	205/60 R16				215/50 R17	225/45ZR18
性能	最高车速(km/h)	193				210	
	0~100km/h加速时间(s)	11.6	12.6			9.7	
工信部综合工况油耗(L/100km)		6.3	6.1	5.9	6.1	6.5	
上市时间		2014年6月					
厂家建议价格(万元)		10.39	11.09	12.89	13.29	13.99	15.39

注：厂家建议价格以2016年3~8月为准

观致3轿车

主要配置

致享型：前排双安全气囊、ABS双回路4轮防抱死制动系统、EBD电子制动力分配系统、主动限速器、QCMS碰撞管理设计高钢性车身、驾驶席安全带未系提醒、前排三点式预紧限力安全带、ISOFIX+TOP Tether(儿童座椅固定装置)、后排三座三点式安全带、遥控式中央集控门锁、防盗警报系统、发动机防盗锁止系统、一键起动功能、手动空调、多功能行车电脑、观致MMH™多媒体信息娱乐系统带8英寸电容式抚屏™、支持iPod播放的USB和AUX-IN接口、高保真4扬声器音响系统、卤素前照灯、前照灯高度手动调节、LED日间行车灯、"Follow me home"伴我回家功能、LED导光轨组合式尾灯、外后视镜带一体式LED转向灯、间歇式可调前刮水器、后窗除雾功能、四门电动车窗、驾驶席侧一键降窗功能、经典织物座椅、前排高度可调头枕、驾驶席座椅6向手动调节、副驾驶座椅4向手动调节

致能型：致享型+ESC车身动态稳定控制系统、TCS牵引力控制系统、CBC弯道制动控制系统、HA坡道辅助系统、BA制动辅助系统、发动机自动起停系统、行驶时自动落锁、倒车影像、自动制动盘清洁功能、定速巡航系统、双区独立控制自动恒温空调(带后排空调出风口)、3.5英寸多功能显示屏(彩色TFT)、观致逸云™多功能云导航和车管家服务、高保真6扬声器音响系统、前照灯自动开闭、前雾灯、侧窗镀铬装饰条、ECO徽标、外后视镜电加热功能、前排两侧一键式升降电动防夹车窗、月光银精致装饰套件

致悦型：致享型+前排侧安全气囊、ESC车身动态稳定控制系统、TCS牵引力控制系统、CBC弯道制动控制系统、HA坡道辅助系统、BA制动辅助系统、行驶时自动落锁、倒车影像、自动制动盘清洁功能、定速巡航系统、双区独立控制自动恒温空调(带后排空调出风口)、3.5英寸多功能显示屏(彩色TFT)、观致逸云™多功能云导航和车管家服务、高保真6扬声器音响系统、前雾灯、侧窗镀铬装饰条、外后视镜电加热功能、前排两侧一键式升降电动防夹车窗、一键开启电动防夹天窗、月光银精致装饰套件、真皮包裹多功能转向盘、双后排阅读灯、时尚混搭座椅

致酷型：致悦型+熏黑设计前照灯、前照灯自动开闭、劲酷镀铬套件、动感尾翼、外后视镜自动折叠功能、轮胎气压指示

致臻型：致酷型+侧安全气帘、前排乘客安全带未系提醒、倒车影像带动态倒车辅助线提示及超声波测距、无钥匙进入功能、卤素前照灯、自动随速间歇式前刮水器、侧窗/门把手/侧身镀铬装饰条、钢琴黑烤漆精致装饰套件、自动防炫目车内后视镜、流光车内氛围灯、臻享皮质座椅带前排电加热、驾驶席座椅带两组记忆功能、驾驶席座椅6向电动调节、副驾驶座椅4向电动调节、后排中央扶手连通行李舱

致臻增强型：致臻型+后排三点式预紧限力安全带、超声波车内监控防盗警报系统、双氙气前照灯带主动弯道辅助照明+高度自动调节+清洁系统

主要车型参数及价格

车型		1.6L MT 致享型	1.6L AT 致享型	1.6L AT 致能型	1.6L AT 致悦型	1.6T AT 致酷型	1.6T AT 致臻型	1.6T AT 致臻增强型
基本参数	长×宽×高(mm)	4615×1839×1445						
	轴距(mm)	2690						
	前/后轮距(mm)	1579/1585						
	油箱/行李舱容积(L)	55/450—900						
	整备质量(kg)	1320	1360	1320	1360	1410		
	车身材料	钢板						
	乘员人数	5						
发动机参数	发动机类型	可变进气系统 双可变气门正时 双顶置凸轮轴 直列4缸 16气门 多点电喷汽油机				涡轮增压 双可变气门正时 双顶置凸轮轴 直列4缸 16气门 多点电喷汽油机		
	排量(mL)	1598						
	额定功率[kW/(r/min)]	93/6150				115/5500		
	最大转矩[N·m/(r/min)]	155/3900				210/1750~5000		
	排放标准/建议用油	国V/93#或以上汽油(京/沪92#或以上汽油)						
底盘参数	变速器类型	6挡手动	6挡QorosTroniq™手自一体双离合变速器					
	驱动类型	前驱						
	悬架系统	前麦弗逊式独立悬架/后OMEGA型扭力梁式悬架						
	制动系统	前通风盘式/前盘式制动器						
	轮胎规格	205/60 R16				215/50 R17		225/45ZR18
性能	最高车速(km/h)	197				217		
	0~100km/h加速时间(s)	11.6	12.6			9.7		
工信部综合工况油耗(L/100km)		6.1	6.0	5.8	6.0	6.4		
上市时间		2013年11月						
厂家建议价格(万元)		10.09	10.79	12.59	12.99	13.69	14.69	15.19

注：厂家建议价格以2016年3～8月为准

东风悦达起亚汽车有限公司 Dongfeng Yueda KIA Motors Co.,Ltd.

全新K5　K5　K4　新K3　K3S　新福瑞迪　赛拉图　K2

全新K5

全新K5外观设计上更加“秀色可餐”，少了一份浮夸的感觉，更加耐看。前照灯更有棱角，镀铬中网比此前的全黑中网要精致不少。下保险杠造型变化明显，雾灯也变换了位置。内饰部分更加简约，中控布局的变化非常明显，取消了原本偏向驾驶位的中控设计，风格更平稳。功能分区也更加干练，中控大屏与按键区明显分开，操作更便利。

主要配置

GLS AT：前排双安全气囊、ABS+EBD+BOS、侧安全气囊、VDC动态稳定控制系统、ESS紧急制动频闪、HAC坡道辅助系统、ECM电子防炫目后视镜、泊车雷达(4后)、电动门窗(驾驶席一键升降)、驾驶席安全门窗、前排预紧式安全带、行驶模式控制系统、ISO FIX、发动机防盗系统、安全带未系提醒、双区自动空调、后排出风口、USB+AUX+MP3、蓝牙免提/音乐、MX时尚套件、投射式前照灯、四门着色玻璃(隐私玻璃)、外后视镜带侧转向灯、LED高位制动灯、加热&可折叠外后视镜、电动天窗、外镀铬门把手、3幅式转向盘、多功能转向盘、铝合金踏板、镀铬内门把手、前排头枕四向可调、皮质座椅

LUX AT：GLS AT+侧安全气帘、一键起动、后排预紧式安全带、智能钥匙、行李舱感应开启、倒车影像、定速巡航、自动灯光控制、5英寸信息显示、钻石质感前中网、日间行车灯、镀铬双排气管、真皮包裹转向盘&换挡杆、中控镀铬装饰板、超级仪表盘、前排座椅加热、驾驶席座椅电动12向可调

PRM AT：LUX AT+膝部安全气囊、TPMS独立数显型胎压监测、EPB电子驻车系统、泊车雷达(8前后)、自动驻车、空气净化器、8英寸智能显示屏、UVO、Carlife、全景天窗、鲨鱼鳍天线、LED雾灯、镀铬防擦条、LED组合尾灯、前照灯清洗、HID氙气前照灯、自动除雾、后排高级扶手、后排遮阳帘、后排座椅加热

LUX DCT：LUX AT+SX运动套件、鲨鱼鳍天线、运动型转向盘、换挡拨片、8英寸智能显示屏、UVO、Carlife

PRM DCT：PRM AT+泊车雷达(4后)、SX运动套件、运动型转向盘、换挡拨片

2.0l PRM AT：PRM AT+泊车雷达(12前侧后)、BSD盲区监测系统、LCA变道辅助系统、RCTA后方交通警报系统、SPAS智能泊车辅助系统、8英寸智能导航、换挡拨片、SX运动套件、远近光一体式HID氙气前照灯+随动转向、雨量感应雨水器、运动型转向盘、奢华真皮座椅、迎宾激光灯、迎宾踏板、加热转向盘、前排通风座椅、副驾驶席电动座椅10向可调、副驾驶席后排调节、IMS记忆座椅

车身颜色：珍珠白、阳光米、迷情红、典雅金、极光黑

主要车型参数及价格

车　型		2.0L AT			1.6T DCT		2.0T AT
		GLS	LUX	PRM	LUX	PRM	PRM
基本参数	长×宽×高(mm)	4855×1860×1475					
	轴距(mm)	2805					
	最小离地间隙(mm)	145(空载)					
	油箱容积(L)	70					
	整备质量(kg)	1501			1541		1612
	车身材料	钢板					
	车身类型/乘员人数	3厢4门/5					
发动机参数	发动机类型	直列4缸			缸内直喷涡轮增压		
	排量(mL)	1999			1591		1999
	额定功率[kW/(r/min)]	118/6500			132/5500		180/6000
	最大转矩[N·m/(r/min)]	193/4800			265/1500~4500		350/1650~4000
	排放标准	国Ⅳ、国Ⅴ					国Ⅴ
底盘参数	变速器类型	6挡手自一体			7挡双离合变速器		6挡手自一体
	驱动类型	前驱					
	悬架系统	前麦弗逊式独立悬架/后多连杆式独立悬架					
	制动系统	前通风盘式/后盘式制动器					
	轮胎规格	215/55 R17	235/45 R18		215/55 R17	235/45 R18	
性能	最高车速(km/h)	197			210		235
工信部综合工况油耗(L/100km)		7.4			6.7		8.3
上市时间		2015年10月					
厂家建议价格(万元)		16.48	17.58	19.28	18.08	19.78	23.98

注：厂家建议价格以2016年3~8月为准

K5

主要配置

GL MT： 前排双安全气囊、ABS+EBD、儿童安全座椅锁扣、前排电子预紧式安全带、中央控制门锁、发动机电控防盗系统、折叠式遥控钥匙、转向盘音响控制、CD+MP3、AUX/USB+iPod、6扬声器、高位制动灯、投射式前照灯、电动调节外后视镜、外后视镜集成LED转向灯、无骨刮水器、3辐式转向盘、高级皮座椅

GL AT： GL MT+ECO主动节能驾驶系统、倒车雷达

GLS AT： GL AT+VDC车身动态稳定控制系统、HAC上坡辅助系统、驾驶席侧安全门窗、双区独立自动恒温空调、电动天窗、超级仪表盘(TFT液晶显示屏)、电动折叠/可加热外后视镜

LUX AT： GLS AT+侧安全气囊、随速感应自动落锁、一键起动&智能钥匙、全景天窗、LED日间行车灯、真皮包裹转向盘、前排座椅加热、前排电动腰部支撑、驾驶席电动座椅

PRM AT： LUX AT+侧安全气帘、TPMS胎压监测系统、MDPS电动助力转向系统、后排摄像头、高级前中网、真皮座椅、转向盘4向调节、LCD电子防炫内后视镜

PRM 2 AT： PRM AT+前排双重预警式安全带、DVD+导航系统、定速巡航、IMS记忆座椅、氙气前照灯、LED组合尾灯、自动灯光控制、真皮包裹+桃木转向盘、后排空调出风口、后排座椅加热、前排通风座椅、转向盘换挡拨片、副驾驶席电动座椅

T-PRM AT： PRM AT+行驶模式控制系统、定速巡航、自动灯光控制、后排空调出风口、转向盘换挡拨片、跑车式运动转向盘

T-Special AT： T-PRM AT+前排双重预警式安全带、IMS记忆座椅、氙气前照灯、LED组合尾灯、迎宾激光灯、雨量感应式刮水器、电子防炫内后视镜、后排座椅加热、前排通风座椅、副驾驶席电动座椅

LUX AT： T-PRM AT+前排双重预警式安全带、DVD+导航系统、LED组合尾灯、3辐式转向盘、真皮+桃木转向盘、后排座椅加热、前排通风座椅、副驾驶席电动座椅、电子防炫内后视镜

PRM AT： LUX AT+IMS记忆座椅、氙气前照灯、迎宾激光灯、雨量感应式刮水器、自动灯光控制

车身颜色： 玛瑙红、丝银银、珍珠白、檀木黑、钻石银、钛银色

主要车型参数及价格

车型		2.0L						2.0T		2.4L	
		GL MT	GL AT	GLS AT	LUX AT	PRM AT	PRM 2 AT	T-PRM AT	T-Special AT	LUX AT	PRM AT
基本参数	长×宽×高(mm)	4845×1830×1460									
	轴距(mm)	2795									
	前/后轮距(mm)	1601/1601						1591/1591		1595/1595	
	最小离地间隙(mm)	145(空载)、122(满载)									
	油箱容积(L)	70									
	整备质量(kg)	1408						1597		1515	
	车身材料	钢板									
	车身类型/乘员人数	3厢4门/5									
发动机参数	发动机类型	直列4缸 16气门 双顶置凸轮轴 电控燃油多点喷射 铝合金缸体									
	排量(mL)	1999						1998		2359	
	额定功率[kW/(r/min)]	119/6500						180/6000		132/6700	
	最大转矩[N·m/(r/min)]	194/4800						350/1650~4000		231/4000	
	排放标准	国Ⅳ、京Ⅴ									
底盘参数	变速器类型	6挡手动	6挡手自一体								
	驱动类型	前驱									
	悬架系统	前麦弗逊式独立悬架/后多连杆式独立悬架									
	制动系统	前通风盘式/后盘式制动器									
	轮胎规格	205/65 R16		215/55 R17	225/45 R18						
性能	最高车速(km/h)	200	196					235		205	
工信部综合工况油耗(L/100km)		7.6	7.7			7.5		8.3		7.9	
改款时间		2012年3月									
厂家建议价格(万元)		15.98	16.78	17.88	18.88	20.18	21.68	22.28	24.98	22.88	25.18

注：厂家建议价格以2016年3～8月为准

K4

年度新上市车型

2016款起亚K4除1.8L手动GL车型外，全系均更换为电动助力转向。另外，1.8L自动DLX Special、2.0L自动PRM、1.6T自动T-PRM三款车型均标配7英寸高级导航系统，其余配置则与老款车型保持一致。传动系统与1.8L发动机匹配的是6挡手动或6挡自动变速器；与2.0L发动机匹配的是6挡自动变速器；与1.6T发动机匹配的是7挡双离合变速器。

主要配置

GL MT： Dual Airbag、ABS+EBD+BAS、驾驶席防夹车窗、前排座椅安全头枕、前后排预紧式安全带、副驾驶安全带未系提醒、ISO-FIX儿童安全座椅扣、发动机防盗系统、6扬声器

GL AT： GL MT+柔性转向系统模式调节、电动助力转向系统

GLS Special： GL AT+前排侧安全气囊、倒车雷达、智能钥匙、一键起动系统、双区自动空调、后排空调出风口、4.3英寸LCD综合绚彩显示屏、蓝牙免提、前照灯自动开闭、前挡自动除雾、LED日间行车灯、LED尾灯组合、镀铬双排气管、全景天窗、转向盘音响调节、驾驶席电动座椅、皮质座椅、后排中央头枕(分离式)

DLX Special： GLS Special+侧安全气帘、车辆稳定控制系统、坡道辅助系统、倒车影像、定速巡航系统、7英寸高级导航系统、空气净化器、负离子发生器、外后视镜加热、电动折叠外后视镜、宽幅式大尺寸外后视镜、鲨鱼鳍式天线、超级仪表盘、真皮转向盘套、变速器球头高级皮包裹、前排座椅加热

PRM： DLX Special+高级胎压监测系统、氙气前照灯(自动调节&前照灯清洗)、转向辅助灯、雨量感应器、电子防炫目后视镜、高级真皮座椅、转向盘加热、后排座椅加热、驾驶席通风座椅、IMS记忆座椅

T-GLS Special： GL AT+车辆稳定控制系统、坡道辅助系统、倒车雷达、4.3英寸LCD综合绚彩显示屏、蓝牙免提、前照灯自动开闭、LED日间行车灯、皮质座椅、后排中央头枕(分离式)、真皮转向盘套、变速器球头高级皮包裹、转向盘音响调节

T-DLX： T-GLS Special+倒车影像、定速巡航系统、双区自动空调、后排空调出风口、全景天窗、前挡自动除雾

T-PRM： T-DLX+前排侧安全气囊、侧安全气帘、7英寸高级导航系统、空气净化器、负离子发生器、无骨刮水器、鲨鱼鳍式天线、宽幅式大尺寸外后视镜、电动折叠外后视镜、外后视镜加热、镀铬双排气管、LED尾灯组合、电子防炫目后视镜、驾驶席电动座椅、前排座椅加热、IMS记忆座椅、超级仪表盘

车身颜色： 珍珠白、钛银色、阳光米、透明白、迷情红、典雅金、极光黑

主要车型参数及价格

车型		1.8 Nu				2.0 Nu	1.6 T-Gdi		
		GL MT	GL AT	GLS Special	DLX Special	PRM	T-GLS Special	T-DLX	T-PRM
基本参数	长×宽×高(mm)	4720×1815×1465							
	轴距(mm)	2770							
	前/后轮距(mm)	1579/1589		1567/1577					
	最小离地间隙(mm)	空载(155)、满载(131)							
	油箱容积(L)	62							
	整备质量(kg)	1358	1459			1472	1495		
	车身材料	钢板							
	车身类型/乘员人数	3厢4门/5							
发动机参数	发动机类型	直列4缸 自然吸气					直列4缸 涡轮增压		
	排量(mL)	1797				1999	1591		
	额定功率[kW/(r/min)]	105/6200				114/6200	129/5500		
	最大转矩[N·m/(r/min)]	176/4500				192/4000	265/1500～4500		
	排放标准	国Ⅳ、国Ⅴ							
底盘参数	变速器类型	6挡手动	6挡自动				7挡双离合变速器		
	驱动类型	前驱							
	悬架系统	前麦弗逊式独立悬架/后多连杆独立悬架							
	制动系统	前通风盘式/后盘式制动器							
	轮胎规格	205/60 R16		215/50 R17					
工信部综合工况油耗(L/100km)		7.3、7.1(MDPS)				7.5	6.6		
上市时间		2016年8月16日							
厂家建议价格(万元)		12.88	13.88	14.98	15.98	18.88	14.98	15.98	17.98

注：厂家建议价格以2016年3～8月为准

新K3

年度**新上市**车型

东风悦达起亚新K3此次改款升级，目前分别搭载1.6L和1.4T涡轮增压发动机的车型，传动方面将匹配7速双离合变速器。在外观方面，新车沿用了起亚家族标志性的虎啸式前脸设计，前大灯造型相比现款更具立体感。车尾延续了厚重沉稳的整体效果，造型圆润。尾灯使用了LED灯带并全新设计。

主要配置

GL：前排双安全气囊、ABS+EBD、儿童安全座椅锁扣、前排电子预紧式安全带、发动机电子防盗系统、随速感应自动落锁、冲撞感应自动解锁、折叠式遥控钥匙、MDPS电动助力转向(转向盘四向调节)行车电脑、AUX+USB+iPod+MP3、4扬声器、投射式前照灯、前雾灯、无骨刮水器、电动外后视镜、织物座椅，GL MT增加侧安全气囊，GL DCT增加侧安全气囊、VDC车身动态稳定控制系统、HAC上坡辅助系统、镀铬双排气管、真皮转向盘套、转向盘音响控制、转向盘换挡拨片、铝合金踏板

GLS：GL+侧安全气囊、副驾驶席安全带未系提醒、倒车雷达、电动天窗、外后视镜集成LED转向灯、镀铬门把手&门腰线、可加热外后视镜、LED日间行车灯、真皮转向盘套、转向盘音响控制，GLS AT增加一键起动&智能钥匙、VDC车身动态稳定控制系统、HAC上坡辅助系统、行驶模式控制系统、行李舱智能开启、外门把手照明、自动灯光控制、后排中央扶手(带杯托/可通透)、仪表台皮包裹，GLS DCT增加VDC车身动态稳定控制系统、HAC上坡辅助系统、一键起动&智能钥匙、行驶模式控制系统、镀铬双排气管、行李舱智能开启、高级皮座椅、铝合金踏板、转向盘换挡拨片

DLX：GLS+ISG发动机智能起停系统、定速巡航、一键起动&智能钥匙、行驶模式控制系统、倒车影像、后排空调出风口、6扬声器、8英寸液晶显示屏(带蓝牙)、UVO+手机互联系统+鲨鱼鳍天线、外门把手照明、自动灯光控制、高级皮座椅、滑动式前排中央扶手、前排杯托照明、行李舱智能开启、电子防炫目内后视镜

Premium：DLX+TPMS胎压监测系统、自动空调、空调离子发生器、氙气前照灯灯、LED组合尾灯、自动除雾、弯道辅助照明灯、外后视镜自动折叠/展开(智能钥匙联动)、迎宾激光灯、驾驶席安全门窗、超级仪表盘(带液晶显示屏行车电脑)、前排座椅加热、驾驶席10向调节电动座椅(含电动腰部支撑)，Premium DCT增加镀铬双排气管、铝合金踏板、高级脚垫、转向盘换挡拨片

车身颜色：透明白、珍珠白、璀璨银、钛银色、暗樱红、极光黑

主要车型参数及价格

车型		1.6L MT		1.6L AT				1.4T DCT		
		GL	GLS	GL	GLS	DLX	Premium	GL	GLS	Premium
基本参数	长×宽×高(mm)	4600×1780×1445								
	轴距(mm)	2700								
	前/后轮距(mm)	1555/1568								
	最小离地间隙(mm)	164(满载)								
	油箱容积(L)	50								
	整备质量(kg)	1235		1290				1315		
	车身材料	钢板								
	车身类型/乘员人数	3厢4门/5								
发动机参数	发动机类型	直列4缸 自然吸气						直列4缸 涡轮增压		
	排量(mL)	1591						1353		
	额定功率[kW/(r/min)]	93.8/6300						96/5500		
	最大转矩[N·m/(r/min)]	156/4850						210.8/1400～3700		
	排放标准	国Ⅳ、国Ⅴ								
底盘参数	变速器类型	6挡手动		6挡手自一体				7挡双离合变速器		
	驱动类型	前驱								
	悬架系统	前麦弗逊式独立悬架/后整体扭杆梁式非独立悬架								
	制动系统	前通风盘式/后盘式制动器								
	轮胎规格	195/65 R15	205/55 R16				215/45 R17	205/55 R16	215/45 R17	
性能	最高车速(Km/h)	190								
工信部综合工况油耗(L/100km)		5.9(ECO)、6.1		6.0(ECO)、6.2				5.7(ECO)、5.9		
上市时间		2016年4月25日								
厂家建议价格(万元)		9.68	10.88	10.68	11.88	12.58	13.78	12.38	13.28	15.08

注：厂家建议价格以2016年3～8月为准

K3S

主要配置

GL：前排双安全气囊、ABS+EBD、儿童安全座椅锁扣、中央控制门锁、发动机电子防盗系统、随速感应自动落锁、前排电子预紧式安全带、前排座椅安全带高度可调、折叠式遥控钥匙、CD(MP3)+AUX、USB+iPod、4扬声器、投射式前照灯、前雾灯、高位制动灯、后扰流板、织物座椅、后排6/4分离座椅、后排座椅头枕高度可调、行车电脑、行李舱内储物格，GL AT增加侧安全气囊、倒车雷达

GLS：GL+6扬声器、副驾驶席安全带未系提醒、加热外后视镜、电动外后视镜集成LED转向灯、镀铬进气格栅、镀铬门把手&门腰线、LED日间行车灯、电动天窗、真皮转向盘、转向盘音响控制，GLS AT增加一键起动&智能钥匙、外门把手照明

DLX：GLS+HAC上坡辅助系统、VDC车身动态稳定控制系统、MDPS电动助力转向系统、感应式饰品型智能钥匙、双区自动恒温空调、后排空调出风口、镀铬排气管、无骨刮水器、自动除雾、驾驶席座椅电动10向调节(带腰部支撑)、前排座椅加热、高级皮座椅、仪表台皮包裹、滑动式前排中央扶手、前排杯托氛围灯

Premium：DLX+定速巡航、行车电脑、氙气前照灯、LED组合尾灯、电动折叠外后视镜、驾驶席侧安全门窗、自动灯光控制、超级仪表盘(带液晶显示屏行车电脑)、驾驶席通风座椅、驾驶席座椅带两组记忆、转向盘换挡拨片

车身颜色：透明白、钻石银、钛银色、檀木黑、暗樱红、新雅蓝、典雅金

内饰颜色：黑色、黑米双色、黑棕双色

主要车型参数及价格

车型		1.6L MT		1.6L AT			
		GL	GLS	GL	GLS	DLX	Premium
基本参数	长×宽×高(mm)	4365×1780×1460					
	轴距(mm)	2700					
	前/后轮距(mm)	1555/1568					
	最小离地间隙(mm)	110(满载)					
	油箱容积(L)	50					
	整备质量(kg)	1260		1296			1321
	车身材料	钢板					
	车身类型/乘员人数	2厢5门/5					
发动机参数	发动机类型	直列4缸 自然吸气 双顶置凸轮轴					
	排量(mL)	1591					
	额定功率[kW/(r/min)]	93.8/6300					
	最大转矩[N·m/(r/min)]	156/4850					
	排放标准	国Ⅳ、国Ⅴ					
底盘参数	变速器类型	6挡手动		6挡手自一体			
	驱动类型	前驱					
	悬架系统	前麦弗逊式独立悬架/后整体扭杆梁式非独立悬架					
	制动系统	前通风盘式/后盘式制动器					
	轮胎规格	195/65 R15		205/55 R16			215/45 R17
性能	最高车速(km/h)	190					
工信部综合工况油耗(L/100km)		6.5、6.2(带MDPS)		6.8			6.7
上市时间		2014年4月					
厂家建议价格(万元)		10.18	11.48	11.18	12.48	13.18	14.38

注：厂家建议价格以2016年3～8月为准

新福瑞迪 FORTE

主要配置

GL： 前排双安全气囊、ABS+EBD、前排电子预紧式安全带、高度可调安全带、安全带未系提醒、儿童安全门锁、碰撞感应自动解锁、发动机电控防盗系统、折叠遥控钥匙、液压助力转向、蓄电池防耗、中央控制门锁、加油口盖/行李舱车内开启、空调滤清器、电动门窗(驾驶席侧一键下降)、收音机+CD(MP3)+AUX、USB+iPod接口、4扬声器、铝合金轮辋、前照灯手动水平调节、前/后雾灯、高位制动灯、茶色玻璃、电动调节外后视镜、间歇式刮水器、织物座椅，A/T增加ECO节能驾驶提醒、转向盘音响控制

GLS： GL+发动机隔音棉、倒车雷达、电动天窗、行车电脑、6扬声器、LED日间行车灯、外后视镜集成LED转向灯、驾驶席座椅高度可调，A/T增加ECO节能驾驶提醒、转向盘音响控制

Premium： GLS+MDPS电动助力转向系统、 ECO节能驾驶提醒、一键起动/智能钥匙、自动恒温空调、转向盘音响控制、真皮包裹转向盘/变速器球头、高级皮座椅、超级仪表盘、转向盘换挡拨片

Premium Special： Premium+侧安全气囊/侧安全气帘、VDC车身动态稳定控制系统、随速感应落锁、折叠遥控钥匙、电动折叠外后视镜、防炫内后视镜带倒车影像，无ECO节能驾驶提醒、一键起动/智能钥匙、转向盘换挡拨片，A/T增加一键起动/智能钥匙、定速巡航

车身颜色： 玛瑙红、透明白、钻石银、钛银色、暗樱红、冰海蓝、檀木黑

内饰颜色： 全黑色、黑米双色、黑棕双色

主要车型参数及价格

车型		GL		GLS		Premium	Premium Special	
		M/T	A/T	M/T	A/T	A/T	M/T	A/T
基本参数	长×宽×高(mm)	4560×1775×1460						
	轴距(mm)	2650						
	前/后轮距(mm)	1563/1565						
	最小离地间隙(mm)	156(空载)、106(满载)						
	油箱容积(L)	52						
	整备质量(kg)	1206	1165		1206		1208	1206
	车身材料	钢板						
	车身类型/乘员人数	3厢4门/5						
发动机参数	发动机类型	直列4缸 16气门 双顶置凸轮轴 自然吸气						
	排量(mL)	1591						
	额定功率[kW/(r/min)]	90/6300						
	最大转矩[N·m/(r/min)]	155/4200						
	排放标准	国Ⅳ、国Ⅴ						
底盘参数	变速器类型	5MT	4AT	5MT	4AT		5MT	4AT
	驱动类型	前驱						
	悬架系统	前麦弗逊式独立悬架/后整体扭杆梁式非独立悬架						
	制动系统	前通风盘式/后盘式制动器						
	轮胎规格	195/65 R15		205/55 R16				
性能	最高车速(km/h)	189	181	189	181		189	181
工信部综合工况油耗(L/100km)		6.4	6.9	6.4	6.9	6.6	6.3	6.6
改款时间		2012年6月						
厂家建议价格(万元)		9.88	10.88	10.98	11.98	12.48	12.48	13.48

注：厂家建议价格以2016年3～8月为准

赛拉图 CERATO

主要配置

GL：双安全气囊、ABS+EBD、BAS辅助制动系统、电动车窗、RUDIO+CD、铝合金轮辋

GLS：GL+冲撞感应车门自动解锁装置、倒车雷达(赛拉图欧风无)、行程电脑、电动天窗、MP3、金属内饰、真皮座椅

TOP：GLS+侧气囊/侧气帘、TCS牵引力控制系统、自动空调、桃木内饰

车身颜色

新赛拉图：透明白、钻石银、深海蓝、橄木黑、经典红、铂金灰、极地蓝、玛瑙红

赛拉图欧风：透明白、钻石银、深海蓝、橄木黑、经典红、翡翠金、运动蓝、钛银色、芳香橙

主要车型参数及价格

车型		新赛拉图1.6L				新赛拉图1.8L		赛拉图欧风1.6L			
		GL		GLS		TOP		GL		GLS	
		M/T	A/T	M/T	A/T	M/T	A/T	M/T	A/T	M/T	A/T
基本参数	长×宽×高(mm)	4500×1735×1470						4350×1735×1470			
	轴距(mm)	2610									
	前/后轮距(mm)	1495/1485									
	最小离地间隙(mm)	160									
	油箱/行李舱容积(L)	55/–						55/518–1494			
	整备质量(kg)	1235	1255	1235	1255	1270	1290	1255	1275	1255	1275
	车身材料	钢板									
	车身类型/乘员人数	3厢4门/5						2厢5门/5			
发动机参数	发动机型号/类型	G4ED/直列4缸 16气门 CVVT				G4GB/直列4缸 DOHC		G4ED/直列4缸 16气门 CVVT			
	排量(mL)	1599				1795		1599			
	额定功率[kW/(r/min)]	82.4/6000				94.1/6000		82.4/6000			
	最大转矩[N·m/(r/min)]	145/4500				161/4500		145/4500			
	排放标准	国Ⅳ									
底盘参数	变速器类型	5挡手动	4挡自动	5挡手动	4挡自动	5挡手动	4挡自动	5挡手动	4挡自动	5挡手动	4挡自动
	驱动类型	前驱									
	悬架系统	前麦弗逊式独立悬架/后多连杆梁式独立悬架									
	制动系统	前后盘式制动器									
	轮胎规格	195/60 R15				205/50 R16		195/60 R15		205/50 R16	
性能	最高车速(km/h)	186	179	186	179	198	183	181	171	181	171
工信部综合工况油耗(L/100km)		7.3, 8.0	8.2, 8.3	7.3, 8.0	8.2, 8.3	7.6	8.1, 8.3	7.4, 7.5	7.6, 7.7	7.4, 7.5	7.6, 7.7
厂家建议价格(万元)		8.98	10.08	10.38	11.48	12.38	13.38	8.88	9.98	10.28	11.38

注：厂家建议价格以2016年3～8月为准

K2 三厢

主要配置

GL：前排双安全气囊、ABS+EBD、发动机电子防盗系统、前排预紧式安全带、中控锁、后排儿童安全门锁、主驾驶安全带未系提醒、手动空调、Radio+CD+AUX、4扬声器、镀铬散热格栅、黑色外门把手、高位制动灯、织布座椅、电源管理系统、外接电源、驾驶席座椅4向调节

GLS：GL+折叠钥匙、倒车雷达、后电动门窗、电动调节外后视镜、前雾灯、机盖隔音垫

TOP：GLS+6扬声器、MP3+USB+Ipod、投射式前照灯、电动天窗、外后视镜集成LED转向灯、驾驶席座椅6向调节

Premium：TOP+主/副驾驶安全带未系提醒、儿童座椅固定接口、驾驶席安全门窗、一键起动&智能钥匙、自动空调、高级皮座椅、真皮转向盘套、转向盘音响控制、中央扶手带储物盒、后排6/4分离座椅

车身颜色：新雅蓝、香槟金、牡丹红、檀木黑、透明白、钻石银

主要车型参数及价格

	车型	1.4L MT		1.4L AT	1.4L MT	1.6L AT
		GL	GLS	GLS	TOP	Premium
基本参数	长×宽×高(mm)	4378×1700×1460				
	轴距(mm)	2570				
	最小离地间隙(mm)	150(空载)、110（满载）				
	油箱容积(L)	43				
	整备质量(kg)	1039		1083		1085
	车身材料	钢板				
	车身类型/乘员人数	3厢4门/5				
发动机参数	发动机类型	直列4缸 自然吸气 双顶置凸轮轴				
	排量(mL)	1396				1591
	额定功率[kW/(r/min)]	78.7/6300				90.4/6300
	最大转矩[N·m/(r/min)]	135/5000				155/4200
	排放标准	国Ⅳ、国Ⅴ				
底盘参数	变速器类型	5挡手动		4挡自动		
	驱动类型	前驱				
	悬架系统	前麦弗逊独立悬架/后扭力梁式半独立悬架				
	制动系统	前通风盘式/后鼓式制动器				
	轮胎规格	175/70 R14				195/50 R16
性能	最高车速(km/h)	180		175		180
工信部综合工况油耗(L/100km)		6.1/5.7(MDPS)		6.5		6.5/6.4(MDPS)
上市时间		2014年11月				
厂家建议价格(万元)		7.29	7.79	8.59	8.49	10.19

注：厂家建议价格以2016年3～8月为准

KIA K2 两厢

主要配置

GLS：前排双安全气囊、ABS+EBD、发动机电子防盗系统、前排预紧式安全带、中控锁、后排儿童安全门锁、主驾驶安全带未系提醒、倒车雷达、手动空调、Radio+CD+AUX、4扬声器、电源管理系统、外接电源、铝合金轮毂、后扰流板、高位制动灯、后电动门窗、电动调节外后视镜、前雾灯、镀铬+高光黑散热格栅、镀铬外门把手、机盖隔音垫、镀铬内门把手、织布黑色座椅、行李舱灯、后排6/4分离座椅、驾驶席座椅4向调节

GLS炫酷版：GLS+电动天窗、高级皮质红色座椅、驾驶席座椅6向调节

Premium：GLS炫酷版+主/副驾驶安全带未系提醒、儿童座椅固定接口、驾驶席安全门锁、一键起动&智能钥匙、自动空调、MP3+USB+iPod、6扬声器、投射式前照灯、外后视镜集成LED转向灯、转向盘音响控制、真皮转向盘套、高级皮质黑色座椅、中央扶手带储物盒

车身颜色：新雅蓝、香槟金、牡丹红、檀木黑、透明白、钻石银

主要车型参数及价格

车型		1.4L MT		1.4L AT		1.6L AT
		GLS	GLS炫酷版	GLS	GLS炫酷版	Premium
基本参数	长×宽×高(mm)	4128×1700×1460				
	轴距(mm)	2570				
	油箱容积(L)	43				
	整备质量(kg)	1043		1087		1089
	车身材料	钢板				
	车身类型/乘员人数	2厢5门/5				
发动机参数	发动机类型	直列4缸 自然吸气 双顶置凸轮轴				
	排量(mL)	1396				1591
	额定功率[kW/(r/min)]	78.7/6300				90.4/6300
	最大转矩[N·m/(r/min)]	135/5000				155/4200
	排放标准	国Ⅳ、国Ⅴ				
底盘参数	变速器类型	5挡手动		4挡自动		
	驱动类型	前驱				
	悬架系统	前麦弗逊独立悬架/后扭力梁式半独立悬架				
	制动系统	前通风盘式/后鼓式制动器				
	轮胎规格	175/70 R14				195/50 R16
性能	最高车速(km/h)	175		170		175
工信部综合工况油耗(L/100km)		6.1		6.5		6.5/6.4(MDPS)
上市时间		2015年4月8日				
厂家建议价格(万元)		7.79	7.99	8.59	8.79	10.19

注：厂家建议价格以2016年3～8月为准

长安马自达汽车有限公司 Chang'an Mazda Automobile Co.,Ltd.

Mazda3 AXELA昂克赛拉 Mazda3星骋

MAZDA 3 AXELA 昂克赛拉 三厢

主要配置

舒适型： 连续化环闭式车身结构、车身冲击力分散引导系统、车身钢板最高强1800MPa、前排双安全气囊、前排侧安全气囊、ABS四轮防抱死制动系统、EBD电子制动力分配系统、EBA紧急制动辅助系统、HLA坡道起步辅助系统、DSC电子车身稳定控制系统、TCS牵引力控制系统、ESS紧急制动警示系统、行车自动落锁、前排座椅三点式高度可调预紧式安全带、前排座椅安全带未系提醒功能、后排座椅(左中右)三点式安全带、ISOFIX儿童座椅固定装置、i-stop智能怠速停止系统、后门儿童安全锁、发动机芯片防盗锁止系统、遥控钥匙寻车鸣笛提醒功能、智能遥控钥匙×2、一键起动系统、驾驶席侧车窗一触式升降/防夹功能、手动空调(带外部温度显示)、空气过滤器(花粉过滤)、多功能行车电脑、单USB接口(支持iPod/iPhone)、AUX音频接口+12V电源输出、单碟CD(带MP3播放功能)、随速自动音量调节功能、转向盘音响控制、魂动标识之翼五点式进气格栅、高品质感透镜式前照灯、高穿透力前/后雾灯、隔热玻璃、外后视镜电动调节、外后视镜LED侧转向灯、亚光镀铬装饰套件、运动碳纤维纹饰套件、高级活性织物座椅、驾驶席座椅6向手动调节、转向盘四向可调、双液晶飞翼式运动仪表盘

豪华型： 舒适型+高灵敏度后驻车雷达、双开启式电动天窗、双区独立控制自动恒温空调(带外部温度显示)、7英寸中央信息显示屏(电容式触摸屏)、中央控制人机交互系统、GPS卫星导航系统+TMC实时路况信息、APP热门应用软件、蓝牙音乐流媒体/蓝牙电话/短信语音朗读、ECO节能减排环保贡献统计(i-ELOOP、i-stop、油耗履历)、车辆功能设定/定期维护提醒功能、Wi-Fi网络连接功能、倒车视频影像(带辅助线提示)、6扬声器高保真立体声音响系统、双USB接口(支持iPod/iPhone)+导航地图SD卡槽、转向盘蓝牙控制

尊贵型： 豪华型+前后贯穿式头部安全气帘、前雾灯镀铬装饰、外后视镜电动折叠/加热除雾功能、真皮包裹运动转向盘、转向盘定速巡航

运动型： 尊贵型+双排气尾管、豪华打孔真皮座椅、转向盘换挡拨片，无前后贯穿式头部安全气帘、前雾灯镀铬装饰

旗舰型： 运动型+前后贯穿式头部安全气帘、Active Driving Display平视显示系统(实时车速、定速巡航、导航方向)、HID高照度氙气前照灯、前照灯自动高度调节+前照灯清洗装置、魂动标识之翼LED日间行车灯、前雾灯镀铬装饰、转速表中置超跑式仪表盘

车身颜色： 魂动红、玻璃棕、雅士黑、星际蓝、炫亮银、珠光白、格调灰

内饰颜色： 酷黑

主要车型参数及价格

车型		1.5L 6MT		1.5L 6AT			2.0L 6AT	
		舒适型	豪华型	舒适型	豪华型	尊贵型	运动型	旗舰型
基本参数	长×宽×高(mm)	4582×1795×1458						
	轴距(mm)	2700						
	前/后轮距(mm)	1555/1560						
	前/后悬距(mm)	926/956						
	油箱/行李舱容积(L)	51/419						
	车身材料	钢板						
	车身类型/乘员人数	3厢4门/5						
发动机参数	发动机类型	直列4缸 16气门 水冷 顶置双凸轮轴(DOHC) 创驰蓝天高压缩比汽油直喷发动机						
	排量(mL)	1496					1998	
	额定功率[kW/(r/min)]	86/6100					116/6400	
	最大转矩[N·m/(r/min)]	148/3500					202/4000	
	排放标准/建议用油	国Ⅳ、京Ⅴ/93#(92#)以上无铅汽油						
底盘参数	变速器类型	6挡手动		6挡手自一体				
	驱动类型	前驱						
	悬架系统	前麦弗逊式独立悬架/后多连杆式独立悬架						
	制动系统	前后盘式制动器						
	轮胎规格	205/60 R16					215/45 R18	
性能	最高车速(km/h)	192		184			207	
工信部综合工况油耗(L/100km)		5.9		5.8			6.2	6.0
上市时间		2014年5月21日						
厂家建议价格(万元)		11.49	12.79	12.59	13.89	14.79	15.29	15.99

注：厂家建议价格以2016年3~8月为准

Mazda 3 AXELA 昂克赛拉 两厢

主要配置

舒适型：连续化环闭式车身结构、车身冲击力分散引导系统、车身钢板最高强度1800MPa、前排双安全气囊、前排侧安全气囊、ABS四轮防抱死制动系统、EBD电子制动力分配系统、EBA紧急制动辅助系统、HLA坡道起步辅助系统、DSC电子车身稳定控制系统、TCS牵引力控制系统、ESS紧急制动警示系统、行车自动落锁、i-stop智能怠速停止系统、前排座椅三点式高度可调预紧式安全带、前排座椅安全带未系提醒、后排座椅(左中右)三点式安全带、ISOFIX儿童座椅固定装置、后门儿童安全锁、发动机芯片防盗锁止系统、遥控钥匙寻车鸣笛提醒功能、智能遥控钥匙×2、一键起动系统、驾驶席侧车窗一触式升降/防夹功能、手动空调(带外部温度显示)、空气过滤器(花粉过滤)、单USB接口(支持iPod/iPhone)、AUX音频接口+12V电源输出、单碟CD(带MP3播放功能)、随速自动音量调节功能、多功能行车电脑、魂动标识之翼五点式进气格栅、高品质感透镜式前照灯、高穿透力前/后雾灯、隔热玻璃、运动型尾翼、鲨鱼鳍天线、外后视镜电动调节、外后视镜LED侧转向灯、高级活性织物座椅、驾驶席座椅6向手动调节、双液晶飞翼式运动仪表盘、转向盘音响控制、转向盘四向可调

豪华型：舒适型+高灵敏度后驻车雷达、双开启式电动天窗、双区独立控制自动恒温空调(带外部温度显示)、7英寸中央信息显示屏(电容式触摸屏)、中央控制人机交互系统、GPS卫星导航系统+TMC实时路况信息、APP热门应用软件、蓝牙音乐流媒体/蓝牙电话/短信语音朗读、ECO节能减排环保贡献统计(i-ELOOP、i-stop、油耗履历)、车辆功能设定/定期维护提醒功能、WIFI网络连接功能、倒车视频影像(带辅助线提示)、6扬声器高保真立体声音响系统、双USB接口(支持iPod/iPhone)+导航地图SD卡槽、转向盘蓝牙控制

尊贵型：豪华型+前后贯穿式头部安全气帘、外后视镜加热除雾、外后视镜电动折叠、前雾灯镀铬装饰、真皮包裹运动转向盘、转向盘换挡拨片、转向盘定速巡航

运动型：尊贵型+双排气尾管、豪华打孔真皮座椅，无前后贯穿式头部安全气帘、前雾灯镀铬装饰

旗舰型：运动型+前后贯穿式头部安全气帘、Active Driving Display平视显示系统(实时车速、定速巡航、导航方向)、HID高照度氙气前照灯、前照灯自动高度调节+前照灯清洗装置、魂动标识之翼LED日间行车灯、前雾灯镀铬装饰、转速表中置超跑式仪表盘

车身颜色：魂动红、玻璃棕、雅士黑、星际蓝、炫亮银、珠光白、格调灰

内饰颜色：酷黑

主要车型参数及价格

车型		1.5L 6MT	1.5L 6AT			2.0L 6AT	
		舒适型	舒适型	豪华型	尊贵型	运动型	旗舰型
基本参数	长×宽×高(mm)	4461×1795×1474					
	轴距(mm)	2700					
	前/后轮距(mm)	1555/1560					
	前/后悬距(mm)	926/835					
	油箱/行李舱容积(L)	51/350					
	车身材料	钢板					
	车身类型/乘员人数	2厢5门/5					
发动机参数	发动机类型	直列4缸 16气门 水冷 顶置双凸轮轴(DOHC) 创驰蓝天高压缩比汽油直喷发动机					
	排量(mL)	1496				1998	
	额定功率[kW/(r/min)]	86/6100				116/6400	
	最大转矩[N·m/(r/min)]	148/3500				202/4000	
	排放标准/建议用油	国Ⅳ、京Ⅴ/93#(92#)以上无铅汽油					
底盘参数	变速器类型	6挡手动	6挡手自一体				
	驱动类型	前驱					
	悬架系统	前麦弗逊式独立悬架/后多连杆式独立悬架					
	制动系统	前后盘式制动器					
	轮胎规格	205/60 R16				215/45 R18	
性能	最高车速(km/h)	188	180			203	
工信部综合工况油耗(L/100km)		5.9	5.8			6.2	
上市时间		2014年5月21日					
厂家建议价格(万元)		11.49	12.59	13.89	14.79	15.29	15.99

注：厂家建议价格以2016年3～8月为准

Mazda 3 星骋三厢

主要配置

舒适型：前排双安全气囊、ABS四轮防抱死制动系统、EBD电子制动力分配系统、BA制动辅助系统、高灵敏度后驻车雷达、防侵入式制动踏板、前排座椅三点式高度可调预紧式安全带、前排座椅安全带未系提醒功能、后排座椅(左中右)三点式安全带、后排座椅椅头枕高度调节、防盗声音报警装置、发动机芯片防盗锁止系统、后门儿童安全锁、ISOFIX儿童座椅固定装置、智能遥控折叠钥匙、驾驶席侧车窗一触式升降及防夹功能、驾驶席侧车窗延时功能、手动空调(带外部温度显示)、空气过滤器(花粉过滤)、4扬声器立体声音响系统、单碟CD(带MP3播放功能)+立体声收音机、随速自动音量调节功能、AUX音频接口+12V电源输出、运动型镀铬前隔栅、高品质感透镜式前照灯+前照灯高度调节、高穿透力后雾灯、外后视镜电动调节、跑车化双环镀铬运动仪表盘、金属灰高光云母漆中控装饰、高级活性织物座椅、驾驶席座椅6向手动调节、转向盘高低/前后四向可调、间歇可调式前刮水器

精英型：舒适型+前排侧安全气囊、双开启式电动天窗、3.5英寸智能行车电脑、高穿透力前雾灯、多功能转向盘(音响+行车电脑控制)

运动型：精英型+DSC电子车身稳定控制系统、TCS牵引力控制系统、外后视镜LED侧转向灯、动感LED后尾灯、运动型侧扰流裙、不锈钢迎宾踏板、排气尾管装饰、自发光仪表+顶置蓝色氛围灯

车身颜色：激情红、雅士黑、创驰蓝、炫亮银、珠光白、格调灰

内饰颜色：灰色、黑色

主要车型参数及价格

	车型	1.6L MT	1.6L AT	1.6L MT	1.6L AT	2.0L AT
		舒适型		精英型		运动型
基本参数	长×宽×高(mm)	4595×1755×1475				
	轴距(mm)	2640				
	前/后轮距(mm)	1535/1520				
	前/后悬距(mm)	975/980				
	油箱/行李舱容积(L)	55/377				
	整备质量(kg)	1225	1250	1225	1260	1325
	车身材料	钢板				
	车身类型/乘员人数	3厢4门/5				
发动机参数	发动机类型	直列4缸 16气门 双顶置凸轮轴(DOHC) 多点喷射汽油全铝合金发动机				
	排量(mL)	1598				1999
	额定功率[kW/(r/min)]	79/6000				110/6500
	最大转矩[N·m/(r/min)]	145/4000				182/4500
	排放标准/建议用油	国Ⅳ/93#(92#)以上无铅汽油				
底盘参数	变速器类型	5挡手动	4挡手自一体	5挡手动	4挡手自一体	5挡手自一体
	驱动类型	前驱				
	悬架系统	前麦弗逊式独立悬架/后多连杆式独立悬架				
	制动系统	前后盘式制动器				
	轮胎规格	195/65 R15				205/55 R16
性能	最高车速(km/h)	178	169	178	169	197
工信部综合工况油耗(L/100km)		6.3	7.2	6.3	7.2	7.8
上市时间		2014年				
厂家建议价格(万元)		9.48	10.28	10.28	11.08	12.58

注：厂家建议价格以2016年3～8月为准

MAZDA 3 星骋两厢

主要配置

舒适型：前排双安全气囊、ABS四轮防抱死制动系统、EBD电子制动力分配系统、BA制动辅助系统、高灵敏度后驻车雷达、防侵入式制动踏板、前排座椅三点式高度可调预紧式安全带、前排座椅安全带未系提醒功能、后排座椅(左中右)三点式安全带、后排座椅椅头枕高度调节、防盗声音报警装置系统、发动机芯片防盗锁止系统、后门儿童安全锁、ISOFIX儿童座椅固定装置、智能遥控折叠钥匙、驾驶席侧车窗一触式升降及防夹功能、驾驶席侧车窗延时功能、手动空调(带外部温度显示)、空气过滤器(花粉过滤)、4扬声器立体声音响系统、单碟CD(带MP3播放功能)+立体声收音机、随速自动音量调节功能、AUX音频接口+12V电源输出、运动型镀铬前隔栅、高品质感透镜式前照灯+前照灯灯高度调节、高穿透力后雾灯、外后视镜电动调节、运动型后扰流板、转向盘高低/前后四向可调、间歇可调式前/后刮水器、金属灰高光云母漆中控装饰、跑车化双环镀铬运动仪表盘、驾驶席座椅6向手动调节、高级活性织物座椅

精英型：舒适型+前排侧安全气囊、双开启式电动天窗、3.5英寸智能行车电脑、高穿透力前雾灯、多功能转向盘(音响+行车电脑控制)

运动型：精英型+DSC电子车身稳定控制系统、TCS牵引力控制系统、外后视镜LED侧转向灯、动感LED后尾灯、运动型侧扰流裙、不锈钢迎宾踏板、排气尾管装饰、自发光仪表+顶置蓝色氛围灯

车身颜色：激情红、雅士黑、创驰蓝、炫亮银、珠光白、格调灰

内饰颜色：灰色、黑色

主要车型参数及价格

	车　型	1.6L MT 舒适型	1.6L AT 精英型	2.0L AT 运动型
基本参数	长×宽×高(mm)	4505×1755×1470		
	轴距(mm)	2640		
	前/后轮距(mm)	1535/1520		
	前/后悬距(mm)	975/890		
	油箱/行李舱容积(L)	55/284		
	整备质量(kg)	1246	1283	1346
	车身材料	钢板		
	车身类型/乘员人数	2厢5门/5		
发动机参数	发动机类型	直列4缸 16气门 双顶置凸轮轴(DOHC) 多点喷射汽油全铝合金发动机		
	排量(mL)	1598		1999
	额定功率[kW/(r/min)]	79/6000		110/6500
	最大转矩[N·m/(r/min)]	145/4000		182/4500
	排放标准/建议用油	国Ⅳ/93#(92#)以上无铅汽油		
底盘参数	变速器类型	5挡手动	4挡手自一体	5挡手自一体
	驱动类型	前驱		
	悬架系统	前麦弗逊式独立悬架/后多连杆式独立悬架		
	制动系统	前后盘式制动器		
	轮胎规格	195/65 R15		205/55 R16
性能	最高车速(km/h)	174	163	193
工信部综合工况油耗(L/100km)		6.3	7.2	7.8
上市时间		2014年		
厂家建议价格(万元)		9.48	11.08	12.58

注：厂家建议价格以2016年3～8月为准

东风裕隆

东风裕隆汽车有限公司 Dongfeng Yulon Motor Co.,Ltd.

全新纳5　锐3

全新纳5 ECO HYPER

年度新上市车型

主要配置

智慧型： 前排安全气囊、ABS防抱死制动系统、BAS电子制动辅助系统、EBD电子制动力分配系统、制动优先系统、EPD电子驻车系统、前排预缩式安全带、后排三组三点式安全带、车门防撞钢梁、可溃式转向机柱、防盗报警器、儿童安全锁、ISO FIX儿童安全座椅固定装置、中央控制门锁、Side View$^+$车侧安全影像辅助系统、四门电动窗(驾驶席一键开启)、电动天窗、钥匙行李舱遥控开启、车载负离子森林氧吧、THINK$^+$2.0智慧互联系统(基本)、9英寸智慧触控屏、行车电脑、CD、4扬声器、USB插口、AUX-IN、卤素前照灯(附手动高度调整)、LED行车灯、LED第三制动灯、LED尾灯、LED侧转向灯、后雾灯、软骨刮水器、环绕式镀铬窗框、后视镜电动调节、后窗除雾线、转向盘手动2向调整、亮度可调前瞻式仪表(LCD+LED)，AT智慧型增加ESC车辆稳定控制系统、HBB液压制动增压系统、TCS牵引力控制系统、ASL防暴冲装置、后泊车雷达、ECO Mode节能模式、动感双色铝轮毂、后视镜电动折叠(含泊车自动收折功能)、挡位显示

智慧型 天窗版： AT智慧型+电动天窗、豪华皮质座椅、前排蝴蝶式头枕

智尊型： 智慧型 天窗版+Active Eagle View$^+$主动式环景影像系统、Alley View$^+$车前双侧安全影像辅助系统、Dual Side View$^+$后方影像监测系统、i-key$^+$整合式卡片钥匙(附遥控防盗功能)、无钥匙进入系统、Push Start(无钥匙起动)、Immobilizer芯片防盗系统、前泊车雷达、恒温空调、车外温度显示、倒车影像、定速巡航控制系统、THINK$^+$2.0智慧互联系统(高端)、9英寸智慧触控屏(电容屏)、语音声控、智慧手机连接(多品牌)、DVD、6扬声器、USB插口(二组)、HDMI接口、蓝牙免持系统、前雾灯、真皮包裹转向盘、多功能转向盘

旗舰型： 智尊型+前排侧安全气囊、O^3活氧空气净化器、航天抬头显示器、驾驶席座椅电动6向调节、防盗智慧座椅

车身颜色： 法瓷白、星光橙、宝石黑、琉璃红

内饰颜色： 黑色、灰色

主要车型参数及价格

	车　型	1.8T MT	1.8T AT	1.8T AT	1.8T AT	
		智慧型		智慧型 天窗版	智尊型	旗舰型
基本参数	长×宽×高(mm)	4690×1805×1490				
	轴距(mm)	2720				
	前/后轮距(mm)	1555/1565				
	油箱/行李舱容积(L)	55/470				
	整备质量(kg)	1370	1410			
	车身材料	金属				
	车身类型/乘员人数	3厢4门/5				
发动机参数	发动机类型	16气门 DOHC 双凸轮轴				
	排量(mL)	1798				
	额定功率[kW/(r/min)]	132/5500				
	最大转矩[N·m/(r/min)]	256/2000～4400				
	排放标准/建议用油	国V/92#及以上无铅汽油				
底盘参数	变速器类型	5挡手动	6挡自动			
	驱动类型	前置前驱				
	悬架系统	前麦弗逊式独立悬架/后扭力梁式悬架				
	制动系统	前后盘式制动器				
	轮胎规格	205/60/R16				215/50/R17
工信部综合工况油耗(L/100km)		7.3	7.6			
上市时间		2016年4月18日				
厂家建议价格(万元)		8.58	9.98	10.58	11.58	11.98

注：厂家建议价格以2016年3～8月为准

LUXGEN
纳智捷

锐3

年度**新上市**车型

纳智捷发现，目前的入门级轿车市场呈现“空间只能将就”、“安全只有基本气囊”、“动力只够代步”的主流规则，无法满足85后主力消费人群“个性、时尚、实用”的汽车需求。面对入门级轿车的市场状况，纳智捷将推出一款打破入门级市场主流规则的轿车——锐3。

锐3不但有超越同级的舒适大空间，更有令人耳目一新的次世代时尚外观，让年轻人轻松享受不跟随的新锐时尚；同时，锐3有媲美SUV的安全视野，提供全方位不妥协的主动被安全；并且锐3的超跑大师级赛道开发理念，能带给消费者媲美日德系的平顺精准驾乘体验。

主要配置

舒享型MT：前座安全气囊、BOS制动优先系统、车门防撞钢梁、可溃式转向机柱、防盗报警装置、音响扬声器(AM/FM及MP3播放功能)、卤素前照灯、转向盘位置调整、飞航指针仪表

智享型MT：前座安全气囊、BOS制动优先系统、车门防撞钢梁、可溃式转向机柱、防盗报警装置、恒温空调、THINK⁺3.0智慧互联系统(基础)、9英寸智慧触控屏、倒车影像系统、蓝牙、音响扬声器(AM/FM及MP3播放功能)、转向盘位置调整、飞航指针仪表

尊享型MT：前座安全气囊、前座侧边辅助气囊、车侧气帘、BOS制动优先系统、车门防撞钢梁、可溃式转向机柱、防盗报警装置、恒温空调、THINK⁺3.0智慧互联系统(基础)、9英寸智慧触控屏、倒车影像系统、蓝牙、音响扬声器(AM/FM及MP3播放功能)、铝合金轮毂、副驾驶椅背挂钩、飞航指针仪表

尊享型天窗版MT：前座安全气囊、前座侧边辅助气囊、车侧气帘、BOS制动优先系统、车门防撞钢梁、可溃式转向机柱、防盗报警装置、恒温空调、THINK⁺3.0智慧互联系统(基础)、9英寸智慧触控屏、倒车影像系统、车侧安全影像系统、蓝牙、音响扬声器(AM/FM及MP3播放功能)、电动天窗、铝合金轮毂、副驾驶椅背挂钩、飞航指针仪表

智享型CVT：前座安全气囊、BOS制动优先系统、车门防撞钢梁、可溃式转向机柱、Immobilizer芯片防盗系统、防盗报警装置、恒温空调、THINK⁺3.0智慧互联系统(基础)、9英寸智慧触控屏、倒车影像系统、ECO Mode节能模式、蓝牙、音响扬声器(AM/FM及MP3播放功能)、铝合金轮毂、飞航数字仪表

尊享型天窗版CVT：前座安全气囊、前座侧边辅助气囊、车侧气帘、BOS制动优先系统、车门防撞钢梁、可溃式方向机柱、Immobilizer芯片防盗系统、防盗报警装置、恒温空调、THINK⁺3.0智慧互联系统(基础)、9英寸智慧触控屏、倒车影像系统、ECO Mode节能模式、蓝牙、音响扬声器(AM/FM及MP3播放功能)、电动天窗、铝合金轮毂、鲨鱼鳍天线、转向盘位置调整、副驾驶椅背挂钩、飞航数字仪表

旗舰型：前座安全气囊、前座侧边辅助气囊、车侧气帘、ESC车身稳定控制系统、HSA斜坡起步辅助系统、TCS牵引力控制系统、定速巡航控制系统、BOS制动优先系统、车门防撞钢梁、可溃式转向机柱、Immobilizer芯片防盗系统、防盗报警装置、恒温空调、THINK⁺3.0智慧互联系统(基础)、9英寸智慧触控屏、倒车影像系统、车侧安全影像系统、ECO Mode节能模式、蓝牙、音响扬声器(AM/FM及MP3播放功能)、豹眼式LED日行灯、电动天窗、铝合金轮毂、鲨鱼鳍天线、转向盘位置调整、豪华皮质座椅、副驾驶椅背挂钩、飞航数字仪表

车身颜色：法瓷白、晶钻蓝、钛金灰、琉璃红

内饰颜色：黑色、深灰+单棕色

主要车型参数

车型		MT				CVT		
		舒享型	智享型	尊享型	尊享型天窗版	智享型	尊享型天窗版	旗舰型
基本参数	长×宽×高(mm)	4551×1783×1545		4551×1783×1551				
	轴距(mm)	2620						
	前/后轮距(mm)	1502/1514						
	油箱/行李舱容积(L)	51/470						
	整备质量(kg)	1210		1225		1250		1275
	车身材料	金属						
	乘员人数	5						
发动机参数	发动机类型	1.6L 自然吸气发动机						
	排量(mL)	1556						
	额定功率[kW/(r/min)]	91/6000						
	最大转矩[N·m/(r/min)]	153/4200~4400						
	排放标准/建议用油	国V/92号(含)以上无铅汽油						
底盘参数	变速器类型	5挡手动				7CVT变速器		
	驱动类型	前置前驱						
	悬架系统	前独立麦弗逊式悬架/后扭力梁拖曳臂式悬架						
	制动系统	前后盘式制动器						
	轮胎规格	185/65/R15		205/55/R16				
性能	最高车速(km/h)	–	176			170		
	90km/h等速油耗(L/100km)	–	5.8			5.7		
工信部综合工况油耗(L/100km)		6.2				6.3		
上市时间		2016年9月2日						

注：价格请咨询厂家或经销商

浙江吉利控股集团有限公司 Zhejiang Geely Holding Group Co.,Ltd.

全球鹰：熊猫　自由舰

帝豪：博瑞　新帝豪　帝豪RS　全新金刚　金刚CROSS　新远景

英伦：TX4　海景

GEELY

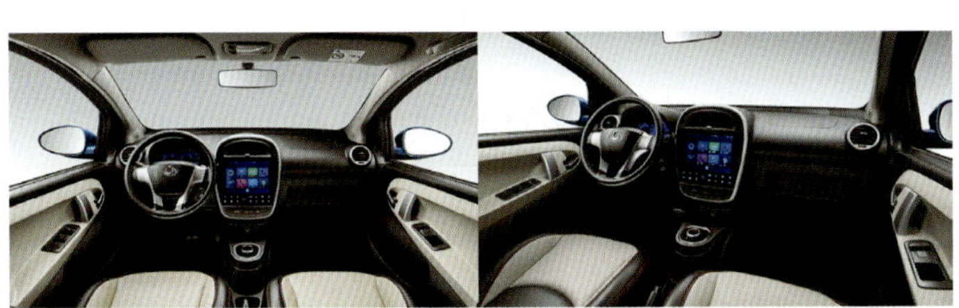

熊猫

年度**新上市**车型

吉利汽车宣布推出新款熊猫车型，新车包含4款车型，售价区间为3.69万~4.99万元。新款熊猫外观方面没有太大改变，动力系统部分，新车全系搭载1.0L自然吸气发动机，这三款车的长宽高分别为3598/1630/1465mm、3640/1630/1465mm、3815/1648/1530mm，轴距为2340mm。在传动系统方面，匹配的是5速手动变速器和AMT变速器。

主要配置

萌动版：全封闭笼型承载式车身、四门防撞钢梁、制动比例阀、三点式安全带、可溃缩吸能转向管柱、转向盘转向锁止防盗功能、带安全阀六层高分子防爆油箱、安全带未系报警功能、车门未关提醒功能、超速报警功能、制动衬片磨损限量报警、后车门儿童安全锁、手动空调、前门电动车窗、智能遥控钥匙、中控门锁、角度可调式转向管柱、加油口盖车内开启、行李舱遥控开启、高保真2扬声器、仿生水晶前照灯、仿生彩色后尾灯、侧转向灯、后雾灯、高位制动灯、前单臂有骨刮水器、电动调节后视镜、防炫目内后视镜、自发光指针组合仪表、高级织物座椅、驾驶席座椅4向手动调节、副驾驶座椅4向手动调节、前排头枕三段式高度可调、后排座椅分体式放倒，AT萌动版增加主副驾驶双气囊、ABS+EBD、前排预紧卸力安全带、碰撞车门自动解锁系统、后门电动车窗、收音机+USB、转向盘换挡拨片、换挡旋钮、运动皮质座椅

帅真版：萌动版+主副驾驶双气囊、ABS+EBD、前排预紧卸力安全带、碰撞车门自动解锁系统、后门电动车窗、收音机+USB、运动造型铝合金轮毂、前照灯电动调节、前雾灯、转向盘换挡拨片、换挡旋钮、运动皮质座椅

酷趣版：帅真版+高保真4扬声器、金属质感行李架、运动风格套件(大包围+防擦条)

车身颜色：冰晶白、珊瑚红、宝石蓝、活力橙

内饰颜色：黑灰双色

主要车型参数及价格

车型		1.0L MT	1.0L AT		
		萌动版	萌动版	帅真版	酷趣版
基本参数	长×宽×高(mm)	3598×1630×1465		3640×1630×1465	3815×1648×1530
	轴距(mm)	2340			
	油箱/行李舱容积(L)	35/205		35/–	
	车身材料	钢板			
	车身类型/乘员人数	2厢5门/5			
发动机参数	发动机类型	直列3缸 双顶置凸轮轴 CVVT智能连续可变进气正时系统			
	排量(mL)	997			
	额定功率[kW/(r/min)]	50/6000			
	最大转矩[N·m/(r/min)]	88/3600			
底盘参数	变速器类型	5挡手动	AMT自动变速器		
	驱动类型	前置前驱			
	悬架系统	前麦弗逊式独立悬架(带副车架)/后扭梁、螺旋弹簧式半独立悬架			
	制动系统	前盘式/后鼓式制动器			
	轮胎规格	165/60 R14			175/65 R14
上市时间		2016年6月20日			
厂家建议价格(万元)		3.69	4.59	4.69	4.99

注：厂家建议价格以2016年3~8月为准

自由舰

主要配置

财富版：笼形承载式安全车身、前排普通三点式安全带、前排安全带高度可调功能、主副驾驶未系安全带提醒、后车门儿童安全锁、电子防盗系统、转向器锁止防盗装置、双向可溃缩转向机柱系统、制动片磨损限量报警、车门未关报警系统、液压助力转向系统、手动空调、四门电动车窗、遥控折叠钥匙、中控门锁、行李舱内拉线开启、加油口盖内拉线开启、收音机、2扬声器、前风挡刮水器、后风窗电加热除霜功能、晶亮式前照灯、前照灯高度调节、剔透高亮度尾灯组、高位制动灯、精工织物座椅、驾驶席座椅4向手动调节功能、副驾驶座椅4向手动调节功能、前排中央扶手箱、前排座椅头枕高低调节、后排座椅整体放倒功能、大尺寸蓝光组合仪表、驾驶席遮阳板带票夹、副驾席遮阳板、12V电源接口

幸福版：财富版+前排双安全气囊、ABS+EBD、前排预紧限力三点式安全带、倒车雷达、CD(附MP3功能)、4扬声器、铝合金轮辋、PU运动式转向盘

车身颜色：冰川蓝、冰晶白、雷迅灰、云母红、锋芒黄

内饰颜色：黑色、米黑双色

主要车型参数及价格

车型		1.3L	
		财富版	幸福版
基本参数	长×宽×高(mm)	4267×1680×1440	
	轴距(mm)	2434	
	最小离地间隙(mm)	170	
	油箱/行李舱容积(L)	45/400	
	整备质量(kg)	1048	
	车身材料	钢板	
	车身类型/乘员人数	3厢4门/5	
发动机参数	发动机类型	直列4缸 16气门 双顶置凸轮轴 多点电子喷射	
	排量(mL)	1342	
	额定功率[kW/(r/min)]	63/6000	
	最大转矩[N·m/(r/min)]	110/5200	
底盘参数	变速器类型	5挡手动	
	驱动类型	前驱	
	悬架系统	前后麦弗逊式独立悬架	
	制动系统	前通风盘式/后鼓式制动器	
	轮胎规格	175/65 R14	
性能	最高车速(km/h)	150	
工信部综合工况油耗(L/100km)		7.1	
厂家建议价格(万元)		3.89	4.19

注：厂家建议价格以2016年3～8月为准

博瑞

吉利汽车 GEELY AUTO

主要配置

标准型：前排双安全气囊、ABS+EBD、ESP车身电子稳定系统、BA制动辅助系统、TRC牵引力控制系统、EPB电控驻车制动系统、AUTOHOLD自动驻车系统、PEPS无钥匙进入及一键起动、前排预紧限力安全带、后倒车雷达(4探头)、ISO-FIX儿童安全座椅固定装置、定速巡航、双区独立控制自动恒温空调+后空调出风口、收放机多媒体娱乐系统、6扬声器剧院级音响系统、卤素前照灯、日间行车灯、电动调节外后视镜(防炫、手动折叠)、自动雨量感应式无骨刮水器、一体化镀铬动感双尾管、驾驶席座椅6向手动调节、副驾驶座椅4向手动调节、高级皮质座椅

舒适型：标准型+前排侧置安全气囊、TPMS胎温&胎压监测系统、后排预紧限力安全带、前泊车雷达(2探头)、AQS空气质量管理系统、全景星空天窗(防夹、遥控关闭)、驾驶席座椅12向电动调节(含4向电动调节腰托)、剧院式环舱暖橙色氛围灯、豪华真皮座椅

尊贵型：舒适型+侧面安全气帘、驾驶席膝部安全气囊、可视倒车系统带动态引导线、同频卫星电波时钟、GPS智能语音导航系统、蓝牙车载电话+内置闪存、哈曼8扬声器剧院级音响系统、LED晶灿流光前照灯、电动调节外后视镜(防炫、电加热、电动折叠)、驾驶席座椅记忆功能(两组)、副驾驶座椅6向电动调节、驾驶座椅/转向盘/外后视镜联动记忆迎宾功能、转向盘4向电动可调、电子防炫内后镜

旗舰型：尊贵型+PAS半自动泊车辅助系统、后倒车雷达(6探头)、前泊车雷达(6探头)、SVA盲点监测系统、城市预碰撞安全系统、LDW主动偏航警示系统、航机式HUD抬头显示器、360度全景倒车影像、ACC智能自适应巡航系统、后空调控制器、PM2.5空气净化器、G-Netlink智能行车系统、哈曼13扬声器立体环绕HiFi音响、LOGO灯、电动后窗遮阳帘、后排电动可调行政座椅、前排座椅电加热

车身颜色：琥珀金、冰晶白、墨玉黑、珍珠银、朱砂红、晶石蓝

主要车型参数及价格

车型		2.4L		1.8TD				3.5L
		标准型	舒适型	标准型	舒适型	尊贵型	旗舰型	旗舰型
基本参数	长×宽×高(mm)	4956×1861×1513						
	轴距(mm)	2850						
	前/后轮距(mm)	1600/1600						
	前/后悬距(mm)	985/1121						
	最小离地间隙(mm)	130						120
	油箱/行李舱容积(L)	70/506						
	整备质量(kg)	1635	1710	1730				1780
	车身材料	高强度钢						
	车身类型/乘员人数	3厢4门/5						
发动机参数	发动机型号	JLD-4G24		JLE-4G18TD				JLV-6G35V
	发动机类型	自然吸气		涡轮增压				自然吸气
	排量(mL)	2378		1800				3456
	额定功率[kW/(r/min)]	119/5700		120/6300				202/6200
	最大转矩[N·m/(r/min)]	210/4000～4500		250/1500～4500				326/4700
	排放标准/建议用油	国V/93#(京92#)汽油						国V/97#(京95#)汽油
底盘参数	变速器类型	6挡手自一体变速器						
	驱动类型	前置前驱						
	悬架系统	前双叉臂式独立悬架/后多连杆独立悬架						
	制动系统	前通风盘式/后盘式制动器						
	轮胎规格	215/55 R17				245/45 R18		
性能	最高车速(km/h)	210						235
	0～100km/h加速时间(s)	10.5		9.9				7.6
工信部综合工况油耗(L/100km)		9.1		8.2				10.0
上市时间		2015年4月9日						
厂家建议价格(万元)		11.98	12.98	12.98	13.98	15.68	17.68	22.98

注：厂家建议价格以2016年3～8月为准

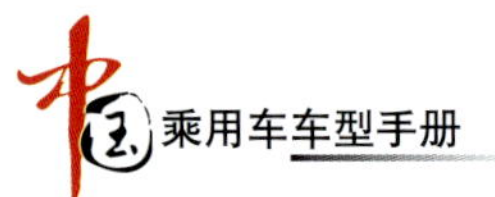

新帝豪

吉利汽车
GEELY AUTO

主要配置

时尚型：前席双安全气囊(驾驶席、助手席)、ABS+EBD、前席主副驾未系安全带检测报警装置、前席带限力器预紧安全带(高度可调)、后席中间三点式带自动锁定功能安全带、后席ISO-FIX标准儿童座椅固定装置、后车门儿童安全锁、未关门报警装置、防盗报警装置、钥匙遗忘警示、发动机防盗锁止系统、转向锁止防盗系统、速度感应自动车门锁止系统、6层高分子防爆防漏塑料工程油箱、行李舱紧急逃生阀装置、紧急制动双闪功能、PEPS无钥匙进入+一键起动系统、四门电动车窗、智能换挡提醒、手动空调系统、遥控中控门锁、3.5英寸TFT高清显屏智能行车电脑、2扬声器、FM/AM收音机(支持MP3+AUX-IN外部音源接口)、前照灯自动感应控制系统、前照灯高度调节、双层熏彩灵犀前照灯、LED日间行车灯、LED制动灯、LED/卤素灯泡组合后尾灯、后雾灯、前后风窗隔热绿玻璃、后风挡带收音天线+电热除霜功能、外后视镜集成LED转向灯、电动调节外后视镜带加热除霜功能、机械式防炫目室内后视镜、典雅浅灰组合内饰、仪表板总成注塑成型、转向盘高度可调功能、发泡带语音控制/娱乐开关转向盘、主驾驶席座椅6向手动调节、副驾驶席座椅调节4向手动调节

豪华型：时尚型+ESC电子稳定控制系统、HHC坡道辅助系统、HBA制动辅助系统、TCS牵引力控制系统、FBS制动衰退补偿功能、倒车雷达、全自动恒温空调系统、可视倒车影像、USB快充电源×2、USB音源输入、G-Link 2.0吉利手机交互系统(7英寸高清触控电容屏、IOS Carplay、Mirrolink智能互联、GPS导航功能、蓝牙功能、多媒体影音娱乐、Wi-Fi上网功能)、真皮带语音控制/娱乐开关转向盘、舒适人机皮质座椅，CVT豪华型增加定速巡航

向上版：豪华型+TPMS智能胎压监测系统、6扬声器、一键式防夹电动天窗、车窗镀铬水切饰条、时尚炫黑动感内饰、仪表板总成搪塑成型、不锈钢踏步饰板，CVT向上版增加定速巡航

尊贵型：向上版+侧部安全气囊及大型侧气帘、定速巡航、一键升降车窗带防夹功能、G-Netlink 3.0吉利智能车载系统(7英寸高清电容触控屏、3G车载通信、IOS Carplay、Mirrolink智能互联、GPS导航功能、智能语音控制、蓝牙功能、多媒体影音娱乐、一键24小时智能后台服务、Wi-Fi热点共享功能)、真皮包裹带语音控制/娱乐开关/定速巡航转向盘、高级皮质+真皮座椅、主驾驶席座椅6向电动调节

主要车型参数及价格

车型		1.5L MT			1.5L CVT		1.3T MT		1.3T CVT	
		时尚型	豪华型	向上版	豪华型	向上版	豪华型	向上版	向上版	尊贵型
基本参数	长×宽×高(mm)	4631×1789×1470								
	轴距(mm)	2650								
	前/后轮距(mm)	1502/1492								
	最小离地间隙(mm)	167(空载)								
	油箱/行李舱容积(L)	50/680								
	整备质量(kg)	1250			1265		1322		1335	
	车身材料	钢板								
	车身类型/乘员人数	3厢4门/5								
发动机参数	发动机类型	直列4缸 水冷 DOHC 16气门 DVVT					直列4缸 水冷 DOHC 16气门 涡轮增压发动机			
	排量(mL)	1498					1299			
	额定功率[kW/(r/min)]	80/6000					98/5500			
	最大转矩[N·m/(r/min)]	140/4400					185/2000～4500			
	排放标准	国V								
底盘参数	变速器类型	5挡手动			CVT无级变速器		6挡手动		CVT无级变速器	
	悬架系统	前麦弗逊式悬架/后扭力梁式半独立悬架								
	制动系统	前通风盘式/后实心盘式制动器								
	轮胎规格	205/65R15(时尚型、豪华型)、205/55R16								
性能	最高车速(km/h)	175			170		182			
工信部综合工况油耗(L/100km)		5.7			5.9		5.7		5.9	
厂家建议价格(万元)		6.98	7.48	7.98	8.58	9.08	8.28	8.78	9.78	10.08

注：厂家建议价格以2016年3～8月为准

帝豪RS

吉利汽车 GEELY AUTO

主要配置

MT 向上版： 前席双安全气囊(驾驶席、助手席)、ABS+EBD、ESC电子稳定控制系统、HHC坡道辅助系统、HBA制动辅助系统、TCS牵引力控制系统、FBS制动衰退补偿功能、前席主副驾未系安全带检测报警装置、前席带限力器预紧安全带(高度可调)、后席中间三点式带自动锁定功能安全带、后席ISO-FIX标准儿童座椅固定装置、未关门报警装置、防盗报警装置、钥匙遗忘警示、发动机防盗锁止系统、后车门儿童安全锁、转向锁止防盗系统、速度感应自动车门锁止系统、倒车雷达、可视倒车影像、6层高分子防爆防漏塑料工程油箱、PEPS无钥匙进入+一键起动系统、四门电动门窗、遥控中控门锁、全自动恒温空调系统、3.5寸智能行车电脑TFT仪表显示屏、USB直充电源、前门高音2扬声器、高音质4扬声器、7英寸高清大屏多媒体播放器、支持MP3+AUX-IN+收音机、G-Link吉利手机交互系统(7英寸高清触控屏、Mirrolink智能互联、GPS导航功能、蓝牙功能、多媒体影音娱乐、WIFI上网功能)、精致运动前后包围、扰流板、行李架、双层熏彩灵犀前照灯、前照灯高度自动调节、前照灯自动感应控制系统、LED日间行车灯、后雾灯、LED光导/卤素灯泡组合后尾灯、LED制动灯、前后风窗隔热绿玻璃、一键式防夹电动天窗、外后视镜集成LED转向灯、电动调节外后视镜带加热除霜功能、车窗镀铬水切饰条、间歇式刮水器、机械式防炫目室内后视镜、活力炫黑运动内饰、仪表板总成搪塑成型、真皮包裹带语音控制/娱乐开关转向盘、转向盘高度可调功能、黑/橙运动皮质座椅、主驾驶席座椅6向手动调节、副驾驶席座椅4向手动调节、全车座椅头枕高低调节

CVT 向上版： MT 向上版+定速巡航、真皮包裹带语音控制/娱乐开关/定速巡航转向盘

车身颜色： 云母红、冰晶白、晴空蓝、珊瑚红、琉璃橙

主要车型参数及价格

车型		1.5L MT 向上版	1.5L CVT 向上版	1.3T MT 向上版	1.3T CVT 向上版
基本参数	长×宽×高(mm)	4425×1789×1483			
	轴距(mm)	2650			
	前/后轮距(mm)	1502/1492			
	最小离地间隙(mm)	167(空载)			
	油箱/行李舱容积(L)	50/390			
	整备质量(kg)	1236	1251	1277	1321
	车身材料	钢板			
	车身类型/乘员人数	2厢5门/5			
发动机参数	发动机类型	直列4缸 水冷 DOHC 16气门 DVVT		直列4缸 水冷 DOHC 16气门 涡轮增压发动机	
	排量(mL)	1498		1299	
	额定功率[kW/(r/min)]	80/6000		98/5500	
	最大转矩[N·m/(r/min)]	140/4400		185/2000～4500	
	排放标准	国V			
底盘参数	变速器类型	5挡手动	CVT无级变速器	6挡手动	CVT无级变速
	悬架系统	前麦弗逊式悬架/后扭力梁式半独立悬架			
	制动系统	前通风盘式/后实心盘式制动器			
	轮胎规格	205/55R16			
性能	最高车速(km/h)	170		172	
工信部综合工况油耗(L/100km)		5.7	5.9	5.7	5.9
上市时间		2015年8月2日			
厂家建议价格(万元)		7.68	8.78	8.48	9.48

注：厂家建议价格以2016年3～8月为准

全新金刚

年度新上市车型

2016年1月1日，吉利正式宣布新款金刚正式上市，新车售价区间为4.79万~6.59万元，外观方面，新款金刚最大的变化集中在车头和车尾，吉利全新家族化设计风的注入，使新款金刚看起来更加年轻时尚，前照灯组造型更加有神，配合如意形镀铬装饰条和LED日间行车灯，使新车看起来更加精致。

主要配置

进取型：笼形承载式安全车身、ABS+EBD、前排安全带未系警示功能、前排安全带高度可调功能、后排三点式安全带(3席)、ISO-FIX儿童安全座椅固定装置、后车门儿童安全锁、电子防盗系统、转向器锁止防盗装置、双向可溃缩式转向机柱、车速感应车门自动落锁系统、制动片磨损限量报警、车门未关警示系统、超速报警系统、高效节能无氟空调、一体化遥控钥匙、中央控制门锁、行李舱内拉线开启/遥控开启、加油口盖内拉线开启、四门电动窗、行车电脑、调频收音机、USB接口、2扬声器、灵犀锐利前照灯、前照灯高度调节功能、灯光延时关闭系统(伴我回家功能)、展翼LED晶灿尾灯、高位制动灯、后雾灯、后风窗电加热除霜系统、电动调节外后视镜(附电加热除霜功能)、窗式天线、转向盘高低可调功能、中控台置顶储物盒、前排座椅4向手动调节、前排座椅头枕前后三段式调节、后排座椅头枕高低调节、棕/黑双色皮质座椅

精英型：进取型+前排双安全气囊、倒车雷达、碰撞自动解锁安全系统、碰撞安全断油系统、4扬声器、8幅动感造型铝合金轮辋、前排中央扶手箱

尊贵型：精英型+倒车影像系统、双模式电动天窗(带防夹功能)、G-Link智能车载系统、8英寸高清触控屏幕、双模精准导航系统、手机互联功能、时尚动感多功能转向盘

车身颜色：冰川蓝、冰晶白、珊瑚红、摩卡棕、墨玉黑、云母红、珍珠银

主要车型参数及价格

车型		1.5L MT		1.5L AT
		进取型	精英型	尊贵型
基本参数	长×宽×高(mm)	4342×1692×1435		
	轴距(mm)	2502		
	前/后轮距(mm)	1450/1445		
	最小离地间隙(mm)	158		
	油箱容积(L)	45		
	整备质量(kg)	1103		
	车身材料	钢板		
	车身类型/乘员人数	3厢4门/5		
发动机参数	发动机型号/类型	JLB-4G15/直列4缸 双顶置凸轮轴 DVVT		
	排量(mL)	1498		
	额定功率[kW/(r/min)]	75/6000		
	最大转矩[N·m/(r/min)]	141/4000±200		
	排放标准	国V		
底盘参数	变速器类型	5挡手动		4挡自动
	驱动类型	前驱		
	悬架系统	前麦弗逊式独立悬架/后纵臂扭梁式半独立悬架		
	制动系统	前通风盘式/后鼓式制动器		前后盘式制动器
	轮胎规格	185/60 R15		
性能	最高车速(km/h)	165		
上市时间		2016年1月1日		
厂家建议价格(万元)		4.79	4.99	6.59

注：厂家建议价格以2016年3~8月为准

金刚CROSS

年度新上市车型

2016年7月6日金刚CROSS新车上市，新车前脸与目前在售的新款金刚基本保持一致，不过其进气格栅采用单横条幅搭配全新的中网设计，前照灯组融入LED光源，使得其看起来更加精致。除此之外，新车的前保险杠造型与新款金刚基本保持一致。

主要配置

悦享型： 前排双安全气囊、ABS+EBD、前排限力三点式安全、前排安全带未系警示功能、ISO-FIX儿童安全座椅固定装置、后倒车雷达、车速感应车门自动落锁系统、碰撞解锁/断油系统、超速报警系统、一体化遥控折叠钥匙、行李舱驾驶席一键开启/遥控开启、高效节能无氟手动空调、USB接口、收音机、4扬声器、灵犀LED前照灯组合、前照灯高度调节功能、灯光延时关闭系统(伴我回家功能)、LED日间行车灯、电动调节外后视镜(加热除霜功能)、后风窗深色隐私玻璃、后风窗电加热除霜系统、行李架、运动裙边、运动发泡转向盘、前排座椅4向手动调节、前排座椅头枕前后三段式调节、后排座椅头枕高低调节、双色运动皮质座椅

智享型： 悦享型+双模式电动天窗、G-Link智能车载系统、多功能运动转向盘

尊享型： 智享型+4挡自动

主要车型参数及价格

车型		1.5L MT		1.5L AT
		悦享型	智享型	尊享型
基本参数	长×宽×高(mm)	4050×1692×1465		
	轴距(mm)	2502		
	最小离地间隙(mm)	180		
	整备质量(kg)	1097		1123
	车身材料	钢板		
	车身类型/乘员人数	2厢5门/5		
发动机参数	发动机类型	直列4缸 双顶置凸轮轴 DVVT		
	排量(mL)	1498		
	额定功率[kW/(r/min)]	75/6000		
	最大转矩[N·m/(r/min)]	141/4000±200		
	排放标准	国V		
底盘参数	变速器类型	5挡手动		4挡自动
	驱动类型	前驱		
	悬架系统	前麦弗逊式独立悬架/后扭力梁式非独立悬架		
	制动系统	前后盘式制动器		
	轮胎规格	195/55 R16		
工信部综合工况油耗(L/100km)		5.6		6.3
上市时间		2016年7月6日		
厂家建议价格(万元)		5.29	5.59	6.59

注：厂家建议价格以2016年3～8月为准

吉利汽车
GEELY AUTO

新远景

年度**新上市**车型

2016款远景上市.新款远景的进气格栅有两种设计可供选择，其中自动挡车型为吉利最新的"回"型设计的前格栅，看上去更具质感，其他车型则为黑色条幅设计，此外新车大灯还采用了熏黑处理，底部保险杠依旧延续以前的造型。

主要配置

进取型：全封闭笼型承载式车身、四门防撞钢梁、主副驾驶双气囊、ABS+EBD+BA、ISO-FIX儿童安全座椅固定装置、前排预紧限力式安全带(高度可调)、后排固定式安全带、起步辅助系统、电子防盗报警系统、发动机起动保护功能、可溃缩吸能转向管柱、转向盘转向锁止防盗功能、速度感应车门自动落锁、碰撞车门自动解锁系统、碰撞安全断油系统、带安全阀六层高分子防爆油箱、主驾驶安全带未系语音报警功能、车门未关语音提醒功能、驻车制动未放语音提醒功能、超速报警系统、制动衬片磨损限量报警、车门儿童安全锁、电动空调、四门电动车窗、四门一键降窗、智能遥控钥匙、中控门锁、角度可调式转向管柱、行李舱车内/钥匙遥控开启、收音机、USB、4扬声器、前双臂有骨刮水器、电动调节外后视镜(带加热除霜功能)、后风窗玻璃电加热除霜功能、前照灯电动高度调节、后雾灯、高位制动灯、防炫目内后视镜、时尚炫黑内饰、多功能组合仪表、数字行车电脑、高级织物座椅、前排座椅4向手动调节、前排座椅头枕4向调节、后排座椅头枕高低调节

幸福版：进取型+后倒车雷达、蓝牙功能、手机镜像、GPS导航、高清倒车影像、阳光感应智能前照灯(自动开启)、伴我回家功能、LED日间行车灯、铝合金轮辋、四门车窗镀铬亮条、发动机装饰罩、真皮包裹多功能转向盘、豪华打孔皮质座椅、全包围立体脚垫，AT幸福版增加发动机防盗系统、定速巡航系统、一键起动系统、无钥匙进入系统、人机语言互动系统、水滴涟漪回纹前格栅、前排座椅6向手动调节，1.3T幸福版无起步辅助系统

尊贵型：幸福版+发动机防盗系统、定速巡航系统、一键起动系统、无钥匙进入系统、高清行车记录仪、6扬声器、双模式电动防夹天窗(带自动关闭功能)、豪华棕色内饰、蒙皮软质仪表台、车内氛围灯

主要车型参数及价格

车型		1.5L MT		1.5L AT	1.3T MT	
		进取型	幸福版	幸福版	幸福版	尊贵型
基本参数	长×宽×高(mm)	4590×1734×1470				
	轴距(mm)	2600				
	行李舱容积(L)	480				
	车身材料	钢板				
	车身类型/乘员人数	3厢4门/5				
发动机参数	发动机类型	DVVT智能连续可变进 排气正时系统 直列4缸 双顶置凸轮轴			涡轮增压	
	排量(mL)	1498			1299	
	额定功率[kW/(r/min)]	80/6000			98/5500	
	最大转矩[N·m/(r/min)]	140/4200～4600			185/2000～4500	
底盘参数	变速器类型	5挡手动		智能手自一体	6挡手动	
	驱动类型	前驱				
	悬架系统	前麦弗逊式独立悬架/后纵向摆臂抗扭梁式复合悬架				
	制动系统	前后盘式制动器				
	轮胎规格	195/60 R15	205/55 R16			
上市时间		2016年3月8日				
厂家建议价格(万元)		5.39	5.89	6.69	6.59	6.79

注：厂家建议价格以2016年3～8月为准

主要配置

安全气囊、ABS防抱死制动系统、三点式安全带、可溃缩式转向管柱、防盗报警系统、遥控中控门锁、行车自动锁止系统、斜坡式上车辅助装置、斜梯式上车辅助装置、分体式空调系统、电动升降车窗、单碟CD/收音机、前门扬声器、乘客室1扬声器、车顶外置天线、防炫内后视镜、带停车功能前照灯、前雾灯、绒布座椅、可调节腰部支撑驾驶座椅带头枕

车身颜色：香槟金、激情红、爵士黑、铂金白、皓月白、梦幻蓝、太空灰、天韵蓝

内饰颜色：上浅下深

主要车型参数及价格

	车 型	2.4L汽油手动版	2.4L汽油自动版	2.5L柴油手动版	2.5L柴油自动版
基本参数	长×宽×高(mm)	4566×1783×1823			
	轴距(mm)	2883			
	前/后轮距(mm)	1422/1482			
	前/后悬距(mm)	750/933			
	最小离地间隙(mm)	134			
	油箱容积(L)	50			
	整备质量(kg)	1880	1828	1940	
	车身材料	钢板			
	乘员人数	5			
发动机参数	发动机型号/类型	4G69S4N/直列4缸		VM 61C/直列4缸	VM 62C/直列4缸
	排量(mL)	2378		2499	
	额定功率[kW/(r/min)]	112/5500	汽油 112/5500 LPG 100/5500	75/3800	
	最大转矩[N·m/(r/min)]	212/4000	汽油 212/4000 LPG 180/4000	240/1800	
	排放标准/建议用油	国Ⅳ/汽油		国Ⅳ/柴油	
底盘参数	变速器类型	5挡手动	6挡自动	5挡手动	5挡自动
	驱动类型	前置后驱			
	悬架系统	前螺旋弹簧双摆臂独立悬架/后螺旋弹簧带拖曳臂非独立悬架			
	制动系统	前通风盘式/后鼓式制动器			
	轮胎规格	175R 16C			
性能	最高车速(km/h)	147	161	137	
	90km/h等速油耗(L/100km)	8.8	–	8.1	8.3
工信部综合工况油耗(L/100km)		10.8	10.9	8.7	9.2
上市时间		2009年6月	2012年5月	2009年6月	
厂家建议价格(万元)		20.8	22.8	21.8	22.8

注：厂家建议价格以2016年3～8月为准

海景
ENGLON

主要配置

进取型：笼形承载式安全车身、ABS+EBD、前排安全带高度可调、安全带未系警示功能、后车门儿童安全锁、转向器锁止防盗装置、双向可溃缩转向机柱、速度感应型自动车门锁止系统、车门未关报警系统、制动片磨损限量报警、电控空调、四门电动车窗(主驾一键下降)、遥控折叠钥匙、中控门锁、行李舱内拉线带钥匙开启、加油口盖内拉线开启、行车电脑、高品质2扬声器、熏黑双层前照灯、前照灯高度电动调节、后雾灯、一体式后尾灯、高位制动灯、前风挡刮水器、电动调节外后视镜(带LED侧转向灯/加热除霜)、四门白色钢化玻璃、镀铬门外把手、后风窗玻璃电热除霜、防炫目内后视镜、LED自发光式仪表、镀铬门内把手、上下可调四辐转向盘、驾驶席4向手动调节座椅、副驾驶席4四向手动座椅、高级织物座椅

精英型：进取型+前排双安全气囊、前排预紧限力三点式安全带、倒车雷达、吉利手机交互系统(收音机+蓝牙+USB+手机镜像)、高品质4扬声器、前照灯伴我回家、前照灯自动开启功能、LED日间行车灯、多功能真皮包裹转向盘、豪华打孔皮质座椅

车身颜色：冰晶白、流光金、珊瑚红、宝石蓝、墨玉黑、云母红

主要车型参数及价格

车型		1.5L MT	
		进取型	精英型
基本参数	长×宽×高(mm)	4692×1725×1485	
	轴距(mm)	2602	
	前/后轮距(mm)	1482/1462	
	最小离地间隙(mm)	150	
	油箱/行李舱容积(L)	50/560	
	车身材料	钢板	
	车身类型/乘员人数	3厢4门/5	
发动机参数	发动机型号/类型	直列4缸 16气门 双顶置凸轮轴 DVVT多点电子喷射	
	排量(mL)	1498	
	额定功率[kW/(r/min)]	80/6000	
	最大转矩[N·m/(r/min)]	140/4000	
	排放标准	国V	
底盘参数	变速器类型	5挡手动	
	驱动类型	前驱	
	悬架系统	前麦弗逊式独立悬架/后扭力梁式悬架	
	制动系统	前通风盘式/后盘式制动器	
	轮胎规格	195/60 R15	
性能	最高车速(km/h)	165	
上市时间		2015年5月25日	
厂家建议价格(万元)		5.19	5.69

注：厂家建议价格以2016年3～8月为准

众泰控股集团有限公司 Zotye Holding Group Co.,Ltd.

Z300　Z100

Z300

主要配置

驾值版

舒适型： 前排双安全气囊、ABS+EBD、制动优先系统、发动机防盗锁止系统、车身防盗报警系统、安全带未系提示、车速落锁功能、承载式高强度笼式车体结构+行人保护设计、发动机碰撞整体下沉技术、4门防撞钢梁、后门儿童安全锁、可溃缩式转向管柱、一体式遥控折叠钥匙、遥控停车方位提醒(双按)、遥控中央门锁、车灯灯泡失效警报显示、ECU电子控制单元、CAN-BUS总线、手动空调、4门电动车窗、行车电脑、FM/AM+USB接口(支持MP3)、2扬声器、锐利前照灯、精炫前/后雾灯、LED后尾灯、前排双无骨刮水器、电动调节外后视镜(带侧转向灯)、后窗除霜器、双翼式镀铬格栅、前照灯高度可调、前照灯Follow me home功能、车辆位置寻找灯、高位制动灯、防炫内后视镜、人体工程学座椅、织物面料座椅、前排座椅手动4向调节、无纺布顶饰内饰、转向盘高度可调、发泡转向盘

精英型： 舒适型+倒车雷达、4扬声器、皮质面料座椅、驾驶席座椅手动6向调节，AT精英型增加变速器雪地驾驶模式调节

都市版

豪华型： 精英型+ISOFIX儿童座椅固定系统、无机芯导航(集成MP5+FM/AM+USB+GPS+倒车影像)、发泡转向盘带音响控制功能、日间行车灯、外后视镜加镀铬装饰、车窗镀铬饰条、金属质感迎宾踏板、针织布顶饰内饰、4门内饰板局部皮质材料，AT豪华型增加变速器雪地驾驶模式调节

尊贵型： 豪华型+前排侧安全气囊、前/后排头部安全气帘、预紧限力式安全带、自动恒温空调、内藏式电动天窗、6扬声器、DVD导航(集成MP5+FM/AM+USB+GPS+倒车影像)、真皮包裹转向盘带音响控制功能、前内门护板右下角踏步灯，AT尊贵型增加变速器雪地驾驶模式调节

新视界版

豪华型： 都市版 豪华型+钥匙带后背门遥控开启按键、后背门电动开启、DRL日间行车灯、LED导光带技术尾灯，AT豪华型增加变速器雪地驾驶模式调节

尊贵型： 豪华型+前排侧安全气囊、前/后排头部安全气帘、预紧限力式安全带、自动恒温空调、内藏式电动天窗、6扬声器、DVD导航(集成MP5+FM/AM+USB+GPS+倒车影像)、真皮包裹转向盘带音响控制功能、前内门护板右下角踏步灯，AT尊贵型增加变速器雪地驾驶模式调节

车身颜色： 慕尼黑、萨丁白、苏黎世银、吉祥红、塞维利亚红、伦敦灰

主要车型参数及价格

	车型	驾值版			都市版				新视界版			
		1.5L 5MT		1.6L 4AT	1.5L 5MT		1.6L 4AT		1.5L 5MT		1.6L 4AT	
		舒适型	精英型	精英型	豪华型	尊贵型	豪华型	尊贵型	豪华型	尊贵型	豪华型	尊贵型
基本参数	长×宽×高(mm)	4565×1766×1486							4598×1766×1486			
	轴距(mm)	2700										
	前/后轮距(mm)	1532/1530										
	前/后悬距(mm)	895/970							909/989			
	最小离地间隙(mm)	150										
	油箱/行李舱容积(L)	55/457										
	整备质量(kg)	1321	1275	1325	1275		1325		1275		1325	
	车身材料	钢板										
	车身类型/乘员人数	3厢4门/5										
发动机参数	发动机型号	TNN4G15A	三菱4A91S	三菱4A92S	三菱4A91S		三菱4A92S		三菱4A91S		三菱4A92S	
	发动机类型	i-VVT	MIVEC									
	排量(mL)	1499		1590	1499		1590		1499		1590	
	额定功率[kW/(r/min)]	82/6000	83/6000	90/6000	83/6000		90/6000		83/6000		90/6000	
	最大转矩[N·m/(r/min)]	143/4000	141/4000	151/4000	141/4000		151/4000		141/4000		151/4000	
	排放标准/建议用油	国V/93#汽油	国IV/93#汽油									
底盘参数	变速器类型	5挡手动		4挡自动	5挡手动		4挡自动		5挡手动		4挡自动	
	驱动类型	前驱										
	悬架系统	前麦弗逊式悬架带横向稳定杆/后拖曳臂式悬架带横向稳定杆										
	制动系统	前通风盘式/后实体盘式制动器										
	轮胎规格	195/65 R15			205/55 R16							
性能	最高车速(km/h)	172		175	172		175		172		175	
	0~100km/h加速时间(s)	12.9		13.9	12.9		13.9		12.9		13.9	
工信部综合工况油耗(L/100km)		6.7		7.3	6.7		7.3		6.7		7.3	
改款时间		2012年5月		2013年3月	2013年10月				2014年7月			
厂家建议价格(万元)		5.8999	6.1999	7.6999	6.6999	7.1999	8.1999	8.6999	6.8499	7.3499	8.3499	8.8499

注：厂家建议价格以2016年3～8月为准

Z100

主要配置

标准型：安全带未系提示、车身防盗系统、儿童座椅固定装置、中控门锁、手动空调、行车电脑(行车时间显示、瞬时油耗显示、平均油耗显示、平均车速显示、维修显示)、前电动/后手动车窗、车灯泡失效警报显示、收音机+MP3接口、2扬声器、高位制动灯、钢制轮辋、手动调节外后视镜、前照灯高度可调、针织座椅、副驾驶遮阳板带化妆镜

舒适型：标准型+EPS电动助力转向系统、遥控钥匙、前/后电动车窗、电动调节外后视镜、前照灯带follow me home功能

精英型：舒适型+前排安全气囊、ABS+EBD、车速落锁、倒车雷达、前雾灯、铝合金轮辋

车身颜色：凯旋红、都灵银、苹果苏、纯情白

主要车型参数及价格

车型		1.0L 5MT		
		标准型	舒适型	精英型
基本参数	长×宽×高(mm)	3559×1620×1476		
	轴距(mm)	2360		
	前/后轮距(mm)	1405/1400		
	整备质量(kg)	898		
	车身材料	钢板		
	车身类型/乘员人数	2厢4门/5		
发动机参数	发动机型号	TNN3G10K		
	发动机类型	直列3缸		
	排量(mL)	998		
	额定功率[kW/(r/min)]	50/6200		
	最大转矩[N·m/(r/min)]	90/3500~4000		
	排放标准	国Ⅳ		
底盘参数	变速器类型	5挡手动		
	驱动类型	前置前驱		
	悬架系统	前麦弗逊式独立悬架带横向稳定杆/后拖曳臂式半独立悬架带横向拉杆		
	轮胎规格	165/60 R14 75T/75H		
性能	最高车速(km/h)	150		
工信部综合工况油耗(L/100km)		5.3		
上市时间		2013年9月22日		
厂家建议价格(万元)		2.9999	3.1999	3.4999

注：厂家建议价格以2016年3~8月为准

奇瑞汽车股份有限公司 Chery Automobile Corporation Limited

艾瑞泽7　艾瑞泽5　艾瑞泽3　奇瑞E3　新QQ

艾瑞泽7 ARRIZO

艾瑞泽7是奇瑞迎战合资品牌的巅峰之作。这款国际化品质的中级轿车，基于奇瑞iAUTO均衡智造技术平台打造，凝聚了国际化研发团队的顶尖智慧，并历经严酷的品质考验。自上市以来，获得消费者和业界的无数赞誉。被网友称为"最有德国味儿的国产汽车"。

其超高转矩的1.5T涡轮增压引擎，提供百公里9.9s的加速性能；后多连杆独立悬架，由英国莲花精心调校，可以80km/h平稳过弯；能承受15t重压的豪车级热成型钢，全身7处关键部位运用，造就5星安全；2700mm越级超长轴距，营造惬意驾乘空间。

主要配置

致领版：前排安全气囊、ABS+EBD、前排安全带高度可调、前排三点限力式安全带、车身防盗报警系统、发动机电控防盗系统、倒车雷达、前门开启反射警示功能、紧急制动频闪&转向优先功能、儿童安全门锁、遥控门锁、ISO-FIX儿童座椅安全锁扣装置、钥匙未取警报功能、中控门锁、遥控/电动开启行李舱、液压杆行李舱支撑、四门电动车窗、电动空调、行车电脑显示屏、维护提示、瞬时油耗显示、USB接口、收音机、2个扬声器、无骨刮水器、LED尾灯、前照灯延时关闭、前照灯高度电动调节、LED高位制动灯、外后视镜电动调节集成LED转向灯、前/后风窗除霜/除雾功能、驾驶席侧双曲率外后视镜、手动防炫内后视镜、转向盘角度调节、针织座椅面料、驾驶席座椅手动4向调节，1.6DVVT-CVT/1.5MT增加定速巡航、多功能转向盘

致尚版：致领版+可视倒车影像系统带静态辅助线、电动天窗、7英寸触摸式显示屏、车载蓝牙系统、SD卡接口、ipod接口、无机芯DVD、4个扬声器、前雾灯、弯道辅助照明系统、皮质面料座椅、真皮转向盘套、多功能转向盘，1.6DVVT-CVT/1.5MT增加定速巡航

致享版：致尚版+ESP车身稳定控制系统、EBA制动辅助系统、ASR牵引力控制系统、HHC坡道辅助系统、可视倒车影像系统带动态辅助线、胎压监测系统、一键起动、无钥匙进入、发动机装饰罩、四门车窗防夹、遥控/一键升窗、自动空调、驾驶席座椅手动6向调节，1.6DVVT-CVT/1.5MT增加定速巡航

致尊版：致享版+前排侧安全气囊、侧安全气帘、前排三点预紧限力式安全带、副驾驶安全带未系提醒装置、定速巡航、Telematics、驾驶席座椅电动6向调节、驾驶席手动腰部支撑、前排座椅电加热功能

车身颜色：象牙白、钻石银、琥珀棕、烈焰红、铂金灰、黴墨黑

内饰颜色：米色、黑色

主要车型参数及价格

车型		1.6DVVT-MT			1.6DVVT-CVT			1.5TCI-MT			
		致领版	致尚版	致享版	致领版	致尚版	致享版	致领版	致尚版	致享版	致尊版
基本参数	长×宽×高(mm)	4652×1825×1483									
	轴距(mm)	2700									
	前/后轮距(mm)	1550/1540									
	最小离地间隙(mm)	127									
	油箱/行李舱容积(L)	50/455									
	整备质量(kg)	1350			1395			1396			
	车身材料	钢板									
	车身类型/乘员人数	3厢4门/5									
发动机参数	发动机型号	ACTECO-SQRE4G16						ACTECO-SQRE4T15			
	发动机类型	直列4缸 16气门 双顶置凸轮轴 多点电喷汽油机(Dual VVT)						直列4缸 16气门 双顶置凸轮轴 多点电喷涡轮增压汽油机(TCI Dual VVT)			
	排量(mL)	1598						1498			
	额定功率[kW/(r/min)]	93/6150						112/5500			
	最大转矩[N·m/(r/min)]	160/3900						205/2000~4000			
	排放标准	国Ⅴ			国Ⅳ、国Ⅴ			国Ⅴ			
底盘参数	变速器类型	MT			CVT			MT			
	驱动类型	前驱									
	悬架系统	前麦弗逊式悬架/后多连杆式悬架									
	制动系统	前通风盘式/后盘式制动器									
	轮胎规格	205/55 R16									205/50 R17
性能	最高车速(km/h)	185			180			200			
工信部综合工况油耗(L/100km)		5.9			7.6			6.9			
上市时间		2013年7月									
厂家建议价格(万元)		7.29	7.99	8.85	8.29	8.99	9.85	7.99	8.69	9.55	10.45

注：厂家建议价格以2016年3～8月为准

艾瑞泽5 ARRIZO

年度新上市车型

青春就要亮出本色，青春就要一路领跑。艾瑞泽5潮流现代的造型设计尽显精致颜值，帮你瞬间捕获艳羡目光；Cloudrive2.0智云互联行车系统带来全车全时极速4G Wi-Fi覆盖，让你时时在线活在网上，更有VOS全时语音在线智能交互融合全网云端技术让智慧大屏100%懂你所说，海量资讯服务尽享不停，DDS运动化操控系统，更以卓越德国运动化底盘调校让你尽享驾驶乐趣。

全时互联高性能中级车，艾瑞泽5领跑上市。

主要配置

智效领动版： MEC矩阵式轻量化高强度车身、前排安全气囊、ABS防抱死制动系统、EBD电子制动力分配系统、ESP博世9.0车身电子稳定系统、EBA制动辅助控制系统、TCS牵引力控制系统、TPMS数显胎压监测系统、泊车雷达仪表显示、后车门儿童安全锁、感应式自动落锁功能、前排高度可调安全带、车身防盗系统、发动机电子防盗系统、驾驶席安全带未系提醒装置、紧急制动频闪、双闪转向优先功能、一键设置智能超速提醒、车门/行李舱未关提醒、钥匙遗忘拔警报装置、定速巡航、遥控钥匙、高灵敏倒车雷达、驾驶席一键升窗、智能电动空调、四门电动车窗(一键升降)、ISO-FIX儿童座椅安全锁扣装置、ISS智能高效起停技术、AMS能量回收管理系统、换挡提醒装置(升降挡提示)、遥控电动开启行李舱、3.5英寸智能行车电脑显示屏、FM/AM收音机、高保真4扬声器、外部USB接口、酷黑高亮钢琴烤漆格栅、投射式白眉熏黑光导前照灯、LED日间行车灯、飞翼式LED炫彩光导尾灯、铝合金轮辋、间歇式可调式博世无骨静音刮水器、外后视镜集成LED转向灯、鲨鱼鳍天线、LED高位制动灯、电动调节外后视镜、前照灯高度可电动可调、前照灯带我寻车、前照灯伴我回家功能、集成式钻型精控转向盘、多功能转向盘、手动防炫目内后视镜、高级织物座椅、前排座椅4向手动调节、双炮筒运动仪表，CVT增加ECO经济驾驶模式

领尚版： 智效领动版+120±5km/h超速报警、手动空调、高保真2扬声器、行李电脑显示屏、精致轮辋、飞翼式LED炫彩光导尾灯，无TPMS数显胎压监测系统、高灵敏倒车雷达、泊车雷达仪表显示、发动机电子防盗系统、定速巡航、ISS智能高效起停技术、AMS能量回收管理系统、换挡提醒装置(升降挡提示)、多功能真皮包裹运动转向盘

领潮版： 领尚版+高灵敏倒车雷达、泊车雷达仪表显示、发动机电子防盗系统、换挡提醒装置(升降挡提示)、一键设置智能超速提醒、定速巡航、智能电动空调、3.5英寸智能行车电脑显示屏、高保真4扬声器、LED日间行车灯、手套箱带阻尼、高级软触仪表台、高级皮质座椅、驾驶席座椅6向手动调节、多功能真皮包裹运动转向盘，CVT增加ECO经济驾驶模式

领锐版： 领潮版+一键双模式防夹电动天窗、Cloudrive1.0智云互联行车系统，CVT增加ECO经济驾驶模式

领臻版： 领锐版+前排侧安全气囊、侧安全气帘、副驾驶席安全带未系提醒装置、智能一键起动系统、智能无钥匙进入系统、锁车一键自动升窗、四门一键升窗带防夹、Cloudrive2.0智云互联行车系统、高保真6扬声器，CVT增加ECO经济驾驶模式

领尊版： 领臻版+ECO经济驾驶模式、电子驻车制动、3.5英寸智能TFT全彩电脑显示屏、氙气前照灯、电动折叠外后视镜、前排座椅电加热、驾驶席座椅8向电动调节、智能内后视镜

车身颜色： 倾城蓝、俊逸白、悦目银、魅影红、惊鸿棕、秀色金

内饰颜色： 潮尚酷黑

主要车型参数及价格

车型		1.5DVVT-MT	1.5DVVT-CVT	1.5DVVT-MT				1.5DVVT-CVT			
		智效领动版	智效领动版	领尚版	领潮版	领锐版	领臻版	领潮版	领锐版	领臻版	领尊版
基本参数	长×宽×高(mm)	4572×1825×1482									
	轴距(mm)	2670									
	前/后轮距(mm)	1556/1542									
	最小离地间隙(mm)	157									
	油箱/行李舱容积(L)	48/430									
	整备质量(kg)	1229	1265					1297			
	车身材料	钢板									
	车身类型/乘员人数	3厢4门/5									
发动机参数	发动机型号/类型	SQRE4G15B/直列4缸 16气门 双顶置凸轮轴 自然吸气 DVVT									
	排量(mL)	1499									
	额定功率[kW/(r/min)]	85/6150									
	最大转矩[N·m/(r/min)]	141/3800									
	排放标准	国V									
底盘参数	变速器类型	5挡手动	7挡自动	5挡手动				7挡自动			
	驱动类型	前驱									
	悬架系统	前麦弗逊式独立悬架/后扭转梁式半独立悬架									
	制动系统	前通风盘式/后盘式制动器									
	轮胎规格	205/55 R16		195/65 R15	205/50 R17						
性能	最高车速(km/h)	185	180	185				180			
工信部综合工况油耗(L/100km)		5.4	5.6	5.7				5.9			
上市时间		2016年3月18日									
厂家建议价格(万元)		6.69	7.49	5.89	6.39	6.99	7.99	7.19	7.79	8.79	9.79

注：厂家建议价格以2016年3～8月为准

艾瑞泽3 ARRIZO

主要配置

够真版：前排双安全气囊、ABS+EBD、前排安全带高度可调、前排三点预紧限力式安全带、后排左右/中间三点式安全带、驾驶席安全带未系提醒装置、车身防盗报警系统、驻车制动未解除报警提示音、紧急制动频闪功能、儿童安全门锁、遥控门锁、遥控降窗、钥匙未拔报警提示、四门电动车窗、中控门锁、遥控开启行李舱、电动开启行李舱、扭杆弹簧行李舱支撑、ISOFIX儿童安全座椅固定装置、手动空调、行车电脑显示屏、USB接口、收音机、4个扬声器、德国BOSCH大视角超静音无骨刮水器、鲨鱼鳍天线、前雾灯、透镜式鹰眼前照灯、前照灯高度电动调节、FOLLOW ME HOME伴我回家功能、高位制动灯、前/后风窗除霜/除雾功能、双色炫酷LED多功能集成后视镜、手动防炫内后视镜、舒适织物座椅、前排座椅手动4向调节、瞬时油耗显示、自发光电子指针仪表、仪表维护提示、炫黑喷漆中控面板、PU转向盘、转向盘角度调节

够劲版：够真版+发动机电控防盗系统、发动机装饰罩、倒车雷达、可视倒车影像系统带静态辅助线、超大7英寸多功能影音娱乐导航系统、触摸式显示屏、车载蓝牙系统、SD卡接口、iPod接口、无机芯DVD、钢琴烤漆中控面板、真皮包裹多功能集成式转向盘，1.5AT增加定速巡航、真皮包裹多功能集成式转向盘(巡航)

够酷版：够劲版+副驾驶安全带未系提醒装置、内藏式防夹电动天窗、6个扬声器、人体工学包裹式皮座椅、前排座椅手动6向调节，1.5AT增加定速巡航、真皮包裹多功能集成式转向盘(巡航)

车身颜色：清新白、极客银、妙趣棕、热赞红、潮暴灰、神秘黑

内饰颜色：酷尚深色

主要车型参数及价格

车型		1.5 MT			1.5 AT	
		够真版	够劲版	够酷版	够劲版	够酷版
基本参数	长×宽×高(mm)	4458×1755×1493				
	轴距(mm)	2572				
	前/后轮距(mm)	1494/1495				
	最小离地间隙(mm)	120(满载)				
	油箱/行李舱容积(L)	42/502				
	整备质量(kg)	1206			1225	
	车身材料	钢板				
	车身类型/乘员人数	3厢4门/5				
发动机参数	发动机型号	ACTECO-SQRD4G15			ACTECO-SQRD4G15C	
	发动机类型	直列4缸 16气门 单顶置凸轮轴 多点电喷汽油机				
	排量(mL)	1497				
	额定功率[kW/(r/min)]	80/6000				
	最大转矩[N·m/(r/min)]	140/3000				
	排放标准	国Ⅳ、国Ⅴ			国Ⅴ	
底盘参数	变速器类型	MT			AT	
	驱动类型	前驱				
	悬架系统	前麦弗逊式悬架/后扭力梁式悬架				
	制动系统	前通风盘式/后鼓式制动器				
	轮胎规格	185/60 R15				
性能	最高车速(km/h)	190			165	
工信部综合工况油耗(L/100km)		5.9			6.8	
上市时间		2014年11月27日				
厂家建议价格(万元)		5.79	6.29	6.69	7.09	7.49

注：厂家建议价格以2016年3～8月为准

奇瑞E3

奇瑞E3是在奇瑞全新品牌形象下，针对A0级市场打造的最新车型。它严格遵循“V字形”正向开发流程，将时尚的设计理念赋予其中！丰富越级实用配置，出色安全防护以及超级超大空间，让E3更适合公务出行。造型上采用立体冰刀式双腰线车身，Eagle-Eye菱形透镜光导前照灯，名师设计尽显大气。超越同级的超大车内空间，让乘坐体验更舒适；激光焊接高强度一体式笼型车身，更高强度让出行更安全。

主要配置

趣尚型：驾驶席安全气囊、激光焊接高强度一体式笼形车身、ABS+EBD主动安全系统、前排高度可调三点限力式安全带、驾驶席安全带未系报警功能、高强度侧门防撞杆、车身电控防盗系统、儿童安全座椅固定装置、电动开启行李舱、高灵敏液压助力转向系统、四门玻璃电动升降、中央遥控门锁、多功能折叠钥匙、秒速级速效大功率空调、多功能行车电脑、电调收音机、USB多媒体数字播放接口、2个扬声器、Eagle-Eye菱形透镜光导前照灯、42颗质感高亮LED尾灯、防炫内后视镜、转向盘角度可调、便捷式前排中央护手箱、人体工程学高包覆性绒布座椅、Free-Style6/4可翻转后排座椅

风尚型：趣尚型+副驾驶安全气囊、四探头后倒车雷达、发动机装饰罩、4个扬声器、前雾灯带动感飞翼饰条、New-fashion电加热电动后视镜

智尚型：风尚型+双探头前泊车雷达、三色预警高清可视泊车系统、超大7英寸影音娱乐、蓝牙通信触控屏、影院级影音娱乐系统、NAVI卫星导航系统、多功能缝线真皮包裹转向盘、人体工程学高包覆性皮座椅

实尚型：智尚型+TPMS胎压监测系统、双模式内开启防夹天窗、四门玻璃电动升降带防夹功能、遥控自动升窗

车身颜色：碳晶黑、灵动灰、钛辉银、冰川白、热力红、可可棕、太古金

内饰颜色：米色

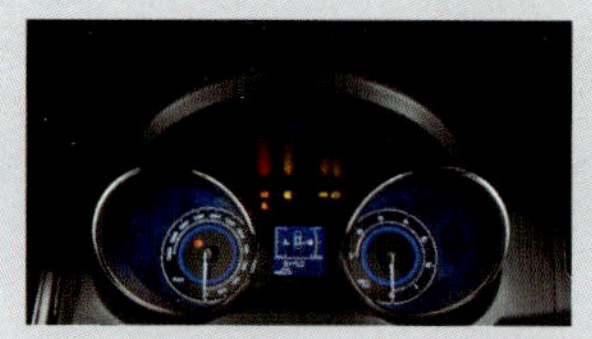

主要车型参数及价格

	车型	1.5-MT			
		趣尚型	风尚型	智尚型	实尚型
基本参数	长×宽×高(mm)	4450×1748×1493			
	轴距(mm)	2570			
	前/后轮距(mm)	1494/1492			
	最小离地间隙(mm)	151(空载)			
	油箱容积(L)	42			
	整备质量(kg)	1208			
	车身材料	钢板			
	车身类型/乘员人数	3厢4门/5			
发动机参数	发动机型号/类型	ACTECO-SQRD4G15/直列4缸 16气门 单顶置凸轮轴 多点电喷汽油机			
	排量(mL)	1497			
	额定功率[kW/(r/min)]	80/6000			
	最大转矩[N·m/(r/min)]	140/4500			
	排放标准	国V			
底盘参数	变速器类型	5挡手动			
	驱动类型	前驱			
	悬架系统	前麦弗逊式独立悬架/后扭转梁式半独立悬架			
	制动系统	前盘式/后鼓式制动器			
	轮胎规格	185/60 R15			
性能	最高车速(km/h)	175			
	60km/h等速油耗(L/100km)	4.6			
工信部综合工况油耗(L/100km)		6.3			
上市时间		2013年8月			
厂家建议价格(万元)		5.29	5.69	6.09	6.49

注：厂家建议价格以2016年3～8月为准

主要配置

活力版： 高强度侧门防撞杆、可溃式吸能转向管柱、安全带未系声光提醒、液压助力转向、中央遥控门锁、4门未紧闭安全提示、手动冷暖空调、智能化维护提示、智能化瞬时油耗显示、前门电动车窗、两波段收音一体机、USB数字播放接口(带充电功能)、高保真2扬声器、电动调节钻石shining前照灯、日间行车灯、安全警示高位制动灯、钢轮辋、高包覆性针织座椅、指针仪表、驾驶座椅4向调节、人性化可调前排头枕、可放倒后排座椅、顶置前阅读灯

快乐版： 活力版+语音泊车辅助系统、后门电动车窗、动感5辐铝合金轮辋、后刮水器、后风窗加热除霜功能、宽视野电调后视镜、活力自发光数字化仪表

时尚版/巡航版： 快乐版+前排SRS双安全气囊、博世第九代ABS防抱死制动系统、EBD电子制动力分配系统、高保真4扬声器

车身颜色： 芝士米、可可棕、滨海蓝、罗兰紫、松露白、蔓越红、果粒橙

主要车型参数及价格

车型		1.0–MT			1.0–AT
		活力版	快乐版	时尚版	巡航版
基本参数	长×宽×高(mm)	3564×1620×1527			
	轴距(mm)	2340			
	前/后轮距(mm)	1390/1365			
	最小离地间隙(mm)	130			
	油箱容积(L)	35			
	整备质量(kg)	936			944
	车身材料	钢板			
	车身类型/乘员人数	2厢5门/5			
发动机参数	发动机型号/类型	SQR371F/直列3缸 12气门 双顶置凸轮轴 多点电喷汽油机			
	排量(mL)	998			
	额定功率[kW/(r/min)]	51/6000			
	最大转矩[N·m/(r/min)]	93/3500～4500			
	排放标准	国Ⅳ+OBD、京Ⅴ			国Ⅳ+OBD
底盘参数	变速器类型	5挡手动			5挡手自一体
	驱动类型	前置前驱			
	悬架系统	前麦弗逊式独立悬架/后纵向拖曳臂半独立悬架			
	制动系统	前盘式/后鼓式制动器			
	轮胎规格	165/60 R14			
性能	最高车速(km/h)	150			
	0～100km/h加速时间(s)	13			
	60km/h等速油耗(L/100km)	4.2			
工信部综合工况油耗(L/100km)		5.3			
上市时间		2013年3月			
厂家建议价格(万元)		3.79	3.99	4.29	5.09

注：厂家建议价格以2016年3～8月为准

安徽江淮汽车股份有限公司 Anhui Jianghuai Automobile Co.,Ltd.

全新和悦　和悦A30　和悦A13　悦悦

全新和悦 HEYUE

主要配置

舒适型：前排双辅助安全气囊、ABS制动防抱死系统、EBD电子制动力分配系统、前排预紧三点式安全带、后排三点式安全带、前排安全带未系提醒、后门儿童安全保护门锁、儿童安全座椅接口、行车自动闭锁装置、碰撞后自动解锁装置、后尾门紧急逃离安全开启装置、电子车身防盗系统、发动机防盗系统、溃缩吸能式角度可调转向管柱、驻车制动未放报警、遥控中控门锁、锁车提醒、尾门钥匙遥控解锁、6层高分子防爆油箱、4探头后倒车雷达、制动优先功能、保养提示功能、手动空调、空气调节/花粉过滤系统、前排360度旋转侧出风口、后排中央空调出风口、车载电源、四门电动升降玻璃、行车电脑、收音机、外部音源接口(AUX/USB/iPod)、隐藏式玻璃封装天线、6扬声器环绕式立体音响系统、发动机隔音垫、转向灯优先功能、卤素透镜前照灯、前照灯高度调节、前照灯自动点亮、前/后高璨雾灯、精致镀铬外门把手、前风窗玻璃遮阳彩带、电动外后视镜集成转向灯、后视镜电加热、璨LED+光带菱型组合尾灯、璨LED高位制动灯、双五幅动感轮辋、高贵桃木纹飞翼式中控台及四侧门饰条、四门内把手镶嵌式镀铬、后风窗电热除霜装置、后保险杠吸能垫、前保险杠上吸能垫、超炫360度旋转侧出风口、轿跑式三幅多功能转向盘、高档轿跑式运动操控把柄、双炮筒多功能组合仪表(冷光源常亮)、手动防炫目内后视镜、驾驶席座椅6向调节、后排4/6分可折叠座椅、搪塑工艺安全损控仪表台、四门扶手臂台皮质软包处理、转向盘锁定装置

豪华型：舒适型+TMPS胎压监测系统、自动恒温空调、双模电动天窗、7英寸中控彩色大屏、MP5数智影音+蓝牙电话、GPS导航系统、10扬声器环绕式立体音响系统、前照灯延时关闭(伴我回家)、8璨组合日间行车灯、电子防炫目内后视镜、轿跑式三幅皮质包裹多功能转向盘、针缝打孔透气式皮质运动座椅，1.8L 4AT豪华型增加四探头前驻车防撞雷达、天窗遥控关闭、四门玻璃一键升降/防夹、四门玻璃遥控启闭

豪华智能型：豪华型+PEPS防盗系统、四探头前驻车防撞雷达、无钥匙起动、倒车影像、四门玻璃一键升降/防夹、天窗遥控关闭、四门玻璃遥控启闭

主要车型参数及价格

车型		1.5L 5MT						1.8L 4AT	
		舒适型	舒适型	豪华型	豪华型	豪华智能型	豪华智能型	豪华型	豪华智能型
		国Ⅳ	国Ⅴ	国Ⅳ	国Ⅴ	国Ⅳ	国Ⅴ	国Ⅳ	国Ⅴ
基本参数	长×宽×高(mm)	4590×1765×1465							
	轴距(mm)	2710							
	前/后轮距(mm)	1505/1495							
	最小离地间隙(mm)	170							
	油箱/行李舱容积(L)	55/540							
	整备质量(kg)	1325						1355	
	车身材料	钢板							
	乘员人数	5							
发动机参数	发动机型号	HFC4GB2.3C						4G93D	
	发动机类型	DOHC 直列4缸 16气门 可变气门正时系统(VVT)						DOHC 直列4缸 16气门	
	排量(mL)	1499						1834	
	额定功率[kW/(r/min)]	83/6000						105/6500	
	最大转矩[N·m/(r/min)]	146/4000						165/5000	
	排放标准	国Ⅳ	国Ⅴ	国Ⅳ	国Ⅴ	国Ⅳ	国Ⅴ	国Ⅳ	
底盘参数	变速器类型	5挡手动						4挡自动	
	驱动类型	前驱							
	悬架系统	前麦弗逊式独立悬架带稳定杆/后双连杆式独立悬架带稳定杆							
	制动系统	前后盘式制动器							
	轮胎规格	205/55 R16							
性能	最高车速(km/h)	175							
工信部综合工况油耗(L/100km)		6.6(国Ⅳ)、7.5(国Ⅴ)						7.6	
上市时间		2014年3月21日							
厂家建议价格(万元)		5.98	6.28	6.58	6.88	7.28	7.58	7.88	8.58

注：厂家建议价格以2016年3～8月为准

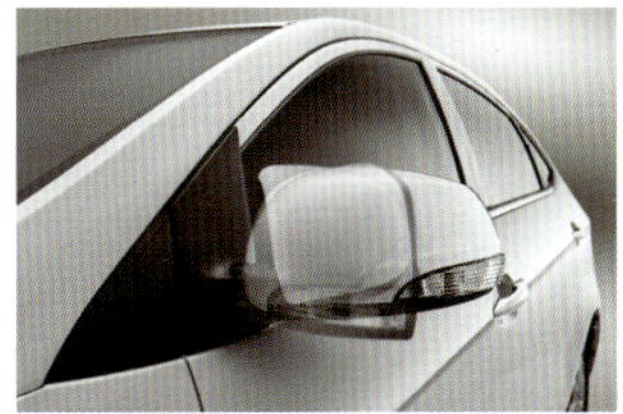

和悦A30 HEYUE

主要配置

舒适型： 符合欧洲ECE行人保护法规车身设计、笼式高强度承载车身、前席双辅助安全气囊、ABS制动防抱死系统、EBD电子制动力分配系统、高强度侧门防撞梁、前后高强度防撞梁、B柱热成型钢板、一体式侧围、ISOFIX儿童座椅固定装置、前排普通安全带、后排三点式安全带(中间两点式)、驾驶席安全带未系提醒、溃缩吸能式角度可调转向管柱、后门儿童安全保护门锁、行车自动闭锁装置、碰撞后自动解锁功能发动机电子防盗系统、电子车身防盗系统、遥控中控锁、折叠钥匙(带寻车功能)、倒车雷达、四门电动玻璃升降器、高效手动空调、智能行车电脑、收音机+USB接口、外部音源接口(AUX/USB/IPOD)、4扬声器系统、隐藏式玻璃揷装天线、后风窗电热除霜装置、高位制动灯、前照灯高度调节、柔性剪切式无骨刮水器、高穿透力前雾灯、电动外后视镜、高亮度组合尾灯、后雾灯、铝合金轮辋、多功能组合开关、手动防炫目内后视镜、驾驶座椅手动4向调节、织布座椅、转向盘锁定装置

豪华型： 舒适型+TPMS胎压监测系统、前排预紧限力式安全带、单碟CD+收音机+USB接口、6扬声器系统、前后保险杠吸能垫、电动外后视镜带加热、多功能转向盘(带音响控制)、组合仪表调光开关、皮质座椅

豪华智能型： 豪华型+侧安全气囊、侧安全气帘、前排安全带高度调节、后排三点式安全带(中间三点式)、副驾驶安全带未系提醒、定速巡航、自动恒温空调、双模电动天窗、GPS导航系统、中控台彩色大屏、蓝牙电话、前照灯延时关闭(伴你回家)、前照灯自动点亮、真皮转向盘、驾驶席座椅手动6向调节

主要车型参数及价格

车型		1.5L MT			1.5L CVT		
		舒适型	豪华型	豪华智能型	舒适型	豪华型	豪华智能型
基本参数	长×宽×高(mm)	4435×1725×1505					
	轴距(mm)	2560					
	前/后轮距(mm)	1470/1460					
	最小离地间隙(mm)	160					
	油箱/行李舱容积(L)	45/550					
	整备质量(kg)	1110					
	车身材料	钢板					
	乘员人数	5					
发动机参数	发动机型号/类型	HFC4GB2.3D/DOHC 直列4缸 16气门 可变气门正时系统(VVT)					
	排量(mL)	1499					
	额定功率[kW/(r/min)]	83/6000					
	最大转矩[N·m/(r/min)]	146/3500~4500					
	排放标准	国Ⅳ、国Ⅴ					
底盘参数	变速器类型	5挡手动			CVT无级变速器		
	驱动类型	前驱					
	悬架系统	前麦弗逊独立悬架/后扭力梁式半独立悬架					
	制动系统	前盘式/后鼓式制动器					
	轮胎规格	185/65 R15					
性能	最高车速(km/h)	180					
工信部综合工况油耗(L/100km)		5.9(国Ⅳ)、6.5(国Ⅴ)			6.2(国Ⅳ)、7.0(国Ⅴ)		
上市时间		2013年11月2日					
厂家建议价格(万元)		国Ⅳ 4.99 国Ⅴ 5.29	国Ⅳ 5.69 国Ⅴ 5.99	国Ⅳ 6.39 国Ⅴ 6.69	国Ⅳ 6.39 国Ⅴ 6.69	国Ⅳ 6.69 国Ⅴ 6.99	国Ⅳ 7.39 国Ⅴ 7.69

注：厂家建议价格以2016年3~8月为准

和悦A13 HEYUE

主要配置

符合欧洲ECE行人保护法规车身设计、笼式高强度承载车身、前席双辅助安全气囊、高强度侧门防撞钢梁、前后高强度防撞钢梁、双面镀锌一体式侧围、前席电子预紧三点式安全带、后席三点式安全带(中间两点式)、ISOFIX儿童安全座椅固定装置、前排安全带未系提示、防撞三级溃缩吸能式角度可调转向管柱、ABS制动防抱死系统、EBD电子制动力分配系统、后门儿童安全保护门锁、行车自动闭锁装置、碰撞后自动解锁功能、电子车身防盗系统、倒车雷达、手动高效空调、四门电动车窗、GPS+蓝牙、MP5+6扬声器、一体式组合前照灯、高穿透力前雾灯、镀铬亮化外拉式门把手、博世无骨刮水器、侧转向灯、电动外后视镜带加热除雾、分体式组合尾灯、后雾灯、LED高位制动灯、铝合金轮辋、镀铬亮化门内把手、后风窗电热除霜装置、亮化钢琴漆扶手盖板、多功能组合开关、多功能转向盘、真皮转向盘套、前排遮阳板(副驾席带化妆镜)、防炫内后视镜、高级环保绒布座椅、前排座椅手动4向调节、4/6分可比例放倒后排座椅、前排高度可调节头枕、后排高度可调节头枕、发动机罩、发动机罩隔音垫、行李舱盖护板、转向盘锁定装置

车身颜色：典雅白、水晶银、拉菲红、珠光黑、钛晶灰、天际蓝

主要车型参数及价格

	车　型	MT 舒适型	MT 豪华型	MT 尊贵型
基本参数	长×宽×高(mm)	4190×1650×1445		
	轴距(mm)	2400		
	前/后轮距(mm)	1420/1410		
	最小离地间隙(mm)	157		
	油箱/行李舱容积(L)	45/458		
	整备质量(kg)	1100		
	车身材料	钢板		
	乘员人数	5		
发动机参数	发动机型号	HFC4GB1.3C		
	发动机类型	直列4缸 16气门 DOHC		
	排量(mL)	1332		
	额定功率[kW/(r/min)]	73/6000		
	最大转矩[N·m/(r/min)]	124/4000		
	排放标准	国Ⅳ		
底盘参数	变速器类型	5挡手动		
	驱动类型	前驱		
	悬架系统	前麦弗逊式独立悬架/后双连杆式独立悬架		
	制动系统	前通风盘/后鼓式制动器		
	轮胎规格	175/65 R14		185/60 R14
性能	最高车速(km/h)	170		
工信部综合工况油耗(L/100km)		5.9		
改款时间		2013年4月		
厂家建议价格(万元)		5.28	5.58	5.88

注：厂家建议价格以2016年3～8月为准

主要配置

舒适型：高刚性抗撞车身、ABS制动防抱死系统、EBD电子制动力分配系统、一体式冲压侧围、高强度侧门防撞安全保护杠、可溃缩吸能转向柱、后门儿童安全保护门锁、行车自动闭锁装置、碰撞后自动解锁功能、电控防盗系统、前后保杠防撞梁、遥控中控锁、车灯延时关闭、转向盘角度可调、发动机罩拉丝开启、尾门拉丝开启、4门电动玻璃升降器、高功率冷暖空调、收音机+USB接口带MP3支持格式、4扬声器、水滴式前照灯、多级式前风窗刮水器、大视野前车窗、晶钻一体式超大后尾灯、后雾灯、LED高位制动灯、海鸥型导流尾翼、钢质轮辋、隐藏式玻璃天线、绣球型多彩中控台、数字发光多功能组合仪表、多功能组合开关、3辐转向盘、防炫内后视镜、运动包裹型座椅4向调节、后排座椅可折叠放平、转向盘锁定装置，2013款悦悦舒适型增加博世无骨刮水器、杆式天线

豪华型：舒适型+前席双辅助安全气囊、前席预紧式安全带、分级蜂鸣提示倒车辅助装置、MP5+USB接口带MP3支持格式、6扬声器、电动外后视镜、高穿透力前雾灯、前风窗玻璃遮阳彩带、铝合金轮辋、后风窗玻璃加热功能、警醒提示门灯，2013款悦悦豪华型增加博世无骨刮水器、杆式天线

车身颜色：钛晶灰、典雅白、拉菲红、珠光黑、天际蓝、水晶银

主要车型参数及价格

车型		悦悦CROSS		2013款悦悦	
		舒适型	豪华型	舒适型	豪华型
基本参数	长×宽×高(mm)	3535×1640×1530		3535×1640×1475	
	轴距(mm)	2390			
	前/后轮距(mm)	1413/1402			
	最小离地间隙(mm)	150			
	油箱/行李舱容积(L)	35/125–400			
	整备质量(kg)	915			
	车身材料	钢板			
	乘员人数	5			
发动机参数	发动机型号	HFC3GB4.C			
	发动机类型	直列3缸 12气门 DOHC 水冷 多点电喷			
	排量(mL)	999			
	额定功率[kW/(r/min)]	50/6000			
	最大转矩[N·m/(r/min)]	88/4000			
	排放标准	国Ⅳ			
底盘参数	变速器类型	5挡手动			
	驱动类型	前驱			
	悬架系统	前麦弗逊式独立悬架/后扭力梁式悬架			
	制动系统	前通风盘式/后制动鼓式制动器			
	轮胎规格	165/65 R14			
性能	最高车速(km/h)	150			
工信部综合工况油耗(L/100km)		5.1			
改款时间		2012年8月		2013年4月	
厂家建议价格(万元)		3.78	4.08	3.88	4.18

注：厂家建议价格以2016年3～8月为准

东南(福建)汽车工业有限公司 South East (Fujian) Motor Corporation Ltd.

三菱：戈蓝　翼神　蓝瑟

戈蓝 GALANT

主要配置

2.0L

精锐版：驾驶/副驾驶座SRS安全气囊、ABS+EBD、后倒车雷达、芯片防盗系统、恒温空调、四门电动车窗、CD、6扬声器、鹰眼晶钻前照灯组、铝合金轮辋、绒布座椅、驾驶座椅6向手动调节、副驾驶座椅手动调节

铭仕版：精锐版+电动天窗、皮质座椅、驾驶座椅8向电动调节

2.4L

尊贵升级版：铭仕版+定速巡航系统、米/棕双色内饰

旗舰升级版：尊贵升级版+前驻车雷达、全彩倒车CCD影像监视系统、胎压侦测系统、多功能信息显示系统、车载蓝牙通信系统、DVD多媒体影音系统、8扬声器、HID氙气前照灯、副驾驶座椅电动调节

车身颜色：纯白色、浅紫灰云母色、琉璃金金属色、冰钻银金属色、峻蓝灰云母色、黑云母色

内饰颜色：米/棕双色、米/黑双色

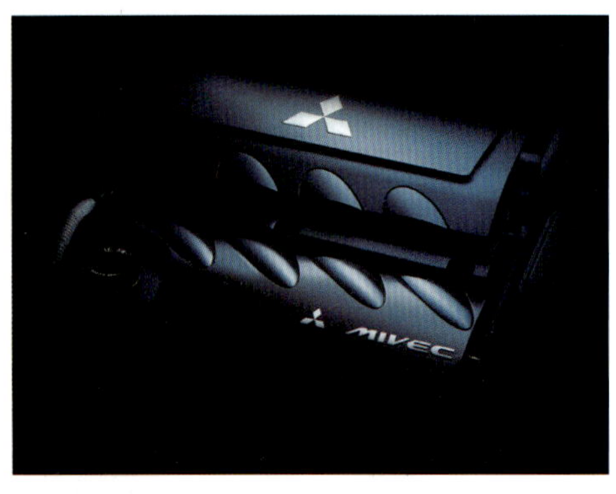

主要车型参数及价格

	车型	2.0L		2.4L	
		精锐版	铭仕版	尊贵升级版	旗舰升级版
基本参数	长×宽×高(mm)	4860×1845×1485			
	轴距(mm)	2750			
	前/后轮距(mm)	1570/1570			
	前/后悬距(mm)	1020/1090			
	最小离地间隙(mm)	140(空载)			
	油箱容积(L)	67			
	整备质量(kg)	1600		1630	
	车身材料	钢板			
	车身类型/乘员人数	3厢4门/5			
发动机参数	发动机型号	三菱4G63S4M		三菱4G69S4N	
	发动机类型	直列4缸 MIVEC气门正时电子控制系统 ETC电子节气门 电子节气阀			
	排量(mL)	1998		2378	
	额定功率[kW/(r/min)]	118/6000		127/5500	
	最大转矩[N·m/(r/min)]	183/4000		213/4000	
	排放标准/建议用油	欧IV/93#及以上汽油			
底盘参数	变速器类型	INVECS Ⅱ 智慧学习型自动变速器+SPORTS-MODE 手自一体变速器			
	驱动类型	前驱			
	悬架系统	前麦弗逊独立式，附防倾平衡杆/后多连杆独立式，附防倾平衡杆			
	制动系统	前通风盘式/后实心盘式制动器			
	轮胎规格	215/60 R16			
性能	最高车速(km/h)	-		185	
	0～100km/h加速时间(s)	-		13.5	
	90km/h等速油耗(L/100km)	-		7.2	
工信部综合工况油耗(L/100km)		9.4		9.7	
改款时间		2012年3月			
厂家建议价格(万元)		14.98	16.18	17.98	19.98

注：厂家建议价格以2016年3～8月为准

翼神 LANCER EX

主要配置

1.8L时尚版

睿智型：前排二级式安全气囊、BAS紧急制动辅助系统、ABS防抱死制动系统+EBD电子制动力分配系统、ESS紧急制动警示系统、BOS制动优先系统、四门防撞钢梁、后防撞钢梁、四门电动车窗、中央控制门锁系统、电子防盗锁止系统、遥控钥匙系统(带遥控行李舱)、全自动恒温空调、粉尘过滤器、防侵入式踏板、智慧型行车电脑、LED高位制动灯、卤素前照灯、车侧转向灯、酷炫后尾灯组(透明)、后雾灯、绿色隔热玻璃、后车窗除雾线、电动调节外后视镜、防炫室内后视镜、转向助力/倾斜可调转向盘、新材质高级织布座椅、驾驶席座椅手动6向调节

舒适型：睿智型+倒车雷达(4探头)、AM/FM收音机、单碟CD播放机、4扬声器、MP3播放功能、USB+AUX接口、车身同色外后视镜、车身同色外开把手、镀铬空调出风口旋钮，舒适型CVT增加前雾灯

1.8L致尚版

豪华型：翼神1.8L时尚版舒适型+驾驶席膝部安全气囊、ASC主动稳定控制系统、TCL牵引力控制系统、智能防夹电动天窗、LED示廓灯、流体式LED钻带后视镜(带电动收折功能)、镀铬车侧装饰件、空调面板镀铬饰件、全新优化运动型真皮座椅，豪华型CVT增加定速巡航装置、智能无钥匙操作系统(无钥匙进入+无钥匙起动)、6扬声器、真皮转向盘套、3辐式转向盘带音响/定速巡航控制键、镁合金材质拔片换挡系统

2.0L致炫版

舒适型：翼神1.8L时尚版舒适型+ASC主动稳定控制系统、TCL牵引力控制系统

旗舰型：翼神1.8L致尚版豪华型+前排座椅侧置安全气囊、前后排一体式侧安全气帘、驾驶席一键升降式防夹电动车窗、HID氙气前照灯带AFS(自适应前照灯系统)、前照灯自动水平调节装置、前照灯感应式自动启闭装置、前照灯延时关闭功能、前照灯清洗器、雨量自动感应可变间歇式刮水器及清洗器、副驾驶座椅电动8向调节

内饰颜色：炫酷黑色、豪华棕色

主要车型参数及价格

车型		1.8L 时尚版			1.8L 致尚版		2.0L 致炫版	
		睿智型MT	舒适型MT	舒适型CVT	豪华型MT	豪华型CVT	舒适型MT	旗舰型CVT
基本参数	长×宽×高(mm)	4570×1760×1490						
	轴距(mm)	2635						
	前/后轮距(mm)	1530/1530						
	最小离地间隙(mm)	150						
	油箱容积(L)	59						
	整备质量(kg)	1335		1365	1335	1365	1360	1400
	车身材料	钢板						
	车身类型/乘员人数	3厢4门/5						
发动机参数	发动机型号	4B10					4B11	
	发动机类型	原装进口 直列4缸 16气门 全铝合金缸体 MIVEC控制系统						
	排量(mL)	1798					1998	
	额定功率[kW/(r/min)]	100/6000					110/6000	
	最大转矩[N·m/(r/min)]	175/4200					197/4200	
	排放标准	国IV、国V						
底盘参数	变速器类型	5挡手动		INVECS-III CVT无级变速 带6挡运动模式	5挡手动	INVECS-III CVT无级变速 带6挡运动模式	5挡手动	INVECS-III CVT无级变速 带6挡运动模式
	驱动类型	前置前驱						
	悬架系统	前麦弗逊式悬架带稳定杆和副车架/后五连杆式悬架带副车架						
	制动系统	前后盘式制动器						
	轮胎规格	205/60 R16						
性能	最高车速(km/h)	200		190	200	190	200	195
	0~100km/h加速时间(s)	11.5		11.6	11.5	11.6	10.6	9.8
工信部综合工况油耗(L/100km)		7.1		7.3	7.1	7.3	7.5	7.8
改款时间		2012年6月						
厂家建议价格(万元)		10.98	11.78	13.08	12.68	14.48	13.08	16.98

注：厂家建议价格以2016年3～8月为准

蓝瑟 LANCER

主要配置

舒适型：智能型前排双SRS安全气囊、CAE高刚性安全车体、ABS防抱死制动系统、EBD电子制动力分配系统、四门防撞钢梁、遥控中控锁、溃缩式转向机柱、前排防颈椎伤害高低可调头枕、前排三点高低可调紧急锁紧式安全带、后排三点(中间两点式)紧急锁紧式安全带、防盗报警器、儿童安全锁、四门电动窗、手动调节空调、整合式高保真CD音响、4高保真扬声器、熏黑晶钻前照灯、高亮度前雾灯、LED高辨识尾灯组、镀铬进气格栅、外拉式车门把手、动感多幅铝合金轮毂、淡色隔热玻璃、后风窗玻璃电加热除雾、电动调节后视镜、室内防炫后视镜、隐藏式天线、倾斜可调式转向盘、高级防滑织布座椅、高档皮质门饰板、驾驶席座椅6向调整

乐购版：舒适型+倒车雷达、单键触控式电动天窗、不锈钢窗框饰条、车身镀铬车侧护条、空气动力学车侧裙摆、不锈钢排气尾管、高档透气皮质座椅、后排中央扶手

S-Design版：乐购版+S-Design版专享黑白双色车身、S-Design版专享进气格栅、空气动力学前后大包围、尾翼、S-SDesign版专享加工铝合金轮毂、S-SDesign版专享方格旗式拉花、S-SDesign版专享红黑内饰、S-SDesign版专享桶型赛车座椅，无倒车雷达

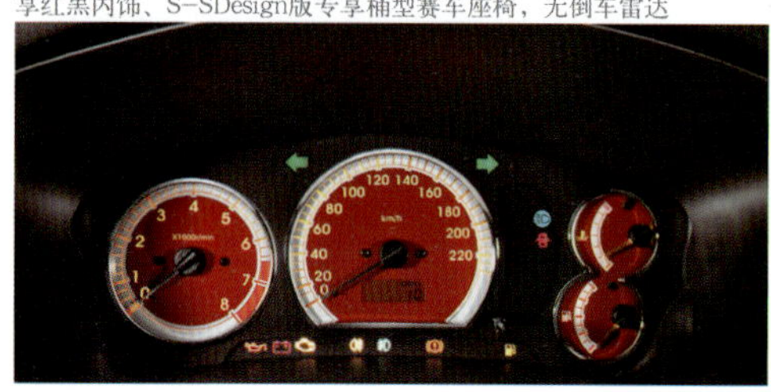

主要车型参数及价格

车 型		1.6L MT		
		舒适型	乐购版	S-Design版
基本参数	长×宽×高(mm)	4400×1700×1415		
	轴距(mm)	2500		
	前/后轮距(mm)	1450/1460		
	最小离地间隙(mm)	120(满载)		
	油箱容积(L)	50		
	整备质量(kg)	1130		
	车身材料	钢板		
	车身类型/乘员人数	3厢4门/5		
发动机参数	发动机类型	三菱1.6L高效低耗发动机		
	排量(mL)	1584		
	额定功率[kW/(r/min)]	100/6000		
	最大转矩[N·m/(r/min)]	136/4500		
	建议用油	93#及以上汽油		
底盘参数	变速器类型	5挡手动		
	驱动类型	前驱		
	悬架系统	前麦弗逊式独立悬架，附防倾平衡杆/后复合式多连杆独立悬架		
	制动系统	前后盘式制动器		
	轮胎规格	195/55 R15		
改款时间		2011年3月		
厂家建议价格(万元)		6.98	7.68	7.68

注：厂家建议价格以2016年3～8月为准

江西昌河铃木汽车有限责任公司 Jiangxi Changhe-Suzuki Automobile Co.,Ltd.

昌河铃木：第五代利亚纳　北斗星X5　北斗星

第五代利亚纳

年度**新上市**车型

两厢

三厢

主要配置

畅想型： ABS+EBD、前排安全气囊、前排预紧三点式安全带、后排三点式安全带、驾驶席安全带未系蜂鸣报警、发动机电子防盗系统、制动优先系统、点火钥匙未拔警示、灯光未关警示、车门未关闭提示、ISOFIX固定装置、遥控钥匙、五门中控锁、儿童安全锁、侧面防撞杆、普通蓄电池、转向锁止、四门电动车窗、电动空调、暖风装置、行车电脑显示、收音机带USB接口、4扬声器、卤素前照灯、日间行车灯、前/后雾灯、高位制动灯、前照灯未关报警装置、前/后刮水器、背门除霜装置、绿色隔热玻璃、窗框黑膜、行李架、后扰流板、外后视镜手动调节、外后视镜带转向灯、组合仪表、组合仪表亮度调节装置、三辐转向盘、多功能转向盘、前后门双侧壁袋、针织座椅、前排座椅4向调节、前排肩高调节器

理想型： 畅想型+倒车影像系统、无钥匙起动、无钥匙进入、定速巡航、自动空调、6.2英寸触摸屏(MP5)、双向手机互联、外后视镜电动调节、PU座椅

主要车型参数及价格

车　型		两厢		三厢
		畅想型	理想型	畅想型
基本参数	长×宽×高(mm)	4290×1720×1600		4436×1720×1545
	轴距(mm)	2480		
	前/后轮距(mm)	1450/1445		
	整备质量(kg)	1150		1140
	车身材料	钢板		
	车身形式/乘员人数	2厢5门/5		3厢4门/5
发动机参数	发动机型号	K14B-G		
	排量(mL)	1372		
	额定功率[kW]	74		
	最大转矩[N·m]	135		
	排放标准/建议用油	国V/93#汽油、京92#汽油		
底盘参数	变速器类型	5挡手动		
	驱动类型	前驱		
	悬架系统	前麦弗逊式独立悬架/后两连杆独立悬架		
	制动系统	前通风盘式/后实心盘式制动器		
	轮胎规格	195/50 R16		
性能	最高车速(km/h)	170		
工信部综合工况油耗(L/100km)		6.2		
上市时间		2016年5月20日		
厂家建议价格(万元)		5.59	6.09	5.49

注：厂家建议价格以2016年3～8月为准

北斗星X5

主要配置

启航版：ABS防抱死制动系统、前排紧急锁止三点式ELR安全带、后排紧急锁止三点式A-ELR安全带、点火钥匙未拔警示、灯光未关警示、儿童安全锁、五门中控锁、无线遥控门锁、四门电动车窗、手动空调、双DIN-CD收音机(带USB及AUX输入)、全音域2扬声器、前排肩高调节器、背门扰流板(含高位制动灯)、前/后雾灯、高位制动灯、前刮水器、行李架、防擦条、印刷式天线、外后视镜手动调节、数字式组合仪表、前排座椅4向调节、前/后排座椅3挡分离式座椅头枕、后排座椅向前折叠、针织座椅

领航版：启航版+驾驶席安全气囊、发动机电子防盗系统、定速巡航、手动空调、蓝色光圈前照灯、后刮水器、背门玻璃除霜装置、外后视镜电动调节、排气管尾端装饰罩、手动防炫目内后视镜

主要车型参数及价格

	车　型	启航版	领航版
基本参数	长×宽×高(mm)	3664×1610×1722	
	轴距(mm)	2485	
	前/后轮距(mm)	1360/1355	
	整备质量(kg)	940	
	车身材料	钢板	
	车身类型/乘员人数	2厢5门/5	
发动机参数	发动机型号	K14B-D	
	排量(mL)	1372	
	额定功率[kW/(r/min)]	71/6000	
	最大转矩[N·m/(r/min)]	120/3600	
	排放标准/建议用油	国V/93(京92)#汽油	
底盘参数	变速器类型	5挡手动	
	驱动类型	前驱	
	悬架系统	前麦弗逊式独立悬架/后单纵摆臂式非独立悬架	
	制动系统	前通风盘式/后实心盘式制动器	
	轮胎规格	175/60 R14	
性能	最高车速(km/h)	150	
工信部综合工况油耗(L/100km)		5.1	
上市时间		2016年6月	2016年8月
厂家建议价格(万元)		4.69	5.19

注：厂家建议价格以2016年3～8月为准

北斗星

主要配置

超值版：前排紧急锁止三点式ELR安全带、后排紧急锁止三点式A-ELR安全带、点火钥匙未拔警示、灯光未关警示、倒车警示、儿童安全锁、四门电动车窗、手动空调、双DIN收音机(带USB及AUX输入)、前门低频2扬声器、盆式电扬声器、前/后雾灯、高位制动灯、前刮水器、拉杆式天线、外后视镜手动调节、前排肩高调节器、数字式组合仪表、平光内后视镜、前排座椅4向调节、前排座椅一挡分离式座椅头枕、后排座椅靠背角度两挡调节、后排座椅向前折叠、后排座椅一挡分离式座椅头枕

超惠版：超值版+五门中控锁、无线遥控门锁、背门玻璃除霜装置、手动防炫目内后视镜、驾驶席座椅下抽匣

主要车型参数及价格

	车型	超值版	超惠版
基本参数	长×宽×高(mm)	3400×1575×1705	
	轴距(mm)	2335	
	前/后轮距(mm)	1360/1355	
	整备质量(kg)	900	
	车身材料	钢板	
	车身类型/乘员人数	2厢5门/5	
发动机参数	发动机型号	K14B-D	
	排量(mL)	1372	
	额定功率[kW/(r/min)]	71/6000	
	最大转矩[N·m/(r/min)]	120/3600	
	排放标准/建议用油	国V/93(京92)#汽油	
底盘参数	变速器类型	5挡手动	
	驱动类型	前驱	
	悬架系统	前麦弗逊式独立悬架/后单纵摆臂式非独立悬架	
	制动系统	前通风盘式/后鼓式制动器	
	轮胎规格	165/65 R13	
性能	最高车速(km/h)	156	
工信部综合工况油耗(L/100km)		5.1	
上市时间		2016年6月	
厂家建议价格(万元)		3.99	4.49

注：厂家建议价格以2016年3～8月为准

海马(郑州)汽车有限公司 Haima(Zhengzhou)Automobile Co.,Ltd.

海马(郑州)汽车有限公司
HAIMA (ZHENGZHOU) AUTOMOBILE CO.,LTD.

海马M6 海马M3

海马M6

主要配置

舒适型： 前排双安全气囊、ABS+EBD、全方位倒车雷达、3H高刚性车身、前后防撞钢梁、四门超高强度钢梁、SFD碰撞系统、前排爆燃式预紧安全带+后排全席三点式安全带、驾驶席胸部保护装置、ISOFIX国际标准儿童座椅接口、中央控制门锁、后门儿童安全锁、遥控钥匙、电动空调、灰尘和花粉过滤器、四门车窗一键升降(带防夹功能)、遥控锁车玻璃自动回位、单碟CD、高保真4扬声器、USB手机充电、翼展式进气格栅、星芒璀亮前照灯、运动型前保险杠、炫酷雾灯、涡扇式铝合金轮辋、车尾鹰羽反光片、铝合金方形双尾喉、运动双圆仪表、运动碳纤维饰条、航空无骨刮水器、日间行车灯、“follow me home”前照灯延时系统、真彩智能行车电脑、绒布座椅、后排座椅4/6折叠，1.5T MT增加人车生态系统(掌中车况大师/全天候紧急援助/远程自助寻车/云端远程控车/远程开/闭锁/call center/一键无线预约)

豪华型： 舒适型+倒车影像、自动空调(带户外温度显示)、GPS智能导航系统、MP5、7英寸电阻液晶大屏、BlueTooth蓝牙系统、高保真6扬声器、人车生态系统(掌中车况大师/全天候紧急援助/远程自助寻车/云端远程控车/远程开/闭锁/call center/一键无线预约)、多功能皮质包裹转向盘、皮质座椅

运动智能型： 豪华型+ESP电子车身稳定系统、TCS牵引力控制系统、HBA制动辅助系统、至in娱乐交互、8英寸电容液晶大屏、内置内存卡

运动尊贵型： 运动智能型+TPMS胎压监测系统、智能钥匙无钥匙进入+发动机一键起动、前排爆燃式预紧安全带+后排全席三点式安全带、后排左侧限力安全带、主动式安全头枕、驾驶席膝部保护装置、驾驶席腰部护理装置

主要车型参数及价格

车型		1.5T MT				1.5T CVT			1.6L MT	
		舒适型	豪华型	运动智能型	运动尊贵型	豪华型	运动智能型	运动尊贵型	舒适型	运动智能型
基本参数	长×宽×高(mm)	4700×1802×1478								
	轴距(mm)	2730								
	整备质量(kg)	1435								1330
	车身材料	钢板								
	车身类型/乘员人数	3厢4门/5								
发动机参数	发动机类型	VVT可变气门正时 E-GAS电控供油 DOHC-双顶置凸轮轴涡轮增压								自然吸气
	排量(mL)	1497							1591	
	额定功率[kW/(r/min)]	120/5500								86.5/6000
	最大转矩[N·m/(r/min)]	223/1800~4000								156/4000
	排放标准/建议用油	国IV								国V
底盘参数	变速器类型	6挡手动				CVT无级变速器			5挡手动	
	驱动类型	前驱								
	悬架系统	前麦弗逊式独立悬架/后多连杆式独立悬架								
	制动系统	前后盘式制动器								
	轮胎规格	205/55 R16								
工信部综合工况油耗(L/100km)		7.7				8.0				7.1
上市时间		2016年								
厂家建议价格(万元)		7.68	8.28	8.88	9.38	9.08	9.68	10.28	6.98	7.98

注：厂家建议价格以2016年3~8月为准

海马M3

年度新上市车型

新款海马M3，新车全系采用1.5L四缸自然吸气发动机，最大输出功率为82kW，最大扭矩为147N·m，传动部分匹配5挡手动或模拟6挡CVT变速器。新款海马M3全系共8款车型，售价为5.58万~8.18万元。

主要配置

时尚型：SRS前排双安全气囊、博世第9代ABS+EBD、前排预紧式安全带、驾驶席安全带未系提醒(声音+可视)、油箱防撞击保护、可溃缩式转向柱、车门未关报警、后门儿童安全锁、ECU发动机防盗、中控门锁、遥控钥匙、手动控制冷暖空调、灰尘和花粉过滤器、四门电动玻璃升降器、AM/FM收音机、单碟CD音响系统、高品质4扬声器、智能行车电脑、智能换挡提醒、翔翼式高亮度前照灯、“follow me home”前照灯延时系统、可折叠式电动调节外后视镜、青春炫彩内饰、驾驶席座椅4向手动调节、驾驶席中央扶手

舒适型：时尚型+倒车雷达系统、行李舱遥控开启、高穿透力前雾灯、发动机装饰罩

舒适型天窗版：舒适型+一键式双层双模式电动天窗

智能舒适型：舒适型天窗版+前排安全带未系提醒(声音+可视)、倒车影像、自动恒温空调、行李舱应急逃生、7英寸液晶触控大屏、手机互联映射、蓝牙、前照灯自动感应、LED日间行车灯、鲨鱼鳍天线、皮质包裹多功能转向盘、皮质座椅、驾驶席座椅6向手动调节、4/6可折叠可翻转座椅

智能豪华版：智能舒适型+SRS侧安全气囊、贯穿式头部气帘、博世第9代ESP、HBA制动辅助系统、TPMS胎压监测系统、无钥匙进入+发动机一键起动、智能钥匙、驾驶席一键升降(带防夹功能)、GPS导航、moofun移动互联人车生态系统、全音域6扬声器、无骨刮水器

主要车型参数及价格

车型		1.5MT					1.5CVT		
		时尚型	舒适型	舒适型天窗版	智能舒适型	智能豪华版	舒适型	智能舒适型	智能豪华型
基本参数	长×宽×高(mm)	4553×1737×1495							
	轴距(mm)	2600							
	前/后轮距(mm)	1470/1470							
	最小离地间隙(mm)	130							
	油箱/行李舱容积(L)	44/450							
	整备质量(kg)	1140					1210		
	车身材料	钢板							
	车身类型/乘员人数	3厢4门/5							
发动机参数	发动机型号/类型	HMA GN15-VF/直列4缸 VVT 16气门 E-Gas电控供油 双顶置凸轮轴 电控多点顺序喷射全铝发动机							
	排量(L)	1497							
	额定功率[kW/(r/min)]	82/6000							
	最大转矩[N·m/(r/min)]	147/4000							
	排放标准	国V、京V							
底盘参数	变速器类型	5挡手动					CVT变速器带6挡手动模式		
	驱动类型	前驱							
	悬架系统	前麦弗逊式独立悬架带稳定杆/后H形扭力梁式悬架带稳定杆							
	制动系统	前盘式/后鼓式制动器(时尚型)、前后盘式制动器							
	轮胎规格	185/60 R15				195/55 R15	185/60 R15		195/55 R15
性能	最高车速(km/h)	170							
工信部综合工况油耗(L/100km)		5.9					6.5		
上市时间		2016年2月23日							
厂家建议价格(万元)		5.58	5.88	6.08	6.48	7.18	6.88	7.48	8.18

注：厂家建议价格以2016年3~8月为准

神龙汽车有限公司 Dongfeng PEUGEOT CITROEN Automobile Co.,Ltd.

东风雪铁龙：C6　C5　全新C4L　全新爱丽舍

东风标致：东风标致508　东风标致408　东风标致308S　东风标致308　新一代308　东风标致301

C6

年度**新上市**车型

2016年10月17日，东风雪铁龙车系中最高级别车型全新C6正式上市。新车共发布5款，售价18.99万~27.99万元。一体式前脸设计，镀铬双人字标识突破边界，向两侧延伸，并与前照灯融为一体，于时尚动感间，赋予前脸高贵优雅的视觉震撼。

令人安心的周全防护，来自全车高强度钢板，以及精密的激光焊接工艺。全车大量采用镀锌钢板，比例接近80%，其中高强度钢板接近50%，最高强度达到1500MPa，最大程度提升车身强度和钢性，为每一段旅程提供周全的安全防护。

主要配置

舒适型：新一代太空舱式高强度车身、前排双安全气囊、前排双侧安全气囊、ABS+EBD、TCS牵引力控制系统、博世9.1版ESP电子稳定系统、HHC坡道辅助系统、HBA紧急制动辅助系统、电子密码防盗系统、四门内置防撞杆和防撞梁、前后排预张紧式安全带(后排两侧安全带为预张紧式)、FSE智能电子驻车制动、发动机下护板、溃缩式转向柱系统、后排ISO-FIX儿童座椅固定装置、电子式儿童门锁、图像式倒车雷达、DAA驾驶员疲劳驾驶提醒功能、智能无钥匙进入及一键起动系统、STOP&START发动机智能起停系统、电子液压助力转向系统、定速巡航+限速器、三键遥控中央门锁(行李舱单独开启)、遥控关闭车窗、双区全自动恒温空调带活性炭过滤器、后排空调左右独立出风口、8英寸彩色高清触摸显示屏、智能手机映射(Apple CarPlay+MirrorLink)、USB接口(前排支持iPod/iPhone)、6扬声器、蓝牙系统、四门防夹一触式电动车窗、电动调节电加热电动折叠外后视镜带转向灯、卤素前照灯、前照灯延时功能、前照灯高度可调、弯道辅助照明、天使翼LED日间行车灯、3D晶炫LED尾灯、前/后雾灯、高位制动灯、防紫外线着色隔热玻璃、车窗四周镀铬装饰、镀铬门把手、不锈钢排气管、多功能集控式转向盘(带音响、定速巡航、限速器、行车电脑控制)、转向盘高度及长度可调、全中文行车电脑、驾驶席座椅6向手动调节、副驾驶座椅4向手动调节、高级织物座椅、真皮转向盘、遮阳板化妆镜照明灯

350THP 豪华型：舒适型+前后贯穿式双侧安全气帘、TPMS智能胎压监测系统、SAM盲区监测系统、防盗报警系统、影像式倒车雷达、前雷达、11扬声器、超重低音、天幕式可开启全景天窗、雨量感应式刮水器、感应式前照灯、前门三层隔音玻璃、驾驶座椅腰部支撑电动调节、驾驶座椅腰部按摩功能、高级真皮座椅、自动防炫目内后视镜、驾驶席座椅10向电动调节、前排座椅加热功能

380THP 豪华型：350THP 豪华型+12.3英寸全液晶彩色数字仪表、GPS智能触屏导航、不锈钢双排气管、副驾驶座椅8向电动调节、后座靠背角度电动可调及后座VIP功能

尊贵型：380THP 豪华型+ACC自适应巡航系统/带跟停功能、AEBS主动紧急制动系统、FCW前方碰撞预警、FD行人识别功能、DBS动态制动辅助系统、LDW车道偏离预警系统、SLI限速智能识别功能、AQS空气质量监控系统、四区全自动恒温空调/带活性炭过滤器/带负离子发生器、Citroen Connect车载互联系统、Wi-Fi无线网络连接、前排4向可调头枕、后排头等舱舒适睡眠头枕、全LED前照灯、LED弯道辅助照明、四门三层隔音玻璃、副驾驶员座椅10向电动调节、前排座椅腰部支撑电动调节、排座椅腰部按摩功能、前排座椅通风功能、高级打孔真皮座椅、前排脚部照明、后排脚部照明

旗舰型：尊贵型+360° 全景泊车辅助系统、Smart Beam智能远近光辅助系统、剧院级DENON 5.1Hi-Fi音响系统、驾驶座椅/外后视镜记忆功能、外后视镜智能倒车辅助系统、后排座椅按摩功能、前排+后排座椅加热功能、前排+后排座椅通风功能、高级进口打孔NAPPA真皮座椅

主要车型参数及价格

	车　型	350THP		380THP		
		舒适型	豪华型	豪华型	尊贵型	旗舰型
基本参数	长×宽×高(mm)	4980×1858×1475				
	轴距(mm)	2900				
	前/后轮距(mm)	1599/1573				
	油箱/行李舱容积(L)	70/429		70/409		
	整备质量(kg)	1590		1655		
	车身材料	钢板				
	车身类型/乘员人数	3厢4门/5				
发动机参数	发动机类型	直列4缸 16气门 涡轮增压 双顶置凸轮轴 缸内直喷发动机 CVVT连续可变气门正时系统				
	排量(mL)	1600		1751		
	额定功率[kW/(r/min)]	123/6000		150/5500		
	最大转矩[N·m/(r/min)]	245/1400~4000		280/1400~4000		
底盘参数	变速器类型	第三代Tiptronic智能6挡手自一体				
	驱动类型	前驱				
	悬架系统	前麦弗逊式独立悬架/后高性能多连杆式独立悬架				
	制动系统	前通风盘式/后实心盘式制动器 真空助力X型双回路				
	轮胎规格	225/55 R17		245/45 R18		
性能	最高车速(km/h)	215		235		
	0~100km/h加速时间(s)	9.7		8.9		
	90km/h等速油耗(L/100km)	5.6		5.7		
工信部综合工况油耗(L/100km)		6.4		6.6		
上市时间		2016年10月17日				
厂家建议价格(万元)		18.99	20.19	21.89	23.99	27.99

注：厂家建议价格以2016年3~8月为准

C5

主要配置

尊悦型： 救生舱式高强度车身、前排双安全气囊、ESP电子稳定系统、TCS+ABS+EBD+EBA、Hill Assist坡道辅助系统、电子式儿童门锁+后排ISO-FIX儿童座椅固定装置、前后排三点式安全带(前排预张紧式)、倒车雷达(图像式)、全自动恒温空调/带活性炭过滤器、四门防夹一触式电动车窗、三键遥控中央门锁(行李舱单独开启)+遥控关闭车窗、USB接口(支持iPod/iPhone)+蓝牙系统、6扬声器、卤素前照灯带弯道辅助照明、LED日间行车灯+双C式LED后尾灯、前照灯高度可调、前照灯延时功能、防紫外线着色隔热玻璃、降噪前风窗玻璃、双电机无骨刮水器、中央固定集控式转向盘(转向盘音响、定速巡航、限速器、行车电脑控制)、驾驶席座椅6向手动调节、副驾驶座椅4向手动调节、前排4向可调头枕、木纹内饰装饰、航空式数字组合仪表、高级织物座椅、真皮包裹转向盘

尊享型： 尊悦型+前排双侧安全气囊、倒车雷达(图像式+影像式)、双区恒温空调、AQS车外空气智能监控系统、7英寸彩色高清触摸显示屏、感应式前照灯、双电机无骨刮水器带雨量感应功能、碳纤维风格内饰装饰、高级进口打孔真皮座椅、驾驶席座椅8向电动调节、副驾驶座椅8向电动调节、驾驶座椅腰部支撑电动调节

尊贵型： 尊享型+前后贯穿式双侧安全气帘、防盗报警系统、四向随动转向HID双氙气前照灯、前照灯高度自动调节、前排加热座椅、碳纤维风格内饰装饰，1.8THP增加GPS智能导航、CITROËNCONNECT车载互联系统

豪华型： 尊贵型+后排双侧安全气囊、TPMS智能胎压监测系统、智能泊车辅助系统(10探头)、Hi-Fi高保真音响系统、9扬声器(带低音炮)、后风窗遮阳帘、驾驶员座椅腰部按摩功能、驾驶座椅/空调/外后视镜三位一体记忆功能、彩色组合仪表、自动防炫目内后视镜

主要车型参数及价格

车型		1.6THP			1.8THP		
		尊悦型	尊享型	尊贵型	尊享型	尊贵型	豪华型
基本参数	长×宽×高(mm)	4805×1860×1458					
	轴距(mm)	2815					
	前/后轮距(mm)	1584/1551					
	油箱/行李舱容积(L)	70/439					
	整备质量(kg)	1580			1615		
	车身材料	钢板					
	车身类型/乘员人数	3厢4门/5					
发动机参数	发动机类型	直列4缸 16气门 涡轮增压 双顶置凸轮轴 缸内直喷发动机 CVVT连续可变气门正时系统 STOP&START发动机智能起停系统					
	排量(mL)	1598			1751		
	额定功率[kW/(r/min)]	123/6000			150/5500		
	最大转矩[N·m/(r/min)]	245/1400～4000			280/1400～4000		
底盘参数	变速器类型	第三代Tiptronic 智能6挡手自一体					
	驱动类型	前驱					
	悬架系统	前麦弗逊式独立悬架/后FML减振韧性多连杆式独立悬架					
	制动系统	前通风盘式/后实心盘式制动器					
	轮胎规格	225/60 R16		225/55 R17			
性能	最高车速(km/h)	215			230		
	0～100km/h加速时间(s)	9.9			8.3		
	90km/h等速油耗(L/100km)	5.5			5.6		
工信部综合工况油耗(L/100km)		6.4					
上市时间		2015年11月			2015年9月29日		
厂家建议价格(万元)		19.29	20.29	21.99	21.29	23.99	24.99

注：厂家建议价格以2016年3～8月为准

全新C4L

年度新上市车型

东风雪铁龙布局中级车市场的重要车型，旗下高性能活力中级车——全新C4L正式上市，售价在13.49万~18.29万元之间，在竞争如此激烈的中级车市场，13.49万起的售价，全新C4L可谓诚意满满，竞争力十足。此次全新C4L共计推出6款车型，分别搭载1.2THP和1.6THP两款排量的发动机，有珠光白、碧玺橙、碳晶黑、玛瑙红、皓月灰5款车身颜色可供选择。

1.2THP涡轮增压直喷发动机堪称杰出的效能标杆。其最大功率在5500转达到100kW，而最大转矩在1750转时，就可达到230Nm。这一表现可与主流1.4T发动机媲美。全新C4L的动力总成实现了全T组合，其科技配置也全面升级，为用户带来了实用、便捷和贴心的舒适驾乘体验。

主要配置

领先型： FSE全时智能电子驻车制动、直感式智能胎压监测系统、博世9.1ESP电子稳定系统(ABS+EBD+ESP+TCS+EBA+HAC)、“太空舱”式立体防护车身(激光焊接顶棚)、前排正面双安全气囊、前排侧面双安全气囊、前排预张紧式高度可调安全带、驾驶安全带未系指示灯和声响报警、后排3点式安全带、后排两侧座位带ISO-FIX儿童座椅固定装置、可溃式转向柱、可视倒车雷达系统(带倒车影像)、紧急制动时警示灯自动点亮、行驶时自动落锁、一键起动系统、ADML智能免钥匙进入系统、定速巡航+限速器、电动天窗(带防夹功能)、遥控式中央门锁(锁车后车窗/天窗自动关闭)、车内开启行李舱盖和加油口盖、手动空调(带花粉/粉尘/气味过滤器)、外部温度显示、6扬声器高保真扬声系统、USB、AUX接口、蓝牙系统、单碟CD带MP3、DVD播放、7英寸多媒体智能彩屏触屏系统、锋芒高能卤素前照灯(电动高度调节/防雾气/带伴我回家功能)、天使翼LED日间行车灯、镀铬装饰前雾灯、外后视镜集成转向灯(带电动调节/电动折叠/电加热)、LED 3D回旋尾灯、车身外门把手加镀铬条、侧车窗下沿镀铬条、后行李舱门镀铬装饰、双曲面后风窗玻璃(后窗隐藏式天线)、无骨前刮水器(随车速变化/间歇性工作)、2区域D型多功能集控真皮包裹赛车转向盘(四向可调)、炮筒式智能组合仪表(数字显示)、行车电脑、驾驶席座椅6向手动调节、包裹式双拼运动座椅、前排遮阳板带化妆镜和整合式卡片夹

精英型： 领先型+IDVR智能行车监视系统、LDW车道偏离智能预警系统、FCW预碰撞智能预警系统、SAFEYE盲区监测系统、前雷达、“超净爽”双区恒温空调系统(带花粉/粉尘/气味过滤器)、AQS空气质量自动控制系统、后排空调出风口/烟灰缸、前照灯自动点亮、无骨前刮水器/雨量感应自动变频、包裹式真皮运动座椅、出风口哑光镀铬装饰、驾驶铝合金搁脚板、自动防炫目内后视镜、炮筒式智能组合仪表(有速度刻度和指针显示)、前排加热座椅、驾驶席座椅6向电动调节、副驾驶座椅手动高度调节、前排头枕(角度可调)、后排航空式睡眠头枕(侧翼可调)、前排遮阳板带照明化妆镜和整合式卡片夹

旗舰型： 精英型+前后贯穿式头部安全气帘、Citroen Connect车载互联系统、7英寸多媒体智能导航系统、离子发生器、LED前雾灯(带弯道辅助照明/镀铬装饰)、锋耀LED前照灯带透镜、侧镀铬装饰条、炮筒式智能组合仪表(多色可调背光/有速度刻度和指针显示)、4区域D型多功能集控真皮包裹赛车转向盘(四向可调)

车身颜色： 碧玺橙、珠光白、碳晶黑、玛瑙红、皓月灰

主要车型参数及价格

车型		1.2THP			1.6THP		
		领先型 MT	领先型 AT	精英型	领先型	精英型	旗舰型
基本参数	长×宽×高(mm)	4675×1780×1500					
	轴距(mm)	2710					
	油箱/行李舱容积(L)	60/435					
	整备质量(kg)	1320	1390		1420		
	车身材料	钢板					
	车身类型/乘员人数	3厢4门/5					
发动机参数	发动机类型	直列3缸 12气门 涡轮增压 双顶置凸轮轴(DOHC) 缸内自喷 双连续可变正时气门			直列4缸 16气门 涡轮增压 双顶置凸轮轴(DOHC) 缸内直喷 连续可变正时气门		
	排量(mL)	1199			1598		
	额定功率[kW/(r/min)]	100/5500			123/6000		
	最大转矩[N·m/(r/min)]	230/1750~3500			245/1400~4000		
底盘参数	变速器类型	5挡手动	第三代6挡手自一体				
	驱动类型	前驱					
	悬架系统	前麦弗逊式独立悬架带三角型下横臂及横向稳定杆/后可变形横梁式悬架带横向稳定杆					
	制动系统	前通风盘式/后盘式制动器					
	轮胎规格	215/55 R16				215/50 R17	
性能	最高车速(km/h)	205	200		215		
工信部综合工况油耗(L/100km)		5.2	5.4		6.0		
上市时间		2016年7月28日					
厂家建议价格(万元)		13.49	14.59	15.19	15.19	16.09	18.29

注：厂家建议价格以2016年3~8月为准

全新爱丽舍

年度**新上市**车型

全新爱丽舍2016款搭载全新一代六挡手自一体变速器，百公里综合油耗6.1L。全球品质，悦享升级体验；价值之选，成就自信人生。

搭载的1.6L CVVT发动机，新车的售价区间为8.38万~12.08万元。

主要配置

时尚：前排正面双安全气囊、HIB激光焊接高强度车身、ABS+EBD、HBA紧急制动辅助系统、EPP颈部保护头枕、前排预张紧限力式安全带、后排3点式安全带、驾驶座安全带未系报警、后排两侧座位带ISO-FIX儿童座椅固定装置、可溃式转向柱系统、行驶时自动落锁、电子密码防盗系统、遥控钥匙带行李舱开启功能、紧急制动时警示灯自动点亮、手动空调、PM2.5车内空气滤净系统、外部温度显示、车内开启行李舱盖/加油口盖、四门电动车窗/驾驶席侧带一键升降、4扬声器高保真扬声系统、高品质收放机(MINI USB接口)、风驰晶钻前照灯、风翼组合式尾灯、前/后雾灯、电动调节外后视镜、后窗隐藏式天线、车身同色外门把手及外后视镜、隐藏式后排舒风系统、温馨织物座椅、白背光悦目组合仪表、行车电脑、激光焊接防下潜座椅、手动防炫目内后视镜、D型赛车转向盘、高度可调转向盘、驾驶座椅6向调节、高度可调前排头枕

舒适：时尚+防盗报警、倒车雷达、超大规格电动天窗(带防夹功能)、模拟倒车影像、高品质收放机(单碟CD、USB接口)、车载蓝牙系统、U型镀铬前格栅、精致镀铬防擦条、All-in-one多功能集成操控手柄、高度可调后排头枕、带储物功能前排中央扶手、带杯架的后排中央扶手、后排座椅4/6可折叠

豪华：舒适+前排头胸一体式侧安全气囊、ESC车身电子稳定控制系统、TCS牵引力控制系统、AYC主动横摆角控制、倒车影像、电子空调、MRN大触屏导航娱乐系统(带USB接口)、侧车窗下沿镀铬条、高级真皮座椅、D型真皮包裹赛车转向盘、前座椅后背储物袋

主要车型参数及价格

车型		时尚		舒适		豪华
		MT	AT	MT	AT	AT
基本参数	长×宽×高(mm)	4427×1748×1476				
	轴距(mm)	2652				
	油箱/行李舱容积(L)	53/485				
	整备质量(kg)	1150	1203	1150	1203	
	车身材料	钢板				
	车身类型/乘员人数	3厢4门/5				
发动机参数	发动机类型	直列4缸 16气门 双顶置凸轮轴(DOHC) 多点顺序喷射 连续可变正时气门				
	排量(mL)	1587				
	额定功率[kW/(r/min)]	86/6000				
	最大转矩[N·m/(r/min)]	150/4000				
底盘参数	变速器类型	5挡手动	6挡手自一体	5挡手动	6挡手自一体	
	悬架系统	前麦弗逊式独立悬架/后截面封闭式扭力横梁半独立悬架				
	制动系统	前通风盘式/后盘式制动器				
	轮胎规格	185/65 R15				
性能	最高车速(km/h)	193	188	193	188	
工信部综合工况油耗(L/100km)		6.8	6.1	6.8	6.1	
改款时间		2016年1月4日				
厂家建议价格(万元)		8.38	9.58	9.28	10.48	12.08

注：厂家建议价格以2016年3～8月为准

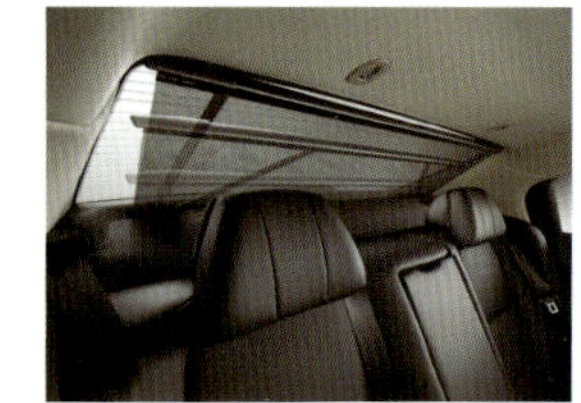

东风标致508

PEUGEOT DONGFENG PEUGEOT

主要配置

致逸版：1600Mpa超高强度钢及HLE高强度车身结构、ABS+EBD+EBA+ASR、前排双安全气囊+前排侧安全气囊、BOSCH ESP电子稳定系统、HAS坡道辅助系统、后部驻车雷达、电动中央控制门锁(行车自动落锁及碰撞时自动解锁)、后排电控儿童安全门锁、三点式ISOFIX儿童安全座椅固定装置、4门一键式防夹电动车窗、多功能遥控钥匙(可遥控关闭车窗/天窗及开启行李舱)、双区独立自动空调、空气过滤系统(包括花粉过滤器及活性炭过滤器)、后排出风口、行车电脑、多媒体播放器(带USB/AUX-IN接口/蓝牙功能及收音机)、7英寸彩色触控屏、电动外后视镜带加热功能、全新家族式站立狮标&镀铬前格栅、NEO科技卤素前照灯、LED光导狮爪尾灯、LED日间行车灯、全包围侧窗镀铬装饰、双排气镀铬装饰、手动防炫内后视镜、前排多角度钱夹式头枕，1.6 THP AT增加电控驻车制动

致臻版：致逸版+直接式胎压监测系统、巡航速控系统带限速器及超速提醒、防盗报警器功能、电动防夹天窗、外后视镜电动折叠、智能无骨刮水器、前照灯智能点亮、Claudia真皮座椅、Claudia真皮包裹多功能转向盘(4向调节)、前排8向调节电动座椅(带加热功能)、前后排脚部照明+车门迎宾灯，1.6 THP AT/1.8 THP AT增加智能无钥匙进入系统、i-Start一键起动、电控驻车制动

致尊版：致臻版+盲区探测系统、前部驻车雷达、倒车影像、DVD播放器、彩色HUD平视显示系统、3D智能实景导航、全LED晶耀狮眼前照灯(带弯道辅助照明及高度自动调节)、LED前雾灯、彩色数字仪表盘、光感式电子防炫内后视镜、前排座椅腰部支撑

旗舰版：致尊版+4区独立自动空调(带AQS空气质量监测模块)、Blue-i车载互联系统、JBL 10声道 Hifi高保真音响、外后视镜倒车辅助功能(镜面自动下翻)、Smart Beam远近光辅助系统、后排侧窗遮阳帘、后风窗电动遮阳帘、Nappa真皮全员尊享座椅、全员尊享空间(驾驶员腰部电动按摩功能/驾驶员座椅智能记忆功能带外后视镜联动/驾驶员座椅迎宾功能/后排乘员调节副驾驶座椅前后位置功能(商务功能)/后排靠背电控可调/后排座椅加热)

主要车型参数及价格

车型		2.0L CVVT AT		1.6 THP AT		1.8 THP AT		
		致逸版	致臻版	致逸版	致臻版	致臻版	致尊版	旗舰版
基本参数	长×宽×高(mm)	4826×1855×1465						
	轴距(mm)	2815						
	前/后轮距(mm)	1581/1554						
	油箱/行李舱容积(L)	70/475						
	整备质量(kg)	1541		1565		1625		
	车身材料	钢板						
	车身类型/乘员人数	3厢4门/5						
发动机参数	发动机类型	直列4缸 16气门 双顶置凸轮轴 多点顺序燃油喷射 电子节气门 CVVT连续可变正时系统		直列4缸 16气门 4冲程 水冷 连续可变气门正时 缸内直喷 涡轮增压 适配OBD				
	排量(mL)	1997		1598		1751		
	额定功率[kW/(r/min)]	108/6000		123/6000		150/5500		
	最大转矩[N·m/(r/min)]	200/4000		245/1400～4000		280/1400～4000		
	建议用油	92#及以上汽油				95#及以上汽油		
底盘参数	变速器类型	6挡手自一体Tiptronic变速器(带Quick Shift极速换挡技术)						
	驱动类型	前驱						
	前悬架系统	麦弗逊式独立悬架，螺旋弹簧，液压筒式减振器，带三角型下横臂及横向稳定杆						
	后悬架系统	多连杆式独立悬架，螺旋弹簧，液压筒式减振器，带横向稳定杆						
	制动系统	前后盘式制动器						
性能	最高车速(km/h)	200		215		230		
工信部综合工况油耗(L/100km)		8.4		6.8		6.9		
上市时间		2015年1月9日						
厂家建议价格(万元)		18.57	20.37	20.07	21.97	22.97	24.97	26.97

注：厂家建议价格以2016年3～8月为准

东风标致408
DONGFENG PEUGEOT

主要配置

领先版： 6安全气囊(正安全气囊、侧安全气囊、侧安全气帘)、ABS+EBD+BA、9.0 ESP、HAS坡道辅助系统、RMI侧翻干预系统、后驻车雷达、机械转向柱防盗系统、中控锁、行车自动落锁及碰撞时自动解锁、儿童安全锁、手动空调带PM2.5过滤器、花粉过滤空气质量控制系统、倒车时自动转入空气内循环、外部气温显示、4门一键式防夹电动车窗、车窗遥控关闭、CD+MP3、蓝牙电话及蓝牙流媒体音乐、音乐带充电功能USB接口、LED日间行车灯、卤素前照灯、前/后雾灯、C型光导带LED尾灯、高位LED制动灯、手动Follow Me Home伴我回家功能、带LED转向灯及电加热除霜功能外后视镜、智能无骨刮水器、转向盘4向调节、单色综合信息显示屏、手动防炫内后视镜、Claudia真皮镀铬换挡杆、隐藏式天线

豪华版： 领先版+EPB电控驻车制动系统、ASR驱动防滑系统、胎压监测系统、巡航速控系统、电动防夹天窗、智能双区恒温空调(带PM2.5过滤器)、花粉/气味过滤空气质量控制系统、后排左右分区出风口、天窗遥控关闭、9.7英寸触控屏幕、MP3、音乐/视频带充电功能USB接口、Claudia真皮包裹多功能转向盘

尊贵版： 豪华版+智能免钥匙系统、i-Start一键起动、电子转向柱防盗系统、防盗警报器、超速提醒功能、倒车影像、3D实景导航、DVD、LED彩色综合信息显示屏、前照灯智能点亮、弯道辅助照明、自动Follow Me Home伴我回家功能、动感镀铬双排气尾管、自动防炫内后视镜、Claudia真皮内饰、Claudia真皮驾驶席电动座椅8向调节、后排航空头枕

至尊版： 尊贵版+City Park智能泊车辅助系统、Blue-i车载互联系统、盲区探测功能、前驻车雷达、全车LED前照灯、Claudia真皮驾驶席电动座椅8向调节带记忆/按摩/加热功能、Claudia真皮副驾驶电动座椅8向调节带按摩/加热功能

车身颜色： 珠光白、松木棕、碳晶黑

主要车型参数及价格

	车型	1.8L CVVT MT	1.8L CVVT AT	1.8L CVVT AT	1.2THP MT	1.2THP AT	1.6 THP AT	1.6THP AT	
		领先版		豪华版				尊贵版	至尊版
基本参数	长×宽×高(mm)	4750×1820×1488							
	轴距(mm)	2730							
	行李舱容积(L)	455							
	整备质量(kg)	1315	1370		1310	1320	1415		
	车身材料	钢板							
	车身类型/乘员人数	3厢4门/5							
发动机参数	发动机型号	1.8L CVVT			1.2 THP		1.6 THP		
	发动机类型	直列4缸 16气门 4冲程 水冷 连续可变气门正时 技术发动机			直列4缸 16气门 4冲程 水冷 连续可变气门正时 缸内直喷涡轮增压发动机(1.2THP直列3缸 12气门)				
	排量(mL)	1813			1199		1598		
	额定功率[kW/(r/min)]	102/6300			100/5500		123/6000		
	最大转矩[N·m/(r/min)]	172/3500			230/1750~3500		245/1400~4000		
	建议用油	92#及以上无铅汽油							
底盘参数	变速器类型	5挡手动	第三代6挡手自一体		5挡手动	第三代6挡手自一体			
	悬架系统	前麦弗逊式独立悬架带三角型下横臂及横向稳定杆/后可变形横梁式悬架							
	制动系统	前通风盘/后实心盘制动器							
性能	最高车速(km/h)	197	200		205	200	215		
工信部综合工况油耗(L/100km)		5.9			4.9	5.2	5.9		
上市时间		2014年8月27日							
厂家建议价格(万元)		12.97	14.17	14.97	13.97	15.17	16.17	17.87	18.97

注：厂家建议价格以2016年3~8月为准

东风标致308S
PEUGEOT DONGFENG PEUGEOT

主要配置

尚驰版：前排双安全气囊、ABS+EBD+BA、ESP 9.0、HAS坡道辅助系统、行车自动落锁及碰撞时自动解锁、转向柱防盗系统、儿童安全锁、三点式ISOFIX儿童座椅固定装置、外部气温显示、空气质量控制系统(带花粉过滤)、蓝牙电话+蓝牙流媒体音乐、USB接口带充电功能、CD+MP3、LED日间行车灯、LED狮爪式尾灯、外后视镜带LED转向灯及电加热除霜功能、高位LED制动灯、前/后雾灯、手动Follow Me Home伴我回家功能、智能无骨刮水器、手动防炫内后视镜、后排座椅2/3-1/3可折叠、转向盘4向调节、智能高位组合仪表、Driver Centric倾斜式中控

劲驰版：尚驰版+前排侧安全气囊、前后贯穿式侧安全气帘、后驻车雷达、空气质量控制系统(带花粉/气味过滤)、MP3、1.444m² 全景天幕玻璃顶+电动遮阳帘、灵动多功能真皮包裹转向盘，1.6T AT增加ASR驱动防滑系统、EPB电控驻车制动、后排左右分区出风口

睿驰版：劲驰版+盲区探测系统、胎压监测系统、i-Start一键起动、超速提醒系统、前驻车雷达、倒车影像、智能免钥匙系统、电子转向柱防盗系统、防盗警报器、巡航速控系统、City Park智能泊车辅助系统、Blue-i车载互联系统、DVD、3D实景导航、全车LED前照灯、前照灯自动调节、前照灯智能点亮、Follow Me Home伴我回家功能、电动折叠外后视镜带LED转向灯及电加热除霜功能、动感镀铬双排气尾管、防炫内后视镜、车内环绕式氛围照明、智能炫彩高位组合仪表、Claudia真皮内饰、Claudia真皮驾驶员可按摩电动座椅(8向调节)

主要车型参数及价格

车型		1.6L MT		1.2T MT	1.2T AT		1.6T AT	
		尚驰版	劲驰版	尚驰版	尚驰版	劲驰版	劲驰版	睿驰版
基本参数	长×宽×高(mm)	4255×1820×1480						
	轴距(mm)	2620						
	前/后轮距(mm)	1555/1550						
	最小离地间隙(mm)	125						
	行李舱容积(L)	371						
	整备质量(kg)	1275		1261	1305		1319	
	车身材料	钢板						
	车身类型/乘员人数	2厢5门/5						
发动机参数	发动机类型	直列4缸 16气门 双顶置凸轮轴(DOHC) 多点顺序燃油喷射 电子节气门 连续可变气门正时 CVVT技术发动机 适配OBD		直列3缸 14气门 4冲程 水冷 连续可变进排气正时 缸内直喷 涡轮增压 Stop-Start 发动机智能起停系统			直列4缸 16气门 4冲程 水冷 连续可变进排气正时 缸内直喷 涡轮增压 Stop-Start 发动机智能起停系统	
	排量(mL)	1587		1199			1598	
	额定功率[kW/(r/min)]	86/6000		100/5500			123/6000	
	最大转矩[N·m/(r/min)]	150/4000		230/1750～3500			245/1400～4000	
	建议用油	92#及以上汽油						
底盘参数	变速器类型	5挡手动			第三代6挡手自一体			
	悬架系统	前麦弗逊式独立悬架带三角型下横臂及横向稳定杆/后可变形横梁式悬架						
	制动系统	前后盘式制动器						
性能	最高车速(km/h)	196		198	195		215	
工信部综合工况油耗(L/100km)		6.6		4.9	5.2		5.9	
上市时间		2015年4月15日						
厂家建议价格(万元)		11.27	12.47	12.07	13.27	14.47	15.77	17.97

注：厂家建议价格以2016年3～8月为准

东风标致308
DONGFENG PEUGEOT

PEUGEOT

主要配置

优尚型：1600Mpa超高强度车身结构、EVA紧急制动辅助装置、ABS+EBD(博世8.1版本)、发动机滚码防盗系统、智能中控门锁、前排高度可调的预张紧安全带、前后减缓伤害型安全带、前排安全带未系人性化提醒功能、前排双安全气囊、主动式安全搁脚板、后排Tti全球标准儿童安全座椅接口、儿童安全门锁、主动防追尾警示系统、可变助力转向、倒车雷达、三按钮遥控器(可开启行李舱)、手动空调、空调花粉过滤器、Inner-control电动一键自动开启行李舱/加油口盖、车外温度显示、带里程及油耗显示的行车电脑、RDC播放器(iPhone充电功能)、USB外接输入、车灯未关提示功能、多功能中央显示屏、Follow Me Home伴我回家功能、无骨蝶形自适应刮水器、并道快闪转向灯、镀铬立体格栅、钨晶狮眼照灯、刀锋式造型镀铬前雾灯、带LED转向灯外后视镜(电控除霜)、C型LED光导带尾灯、16英寸铝合金轮辋、新体感高级织物座舱、驾驶座椅高度调节、手动防炫内后视镜、GT风格转向盘、转向盘4向调节功能、内后视镜倒车显示，1.6L手动 CNG增加欧洲进口CNG燃气喷射装置、欧洲进口OMVL新一代天然气电控单元、欧洲进口OMVL高速燃气喷轨、欧洲进口ROMANO进口减压器、发动机舱加气口、全新一代燃气泄漏报警装置、仪表板油气转换开关

风尚型：优尚型+前排侧气囊和前后贯穿式侧气帘、ESP电子稳定控制系统(博世2.0L版本)、倒车影像、防盗报警系统、电子控制空调、一键式防夹电动天窗、自动防炫内后视镜、真皮镀铬转向盘套

主要车型参数及价格

车 型		优尚型			风尚型	
		1.6L手动 CNG	1.6L手动	1.6L自动	1.6L手动	1.6L自动
基本参数	长×宽×高(mm)	4558×1805×1505				
	轴距(mm)	2612				
	前/后轮距(mm)	1525/1522				
	最小离地间隙(mm)	120				
	油箱/行李舱容积(L)	56/565				
	整备质量(kg)	1415	1325	1370	1325	1370
	车身材料	钢板				
	车身类型/乘员人数	3厢4门/5				
发动机参数	发动机类型	直列4缸 16气门 双顶置凸轮轴(DOHC) 多点顺序燃油喷射 电子节气门 CVVT技术发动机/多点顺序喷射燃油供给系统和压缩天然气供给系统的双燃料发动机(CNG)				
	排量(mL)	1587				
	额定功率[kW/(r/min)]	汽油：78/5750 天然气：68/5750	86/6000			
	最大转矩[N·m/(r/min)]	汽油：142/4000 天然气：124/4000	150/4000			
	建议用油	92#及以上无铅汽油，可使用符合国家标准的车用乙醇汽油				
底盘参数	变速器类型	5挡手动		Tiptronic 4挡手自一体 具备运动模式和雪地模式	5挡手动	Tiptronic 4挡手自一体 具备运动模式和雪地模式
	驱动类型	前驱				
	悬架系统	前麦弗逊式独立悬架，螺旋弹簧，带三角形下横臂及横向稳定杆/后可变形横梁式悬架，带横向稳定杆				
	制动系统	前通风盘式/后盘式制动器				
	轮胎规格	205/55 R16				
性能	最高车速(km/h)	188(汽油) 170(天然气)	194	185	194	185
工信部综合工况油耗(L/100km)		7.3(汽油) 8(天然气)	6.7	7.3	6.7	7.3
上市时间		2014年3月27日				
厂家建议价格(万元)		11.49	10.59	11.59	11.39	12.39

注：厂家建议价格以2016年3～8月为准

新一代 308

PEUGEOT DONGFENG PEUGEOT

主要配置

时尚版：前排双安全气囊、ESP 9.1、HAS坡道辅助系统、手动电子空调(带PM2.5过滤器)、蓝牙电话及蓝牙流媒体音乐、LED日间行车灯、狮爪式LED尾灯、外后视镜带LED转向灯、智能无骨刮水器、环控式倾斜中控(钢琴漆)、转向盘四向调节、智能高位组合仪表、织物座椅

旗舰版：时尚版+前排侧安全气囊、前后贯穿式侧安全气帘、后驻车雷达、智能手机互联系统、9.7英寸集成触控屏幕、环控式倾斜中控(镀铬)、灵动多功能真皮包裹转向盘、碳纤维双纹理仪表台

尊贵版：旗舰版+盲区探测系统、胎压监测系统、巡航速控系统、EPB电子驻车制动系统、前驻车雷达、倒车影像、智能免钥匙系统、i-Start一键起动、智能双区恒温空调(带PM2.5过滤器)、后排左右分区出风口、LED狮眼前照灯、前照灯智能点亮、加热/折叠外后视镜带LED转向灯、智能无骨刮水器、动感镀铬双排气尾管、智能炫彩高位组合仪表

主要车型参数

	车型	1.6L MT 时尚版	1.6L AT 时尚版	1.6L AT 旗舰版	1.2T MT 时尚版	1.2T AT 旗舰版	1.6T AT 尊贵版
基本参数	长×宽×高(mm)	4590×1820×1488					
	轴距(mm)	2675					
	行李舱容积(L)	450					
	整备质量(kg)	1290	1320		1275	1320	1365
	车身材料	钢板					
	车身类型/乘员人数	3厢4门/5					
发动机参数	发动机类型	直列4缸 4冲程 水冷 连续可变正时气门 适配OBD			4冲程 水冷 直列3缸 涡轮增压 缸内直喷 连续可变气门正时相位 适配OBD		4冲程 水冷 直列4缸 涡轮增压 缸内直喷 连续可变气门正时相位
	排量(mL)	1587			1199		1598
	额定功率[kW/(r/min)]	86/6000			100/5500		123/6000
	最大转矩[N·m/(r/min)]	150/4000			230/1750～3500		245/1400～4000
	建议用油	92#及以上无铅汽油					
底盘参数	变速器类型	5挡手动	第三代6挡手自一体		5挡手动	第三代6挡手自一体	
	悬架系统	前麦弗逊式独立悬架，液压筒式减振器，带三角型下横臂及横向稳定杆/后可变形横梁式悬架					
	制动系统	前通风盘/后实心盘制动器					
性能	最高车速(km/h)	195	193		205		215
工信部综合工况油耗(L/100km)		6.0	5.9		5.1	5.2	6.1
上市时间		2016年					

注：价格请咨询厂家或经销商

东风标致301 2016款车型搭载第三代6挡手自一体变速器和1.6L CVVT发动机动力组合，将百公里综合油耗降至6.1L，燃油经济性进一步升级。此外，2016款车型还可选装日间行车灯。自动挡车型从此前的4AT升级为6AT，新车的售价区间为8.57万～11.97万元。

东风标致301

DONGFENG PEUGEOT

PEUGEOT

年度**新上市**车型

主要配置

舒适版：前排双安全气囊、ABS+EBD+BA、发动机滚码防盗系统、后排ISOFIX全球标准儿童安全座椅接口、驾驶安全带未系人性化提醒功能、前排高度可调的预张紧安全带、前后4座椅减缓伤害安全带、三按钮遥控钥匙(可开启行李舱)、4门电动车窗、行车自动落锁、智能中控门锁、儿童安全门锁、手动控制空调(带PM2.5过滤器)、车门及行李舱门未关显示、Inner-control电动一键自动开启行李舱/加油口盖、多媒体立体声音响(MP3/USB)、带里程及油耗显示的行车电脑(带外部温度显示)、高度可调卤素前照灯、高位制动灯、前后雾灯、电动外后视镜带转向灯、车身同色前后保险杠、后风窗隐藏式天线、防炫内后视镜、致雅织物座椅、驾驶席座椅高度调节、转向盘高度调节功能

豪华版：舒适版+前排侧安全气囊、倒车雷达、电子控制空调(带PM2.5过滤器)、一键式电动天窗、多媒体环绕立体声音响(CD/MP3/蓝牙/USB)、蓝牙电话、多功能中央显示屏、镀铬真皮转向盘套、转向盘下多功能操控杆

尊贵版：豪华版+TCS牵引力控制系统、ESC电子稳定控制系统、防盗报警系统、免钥匙进入和一键起动系统、定速巡航+超速控制器、豪华真皮座椅

车身颜色：水晶银、白色、鲨鱼灰、灵动灰、琥珀棕

主要车型参数及价格

车型		舒适版		豪华版		尊贵版
		1.6L手动	1.6L自动	1.6L手动	1.6L自动	1.6L自动
基本参数	长×宽×高(mm)	4442×1748×1476				
	轴距(mm)	2652				
	前/后轮距(mm)	1501/1478				
	最小离地间隙(mm)	120(满载)				
	油箱/行李舱容积(L)	53/485				
	整备质量(kg)	1150	1206	1150	1203	
	车身材料	钢板				
	车身类型/乘员人数	3厢4门/5				
发动机参数	发动机类型	直列4缸 16气门 双顶置凸轮轴(DOHC) 多点顺序燃油喷射 电控供油 CVVT技术发动机				
	排量(mL)	1587				
	额定功率[kW/(r/min)]	86/6000				
	最大转矩[N·m/(r/min)]	150/4000				
底盘参数	变速器类型	5挡手动	6挡手自一体	5挡手动	6挡手自一体	
	驱动类型	前驱				
	前悬架系统	麦弗逊式独立悬架，螺旋弹簧，带三角型下横臂及横向稳定杆				
	后悬架系统	可变形横梁式准独立悬架				
	制动系统	前通风盘式/后盘式制动器				
性能	最高车速(km/h)	193	188	193	188	
工信部综合工况油耗(L/100km)		6.8	6.1	6.8	6.1	
上市时间		2016年1月5日				
厂家建议价格(万元)		8.57	9.77	9.67	10.87	11.97

注：厂家建议价格以2016年3～8月为准

东风 HONDA

东风本田汽车有限公司 Dongfeng Honda Automobile Co.,Ltd.

思铂睿　杰德　思域　思铭　哥瑞

思铂睿
SPIRIOR

主要配置

豪华版：双前座安全气囊+前排座椅侧安全气囊、ABS防抱死刹车系统、EBD电子制动力分配系统、HSA坡道辅助系统、VSA车辆稳定性辅助系统、ESS紧急制动提醒系统、前/后排五席安全带(高低调整功能)、双前座预警式安全带(高低调整功能)、安全带警示系统、后车门儿童安全锁、儿童安全座椅固定设备(ISO FIX)、全角度可视化倒车影像、胎压监测装置、发动机防盗系统、防盗报警系统、定速巡航系统、Idle Stop发动机节能自动起停、ECON智能化绿色节能辅助系统、主驾驶车窗一键升降、双温区空调系统(左右独立温区)、后排出风口、DA智能屏互联系统、6扬声器、ANC主动降噪系统、蓝牙功能(Blue Tooth)、USB接口、HDMI接口、MID(综合信息显示系统)、LED近光前照灯、前照灯高度自动调节带延时关闭、卤素尾灯、单排气管、外后视镜带转向灯、乘员感知系统、可调节仪表盘照明系统、转向盘集成换挡拨片、带插销的加速踏板Kick Down Click、多功能转向盘、环境自适应多功能仪表盘、真皮织物座椅、后排座椅6/4折叠功能，2.4L豪华版增加侧安全气帘、倒车雷达(4传感器)、电动天窗、ASC主动声音补偿系统、USB接口(2个)、前照灯自动调节、卤素前雾灯、LED尾灯、双排气管、运动型不规则双排气管、后视镜电动折叠/加热功能、隐私玻璃(后门&后三角窗)、内后视镜自动防炫目、驾驶席座椅8向电动调节、驾驶座椅腰部支撑

尊贵版：豪华版+侧安全气帘、电动天窗、USB接口(2个)、卤素前雾灯、后视镜电动折叠/加热功能、内后视镜自动防炫目、驾驶席座椅8向电动调节、驾驶座椅腰部支撑，2.4L尊贵版增加智能进入系统(智能钥匙+一键起动)、前后驻车雷达系统(8传感器)、LED感应门把手、ASC主动声音补偿系统、前照灯自动调节、LED尾灯、双排气管、副驾后视镜倒挡联动功能、隐私玻璃(后门&后三角窗)、副驾驶座椅4向电动调节、真皮座椅、驾驶席座椅记忆功能、前排加热座椅

典藏版：尊贵版+智能进入系统(智能钥匙+一键起动)、真皮座椅、驾驶席座椅记忆功能、前排加热座椅、副驾驶席后排可调节按钮、LED感应门把手

尊耀版：2.4L尊贵版+HUD平视显示系统、HSS自适应远光辅助系统、LWC盲点显示系统、LDW车道偏移预警系统、FCW预碰撞警示系统、TSR交通标识智能识别系统、10扬声器环绕立体声高级音响、内/外后视镜自动防炫目、前/后排加热座椅

Si：尊耀版+四窗车窗一键升降、运动制动踏板、ACL主动转向照明前照灯、LED前雾灯、日间行车灯、运动格栅/保险杠、运动型不规则双排气管、赛车式运动真皮座椅、驾驶席腿部调节、前排通风座椅

车身颜色：赤霞红、银月灰、梦幻蓝、珍珠白、钛金银、彩晶黑

内饰颜色：深色、浅色

主要车型参数及价格

车型		LXi	EXi	EXi-L	VTi	VTi-S	VTi-S ADAS	Si
		豪华版	尊贵版	典藏版	豪华版	尊贵版	尊耀版	Si
基本参数	长×宽×高(mm)	4850(Si)/4840×1850×1465						
	轴距(mm)	2780						
	前/后轮距(mm)	1595/1595			1580/1580			1585/1585
	最小离地间隙(mm)	105						
	油箱容积(L)	65						
	整备质量(kg)	1500	1515	1520	1575	1585	1595	1615
	车身材料	钢板						
	乘员人数	5						
发动机参数	发动机型号	R20Z8			K24V4			
	发动机类型	水冷4冲程直列4缸16气门						
	排量(mL)	2000			2400			
	额定功率[kW]	114			153			
	最大转矩[N·m/(r/min)]	190/4300			247/4500			
	排放标准/建议用油	国Ⅳ、国Ⅴ/92#及以上无铅汽油			国Ⅳ、国Ⅴ/95#及以上无铅汽油			
底盘参数	变速器类型	CVT(无级变速器)			8DCT(8挡双离合变速器)			
	驱动类型	前置前驱						
	悬架系统	前麦弗逊独立悬架加横向稳定杆/后多连杆独立悬架加横向稳定杆						
	制动系统	前通风盘式/后盘式制动器						
	轮胎规格	215/60 R16 95H			225/50 R17 94V			235/45 R18 94V
性能	最高车速(km/h)	≥210			≥230			≥236
工信部综合工况油耗(L/100km)		6.9			7.3			
厂家建议价格(万元)		17.98	19.58	20.58	21.98	22.98	24.78	26.78

注：厂家建议价格以2016年3～8月为准

杰德
JADE

主要配置

舒适版：主副安全气囊、侧安全气囊、ABS防抱死制动系统、EBD电子制动力分配系统、BOS制动优先系统、倒车雷达、前座限载预紧式安全带、后座三点式安全带、安全带警示系统、儿童安全座椅固定设备(ISO FIX)、后车门儿童安全锁、发动机防盗系统、防盗警报器、中央控制门锁、ECON(智能化绿色节能辅助系统)、遥控钥匙、全自动空调、空调后排出风口、9英寸智能互联导航(NAVI+)、HDMI高清接口、USB接口、蓝牙功能、带AM/FM调谐器、转向盘集成音响控制、高保真扬声器、高穿透力前雾灯、LED后尾灯、前/后间歇式刮水器、高位制动灯、外后视镜带转向灯、电动调节外后视镜、后排隐私玻璃车窗、高品质蜂窝中网、备用轮胎、防炫目内后视镜、4向调节转向盘、数字化多功能显示仪表、主驾驶席座椅6向手动调节、副驾驶座椅4向手动调节、织物+真皮座椅、60:40可翻式后排座椅

舒适精英版：舒适版+VSA车辆稳定性控制系统、HSA坡道辅助系统、DWS智能胎压报警系统、ESS紧急制动提醒系统、全角度可视化倒车影像、智能进入系统(智能钥匙+一键起动)、电动天窗

舒适4+α版：舒适版+VSA车辆稳定性控制系统、HSA坡道辅助系统、DWS智能胎压报警系统、ESS紧急制动提醒系统、50:50可翻式后排座椅(本田灵动座椅)、V型滑轨座椅

豪华型：舒适精英版+定速巡航系统、真皮座椅、主副驾驶座椅加热功能、主驾驶席座椅8向电动调节

豪华尊享型：豪华型+侧安全气帘、LED前照灯、前照灯高度自动调节、3辐多功能真皮包裹转向盘、真皮包裹换挡杆

豪华4+α版：豪华尊享型+50:50可翻式后排座椅(本田灵动座椅)、V形滑轨座椅

车身颜色：翡翠绿、绚晶红、马德里金、珍珠白、绚光蓝

主要车型参数及价格

车型		EXi 5AT			VTi–CVT		
		舒适版	舒适精英版	舒适4+α版	豪华版	豪华尊享版	豪华4+α版
基本参数	长×宽×高(mm)	4660×1775×1500					
	轴距(mm)	2760					
	前/后轮距(mm)	1535/1530					
	最小离地间隙(mm)	110					
	油箱容积(L)	50					
	整备质量(kg)	1423		1471	1441	1454	1508
	车身材料	钢板					
	乘员人数	5		6	5		6
发动机参数	发动机型号/类型	R18Z6/水冷4冲程直列4缸16气门					
	排量(mL)	1798					
	额定功率[kW/(r/min)]	104/6500					
	最大转矩[N·m/(r/min)]	174/4300					
	排放标准/建议用油	国Ⅳ、国Ⅴ、京Ⅴ/92#及以上无铅汽油					
底盘参数	变速器类型	5挡自动变速器(5AT)			无级变速器(CVT)		
	驱动类型	前置前驱					
	悬架系统	前麦弗逊独立悬架/后双横臂式独立悬架					
	轮胎规格	215/50 R17 91V					
性能	最高车速(km/h)	187					
工信部综合工况油耗(L/100km)		6.9		7.1	6.8		
上市时间		2013年9月					
厂家建议价格(万元)		14.98	15.78	16.28	16.58	17.38	18.38

注：厂家建议价格以2016年3~8月为准

上市时间：2016年4月
车型定位：东风Honda第十代CIVIC思域——傲世动力座驾
特点介绍：第十代CIVIC思域，整体外观焕然一新，充满未来感。特别是家族飞翼式俊朗前脸、溜背式尾部及肌肉感腰线设计、智能化LED灯组等，炫酷动感，备受市场瞩目。全新220 TURBO涡轮增压直喷发动机，实现强劲动力输出，全面提升驾驶乐趣。首次同时搭载Honda SENSING安全超感系统和Honda CONNECT智导互联系统，以尖端技术实现安全、舒适和充满乐趣的驾乘体验。

主要配置

豪华版： 主副驾驶席安全气囊、主副驾驶席侧安全气囊、前后排贯穿式侧安全气帘、ABS防抱死制动系统、EBD电子制动力分配系统、VSA车辆稳定性辅助系统、ESS紧急制动提醒系统、TPMS胎压预警系统、ACE承载式车身构造、BA制动辅助系统、HSA坡道辅助系统、EPB电子驻车系统、AUTO BRAKE HOLD自动驻车系统、点火系统发动机防盗功能、超高强度钢材前、后防撞梁、前后排驾驶三点式安全带、后座三点式安全带、前排安全带自动拉紧系统/主副驾驶安全带未系提醒功能、后车门儿童安全锁、儿童安全座椅固定设备(ISO FIX)、泊车雷达、全角度可视化倒车影像、中控锁控制功能、一键起动、无钥匙进入系统、Idle-stop发动机节能自动起停系统、ECON智能化绿色节能辅助系统、前排一键升降式电动车窗、双区独立自动空调、车内空气过滤器(粉尘/花粉过滤)、加油口盖一按开启(与中控锁联动)、智能钥匙带行李舱开启功能、一键开启电动天窗-双开启模式、支持MP3、WMA格式音频播放、蓝牙音频、无线广播、7英寸智能屏互联系统、采用AG、AR、AF涂层的电容式触摸屏、HDMI高清接口、蓝牙通话系统、前排置物格USB接口(支持CarPlay)、高保真6扬声器、音量随速联动系统、带透镜投射式卤素前照灯、前照灯未关提醒功能、前照灯自动延时熄灭、LED示廓灯(4颗高亮度LED灯源+导光带)、卤素转向灯、前照灯手动高度调节、前雾灯、LED后雾灯、One-Touch Turn转向指示灯、LED日间行车灯、LED高位制动灯、LED组合尾灯、LED盖灯(2颗高亮度LED灯源+导光带)、后窗除雾功能、外后视镜加热功能、隐藏式后挡天线、全液晶多功能显示仪表、中央控制显示屏与仪表盘联动系统、静电式转向盘触摸控制音量调节、四向调节多功能转向盘、可调式防炫目内后视镜、织物座椅、后排座椅6:4可折叠座椅、驾驶席座椅6向手动调节，自动挡豪华版增加远程发动机起动系统、远程起动安全模式

尊贵版： 豪华版+远程发动机起动系统、远程起动安全模式、定速巡航、GPS导航系统、LED前照灯(近、远光)、LED转向灯、前照灯自动高度调节/开闭、外后视镜集成转向提示功能、真皮座椅、换挡把手、转向盘、驾驶席座椅8向电动调节

尊耀版： 尊贵版+CMBS™碰撞缓解制动系统、FCW碰撞预警系统、LDW车道偏离预警系统、LKAS车道保持辅助系统、RDM车道偏移抑制系统、ACC主动巡航控制系统、LSF低速跟随系统、盲点显示系统LaneWatch™、四门一键升降式电动车窗

车身颜色： 彩晶黑、拉力红、圣辉银、暗金蓝、琥珀橙、炫动蓝、珍珠白

内饰颜色： 浅色、深色

主要车型参数及价格

车型		220TURBO MT	220TURBO AT		
		豪华版	豪华版	尊贵版	尊耀版
基本参数	长×宽×高(mm)	4649×1800×1416			
	轴距(mm)	2700			
	前/后轮距(mm)	1547/1563			
	最小离地间隙(mm)	105(满载)			
	油箱容积(L)	47			
	整备质量(kg)	1275	1306	1326	1329
	车身材料	钢板			
	车身形式/乘员人数	3厢4门/5			
发动机参数	发动机型号	L15B8			
	发动机类型	直列4缸 16气门 涡轮增压 缸内直喷 水冷 4冲程			
	排量(mL)	1498			
	额定功率[kW/(r/min)]	130/5500	130/6000		
	最大转矩[N·m/(r/min)]	226/1800~5500	220/1700~5500		
	排放标准/建议用油	国V/92#及以上汽油			
底盘参数	变速器类型	6挡手动	无级变速器(LL-CVT)		
	驱动类型	前置前驱			
	悬架系统	前麦弗逊式独立悬架/后多连杆式独立悬架			
	制动系统	前通风盘式/后实心盘式制动器			
	轮胎规格	215/55 R16 93H		215/50 R17 91V	
性能	最高车速(km/h)	208	200		
	90km/h等速油耗(L/100km)	8.8	8.6	8.7	
工信部综合工况油耗(L/100km)		6.0	5.4	5.7	
最新改款时间		2016年4月13日			
厂家建议价格(万元)		12.99	13.99	15.59	16.99

注：厂家建议价格以2016年3~8月为准

思铭
CIIMO

主要配置

舒适版：前排安全气囊、ABS+EBD、真空助力器、发动机防盗锁止系统、防盗警报器、儿童安全座椅挂钩(ISO FIX)、前排限力预紧式安全带、后排3点式安全带、中控锁、遥控钥匙、前后电动车窗、电控手动空调、数字化多层次显示仪表、AM/FM调谐器、USB AUDIO、高位制动灯、多反射器卤素前照灯、有骨刮水器、微波天线、电动可调式外后视镜、取电器(12V电源)、防炫目内后视镜、织物座椅、一体式可翻后排座椅、4向可调节转向盘，AT舒适版增加车身同色外后视镜/门外拉手

豪华版：舒适版+倒车雷达、自动空调、高穿透力前雾灯、车身同色外后视镜/门外拉手、鲨鱼鳍天线、真皮座椅、前排中央扶手

车身颜色：马德里金、钛金银、塔夫绸白、拉力红

主要车型参数及价格

	车型	1.8L EXi MT	1.8L EXi AT	1.8L VTi AT
		舒适版		豪华版
基本参数	长×宽×高(mm)	4530×1755×1460		
	轴距(mm)	2700		
	前/后轮距(mm)	1495/1520		
	最小离地间隙(mm)	115		
	油箱容积(L)	50		
	整备质量(kg)	1180	1210	
	车身材料	钢板		
	乘员人数	5		
发动机参数	发动机型号/类型	R18A1/水冷 直列4缸 16气门 SOHC汽油发动机		
	排量(mL)	1799		
	额定功率[kW/(r/min)]	103/6300		
	最大转矩[N·m/(r/min)]	174/4300		
	排放标准/建议用油	国Ⅳ、国Ⅴ/92#或以上无铅汽油		
底盘参数	变速器类型	5挡手动变速器	5挡自动变速器	
	驱动类型	前置前驱		
	悬架系统	前麦弗逊式独立悬架带有稳定杆/后双横臂式独立悬架带有稳定杆		
	制动系统	前后盘式制动器		
	轮胎规格	195/65 R15 91V		205/55 R16 91V
工信部综合工况油耗(L/100km)		6.9	7.2	
上市时间		2012年4月		
厂家建议价格(万元)		9.99	10.99	11.69

注：厂家建议价格以2016年3～8月为准

年度新上市车型

上市时间：2015年11月

车型定位：东风Honda首款紧凑型中级车，是针对中国年轻消费者研制开发，具备较强的经济适用性的豪气宽享座驾

特点介绍：一键起动＋智能钥匙的智能进入系统，智能化绿色节能辅助系统ECON，提升整车环保性能。搭载Honda FUNTEC“地球梦科技”技术发动机，配以CVT无级变速器，宽大舒适的空间以及精致内饰，2600mm轴距让车内乘员尽情自由舒展，感受豪气宽享的乘驾体验。

主要配置

经典版：前排安全气囊、ABS防抱死制动系统、EBD电子制动力分配系统、驾驶席安全带未系提醒功能、后车门儿童安全锁、儿童安全座椅固定设备(ISO FIX)、防盗报警系统、中央控制门锁、前后防撞梁、手动空调、前座扬声器、卤素前照灯、LED高位制动灯、手动折叠电动调节外后视镜、后风窗玻璃加热功能、车内防炫目后视镜、前排座椅4向手动调节、织物座椅，CVT经典版增加遥控钥匙、ECON智能化绿色节能辅助系统

舒适版：经典版+HSA坡道辅助系统、VSA车辆稳定性辅助系统、遥控钥匙、USB接口(2处)、鲨鱼鳍天线

风尚版：舒适版+电动天窗、空调后排出风口、后座扬声器、主驾驶席座椅6向手动调节、副驾驶座椅4向手动调节

豪华版：风尚版+侧安全气帘、副驾驶席安全带未系提醒功能、智能进入系统(智能钥匙+一键起动)、全自动空调、可视化倒车系统(DA显示)、电磁式行李舱开关、7英寸智能屏互联系统(DA)、转向盘集成音响控制、真皮座椅

车身颜色：绚晶红、塔夫绸白、炫金银、圣辉银、星宿紫、彩晶黑

内饰颜色：深色、浅色

主要车型参数及价格

车型		1.5L MT	1.5L CVT			
		经典版	经典版	舒适版	风尚版	豪华版
基本参数	长×宽×高(mm)	4495×1705×1477				
	轴距(mm)	2600				
	前/后轮距(mm)	1482/1480				1476/1474
	油箱/行李舱容积(L)	40/536				
	车身类型/乘员人数	3厢4门/5				
发动机参数	发动机型号/类型	L15B5/水冷4冲程直列4缸16气门(采用缸内直喷技术)				
	排量(mL)	1498				
	额定功率[kW/(r/min)]	96/6600				
	最大转矩[N·m/(r/min)]	155/4600				
	排放标准/建议用油	国V/92#及以上无铅汽油				
底盘参数	变速器类型	5挡手动	无级变速器(CVT)			
	驱动类型	前轮驱动				
	悬架系统	前麦弗逊式独立悬架带有稳定杆/后扭力梁式非独立悬架				
	制动系统	前盘式/后鼓式制动器				
	轮胎规格	185/60 R15 84H				185/55 R16 83H
性能	最高车速(km/h)	184	186			188
工信部综合工况油耗(L/100km)		5.6	5.4			5.5
上市时间		2015年11月7日				
厂家建议价格(万元)		7.98	8.98	9.98	10.68	11.98

注：厂家建议价格以2016年3～8月为准

东风汽车集团股份有限公司乘用车公司 Dongfeng Motor Corporation Passenger Vehicle Company

东风A9　东风风神A60　东风风神L60　东风风神H30 CROSS　东风风神A30　东风风神S30

东风A9

年度**新上市**车型

东风A9是目前东风乘用车产品线中的旗舰轿车，车名中的“A”代表AEOLUS，是希腊神话风神的首字母，而“9”则是自然数的最大值，代表着顶级的含义。长宽高依次为5066mm/1858mm/1470mm，轴距达到2900mm，定位在中大型车级别。在中控台中配备了石英表和大尺寸的液晶显示屏，这些都让车内看上去更上档次。

主要配置

豪华型：前排安全气囊、前排侧安全气囊、前后侧安全气帘、Stop-Start STT发动机智能起停系统、ESP车身稳定控制系统、ABS防抱死制动系统、ASR牵引力控制系统、EBD制动力分配系统、EPB电子驻车制动系统、坡路辅助系统、定速巡航、行驶自动落锁功能、儿童安全门锁、倒车影像、后驻车雷达、前/后排带预张紧/限力器的安全带、前排安全带未系提醒功能、后排座位带2个ISOFIX接口、胎压监测系统、发动机芯片防盗系统、无钥匙进入、无钥匙起动、双区自动空调、花粉及活性碳过滤器、遥控开启/关闭车窗、四窗一触式防夹、电动天窗(有微开功能/遥控可关闭)、行李舱电动开启、发动机罩气动撑杆、7英寸彩色触摸显示屏、GPS+北斗导航、8扬声器、LED前照灯(带弯道辅助照明)、LED自动前照灯(自动点亮+自动高度调节)、LED日间行车灯/转向灯/制动灯/尾灯、LED前后雾灯(前雾灯带弯道辅助照明)、降噪浅色前风窗玻璃、自动前风窗刮水器、后视镜电动调节/加热/折叠、Claudia真皮座椅、前排座椅电动6向调节、多功能Claudia真皮包裹转向盘、转向盘四向调节

尊贵型：豪华型+盲点监测系统、前驻车雷达、自动四区空调(带AQS空气质量监测模块)、负离子发生器、12扬声器、哈曼Infinity Hifi高保真音响、LED前照灯远近光自动切换、降噪隔热浅色前风窗玻璃、自动防炫目内后视镜、前排座椅8向电动调节、倒车时后视镜自动调节(自动照地)、前排腰部调节/按摩、驾驶席座椅记忆/迎宾功能、后排座椅加热、多功能Nappa真皮包裹转向盘

旗舰型：尊贵型+彩色HUD平视显示系统、360度环车影像系统、Wind Link车载智能互联系统、后风窗/车窗电动遮阳帘、前排座椅加热通风、后排座椅通风按摩(10点气动)

车身颜色：碳晶黑、珠光白、钨金灰

内饰颜色：深色、浅色

主要车型参数及价格

	车　型	1.8T		
		豪华型	尊贵型	旗舰型
基本参数	长×宽×高(mm)	5066×1858×1470		
	轴距(mm)	2900		
	前/后轮距(mm)	1589/1563		
	最小离地间隙(mm)	120(满载)		
	油箱容积(L)	70		
	整备质量(kg)	1660		
	车身材料	钢板		
	车身类型/乘员人数	3厢4门/5		
发动机参数	发动机类型	Twin scroll双流道涡轮增压技术 高压缸内直喷技术 CVVT连续可变进气正时技术 链传动 DOHC 16气门		
	排量(mL)	1751		
	额定功率[kW/(r/min)]	150/5500		
	最大转矩[N·m/(r/min)]	280/1400～4000		
	排放标准	国Ⅴ		
底盘参数	变速器类型	6挡手自一体Tiptronic变速器(带QuickShift极速换挡技术)		
	驱动类型	前驱		
	悬架系统	前麦弗逊式独立悬架带稳定杆/后多连杆式独立悬架		
	制动系统	前后盘式制动器		
	轮胎规格	245/45 R18		
性能	最高车速(km/h)	230		
	0～100km/h加速时间(s)	8.5		
工信部综合工况油耗(L/100km)		6.6		
上市时间		2016年4月12日		
厂家建议价格(万元)		17.97	19.97	21.97

注：厂家建议价格以2016年3～8月为准

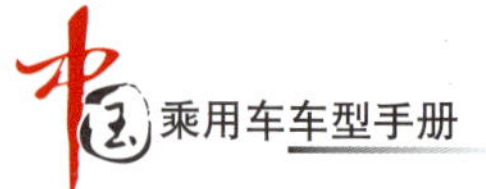

东风风神 A60

超 值 全 能　幸 福 座 驾

主要配置

豪华型MT：前排双安全气囊、ABS+EBD+BA、制动优先系统、前排安全带高度可调、驾驶席安全带未系提醒功能、后排儿童安全门锁、后排ISOFIX儿童安全座椅固定装置、后排中央三点式安全带、发动机密码芯片防盗系统、遥控中央门锁、STT智能怠速起停系统、车门未关显示、四门电动车窗(驾驶席带防夹功能)、手动空调、收音机、2高保真扬声器、高位制动灯、晶钻卤素前照灯、前照灯高度手动调节、高穿透力前雾灯、前照灯伴我回家灯、电动调节外后视镜、外后视镜带侧转向灯、车窗高亮镀铬装饰条、后窗玻璃隐藏式天线、利刃式多幅铝合金轮辋、手动防炫目内后视镜、银钛内饰面板、人体工程学织物座椅、副驾驶座椅手动4向调节、自发光式组合仪表(带行车电脑)、转向盘高度可调

豪华型：豪华型MT+4探头高敏感度倒车雷达、一键起动、智能钥匙系统、6高保真扬声器、LED日间行车灯，1.6L豪华型增加收音机+MP3播放+USB/AUX接口、旋钮式起动，无STT智能怠速起停系统

专享版：豪华型MT+收音机+MP3播放+USB/AUX接口、智能钥匙系统、旋钮式起动、4探头高敏感度倒车雷达，无STT智能怠速起停系统、前照灯伴我回家灯

尊贵型：专享版+STT智能怠速起停系统、ASCD定速巡航、一键起动、倒车影像、电动天窗、转向盘带巡航/蓝牙控制、7英寸高清触摸屏+MP5功能智能互联系统、6高保真扬声器、前照灯伴我回家灯、LED日间行车灯、人体工程学高级皮质座椅、驾驶席座椅手动6向调节、真皮包裹多功能转向盘带音响控制，1.4T尊贵型无STT智能怠速起停系统，增加ESP、限速功能、ECON智能绿色模式

车身颜色：琥珀金、丝绸银、端砚黑、祥云灰、汉玉白

内饰颜色：温馨浅色

主要车型参数及价格

车型		1.5L MT	1.5L AT	1.6L AT	1.6L MT	1.5L MT	1.4T MT
		豪华型			专享版	尊贵型	
基本参数	长×宽×高(mm)	4680×1720×1515					
	轴距(mm)	2700					
	最小离地间隙(mm)	170					
	油箱/行李舱容积(L)	51/506					
	整备质量(kg)	1208	1228	1245	1210	1208	1250
	车身材料	钢板					
	车身类型/乘员人数	3厢4门/5					
发动机参数	发动机型号	DFMA15		HR16DE		DFMA15	DFMA14T
	发动机类型	直列4缸 16气门 双顶置凸轮轴 全铝带VVT可变气门正时系统		直列4缸 带C-VTC连续可变气门正时智能控制系统		直列4缸 16气门 双顶置凸轮轴 全铝带VVT可变气门正时系统	直列4缸 16气门 4冲程 水冷 双顶置凸轮轴 电控燃油多点顺序喷射 进气可变气门正时 涡轮增压
	排量(mL)	1497		1598		1497	1396
	额定功率[kW/(r/min)]	85/6000		86/6000		85/6000	103/5500
	最大转矩[N·m/(r/min)]	145/4200		153/4400		145/4200	196/1800～4500
	排放标准	国Ⅴ	国Ⅳ、国Ⅴ		国Ⅳ	国Ⅴ	
底盘参数	变速器类型	5挡手动	4挡自动		5挡手动		
	驱动类型	前驱					
	悬架系统	前麦弗逊式独立悬架带稳定杆/后扭力梁式悬架带稳定杆					
	制动系统	前通风盘式/后盘式制动器					
	轮胎规格	195/60 R16					
性能	最高车速(km/h)	186	179	175	180	186	192
	0～100km/h加速时间(s)	13.0	13.9	12.5	11.8	13.0	11.2
工信部综合工况油耗(L/100km)		5.9	6.6	7.6	6.5	5.9	6.3
上市时间		2015年10月21日					
厂家建议价格(万元)		6.97	7.77	8.37	7.78	7.57	8.17

注：厂家建议价格以2016年3～8月为准

东风风神 L60

致，新境界

主要配置

新动型： 前排双安全气囊、前排侧安全气囊、ABS车轮防抱死系统、EBD电子制动力分配系统、EBA电子制动辅助系统、发动机电控防盗系统、倒车雷达、前排预张紧安全带、驾驶座安全带未系报警、副驾驶座安全带未系报警、紧急制动时危险信号灯自动闪亮、后排3个三点式安全带、ISOFIX儿童安全座椅固定装置、行车自动落锁+碰撞自动解锁、儿童安全锁、中控门锁、遥控钥匙、外部温度显示、4门电动车窗(驾驶席侧一键升降带防夹)、豪华电动天窗、电动空调、收音机、MP3、6扬声器、USB+AUX In、行车电脑、多功能转向盘带音响控制、LED日间行车灯、智能无骨刮水器、后风窗玻璃电加热功能、后窗玻璃隐藏式天线、电动调节外后视镜带侧转向灯、晶透防雾LED前照灯、前照灯高度电动调节、LED光导带尾灯、高亮前雾灯、后雾灯、高位制动灯、手动Follow Me Home伴我回家功能、转向盘高度可调、12V电源、驾驶席座椅手动6向调节、温馨织物座椅、副驾驶座椅手动4向调节、车内开启行李舱盖和加油口盖

新享型： 新动型+前后排一体式侧安全气帘、博世9.0版本ESP电子稳定控制程序系统、TCS牵引力控制系统、HBA液压紧急辅助制动系统、HHC坡道起步辅助系统、ESCL转向柱电子锁功能，1.6L新享型增加倒车影像、7英寸彩色触摸显示屏、蓝牙电话、车机智能互联系统、转向盘带蓝牙控制

新睿型： 新享型+智能一键起动、无钥匙进入系统、360°全景影像、GPS导航系统、自动刮水器、前照灯自动点亮、自动Follow Me Home伴我回家功能、真皮包裹转向盘、驾驶席座椅电动6向调节、副驾驶座椅手动6向调节、驾驶席座椅电加热、高级真皮座椅、驾驶席记忆座椅功能

车身颜色： 戛纳白、新波尔多红、凡尔赛银、赛纳灰、哥特黑

内饰颜色： 深色、浅色

主要车型参数及价格

	车型	1.6L MT		1.8L MT	1.8L AT	
		新动型	新享型	新享型	新享型	新睿型
基本参数	长×宽×高(mm)	4712×1820×1540				
	轴距(mm)	2710				
	最小离地间隙(mm)	165				
	油箱/行李舱容积(L)	60/530				
	整备质量(kg)	1355		1375	1415	
	车身材料	钢板				
	车身类型/乘员人数	3厢4门/5				
发动机参数	发动机类型	直列4缸 16气门 DOHC双顶置凸轮轴 多顺序燃油喷射 电控供油 CVVT技术发动机				
	排量(mL)	1587		1813		
	额定功率[kW/(r/min)]	86/6000		102/6300		
	最大转矩[N·m/(r/min)]	150/4000		172/3500		
	排放标准	国V				
底盘参数	变速器类型	5挡手动			6挡手/自一体	
	驱动类型	前驱				
	悬架系统	前麦弗逊式独立悬架带防倾杆/后可变形横梁式悬架				
	制动系统	前通风盘式/后实心盘式制动器				
	轮胎规格	205/55 R16				215/50 R17
性能	最高车速(km/h)	189		196	195	
	90km/h等速油耗(L/100km)	5.9		5.4	5.6	
工信部综合工况油耗(L/100km)		6.9		7.1	7.5	
上市时间		2015年3月25日				
厂家建议价格(万元)		8.97	9.47	9.77	10.87	12.97

注：厂家建议价格以2016年3～8月为准

东风风神 H30 CROSS

从 容 进 取　自 由 人 生

主要配置

智驱感恩版/感恩版： 驾驶席安全气囊、ABS+EBD、F&R BODY"太极"安全车身、前排限力式安全带(高度可调)、驾驶席安全带未系提醒功能、后排儿童安全门锁、后排ISOFIX儿童安全座椅固定装置、后排中央三点式安全带、制动优先系统、车门随车速自动落锁功能、前照灯未熄报警系统、车门未关显示、4门高强度HSS防撞钢梁、碰撞自动解锁及自动断油、遥控中央门锁、可折叠遥控钥匙带寻车功能、4门电动车窗(驾驶席一键降)、驻车制动未松声音和指示提醒、手动空调、收音机+AUX音源接口、高保真音响系统(4扬声器)、豪华晶钻LED前照灯、前照灯高度电动调节、车身运动包围组件、顶置行李架、电动调节外后视镜带侧转向灯、LED炫光后尾灯、高穿透力双后雾灯、绿色隔热玻璃、鸥翼式后扰流板、运动型铝合金轮辋、LED炫光高位制动灯、后风窗玻璃电热除霜、360度全方位伴我回家灯、运动感高级双色织物座椅(防水功能)、驾驶席座椅手动4向调节、6/4分离可折叠式后排座椅、手动防炫内后视镜、运动式组合仪表亮度可调，智驱感恩版增加STT智能怠速起停系统

智驱尊尚型/尊尚型： 智驱感恩版/感恩版+副驾驶席安全气囊、发动机密码芯片防盗系统、4探头高灵敏度倒车雷达、MP3多媒体USB接口带可充电功能、智能化多功能行车电脑、高穿透力前雾灯、车窗高亮镀铬装饰条、镀铬及碳纤维装饰高品质内饰面板、运动型高级真皮包裹转向盘、多功能转向盘、钢琴漆装饰带电镀条运动型转向盘带多向可调，智驱尊尚型增加STT智能怠速起停系统

智驱尊逸型/尊逸型： 智驱尊尚型/尊尚型+定速巡航、行车电脑显示倒车雷达信息、智能自动空调、SD插槽、7英寸彩色触摸显示屏带视频播放功能、GPS卫星导航系统、双开启电动天窗(带自动关闭/防夹)、蓝牙免提电话、高保真音响系统(6扬声器)、电热除霜外后视镜、驾驶席座椅手动6向调，智驱尊逸型增加STT智能怠速起停系统，AT尊逸型增加前排侧面安全气囊、可视倒车影像

超值版： 智驱感恩版/感恩版+智能化多功能行车电脑、高穿透力前雾灯

车身颜色： 魅力橙、祥云灰、丝绸银、汉玉白、中国红

主要车型参数及价格

车　型		MT			AT		
		智驱感恩版/感恩版	智驱尊尚型/尊尚型	智驱尊逸型/尊逸型	超值版	尊尚型	尊逸型
基本参数	长×宽×高(mm)	4351×1760×1528(含行李架)					
	轴距(mm)	2610					
	最小离地间隙(mm)	140(满载)、172(空载)					
	油箱/行李舱容积(L)	51/417–1137					
	整备质量(kg)	1220			1240		
	车身材料	钢板					
	乘员人数	5					
发动机参数	发动机类型	直列4缸 16气门 双顶置凸轮轴 全铝合金缸体带VVT可变气门正时系统					
	排量(mL)	1497					
	额定功率[kW/(r/min)]	85/6000					
	最大转矩[N·m/(r/min)]	145/4200					
	排放标准	国Ⅳ带OBD(部分地区国Ⅴ)					
底盘参数	变速器类型	5挡手动变速器			4挡手自一体 具备运动模式和雪地模式		
	驱动类型	前驱					
	悬架系统	前麦弗逊式独立悬架/后双扭杆纵控制臂式独立悬架带横向稳定杆					
	制动系统	前通风盘式/后实心盘式制动器					
	轮胎规格	205/50 R16					
性能	最高车速(km/h)	185			171		
	90km/h等速油耗(L/100km)	5.5、5.7			6.1		
工信部综合工况油耗(L/100km)		5.9、6.3			6.6		
上市时间		2013年4月20日					
厂家建议价格(万元)		6.88/6.58	7.78	8.28	7.58	8.58	9.18

注：厂家建议价格以2016年3～8月为准

东风风神 A30

实　尚　由　我

2014年8月29日，A30耀然上市。源自东风风神全新DF1平台，依托于东风风神质量管理体系、世界500强优秀供应商体系、世界先端品质制造体系。实用和精工并重，简约与优雅融合，动感令个性彰显，驾驭中纵横激情。搭载e-TECO高效节能发动机并采用STT智能节油技术，百公里综合工况油耗最低5.9L。拥有媲美2700mm轴距车型的后排腿部空间，乘坐更舒适。更有7英寸彩色液晶触摸大屏、手机智能互联系统等配备，舒享科技娱乐体验。荣膺C-NCAP五星安全认证，配备高达60项主被动安全设计，堪称实尚精品家轿。

主要配置

实尚型：前排安全气囊、BOSCH 9.0 ABS制动防抱死系统、EBD电子制动力分配系统、BOS制动优先系统、可溃缩式制动踏板、驾驶席安全带未系提醒功能、前排预张紧带限力三点式安全带、后排中央三点式安全带、后排儿童安全门锁、ISO FIX儿童安全座椅固定装置、发动机密码芯片防盗系统、高灵敏度倒车雷达、行车自动落锁、车门未关显示、4门高强度HSS防撞钢梁、碰撞自动解锁及自动断油、集控中央门锁、可折叠遥控钥匙带寻车功能、4门电动车窗(驾驶席一键降)、驻车制动未松声音和指示提醒、手动空调带空气过滤、行李舱遥控开启/自动照明、加油口盖车内开启、Radio+AUX音源接口、MP3多媒体USB接口带可充电功能、HiFi高保真音响系统(4扬声器)、智能化多功能行车电脑、高位制动灯、晶钻透镜式卤素前照灯、LED位置灯、前照灯高度电动调节、高穿透力前雾灯、高穿透力双后雾灯、电动调节外后视镜带侧转向灯、绿色隔热玻璃、360度全方位伴我回家灯、钛银装饰高品质内饰面板、人体工程学织物座椅、前排座椅手动4向调节、手动防炫内后视镜、前排座椅头枕高度可调、炮筒式组合仪表亮度可调

智驱实尚型：实尚型+STT智能怠速起停系统

智驱智尚型：智驱实尚型+前排侧面安全气囊、VR1可视倒车影像、双开启电动天窗(带自动关闭/防夹)、车外温度显示、7英寸彩色触摸显示屏带视频播放功能、智能MP5系统、Bluetooth车载蓝牙系统、手机智能互联系统、HiFi高保真音响系统(6扬声器)、SD插槽、后风窗玻璃电加热除霜、高质感真皮包裹转向盘、多功能转向盘

智尚型：智驱智尚型+无STT智能怠速起停系统

智驱尊尚型：智尚型+前后排侧面帘式安全气囊、副驾驶席安全带未系提醒功能、后排两侧限力安全带、驾驶席车窗防夹功能、STT智能怠速起停系统、驾驶席车窗一键升降、GPS卫星导航系统带陀螺仪、驾驶席座椅手动6向调节、后排座椅头枕高度可调、后排座椅6/4分割式

尊尚型：智驱尊尚型+无STT智能怠速起停系统

车身颜色：汉玉白、端砚黑、丝绸银、古檀棕、中国红

内饰颜色：温馨浅色、炫酷深色

主要车型参数及价格

车　型		1.5L MT			1.5L AT	1.5L MT	1.5L AT
		实尚型	智驱实尚型	智驱智尚型	智尚型	智驱尊尚型	尊尚型
基本参数	长×宽×高(mm)	4530×1730×1490					
	轴距(mm)	2620					
	最小离地间隙(mm)	160					
	油箱/行李舱容积(L)	50/502					
	整备质量(kg)	1175	1207		1186	1207	1186
	车身材料	钢板					
	车身类型/乘员人数	3厢4门/5					
发动机参数	发动机型号	DFMA15					
	发动机类型	直列4缸 16气门 双顶置凸轮轴 全铝合金缸体带VVT可变气门正时系统					
	排量(mL)	1497					
	额定功率[kW/(r/min)]	85/6000					
	最大转矩[N·m/(r/min)]	145/4200					
	排放标准	国Ⅳ	国Ⅴ		国Ⅳ、国Ⅴ	国Ⅴ	国Ⅳ、国Ⅴ
底盘参数	变速器类型	5挡手动			4挡自动	5挡手动	4挡自动
	驱动类型	前驱					
	悬架系统	前麦弗逊式独立悬架/后扭力梁式半独立悬架					
	制动系统	前通风盘式/后盘式制动器					
	轮胎规格	195/60 R15					
性能	最高车速(km/h)	188			180	188	180
	90km/h等速油耗(L/100km)	5.5			5.2	5.5	5.2
工信部综合工况油耗(L/100km)		6.2	5.9		6.5	5.9	6.2
上市时间		2014年8月29日					
厂家建议价格(万元)		6.57	6.87	7.47	7.97	8.07	8.57

注：厂家建议价格以2016年3～8月为准

东风风神 S30

从容进取　快意人生

主要配置

感恩版： ABS+EBD、驾驶席安全气囊、F&R BODY"太极"安全车身、前排限力式安全带(高度可调)、驾驶席安全带未系提醒功能、后排儿童安全门锁、后排ISOFIX儿童安全座椅固定装置、后排中央三点式安全带、车门随车速自动落锁功能、四门高强度HSS防撞钢梁、碰撞自动解锁及自动断油、遥控中央门锁、可折叠遥控钥匙带寻车功能、车门未关显示、4门电动车窗(驾驶席一键降)、手动空调、收音机+AUX音源接口、高保真音响系统(4扬声器)、高位制动灯、豪华晶钻LED前照灯、前照灯高度电动调节、电动调节外后视镜带侧转向灯、LED组合尾灯、高穿透力双后雾灯、后风窗玻璃电热除霜、360度全方位伴我回家灯、绿色隔热玻璃、4门车窗按钮夜光照明、行李舱自动照明、人体工程学织物座椅、驾驶席座椅手动4向调节、可折叠式后排座椅、运动式组合仪表亮度可调、转向盘多向可调

智驱感恩版： 感恩版+STT智能怠速起停系统

超值版： 感恩版+动感旋风式铝合金轮辋

感恩版CNG双燃料家轿： 感恩版+发动机密码芯片防盗系统

尊雅型CNG双燃料家轿： 感恩版CNG双燃料家轿+副驾驶席安全气囊、4探头高灵敏度倒车雷达、驻车制动未松声音和指示提醒、智能化多功能行车电脑、MP3多媒体USB接口带可充电功能、高穿透力前雾灯、车窗高亮镀铬装饰条、动感旋风式铝合金轮辋、镀铬及钢琴漆装饰高品质内饰面板

车身颜色： 祥云灰、丝绸银、中国红、端砚黑、汉玉白

内饰颜色： 温馨浅色、炫酷深色

主要车型参数及价格

车型		MT		AT	感恩版CNG双燃料家轿	尊雅型CNG双燃料家轿
		智驱感恩版	感恩版	超值版		
基本参数	长×宽×高(mm)	4526×1740×1465				
	轴距(mm)	2610				
	最小离地间隙(mm)	130				
	油箱/行李舱容积(L)	51/487				
	整备质量(kg)	1210		1220	1300	
	车身材料	钢板				
	乘员人数	5				
发动机参数	发动机类型	直列4缸 16气门 双顶置凸轮轴 全铝带VVT可变气门正时系统			CNG专用发动机	
	排量(mL)	1497			1587	
	额定功率[kW/(r/min)]	85/6000			67/5750	
	最大转矩[N·m/(r/min)]	145/4200			120/4000	
	排放标准	国Ⅳ带OBD(部分地区国Ⅴ)			国Ⅳ带OBD	
底盘参数	变速器类型	5挡手动		4挡手自一体	5挡手动	
	驱动类型	前驱				
	悬架系统	前麦弗逊式独立悬架/后双扭杆纵控制臂式独立悬架带横向稳定杆				
	制动系统	前通风盘/后实心盘制动器				
	轮胎规格	195/60 R15				
性能	最高车速(km/h)	188		180	187(油)/ 172(气)	
	90km/h等速油耗(L/100km)	5.5	5.7	6.1	5.7(油)	
工信部综合工况油耗(L/100km)		5.9	6.3	6.6	6.9(油)	
上市时间		2013年3月15日				
厂家建议价格(万元)		6.28	5.98	6.98	7.08	8.18

注：厂家建议价格以2016年3～8月为准

东风日产

东风日产乘用车公司 Dongfeng Nissan Passenger Vehicle Company

东风日产：西玛　天籁·公爵　天籁　新一代轩逸　蓝鸟　轩逸·经典　阳光　新生代TIIDA　骊威　玛驰

启辰：启辰R50X　启辰R50　启辰D50　启辰R30

西玛 MAXIMA

年度**新上市**车型

东风日产西玛使用全新的家族式语言，采用“V-Motion”前脸设计，应用镀铬、黑色烤漆、网状元素，棱角分明。前照灯以蟹钳为造型，看起来更具攻击性，灯源采用卤素光源加透镜；内部匹配回旋镖式的LED日间行车灯。车身侧面最直观感受就是低矮，增强了运动感。配备19英寸双色“V形”十辐式轮毂，加入黑色烤漆装饰，后视镜带转向指示灯。此外，西玛采用悬浮式车顶设计，符合当下年轻人的审美观念。

主要配置

精英版：Zone Body高强度车身结构、前排双辅助安全气囊、前排侧辅助安全气囊、大型窗帘式辅助安全气囊、ABS制动防抱死系统、EBD电子制动力分配系统、HBA+HBB+HBC全面制动辅助系统、FEB预碰撞智能制动辅助系统、EAPM加速踏板误踩智能纠正系统、LDW车道偏离预警系统、TPMS直接式胎压监测系统、VDC车辆行驶动态控制系统、TCS牵引力控制系统、HSA上坡起步辅助系统、倒车影像监视系统、前排三点式预张紧安全带(高度可调/未系提醒功能)、后排三点式安全带、ISO-FIX(儿童座椅安全固定装置)、发动机防盗锁止系统+报警系统、High-μ超高摩擦力制动装置、ATC主动循迹控制系统、ASCD定速巡航(带转向盘快捷键)、前/后倒车雷达、i-Key智能遥控钥匙、一键起动、车窗一键升降/防夹(驾驶席)、Commander中央旋钮DA控制系统、双区自动空调(带后排出风口)、多功能彩色行车电脑、8扬声器高保真音响播放系统(带AUX/iPod/USB多音源输入系统/转向盘快捷键/带音量随速自动调节)、单碟CD音响播放系统(带AM/FM/MP3功能)、7英寸全彩3D平视显示系统、8英寸彩色触控音响系统、智能导航系统、语音控制功能(控制电话/导航/音响/信息)、蓝牙免提系统(带转向盘快捷键)、卤素前照灯、回旋镖式LED日行灯、LED组合尾灯、高穿透力前后雾灯、LED高位制动灯、LED示廓灯、电动折叠/电动调节/加热外后视镜(带LED式转向信号灯)、后风窗除霜玻璃、电动防炫目内后视镜、D型多功能真皮包裹转向盘、转向盘手动4向调节、高级打孔真皮运动座椅、前排座椅加热、Multi-layer人体工学运动座椅、驾驶席座椅电动8向调节、副驾驶座椅电动4向调节、驾驶席座椅电动腰托调节

豪华版：精英版+DAA智能疲劳驾驶预警系统、BSW盲区预警系统、MOD移动物体&行人探测系统、CTA倒车车侧警示系统、AVM全景式监控影像系统、远程遥控起动、ANC主动降噪系统、ASC主动声音控制系统、BOSE全定制高保真11扬声器豪华音响系统(带AUX/iPod/USB多音源输入系统/转向盘快捷键/带音量随速自动调节)、EYE-MAX通览式全景天窗(高效隔热/防紫外线)、LED前照灯、转向盘/手动4向调节/带位置记忆功能

至尊版：欧冠尊雅版+三区独立控制自动空调(带后排出风口)、8英寸后排独立双屏娱乐系统(带红外线遥控器/高级耳机)、13扬声器Bose 5.1顶级豪华音响系统(带AUX/iPod/USB多音源输入系统/带转向盘快捷键/带速度音量控制)

内饰颜色：黑色、棕色、灰白混搭

主要车型参数及价格

	车型	2.5XE 精英版	2.5XL 豪华版	2.5XV 至尊版
基本参数	长×宽×高(mm)	4903×1860×1436		4903×1860×1439
	轴距(mm)	2775		
	前/后轮距(mm)	1585/1585		
	最小离地间隙(mm)	134(空载)		136(空载)
	油箱/行李舱容积(L)	70/561		
	整备质量(kg)	1521	1554	1569
	车身材料	钢板		
	车身类型/乘员人数	3厢4门/5		
发动机参数	发动机型号/类型	QR25/直列4缸 自然吸气(带双C-VTC连续可变气门正时智能控制系统)		
	排量(mL)	2488		
	额定功率[kW/(r/min)]	137/6000		
	最大转矩[N·m/(r/min)]	234/4000		
	排放标准	欧V		
底盘参数	变速器类型	X TRONIC智能CVT无级变速器（模拟7挡带手动模式）	X TRONIC智能CVT无级变速器（模拟7挡带手动模式/带换挡拨片）	
	驱动类型	前驱		
	悬架系统	前麦弗逊式独立悬架(带高刚性横向稳定杆)/后梯形控制臂连杆式独立悬架(带高刚性横向稳定杆)		
	轮胎规格	245/45 R18		245/40 R19
性能	最高车速(km/h)	211		
	90km/h等速油耗(L/100km)	6.0	6.1	
	0~100km/h加速时间(s)	9.5		9.6
工信部综合工况油耗(L/100km)		7.8	8.0	
上市时间		2016年4月25日		
厂家建议价格(万元)		23.48	24.98	26.78

注：厂家建议价格以2016年3~8月为准

天籁·公爵
TEANA

2015年4月26日，东风日产天籁•公爵欧冠版上市，在750mm贵宾厅级宽大空间、EYE MAX超大全景天窗、头等舱式宽适座椅、13扬声器Bose 5.1顶级豪华音响系统等豪华配置基础上，新升级智能安全科技。全系标配“预碰撞智能制动辅助系统（FEB）”和“加速踏板误踩智能制动辅助系统（EAPM）”两项同级领先的智能安全技术，最大程度地降低行车风险，让您安心体验公爵带给您的舒适豪华享受。

主要配置

欧冠荣耀版：前席双辅助安全气囊、前席侧辅助安全气囊、大型窗帘式辅助安全气囊、Zone Body车身结构、High-μ超高摩擦力制动装置、ABS+EBD、HBA+HBB+HBC全面制动辅助系统、VDC车辆动态控制系统+TCS牵引力控制系统、HSA上坡起步辅助系统、FEB预碰撞智能制动辅助系统、EAPM加速踏板误踩智能纠正系统、TPMS胎压监测系统、ATC主动循迹控制系统+后轮辅助转向系统、前后倒车雷达系统、倒车影像监视系统、发动机防盗锁止系统+报警系统、前席三点式预张紧安全带(高度可调/未系提醒功能)、ISO FIX儿童座椅安全固定装置、ECO DRIVE节能驾驶助手、智能遥控钥匙、一键式起动、4门电动车窗(驾驶席一触式防夹)、停车制动系统(脚式制动)、ASCD定速巡航系统(带转向盘快捷键)、超大型全景天窗(电动一键开闭)、蓝牙免提系统带转向盘快捷键、3D平视信息显示系统、6扬声器高保真音响系统(带AUX/iPod/USB多音源输入系统/带转向盘快捷键/带速度音量控制)、单碟CD音响播放系统(带AM/FM/MP3功能)、双区独立控制自动空调(带后排出风口)、行车电脑、5英寸中控台彩色显示屏、HID自动开闭氙气前照灯(带前照灯自动清洗装置与自动水平调节)、电动调节车外后视镜(带转向信号灯/带加热及电动折叠功能)、LED组合尾灯、车速感应式前刮水器、前风窗高效隔热玻璃、后窗除霜玻璃、镀铬豪华双排气管、高穿透力前后雾灯、LED高位制动灯、示廓灯、防炫内后视镜、可伸缩调节转向盘、多功能真皮包裹转向盘、驾驶席座椅电动8向调节带腰部疲劳缓解装置、副驾驶席电动4向调节座椅带后排控制开关、前席加热座椅、高级皮座椅+TEANA VIP标志

欧冠尊雅版：欧冠荣耀版+智能遥控钥匙带记忆功能、蓝牙免提系统带转向盘快捷键/带语音识别、7英寸触控显示屏、单碟DVD显示音响播放系统(带AM/FM、MP3功能)、电动调节车外后视镜带转向信号灯/带加热及电动折叠功能/带记忆及倒车反转功能、驾驶席座椅电动8向调节带腰部疲劳缓解装置/带记忆功能、后排加热及空调座椅/通风散热功能、电子防炫内后视镜

欧冠尊尚版：欧冠尊雅版+三区独立控制自动空调(带后排出风口)、8英寸后排独立双屏娱乐系统(带红外线遥控器/高级耳机)、13扬声器Bose 5.1顶级豪华音响系统(带AUX/iPod/USB多音源输入系统/带转向盘快捷键/带速度音量控制)

欧冠尊领版：欧冠尊尚版+AVM全景式监控影像系统、BSW变道盲区预警系统、LDW车道偏离预警系统、MOD移动物体/行人探测预警系统、三区独立控制自动空调带后排出风口/带自动换气功能/负离子净化功能/葡萄多酚滤芯、副驾驶航空头等舱式座椅(带电动腿托)、前席加热及空调座椅

车身颜色：琥珀金、珠光白、钢琴黑、爵士蓝、钨钢灰、月光银

主要车型参数及价格

	车型	2.5XV	2.5XV-NAVI	2.5XV-NAVI-FES	2.5XV-VIP
		欧冠荣耀版	欧冠尊雅版	欧冠尊尚版	欧冠尊领版
基本参数	长×宽×高(mm)	5003×1830×1490			
	轴距(mm)	2900			
	前/后轮距(mm)	1585/1585			
	最小离地间隙(mm)	149			150
	油箱/行李舱容积(L)	70/500		70/492	
	整备质量(kg)	1564			1581
	车身材料	钢板(部分超强钢)			
	车身类型/乘员人数	3厢4门/5			
发动机参数	发动机型号/类型	QR25DE/直列4缸（带双C-VTC连续可变气门正时智能控制系统）			
	排量(mL)	2488			
	额定功率[kW/(r/min)]	137/6000			
	最大转矩[N·m/(r/min)]	234/4000			
	排放标准	国Ⅳ、京Ⅴ			
底盘参数	变速器类型	全新一代智能XTRONIC CVT无级变速器(带7挡拨片换挡模式)			
	驱动类型	前驱			
	悬架系统	前麦弗逊式独立悬架带稳定杆麦(脉冲式阻尼回弹弹簧)/后梯形控制臂独立悬架(脉冲式阻尼回弹弹簧)			
	制动系统	前通风盘式/后盘式制动器			
	轮胎规格	215/55 R17			
性能	最高车速(km/h)	207			
	90km/h等速油耗(L/100km)	5.7			
	0~100km/h加速时间(s)	10.1			
工信部综合工况油耗(L/100km)		7.5			
改款时间		2015年4月26日			
厂家建议价格(万元)		23.18	26.28	28.58	29.98

注：厂家建议价格以2016年3~8月为准

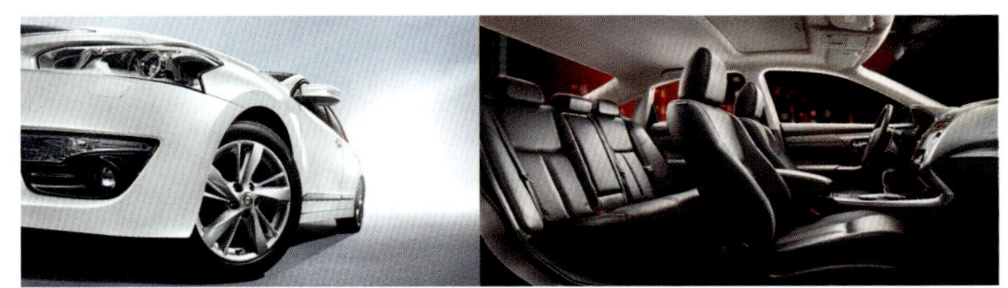

天籁
TEANA

主要配置

2.0XE时尚版：前排双辅助安全气囊、前排侧辅助安全气囊、大型窗帘式辅助安全气囊、Zone Body车身结构、High-μ超高摩擦力制动装置、ABS+EBD、HBA+HBB+HBC全面制动辅助系统、VDC车辆动态控制系统+TCS牵引力控制系统、HSA上坡起步辅助系统、发动机防盗锁止系统+报警系统、ATC主动循迹控制系统+后轮辅助转向系统、前席三点式预张紧安全带(高度可调/未系提醒功能)、后席三点式安全带、ISO-FIX儿童座椅安全固定装置、遥控钥匙、一键式起动、ECO DRIVE节能驾驶助手、4门电动车窗(驾驶席一触式防夹)、停车制动系统(脚式制动)、双区独立控制自动空调(带后排出风口)、行车电脑、电动天窗、3D平视信息显示系统、4扬声器高保真音响系统(带AUX/iPod/USB多音源输入系统/带转向盘快捷键/带速度音量控制)、单碟CD音响播放系统(带AM/FM/MP3功能)、投射式卤素前照灯、电动调节车外后视镜(带转向信号灯/带加热功能)、LED组合尾灯、车速感应式前刮水器、前风窗高效隔热玻璃、后窗除霜玻璃、高穿透力前后雾灯、LED高位制动灯、多功能真皮包裹转向盘、米色高级丝绒座椅、驾驶席座椅手动6向调节、副驾驶座椅手动4向调节、可伸缩调节转向盘、手动防炫内后视镜、示廓灯

2.0XE Sporty欧冠运动版：时尚版+运动套件(侧包围、前包围、后包围、扰流板)

2.0XLSporty欧冠运动版：2.0XE Sporty欧冠运动版+智能遥控钥匙、5英寸中控台彩色显示屏、倒车影像监视系统、6扬声器、自动开闭投射式卤素前照灯、电动调节车外后视镜(带转向信号灯/带加热功能/带电动折叠功能)、高级皮座椅、驾驶席座椅电动8向调节/腰部疲劳缓解装置

2.0XL舒适版：欧冠运动版+智能遥控钥匙、倒车影像监视系统、6扬声器、5英寸中控台彩色显示屏、蓝牙免提系统(带转向盘快捷键)、自动开闭投射式卤素前照灯、电动调节车外后视镜(带转向信号灯/带加热功能/带电动折叠功能)、LED示廓灯、高级皮座椅、副驾驶座椅电动4向调节、驾驶席座椅电动8向调节/腰部疲劳缓解装置，无运动套件(侧包围、前包围、后包围、扰流板)

2.0XL Upper 欧冠科技版：舒适版+前后倒车雷达系统、BSW变道盲区预警系统、LDW车道偏离预警系统、MOD移动物体/行人探测预警系统、FEB预碰撞智能制动辅助系统、EAPM加速踏板误踩智能纠正系统

2.5XL Upper 欧冠科技版：2.0XL Upper 欧冠科技版+后席三点预张紧式安全带、ASCD定速巡航系统(带转向盘快捷键)、HID自动开闭氙气前照灯(带前照灯自动清洗装置与自动水平调节)

2.0XL NAVI智领版：舒适版+智能SD卡NAVI 导航系统+CARWINGS智行+(带智能语音识别)、7英寸触控显示屏、单碟DVD显示音响播放系统(带AM/FM、MP3功能)

2.5XL领先版：智领版+后席三点预张紧式安全带、前后倒车雷达系统、ASCD定速巡航系统(带转向盘快捷键)、HID自动开闭氙气前照灯(带前照灯自动清洗装置与自动水平调节)

2.5XL NAVI豪华版：领先版+7英寸触控显示屏、智能SD卡NAVI 导航系统+CARWINGS智行+(带智能语音识别)、单碟DVD显示音响播放系统(带AM/FM、MP3功能)

2.5XL NAVI Tech欧冠智享版：豪华版+BSW变道盲区预警系统、LDW车道偏离预警系统、MOD移动物体/行人探测预警系统、FEB预碰撞智能制动辅助系统、EAPM加速踏板误踩智能纠正系统

2.5XL Upper NAVI Tech欧冠尊贵版：欧冠智享版+TPMS胎压监测系统、智能遥控钥匙带记忆功能、9扬声器、电动调节车外后视镜带转向信号灯/带加热功能/带电动折叠/带记忆及倒车反转功能、驾驶席座椅电动8向调节带记忆功能、前席加热座椅带空调功能、电子防炫内后视镜

车身颜色：珠光白、爵士蓝、琥珀金、碧玉黑、钨钢灰、月光银

主要车型参数及价格

	车型	2.0XE 时尚版	2.0XE Sporty 欧冠运动版	2.0XL 舒适版	2.0XL Sporty 欧冠运动版	2.0XL Upper 欧冠科技版	2.0XL NAVI 智领版	2.5XL 领先版	2.5XL Upper 欧冠科技版	2.5XL NAVI 豪华版	2.5XL NAVI Tech 欧冠智享版	2.5XL Upper NAVI Tech 欧冠尊贵版
基本参数	长×宽×高(mm)	4868×1830×1490、4892×1830×1490(欧冠运动版)										
	轴距(mm)	2775										
	前/后轮距(mm)	1585/1585										
	最小离地间隙(mm)	142										
	油箱/行李舱容积(L)	70/516										70/508
	整备质量(kg)	1452	1459	1458	1465	1458		1469				1481
	车身材料	钢板(部分超强钢)										
	车身类型/乘员人数	3厢4门/5										
发动机参数	发动机型号/类型	MR20DE/直列4缸(带C-VTC连续可变气门正时智能控制系统)						QR25DE/直列4缸(带双C-VTC连续可变气门正时智能控制系统)				
	排量(mL)	1997						2488				
	额定功率[kW/(r/min)]	104/5600						137/6000				
	最大转矩[N·m/(r/min)]	190/4400						234/4000				
	排放标准	国Ⅳ(北京地区京Ⅴ)										
底盘参数	变速器类型	全新一代智能XTRONIC CVT无级变速器						全新一代智能XTRONIC CVT无级变速器(带七挡拨片换挡模式)				
	驱动类型	前驱										
	悬架系统	前麦弗逊式独立悬架带稳定杆(脉冲式阻尼回弹弹簧)/后梯形控制臂独立悬架(脉冲式阻尼回弹弹簧)										
	制动系统	前通风盘式/后盘式制动器										
	轮胎规格	215/60 R16、215/55 R17										
性能	最高车速(km/h)	190						210				
	0～100km/h加速时间(s)	11.9						9.7				
	90km/h等速油耗(L/100km)	5.5										
工信部综合工况油耗(L/100km)		7.3										
改款时间		2015年4月26日										
厂家建议价格(万元)		17.78	18.28	18.58	19.08	19.54	19.68	20.58	21.38	21.68	22.68	24.88

注：厂家建议价格以2016年3～8月为准

新一代轩逸
SYLPHY

主要配置

1.6

舒适版：前排双安全气囊、多通道Zone Body区域车身结构、UHSS超高刚性车身、ABS制动防抱死系统、EBD电子制动力分配系统、BA制动辅助系统、前排三点式预张紧安全带(带主动提醒)、后排三点式安全带(左中右三席)、ISO-FIX儿童座椅安全固定装置、发动机防盗锁止系统、中控锁、ECO DRIVE节能驾驶助手、遥控钥匙、手动清新空调、4门电动车窗(驾驶席一键上下/带防夹功能)、高保真CD+Audio音响系统(MP3+AUX)、4扬声器、USB接口、行车电脑(平均/瞬间油耗、行驶/续航里程、车外温度显示)、LED高位制动灯、高穿透力前雾灯、车速感应式前刮水器、前照灯手动水平调节、车身转向灯、16英寸铝合金轮辋、LED组合尾灯、电动调节车外后视镜、自发光式仪表盘(带驾驶信息显示)、Multi-Layer仿生学绒布座椅、带化妆镜遮阳板

豪华版：舒适版+倒车雷达、一触式电动天窗、多功能转向盘(带音响控制)、高质感真皮转向盘套、Multi-Layer仿生学真皮座椅、驾驶座椅电动调节、滑动式前席中央扶手、后席中央扶手(带行李舱通道)、后席中央头枕

尊享版：豪华版+智能钥匙系统、一键式起动系统、双区独立控制自动空调、后排空调出风口、豪华晶钻LED灯

1.8

豪华版：1.6尊享版+前席侧安全气囊、前照灯自动开闭系统、LED后视镜转向灯、后视镜加热

尊享版：豪华版+窗帘式辅助安全气囊、发动机防盗锁止系统(带防盗警报功能)、ASCD定速巡航系统(带转向盘快拨键)、NAVI卫星导航系统、CARWINGS智行+、5.8英寸多功能液晶显示屏、3色显距倒车影像监视系统、6扬声器、氙气前照灯(带前照灯清洗装置与自动水平调节)、17英寸旋风动感铝合金轮辋、后视镜电动折叠

车身颜色：铂金灰、月光银、象牙白、钛古金、炫雅红、碧玉黑

主要车型参数及价格

	车型	1.6XE（舒适版）		1.6XL（豪华版）		1.6XV（尊享版）	1.8XL（豪华版）		1.8XV（尊享版）
		MT	CVT	MT	CVT	CVT	MT	CVT	CVT
基本参数	长×宽×高(mm)	4610×1760×1495							
	轴距(mm)	2700							
	前/后轮距(mm)	1540/1540							1530/1530
	最小离地间隙(mm)	169	164	168	164		166	164	165
	油箱/行李舱容积(L)	52/510							
	整备质量(kg)	1208	1237	1217	1237		1264	1271	1288
	车身材料	钢板							
	车身类型/乘员人数	3厢4门/5							
发动机参数	发动机型号	HR16DE					MRA8DE		
	发动机类型	全铝合金发动机缸体 直列4缸（带DIS燃油双喷射系统及双C-VTC连续可变气门正时智能控制系统）					全铝合金发动机缸体 直列4缸（采用纳米级低摩擦技术及双C-VTC连续可变气门正时智能控制系统）		
	排量(mL)	1598					1798		
	额定功率[kW/(r/min)]	93/5600					102/6000		
	最大转矩[N·m/(r/min)]	154/4000					174/3600		
	建议用油	93#汽油							
底盘参数	变速器类型	5挡手动	全新智能XTRONIC CVT	5挡手动	全新智能XTRONIC CVT		6挡手动	全新智能XTRONIC CVT	
	驱动类型	前驱							
	悬架系统	前麦弗逊式独立悬架(带超高刚性稳定杆)/后扭力梁式悬架(带超高刚性稳定杆)							
	制动系统	前通风盘式/后盘式制动器							
	轮胎规格	195/60 R16							205/50 R17
性能	最高车速(km/h)	187	180	187	180		195	186	
	0～100km/h加速时间(s)	11.9	11.7	11.9	11.7		11.5	11.4	
	90km/h等速油耗(L/100km)	5.6					5.7		
工信部综合工况油耗(L/100km)		6.3	6.2	6.3	6.2		6.9	6.7	
改款时间		2014年4月							
厂家建议价格(万元)		11.90	12.90	12.50	13.50	13.78	14.00	15.00	16.90

注：厂家建议价格以2016年3～8月为准

蓝鸟
LANNIA

主要配置

时尚版： 前席双安全气囊、多通道Zone Body区域车身结构、高强度高性能车身、ABS防抱死制动系统、EBD电子制动力分配系统、BA制动辅助系统、车速感应上锁、发动机防盗锁止系统、前排三点式预张紧安全带(高度可调)、后排左中右三点式安全带、ISO-FIX(儿童座椅安全固定装置)、前后高强度防撞钢梁、四门电动车窗(驾驶席一键上下/带防夹功能)、ECO DRIVE节能驾驶助手、遥控钥匙、手动清新空调、智能行车电脑(自发光仪表盘显示)、高保真音响系统(带AUX/iPod/USB多音源输入系统/带仪表关联功能)、4扬声器、LED高位制动灯、无边悬浮车顶造型、日产全新演绎V-Motion前脸、回旋镖式普通前照灯、车速感应式前刮水器、碳纤质感后保险杠、车外后视镜(电动调节+手动折叠)、防炫目车内后视镜、环抱式运动座舱、D-Shape运动型多功能转向盘、时尚运动座椅(普通织物)、驾驶席座椅手动6向调节、6:4分割可折叠后排座椅

炫酷版： 时尚版+前席侧安全气囊、酷黑电动天窗、回旋镖式锐眼前照灯、LED光导视光灯、LED后视镜转向灯、高质感犀利前雾灯、多功能转向盘(带音响控制)、动感运动座椅(高级织物)

智酷版： 炫酷版+窗帘式辅助安全气囊、VDC车辆动态控制系统、倒车影像监视系统、智能遥控钥匙、一键式起动系统、7英寸彩色中控触控屏、智能手机互联系统、后排USB充电接口、多功能转向盘(带音响控制/蓝牙)

智炫版： 智酷版+LED日间行车灯、酷炫运动套件、酷炫扰流板

高能版： 智炫版+TPMS直接式胎压监测系统、FEB预碰撞智能制动辅助系统、LDW车道偏离预警系统、BSW变道盲区预警系统、CTA倒车车侧预警系统、全自动清新空调、6扬声器、5英寸TFT仪表盘彩色3D显示系统、高质感犀利前雾灯、车外后视镜加热、中控氛围灯、D-Shape运动型多功能转向盘(真皮)、酷感皮布混搭座椅(带运动缝线)、后排中央扶手(带杯架)、后排中央头枕

车身颜色： 星际蓝、烈焰红、曜石黑、珠光白、钨钢灰、月光银、炫风橙

内饰颜色： 酷黑、炫红

主要车型参数及价格

	车型	时尚版	炫酷版	炫酷版	智酷版	智炫版	高能版
		MT	MT	CVT	CVT	CVT	CVT
基本参数	长×宽×高(mm)	4683×1780×1465					
	轴距(mm)	2700					
	前/后轮距(mm)	1540/1540			1530/1530		
	最小离地间隙(mm)	167			168		
	油箱/行李舱容积(L)	52/521					
	整备质量(kg)	1195	1203	1228	1242		1260
	车身材料	钢板					
	车身类型/乘员人数	3厢4门/5					
发动机参数	发动机型号	HR16					
	发动机类型	全铝直列四缸(带DIS燃油双喷射技术及双C-VTC连续可变气门正时智能控制系统)					
	排量(mL)	1598					
	额定功率[kW/(r/min)]	93/5600					
	最大转矩[N·m/(r/min)]	154/4000					
底盘参数	变速器类型	5挡手动		全新XTRONIC CVT变速器			
	驱动类型	前驱					
	悬架系统	前麦弗逊式独立悬架(带高刚性稳定杆)/后扭力梁式悬架(带高刚性稳定杆)					
	制动系统	前通风盘式/后盘式制动器					
	轮胎规格	195/60 R16			205/50 R17		
性能	最高车速(km/h)	195		190			
	0～100km/h加速时间(s)	11.8		11.7			
	90km/h等速油耗(L/100km)	5.2			5.3		
工信部综合工况油耗(L/100km)		6.0		5.6	5.7		5.3
上市时间		2016年1月					2016年4月
厂家建议价格(万元)		10.59	11.39	12.39	13.19	13.54	14.39

注：厂家建议价格以2016年3～8月为准

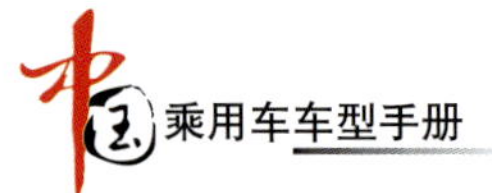

轩逸·经典
SYLPHY CLASSIC

主要配置

舒适版： Zone Body区域车身结构设计、前席双辅助安全气囊、ABS制动防抱死系统、EBD电子制动力分配系统、BA制动辅助系统、前席三点式预张紧安全带(带限力器/高度可调)、后席三点式安全带(左中右三席)、ISO-FIX(儿童座椅安全固定装置)、中控锁、遥控钥匙、手动清新空调、4门电动车窗(驾驶席一键上下/带防夹功能)、USB接口、高保真CD+Audio音响系统(MP3+AUX)、4扬声器、高位制动灯、电动调节车外后视镜(手动折叠)、车速感应式前刮水器、高亮度卤素前照灯、大型组合尾灯、前/后雾灯、前照灯手动水平调节、钢制轮辋、扇贝造型人体工学(雪绒布)座椅、主驾驶席座椅6向调节、副驾驶座椅4向调节、后排中央扶手行李舱通道、顶置高级眼镜盒、地图灯、室内照明灯、行李舱照明灯

豪华版： 舒适版+倒车雷达、电动天窗、铝合金轮辋、扇贝造型人体工学真皮座椅

车身颜色： 月光银、象牙白、钛空金、碧玉黑

内饰颜色： 浅色、黑色

主要车型参数及价格

车　型		1.6XE（舒适版）		1.6XL（豪华版）	
		MT	AT	MT	AT
基本参数	长×宽×高(mm)	4665×1700×1505			
	轴距(mm)	2700			
	前/后轮距(mm)	1480/1485			
	最小离地间隙(mm)	111	112	111	112
	油箱/行李舱容积(L)	52/504			
	整备质量(kg)	1180	1200	1180	1200
	车身材料	钢板			
	车身类型/乘员人数	3厢4门/5			
发动机参数	发动机型号	HR16DE			
	发动机类型	直列4缸 带C-VTC连续可变气门正时智能控制系统			
	排量(mL)	1598			
	额定功率[kW/(r/min)]	86/6000			
	最大转矩[N·m/(r/min)]	153/4400			
底盘参数	变速器类型	5挡手动	4挡自动	5挡手动	4挡自动
	驱动类型	前驱			
	悬架系统	前麦弗逊式独立悬架带稳定杆/后扭力梁悬架带稳定杆(减振带预负荷机构和采用脉冲控制)			
	制动系统	前通风盘式/后盘式制动器			
	轮胎规格	185/65 R15			
性能	最高车速(km/h)	180	175	180	175
	0~100km/h加速时间(s)	11.8	12.5	11.8	12.5
	90km/h等速油耗(L/100km)	5.6	6.1	5.6	6.1
工信部综合工况油耗(L/100km)		6.5	7.6	6.5	7.6
上市时间		2012年7月19日			
厂家建议价格(万元)		9.98	10.98	11.08	12.08

注：厂家建议价格以2016年3～8月为准

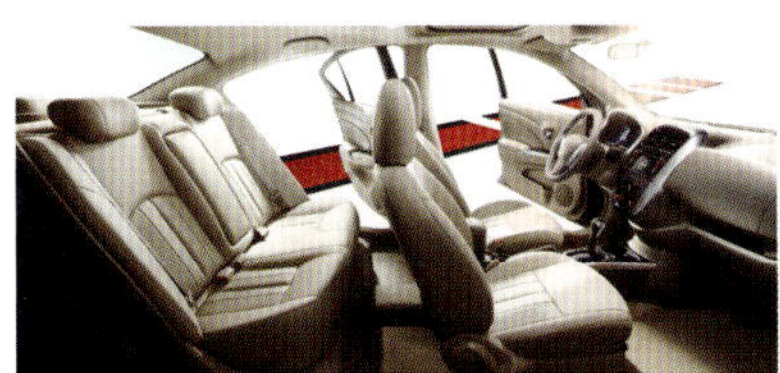

阳光
SUNNY

主要配置

舒适版：前排双辅助安全气囊、ABS防抱死制动系统、EBD电子制动力分配系统、BA制动辅助制动系统、EPS车速感应电动助力转向、前排三点式预张紧安全带(带限力器、高度可调)、后席三点式安全带、驾驶席安全带提示、ISO-FIX儿童座椅安全固定装置、车速感应自动上锁功能、遥控钥匙、节能空调、4门电动车窗(驾驶席一键上下/带防夹功能)、行车电脑(带瞬间油耗/续航里程显示)、AUX/USB车载音频输入接口、2扬声器、高亮度卤素前照灯、前照灯水平手动调节、高位制动灯、后车窗除霜、防炫内后视镜、舒适针织座椅、前排座椅4向调节、转向盘高度可调、冰晶时尚仪表盘

精英版：舒适版+倒车雷达、四轮碟式制动、电动调节车外后视镜

大师版：精英版+发动机防盗锁止控制系统、一键式起动系统、智能遥控钥匙、前雾灯、间歇式可调前刮水器

豪华版：大师版+双模式后排出风系统、电动天窗、4扬声器、行李舱照明灯、冰晶时尚仪表盘(带自发光功能)、后排大型中央扶手

尊贵版：豪华版+NAVI卫星导航系统、后视镜转向灯、人体工学有氧皮座椅、主驾驶座椅6向调节

车身颜色：炫雅红、碧玉黑、铂金灰、象牙白、月光银、钛空金

主要车型参数及价格

	车　型	1.5XE 舒适版 MT	1.5XE 舒适版 CVT	1.5XE 精英版 MT	1.5XE 精英版 CVT	1.5XE 大师版 MT	1.5XE 大师版 CVT	1.5XL 豪华版 MT	1.5XL 豪华版 CVT	1.5XV 尊贵版 CVT
基本参数	长×宽×高(mm)	4456×1696×1514								
	轴距(mm)	2600								
	前/后轮距(mm)	1470/1475				1480/1485				
	油箱/行李舱容积(L)	41/490								
	整备质量(kg)	1032	1055	1032	1055	1032	1055	1062	1082	1085
	车身材料	钢板								
	车身类型/乘员人数	3厢4门/5								
发动机参数	发动机型号/类型	HR15DE/直列4缸 16气门 带双C-VTC连续可变气门正时智能控制系统								
	排量(mL)	1498								
	额定功率[kW/(r/min)]	82/5600								
	最大转矩[N·m/(r/min)]	139/4000								
底盘参数	变速器类型	5挡手动	XTRONIC CVT	5挡手动	XTRONIC CVT	5挡手动	XTRONIC CVT	5挡手动	XTRONIC CVT	
	驱动类型	前驱								
	悬架系统	前麦弗逊式独立悬架/后扭力梁式非独立悬架								
	制动系统	前盘式/后鼓式制动器		四轮碟式制动器						
	轮胎规格	185/70 R14						185/65 R15		
性能	最高车速(km/h)	175	165	175	165	175	165	175	165	
	0~100km/h加速时间(s)	12.8	13.9	12.8	13.9	12.8	13.9	12.8	13.9	
	90km/h等速油耗(L/100km)	5.3						5.2	5.1	
工信部综合工况油耗(L/100km)		6.2	5.8	6.2	5.8	6.2	5.8	6.1	5.6	
改款时间		2015年4月28日								
厂家建议价格(万元)		7.98	8.98	8.28	9.28	8.40	9.40	9.28	10.28	11.28

注：厂家建议价格以2016年3~8月为准

新生代TIIDA

年度**新上市**车型

2016年6月7日新生代TIIDA正式上市。新车共推出6款车型，售价区间为9.99万~13.49万元。动力方面，新骐达前期仍然采用的是老款骐达1.6L自然吸气发动机，其最大输出功率为93kW，峰值转矩154Nm，配合5MT或CVT变速器。

主要配置

乐动版：高强度高性能车身、前席双安全气囊、ABS制动防抱死系统、EBD电子制动力分配系统、BA制动辅助系统、前席三点式预张紧安全带(高度可调+未系提醒)、后席左中右三点式安全带、前后高强度防撞钢梁、中控锁、车速感应自动落锁功能、碰撞后自动警示系统、ISO-FIX(儿童安全座椅固定装置)、儿童安全门锁、发动机防盗锁止系统、ECO DRIVE节能驾驶助手、折叠内藏式遥控钥匙、高响应减振系统、四门电动车窗(驾驶席一键上下/带防夹功能)、手动清新空调、高保真音响系统(带AUX/iPod/USB多音源输入系统)、智能行车电脑、日产全新演绎V-Motion前脸、动感卤素前照灯、Follow me home(前照灯延时关闭)、车速感应式前刮水器、前翼子板集成转向灯(带轻触急闪功能)、电动调节车外后视镜、后雾灯、LED高位制动灯、后风窗玻璃加热、防炫目车内后视镜、自发光式仪表盘(带驾驶信息显示)、多功能转向盘(带音响控制)、Multi-layer人体工学低重力织物座椅、驾驶席座椅手动6向调节，CVT增加日产全新D-STEP变速技术

酷动版：乐动版+前席侧安全气囊、倒车雷达、一触式电动天窗、日间行车灯、高穿透力前雾灯，CVT增加日产全新D-STEP变速技术

智行版：酷动版+窗帘式辅助安全气囊、FEB预碰撞智能制动辅助系统、LDW车道偏离预警系统、BSW变道盲区预警系统、CTA倒车车侧预警系统、VDC车辆动态控制系统、倒车影像监视系统、日产全新D-STEP变速技术、智能遥控钥匙、一键式起动系统、手机蓝牙、智能手机互联系统、7英寸彩色中控触控屏、5英寸TFT仪表盘彩色3D显示系统、后视镜集成转向灯(带轻触急闪功能)、Multi-layer人体工学低重力高级皮+织物座椅

智尊版：智行版+TPMS智能胎压监测系统、ISS智能起停系统、定速巡航、双区独立控制自动清新空调、车外温度显示、车外后视镜加热、型格LED前照灯、前照灯自动开闭系统、回旋镖式LED光导灯、多功能真皮包裹转向盘(带音响控制)、Multi-layer人体工学低重力真皮座椅、前排座椅电动加热

主要车型参数及价格

	车型	1.6L 乐动版		1.6L 酷动版		1.6L 智行版	1.6L 智尊版
		MT	CVT	MT	CVT	CVT	CVT
基本参数	长×宽×高(mm)	4393×1766×1524					
	轴距(mm)	2700					
	前/后轮距(mm)	1540/1540					1530/1530
	最小离地间隙(mm)	167	166	168			
	油箱/行李舱容积(L)	52/435					
	整备质量(kg)	1184	1203	1195	1220	1224	1255
	车身材料	钢板					
	车身类型/乘员人数	2厢5门/5					
发动机参数	发动机型号/类型	全新HR16/全铝直列四缸(带DIS燃油双喷技术及双C-VTC连续可变气门正时智能控制系统)					
	排量(mL)	1598					
	额定功率[kW/(r/min)]	93/5600					
	最大转矩[N·m/(r/min)]	154/4000					
底盘参数	变速器类型	5挡手动	全新XTRONIC CVT变速器	5挡手动	全新XTRONIC CVT变速器		
	驱动类型	前驱					
	悬架系统	前麦弗逊式独立悬架(带高刚性稳定杆)/后扭力梁式悬架(带高刚性稳定杆)					
	制动系统	前通风盘式/后盘式制动器					
	轮胎规格	195/60 R16					205/50 R17
性能	最高车速(km/h)	185	180	185	180		
	0~100km/h加速时间(s)	11.8	11.7	11.8	11.7		
	90km/h等速油耗(L/100km)	5.2					5.3
工信部综合工况油耗(L/100km)		6.0	5.6	6.0	5.6		5.3
上市时间		2016年6月7日					
厂家建议价格(万元)		9.99	10.99	10.39	11.39	12.29	13.49

注：厂家建议价格以2016年3~8月为准

骊威
LIVINA

主要配置

舒适版：前排双辅助安全气囊、ABS制动防抱死系统、EBD电子制动力分配系统、BA辅助制动系统、EPS电控助力转向系统、前排三点式预张紧安全带、后排三点式安全带(左中右三席)、驾驶席安全带提示、中央门锁(车速感应自动落锁)、儿童安全门锁、儿童安全座椅固定系统、遥控钥匙、四门电动车窗(驾驶席带防夹功能)、清新空调带过滤器、CD音响系统、高保真2扬声器、镀铬前格栅、高亮度卤素前照灯、大型组合尾灯、高穿透力后雾灯、LED高位制动灯、车速感应式前刮水器、高档舒适绒面座椅、三辐式转向盘高度可调、驾驶座椅6向调节、后排头枕、后排座椅可折叠式、防炫目车内后视镜，骊威·劲锐舒适版增加发动机防盗锁止与转向盘锁定系统、高穿透力前雾灯、运动包围组件、顶置行李架、后车窗刮水器、电动调节车外后视镜、酷感时尚织物座椅

豪华版：舒适版+发动机防盗锁止与转向盘锁定系统、倒车雷达、舒适电动天窗、USB多媒体音响系统、高保真4扬声器、侧门防护板、后车窗刮水器、动感扰流尾翼、高穿透力前雾灯、电动调节车外后视镜、后排座椅6:4分割，骊威·劲锐豪华版I-KEY智能遥控钥匙系统、运动包围组件、顶置行李架、酷黑真皮座椅，骊威·劲锐豪华版MT无舒适电动天窗

豪华真皮版：豪华版+I-KEY智能遥控钥匙系统、酷黑真皮座椅，无舒适电动天窗

酷咖版：豪华版+I-KEY智能遥控钥匙系统、运动包围组件、顶置行李架、酷咖真皮座椅

主要车型参数及价格

	车型	1.6XE		1.6XL		1.6XL	1.6XL 骊威·劲锐		1.6XV 骊威·劲锐		
		舒适版		豪华版		豪华真皮版	舒适版		豪华版		酷咖版
		MT	CVT	MT	CVT	CVT	MT	CVT	MT	CVT	CVT
基本参数	长×宽×高(mm)	4249×1695×1577		4249×1699×1577			4308×1734×1630				
	轴距(mm)	2600									
	前/后轮距(mm)	1470/1475							1475/1480		
	最小离地间隙(mm)	163									
	油箱/行李舱容积(L)	52/371–1536									
	整备质量(kg)	1123	1152	1146	1174		1144	1173	1178	1206	
	车身材料	钢板									
	车身类型/乘员人数	2厢5门/5									
发动机参数	发动机型号/类型	新一代HR16/全铝直列四缸(带DIS燃油双喷射系统及双C–VTC连续可变气门正时智能控制系统)									
	排量(mL)	1598									
	额定功率[kW/(r/min)]	91/5600									
	最大转矩[N·m/(r/min)]	153/4000									
底盘参数	变速器类型	5挡手动	全新智能XTRONIC CVT无级变速器	5挡手动	全新智能XTRONIC CVT无级变速器		5挡手动	全新智能XTRONIC CVT无级变速器	5挡手动	全新智能XTRONIC CVT无级变速器	
	驱动类型	前驱									
	悬架系统	前麦弗逊式独立悬架带稳定杆(采用脉冲控制减振器)/后扭力梁式悬架带稳定杆(采用脉冲控制减振器)									
	制动系统	前盘式/后鼓式制动器									
	轮胎规格	185/65 R15							195/55 R16		
性能	最高车速(km/h)	184	175	184	175		184	175	184	175	
	0~100km/h加速时间(s)	11.8	11.7	11.8	11.7		11.8	11.7	11.8	11.7	
工信部综合工况油耗(L/100km)		6.3	6.1	6.3	6.1	6.3	6.1		6.3	6.2	
上市时间		2015年5月									
厂家建议价格(万元)		8.58	9.58	9.58	10.58	10.18	9.78	10.78	10.72	11.72	11.18

注：厂家建议价格以2016年3~8月为准

玛驰
MARCH

主要配置

易享版：区域组合车身、赛车级低磨损真圆内径加工工艺、前排双辅助安全气囊、ABS防抱死制动系统、EBD电子制动力分配系统、BA制动辅助系统、前排三点式ELR预张紧安全带(带限力器/高度可调)、后排三点式ELR安全带、发动机防盗锁止控制系统、ISO-FIX(儿童座椅安全固定装置)、中控门锁、前门电动车窗、节能手动空调、行车电脑、USB接口、AUX音频接口、高位制动灯、高度可调晶润前照灯、车顶降噪箭形槽、间歇式前刮水器、后雾灯、人性化双弧造型中控台、超清晰立体组合仪表盘、绒布座椅、前排座椅4向调节、可折叠式后排座椅(带一体式头枕)、防炫目车内后视镜

易型版：易享版+高保真单碟CD

易炫版：易型版+智能倒车雷达、多功能e车助手、遥控钥匙系统、四门电动车窗(驾驶席带一键下降功能)、前刮水器间歇式带多级可调、后刮水、高级织物座椅

易智版：易炫版+发动机防盗锁止控制系统、智能遥控钥匙系统、发动机一键起动系统、4扬声器、电动调节车外后视镜(带电动折叠功能)、前雾灯、行李舱搁物板

车身颜色：水晶粉、炫雅红、加州橙、孔雀蓝、碧玉黑、翡丽灰、月光银、象牙白

主要车型参数及价格

车型		1.2XE MT	1.5XE AT	1.5XL MT	1.5XL AT	1.5XV AT
		易享版	易型版	易炫版		易智版
基本参数	长×宽×高(mm)	3779×1666×1527(易享版/易炫版MT)、3779×1666×1526				
	轴距(mm)	2450				
	前/后轮距(mm)	1470/1475				1460/1465
	最小离地间隙(mm)	157	156	157	156	
	油箱/行李舱容积(L)	41/251-531				
	车身材料	钢板				
	车身类型/乘员人数	2厢5门/5				
发动机参数	发动机型号	HR12DE	HR15DE			
	发动机类型	全铝直列	直列四缸全铝合金DOHC连续可变气门正时控制系统(C-VTC)			
	排量(mL)	1198	1498			
	额定功率[kW/(r/min)]	54/5000	79/6000			
	最大转矩[N·m/(r/min)]	104/4000	138/4800			
底盘参数	变速器类型	5挡手动	4挡自动	5挡手动	4挡自动	
	驱动类型	前驱				
	悬架系统	前麦弗逊式独立悬架/后扭力梁式非独立悬架				
	制动系统	前盘式/后鼓式制动器				
	轮胎规格	165/70 R14				175/60 R15
性能	0~100km/h加速时间(s)	14.6	11.7	11.2	11.7	11.9
	90km/h等速油耗(L/100km)	4.7	5.5	5.2	5.5	
工信部综合工况油耗(L/100km)		5.7	6.4	6.2	6.4	
上市时间		2014年10月20日				
厂家建议价格(万元)		5.98	7.28	7.09	7.85	8.75

注：厂家建议价格以2016年3～8月为准

主要配置

潮流版：ZONE BODY区域组合车身、UHSS高刚性抗扭力车身、SRS前席双安全气囊、博世第九代ABS制动防抱死系统、EBD电子制动力分配系统、BA制动辅助系统、可溃缩式制动踏板、前排预紧限力三点式安全带、后排三点式安全带、驾驶席安全带未系报警提示、中央门锁、儿童安全锁、ISO-FIX(儿童座椅固定功能)、遥控钥匙、高灵敏度倒车雷达、手动清新空调(带过滤器)、四门电动车窗、大界面高清晰行车电脑、高保真音响系统(4扬声器)、MP3播放器、收音机、USB接口、AUX音源接口、LED高位制动灯、酷黑车身大包围、潮流动感尾翼、锋尚行李架、高安全前/后保险杠、前格栅电镀饰条、睿意双翼格栅、水平调节卤素前照灯、高穿透力后雾灯、展翼式组合尾灯、钢制轮辋、车速感应式前刮水器、后风窗玻璃除霜器、转向盘品质车标、高品质电动后视镜、多功能3D仪表盘、人体工学舒适织物座椅、前排座椅手动4向调节、四门舒适扶手、防炫目车内后视镜

精英版：潮流版+速度传感自动门锁、启辰通智能互联系统、高穿透力前雾灯、铝合金轮辋

豪华版：精英版+发动机电子防盗系统、时尚电动天窗、单碟CD、多级式后刮水器、多功能转向盘，AT增加ASCD定速巡航

车身颜色：星灿金、炫目红、和玉白、辰辉银、大漠金

主要车型参数及价格

	车型	潮流版		精英版		豪华版	
		MT	AT	MT	AT	MT	AT
基本参数	长×宽×高(mm)	4307×1730×1564					
	轴距(mm)	2600					
	前/后轮距(mm)	1480/1485					
	最小离地间隙(mm)	163					
	油箱/行李舱容积(L)	52/317					
	整备质量(kg)	1139	1160	1139	1160	1139	1160
	车身材料	钢板					
	车身类型/乘员人数	2厢5门/5					
发动机参数	发动机型号/类型	HR16DE/全铝直列四缸(连续可变气门正时智能控制系统)					
	排量(mL)	1598					
	额定功率[kW/(r/min)]	86/6000					
	最大转矩[N·m/(r/min)]	153/4400					
	排放标准	国Ⅳ、国Ⅴ					
底盘参数	变速器类型	5挡手动	4挡自动	5挡手动	4挡自动	5挡手动	4挡自动
	驱动类型	前置前驱					
	悬架系统	前麦弗逊式独立悬架带稳定杆(带FCD减振器)/后扭力梁式悬架带稳定杆					
	制动系统	前通风盘式/后鼓式制动器					
	轮胎规格	185/65 R15 88H					
性能	最高车速(km/h)	185	175	185	175	185	175
	0~100km/h加速时间(s)	11.4	11.9	11.4	11.9	11.4	11.9
	90km/h等速油耗(L/100km)	4.9	5.5	4.9	5.5	4.9	5.5
工信部综合工况油耗(L/100km)		5.9	6.9	5.9	6.9	5.9	6.9
上市时间		2015年8月21日					
厂家建议价格(万元)		7.45	8.35	7.70	8.60	8.08	8.98

注：厂家建议价格以2016年3~8月为准

启辰 R50

主要配置

时尚版： ZONE BODY区域组合车身、UHSS高刚性抗扭力车身、SRS前排双安全气囊、博世第九代ABS制动防抱死系统、EBD电子制动力分配系统、BA制动辅助系统、前排预紧限力三点式安全带、后排三点式安全带、驾驶席安全带未系报警提示、中央门锁、儿童安全锁、ISO-FIX(儿童座椅固定功能)、可溃缩式制动踏板、遥控钥匙、四门电动车窗、手动清新空调(带过滤器)、大界面高清晰行车电脑、高保真音响系统(4扬声器)、MP3播放器、收音机、USB接口、AUX音源接口、LED高位制动灯、时尚尾翼、高品质电动后视镜、睿意双翼格栅、水平调节卤素前照灯、高穿透力后雾灯、展翼式组合尾灯、钢制轮辋、车速感应式前刮水器、后风窗玻璃除霜器、多功能3D仪表盘、人体工学舒适织物座椅、前排座椅手动4向调节、四门舒适扶手、防炫目车内后视镜、转向盘品质车标

精英版： 时尚版+启辰通智能互联系统、速度传感自动门锁、高穿透力前雾灯、铝合金轮辋、人体工学舒适皮座椅(马赛红)

豪华版： 精英版+发动机电子防盗系统、电动天窗、单碟CD、多级式后刮水器、多功能转向盘、人体工学舒适皮座椅，AT增加ASCD定速巡航

车身颜色： 炫目红、和玉白、辰辉银、紫檀黑、摩卡金

主要车型参数及价格

车 型		MT	AT	MT	AT	MT	AT
		时尚版		精英版		豪华版	
基本参数	长×宽×高(mm)	4280×1695×1535					
	轴距(mm)	2600					
	前/后轮距(mm)	1480/1485					
	最小离地间隙(mm)	163					
	油箱/行李舱容积(L)	52/317					
	整备质量(kg)	1113	1136	1113	1136	1128	1151
	车身材料	钢板					
	车身类型/乘员人数	2厢5门/5					
发动机参数	发动机型号/类型	HR16DE/全铝直列四缸(连续可变气门正时智能控制系统)					
	排量(mL)	1598					
	额定功率[kW/(r/min)]	86/6000					
	最大转矩[N·m/(r/min)]	153/4400					
	排放标准	国Ⅳ、国Ⅴ					
底盘参数	变速器类型	5挡手动	4挡自动	5挡手动	4挡自动	5挡手动	4挡自动
	驱动类型	前置前驱					
	悬架系统	前麦弗逊式独立悬架带稳定杆(带FCD减振器)/后扭力梁式悬架带稳定杆					
	制动系统	前通风盘式/后鼓式制动器					
	轮胎规格	185/65 R15 88H					
性能	最高车速(km/h)	185	175	185	175	185	175
	0~100km/h加速时间(s)	11.4	11.9	11.4	11.9	11.4	11.9
	90km/h等速油耗(L/100km)	4.9	5.5	4.9	5.5	4.9	5.5
工信部综合工况油耗(L/100km)		5.9	6.9	5.9	6.9	5.9	6.9
上市时间		2015年8月21日					
厂家建议价格(万元)		6.98	7.88	7.33	8.23	7.68	8.58

注：厂家建议价格以2016年3～8月为准

主要配置

时尚版：ZONE BODY区域组合车身、UHSS高刚性抗扭力车身、SRS前排双安全气囊、博世第九代ABS制动防抱死系统、EBD电子制动力分配系统、BA制动辅助系统、可溃缩式制动踏板、前排预紧限力三点式安全带、后排三点式安全带、驾驶席安全带未系报警提示、中央门锁、儿童安全锁、ISO-FIX(儿童座椅固定功能)、遥控钥匙、四门电动车窗、手动清新空调(带过滤器)、大界面高清晰行车电脑、高保真音响系统(4扬声器)、MP3播放器、收音机、USB接口、AUX音源接口、LED高位制动灯、高品质电动后视镜、睿意双翼格栅、水平调节卤素前照灯、高穿透力后雾灯、展翼式组合尾灯、钢制轮辋、车速感应式前刮水器、后风窗玻璃除霜器、四门舒适扶手、防炫目车内后视镜、多功能3D仪表盘、人体工学舒适织物座椅、前排座椅手动4向调节、转向盘品质车标

精英版：时尚版+速度传感自动门锁、启辰通智能互联系统、高穿透力前雾灯、铝合金轮辋、人体工学舒适皮座椅(牛津棕)

豪华版：精英版+发动机电子防盗系统、电动天窗、单碟CD、多功能转向盘、人体工学舒适皮座椅

车身颜色：翡丽灰、和玉白、辰辉银、紫檀黑、朝霞红

主要车型参数及价格

	车 型	MT	AT	MT	AT	MT	AT
		时尚版		精英版		豪华版	
基本参数	长×宽×高(mm)	4480×1695×1535					
	轴距(mm)	2600					
	前/后轮距(mm)	1480/1485					
	最小离地间隙(mm)	163					
	油箱容积(L)	52					
	整备质量(kg)	1107	1131	1107	1131	1119	1146
	车身材料	钢板					
	车身类型/乘员人数	3厢4门/5					
发动机参数	发动机型号/类型	HR16DE/全铝直列四缸(连续可变气门正时智能控制系统)					
	排量(mL)	1598					
	额定功率[kW/(r/min)]	86/6000					
	最大转矩[N·m/(r/min)]	153/4400					
	排放标准	国Ⅳ、国Ⅴ					
底盘参数	变速器类型	5挡手动	4挡自动	5挡手动	4挡自动	5挡手动	4挡自动
	驱动类型	前置前驱					
	悬架系统	前麦弗逊式独立悬架带稳定杆(带FCD减震器)/后扭力梁式悬架带稳定杆					
	制动系统	前通风盘式/后鼓式制动器					
	轮胎规格	185/65 R15 88H					
性能	最高车速(km/h)	185	175	185	175	185	175
	0~100km/h加速时间(s)	11.4	11.9	11.4	11.9	11.4	11.9
	90km/h等速油耗(L/100km)	4.9	5.5	4.9	5.5	4.9	5.5
工信部综合工况油耗(L/100km)		5.9	6.9	5.9	6.9	5.9	6.9
改款时间		2015年8月21日					
厂家建议价格(万元)		6.98	7.88	7.33	8.23	7.68	8.58

注：厂家建议价格以2016年3~8月为准

启辰R30

主要配置

易享版： ZONE BODY区域组合高强度安全车身、UHSS高刚性抗扭力车身、SRS主驾驶安全气囊、可溃缩式制动踏板、后排三点式安全带、安全带未系声光警示功能、中央门锁、儿童安全锁、ISO-FIX儿童座椅固定功能、LED高位制动灯、手动清新空调、大界面高清晰行车电脑、高保真音响系统、MP3播放器、收音机、USB接口、AUX音源接口、水平调节卤素前照灯、高穿透力后雾灯、钢制轮辋、人体工学舒适织物座椅、前排座椅手动4向调节

舒享版： 易享版+转向盘高度调节

优享版： 舒享版+SRS副驾驶安全气囊、博世第九代ABS制动防抱死系统、EBD电子制动力分配系统、BA制动辅助系统、遥控钥匙、4门电动车窗、电动调节后视镜、整体可放倒后排座椅

尊享版： 优享版+倒车雷达、单碟CD、铝合金轮辋、多级式后刮水器、后风窗玻璃除霜器、防炫内后视镜

主要车型参数及价格

车型		MT			
		易享版	舒享版	优享版	尊享版
基本参数	长×宽×高(mm)	3775×1665×1530			
	轴距(mm)	2450			
	前/后轮距(mm)	1470/1475			1460/1465
	最小离地间隙(mm)	156			160
	油箱/行李舱容积(L)	36.5/220			
	整备质量(kg)	888		901	915
	车身材料	钢板			
	车身类型/乘员人数	2厢5门/5			
发动机参数	发动机型号/类型	HR12DE/全铝合金缸体 直列4缸 16气门			
	排量(mL)	1198			
	额定功率[kW/(r/min)]	54/5000			
	最大转矩[N·m/(r/min)]	104/4000			
	排放标准	国Ⅳ(带OBD车载诊断系统)			
底盘参数	变速器类型	5挡手动			
	驱动类型	前驱			
	悬架系统	前麦弗逊式独立悬架/后扭力梁式悬架			
	制动系统	前通风盘式/后鼓式制动器			
	轮胎规格	165/70 R14			175/60 R15
性能	最高车速(km/h)	155			
	0～100km/h加速时间(s)	14.6			
	90km/h等速油耗(L/100km)	4.9			
工信部综合工况油耗(L/100km)		5.5			
上市时间		2014年7月16日			
厂家建议价格(万元)		3.99	4.19	4.59	4.99

注：厂家建议价格以2016年3～8月为准

广汽本田汽车有限公司 Guangqi Honda Automobile Co.,Ltd.

歌诗图　雅阁　凌派　锋范　飞度　理念

歌诗图 Crosstour

主要配置

豪华版： ACE高级兼容性车身结构、i-SRS双安全气囊系统、前排侧安全气囊+OPDS、侧安全气帘、ABS/EBD、VSA车辆稳定性控制系统、LWC盲区显示系统、DWS胎压监测系统、ANC主动降噪系统、车门内置防侧撞保护杆、高灵敏泊车雷达、双模式倒车辅助影像系统、ISO FIX儿童安全座椅固定装置、智能防盗启动锁止系统、Smart Entry智能无钥匙进入系统、一键式起动系统、全景防夹电动天窗、豪华环绕立体声音响系统、高保真豪华材质7扬声器、i-Pod播放功能(USB连接)、豪华7英寸智能屏互联系统、HDMI接口、豪华LED前照灯/尾灯、LED日间行车灯、鲨鱼鳍天线、驾驶席座椅10向电动调节、前排座椅可分两级加热、自动防炫内后视镜

豪华导航版： 豪华版+豪华7英寸彩色触摸屏DVD音响导航系统

尊贵版： 豪华导航版+后视动态提醒系统、双模式换挡拨片、豪华7英寸智能屏互联系统、铝合金车顶行李架、高级专属AWD侧标识、外后视镜倒车辅助功能、外后视镜记忆功能、驾驶席座椅个性化设定智能记忆功能、前/后排座椅可分两级加热

尊贵导航版： 尊贵版+豪华7英寸彩色触摸屏DVD音响导航系统

车身颜色： 宝石红、奥夫特黑、太空银、珍珠白、琥珀金

内饰颜色： 黑色、象牙色、棕色

主要车型参数及价格

	车型	2.4		3.0 AWD	
		豪华版	豪华导航版	尊贵版	尊贵导航版
基本参数	长×宽×高(mm)	4995×1900×1560			
	轴距(mm)	2795			
	前/后轮距(mm)	1650/1650			
	油箱/行李舱容积(L)	70/728			
	整备质量(kg)	1715		1870	
	车身材料	钢板			
	车身类型/乘员人数	3厢4门/5			
发动机参数	发动机类型	直列4缸 16气门 i-VTEC DOHC		V型6缸 24气门 i-VTEC SOHC	
	排量(mL)	2354		2997	
	额定功率[kW/(r/min)]	145/7000		193/6300	
	最大转矩[N·m/(r/min)]	222/4400		297/5500	
	建议用油	93#及以上汽油			
底盘参数	变速器类型	5挡自动		6挡自动	
	驱动类型	前驱		电子控制适时四驱	
	悬架系统	双横臂式独立悬架/多连杆独立悬架			
	制动系统	前通风式/后整体式制动器			
	轮胎规格	225/60 R18 100H			
性能	90km/h等速油耗(L/100km)	6.8		7.5	
工信部综合工况油耗(L/100km)		9.1		9.9	
改款时间		2014年4月18日			
厂家建议价格(万元)		25.98	26.58	32.98	33.58

注：厂家建议价格以2016年3～8月为准

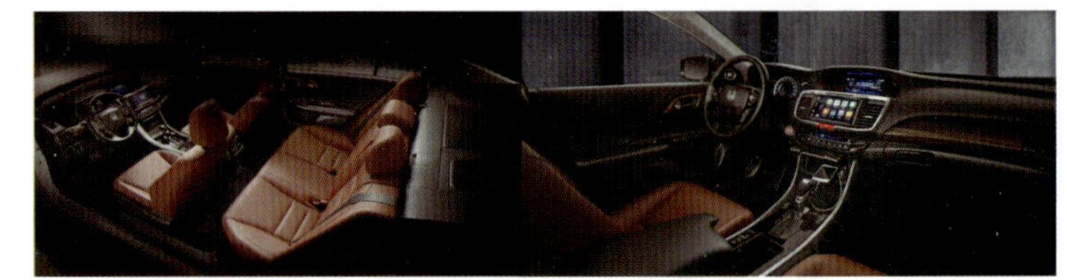

雅阁 Accord

年度**新上市**车型

第九代新雅阁，从超越传统意义的超级换代，到如今全价值进化的科技旗舰强势登场，新雅阁荟萃Honda全球领先科技，创新搭载前所未有的智能驾驶辅助系统——Honda SENSING安全超感，驾驭激情一触即发。

主要配置

2.0L CVT 舒适版：ACE高级兼容性车身结构、VSA车辆稳定性控制系统、ESS紧急制动警示辅助系统、HSA斜坡启动辅助系统、EPB电子驻车制动系统+ABH自动驻车系统、豪华广角后视摄像显示系统、ECON智能绿色节能辅助系统、ANC主动降噪系统、8英寸彩色多用途信息显示系统、动感LED日间行车灯、光纤式LED组合尾灯、豪华电动天窗

2.0L CVT 精英版：VSA车辆稳定性控制系统、HSA斜坡启动辅助系统、ESS紧急制动警示辅助系统、EPB电子驻车制动系统+ABH自动驻车系统、豪华广角后视摄像显示系统、ECON智能绿色节能辅助系统、双区自动空调、8英寸彩色多用途信息显示系统、动感LED日间行车灯、前排电加热座椅、高级真皮座椅、真皮包裹转向盘

2.0L CVT 豪华版：侧安全气囊、EPB电子驻车制动系统+ABH自动驻车系统、定速巡航系统、豪华广角后视摄像显示系统、ECON智能绿色节能辅助系统、8英寸彩色多用途信息显示系统、动感LED日间行车灯、电动折叠外后视镜(带转向灯)、外后视镜带加热功能、高级真皮座椅、驾驶席10向电动调节(8向电动座椅+2向电动腰靠)、副驾驶4向电动调节

2.4L CVT 舒适版：EPB电子驻车制动系统+ABH自动驻车系统、DWS胎压监测系统、定速巡航系统、豪华广角后视摄像显示系统、ECON智能绿色节能辅助系统、8英寸彩色多用途信息显示系统、羽翼式LED前照灯、前照灯高度自动调节、动感LED前转向灯、LED前雾灯、高级真皮座椅、车内氛围灯

2.4L CVT 智睿版：EPB电子驻车制动系统+ABH自动驻车系统、DWS胎压监测系统、定速巡航系统、带LSF(低速前车跟随系统)的ACC主动巡航控制系统、CMBS碰撞缓解制动系统、LKAS车道保持辅助系统、RDM车道偏移抑制系统、TSR交通标识智能识别、PSS车身一体式泊车雷达(前4后4式8探头)、ECON智能绿色节能辅助系统、8英寸彩色多用途信息显示系统、羽翼式LED前照灯、高级真皮座椅

2.4L CVT 豪华版：EPB电子驻车制动系统+ABH自动驻车系统、定速巡航系统、LWC盲点显示系统、单向远程发动机起动系统(同步开启空调)、Smart Entry智能无匙进入系统、一键起动系统、豪华7英寸彩色智能屏互联系统(蓝牙/手机导航/音乐功能)、Apple CarPlay智能车载系统、Wi-Fi热点连接、7扬声器高保真立体音响+环绕立体声高级音响系统、羽翼式LED前照灯、高级真皮座椅、驾驶席10向电动调节(8向电动座椅+2向电动腰靠)、副驾驶4向电动调节

2.4L CVT 智尊版：带LSF(低速前车跟随系统)的ACC主动巡航控制系统、CMBS碰撞缓解制动系统、LKAS车道保持辅助系统、RDM车道偏移抑制系统、TSR交通标识智能识别、PSS车身一体式泊车雷达(前4后4式8探头)、LWC盲点显示系统、单向远程发动机起动系统(同步开启空调)、Smart Entry智能无匙进入系统、一键起动系统、豪华7英寸彩色智能屏互联系统(蓝牙/手机导航/音乐功能)、Apple CarPlay智能车载系统、7扬声器高保真立体音响+环绕立体声高级音响系统、羽翼式LED前照灯、高级真皮座椅

车身颜色：香槟雅金、冰河银、珍珠白、琥珀金、宝石红、奥夫特黑

内饰颜色：黑色、棕色

主要车型参数及价格

	车型	2.0L CVT			2.4L CVT			
		舒适版	精英版	豪华版	舒适版	智睿版	豪华版	智尊版
基本参数	长×宽×高(mm)	4915×1845×1470						
	轴距(mm)	2775						
	前/后轮距(mm)	1595/1585			1585/1580			
	油箱容积(L)	65						
	整备质量(kg)	1512	1518	1530	1558	1561	1573	1575
	车身材料	钢板						
	车身类型/乘员人数	3厢4门/5						
发动机参数	发动机类型	直列4缸 16气门 i-VTEC SOHC			直列4缸 16气门 i-VTEC DOHC 缸内直喷系统 发动机节能自动起停系统			
	排量(mL)	1997			2356			
	额定功率[kW/(r/min)]	114/6500			137/6400			
	最大转矩[N · m/(r/min)]	190/4300			243/3900			
	排放标准	国V						
底盘参数	变速器类型	CVT 无级变速器						
	驱动类型	前驱						
	悬架系统	前麦弗逊独立悬架/后多连杆独立悬架						
	制动系统	前后盘式制动器						
性能	最高车速(km/h)	≥200						
	90km/h等速油耗(L/100km)	≤5.9			≤6.0			
工信部综合工况油耗(L/100km)		7.0						
上市时间		2016年3月19日						
厂家建议价格(万元)		17.98	18.98	19.98	21.18	21.98	22.98	23.78

注：厂家建议价格以2016年3～8月为准

凌派 CRIDER

主要配置

风尚版： VSA车身稳定性控制系统(含TCS+BA功能)、HSA斜坡起动辅助系统、BOS制动优先系统、ABS防抱死制动系统、ESS紧急制动警示系统、前排i-SRS智能双安全气囊、前排主动式头枕、预紧式前排座椅三点式ELR安全带、后排座椅三点式ELR安全带、前排座椅安全带未系提醒、后排儿童安全门锁、ISO FIX儿童安全座椅固定装置、智能防盗启动锁止系统、DBW电控供油驱动装置、底盘保护、废气再循环系统、LED示廓灯、LED尾灯、LED高位制动灯、前后雾灯、外后视镜电动调节(带转向灯)、鲨鱼鳍天线、门外把手镀铬、无骨刮水器、行车电脑、车内空气过滤器(粉尘、花粉过滤)、手动环保节能空调、遮阳板(带化妆镜)、高级绒布座椅、后排座椅下方储物空间、后排中央座椅头枕、后排座椅中央扶手(带杯托)、后排座椅4/6分割放倒、转向盘四向调节、遥控钥匙

舒适版： 风尚版+USB音响系统(含AM/FM，兼容MP3/WMA/AAC格式)、USB接口(2个)、17cm高品质扬声器、后保险杠带镀铬饰件、门内拉手镀铬、前排座椅后背储物袋，CVT舒适版增加ECON智能绿色节能辅助系统

豪华版： 舒适版+倒车雷达、前排侧安全气囊(带OPDS乘员坐姿感知系统)、防盗报警系统、发动机节能自动起停系统、Smart Entry智能无匙进入系统、智能一键式起动系统、防夹电动天窗、智能屏互联系统、7英寸高画质多点触控屏、车载蓝牙、HDMI接口、多功能转向盘、驾驶席座椅高度调节，CVT豪华版增加ECON智能绿色节能辅助系统

领先版： 豪华版+LWC盲点显示系统、后视摄像头、自动环保节能空调、LED日间行车灯、外后视镜电动调节(带转向灯+电动折叠+加热)

旗舰版： 领先版+侧安全气帘、发动机自动节能起停系统、2.5cm硬质高音扬声器、定速巡航系统、带LED近光功能的前照灯(自动调节)、真皮包裹转向盘、前排氛围灯、高级皮座椅

车身颜色： 香槟雅金、丝绸银、塔夫绸白、探戈红、摩卡金、奥夫特黑

内饰颜色： 黑色、米色

主要车型参数及价格

车　型		1.8L MT 风尚版	1.8L MT 舒适版	1.8L CVT 舒适版	1.8L MT 豪华版	1.8L CVT 豪华版	1.8L CVT 领先版	1.8L CVT 旗舰版
基本参数	长×宽×高(mm)	4664×1750×1505						
	轴距(mm)	2650						
	前/后轮距(mm)	1500/1485						
	油箱/行李舱容积(L)	47/588						
	整备质量(kg)	1251	1251	1275	1277	1295	1295	1306
	车身材料	钢板						
	车身类型/乘员人数	3厢4门/5						
发动机参数	发动机类型	水冷横置直列四缸16气门/SOHC/i-VTEC						
	排量(mL)	1799						
	额定功率[kW/(r/min)]	100/6500						
	最大转矩[N·m/(r/min)]	169/4300						
	排放标准	国V						
底盘参数	变速器类型	5MT 手动变速	5MT 手动变速	CVT 无级变速	5MT 手动变速	CVT 无级变速	CVT 无级变速	CVT 无级变速
	驱动类型	前置前驱						
	悬架系统	前麦弗逊式悬架/后复合扭力梁式半独立悬架						
	制动系统	前通风盘式/后盘式制动器						
	轮胎规格	205/55 R16 91V						
工信部综合工况油耗(L/100km)		6.5	6.5	6.3	6.4	6.3	6.3	6.2
上市时间		2015年12月23日						
厂家建议价格(万元)		10.98	11.48	12.48	12.48	13.48	13.98	14.98

注：厂家建议价格以2016年3～8月为准

主要配置

进取版： 前排i–SRS智能双安全气囊、ACE高级兼容性车身结构、ABS防抱死制动系统、预紧式前排座椅三点式ELR安全带、后排座椅三点式ELR安全带(3座位)、前排座椅安全带未系提醒、安全带肩部角度调节、ISO FIX儿童安全座椅固定装置、儿童安全门锁、智能防盗启动锁止系统、DBW电控供油驱动装置、废气再循环系统、前后防撞梁、车门内置防侧撞保护杆、前排中央控制门锁、发动机下护板、底盘扰流防护板、全车电动车窗、驾驶席车窗一键式升降/防夹、手动环保节能空调、车内空气过滤器(粉尘/花粉过滤)、2个高保真扬声器、时尚刀锋前照灯(高耐久型)、前照灯高度手动可调、动感前中网、高质感全车绿色隔热玻璃、前风窗加厚隔音隔热玻璃、多级式前风窗玻璃刮水器、车身同色门外把手、车身同色电动调节外后视镜、高位制动灯、后雾灯、光亮动感行李舱盖饰件、收音机天线、防炫目内后视镜、整体式无缝仪表台、动感运动转向盘、自发光仪表(琥珀色)、转向盘可调、高级织物座椅(阻燃面料)、驾驶席座椅6向可调、副驾驶座椅4向可调、后排整体式座椅、后排座椅头枕(高度可调)、高隔音地毯、车顶阅读灯、门内拉手(黑色)

舒适版： 进取版+遥控钥匙、前排遮阳板(副驾侧带化妆镜)、行李舱照明灯、高隔音前后车门，CVT舒适版增加ECON智能绿色节能辅助系统

豪华版： 舒适版+前排侧安全气囊、VSA车辆稳定性控制系统(含TCS+BA功能)、HSA斜坡起动辅助系统、ESS紧急制动警示系统、发动机下护板(隔音型)、一键式防夹电动天窗、4个高保真扬声器、USB接口、CD音响系统(支持MP3/WMA格式)、前雾灯、哑光豪华前中网、鲨鱼鳍天线、自发光仪表(冰蓝色)、后排空调出风口驾驶席休闲扶手、前排阅读灯、副驾驶席地图袋，CVT豪华版增加ECON智能绿色节能辅助系统、

旗舰版： 豪华版+Smart Entry智能无匙进入系统、一键式起动系统、三模式后视摄像显示系统、自动环保节能空调、7英寸智能屏互联系统(手机导航/上网/音乐功能)、4个升级版高保真扬声器、车载蓝牙系统(语音/音乐)、2USB+HDMI接口、外后视镜带转向灯、自发光仪表(立体冰蓝色)、动感皮质多功能转向盘、门内拉手(哑光银)，CVT旗舰版增加ECON智能绿色节能辅助系统、发动机节能自动起动系统

主要车型参数及价格

车型		1.5L MT	1.5L MT	1.5L CVT	1.5L MT	1.5L CVT	1.5L MT	1.5L CVT
		进取版	舒适版	舒适版	豪华版	豪华版	旗舰版	旗舰版
基本参数	长×宽×高(mm)	4450×1695×1477						
	轴距(mm)	2600						
	前/后轮距(mm)	1482/1471					1476/1465	
	最小离地间隙(mm)	≥100(满载)						
	油箱/行李舱容积(L)	40/536						
	整备质量(kg)	1078		1094	1099	1117	1114	1136
	车身材料	钢板						
	车身类型/乘员人数	3厢4门/5						
发动机参数	发动机类型	i–VTEC电控燃油缸内直喷发动机(EARTH DREAMS TECHNOLOGY 地球梦科技)						
	排量(mL)	1498						
	额定功率[kW/(r/min)]	96/6600						
	最大转矩[N·m/(r/min)]	155/4600						
	排放标准	国V						
底盘参数	变速器类型	5挡手动变速器		CVT无级变速器	5挡手动变速器	CVT无级变速器	5挡手动变速器	CVT无级变速器
	驱动类型	前驱						
	悬架系统	前麦弗逊式独立悬架/后扭力梁式悬架						
	制动系统	前盘式/后鼓式制动器						
	轮胎规格	185/60 R15 84H					185/55 R16 83H	
性能	最高车速(km/h)	≥185						
	0~100km/h加速时间(s)	≤10.0		≤10.2	≤10.0	≤10.2	≤10.0	≤10.2
	90km/h等速油耗(L/100km)	≤5.4		≤4.9	≤5.4	≤4.9	≤5.4	≤4.9
工信部综合工况油耗(L/100km)		5.6		5.4	5.7	5.4	5.8	5.4
厂家建议价格(万元)		7.98	8.28	8.98	9.88	10.58	10.98	11.98

注：厂家建议价格以2016年3~8月为准

定位为“劲酷两厢车”的第三代飞度自2014年上市以来，发售数突破25万辆，成功吸引充满时尚活力以及追求个性的“85后”新生代群体。2016年8月11日，2016款酷玩上市，新增加两个天窗版派生，保持既有的核心产品价值——“Exciting H Design”整体设计理念、MM理念空间布局、“地球梦科技”发动机等十大革新科技基础上，增加舒适性更强的天窗和倒车雷达配置；提升飞度全系高配价值，让用户在两厢车市场具有更多选择。

飞度 FIT

年度新改款车型

主要配置

舒适版MT：前排i-SRS智能双安全气囊、ACE高级兼容性车身结构、ABS防抱死制动系统、BOS制动优先系统、前后防撞梁、车门内置防侧撞保护杆、预紧式前排座椅三点式ELR安全带、后排座椅三点式ELR安全带、前排座椅安全带未系提醒、安全带肩部调节、ISO FIX儿童安全座椅固定装置、儿童安全门锁、智能防盗起动锁止系统、DBW电控供油驱动装置、5MT手动变速、废气再循环系统、遥控钥匙、ECON智能绿色节能辅助系统、前排中央控制门锁、全车电动车窗、驾驶席车窗一键式升降/防夹、手动环保节能空调(带滤芯)、CD音响系统(支持MP3/WMA格式)、高保真扬声器(2个)、USB+AUX接口、收音机短天线、时尚薄型前照灯、前照灯高度手动调节、光亮动感前中网、多级式前风窗玻璃刮水器、后刮水器、车身同色门外把手、车身同色电动外后视镜、动感LED组合尾灯、LED高位制动灯、后雾灯、光亮动感尾门饰件、车顶照明灯、织物座椅、整体式无缝仪表台、立体式自发光琥珀色仪表、运动转向盘、转向盘可调、手动防炫目内后视镜、驾驶席座椅6向调节、副驾驶座椅4向调节、后排整体折叠座椅、平整式后行李舱

舒适版CVT：舒适版MT+CVT无级变速

舒适天窗版CVT：舒适版CVT+智能四探头倒车雷达、一键式防夹电动天窗、立体式自发光冰蓝色仪表、前排阅读灯

时尚版CVT：舒适版CVT+前雾灯、外后视镜带转向灯、立体式自发光冰蓝色仪表、动感运动转向盘、前排阅读灯、智能四探头倒车雷达

时尚天窗版CVT：时尚版CVT+一键式防夹电动天窗

精英版CVT：时尚天窗版CVT+前排侧安全气囊、一键式起动系统、Smart Entry智能无钥匙进入系统、高保真扬声器(4个)、镀铬豪华前中网、镀铬豪华尾门饰件、高级织物座椅、后排4/6分割魔术座椅

领先版CVT：精英版CVT+VSA车辆稳定性控制系统(含TCS+BA功能)、HSA斜坡起动辅助系统、ESS紧急制动警示系统、电子防盗报警系统、发动机节能自动起动系统、自动环保节能空调(带滤芯)、三模式后视摄像显示系统、7英寸智能屏互联系统(手机导航/上网/音乐功能)、车载蓝牙系统(语音/音乐)、SVC音量随车速调节系统、2USB+HDMI接口、电动折叠外后视镜、豪华软质缝线装饰、动感皮质包裹多功能转向盘、转向盘4向调节、驾驶席悠闲扶手

车身颜色：新月黄、海洋蓝、星光银、瑞丽红、塔夫绸白、丝缎银

内饰颜色：黑色、象牙色

主要车型参数及价格

	车型	1.5 LX 舒适版 MT	1.5 LX 舒适版 CVT	1.5 LXS 舒适天窗版 CVT	1.5 SE 时尚版 CVT	1.5 SES 时尚天窗版 CVT	1.5 EX 精英版 CVT	1.5 EXLI 领先版 CVT
基本参数	长×宽×高(mm)	4065×1695×1525						
	轴距(mm)	2530						
	前/后轮距(mm)	1480/1465						
	最小离地间隙(mm)	≥105(满载)						
	油箱容积(L)	40						
	整备质量(kg)	1058	1068	1078	1071	1081	1100	1110
	车身材料	钢板						
	车身类型/乘员人数	2厢5门/5						
发动机参数	发动机类型	直列4缸 16气门 i-VTEC DOHC 缸内直喷						
	排量(mL)	1498						
	额定功率[kW/(r/min)]	96/6600						
	最大转矩[N·m/(r/min)]	155/4600						
	排放标准	国V						
底盘参数	变速器类型	5挡手动	CVT无级变速器					
	驱动类型	前驱						
	悬架系统	前麦弗逊式独立悬架/后扭力梁式半独立悬架						
	制动系统	前盘式/后鼓式制动器						
	轮胎规格	185/60 R15 84H						
性能	90km/h等速油耗(L/100km)	≤5.3	≤4.9					
工信部综合工况油耗(L/100km)		5.7	5.3				5.5	5.4
最新改款时间		2016年8月11日						
厂家建议价格(万元)		7.38	8.18	8.58	8.88	9.18	9.88	11.28

注：厂家建议价格以2016年3～8月为准

理念
EVERUS

理念S1

主要配置

1.3舒适版：G-CON碰撞安全技术、DR SRS驾驶席安全气囊、ABS防抱死制动系统、EBD电子制动力分配系统、ISO FIX儿童安全座椅固定装置、全车座位三点固定式安全带、驾驶席安全带未系报警提示、前排预紧式安全带、后排儿童安全门锁、遥控钥匙、前/后电动车窗、FM/AM收音功能、USB音乐读取功能、4扬声器音响、高位制动灯、后雾灯、炫酷运动型前照灯(带光轴调节功能)、投射式近光灯、前后LED行车灯、羽翼晶钻式LED尾灯、微型车顶天线、电动调节外后视镜、琥珀色背光仪表、高质感舒适米色织物座椅、前排座椅4向调节、后排两侧座椅头枕高度可调、12V电源输出端口

1.5舒适版：1.3舒适版+单碟CD机、蓝色背光仪表、带时间显示仪表盘、高质感舒适织物座椅(黑色/米色)

1.5运动版：1.5舒适版+前雾灯、自动行李舱照明灯、智能屏互联系统、7英寸高清彩色触控屏、HDMI/USB/AUX多媒体互联接口、车载蓝牙、精致时尚型前照灯(带光轴调节功能)、鲨鱼鳍车顶天线、带转向灯外后视镜、高级专属品牌英文标识、炫酷型黑色织物+皮质运动座椅、副驾驶化妆镜、前排中央扶手及储物箱

1.5豪华版：1.5运动版+电动天窗、豪华真皮包裹转向盘、高品质豪华米色皮质座椅、前排车顶地图灯

车身颜色：巴黎蓝、甜橙红、塔夫绸白、丝缎银、暴风银、夜鹰黑

内饰颜色：米色、黑色

主要车型参数及价格

车型		1.3MT 舒适版	1.3AT 舒适版	1.5MT 舒适版	1.5AT 舒适版	1.5MT 运动版	1.5MT 豪华版	1.5AT 豪华版
基本参数	长×宽×高(mm)	4460×1690×1495				4460×1690×1505		
	轴距(mm)	2450						
	前/后轮距(mm)	1455/1455				1440/1440		
	油箱/行李舱容积(L)	42/510						
	整备质量(kg)	1016	1056	1029	1071	1034	1047	1088
	车身材料	钢板						
	车身类型/乘员人数	3厢4门/5						
发动机参数	发动机类型	直列4缸 i-DSI（智能双火花塞顺序点火技术）		直列4缸 VTEC(可变气门正时及升程电子控制技术)				
	排量(mL)	1339		1497				
	额定功率[kW/(r/min)]	60/5700		77/5800				
	最大转矩[N·m/(r/min)]	116/2800		136/4800				
	排放标准	国Ⅳ(带OBD车载诊断系统)						
底盘参数	变速器类型	5挡手动	5挡自动	5挡手动	5挡自动	5挡手动		5挡自动
	驱动类型	前驱						
	悬架系统	前麦弗逊式独立悬架(带平衡杆)/后H型扭力梁式半独立悬架						
	制动系统	前通风盘式/后鼓式制动器						
	轮胎规格	175/65 R14		175/65 R15	185/60 R15			
性能	最高车速(km/h)	168	162	182	178	182		178
	90km/h等速油耗(L/100km)	5.6	5.5	5.7	5.5	5.7		5.5
工信部综合工况油耗(L/100km)		6.1	6.9	6.4	6.9	6.4		6.9
上市时间		2014年3月6日		2013年5月27日				
厂家建议价格(万元)		6.78	7.78	7.88	9.08	8.58	9.18	9.98

注：厂家建议价格以2016年3～8月为准

广汽丰田汽车有限公司 Gac-Toyota Motor Co.,Ltd.

凯美瑞　雷凌　致炫

CAMRY
凯美瑞

主要配置

全新凯美瑞

精英版： 前排正面SRS空安全气囊、前排膝部SRS空安全气囊、前排侧SRS空安全气囊、ABS防抱死制动系统、EBD电子制动力分配系统、制动辅助系统、前排3点式预紧ELR安全带、后排3点式ELR安全带、安全带未系警告装置、儿童安全锁、ISO标准儿童座椅固定装置、自动落锁功能、无线遥控门锁、防夹电动天窗、左右双区独立全自动空调、空调滤清器(可对应PM2.5)、空调后出口风、6扬声器、CD音响系统、AUX+USB音频接口、降噪声学前风窗玻璃、防紫外线玻璃、后窗除雾功能、带透镜卤素前照灯带手动水平控制系统、间歇可调式刮水器、光感自动控制前照灯系统、LED晶钻日间行车灯、LED组合尾灯、高位制动灯、前后雾灯、电动折叠外后视镜带加热/电动调节、车底空气动力学导流板、防炫内后视镜、多功能转向盘、高级织物座椅、驾驶席座椅6向手动调节、驾驶座椅4向手动调节

领先版： 精英版+VSC车辆稳定控制系统、TRC牵引力控制系统、真皮座椅、驾驶席座椅8向电动调节、驾驶座椅4向电动调节、副驾驶座椅后排可调、前排座椅加热功能

豪华版： 领先版+倒车影像功能、车载蓝牙带免提电话及音乐播放功能、HID前照灯带清洗/自动水平控制装置

豪华导航版： 豪华版+智能钥匙、一键起动、定速巡航、触摸式门锁系统、7英寸电子语音导航系统、G-Book智能副驾系统(手机版G-Book)、左右双排气管、斥水玻璃

旗舰版： 豪华导航版+倒车影像功能带倒车轨迹引导线、IPA智能泊车辅助系统、4角倒车雷达、ACC自适应巡航控制系统、BSM盲点监测系统带CTW倒车盲区监测、PCS预碰撞警示系统、10扬声器、JBL 5.1环绕音响、G-Book智能副驾系统、AFS前照灯随动转向系统、电动折叠外后视镜带加热/电动调节/带位置记忆功能+倒车辅助+BSM显示、驾驶席座椅电动调节腰部支撑、驾驶席座椅记忆功能、后排座椅40/20/40分割式左右独立电动调节、座椅通风、转向盘电动调节+位置记忆功能

凯美瑞 骏瑞

凌动版： 前排正面SRS空安全气囊、前排膝部SRS空安全气囊、前排侧SRS空安全气囊、ABS制动防抱死系统、EBD电子制动力分配系统、VSC车辆稳定控制系统、TRC牵引力控制系统、制动辅助系统、前排3点式预紧ELR安全带、后排3点式ELR安全带、安全带未系警告装置、儿童安全锁、ISO标准儿童座椅固定装置、自动落锁功能、无线遥控门锁、电动天窗带防夹功能、左右双区独立全自动空调、空调滤清器(可对应PM2.5)、空调后出口风、CD音响系统、AUX+USB音频接口、6扬声器、降噪声学前风窗玻璃、防紫外线玻璃、后窗除雾功能、带透镜卤素前照灯带手动水平控制系统、LED晶钻日间行车灯、光感自动控制前照灯系统、LED组合尾灯、高位制动灯、前后雾灯、间歇可调式刮水器、左右双排气管、电动折叠外后视镜带加热/电动调节、车底空气动力学导流板、防炫内后视镜、真皮座椅、驾驶席座椅8向电动调节、副驾驶座椅4向手动调节、多功能转向盘

凌动导航版： 凌动版+智能钥匙、一键起动、倒车影像功能、触摸式门锁系统、G-Book智能副驾系统(手机版G-Book)、7英寸电子语音导航系统、车载蓝牙带免提电话及音乐播放功能、斥水玻璃

凯美瑞 双擎

豪华导航版： 前排正面SRS空安全气囊、前排膝部SRS空安全气囊、前排侧SRS空安全气囊、侧窗帘式SRS空安全气囊、后排侧SRS空安全气囊、ABS防抱死系统、EBD电子制动力分配系统、VSC车辆稳定控制系统、TRC牵引力控制系统、HAC上坡起动辅助系统、EBA制动辅助系统、前排3点式预紧ELR安全带、后排3点式ELR安全带、安全带未系警告装置、儿童安全锁、ISO标准儿童座椅固定装置、自动落锁功能、无线遥控门锁、智能钥匙、一键起动、触摸式门锁系统、定速巡航、倒车影像功能、ECO节能控制系统、EV纯电动模式、左右双区独立全自动空调、空调滤清器(可对应PM2.5)、空调后出口风、电动天窗带防夹功能、G-Book智能副驾系统(手机版G-Book)、7英寸电子语音导航系统、AUX+USB音频接口、6扬声器、车载蓝牙带免提电话及音乐播放功能、多功能转向盘、降噪声学前风窗玻璃、防紫外线玻璃、斥水玻璃、后窗除雾功能、车底空气动力学导流板、间歇可调式刮水器、HID前照灯带清洗/自动水平控制装置、AFS前照灯随动转向系统、LED晶钻日间行车灯、光感自动控制前照灯系统、LED组合尾灯、高位制动灯、前后雾灯、电动折叠外后视镜带加热/电动调节、防炫内后视镜、真皮座椅、驾驶席座椅8向电动调节、副驾驶座椅4向电动调节、副驾驶座椅后排可调、后排座椅40/20/40分割式左右独立电动调节、前排座椅加热功能

旗舰版： 豪华导航版+BSM盲点监测系统、CTW倒车盲区监测、PCS预碰撞警示系统、AL-TPWS自定位胎压警报系统、4角倒车雷达、IPA智能泊车辅助系统、ACC自适应巡航控制系统、光触媒式空气清新器、Nanoe纳米负离子发生器、10扬声器、JBL 5.1环绕音响、G-Book智能副驾系统、倒车影像功能带倒车轨迹引导线、间歇可调式刮水器带雨量感应、AFS前照灯随动转向系统、电动折叠外后视镜带加热/电动调节/带位置记忆功能+倒车辅助+BSM显示、后侧窗遮阳帘、电动后窗遮阳帘、自动防炫内后视镜、驾驶席座椅电动调节腰部支撑、驾驶席座椅记忆功能、座椅通风、转向盘电动调节+位置记忆功能

车身颜色： 炫晶黑、水晶银、珍珠白、星钻红、钛银灰、晶石蓝

内饰颜色： 黑色、米色

主要车型参数及价格

车型		全新凯美瑞					凯美瑞 骏瑞		凯美瑞 双擎	
		2.0E D-4S	2.0G D-4S		2.5G	2.5Q	2.0S D-4S	2.5S	2.5HG	
		精英版	领先版	豪华版	豪华导航版	旗舰版	凌动版	凌动导航版	豪华导航版	旗舰版
基本参数	长×宽×高(mm)	4850×1825×1480、1505（旗舰版）								
	轴距(mm)	2775								
	前/后轮距(mm)	1575/1560								
	油箱容积(L)	70							65	
	整备质量(kg)	1465	1475		1495	1540	1490	1505	1615	1655
	车身材料	金属								
	车身类型/乘员人数	3厢4门/5								
发动机参数	发动机型号	6AR-FSE			5AR-FE		6AR-FSE	5AR-FE	4AR-FXE	
	发动机类型	直列4缸 16气门 DOHC VVT-iW VVT-i			直列4缸 16气门 DOHC 双VVT-i+ACIS		直列4缸 16气门 DOHC VVT-iW VVT-i	直列4缸 16气门 DOHC 双VVT-i+ACIS	直列4缸 16气门 DOHC VVT-i 阿特金森循环	
	排量(mL)	1998			2494		1998	2494		
	额定功率[kW/(r/min)]	123/6500			135/6000		123/6500	135/6000	118/5700	
	最大转矩[N·m/(r/min)]	199/4600			235/4100		199/4600	235/4100	213/4500	
	排放标准/建议用油	国Ⅴ/92#及以上汽油								
底盘参数	变速器类型	6挡手自一体								
	驱动类型	前驱								
	悬架系统	前麦弗逊式悬架带L臂连杆/后纵向拖臂+横向双下控制臂悬架								
	制动系统	前通风盘式/后实心盘式制动器								
	轮胎规格	215/60 R16			215/55 R17				215/60 R16	215/55 R17
性能	最高车速(km/h)	200							180	
	90km/h等速油耗(L/100km)	4.8			5.7		4.8	5.7	5.6	
工信部综合工况油耗(L/100km)		7.0			7.8		7.0	7.8	5.3	
改款时间		2015年1月10日								
厂家建议价格(万元)		18.48	19.28	20.28	21.98	28.98	19.98	21.98	25.98	32.98

注：厂家建议价格以2016年3～8月为准

雷凌
LEVIN

主要配置

1.6E 新锐版：前排SRS空气囊、前排侧SRS空气囊、EPS电动助力转向系统、ABS防抱死制动系统(带EBD)、BA制动辅助系统、发动机停机防盗系统、前排预紧3点式ELR安全带、后排3点式ELR安全带、ISO儿童座椅固定装置(第二排座椅)、四门自动车窗、空调、空调滤清器(可对应PM2.5)、CD播放系统(带AM/FM/MP3/WMA播放功能)、折叠钥匙、高保真4扬声器、AUX+USB多媒体接入端口、透镜卤素前照灯、前照灯水平控制系统、LED高位制动灯、间歇式刮水器、外后视镜带转向灯、3辐转向盘/换挡杆(高级合成)、转向盘四向调节、钢琴漆面中控台、三炮筒式带LCD信息显示屏、高级织物座椅、驾驶席座椅6向手动调节、副驾驶座椅4向手动调节，1.6G 新锐版AT增加Sport驾驶模式

1.6G 精英版：1.6E 新锐版+倒车雷达、电动天窗、前雾灯、下进气格栅镀铬饰条，1.6G 精英版AT增加ECO节油驾驶显示系统、Sport驾驶模式

1.6G-L 领先版：1.6G 精英版+ECO节油驾驶显示系统、Sport驾驶模式、集成控制式多功能转向盘、真皮+合成皮座椅、运动型座椅、驾驶席座椅6向电动调节

1.8GS 精英版：1.6G 精英版+VSC车身稳定控制系统、TRC牵引力控制系统、倒车影像系统、ECO节油驾驶显示系统、8英寸智能手机互联多媒体系统、车载蓝牙(带免提电话及音乐播放功能)、换挡拨片、Sport驾驶模式、四门自动车窗(带驾驶席一键升降功能)、集成控制式多功能转向盘、两炮筒式带4.2英寸彩色TFT信息显示屏、LED行车灯、LED组合尾灯、3辐转向盘/换挡杆(真皮)

1.8GS-L 领先版：1.6G-L 领先版+VSC车身稳定控制系统、TRC牵引力控制系统、倒车影像系统、8英寸智能手机互联多媒体系统、车载蓝牙(带免提电话及音乐播放功能)、两炮筒式带4.2英寸彩色TFT信息显示屏、换挡拨片、四门自动车窗(带驾驶席一键升降功能)、LED行车灯、LED组合尾灯、3辐转向盘/换挡杆(真皮)

主要车型参数及价格

车型		1.6E MT	1.6E AT	1.6G MT	1.6G AT	1.6G-L AT	1.8GS MT	1.8GS AT	1.8GS-L AT
		新锐版		精英版		领先型	精英版		领先版
基本参数	长×宽×高(mm)	4630×1775×1480							
	轴距(mm)	2700							
	前/后轮距(mm)	1535/1535					1525/1520		
	油箱容积(L)	55							
	整备质量(kg)	1250	1270	1265	1285	1295	1280	1300	1310
	车身材料	钢板							
	车身类型/乘员人数	3厢4门/5							
发动机参数	发动机类型	直列4缸 16气门 双顶置凸轮轴DOHC 双VVT-i							
	排量(mL)	1598					1798		
	额定功率[kW/(r/min)]	90/6000					103/6400		
	最大转矩[N·m/(r/min)]	154/5200					173/4000		
底盘参数	变速器类型	5挡手动	S-CVT	5挡手动	S-CVT		6挡手动	S-CVT	
	驱动类型	前置前驱							
	悬架系统	前麦弗逊式悬架/后扭力梁式悬架							
	制动系统	前通风盘式/后实心盘式制动器							
	轮胎规格	195/65 R15					205/55 R16		
工信部综合工况油耗(L/100km)		6.2	5.9	6.2	5.9		6.5	6.1	
上市时间		2015年11月24							
厂家建议价格(万元)		10.78	11.78	11.48	12.48	13.08	13.08	14.08	14.98

注：厂家建议价格以2016年3～8月为准

致炫
YARiS L

主要配置

灵动版：前排SRS安全气囊、ABS防抱死制动系统、EBD电子制动力分配系统、BA制动辅助系统、中控门锁、前排安全带未系提醒、前排预紧3点式ELR安全带、后排3点式ELR安全带、儿童安全锁、ISO儿童座椅固定装置、EPS电动助力转向、普通钥匙、发动机下护板、手动节能空调、4门电动车窗(驾驶席一键向下)、2高保真扬声器、高亮度卤素前照灯、前照灯水平调节装置、LED高位制动灯、后刮水器、全车绿色隔热玻璃、炮筒式运动行仪表盘、分层式设计中控台、驾驶席6向/副驾驶席4抽手动调节、普通织物座椅

魅动版：灵动版+遥控钥匙、AUX+USB多媒体接入端口、音响系统(带AM/FM)、电动调节外后视镜

炫动版：魅动版+前排侧SRS安全气囊、发动机防盗锁止系统、4高保真扬声器、1CD音响系统(带AM/FM)、前雾灯、高级织物座椅

锐动版：炫动版+智能钥匙、一键起动、定速巡航系统、电动天窗、多功能信息显示屏、真皮+织物座椅、集成控制式多功能转向盘

车身颜色：炫晶黑、钨金灰、珊瑚红、极光蓝、水平银、天际白、炫彩绿

内饰颜色：米色、黑色

主要车型参数及价格

	车型	1.3灵动版	1.3E魅动版		1.5G炫动版		1.5GS锐动版
		MT	MT	AT	MT	AT	AT
基本参数	长×宽×高(mm)	4115×1700×1485		4115×1700×1495			
	轴距(mm)	2550					
	前/后轮距(mm)	1470/1470		1460/1460			
	最小离地间隙(mm)	115		125			
	油箱/行李舱容积(L)	42/326					
	车身材料	钢板					
	车身类型/乘员人数	2厢5门/5					
发动机参数	发动机型号	6NR-FE			7NR-FE		
	发动机类型	直列4缸 16气门 双顶置凸轮轴 DOHC 双VVT-i					
	排量(mL)	1329			1498		
	额定功率[kW/(r/min)]	73/6000			79/6000		
	最大转矩[N·m/(r/min)]	123/4200			140/4200		
	排放标准/建议用油	国Ⅳ/92#及以上汽油					
底盘参数	变速器类型	5挡手动		i-Super AT	5挡手动	i-Super AT	
	驱动类型	前驱					
	悬架系统	前麦弗逊式独立悬架/后扭力梁式拖曳臂悬架					
	制动系统	前通风盘/后鼓式制动器					
	轮胎规格	175/65 R14		185/60 R15			
性能	90km/h等速油耗(L/100km)	4.4		4.7	4.5	4.8	
工信部综合工况油耗(L/100km)		5.5		5.6	5.7		
上市时间		2013年11月20日					
厂家建议价格(万元)		6.98	7.48	8.28	8.58	9.38	10.88

注：厂家建议价格以2016年3～8月为准

广汽菲克 GAC FCA

广汽菲亚特克莱斯勒汽车销售有限公司 GAC FCA Automobile Sales Co., Ltd.

菲翔　致悦

主要配置

悦享版手动：激光焊接高强度刚性车身、前排多级安全气囊、BOSCH 9.0版ABS防抱死制动系统、BA制动辅助系统、前排座椅预紧限力式安全带、前排安全带未系警报功能、前排安全带未系警报功能、发动机防盗系统、车辆警报系统、速度感应式自动落锁、可溃缩式吸能转向管柱、ISOFIX儿童座椅固定装置、前排中控锁功能、遥控钥匙带行李舱开启功能、半自动空调、支持iPod播放的USB接口和AUX输入、AM/FM、CD、MP3播放、4扬声器高级音响、透镜前照灯、前照灯水平调节功能、镀铬前格栅、行李舱盖镀铬饰条、外后视镜带LED转向灯、后尾灯带LED导光、钢轮毂带动感轮罩、镀铬排气尾管、外后视镜带电动调节功能、前照灯带"伴您回家"功能、前排一键升降式电动车窗、高档织物座椅、炫酷蓝白自发光仪表、驾驶席座椅手动6向调节、转向盘4向调节功能、多功能转向盘、手动防炫目内后视镜、可遥控照明进入、后排座椅可60/40折叠

悦享版双离合：悦享版手动+BOSCH 9.0版ESP车辆电子稳定系统、TCS牵引力控制系统、HHS坡道起步辅助系统、MSR发动机阻力矩控制辅助系统、CBC转弯自动控制系统

劲享版：悦享版双离合+前排座椅侧安全气囊、后倒车雷达、6扬声器高级音响、无钥匙进入、无钥匙起动、双区自动空调、电动天窗、EVIC3.5英寸车辆电子信息显示屏、门窗框镀铬亮条、铝合金轮毂、真皮座椅、运动型多功能真皮包裹转向盘、后排中央扶手(带杯托)

尊享版：劲享版+前后一体式安全气帘、倒车影像、定速巡航系统、U-connect8.4英寸触摸液晶中控系统、蓝牙通讯带语音控制、GPS导航系统、音响重心调节功能、随速感应音量调节、鹰眼式透镜氙气前照灯、打孔真皮座椅、驾驶座椅电动6向调节、自动防炫目内后视镜

跃享版：劲享版+定速巡航系统、炫黑鹰眼式透镜氙气前照灯、运动型暗色镀铬套件、钻石切割铝合金轮毂、运动型双排气管、运动型侧裙边、运动型打孔真皮座椅、运动型镀铬脚踏板、驾驶座椅电动6向调节、赛车操控式运动换挡拨片

主要车型参数及价格

车型		悦享版		劲享版	尊享版	跃享版
		1.4T 120HP 手动	1.4T 120HP 双离合	1.4T 120HP 双离合	1.4T 150HP 双离合	1.4T 150HP 双离合
基本参数	长×宽×高(mm)	4679×1850×1471(跃享版1461)				
	轴距(mm)	2708				
	前/后轮距(mm)	1572/1570				
	油箱/行李舱容积(L)	60/470				
	整备质量(kg)	1425	1470	1490		
	车身材料	钢板				
	车身类型/乘员人数	3厢4门/5				
发动机参数	发动机类型	1.4 T-JET涡轮增压 多点电喷 液冷 直列4缸 16气门				
	排量(mL)	1368				
	额定功率[kW/(r/min)]	88/5000			110/5500	
	最大转矩[N·m/(r/min)]	206/2500			230/3000	
	排放标准	国V				
底盘参数	变速器类型	5挡手动	7挡双离合			
	驱动类型	前驱				
	悬架系统	前麦弗逊式悬架/后封闭截面扭力梁式悬架				
	制动系统	前通风盘式/后盘式制动器				
	轮胎规格	205/55 R16			225/45 R17	
性能	最高车速(km/h)	196	194		207	
	0~100km/h加速时间(s)	11.2	11.8		10.1	
工信部综合工况油耗(L/100km)		7.2			7.3	
上市时间		2014年11月20日				
厂家建议价格(万元)		10.08	11.48	12.88	14.88	14.18

注：厂家建议价格以2016年3～8月为准

致悦 Ottimo

主要配置

时尚版：激光焊接高强度刚性车身、双面镀锌钢板及空腔注泡沫防锈车身、前排双安全气囊、ABS防抱死制动系统、BA制动辅助系统、前排座椅预紧式安全带、前排安全带未系报警、遥控中央控制门锁、发动机防盗系统、车辆警报系统、可溃缩式吸能转向管柱、ISOFIX儿童座椅固定装置、遥控开启行李舱、半自动空调、音响重心调节功能、支持iPod播放的USB接口和AUX输入、AM/FM,CD,MP3播放、4扬声器高级立体声音响、后风窗防结冰装置、前照灯带"伴您回家"功能、驾驶席一键升降/副驾驶一键下降电动车窗、外后视镜带电动调节功能、镀铬前格栅、鲨鱼鳍天线、后扰流板、外后视镜带LED转向灯、前LED位置灯、炫酷蓝白自发光仪表、灰色高档织物座椅、转向盘带四向调节功能、可遥控照明进入、驾驶席座椅手动6向调节、后排座椅可60/40拆分折叠、前排座椅中央扶手带前后滑动功能、科技吸音静音技术、手动防炫目内后视镜

舒适版：时尚版+一键起动及无钥匙进入系统、超大尺寸电动天窗、3.5英寸TFT行车电脑显示屏、真皮包裹多功能转向盘(带音响控制按键)、门窗框镀铬亮条、浮岛式前雾灯、明亮雅致亮色镀铬灰色缝线装饰、灰色高档真皮座椅

运动版：舒适版+双区独立自动恒温空调、6扬声器高级立体声音响、外后视镜带电加热、运动型亮黑喷涂前格栅、暗色镀铬门把手及后视镜、运动型后扰流板、运动型侧裙边、B.C柱亮黑框饰盖、运动型暗色镀铬红色缝线装饰、浮岛式中控台周边红色喷涂、运动红白发光仪表、红黑高级打孔运动型真皮座椅、时尚运动型迎宾踏板、运动型亮色脚踏板、运动型真皮包裹多功能转向盘(带音响控制按键)、赛车操控式运动换挡拨片、驾驶席座椅电动6向调节

豪华运动版：运动版+前后一体式安全侧气帘、倒车影像带辅助线提示、定速巡航系统、U-connect 8.4英寸触摸液晶中控系统、智能车载蓝牙、先进Garmin导航系统、随速感应音量调节、鹰眼式透镜氙气前照灯、前排一键升降式电动车窗、运动型高级多功能转向盘(带音响控制按键/定速巡航按键/免提按键)

车身颜色：宝石蓝、天使白、珊瑚红、丝锻银、太空黑、栅桃红

主要车型参数及价格

车型		时尚版 120HP 手动	舒适版 150HP 双离合	运动版 150HP 双离合	豪华运动版 150HP 双离合
基本参数	长×宽×高(mm)	4545×1850×1475			
	轴距(mm)	2708			
	前/后轮距(mm)	1572/1570			
	油箱/行李舱容积(L)	60/374–1253			
	整备质量(kg)	1415	1460	1475	
	车身材料	钢板			
	车身类型/乘员人数	2厢5门/5			
发动机参数	发动机类型	T-JET涡轮增压中冷 多点电喷 液冷 直列四缸 16气门			
	排量(mL)	1368			
	额定功率[kW/(r/min)]	88/5000	110/5500		
	最大转矩[N·m/(r/min)]	206/2500	230/3000		
	排放标准	国Ⅳ、国Ⅴ			
底盘参数	变速器类型	5挡手动	7挡双离合		
	驱动类型	前驱			
	悬架系统	前麦弗逊式悬架/后封闭截面扭力梁式悬架			
	制动系统	前通风盘式/后盘式制动器			
	轮胎规格	205/55 R16		225/45 R17	
性能	最高车速(km/h)	196	207		
	0~100km/h加速时间(s)	10.9	9.9		
工信部综合工况油耗(L/100km)		7.0	7.3		
上市时间		2014年3月7日			
厂家建议价格(万元)		10.08	12.88	13.88	14.88

注：厂家建议价格以2016年3~8月为准

长安标致雪铁龙汽车有限公司 CHANGAN PSA AUTOMOBILES CO.,LTD.

DS 5　DS 5LS　DS 4S

DS AUTOMOBILES
前卫·巴黎

DS 5

DS，源自巴黎的新世代豪华汽车品牌。新DS 5的原创设计、精湛工艺、人性科技及高端品质，在每一处细节中都诠释了DS品牌口号“前卫•巴黎”。作为DS品牌的旗舰车型，新DS 5是欧洲第一款采用“DS之翼”全新家族前脸，并融入更多前卫设计的纯正DS车型，进一步树立起DS新世代豪华汽车的品牌形象。

主要配置

车身颜色： 珍珠白、静谧黑、摩卡棕、星河紫、太空银、浩瀚灰、香槟金、幻砂金

内饰颜色： 黑色、灰色、棕色、红色

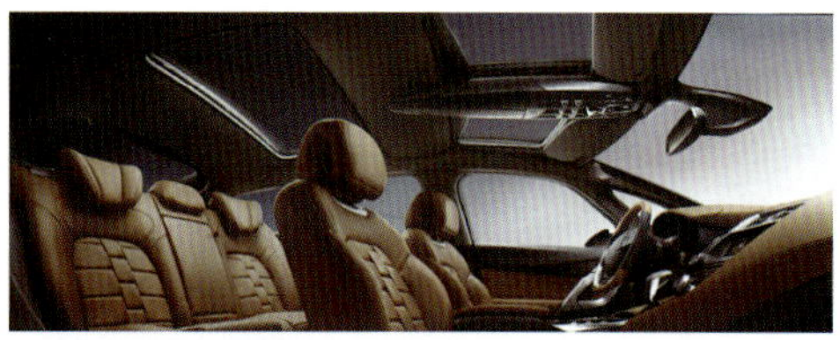

主要车型参数

	车　型	新DS5	
基本参数	长×宽×高(mm)	4530×1871×1520	
	轴距(mm)	2727	
	油箱/行李舱容积(L)	60/468	
	整备质量(kg)	1600	1620
	车身材料	钢板	
	车身类型/乘员人数	2厢5门/5	
发动机参数	发动机型号	5G02	6G01
	发动机类型	缸内直喷双涡流涡轮增压汽油发动机	
	排量(mL)	1598	1751
	额定功率[kW]	123	150
	最大转矩[N·m/(r/min)]	240/1400～4000	280/1400～4000
	排放标准/建议用油	国V/92#及以上汽油	
底盘参数	变速器类型	6挡手自一体	
	驱动类型	前驱	
	悬架系统	前麦弗逊式悬架/后扭力梁式悬架	
	制动系统	前后盘式制动器	
	轮胎规格	225/50 R17	235/45 R18
性能	最高车速(km/h)	200	217
	0～100km/h加速时间(s)	10.5	8.7
工信部综合工况油耗(L/100km)		6.5	
上市时间		2015年9月4日	

注：价格、配置请咨询厂家或经销商

DS 5LS

主要配置

基础版：前排正面安全气囊、前排侧面安全气囊、前后贯穿式头部安全气帘、ABS+EBV+ASR、ESP动态稳定控制系统、坡道起动辅助系统、车速感应自动落锁、驾驶席安全带未系报警、后排ISOFIX儿童安全座椅固定装置、发动机电控防盗系统、手动调节空调、收音机、Auxin功能及USB接口/iPod功能、Arkamys Sound Process高性能音响系统、投射式前照灯、雾灯弯道辅助照明系统、耀目LED前日间行车灯、LED回旋式流光尾灯、耀目车身镀铬装饰组合、镀铬双排气尾管造型、织物座椅

舒适版：基础版+速巡航带记忆及限速功能、后部泊车距离控制系统、蓝牙功能、后排暗色私密玻璃、真皮包裹多功能转向盘

风尚版：舒适版+电动天窗、DVD播放器、7"彩色触摸显示屏

雅致版：风尚版+EPB电子驻车制动系统、双区智能自动空调带后排通风口、MRN智能导航系统、DS CONNECT智能互联系统、前照灯自动开启功能、智能型雨量感应式刮水器、车内自动防炫后视镜、高级真皮包裹多功能转向盘、CLAUDIA 真皮座椅、车内LED阅读灯及氛围灯

豪华版：雅致版+Keyless智能免钥进入及起动系统、前排安全带未系报警、周边式防盗报警系统、盲点监测系统、前部泊车距离控制系统、倒车影像系统、AQS空气质量控制系统、电动可折叠后视镜带加热功能、前排座椅6向电动调节、前排座椅带加热功能、前排头枕高度及角度4向调节、后排尊享航空头枕

尊享版：豪华版+TPMS主动4轮胎压监测系统、空气净化器带离子发生功能、自适应动态高度调节氙气前照灯带随动转向功能、前后门宝石红氛围灯、NAPPA+SEMI ANILINE座椅内饰组合(NAPPA豪华表链式真皮座椅/NAPPA真皮包覆全数字仪表台/NAPPA高级真皮包裹门护板及中控扶手/前排座椅电动腰部支撑及调节/前排座椅两挡按摩功能)、斑马纹天然实木装饰

车身颜色：珍珠白、静谧黑、太空银、浩瀚灰、星河紫、摩卡棕、榛果褐

内饰颜色：黑色、米色、棕色

主要车型参数及价格

车型		THP160					THP200	
		基础版	舒适版	风尚版	雅致版	豪华版	豪华版	尊享版
基本参数	长×宽×高(mm)	4702×1840×1510						
	轴距(mm)	2715						
	前/后轮距(mm)	1577/1552						
	油箱/行李舱容积(L)	60/466						
	整备质量(kg)	1475					1520	
	车身材料	钢板						
	车身类型/乘员人数	3厢4门/5						
发动机参数	发动机类型	直列4缸 16气门 缸内直喷 双涡流涡轮 增压汽油发动机						
	排量(mL)	1598						
	额定功率[kW]	120					147	
	最大转矩[N·m/(r/min)]	240/1400～4000					275/1700～4500	
	排放标准/建议用油	国Ⅴ/93#(92#)及以上汽油						
底盘参数	变速器类型	6挡手自一体变速器带运动/雪地模式						
	驱动类型	前驱						
	悬架系统	前麦弗逊式独立悬架/后纵臂扭转梁式非独立悬架						
	制动系统	前通风盘式/后盘式制动器						
性能	最高车速(km/h)	205					230	
	0～100km/h加速时间(s)	8.8					8.0	
工信部综合工况油耗(L/100km)		7.7					7.4	
上市时间		2014年3月28日						
厂家建议价格(万元)		14.98	16.08	16.88	18.68	19.98	21.68	24.68

注：厂家建议价格以2016年3～8月为准

DS AUTOMOBILES
前卫·巴黎

DS 4S

年度新上市车型

主要配置

进取型： 前排正面安全气囊、前排侧面安全气囊、前后贯穿式头部安全气帘、ABS+EBV+ASR、ESP动态稳定控制系统、EPB电子驻车制动系统、坡道起动辅助系统、紧急制动系统带制动灯爆闪、车速感应自动落锁/事故自动解锁、驾驶席安全带未系提醒、后排ISOFIX儿童安全座椅固定装置、发动机电子防盗系统、后部泊车雷达、活性炭花粉过滤器、USB+AUX-IN+蓝牙+6扬声器、投射式前照灯、前雾灯带弯道辅助照明系统、LED前日间行车灯、LED尾灯、后排暗色私密玻璃、耀目车身镀铬装饰组合、镀铬双排气尾管、铝合金轮毂、真皮包裹多功能转向盘、织物座椅、60/40可分开折叠后排座椅

睿动版： 进取型+电动天窗、DVD播放器、7寸彩色触摸显示屏、CLAUDIA真皮+织物双拼座椅、后排中央扶手带双托杯

智享版： 睿动版+EPB电子驻车制动系统、TPMS主动四轮胎压监测系统、副驾驶安全带未系报警、双区智能自动空调带后排通风口、GPS智能导航系统、DS CONNECT智能互联系统、Arkamys声音优化系统、高保真DENON豪华音响、前照灯自动开启、智能型雨量感应式无骨刮水器、电子防炫目内后视镜、CLAUDIA真皮座椅、前排座椅6向电动调节、前排健康护颈头枕(高度及角度四向可调)、可调节前排中央扶手带储物空间、前排座椅带PVC包覆后支撑板，TH200增加LED前照灯带随动转向功能(AFS)、LED前雾灯、流转式LED转向灯

智享科技版： 智享版+Keyless智能免钥匙进入及一键起动系统、前部泊车雷达、倒车影像系统、盲点监测系统、LED前照灯带随动转向功能(AFS)、LED前雾灯、流转式LED转向灯、钻石切割工艺铝合金轮毂、电动可折叠后视镜带加热和迎宾照地灯、铝制运动风格踏板、Alcantara翻毛皮+CLAUDIA真皮座椅、后排尊享航空头枕

尊享版： 智享科技版+AQS空气质量控制系统、四门镀铬迎宾踏板、真铝饰条装饰、铝合金轮毂、CLAUDIA真皮座椅、前排座椅加热、前后门氛围灯

车身颜色： 赤焰红、珍珠白、静谧黑、星河紫、摩卡棕、太空银

主要车型参数及价格

车型		THP 130		THP 160			THP 200	
		进取型	睿动版	睿动版	智享版	智享科技版	智享版	尊享版
基本参数	长×宽×高(mm)	4435×1843×1510						
	轴距(mm)	2715						
	油箱/行李舱容积(L)	60/395						
	整备质量(kg)	1421		1472			1512	
	车身材料	钢板						
	乘员人数	5						
发动机参数	发动机类型	缸内直喷双涡流涡轮增压汽油发动机						
	排量(mL)	1199		1598			1751	
	额定功率[kW]	100		123			150	
	最大转矩[N·m/(r/min)]	230/1750~3500		240/1400~4000			280/1400~4000	
	排放标准/建议用油	国Ⅴ/92#及以上汽油						
底盘参数	变速器类型	6挡手自一体/智能起动系统/运动、雪地模式						
	驱动类型	前驱						
	悬架系统	前麦弗逊式独立悬架/后扭力梁式非独立悬架						
	制动系统	前通风盘式/后盘式制动器						
	轮胎规格	215/60 R16		225/50 R17			235/45 R18	
性能	最高车速(km/h)	195		207			230	
	0~100km/h加速时间(s)	10.7		9.7			8.5	
工信部综合工况油耗(L/100km)		5.6		6.3			6.6	
上市时间		2016年4月25日						
厂家建议价格(万元)		14.99	16.39	17.19	18.79	19.99	20.79	22.99

注：厂家建议价格以2016年3～8月为准

广州汽车集团乘用车有限公司 Guangzhou Automobile Group Motor Co.,Ltd.

传祺GA8　传祺GA6　传祺GA5　传祺GA3

传祺GA8在外观造型方面有很高的原创度，家族式前脸“凌云翼”设计具有较高的辨识度和认知度，整车外观效果稳重大气，符合高端车型的定位。传祺GA8的长宽高分别为5003/1910/1508mm，轴距2907mm。

传祺GA8

年度新上市车型

主要配置

豪华版：前排乘客安全气囊、前排侧部安全气囊、窗帘式侧安全气帘、GAC 2.0高强度安全车身、博世ESP车辆电子稳定控制系统、博世ABS制动防抱死系统、博世EBD电子制动力分配系统、博世TCS牵引力控制系统、博世HBA紧急制动辅助系统、博世HHC上坡辅助控制系统、TPMS直接式智能胎压监测系统(带行车电脑直接显示功能)、ISOFIX儿童安全座椅车身固定装置、后排车门儿童安全门锁、冲击感应式车门自动开锁装置、发动机防盗锁止系统(带防盗报警功能)、ECO智能化绿色节能模式、Start-Stop智能节油起停系统、PEPS无钥匙进入及一键起动系统、卡钳一体式EPB电子驻车制动系统、Auto Hold自动驻车系统、全方位泊车雷达(6探头)、长源清洞旗舰型智能钥匙、独立控制三区智能恒温空调系统、负离子森林氧吧空气净化系统、四门窗一触式升降带防夹及遥控升降功能、内藏式防夹电动天窗、智慧传祺T-BOX智能手机远程监控安防系统、全彩液晶组合仪表盘(带行车电脑)、高清全彩10.1英寸多点触摸屏、北斗/GPS双模式3D语音导航系统(带智能手机互联功能)、5.1声道剧场级3D环绕立体声音响系统带11扬声器、音响音量随车速调节功能、车载蓝牙免提系统、180°广角倒车影像系统、雨量感应可变间歇式无骨刮水器、Flying Dynamics凌云翼镀铬前格栅、镶嵌式全LED钻石眼前照灯(带弯道辅助照明/自动感应开启/延时关闭/未关警示功能)、LED日间行车灯及LED前雾灯、外后视镜集成光导LED转向灯及LED镭射迎宾照明灯、传祺G型标识光导LED组合尾灯、后排防紫外线隔热隐私玻璃、低风阻鲨鱼鳍天线、外后视镜电动折叠及除霜除雾功能、外后视镜锁车自动折叠功能及倒车智能翻转功能、驾驶席与外后视镜智能记忆联动(带迎宾功能)、传祺G型标识立体镀铬翼子板装饰、大气流畅横向层叠式舒展内饰、优选菱形绗缝高档真皮、驾驶席座椅电动10向调节、副驾驶席座椅电动6向调节、前排座椅高中低温三模式智能加热功能、内后视镜自动防炫目功能、后排电动调节副驾座椅功能、三段蝴蝶式真皮包覆头枕、360全方位超静谧车内空间、真皮包裹多功能转向盘(带定速巡航功能)

行政版：豪华版+LDW车道偏离预警系统(带驾驶席疲劳监测功能)、并线辅助系统、360°全景泊车影像系统、行李舱脚部感应自动开启、Ice Blue冰蓝极光氛围灯、后风窗电动遮阳帘及后车窗遮阳帘、臻选NAPPA全粒面菱形绗缝顶级真皮

尊贵版：行政版+后排侧部安全气囊、头等舱级后排独立座椅、后排座椅电动滑移及疲劳缓解功能、后排座椅智能通风加热及4向电动腰托功能

至尊版：尊贵版+全景式电动天窗、后排双模式制冷车载冰箱(带独立压缩机)

主要车型参数及价格

	车　型	320T			
		豪华版	行政版	尊贵版	至尊版
基本参数	长×宽×高(mm)	5003×1910×1508			
	轴距(mm)	2907			
	油箱/行李舱容积(L)	70/500			
	整备质量(kg)	1772～1810			
	车身材料	钢板			
	车身类型/乘员人数	3厢4门/5			
发动机参数	发动机型号/类型	传祺第二代320T发动机/低惯量E-Turbo增压技术 GCCS燃烧控制技术 DCV VT双连续可变气门正时技术			
	排量(mL)	1991			
	额定功率[kW/(r/min)]	145/5200			
	最大转矩[N·m/(r/min)]	300/1600～4500			
	排放标准	国V			
底盘参数	变速器类型	6挡手自一体变速器			
	驱动类型	前驱			
	悬架系统	前双叉臂式独立悬架带垂向控制臂/后多连杆独立悬架			
	制动系统	前通风盘式/后盘式制动器			
	轮胎规格	225/55 R17			235/45 R18
工信部综合工况油耗(L/100km)		7.9			
上市时间		2016年4月16日			
厂家建议价格(万元)		17.98	21.98	24.98	29.98

注：厂家建议价格以2016年3～8月为准

传祺GA6

广汽传祺
中国梦·世界车

年度新上市车型

广汽传祺GA6 235T车型同样延续了在售车型的外观/内饰设计。动力方面，这台1.5T发动机为传祺自行研发的最新产品，运用了GCCS（燃烧室控制技术）、DCVVT（双连续可变气门正时）以及低惯量的增压技术等，使得新款发动机拥有最大功率112kW（152Ps）/5000rpm，峰值转矩则达到了235N·m/1450～4250rpm。传动方面，匹配5挡手动和7挡双离合变速器。

主要配置

舒适版：GAC高强度安全车身设计、前排双安全气囊、博世ABS防抱死制动系统、博世EBD电子制动力分配系统、倒车雷达(4探头)、前排预紧限力式安全带(高度可调)、后排全独立三点式安全带、驾驶席安全带未系灯光提示及声音报警、ISO FIX儿童安全座椅车身固定装置、后排车门儿童安全门锁、发动机防盗锁止系统(带防盗警报功能)、冲击感应式车门自动开锁装置、折叠式钥匙、驾驶席侧一键升降式防夹电动车窗、强力环保电控空调(带粉尘过滤功能)、后排专享空调出风口、智慧行车电脑、高保真6扬声器音响系统、单碟CD(带USB接口/支持MP3/WMA文件播放)、音响音量随车速调节功能、Fiy Dynamics凌云翼一体式镀铬前格栅、透镜卤素前照灯(带高度手动可调/延时关闭/未关警示/清洗功能)、镀铬装饰双C型前雾灯、外后视镜集成LED光导转向灯、光之翼LED光导组合尾灯、可变间歇式无骨刮水器、织物与皮质混搭座椅、360° 悬浮环抱式航天驾驶舱、航天三辐式真皮包裹多功能转向盘，G-DCT增加博世ESP车辆电子稳定控制系统、博世TCS牵引力控制系统、博世HBA紧急制动辅助系统、博世HHC上坡辅助控制系统、ECO智能化绿色节能模式、高档哑光镀铬航天拉杆式换挡杆

精英型：舒适版+前排侧安全气囊、博世TCS牵引力控制系统、博世HBA紧急制动辅助系统、博世HHC上坡辅助控制系统、博世ESP车辆电子稳定控制系统、副驾驶安全带未系灯光提示及声音报警、内藏式防夹电动天窗、航天级豪华真皮座椅、驾驶席座椅电动6向调节，G-DCT增加EPB电子驻车制动系统、ECO智能化绿色节能模式、一体式智能钥匙、PEPS无钥匙进入及一键起动系统、飞翼式LED日间行车灯、高档哑光镀铬航天拉杆式换挡杆

豪华型：精英型+EPB电子驻车制动系统、TPMS直接式智能胎压监测系统(带行车电脑直接显示功能)、ECO智能化绿色节能模式、PEPS无钥匙进入及一键起动系统、定速巡航系统(带转向盘控制键)、一体式智能钥匙、双区独立调节智能自动恒温空调(带粉尘过滤功能)、森林氧吧空气净化系统、180° 广角倒车影像系统、高清全彩8英寸触控屏、北斗/GPS双模式3D语音导航系统(带通知手机互联功能)、车载蓝牙免提系统、飞翼式LED日间行车灯、低风阻鲨鱼鳍天线、驾驶席与外后视镜智能记忆联动、外后视镜锁车自动折叠功能、外后视镜倒车智能翻转功能、全彩液晶组合仪表盘、竞赛式极速换挡拨片、高档镀铬航天拉杆式换挡杆、外后视镜电动折叠及除霜除雾功能、前排座椅高中低温三模式智能加热功能、副驾驶座椅电动4向调节

尊贵型：尊豪华型+窗帘式侧安全气帘、Start-Stop智能节油启停系统、智慧传祺T-BOX智能手机远程监控安防系统、高保真8扬声器音响系统、雨量感应智能自动无骨刮水器、前雾灯转向辅助照明系统、前照灯自动感应开启、透镜氙气前照灯(带高度手动可调/延时关闭/未关警示/清洗功能)、金属拉丝尊贵迎宾踏板、Ice Blue冰蓝极光氛围灯、自动防炫目内后视镜

主要车型参数及价格

车型		235T MT		235T G-DCT AT			
		舒适型	精英型	舒适型	精英型	豪华型	尊贵型
基本参数	长×宽×高(mm)	4850×1830×1485					
	轴距(mm)	2720					
	油箱/行李舱容积(L)	70/500					
	整备质量(kg)	1456～1518					
	车身材料	钢板					
	车身类型/乘员人数	3厢4门/5					
发动机参数	发动机型号/类型	传祺第二代235T发动机/低惯量E-Turbo增压技术 GCCS燃烧控制技术 DCVVT双连续可变气门正时技术					
	排量(mL)	1495					
	额定功率[kW/(r/min)]	112/5000					
	最大转矩[N·m/(r/min)]	235/1450～4250					
	排放标准	国V					
底盘参数	变速器类型	爱信手动变速器		7挡G-DCT手自一体变速器			
	驱动类型	前驱					
	悬架系统	前双叉臂式独立悬架带垂向控制臂/后多连杆独立悬架					
	制动系统	前通风盘式/后盘式制动器					
	轮胎规格	205/60 R16	215/50 R17	205/60 R16	215/50 R17		
工信部综合工况油耗(L/100km)		6.4		6.3			6.1
上市时间		2016年3月21日					
厂家建议价格(万元)		10.28	11.28	11.68	12.68	13.68	16.38

注：厂家建议价格以2016年3～8月为准

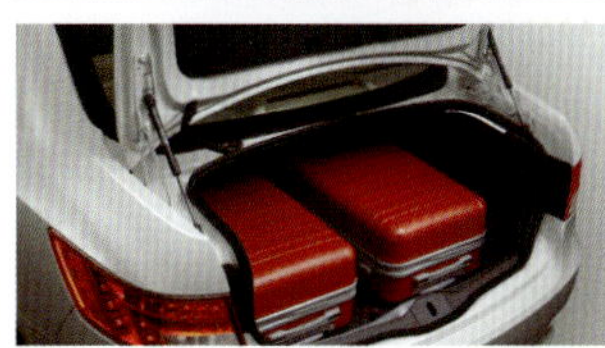

主要配置

2013款1.8L车型

舒适版：前排双安全气囊、ABS制动防抱死系统+EBD电子制动力分配系统、前排预紧限力式安全带(高度可调)、驾驶席安全带未系声响报警、后排两侧座椅/中间座椅3点式安全带、ISO-FIX后排儿童安全座椅固定装置、防盗报警+发动机防盗系统、中控门锁+行李舱锁、冲击感应式车门自动开锁装置、后排侧门儿童锁、驾驶席侧防夹功能门窗、驾驶席侧车窗一触式升降功能、双区独立控制自动空调、后排空调出风口、CD播放系统、支持MP3/WMA文件播放、音频输入端口(AUX)+USB接口、收音机AM/FM、音响音量随车速调节、LED日间行驶灯、LED组合尾灯+LED高位制动灯、双透镜卤素前照灯、前照灯高度手动调节、前照灯延时关闭功能、前照灯未关警示功能、后雾灯、电动调节外后视镜(集成转向灯)、可变间歇式前风窗玻璃无骨刮水器、印刷式后车窗天线、绿色隔热玻璃、高级科莫多榆木装饰、组合仪表亮度可调节、织物座椅、驾驶座椅6向手动调节、副驾驶座椅4向手动调节、点烟器/电源输出接口

精英版：舒适版+前排侧安全气囊、前排安全带未系声响报警、内藏式防夹电动天窗、后倒车雷达+仪表面板面显像、6扬声器高保真音响系统、前雾灯、外后视镜电动折叠及除霜除雾功能、10辐炫目铝合金轮辋、组合仪表(带行车电脑)、真皮包裹多功能转向盘、高级真皮座椅、驾驶座椅6向电动调节、驾驶席座椅腰靠手动调节、后排座椅中央扶手(带杯托+可通行李舱)

豪华版：精英版+窗帘式侧安全气帘、ESP车辆电子稳定控制系统、TCS牵引力控制系统、HBA紧急制动辅助系统、手套箱植绒减振面料设计、副驾驶座椅4向电动调节、前排高低温双模式座椅加热功能

2013款2.0DCVVT车型

精英版：2013款1.8L车型豪华版+蛟龙细鳞纹金属饰条装饰、副驾驶座椅4向手动调节，无窗帘式侧安全气帘、手套箱植绒减振面料设计、前排高低温双模式座椅加热功能

豪华版：精英版+窗帘式侧安全气帘、定速巡航系统(带转向盘控制按键)、手套箱植绒减振面料设计、副驾驶座椅4向电动调节、前排高低温双模式座椅加热功能

2013款1.8T车型

舒适版：2013款2.0DCVVT车型豪华版+前倒车雷达、高级科莫多榆木装饰、织物座椅、驾驶座椅6向手动调节、副驾驶座椅4向手动调节，无前排侧安全气帘、窗帘式安全侧气帘、前排安全带未系声响报警、内藏式防夹电动天窗、定速巡航系统(带转向盘控制按键)、外后视镜电动折叠及除霜除雾功能、真皮包裹多功能转向盘、驾驶座椅腰靠手动调节、前排高低温双模式座椅加热功能、手套箱植绒减振面料设计

精英版：舒适版+前排侧安全气帘、前排安全带未系声响报警、定速巡航系统(带转向盘控制按键)、内藏式防夹电动天窗、外后视镜电动折叠及除霜除雾功能、蛟龙细鳞纹金属饰条装饰、真皮包裹多功能转向盘、高级真皮座椅、驾驶座椅6向电动调节、驾驶座椅腰靠手动调节

豪华版：精英版+智能钥匙、一键起动系统、TPMS直接式胎压监测系统(带行车电脑显示功能)、10辐涡轮型铝合金轮辋、手套箱植绒减振面料设计、副驾驶座椅4向电动调节、前排高低温双模式座椅加热功能

尊贵版：豪华版+窗帘式侧安全气帘、双透镜氙气前照灯带清洗装置、前照灯高度自动调节、防紫外线强风窗玻璃、尊贵迎宾踏板、副驾驶座椅后排电动可调

至尊版：尊贵版+倒车视频影像、7英寸彩色高清度触摸屏DVD导航系统、车载蓝牙免提系统(带转向盘控制按键)、后排手动遮阳帘

内饰颜色：米色、高级纯黑色

主要车型参数及价格

车型		2013款1.8L车型			2013款2.0DCVVT车型		2013款1.8T车型				
		舒适版	精英版	豪华版	精英版	豪华版	舒适版	精英版	豪华版	尊贵版	至尊版
基本参数	长×宽×高(mm)	4800×1819×1484									
	轴距(mm)	2710									
	前/后轮距(mm)	1554/1542									
	油箱/行李舱容积(L)	70/500									
	整备质量(kg)	1435～1510					1485～1520				
	车身材料	钢板									
	车身类型/乘员人数	3厢4门/5									
发动机参数	发动机类型	VTML可变气门正时和可变进气管长度			DCVVT智能连续进排气可变正时技术		Turbo 涡轮增压				
	排量(mL)	1751			1969		1751				
	额定功率[kW/(r/min)]	106/6400			108/6300		130/5250				
	最大转矩[N·m/(r/min)]	167/4750			187/4500		237/1700～5250				
	排放标准	国Ⅳ(带OBD)									
	变速器类型	5挡手动		5挡手自一体带运动模式							
底盘参数	驱动类型	前驱									
	悬架系统	前高位斜置双Y型摆臂式独立悬架/后多连杆式独立悬架带垂向控制臂									
	制动系统	前通风盘式/后盘式制动器									
	轮胎规格	205/55 R16							225/45 R17		
工信部综合工况油耗(L/100km)		8.3		8.8	9.1		8.7				
改款时间		2013年3月									
厂家建议价格(万元)		10.58	12.08	13.98	13.88	14.98	13.98	14.88	16.18	17.98	20.18

注：厂家建议价格以2016年3～8月为准

传祺GA3

Trumpchi

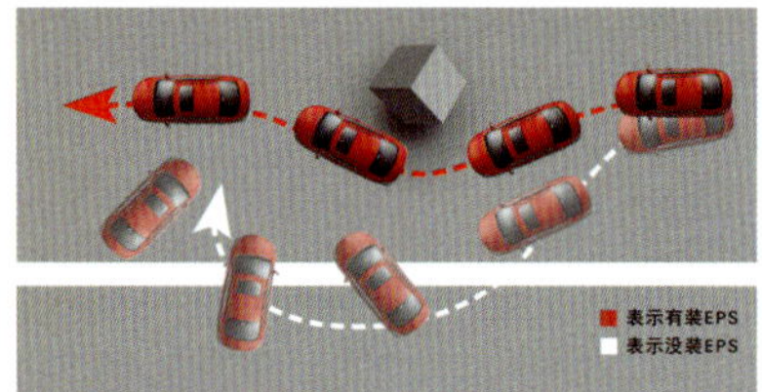

主要配置

精英版/精英ESP版：GAC高强度安全车身、前排双安全气囊、ABS制动防抱死系统、EBD电子制动力分配系统、倒车雷达、前排预紧限力式安全带(高度可调)、前排安全带未系灯光及声音提醒、后排两侧座椅带限力紧急锁止式安全带、后排中间座椅2点式安全带、ISOFIX后排儿童安全座椅固定装置、后排车门儿童安全门锁、发动机防盗锁止系统(带防盗报警功能)、冲击感应式车门自动开锁装置、EPS电动助力转向、驾驶席一键式防夹电动车窗、手动电控空调、智慧行车电脑、CD播放系统、支持MP3/WMA文件播放、USB及AUX接口、6扬声器高保真音响系统、音响音量随车速调节功能、动感流畅双腰线、新潮时尚拼图T型格栅、锋尚前照灯、立体尾灯组、LED高位制动灯、璀璨雾灯、电动调节外后视镜、铝合金轮辋、前照灯延时关闭功能、前照灯未关警示功能、后风窗玻璃带除霜除雾功能、手动防炫内后视镜、航空舱式驾驶室布局、3D炫彩航空式组合仪表盘、质感织物座椅、驾驶座椅手动6向调节、副驾驶座椅4向手动调节，精英ESP版增加博世ESP“六位一体”主动安全选装包、ESP车辆电子稳定控制系统、TCS牵引力控制系统、HBA液压制动辅助系统、HHC上坡辅助控制系统

豪华版/豪华ESP版：精英版/精英ESP版+副驾驶安全带未系灯光及声音提醒、智能定速巡航系统(带转向盘控制按键)、内藏式防夹电动天窗、外后视镜带除霜除雾功能、战机式多功能集控转向盘，豪华ESP版增加博世ESP“六位一体”主动安全选装包、ESP车辆电子稳定控制系统、TCS牵引力控制系统、HBA液压制动辅助系统、HHC上坡辅助控制系统，1.6 DCVVT自动豪华ESP版增加高级真皮座椅，可选装内藏式防夹电动天窗

尊贵ESP版：豪华版/豪华ESP版+博世ESP“六位一体”主动安全选装包、ESP车辆电子稳定控制系统、TCS牵引力控制系统、HBA液压制动辅助系统、HHC上坡辅助控制系统、全自动恒温空调、侧面车窗装饰亮条、高级真皮座椅、驾驶座椅电动6向调节，1.6 DCVVT 自动尊贵ESP版增加PEPS智能无钥匙进入及一键起动系统、手动电控空调

至尊ESP版：尊贵ESP版+前排侧安全气囊、窗帘式侧安全气帘、TPMS直接式胎压监测系统(带行车电脑直接显示功能)、倒车后视系统、PEPS智能无钥匙进入及一键起动系统、3D语音导航系统(带智能手机互联功能)、车载蓝牙免提系统、鲨鱼鳍天线、转向盘真皮包裹、驾驶座椅手动调节腰部支撑

主要车型参数及价格

车型		1.6 DCVVT 手动				1.6 DCVVT 自动			
		精英版	豪华版	豪华ESP版	尊贵ESP版	精英ESP版	豪华ESP版	尊贵ESP版	至尊ESP版
基本参数	长×宽×高(mm)	4570×1790×1490							
	轴距(mm)	2620							
	油箱/行李舱容积(L)	50/450							
	整备质量(kg)	1235				1265			
	车身材料	钢板							
	车身类型/乘员人数	3厢4门/5							
发动机参数	发动机类型	1.6L DCVVT高能效发动机 DCVVT 智能连续可变气门正时技术							
	排量(mL)	1598							
	额定功率[kW/(r/min)]	90/6300							
	最大转矩[N·m/(r/min)]	153/4500							
	排放标准	国Ⅳ、京V(带OBD车载诊断系统)							
底盘参数	变速器类型	GETRAG格特拉克5挡手动变速器				原装进口爱信最新一代Smooth-Shift超平顺自动变速器			
	驱动类型	前驱							
	悬架系统	前麦弗逊式独立悬架(含前副车架+前防倾杆)/后五连杆独立悬架(含后副车架+后防倾杆)							
	制动系统	前通风盘式/后盘式制动器							
	轮胎规格	195/65 R15		205/55 R16		195/65 R15	205/55 R16		
性能	最高车速(km/h)	190				175			
	90km/h等速行驶油耗(L/100km)	5.7				6.1			
工信部综合工况油耗(L/100km)		6.8				7.4			
上市时间		2013年8月							
厂家建议价格(万元)		7.58	8.28	8.68	9.38	8.78	9.28	10.38	11.98

注：厂家建议价格以2016年3～8月为准

上汽通用五菱汽车股份有限公司 SAIC GM Wuling Automobile Co.,Ltd.

宝骏：宝骏630　宝骏610　宝骏乐驰

宝骏630

主要配置

标准型： 前排正面双安全气囊、ABS+EBD、可溃式转向管柱、前排预紧限力式3点安全带、ISOFIX儿童座椅固定装置、后门儿童安全锁、驾驶席安全带未系报警提示、中央控制门锁、4门电动车窗(驾驶席带一键升降)、蓄电池防耗保护装置、收音机+USB、4扬声器、天线-后风窗印刷式、后排USB育电接口、前照灯水平调节、后风窗除雾装置、鹰眼晶钻前照灯、前格栅外框饰条镀铬、飞翼式一体化前保险杠、柳叶形后保险杠反射器、间歇式有骨刮水器、钢制轮辋、质感镀铬装饰、电动调节外后视镜、全新套色仪表台、自发光LED白背光组合仪表、3辐转向盘带金属色饰条、高级织物座椅、防潜滑包覆式座椅

舒适型： 标准型+副驾驶安全带未系报警提示、电控防盗系统、发动机防盗装置、倒车雷达、遥控门锁、遥控寻车功能、可折叠遥控钥匙、CD播放器+收音机+USB+AUX-IN、6扬声器、镀铬前格栅、炫银前雾灯、外后视镜带LED转向灯、间歇式有骨刮水器、铝合金轮辋、镀铬门内开把手、双缝线PVC皮革座椅、驾驶席座椅6向调节

精英型： 舒适型+电动天窗、行车电脑带续航里程表示、车窗镀铬水切饰条、绿色防紫外线玻璃、真皮包裹转向盘、多功能转向盘、副驾驶座椅下储物盒、后排照明灯

车身颜色： 星夜黑、珊瑚红、碧海蓝、大漠金、大地棕、糖果白、晴空银

内饰颜色： 米色

主要车型参数及价格

车型		1.5L 手动			1.5L 自动	
		标准型	舒适型	精英型	舒适型	精英型
基本参数	长×宽×高(mm)	4597×1736×1462				
	轴距(mm)	2640				
	前/后轮距(mm)	1477/1485				
	前/后悬距(mm)	951/1006				
	最小离地间隙(mm)	120(满载)				
	油箱/行李舱容积(L)	54/445				
	整备质量(kg)	1206			1220	
	车身材料	钢板				
	车身类型/乘员人数	3厢4门/5				
发动机参数	发动机型号/类型	L2B/直列4缸 16气门 P-Tec DVVT				
	排量(mL)	1485				
	额定功率[kW/(r/min)]	82/5800				
	最大转矩[N·m/(r/min)]	146.5/3600～4000				
	排放标准/建议用油	国Ⅳ、国Ⅴ/92#及以上汽油				
底盘参数	变速器型号/类型	SH16M5/5挡手动			6T30/6挡手自一体	
	驱动类型	前驱				
	悬架系统	前麦弗逊式独立悬架/后复合曲柄式悬架				
	制动系统	前后盘式制动器				
	轮胎规格	195/60 R15				
性能	最高车速(km/h)	175			170	
	0～100km/h加速时间(s)	12.5			13.1	
工信部综合工况油耗(L/100km)		5.9			7.0	
改款时间		2014年5月				
厂家建议价格(万元)		6.58	7.08	7.78	7.88	8.58

注：厂家建议价格以2016年3～8月为准

宝骏汽车

宝骏610

主要配置

标准型：前排正面双安全气囊、ABS+EBD、可溃式转向管柱、前排预紧限力式3点安全带、ISOFIX儿童座椅固定装置、后门儿童安全锁、驾驶席安全带未报警提示、4门电动车窗(驾驶席带一键降升)、中央控制门锁、电池防耗保护装置、手动空调、收音机+USB、4扬声器、后排USB充电接口、前照灯水平调节、后风窗除雾装置、Two tone前后单色保险杠、鹰眼晶钻前照灯、金镀格栅、柳叶形后保险杠反射器、间歇式有骨刮水器、质感镀铬装饰、电动调节外后视镜、全新套色仪表台、自发光LED白背光组合仪表、高级织物座椅、防潜滑包覆式座椅

舒适型：标准型+倒车雷达、遥控门锁、遥控寻车功能、可折叠遥控钥匙、行车电脑LCD显示屏、电子空调(带液晶显示屏)、CD播放器+收音机+USB+AUX-IN、高保真6扬声器、Two tone前后套色保险杠、炫银前雾灯、外后视镜带LED转向灯、间歇式有骨刮水器、铝合金轮辋、驾驶席座椅6向调节(带电动高度调节)

豪华型：舒适型+侧安全气囊、胎压监测系统、自动恒温空调(带液晶显示屏)、电动天窗、车窗镀铬水切饰条、镀铬门外把手、镀铬门内开把手、绿色防紫外线玻璃、运动精车双色Two tone铝合金轮辋、真皮包裹转向盘、双缝线皮革座椅、多功能转向盘

车身颜色：炫彩橙、朝霞红、碧海蓝、流沙金、大地棕、糖果白、晴空银

内饰颜色：米色、黑色

主要车型参数及价格

	车　型	1.5L 手动		1.5L 自动	
		标准型	舒适型	舒适型	豪华型
基本参数	长×宽×高(mm)	4401×1736×1462			
	轴距(mm)	2640			
	前/后轮距(mm)	1477/1485			
	前/后悬距(mm)	951/810			
	最小离地间隙(mm)	120(满载)			
	油箱/行李舱容积(L)	54/360-1300			
	整备质量(kg)	1206		1220	
	车身材料	钢板			
	车身类型/乘员人数	2厢5门/5			
发动机参数	发动机型号/类型	L2B/直列4缸 16气门 P-Tec DVVT			
	排量(mL)	1485			
	额定功率[kW/(r/min)]	82/5800			
	最大转矩[N·m/(r/min)]	146.5/3600~4000			
	排放标准/建议用油	国Ⅳ、国Ⅴ/92#及以上汽油			
底盘参数	变速器型号/类型	SH16M5/5挡手动		6T30/6挡手自一体	
	驱动类型	前驱			
	悬架系统	前麦弗逊式独立悬架/后复合曲柄式悬架			
	制动系统	前通风盘式/后盘式制动器			
	轮胎规格	195/60 R15			
性能	最高车速(km/h)	182		180	
	0~100km/h加速时间(s)	12.5		13.1	
工信部综合工况油耗(L/100km)		5.9		7.0	
上市时间		2014年4月20日			
厂家建议价格(万元)		6.58	7.08	7.88	8.58

注：厂家建议价格以2016年3~8月为准

宝骏乐驰

主要配置

优越型：全承载式高强度钢板车身、速度感应车门自动落锁、安全吸能式转向管柱、电子防盗装置、儿童安全锁、制动灯紧急替代功能、液压助力转向、中央门锁、四门电动车窗(开关带背光功能)、遥控升降车窗、全新可折叠式遥控钥匙、高能效空调、驾驶座车窗一键式下降、后风窗玻璃定时智能加热、前照灯未关声音报警提示、收音机+AUX接口、2扬声器、高位制动灯、晶钻前照灯、钢制轮辋+大装饰罩、行李架+后扰流板、动感镀铬装饰转向盘、星空紫黑色仪表台、剧院式智能阅读灯、前排座椅4向调节、高级网眼绒布座椅，1.2L运动款增加动感运动款保险杠、车身同色外后视镜带LED转向灯、全新车身运动包围组件、外门把手带镀铬装饰、炮筒式运动组合仪表、镀络装饰换挡手柄、驾驶员信息(液晶显示)、镀铬黑灰色仪表台、镀铬黑色中控台、黑红网格运动款半包围式座椅

活力型：优越型+ABS+EBD、MP3数码播放器+AUX接口、前雾灯、铝合金轮辋、6/4分割多功能后排座椅

时尚型：活力型+驾驶席安全气囊、倒车雷达、电动调节外后视镜、单碟CD播放器+USB接口、4扬声器、后刮水器、6/4分割多功能后排座椅+可拆分头枕

车身颜色：糖果白、阳光金、碧海蓝、朝霞红、晴空银、炫彩橙

主要车型参数及价格

车型		1.0L 普通款			1.2L 运动款		
		优越型	活力型	时尚型	优越型	活力型	时尚型
基本参数	长×宽×高(mm)	3545×1495×1525			3565×1515×1510		
	轴距(mm)	2340					
	前/后轮距(mm)	1300/1265					
	前/后悬距(mm)	705/500			717/510		
	最小离地间隙(mm)	120					
	油箱/行李舱容积(L)	35/145					
	整备质量(kg)	880			890		
	车身材料	钢板					
	车身类型/乘员人数	2厢5门/5					
发动机参数	发动机型号/类型	LMT/直列4缸			LMU/直列4缸		
	排量(mL)	995			1206		
	额定功率[kW/(r/min)]	51/6000			63/6000		
	最大转矩[N·m/(r/min)]	90/4400～4800			108/4400～4800		
	排放标准/建议用油	国Ⅳ/93#及以上汽油					
底盘参数	变速器型号/类型	SH63B1/5挡手动			SH63B2/5挡手动		
	驱动类型	前置前驱					
	悬架系统	前麦弗逊式独立悬架/后螺旋弹簧半独立悬架					
	制动系统	前盘式/后鼓式制动器					
	轮胎规格	175/60 R13					
性能	最高车速(km/h)	140			160		
	0～100km/h加速时间(s)	20			16		
工信部综合工况油耗(L/100km)		5.6			5.1		
改款时间		2012年8月					
厂家建议价格(万元)		3.98～4.68			4.28～4.98		

注：厂家建议价格以2016年3～8月为准

东风柳州汽车有限公司 Dongfeng Liuzhou Motor Co.,Ltd.

东风风行：东风风行景逸 S50

东风风行景逸 S50
DONGFENG FENGXING
年度新改款车型

景逸S50是东风风行首款A+级三厢轿车，定位高品质越级家轿。全系标配博世9.0版ESP，五星级安全，给您和家人全方位的安全呵护。大气外观之内，尽享大空间与人性化配置的宽适惬意。如此舒适愉悦的驾乘体验，只为更高品质的家庭生活而生。

主要配置

1.5L MT

豪华型：双安全气囊、ABS+EBD、主驾驶安全带未系报警、自动落锁及碰撞自动解锁、发动机电子防盗系统、儿童安全门锁、制动优先系统、ISO FIX儿童座椅固定装置、车门防撞杆、可溃缩转向管柱、倒车雷达、液压助力转向系统、遥控折叠钥匙、冷暖空调、空调进气过滤、2扬声器系统、高位制动灯、投射式前照灯、电动高度可调前照灯、前照灯未关提醒、LED日间行车灯、LED后组合灯、前雾灯、全车车门框贴黑膜、侧裙边、不锈钢迎宾踏板、铝合金轮毂、后视镜电动调节、内后视镜防炫目、中央通道盒带滑动式扶手、后窗加热、普通室内前厢灯、指针数显组合仪表、无纺布顶盖面料、高级织布座椅、驾驶座椅4向调节、前座可调头枕、后座可调头枕(2个)、整体式后排座椅、真皮包裹转向盘、转向盘上下调节

尊享型：豪华型+ESP电子车身稳定系统、BA制动辅助系统、倒车影像、电动天窗、4扬声器系统、7寸中控台液晶显示屏、无机芯视频播放、蓝牙系统、发动机罩下隔热板、侧窗镀铬装饰条、真皮包裹多功能转向盘、豪华室内前厢灯(带天窗开关)、针织布顶盖面料、驾驶员遮阳板无灯带化妆镜、皮质座椅、驾驶座椅6向调节、后座椅左右可调头枕(3个)、后排中央扶手&杯架、后排座椅取物通道、后排座椅比例放倒

车身颜色：陨石黑、珍珠白、俊雅红、皓月灰

内饰颜色：黑色、浅色

1.6L CVT

豪华型：双安全气囊、ABS+EBD、主驾驶安全带未系报警、自动落锁及碰撞自动解锁、发动机电子防盗系统、车内中控锁、儿童安全门锁、制动优先系统、ISO FIX儿童座椅固定装置、车门防撞杆、可溃缩转向管柱、倒车雷达、遥控折叠钥匙、电动转向系统、定速巡航、冷暖式空调、空调进气过滤、2扬声器系统、高位制动灯、投射式大灯、电动高度可调前照灯、前照灯未关提醒、LED日间行车灯、LED后组合灯、前雾灯、全车车门框贴黑膜、侧裙边、不锈钢迎宾踏板、铝合金轮毂、后视镜电动调节、内后视镜防炫目、中央通道盒带滑动式扶手、后窗加热、普通室内前厢灯、无纺布顶盖面料、真皮包裹转向盘、转向盘上下调节、高级织布座椅、驾驶座椅4向调节、前排可调头枕、后排可调头枕(2个)、整体式后排座椅

尊享型：豪华型+ESP电子车身稳定系统、BA制动辅助系统、倒车影像、电动天窗、4扬声器系统、7寸中控台液晶显示屏、无机芯视频播放、蓝牙系统、发动机罩下隔热板、侧窗镀铬装饰条、真皮包裹多功能转向盘、豪华室内前厢灯(带天窗开关)、针织布顶盖面料、驾驶员遮阳板无灯带化妆镜、皮质座椅、驾驶座椅6向调节、后座左右可调头枕(3个)、后排中央扶手&杯架、后排座椅取物通道、后排座椅比例放倒

旗舰型：尊享型+前排侧安全气囊、前/后排头部安全气囊(气帘)、可调式限力预紧安全带、副驾安全带未系报警、360度全景摄像头、胎压监测系统、一键起动及无钥匙进入、自动空调、6扬声器系统、SD卡插口、GPS导航系统、前照灯自动点亮、后视镜电动调节(带电加热)

车身颜色：陨石黑、珍珠白、俊雅红、皓月灰

内饰颜色：黑色、浅色

2.0L MT

豪华型：双安全气囊、ABS+EBD、ESP电子车身稳定系统、BA制动辅助系统、主驾驶安全带未系报警、自动落锁及碰撞自动解锁、发动机电子防盗系统、儿童安全门锁、制动优先系统、ISO FIX儿童座椅固定装置、车门防撞杆、可溃缩转向管柱、倒车雷达、电动转向系统、遥控折叠钥匙、冷暖空调、空调进气过滤、2扬声器系统、投射式前照灯、电动高度可调前照灯、前照灯未关提醒、LED日间行车灯、LED后组合灯、前雾灯、全车车门框贴黑膜、侧裙边、不锈钢迎宾踏板、铝合金轮毂、高位制动灯、后视镜电动调节、内后视镜防炫目、中央通道盒带滑动式扶手、后窗加热、普通室内前厢灯、指针数显组合仪表、无纺布顶盖面料、高级织布座椅、驾驶座椅4向调节、前座可调头枕、后座可调头枕(2个)、整体式后排座椅、真皮包裹转向盘、转向盘上下调节

尊享型：豪华型+倒车影像、电动天窗、4扬声器系统、7英寸中控台液晶显示屏、无机芯视频播放、蓝牙系统、发动机罩下隔热板、侧窗镀铬装饰条、真皮包裹多功能转向盘、豪华室内前厢灯(带天窗开关)、针织布顶盖面料、驾驶员座遮阳板无灯带化妆镜、皮质座椅、驾驶座椅6向调节、后座左右可调头枕(3个)、后排中央扶手&杯架、后排座椅取物通道、后排座椅比例放倒

车身颜色：陨石黑、珍珠白、俊雅红、皓月灰

内饰颜色：黑色、浅色

主要车型参数及价格

	车 型	1.5L MT		1.6L CVT			2.0L MT	
		豪华型	尊享型	豪华型	尊享型	旗舰型	豪华型	尊享型
基本参数	长×宽×高(mm)	4630×1790×1526		4630×1790×1526			4630×1790×1526	
	轴距(mm)	2700		2700			2700	
	前/后轮距(mm)	1540/1523		1540/1523			1540/1523	
	油箱/行李舱容积(L)	45/500		45/500			45/500	
	整备质量(kg)	1250		1290			1330	
	车身材料	钢板		钢板			钢板	
	车身类型/乘员人数	3厢4门/5		3厢4门/5			3厢4门/5	
发动机参数	发动机型号	三菱4A91S		三菱4A92			三菱4A92	
	排量(mL)	1499		1590			1997	
	额定功率[kW/(r/min)]	88/6000		90/6000			108/6000	
	最大转矩[N·m/(r/min)]	143/4000		151/4000			200/4000	
	排放标准/建议用油	国V/92#及以上汽油		国V/92#及以上汽油			国V/92#及以上汽油	
底盘参数	变速器类型	5挡手动		CVT无级变速器			5挡手动	
	驱动类型	前驱		前驱			前驱	
	悬架系统	前麦弗逊式独立悬架+横向稳定杆/后拖曳臂式悬架		前麦弗逊式独立悬架+横向稳定杆/后拖曳臂式悬架			前麦弗逊式独立悬架+横向稳定杆/后拖曳臂式悬架	
	制动系统	前后盘式制动器		前后盘式制动器			前后盘式制动器	
	轮胎规格	195/65 R15	205/55 R16	205/55 R16			205/55 R16	
性能	最高车速(km/h)	165		165			180	
	90km/h等速油耗(L/100km)	5.3		5.6			6.4	
工信部综合工况油耗(L/100km)		6.5		6.5			7.7	
最新改款时间		2016年1月		2016年1月			2016年1月(新上市)	
厂家建议价格(万元)		6.99	7.49	7.99	8.79	10.29	7.99	8.49

注：厂家建议价格以2016年3～8月为准

一汽海马汽车有限公司 Faw Haima Automobile Co.,Ltd.

海马M8　福美来轿车　丘比特

海马汽车

海马M8 HAIMA

主要配置

时尚版：前排双安全气囊(副驾驶席隐藏式)、副驾驶席安全气囊锁止功能、ABS制动防抱死系统、EBD电子制动力分配系统、BOS制动优先系统、弯道辅助照明灯、驾驶席膝部保护垫、后倒车雷达(4探头)、ISO FIX后排儿童座椅固定装置、前排预紧式安全带(高度可调)、后排三个三点式安全带、前排安全带未系提醒(声音+可视)、可调式超速声音报警系统、发动机芯片防盗系统、4门侧面防撞钢梁、速度感应自动落锁/碰撞后自动解锁、后门儿童安全锁、碰撞后燃油自动切断功能(带燃油箱防翻转阀)、可溃缩式吸能转向柱、一键起动+无钥匙进入系统、智能遥控钥匙、遥控中控门锁、遥控锁车4门玻璃自动回位、智能行车电脑、舒适电动空调(带灰尘和花粉过滤器)、4门玻璃带防夹功能、单碟CD机、AM/FM收音机/MP3功能、AUX接口/USB接口(1个)、7英寸中控台液晶屏、环绕式高级音响系统(4声道+6扬声器)、随速音量调节、音响倒挡静音、前照灯手动高度调节、前雾灯、LED高位制动灯、无骨刮水器、双曲率外后视镜带转向灯、外后视镜电动调节(带电热除霜功能)、自发光组合仪表、高级皮质座椅、驾驶席座椅手动6向调节、副驾驶座椅手动4向调节、多功能转向盘、手动防炫后视镜，AT时尚版增加EPS电子稳定控制系统、HBA紧急制动辅助系统、HHC坡道起步辅助系统、TCS牵引力控制系统、定速巡航系统

舒适型：时尚版+EPS电子稳定控制系统、HBA紧急制动辅助系统、HHC坡道起步辅助系统、TCS牵引力控制系统、定速巡航系统、倒车影像系统、一键式防夹电动天窗、独立双区自动空调(带灰尘和花粉过滤器)、蓝牙手机免提功能、AUX接口/USB接口(2个)、SD插口、7英寸彩色触摸式中控台液晶屏、GPS智能导航系统(带DVD影音播放功能)、前照灯延时关闭/伴我回家功能、雨量感应式刮水器、室内科技氛围灯、驾驶席座椅腰托、真皮包裹转向盘

豪华型：舒适型+前排座椅侧安全气囊、侧安全气帘、TPMS胎压监测报警系统、前泊车雷达(4探头)、空气质量检测系统(自动切换内循环)、AFS前照灯智能随动转向照明系统、氙气前照灯(带清洗功能)、前照灯自动高度调节、LED日间行车灯、外后视镜电动折叠、前风窗玻璃防雾功能、后风窗/后门窗隐私玻璃、前排座椅防鞭打装置、驾驶席座椅电动8向调节(带座椅记忆功能)、副驾驶座椅电动4向调节、自动防炫内后视镜

车身颜色：时尚黑、极地白、星月银、咖啡金

内饰颜色：黑色/米色、黑色/棕色

主要车型参数及价格

	车　型	2.0L MT	2.0L AT	1.8T AT	
		时尚型	时尚型	舒适型	豪华型
基本参数	长×宽×高(mm)	4845×1830×1475			
	轴距(mm)	2800			
	前/后轮距(mm)	1572/1572			
	最小离地间隙(mm)	147(空载)、122(满载)		135(空载)、115(满载)	
	邮箱/行李舱容积(L)	61/498			
	整备质量(kg)	1480	1525	1550	
	车身材料	钢板			
	车身类型/乘员人数	3厢4门/5			
发动机参数	发动机型号/类型	HM484Q-E/直列4缸 16气门 双顶置凸轮轴 进排气双VVT 可变长度进气歧管 静音链驱动 低摩擦挺杆 电控多点顺序喷射发动机		HM484Q-T/直列4缸 16气门 双顶置凸轮轴 进气双VVT 废气涡轮增压 静音链驱动 低摩擦挺杆 电控多点顺序喷射发动机	
	排量(mL)	1995		1795	
	额定功率[kW/(r/min)]	115/6000		138/5500	
	最大转矩[N·m/(r/min)]	187/4000		230/1800～4500	
	排放标准	国Ⅴ	国Ⅳ、国Ⅴ	国Ⅴ	
底盘参数	变速器类型	6挡手动	手自一体6挡自动变速器		
	驱动类型	前驱			
	悬架系统	前双臂式独立悬架/后复合多连杆式独立悬架			
	制动系统	前通风盘式/后盘式制动器			
	轮胎规格	205/60 R16			215/50 R17
性能	最高车速(km/h)	190			
工信部综合工况油耗(L/100km)		7.6	8.0	8.2	8.2
上市时间		2014年12月16日			
厂家建议价格(万元)		10.68	11.68	12.98	14.98

注：厂家建议价格以2016年3～8月为准

福美来轿车 FAMILY

年度新上市车型

2016年9月26日，一汽海马福美来轿车正式上市，此次推出的四款新车均搭载一台1.6L自然吸气发动机，两个手动和两个自动挡版本，售价区间为7.68万~9.28万元。

外观方面，新款福美来采用了三横幅式进气格栅，镀铬条与前照灯下沿相连，视觉效果比较大气。车尾方面，全新设计的黑色保险杠与车身形成双色搭配，十分时尚。

主要配置

舒适型：前排双安全气囊(副驾驶席隐藏式)、ABS制动防抱死系统、EBD电子制动力分配系统、BOS制动优先系统、遥控钥匙、音响倒挡静音、ISO FIX后排儿童座椅固定装置、前排预紧式安全带(高度可调)、前排安全带未系提醒、后排三个三点式安全带、安全提醒系统(驻车制动未解/车门未关/前照灯未熄)、可调式超速声音报警系统、ECU防盗系统、4门侧面防撞钢梁/行人保护防撞钢梁、速度感应自动落锁/碰撞后自动解锁、后门儿童安全锁、全天候电动空调系统、智能行车电脑、GSI高效节油换挡提醒、遥控中控门锁/行李舱锁、防炫目内后视镜、AM/FM收音机/MP3功能、AUX接口/USB接口、环绕式音响系统(4声道+4扬声器)、鲲鹏式亚光银进气格栅、骏眸式透镜前照灯(带高度调节功能)、高穿透力前雾灯、LED高位制动灯、涡旋式动感双色轮毂、间歇式无骨刮水器、外皮后视镜电动调节(带转向灯)、时尚织物座椅、驾驶席座椅6向调节、副驾驶座椅手动4向调节、行李舱照明灯

豪华型：舒适型+倒车雷达、蓝牙手机免提功能、12英寸智能互动触控液晶屏、智能便捷手动互联、一键式防夹电动天窗、高级织物/皮质双拼座椅、真皮包裹多功能转向盘

车身颜色：时尚黑、极地白、优雅金、凯茵紫

内饰颜色：黑色/米色、黑色

主要车型参数及价格

车型		1.6L手动		1.6L自动	
		舒适型	豪华型	舒适型	豪华型
基本参数	长×宽×高(mm)	4698×1806×1477			
	轴距(mm)	2685			
	前/后轮距(mm)	1545/1545			
	油箱/行李舱容积(L)	50/415			
	整备质量(kg)	1325		1350	
	车身材料	钢板			
	车身类型/乘员人数	3厢4门/5			
发动机参数	发动机类型	直列4缸 16气门 双顶置凸轮轴iVVT 可变进气歧管 多点喷射发动机			
	排量(mL)	1591			
	额定功率[kW/(r/min)]	92/6000			
	最大转矩[N·m/(r/min)]	161/4000			
	排放标准/建议用油	国V/92#汽油			
底盘参数	变速器类型	6挡手动		6挡手自一体	
	驱动类型	前置前驱			
	悬架系统	前麦弗逊式独立悬架/后E型多连杆独立悬架			
	制动系统	前通风盘式/后盘式制动器			
	轮胎规格	205/55 R16			
性能	最高车速(km/h)	165			
工信部综合工况油耗(L/100km)		6.2		6.9	
上市时间		2016年9月26日			
厂家建议价格(万元)		7.68	8.28	8.78	9.28

注：厂家建议价格以2016年3~8月为准

丘比特 HAIMA

主要配置

青葱型：驾驶席安全气囊、3H结构高刚性车身、ABS制动防抱死系统、EBD电子制动力分配系统、4门防撞钢梁、吸能式转向盘、安全带未系警告灯/警示音、后门儿童安全门锁、中控门锁、手动冷暖空调、4门电动升降器、AM/FM收音机、USB2.0接口、2扬声器、高品质行李架、尾翼、运动外套件、前照灯高度调节、间歇式前刮水器、LED高位制动灯、电动后视镜(车身一体色)、顶盖前置式天线、高品质时尚动感轮辋罩、手动防炫内后视镜、驾驶席座椅手动4向调节、黄绿色背景光组合仪表

清新型：青葱型+7英寸中控彩色大屏+智能互联系统、前雾灯、后刮水器带喷水装置

清悦型：清新型+副驾驶席安全气囊、BAS制动辅助系统、前排预紧式安全带、ECU发动机防盗系统、一体化盒式钥匙、遥控门锁、6扬声器、电加热除霜、铝合金轮辋、驾驶席座椅手动6向调节、仪表盘背景光自动开启、转向盘集成控制

车身颜色：魅惑橙、魔法绿、迷情白

内饰颜色：深灰色

主要车型参数及价格

	车 型	GL1.3 Csport 青葱型	GLX1.3 Csport 清新型	DX1.5 Csport 清悦型
基本参数	长×宽×高(mm)	3918×1725×1518		
	轴距(mm)	2500		
	前/后轮距(mm)	1460/1445		
	最小离地间隙(mm)	170		
	油箱/行李舱容积(L)	45/242-892		
	整备质量(kg)	1095		
	车身材料	钢板		
	车身类型/乘员人数	2厢5门/5		
发动机参数	发动机型号	HA-1.3		HA-VVT-1.5
	发动机类型	直列4缸 16气门 双顶置凸轮轴 VVT可变气门正时系统 多点喷射发动机		
	排量(mL)	1299		1497
	额定功率[kW/(r/min)]	71.2/6000		82/6000
	最大转矩[N·m/(r/min)]	121/4000		140/4000
	排放标准/建议用油	国Ⅳ/93#汽油		
底盘参数	变速器型号	HM515		GETRAG 452A
	变速器类型	5挡手动		6ASG
	驱动类型	前驱		
	悬架系统	前麦弗逊式独立悬架/后扭力梁式非独立悬架		
	制动系统	前通风盘式/后鼓式制动器		
	轮胎规格	175/65 R14		185/55 R15
性能	最高车速(km/h)	165		
工信部综合工况油耗(L/100km)		5.9		6.1
上市时间		2015年4月11日		
厂家建议价格(万元)		4.99	5.59	6.39

注：厂家建议价格以2016年3~8月为准

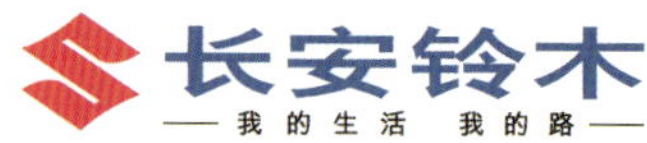

重庆长安铃木汽车有限公司 Chongqing Chang'an Suzuki Automobile Co.,Ltd.

启悦　天语SX4　雨燕　新奥拓

启悦

主要配置

舒享型： 前排双安全气囊、ABS+EBD+HBA、TECT高强度安全车身、侧门高刚性防侧撞钢梁、可溃缩式驾驶席腿部保护系统、随机滚码智能防盗安全系统、爆燃预警限力式前座安全带、主/副驾驶席安全带未系警示系统、后座全三点式安全带、ISOFIX儿童安全座椅接口、儿童安全门锁、多功能智能遥控钥匙(含车门两段开启、后行李舱单独开启功能)、电动中央门锁、高效手动空调、空气花粉过滤器、4扬声器、CD+MP3+AUX-IN+USB、立体镀铬前格栅、鹰眼透镜前照灯、前照灯水平调节、电动可调式多功能飞梭外后视镜(带转向灯)、前后排电动窗(驾驶席带自动升降)、可变间歇式前刮水器、后风窗电热除霜器、车身信息集成液晶显示矩阵、优雅格调浅色内饰、优雅镀铬内饰套件、典雅风格织物座椅、驾驶席座椅6向调节、6:4分体可折叠式后排座椅

乐享型： 舒享型+前排侧安全气囊、贯穿式前后侧安全气帘、TCS牵引力控制系统、第九代BOSCH ESP车身动态稳定系统、倒车雷达、智能无钥匙进入系统、一键式起动系统、6扬声器、双开式防夹电动天窗、前雾灯镀铬装饰、车窗镀铬装饰条、后回复反射器镀铬装饰、防紫外线后窗遮阳帘、转向盘音响控制按钮、优雅风格皮质座椅、真皮包裹转向盘、人体工程学多功能转向盘

尊享型： 乐享型+定速巡航系统(带转向盘快拨键)、高效自动恒温空调、独立后排空调出风口、GPS智能导航系统、车载蓝牙免提系统(带转向盘快拨键)、大尺寸全触控数字液晶显示屏、DVD+MP3+AUX-IN+USB、外后视镜电动收折、外后视镜电加热

车身颜色： 珠光白、丹霞红、晶岩灰、曙光棕、铂金灰、星辰银

主要车型参数及价格

车型		舒享型		乐享型		尊享型
		MT	AT	MT	AT	AT
基本参数	长×宽×高(mm)	4545×1730×1475				
	轴距(mm)	2650				
	前/后轮距(mm)	1495/1505		1490/1500		
	最小离地间隙(mm)	160				
	油箱容积(L)	43				
	整备质量(kg)	1065	1120	1095	1120	1120
	车身材料	钢板				
	车身类型/乘员人数	3厢4门/5				
发动机参数	发动机类型	G-INNOTEC全铝VVT高效能发动机				
	排量(mL)	1586				
	额定功率[kW/(r/min)]	90/6000				
	最大转矩[N·m/(r/min)]	158/4400				
	排放标准/建议用油	国V/93#无铅汽油(京92#)				
底盘参数	变速器类型	5挡手动	6挡自动	5挡手动	6挡自动	
	驱动类型	前驱				
	悬架系统	前麦弗逊式独立悬架/后纵臂扭力梁式半独立悬架				
	制动系统	前后盘式制动器				
	轮胎规格	185/65 R15		205/50 R16		
性能	0~100km/h加速时间(s)	10.7	11.9	10.7	11.9	
工信部综合工况油耗(L/100km)		5.3	5.6	5.3	5.6	
厂家建议价格(万元)		8.79	9.99	9.89	11.09	12.19

注：厂家建议价格以2016年3～8月为准

铃木天语SX4经典款正式上市，新车将推出一种排量共计2款车型，售价区间为7.98万～8.98万元。动力方面，新车将搭载一台1.6L自然吸气发动机，最大功率80kW，峰值转矩144N·m。传动方面，与发动机匹配将是5挡手动和4挡自动变速器。

天语SX4

年度**新上市**车型

主要配置

经典款： TECT高强度安全车身、前排双SRS安全气囊、ABS防抱死制动系统、EBD电子制动力分配系统、四门高刚性防侧撞钢梁、可溃缩式吸能转向管柱、前座爆燃预警限力式安全带、后排式安全带、驾驶席安全带未系警示灯、后门儿童安全门锁、ISOFIX儿童安全座椅固定装置、发动机电子芯片防盗系统、转向盘锁止机构、倒车雷达、车速感应式EPS电动助力转向系统、CAN-BUS控制总线系统、电控供油系统、行车电脑、智能无钥匙进入/起动、遥控钥匙、电动中控门锁、四门电动窗、手动空调、燃油不足警示灯、电磁式行李舱盖/背门开启装置、单碟CD播放机、AUX IN音频文件播放功能、SD读卡功能、高音扬声器、前照灯/车门未关报警装置、高亮度前雾灯、高穿透力后雾灯、高位制动灯、LED组合尾灯、发动机下护板、底盘PVC保护涂层、绿色隔热玻璃、车身同色外后视镜带转向灯、车身同色后扰流板、黑色行李架、电动调节后视镜、多级式前风窗刮水器、后风窗刮水器、后风窗电热除霜器、自发光式组合仪表、组合仪表照明亮度调节、运动格调织物座椅、皮质包裹多功能转向盘、驾驶席座椅6向调节、转向盘高度调节

锐骑款： 经典款+外层开启模式电动天窗、DVD+GPS、转向盘音响控制系统、鹰眼式透镜前照灯、多条幅锋尚镀铬前格栅、银色后保险杠装饰板、前后保险杠银色装饰件、侧门防护板、镶拼风格高挡皮质座椅

主要车型参数及价格

	车型	1.6L 经典款		1.6L 锐骑款	
		MT	AT	MT	AT
基本参数	长×宽×高(mm)	4110×1755×1605	4135×1755×1605		
	轴距(mm)	2500			
	前/后轮距(mm)	1500/1495			
	油箱/行李舱容积(L)	50/225-1006			
	整备质量(kg)	1215	1225	1215	1225
	车身材料	钢板			
	乘员人数	5			
发动机参数	发动机型号	M16A			
	发动机类型	直列4缸 16气门 全铝合金发动机缸体 多点电喷 DOHC双顶置凸轮轴 VVT连续可变气门正时 电控供油			
	排量(mL)	1586			
	额定功率[kW/(r/min)]	80/5500			
	最大转矩[N·m/(r/min)]	144/3500～4500			
	排放标准/建议用油	国V/93#无铅汽油(京92#)			
底盘参数	变速器类型	5挡手动	4挡自动	5挡手动	4挡自动
	驱动类型	前驱			
	悬架系统	前麦弗逊式独立悬架/后纵臂扭力梁式半独立悬架			
	制动系统	前通风盘式/后盘式制动器			
	轮胎规格	205/60 R16			
性能	最高车速(km/h)	180	175	180	175
	0～100km/h加速时间(s)	11.7	13.5	11.7	13.5
工信部综合工况油耗(L/100km)		6.9	6.6	6.9	6.6
上市时间		2016年7月19日		2011年12月	
厂家建议价格(万元)		7.98	8.98	8.98	9.98

注：厂家建议价格以2016年3～8月为准

雨燕 SWIFT

主要配置

标准型：TECT高强度安全车身、前排双SRS安全气囊、ABS+EBD、四门高刚性防侧撞钢梁、可溃缩式吸能转向管柱、前排预紧限力三点式ELR安全带、后排全三点式ELR安全带(中间两点式)、驾驶席安全带未系警示灯、后门儿童安全门锁、ISOFIX儿童安全座椅接口、转向盘锁止机构、电动中央门锁、车速感应式EPS电动助力转向系统、前/后电动车窗、电磁式背门开启装置、前照灯车门未关报警装置、燃油不足警示灯、CAN-BUS控制总线系统、行车电脑、空调、收音机、后雾灯、高位制动灯、晶钻炫亮前照灯、灵动组合式尾灯、车身同色车门外拉式把手、运动型前后保险杠、仪表照明灯光亮度调节、前门置物袋、防炫目车内后视镜、驾驶席座椅4向调节

时尚型：标准型+IMMOBILIZER发动机电子芯片防盗系统、前雾灯、运动组合尾灯、空气动力学侧围裙边、运动后流板、内藏转向灯后视镜、后风窗刮水器、后风窗电热除霜

主要车型参数及价格

车 型		1.3L	1.5L	
		标准型	时尚型	
		MT	MT	AT
基本参数	长×宽×高(mm)	3765×1690×1510		
	轴距(mm)	2390		
	前/后轮距(mm)	1470/1480		
	最小离地间隙(mm)	150		
	油箱/行李舱容积(L)	45/213-562		
	整备质量(kg)	1040	1050	1075
	车身材料	钢板		
	乘员人数	5		
发动机参数	发动机型号/类型	G13B/直列4缸 16气门 多点电子燃油喷射 全铝合金发动机缸体	M15A/直列4缸 16气门 全铝合金发动机缸体 多点电喷 DOHC双顶置凸轮轴 VVT连续可变气门正时	
	排量(mL)	1298	1490	
	额定功率[kW/(r/min)]	67/6000	76/6000	
	最大转矩[N·m/(r/min)]	115/2500~3500	138/4000	
	排放标准/建议用油	京V/93#(京92#)无铅汽油		
底盘参数	变速器类型	5挡手动		4挡自动
	驱动类型	前驱		
	悬架系统	前麦弗逊式独立悬架/后纵臂扭力梁式半独立悬架		
	制动系统	前通风盘式/后鼓式制动器		
	轮胎规格	165/70 R14		185/60 R15
性能	最高车速(km/h)	165	175	173
工信部综合工况油耗(L/100km)		6.5	6.1	6.5
上市时间		2013年3月		
厂家建议价格(万元)		5.98	7.08	7.98

注：厂家建议价格以2016年3~8月为准

新奥拓 ALTO

主要配置

实用型：TECT高强度安全车身、驾驶席SRS安全气囊、ABS防抱死制动系统、EBD电子制动力分配系统、4门高刚性防侧撞钢梁、驾驶席限力式/副驾驶席普通式安全带、后座三点式安全带、ISO-FIX儿童座椅固定装置、后车门儿童安全锁、发动机电子芯片防盗系统、驾驶席安全带未系声光警示功能、环保高效空调、2高保真扬声器、高位制动灯、个性炫酷前照灯、精致钢轮辋、多级式前风窗刮水器、前照灯忘关蜂鸣器、燃油不足警示灯、钥匙忘拔蜂鸣器、风尚织物座椅、可折叠式后座椅、仪表照明亮度调节

舒适型：实用型+副驾驶席SRS安全气囊、前座预紧式安全带、前门电动车窗、电动中央门锁、收音机+音频输入接口、运动格调织物座椅、流线型内门扶手

豪华型：舒适型+遥控钥匙、单碟CD+音频输入接口、4高保真扬声器、运动风格前雾灯、车身同色车门外开手柄、车身同色外后视镜、动感铝合金轮辋、电动调节外后视镜、后风窗刮水器、后风窗电热除霜器、运动风格独立转速表

豪华型(影音版)：豪华型+SD卡+AUX-IN+影音文件播放、倒车雷达

炫酷型：豪华型(影音版)+GPS智能导航系统、动感后扰流板、侧门防擦条、炫彩装饰套件

车身颜色：皓月白、海沙蓝、星韵黄、沙石金、玫瑰红

主要车型参数及价格

	车型	实用型	舒适型	豪华型		豪华型(影音版)		炫酷型	
		MT	MT	MT	AT	MT	AT	MT	AT
基本参数	长×宽×高(mm)	3570×1600×1470							
	轴距(mm)	2360							
	前/后轮距(mm)	1405/1400							
	最小离地间隙(mm)	150							
	油箱/行李舱容积(L)	35/129-367							
	整备质量(kg)	890			915	890	915	890	915
	车身材料	钢板							
	乘员人数	5							
发动机参数	发动机型号	K10B1							
	发动机类型	直列3缸 12气门 DOHC双顶置凸轮轴 全铝合金发动机缸体							
	排量(mL)	996							
	额定功率[kW/(r/min)]	52/6200							
	最大转矩[N·m/(r/min)]	92/2500~3500							
	排放标准/建议用油	国Ⅳ、京V/93#(京92#)无铅汽油							
底盘参数	变速器类型	5挡手动			4挡自动	5挡手动	4挡自动	5挡手动	4挡自动
	驱动类型	前驱							
	悬架系统	前麦弗逊独立悬架/后拖曳臂式带横向拉力杆半独立悬架							
	制动系统	前通风盘式/后鼓式制动器							
	轮胎规格	155/65 R14							
性能	最高车速(km/h)	160			150	160	150	160	150
	40km/h等速油耗(L/100km)	3.6			3.9	3.6	3.9	3.6	3.9
工信部综合工况油耗(L/100km)		5.2			5.7	5.2	5.7	5.2	5.7
改款时间		2012年8月							
厂家建议价格(万元)		4.09	4.59	5.09	5.99	5.23	6.13	5.53	6.43

注：厂家建议价格以2016年3～8月为准

重庆长安汽车股份有限公司 Chongqing Chang'an Automobile Co.,Ltd.

长安汽车 CHANGAN

睿骋　新逸动XT　新逸动　悦翔V7

睿骋 RAETON

年度**新上市**车型

2016年6月8日，睿骋智享版正式上市，这不仅是长安汽车智能化技术的落地，更是用心回馈广大消费者的诚意表现。

睿骋智享版的最大亮点在于智能配置的全面提升。强大的智能系统让用户真正实现了人、车、机三位一体的车生活，从此也多了一位亲密伙伴！

安全配置上，睿骋智享版新增了ACC、PAB、LDW等功能。一系列自动驾驶技术，将会助力长安汽车实现“零事故”的安全愿景。

除此以外，睿骋智享版还在动力、静音、油耗等方面有进一步优化改善。

主要配置

2.0L MT尊尚型：HEEAB高强度钢吸能构架式车身、ABS+EBD+BA、后倒车雷达、发动机电子防盗系统、遥控中控门锁带报警功能寻车功能、EPB电子驻车系统、怠速起停、电动空调、自动感应式前照灯

1.8T AT尊悦型：ABS+EBD+EBA、ESP电子稳定控制系统、TCS牵引力控制系统、HBB液压制动辅助功能、HA坡道辅助系统、ECD电子控制减速功能、循轨式智能辅助可视泊车系统、Auto-Hold自动驻车系统、EPS电子助力转向系统、语音控制、在线导航、Wi-Fi通道、多媒体音频视频、百度Carlife、8英寸高清触摸显示屏、GPS电子语音导航系统、日间行车灯、高质感皮座椅

1.8T AT尊驰型：1.8T AT尊悦型+前排侧安全气囊及侧窗帘式安全气囊、无钥匙进入系统、一键起动系统、外后视镜自动折叠、驾驶席座椅电动8向调节

1.8T AT尊雅型：1.8T AT尊驰型+TPMS胎压监测系统、前泊车雷达、ACC全速自适应巡航系统、PAB预警辅助制动系统、远程车门解闭锁、远程控制空调、远程寻车、远程车况查询诊断、紧急救援服务、防盗追踪监控服务、道路救援服务、前碰撞预警、四门车窗一键升降(防夹)、HID氙气前照灯+自动清洗、转向辅助照明系统、副驾驶席座椅电动4向调节、前排座椅加热

1.8T AT尊领型：1.8T AT尊雅型+360°全景影像系统、LDW车道偏离预警、盲区监测系统、高级打孔真皮座椅、前排座椅通风、前排座椅按摩、副驾座椅礼让功能、后排座椅加热、后排座椅按摩、后排多功能集控中央扶手

车身颜色：闪光月光白、闪光水晶银灰、闪光泰晤士灰、闪光尊贵黑

主要车型参数及价格

车型		2.0 MT	1.8T AT			
		尊尚型	尊悦型	尊驰型	尊雅型	尊领型
基本参数	长×宽×高(mm)	4900×1860×1500				
	轴距(mm)	2810				
	前/后轮距(mm)	1580/1565				
	油箱/行李舱容积(L)	65/505				
	整备质量(kg)	1545	1595			
	车身材料	钢板				
	车身类型/乘员人数	3厢4门/5				
发动机参数	发动机类型	BlueCore 2.0L VVT发动机	BlueCore 1.8T 涡轮增压发动机			
	排量(mL)	1998	1798			
	额定功率[kW/(r/min)]	116/6000	130/5500			
	最大转矩[N·m/(r/min)]	200/4000～4500	230/1700～5000			
	排放标准	国Ⅴ				
底盘参数	变速器类型	6挡手动变速器	爱信第二代高效6挡手自一体变速器			
	悬架系统	前麦弗逊式独立悬架/后支柱式多连杆独立悬架				
	制动系统	前通风盘式/后实心盘式制动器				
	轮胎规格	215/60 R16			215/55 R17	
性能	最高车速(km/h)	205	210			
工信部综合工况油耗(L/100km)		8.6	8.9			
上市时间		2016年6月8日				
厂家建议价格(万元)		10.88	12.88	14.88	16.58	20.18

注：厂家建议价格以2016年3～8月为准

新逸动XT是长安汽车2013年为国内年轻时尚人群量身打造的一款高品质运动型两厢车，以“敢露锋芒”的产品理念，锋锐的造型和越级的产品力，开创中国品牌两厢车全新市场格局，也为其赢得了行业公认的“中国最美两厢车”称号。

新逸动XT除了进一步优化时尚锋锐的外观造型之外，更通过在底盘、动力、NVH三大核心及内饰造型等各方面共计170项产品力的升级，实现了180度产品提升，阐释了机械技术之美带给人的优异驾乘体验。

新逸动XT底盘优化从60种方案中精选出舒适与操控的黄金分割点，使底盘性能达到合资同级车中上水平。

新逸动XT搭载全面升级的Blue Core 1.6L及1.6L GDI缸内直喷全新全铝合金发动机，完美诠释“劲”、“净”、“静”三大特点。

深海级NVH静谧系统，针对不同路况，使用了多项减振降噪技术和多项静音新材料，提升全路况静音水平。

主要配置

俊酷型：前排双安全气囊、前排双侧安全气囊、ESC车身电子稳定系统(含ABS+EBD+TCS+ESP+HBA+HHC)、电子油门踏板、后门儿童安全锁、前排限力式安全带、前排三点式安全带上固定点可调节、驾驶席安全带未系提醒系统、后排防压迫三点式安全带、倒车雷达、可视智能泊车系统(带划线辅助功能)、燃油不足示警灯、前照灯未关蜂鸣器提醒、儿童安全座椅固定装置(ISO FIX和LATCH)、ESS紧急制动危险报警闪光警示后车功能、发动机电子防盗系统、遥控中控门锁带报警功能/寻车功能、车门未关警示灯及蜂鸣器提醒、坡道起步辅助系统、折叠/非折叠遥控钥匙(各1把)、后背门触点/遥控解锁、一键式双模防夹电动天窗、4门电动车窗、机械式转向锁、吸能式转向柱、机械液压助力转向系统、遥控五车门锁开关、可视化智能空调系(带ECON节能模式)、隐藏式后排出风口、全新in Call智能车载互联系统(动态导航、百度CarLife手机智能联网系统、Wi-Fi连接通道、车载蓝牙、7英寸高清显示屏、内置硬盘存储功能、收音机带USB接口)、6扬声器、行车电脑(含油耗显示、里程显示)、时尚炫动尾翼、高亮度车窗装饰条、灵动犀利鲨鱼鳍天线、运动风范进气格栅、晶璨光纤前照灯、羽翎式雾灯、日间行车灯、前照灯带远光辅助+“伴你回家”功能、前照灯高度调节、后窗除雾系统、电动调节外后视镜(电加热)、防炫目内后视镜、V型真皮包裹转向盘多功能音响控制、转向盘上下可调、高雅耐磨不锈钢休息踏板、软质仪表板、仪表盘背景光自发光、皮质面料前排中央扶手、双色时尚包裹型皮座椅、典雅高级针织顶棚内衬、中控台内嵌式时间显示屏、驾驶席座椅6向调节+头枕高度调节、副驾驶席座椅4向调节+头枕高度调节、后排座椅头枕高度可调节、车窗调节按钮灯(背景光灯)

致酷型：俊酷型+EPS电子助力转向系统、STT智能节油系统、立体动感运动尾翼，1.6L AT增加前后排一体式双侧安全气帘、副驾驶席安全带未系提醒系统、机械液压助力转向系统、电子式转向锁、无钥匙进入系统、一键式起动系统、智能钥匙(2把)

锐酷型：致酷型+前后排一体式双侧安全气帘、副驾驶席安全带未系提醒系统、电子式方向锁、智能钥匙(2把)、无钥匙进入系统、一键式起动系统

车身颜色：雪域白、炫目红、闪光珠光黑、闪光星河银灰、闪光深海蓝

主要车型参数及价格

车型		1.6L MT	1.6L GDI MT		1.6L AT	
		俊酷型	致酷型	锐酷型	俊酷型	致酷型
基本参数	长×宽×高(mm)	4425×1815×1485				
	轴距(mm)	2660				
	前/后轮距(mm)	1550/1569				
	油箱/行李舱容积(L)	52/390-1400				
	整备质量(kg)	1325	1330		1330	
	车身材料	钢板				
	车身类型/乘员人数	2厢5门/5				
发动机参数	发动机类型	Blue Core 1.6L DOHC DVVT	Blue Core 1.6L GDI DVVT		Blue Core 1.6L DOHC DVVT	
	排量(mL)	1598				
	额定功率[kW/(r/min)]	92/6000	94/5700~6200		92/6000	
	最大转矩[N·m/(r/min)]	160/4000~5000	168/4000~5000		160/4000~5000	
	排放标准	国V				
底盘参数	变速器类型	高效5挡手动变速器			Ss-II手自一体4挡变速器	
	悬架系统	前麦弗逊式独立悬架/后拖曳臂式非独立悬架				
	制动系统	前通风盘式/后盘式制动器				
	轮胎规格	205/55 R16				
工信部综合工况油耗(L/100km)		6.6	6.3		7.2	
上市时间		2016年7月25日				
厂家建议价格(万元)		8.29	8.89	9.29	9.29	9.79

注：厂家建议价格以2016年3~8月为准

长安汽车 CHANGAN

新逸动 EADO

年度**新上市**车型

新逸动除在受各界好评的外观造型上做了格调精进之外，更通过在底盘、动力、NVH三大核心及内饰造型等各方面共计52项国家专利、180项产品的升级，实现了180度产品提升，阐释了机械技术之美带给人的优异驾乘体验。

新逸动底盘优化从60种方案中精选出舒适与操控的黄金分割点，使底盘性能达到合资同级车中上水平。

新逸动搭载全面升级的Blue Core 1.6L及1.6L GDI缸内直喷全新全铝合金发动机，完美诠释"劲"、"净"、"静"三大特点。

深海级NVH静谧系统，针对不同路况，使用了多项减振降噪技术和多项静音新材料，提升全路况静音水平。

主要配置

风尚型： 前排双安全气囊、前排限力式安全带、后门儿童安全锁、ESC车身电子稳定系统(含ABS+EBD+TCS+ESP+HBA+HHC)、ESS紧急制动危险报警闪光警示后车功能、前排三点式安全带上固定点可调节、驾驶席安全带未系提醒系统、后排防压迫三点式安全带、电控加速踏板、倒车雷达、可视智能泊车系统(带划线辅助功能)、燃油不足警示灯、儿童安全座椅固定装置(ISO FIX和LATCH)、发动机电子防盗系统、坡道起步辅助系统、机械液压助力转向系统、遥控中控门锁带报警功能/寻车功能、遥控四车门锁开关、折叠/非折叠遥控钥匙(各1把)、车门未关警示灯及蜂鸣器提醒(4门及尾箱)、行李舱触点/遥控解锁、行李舱车内拉索解锁、一键式双模防夹电动天窗、4门电动车窗(驾驶席侧一键下降)、机械式转向锁、吸能式转向柱、可视化智能空调系统(带ECON节能模式)、隐藏式后排出风口、动态导航、百度CarLife手机智能联网系统、Wi-Fi连接通道、车载蓝牙、7英寸高清显示屏、内置硬盘存储功能、收音机带USB接口、6扬声器数字FM/AM带MP3音频输入、柳叶式晶钻前照灯、前照灯未关蜂鸣器提醒、前照灯带远光辅助+"伴你回家"功能、前照灯高度调节、展翼式镀铬上进气格栅、高尔夫球杆式前雾灯、日间行车灯、高亮度车窗装饰条、后窗除雾系统、车窗调节按钮灯(背景光灯)、电动调节外后视镜、外后视镜电加热除雾、防炫目内后视镜、V型真皮包裹转向盘多功能音响控制、高级打孔超纤皮质座椅、转向盘上下可调、驾驶席座椅6向调节+头枕高度调节、副驾驶席座椅4向调节+头枕高度调节、后排座椅头枕高度可调、高雅耐磨不锈钢休息踏板、软质仪表板、仪表盘背景光自发光、皮质面料前排中央扶手、行车电脑(含油耗显示、里程显示)、中控台内嵌式时间显示屏、12V电源插头(1个)

劲尚型： 风尚型+EPS电子助力转向系统、智能钥匙(2把)、无钥匙进入系统、一键式起动系统、电子式转向锁

劲锐型： 劲尚型+前排双侧安全气囊、前后排一体式双侧安全气帘、副驾驶席安全带未系提醒系统、STT智能节油系统

领尚型： 劲尚型+前排双侧安全气囊、前后排一体式双侧安全气帘、机械液压助力转向系统

车身颜色： 炫目红、闪光深海蓝、闪光冰晶白、闪光珠光黑、闪光星河银灰、闪光流沙金黄

主要车型参数及价格

车型		1.6L MT	1.6L GDI MT		1.6L AT	
		风尚型	劲尚型	劲锐型	风尚型	领尚型
基本参数	长×宽×高(mm)	4620×1820×1490				
	轴距(mm)	2660				
	前/后轮距(mm)	1550/1569				
	油箱/行李舱容积(L)	52/510				
	整备质量(kg)	1323	1325			
	车身材料	钢板				
	车身类型/乘员人数	3厢4门/5				
发动机参数	发动机类型	Blue Core 1.6L DOHC DVVT	Blue Core 1.6L GDI DVVT		Blue Core 1.6L DOHC DVVT	
	排量(mL)	1598				
	额定功率[kW/(r/min)]	92/6000	94/5700～6200		92/6000	
	最大转矩[N·m/(r/min)]	160/4000～5000	168/4000～5000		160/4000～5000	
	排放标准	国V				
底盘参数	变速器类型	高效5挡手动变速器			Ss-II手自一体4挡变速器	
	悬架系统	前麦弗逊式独立悬架/后拖曳臂式悬架				
	制动系统	前通风盘式/后盘式制动器				
	轮胎规格	205/55 R16				
工信部综合工况油耗(L/100km)		6.5	6.2	6.1	7.2	
上市时间		2016年7月25日				
厂家建议价格(万元)		8.09	8.69	9.19	8.99	9.59

注：厂家建议价格以2016年3～8月为准

长安悦翔V7自2014年上市以来，就受到各类汽车媒体和消费者的喜爱。目前，悦翔V7销量已突破11万辆，整个悦翔系列销量更是达到72万辆，一跃成为中国汽车品牌最受关注的车型之一。

2016年9月2日，长安悦翔V7 1.0T GDI成都车展上市，作为悦翔V7家族新成员，长安悦翔V7 1.0T GDI搭载了全新Blue Core 1.0T GDI发动机，是中国汽车品牌首款1.0T产品。

悦翔V7

年度**新上市**车型

主要配置

乐酷型：前排双安全气囊、主驾安全带未插报警、前排安全带高低可调、儿童安全座椅固定装置、四门防撞钢梁、行李舱遥控解锁、电子防盗、机械转向锁、机械液压式动力转向、遥控钥匙、电动空调、花粉过滤、4扬声器、收音机带音频解码播放、AUX接口、USB接口、前照灯忘关蜂鸣器、前照灯高度可调、前照灯关闭自动延时、寻车信号、电动外后视镜(手动收折)、全车绿色玻璃、前格栅镀铬、双色保险杠、外把手镶嵌金属亮条、天使蓝色光圈透镜前照灯、LED侧转向信号灯、防炫内后视镜、智能发光仪表、多功能转向盘

乐尚型：乐酷型+倒车雷达、日间行车灯、铝制轮毂

乐动型：乐尚型+ESP车身电子稳定系统、EBA、外后视镜加热、印刷天线、发动机装饰盖，AT乐动型增加HHC坡道起步辅助系统、发动机防盗系统、电子转向锁系统、智能钥匙、无钥匙起动、无钥匙进入

乐享型：乐动型+车载导航、车载高德导航、in Call智能车载互联系统[百度Carlife(手机互联、语音控制、语音导航)、生活服务、Wi-Fi通道、一键救援]、DVD显示屏、2高音扬声器、电动天窗、鲨鱼鳍天线、夹条亮条，AT乐享型增加HHC坡道起步辅助系统、发动机防盗系统、电子转向锁系统、智能钥匙、无钥匙起动、无钥匙进入

乐趣型：乐享型+前排侧安全气囊、侧安全气帘、前排预紧式安全带、后排限力式安全带、副驾安全带未插报警、EPS电子随速助力转向系统、SBR副驾驶座乘员监测系统、倒车影像、动感切割铝制轮毂、电动外后视镜(电动收折)、驾驶席座椅6向调节、后排中央扶手，AT乐趣型增加HHC坡道起步辅助系统、发动机防盗系统、电子转向锁系统、智能钥匙、无钥匙起动、无钥匙进入

劲驰精英型：乐尚型+ESP车身电子稳定系统、HHC坡道起步辅助系统、EBA、EPS电子随速助力转向系统、高效能空调、发动机装饰盖

劲驰精英型：劲驰精英型+电动天窗、印刷天线、外后视镜加热

主要车型参数及价格

车型		MT					AT			1.0T	
		乐酷型	乐尚型	乐动型	乐享型	乐趣型	乐动型	乐享型	乐趣型	劲驰精英型	劲驰新锐型
基本参数	长×宽×高(mm)	4530×1745×1498									
	轴距(mm)	2610									
	整备质量(kg)	1220					1240			1260	
	车身材料	钢板									
	乘员人数	5									
发动机参数	发动机型号	Bluecore 1.6L VVT DOHC 铝合金发动机								Bluecore 1.0TGDI DVVT 发动机	
	额定功率[kW/(r/min)]	91/6000								85/5400	
	最大转矩[N·m/(r/min)]	156/3500～4500								172/1500～4200	
	排放标准	国V								国V	
底盘参数	变速器类型	高效5挡手动变速器					爱信4挡手自一体变速器			6挡手动变速器	
	驱动类型	前驱									
	悬架系统	前L臂麦弗逊支柱式悬架/后拖曳臂式悬架									
	制动系统	前通风盘/后盘式制动器									
	轮胎规格	195/55 R15				195/50 R16	195/55 R15		195/50 R16	195/55 R15	
工信部综合工况油耗(L/100km)		6.5				6.2	6.9			5.7	
上市时间		2016年6月								2016年9月2日	
厂家建议价格(万元)		6.09	6.29	6.69	7.09	7.79	7.69	8.09	8.79	6.89	7.29

注：厂家建议价格以2016年3～8月为准

长安福特

长安福特汽车有限公司 Chang'an Ford Automobile Co.,Ltd.

福特金牛座 新蒙迪欧 福特-致胜 全新福克斯 经典福克斯 新嘉年华

福特金牛座

主要配置

时尚型：前座正面安全气囊、前座侧面安全气囊、侧安全气帘、驾驶员膝部安全气囊、ABS防抱死制动系统、EBD电子制动力分配系统、ESC车身电子稳定控制系统、TCS牵引力控制系统、EBA紧急制动辅助系统、TVC弯道转矩智能分配系统、HSA坡道起步辅助系统、前座高度可调预紧式安全带、智能倒车雷达/后倒车雷达、P.A.T.S电子防盗系统、前排安全带未系提醒、后门儿童安全电动门锁、激光焊接高强度吸能式车身、A/C/D柱一体成型加强梁、B柱防撞加强梁 、四门高刚性侧面防撞梁、ISO Fix儿童座椅接口、倒车影像系统、定速巡航控制系统、防盗报警器、中控锁/遥控中控锁、自动驻车、TPMS胎压监测系统、远程发动机起动系统、智能无钥匙进入系统、“Ford Power”智能无钥匙动力起动系统、电子驻车制动、车门未关提醒、电动四门车窗带防夹、行车自动落锁、MyFordKey我的智能钥匙、双区恒温空调、活性炭空气过滤器、空气质量传感器、后排空调出风口、室外温度显示、室外温度显示、四门一触式升降电动车窗、紧急救援呼叫服务(SYNC®连接服务)、SYNC®车载多媒体通信娱乐系统、卫星导航、中控面板触控彩色8英寸液晶屏、单碟CD音响系统、USB接口数量(2个)、SD卡槽、9环绕式高保真扬声器、投射式卤素前照灯、自动开闭前照灯、LED雾灯、LED组合式后尾灯、LED高位制动灯、LED外后视镜转向灯、电动调节外后视镜、电加热外后视镜、电动可折叠外后视镜、外后视镜记忆连动系统、外后视镜倒车自动下翻、Follow me home伴我回家功能、全景天窗、前格栅镀铬、侧窗不锈钢装饰边、镀铬装饰外门把手、隐私玻璃、不锈钢排气尾管、后风窗玻璃加热、后窗除雾功能、前风窗自动感应无骨刮水器、皮质座椅、前排座椅10向电动调节、前排加热座椅、前排通风座椅、驾驶员记忆座椅、前排座椅高度可调、第二排中间座椅头枕、多功能4向可调皮质转向盘、镀铬装饰车内门把手、皮质包裹转向盘、全功能旅程电脑、豪华双屏数字彩色仪表盘、转向盘换挡控制按钮、自动防炫目内后视镜

豪华型：时尚型+前泊车雷达、后排座椅音响娱乐控制系统、SONY高级音响系统、14环绕式高保真扬声器、LED前照灯、LED前照灯随动转向、前照灯自动远光感应调节系统、LED日间行车灯、自动防炫外后视镜、230V电源插口、后风窗电动遮阳帘、后排座椅电动倾斜功能

至尊型：豪华型+主动泊车辅助系统(平行+垂直)、ACC智能自适应巡航控制(带前向碰撞预警和碰撞缓解制动系统)、后排气囊式安全带、BLIS®盲区监测系统、高配徽标Titanium徽标、后排手动遮阳帘、豪华10.1英寸全数字彩色仪表盘、后排加热座椅、后排通风座椅、副驾驶座椅后排调节

旗舰型：至尊型+LKA车道保持辅助系统、ANC主动降噪系统、奢华皮质座椅

主要车型参数及价格

车 型		2.0L GTDi		EcoBoost® 245	
		时尚型	豪华型	至尊型	旗舰型
基本参数	长×宽×高(mm)	4996×1878×1503			
	轴距(mm)	2949			
	前/后轮距(mm)	1608/1618			
	最小离地间隙(mm)	133			
	油箱/行李舱容积(L)	64.4/507			
	整备质量(kg)	1745		1794	1875
	车身材料	钢板			
	车身类型/乘员人数	3厢4门/5			
发动机参数	发动机类型	EcoBoost® GTDi涡轮增压直喷发动机			
	排量(mL)	1999			2694
	额定功率[kW/(r/min)]	180/5500			242/5500
	最大转矩[N·m/(r/min)]	350/1750~4000			475/2500~4500
	排放标准/建议用油	国Ⅴ/93#或以上汽油、92#或以上汽油			
底盘参数	变速器类型	6挡手自一体			
	驱动类型	前驱			
	悬架系统	前麦弗逊式独立悬架/后上下横臂式全独立多连杆悬架			
	制动系统	前通风盘/后实心盘式制动器			
	轮胎规格	235/55 R17	235/50 R18	245/45 R19	
性能	最高车速(km/h)	218			234
	0~100km/h加速时间(s)	7.9			6.9
	90km/h等速油耗(L/100km)	5.9			6.3
工信部综合工况油耗(L/100km)		8.3		8.6	9.2
上市时间		2015年11月20日			
厂家建议价格(万元)		24.88	26.88	28.88	34.88

注：厂家建议价格以2016年3~8月为准

新蒙迪欧 NEW MONDEO

主要配置

舒适型：激光焊接高强度吸能式车身、GOR塑钢车头精密组装结构、前排正面安全气囊、前排侧面安全气囊、侧安全气帘、驾驶膝部安全气囊、ABS防抱死制动系统、EBD电子制动力分配系统、ESC车身电子稳定控制系统、TCS牵引力控制系统、EBA紧急制动辅助系统、BLD电子差速锁、HSA坡道起步辅助、P.A.T.S电控防盗系统、胎压监测系统、车门未关提醒、前排安全带未系提醒、前排高度可调预紧式安全带、后排三座三点式安全带、行车自动落锁、后门儿童安全门锁、电子驻车制动器、A/C/D柱一体成型加强梁、B柱防撞加强梁、Mykey我的智能钥匙、4门高刚性侧面防撞梁、电动中控门锁、ISO Fix儿童座椅接口、4门一触式升降电动车窗、4门车窗防夹、舒适手动空调、花粉过滤器、后排空调出风口、室外温度显示、中控台4英寸点阵式显示屏、单碟CD音响系统、USB接口、8环绕式高保真扬声器、AGS进气格栅主动关闭系统、投射式卤素前照灯、前雾灯、LED组合式后尾灯(半月造型)、电动调节外后视镜(带转向灯)、电加热外后视镜、Follow me home伴我回家功能、车身同色外门把手、玻璃天线、双镀铬排气尾管、后窗除雾功能、LED高位制动灯、后风窗玻璃加热、多功能4向可调真皮包裹转向盘、舒适型织物座椅、驾驶座椅8向手动调节、副驾驶座椅4向手动调节、6/4可拆分后排座椅、前排4向调节头枕、后排2向调节头枕、无盖式加油系统、排挡杆集成式换挡按键

时尚型：舒适型+定速巡航功能、智能倒车雷达、防夹式电动天窗、双区全独立恒温空调、空气质量传感器、自动开闭前照灯、前照灯自动远光感应调节系统、前风窗自动感应蝶式无骨刮水器、电子防炫后视镜、时尚4.2英寸数字彩色仪表盘、皮质座椅、驾驶座椅10向电动调节、副驾驶座椅4向电动调节，2.0L GTDi200时尚型增加智能无钥匙进入系统、Ford Power智能无钥匙起动系统、LED组合式后尾灯(满月造型)、电动折叠外后视镜、照地灯(集成在外后视镜下方)、镀铬装饰外门把手、转向盘集成式换挡拨片

豪华型：时尚型+智能无钥匙进入系统、Ford Power智能无钥匙动力起动系统、紧急救援呼叫服务(SYNC 连接服务)、倒车影像系统、SYNC车载多媒体通信娱乐系统、MyFord Touch车载多媒体互动系统-中控台8英寸彩色LCD触控屏、GPS卫星导航系统、SD卡槽、LED前照灯、LED前照灯随动转向、LED前照灯智能弯道辅助照明、LED前照灯自动水平调节、LED日间行车灯、LED组合式后尾灯(满月造型)、电动折叠外后视镜、照地灯(集成在外后视镜下方)、镀铬装饰外门把手、转向盘集成式换挡拨片、豪华双屏彩色数字仪表盘、前排分段可调加热座椅

豪华运动型：豪华型+SONY高级音响系统、12环绕式高保真扬声器、七色LED可调节座舱氛围灯、豪华10.1英寸全数字彩色仪表盘、包覆式运动座椅、前排座椅10向电动调节、驾驶记忆座椅带外后视镜连动记忆

至尊型：豪华运动型+后排气囊安全带、前泊车雷达、BLIS盲区监测系统、后风窗电动遮阳帘、奢华皮质座椅、后排加热座椅、后排座椅音响娱乐控制系统、副驾驶座椅后排调节，无包覆式运动座椅

旗舰型：至尊型+ACC智能自适应巡航控制(带碰撞预警和碰撞缓解制动系统)、LKA车道保持辅助系统、ACS低速行车安全系统、主动驻车辅助系统、前排座椅12向电动调节、前排充气式多角度按摩通风座椅

车身颜色：炫舞橙、牡蛎灰、珍珠白、星光银、钛晶灰、银砂黑

内饰颜色：深色、浅色

主要车型参数及价格

车型		1.5L GTDi180		2.0L GTDi200		2.0L GTDi240		
		舒适型	时尚型	时尚型	豪华型	豪华运动型	至尊型	旗舰型
基本参数	长×宽×高(mm)	4860×1854×1480						
	轴距(mm)	2850						
	前/后轮距(mm)	1578/1574						
	前/后悬距(mm)	940/1070						
	最小离地间隙(mm)	124						
	油箱/行李舱容积(L)	62/516-986						
	整备质量(kg)	1540		1659				
	车身材料	钢板						
	乘员人数	5						
发动机参数	发动机类型	EcoBoost® GTDi 汽油直喷涡轮增压发动机				EcoBoost® GTDi 高效汽油直喷涡轮增压发动机		
	排量(mL)	1499		1999				
	额定功率[kW/(r/min)]	133/6500		149/5500		178/5500		
	最大转矩[N·m/(r/min)]	240/1750~4500		340/3000		350/3000		
	排放标准	国Ⅳ、国Ⅴ						
底盘参数	变速器类型	SelectShift™ 6挡手自一体变速器						
	驱动类型	前驱						
	悬架系统	前麦弗逊式独立悬架/后多连杆全独立式悬架带上下横臂						
	制动系统	前通风盘/后实心盘式制动器						
	轮胎规格	215/60 R16	235/50 R17			235/45 R18		
性能	最高车速(km/h)	200		208		218		
	0~100km/h加速时间(s)	9.3		8.1		7.6		
工信部综合工况油耗(L/100km)		6.9		7.9				
上市时间		2013年8月29日						
厂家建议价格(万元)		17.98	18.98	20.28	22.28	24.28	25.28	26.58

注：厂家建议价格以2016年3~8月为准

福特-致胜

主要配置

ABS防抱死制动系统、P.A.T.S电控防盗系统、E-PAS电子辅助转向系统、4门一触式电动防夹车窗、电动天窗、自动恒温空调、全功能旅程电脑、单碟CD音响系统、高保真8扬声器环绕系统、转向盘音响控制系统、HID氙气前照灯+自动清洗装置、Follow me home伴我回家功能、电动调节外后视镜(带转向灯)、多功能真皮包裹转向盘

车身颜色：炫舞橙、牡蛎灰、珍珠白、星光银、钛晶灰、银砂黑

内饰颜色：灰色、黑色

主要车型参数及价格

车 型		2.3L	
		时尚型	豪华型
基本参数	长×宽×高(mm)	4854×1886×1495	
	轴距(mm)	2850	
	前/后轮距(mm)	1587/1605	
	最小离地间隙(mm)	120	
	油箱/行李舱容积(L)	70/450	
	整备质量(kg)	1586	
	车身材料	钢板	
	乘员人数	5	
发动机参数	发动机类型	直列4缸 16气门 程序控制燃油喷射 双顶置凸轮轴 i-VCT可变进气凸轮正时	
	排量(mL)	2260	
	额定功率[kW/(r/min)]	117.6/6500	
	最大转矩[N·m/(r/min)]	205/4500	
	排放标准	国Ⅳ	
底盘参数	变速器类型	手自一体变速器	
	驱动类型	前驱	
	悬架系统	前麦弗逊式独立式悬架/后复合连杆式悬架	
	制动系统	前后盘式制动器	
	轮胎规格	215/55 R16	225/50 R17
性能	最高车速(km/h)	200	
	0~100km/h加速时间(s)	11.2	
工信部综合工况油耗(L/100km)		9.1	
改款时间		2013年7月	
厂家建议价格(万元)		17.98	19.48

注：厂家建议价格以2016年3～8月为准

全新福克斯 三厢 NEW FOCUS

年度**新上市**车型

主要配置

舒适型：前座双安全气囊+侧安全气囊+侧安全气帘、ABS+EBD、ESC车身动态稳定系统、EBA紧急制动辅助系统、TCS牵引力控制系统 、HSA坡道起步辅助系统、P.A.T.S电子防盗系统、儿童安全锁(机械式)、ISOFIX儿童座椅固定点、高强度吸能式车身、四门高刚性门槛防撞钢板带侧防撞梁、前排爆燃预紧限力式安全带、紧急制动警示、车身冲击力分散路径规划、高强度轻质不等厚B柱、前排安全带未系提醒、GOR塑钢车头紧密组织结构、A柱间防撞加强横梁、TVC弯道转矩智能分配系统、BMS环保智能电池管理系统、SRC电池智能充电系统、电动中控门锁、高效率电子手动空调、活性炭空调过滤器、中控台8英寸彩色TFT多功能触摸屏、智行多媒体导航系统、高保真4扬声器环绕系统、蓝牙连接功能、USB接口、豪华镀铬前格栅、箭鱼式前照灯、前照灯未关提醒、高位制动灯、前雾灯、一键升降电动车窗(驾驶座)、电动调节外后视镜(带侧向警示灯)、前风窗声学多层玻璃、蝶式无骨前风窗刮水器、高灵敏度玻璃天线、发动机隔音棉、舒适织物座椅、驾驶席座椅6向手动调节、仪表盘显示屏、中控台综合信息显示屏、3辐转向盘(带4向调节)

风尚型：舒适型+后泊车雷达、第二代My Key、紧急救援呼叫服务(SYNC®连接服务)、左右双区独立控制自动恒温空调、大型双开启模式电动防夹天窗、全车车窗遥控开闭(含天窗)、ECO节油驾驶信息模式(手动带换挡提示)、SYNC®车载连接系统、高保真6扬声器环绕系统、AUX外接音频接口、防滑半皮运动座椅、多功能三辐皮质包裹转向盘、多功能行车电脑显示

超能风尚型：风尚型+AGS进气格栅主动关闭系统、发动机自动起停、EPAS电子动力辅助转向系统、发动机装饰盖

精英型：超能风尚型+疲劳驾驶提醒、高保真9扬声器环绕系统、SONY音响系统、前照灯水平自动调节+智能弯道辅助照明、镀铬排气管、潮流车窗镀铬饰条、外后视镜除雾功能

旗舰型：精英型+BLIS盲点信息系统、CTA两侧来车预警系统、ACS低速行车安全系统、LKA车道保持辅助系统、LDW车道偏离提醒+疲劳驾驶提醒、TPMS胎压监测系统、智能无钥匙进入+起动系统、定速巡航、前/后泊车雷达、自动泊车系统(水平及垂直停车)、倒车影像系统、防盗声响报警器、GPS卫星导航系统(带语音控制)、LED日间行车灯、自动前照灯、Follow Me Home "伴您回家"功能、HID氙气前照灯+自动清洗装置、自动远光灯、外后视镜自动折叠、雨量感应刮水器、豪华全皮座椅、驾驶席座椅6向电动调节、转向盘换挡拨片、中央扶手12V电源、自动防炫目内后视镜

主要车型参数及价格

车型		1.6L MT			1.6L AT				
		舒适型	风尚型	超能风尚型	舒适型	风尚型	超能风尚型	精英型	旗舰型
基本参数	长×宽×高(mm)	4534×1823×1483							
	轴距(mm)	2648							
	前/后轮距(mm)	1553/1544							
	油箱/行李舱容积(L)	55/530							
	整备质量(kg)	1306		1314	1336		1362	1407	
	车身材料	钢板							
	车身类型/乘员人数	3厢4门/5							
发动机参数	发动机类型	1.6L Ti-VCT双独立式凸轮轴可变正时发动机		EcoBoost®直喷涡轮增压发动机	1.6L Ti-VCT双独立式凸轮轴可变正时发动机		EcoBoost®	直喷涡轮增压发动机	
	排量(mL)	1596		999	1596		999	1499	
	额定功率[kW/(r/min)]	92/6500		92/6000	92/6500		92/6000	133/6000	
	最大转矩[N·m/(r/min)]	159/4000		170/1500～4500	159/4000		170/1500～4500	240/1750～4500	
	排放标准/建议用油	国V/92#及以上汽油							
底盘参数	变速器类型	5挡手动			6挡手自一体				
	驱动类型	前驱							
	悬架系统	前麦弗逊式悬架/后SLA Control Blade 全独立悬架							
	制动系统	前后盘式制动器							
	轮胎规格	205/60 R16							
性能	最高车速(km/h)	185		192	180		192	210	
工信部综合工况油耗(L/100km)		6.4		5.2	6.7		5.6	6.3	
上市时间		2016年8月8日							
厂家建议价格(万元)		11.58	12.78	13.08	12.68	13.88	14.18	14.98	16.58

注：厂家建议价格以2016年3～8月为准

全新福克斯 两厢
NEW FOCUS
年度新上市车型

主要配置

舒适型：前座双安全气囊+侧安全气囊+侧安全气帘、ABS+EBD、ESC车身动态稳定系统、EBA紧急制动辅助系统、TCS牵引力控制系统、HSA坡道起步辅助系统、P.A.T.S电子防盗系统、儿童安全锁、ISOFIX儿童座椅固定点、高强度吸能式车身、四门高刚性门槛防撞钢板带侧防撞梁、车身冲击力分散路径规划、A柱间防撞加强横梁、前排爆燃预紧限力式安全带、前排安全带未系提醒、高强度轻质不等厚B柱、GOR塑钢车头紧密组织结构、紧急制动警示、TVC弯道转矩智能分配系统、BMS环保智能电池管理系统、SRC电池智能充电系统、HPAS液压动力辅助转向系统、电动中控门锁、高效率电子手动空调、活性炭空调过滤器、中控台8英寸彩色TFT多功能触摸屏、智行多媒体导航系统、高保真4扬声器环绕系统、蓝牙连接功能、USB接口、运动网状前格栅、大型后空气动力扰流板、箭鱼式前照灯、前照灯未关提醒、鲨鱼鳍组合式尾灯、高位制动灯、前雾灯、一键升降电动车窗(驾驶座)、电动调节外后视镜(带侧向警示灯)、前风窗声学多层玻璃、蝶式无骨前窗刮水器、高灵敏度玻璃天线、发动机隔音棉、舒适织物座椅、驾驶席座椅6向手动调节、仪表盘显示屏、中控台综合信息显示屏、3辐转向盘(带4向调节)

风尚型：舒适型+后泊车雷达、第二代My Key、紧急救援呼叫服务(SYNC®连接服务)、ECO节油驾驶信息模式、左右双区独立控制自动恒温空调、SYNC®车载连接系统、高保真6扬声器环绕系统、AUX外接音频接口、大型双开启模式电动防夹天窗、全车车窗遥控开闭(含天窗)、防潜滑半皮运动座椅、多功能三辐皮质包裹转向盘(带4向调节)、多功能行车电脑显示

超能风尚型：风尚型+EPAS电子动力辅助转向系统、AGS进气格栅主动关闭系统、发动机自动起停、镀铬排气管、潮流车窗镀铬饰条、发动机装饰盖

精英型：超能风尚型+SYNC®3车载连接系统、外后视镜除雾功能

运动型：精英型+BLIS盲点信息系统、CTA两侧来车预警系统、ACS低速行车安全系统、LKA车道保持辅助系统、LDW车道偏离提醒+疲劳驾驶提醒、TPMS胎压监测系统、疲劳驾驶提醒、前泊车雷达、自动泊车系统(水平及垂直停车)、倒车影像系统、防盗声响报警器、智能无钥匙进入+起动系统、GPS卫星导航系统(带语音控制)、高保真9扬声器环绕系统、SONY音响系统、运动外观套件、LED日间行车灯、自动前照灯、Follow Me Home "伴您回家"功能、外后视镜自动折叠、雨量感应刮水器、自动防炫目内后视镜、驾驶座椅腰部支撑调整、转向盘换挡拨片、LED风雅座舱环境灯、中央扶手12V电源、后排中间扶手(带可变杯托)

主要车型参数及价格

车型		1.6L MT			1.6L AT				
		舒适型	风尚型	超能风尚型	舒适型	风尚型	超能风尚型	精英型	运动型
基本参数	长×宽×高(mm)	4368×1823×1483							
	轴距(mm)	2648							
	前/后轮距(mm)	1553/1544							
	油箱/行李舱容积(L)	55/356							
	整备质量(kg)	1301		1332	1332		1332	1408	
	车身材料	钢板							
	车身类型/乘员人数	2厢5门/5							
发动机参数	发动机类型	Ti-VCT双独立式凸轮轴可变正时发动机		EcoBoost®直喷涡轮增压发动机	1Ti-VCT双独立式凸轮轴可变正时发动机		EcoBoost®直喷涡轮增压发动机		
	排量(mL)	1596		999	1596		999	1499	
	额定功率[kW/(r/min)]	92/6500		92/6000	92/6500		92/6000	133/6000	
	最大转矩[N·m/(r/min)]	159/4000		170/1500~4500	159/4000		170/1500~4500	240/1750~4500	
	排放标准/建议用油	国V/92#及以上汽油							
底盘参数	变速器类型	5挡手动			6挡手自一体				
	驱动类型	前驱							
	悬架系统	前麦弗逊式悬架/后SLA Control Blade 全独立悬架							
	制动系统	前后盘式制动器							
	轮胎规格	205/60 R16、215/50 R17(运动型)							
性能	最高车速(km/h)	185		195	180		192	205	
工信部综合工况油耗(L/100km)		6.4		5.2	6.7		5.6	6.3	
上市时间		2016年8月8日							
厂家建议价格(万元)		11.58	12.78	13.08	12.68	13.88	14.18	14.98	16.58

注：厂家建议价格以2016年3~8月为准

经典福克斯 三厢 FOCUS

主要配置

基本型： 高强度吸能式车身、前排双安全气囊、ABS双回路4轮防抱死制动系统、EBD电子制动力分配系统、4门高刚性斜列防撞钢梁、A柱间防撞加强横梁、GOR塑钢车头精密组装结构、P.A.T.S.电控防盗系统、车身冲击力分散路径规划、后排儿童安全门锁、遥控中控锁、两段式遥控门锁、液压行李舱支撑杆、高效率手动空调、4门一触式电动防夹车窗、车钥匙可遥控开启/关闭车窗、全功能旅程电脑、立体声双音扬声器、高保真4扬声器系统、AUX(支持MP3等外置音频播放)、iPod/USB、先进无骨式前窗刮水器、高位制动灯、高敏感度天线、大型三角晶钻尾灯组、高亮度后雾灯、投射式前雾灯、后窗除雾功能、黑色网状下隔栅、车门外拉式把手、电动调节外后视镜(带侧向高亮度警示灯)、隐藏式发动机罩开启孔、驾驶座椅4向手动调节、4辐转向盘(带4向调整功能)、高级织布座椅

时尚型： 基本型+前排侧安全气囊、前排乘客未系安全带提醒、倒车雷达、ISOFIX儿童座椅固定装置、双区独立控制自动恒温空调、大型双开启模式电动防夹天窗、高保真6扬声器系统、车身两侧防擦条、3辐皮质包裹转向盘(带4向调整功能)、豪华皮质座椅

车身颜色： 魔力红、闪耀银、银砂黑、炫舞橙、魅影灰、珠光白

主要车型参数及价格

	车 型	基本型MT	基本型AT	时尚型MT	时尚型AT
基本参数	长×宽×高(mm)	4480×1840×1500			
	轴距(mm)	2640			
	前/后轮距(mm)	1535/1531			
	油箱/行李舱容积(L)	55/526			
	整备质量(kg)	1325	1340	1325	1340
	车身材料	钢板			
	车身类型/乘员人数	3厢4门/5			
发动机参数	发动机型号/类型	CAF483Q0/Duratec-HE 16气门 DOHC 塑钢等长进气歧管 VIS可变进气系统 单缸独立顺序式点火系统			
	排量(mL)	1798			
	额定功率[kW/(r/min)]	91/6000			
	最大转矩[N·m/(r/min)]	161/4000			
	排放标准/建议用油	国Ⅳ/93#汽油			
底盘参数	变速器类型	5挡手动	4挡自动	5挡手动	4挡自动
	驱动类型	前驱			
	悬架系统	前麦弗逊式悬架/后多连杆式悬架			
	制动系统	前后盘式制动器			
	轮胎规格	195/65 R15			
性能	最高车速(km/h)	195	180	195	180
工信部综合工况油耗(L/100km)		7.2	8.1	7.2	8.1
改款时间		2013年2月			
厂家建议价格(万元)		9.98	10.98	11.28	12.38

注：厂家建议价格以2016年3～8月为准

经典福克斯 两厢
FOCUS

主要配置

基本型： 高强度吸能式车身、前排双安全气囊、ABS双回路4轮防抱死制动系统、EBD电子制动力分配系统、A柱间防撞加强横梁、GOR塑钢车头精密组装结构、P.A.T.S.电控防盗系统、4门高刚性斜列防撞钢梁、后排儿童安全门锁、智慧型可折叠遥控钥匙(内置防盗芯片)、遥控开启/一触式时尚后掀背门、两段式遥控门锁、电动门锁/含中央控制功能、智能倒车雷达、遥控中控锁、高效率手动空调、4门一触式电动防夹车窗、全功能旅程电脑、中控台单碟CD音响系统、高保真4扬声器环绕系统、AUX(支持MP3等外置音频播放)、iPod/USB、高敏感度天线、先进无骨式前风窗刮水器、宽辐可清洗后窗刮水器、蜂窝状运动前格栅、后风窗除雾功能、黑色网状下隔栅、炫动高位安全尾灯组、高亮度后雾灯、投射式前雾灯、电动调节外后视镜(带侧向高亮度警示灯)、防潜滑包覆式座椅、驾驶座椅4向手动调节、高级织布座椅

时尚型： 基本型+前排侧安全气囊、前排乘客未系安全带提醒、ISOFIX儿童座椅固定装置、倒车雷达、双区独立控制自动恒温空调、高保真6扬声器环绕系统、大型双开启模式电动防夹天窗、运动侧裙边、运动前裙边、车身两侧裙边、豪华皮质座椅

车身颜色： 激情红、银砂黑、炫舞橙、魅影灰、珠光白、奔腾黄、情调蓝

主要车型参数及价格

	车　型	基本型MT	基本型AT	时尚型MT	时尚型AT
基本参数	长×宽×高(mm)	4342×1840×1500			
	轴距(mm)	2640			
	前/后轮距(mm)	1535/1531			
	油箱/行李舱容积(L)	55/385-1245			
	整备质量(kg)	1321	1330	1321	1330
	车身材料	钢板			
	车身类型/乘员人数	2厢5门/5			
发动机参数	发动机型号/类型	CAF483Q0/Duratec-HE 16气门 DOHC 塑钢等长进气歧管 VIS可变进气系统 单缸独立顺序式点火系统			
	排量(mL)	1798			
	额定功率[kW/(r/min)]	91/6000			
	最大转矩[N·m/(r/min)]	161/4000			
	排放标准/建议用油	国Ⅳ/93#汽油			
底盘参数	变速器类型	5挡手动	4挡自动	5挡手动	4挡自动
	驱动类型	前驱			
	悬架系统	前麦弗逊式悬架/后多连杆式悬架			
	制动系统	前后盘式制动器			
	轮胎规格	195/65 R15			
性能	最高车速(km/h)	195	180	195	180
工信部综合工况油耗(L/100km)		7.2	8.1	7.2	8.1
改款时间		2013年2月			
厂家建议价格(万元)		9.98	10.98	11.28	12.38

注：厂家建议价格以2016年3～8月为准

新嘉年华 三厢 FIESTA

主要配置

高强度吸能式车身、6安全气囊、ABS+EBD+EBA+TCS+HAS+ESC、全方位倒车雷达、E-PAS电子辅助转向系统、电动天窗、自动恒温空调、卓越静肃隔音工程、6音响立体声环绕系统、Aux与USB输入端口、转向盘音响控制、运动外包围、运动型进气隔栅、投射式前照灯、16英寸动感铝合金轮辋、手机逻辑流线型中控台、车内氛围灯、60/40式可折叠后座椅、前座储物盒、车门储物空间、行李舱空间

车身颜色：耀目黑、潮流灰、海天蓝、魔力红、电光紫、摩卡棕、阳光棕、炫耀银、情调蓝、电光紫

主要车型参数及价格

车　型		1.5MT		1.5AT		
		风尚型	时尚型	时尚型	品尚型	旗舰型
基本参数	长×宽×高(mm)	4320×1722×1470				
	轴距(mm)	2495				
	油箱/行李舱容积(L)	42/470				
	整备质量(kg)	1106		1135	1150	
	车身材料	钢板				
	乘员人数	5				
发动机参数	发动机类型	1.5Ti-VCT 双独立式凸轮轴可变正时发动机				
	排量(mL)	1499				
	额定功率[kW/(r/min)]	81/6045				
	最大转矩[N·m/(r/min)]	140/4500				
	排放标准	国Ⅳ				
底盘参数	变速器类型	5挡手动		PowerShift 6挡双离合自动变速器		
	驱动类型	前驱				
	悬架系统	前麦弗逊式独立悬架/后扭力梁式半独立悬架				
	制动系统	前通风盘式/后鼓式制动器				
	轮胎规格	185/55 R15				195/50 R16
性能	最高车速(km/h)	185		188		
工信部综合工况油耗(L/100km)		5.9				
改款时间		2013年3月				
厂家建议价格(万元)		7.99	8.99	9.89	10.39	11.19

注：厂家建议价格以2016年3～8月为准

新嘉年华 两厢 FIESTA

主要配置

高强度吸能式车身、6安全气囊、E-PAS电子辅助转向系统、ABS+EBD+EBA+TCS+HAS+ESC、全方位倒车雷达、电动天窗、自动恒温空调、卓越静肃隔音工程、6音响立体声环绕系统、Aux与USB输入端口、转向盘音响控制、运动外包围、运动型进气隔栅、投射式前照灯、16英寸动感铝合金轮辋、手机逻辑流线型中控台、车内氛围灯、60/40式可折叠后座椅、前座储物盒、车门储物空间、行李舱空间

车身颜色： 耀目黑、潮流灰、海天蓝、魔力红、电光紫、摩卡棕、阳光棕、炫耀银、情调蓝、电光紫

主要车型参数及价格

	车型	1.5MT		1.5AT			1.0AT
		风尚型	时尚型	时尚型	品尚型	运动型	GTDi
基本参数	长×宽×高(mm)	3970×1722×1470					3980×1722×1470
	轴距(mm)	2495					
	油箱/行李舱容积(L)	42/270					
	整备质量(kg)	1092		1115	1134		1155
	车身材料	钢板					
	乘员人数	5					
发动机参数	发动机类型	1.5Ti-VCT 双独立式凸轮轴可变正时发动机					1.0L EcoBoost GTDi汽油直喷涡轮增压发动机
	排量(mL)	1499					997
	额定功率[kW/(r/min)]	81/6045					92/6000
	最大转矩[N·m/(r/min)]	140/4500					170/1400～4500
	排放标准	国Ⅳ					
底盘参数	变速器类型	5挡手动		PowerShift 6挡双离合自动变速器			
	驱动类型	前驱					
	悬架系统	前麦弗逊式独立悬架/后扭力梁式半独立悬架					
	制动系统	前通风盘式/后鼓式制动器					
	轮胎规格	185/55 R15				195/50 R16	
性能	最高车速(km/h)	185		188			195
工信部综合工况油耗(L/100km)		5.9					5.5
改款时间		2013年3月					
厂家建议价格(万元)		7.99	8.99	9.89	10.39	11.19	12.29

注：厂家建议价格以2016年3～8月为准

重庆力帆乘用车有限公司 Chongqing Lifan Passenger Vehicle Co.,Ltd.

力帆820

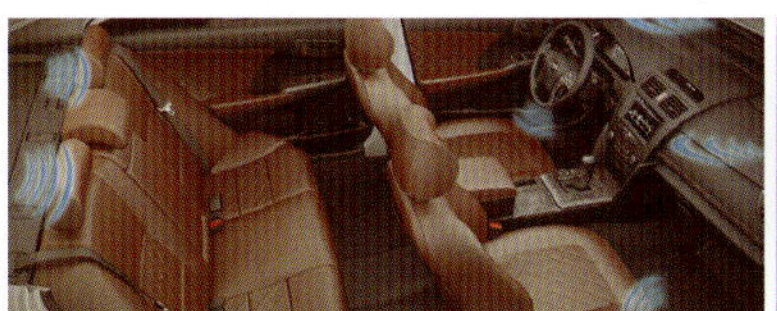

力帆820
LIFAN

主要配置

舒适型：前排安全气囊、博世9.0 ABS防抱死系统、博世9.0 EBD电子制动力分配系统、博世9.0 BAS制动辅助系统、倒车雷达(4探头)、溃缩式转向管柱系统、液压助力转向系统、前排安全带未系警示(声音+图示)、前排非预警限力式安全带(可高度调节)、后排三点式安全带、碰撞门钥匙自动解除、发动机电子防盗系统、儿童防护锁、ISO FIX儿童座椅接口、车门未关警示系统、ECU行李电脑显示系统、遥控钥匙、中央遥控门锁、低速自动落锁功能、一键升降式电动车窗、电动空调、车内外温度显示、苹果设备充电装置、单碟CD(MP3)/USB+AUX+收音机、4扬声器剧院级音响系统、前照灯高度手动调节、昼间行驶灯、双后雾灯、防炫目内后视镜、后风窗玻璃除霜、前照灯延时关闭/自动点亮、后视镜电动调节、LED后视镜转向灯、欧风六边形镀铬进气格栅、高亮度卤素前照灯、LED导光条式尾灯、铝合金轮毂、同色外拉门手、后风窗玻璃印刷天线(内藏内)、镀铬装饰进气尾管(可视区域)、车内电动开启行李舱、仪表盘背景光亮度可调、高级防滑转向盘、转向盘4向调节、高级多孔透气皮革座椅、驾驶席座椅6向手动调节、副驾驶座椅4向手动调节、前排上下可调头枕

豪华型：舒适型+博世9.0 HBA液压制动辅助系统、博世9.0 车身电子稳定系统、博世9.0 TCS牵引力控制系统、EA坡道辅助控制系统、TMPS胎压监测系统、广角高清倒车影像+智能倒车轨迹辅助系统、前防撞雷达(2雷达)、副驾驶安全带未系警示+乘客探测、120km/h超速警示系统、无钥匙进入系统、一键式起动系统、智能钥匙(带钥匙功能)、Valeo全自动空调、PM2.5带活性炭空气净化系统、GPS+北斗智能语音导航系统、8英寸MP5影音系统/USB+AUX输入、车载蓝牙电话、手机智能互联系统、6扬声器剧院级音响系统、四轮挡泥板、电动双模式防夹电动天窗、后视镜电动折叠功能、后视镜加热功能、全皮包裹多功能转向盘、驾驶席座椅手动调节腰部支撑，2.4L豪华型增加CSS定速巡航系统、脚踏式驻车制动系统、镀铬外拉门手

旗舰型：豪华型+前排侧安全气囊、前排头部安全气囊(气帘)、后排头部安全气囊(气帘)、前排预警限力式安全带(可高度调节)、Easy Open感应式开启行李舱、前排车窗防夹功能、绿色隔热玻璃、豪华真皮包裹转向盘、高级多孔透气真皮座椅、驾驶席座椅6向电动调节(带加热功能)、副驾驶座椅加热功能，2.4L旗舰型增加CSS定速巡航系统、脚踏式驻车制动系统、镀铬外拉门手

主要车型参数及价格

	车型	1.8L			2.4L	
		舒适型	豪华型	旗舰型	豪华型	旗舰型
基本参数	长×宽×高(mm)	4865×1835×1480				
	轴距(mm)	2775				
	前/后轮距(mm)	1575/1560				
	油箱/行李舱容积(L)	63/510				
	车身材料	钢板				
	乘员人数	5				
发动机参数	发动机型号/类型	LFB479Q/VVT			LF479Q/VVT	
	排量(mL)	1794			2373	
	额定功率[kW/(r/min)]	98/6000			123/5700	
	最大转矩[N·m/(r/min)]	168/4200~4000			226/4000~4500	
底盘参数	变速器类型	5挡手动			6挡自动	
	驱动类型	前驱				
	悬架系统	前麦弗逊式独立悬架/后多连杆独立悬架				
	制动系统	前通风盘式/后盘式制动器				
	轮胎规格	215/60 R16				
性能	最高车速(km/h)	179			197	
工信部综合工况油耗(L/100km)		7.7			8.7	
上市时间		2015年6月8日				
厂家建议价格(万元)		7.68	8.28	9.68	10.98	11.98

注：厂家建议价格以2016年3~8月为准

比亚迪汽车有限公司 BYD Auto Co.,Ltd.

思锐 F6 速锐 L3 G5 G6 G3 G3R F3 F3R F0

思锐

主要配置

豪华型：3H高强度全方位碰撞吸能安全车身、整体钢板冲压侧围、前排双安全气囊、ABS防抱死制动系统、EBD制动力分配系统、ESP车辆稳态控制系统、TCS牵引力控制系统、HAC上坡辅助控制系统、HBA液压制动辅助系统、HPS液压助力转向系统、前排驾预紧限力式安全带、后排中座三点式安全带、车身电控防盗系统、ISO-FIX儿童座椅固定装置、儿童安全锁、行车自动落锁、碰撞自动解锁、碰撞自动安全断油系统、高强度前后防撞梁、车门内置防侧撞安全保护杆、溃缩吸能转向管柱、溃缩吸能制动踏板、发动机防盗系统、Keyless智能钥匙系统、双温区独立控制自动空调、车内空气净化系统、双层双模电动天窗、前后倒车雷达(6探头)、主驾驶一键式电动车窗、4门车窗遥控升降、瑞士Sika(西卡)空腔阻断技术、帕卡空腔注蜡技术、彩色显距倒车影像监视系统、行李舱遥控开启(微动开关)、12.1英寸超视觉TFT全液晶数字仪表、语音控制系统、10.2英寸超大高清电容触摸屏、多媒体和导航分屏显示功能、GPS语音导航系统、车载数字电视、蓝牙手机音乐、外置独立功放、10扬声器、AUX+SD+USB接口、USB接口充电、蓝牙免提通话系统(悬浮显示)、智能语音提醒系统、透镜式卤素前照灯、前照灯近光高度可调、前雾灯、"Follow me home"前照灯延时关闭功能、外后视镜侧转向灯、LED高位制动灯、LED后组合灯、无骨刮水器、外后视镜电加热除霜功能、鲨鱼鳍GPS天线、防紫外线隔热玻璃、3辐刀锋式立体前格栅、铝合金轮辋、自动开启前照灯、智能感应迎宾灯、豪华皮包裹多功能转向盘、防潜滑打孔豪华皮座椅，1.5TID豪华型增加EPB电子驻车系统、CCS定速巡航系统

尊贵型：豪华型+前排侧安全气囊、前后贯穿式侧安全气帘、TPMS胎压监测系统、HUD抬头显示(夜视及导航等信息辅助显示)、云钥匙·手机远程解锁及上锁车辆、云控制·手机远程起动发动机与空调、云控制·手机寻车及实时定位、云控制·行车历史轨迹记录、夜视红外灯、夜视系统、夜视摄像头、超大容量"影音魔方"多媒体系统、DVD多媒体系统、5.1声道DTS高清环绕立体声音响系统、后排中央控制系统、自动防炫内后视镜、后排座椅分级加热、驾驶座椅8向电动调节、驾驶座椅电动腰靠调节、副驾驶座椅4向电动调节、后排空调出风口、内后视镜电子罗盘/海拔显示，1.5TID尊贵型增加EPB电子驻车系统、CCS定速巡航系统、内后视镜电子罗盘/海拔/坡度显示

尊享型：尊贵型+HPS液压助力转向系统、360°全景影像系统、驾驶座椅/转向盘/外后视镜记忆联动系统(三组记忆功能)、外后视镜倒车自动翻转、外后视电动折叠、前排座椅通风、前排座椅分级加热、转向盘4向电动调节，1.5TID尊享型增加EPB电子驻车系统、R-EPS电动助力转向系统、CCS定速巡航系统、遥控驾驶、智能手表钥匙、遥控驾驶智能钥匙、遥控钥匙启闭发动机与空调、内后视镜电子罗盘/海拔/坡度显示

旗舰型：尊享型+前排膝部安全气囊、后排座椅侧安全气囊、后排侧座预紧限力式安全带、EPB电子驻车系统、R-EPS电动助力转向系统、CCS定速巡航系统、遥控驾驶、智能手表钥匙、遥控驾驶智能钥匙、遥控钥匙启闭发动机与空调、14扬声器、HID透镜式氙气前照灯、前照灯自动清洗功能、AFS前照灯随动转向照明辅助系统(高度及水平自动调节)、夜间格调顶棚氛围灯、内后视镜电子罗盘/海拔/坡度显示、储物盒内部照明灯、内扣手/文件袋氛围灯

主要车型参数及价格

车型		1.5TI			1.5TID			
		豪华型	尊贵型	尊享型	豪华型	尊贵型	尊享型	旗舰型
基本参数	长×宽×高(mm)	4870×1830×1460						
	轴距(mm)	2755						
	前/后轮距(mm)	1555/1555						
	油箱容积(L)	65						
	整备质量(kg)	1480			1490			
	车身材料	钢板						
	车身类型/乘员人数	3厢4门/5						
发动机参数	发动机型号/类型	BYD476ZQA/中冷涡轮增压 缸内直喷 分层燃烧 自动延时冷却 可变气门正时 全铝合金发动机缸体						
	排量(mL)	1497						
	额定功率[kW/(r/min)]	113/5200						
	最大转矩[N·m/(r/min)]	240/1750～3500						
底盘参数	变速器类型	6挡手动			6挡手自一体DCT双离合自动变速器			
	驱动类型	前驱						
	悬架系统	前双叉臂独立悬架/后五连杆独立悬架						
	制动系统	前通风盘式/后盘式制动器						
	轮胎规格	215/50 R17						
工信部综合工况油耗(L/100km)		6.7			6.9			
上市时间		2013年4月20日						
厂家建议价格(万元)		10.39	10.99	11.99	11.29	12.09	13.59	15.09

注：厂家建议价格以2016年3～8月为准

F6 

主要配置

豪华型：高前排双安全气囊、ABS+EBD、车门内置防侧撞安全保护杆/儿童安全锁、高钢性防撞车身/整体钢板冲压侧围、三段式溃缩吸能转向柱、溃缩吸能式制动踏板、车门及行李舱未关独立警示、电子防盗系统、三键高频遥控中央门锁及行李舱锁、双温区独立控制自动空调、车内空气净化系统、CAN-BUS电子智能管家系统、AM/FM收音机、单碟、双模多媒体音频输入接口(USB+AUX)、LED高位制动灯、自动开启前照灯、Follow me home前照灯延时关闭功能、LED后组合灯、铝合金轮辋、LED变光护眼仪表(亮度可调节)、防潜滑高级打孔豪华座椅、前后及高度4向可调式转向盘

尊贵型：豪华型+倒车雷达、三色显距倒车影像监视系统、双层双模式电动天窗、蓝牙免提系统、DVD多媒体系统、语音导航系统(NAVI)、转向盘音像控制系统、防静电鲨鱼鳍天线、多功能豪华转向盘、中文8方向显示防炫目内后视镜

主要车型参数及价格

车 型		1.8L MT		2.0L CVT
		豪华型	尊享型	尊享型
基本参数	长×宽×高(mm)	4846×1822×1465		
	轴距(mm)	2740		
	前/后轮距(mm)	1551/1551		
	最小离地间隙(mm)	150		
	油箱/行李舱容积(L)	65/480		
	车身材料	钢板		
	车身类型/乘员人数	3厢4门/5		
发动机参数	发动机型号	BYD483QA		BYD483QB
	发动机类型	直列4缸 16气门 MPI燃油喷射		
	排量(mL)	—		1991
	额定功率[kW/(r/min)]	90/6000		103/6000
	最大转矩[N·m/(r/min)]	160/3700～4200		186/4000～4500
底盘参数	变速器类型	5挡手动变速器		CVT手自一体无级变速器+运动模式
	驱动类型	前驱		
	悬架系统	前双横臂独立悬架/后五连杆双横臂独立悬架		
	制动系统	前通风盘式/后盘式制动器		
性能	最高车速(km/h)	175		180
厂家建议价格(万元)		8.98	9.98	10.98

注：厂家建议价格以2016年3～8月为准

速锐

2015年3月18日，比亚迪全新速锐正式上市。这款定位于年轻消费群体的车型共发布6款，售价6.99万～9.59万元。新车在外观、内饰和配置方面均有改进，性价比提升较为明显。创新的将PM2.5监控、过滤和净化集成于空调系统，迅速让车内重获清新，告别都市污染。

主要配置

舒适型： 3H高强度全方位碰撞吸能车身、前排双安全气囊、ABS+EBD、BOS制动优先系统、Keyless智能钥匙系统、智能发动机防盗系统、智能车身防盗系统、前排预紧限力式安全带、前排安全带未系声光警示、儿童座椅固定装置、行车自动落锁、碰撞自动解锁、可溃式转向管柱、可溃缩式制动踏板、CCS定速巡航系统、高强度前后防撞梁、发动机及空调遥控启闭、自动恒温空调、主驾驶一键式电动车窗(防夹)、车窗远程遥控升降、后行李舱遥控开启(微动开关)、多功能显示屏、单碟CD、6扬声器、AUX+USB接口、4.3英寸TFT屏炮筒式液晶组合仪表、无骨刮水器、透镜式前照灯、前照灯蓝色灯眉、前照灯自动开启功能、Follow me home前照灯延时关闭功能、前照灯近光高度调节、超炫导光LED后组合灯、LED发光后LOGO、LED日间行车灯、外后视镜侧转向灯、LED高位制动灯、电动调节外后视镜、后风窗电加热除霜、全皮包裹多功能转向盘、转向盘角度可调， 1.5AT舒适型增加ESP车辆稳态控制系统、TCS牵引力控制系统、HAC上坡辅助控制系统、HBA液压制动辅助系统

豪华型： 舒适型+前排侧安全气囊、前后贯穿式侧安全气帘、ESP车辆稳态控制系统、TCS牵引力控制系统、HAC上坡辅助控制系统、HBA液压制动辅助系统、倒车雷达(4探头)、右前轮盲区可视系统、双层双模电动天窗、彩色显距倒车影像监视系统、PM2.5绿净系统、DVD多媒体系统、高清晰度电容式触摸屏、GPS语音导航系统、车载数字电视、车载蓝牙系统、前雾灯、外后视镜电加热除霜、电动折叠外后视镜、智能感应迎宾灯、驾驶座椅6向手动调节

旗舰型： 豪华型+TPMS胎压监测系统、倒车雷达(6探头)、360度全景影像系统、10扬声器、驾驶座椅8向电动调节

车身颜色： 赫拉红、冰海蓝、水晶白、瑞亚银、德兰黑

主要车型参数及价格

	车型	1.5L MT			1.5L AT		
		舒适型	豪华型	旗舰型	舒适型	豪华型	旗舰型
基本参数	长×宽×高(mm)	4680×1765×1490					
	轴距(mm)	2660					
	前/后轮距(mm)	1525/1520					
	油箱/行李舱容积(L)	50/450					
	整备质量(kg)	1330			1370		
	车身材料	钢板					
	车身类型/乘员人数	3厢4门/5					
发动机参数	发动机型号/类型	BYD473QE/直列4缸 16气门 水冷 SOHC VVL EGR 全铝合金发动机					
	排量(mL)	1497					
	额定功率[kW/(r/min)]	80/5800					
	最大转矩[N·m/(r/min)]	145/4800					
底盘参数	变速器类型	5挡手动变速器			6挡双离合变速器		
	驱动类型	前驱					
	悬架系统	前麦弗逊式悬架/后扭力梁式悬架					
	制动系统	前通风盘式/后盘式制动器					
	轮胎规格	205/55 R16					
工信部综合工况油耗(L/100km)		5.9					
上市时间		2015年3月18日					
厂家建议价格(万元)		6.99	7.69	8.59	7.79	8.69	9.59

注：厂家建议价格以2016年3～8月为准

L3

全新升级的豪华动感L3，动静之间散发出前卫风格与时尚魅力。利落的车身线条、犀利的自动感应前后大灯、惹眼的车尾装饰亮条……每一处崭新设计都将动感与艺术之美演绎得淋漓尽致，将L3精湛无比的细节工艺展露无疑。无论于何处闪现，都令你惊艳不已。

主要配置

舒适型：高刚性防撞车身/整体钢板冲压侧围、前排SRS双安全气囊、ABS+EBD、门内置防侧撞安全保护杆、儿童安全锁、溃缩吸能式制动踏板/可溃缩吸能转向柱、CAN-BUS电子智能管家系统、无钥匙进入系统、智能滚码加密防盗系统、智能遥控钥匙、一键式起动系统、涡旋式超强制冷空调、车内空气净化系统、智能行车电脑、AUX+USB接口、6扬声器、高保真CD音响系统、前照灯高度可调、LED高位制动灯、LED自发光式组合仪表、防潜滑高级打孔豪华座椅

尊贵型：舒适型+倒车可视系统、右前影像、双层双模电动天窗、方位指示倒车雷达、DVD多媒体系统、NAVI语音电子导航系统、车载蓝牙、车载电视、自动感应前照灯、电动折叠外后视镜、防静电鲨鱼鳍天线、多功能转向盘、8向显示防炫内后视镜

车身颜色：雅典银、爱琴蓝、赫拉红、德兰黑、天山白

主要车型参数及价格

车型		1.5L MT		1.5L AT	
		舒适型	尊贵型	舒适型	尊贵型
基本参数	长×宽×高(mm)	4568×1716×1480			
	轴距(mm)	2615			
	前/后轮距(mm)	1486/1466			
	车身材料	钢板			
	车身类型/乘员人数	3厢4门/5			
发动机参数	发动机型号/类型	BYD473QE/直列4缸 16气门 水冷 SOHC VVL EGR 全铝合金发动机			
	排量(mL)	1497			
	额定功率[kW/(r/min)]	80/5800			
	最大转矩[N·m/(r/min)]	145/4800			
底盘参数	变速器类型	5挡手动变速器		6挡手自一体自动变速器	
	驱动类型	前驱			
	悬架系统	前麦弗逊式独立悬架/后拖曳臂附扭力杆式悬架			
	制动系统	前通风盘式/后盘式制动器			
	轮胎规格	195/60 R15			
上市时间		2014年8月26日			
厂家建议价格(万元)		5.49	6.49	6.19	7.19

注：厂家建议价格以2016年3～8月为准

G5

主要配置

豪华型：前排双安全气囊、ABS+EBD、BOS制动优先系统、Keyless智能钥匙系统、HPS液压助力式转向系统、发动机及空调遥控启闭、智能发动机防盗系统、智能车身防盗系统、儿童座椅固定装置、行车自动落锁、碰撞自动解锁、主驾驶一键式电动车窗(防夹)、4门遥控降窗、后行李舱遥控开启(微动开关)、自动恒温空调、蓝牙钥匙、信息站、单碟CD、6扬声器、FM+AUX+USB、无骨刮水器、前照灯自动开启功能、Follow me home前照灯延时关闭功能、前照灯近光高度调节、LED日间行车灯、LED冰锥前照灯、外后视镜侧转向灯、电动调节外后视镜、后风窗电加热除霜、TFT屏炮筒式液晶组合仪表、全皮包裹多功能转向盘，豪华皮座椅，选装智能手表钥匙

尊贵型：豪华型+前排座椅侧安全气囊、前后贯穿式安全气帘、ESP车辆稳态控制系统、右前轮盲区可视系统、倒车雷达(4探头)、双层双模式电动天窗、PM2.5绿净系统、彩色显距倒车影像监视系统、Car Pad车机融合多媒体、8英寸多点触摸屏、GPS导航系统、车载数字电视、外后视镜电加热除霜、鲨鱼鳍GPS天线、智能感应迎宾灯、电动折叠外后视镜、驾驶座椅6向手动调节,1.5TID尊贵型可选装遥控驾驶、EPB电子驻车系统、倒车雷达(6探头)、EPS电动助力式转向系统

旗舰型：尊贵型+TPMS胎压监测系统、倒车雷达(6探头)、360全景影像系统、5.1声道10扬声器带独立功放汽车影院、外后视镜倒车自动翻转、驾驶座椅及后视镜记忆联动系统、驾驶座椅8向电动调节，1.5TID旗舰型增加遥控驾驶、EPB电子驻车系统、EPS电动助力式转向系统

车身颜色：冰海蓝、赫拉红、德兰黑、瑞亚银、水晶白、时尚橙

主要车型参数及价格

车型		1.5TI			1.5TID		
		豪华型	尊贵型	旗舰型	豪华型	尊贵型	旗舰型
基本参数	长×宽×高(mm)	4700×1790×1480					
	轴距(mm)	2670					
	前/后轮距(mm)	1525/1520					
	油箱/行李舱容积(L)	50/450					
	车身材料	钢板					
	车身类型/乘员人数	3厢4门/5					
发动机参数	发动机型号/类型	BYD476ZQA/中冷涡轮增压 缸内直喷 分层燃烧 自动延时冷却 可变气门正时 全铝合金发动机					
	额定功率[kW/(r/min)]	113/5200					
	最大转矩[N·m/(r/min)]	240/1750～3500					
底盘参数	变速器类型	6挡手动变速器			6挡手自一体自动变速器		
	驱动类型	前驱					
	悬架系统	前麦弗逊式悬架/后扭力梁式悬架					
	制动系统	前通风盘式/后盘式制动器					
	轮胎规格	205/55 R16					
上市时间		2014年9月16日					
厂家建议价格(万元)		7.59	8.59	9.29	8.59	9.39	10.29

注：厂家建议价格以2016年3～8月为准

G6 

主要配置

豪华型：前排双安全气囊、3H高强度全方位碰撞吸能安全车身、博世第九代ABS防抱死系统含EBD、整体钢板冲压侧围、高强度前后防撞钢梁、瑞士Sika(西卡)空腔阻断技术、HPS液压助力转向系统、智能无钥匙进入系统、智能一键式起动系统、智能滚码加密防盗系统、智能发动机防盗系统、智能CAN-Bus电子管家系统、双温区自动恒温空调、智能钥匙豪华套件、智能行车电脑、单碟CD播放机、6扬声器、三模多媒体音频输入接口(SD+USB+AUX)、卤素前照灯、自动开启前照灯、前照灯高度调节、博世无骨刮水器、手动折叠电动调节外后视镜带LED转向灯、棱钻式LED组合尾灯、智能感应迎宾灯、转向盘四向调节、液晶组合仪表盘、豪华多功能集成转向盘、防潜滑高级打孔豪华座椅

尊贵型：豪华型+前排座椅侧安全气囊、前后贯穿式安全气帘、6探头全方位驻车雷达、彩色显距倒车影像监视系统、双层双模式电动天窗、电容式多点触控数字屏DVD多媒体系统、车载数字电视、5.1声道10扬声器附带独立功放汽车影院、GPS语音导航系统(NAVI)、蓝牙免提通话系统、右前轮盲区可视系统、铝合金轮辋、电动折叠电动调节外后视镜带LED转向灯、自动防炫内后视镜、多功能信息显示屏、驾驶座椅电动腰靠调节、前排座椅加热装置、驾驶座椅8向电动调节

尊荣型：尊贵型+HID透镜氙气前照灯、ALS前照灯自动高度调整系统、前照灯自动清洗装置、电子罗盘+海拔内后视镜显示、副驾驶座椅4向电动调节

车身颜色：麦加金、拉菲红、德兰黑、雅典银、天山白

主要车型参数及价格

车型		2.0L 豪华型	2.0L 尊贵型	1.5TI 尊贵型	1.5TID 尊荣型
基本参数	长×宽×高(mm)	4860×1825×1463			
	轴距(mm)	2745			
	前/后轮距(mm)	1555/1555			
	油箱/行李舱容积(L)	65/465			
	整备质量(kg)	1440		1450	
	车身材料	钢板			
	车身类型/乘员人数	3厢4门/5			
发动机参数	发动机型号/类型	BYD483QB/直列4缸 16气门 MPI燃油喷射		BYD476ZQA/直列4缸 16气门 涡轮增压 缸内直喷 分层燃烧 可变气门正时 全铝合金发动机缸体	
	排量(mL)	1991		1497	
	额定功率[kW/(r/min)]	103/6000		113/5200	
	最大转矩[N·m/(r/min)]	186/4000~4500		240/1750~3500	
	排放标准	国Ⅳ			
底盘参数	变速器类型	5挡手动		6挡手动	6挡手自一体DCT双离合自动变速器
	驱动类型	前驱			
	悬架系统	前双横臂独立悬架/后5连杆独立悬架			
	制动系统	前通风盘式/后盘式制动器			
	轮胎规格	205/60 R16			
性能	0~100km/h加速时间(s)	12.5		9.7	
工信部综合工况油耗(L/100km)		8.3		6.7	6.9
上市时间		2012年3月31日			
厂家建议价格(万元)		7.98	8.88	9.98	11.58

注：厂家建议价格以2016年3~8月为准

G3

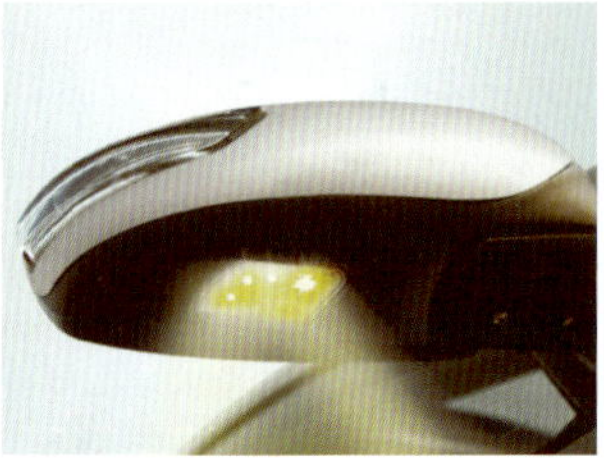

主要配置

标准型： ABS抱死制动系统、EBD制动力分配系统、无钥匙进入系统、一键式起动系统、智能滚码加密防盗系统、高刚性防撞车身、电子防盗系统、四门防撞钢梁、整体钢板冲压侧围、CAN-BUS电子智能管家系统、涡旋式超强制冷空调、四门电动车窗、智能行车电脑、高保真CD音响系统、AUX+USB接口、晶钻式透镜前照灯、前照灯高度可调、行李舱电动开启、电动调节外后视镜带侧转向灯、LED高位制动灯、发光后LOGO、防炫内后视镜、行李舱照明灯、液晶多功能高清组合仪表、转向盘上下调节、防潜滑高级打孔豪华座椅，手自一体标准型增加6扬声器系统

豪华型： 标准型+前排SRS双安全气囊、方位指示倒车雷达、双层双模式电动天窗、6扬声器系统、转向盘音像控制系统、自动开启前照灯、铝合金轮毂、智能感应迎宾灯、多功能豪华转向盘、8方向显示防炫内后视镜

车身颜色： 德兰黑、马赛灰、雅典银、天山白、加州红、法兰红

主要车型参数及价格

	车型	1.5L MT		1.8L CVT	1.5L 6挡手自一体	
		标准型	豪华型	豪华型	标准型	豪华型
基本参数	长×宽×高(mm)	4600×1705×1490				
	轴距(mm)	2610				
	最小离地间隙(mm)	170				
	车身材料	钢板				
	车身类型/乘员人数	3厢4门/5				
发动机参数	发动机型号	BYD473QE		BYD483QA	BYD473QE	
	发动机类型	直列4缸 水冷 16气门 VVL可变气门升程技术 EGR废气再循环系统		直列4缸 16气门 水冷 DOHC	直列4缸 水冷 16气门 VVL可变气门升程技术 EGR废气再循环系统	
	排量(mL)	1497		1800	1497	
	额定功率[kW/(r/min)]	80/5800		90/6000	80/5800	
	最大转矩[N·m/(r/min)]	145/4800		160/3700～4200	145/4800	
底盘参数	变速器类型	5挡手动变速器		CVT手自一体无级变速器+运动模式	6挡手自一体自动变速器	
	驱动类型	前驱				
	悬架系统	前麦弗逊式独立悬架/前拖曳臂附扭力杆式悬架				
	制动系统	前通风盘式/后盘式或鼓式制动器				
	轮胎规格	195/60 R15				
改款时间		2011年10月				
厂家建议价格(万元)		5.69	5.99	7.89	6.99	7.39

注：厂家建议价格以2016年3～8月为准

G3R 

主要配置

尚雅型：前排SRS双安全气囊、高刚性防撞车身、ABS+BED、电控防盗系统、四门防撞钢梁、整体钢板冲压侧围、CAN-BUS电子智能管家系统、无钥匙进入系统、智能滚码加密防盗系统、一键式起动系统、涡旋式超强制冷空调、智能行车电脑、四门电动车窗、AUX+USB接口、高保真CD音响系统、晶钻式透镜前照灯、高位制动灯、前照灯高度可调、铝合金轮辋、8方向显示防炫内后视镜、电动调节外后视镜带侧转向灯、液晶多功能高清组合仪表、转向盘上下调节、方位指示倒车雷达、防潜滑高级打孔豪华座椅

车身颜色：法兰红、天山白、雅典银、马赛灰、德兰黑

主要车型参数及价格

	车 型	1.5L 尚雅型	1.8L 尚雅型
基本参数	长×宽×高(mm)	4380×1705×1490	
	轴距(mm)	2600	
	最小离地间隙(mm)	170	
	整备质量(kg)	1170	1190
	车身材料	钢板	
	车身类型/乘员人数	2厢5门/5	
发动机参数	发动机型号	BYD473QD	BYD483QA
	排量(mL)	1497	1839
	额定功率[kW/(r/min)]	80/5800	90/6000
	最大转矩[N·m/(r/min)]	144/4800	160/3700～4200
	排放标准	国IV	
底盘参数	变速器类型	5挡手动	智能CVT无级变速器
	驱动类型	前驱	
	悬架系统	前麦弗逊式独立悬架/后拖曳臂式扭力杆悬架	
	制动系统	前通风盘式/后盘式制动器	
	轮胎规格	195/60 R15	
工信部综合工况油耗(L/100km)		6.5	7.9
上市时间		2011年4月8日	
厂家建议价格(万元)		5.99	7.39

注：厂家建议价格以2016年3～8月为准

BYD F3

主要配置

舒适型：ABS+EBD、HPS液压助力式转向系统、电控防盗系统、遥控中控门锁、儿童安全锁、后排儿童座椅固定装置、无钥匙进入系统、智能滚码加密防盗系统、智能遥控钥匙、一键式起动系统、CAN—BUS电子智能管家系统、4门电动车窗、涡旋式超强制冷空调、车内空气净化系统、单碟CD、SD卡+USB+AUX接口、6扬声器、动感水晶前照灯、前照灯高度调节、后雾灯、LED后Logo、LED高位制动灯、间歇式无骨前刮水器、电动外后视镜带侧转向灯、普通防炫内后视镜、LED自发光式组合仪表、防潜滑高级打孔豪华座椅、后风窗玻璃电加热除霜

豪华型：舒适型+SRS双安全气囊，AT豪华型增加、BOS制动优先、博世第九代ESP车辆稳态控制系统、TCS牵引力控制系统、HAC上坡辅助控制系统、HBA液压制动辅助系统、电动外后视镜带侧转向灯、照脚灯

尊贵型：豪华型+双层双模式电动天窗、倒车可视系统、多媒体系统、NAVI语音电子导航系统、倒车雷达、多功能豪华转向盘带音响控制系统、车载蓝牙、车载电话、鲨鱼鳍GPS自动天线、自动开启前照灯、前雾灯

车身颜色：冰海蓝、德兰黑、雅典银、天山白

主要车型参数及价格

车型		1.5L MT			1.5L AT	
		舒适型	豪华型	尊贵型	豪华型	尊贵型
基本参数	长×宽×高(mm)	4605×1705×1490				
	轴距(mm)	2600				
	前/后轮距(mm)	1480/1460				
	油箱容积(L)	50				
	整备质量(kg)	1210				
	车身材料	钢板				
	车身类型/乘员人数	3厢4门/5				
发动机参数	发动机型号/类型	BYD473QE/直列4缸 16气门 水冷 SOHC VVL EGR 全铝合金发动机				
	排量(mL)	1497				
	额定功率[kW/(r/min)]	80/5800				
	最大转矩[N·m/(r/min)]	145/4800				
底盘参数	变速器类型	5挡手动变速器			6挡手自一体自动变速器	
	驱动类型	前驱				
	悬架系统	前麦弗逊式独立悬架/后拖曳臂附扭力杆式悬架				
	制动系统	前通风盘式/后盘式或鼓式制动器				
	轮胎规格	195/60 R15				
上市时间		2014年3月25日				
厂家建议价格(万元)		5.19	5.59	6.29	6.59	7.29

注：厂家建议价格以2016年3～8月为准

F3R BYD

主要配置

精英型：VMP智能助力转向系统、电控防盗系统、ECU节油控制电脑、涡旋式超强制冷空调、车内空气净化系统、电动车窗、收音机带MP3接口、鹰眼智能晶钻前照灯、钢制轮辋、防潜滑打孔座椅、驾驶座椅多向调节

舒适型：精英型+SRS双安全气囊、ABS+EBD、单碟CD

时尚型：舒适型+倒车雷达、电动天窗

自动挡AT：舒适型+铝合金轮辋

主要车型参数及价格

	车 型	精英型	舒适型	时尚型	自动挡 AT
基本参数	长×宽×高(mm)	4325×1705×1490			
	轴距(mm)	2600			
	最小离地间隙(mm)	170			
	油箱容积(L)	50			
	整备质量(kg)	1170			
	车身类型/乘员人数	2厢5门/5			
发动机参数	发动机型号	BYD473QE 全铝合金发动机缸体			4G18
	发动机类型	直列4缸 16气门			
	排量(L)	1488			1584
	额定功率[kW/(r/min)]	80/5800			73.5/6000
	最大转矩[N·m/(r/min)]	145/4800			134/4500
	排放标准	欧Ⅳ			
底盘参数	变速器类型	5挡手动			4挡自动
	驱动类型	前驱			
	悬架系统	前麦弗逊式独立悬架/后拖曳臂式悬架			
	制动系统	前通风盘式/后鼓式制动器			前通风盘式/后盘式制动器
	轮胎规格	195/60 R15			
性能	最高车速(km/h)	170			
工信部综合工况油耗(L/100km)		6.5			7.8
改款时间		2011年3月18日			
厂家建议价格(万元)		5.39	5.89	6.39	6.99

注：厂家建议价格以2016年3～8月为准

F0

主要配置

铉酷型：高刚性防撞车身、整体钢板冲压侧围、溃缩吸能转向柱、机械式转向系统、溃缩吸能式制动踏板、防侧撞安全保护杆、儿童安全锁、遥控中控门锁、电控防盗系统、智能钥匙系统、后背门电子解锁、超强制冷涡旋式空调、车内空气净化系统、前/后侧门电动车窗、收音机+AUX接口+USB接口+SD卡插槽、2扬声器、炫酷前照灯、迎风天线、发光后LOGO、LED日间行车灯、高位制动灯、钢制轮辋、高级织物座椅、前排座椅手动调节、后排座椅放倒

悦酷型：铉酷型+ABS+EBD、HPS液压助力式转向系统、分体式转速表，铉酷型AMT增加前排SRS双安全气囊、单碟CD、铝合金轮辋

尚酷型：悦酷型+前排SRS双安全气囊、单碟CD、铝合金轮辋、背门玻璃刮水器、前雾灯、后风窗玻璃电加热除霜

车身颜色：魅力橙、德兰黑、内蒙紫蓝、天山白

主要车型参数及价格

	车　型	铉酷型	悦酷型	尚酷型	铉酷型AMT	悦酷型AMT
基本参数	长×宽×高(mm)	3460×1618×1465				
	轴距(mm)	2340				
	前/后轮距(mm)	1420/1410				
	油箱/行李舱容积(L)	30/140				
	整备质量(kg)	870				
	车身材料	钢板				
	车身类型/乘员人数	2厢5门/5				
发动机参数	发动机型号/类型	BYD371QA/3缸 全铝合金发动机缸体				
	排量(mL)	998				
	额定功率[kW/(r/min)]	50/6000				
	最大转矩[N·m/(r/min)]	90/4000～4500				
	排放标准	国Ⅳ				
底盘参数	变速器类型	5挡手动			5挡手自一体	
	驱动类型	前驱				
	悬架系统	前麦弗逊式独立悬架/后拖曳臂附扭力梁式悬架				
	制动系统	前通风盘式/后鼓式制动器				
	轮胎规格	165/60 R14				
性能	最高车速(km/h)	151				
工信部综合工况油耗(L/100km)		5.2			–	
上市时间		2012年5月8日			2013年9月3日	
厂家建议价格(万元)		3.79	4.19	4.79	4.39	4.79

注：厂家建议价格以2016年3～8月为准

多用途乘用车
MPV

此专栏由华晨宝马汽车有限公司特别支持

北汽福田汽车股份有限公司 Beiqi Foton Motor Co.,Ltd.

蒙派克

蒙派克 MP-X

主要配置

快运版：车内中控锁、前电动车窗、电动空调、外接音源接口(AUX/USB/iPod等)、氙气前照灯、前雾灯、第二排座椅移动(前翻)、后排座椅放倒方式(前翻)、前座中央扶手

商运版：车内中控锁、遥控钥匙、前电动车窗、电动空调、外接音源接口(AUX/USB/iPod等)、多媒体系统、氙气前照灯、前雾灯、真皮转向盘、第二排靠背角度调节、第二排座椅移动、后排座椅放倒方式(侧翻)

主要车型参数及价格

车型		快运版			商运版			
基本参数	长×宽×高(mm)	5245×1825×2030			5245×1825×2030			
	轴距(mm)	3430			3430			
	前/后轮距(mm)	1560/1540			1560/1540			
	最小离地间隙(mm)	160			160			
	车身材料	钢板			钢板			
	乘员人数	5、6、10			5、6、10			
发动机参数	发动机型号	4Gi	4G63	4JB1T	4Gi	4G63	五十铃	4G63S4M
	排量(mL)	1998	1997	2499	1998	1997	2499	1998
	额定功率[kW]	95	90	65	95	90	65	90
	最大转矩[N·m]	186	165	225	186	165	225	165
	排放标准	国IV	国V	国IV	国IV	国V	国IV	国V
底盘参数	变速器类型	5挡手动			5挡手动			
	驱动类型	后驱			后驱			
	悬架系统	前双横臂式独立悬架/后钢板弹簧非独立悬架						
性能	最高车速(km/h)	160			160			
厂家建议价格(万元)		7.80	8.00	9.90	8.56～11.58			

注：厂家建议价格以2016年3～8月为准

北京汽车股份有限公司 BAIC MOTOR CORPORATION Ltd.

北汽威旺M35　北汽威旺M30　北汽威旺M20

北汽威旺M35是M30的升级版车型，新车的配置比M30更加丰富，外观内饰也进行了调整。

突出特征：前脸采用了更显档次的镀铬格栅，品牌LOGO也使用镂空的设计。增加了黑色下包围和前、后下护板，更具跨界风格。采用了全新的黑色与棕色搭配的双色内饰，配置了平底转向盘和铝制踏板，中控台装饰面板采用烤漆处理，看起来更加年轻时尚。M35内部仍采用2+2+3的座椅布局。搭载1.5L自然吸气发动机，有BJ415B和DAM15两款不同型号，两台发动机匹配的均为5挡手动变速器。

北汽威旺M35

年度新上市车型

主要配置

标准型： ABS防抱死制动系统、EBD制动力分配系统、EPS助力转向系统、吸能式转向柱、倒车雷达、驾驶席安全带未系报警、车身防盗装置、车门未关报警、中控锁、儿童安全锁、前/顶蒸空调、前/后排电动窗、驾驶席一键下降车窗、行车电脑、电控加速踏板、收音机、MP5(9英寸中控屏+GPS导航+手机互联+蓝牙)、多功能转向盘(音量/选台)、4扬声器、USB接口、SD卡槽、镀铬前格栅、车身同色保险杠、车窗镀铬装饰条、车身同色外后视镜、镀铬外开手柄、车身运动包围、尾窗镀铬装饰条、卤素前组合前照灯、前雾灯、高位制动灯、车顶行李架、尾部扰流板、外置天线、普通前刮水器、后刮水器(带喷水)、后风窗除雾、LED示廓灯、后挡泥板、发动机下护板、电动外后视镜、炮筒式仪表、三幅式转向盘、皮质座椅、发动机装饰罩、转向盘角度可调、脚部休息踏板、驾驶席座椅6向手动调节、副驾驶座椅4向手动调节

舒适型： 标准型+前排安全气囊、五门遥控锁、倒车影像、无骨前刮水器

车身颜色： 大地棕、格林兰白、闪电蓝、玛瑙红、银色、大漠金、长城灰

内饰颜色： 黑/棕

主要车型参数及价格

	车　型	标准型		舒适型	
基本参数	长×宽×高(mm)	4440×1700×1855			
	轴距(mm)	2790			
	前/后轮距(mm)	1420/1440			
	最小离地间隙(mm)	155			
	油箱容积(L)	50			
	整备质量(kg)	1270			
	车身材料	金属			
	乘员人数	5、7、8			
发动机参数	发动机型号/类型	BJ415A、DAM15/DVVT			
	排量(mL)	1500			
	额定功率[kW]	78/85			
	最大转矩[N·m]	145/150			
	排放标准/建议用油	国Ⅳ、国Ⅴ/93#(京92#)汽油			
底盘参数	变速器类型	5挡手动			
	驱动类型	前置后驱			
	悬架系统	前麦弗逊式独立悬架/后五连杆螺旋弹簧悬架			
	制动系统	前通风盘式/后鼓式制动器			
	轮胎规格	195/65 R15			
性能	最高车速(km/h)	150			
工信部综合工况油耗(L/100km)		6.8			
上市时间		2016年3月			
厂家建议价格(万元)		国Ⅳ 5.58	国Ⅴ 5.63	国Ⅳ 6.08	国Ⅴ 6.13

注：厂家建议价格以2016年3～8月为准

北汽威旺M30

北汽威旺M30在M20的基础上升级而来，七座布局、两种悬架形式以及两款1.5L发动机。

细节部分的调整使M30看上去更加年轻时尚，前脸使用了大面积的镀铬装饰，分体式尾灯与镀铬饰条相连接带来的视觉效果不错。2790mm的轴距在竞争对手中绝对属于中等偏上水准。行李舱空间比较宽裕，拆卸掉第三排座椅并将第二排座椅向前翻折之后，行李舱空间完全可以满足各种拉货的需求。在动力方面，代号为DAM15的发动机拥有DVVT技术，最大输出功率达到了85kW、峰值转矩达到了150Nm。

主要配置

基本型：EPS助力转向系统、吸能式转向柱、倒车雷达、驾驶席安全带未系报警、车身防盗装置、车门未关报警、儿童安全锁、五门遥控锁、电控加速踏板、前/顶蒸空调、前/后电动窗、驾驶席一键下降车窗、行车电脑、MP5(9英寸中控屏+GPS导航+手机互联+蓝牙)、收音机、4扬声器、USB接口、镀铬前格栅、车身同色保险杠、车窗镀铬装饰条、镀铬外开手柄、尾窗镀铬装饰条、镀铬后牌照装饰条、卤素前组合前照灯、LED示廓灯、前雾灯、高位制动灯、钢制轮辋、尾部扰流板、外后视镜手动调节、外置天线、前刮水器、后挡泥板、发动机下护板、炮筒式主仪表、三幅式转向盘(镀铬LOGO)、织物座椅

舒适型：基本型+ABS防抱死制动系统、EBD制动力分配系统、中控锁、6扬声器、SD卡槽、电动外后视镜、铝制轮辋、车顶行李架、后刮水器(带喷水)、后风窗除雾、转向盘角度可调、多功能转向盘(音量/选台)

车身颜色：大地棕、格林兰白、闪电蓝、玛瑙红、银色、大漠金、长城灰

内饰颜色：黑色、米色

主要车型参数及价格

	车　型	基本型		舒适型	
基本参数	长×宽×高(mm)	4440×1700×1783			
	轴距(mm)	2790			
	前/后轮距(mm)	1420/1440			
	最小离地间隙(mm)	145			
	油箱容积(L)	50			
	整备质量(kg)	1270			
	车身材料	金属			
	乘员人数	5、7、8			
发动机参数	发动机型号/类型	DAM15/DVVT			
	排量(mL)	1500			
	额定功率[kW]	85			
	最大转矩[N·m]	150			
	排放标准/建议用油	国Ⅳ、国Ⅴ/93#(京92#)汽油			
底盘参数	变速器类型	5挡手动			
	驱动类型	前置后驱			
	悬架系统	前麦弗逊式独立悬架/后五连杆螺旋弹簧悬架			
	制动系统	前通风盘式/后鼓式制动器			
	轮胎规格	185/65 R14			
性能	最高车速(km/h)	150			
工信部综合工况油耗(L/100km)		6.8			
上市时间		2015年9月			
厂家建议价格(万元)		国Ⅳ 4.73	国Ⅴ 4.78	国Ⅳ 5.38	国Ⅴ 5.43

注：厂家建议价格以2016年3～8月为准

北汽威旺M20

主要配置

经济型： EPS助力转向系统、吸能式转向柱、驾驶席安全带未系报警、车门未关报警、中控锁、儿童安全锁、前排电动窗、后排手动窗、驾驶席一键下降车窗、行车电脑、机械接线加速踏板、收音机、2扬声器、USB接口、黑色皮纹前格栅、车身同色保险杠、黑色皮纹外后视镜、黑色皮纹外开手柄、卤素组合前照灯、LED示廓灯、高位制动灯、钢制轮毂、外置天线、前刮水器、外后视镜手动调节、三幅式转向盘(镀铬LOGO)、织物面料座椅、后挡泥板、发动机下护板

实用型： 经济型+倒车雷达、车身防盗装置、行驶状态自动锁止、前/顶蒸空调、后排电动窗、4扬声器、喷钛银前格栅、车身同色外后视镜、车身同色外开手柄、前雾灯、尾部扰流板、发动机装饰罩

基本型： 实用型+电子油门踏板

标准型： 基本型+后悬架(五连杆螺旋弹簧)

舒适型： 标准型+ABS防抱死制动系统、EBD制动力分配系统、五门遥控锁、MP5、6扬声器、SD卡槽、蓝牙免提、车顶行李架、后刮水器(带喷水)、后风窗除雾、铝制轮辋、轮毂中心盖、副驾驶遮阳板化妆镜、绒布面料座椅、多功能转向盘(音量/选台)

豪华型： 舒适型+驾驶席安全气囊

超豪华型： 豪华型+副驾驶安全气囊、仿皮质座椅、转向盘角度可调

车身颜色： 格林兰白、闪电蓝、玛瑙红、银色、大漠金、长城灰

内饰颜色： 黑色、米色

主要车型参数及价格

	车　型	经济型	实用型	基本型	标准型	舒适型	豪华型	超豪华型
基本参数	长×宽×高(mm)	4440×1700×1783						
	轴距(mm)	2790						
	前/后轮距(mm)	1420/1440						
	最小离地间隙(mm)	162						
	油箱容积(L)	50						
	整备质量(kg)	1270						
	乘员人数	5、7、8						
发动机参数	发动机型号	A122	BJ415A	BJ415B、DAM15DL				
	排量(mL)	1500						
	额定功率[kW]	63.5	75	78、85				
	最大转矩[N·m]	145、150						
	排放标准/建议用油	国Ⅳ、京Ⅴ/93#(京92#)汽油						
底盘参数	变速器类型	5挡手动						
	驱动类型	前置后驱						
	前悬架系统	麦弗逊式独立悬架						
	后悬架系统	钢板弹簧悬架			五连杆螺旋弹簧悬架			
	制动系统	前通风盘式/后鼓式制动器						
	轮胎规格	185/65 R14						
性能	最高车速(km/h)	150						
工信部综合工况油耗(L/100km)		6.5						
上市时间		2013年9月						
厂家建议价格(万元)		3.98/4.03	4.68	4.68	4.88	5.18	5.48	5.68

注：厂家建议价格以2016年3～8月为准

Brilliance Auto
华 晨 汽 车

华晨汽车集团控股有限公司 Huachen Automotive Group Holdings Co.,Ltd.

华颂：华颂7

金杯：全新阁瑞斯 阁瑞斯丰田系列

主要配置

舒适型： 前排双安全气囊、ABS+EBD、ESP车身电子稳定系统、电子制动辅助系统、前排预拉紧式安全带、全席三点式安全带、安全带未系提示、第二排ISOFIX儿童座椅固定装置、发动机电控防盗系统、车门防撞钢梁、倒车雷达、门锁20km自动上锁、动力转向、车内中控锁、前照灯忘关提醒与钥匙忘拔提醒、拉门儿童锁、折叠式遥控钥匙、电动车窗(前门+拉门)、一触式尾门解锁、电动空调、单碟CD+MP3/WMA支持+AUX-IN外接音源接口、仪表内行车电脑显示屏、USB接口、6扬声器、卤素前照灯、镀铬散热器格栅、天线(集成在后风窗玻璃)、双侧拉门、后组合LED灯、后雾灯、转向灯(集成在外后视镜上)、高位LED制动灯、后除霜器、防炫内后视镜、车载电源、多功能PU转向盘、针织座椅、数字组合仪表

豪华型： 舒适型+侧安全气囊(集成在前座椅)、电动单天窗、前风窗玻璃防紫外线/隔热、真皮座椅、多功能真皮包裹转向盘

旗舰型： 豪华型+倒车可视、GPS、车载蓝牙、中控台彩色可触摸大屏、8扬声器、氙气前照灯、前雾灯、右侧电动防夹拉门、日间行车灯

主要车型参数及价格

车 型		华颂7 2.0T		
		舒适型（7座）	豪华型（7座）	旗舰型（7座）
基本参数	长×宽×高(mm)	5005×1909×1935		
	轴距(mm)	2990		
	车身材料	钢板		
	乘员人数	7		
发动机参数	发动机型号	N20		
	发动机类型	直列4缸 16气门 2.0L涡轮增压发动机		
	排量(mL)	1997		
	额定功率[kW/(r/min)]	135/4800		160/5000
	最大转矩[N·m/(r/min)]	270/1250～4800		315/1250～4800
	排放标准	国Ⅴ+OBD		
底盘参数	变速器类型	6挡手自一体		
	悬架系统	前双横臂扭杆弹簧独立悬架/后单臂独立悬架		
	制动系统	前/后盘式制动	前/后盘式制动	前/后盘式制动
	轮胎规格	215/60 R16	215/55 R17	
工信部综合工况油耗(L/100km)		9.6		
上市时间		2015年3月27日		
厂家建议价格(万元)		23.77	25.77	28.77

注：厂家建议价格以2016年3～8月为准

全新阁瑞斯 GRANSE

主要配置

标准型： ABS+EBD、单安全气囊、全席安全带、遥控中控门锁、门锁20公里自动上锁、点火锁圈延时、前照灯忘关提醒与钥匙忘拔提醒、动力转向、车门儿童保护锁、倒车雷达、线控加速踏板、前门电动窗、电动空调、前/后冷风、前/后暖风、单碟CD+USB+AUX、6扬声器、前/后雾灯、窗式天线、双侧拉门、前/后洗涤器、前/后无骨刮水器、后除霜器、电动外后视镜(带转向灯)、LED高位制动灯、拉门上车扶手、全车阻尼式扶手、高档织物面料、转向盘(真皮包裹/音响按键)，11座增加单侧仅右拉门

旗舰型： 标准型+双安全气囊、DVD+USB+AUX+蓝牙，11座增加单侧仅右拉门

内饰颜色： 经典米色

主要车型参数及价格

车型		2.4系列					
		标准型			旗舰型		
基本参数	长×宽×高(mm)	4905×1800×1970(7座)，5350×1800×1980(9、11座)					
	轴距(mm)	2985	3430		2985	3430	
	车身材料	钢板					
	乘员人数	7	9	11	7	9	11
发动机参数	发动机型号	4RB2					
	发动机类型	直列4缸 16气门 单顶置凸轮轴 自然吸气发动机					
	排量(mL)	2438					
	额定功率[kW/(r/min)]	102/4600～5000					
	最大转矩[N·m/(r/min)]	217/2600～3200					
	排放标准	国V					
底盘参数	变速器类型	5挡手动					
	驱动类型	后驱					
	悬架系统	前双横臂扭杆弹簧独立悬架/后螺旋簧前置斜定位式单臂独立悬架					
	制动系统	前通风盘式/鼓式制动器					
	轮胎规格	205/70 R15	195/70 R15C		205/70 R15	195/70 R15C	
上市时间		2014年					
厂家建议价格(万元)		–	–	–	16.18	16.28	16.48

注：厂家建议价格以2016年3～8月为准

阁瑞斯丰田系列
GRANSE

主要配置

丰田2.0系列

豪华型：双安全气囊、ABS+EBD、全席安全带、动力转向、遥控中控门锁、门锁20km自动上锁、点火锁圈延时、前照灯忘关提醒与钥匙忘拔提醒、倒车雷达、车门儿童保护锁、前门电动窗、电动空调、前/后冷风、前/后暖风、单碟CD+USB+AUX、6扬声器、前/后雾灯、窗式天线、双侧拉门、后扰流板、LED高位制动灯、线控加速踏板、前/后洗涤器、前/后无骨刮水器、后除霜器、拉门上车扶手、全车阻尼式扶手、电动外后视镜(带转向灯)、高档织物面料、转向盘(真皮/音响按键)，11座增加单侧仅右拉门

丰田2.7系列

标准型：双安全气囊、ABS+EBD、全席安全带、双侧拉门、右侧电动拉门、动力转向、前门电动窗、遥控中控门锁、门锁20km自动上锁、点火锁圈延时、前灯忘关提醒与钥匙忘拔提醒、车门儿童保护锁、电动空调、前/后冷风、前/后暖风、单碟CD+USB+AUX、6扬声器、前/后雾灯、窗式天线、电动外后视镜(带转向灯)、LED高位制动灯、线控加速踏板、前/后无骨刮水器、后除霜器、拉门锁紧、拉门上车扶手、全车阻尼式扶手、转向盘(普通/带音响按键)，11座增加单侧仅右拉门

豪华型：标准型+倒车雷达、双天窗、车载蓝牙、DVD+USB+AUX+蓝牙、转向盘(真皮/音响按键/蓝牙)、高档织物面料，11座无天窗

旗舰型：豪华型+后视摄像、DVD+USB+AUX+蓝牙+后视摄像+导航、GPS、车载电源、室内气氛灯，11座增加单侧仅右拉门

内饰颜色：经典米色

主要车型参数及价格

车型		丰田2.0系列			丰田2.7系列										
		豪华型			标准型		豪华型			旗舰型					
基本参数	长×宽×高(mm)	4905×1800×1970(7座)、5350×1800×1980(7座、11座)													
	轴距(mm)	2985	3430				2985	3430		2985	3430		2985	3430	
	车身材料	钢板													
	乘员人数	7	9	11	9	11	7	9	11	7	9	11	7	9	11
发动机参数	发动机型号	1TR			2TR										
	发动机类型	直列4缸 16气门 双顶置凸轮轴 自然吸气发动机													
	排量(mL)	1998			2693										
	额定功率[kW/(r/min)]	98/5600			111/4800										
	最大转矩[N·m/(r/min)]	182/4000			241/3800										
	排放标准	国V													
底盘参数	变速器类型	5挡手动											4挡自动		
	驱动类型	后驱													
	悬架系统	前双横臂扭杆弹簧独立悬架/后螺旋簧前置斜定位式单臂独立悬架													
	制动系统	前通风盘式/后鼓式制动器													
	轮胎规格	205/70 R15	195/70 R15				205/70 R15	195/70 R15		205/70 R15	195/70 R15		205/70 R15	195/70 R15	
上市时间		2014年													
厂家建议价格(万元)		16.98	20.98	17.08	20.98	20.68	23.38	23.78	23.68	–	–	–	26.48	26.88	27.18

注：厂家建议价格以2016年3～8月为准

华晨宝马汽车有限公司 BMW Brilliance Automotive Ltd.

BMW2系

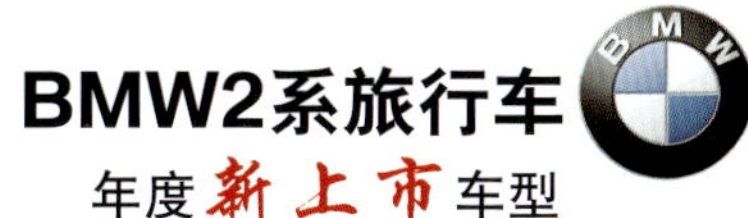

BMW2系旅行车

年度**新上市**车型

主要配置

218i

时尚型：前排安全气囊、前后排头部安全气囊、驾驶席和前排乘客侧面安全气囊、防爆轮胎、车轮螺栓锁、报警系统、后部驻车距离报警器、行车自动落锁、伺服式助力转向系统、BMW互联驾驶(智能紧急呼叫/远程售后服务)、BMW基础多媒体系统、雾灯、雨量探测器和自动前照灯控制、墨灰色/全景玻璃天窗/带滑行和提升功能、黑色车顶行李架、金属漆、警告三角标志和急救包、多功能运动型真皮包裹转向盘、后排座椅调节、吸烟配套、前排扶手、储物套件、丝绒脚垫、Grid布料座椅

领先型：时尚型+高级双区自动空调/带后排扩展出风口、LED前照灯扩展型

运动设计套装：领先型+运动设计套装、sensatec合成皮/全景玻璃天窗、后视镜组件、前排座椅电动调节、驾驶座椅带记忆功能、前排运动型座椅、后排座椅调节

220i

领先型：220i运动设计套装+铝制车顶行李架、外部镀铬饰件、照明组件、自动防炫功能的内部后视镜

豪华设计套装：领先型+前/后部驻车距离报警器、巡航控制系统带制动功能、自动泊车辅助系统、后视摄像机、互联驾驶(资讯在线)、远程协助服务、BMW导航系统、高保真音响系统、BMW基础多媒体系统、豪华设计套装、Dakota多孔型真皮/全景玻璃天窗、后行李舱盖带自动操控、前排座椅腰部支撑、前排座椅加热功能

车身颜色：宝石青、开士米银、哈瓦那灰、矿石白、栗铜棕色、铂金银、墨尔本红、地中海蓝、巴伦西亚橙、星光棕、雪山白

内饰颜色：深色亚光氧化银内饰/带黑色高光装饰条、黑色高光内饰/带珠光镀铬装饰条、深色亚光氧化银内饰/带黑色高光装饰条、溪水细线纹高级木饰/带珠光镀铬装饰条

主要车型参数及价格

车　型		218i			220i	
		时尚型	领先型	运动设计套装	领先型	豪华设计套装
基本参数	长×宽×高(mm)	4342×1800×1600				
	轴距(mm)	2670				
	前/后轮距(mm)	1561/1562				
	油箱/行李舱容积(L)	61/468-1510				
	整备质量(kg)	1507				
	车身材料	钢板				
	车身类型/乘员人数	旅行车/5				
发动机参数	发动机类型	水冷 涡轮增压 Valvetronic电子气门 高精度直喷 电弧喷涂				
	排量(mL)	1499			1998	
	额定功率[kW/(r/min)]	100/4400			141/5000	
	最大转矩[N·m/(r/min)]	220/1250～4300			280/1250	
	建议用油	95#无铅燃油				
底盘参数	变速器类型	6挡手自一体变速器			8挡手自一体变速器	
	驱动类型	前驱				
	轮胎规格	205/60 R16		225/50 R17		
性能	最高车速(km/h)	205			225	
工信部综合工况油耗(L/100km)		5.9			6.3	
上市时间		2016年3月21日				
厂家建议价格(万元)		23.69	24.99	26.99	29.89	33.19

注：厂家建议价格以2016年3～8月为准

一汽轿车

一汽轿车股份有限公司 FAW Car Co.,Ltd.

马自达：Mazda 8

Mazda 8

主要配置

精英版： 前排安全气囊、3H结构高刚性车身、ABS防抱死制动系统、EBD电子制动力分配系统、BA机械式制动辅助系统、智能倒车雷达、儿童安全锁、ISO FIX儿童安全座椅固定装置、防盗自动报警装置、发动机芯片锁止防盗系统、车门未关报警提示、燃油低限报警、定速巡航、三区独立控制全自动空调带第三排出风口、外部温度显示、花粉过滤器、前后门车窗玻璃一触式升降带防夹功能、前后门车窗玻璃延时关闭功能、6扬声器立体声音响系统、AM/FM收音机、音响音量随车速变化自动控制系统、可播放MP3/WMA格式的单碟CD机、USB、SD卡、AUX-IN、IPOD、后雾灯、LED高位制动灯、间歇可调式自动前刮水器、间歇式后刮水器、后风窗除霜、双侧滑动门、运动型水箱面罩上部带镀铬装饰、钻石切割防炫组合前照灯、前/后组合灯银色底衬、LED日间行车灯、LED后组合尾灯、电动调整/折叠外后视镜/驾驶席侧广角镜、车身带侧转向灯、车身同色前运动型保险杠、全车高级真皮座椅、三维立体浮雕式自发光仪表、中控台蓝色迎宾照明系统、角度可调转向盘、转向盘带音响/定速巡航控制键、前座椅加热、驾驶席座椅6向手动调节、副驾驶座椅4向手动调节

至尊版： 精英版+前排侧安全气囊、第一排至第三排侧安全气帘、EBA电子式制动辅助系统、DSC动态稳定控制系统、TCS发动机牵引力控制系统、高级智能钥匙、电动天窗、可播放MP3/WMA格式的虚拟六碟CD机、车身同色后运动型保险杠、运动型水箱面罩下部带镀铬装饰、外后视镜带侧转向灯、车身侧镀铬装饰条、光感式智能前照灯自动开闭系统、第一排斥水型车窗玻璃、斥水型外后视镜、外后视镜带加热功能、雨量感应式智能前刮水器、智能双模式双侧电动滑动门带防夹功能和轻松关闭功能/可多点操控(驾驶席侧/双B柱/遥控钥匙/内/外门把手)、驾驶席座椅8向电动调节、镀铬装饰空调出风口及空调旋钮、蓝色剧院氛围照明系统、自动防炫内后视镜

领航版： 至尊版+倒车摄像头、可播放MP3/WMA格式的单碟DVD机、中央8英寸触摸屏、导航、蓝牙、TELEMETICS后台服务、副驾驶座椅4向电动调节

车身颜色： 紫晶檀、炫亮银、极夜黑、流星灰、珠光白

内饰颜色： 黑色

主要车型参数及价格

车型		精英版	至尊版	领航版
基本参数	长×宽×高(mm)	4860×1852×1685		
	轴距(mm)	2950		
	前/后轮距(mm)	1610/1602		
	前/后悬距(mm)	919/991		
	最小离地间隙(mm)	155		
	油箱/行李舱容积(L)	69/270−759		
	整备质量(kg)	1766	1787	
	车身材料	钢板		
	乘员人数	7		
发动机参数	发动机型号/类型	L5/直列4缸 16气门 双顶置凸轮轴 多点喷射全铝合金缸体汽油发动机 S-VT可变气门正时控制系统 VIS可变进气歧管系统 TSCV可变涡流控制系统 EGR电子控制节气阀		
	排量(mL)	2488		
	额定功率[kW/(r/min)]	120/6000		
	最大转矩[N·m/(r/min)]	226/4000		
	排放标准/建议用油	国Ⅳ/93#及以上无铅汽油		
底盘参数	变速器型号/类型	FSTC/5挡手自一体		
	驱动类型	前驱		
	悬架系统	前麦弗逊式独立悬架带横向稳定杆/后多连杆式独立悬架带横向稳定杆		
	制动系统	前后通风盘式制动器		
	轮胎规格	215/65 R16		215/60 R17
性能	最高车速(km/h)	185		
	90km/h等速油耗(L/100km)	6.7		
工信部综合工况油耗(L/100km)		9.6		
改款时间		2015年1月		
厂家建议价格(万元)		21.98	24.98	25.98

注：厂家建议价格以2016年3～8月为准

一汽吉林汽车有限公司 Faw Jilin Automobile Co.,Ltd.

佳宝V80

佳宝V80

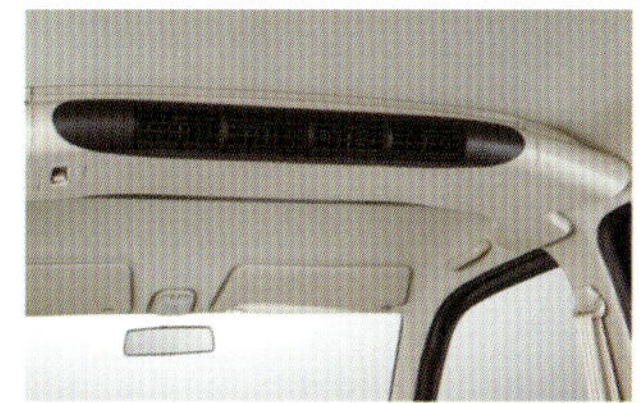

主要配置

标准型：电动前门玻璃升降器、普通电调收音机、前照灯高度可调、牌照装饰板-黑色、车门外拉手-黑色、成型顶、A柱上下护板、B柱下护板、前门平板内饰、单色仪表板、加油口盖车内开启

舒适型：标准型+可溃缩式转向柱、中控锁(前门/滑门)、前雾灯、铝合金轮辋、牌照装饰板-同色、车门外拉手-同色、B柱上护板、前门异形内饰、双色仪表板，商务版舒适型增加后刮水器、后洗涤器、后门窗除霜线、第二排独立座椅带扶手/滑道

豪华型：舒适型+ABS、助力转向、中央空调、电动外后视镜

车身颜色：丝缎银、钛金灰、琴海蓝、典雅白

主要车型参数

车型		商务版			物流版		厢式运输车
		标准型	舒适型	豪华型	标准型	舒适型	标准型
基本参数	长×宽×高(mm)	4205×1685×1910					
	轴距(mm)	2700					
	前/后轮距(mm)	1440/1430					
	油箱容积(L)	46					
	整备质量(kg)	1245/1260					1220/1245
	乘员人数	5~8	7		5、8		2、4
发动机参数	发动机型号/类型	CA4GX13/直列4缸 16气门 双顶置凸轮轴发动机					
	排量(mL)	1298					
	额定功率[kW/(r/min)]	65/5000~6000					
	最大转矩[N·m/(r/min)]	120/4000~4600					
	排放标准/建议用油	国Ⅳ/93#汽油					
底盘参数	变速器类型	5挡手动					
	后悬架系统	钢板弹簧悬架		多杆式螺旋弹簧悬架	钢板弹簧悬架		
	制动系统	前盘式/后鼓式制动器					
	轮胎规格	175/70 R14LT					
性能	最高车速(km/h)	140					
工信部综合工况油耗(L/100km)		6.9					
上市时间		2013年4月20日					

注：价格请咨询厂家或经销商

上汽大众汽车有限公司 SAIC VOLKSWAGEN Automotive Co.,Ltd.

全新途安 L

All New Touran L

—— 全新途安L ——

年度新上市车型

主要配置

豪华版： 前排正面及侧面安全气囊、前后贯穿式头部安全气帘、驾驶员膝部安全气囊、新一代ESP车身动态电子稳定系统(含ABS/EBD/CBC/MSR/EDS/TCS/HBA/HBV/BSW/DSR/NBW/ROP/XDS)、MKB预防多次碰撞制动系统、HHC坡道起步辅助系统、RKA智能胎压检测系统、EPB电子驻车制动+Auto hold自动驻车功能、SWA智能变道辅助系统、MKE智能疲劳监测系统、EPS车速感应式电子动力转向系统、前排WOKS安全头枕、前排三点式燃爆式预紧限力安全带/高度可调/安全带未系报警功能/驾驶席侧带动态锁止功能、第二排三点式燃爆式预紧限力安全带、第二排外侧座椅预留ISOFIX儿童安全座椅同步安装装置、激光焊接热成型高强度车身、前后8探头泊车雷达、RVC倒车影像、升级版PLA3.0自动泊车辅助系统、智能电子防盗系统、Start/Stop起停装置与能量回收系统、KESSY无钥匙进入/一键起动系统、前后电动车窗/前后带一键式升降及防夹功能、遥控中央集控门锁(带车窗/天窗及行李舱独立控制)、定速巡航、智能三区独立空调、AQS空气质量感应器、Clean Air PM2.5空气净化系统、前照灯灯未关警告装置、智能电动尾门、高端彩屏多功能行车电脑、智感MIB多媒体娱乐终端(CD/USB/SD/AUX-IN接口/高级蓝压/5.0英寸彩色触屏/Mirror Link)、8高保真立体声扬声器、星耀氙气前照灯带LED日间行车灯/AFS前照灯随动转向/前照灯高度自动调节及前照灯自动清洗装置、前照灯感光自动开启及离家回家照明功能、菱光LED立体尾灯、前雾灯带静态辅助照明功能、星空全景天窗带角度开启/滑动及LED氛围灯、防紫外线隔热玻璃、炫银铝合金车顶行李架、车窗精致镀铬装饰条、运动双排气尾管、前风窗可加热喷嘴、电动调节可加热外后视镜带侧面转向灯、自动防炫目外后视镜带电动折叠/右侧带倒车自动下翻功能、前后风窗静音无骨刮水器、前风窗可加热洗涤喷嘴、智能雨量传感器、自动防炫目内后视镜、转向盘高度长度可调、前后排高度可调头枕、前排可加热电动调节座椅(12向/含4向腰托调节)、尊贵真皮包裹多功能转向盘/换挡手柄

车身颜色： 钢琴黑、简约白、咖啡棕、摩登蓝、魔力灰、热力橙、星光银

内饰颜色： 黑色、灰色、棕色

主要车型参数及价格

	车 型	280TSI自动 豪华版	330TSI 自动 豪华版
基本参数	长×宽×高(mm)	4527×1829×1659	
	轴距(mm)	2791	
	油箱/行李舱容积(L)	58/436	
	整备质量(kg)	1485	1605
	车身材料	钢板	
	乘员人数	5	
发动机参数	发动机类型	TSI涡轮增压汽油直喷发动机	
	排量(mL)	1390	1798
	额定功率[kW/(r/min)]	110/5000	132/4300～6250
	最大转矩[N·m/(r/min)]	250/1750～3000	300/1450～4100
	排放标准/建议用油	国Ⅴ/95#汽油	
底盘参数	变速器类型	DSG 7挡双离合变速器	
	驱动形式	前驱	
	悬架系统	前麦弗逊式独立悬架/后四连杆独立式悬架	
	制动系统	前通风盘式/后实心盘式制动器	
	轮胎规格	215/55 R17	
性能	最高车速(km/h)	204	215
	90km/h等速油耗(L/100km)	5.0	5.6
工信部综合工况油耗(L/100km)		5.9	7.0
上市时间		2016年3月19日	
厂家建议价格(万元)		21.98	23.08

注：厂家建议价格以2016年3～8月为准

上汽通用汽车有限公司 SAIC-GM Co.,Ltd.

别克：GL8豪华商务车 GL8商务车

GL8豪华商务车专为中国经济领军企业（大型企事业机构、国家机关）量身打造，立足全球平台，融合欧美技术，以7大豪华创新，27项极致突破，定义豪华商务车新标准，彰显领军企业非凡实力与成功形象，更昭示了未来豪华商务车的发展趋势，开启豪华商务车新时代。全系4款车型，价格区间28.99万～39.99万元。

主要配置

舒适版：前排安全气囊、前排侧安全气囊、ABS防抱死制动系统、EBD电子制动力分配系统、TCS牵引力控制系统、BOSCH 8.1ESP电子稳定控制系统、后倒车雷达(4探头)、感速型车门自动锁止系统、前排安全带未系提醒、前排双级主动预紧式安全带、中控门锁+遥控钥匙、ISO FIX第二排儿童座椅固定器、4门电动车窗(前排车窗一触式升降带防夹功能)、一键式智能防夹电动天窗、一键起动系统、发动机远程起动、独立双区全自动空调、后排空调出风口、智能车载信息中心、随速自动音量调节功能、豪华CD机/支持MP3及WMA格式碟片功能、6扬声器车载扬声系统、卤素前照灯、自动感应式前照灯、前/后雾灯、扰流板带LED高位制动灯、全新造型LED尾灯、外后视镜电动调整/LED转向灯、Porthole流光舷窗、间歇式刮水器、后风窗热线式除雾功能、高级米色布饰座椅、驾驶席座椅4向手动调节/2向电动座椅、副驾驶座椅4向手动调节、前排座椅手动腰托、第二排多功能行政座椅、第三排6:4分割可倒式座椅、第一、二排座椅4向调节头枕、第三排座椅2向调节头枕、Ice Blue冰蓝环绕氛围灯(点装)、可倾斜式转向盘

行政版：舒适版+On star安吉星全时在线助理、定速巡航、双片式超大全景天窗、中控台7英寸WVGA高清触摸式显示屏、16G硬盘式导航系统(内置5G存储空间)/支持语音命令/单DVD格式光驱/支持MP3/WMA/iPod/CD)、中央储物盒带230V商务续航电源、AUX IN/USB/SD智能多路音源输入系统、Bi-Xenon HID前照灯,自动水平调整、前照灯清洗功能、外后视镜电加热、车身镀铬门把手、豪华米色真皮座椅、真皮包裹多功能转向盘

豪雅版：行政版+倒车可视摄像头、One Touch一触式防夹电动后举升门、右侧防夹电动滑移门、外后视镜电动折叠/蓝玻璃、驾驶席座椅8向电动调节、前排座椅电加热功能、第二排多功能行政座椅带加热功能

旗舰版：豪雅版+侧安全气帘、第二排车顶10.2英寸WVGA高清显示屏、剧院级5.1声道10扬声器Bose豪华音响系统、副驾驶座椅4向电动调节、前排座椅通风功能、第二排多功能行政座椅带通风功能、第二排多功能行政座椅带按摩功能、电子防炫内后视镜、豪华照明迎宾踏板

主要车型参数及价格

	车型	2.4L SIDI		3.0L SIDI	
		舒适版	行政版	豪雅版	旗舰版
基本参数	长×宽×高(mm)	5256×1878×1772	5256×1878×1800(带鲨鱼鳍天线)		
	轴距(mm)	3088			
	前/后轮距(mm)	1593/1601			
	最小离地间隙(mm)	143			
	油箱容积(L)	77			
	整备质量(kg)	1860		1930	
	车身材料	钢板			
发动机参数	发动机类型	2.4L SIDI 智能直喷发动机		3.0L V6 SIDI智能直喷发动机	
	排量(mL)	2384		2997	
	额定功率[kW/(r/min)]	137/6200		190/6800	
	最大转矩[N·m/(r/min)]	240/4800		290/5200	
	排放标准/建议用油	国Ⅳ/92#或以上无铅汽油			
底盘参数	变速器类型	Tiptronic 6挡手自一体			
	驱动类型	前驱			
	悬架系统	前麦弗逊式悬架/后扭杆梁式悬架			
	制动系统	前通风盘式/后实心盘式制动器			
	轮胎规格	225/60 R17			
性能	最高车速(km/h)	180		192	
	0～100km/h加速时间(s)	13.1		10.9	
	90km/h等速油耗(L/100km)	7.3		7.9	
工信部综合工况油耗(L/100km)		10		11.1	
改款时间		2010年11月			
厂家建议价格(万元)		28.99	32.99	36.99	39.99

注：厂家建议价格以2016年3～8月为准

GL8商务车

GL8商务车为中国主力企业（中大型企事业机构、国家机关）量身打造，凭借GL8强大的品牌号召力，创新搭载全球平台、欧美技术最新研发的高效动力，以更强动力、更高效率，体现企业实力与专业、高效形象。全系3款车型，价格区间为20.90万～24.80万元。

主要配置

经典版： 前排安全气囊、前排侧安全气囊、ABS防抱死制动系统、EBD电子制动力分配系统、感速型车门自动锁止系统、前排预紧限力式安全带、前排安全带未系提醒、ISO FIX第二排儿童座椅固定器、中控门锁+遥控钥匙、独立双区手动空调、后排空调出风口、前门自动升降电动窗、高级立体声收音机/AUX IN/USB智能多路音源输入系统(支持MP3格式)、智能车载信息中心、卤素前照灯、前/后雾灯、LED高位制动灯、外后视镜电动调整/带转向灯、后车窗热线式除雾功能、高级米色布饰行政座椅、驾驶席座椅6向手动调节+2向座椅头枕、副驾驶座椅4向手动调节+2向座椅头枕、可倾斜式转向盘

舒适版： 经典版+后倒车雷达(4探头)

行政版： 舒适版+定速巡航、高级皮饰行政座椅、真皮转向盘套

主要车型参数及价格

	车　型	AT 经典版	AT 舒适版	AT 行政版
基本参数	长×宽×高(mm)	5213×1847×1750		
	轴距(mm)	3088		
	前/后轮距(mm)	1586/1596		
	最小离地间隙(mm)	144		
	油箱容积(L)	77		
	整备质量(kg)	1840		
	车身材料	钢板		
发动机参数	发动机类型	2.4L ECOTEC全铝合金缸体发动机		
	排量(mL)	2384		
	额定功率[kW/(r/min)]	123/6500		
	最大转矩[N·m/(r/min)]	225/4400		
	排放标准/建议用油	国Ⅳ/92#或以上无铅汽油		
底盘参数	变速器类型	6挡手自一体		
	驱动类型	前驱		
	悬架系统	前麦弗逊式悬架/后扭杆梁式悬架		
	制动系统	前通风盘式/后实心盘式制动器		
	轮胎规格	225/60 R17		
性能	最高车速(km/h)	175		
	0～100km/h加速时间(s)	13.3		
	90km/h等速油耗(L/100km)	7.5		
工信部综合工况油耗(L/100km)		10.2		
改款时间		2010年12月		
厂家建议价格(万元)		20.90	22.80	24.80

注：厂家建议价格以2016年3～8月为准

上汽大通汽车有限公司 SAIC MAXUS Automotive Co.,Ltd.

上汽大通G10

上汽大通G10

上汽大通全领域MPV G10是上汽集团重磅打造的一款MPV力作，与GL8合称“上汽MPV双雄”。定位于中高端MPV市场，G10曾先后成为APEC、青奥会等赛会的官方指定用车，被称为“大大的MPV”。G10具有“大动力、大空间、大科技、大形象”显著特点，搭载2.0T和2.4L两款发动机，全面满足消费者的全领域需求。动力上，G10的输出功率最高能够达到165kW，峰值转矩345Nm，处于主流高端MPV市场的高端水平；在空间上，G10首创“空间魔盒内舱”设计，最大座位间距可达1230mm，行李舱最大容积达2500L，满足公、商务及家庭生活等多种用途。作为MPV市场的新起之秀，上汽大通始终将消费者需求放在首位，于近日全新推出G10纪念版，此次推出的G10纪念版，更是在澎湃动力的基础上，从科技智能、安全实用、舒适驾乘等多方面进行了全新升级，满足以中小企业业主为主要消费群体的用车需求。

主要配置

时尚版： ABS+EBD、全车三点式安全带、超高强度承载式车身、驾驶座安全气囊、儿童座椅固定装置、感速型车门自动落锁系统、发动机电控防盗系统、前门高刚性防撞钢梁、溃缩吸能式2向可调转向管柱、遥控折叠钥匙、全方位倒车雷达、前后独立手动空调、后排空调专享出风口、车载Wi-Fi、6车载扬声系统、Radio+MP3+AUX、CANBUS车内局域网智能线控系统、晶钻式投射前照灯、LED高位制动灯、前门一键升降防夹电动车窗、电加热后风窗除霜功能、后刮水器、高质感典雅织物座椅、驾驶席座椅6向调节、全席滑轨座椅

纪念版： 时尚版+副驾驶安全气囊，无车载Wi-Fi

精英版： 纪念版+无副驾驶安全气囊

豪华版： 精英版+副驾驶安全气囊、全息倒车影像、前后独立自动空调、NAVI导航系统、7英寸触摸屏高清DVD影音系统、流光式LED尾灯、双侧移门、电加热电动外后视镜、220V商务电源

行政版： 豪华版+胎压监测系统、PEPS无钥匙进入智能系统、一键起动系统、定速巡航、前电动天窗、蓝光晶钻式氙气前照灯、氙气前照灯自动清洗、前照灯延时关闭(伴我回家)、前照灯随光智能感应功能、智能感应刮水器、豪华真皮座椅、多功能转向盘

豪华行政版： 行政版+ESP+HBA+RMI、天幕式全景豪华天窗、吸顶式LED播放系统

车身颜色： 曜石黑、香槟金、橄榄棕、极光银、熔岩灰、勃朗白

主要车型参数及价格

	车型	2.0T自动	2.4手动	2.0T自动	2.0T手动	2.4手动	2.0T自动	2.0T手动	2.4手动	2.0T自动	2.0T手动	2.4手动	2.0T自动	2.0T自动
		时尚版		纪念版			精英版			豪华版			行政版	豪华行政版
基本参数	长×宽×高(mm)	5168×1980×1928												
	轴距(mm)	3198												
	车身材料	钢板												
	乘员人数	7		7、9、10										7、9
发动机参数	发动机类型	2.0TGI	2.4	2.0TGI		2.4	2.0TGI		2.4	2.0TGI		2.4	2.0TGI	
	额定功率[kW]	165	105	165		105	165		105	165		105	165	
	最大转矩[N·m]	345	210	345		210	345		210	345		210	345	
底盘参数	变速器类型	6档自动	5档手动	6档自动	6档手动	5档手动	6档自动	6档手动	5档手动	6档自动	6档手动	5档手动	6档自动	
	驱动类型	后驱												
	悬架系统	前麦弗逊独立悬架/后五连杆悬架												
	制动系统	前后盘式制动器												
	轮胎规格	215/70 R16											–	
性能	最高车速(km/h)	190	160	190		160	190		160	190		160	190	
工信部综合工况油耗(L/100km)		10.3	10.2	10.3	9.3	10.2	10.3	9.3	10.2	10.3	9.3	10.2	10.3	
上市时间		2014年												
厂家建议价格(万元)		13.58～17.08		16.38	14.98	13.78	13.38～17.18			14.98～20.78			19.98～21.78	21.98

注：厂家建议价格以2015年3～8月为准

东风裕隆

东风裕隆汽车有限公司 Dongfeng Yulon Motor Co.,Ltd.

MASTER CEO　新大7 MPV ECO HYPER

MASTER CEO

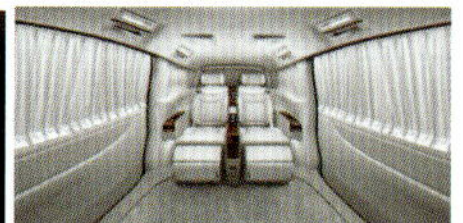

主要配置

旗舰型：前排双安全气囊、后排侧安全气帘、ABS防抱死制动系统、BAS电子制动辅助系统、EBD电子制动力分配系统、ESC动态车辆稳定系统、TCS牵引力控制系统、BOS制动优先系统、SNOW雪地转速模式、THINK+车载信息系统、Eagle View+360度环景影像系统、Side View+车侧安全影像辅助系统、LDWS+行车偏移侦测警示系统、Night Vision+高感光夜视辅助系统、Rear View+后全景影像监控系统、脚踏式驻车系统、电子智能型发动机防盗系统、i-key+整合式卡片钥匙(附遥控防盗功能)、中控锁、Push Start无钥匙起动、智慧预缩式安全带、定速巡航控制系统、车门儿童安全门锁、前后舱独立冷暖恒温空调系统、四门电动窗、双前侦测雷达/双后倒车雷达、双侧滑式电动后车门、电磁式尾门、电磁式开启加油口盖、电动防夹侧滑门、无缝智慧系统、行车电脑、NAVI卫星导航、前座10.2英寸屏幕、前舱整合式CD/DVD/MP3/WMA音响主机、智慧学习声控系统、蓝牙免持系统、驾驶席肩部扬声器(附麦克风)、前座DC12V/AUX-IN/USB插座、氙气前照灯(附自动水平调整)、前照灯清洗器、AFS主动式转向前照灯、光感应自动启闭前照灯系统、后风窗电动除雾、电动后视镜(除雾/电动收折/电动调整/双曲率)、广幅镀铬格栅、回锋设计车身镀铬饰条、一体式镀铬车门把手、前卫晶钻前照灯、LED飞翼式尾灯、LED第三制动灯、前/后雾灯、后视镜LED转向指示灯、中后窗深色玻璃、无骨刮水器、LED日间行车灯、President总裁级电动座椅(附8向电动调整+2组记忆功能)、颈靠功能软式头枕(手动4项调节)、电动舒适腿靠(附记忆功能)、精选顶级Nappa皮革、经典双针车缝线、气压式电动舒压按摩功能、尊荣座椅调温/通风功能、电动充气式腰靠功能、内嵌式雅致时钟、尊荣私密电子隔屏(电动升降式)、尊荣私密电子隔屏变色玻璃、前后舱通信对讲系统、Mini bar冷热双用冰箱、环舱电动窗帘、航天智慧高反差仪表板(亮度可调)、挡位显示器、亮度可调节四幅式转向盘、转向盘快捷键、印刷天线

车身颜色：宝石黑、钛金灰

内饰颜色：灰色

主要车型参数及价格

车　型		旗舰型
基本参数	长×宽×高(mm)	4845×1876×1768
	轴距(mm)	2910
	前/后轮距(mm)	1605/1605
	油箱/行李舱容积(L)	75/630
	整备质量(kg)	1960
	车身材料	钢板
	乘员人数	4
发动机参数	发动机型号/类型	2.2T/16气门 DOHC
	排量(mL)	2198
	额定功率[kW/(r/min)]	138/5200
	最大转矩[N·m/(r/min)]	275/2500～4000
	排放标准/建议用油	国Ⅳ、京Ⅴ/93#及以上汽油
底盘参数	变速器类型	5挡手自一体变速器
	驱动类型	前驱
	悬架系统	前麦弗逊式独立悬架/后扭力梁式半独立悬架
	制动系统	前通风盘式/后实心盘式制动器
	轮胎规格	215/55 R17
性能	最高车速(km/h)	190
工信部综合工况油耗(L/100km)		10.8
上市时间		2012年10月12日
厂家建议价格(万元)		41.80

注：厂家建议价格以2016年3～8月为准

新大7 MPV ECO HYPER

年度新改款车型

纳智捷新大7 MPV于2016年3月份改款上市，是一款面向三代家庭的超享型MPV。
16.98万起即可享新增全系标配双侧电动滑门、三屏一云、超大7座空间，满足全家三代出行所需。

主要配置

舒享型：前排双安全气囊、HRSS高刚性车身结构、ABS防抱死制动系统、BAS电子式制动辅助系统、EBD电子制动力道分配系统、ESC动态车辆稳定系统、TCS循迹防滑系统、BOS制动优先系统、HBB液压制动增压系统、HSA坡道起步辅助系统、雪地模式、足踏式驻车系统、儿童安全锁、ISO FIX儿童安全座椅固定装置(三点式)、双后倒车雷达、Rear View(倒车影像)、电子智能型发动机防盗系统、i-key+智慧芯片钥匙、无钥匙进入系统、Push Start(无钥匙起动)、智能起停系统、ECO Mode节能模式、双区自动恒温空调、后排独立空调控制/二三排出风口、双侧电动滑门、四门电动窗、磁吸式尾门、THINK+2.0智慧互联系统(基本)、10.2英寸智慧安全影像屏、行车电脑、整合式DVD音响主机、JBL高保真音响+低音炮、高保真音响4扬声器、USB(一组)、AUX-IN/AV-IN、卤素前照灯(手动水平调节)、科技晶钻前照灯组、炫目LED日行灯、航天动力学LED尾灯、LED高位制动灯、前雾灯(透镜投射式)/后雾灯、深色隐私玻璃、软骨刮水器(前/后)、后视镜除雾、后视镜电动调整、后窗电动除雾线、银箭型车侧转向灯、皇家钢琴烤漆对开式车门把手、车顶行李架预留位、智慧飞航中控台(旋钮按键式)、多功能皮质转向盘(音响模组)、220V电源插座、亮度可调航天智慧高反差仪表板、豪华皮质座椅、驾驶席座椅手动8向调节、驾驶席座椅记忆功能、驾驶座腰靠手动调节、前排座椅加热

豪华型：舒享型+左右侧安全气帘、Side View+车侧安全影像系统、外滑式电动天窗、后视镜电动折叠、氛围灯、C柱皇家马车式皮质扶手

智享型：豪华型+双前侦测雷达、Active Eagle View+主动式360度环景影像系统、Dual Side View+后方影像监测系统、定速巡航、THINK+2.0智慧互联系统(高端)、智能声控系统、3G NAVI BOX(含一键导航及防盗追踪)、智能手机连接(多品牌)、蓝牙免持系统、JBL高保真音响+低音炮/7扬声器、USB(二组)、驾驶席肩部扬声器附麦克风、智慧飞航中控台(智慧触控式)、多功能皮质包裹转向盘(全功能)、驾驶席座椅电动8向调节、驾驶座腰靠电动调节

旗舰型：智享型+Night Vision+夜视影像系统、LDWS+行车偏移警示系统、无缝智慧生活系统、10.2英寸后排影音娱乐屏、氙气前照灯+前照灯清洗器(附自动水平调节)、前照灯自动启闭系统+侧向辅助照明

车身颜色：法瓷白、宝石黑、钛金灰

内饰颜色：灰色、黑色

主要车型参数及价格

车型		2.0T AT		2.2T AT	
		舒享型	豪华型	智享型	旗舰型
基本参数	长×宽×高(mm)	4845×1876×1768			
	轴距(mm)	2910			
	前/后轮距(mm)	1605/1605			
	油箱/行李舱容积(L)	75/436			
	整备质量(kg)	1910		1950	
	车身材料	钢板			
	乘员人数	7			
发动机参数	发动机类型	VVT			
	排量(mL)	1998		2198	
	额定功率[kW/(r/min)]	138/5000~5500		148/5000~5500	
	最大转矩[N·m/(r/min)]	275/2400~4000		295/2400~4000	
	排放标准/建议用油	国V/92#及以上无铅汽油			
底盘参数	变速器类型	6挡自动变速器			
	驱动类型	两驱			
	悬架系统	前麦弗逊式独立悬架/后扭力梁式半独立悬架			
	制动系统	前通风盘式/后盘式制动器			
	轮胎规格	215/60 R16		215/55 R17	
性能	最高车速(km/h)	192			
工信部综合工况油耗(L/100km)		8.7			
最新改款时间		2016年3月			
厂家建议价格(万元)		16.98	17.98	21.98	24.98

注：厂家建议价格以2016年3~8月为准

众泰控股集团有限公司 Zotye Holding Group Co.,Ltd.

众泰M300

众泰M300

主要配置

基本型：前排双安全气囊DAB+PAB、副驾驶安全气囊可锁止、ABS+EBD、制动片磨损报警、液压助力转向、发动机电控防盗系统、车门/行李舱未关闭报警系统、制动系统失效报警系统、后门儿童安全锁、车速落锁、全车安全带、中控门锁、泊车雷达、四门电动车窗、遥控钥匙、手动空调、1CD+USB+SD、6扬声器、前雾灯、电动调节外后视镜、钢制轮辋、行车电脑、可调式转向盘、舒适织物座椅

豪华型：基本型+蓄电池断电可报警系统、带报警器的防盗装置、半自动空调、车内外温度显示系统、车载蓝牙、电动折叠外后视镜、多功能转向盘、驾驶员座椅手动调节腰托、电动6向可调驾驶员座椅

尊贵型：豪华型+前部侧安全气囊SAB、侧边护头安全气囊CAB、电动双天窗

车身颜色：阿尔卑斯白、都灵银、米兰红、爵士黑、罗马金、柏林灰、威尼斯蓝

主要车型参数及价格

车型		1.6L 汽油			1.6L 双燃料	
		基本型	豪华型	尊贵型(双天窗)	基本型	豪华型
基本参数	长×宽×高(mm)	4089×1871×1695				
	轴距(mm)	2666				
	最小离地间隙(mm)	165(空载)，152(满载)				
	油箱容积(L)	63			39(汽油)，95(天然气)	
	行李舱容积(L)	430–1900(后排座椅拆除)				
	整备质量(kg)	1400		1405	1578	
	车身材料	钢板				
	车身类型	2厢5门				
发动机参数	发动机类型	直列4缸 多点电喷				
	排量(mL)	1596				
	额定功率(kW)	76				
	最大转矩[N·m/(r/min)]	145/4000			143/4000(汽油) 126/4000(天然气)	
	排放标准	国Ⅳ				
底盘参数	变速器类型	5挡手动				
	驱动类型	前置前驱				
	悬架系统	前麦弗逊式独立悬架/后纵摆臂式悬架				
	制动系统	前盘式/后鼓式制动器				
	轮胎规格	195/60 R15				
性能	最高车速(km/h)	160			155	
	60km/h等速油耗(L/100km)	6.7				
工信部综合工况油耗(L/100km)		8.8				
上市时间		2010年10月				
厂家建议价格(万元)		5座 6.98 6座 7.08	5座 7.98 6座 8.08	5座 8.88 6座 8.98	8.58	8.88

注：厂家建议价格以2016年3～8月为准

广汽吉奥汽车有限公司 Gac-Gonow Auto Co.,Ltd.

星朗

星朗
GONOW

主要配置

1.3L

舒适型： SABS、HPS液压助力转向、前排普通式安全带、二排、三排普通安全带、后排侧门儿童安全门锁、中控门锁、车速感应式车门自动上锁装置、2扬声器、支持MP3/WMA格式、USB接口、音频输入端口、AM/FM、外置天线、卤素组合前照灯、组合后前照灯、高位制动灯、后雾灯(集成后组合灯)、外视镜集成转向灯、外后视镜黑色手动镜片调节、前门玻璃手动升降器、前窗间歇式无骨刮水器、普通防炫内视镜、织绒座椅

豪华型： 舒适型+驾驶席安全气囊、前排预紧式安全带、手动空调、前门玻璃电动升降器、转向盘角度可调

1.5L

舒适型： 豪华型+防盗报警系统、遥控钥匙、遥控开启门锁、驾驶席侧一触式升降功能、行车电脑显示(瞬时油耗)、花粉过滤器、车体同色电动调节外后视镜、后风窗玻璃除雾/除霜功能、手动防炫内视镜

豪华型： 舒适型+ABS+EBD、后倒车雷达(4探头)、MP5带导航、蓝牙免提功能、4扬声器、随速音量补偿功能、双12V电源、智能手机(android系统)接口、前雾灯、后窗玻璃刮水器

至尊型： 豪华型+副驾驶安全气囊、前驻车雷达(2探头)、可视倒车影像、全景泊车系统、智能钥匙、一键起动功能、自动空调、6扬声器、多功能皮质包裹转向盘(带蓝牙控制、音量调节)、皮质面料座椅

车身颜色： 优雅白、沙滩银、珍珠黑、吉奥红、青瓷灰、晶玉黄

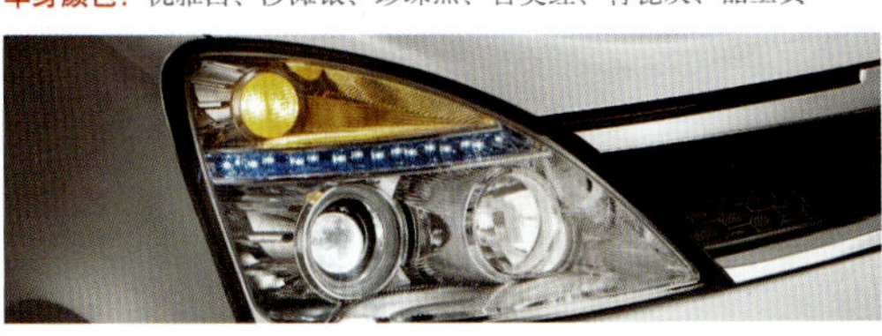

主要车型参数及价格

车型		1.3L		1.5L		
		舒适型	豪华型	舒适型	豪华型	至尊型
基本参数	长×宽×高(mm)	4405×1705×1835				
	轴距(mm)	2730				
	前/后轮距(mm)	1490/1510				
	最小离地间隙(mm)	141				
	整备质量(kg)	1320	1360			
	乘员人数	5	5、7		7	
发动机参数	发动机型号	TNN4G13A		三菱4A91S		
	排量(mL)	1332		1449		
	额定功率[kW/(r/min)]	73/6000		83/6000		
	最大转矩[N·m/(r/min)]	126/4500		141/4000		
	排放标准	国Ⅳ+OBD				
底盘参数	变速器类型	5挡手动				
	驱动类型	前驱				
	悬架系统	前麦弗逊独立悬架/后纵置板簧非独立悬架				
	制动系统	前通风盘式/后鼓式制动器				
	轮胎规格	165 R14 LT				
性能	最高车速(km/h)	140		150		
工信部综合工况油耗(L/100km)		7.2		7.5		
上市时间		2013年8月				
厂家建议价格(万元)		4.98	5.58	5.98	6.88	7.88

注：厂家建议价格以最新公布为准

奇瑞汽车股份有限公司 Chery Automobile Corporation Limited

艾瑞泽M7

艾瑞泽M7 ARRIZO

艾瑞泽M7

大7座多功能轿车—艾瑞泽M7，基于超越合资品质的“艾瑞泽标准”精心打造，搭载月销过万的2.0DVVT+7CVT自动挡黄金动力组合，拥有2800mm轴距的越级超大车身，经英国莲花工程舒适性底盘调校，后两排座椅可完全平整放倒，成就了灵动多变的七模式组合空间，即刻拥有属于你的大爱，大生活。

主要配置

宽适版： 前排SRS双安全气囊、ABS防抱死制动系统、EBD电子制动力分配系统、儿童安全门锁、前排高度可调三点式安全带、驾驶席安全带未系提示功能、车身防盗系统、发动机电控防盗系统、高速智能提醒功能、遥控钥匙、ISO-FIX儿童座椅安全锁扣装置、前/后电动车窗、中控门锁、电动空调、后排出风口、行车电脑显示屏、瞬时油耗智能显示、MP3播放+USB接口、6扬声器环绕立体声、后刮水器、卤素前照灯、LED日间行车灯、前照灯高度电动可调、伴我回家(Follow me)功能前照灯控制功能、LED高位制动灯、LED一体化尾灯、智能超车灯、外后视镜电动调节、外后视镜集成LED转向灯、后风窗玻璃集成电加热除霜功能、PU转向盘、转向盘角度调节、多功能转向盘、自动防炫内后视镜、发动机装饰罩、针织面料座椅、前排座椅手动4向调节、驾驶席座椅腰部支撑、仪表盘亮度可调

宽悦版： 宽适版+后倒车雷达、内置式双层双开启电动天窗、GPS导航系统、触摸式液晶显示屏、车载蓝牙系统、外后视镜电加热、驾驶席座椅手动8向调节，2.0-CVT增加定速巡航

宽享版： 宽悦版+倒车视频影像、自动空调、后排车窗及后风窗隐私玻璃、车顶行李架、皮质豪华座椅、真皮包裹转向盘，2.0-CVT增加定速巡航

车身颜色： 海天蓝、钻石银、徽墨黑、象牙白、冰钛灰、琥珀金

内饰颜色： 黑米双色

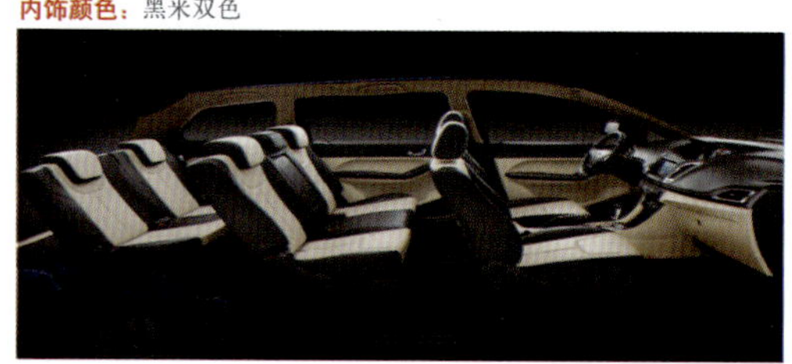

主要车型参数及价格

车型		1.8-MT			2.0-CVT	
		宽适版	宽悦版	宽享版	宽悦版	宽享版
基本参数	长×宽×高(mm)	4730×1823×1590				
	轴距(mm)	2800				
	前/后轮距(mm)	1562/1565				
	最小离地间隙(mm)	164(空载)				
	油箱/行李舱容积(L)	62/588、1342、2240				
	整备质量(kg)	1565			1590	
	车身材料	钢板				
	车身类型/乘员人数	承载式/7				
发动机参数	发动机型号/类型	SQR481FC/直列4缸			SQR484F/直列4缸	
	排量(mL)	1845			1971	
	额定功率[kW/(r/min)]	97/5750			102/5750	
	最大转矩[N·m/(r/min)]	170/4300～4500			182/4300～4500	
	排放标准	国Ⅳ+OBD				
底盘参数	变速器类型	5挡手动			CVT无级变速器	
	驱动类型	前驱				
	悬架系统	前麦弗逊式独立悬架/后扭转梁式半独立悬架				
	制动系统	前通风盘式/后盘式制动器				
	轮胎规格	205/55 R16				
性能	最高车速(km/h)	180			175	
工信部综合工况油耗(L/100km)		8.4			9.2	
上市时间		2015年4月20日				
厂家建议价格(万元)		7.99	8.89	9.69	9.99	10.79

注：厂家建议价格以2016年3～8月为准

安徽江淮汽车股份有限公司 Anhui Jianghuai Automobile Co.,Ltd.

瑞风M5第二代　瑞风M3　瑞风·祥和　瑞风·穿梭

二代瑞风M5是在国家发展新经济、商务用车升级的浪潮下，江淮乘用车向高端MPV市场推出的产品。该车在老款瑞风M5的基础上作出了30项升级，以“1个空间 7重舒适”的理念，重新定义高端商务MPV的用车标准。新车通过NVH（噪音/舒适性）、车内异味、空调系统、MP5平台升级等20项品质提升，以及新增驻车雷达、定速巡航系统、智能语音系统等10项智能配置升级，给商务人士带来了便利、舒适的驾乘体验，满足商务人士极致舒适的全新用车需求。

瑞风M5第二代 REFINE

年度**新上市**车型

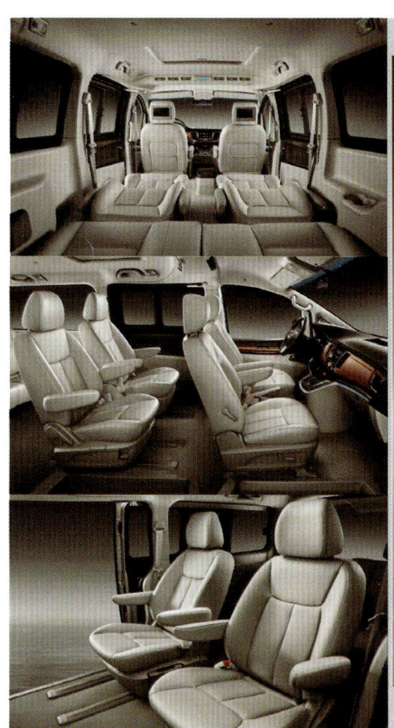

主要配置

商务版：前排安全气囊、ABS+EBD、BA制动辅助系统、承载式车身、驾驶席安全带未系提示、前排电子主动预紧式安全带、前/中/后排全座安全带、前门高刚性防撞钢梁、车门侧向防撞杆、防撞三级溃缩吸能式角度可调转向管柱、符合欧洲ECE行人保护、后倒车雷达(4探头)、倒车可视系统、胎压监测系统、中排座椅儿童座椅接口、大容量真空助力器、液压真空助力制动系统、感速型车门自动锁止系统、车门未关报警提示、中门儿童保护门锁、碰撞后自动解锁功能、免维护电池、车底部喷抗石击材料、自动空调、后排空调出风口、进风过滤器、前门电动车窗、电动天窗、智能语音系统、GPS导航、中控台8英寸MP5触摸式高清电容屏、6个车载扬声系统、蓝牙/车载电话、隐藏式玻璃天线、前门电动玻璃升降器、多级式前风窗刮水器、LED高位制动灯、前照灯高度可调、一体式组合前照灯、卤素前照灯、前照灯延时关闭、高亮度组合尾灯、高亮度前雾灯、高穿透力后雾灯、外推式后侧窗玻璃、双中门窗中窗玻璃、全车隐私玻璃、防紫外线玻璃、外后视镜带加热、车身同色外拉式门把手、后尾翼、动感铝合金轮辋、电加热后玻璃除霜器、可调节液压助力转向系统转向盘、多功能转向盘、全车高级皮质座椅、亮度可调冷光源组合多功能仪表、智能组合开关

公务版：商务版+前排侧安全气囊、发动机防盗系统、一键起动及无钥匙进入(智能钥匙)、前驻车雷达、定速巡航、中排双显示屏、氙气前照灯、LED日间行车灯、电动折叠外后视镜、前排座椅8向电动调节、驾驶席电加热座椅、驾驶电动座椅、驾驶电加热座椅、前排座椅腰部支撑调节、全车高级皮质座椅、智能内后视镜(行车记录仪/蓝镜防炫目)、220V电源插座，MT公务版无一键起动及无钥匙进入(智能钥匙)、定速巡航

主要车型参数及价格

车型		2.0T汽油 5AT		2.0T汽油 6MT		1.9CTI柴油	
		商务版	公务版	商务版	公务版	商务版	公务版
基本参数	长×宽×高(mm)	5100×1840×1970					
	轴距(mm)	3080					
	前/后轮距(mm)	1570/1545					
	最小离地间隙(mm)	160					
	油箱容积(L)	80					
	整备质量(kg)	2155				2150	
	车身材料	钢板					
	乘员人数	7					
发动机参数	发动机型号	HFC4GA3-1D				HFC4DB1-2C	
	排量(mL)	1997				1947	
	额定功率[kW/(r/min)]	130/5400				102/4000	
	最大转矩[N·m/(r/min)]	260/2000～4000				285/2200～2600	
	排放标准	国V				国Ⅳ带OBD	
底盘参数	变速器类型	5挡自动		6挡手动		6挡手动	
	驱动类型	后驱					
	悬架系统	前纵置扭杆弹簧独立悬架/后螺旋弹簧非独立悬架					
	制动系统	前后盘式制动					
	轮胎规格	225/60 R17					
性能	最高车速(km/h)	165				160	
工信部综合工况油耗(L/100km)		12.3		12.1		8.5	
改款时间		2016年6月20日					
厂家建议价格(万元)		14.95	16.25	13.95	15.25	14.85	16.15

注：厂家建议价格以2016年3～8月为准

瑞风M3
REFINE

主要配置

豪华型：主驾驶安全气囊、ABS+EBD、全席三点式安全带、驾驶员安全带提醒功能、车内中控锁、发动机防盗系统、倒车雷达(4探头)、防撞溃缩吸能式转向管柱、转向盘锁止防盗系统、真空助力制动系统、遥控折叠钥匙(2)、加油口盖拉丝、发动机罩拉丝、前门电动车窗、中窗固定窗、外推式后侧窗、右单侧中滑门、前冷暖手动空调、收音机+IPOD(USB功能)、2扬声器、手动外后视镜、一体式组合前照灯、后雾灯、进气格栅镀铬、尾门普通装饰条、高位(第三)制动灯、杆式天线、组合仪表(冷光源+时钟)、多功能组合开关、普通转向盘、普通无纺布顶棚、驾驶席座椅4向手动调节、转向盘上下调节

豪华智能型：豪华型+副驾驶安全气囊、地板式暖风、后冷空调、4扬声器、后玻璃除霜、电动外后视镜、前雾灯、后刮水器、尾门镀铬装饰条、印花无纺布顶棚

主要车型参数及价格

车型		1.6VVT汽油	
		豪华型	豪华智能型
基本参数	长×宽×高(mm)	4645×1740×1900	
	轴距(mm)	2810	
	前/后轮距(mm)	1500/1475	
	最小离地间隙(mm)	160	
	油箱容积(L)	55	
	整备质量(kg)	1595	
	车身材料	钢板	
	乘员人数	7、8	
发动机参数	发动机型号	HFC4GB3-3D	
	排量(mL)	1590	
	额定功率[kW/(r/min)]	88/6000	
	最大转矩[N · m/(r/min)]	150/3500-4500	
	排放标准	国Ⅳ	
底盘参数	变速器类型	5挡手动	
	驱动类型	前驱	
	悬架系统	前双横臂扭杆独立悬架/后钢板弹簧非独立悬架	
	制动系统	前盘式/后鼓式制动器	
	轮胎规格	195/65 R15	
性能	最高车速(km/h)	160	
上市时间		2015年3月18日	
厂家建议价格(万元)		6.98	7.48

注：厂家建议价格以2016年3～8月为准

瑞风M3 宜家版 REFINE

年度新上市车型

作为江淮旗下首款小型MPV，瑞风M3以"百变大空间，节能新动力"赢得创客群体青睐，瑞风M3宜家版进行多达30项创新改进。在用户高度认可的空间、操控、经济性方面进行了沿承及提升，例如新车加中排座椅二次翻转功能，使座椅组合方式增至多达9种，加上4450L超大载货容积，载人拉货更"给力"。而传动系的重新匹配，让瑞风M3宜家版保持低油耗基础上，动力更加强劲。瑞风M3宜家版将与现款瑞风M3构筑起具有多极竞争力的产品组合，进一步加速小型MPV市场竞争格局的变化。

主要配置

豪华型： 前排安全气囊、ABS+EBD、车内中控锁、倒车雷达(四探头)、驾驶安全带提醒功能、全席三点式安全带、全席座椅头枕(高度可调)、防撞溃缩吸能式转向管柱、发动机防盗系统、真空助力制动系统、转向盘锁止防盗系统、遥控折叠钥匙(2把)、右单侧中滑门、前门电动车窗、前冷暖空调、后冷空调、地板式后暖风、中排12V独立车载电源+USB接口、收音机+iPod(包含USB功能)、2扬声器系统、高位制动灯、外推式后侧窗、一体式组合前照灯、LED日间行车灯、卤素尾灯光源、后雾灯、进气格栅镀铬、杆式天线、后视镜电动调节、组合仪表(冷光源/时钟)、多功能组合开关、内后视镜、织布座椅、驾驶席座椅4向手动调节、第二排座椅6分整体式(7座联排)、第二排座椅折叠前翻(7座联排/8座)、第三排座椅两侧悬架、转向盘上下调节

豪华智能型： 豪华型+倒车影像、MP5+iPod((包含USB功能)、GPS导航、4扬声器系统、前雾灯、后刮水器、尾门镀铬装饰条、后视镜电加热、尾灯LED光源、第二排座椅左右分开(7座独立)、第二排座椅前后滑动+靠背调节(7座独立)

主要车型参数及价格

	车型	汽油/1.6VVT+5MT		汽油/2.0L+5MT	
		豪华型	豪华智能型	豪华型	豪华智能型
基本参数	长×宽×高(mm)	4715×1740×1900			
	轴距(mm)	2810			
	前/后轮距(mm)	1500/1475			
	最小离地间隙(mm)	160			
	油箱容积(L)	55			
	整备质量(kg)	1670		1720	
	车身材料	钢板			
	乘员人数	7、8			
发动机参数	发动机型号	HFC4GB3-3D		HFC4GA3-D	
	排量(mL)	1590		1997	
	额定功率[kW/(r/min)]	88/6000		105/6000	
	最大转矩[N·m/(r/min)]	150/3500～4500		180/4000	
	排放标准	国V			
底盘参数	变速器类型	5挡手动			
	悬架系统	前双横臂扭杆式独立悬架/后钢板弹簧后非独立悬架			
	制动系统	前盘式/后鼓式制动器			
	轮胎规格	195/65 R15		205/65 R15	
性能	最高车速(km/h)	160		165	
工信部综合工况油耗(L/100km)		8.4		9.9	
上市时间		2016年7月21日			
厂家建议价格(万元)		7.38	7.88	8.38	8.88

注：厂家建议价格以2016年3～8月为准

瑞风·祥和 REFINE

主要配置

长轴政采版：符合欧洲ECE行人保护法规车身设计、全金属封闭承载式车身、驾驶座椅安全气囊、ABS防抱死制动系统+EBD电子制动力分配系统、驾驶员安全带未系提示、前排电子主动预紧式安全带、前门高刚性防撞钢梁、车门侧向防撞杆、防撞三级溃缩吸能式角度可调转向管柱、大容量真空助力器、感速型车门自动锁止系统、车门未关报警提示、中门儿童保护门锁、电控防盗系统、碰撞后自动解锁功能、全方位倒车雷达(4探头)、遥控钥匙、智能中控门锁、液压真空助力制动、前门电动玻璃升降器、前门电动车窗、手动空调、后排空调出风口、进风过滤器、CD机+收音机、6车载扬声器、一体式组合前照灯、高亮度组合尾灯、高亮度前雾灯、高穿透力后雾灯、LED高位制动灯、多级式前风窗刮水器、外推式后侧窗玻璃、电加热前后玻璃除霜器、折叠式电控外后视镜、钢制轮辋、防炫内后视镜、亮度可调冷光源组合多功能仪表、智能组合开关、可调节液压助力转向转向盘、座椅手动4向可调、高级环保织布面料座椅、中排座椅旋转可前后移动、高度可调节头枕、多功能转向盘、可调节液压助力转向转向盘、隐藏式玻璃天线

短轴标准版：长轴政采版+副驾驶座椅安全气囊、倒车可视系统、自动空调、中控台7英寸触摸式高清显示屏、DVD系统支持MP3及WMA格式碟片功能、动感铝合金轮辋、12V电源插座

短轴豪华版：短轴标准版+电动天窗、车顶行李架

主要车型参数及价格

	车型	2.0T			2.4L		
		长轴政采版	短轴标准版	短轴豪华版	长轴政采版	短轴标准版	短轴豪华版
基本参数	长×宽×高(mm)	5075×1820×1970	4740×1820×1880	4740×1820×1950	5075×1820×1970	4740×1820×1880	4740×1820×1950
	轴距(mm)	3080	2810		3080	2810	
	前/后轮距(mm)	1570/1545					
	最小离地间隙(mm)	190					
	油箱容积(L)	95	80		95	80	
	整备质量(kg)	2000	1950		2000	1950	
	车身材料	钢板					
	乘员人数	7、8	7		7、8、11	7	
发动机参数	发动机型号/类型	HFC4GA3-1C/涡轮增压			HFC4GA1-C/自然吸气		
	排量(mL)	1997			2351		
	额定功率[kW/(r/min)]	100/6000	130/5400		110/5500		
	最大转矩[N·m/(r/min)]	190/4000	235/3000～4500		210/3000～4500		
	排放标准	国Ⅳ，带OBD					
底盘参数	变速器类型	5挡手动					
	驱动类型	前置后驱					
	悬架系统	前纵置扭杆弹簧独立悬架/后钢板弹簧非独立悬架	前纵置扭杆弹簧独立悬架/后螺旋弹簧非独立悬架		前纵置扭杆弹簧独立悬架/后钢板弹簧非独立悬架	前纵置扭杆弹簧独立悬架/后螺旋弹簧非独立悬架	
	制动系统	前后盘式制动器					
	轮胎规格	205/70 R15	215/70 R15		205/70 R15	215/70 R15	
性能	最高车速(km/h)	155	165				
工信部综合工况油耗(L/100km)		10	12		10.3	10.5	
厂家建议价格(万元)		11.48	15.48	16.38	11.98	13.08	13.88

注：厂家建议价格以2016年3～8月为准

瑞风·穿梭 REFINE

主要配置

短轴时光型：符合欧洲ECE行人保护法规车身设计、全金属封闭承载式车身、防撞三级溃缩吸能式角度可调转向管柱、ABS防抱死制动系统+EBD电子制动力分配系统、驾驶员安全带未系提示、前/中/后排全座安全带、前门高刚性防撞钢梁、车门侧向防撞杆、大容量真空助力器、车门未关报警提示、中门儿童保护门锁、电控防盗系统、免维护电池、遥控钥匙、智能中控门锁、液压真空助力制动、前门电动车窗、前门电动玻璃升降器、手动空调、进风过滤器、2车载扬声器、前分体式前照灯、高亮度组合尾灯、高亮度前雾灯、高穿透力后雾灯、外推式后侧窗玻璃、折叠式电控外后视镜、车身同色外拉式门把手、钢制轮辋、前玻璃除霜器、多级式前风窗刮水器、防炫内后视镜、隐藏式玻璃天线、可调节液压助力转向盘、座椅手动4向可调、高级环保织布面料座椅、高度可调节头枕、普通地毯、亮度可调冷光源组合多功能仪表、智能组合开关

长轴标准型：短轴时光版+中控台便利储物空间、中排前后移动、中排旋转，2.8L长轴标准型增加CD机+收音机

长轴舒适型：长轴标准型+LED高位制动灯，2.8L长轴舒适型增加CD机+收音机、电加热后玻璃除霜器，1.9CTI长轴舒适型增加驾驶座椅安全气囊、前排电子主动预紧式安全带、碰撞后自动解锁功能、全方位倒车雷达(4探头)、CD机+收音机、电加热后风窗除霜器

短轴标准型：长轴舒适型+驾驶座椅安全气囊、前排电子主动预紧式安全带、碰撞后自动解锁功能、全方位倒车雷达(4探头)、6车载扬声器、铝合金轮辋、12V电源插座、车内灯光关闭延时、高档固定地毯、新款内饰带桃木纹、全车米色绒布内饰

主要车型参数及价格

车型		2.0L 汽油			2.8L 柴油		1.9CTI 柴油	
		短轴时光型	长轴标准型	长轴舒适型	长轴标准型	长轴标准型	长轴舒适型	短轴标准型
基本参数	长×宽×高(mm)	4695×1820×1880	5035×1820×1970		5035×1820×1970		5090×1820×1970	4750×1820×1880
	轴距(mm)	2810	3080				3080	2810
	前/后轮距(mm)	1570/1545						
	最小离地间隙(mm)	190						
	油箱容积(L)	80	95		80			
	整备质量(kg)	1950	2000/1950		2000			
	车身材料	钢板						
	乘员人数	7	5、7、8、11	7、8、11				7
发动机参数	发动机型号/类型	HFC4GA3-C/自然吸气			HFC4DA1-2B1/-		-	HFC4DB1-2C/-
	排量(mL)	1997			2771		1947	
	额定功率[kW/(r/min)]	100/6000			80/3600		102/4000	
	最大转矩[N·m/(r/min)]	190/4000～4500	190/4000		240/2000～2200		285/2200～2600	
	排放标准	国Ⅳ，带OBD			国Ⅲ		国Ⅳ，带OBD	
底盘参数	变速器类型	5挡手动					6挡手动	
	驱动类型	前置后驱						
	悬架系统	前双摆臂式独立悬架/后钢板弹簧非独立悬架	前双横臂扭杆式独立悬架/后钢板弹簧非独立悬架		前双横臂扭杆式独立悬架/后钢板弹簧非独立悬架		前双横臂扭杆式独立悬架/后钢板弹簧非独立悬架	前双摆臂式独立悬架/后螺旋弹簧非独立悬架
	制动系统	前盘式/后鼓式制动器						前后盘式制动器
	轮胎规格	205/70 R15						
性能	最高车速(km/h)	165	165、155		150		160	155
工信部综合工况油耗(L/100km)		10.9	10.9、9.5		8.5		7.2	
厂家建议价格(万元)		8.50	9.99	10.58	11.58	12.18	12.88	12.88

注：厂家建议价格以2016年3～8月为准

东南(福建)汽车工业有限公司 South East (Fujian) Motor Corporation Ltd.

三菱：君阁

君阁 ZINGER

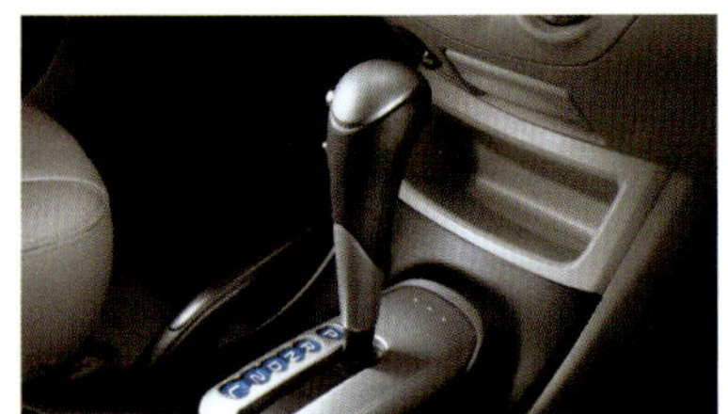

主要配置

经典型：SRS前排安全气囊、RISE高刚性车体、ABS防抱死制动系统+EBD电子制动力分配系统、四门高刚性防撞钢梁、高强度内附大型钢梁保险杆、发动机电控防盗系统、中门儿童安全锁、遥控中控锁、遥控钥匙、倒车雷达、后排独立空调、四门电动窗、高保真单碟CD音响(支持MP3)、USB接口、2 DIN音响面板、4扬声器、高位制动灯、鹰眼式晶钻前照灯、横置多边形组合尾灯、间歇式前/后风窗刮水器、前/后雾灯、手动调节外后视镜、防炫室内后视镜、铝合金轮辋、织布座椅

豪华型：经典型+恒温空调、电动调节外后视镜、智能防夹天窗、皮质座椅、四辐真皮转向盘套、三排头枕高度可调、二排中央扶手

旗舰型：豪华型+CCD倒车、道路偏移警示系统、USB接口(支持IPOD)、DVD影音播放系统、6扬声器、车载蓝牙免提功能、镀铬装饰外门把手、转向盘音响控制按钮、驾驶座椅8向电动调节

主要车型参数及价格

车型		经典型	豪华型		旗舰型
		MT 五座	MT 七座	AT 七座	AT 七座
基本参数	长×宽×高(mm)	4615×1775×1805			
	轴距(mm)	2720			
	前/后轮距(mm)	1505/1500			
	最小离地间隙(mm)	180			
	油箱容积(L)	65			
	整备质量(kg)	1665	1690	1710	
	车身材料	钢板			
	乘员人数	5	7		
发动机参数	发动机类型	MIVEC三菱创新式气门 正时电子控制系统			
	排量(mL)	1997			
	额定功率[kW/(r/min)]	125/6400			
	最大转矩[N · m/(r/min)]	190/4750			
	排放标准	国IV			
底盘参数	变速器类型	5挡手动		4挡自动	
	驱动类型	前置后驱			
	悬架系统	前双A臂独立悬架带防倾杆/后多连杆螺旋弹簧悬架带防倾杆			
	制动系统	前通风盘式/后鼓式制动器			
	轮胎规格	225/60 R16			
性能	90km/h等速油耗(L/100km)	8.9		9.1	
工信部综合工况油耗(L/100km)		10.0		10.3	
改款时间		2011年3月			
厂家建议价格(万元)		12.98	14.48	15.48	17.48

注：厂家建议价格以2016年3～8月为准

福建奔驰汽车工业有限公司 Fujian Benz Automotive Industry Co., Ltd.

唯雅诺　威霆

唯雅诺
Viano

主要配置

舒适版：前排安全气囊、ESP电子稳定程序系统、ABS防抱死制动系统、EBD电子制动力分配系统、ASR加速防滑控制系统、BAS制动辅助系统、EUC扩展转向不足控制系统、CBC高速转向制动控制系统、RMI侧翻干预系统、ROM侧翻缓解系统、LAC载荷自适应控制系统、坡道起步辅助系统、全车3点式安全(前排安全带高低可调)、电子泊车辅助系统、防盗报警系统、驾驶授权系统、转向柱电子锁系统、儿童安全锁(滑动门/尾门)、照明故障提示、车门未关提示、遥控中控锁钥匙/镀铬装饰、TEMPMATIC自动空调/附花粉过滤、乘客舱空调独立系统、乘客舱冷暖气出风口、扬声器(8单元)、CD播放器(4.3英寸彩色显示屏/内置6碟CD换碟器)、外置AUX音频接口、智能蓝牙系统、玻璃夹层天线、普通卤素前照灯(内置雾灯)/光柱高低可调、高位制动灯、电动调节可加热外后视镜/内嵌转向灯、镀铬进气格栅/尾门镀铬装饰、车身同色保险杠/防擦条/门把手、隔热风窗玻璃/无骨刮水器、前排电动防夹车窗、中部固定车窗、尾部通风窗、驾驶舱绿色隔热玻璃、乘客舱深色隐私玻璃、尾门车窗刮水器清洗器、双侧手动滑门、真皮前排座椅手动调节、乘客舱第一排真皮单人座椅(左/右侧)、乘客舱第二排真皮2+1座椅、多功能转向盘、警示三脚架、豪华软触仪表板/桃木饰条、可锁手套箱(带照明)、驾驶舱头顶控制总成、全车地毯、点烟器与烟灰缸

礼遇版：舒适版+双侧电动滑门、侧裙包围

领航版：礼遇版+倒车影像系统、定速巡航控制、THERMOTRONIC自动恒温空调/附花粉过滤、音响功能系统(含10单元扬声器)、后排娱乐系统(仅卓越版带6碟DVD换碟器)、智能语音导航系统(7英寸触摸显示屏)、乘客舱电动全景天窗、驾驶舱电动天窗、光线雨量传感器、氙气前照灯带清洗装置和转弯辅助照明功能、日间行车灯、自动折叠外后视镜/镜片电动调节/加热、车顶行李架、镀铬后视镜/前保杠双侧镀铬防擦条、电动调节真皮正副驾驶座椅带位置记忆功能(3组)、乘客舱第二排真皮单人座椅(左/右侧)、运动踏板、前排侧礼仪照明灯、多功能转向盘带桃木装饰

卓越版：领航版+不锈钢排气尾管、前排座椅电动加热

车身颜色：皓雪白、曜石黑、星辉银

内饰颜色：伯爵黄

主要车型参数及价格

车型		3.0L			3.5L
		舒适版	礼遇版	领航版	卓越版
基本参数	长×宽×高(mm)	4993×1901×1875(带行李架高1937)			
	轴距(mm)	3200			
	前/后轮距(mm)	1630/1630			
	最小离地间隙(mm)	149			
	油箱/行李舱容积(L)	75/960			
	整备质量(kg)	2485			
	车身材料	钢板			
	乘员人数	6~7			
发动机参数	发动机型号/类型	M272/V型6缸 24气门 汽油发动机			
	排量(mL)	2996			3498
	额定功率[kW/(r/min)]	165/5800			190/5900
	最大转矩[N·m/(r/min)]	290/4500			340/2500~5000
	排放标准	国V			
底盘参数	变速器类型	5挡手动一体			
	驱动类型	后驱			
	悬架系统	前麦弗逊独立悬架/后半拖曳式独立悬架			
	制动系统	前后通风盘式制动器			
	轮胎规格	242/55 R17			245/45 R18
性能	最高车速(km/h)	190			200
工信部综合工况油耗(L/100km)		12.3			13.0
上市时间		2013年4月20日			
厂家建议价格(万元)		44.9	49.3	57.9	68.9

注：厂家建议价格以2016年3~8月为准

威霆
Vito

主要配置

精英版： 前排安全气囊、ABS防抱死制动系统、ESP电子稳定程序系统、EBD电子制动力分配系统、ASR加速防滑控制系统、BAS制动辅助系统、EUC扩展转向不足控制系统、CBC高速转向制动控制系统、RMI侧翻干预系统、LAC载荷自适应控制系统、坡道起步辅助系统、全车3点式安全带、前排安全带高低可调、电子泊车辅助系统、驾驶授权系统、转向柱电子锁、遥控中控锁、车门未关提示、TEMPMATIC自动空调/附花粉过滤、乘客舱冷暖气出风口、右侧手动滑门、外部温度显示、扬声器(前/后、8单元)、单碟CD播放器、玻璃夹层天线、高位制动灯、卤素前照灯(内置雾灯)、电动调节可加热外后视镜、隔热风窗玻璃、浅色隔热玻璃、前排电动防夹车窗、中部固定车窗、尾门附车窗刮水器清洗器、前排座椅手动调节、转向盘高低与角度可调节

商务版： 精英版+前排座椅内侧扶手、后舱座椅外侧扶手、座椅滑轨系统

车身颜色： 银色、黑色、灰色

内饰颜色： 浅灰色

主要车型参数及价格

	车型	2.5L		2.2L	3.0L	
		精英版	商务版	精英版	精英版	商务版
基本参数	长×宽×高(mm)	5223×1901×1872				
	轴距(mm)	3430				
	前/后轮距(mm)	1630/1630				
	最小离地间隙(mm)	149				
	油箱容积(L)	75				
	整备质量(kg)	2420	2355	2420	2580	2515
	车身材料	钢板				
	乘员人数	8	9	8		9
发动机参数	发动机型号/类型	M272/V型6缸 缸内直喷		OM651/直列4缸 双涡轮增压	M272/V型6缸 缸内直喷	
	排量(mL)	2496		2143	2996	
	额定功率[kW/(r/min)]	140/5600		110/3800	165/5800	
	最大转矩[N·m/(r/min)]	235/5200		330/1200～2400	290/4500	
	排放标准/建议用油	欧Ⅳ/汽油		欧Ⅳ/柴油	欧Ⅴ/汽油	
底盘参数	变速器类型	5挡手自一体		6挡手动	5挡手自一体	
	驱动类型	后驱				
	悬架系统	前麦弗逊独立悬架/后半拖曳式独立悬架				
	制动系统	前后通风盘式制动器				
	轮胎规格	205/65 R16				
性能	最高车速(km/h)	170		180	190	
工信部综合工况油耗(L/100km)		12.5		9.0	12.3	
上市时间		2013年				
厂家建议价格(万元)		33.9	35.9	34.9	36.9	38.9

注：厂家建议价格以2016年3～8月为准

江西昌河铃木汽车有限责任公司 Jiangxi Changhe-Suzuki Automobile Co.,Ltd.

昌河铃木：福瑞达M50S

福瑞达M50S

主要配置

1.5L

商务舱： 前排安全带未系报警、吸能式转向柱行驶状态自动锁止、五门中控锁、五门遥控钥匙、前排电动窗、驾驶席一键控制车窗下降、中排电动窗、车门未关报警、电控加速踏板、儿童安全锁、后倒车雷达、车身防盗装置、脚部休息踏板、双蒸空调、行车电脑、收音机、外接音源接口(USB)、CD播放器、4扬声器、前组合前照灯、前雾灯、高位制动灯、前刮水器、钢制轮辋+装饰罩、车身同色外后视镜/手柄/保险杠、前格栅镀铬横条、手动外后视镜、后挡泥板、尾部扰流板、三幅式转向盘(镀铬LOGO)、驾驶席座椅4向调节(前后/角度)、织物座椅，7/8座商务舱增加第三排座椅(整体翻折)、第三排座椅2头枕

公务舱： 商务舱+ABS/EBD、GPS导航仪、MP5播放器、转向盘带音频控制、蓝牙免提电话、6扬声器、铝制轮辋+车轮中心盖、后刮水器(带喷水)、后风窗除雾、车顶行李架、SD卡槽、仿皮座椅、发动机下护板、驾驶席座椅6向调节(前后/角度/高度)，7/8座公务舱增加中排座椅2独立(活动头枕/前后可滑/有扶手)

头等舱： 公务舱+驾驶席安全气囊、倒车影像、机车智能互联、后背门镀铬装饰、电动外后视镜、侧围防护板、日间行车灯

豪华舱： 电头等舱+副驾驶安全气囊、迎宾踏板、转向盘角度可调(2向调节)

1.4L

经济舱： 吸能式转向柱、行驶状态自动锁止、五门手动中控锁、主驾安全带未系报警、车身防盗装置系统、车门未关报警、电控加速踏板、儿童安全锁、后倒车雷达、前/中排电动窗、驾驶席一键控制车窗下降、脚部休息踏板、双蒸空调、行车电脑、外接音源接口(USB)、收音机、4扬声器、前组合前照灯、前雾灯、高位制动灯、车身同色外后视镜/外开手柄/保险杠、手动外后视镜、尾部扰流板、外置天线、三幅式转向盘(镀铬LOGO)、织物座椅、前排座椅4向调节(前后/角度)，7/8座经济舱增加第三排座椅(整体翻折)

商务舱： 经济舱+后悬架(五连杆螺旋弹簧)，7/8座商务舱增加中排座椅2独立(活动头枕/前后可滑/有扶手)

公务舱： 商务舱+ABS/EBD、五门遥控钥匙、GPS导航仪、SD卡槽、MP5播放器、转向盘带音频控制、蓝牙免提电话、6扬声器、铝制轮辋+车轮中心盖、后刮水器(带喷水)、后风窗除雾、车顶行李架、发动机下护板、驾驶度座椅6向调节(前后/角度/高度)、仿皮座椅

主要车型参数及价格

车型		1.5L				1.4L		
		5、7、8座				5、7、8座		
		商务舱	公务舱	头等舱	豪华舱	经济舱	商务舱	公务舱
基本参数	长×宽×高(mm)	4525×1700×1783/1818				4525×1700×1783/1818		
	轴距(mm)	2790				2790		
	前/后轮距(mm)	1420/1440				1420/1440		
	最小离地间隙(mm)	145				145		
	整备质量(kg)	1270				1255		
	车身材料	钢板				钢板		
	乘员人数	5、7、8				5、7、8		
发动机参数	发动机型号	DAM15DL				K14B–F		
	排量(mL)	1498				1372		
	最大转矩[N·m/(r/min)]	144/4300～4500				128/4000		
	排放标准/建议用油	国Ⅴ/93#(京92#)汽油				国Ⅴ/93#(京92#)汽油		
底盘参数	变速器类型	5挡手动				5挡手动		
	驱动类型	前置后驱				前置后驱		
	悬架系统	前麦弗逊式独立悬架/后五连杆螺旋弹簧悬架				前麦弗逊式独立悬架/后钢板弹簧悬架(经济舱)/五连杆螺旋弹簧悬架		
	制动系统	前通风盘式/后鼓式制动器				前通风盘式/后鼓式制动器		
	轮胎规格	185/70 R14				185/70 R14		
性能	最高车速(km/h)	150				150		
工信部综合工况油耗(L/100km)		6.5				6.1		
上市时间		2015年10月				2015年10月		
厂家建议价格(万元)		4.68	5.28	5.58	5.78	4.68	4.78	5.28

注：厂家建议价格以2016年3～8月为准

郑州日产

郑州日产汽车有限公司 Zhengzhou Nissan Automobile Co.,Ltd.

NV200

2016款NV200车型正式上市，此次上市的新车为4款，同时一些车型的配置也有所升级，售价区间为10.78～12.38万元。新车依然搭载HR16DE 1.6L发动机，最大功率输出91kW，峰值转矩153N·m。传动系统匹配的是5挡手动或CVT变速器。

主要配置

豪华型：驾驶安全气囊、ABS+EBD+BAS、安全带、EPS电动助力转向系统、中滑门儿童安全锁、可调节转向系统、中控门锁、遥控钥匙、前空调、前门电动车窗(驾驶席：一触式自动升降，防夹功能；副驾驶：无一触式功能)、收音机(AM/FM)、单碟CD、流线型前照灯、组合尾灯+后雾灯+高位制动灯+牌照灯(2个)、警告灯(车门未关好警告+油量警告+机油油压警告+水温警告)、经典前格栅、经典前后保险杠、电动调节外后视镜、第二排车顶拉手、手动调节中滑门车窗(外掀式)、电加热后窗除霜、间歇式后刮水器、经典铝合金轮辋、隔热隐私玻璃、双侧中滑门、功能仪表盘(屏显瞬时/平均油耗+换挡提示+所剩油量可行使里程指示+车辆维护指示等功能)、12伏电源、高级面料座椅，CVT豪华型增加风尚前格栅、风尚前后保险杠、前雾灯、后尾翼、风尚铝合金轮辋、风尚后背门镀铬装饰件

尊雅型：豪华型+后空调、第二排2个头枕/第三排2个座椅头枕

尊享型：尊雅型+风尚前格栅、风尚前后保险杠、前雾灯、后尾翼、风尚铝合金轮辋、风尚后背门镀铬装饰件

车身颜色：茉莉白、沙滩银、碧玉黑、钛金灰、炫雅红

内饰颜色：浅色

主要车型参数及价格

车型		MT手动挡		XTRONIC CVT无级变速	
		豪华型	尊雅型	豪华型	尊享型
基本参数	长×宽×高(mm)	4400×1695×1847			
	轴距(mm)	2725			
	前/后轮距(mm)	1490/1510			
	最小离地间隙(mm)	160			
	油箱容积(L)	55			
	整备质量(kg)	1360	1375	1385	1405
	车身材料	钢板			
	乘员人数	7			
发动机参数	发动机型号/类型	新一代HR16DE/全铝直列4缸			
	排量(mL)	1598			
	额定功率[kW/(r/min)]	91/5600			
	最大转矩[N·m/(r/min)]	153/4000			
	排放标准	国Ⅴ+OBD			
底盘参数	变速器类型	5挡手动		全新智能 XTRONIC CVT无级变速器	
	驱动类型	前驱			
	悬架系统	前螺旋弹簧麦弗逊式独立悬架/后钢板弹簧非独立悬架			
	制动系统	前盘式/后鼓式制动器			
	轮胎规格	165R14 LT			
性能	最高车速(km/h)	168		175	
工信部综合工况油耗(L/100km)		7.3		7.1	
上市时间		2016年6月15日			
厂家建议价格(万元)		10.78	11.28	11.88	12.38

注：厂家建议价格以2016年3～8月为准

东风 HONDA

东风本田汽车有限公司 Dongfeng Honda Automobile Co.,Ltd.

艾力绅

艾力绅
ELYSION

主要配置

经典型：前排i-SRS智能双安全气囊、前排侧安全气囊+乘员感知系统、ABS防抱死制动系统、EBD电子制动力分配系统、VSA车辆稳定性控制系统(含TCS+BA)、BOS制动优先系统、ACE承载式车身构造、I/S发动机节能自动起停系统、HSA坡道启动辅助系统、安全带警示系统、前座限载预紧式安全带、全座三点式安全带、后电动门儿童安全锁、ISO FIX固定装置、发动机防盗监控系统、主副驾驶席中央控制门锁、ECON(智能化绿色节能辅助系统)、前排空调触控系统、后排中央触控系统、遥控钥匙、尊享三温区全自动空调、第二排及第三排空调出风口、主驾一键升降式电动车窗、尊享电动双天窗、双侧电动滑门(带防夹手自动感应)、电动门驾驶席控制按键、智能导航系统、HDMI高清接口、USB接口、高保真扬声器、蓝牙通话系统、音量随速联动系统、iPod播放功能(USB连接)、LED前照灯(近光)、前照灯自动高度调节、前照灯自动延时熄灭、前照灯自动开闭、LED投射式前雾灯、LED光带式尾灯、前间歇式刮水器、后刮水器、LED高位制动灯、后窗电动除雾、电动调节外后视镜、外后视镜带转向灯、后排隐私玻璃、四向调节多功能转向盘、真皮包裹转向盘、手动内后视镜防炫目、多功能行车电脑式仪表台、前排座椅扶手、主驾驶席座椅6向手动调节、尊享第二排独立座椅、真皮细绒拼接座椅

舒适版：经典型+前后三排侧安全气帘、定速巡航系统、无钥匙进入系统、一键起动、主驾驶席座椅8向电动调节

风尚版：舒适版+外后视镜电动折叠功能、主副驾驶席座椅加热功能、第二排座椅手动脚托

豪华版：风尚版+高灵敏度前泊车雷达、DWS胎压报警系统、EPB电子驻车系统(带Auto Hold自动驻车系统)、RWC后视广角摄像系统、CTM后视动态提醒系统、盲区监测系统、四门一键升降式电动车窗、LED前照灯(近/远光)、ACL主动转向照明系统、LED日间行车灯、外后视镜加热功能、外后视镜斥水性玻璃、前挡/前后车窗斥水性玻璃、自动内后视镜防炫目、第二排座椅电动脚托、前排座椅大扶手

至尊版：豪华版+PA自动泊车辅助系统、ACC主动巡航控制系统、LDW车道偏离预警系统、LKAS车道保持辅助系统、FCW预碰撞警示系统、CMBS碰撞缓解制动系统、RDM车道偏移抑制系统、MVCS 360° 全景影像系统、DVD影音系统

车身颜色：铂雅棕、彩晶黑、银月灰、钛金银、珍珠白

主要车型参数及价格

	车 型	经典版	舒适版	风尚版	豪华版	至尊版
基本参数	长×宽×高(mm)	4940×1845×1710				
	轴距(mm)	2900				
	前/后轮距(mm)	1560/1560				
	前/后悬距(mm)	965/1075				
	最小离地间隙(mm)	135(满载)				
	油箱容积(L)	55				
	整备质量(kg)	1860	1877	1895	1920	1925
	乘员人数	7				
发动机参数	发动机型号/类型	K24V6/EARTH DREAMS TECHNOLOGY 地球梦科技i-VTEC 直列4缸 16气门缸内直喷发动机				
	排量(mL)	2356				
	额定功率[kW/(r/min)]	137/6400				
	最大转矩[N·m/(r/min)]	243/3900				
	排放标准/建议用油	国V/92#及以上汽油				
底盘参数	变速器类型	CVT无级变速器				
	驱动类型	前轮驱动				
	悬架系统	前麦弗逊式独立悬架/后扭力梁式非独立悬架				
	制动系统	前通风盘式/后盘式制动器				
	轮胎规格	225/50 R18 95V				
性能	最高车速(km/h)	≥199				
	0~100km/h加速时间(s)	≤11.9				
工信部综合工况油耗(L/100km)		7.6		7.9		
厂家建议价格(万元)		24.98	26.38	27.58	29.28	30.98

注：厂家建议价格以2016年3～8月为准

东风小康汽车有限公司 DFSK Motor Co.,Ltd.

东风风光370　东风风光360

东风风光370
DONGFENG XIAOKANG

主要配置

标准型：ABS防抱死制动系统、EBD制动力分配系统、EPS电动助力转向系统、行车自动落锁、碰撞自动解锁、儿童安全锁、可折叠遥控钥匙、锁门遥控升窗、开门遥控降窗、四门车窗电动升降、主驾驶车窗一键升降、行车电脑显示屏、手动双蒸空调、调频收音机系统(MP3/FM/AM)、外接音频接口(USB/AUX)、2扬声器、镀铬前格栅、鹰眼晶钻前照灯、镀铬外切水胶条、双前后雾灯、黑色车顶行李架、尾翼扰流板、运动越野大包围、前刮水器、LED高位制动灯、豪华皮质座椅、第二排可折叠分体座椅、第三排可翻转连体座椅、多功能转向盘、副驾驶座椅4向手动调节

尊享型：标准型+倒车雷达、倒车视频影像、智能车身电子防盗系统、行车记录仪、电动空调、7英寸可触摸彩色高清显示屏、车载蓝牙电话、GPS语音导航系统、手机互联系统、6扬声器、多层次内分割式透镜前照灯、前照灯高度电动调节、高强度LED日间行车灯、外后视镜集成LED转向灯、后刮水器、防炫目内后视镜、主驾驶座椅6向手动调节

智能型：尊享型+ISO FIX儿童座椅固定装置、无钥匙进入系统、一键起动点火系统、全景泊车系统、发动机电子防盗系统、胎压监测系统、后侧围隐私玻璃、外后视镜电动调节、银色行李架、彩色液晶数字仪表、转向盘上下可调

车身颜色：俊雅红、典雅白、摩卡棕

主要车型参数及价格

车型		1.5L		
		标准型	尊享型	智能型
基本参数	长×宽×高(mm)	4565×1725×1810		
	轴距(mm)	2725		
	前/后轮距(mm)	1465/1445		
	油箱容积(L)	50		
	整备质量(kg)	1325		
	车身材料	钢板		
	乘员人数	5、7		
发动机参数	发动机型号	SFG15-01、SFG15-02		SFG15-02
	排量(mL)	1499		
	额定功率[kW]	85		
	排放标准	国V		
底盘参数	变速器类型	5挡手动		
	驱动类型	前驱		
	悬架系统	前麦弗逊式独立悬架/后五连杆螺旋簧随动桥悬架		
	制动系统	前后盘式制动器		
	轮胎规格	195/60 R15		
性能	最高车速(km/h)	160		
工信部综合工况油耗(L/100km)		6.7		
上市时间		2015年11月		
厂家建议价格(万元)		5.59	6.49	6.99

注：厂家建议价格以2016年3～8月为准

东风风光360
DONGFENG XIAOKANG

主要配置

舒适型： ABS+EBD、EPS电动助力转向系统、主驾驶一键式玻璃下降功能、4门玻璃电动升降、门/灯未关报警装置、发动机防护罩、儿童锁、ISOFIX儿童座椅接口、机械中控锁、手动双蒸空调、调频收音机系统(支持MP3/WMA)、外接音源接口(USB/AUX)、2扬声器、镀铬前格栅、普通前照灯、双前雾灯、同色外开门拉手、铝合金轮辋、黑色行李架、尾翼、黑色运动包围、有骨前刮水器、LED高位制动灯、前排座椅4向手动调节、普通转向盘、加油口盖车内开启、布料座椅

舒适型II： 舒适型+前排安全气囊、遥控中控门锁系统、可折叠遥控钥匙、倒车视频影像、自动落锁功能、遥控升降窗系统、7英寸可触摸彩色高清显示屏、车载蓝牙电话、音视频播放系统、GPS导航系统、有骨后刮水器、外后视镜集成转向灯、外后视镜电动调节、轿车集成式前/后门灯开关、皮质座椅

豪华型： 舒适型II+倒车雷达、6扬声器、豪华组合前照灯(带透镜+LED日行灯)、银色行李架、无骨前刮水器、前照灯高度电动调节、后除霜、防炫内后视镜、独立时钟、针织面料顶衬、主驾座椅6向手动调节、转向盘上下调节

车身颜色： 典雅白、碧玺棕、玛雅红、时尚橙、季风灰

主要车型参数及价格

车型		汽油版						欧洲柴油版
		舒适型		舒适型II		豪华型		豪华型
		国IV	国V	国IV	国V	国IV	国V	国IV
基本参数	长×宽×高(mm)	4510×1725×1810(行李架)						
	轴距(mm)	2725						
	前/后轮距(mm)	1465/1445						
	油箱容积(L)	50						
	整备质量(kg)	1240				1225	1240	1315
	车身材料	钢板						
	乘员人数	5、7、8	7	5、7、8	7	5、7、8	7	5、7、8
发动机参数	发动机型号	SFG15				4A91S	SFG15	SFD13
	排量(mL)	1499						1305
	额定功率[kW]	85				83	85	57
	排放标准	国IV	国V	国IV	国V	国IV	国V	国IV
底盘参数	变速器类型	5挡手动						
	驱动类型	前驱						
	悬架系统	前麦弗逊式独立悬架/后五连杆螺旋簧随动桥悬架						
	制动系统	前后盘式制动器						
	轮胎规格	195/60 R15						
性能	最高车速(km/h)	160						140
工信部综合工况油耗(L/100km)		6.8						5.0
上市时间		2014年12月2日						
厂家建议价格(万元)		5.79		6.09		6.69		7.49

注：厂家建议价格以2016年3～8月为准

广汽本田汽车有限公司 Guangqi Honda Automobile Co.,Ltd.

奥德赛

奥德赛 ODYSSEY 

2015年7月23日，广汽本田奥德赛新增智酷版正式上市。全新智酷版以更年轻时尚的形象，传递出"MPV也能运动"的全新潮流气息，增添了运动的新元素。豪华大气的专属运动大包围、动感活力的专有前格栅以及时尚与实用兼具的镀铬前雾灯，使原本锐利的前脸更具视觉冲击力及辨识度。独有的黑色高级桃木纹内饰、时尚的双拼座椅以及灵动的转向盘换挡拨片，在延续百变、舒适的车内空间的基础上，让用户获得前所未有年轻运动气息以及操控体验。

主要配置

智酷版：前排i-SRS智能双安全气囊、前排侧安全气囊+乘员感知系统、侧安全气帘、ACE高级兼容性车身结构、980MPa超高刚性A柱设计、ABS防抱死制动系统、EBD电子制动力分配系统、VSA车辆稳定性控制系统(含TCS+BA功能)、BOS制动优先系统、HSA斜坡起动辅助系统、ESS紧急制动警示系统、高灵敏泊车雷达(前2后4式6探头)、车门内置防侧撞保护杆、前排座椅三点式ELR安全带(预紧功能)、豪华后视摄像显示系统(广角/标准/俯视三种模式)、ISO FIX第二排儿童安全座椅固定装置、第二/三排座椅三点式ELR安全带、儿童安全门锁、智能防盗启动锁止系统、防盗报警系统、Smart Entry智能无匙进入系统、一键式起动系统、定速巡航系统、前排中央控制门锁、双侧轻控式电动滑门(大开口/防夹/多点控制)、遥控开启豪华电动天窗(防夹)、遥控开启全车电动车窗、驾驶座车窗一键式升降(防夹)、全自动空调(前后排风速独立控制)、车载蓝牙系统(语音/音乐)、高保真6扬声器豪华音响系统、豪华7英寸彩色智能屏互联系统(CD播放、手机导航/上网/音乐功能)、双USB接口+前HDMI接口、iPod播放功能(USB连接)、SVC音量与车速联动系统、智酷专属格栅、智酷专属大包围、晶钻LED前照灯(高度自动调节)、前照灯自动延时熄灭(锁车后)、前照灯自动开启/关闭功能、前/后雾灯、镀铬前雾灯、光纤LED尾灯、LED高位制动灯、多级式前风窗玻璃刮水器、后风窗玻璃雨刮器(带清洗/倒车联动功能)、电动折叠外后视镜(带转向灯)、镀铬门把手、前排绿色隔热玻璃、后排及后风窗隐私玻璃、真皮包裹多功能转向盘(4向调节)、转向盘换挡拨片、多功能自发光式仪表、触控式中高级桃木纹内饰(黑色)、前排收纳式置物盒(含杯架)、烟灰缸(可移动放置)、前车门开启迎宾灯、车内照明系统、前排顶置眼镜盒、防炫目内后视镜、皮/高级织物双拼座椅、驾驶席座椅8向电动调节、副驾驶座椅4向电动调节、前排座椅扶手、前排座椅背部文件袋、灵活多变的座椅组合模式、第二排高级航空座椅(带脚托/4向滑行功能)、第二排座椅滑行限位器、第二排座椅扶手、第三排座椅3段分割式调节、第三排座椅魔术收纳(可完全放平)、12V电源接口(前排/第三排)、第二/三排顶置出风口

车身颜色：星空蓝、梦幻紫、丝缎银、宝石红、珍珠白

内饰颜色：黑色

主要车型参数及价格

车　型		2016款 2.4L 智酷版
基本参数	长×宽×高(mm)	4845×1820×1695
	轴距(mm)	2900
	前/后轮距(mm)	1560/1560
	油箱容积(L)	55
	整备质量(kg)	1839
	乘员人数	7
发动机参数	发动机类型	EARTH DREAMS TECHNOLOGY 地球梦科技 i-VTEC电控燃油缸内直喷发动机
	排量(mL)	2356
	额定功率[kW/(r/min)]	137/6400
	最大转矩[N·m/(r/min)]	243/3900
	排放标准	国Ⅳ、国Ⅴ
底盘参数	变速器类型	EARTH DREAMS TECHNOLOGY 地球梦科技 CVT无级变速器
	驱动类型	前驱
	悬架系统	前麦弗逊式独立悬架/后扭力梁式悬架
	制动系统	前通风盘式/后盘式制动器
	轮胎规格	215/55 R17
性能	90km/h等速油耗(L/100km)	6.7
工信部综合工况油耗(L/100km)		7.8
改款时间		2015年7月23日
厂家建议价格(万元)		27.68

注：厂家建议价格以2016年3～8月为准

广汽丰田汽车有限公司 Gac-Toyota Motor Co.,Ltd.

逸致

主要配置

精英版/精英多功能版： 前排正/侧SRS安全气囊、驾驶座椅膝部SRS安全气囊、ABS+EBD、VSC车身稳定系统、TRC牵引力控制系统、HAC上坡起动辅助控制系统、BA制动辅助系统、EPS电动助力转向系统、发动机停机防盗系统、遥控车门解锁装置、中控门锁、防夹一触式升降功能四门电动车窗、手动空调、AM/FM/CD播放系统、AUX&USB多媒体接入端口、6扬声器、多功能信息显示系统、卤素前照灯、手动前照灯水平控制系统、带转向灯，外后视镜、铝合金轮辋、高级织物座椅、4向调节集成控制式多功能转向盘、驾驶座椅6向/副驾驶座椅4向手动调节，160E精英版/180E精英版MT增加GSI换挡提示系统

舒适版/舒适多功能版： 精英多功能版+窗帘式SRS空气囊、电动天窗、双区独立控制自动空调、前雾灯、手动光感式智能前照灯系统、间歇可调式雨刷、前排座椅中央扶手

豪华版/豪华多功能版： 舒适多功能版+智能钥匙一键起动、防夹功能电动天窗、高级真皮座椅、驾驶座椅6向电动调节、副驾驶座椅4向手动调节、驾驶座椅电动腰靠

至尊版/至尊多功能版： 豪华多功能版+倒车影像系统、触摸式门锁系统、定速巡航系统、晶钻式HID前照灯带自动清洗装置、自动光感式智能前照灯系统、自动防炫内后视镜、电动折叠加热外后视镜

至尊导航版： 至尊多功能版+DVD娱乐影音系统、语音电子导航系统带蓝牙免提功能

主要车型参数及价格

	车型	160E	180E			180G				180V		200V
		精英版	精英版MT	精英版AT	精英多功能版	舒适版	舒适多功能版	豪华版	豪华多功能版	至尊版	至尊多功能版	至尊导航版
基本参数	长×宽×高(mm)	4450×1790×1640										
	轴距(mm)	2780										
	前/后轮距(mm)	1530/1540										
	最小离地间隙(mm)	169										
	油箱容积(L)	60										
	整备质量(kg)	1475	1480	1495	1510	1495	1510	1525	1540	1525	1540	1565
	车身材料	钢板										
	乘员人数	5			7	5	7	5	7	5	7	
发动机参数	发动机型号	1ZR-FE	2ZR-FE									3ZR-FE
	发动机类型	直列4缸 16气门 双顶置凸轮轴 双VVT-i	直列4缸 16气门 双顶置凸轮轴 双VVT-i ACIS可变进气系统									
	排量(mL)	1598	1798									1987
	额定功率[kW/(r/min)]	90/6000	103/6400									107/6200
	最大转矩[N·m/(r/min)]	154/5200	173/4000									187/3600
	排放标准	国Ⅳ										
底盘参数	变速器类型	6挡手动		CVT								
	驱动类型	前置前驱										
	悬架系统	前麦弗逊悬架带L臂连杆/后扭转梁式悬架										
	制动系统	前通风盘式/后实心盘式制动器										
	轮胎规格	205/60 R16										
性能	最高车速(km/h)	182	185	175								185
工信部综合工况油(L/100km)		7.5	7.7	7.4	7.4	7.4	7.4	7.4	7.4	7.4	7.4	7.7
改款时间		2011年6月22日	2011年11月	2011年6月22日	2012年4月	2011年6月22日	2011年11月	2011年6月22日			2011年11月	2011年6月22日
厂家建议价格(万元)		14.98	15.28	15.98	16.98	16.98	17.98	17.98	18.98	19.68	20.68	23.98

注：厂家建议价格以2016年3~8月为准

东风柳州汽车有限公司 Dongfeng Liuzhou Motor Co.,Ltd.

东风风行 CM7 东风风行 F600 东风风行 菱智系列 东风风行 S500

东风风行 CM7
DONGFENG FENGXING

年度新改款车型

风行CM7定位为“首席公务舱”，是东风风行面向中高端公商务用车市场，在2013年推出的新一代中高端公商务车，大气而不霸气、体面而不张扬，并在舒适性、安全性和服务等方面远超同级车型，是国内首款自主品牌高端多功能公务车。

主要配置

2.0T MT

豪华型：双安全气囊、ABS+EBD+BA、ESP、制动优先系统、安全带未系报警、前排安全带高位调节器、发动机电子防盗系统、倒车雷达、倒车影像、碰撞后自动解锁、遥控中控锁+折叠钥匙、数显自动空调、前后独立冷暖空调、GPS导航、蓝牙系统、无机芯视频播放器、8英寸液晶显示屏、6扬声器、前照灯高度可调、前/后雾灯、铝合金轮毂、尾翼、迎宾踏板、无骨刮水器、绿色玻璃、全覆盖棕色内饰、外后视镜电动调节、真皮包裹多功能转向盘、转向盘上下调节、中央置物盒、高级针刺地毯、高级针织布顶棚、组合仪表、真皮座椅、全车高度可调头枕、驾驶席座椅6向调节、副驾驶座椅4向调节、第二排手动旋转普通座椅、第三排座椅5/5侧翻

尊享型：豪华型+定速巡航、电动双天窗、前照灯自动点亮、LED日间行车灯、外后视镜加热+电动折叠、220V电源、窗中窗、氛围灯、内饰植绒、内护板褶皱真皮、高级脚垫

2.0T AT

豪华型：双安全气囊、ABS+EBD+BA、ESP、制动优先系统、安全带未系报警、前排安全带高位调节器、发动机电子防盗系统、倒车雷达、倒车影像、碰撞后自动解锁、遥控中控锁+折叠钥匙、定速巡航、数显自动空调、前后独立冷暖空调、GPS导航、蓝牙系统、无机芯视频播放器、8英寸液晶显示屏、6扬声器、前照灯高度可调、前后雾灯、铝合金轮毂、尾翼、迎宾踏板、无骨刮水器、绿色玻璃、LED日间行车灯、外后视镜电动调节、真皮包裹多功能转向盘、转向盘上下调节、中央置物盒、全覆盖棕色内饰、高级针织布地毯、高级针织布顶棚、组合仪表、内饰植绒、内护板褶皱真皮、真皮座椅、全车高度可调头枕、驾驶席座椅6向调节、副驾驶座椅4向调节、第二排手动旋转普通座椅、第三排座椅5/5侧翻

尊享型：豪华型+一键起动、电动双天窗、前照灯自动点亮、隐私玻璃、窗中窗、外后视镜加热、外后视镜电动折叠、220V电源、氛围灯、高级脚垫、驾驶座椅腰部手动调节

尊贵型：尊享型+前排中排侧安全气囊、安全带预收紧限力、胎压监测系统、360度全景环视系统、前排座椅电动调节、第二排电动调节豪华座椅、驾驶座椅腰部电动调节

旗舰型：尊贵型+高清后排液晶屏、高档头层真皮座椅、前排中排座椅加热

车身颜色：陨石黑、珍珠白、皓月灰

内饰颜色：棕色、米灰色

主要车型参数及价格

	车 型	2.0T MT		2.0T AT			
		豪华型	尊享型	豪华型	尊享型	尊贵型	旗舰型
基本参数	长×宽×高(mm)	5150×1920×1925					
	轴距(mm)	3198					
	前/后轮距(mm)	1685/1660					
	油箱容积(L)	75					
	整备质量(kg)	1980		2120			
	车身材料	钢板					
	车身类型/乘员人数	MPV/7					
发动机参数	发动机类型	涡轮增压					
	排量(mL)	1997					
	额定功率[kW/(r/min)]	140/5500					
	最大转矩[N·m/(r/min)]	250/2400~4400					
	排放标准/建议用油	国Ⅴ/92#汽油					
底盘参数	变速器类型	6MT		6AT			
	驱动类型	后驱					
	悬架系统	前L臂麦弗逊式独立悬架带横向稳定杆/后五连杆螺旋弹簧悬架带横向稳定杆					
	制动系统	前后盘式制动器					
	轮胎规格	225/55 R17					
性能	最高车速(km/h)	170					
工信部综合工况油耗(L/100km)		9.4		10.6			
上市时间		2015年11月(改款)		2015年11月			
厂家建议价格(万元)		14.99	15.99	16.69	17.99	19.99	21.99

注：厂家建议价格以2016年3~8月为准

东风风行 F600

DONGFENG FENGXING

年度**新上市**车型

F600是东风风行基于C级MPV平台打造的一款中型公商务及兼用MPV，整车设计承袭商务车制造专家血统，在外观、内饰、舒适度及品质等方面实现全面升级。凝聚十余年MPV造车经验及国际合作成果，采用国际知名供应商提供的发动机、变速器等关键零部件，能有效满足公商务日常交通、企业通勤接送等商务需求，为广大企事业单位及优质个体业主提供更加舒适与安全的公、商务驾乘体验。

主要配置

豪华型：双安全气囊、ABS+EBD+BA、倒车影像、倒车雷达、安全带未系报警、发动机电子防盗系统、中门儿童安全门锁、制动优先系统、高位制动灯、门锁10km自动上锁、碰撞后自动解锁、车内中控锁、折叠遥控钥匙、液压助力转向系统、前电动车窗、前排数显电动空调、后排单冷空调、空调进气过滤、中控台液晶屏、蓝牙系统、6扬声器、前照灯高度可调中排双侧滑门、后刮水器/洗涤器、铝合金轮毂、镀铬前格栅、前雾灯、后侧窗外扬玻璃、绿色玻璃、尾翼、针织布顶盖面料、高级针刺面料地毯、室内前中后厢灯、行车电脑显示屏、后视镜电动调节、中央置物盒、乘客舱12V电源接口、真皮包裹多功能转向盘、转向盘角度调节、真皮换挡手柄、高级皮质座椅、全车高度可调头枕、驾驶席座椅4向调节、副驾驶座椅4向调节、中排座椅靠背角度调节、后排座椅5/5侧翻、中排滑动座椅(仅7座)、7座(短车选装8座/长车选装9座)

尊享型：豪华型+后暖风、电动天窗、GPS、外后视镜电动折叠+加热功能、LED日间行车灯、手动推拉式窗中窗(仅长车)、隐私玻璃(仅长车)、全车门把手镀铬、超纤皮质座椅、中排地滑轨座椅(仅7座)

尊贵型：尊享型+前排侧安全气囊、ESP、安全带预收紧限力、胎压监测系统、一键式起动系统、无钥匙进入系统、定速巡航、360°全景环视系统、自动空调、前照灯自动点亮、驾驶席座椅6向调节、驾驶席座椅腰部支撑调节

车身颜色：珍珠白、陨石黑、皓月灰、闪耀金、柚木棕、爵士蓝、钛灰

内饰颜色：棕色

主要车型参数及价格

车型		1.5T		1.5T			2.0L		2.0L		
		豪华型	尊享型	豪华型	尊享型	尊贵型	豪华型	尊享型	豪华型	尊享型	尊贵型
基本参数	长×宽×高(mm)	4740×1770×1915		5080×1770×1915			4740×1770×1915		5080×1770×1915		
	轴距(mm)	2900		3200			2900		3200		
	前/后轮距(mm)	1525/1500		1525/1500			1525/1500		525/1500		
	油箱/行李舱容积(L)	55/1710		55/2260			55/1710		55/2260		
	整备质量(kg)	1670		1780			1740		1780		
	车身材料	钢板									
	车身类型/乘员人数	MPV/7、8		MPV/7、9			MPV/7、8		MPV/7、9		
发动机参数	发动机类型	涡轮增压					自然吸气				
	排量(mL)	1499					1997				
	额定功率[kW/(r/min)]	100/5600					108/6000				
	最大转矩[N·m/(r/min)]	200/2000～4400					200/4000				
	排放标准/建议用油	国Ⅴ/92#汽油					国Ⅴ/92#汽油				
底盘参数	变速器类型	6MT									
	驱动类型	后驱									
	悬架系统	前麦弗逊式独立悬架/后螺旋弹簧悬架									
	制动系统	前后盘式制动器									
	轮胎规格	215/60 R16									
性能	最高车速(km/h)	150									
工信部综合工况油耗(L/100km)		8.3		8.5			8.6		8.8		
上市时间		2016年4月									
厂家建议价格(万元)		9.99	10.79	10.39	11.29	12.29	9.99	10.79	10.39	11.29	12.29

注：厂家建议价格以2016年3～8月为准

东风风行 菱智M5系列
DONGFENG FENGXING
年度新改款车型

菱智M5是为中小企业主量身打造的一款性价比标杆车型，以全新的外观、更丰富配置、更超值驾驭，全面满足商务需求。

主要配置

豪华型短车7座：双安全气囊、ABS+EBD、倒车影像、4门中控锁、折叠遥控钥匙、前电动车窗、电动5天窗、多媒体视频播放器+GPS、铝合金轮毂、尾翼，高位制动灯，后刮水器+后窗加热线、后视镜电动调节、真皮包裹多功能转向盘、仿皮座椅

豪华型长车7座：双安全气囊、ABS+EBD、倒车影像、4门中控锁、折叠遥控钥匙、前电动车窗、多媒体视频播放器+GPS、高位制动灯、豪华外扬窗、铝合金轮毂、尾翼、后刮水器+后窗加热线、后视镜电动调节、真皮包裹多功能转向盘、仿皮座椅

舒适型长车7座：双安全气囊、ABS+EBD、倒车影像、4门中控锁、折叠遥控钥匙、前电动车窗、高位制动灯、豪华外扬窗、尾翼、后刮水器+后窗加热线、仿皮座椅、后视镜电动调节

标准型长车7座：ABS+EBD、4门中控锁、折叠遥控钥匙、豪华外扬窗、高位制动灯

车身颜色：珍珠白/英伦灰、钻石银/英伦灰、香槟金/英伦灰、钻石银、珍珠白、陨石黑

内饰颜色：浅色

主要车型参数及价格

车型		2.0L MT			
		豪华型S 7座	豪华型L 7座	舒适型L 7座	标准型L 7座
基本参数	长×宽×高(mm)	4715×1720×1950	5115×1720×1960		
	轴距(mm)	2800	3000		
	前/后轮距(mm)	1445/1420			
	油箱容积(L)	68			
	整备质量(kg)	1810	1830		
	车身材料	钢板			
	乘员人数	7			
发动机参数	发动机型号	4G94 2.0L发动机			
	排量(mL)	1999			
	额定功率[kW/(r/min)]	89/5500			
	最大转矩[N·m/(r/min)]	168/4500			
	排放标准/建议用油	国V/92#汽油			
底盘参数	变速器类型	5挡手动			
	驱动类型	后驱			
	前悬架系统	双横臂扭杆弹簧独立悬架			
	后悬架系统	五连杆悬架	钢板弹簧非独立悬架		
	制动系统	前盘式/后鼓式制动器			
	轮胎规格	215/65 R15			
性能	最高车速(km/h)	150			
工信部综合工况油耗(L/100km)		9.1			
最新改款时间		2015年10月			
厂家建议价格(万元)		9.99	9.49	8.79	8.19

注：厂家建议价格以2016年3～8月为准

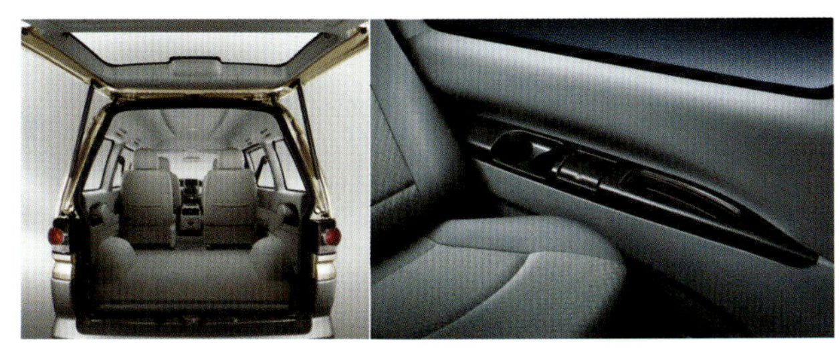

东风风行 菱智M3系列
DONGFENG FENGXING
年度**新改款**车型

作为国内首款小排量大空间全能商务车，菱智M3具有"小排量低油耗、大空间多功能、靓外观高安全"的特点。该车在设计上充分承袭了正统的商务车血统：气派的外观，宽适的内部空间，舒适的乘坐环境，具有超高的性价比。

主要配置

标准型7座：ABS+EBD、中门儿童安全锁、儿童座椅固定装置、4门中控锁、折叠遥控钥匙、前空调、后单冷空调、4扬声器、尾翼、前后雾灯、高位制动灯

舒适型7座：双安全气囊、ABS+EBD、倒车雷达、儿童座椅固定装置、前空调、后单冷空调、折叠遥控钥匙、前电动车窗、铝合金轮毂、尾翼、前后雾灯、高位制动灯、仿皮座椅

豪华型7座：双安全气囊、ABS+EBD、倒车影像、儿童座椅固定装置、4门中控锁、折叠遥控钥匙、电动5天窗、前空调、后单冷空调、多媒体视频播放器+GPS、前电动车窗、高位制动灯、后刮水器+后窗加热线、铝合金轮毂、尾翼、后视镜电动调节、多功能转向盘、仿皮座椅

车身颜色：珍珠白/英伦灰、钻石银/英伦灰、香槟金/英伦灰、钻石银、珍珠白、钛空金、陨石黑

内饰颜色：浅色

主要车型参数及价格

车 型		1.6L MT		
		标准型7座	舒适型7座	豪华型7座
基本参数	长×宽×高(mm)	4645×1720×1940(国V)、4680×1720×1940(国V)		
	轴距(mm)	2800		
	前/后轮距(mm)	1445/1420		
	油箱容积(L)	45		
	整备质量(kg)	1545		
	车身材料	钢板		
	乘员人数	7		
发动机参数	发动机型号	4G18S1 1.6L发动机		
	排量(mL)	1584		
	额定功率[kW/(r/min)]	83/6000		
	最大转矩[N·m/(r/min)]	138/3000		
	排放标准/建议用油	国V/92#汽油		
底盘参数	变速器类型	5挡手动		
	驱动类型	后驱		
	悬架系统	前双横臂扭杆弹簧独立悬架/后钢板弹簧非独立悬架		
	制动系统	前盘式/后鼓式制动器		
	轮胎规格	195/65 R15	215/65 R15	
性能	最高车速(km/h)	150		
工信部综合工况油耗(L/100km)		8.24(国V)		
最新改款时间		2015年10月		
厂家建议价格(万元)		6.59	7.19	7.89

注：厂家建议价格以2016年3～8月为准

东风风行 菱智M3长车系列

DONGFENG FENGXING

年度新改款车型

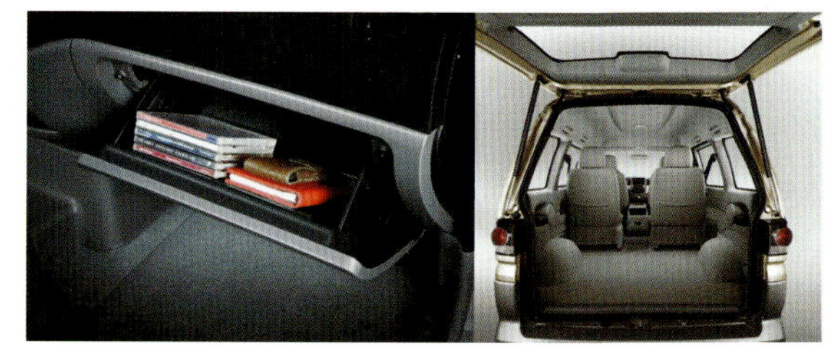

菱智M3长车拥有“黄金小排量、体面大空间”的车型特点，是东风风行为处于事业起步阶段的个体业主、中小企业和县乡镇基层政府机构、事业单位量身定制的公商务用车。作为一款长轴版车型，提供7座、9座两种座位数，充分满足用户对大空间、多功能的需求。

主要配置

长车标准型7座： ABS+EBD、中门儿童安全锁、儿童座椅固定装置、前空调、4门中控锁、折叠遥控钥匙、前后雾灯

长车标准型9座： 长车标准型7座+第三排双人连排座椅、第四排三人连排座椅

长车舒适型7座： 主安全气囊、ABS+EBD、倒车雷达、儿童座椅固定装置、4门中控锁、折叠遥控钥匙、前空调、后单冷空调、4扬声器、高位制动灯、前电动车窗、豪华外扬窗、前后雾灯

长车舒适型9座： 长车舒适型7座+第三排双人连排座椅、第四排三人连排座椅

长车豪华型7座： 主安全气囊、ABS+EBD、倒车影像、儿童座椅固定装置、4门中控锁、折叠遥控钥匙、前电动车窗、前空调、后单冷空调、多媒体视频播放器+GPS、豪华外扬窗、铝合金轮毂、前后雾灯、高位制动灯、后刮水器+后窗加热线、后视镜电动调节、仿皮座椅

长车豪华型9座： 长车豪华型7座+第三排独立固定座椅、第四排三人连排座椅

车身颜色： 珍珠白/英伦灰、钻石银/英伦灰、香槟金/英伦灰、钻石银、珍珠白、钛空金、陨石黑

内饰颜色： 浅色

主要车型参数及价格

车型		1.6L 7座			1.6L 9座		
		标准型7座	舒适型7座	豪华型7座	标准型9座	舒适型9座	豪华型9座
基本参数	长×宽×高(mm)	5115×1720×1960					
	轴距(mm)	3000					
	前/后轮距(mm)	1445/1420					
	油箱容积(L)	45					
	整备质量(kg)	1560			1580		
	车身材料	钢板					
	车身类型/乘员人数	厢式/7座			厢式/9座		
发动机参数	发动机型号	4G18S1 1.6L发动机					
	排量(mL)	1584					
	额定功率[kW/(r/min)]	83/6000					
	最大转矩[N·m/(r/min)]	138/3000					
	排放标准/建议用油	国V/92#汽油					
底盘参数	变速器类型	5挡手动					
	驱动类型	后驱					
	悬架系统	前双横臂扭杆弹簧独立悬架/后钢板弹簧非独立悬架					
	制动系统	前盘式/后鼓式制动器					
	轮胎规格	195/65 R15、215/65 R15					
性能	最高车速(km/h)	145					
工信部综合工况油耗(L/100km)		8.4					
最新改款时间		2015年10月					
厂家建议价格(万元)		6.39	6.89	7.49	6.39	6.89	7.49

注：厂家建议价格以2016年3～8月为准

东风风行 菱智V3系列
DONGFENG FENGXING

年度**新改款**车型

菱智V3是国内首款1.5L小排量全能商务车，拥有“黄金小排量、体面大空间”的车型特点，是东风风行为处于事业起步阶段的个体业主、中小企业和县乡镇基层政府机构、事业单位量身定制的公商务用车，“商务得意、商用得利”是广大车主对菱智V3的一致好评。

主要配置

标准型7座：ABS+EBD、中门儿童安全锁、儿童座椅固定装置、前空调、前电动车窗、后雾灯

舒适型7座：ABS+EBD、中门儿童安全锁、儿童座椅固定装置、前空调、4门中控锁、普通遥控钥匙、前电动车窗、前后雾灯

豪华型7座：ABS+EBD、倒车雷达、中门儿童安全锁、儿童座椅固定装置、前空调、后单冷空调、4门中控锁、普通遥控钥匙、前电动车窗、高位制动灯

车身颜色：珍珠白/英伦灰、钻石银/英伦灰、香槟金/英伦灰、钻石银、珍珠白、钛空金、陨石黑

内饰颜色：浅色

主要车型参数及价格

车型		1.5L MT		
		标准型7座	舒适型7座	豪华型7座
基本参数	长×宽×高(mm)	4645×1695×1940、4680×1720×1940		
	轴距(mm)	2800		
	前/后轮距(mm)	1445/1420		
	油箱容积(L)	45		
	整备质量(kg)	1435/1480		
	车身材料	钢板		
	乘员人数	7		
发动机参数	发动机型号/类型	4G15V 1.5L发动机/VVT		
	排量(mL)	1488		
	额定功率[kW/(r/min)]	82/5600		
	最大转矩[N·m/(r/min)]	140/2800		
	排放标准/建议用油	国V/92#汽油		
底盘参数	变速器类型	5挡手动		
	驱动类型	后驱		
	悬架系统	前双横臂扭杆弹簧独立悬架/后钢板弹簧非独立悬架		
	制动系统	前盘式/后鼓式制动器		
	轮胎规格	195/65 R15		
性能	最高车速(km/h)	145		
工信部综合工况油耗(L/100km)		7.9		
最新改款时间		2015年10月		
厂家建议价格(万元)		5.79	6.19	6.59

注：厂家建议价格以2016年3～8月为准

东风风行 S500
DONGFENG FENGXING

年度新上市车型

风行S500是东风柳汽历时3年倾力打造的一款全新MPV车型，定位于经济型家用7座MPV细分市场，外观时尚、大气、稳重，内饰简约、精致、富有质感，配置非常丰富。其品质及性能指标全面对标合资标准研发，同时满足客户高性价比、低油耗、高安全性、高性能需求，带给客户轿车级舒适驾乘体验。

主要配置

1.5L 5MT

标准型：前排双安全气囊、ABS+EBD、制动优先系统、自动落锁、车内中控锁、液压助力转向系统、前冷暖空调、4扬声器系统、无机芯音频播放器、钢轮毂+轮罩、后视镜电动调节、浅色内饰、普通组合仪表、顶棚无纺布面料、普通室内前厢灯、织布座椅、驾驶座椅4向调节、第二排座椅(7座)1+1固定、第三排座椅整体折叠、PU转向盘

舒适型：标准型+倒车雷达、后独立空调、前雾灯、铝合金轮毂、行李架、真皮包裹转向盘、中央置物盒盖、皮质座椅、第二排座椅(7座)1+1滑移、第二排座椅扶手(7座)、第三排座椅整体折叠前翻

豪华型：舒适型+ESP车身稳定系统、BA制动力辅助系统、倒车影像、控液晶显示屏、蓝牙系统+车载电话、无机芯视频播放器、后刮水器+洗涤器、后窗加热、LED日间行车灯、车窗水切装饰条、后视镜加热、多功能转向盘、浅/深色可选内饰、炮筒组合仪表

豪华型Ⅱ：舒适型+倒车影像、电动天窗、控液晶显示屏、蓝牙系统+车载电话、无机芯视频播放器、顶棚针织面料、后刮水器+洗涤器、后窗加热、LED日间行车灯、车窗水切装饰条、后视镜加热、浅/深色可选内饰、炮筒组合仪表、多功能转向盘

尊享型：豪华型+前排侧安全气囊、安全带高位调节、安全带高位调节、电动天窗、6扬声器系统、驾驶座椅6向调节

车身颜色：俊雅红、皓月灰、珍珠白、琉璃金、钛灰、陨石黑、开米士银、爵士蓝

内饰颜色：黑色/米色、全黑色

1.6L 5MT

豪华型：前排双安全气囊、ABS+EBD、前排侧安全气囊、BA制动力辅助系统、ESP车身稳定系统、倒车影像、倒车雷达、发动机电子防盗系统、制动优先系统、自动落锁、车内中控锁、液压助力转向系统、前冷暖空调、后独立空调、中控液晶显示屏、蓝牙系统+车载电话、无机芯视频播放器、4扬声器系统、LED日间行车灯、后刮水器+洗涤器、后窗加热、前雾灯、行李架、铝合金轮毂、车窗水切装饰条、后视镜电动调节、后视镜加热、真皮包裹多功能转向盘、浅/深色可选内饰、炮筒组合仪表、顶棚针纺面料、普通室内前厢灯、皮质座椅、驾驶座椅4向调节、第二排座椅(7座)1+1滑移、第二排座椅扶手(7座)、第三排座椅整体折叠前翻

尊享型：豪华型+安全带高位调节、一键起动系统、无钥匙进入系统、电动天窗、驾驶座椅6向调节、豪华室内前厢灯

尊贵型：尊享型+胎压监测装置系统、前驻车雷达、360度全景摄像头、GPS导航系统、6扬声器系统、前照灯自动点亮、发动机罩下隔热板、后视镜电动折叠、真皮+皮质座椅

车身颜色：俊雅红、皓月灰、珍珠白、琉璃金、钛灰、陨石黑、开米士银、爵士蓝

内饰颜色：黑色/米色、全黑色

1.6L CVT

豪华型：前排双安全气囊、ESP车身稳定系统、ABS+EBD、BA制动力辅助系统、发动机电子防盗系统、制动优先系统、自动落锁、车内中控锁、倒车影像、倒车雷达、电动助力转向系统、定速巡航、前冷暖空调、后独立空调、中控液晶显示屏、蓝牙系统+车载电话、无机芯视频播放器、4扬声器系统、后刮水器+洗涤器、后窗加热、LED日间行车灯、铝合金轮毂、前雾灯、行李架、车窗水切装饰条、后视镜电动调节、后视镜加热、真皮包裹多功能转向盘、浅/深色可选内饰、炮筒组合仪表、顶棚针纺面料、普通室内前厢灯、皮质座椅、驾驶座4向调节、第二排座椅(7座)1+1滑移、第二排座椅扶手(7座)、第三排座椅整体折叠前翻

尊享型：豪华型+前排侧安全气囊、安全带高位调节、一键起动+无钥匙进入系统、电动天窗、驾驶座椅6向调节、豪华室内前厢灯

尊贵型：尊享型+胎压监测装置系统、前驻车雷达、360度全景摄像头、GPS导航系统、6扬声器系统、前照灯自动点亮、发动机罩下隔热板、后视镜电动折叠、真皮+皮质座椅

车身颜色：俊雅红、皓月灰、珍珠白、琉璃金、钛灰、陨石黑、开米士银、爵士蓝

内饰颜色：黑色/米色、全黑色

主要车型参数及价格

车型		1.5L 5MT					1.6L 5MT			1.6L CVT		
		标准型	舒适型	豪华型	豪华型Ⅱ	尊享型	豪华型	尊享型	尊贵型	豪华型	尊享型	尊贵型
基本参数	长×宽×高(mm)	4620×1810×1720/1740(含行李架)					4620×1810×1720/1740(含行李架)			4620×1810×1720/1740(含行李架)		
	轴距(mm)	2750					2750			2750		
	前/后轮距(mm)	1540/1545					1540/1545			1540/1545		
	油箱容积(L)	45					45			45		
	整备质量(kg)	1370					1370			1435		
	车身材料	钢板					钢板			钢板		
	车身类型/乘员人数	MPV/7(选装5)					MPV/7(选装5)			MPV/7(选装5)		
发动机参数	发动机型号	4A91S					4A91S			4A91S		
	排量(mL)	1499					1590			1590		
	额定功率[kW/(r/min)]	88/6000					90/6000			90/6000		
	最大转矩[N·m/(r/min)]	143/4000					151/4000			151/4000		
	排放标准/建议用油	国V/92#汽油、93#汽油及以上					国V/92#汽油、93#汽油及以上			国V/92#汽油、93#汽油及以上		
底盘参数	变速器类型	MT					MT			CVT无级变速器		
	驱动类型	前驱					前驱			前驱		
	悬架系统	前麦弗逊式独立悬架+横向稳定杆/后拖曳臂式非独立悬架					前麦弗逊式独立悬架+横向稳定杆/后拖曳臂式非独立悬架			前麦弗逊式独立悬架+横向稳定杆/后拖曳臂式非独立悬架		
	制动系统	前盘式/后鼓式制动器	前后盘式制动器				前后盘式制动器			前后盘式制动器		
	轮胎规格	195/65 R15	195/60 R16				195/60 R16			205/55 R16		
性能	最高车速(km/h)	160					160			160		
工信部综合工况油耗(L/100km)		6.3					6.5			6.5		
上市时间		2015年11月					2015年11月			2015年11月		
厂家建议价格(万元)		6.09	6.59	7.09	7.09	7.59	7.59	7.99	8.69	8.69	9.29	9.99

注：厂家建议价格以2016年3～8月为准

上汽通用五菱汽车股份有限公司 SAIC GM Wuling Automobile Co.,Ltd.

宝骏730　五菱宏光 S　五菱宏光

BAOJUN

主要配置

标准型：前排正面双安全气囊、前排侧安全气囊、可溃式转向管柱、ABS+EBD、全车3点式安全带、ISO FIX儿童安全座椅固定装置、中门儿童安全锁、前排安全带未系提醒、发动机防盗装置、中央控制门锁、4门电动车窗(驾驶席侧带一键下降)、后排空调出风口、USB充电接口、12V车载电源、单碟CD播放器(带USB接口)、4扬声器、透镜式前照灯、前照灯水平调节、镀铬前格栅、前间歇式有骨刮水器、外后视镜带转向灯、电动调节外后视镜、LED高位制动灯、质感镀铬装饰、后风窗除雾装置、转向盘倾角可调、高清LED白背光组合仪、驾驶席座椅手动6向调节、双缝线绒面座椅

舒适型：标准型+EPS电子助力转向系统、倒车雷达、可视倒车影像、8英寸超灵敏触控液晶屏、HDMI高清接口、智能屏互联系统(手机映射连接)、蓝牙功能、高保真6扬声器、前雾灯、前间歇式无骨刮水器、后刮水器、镀铬车窗水切饰条、鲨鱼鳍式天线、车顶行李架、双缝线皮革座椅

豪华导航型：舒适型+定速巡航系统、电子空调(带显示屏)、电动天窗(带防夹)、GPS车载导航系统、多功能转向盘(音响+定速巡航+蓝牙电话)、日间行车灯、外后视镜电加热、换挡手柄真皮包覆、真皮包裹转向盘、豪华皮质座椅

车身颜色：晴空银、糖果白、大漠金、星夜黑、大地棕、琥珀金

内饰颜色：米色

主要车型参数及价格

车型		1.5L MT			1.8L MT	
		标准型	舒适型	豪华导航型	舒适型	豪华导航型
基本参数	长×宽×高(mm)	4710×1785×1715（1745带行李架）				
	轴距(mm)	2750				
	前/后轮距(mm)	1530/1525				
	油箱容积(L)	52				
	整备质量(kg)	1370～1435			1410	
	车身材料	钢板				
	车身类型/乘员人数	2厢5门/5、7、8	2厢5门/7			
发动机参数	发动机类型	P-tec DVVT			VVT-i TECH	
	排量(mL)	1485			1798	
	额定功率[kW/(r/min)]	82/5800			101/5600	
	最大转矩[N·m/(r/min)]	146.5/3600～4000			186/3600～4600	
	排放标准	国Ⅳ、国Ⅴ				
底盘参数	变速器类型	5挡手动				
	驱动类型	前驱				
	悬架系统	前麦弗逊式独立悬架/后扭转梁半独立悬架				
	制动系统	前通风盘式/后盘式制动器				
	轮胎规格	195/55 R16			205/55 R16	
性能	最高车速(km/h)	150			160	
	0～100km/h加速时间(s)	17			15	
工信部综合工况油耗(L/100km)		7.1			7.6	
上市时间		2014年7月30日				
厂家建议价格(万元)		6.98	7.58	8.28	8.38	8.98

注：厂家建议价格以2016年3～8月为准

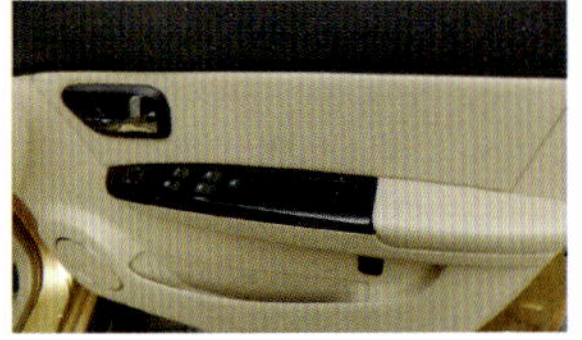

五菱宏光 S HONGGUANG

主要配置

舒适型：前排安全气囊、ABS、EBD、EPS、电控防盗装置系统、倒车雷达、空调、GPS、单碟CD(双定)+USB接口+电调收音机、铝合金轮辋、后风窗玻璃除雾功能、电动外后视镜、驾驶座椅高度可调、转向盘高度可调、1.5L舒适型增加多媒体播放器(可触摸7英寸显示屏)

豪华型：舒适型+多媒体播放器(可触摸7英寸显示屏)

车身颜色：大漠金、流沙金、珊瑚红、碧海蓝、暴风灰、棕色、晴空银、糖果白

主要车型参数及价格

车型		1.2L	1.5L	
		舒适型	舒适型	豪华型
基本参数	长×宽×高(mm)	4400×1680×1770		
	轴距(mm)	2720		
	前/后轮距(mm)	1420/1440		
	油箱容积(L)	50		
	整备质量(kg)	1265～1280	1290～1305	
	车身材料	钢板		
	乘员人数	5、7、8		
发动机参数	发动机型号	P-TEC	P-TEC DVVT	
	发动机类型	前置后驱	前置后驱	
	排量(mL)	1206	1485	
	额定功率[kW/(r/min)]	63/6000	82/5800	
	最大转矩[N·m/(r/min)]	108/4400～4800	146.5/3600～4000	
	排放标准/建议用油	国IV/93#及以上汽油		
底盘参数	变速器类型	5挡手动		
	驱动类型	后驱		
	悬架系统	前麦弗逊式悬架/后五连杆摆臂式悬架		
	制动系统	前盘式/后鼓式制动器		
	轮胎规格	185/70 R14		
性能	最高车速(km/h)	140	160	
工信部综合工况油耗(L/100km)		7.1、7.3	7.2、7.5	
改款时间		2013年8月		
厂家建议价格(万元)		6.18	6.58～7.13	

注：厂家建议价格以2016年3～8月为准

五菱宏光 HONGGUANG

主要配置

基本型： 中控门锁+中门儿童锁、助力转向、手动中门车窗、前门电动车窗(驾驶席侧一触升降)、空调、带USB接口的MP3播放器+电调收音机、2扬声器、鹰眼前照灯、猫鹰组合尾灯、钢制轮辋、黑色前格栅、高位制动灯、手动外后视镜、电子指针仪+时钟显示、绒布座椅

标准型： 基本型+铝合金轮辋、翎形雾灯、车身同色把手/后视镜、前照灯/车门未关报警装置、电动中门车窗、高级绒布座椅、吸音防脏地毯，1.5L增加ABS+EBD

舒适型： 标准型+驾驶席安全气囊、遥控钥匙(带电控防盗系统)、CD+AUX IN、4扬声器、镀铬前格栅、扰流板、行李架、LED式前照灯、后风窗玻璃除雾功能、电动外后视镜，1.5L增加ABS+EBD

豪华型： 舒适型+前排安全气囊、自动落锁、倒车雷达、6扬声器、后刮水器、全车绿色隔热玻璃、中控台套色、皮革座椅、吸音/防脏毛毡地毯、转向盘高度可调、驾驶席座椅高度可调

车身颜色： 晶玉黄、青瓷灰、玛瑙红、宝石蓝、钻石银

主要车型参数及价格

车型		1.2L 基本型	1.2L 标准型	1.2L 舒适型	1.5L 基本型	1.5L 标准型	1.5L 舒适型	1.5L 豪华型
基本参数	长×宽×高(mm)	4305×1680×1750，1770，1780						
	轴距(mm)	2720						
	前/后轮距(mm)	1420/1440						
	油箱容积(L)	50						
	整备质量(kg)	1130～1280						
	车身材料	钢板						
	乘员人数	5、7、8						
发动机参数	发动机型号/类型	P-TEC/前置后驱			P-TEC DVVT/前置后驱			
	排量(mL)	1206			1485			
	额定功率[kW/(r/min)]	63/6000			82/5800			
	最大转矩[N·m/(r/min)]	108/4400			146.5/3600～4000			
	排放标准/建议用油	国Ⅳ/93#以上汽油						
底盘参数	变速器类型	5挡手动						
	驱动类型	后驱						
	悬架系统	前麦弗逊式悬架/后钢板弹簧，五连杆摆臂式悬架						
	制动系统	前盘式/后鼓式制动器，双回路液压						
	轮胎规格	175/70 R14、185/65 R14						
性能	最高车速(km/h)	140			160			
工信部综合工况油耗(L/100km)		7.3			7.5			
改款时间		2010年9月			2013年8月			
厂家建议价格(万元)		4.38～5.38			4.68～6.18			

注：厂家建议价格以2016年3～8月为准

一汽海马汽车有限公司 Faw Haima Automobile Co.,Ltd.

福美来七座版

福美来七座版

年度新上市车型

2016年9月26日福美来七座版正市上市，此次车型推出1.5T排量共六款车型，指导价格为8.99万～12.89万元。新车推出6座和7座两个版本，并配有8英寸液晶屏、HM-Link车载互联系统、ESP和上坡辅助等多种安全配置，超大的空间设计，进一步突出福美来作为一个整体品牌的形象。

主要配置

适•悦型：前排侧安全气囊、ABS防抱死制动系统、EBD电子制动力分配系统、BOSCH ESP第九代电子稳定控制系统、BAS制动辅助系统、HSA坡道起步辅助系统、EPB电子驻车系统、制动优先系统、TCS牵引力控制系统、全车三点式约束式安全带、碰撞后燃油自动切断+自动解锁功能、灰尘/花粉过滤、高保真4扬声器、驾驶席一触式玻璃下降、华丽亮铬前格栅、虎眼式卤素前照灯、外后视镜电动调节带转向灯、无骨刮水器、空气动力学行李架+尾翼、多功能自发光组合仪表、精致四辐转向盘、二排座椅可滑动、二排座椅可4/6折叠、二排座椅可5/5折叠、典雅织物座椅、驾驶席手动8向/副驾驶手动4向座椅调节、手动防炫目后视镜

适•享型：适•悦型+倒车雷达(4探头)、空调后出风口带鼓风机、8寸高清彩色触摸液晶显示屏、蓝牙手机免提系统、随速音量调节、高穿透力前雾灯，1.5T自动7座适•享型增加HDC陡坡缓解系统、定速巡航、i-drive智能驾驶控制按钮、塑胶多功能转向盘

适•畅型：适•享型+HDC陡坡缓解系统、倒车视频摄像、定速巡航、智能无钥匙进入+一键起动系统、i-drive智能驾驶控制按钮、防止钥匙被锁功能、豪华电动天窗、LED日间行车灯、鲨鱼鳍天线、真皮多功能转向盘，1.5T自动6座适•享型无二排座椅可4/6折叠

适•臻型：适•畅型+前排侧安全气囊+侧安全气帘、前排座椅主动式头枕、TPMS胎压监测系统、HM-Link车载信息系统、GPS导航、高保真6扬声器、360度全景可视系统、智能遥控锁车四门玻璃自动回位、驾驶席一键式玻璃升降+四门玻璃放夹、雨量感应式刮水器、伴我回家前照灯延时关闭、外后视镜电动折叠+电热除霜、前照灯感应式自动开闭+远近光一体(带辅助远光)、前排座椅加热+三挡调节功能、自动防炫目内后视镜，无二排座椅可4/6折叠

车身颜色：极地白、凯茵紫、云煌棕

内饰颜色：黑棕色

主要车型参数及价格

车型		1.5T 手动 7座		1.5T 自动 7座		1.5T 自动 6座	
		适•悦型	适•享型	适•享型	适•畅型	适•畅型	适•臻型
基本参数	长×宽×高(mm)	4750×1800×1695					
	轴距(mm)	2800					
	前/后轮距(mm)	1545/1545					
	油箱/行李舱容积(L)	60/110-850					
	整备质量(kg)	1560		1585			
	车身材料	钢板					
	车身形式/乘员人数	2厢5门/7				2厢5门/6	
发动机参数	发动机型号	HM474Q-T					
	发动机型号/形式	直列4缸 16气门 双顶置凸轮轴 多点喷射汽油发动机 进气可变气门正时系统(iVVT)涡轮增压					
	排量(mL)	1497					
	额定功率 [kW/(r/min)]	115/5500					
	最大扭矩 [Nm/(r/min)]	220/1800～4000					
	排放标准/建议用油	国Ⅴ/92#及以上汽油					
底盘参数	变速器形式	6挡手动		6挡手自一体			
	驱动类型	前驱					
	悬架系统	前麦弗逊独立悬架/后复合多连杆独立悬架					
	制动系统	前通风盘式/后盘式制动器					
	轮胎规格	205/60 R16					
性能	最高车速(km/h)	160					
工信部综合工况油耗(L/100km)		7.5					
上市时间		2016年9月26日					
厂家建议价格(万元)		8.99	9.89	10.69	11.59	11.39	12.89

注：厂家建议价格以2016年3～8月为准

重庆长安汽车股份有限公司 Chongqing Chang'an Automobile Co.,Ltd.

欧诺　欧尚

主要配置

幸福版： EPS助力转向系统、前排预紧式安全带、中滑门儿童锁、方向锁、前盘后鼓式(带真空助力)、单蒸空调、电动前门窗、液晶显示屏、调频/调幅立体声、自动调谐收音机、MP3(USB)接口、高位制动灯、同色门把手、同色保险杠、组合仪表、前/后茶杯架

基本型： 幸福版+双蒸空调、铝合金轮毂

车身颜色： 水晶白、闪光星河银灰、闪光阳光金棕

主要车型参数及价格

车　型		1.3L 幸福版	1.5L 基本型
基本参数	长×宽×高(mm)	4360×1685×1820	
	轴距(mm)	2750	
	前/后轮距(mm)	1425/1435	
	油箱容积(L)	40	
	整备质量(kg)	1325	
	车身类型/乘员人数	2厢5门/5、7、8	
发动机参数	发动机类型	直列4缸 16气门	
	排量(mL)	1298	1488
	额定功率(kW)	68	78
	最大转矩(N·m)	120	135
	排放标准/建议用油	国Ⅳ/93#汽油	
底盘参数	变速器类型	5挡手动	
	驱动类型	前置后驱	
	悬架系统	前麦弗逊独立悬架/后钢板弹簧非独立悬架	
	制动系统	前通风盘式/后鼓式制动器	
	轮胎规格	185/70 R14	195/70 R14
性能	最高车速(km/h)	140	165
工信部综合工况油耗(L/100km)		6.4	6.9
上市时间		2014年	
厂家建议价格(万元)		3.59	3.89

注：厂家建议价格以2016年3～8月为准

欧尚

尚—潮流外观：全新欧式黄金比例造型，宽体舒适，一体式车窗运动外观，以及画龙点睛的LED光导指示，内饰一体式座舱风格与高科技感的数字仪表相结合，更显豪华。

静—静音舒适：由国际NVH界知名专家领导团队精心打造，采用多种隔音技术，车内最低噪声仅为39dB，NVH水平超过同级合资车；采用了轿车化底盘，前置麦弗逊独立悬架，后置扭力梁式悬架，提升舒适性的同时兼顾操控性，美好生活尽在掌控。

心—无忧安心：具备ESP、ABS+EBD、TCS、 HBA、HHC、HBB功能，集各种主动安全与被动安全功能于一身，采用2+3+2座椅布局，宽阔舒适，后排组合可折叠、放平、空间灵动，操作便利，家用更合适。

主要配置

时尚型： ABS防抱死制动系统、EBD制动力分配系统、EPS电动助力转向系统、全车三点式安全带、安全带未系提示、后门儿童锁、车内中控锁(5门中控)、车门未关警示灯、ISO FIX儿童座椅接口、前/后电动车窗、行车电脑显示屏、外接音源接口(AUX/USB/iPod等/USB带手机充电)、前/后雾灯、前照灯高高度可调、LED高位制动灯、自动防炫目内/外后视镜带转向灯、两向手动调节转向盘、轿车式座椅布置(带靠背/头枕角度调节)

标准型： 时尚型+驾驶席安全气囊、发动机电子防盗系统、自动落锁/驻车解锁、遥控钥匙、前排手动独立空调、五门开启/关闭状态独立显示、助力回弹式安全拉手、驾驶席门窗玻璃一键下降、前照灯关闭自动延时系统

精英型： 标准型+后驻车雷达(3个)、中控台彩色触摸大屏(7寸)、手机映射(中央大屏手机镜像)、蓝牙/车载电话、顶置行李架、后刮水器+后喷水、后车窗除霜除雾、后视镜电动调节、转向盘音量调节按钮、皮质座椅

豪华型： 精英型+前排安全气囊、HHC上坡辅助系统、HBA车身稳定系统+TCS+ESP、前驻车雷达(2个)、后驻车雷达(4个)、雷达距离显示、电动天窗、GPS导航系统、后视镜加热、真皮/皮革包裹转向盘

车身颜色： 亮米黄，星河银，宝马白，摩卡棕，俊雅红，暴风灰

内饰颜色： 黑色

主要车型参数及价格

车型		1.5L MT			
		时尚型	标准型	精英型	豪华型
基本参数	长×宽×高(mm)	4465×1725×1685			
	轴距(mm)	2680			
	前/后轮距(mm)	1460/1470			
	油箱容积(L)	48			
	整备质量(kg)	1295、1315			
	车身材料	钢板			
	乘员人数	7			
发动机参数	发动机型号	DAM158			
	排量(mL)	1498			
	额定功率[kW]	84			
	最大转矩[N·m]	148			
	排放标准	国Ⅳ、国Ⅴ			
底盘参数	变速器类型	5挡手动			
	驱动类型	前驱			
	悬架系统	前麦弗逊独立悬架/后扭力梁半独立悬架			
	制动系统	前通风盘式/后盘式制动器			
	轮胎规格	185/65 R15			
性能	最高车速(km/h)	170			
工信部综合工况油耗(L/100km)		7.4			
上市时间		2015年12月27日			
厂家建议价格(万元)		5.19	5.59	5.99	6.49

注：厂家建议价格以2016年3～8月为准

力帆汽车 LIFAN AUTO

重庆力帆乘用车有限公司 Chongqing Lifan Passenger Vehicle Co.,Ltd.

力帆乐途

力帆乐途 LIFAN

主要配置

基本型：驾驶座安全带未系报警、机械式转向系统、感载比例阀、机械式油门踏板、前排三点式安全带、中排独立座椅三点式安全带、后排安全带(全部三点式)、中门儿童锁、MP3播放机+收音机、时钟显示(仪表、MP5集成)、外接音源接口(AUX/USB/iPod等)、2扬声器系统、前组合灯(带远光灯、近光灯、转向灯、位置灯)、侧转向灯(集成在外后视镜上)、后组合灯(带位置灯、转向灯、制动灯、倒车灯)、后雾灯、回复反射器、LED高位制动灯、天线、车门未关警示灯、前照灯调节开关、同色前保险杠、同色后保险杠、烤漆前格栅、普通转向上管柱、普通转向下管柱、前排副驾座带头枕/可滑动/角度可调、中排独立座椅(带头枕、角度可调)、ISOFIX儿童座椅接口、织物布座椅，乐途S增加液压式助力转向系统、车内中控锁、后背门电动解锁、中门电动玻璃升降器、电子式油门踏板、遥控钥匙、手动双蒸空调、注塑中门内饰板、仿皮座椅

标准型：基本型+液压式助力转向系统、手动双蒸空调、中门电动玻璃升降器、注塑中门内饰板、中车门置物盒、仿皮座椅，乐途S增加电子式加速踏板、遥控钥匙、车内中控锁、后背门电动解锁

舒适型：标准型+车内中控锁、遥控钥匙、后背门电动解锁、4扬声器、隐私玻璃、电动同色外后视镜(烤漆)、车身下导流板(发动机下护板)、注塑后侧围上/下内饰板、前/后轮挡泥板、后扰流板、注塑后背门内饰板、后背门门槛装饰板、后排长条座椅头枕、中排独立座椅(带头枕/角度可调/可滑动)，乐途S增加电子式加速踏板、镀铬前格栅、顶盖装饰架(行李架)、外观大包围

豪华型：舒适型+ABS+EBD、电子式油门踏板、MP5+7寸显示屏、可视倒车影像、6扬声器、日间行车灯、镀铬前格栅、顶盖装饰(行李架)、后刮水器、外观大包围、后风窗钢化玻璃带除雾功能、中排独立座椅(带头枕/角度可调/可滑动/带扶手)、多功能转向盘带音量控制按钮

至尊型：豪华型+前排安全气囊、电动助力转向系统、电动双蒸空调、GPS(MP5带GPS功能)、前排座椅带头枕/可滑动/角度可调/上下可调

主要车型参数及价格

车型		乐途			乐途S				
		基本型	标准型	舒适型	基本型	标准型	舒适型	豪华型	至尊型
基本参数	长×宽×高(mm)	4350×1730×1815							
	轴距(mm)	2720							
	整备质量(kg)	1270			1290				
	车身材料	钢板							
	乘员人数	7							
发动机参数	发动机类型	直列4缸 自然吸气							
	排量(mL)	1206			1485				
	额定功率[kW/(r/min)]	62/6000			80/6000				
	最大转矩[N·m/(r/min)]	108/3600~4000			145/3600~4000				
底盘参数	变速器类型	5挡手动							
	驱动类型	后驱							
	后悬架系统	板簧式非独立悬架(基本型/标准型(乐途S))、导向杆式非独立后悬架							
	制动系统	前通风盘式/后鼓式制动器							
	轮胎规格	185/65 R14							
工信部综合工况油耗(L/100km)		7.2			7.6				
上市时间		2015年2月							
厂家建议价格(万元)		3.58	4.28	4.58	–	4.68	5.08	5.58	5.98

注：厂家建议价格以2016年3~8月为准

潍柴(重庆)汽车有限公司 Weichai(Chongqing)Automobile Co.,Ltd.

英致737　英致727

英致737 ENRANGER

英致737是潍柴汽车旗下首款七座家用车型，是一款集轿车、MPV车型优良性能于一身的七座家庭商务舱。外观时尚又有格调，空间大而舒适，动力充沛，操控卓越，配置丰富。英致737最突出的特点在于互联网版车型配备16英寸的中控大屏，并搭载潍柴英致汽车自主开发的米图智能系统，是国内率先实现量产的互联网汽车。英致737能够很好地满足全家人的日常、假期出行，使用户享受到更舒适、更愉悦的驾驶体验。

主要配置

标准版： ABS防抱死制动系统、EBD电子制动力分配系统、BAS制动辅助系统、前排高度可调节安全带、可溃缩式转向柱、侧门防撞梁、碰撞自动解锁功能、行车自动落锁功能、车门未关/行车驻车制动未松报警功能、后门儿童安全锁、ISO FIX儿童安全座椅接口、电动空调、收音机、AUX/USB接口、高保真立体声4扬声器、钢制轮毂、LED高位制动灯、晶钻前照灯带前照灯高度调节功能、双倒车灯、花粉过滤器、防炫目内后视镜、高度可调头枕、车内灯光延时关闭、高清LED背光仪表、仪表亮度调节、3.5英寸单色屏行车电脑、前排座椅4向手动调节

舒适版： 标准版+主驾驶座安全气囊、CAN-BUS(智能控制系统)、自动回防系统、车身电子防盗系统、发动机电子防盗系统、遥控寻车功能、中央控制门锁、四门车窗一键下降、可折叠遥控钥匙、follow me home前照灯延时关闭、流体型车窗亮条、动感扰流尾翼、后风挡除雾功能、发动机保护罩、皮质黑色座椅、转向盘高度可调、前排中央手扶箱

精英版： 舒适版+副驾驶座安全气囊、倒车雷达、蓝牙电话、6扬声器、音乐功能、前雾灯、铝合金轮毂、背门镀铬装饰、皮质双色座椅、多功能转向盘、仪表台信息显示屏(时间/日期/室外温度)、后排空调出风口(7座)、副驾驶遮阳板带梳妆镜、镀铬内门把拉手、驾驶席座椅6向手动调节，CVT精英版增加定速巡航

豪华导航版： 精英版+前排侧安全气囊、前排预紧式安全带(高度可调)、车侧安全影像可视系统、倒车影像系统、8英寸电容触摸屏、手机互联功能、GPS车载导航系统、车辆状态显示功能（发动机转速、安全带未系提、瞬时速度、手制动、续航里程、瞬时油耗、行驶里程、冷却液温度、车门开闭)后刮水器、不锈钢迎宾门槛饰条、自动开闭前照灯、高清投影式迎宾门灯、前排座椅电加热，CVT豪华导航版版增加定速巡航

互联网版： 豪华导航版+智能无钥匙起动系统、智能无钥匙进入系统、行车记录仪、智能遥控钥匙(2把)、车身同色门把手(镀铬)、智能互联(16英寸电容触摸屏、多终端互联、语音播报、智能信息显示、智能空调控制系统、智能互助式导航系统、行车记录仪一键拍照功能、车载WIFI热点功能、车信功能、车载APP应用、互联网连接功能)，CVT互联网版增加定速巡航

主要车型参数及价格

车型		1.5L MT					1.5L CVT		
		标准版	舒适版	精英版	豪华导航版	互联网版	精英版	豪华导航版	互联网版
基本参数	长×宽×高(mm)	4510×1760×1750							
	轴距(mm)	2785							
	前/后轮距(mm)	1500/1510							
	油箱容积(L)	50							
	整备质量(kg)	1270～1345					1300～1320		
	车身材料	钢板							
	乘员人数	5	5、6、7						
发动机参数	发动机型号	4A15	4A91S						
	发动机类型	直列4缸 16气门	直列4缸 DOHC 多点电喷 16气门 MIVEC(智能可变气正时)						
	排量(mL)	1495	1499						
	额定功率[kW/(r/min)]	75/5600-6000	83/6000						
	最大转矩[N·m/(r/min)]	135/4000-4600	141/4000						
	排放标准	国V							
底盘参数	变速器类型	5挡手动					CVT无级变速器		
	驱动类型	前驱							
	悬架系统	前麦弗逊式独立悬架/后扭转梁式悬架							
	制动系统	前通风盘式/后鼓式制动器		前后盘式制动器					
	轮胎规格	185/65 R15							
性能	最高车速(km/h)	170							
工信部综合工况油耗(L/100km)		6.8					7.3		
上市时间		2015年9月8日							
厂家建议价格(万元)		5.68	6.18	6.58	6.98	7.78	7.58	7.98	8.78

注：厂家建议价格以2016年3～8月为准

英致727 ENRANGER

年度**新上市**车型

英致727是潍柴英致汽车于2016年3月推出的第二款MPV车型，官方指导售价4.68万～4.98万元。英致727是潍柴英致汽车基于英致737平台全新打造，定位为"创业好帮手"的七座宽大型商务车。长宽高4508×1760×1715（mm）。轴距为2785mm。英致727最突出的特点在于全车采用了纯平地板设计。优点是增加了乘坐宽敞腿脚舒适性，还使第三排进出更便捷。

主要配置

标准版：驾驶席安全气囊、三点式安全带、可溃缩式转向柱、侧门防撞钢梁、车门未关/安全带未系警示功能、中门儿童安全锁、ISOFIX儿童安全座椅接口装置、可折叠遥控钥匙、遥控寻车功能、遥控开窗功能、四门车窗电动升降、中央控制门锁、空调、收音机、AUX/USB接口、高保真立体2扬声器、晶钻前照灯、前照灯高度调节、银色直瀑式前格栅、车身同色门把手、传统钢轮轮毂带轮毂罩、高位制动灯、双倒车灯、动感扰流尾翼、高清LED背光仪表、3.5英寸单色屏行车电脑、防眩目内后视镜、前排驾驶遮阳板、前排中央手扶箱、迎宾门槛饰条、织布座椅、前排座椅后背置物袋、银色内开门把手、前排座椅4向手动调节、高度可调头枕、点烟器、深色内饰

商务版：标准版+倒车影像系统、碰撞自动解锁功能、8英寸电容触摸屏、手机互联功能、车辆状态显示功能、蓝牙电话、MP5影音娱乐系统、前雾灯、镀铬直瀑式前格栅、大通风钢轮毂带轮毂罩、皮质座椅、镀铬内开门把手、上深下浅内饰

车身颜色：天山白、中国红、星空蓝、冰河蓝、星光银、珍珠黑、香槟金、雨林棕

主要车型参数及价格

车型		1.5L MT	
		标准版	商务版
基本参数	长×宽×高(mm)	4508×1760×1715	
	轴距(mm)	2785	
	前/后轮距(mm)	1500/1510	
	油箱容积(L)	50	
	整备质量(kg)	1280～1320	
	车身材料	钢板	
	乘员人数	5～7	
发动机参数	发动机型号	TNN4G15A	
	排量(mL)	1499	
	额定功率[kW/(r/min)]	82/6000	
	最大转矩[N·m/(r/min)]	143/4000	
	排放标准	国V	
底盘参数	变速器类型	5挡手动	
	驱动类型	前驱	
	悬架系统	前麦弗逊独立悬架/后扭转梁式悬架	
	制动系统	前通风盘式/后鼓式制动器	
	轮胎规格	185/65 R15	
性能	最高车速(km/h)	150	
工信部综合工况油耗(L/100km)		6.7	
上市时间		2016年3月10日	
厂家建议价格(万元)		4.68	4.98

注：厂家建议价格以2016年3～8月为准

比亚迪汽车有限公司 BYD Auto Co.,Ltd.

新M6

新M6

主要配置

舒适型： 3H高强度全方位碰撞吸能安全车身、前排双安全气囊、博世第九代ABS防抱死制动系统(含EBD)、HPS液压助力转向系统、前排三点式安全带(紧急锁止式)、前门安全带未系声光报警、车门未关警示系统、自动落锁功能、儿童安全锁、整体钢板冲压侧围、高强度前后防撞钢梁、日本帕卡空腔注蜡技术、瑞士Sika(西卡)空腔阻断技术、智能无钥匙进入系统、智能滚码加密防盗系统、一键式起动系统、CAN—BUS电子智能管家系统、4门电动窗、双温区独立控制自动空调、多功能显示屏、转向盘音响控制系统、智能行车电脑、6扬声器、高保真音响系统、3辐多媒体音频接入接口(SD+AUX+USB)、单碟CD、收音机、豪华多功能转向盘带音响控制、可掀开大型天窗、卤素前照灯、LED高位制动灯、炫彩尾部品牌LOGO、后风窗电加热除霜、手动折叠电动调节外后视镜(电加热/LED转向灯/智能感应迎宾灯)、驾驶席座椅6向手动调节、中排单人座椅手动4向调节、角度/高度可调式转向盘、LED自发光式组合仪表、普通防炫内后视镜、后排整体折叠可翻转式座椅、高级织物座椅，2.4L AT舒适型增加智能发动机防盗系统

豪华型： 舒适型+前排三点式安全带(预紧限力式)、6探头全方位泊车雷达、360度全景影像系统(倒车影像监视/右前轮盲区可视)、售后维护提醒功能、后部独立自动空调、电容式触控数字屏、DVD多媒体系统、GPS语音导航系统(NAVI)、车载数字电视、自动开启前照灯、氛围灯、背门玻璃刮水器、后雾灯、铝合金轮辋、电动折叠电动调节外后视镜(自动折叠/电加热除霜/LED转向灯/智能感应迎宾灯/摄像头)、豪华多功能集成转向盘(音响控制/仪表控制/蓝牙控制/360度全景影像)、TFT液晶组合仪表、自动防炫内后视镜(电子罗盘)、豪华皮座椅

尊贵型： 豪华型+前排侧安全气囊，前后贯穿式安全气帘、电动滑动门、前排加热装置、驾驶席座椅8向电动调节、真皮座椅，2.4L AT尊贵型增加CSS定速巡航系统、豪华多动能集成转向盘(音响控制、仪表控制、蓝牙控制、巡航控制、360度全景影像)，无智能发动机防盗系统

车身颜色： 象牙白、雅典银、麦加金、皇家紫

主要车型参数及价格

车型		2.0L MT	2.4L MT			2.4L 6AT		2.4L 4AT	
		舒适型	舒适型	豪华型	尊贵型	豪华型	尊贵型	豪华型	尊贵型
基本参数	长×宽×高(mm)	4820×1810×1765							
	轴距(mm)	2960							
	前/后轮距(mm)	1550/1555							
	最小离地间隙(mm)	150							
	油箱容积(L)	65							
	整备质量(kg)	1710	1720			1790		1760	
	车身材料	钢板							
	乘员人数	7							
发动机参数	发动机类型	直列4缸 4冲程 水冷 双顶置凸轮轴 多点顺序喷射	直列4缸 16气门 MPI燃油喷射 双顶置凸轮轴DOHC					直列4缸 16气门 MPI燃油喷射 单顶置凸轮轴SOHC	
	排量(mL)	1991	2362					2378	
	额定功率[kW/(r/min)]	103/6000	123/6000					118/5500～6000	
	最大转矩[N·m/(r/min)]	186/4000～4500	234/4000					215/3500～4500	
底盘参数	变速器型号	BYD483QB	BYD488QA					三菱4G69S4M	
	变速器类型	5挡手动	6挡手动			6挡手自一体		4挡手自一体	
	驱动类型	前驱							
	悬架系统	前麦弗逊独立悬架/后纵臂扭转梁式悬架							
	制动系统	前通风盘式/后盘式制动器							
	轮胎规格	215/55 R17							
性能	最高车速(km/h)	180						185	
工信部综合工况油耗(L/100km)		8.9	9.6					10.6	
上市时间		2013年2月17日							
厂家建议价格(万元)		10.39	11.39	12.59	13.59	13.59	14.59	14.39	15.39

注：厂家建议价格以2016年3～8月为准

新能源车
EV

此专栏由北京新能源汽车股份有限公司特别支持

北京现代汽车有限公司 Beijing Hyundai Motor Company

第九代索纳塔 混合动力

SONATA hybrid

主要配置

智能型： 前排双安全气囊、ESC车身电子稳定系统、VSM车辆稳定控制系统、HAC上坡辅助系统、发动机电子防盗系统、后驻车雷达、电动助力转向系统、前排安全带未系提醒、智能钥匙一键起动系统、驾驶模式选择、脚踏式驻车系统、电动天窗、电动车窗(驾驶席&副驾驶席一键升降)、双区独立控制自动空调、后排空调出风口、空调离子发生器、单碟CD、6扬声器、金属迎宾踏板、电动调节/加热/折叠外后视镜、投射式前照灯、镀铬外门把手、车身侧面镀铬装饰条、LED日间行车灯、前风窗自动除雾、4向调节真皮包裹转向盘(多功能)、前排座椅头枕4向可调、驾驶席腿部照明、皮质座椅、驾驶席座椅手动6向调节、副驾驶座椅手动4向调节、行李舱感应自动开启、超级仪表盘

领先型： 智能型+前排侧安全气囊、侧安全气帘、后排预紧式安全带、倒车影像、定速巡航、8英寸导航、7扬声器、低音炮、鲨鱼鳍天线、自动控制前照灯、智能迎宾灯光系统(照地灯&门把手灯)、仪表上部蒙皮包覆、驾驶席座椅电动12向调节(带腰部支撑)、副驾驶席座椅电动8向调节、前排座椅加热

豪华型： 领先型+膝部安全气囊、TPMS独立数显胎压监测系统、ASCC智能自适应巡航、电子驻车制动、全景天窗、电子防炫目内后视镜、真皮座椅、前排通风座椅、后排座椅加热、后排豪华中央扶手(带座椅加热及音响控制)

车身颜色： 珍珠白、爵士黑、古月银、薄荷绿

内饰颜色： 蓝色、纯黑(选装)

主要车型参数及价格

车型		2.0HE	2.0HS	2.0HL
		智能型	领先型	豪华型
基本参数	长×宽×高(mm)	4855×1865×1485		
	轴距(mm)	2805		
	最小离地间隙(mm)	145(空载)、85(满载)		
	油箱/行李舱容积(L)	60/440		
	整备质量(kg)	1620		1658
	车身类型/乘员人数	3厢4门/5		
发动机参数	发动机类型	2.0L Nu Gdi		
	排量(mL)	1999		
	额定功率[kW/(r/min)]	115/6000		
	最大转矩[N·m/(r/min)]	189/5000		
电动机参数	额定功率[kW]	38		
	最大转矩[N·m]	205		
	电池/电压(V).电流(Ah)	270V/6.0Ah(锂离子聚合物电池)		
底盘参数	变速器类型	6挡手自一体		
	悬架系统	前麦弗逊式独立悬架/后多连杆式独立悬架		
	轮胎规格	205/65 R16		215/55 R17
性能	最高车速(km/h)	195		
工信部综合工况油耗(L/100km)		4.8		
厂家建议价格(万元)		20.98	22.98	24.98

注：厂家建议价格以2016年3～8月为准

北京新能源汽车股份有限公司 Beijing Electric Vehicle Co.,Ltd.

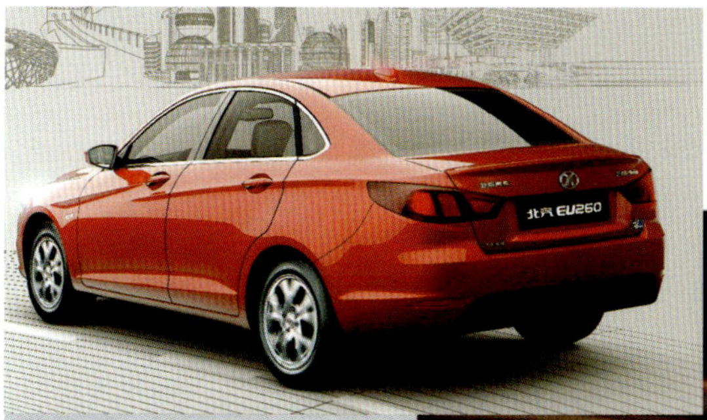

北汽EU260 北汽ES210 EV200 EV160 EX200 威旺307EV

北汽EU260

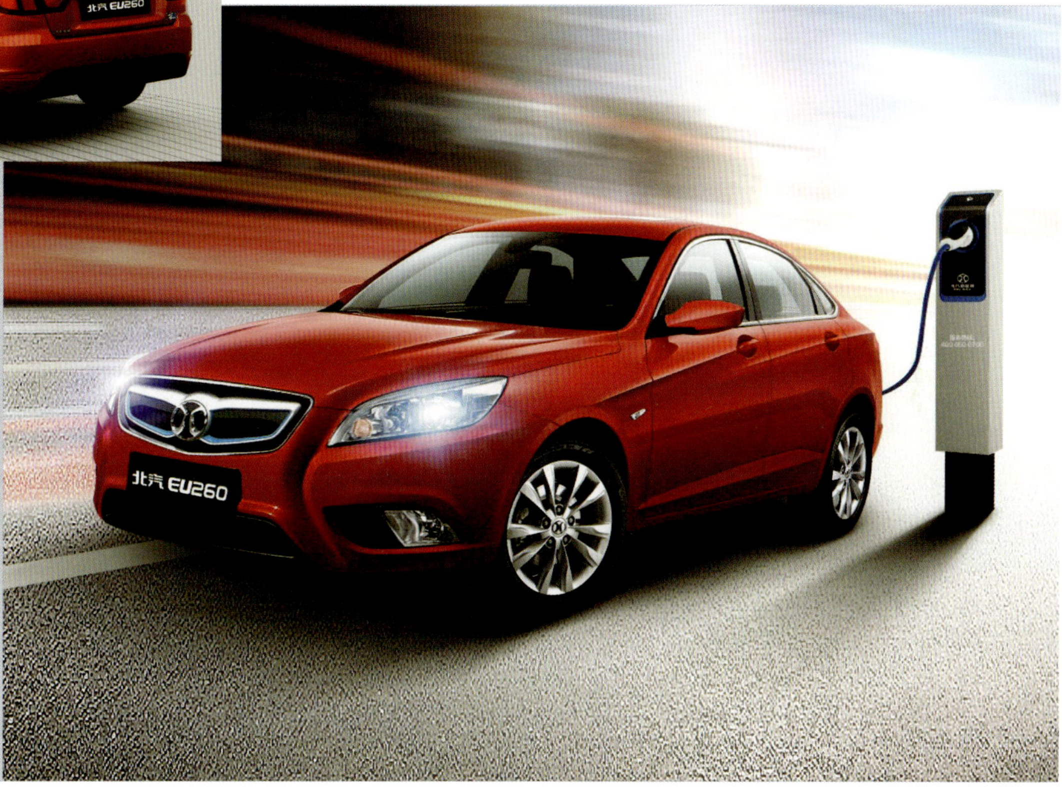

主要配置

EU260乐享版：前排安全气囊、ABS+EBD+EBA+CBC、前排安全未系提醒、后车三点式安全带、车身防盗系统、车内中控门锁、胎压监测装置、倒车雷达、倒车影像、前驻车雷达、儿童安全门锁、ISO FIX儿童座椅固定装置、行车自动落锁/熄火解锁、碰撞后车门自动解锁、遥控钥匙、智能一键起动系统、电动空调、空气净化系统、四门电动车窗驾驶席带防夹、GPS导航系统、蓝牙系统、外接音源接口(iPod/AUX/USB/MP3)、6扬声器、9英寸显示屏、中控上方显示小屏、行车电脑显示屏、USB充电接口、USB电子相册、NIGHT PANEL、手机APP(远程信息查询/远程控制)、微信平台充电状态查询、i-Link车联网系统、LED高位制动灯、卤素前照灯、自感应式前照灯、前照灯高度可调、前照灯延迟关闭系统、前/后雾灯、电动调节/加热/电动除雾外后视镜、普通+雨量感应前刮水器、普通绿色隔热玻璃、自动防炫目内后视镜、旋钮式换挡手柄、真皮包裹多功能转向盘、上下/前后调节转向盘、真皮座椅、驾驶席座椅6向电动调节、副驾驶座椅4向电动调节

车身颜色：珠光白、极光银、铂金灰、墨玉黑、琥珀金、熔岩红、冰晶蓝

PEU集成控制系统

i-Link智能操作系统

主要车型参数及价格

	车　型	EU260乐享版
基本参数	长×宽×高(mm)	4582×1794×1515
	轴距(mm)	2650
	前/后轮距(mm)	1522/1528
	车身材料	钢板
	车身类型/乘员人数	3厢4门/5
底盘参数	转矩[额定/峰值]	145/260Nm
	电池厂家	普莱德
	驱动类型	前驱
	悬架系统	前麦弗逊式独立悬架/后多连杆独立悬架
	制动系统	前通风盘式/后盘式制动器
	轮胎规格	205/60 R16
性能	可用电量(kWh)	41.4
	交流充电(kW)	6.6
	直流充电(快充)	快充:30min(30%—80%)、慢充:6—7h(100%)
	最高车速(km/h)	140
综合工况续驶里程(km)		260
上市时间		2015年
厂家建议价格(万元)		25.69

注：厂家建议价格以2016年3～8月为准

北汽ES210

北汽新能源
BAIC BJEV

主要配置

前排安全气囊、前排侧气囊、ABS+EBD+CBC、侧安全气帘、ESP车身电控稳定控制系统、制动辅助系统(EBA/BAS/BA等)、牵引力控制系统(ASR/TCS/TRC等)、坡起辅助系统、胎压监测装置、驻车制动报警、倒车雷达、倒车视像影像、SVA侧视辅助系统、前部泊车雷达、前排安全带未系报警、三点式安全带、车身防盗系统、电控供油系统、中控门锁、遥控钥匙、无钥匙进入+一键起动、遥控开启或关闭车窗、儿童安全锁、ISO FIX儿童座椅固定装置、前排主动安全保护头枕、行车自动落锁、碰撞后车门自动解锁、双区自动空调、后排出风口、外循环空气过滤器、GPS导航系统、蓝牙通信系统、外接音源接口(AUX+USB带SD/iPod等)、CD支持MP3/WMA、单碟DVD、音量随速调节、11+1扬声器系统、8英寸显示屏、手机USB接口、USB电子相册、LED高位制动灯、双氙气前照灯、前照灯自动点亮/自动调节、前照灯高度高节、前照灯清洗装置、车外灯光关闭延迟、前/后雾灯、LED尾灯、行李舱灯、日间行车灯、手套箱冷藏功能

车身颜色：墨玉黑、铂金灰、极光银、玛瑙红、阿尔卑斯白、碳晶灰、楠木棕

主要车型参数及价格

车型		ES210
基本参数	长×宽×高(mm)	4861×1820×1462
	轴距(mm)	2755
	前/后轮距(mm)	1524/1530
	最小离地间隙(mm)	130
	整备质量(kg)	1760
	车身材料	钢板
	车身类型/乘员人数	3厢4门/5
驱动类型	额定功率[kW]	40～80
	转矩[额定/峰值]	127/255Nm
	最大转速[r/min]	3000～9000
底盘参数	蓄电池类型	锂离子蓄电池
	驱动类型	前驱
	悬架系统	前麦弗逊式独立悬架/后多连杆独立悬架
	制动系统	前后通风盘式制动器
	轮胎规格	235/45 R17
性能	最高车速(km/h)	135
	0～50km/h加速时间(s)	5.0
	60km/h等速续驶里程(km)	210
	最大爬坡度(%)	25
	百公里电耗(kW·h/100km)	20
综合工况续驶里程(km)		175
上市时间		2015年
厂家建议价格(万元)		34.69

注：厂家建议价格以2016年3～8月为准

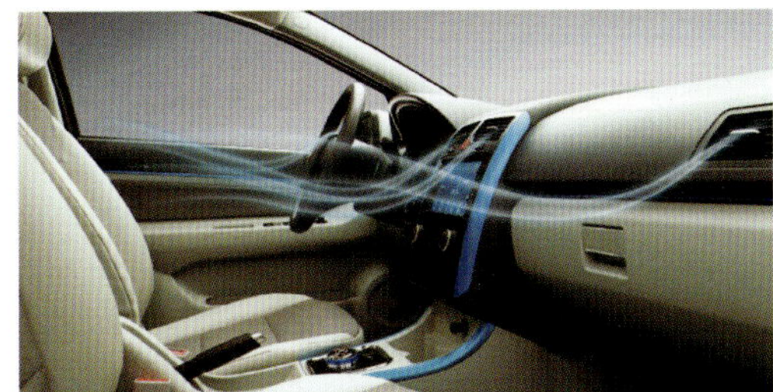

主要配置

轻快版： 前排安全气囊、ABS防抱死制动系统、EBD电子制动力分配系统、普通式前排座椅三点式安全带、后排座椅中间位置三点式安全带、安全带高度可调、驾驶席安全带未系提醒、ISO FIX儿童座椅固定装置、车速感应门锁、儿童门锁、电动数显空调、空调带高效清洁除尘功能、前/后门电动车窗、4扬声器、速度感知声音补偿系统、中控主机双DIN设计、8英寸屏中控信息系统(MP5/导航)、手机APP(迅程信息查询)、手机无线充电、6.2英寸液晶组合仪表、后雾灯、LED高位制动灯、行车灯未关报警、电动调节外后视镜、后风窗玻璃除霜、多级式前风窗玻璃无骨刮水器、一体式前照灯、后组合尾灯、前照灯延时关闭功能、智能后刮水器、前照灯高度调节、角度可调转向盘、三辐式多功能转向盘、手动防炫内后视镜、驾驶席座椅手动6向调节、副驾驶座椅手动4向调节、前排中央扶手、织物座椅、自动后行李舱灯

轻秀版： 轻快版+副驾驶席安全带未系提醒、泊车雷达、倒车影像、6扬声器、3英寸屏中控信息系统(MP5/导航/机屏互联/能量流)、手机APP(迅程信息查询/远程控制)、前雾灯、防紫外线玻璃、外后视镜电动折叠、电加热外后视镜、前风窗玻璃雨量传感器、前照灯自动点亮功能

轻享版： 轻秀版+全车精品装饰、VIP云服务

车身颜色： 马德里红、阿尔卑斯白、米兰银、汉堡灰、深海蓝、香槟丽合金

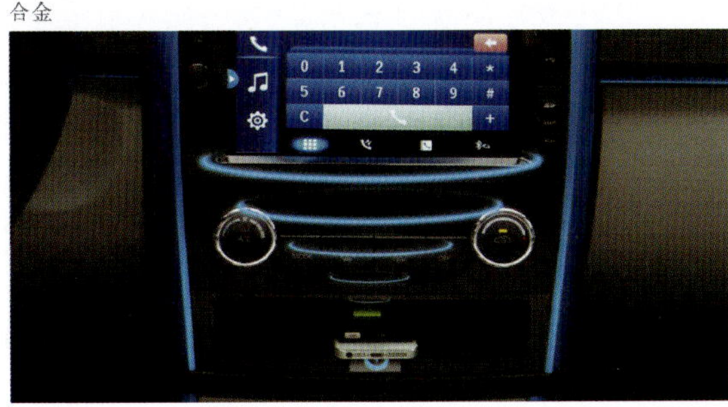

主要车型参数及价格

	车 型	轻快版	轻秀版	轻享版
基本参数	长×宽×高(mm)		4025×1720×1503	
	轴距(mm)		2500	
	整备质量(kg)		1295	
	车身材料		钢板	
	车身类型/乘员人数		2厢5门/5	
驱动类型	额定功率[kW]		30～53	
	最大转矩[N·m]		102～180	
	最大转速[r/min]		2812～9000	
底盘参数	电池类型		三元锂电池	
	驱动类型		前驱	
	制动系统		前盘式/后鼓式制动器	
	轮胎规格		185/65 R14	
性能	最高车速(km/h)		125	
	0～100km/h加速时间(s)		15	
	0～50km/h加速时间(s)		5.3	
	60km/h等速续驶里程(km)		245	
	最大爬坡度(%)		25	
	电池系统循环寿命(90%DOD)		2000	
综合工况续驶里程(km)			200	
上市时间			2015年	
厂家建议价格(万元)		20.89	22.69	24.69

注：厂家建议价格以2016年3～8月为准

北汽新能源
BAIC BJEV

EV160

主要配置

轻快版： ABS防抱死制动系统、EBD电子制动力分配系统、可溃式转向柱、普通式前排三点式安全带、后排座椅中间位置三点式安全带、安全带高度调节、前排安全带未系提醒儿童门锁、ISO FIX儿童安全座椅固定装置、车门内置防侧撞保护杆、遥控折叠钥匙(2把)、车速感应门锁、前/后电动车窗、行车灯未关报警、电动精显空调、空调带高效清洁除尘功能、4扬声器、速度感知声音补偿系统、10.4英寸屏中控信息系统、手机APP(远程信息查询)、6.2英寸液晶组合仪表、LED高位制动灯、一体式前照灯、前照灯延时关闭功能、前照灯高度可调、后组合尾灯、后雾灯、外后视镜带转向灯、智能后刮水器、刮水器、电动调节外后视镜、后风窗玻璃除雾、多功能充电座、角度可调转向盘、三辐式多功能转向盘、手动防炫目内后视镜、织物座椅、驾驶席座椅6向手动调节、副驾驶座椅4向手动调节

轻秀版： 轻快版+泊车雷达、倒车影像、6扬声器、手机APP(远程信息查询/远程控制)、外后视镜电动折叠、电加热外后视镜、前照灯自动亮灯功能、前雾灯、前风窗玻璃雨量传感器

车身颜色： 马德里红、阿尔卑斯白、米兰银、汉堡灰、深海蓝、香榭丽舍金

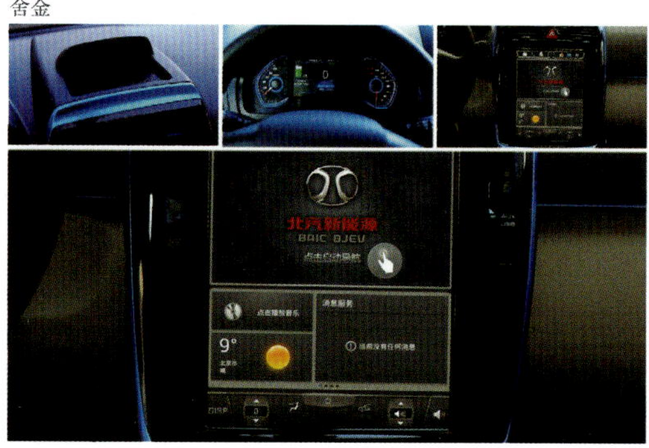

主要车型参数及价格

	车　型	轻快版	轻秀版
基本参数	长×宽×高(mm)	4025×1720×1503	
	轴距(mm)	2500	
	最小离地间隙(mm)	110	
	行李舱容积(L)	220	
	整备质量(kg)	1295	
	车身材料	钢板	
	车身类型/乘员人数	2厢5门/5	
驱动类型	额定功率[kW]	20～45	
	电量(kWh)	25.6	
	低功率交流充电(kW)	3.3	
	充电时间(h)	7-8(慢)	
底盘参数	电池类型	新能源(大洋/大郡)	
	驱动类型	前驱	
	悬架系统	前麦弗逊式独立悬架/后H型扭力梁式悬架	
	制动系统	前盘式/后鼓式制动器	
	轮胎规格	185/65 R14	
性能	最高车速(km/h)	125	
	NEDC续驶里程(km)	150	
综合工况续驶里程(km)		200	
上市时间		2015年	
厂家建议价格(万元)		17.69	18.89

注：厂家建议价格以2016年3～8月为准

年度新上市车型

在2016北京车展上，北汽新能源EX200正式上市，新车配备最大功率输出53kW的电动机，配备三元锂电池组，单横幅的前格栅融入了北汽新能源标志性的淡蓝元素。配备三元锂电池组，其续航里程将超过200km。

主要配置

乐活版：前排安全气囊、ABS+EBD、普通式前排座椅三点式安全带、后排座椅中间位置三点式安全带、可溃式转向柱、制动优先系统、安全带高度调节、驾驶席安全带未系提醒、防盗报警系统、儿童门锁、ISOFIX固定装置、行车灯未关报警、后泊车雷达、车速感应门锁、可折叠遥控钥匙、中控锁、前门电动车窗(驾驶席一键降功能)、后门电动车窗、电动空调、高效清洁除尘功能、制动能量回收强度可调、手机APP远程车辆控制(远程充电控制/远程空调控制)、手机APP远程信息查询(车辆状态查询)、行车电脑、6.2英寸液晶组合仪表、蓝牙功能、标准USB接口带充电功能、收音机、7.0英寸显示屏+手机互联+GPS导航、多功能转向盘音响控制按键、4扬声器、卤素一体式前照灯、多级式前风窗玻璃刮水器、智能后刮水器(BBI全塑)、后风窗玻璃除霜、电动调节外后视镜、外后视镜带转向灯(LED)、车顶金属行李架、印刷天线、日间行车灯、高位制动灯(LED)、前照灯延时关闭功能、前/后雾灯、速度感知声音补偿系统、手动防炫目内后视镜、12V电源、副驾顶拉手(可折叠带阻尼)、后门顶部拉手(可折叠带阻尼)、后行李舱方便挂钩、后行李舱储物盒、前排中央扶手、自动后行李舱灯、顶阅读灯(带延时功能)

乐酷版：前排安全气囊、侧安全气囊、侧安全气帘、ABS+EBD、可溃式转向柱、制动优先系统、预紧限力式前排座椅三点式安全带、普通式前排座椅三点式安全带、后排座椅中间位置三点式安全带、安全带高度调节、前排安全带未系提醒、防盗报警系统、儿童门锁、ISOFIX固定装置、后泊车雷达、车速感应门锁、可折叠遥控钥匙、中控锁、行车灯未关报警、电动空调、高效清洁除尘功能、制动能量回收强度可调、手机APP远程车辆控制(远程充电控制/远程空调控制)、手机APP远程信息查询(车辆状态查询)、前车门电动车窗(驾驶席一键降功能)、后车门电动车窗、行车电脑、6.2英寸液晶组合仪表、蓝牙功能、标准USB接口带充电功能、收音机、7.0英寸显示屏+手机互联+GPS导航、多功能转向盘音响控制按键、6扬声器、速度感知声音补偿系统、多级式前风窗玻璃刮水器、前风窗玻璃雨量传感器、后风窗玻璃除霜、电动调节外后视镜、电加热外后视镜、外后视镜带转向灯(LED)、智能后雨刮(BBI全塑)、车顶金属行李架、印刷天线、手动防炫目内后视镜、前/后雾灯、卤素一体式前照灯、前照灯延时关闭功能、前照灯自动亮灯功能、高位制动灯(LED)、日间行车灯、自动后行李舱、灯顶阅读灯(带延时功能)、12V电源、副驾顶拉手(可折叠带阻尼)、后门顶部拉手(可折叠带阻尼)、后行李舱方便挂钩、行李舱储物盒、前排中央扶手、石英钟

车身颜色：珠光白、香槟丽舍金、宝石红、靛青、激情橙、黑色

主要车型参数及价格

车型		乐活版	乐酷版
基本参数	长×宽×高(mm)	4110×1750×1583	
	轴距(mm)	2519	
	最小转弯直径(m)	11	
	整备质量(kg)	1360	
	车身材料	钢板	
	车身类型/乘员人数	SUV/5	
驱动类型	电量[kWh]	30.4	
	电动机功率[kW]	30～53	
	电动机转矩[Nm]	102～180	
	交流充电	4～5h	
	直流充电	30min充至80%	
底盘参数	电池类型	新能源	
	驱动类型	前驱	
	悬架系统	前麦弗逊式独立悬架/后扭力梁式半独立悬架	
	制动系统	前后盘式制动器	
	轮胎规格	205/50 R16	
性能	最高车速(km/h)	125	
综合工况续驶里程(km)		200	
上市时间		2016年4月	
厂家建议价格(万元)		20.69	21.69

注：厂家建议价格以2016年3～8月为准

北汽新能源
BAIC BJEV

威旺307EV

主要配置

手动空调、行车电脑显示屏、外接音源接口(AUX/USB/IPod)、前照灯高度可调

主要车型参数

	车　型	307 EV
基本参数	长×宽×高(mm)	4495×1636×1912
	轴距(mm)	2920
	前/后轮距(mm)	1386/1408
	最小离地间隙(mm)	160
	整备质量(kg)	1565
	车身材料	钢板
	乘员人数	7、8、9
底盘参数	电动机功率[kW]	24/45
	驱动类型	后驱
	悬架系统	前麦弗逊式独立悬架/后钢板弹簧非独立悬架
	制动系统	前通风盘式/后鼓式制动器
	轮胎规格	175 R14 LT
充电系统	快充时间(h)	1
	慢充时间(h)	6~8
	额定容量(kW·h)	37.8
性能	续航里程(km)	150
	最高车速(km/h)	70
上市时间		2015年

注：价格咨询厂家或经销商

SAIC MOTOR 上海汽车

上海汽车集团股份有限公司乘用车公司 SAIC Motor Passenger Vehicle Co.,Ltd.

荣威：荣威E50

2016款荣威E50采用锂电池组，电池的容量达到22.4kWh，综合工况最大续驶里程达170km，2016款荣威E50还搭载了坡道辅助起步、EPS电动助力转向系统等配置。

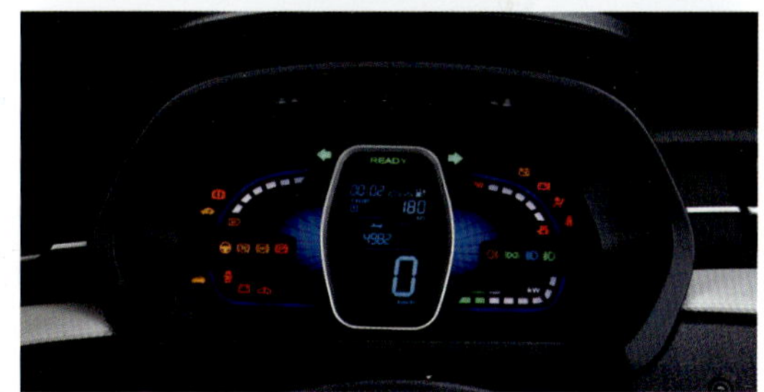

主要配置

前排双安全气囊、前排安全带未系报警、碰撞后车门自动解锁功能、底盘电池舱防撞系统、ABS制动防抱死系统、CBC转角制动控制系统、EBD电子制动力分配系统、馈能辅助制动系统、前排三点式预紧安全带、后排三点式安全带、高压电安全防护系统、动力电池防护系统、全车防侵入保护系统、后倒车雷达、可溃缩式转向管柱、远程实时安全监控系统、SMC复合轻量化材料尾门、超韧性铝合金前缓冲梁、铝合金一体式座椅骨架、四路高频CAN-BUS整车智能管理系统、一键式起动系统、SMART HOLD电子手制动系统、电动车窗带一键向下、电动变频空调系统、花粉过滤器、多格式数码娱乐系统、6.5英寸多功能触摸屏、SD卡数字接口、USB数字接口(带手机充电功能)、3PIN插口充电线、AUX IN音/视频接口、盾形e标前充电口、单腔式前照灯、前LED转向灯、不规则矩阵前雾灯、前侧镂空几何形进气口、外后视镜集成转向灯、海豚式流体车身、锋锐式LED尾灯、豚背一体式高曲面玻璃尾门、EPP低散发发泡座椅填充、环保可回收内饰织物包覆、抗有害微生物地毯、炫酷3D效果多功能数字仪表、长条银色前出风口造型、智能一体式人机交互系统、超薄舒适双色座椅、三幅式多媒体集控转向盘、后排座椅五五水平折叠、前排座椅4向调节、EPP低散发发泡座椅填充、环保可回收内饰织物包覆、抗有害微生物地毯

车身颜色：温莎白

主要车型参数及价格

车 型		E50
基本参数	长×宽×高(mm)	3569×1551×1540
	轴距(mm)	2305
	整备质量(kg)	1080
	动力蓄电池类型/容量(kW·h)	镍钴锰酸锂/22.4~77.7
	车身材料	钢板
	乘员人数	5
电动机参数	额定功率/最大功率(kW)	28/52
	电动机额定转速/最大转速(r/min)	3000/8000
	电动机类型	永磁同步驱动电动机
	电动机峰值转矩(N·m)	155
底盘参数	驱动类型	前驱
	悬架系统	前麦弗逊式独立悬架/后H型扭力梁式半独立悬架
	制动系统	前盘式/后鼓式制动器
	轮胎规格	175/60 R13
性能	最高车速(km/h)	130
	0~50km/h加速时间(s)	5.6
	50~80km/h加速时间(s)	4.6
	NEDC工况下续航里程(km)	170
	慢充/快充时间(min)	480/30(10%~80%)
上市时间		2016年4月1日
厂家建议价格(万元)		18.89

注：厂家建议价格以2016年3~8月为准

众泰控股集团有限公司 Zotye Holding Group Co.,Ltd.

众泰M300EV　众泰M300EV 纯电动

 众泰M300EV

众泰M300EV，一款具有欧洲亚平宁半岛血统的宽体MPV，不同于国内传统模式的MPV，其独一无二的外观设计及内部空间打造，让它别具一格、引人瞩目。M300EV的车身尺寸和内部空间在同级车中有着十足的竞争力，其较宽的轮距使它甚至可以从MPV的定位中跳脱出来，成为一款更加跨界的车型。在动力性能，做工、内饰设计等部分M300EV也同样出色。中控搭载的车载信息系统，集成了GPS导航、DVD、倒车可视等功能；让乘用体验达到欧洲标准，实现前所未有的舒适感受。

主要车型参数

	车　型	众泰M300EV插充模式
基本参数	长×宽×高(mm)	4089×1871×1695
	轴距(mm)	2666
	前/后轮距(mm)	1515/1520
	最小转弯半径(m)	≤5.5
	最小离地间隙(mm)	≥150(满载)
	整备质量(kg)	1705
	乘员人数	5
动力参数	蓄电池类型	磷酸铁锂蓄电池
	电压范围(V)	352(308~396)
	蓄电池额定功率(k·Wh)	35.2
	充电时间(h)	8~14(慢充)
	电动机类型	永磁同步电动机
	额定功率/最大功率[kW]	30/60
	最大转矩[N·m]	250
	工作转速范围(rpm)	0~9000
	减速器类型	固定速比
	最高车速(km/h)	≥120
	续驶里程(km,60km/h等速)	200
	续驶里程(km,综合工况)	160
	最大爬坡度(%)	≥25
底盘系统	悬架系统	前麦弗逊式独立悬架/后纵摆臂式独立悬架
	制动系统	前盘式/后鼓式制动器
	轮胎规格	195/60 R15

注：价格、配置请咨询厂家或经销商

 众泰M300EV 纯电动

国内首款宽体MPV换电模式纯电动汽车——众泰M300EV自投放市场以来，与国家电网杭州电力公司在新能源出租车领域强强联合，占据了杭州新能源出租车市场97%的份额。作为行驶在杭州城大街小巷上的一道亮丽风景，成功进行了两年多的市场化运营，并已成为杭州环保节能的城市名片。众泰M300EV集新能源汽车换蓄电池模式最新技术成就，具有驾享合一、环保节能的独特产品优势。换蓄电池模式M300EV最高车速可达120km/h，续航里程为120km(匀速60km/h)，换蓄电池过程只需5min，百公里耗电16kW·h。主要技术指标在国内纯电动乘用车领域具有明显优势。

主要车型参数

	车　型	众泰M300EV换电模式
基本参数	长×宽×高(mm)	4089×1871×1695
	轴距(mm)	2666
	前/后轮距(mm)	1515/1520
	最小转弯半径(m)	≤5.5
	最小离地间隙(mm)	≥150(满载)
	整备质量(kg)	1620
	乘员人数	5
动力参数	蓄电池类型	磷酸铁锂电池
	电压范围(V)	307.2(268.8~345.6)
	蓄电池总电能(kw·h)	21.1
	充电时间(h)	8~10(慢充)
	电动机类型	交流异步电动机
	额定功率/最大功率[kW]	30/60
	最大转矩[N·m]	240
	工作速转范围(r/min)	0~9000
	减速器类型	固定速比
	最高车速(km/h)	≥120
	续驶里程(km,60km/h等速)	120
	续驶里程(km,综合工况)	80
	最大爬坡度(%)	≥25
底盘系统	悬架系统	前麦弗逊式独立悬架/后纵摆臂式独立悬架
	制动系统	前盘式/后鼓式制动器
	轮胎规格	195/60 R15

注：价格、配置请咨询厂家或经销商

安徽江淮汽车股份有限公司 Anhui Jianghuai Automobile Co.,Ltd.

和悦IEV4　和悦IEV5　和悦IEV6S

和悦IEV4 HEYUE

主要配置

豪华型：前席双安全气囊、博世8.1最新版本ABS+EBD、多骨架高钢性安全车身、前后强化防撞钢梁、远程智能诊断服务、前排预紧限力式安全带、后排三点式安全带、驾驶员安全带未系提醒、ISO-FIX儿童座椅固定装置、中控门锁、车速感应门锁、倒车雷达、门窗自动关闭、制动踏板带行程传感器、制动能量回收、车辆蠕行功能(坡起防溜坡/轻松倒车)、遥控折叠钥匙、动力电池电量显示、动力电池温度显示、电池状态功率显示、挡位提示、驾驶席中控锁/充电口/后门一键开起、车速显示、充电状态显示、电动冷暖空调、空气调节/PM2.5粉尘过滤系统、收音机+USB接口、4声道扬声器、行车电脑蓝色光数显屏、后窗电加热除霜、可调卤素前照灯、高穿透力前/后雾灯、LED高位制动灯、高灿组合尾灯、EV纯电动汽车蓝色标识、可折叠外后视镜、多级式前风窗玻璃刮水器、四门镀铬内把手、四门电动车窗、电动调节外后视镜、标准充电桩充电电缆、家用电源充电电缆、随车家用(慢充)充电桩、双圆形组合仪表盘设计+白字红指针、典雅钢琴漆饰配的精致T形中控台、轿跑风格三幅式转向盘、电子自动换挡器、普通转向盘、角度可调转向盘、运动风格全席黑色皮饰座椅、前排座椅4向调节、后排座椅4/6分离式可折叠、前/后排上下可调独立头枕、副驾驶席遮阳板带化妆镜、驾驶席预置照明灯+双向阅读灯、前门迎宾灯、行李舱照明灯、前排12V电源接口+点烟器、四门储物盒+前门杯托+中央储物槽、行李舱置物板可折翻、顶扶手+行李钩、随车工具

豪华智能型：豪华型+倒车可视影像、MP5多功能影音娱乐系统、GPS智能导航系统、多功能皮质转向盘

主要车型参数及价格

车　型		豪华型	豪华智能型
基本参数	长×宽×高(mm)	4190×1650×1445	
	轴距(mm)	2400	
	最小离地间隙(mm)	157	
	最大爬坡度(%)	25	
	整备质量(kg)	1200	
	车身材料	钢板	
	乘员人数	5	
动力电池	整车充电时间(h)	7–8(慢充)、2–2.5（快充）	
	动力蓄电池类型	磷酸铁锂	
	蓄电池总能量(kW·h)	19.2	
驱动电动机	驱动电动机类型	风冷永磁同步电动机	
	驱动电动机额定峰值功率(kW)	42	
	驱动电动机峰值转矩(N·m)	170	
性能	最高车速(km/h)	100	
	续驶里程(60km/h)	200	
改款时间		2015年9月9日	
厂家建议价格(万元)		15.78	15.98

注：厂家建议价格以2016年3～8月为准

和悦IEV5
HEYUE

主要配置

前排双安全气囊、ABS防抱死制动系统、EBD电控制动力分配系统、机械拉索式驻车制动、高压系统IP67防护等级、制动优先功能、车身电控防盗系统、机械防盗系统、VSP行人警告系统、后倒车雷达、红外倒车影像、碰撞自动断电功能、车内中控锁(带儿童保护)、折叠遥控钥匙带寻车功能、电动助力转向系统、溃缩吸能式转向管柱、ISO-fix儿童座椅固定装置、T-box智能远程终端、远程遥控充电、远程遥控空调、远程查询车辆状态、能量回收功能、电动空调(带PM2.5过滤系统)、4门玻璃电动升降、驾驶席侧一键下降、智能语音控制系统、导航系统、智能中控屏、4扬声器、12V 电源接口、Aux+USB+iPod多媒体支持、氙气前照灯、LED日间行车灯、前照灯高度电动调节、LED前雾灯、后组合前照灯、高位制动灯、电动外后视镜/集成LED转向灯、外后视镜加热、前风窗玻璃遮阳彩带、无骨间歇式刮水器、铝合金轮辋、后风窗电热除霜装置、多功能转向盘、转向盘高度上下调节、手动防炫内后视镜、液晶仪表、组合仪表调光开关、皮革座椅

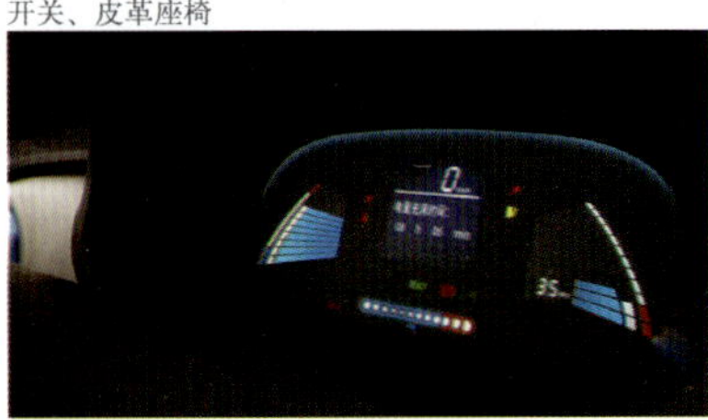

主要车型参数及价格

车　型		和悦IEV5
基本参数	长×宽×高(mm)	4320×1710×1515
	轴距(mm)	2490
	最小离地间隙(mm)	130(满载)
	行李舱容积(L)	410
	整备质量(kg)	1260
	车身材料	钢板
	乘员人数	5
动力蓄电池	动力蓄电池类型	三元锂蓄电池
	蓄电池总能量(kW·h)	23
驱动电动机	驱动电动机类型	液冷永磁同步
	驱动电动机额定峰值功率(kW)	50
	驱动电动机峰值转矩(N·m)	215
性能	最高车速(kW/h)	120
	0~50km/h加速时间(s)	6.0
	续驶里程(km)	240
综合工况耗电量(kW·h/100km)		200
上市时间		2015年4月20日
厂家建议价格(万元)		8.98

注：厂家建议价格以2016年3~8月为准

和悦IEV6S

HEYUE

年度**新上市**车型

和悦IEV6S市场定位于大中城市代步工具，造型优美，起步加速快，噪声低，优于内燃机车。独特的冬季低温充电模式保持续驶里程一致性，通过系统设计，实现与国际性能同步的高比能电芯的整车安全。

主要车型参数

	车 型	和悦IEV6S
基本参数	长×宽×高(mm)	4135×1750×1560
	轴距(mm)	2490
	最小离地间隙(mm)	150
	最大爬坡度%	30
	整备质量(kg)	1310
	车身材料	钢板
	乘员人数	5
动力蓄电池	动力蓄电池类型	三元
	蓄电池标称容量(Ah)	86.4
	蓄电池能量(kW·h)	33
驱动电动机	驱动电动机类型	液冷永磁同步
	驱动电动机额定峰值功率(kW)	85
	驱动电动机峰值转矩(N·m)	270
	驱动电动机峰值转速(r/min)	9000
性能	最高车速(kW/h)	102
	0～50km/h加速时间(s)	4
	60km/h续驶里程(km)	300
NEDC工况续驶里程(km)		251
上市时间		2016年4月25日

注：价格请咨询厂家或经销商

山东新大洋电动车有限公司 Shandong Xindayang Electric Car Co.,Ltd.

知豆牌

知豆D2

主要配置

GPRS远程监控、LDW车道偏离预警系统、FCW前碰撞预警系统

车身颜色：拉丁黄、经典黑、雅致灰、撒丁白、罂粟红、冰晶蓝

主要车型参数及价格

车 型		知豆D2
基本参数	长×宽×高(mm)	2808×1540×1555
	轴距(mm)	1765
	前/后轮距(mm)	1345/1301
	前/后悬距(mm)	508/491
	最小离地间隙(mm)	141
	行李舱容积(L)	370
	车身材料	钢板
	车身类型/乘员人数	承载式/2
电动机参数	蓄电池配置	三元锂210Ah
	电动机类型	直流无刷电动
	额定功率(kw)	9–18
	电动机峰值转矩(N · m)	85
底盘参数	变速器型号/类型	1T10A/自动
	驱动类型	前置前驱
	悬架系统	前麦弗逊式独立悬架/后拖曳臂式非独立悬架
	制动系统	前后盘式制动器
	轮胎规格	155/50 R14
性能	最高车速(km/h)	88
	0～100km/h加速时间(s)	9
上市时间		2015年4月
厂家建议价格(万元)		15.88

注：厂家建议价格以2016年3～8月为准

知豆牌

主要配置

GPRS远程监控

车身颜色： 眩红、亮黄、珍珠白、激情蓝

主要车型参数及价格

车型		纯电动轿车
		知豆牌
基本参数	长×宽×高(mm)	2765×1540×1555
	轴距(mm)	1765
	前/后轮距(mm)	1325/1325
	前/后悬距(mm)	545/455
	最小离地间隙(mm)	120
	行李舱容积(L)	370
	整备质量(kg)	690
	车身材料	钢板
	车身类型/乘员人数	承载式/2
电动机参数	蓄电池配置	三元锂210Ah
	电动机	直流无刷电动
	额定功率(kw)	9~18
	电动机峰值转矩(N·m)	85
底盘参数	变速器型号/类型	1T10A/自动
	驱动类型	前驱
	悬架系统	前麦弗逊式独立悬架/后螺旋弹簧式非独立悬架
	制动系统	前后盘式制动器
	轮胎规格	前 145/60 R13、后165/55 R13
性能	最高车速(km/h)	80
上市时间		2015年2月
厂家建议价格(万元)		10.88

注：厂家建议价格以2016年3~8月为准

知豆牌

主要配置

GPRS远程监控

车身颜色：眩红、亮黄、珍珠白、激情蓝

主要车型参数及价格

	车　型	纯电动轿车		
		知豆牌		
基本参数	长×宽×高(mm)	2765×1540×1555		
	轴距(mm)	1765		
	前/后轮距(mm)	1325/1325		
	前/后悬距(mm)	545/455		
	最小离地间隙(mm)	120		
	行李舱容积(L)	370		
	整备质量(kg)	670	640	670
	车身材料	钢板		
	车身类型/乘员人数	承载式/2		
电动机参数	蓄电池配置	三元锂210Ah		
	电动机	直流无刷电动		
	额定功率(kw)	9–18		
	电动机峰值转矩(N·m)	85		
底盘参数	变速器型号/类型	1T10A/自动		
	驱动类型	前驱		
	悬架系统	前麦弗逊式独立悬架/后螺旋弹簧式非独立悬架		
	制动系统	前后盘式制动器		
	轮胎规格	前145/60 R13、后165/55 R13		
性能	最高车速(km/h)	80		
上市时间		2014年8月	2014年9月	
厂家建议价格(万元)		10.88	10.88	10.88

注：厂家建议价格以2016年3~8月为准

一汽海马汽车有限公司 Faw Haima Automobile Co.,Ltd.

普力马 EV

普力马EV于2015年12月29日在北京正式上市，产品定位于全能绿驱MPV，是兼顾家商两用与节能环保的多功能MPV车型。消费者锁定都市时尚派，关注环境，追求精致生活的人群。

产品研发背景：

1. 能源危机、环境问题日益凸显，新能源汽车是未来行业发展的趋势
2. 政府出台补贴和鼓励政策，大力助推新能源汽车发展
3. 全球各大汽车厂商上演新能源汽车竞赛大戏，争夺未来汽车产业制高点
4. 核心技术添竞争砝码，海马新能源汽车正式推向市场，主打民用

新普力马纯电动轿车是海马汽车承担国家高新科技863项目“纯电动轿车研发与产业化技术公关”课题，全新打造的普力马纯电驱动平台，实现完全零排放的全新一代的新能源轿车。

主要配置

前排安全气囊、前排预紧式安全带、ABS防抱死制动系统、EBD电子制动力分配系统、BAS制动辅助系统、可溃式转向柱、安全带未系警告灯+报警声、可视倒车摄像头、车门随速自动落锁、遥控中央门锁、一体化盒式遥控钥匙、可视倒车系统、舒适自动空调、电动玻璃升降器、蓝牙免提系统、单碟CD音响系统、USB/AUX接口、AM/FM收音机、2门全音域扬声器、镀铬前格栅装饰条、高穿透力前雾灯、间歇式前无骨刮水器、后刮水器、高品质行李架、鲨鱼鳍天线、高位制动灯、高强度侧防撞杆、单曲率电动后视镜、后风窗深色隐私玻璃、轿跑风格多功能转向盘、电子旋钮式换挡

车身颜色： 极地白、原野绿

内饰颜色： 黑米色

主要车型参数及价格

车型		普力马 EV
基本参数	长×宽×高(mm)	4430×1718×1609
	轴距(mm)	2670
	前/后轮距(mm)	1471/1476
	最小离地间隙(mm)	150(空载)、120(满载)
	整备质量(kg)	1490
	车身材料	钢板
	乘员人数	5
动力参数	动力蓄电池类型	磷酸锂铁蓄电池
	充电时间(h，20～100%)	快冲≤1，慢冲≤10
	额定功率(kw)	20～80
	峰值功率(kw)	40
底盘参数	驱动类型	前驱
	悬架系统	前麦弗逊式独立悬架/后多连杆式独立悬架
	制动系统	前后盘式制动器
	轮胎规格	185/60 R15
性能	最高车速(km/h)	130
	续航里程(km)	160
	0～100km/h加速时间(s)	13
上市时间		2015年12月29日
厂家建议价格(万元)		21.68

注：厂家建议价格以2016年3～8为准

东风日产

东风日产乘用车公司 Dongfeng Nissan Passenger Vehicle Company

启辰晨风

启辰晨风

主要配置

领风版：ZONE BODY、多骨架高刚性车身、前席双辅助安全气囊、前席侧辅助安全气囊、大型窗帘式辅助安全气囊、ABS+EBD、VDC/HAS上坡辅助系统、车速感应式电子助力转向系统、停车制动系统(脚踏式驻车制动)、三点式预张紧安全带(前席高度可调/未系提醒)、ISO-FIX(儿童安全座椅固定装置)、可溃缩式制动踏板、ECO模式、智能遥控钥匙、车辆一键起动、滑鼠式电子换挡器、户外温度/充电状态显示、驾驶席中控锁/充电口/后门一键开启、电动门窗、3.6kW车载充电机/充电包、DTE续航里程显示仪、能量输出/回收显示仪、能量再生协调制动系统、VSP、定时充电系统、定时预启动智能空调(花粉过滤)、电池状态/电池温度显示仪、数字时速表、行车电脑、4扬声器、LED高位制动灯、高穿透力前/后雾灯、多级间歇式前刮水器/间歇式后刮水器(带清洗装置)、后风窗除霜装置(带定时功能)、空气流向控制前照灯、前照灯延迟关闭(Follow me home)、气流分离LED锐利组合尾灯、低噪声天线、尾翼(降风阻)、转向盘/后视镜/座椅加热、环保可回收织物座椅、驾驶席座椅手动6向调节、副驾驶座椅手动4向调节、6/4分割可翻倒后排座椅、12V电源输出接口、慢充/快充接口，领风版6.6kW增加6.6kW车载充电机/充电包

领航版：领风版+倒车影像、6扬声器、音响/蓝牙/手机免提控制键、电动折叠后视镜、6.6kW车载充电机/充电包、环保可回收真皮座椅、钢琴漆面中控台、可伸缩调节真皮包裹转向盘

车身颜色：晨风蓝、象牙白、月光银

主要车型参数及价格

	车　型	领风版(3.6kW)	领风版(6.6kW)	领航版(6.6kW)
基本参数	长×宽×高(mm)	4467×1771×1549		
	轴距(mm)	2700		
	前/后轮距(mm)	1540/1535		
	最小离地间隙(mm)	131		
	行李舱容积(L)	370(VDA)		
	整备质量(kg)	1494		
	车身材料	钢板		
	乘员人数	3厢4门/5		
电动机参数	电动机类型	永磁同步电动机		
	蓄电池类型	薄片型高效能锰酸锂离子电池		
	额定功率[kW/(r/min)]	80/(3008～10000)		
	最大转矩[N·m/(r/min)]	254/(0～3008)		
底盘参数	变速器类型	单级减速器		
	驱动类型	电机前置		
	悬架系统	前麦弗逊式独立悬架带稳定杆/后扭力梁式悬架带稳定杆		
	制动系统	前后通风盘式制动器		
	轮胎规格	205/55 R16		
性能	最高车速(km/h)	144		
	0～50km/h加速时间(s)	4.4		
	百公里耗电(kW·h/100km)	14.6		
	蓄电池容量(kw·h)	24		
综合工况续航里程(km)		充满电可行驶约175		
上市时间		2014年9月5日		
厂家建议价格(万元)		24.28	24.78	25.68

注：厂家建议价格以2016年3～8月为准

比亚迪汽车有限公司 BYD Auto Co.,Ltd.

e6 秦EV300 唐 元 秦 F3DM

e6

主要配置

豪华版：SRS双安全气囊、ESP、EHPS、HHC坡道保持控制、HBA液压制动辅助、HAS hev、前排三点式安全带/高度可调、电控防盗报警系统、动力系统防盗系统、前排安全带未系警示、角度可调转向管柱、运动/经济模式、铁动力电池、制动力回馈系统、7kW壁挂式充电盒、整车故障诊断系统、CAN总线通信网络、数字式自动空调、充电和制动回馈显示系统、预约充电系统、VTOG交流充电、交流充电连接装置(3转7)、自发光换挡球头、电子挡位控制器、智能钥匙系统、P挡锁止机构、电子加速踏板、电动门窗、单碟CD带收音机/AUX接口、4扬声器、LED高位制动灯、LED后组合灯、前雾灯、间歇式可调整前刮水器系统、卤素前照灯、灯光手动调节装置、手动折叠电动调节外后视镜带加热、铝合金轮辋、顶置天线带收音机、除霜除雾后风窗玻璃、车身同色后扰流板、后排整体式座椅、柔和式前投射室内灯、豪华皮革门内饰板、12V应急电源接口1个、手动防炫内后视镜、三段式TFT屏组合仪表、全皮包裹转向盘(仪表控制)、豪华皮革座椅、驾驶座椅手动6向调节、副驾驶座椅手动4向调节

精英版：豪华版+整车侧安全气帘、前排侧安全气囊、前排预紧限力式安全带/高度可调、倒车雷达(6探头)、EPB电子驻车系统、定速巡航控制系统、DVD音响系统、9扬声器、AUX+USB2.0+Ipod接口、车载TV、右前影像系统、NAVI语音电子导航系统、蓝牙、顶置天线(收音机+TV)、电动折叠电动调节外后视镜带加热、12V应急电源接口2个、自动防炫+麦克风内后视镜、多功能全皮包裹转向盘(音响、电话、仪表、倒车影像、巡航)、前排座椅电动6向调节

尊贵版：精英版+10扬声器(HM功放)、壁挂式充电盒(室内版)、高级真皮门内饰板、高级真皮座椅

车身颜色：多瑙蓝、赛纳红、激情蓝、德兰黑

主要车型参数及价格

车 型		京津		e6先行者	e6先行者
		豪华版	精英型	豪华版	尊贵版
基本参数	长×宽×高(mm)	4560×1822×1645			
	轴距(mm)	2830			
	前/后轮距(mm)	1585/1560			
	行李舱容积(L)	450			
	整备质量(kg)	2380			
	车身材料	钢板			
	乘员人数	5			
动力传动系统参数	动力系统	无污染高容量超安全铁电池动力带制动力回馈			
	电池管理系统	分布式电池管理系统			
	额定功率(kW)	90			
	最大转矩(N·m)	450			
底盘参数	悬架系统	前双横臂独立悬架带横向稳定杆/后双摇臂独立悬架带横向稳定杆			
	制动系统	前通风盘式/后盘式制动器			
	轮胎规格	225/65 R17			
性能	最高车速(km/h)	140			
	百公里耗电量(kW·h/100km)	19.5			
续驶里程(km)		300(综合工况)			
厂家建议价格(万元)		30.98	33.00	30.98	36.98

注：厂家建议价格以2016年3～8月为准

BYD 秦EV300

主要配置

豪华版： 前排双安全气囊、3H高强度全方位碰撞吸能安全车身、ABS防抱死制动系统、EBD制动力分配系统、ESP车辆稳态控制系统、TCS牵引力控制系统、HAC上坡辅助控制系统、HBA液压制动辅助系统、CDP减速度驻车制动控制系统、Keyless智能钥匙系统、EPB电子驻车系统、BOS制动优先系统、R-EPS电动助力式转向系统、倒车影像+右前影像、CCS定速巡航系统、前排紧限力式安全带、后排中间三点式安全带、ISO-FIX标准儿童座椅固定装置、前排安全带未系声光报警、行车车速感应自动上锁、碰撞自动解锁、电子防盗系统、儿童安全锁、高强度前后防撞梁、车门内置防侧撞安全保护杆、整体钢板冲压侧围、整体式溃缩吸能转向管柱、溃缩吸能式制动踏板、车门及行李舱未关独立警示、倒车后雷达探头(4个)、驾驶席车窗一键升降(防夹)、四门车窗遥控降窗、后行李舱盖遥控开启、自动恒温空调、预约充电、双层充电枪保护包、壁挂式充电盒7kW、移动电站功能、12.1英寸超视觉TFT液晶组合仪表、多媒体系统、NAVI语音电子导航系统、车载蓝牙系统、蓝牙手机音乐、6扬声器、收音机、AUX+USB+SD卡接口、蓝牙免提通话系统、双层双模式电动天窗、前间歇式无骨刮水器、后风窗电热除霜、外后视镜电加热除霜功能、LED炫彩尾部品牌LOGO、前后轮外挡泥板、LED日间行车灯、LED后组合前照灯、一字回勾透镜式前照灯、Followmehome前照灯延时关闭功能、自动开启前照灯、前/后雾灯、LED高位制动灯、外后视镜LED侧转向灯、鲨鱼鳍GPS天线、智能感应迎宾灯、VTOL220V电源输出、主驾驶座椅6向手动调节、多功能转向盘、家用220V交流充电枪(三转七)、瑞士Sika(西卡)空腔阻断技术、12V电源接口、带化妆镜遮阳板、后排独立式高度可调头枕、前/后室内灯

尊贵型： 豪华型+前排座椅侧安全气囊、侧安全气帘、倒车前雷达探头(2个)、遥控驾驶、PM2.5绿净系统、DTS5.1环绕立体音响系统(外置独立功放10扬声器)、360° 全景影像系统、云服务、驾驶席座椅8向电动调节、自动防炫目内后视镜、外后视镜电动折叠、VTOL220V电源输出

尊荣型： 尊贵型+TPMS胎压监测系统、行车记录仪、外后视镜倒车自动翻转、驾驶席座椅/转向盘/外后视镜记忆联动系统、前排座椅加热/通风、副驾驶座椅6向电动调节、高级真皮座椅、四向电动调节转向盘

旗舰型： 多荣型+前排膝部气囊、后排座椅左右侧气囊、智能腕表钥匙、DTS5.1环绕立体音响系统(外置独立功放12扬声器)、壁挂式充电盒40KW、国标220V交流充电枪(七转七)、氛围灯

内饰颜色： 双色

主要车型参数及价格

车　型		豪华型	尊贵型	尊荣型	旗舰型
基本参数	长×宽×高(mm)	4740×1770×1490			
	轴距(mm)	2670			
	前/后轮距(mm)	1525/1520			
	行李舱容积(L)	450			
	车身材料	钢板			
	车身形式/乘员人数	3厢4门/5			
动力系统	电机最大功率(kW)	160			
	电机最大转矩(N·m)	310			
底盘参数	悬架系统	前麦弗逊式悬架/后多连杆悬架			
	制动系统	前通风盘式/后盘式制动器			
	轮胎规格	205/50 R17			
性能	最高车速(km/h)	150			
	0～100km/h加速时间(s)	7.9			
	60km/h等速纯电续航里程(km)	350			
综合工况纯电续航里程(km)		300			
厂家建议价格(万元)		25.98	26.98	28.98	30.98

注：厂家建议价格以2016年3～8月为准，北京地区销售的秦EV300所有车型均不配备7kW充电盒。

唐 

唐不仅拥有顶级SUV的性能表现，其搭载的移动电站技术带来了全新SUV体验。 配置上，唐首搭全时四驱，普通、沙地、泥地、雪地等多种路况随心切换。全景天窗，全自动控制。PM2.5绿净系统、三项记忆联动系统、云服务、遥控驾驶、行车记录仪、Keyless智能钥匙系统等多项配置，带来全方位超凡驾乘体验。

主要配置

豪华型：3H高强度全方位碰撞吸能安全车身、前排双安全气囊、前排座椅侧安全气囊、前后贯穿式侧安全气帘、ESP车辆稳态控制系统、ABS防抱死制动系统、EBD制动力分配系统、ATS全地形模式、HDC陡坡缓降功能、TCS牵引力控制系统、HAC上坡辅助控制系统、HBA液压制动辅助系统、EPB电子驻车系统、BOS制动优先系统、TPMS胎压监测系统、伊顿差速锁、前后泊车雷达(6探头)、智能发动机防盗系统、智能车身防盗系统、前排三点式预紧限力安全带、第二排左右三点式预紧限力安全带、第二排中间三点式安全带、前排安全带未系声光报警、儿童座椅固定装置、高强度前后防撞梁、行车自动落锁、碰撞自动解锁、可溃缩式转向管柱、可溃缩式制动踏板、Keyless智能钥匙系统、遥控驾驶、R-EPS电动助力式转向系统、CCS定速巡航系统、四门遥控降窗、微动开关升降窗、前排车窗一键升降(防夹)、后行李舱遥控开启(微动开关)、双温区独立控制自动空调、后排空调出风口、PM2.5绿净系统、云服务、360°全景影像系统、12.1英寸超视觉TFT全液晶数字仪表、10.2英寸超大高清电容触摸屏、多媒体系统、SD+USB接口(可读取影音文件)、GPS语音导航系统、FM+AUX、蓝牙手机音乐、环绕立体音响系统、高保真9扬声器、车载蓝牙电话、中控台液晶显示屏、移动电站、行车记录仪、HID透镜式氙气前照灯、前照灯自动高度调整系统、前照灯自动清洗功能、"Follow me home"前照灯延时关闭功能、LED后组合灯、LED高位制动灯、前/后雾灯、间歇式前无骨刮水器、后风窗玻璃刮水器、LED日间行车灯、车顶行李架、电动折叠外后视镜、外后视镜倒车自动翻转、VTOL 220V电源输出、电子防炫目内后视镜、驾驶席座椅8向电动调节、副驾驶座椅4向电动调节、车载12V电源、多功能海岛纤维转向盘、预约充电、壁挂式充电盒、豪华皮座椅、智能感应迎宾灯

尊贵型：豪华型+全景天窗、驾驶席座椅/转向盘/外后视镜记忆联动系统、多功能真皮包裹转向盘、真皮座椅

旗舰型：尊贵型+第二排多媒体控制系统、前排座椅加热、车内氛围灯

主要车型参数及价格

车型		全时四驱		
		豪华型	尊贵型	旗舰型
基本参数	长×宽×高(mm)	4815×1855×1720		
	轴距(mm)	2720		
	前/后轮距(mm)	1580/1555		
	油箱/行李舱容积(L)	53/1084-2398		
	整备质量(kg)	2220		
	车身材料	钢板		
	车身类型/乘员人数	2厢5门/5		
发动机参数	发动机型号/类型	BYD487ZQA/涡轮增压 缸内直喷 双可变气门正时 双平衡轴 全铝合金发动机		
	额定功率[kW/(r/min)]	151/5500		
	最大转矩[N·m/(r/min)]	320/1750~4500		
电机参数	电动机最大功率[kW]	110		
	电动机最大转矩[N·m]	250		
底盘参数	变速器类型	6挡自动变速器		
	驱动类型	全时电四驱		
	悬架系统	前麦弗逊式独立悬架/后多连杆独立悬架		
	制动系统	前通风盘式/后盘式制动器		
	轮胎规格	235/55 R18		
性能	最高车速(km/h)	180		
	0~100km/h加速时间(s)	4.9		
综合工况纯电续航里程(km)		60		80
工信部综合工况油耗(L/100km)		2.4		2.0
上市时间		2015年9月23日		2015年6月6日
厂家建议价格(万元)		25.13	26.13	27.98

注：厂家建议价格以2016年3~8月为准

BYD 元

年度新上市车型

比亚迪元双模版车型，价格为20.98万～24.98万元。双模版元搭载1.5L发动机，加上前后两台最大功率为110kW，最大转矩250N·m的电机，配以6挡自动变速器，著名的全时电四驱，使得提速飞快、操控更优，与此同时，百公里综合工况油耗仅为2L以内，说性能强悍，一点不虚！

主要配置

豪华型：前排双安全气囊、前排侧安全气囊、3H高强度全方位碰撞吸能安全车身、ABS防抱死制动系统、EBD制动力分配系统、ESP车辆稳态控制系统、TCS牵引力控制系统、HHC上坡辅助控制系统、HBA液压制动辅助系统、HDC陡坡缓降系统、CDP减速度驻车制动控制系统、ATS全地形模式、伊顿差速锁、BOS制动优先系统、TPMS胎压监测系统、EPS电动助力转向系统、EPB电子驻车系统、彩色显距倒车影像监视系统、右前轮盲区可视系统、倒车雷达(4探头)、前排三点式预紧限力安全带、后排侧座预紧限力三点式安全带、前排安全带未系声光警示、儿童座椅固定装置、行车自动落锁、碰撞自动解锁、可溃式转向管柱、可溃缩式制动踏板、高强度前后防撞梁、后风窗电加热除霜、外后视镜电加热除霜、手动防炫目内后视镜、组合仪表限速提醒、智能发动机防盗系统、智能车身防盗系统、发动机遥控开启、Keyless智能钥匙系统、CCS定速巡航系统、四门防夹电动车窗、后行李舱遥控开启、四门遥控降窗、空调遥控起动、自动恒温空调、花粉过滤、CarPad车机融合多媒体、PhoneLink车机互联系统、百度CarLife车机互联系统、百度MyCar、8英寸多点触摸屏、GPS导航系统、4G网络、蓝牙系统、FM+AUX+USB、后排双USB、6扬声器、TFT屏炮筒式液晶组合仪表、前无骨刮水器、后刮水器、外后视镜电动折叠/电动调节、卤素前照灯、前照灯自动开启功能、前照灯近光高度调节、"Followmehome"前照灯延时关闭功能、LED高位制动灯、LED后组合前照灯、LED日间行车灯、LED发光后LOGO、亮面铝合金轮毂、车顶行李架、移动电站、VTOL 220V电源输出、2.2kVA车内插座、壁挂式充电盒、预约充电、多功能转向盘、主驾驶座椅8向电动调节、副驾驶座椅4向电动调节、豪华皮座椅

尊贵型：豪华型+倒车雷达(6探头)、遥控驾驶、双层双模式电动全景天窗、PM2.5绿净系统、360°全景影像系统、云服务、双色车身

旗舰型：尊贵型+前后贯穿式侧安全气帘、LDWS车道偏离预警系统、行车记录仪、内后视镜海拔/坡度/罗盘显示、自动防炫目内后视镜、前排座椅加热功能、真皮座椅、真皮包裹转向盘

主要车型参数及价格

车型		全时四驱		
		豪华型	尊贵型	旗舰型
基本参数	长×宽×高(mm)	4360×1785×1690		
	轴距(mm)	2535		
	前/后轮距(mm)	1525/1535		
	油箱容积(L)	39		
	车身材料	钢板		
	车身类型/乘员人数	2厢5门/5		
发动机参数	发动机型号/类型	BYD473QE/直列4缸 16气门 水冷 SOHC VVL EGR 全铝合金发动机		
	排量(mL)	1497		
	额定功率[kW/(r/min)]	80/5800		
	最大转矩[N·m/(r/min)]	145/4800		
电机参数	电动机最大功率[kW]	110		
	电动机最大转矩[N·m]	250		
底盘参数	变速器类型	6挡自动变速器		
	驱动类型	全时电四驱		
	悬架系统	前麦弗逊式独立悬架/后扭力梁式悬架		
	制动系统	前通风盘式/后盘式制动器		
	轮胎规格	215/55 R17	235/45 R18	
性能	最高车速(km/h)	165		
	0～100km/h加速时间(s)	4.9		
综合工况纯电续航里程(km)		85		
工信部综合工况油耗(L/100km)		1.3		
上市时间		2016年4月13日		
厂家建议价格(万元)		20.98	22.98	24.98

注：厂家建议价格以2016年3～8月为准

秦，全球首创双擎双模科技，汇聚比亚迪在电动车领域的高端成就，宣告新"驱"势诞生。秦创新的设计理念，融汇了国际视野，原创大器车型，从细节到格局前瞻无不致远，以引领的趋势划时代而至。

旗舰型：3H高强度全方位碰撞吸能安全车身、前排双安全气囊、侧安全气囊、前后贯穿式侧安全气帘、ABS+EBD、TCS+HAC+HBA+EPB、CDP减速度驻车制动控制系统、BOS制动优先系统、R-EPS电动助力式转向系统、ESP车辆稳态控制系统、行车车速感应自动上锁、碰撞自动解锁、碰撞自动安全端有系统、发动机防盗系统、车身电控防盗系统、儿童安全锁、前排预紧限力式安全带、ISO-FIX标准儿童座椅固定装置、高强度前后防撞梁、CCS定速巡航系统、车门内置防侧撞安全保护杆、整体式溃缩吸能转向管柱、溃缩吸能式制动踏板、车门及行李舱未关独立警示、倒车前雷达探头2个+后雷达探头4个、4门车窗遥控降窗、后行李舱盖遥控开启、预约充电、双层充电枪保护包、壁挂式充电盒、自动恒温空调、双层双模式电动天窗、驾驶席车窗一键式升降(防夹)、蓝牙免提通话系统、8英寸触摸屏DVD多媒体系统、NAVI语音电子导航系统、蓝牙手机音乐、车载数字电视、后排中央控制系统、5.1声道DTS高保真立体环绕音响系统(外置独立功放10扬声器)、收音机、AUX+USB+SD卡接口、外后视镜电动折叠、间歇式前无骨刮水器、后风窗电热除霜、外后视镜电加热除霜、鲨鱼鳍GPS天线、LED炫彩尾部品牌LOGO、LED日间行车灯、一字回勾透镜式前照灯、Follow me home前照灯延时关闭功能、自动开启前照灯、LED高位制动灯、LED后组合灯、前/后雾灯、智能感应迎宾灯、外后视镜LED侧转向灯、4门LED门灯、驾驶席座椅8向电动调节、高级真皮座椅、多功能转向盘、自动防炫内后视镜、家用220V交流充电枪(3转7)、12V电源接口

旗舰PLUS：旗舰型+前排膝部气囊、后排座椅左右侧气囊、TPMS胎压监测系统、5.1声道DTS高保真立体环绕音响系统(外置独立功放12扬声器)、外后视镜倒车自动翻转、前门憎水玻璃、主架座椅+转向盘+外后视镜记忆联动系统、氛围灯、4向电动调节转向盘、前排座椅加热和通风、驾驶席座椅10向电动调节、副驾驶席座椅6向电动调节

车身颜色：梦幻蓝、活力橙、赫拉红、天山白

主要车型参数及价格

车型		1.5	
		新旗舰型	旗舰Plus
基本参数	长×宽×高(mm)	4740×1770×1480	
	轴距(mm)	2670	
	前/后轮距(mm)	1525/1520	
	油箱容积(L)	50	
	车身材料	钢板	
	车身类型/乘员人数	3厢4门/5	
发动机参数	发动机型号/类型	BYD476ZQA/中冷涡轮增压 缸内直喷 分层燃烧 自动延时冷却 可变气门正时 全铝合金发动机	
	排量(mL)	1497	
	额定功率[kW/(r/min)]	113/5200	
	最大转矩[N·m/(r/min)]	240/1750～3500	
电机参数	电动机最大功率[kW]	110	
	电动机最大转矩[N·m]	250	
底盘参数	变速器类型	6挡自动变速器	
	驱动类型	前置前驱	
	悬架系统	前麦弗逊式悬架/后扭力梁式悬架	
	制动系统	前通风盘式/后盘式制动器	
	轮胎规格	205/50 R17	
性能	最高车速(km/h)	185	
	0～100km/h加速时间(s)	5.9	
综合工况纯电续航里程(km)		70	
工信部综合工况油耗(L/100km)		1.6	
上市时间		2015年5月7日	
厂家建议价格(万元)		20.98	21.98

注：厂家建议价格以2016年3～8月为准

BYD F3DM

主要配置

低碳版：SRS双安全气囊、ABS+EBD、EPS电子助力转向、遥控车门开启装置、自动恒温空调、电动门窗、自动弹回式慢充口、CD音响系统带MP3接口、6扬声器、自动开启前照灯、晶钻式尾灯、折叠式电动调节外后视镜、转向显示防炫内后视镜、后风窗玻璃电动除霜装置、间歇式刮水器、抗静电鲨鱼鳍天线、车顶太阳能充电系统、铝合金轮辋、钛银装饰中控台、多功能豪华转向盘、TFT液晶双屏组合仪表、防潜滑高级打孔豪华座椅、驾驶座椅高低调节、驾驶座椅腰部支撑、上下可调节式转向盘、转向盘音响控制系统

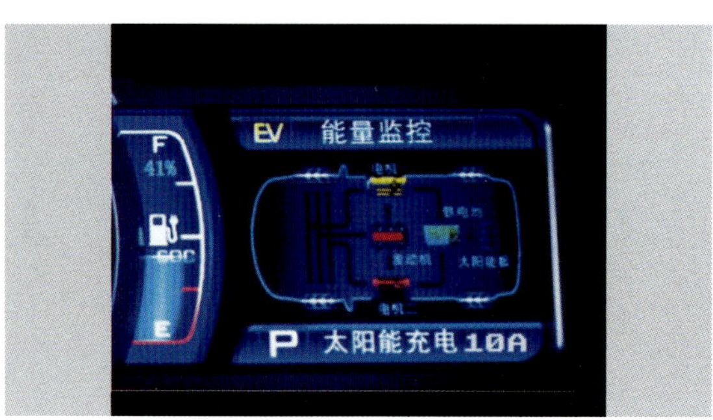

主要车型参数及价格

车型		低碳版
基本参数	长×宽×高(mm)	4533×1705×1520
	整备质量(kg)	1680
动力性能	0～100km/h加速时间(s)	10.5
	最高车速(km/h)	150
	最大爬坡度(%)	≥30
功率参数	M1额定功率(kW)	25
	M2额定功率(kW)	50
	发动机功率(kW)	50
	总功率(kW)	125
动力传动系统参数	最大转速(r/min)	7500
	动力电动机类型	永磁同步电动机
	EV最大转矩(N·m)	400
	控制器类型	永碰同步电动机控制器
	发动机型号	BYD371QA铝合金缸体发动机
	发动机最大转矩[N·m/(r/min)]	90/4000～4500
动力电池系统	类型	铁电池
	电池管理系统	智能型集中式管理系统
工信部综合工况油耗(L/100km)		2.7
上市时间		2010年3月29日
厂家建议价格(万元)		16.98

注：厂家建议价格以2016年3～8月为准

运动型多用途车
SUV

此专栏由北京汽车销售有限公司特别支持

Mercedes-Benz

北京奔驰汽车有限公司 Beijing Benz Automotive Co.,Ltd.

梅赛德斯–奔驰Mercedes–Benz：梅赛德斯–奔驰GLK级　梅赛德斯–奔驰GLA

梅赛德斯–奔驰GLK级
Mercedes-Benz GLK-Class

主要配置

GLK 200：多级激活逻辑的安全气囊、前置安全气囊、各排座椅车窗安全气帘、前排侧安全气囊、BAS制动辅助系统、ESP®电控稳定程式系统、ABS防抱死制动系统、ASR加速防滑控制系统、ETS电子牵引力系统、ADAPTIVE BRAKE自适应制动带上坡起动帮助、ATTENTION ASSIST注意力辅助系统、主动式驻车辅助系统、NECK–PRO前排乘客碰撞响应式颈部保护头枕、轮胎压力流失警告系统、防盗警报系统、中央门锁/发生碰撞时自动解锁所有车门并开启车内照明和危险警示灯、ISOFIX儿童座椅固定装置、电子防起动装置包括带无线遥控和可视锁止验证功能的锁止系统、ASSYST主动维护提示系统维护间隔指示器、AGILITY CONTROL敏捷操控组件、ECO起动/停止功能、定速巡航控制、全景式滑动天窗、THERMATIC自动空调、蓝牙®电话免提功能、Becker®地图导航(MAP PILOT)预留装置、Audio 20兼容MP3格式的CD收音机、风窗玻璃刮水器带雨量传感器、前照灯辅助装置/配有自动开启的行车灯、LED日间行驶灯、前后排电动车窗带障碍传感器、深色私密玻璃、驾驶席电动调节带记忆组件、副驾驶席电动调节、腰部侧垫调节、后排可折叠长椅、ARTICO/Dinamica微纤维、仿皮/Dinamica微纤维后座椅、行李舱护盖、Dinamica运动转向盘

GLK 260 4MATIC 动感型：GLK 200+后排侧安全气囊、4ETS四轮驱动的电子牵引力系统、PRE–SAFE预防性安全系统、PARKTRONIC驻车定位系统、黑色车顶行李架、ARTICO皮革内饰、豪华型多功能3辐Nappa皮革包裹转向盘(12按钮)带换挡拨片

GLK 300 4MATIC 动感型：GLK 260 4MATIC 动感型+车速感应型动力转向系统、EASY–PACK便捷装载电动尾门、外观镀铬组件、后视镜组件(电子可折叠后视镜带防炫功能)、可加热前排座椅

GLK 300 4MATIC 时尚型：GLK 300 4MATIC 动感型+KEYLESS–GO无钥匙起动、MAP PILOT Becker®地图导航、智能照明系统带前照灯清洁系统、带橡胶防滑钉的铝制侧踏板

GLK 300 4MATIC 豪华型：GLK 300 4MATIC 时尚型+驾驶席侧和前排乘客侧舒适性头枕、360°摄像头、Mercedes–Benz CONNECT梅赛德斯–奔驰智能互联、多媒体接口、COMAND APS驾驶室管理和数据系统以及自动导航系统、皮革内饰、车内运动组件、照明和视觉组件

主要车型参数及价格

	车　型	GLK 200	GLK 260 4MATIC 动感型	GLK 300 4MATIC 动感型	GLK 300 4MATIC 时尚型	GLK 300 4MATIC 豪华型
基本参数	长×宽×高(mm)	4544×1840×1689	4528×1840×1689			
	轴距(mm)	2755				
	前/后轮距（mm）	1567/1588				
	最小离地间隙(mm)	187				
	油箱/行李舱容积(L)	66/450–1550				
	整备质量(kg)	1830	1884	1900		
	车身材料	钢板				
	乘员人数	5				
发动机参数	发动机类型	直列4缸 每缸4气门 双顶置凸轮轴 自然吸气		V型6缸 每缸4气门 双顶置凸轮轴 自然吸气		
	排量(mL)	1991		2996		
	额定功率[kW/(r/min)]	135/5500	155/5500	180/6200		
	最大转矩[N·m/(r/min)]	300/1200～2400	350/1200～4000	300/2500～5000		
	排放标准/建议用油	欧Ⅳ/97#汽油				
底盘参数	变速器类型	增强型7挡自动变速器				
	驱动类型	两驱	全时四轮驱动			
	悬架系统	前麦弗逊配三连杆式悬架/后多连杆式独立悬架				
	制动系统	前后通风盘式制动器				
	轮胎规格	前235/50 R19、后255/45 R19				
性能	最高车速(km/h)	210	215	210		
	0～100km/h加速时间(s)	9.1	8.6	7.6		
工信部综合工况油耗(L/100km)		7.8	8.5	10.9		
上市时间		2012年10月				
厂家建议价格(万元)		37.80	39.80	43.80	48.50	55.80

注：厂家建议价格以2016年3～8月为准

梅赛德斯-奔驰GLA
Mercedes-Benz GLA

主要配置

动感型：前排安全气囊、前排侧部安全气囊、车窗安全气囊、髋部安全气囊、ATTENTION ASSIST注意力辅助系统、ESP电控车辆稳定行驶系统、ABS防抱死制动系统、BAS制动辅助系统、ASR加速防滑控制功能、ESP电控车辆稳定行驶系统、弯道动态辅助功能、ADAPTIVE BRAKE自适应制动功能、主动式驻车辅助系统、轮胎压力流失警告系统、COLLISION PREVENTION ASSIST PLUS碰撞预防辅助系统增强版、儿童安全防护装置、越野舒适型悬架、车速感应式转向系统、ASSYST主动维护提示系统带维护间隔指示灯、ECO起动/停止功能、ISOFIX儿童座椅固定装置固定装置带Top Tether顶部系链、空调系统、SPEEDTRONIC定速巡航控制带可变电子限速功能、全景式滑动天窗、Audio 20、Becker®地图导航(MAP PILOT)的预留装置、6个扬声器、前部夹层风窗玻璃、后风窗玻璃雨刮器、左右可加热外/电动调节部后视镜、可加热后车窗带定时控制功能、反射形前照灯前/后雾灯、卤素前照灯带一体式LED日间行车灯、前照灯辅助系统、城市版组件、银色波纹外观饰件、铝质车顶轨、皮饰多功能转向盘、电动调节驾驶席座椅带记忆功能、座椅舒适组件、折叠式后排座椅靠背

时尚型：动感型+防盗警报系统、风窗玻璃刮水器带雨量传感器、复式氙气前照灯、前照灯清洁系统，4MATIC时尚型增加倒车影像、CENTRAL MEDIA DISPLAY越野功能以及中央媒体显示屏、可加热前排座椅

豪华型：时尚型+倒车影像、CENTRAL MEDIA DISPLAY越野功能以及中央媒体显示屏、Becker®地图导航(MAP PILOT)、电动可折叠外部后视镜、后视镜组件(包括自动防炫内部后视镜和驾驶员侧外部后视镜、可电动折叠的左侧和右侧外部后视镜以及外部后视镜的环境氛围照明)、电动调节前排座椅带记忆功能、可加热前排座椅、照明和视觉组件

运动型：豪华型+增强型中央锁止系统、盲点辅助系统、AMG运动组件、AMG车身风格组件、尊贵版组件、皮饰多功能运动型转向盘、运动型踏板组

车身颜色：北极白色、木星红色、宇宙黑色、山灰色、水硅钒钙石蓝色、宝石棕色

内饰颜色：黑色、撒哈拉米黄色、栗棕色、水晶灰色

主要车型参数及价格

车型		GLA 200 动感型	GLA 200 时尚型	GLA 220 4MATIC 时尚型	GLA 220 4MATIC 豪华型	GLA 260 4MATIC 运动型
基本参数	长×宽×高(mm)	4431×1804×1532		4431×1804×1535		
	轴距(mm)	2699				
	前/后轮距(mm)	1553/1544				
	前/后悬距(mm)	920/812				
	车身材料	钢板				
	乘员人数	5				
发动机参数	发动机类型	直列4缸 每缸4气门 涡轮增压汽油发动机				
	排量(mL)	1595		1991		
	额定功率[kW/(r/min)]	115/5300		135/5500		155/5500
	最大转矩[N·m/(r/min)]	250/1250~4000		300/1200~4000		350/1200~4000
底盘参数	变速器类型	7挡双离合器变速器				
	驱动类型	前驱		四驱		
	悬架系统	前麦弗逊式独立悬架/后多连杆独立悬架				
	制动系统	前通风盘式/后盘式制动器				
	轮胎规格	235/50 R18			235/45 R19	
性能	最高车速(km/h)	215		220		230
	0~100km/h加速时间(s)	9.2		7.9		7.2
工信部综合工况油耗(L/100km)		6.4		7.2		
上市时间		2014年10月27日				
厂家建议价格(万元)		26.98	28.98	31.98	34.98	39.80

注：厂家建议价格以2016年3~8月为准

北京现代汽车有限公司 Beijing Hyundai Motor Company

全新胜达　ix35　ix25　全新途胜

All new SANTAFE 2017款 全新胜达

主要配置

2WD MT 智能型：前前排双气囊、前排侧气囊、ABS+EBD、VSM车辆稳定控制系统、ESC车身电子稳定系统、上/下坡辅助系统、发动机防盗系统、后驻车雷达、倒车影像、空气净化系统、智能钥匙一键起动系统、定速巡航、双区独立控制自动空调、空调离子发生器、后排空调出风口、行车电脑、蓝牙、收音机、8英寸显示屏、手机互联(Car Play/Car Life)、6扬声器、USB+AUX、投射式前照灯、自动控制前照灯、LED日间行车灯、转向辅助照明系统、外后视镜带转向灯(LED)、一般天窗、双排气管、车顶行李架、电动折叠&加热外后视镜、电子防眩目内后视镜、驾驶席座椅电动12向调节(含腰托)、6/4折叠座椅(第二排)、转向盘音响调节、后排遮阳帘、皮座椅

2WD AT 智能型：2WD MT 智能型+TPMS胎压监测系统、驾驶模式选择、电子手制动、自动驻车系统、全景天窗

2WD AT 智能型 7座：2WD AT 智能型+侧气帘、单碟CD、导航、bluelink、10扬声器、第三排座椅、第三排独立控制出风口

4WD AT 智能型 7座：2WD AT 智能型 7座+智能电动尾门

旗舰型 7座：4WD AT 智能型 7座+前/后驻车雷达、SPAS智能泊车辅助系统、LDWS车道偏离警告系统、车身自动水平调整、氙气前照灯(LED位置灯)、氙灯自动水平调节带前照灯清洗、前照灯随动转向、智能远近光调节、LED尾灯组合、可锁手套箱带冷藏功能

车身颜色：太空蓝、大地棕、水晶白、梦幻银、魔力灰、沙滩金、摩卡棕、玫瑰红、原野绿、幻影黑

主要车型参数及价格

	车型	2.4 GLS 2WD MT 智能型	2.4 GLS 2WD AT 智能型	2.0T GLS 2WD AT 智能型 7座	2.0T GLS 4WD AT 智能型 7座	2.0T TOP 4WD AT 旗舰型 7座
基本参数	长×宽×高(mm)	4730×1880×1686				
	轴距(mm)	2700				
	前/后轮距(mm)	1628/1639				
	最小离地间隙(mm)	180(空载)				
	油箱容积(L)	64				
	整备质量(kg)	1625	1670	1769	1883	1883
	乘员人数	5		7		
发动机参数	发动机类型	缸内直喷发动机		涡轮增压缸内直喷发动机		
	排量(mL)	2359		1998		
	额定功率[kW/(r/min)]	139/6300		180/6000		
	最大转矩[N·m/(r/min)]	240/4250		350/1750~4000		
底盘参数	变速器类型	6挡手动	6挡手自一体			
	驱动类型	前驱			四驱	
	悬架系统	前麦弗逊式悬架/后多连杆悬架				
	制动系统	前通风盘式/后盘式制动器				
	轮胎规格	235/65 R17	235/60 R18			235/55 R19
性能	最高车速(km/h)	190	195	210		
工信部综合工况油耗(L/100km)		9.2	9.0	9.4	9.8	9.8
厂家建议价格(万元)		22.48	23.98	23.98	24.98	28.98

注：厂家建议价格以2016年3～8月为准

ix35

主要配置

舒适型：前排双安全气囊、ABS+EBD、发动机防盗系统、安全带未系提醒、前排高度可调预紧式安全带、后排车门儿童安全门锁、ISO-FIX儿童座椅固定装置、并线快闪、折叠式遥控钥匙及防盗报警功能、驾驶席中控门锁、手动空调、前/后电动门窗、行车电脑、收音机+CD+MP3、USB+AUX+iPod接口、6扬声器、顶置天线、投射式前照灯、LED位置灯、前/后雾灯、无骨刮水器、尾门玻璃刮水器、外后视镜LED转向灯、LED高位制动灯、双色保险杠及侧面装饰、前照灯延时关闭、电动调节外后视镜、织布座椅、后风窗玻璃加热、行李舱照明、前/后排高度可调座椅头枕、后排座椅6/4拆分折叠、后排座椅整体放倒、后排座椅角度可调、中央照明、地图灯+眼镜盒、中央照明、前排中央扶手(含储物盒)，AT舒适型增加后驻车雷达、电动天窗

智能型：舒适型+前排侧安全气囊、ESC车身电子稳定系统、ESS紧急制动提醒系统、后驻车雷达、上/下坡辅助系统、车速感应自动落锁、智能钥匙一键起动系统、定速巡航、双区独立控制自动空调、空调离子发生器、电动天窗、转向盘音响调节、LED日间行车灯、LED组合尾灯、镀铬腰线、镀铬外门把手、自动控制前照灯、电动折叠外后视镜、电加热外后视镜、仪表盘亮度调节、驾驶席防夹车窗、真皮包裹转向盘、皮质座椅、后排中央扶手(含杯架)，4驱智能型增加TPMS胎压监测系统、倒车影像、全景天窗、空气净化器、DVD、7英寸多媒体显示屏、导航、蓝牙、电子防炫内后视镜

领先型：智能型+TPMS胎压监测系统、倒车影像、全景天窗、DVD、7英寸多媒体显示屏、导航、蓝牙、电子防炫内后视镜、超级仪表盘、驾驶席座椅电动8向调节，2.0 GLX领先型增加前驻车雷达、柔性转向、金属踏板、前排座椅加热、驾驶席通风座椅，4驱领先型增加侧安全气帘、前方驻车雷达、柔性转向+MDPS电动助力转向系统、驾驶席通风座椅、前排座椅加热

车身颜色：冰银、炫黑、莹白、闪铜、墨蓝

主要车型参数及价格

车型		2.0 GL MT	2.0 GL AT	2.0 GLS AT	2.0 GLS AT 4WD	2.0 GLX AT	2.4 GLX AT	2.4 GLX AT 4WD
		舒适型		智能型		领先型	领先型	
基本参数	长×宽×高(mm)	4420×1820×1660/1690(含行李架)						
	轴距(mm)	2640						
	前/后轮距(mm)	1585/1586						
	油箱/行李舱容积(L)	58/465-1436(后排座椅放倒时)						
	整备质量(kg)	1398	1423		1505	1470	1481	1538
	乘员人数	5						
发动机参数	发动机类型	2.0 DOHC 16气门 Nu D-CVVT					2.4 DOHC 16气门 Θ-Ⅱ D-CVVT	
	排量(mL)	1999					2359	
	额定功率[kW/(r/min)]	118/6500					125/6000	
	最大转矩[N·m/(r/min)]	194/4800					220/4000	
底盘参数	变速器类型	6挡手动	6挡手自一体					
	驱动类型	前驱			四驱	前驱		四驱
	悬架系统	前麦弗逊式独立悬架/后多连杆式独立悬架						
	制动系统	前通风盘式/后盘式制动器						
	轮胎规格	215/70 R16		225/60 R17				
性能	最高车速(km/h)	190	185		183	185	182	180
工信部综合工况油耗(L/100km)		8.1	7.8		8.4	7.8	9.1	9.4
厂家建议价格(万元)		14.98	16.38	17.68	20.18	19.58	19.68	22.28

注：厂家建议价格以2016年3～8月为准

ix25

主要配置

时尚型：前排双安全气囊、ABS+EBD、ESC车身电子稳定系统、ESS紧急制动提醒系统、TCS牵引力控制系统、BAS制动辅助系统、HAC上坡辅助系统、发动机防盗系统、ISO-FI儿童座椅固定装置、折叠遥控钥匙、4门电动车窗、手动空调、行车电脑、收音机、CD+MP3、4扬声器、USB+AUX、后雾灯、6:4折叠后排座椅、织物座椅，AT时尚型增加DBC下坡辅助系统、后驻车雷达、前/后雾灯、驾驶席座椅手动6向调节

智能型：时尚型+前排侧安全气囊、VSM车辆稳定控制系统、DBC下坡辅助系统、后驻车雷达、智能钥匙一键起动系统、全景天窗、外后视镜带转向灯(LED)、车顶行李架、前/后雾灯、驾驶席座椅手动6向调节、皮革座椅、真皮包裹转向盘、转向盘4向可调，2.0 AT智能型增加侧安全气帘、倒车影像、定速巡航、自动空调、空调离子发生器、后排空调出风口、蓝牙、转向盘音响调节、导航、6扬声器、转向辅助照明系统、投射式前照灯、LED日间行车灯、LED组合尾灯、自动控制前照灯、前风窗自动除雾、电动折叠外后视镜、电加热外后视镜、电子防炫内后视镜、驾驶席座椅电动8向调节

尊贵型：智能型+倒车影像、定速巡航、自动空调、空调离子发生器、后排空调出风口、蓝牙、转向盘音响调节、导航、6扬声器、转向辅助照明系统、投射式前照灯、LED日间行车灯、LED组合尾灯、自动控制前照灯、电动折叠外后视镜、电加热外后视镜、前风窗自动除雾、电子防炫内后视镜、驾驶席座椅电动8向调节，4驱尊贵型增加侧安全气帘、blue link、前排座椅加热、驾驶席通风座椅、真皮座椅、超级仪表盘

领先型：尊贵型+侧安全气帘、超级仪表盘

车身颜色：乌木黑、星辉银、优雅白、流沙金、活力橙、中国红、深海蓝、格调灰、摩卡棕、迎春黄

内饰颜色：黑炭

主要车型参数及价格

车型		1.6 GS MT	1.6 GS AT	1.6 GLS AT	1.6 DLX AT	2.0 GLS AT	2.0 GLX AT 4WD	2.0 DLX AT 4WD
		时尚型		智能型	尊贵型	智能型	领先型	尊贵型
基本参数	长×宽×高(mm)	4270×1780×1622		4270×1780×1627(带行李架)				
	轴距(mm)	2590						
	前/后轮距(mm)	1545/1556						
	最小离地间隙(mm)	183					180	
	乘员人数	5						
发动机参数	发动机类型	1.6L Gamma				2.0L Nu		
	排量(mL)	1591				1999		
	额定功率[kW/(r/min)]	91.6/6300				118/6500		
	最大转矩[N·m/(r/min)]	150.7/4850				192/4800		
底盘参数	变速器类型	6挡手动	6挡手自一体					
	驱动类型	前驱					四驱	
	前悬架系统	麦弗逊式独立悬架						
	后悬架系统	扭力梁式半独立悬架					多连杆式独立悬架	
	制动系统	前通风盘式/后盘式制动器						
	轮胎规格	205/65 R16		215/60 R17				
性能	最高车速(km/h)	171	169			187	183	
工信部综合工况油耗(L/100km)		6.9	7.5	7.1		7.6	8.2	
厂家建议价格(万元)		11.98	13.38	14.28	15.68	16.68	17.98	18.68

注：厂家建议价格以2016年3～8月为准

ALL NEW TUCSON 全新途胜

主要配置

舒适型：前排双安全气囊、ABS+EBD、发动机电子防盗系统、ISO-FIX儿童座椅固定装置、电动助力系统、折叠遥控钥匙、手动空调、行车电脑、Radio+CD+MP3、USB+AUX、6扬声器、投射式前照灯、电动调节外后视镜、后排座椅角度可调、后排座椅6:4折叠、织物座椅、发动机舱隔音垫，AT舒适型增加后驻车雷达

智能型：舒适型+前排侧安全气囊、ESC车身电子稳定系统、VSM车辆稳定控制系统、ESS紧急制动提醒系统、HAC上坡辅助系统、DBC下坡辅助系统、后驻车雷达、车速感应自动落锁、智能钥匙一键起动、蓝牙、一般天窗、车顶行李架、镀铬窗线、镀铬外门把手、鲨鱼鳍天线、皮质座椅、高级门内饰、真皮转向盘&挡把、多功能转向盘、仪表盘亮度调节、后排空调出风口

舒适型双离合：舒适型+后驻车雷达

智能型双离合：智能型+倒车影像、双区独立控制自动空调、空气净化器、Radio+MP3、8英寸高清触摸显示屏、手机互联(Car Play/Car Life)、LED日间行车灯、LED灯眉、自动控制前照灯

领先型双离合：智能型双离合+TPMS独立数显胎压监测系统、智能电动尾门、LED组合尾灯、全景天窗、电动折叠&加热外后视镜

尊贵型双离合：领先型双离合+侧安全气帘、导航系统、驾驶席座椅电动8向调节、驾驶席座椅电动腰托、副驾驶座椅电动8向调节，无DBC下坡辅助系统

旗舰型双离合：尊贵型双离合+BSD盲区监测系统、电子手制动、自动驻车系统、定速巡航、blue link、电子防炫目内后视镜、LED前照灯、前照灯高度自动调节、前排座椅加热&通风、真皮座椅、转向盘电加热、刮水器除冰功能、超级仪表盘

车身颜色：赤霞红、冰河蓝、古月银、珍珠白、爵士黑、碧海蓝、橄榄棕

内饰颜色：黑米、黑棕、纯黑、酒红

主要车型参数及价格

车型		2.0 GL MT	2.0 GL AT	2.0 GLS AT	1.6T GL DCT	1.6T GLS DCT	1.6T GLX DCT	1.6T DLX DCT 4WD	1.6T TOP DCT 4WD
		舒适型		智能型	舒适型双离合	智能型双离合	领先型双离合	尊贵型双离合	旗舰型双离合
基本参数	长×宽×高(mm)	4475×1850×1660/(1655舒适型/舒适型双离合)							
	轴距(mm)	2670							
	最小离地间隙(mm)	182							
	油箱/行李舱容积(L)	62/488							
	整备质量(kg)	1463	1486	1531	1541		1603	1657	
	乘员人数	5							
发动机参数	发动机类型	2.0 Nu GDi			1.6 Gamma T-GDi				
	排量(mL)	1999			1591				
	额定功率[kW/(r/min)]	121/6200			130/5500				
	最大转矩[N·m/(r/min)]	203/4700			265/1500~4500				
底盘参数	变速器类型	6挡手动	6挡手自一体变速器		7挡双离合变速器				
	驱动类型	前驱						四驱	
	悬架系统	前麦弗逊式独立悬架/后多连杆式独立悬架							
	轮胎规格	215/70 R16		225/60 R17			225/55 R18		
性能	最高车速(km/h)	192	185		195				
工信部综合工况油耗(L/100km)		7.7			7.1		6.9	7.2	
厂家建议价格(万元)		15.99	16.49	17.49	16.99	17.99	19.69	21.59	23.99

注：厂家建议价格以2016年3～8月为准

北汽福田汽车股份有限公司 Beiqi Foton Motor Co.,Ltd.

萨瓦纳

萨瓦纳
SAUVANA

年度**新上市**车型

福田汽车推出新款萨瓦纳手动挡车型，新车共包含有6款车，售价区间为13.88万～17.08万元。在动力方面，这款车搭载2.8T柴油发动机，最大功率为120kW。在传动系统部分，此次上市的新车搭载的都是5挡手动变速器。

主要配置

豪华型：前排双安全气囊、ABS+EBD、BA制动辅助功能、车身防盗系统、车门未关提醒、预紧式安全带、主驾未系安全带报警、儿童安全锁、四探头倒车雷达、可调转向管柱、德纳后桥、电动空调、第二排出风口、四门电动一键降玻璃、行车电脑(室内外温度、平均/瞬时油耗显示)、收音机+AUX/USB音频输入端口、CD、后风窗玻璃电加热除霜除雾、前雾灯、昼间行车灯、卤素前照灯带透镜、前照灯高度可调、前无骨式刮水器、电动调节外后视镜、外后视镜带广角镜、外后视镜车身同色、不锈钢车窗亮条、VIP高端整体侧踏板、铝合金顶置行李架、后雾灯、高位制动灯、后刮水器、防石击下群围、后托挂安装接口、发动机下护板、全尺寸备胎、铝合金轮毂、织绒座椅、仪表亮度可调、多功能转向盘、移动式烟灰缸、手动防炫目内后视镜、主驾驶座椅6向调节、副驾座椅4向调节、前/后座中央扶手、第二排座椅4/6可折叠、车内前/后12V电源接口，四驱增加电动操纵分时四驱、LSD后桥限滑差速器

尊享型：豪华型+ESP车身稳定系统、HHC上坡辅助控制系统、HDC下坡辅助控制系统、发动机电子防盗、副驾未系安全带报警、无钥匙进入及起动系统、智能导航系统、倒车影像系统、胎压监测装置、定速巡航、主驾驶玻璃一键升降+防夹+其他三门点动升、自动空调、高清MP5、前格栅银色带亮条、前照灯自动点亮、电动折叠后视镜、后视镜电动除霜、真皮包裹转向盘、真皮座椅，四驱增加电动操纵分时四驱、LSD后桥限滑差速器

至尊型：尊享型+前无骨式自动刮水器、电动天窗，四驱增加电动操纵分时四驱、LSD后桥限滑差速器

车身颜色：经典黑、象牙白、金属银、吉祥红、橄榄绿

内饰颜色：灰黑色

主要车型参数及价格

车 型		2.8T MT					
		豪华型		尊享型		至尊型	
		两驱	四驱	两驱	四驱	两驱	四驱
基本参数	长×宽×高(mm)	2790×1600×1580					
	油箱容积(L)	75					
	车身材料	钢板					
	乘员人数	5					
发动机参数	发动机型号/类型	康明斯ISF2.8(柴油)/直列4缸、16气门、涡轮增压					
	排量(mL)	2780					
	额定功率[kW/(r/min)]	120/3600					
	最大转矩[N·m/(r/min)]	360/1800～3000					
	建议用油	柴油					
底盘参数	变速器类型	5挡手动					
	驱动类型	后驱					
	悬架系统	前双叉臂式结构独立悬架/后五连杆结构非独立悬架					
	制动系统	前后盘式制动器					
	轮胎规格	265/65 R17					
工信部综合工况油耗(L/100km)		7.8	8.3	7.8	8.3	7.8	8.3
上市时间		2016年8月22日					
厂家建议价格(万元)		13.88	15.48	15.08	16.68	15.48	17.08

注：厂家建议价格以2016年3～8月为准

北京汽车销售有限公司 BAIC MOTOR Sales Co.,Ltd.

北京/BJ80　北京/BJ40L　北京/BJ20　北汽绅宝X55　北汽绅宝X35　北汽绅宝X25

北京/BJ80

年度**新上市**车型

主要配置

越野乘用车：主/副驾驶座安全气囊、胎压监测装置系统、安全带未系提示、ISOFIX儿童座椅接口、发动机电子防盗系统、车内中控锁、遥控钥匙、无钥匙起动系统、ABS防抱死制动系统、制动力分配系统、制动辅助系统、牵引力控系统、车身稳定控制系统(ESP)、上坡辅助系统、陡坡缓降系统、前/后桥限滑差速器、GPS导航系统、中控台彩色大屏、蓝牙/车载电话、外接音源接口、皮质座椅、座椅高低调节、后排座椅比例放倒、前/后中央扶手、后排杯架、主/副驾驶座电动调节、第二排靠背角度调节、电动座椅记忆、前排座椅加热

车身颜色：极夜黑、珠峰白、丹霞红、矿石银、暴风灰、丛林绿

内饰颜色：黑色、黑/棕色

主要车型参数及价格

车　型		越野乘用车
基本参数	长×宽×高(mm)	4765×1890×2005
	轴距(mm)	2800
	前/后轮距(mm)	1540/1540
	油箱/行李舱容积(L)	88/678
	整备质量(kg)	2295
	车身材料	金属
	车身类型/乘员人数	5门SUV/5
发动机参数	发动机类型	直列4缸 涡轮增压
	排量(mL)	2290
	额定功率[kW]	184
	最大转矩[N·m]	350
	排放标准/建议用油	国V/97#(京95#)汽油
底盘参数	变速器类型	6MT、6AT
	驱动类型	前置两驱、前置四驱
	悬架系统	前双横臂式扭杆弹簧独立悬架/后五连杆螺旋弹簧非独立悬架
	制动系统	前后通风盘式制动器
	轮胎规格	265/65 R18
性能	最高车速(km/h)	160
	90km/h等速油耗(L/100km)	9.3
工信部综合工况油耗(L/100km)		11.2
上市时间		2016年4月23日
厂家建议价格(万元)		28.80~29.80

注：厂家建议价格以2016年3~8月为准

北京/BJ40L

年度新上市车型

主要配置

四门版：主/副驾驶座安全气囊、胎压监测装置系统、安全带未系提示、ISOFIX儿童座椅接口、ABS防抱死制动系统、制动力分配系统、制动辅助系统、牵引力控制制动系统、ESP车身稳定控制系统、上坡辅助系统、陡坡缓降系统、GPS导航系统、中控台彩色大屏、蓝牙/车载电话、外接音源接口、皮质座椅、座椅高低调节、后排座椅比例放倒、前/后中央扶手、后排杯架

车身颜色：极夜黑、珠峰白、丹霞红、极光绿、熔岩红、琥珀金

内饰颜色：黑色、灰色、黑/棕色

主要车型参数及价格

车型		越野乘用车
		四门版
基本参数	长×宽×高(mm)	4630×1843×1861
	轴距(mm)	2730
	前/后轮距(mm)	1530/1530
	油箱/行李舱容积(L)	80/532
	整备质量(kg)	2020
	车身材料	金属
	车身类型/乘员人数	4门SUV/5
发动机参数	发动机类型	直列4缸 涡轮增压
	排量(mL)	1985～2290
	额定功率[kW]	150～184
	最大转矩[N·m]	280～350
	排放标准/建议用油	国V/97#(京95#)汽油
底盘参数	变速器类型	6MT、6AT
	驱动类型	前置两驱、前置四驱
	悬架系统	前双横臂式扭杆弹簧独立悬架/后五连杆螺旋弹簧非独立悬架
	制动系统	前通风盘式/后盘式制动器
	轮胎规格	245/65 R17
性能	最高车速(km/h)	160
	90km/h等速油耗(L/100km)	9.2
工信部综合工况油耗(L/100km)		10.0
上市时间		2016年4月23日
厂家建议价格(万元)		12.98～16.98

注：厂家建议价格以2016年3～8月为准

北京/BJ20

年度**新上市**车型

主要配置

MT舒适型：主/副驾驶安全气囊、ABS+EBD、制动辅助、电动助力、儿童座椅固定、四门电动车窗、卤素前照灯、铝合金轮毂、非全尺寸备胎、转向盘高度手动调节、行李舱固定点、行李舱暗箱储物盒、织物座椅、驾驶席座椅手动6向调节、副驾驶席座椅手动4向调节、后排座椅三头枕、后排座椅比例放倒

MT精英型：后泊车雷达、Auto hold自动驻车系统、胎压监测系统(带警示音)、电子驻车系统、发动机装饰罩、225/60R17、外后视镜电动调节、前无骨普通刮水器、车窗防夹手功能、前照灯清洗装置、前照灯高度自动调节、行李舱灯、车外灯光延迟关闭

MT豪华型：前排侧安全气囊、前泊车雷达(带警示音/可开关)、无钥匙进入系统、智能一键起动系统、普通倒车影像、定速巡航、电动天窗(可开启，带遮阳帘)、蓝牙通信系统、HDMI接口、音量随速调节、10.1英寸显示屏、手机互联功能、225/55R18、双色轮辋、行李架、日间行车灯、前雾灯(带转向辅助功能)、前车门内侧警示灯、迎宾脚踏板、真皮包裹转向盘、多功能转向盘、皮质座椅、后座中央扶手(带杯托)

CVT精英型：CVT、手动模式、运动模式、无钥匙进入系统、智能一键起动系统、全景天窗

CVT豪华型：前排侧安全气囊、前泊车雷达(带警示音/可开关)、主/副驾驶员安全带未系报警、中控护航、普通倒车影像、定速巡航、蓝牙通信系统、HDMI接口、音量随速调节、10.1英寸显示屏、手机互联功能、225/55R18、双色轮辋、行李架、车外灯光延迟关闭、前雾灯(带转向辅助功能)、日间行车灯、前车门内侧警示灯、迎宾脚踏板、真皮包裹转向盘、多功能转向盘、皮质座椅

CVT尊贵型：侧安全气帘、SVA并线辅助系统、360°全景倒车影像、自动空调、AQS空气质量监控系统、负离子发生空气净化系统、GPS导航系统、语音控制、四门车窗防夹手功能、外后视镜加热、外后视镜电动折叠、前无骨自动刮水器、前照灯自动点亮、外后视镜照地迎宾灯、前排照脚灯、内后视镜自动防炫目、真皮座椅、前排座椅通风、前排座椅加热、驾驶席座椅电动6向调节、副驾驶席座椅手动4向调节、驾驶席座椅手动腰托

车身颜色：极光绿、石墨黑、雪域白、玛瑙红、冰晶蓝

主要车型参数

车型		6MT			CVT		
		舒适型	精英型	豪华型	精英型	豪华型	尊贵型
基本参数	长×宽×高(mm)	4451×1845×1675/1700(行李架)					
	轴距(mm)	2670					
	油箱容积(L)	60					
	整备质量(kg)	1440			1460		
	车身类型/乘员人数	承载式车身/5					
发动机参数	发动机型号	4A91T					
	排量(mL)	1500					
	额定功率[kW]	110					
	最大转矩[N·m]	210					
	排放标准/建议用油	国V/92#汽油					
底盘参数	变速器类型	6MT			CVT		
	驱动类型	前置前驱					
	悬架系统	前麦弗逊独立悬架/后多连杆独立悬架					
	制动系统	前通风盘式/后盘式制动器					
	轮胎规格	225/60 R17		225/55 R18	225/60 R17	225/55 R18	
性能	最高车速(km/h)	≥180			≥170		
工信部综合工况油耗(L/100km)		7.3			7.6		
上市时间		2016年9月					

注：价格请咨询厂家或经销商

绅宝X55

年度新上市车型

主要配置

侧安全气帘、前排安全气囊、疲劳驾驶提醒、发动机电子防盗系统、车身防盗系统、车内中控锁、儿童安全锁、ISO FIX儿童座椅固定装置、行车自动落锁&熄火解锁、碰撞后车门自动解锁、ABS+EBD+BA、ESP车身稳定控制系统、TCS牵引力控制系统、上坡辅助系统、上坡辅助系统、雪地&运动模式、前后泊车雷达、倒车影像、胎压监测装置系统、电动空调、无钥匙进入、智能一键起动、定速巡航、换挡提醒、自动空调、后排出风口(吹脚)、空气过滤系统、GPS导航、7英寸显示屏、智能手机互联系统、USB通用充电接口×2、车载电子相册、蓝牙系统、NOVA-LINK系统×2、6个扬声器、智能手机互联系统、USB通用充电接口、车载电子相册、蓝牙系统、GPS导航系统×2、氙气前照灯、LED 日间行车灯、自动光感应式前照灯、前照灯高度电动可调、前照灯延迟关闭、车顶行李架、防夹电动天窗、全功能全景天窗、外后视镜电动调节、外后视镜加热、电动座椅

车身颜色：珍珠白、冰晶蓝、极光银、墨玉黑、熔岩红、古铜金、铂金灰、征途绿

内饰颜色：黑+红、黑+棕、黑+灰、黑+黑

主要车型参数及价格

车型		1.5L 5MT	1.5T 6MT	1.5T CVT
基本参数	长×宽×高(mm)	4405×1809×1685		
	轴距(mm)	2650		
	前/后轮距(mm)	1534/1540		
	油箱/行李舱容积(L)	55/388		
	整备质量(kg)	1360	1410	1431
	乘员人数	5		
发动机参数	发动机型号/类型	A151/直列4缸 多点电喷	4A91T/直列4缸 多点电喷 涡轮增压	
	排量(mL)	1499		
	额定功率[kW/(r/min)]	85/6000	110/6000	
	最大转矩[N·m/(r/min)]	148/3800	210/2000~4500	
	建议用油	93#汽油、92#汽油		
底盘参数	变速器类型	5挡手动	6挡手动	CVT无级变速器
	驱动类型	前置前驱		
	悬架系统	前麦弗逊式独立悬架/后多连杆式独立悬架		
	制动系统	前通风盘式/后盘式制动器		
	轮胎规格	215/65 R16、215/60 R17		
性能	最高车速(km/h)	≥185		
	90km/h等速油耗(L/100km)	6.8~7.5		
工信部综合工况油耗(L/100km)		6.8	7.3	7.5
上市时间		2016年1月10日		
厂家建议价格(万元)		7.68~11.98		

注：厂家建议价格以2016年3~8月为准

绅宝X35

年度**新上市**车型

主要配置

绅宝X35：主/副驾驶座安全气囊、前/后排侧安全气囊、前/后排头部安全气囊(气帘)、博世9.1ESP、EBA、ABS+EBD、胎压监测装置系统、安全带未系提示、ISOFIX儿童座椅接口、发动机电子防盗；车内中控锁、遥控钥匙、前后防撞钢梁、油路自动切断系统、防盗报警系统、车速感应门锁、行车灯未关报警、可溃式转向柱系统、定速巡航、后泊车雷达、电动空调、遥控钥匙(带寻车功能)、Smart-Call智能手机互联系统、GPS导航、行车电脑、倒车影像系统、蓝牙功能、收音机、扬声器、速度感知声音补偿系统、倒车视频影像、7英寸悬浮彩色中控大屏、LED高位制动灯、智能后刮水器、多级式前风窗玻璃刮水器、前风窗玻璃雨量传感器、后风窗玻璃除霜、前照灯自动点亮、前照灯高度可调、前照灯延时关闭功能、全景天窗、主驾驶玻璃一键降功能、四门电动车窗、车顶行李架、印刷天线、外后视镜带LED转向灯、透镜前照灯、LED日间行车灯、前雾灯、后雾灯、电动调节外后视镜、17英寸铝合金双色轮辋(红色卡钳)、前排座椅加热、高校清洁除尘功能、多功能转向盘、自动后行李舱灯、前后阅读灯、电加热外后视镜、驾驶席座椅手动6向调节、手动防炫目内后视镜、皮质座椅、前排中央扶手、后排座椅头枕、真皮包裹转向盘、前排遮阳板(带化妆镜)、行李舱搁物板、手套箱开启带阻尼

车身颜色：古桐棕、珠光白、琥珀金、征途绿、熔岩红、冰晶蓝

内饰颜色：黑棕色

主要车型参数及价格

车 型		绅宝X35
基本参数	长×宽×高(mm)	4300×1815×1640
	轴距(mm)	2570
	前/后轮距(mm)	1557/1561
	油箱容积(L)	46
	整备质量(kg)	1250、1270
	车身类型/乘员人数	5门SUV/5
发动机参数	发动机类型	1.5L 直列4缸
	排量(mL)	1499
	额定功率[kW]	85
	最大转矩[N·m]	148
	排放标准	国V
底盘参数	变速器类型	5MT、4AT
	驱动类型	前置前驱
	悬架系统	前麦弗逊式独立悬架/后H扭力梁式悬架
	制动系统	前通风盘式/后盘式制动器
	轮胎规格	205/60 R16、215/50 R17
性能	最高车速(km/h)	116
工信部综合工况油耗(L/100km)		6.6
上市时间		2016年5月20日
厂家建议价格(万元)		6.58~8.88

注：厂家建议价格以2016年3~8月为准

绅宝X25

主要配置

绅宝X25：主/副驾驶座安全气囊、前/后排侧安全气囊、前/后排头部安全气囊(气帘)、制动力分配系统(EBD、CBC等)、制动辅助系统(EBA、BAS、BA等)、ABS防抱死制动系统、安全带未系提示、ISOFIX儿童座椅接口、发动机电子防盗系统、车内中控锁、遥控钥匙、前/后电动车窗、发动机起停技术、定速巡航、前/后驻车雷达、倒车视频影像、GPS导航系统、定位互动服务、USB+HDMI、6-7扬声器、Smart-Call智能手机互联系统、行车电脑显示屏、中控台彩色大屏、蓝牙、车载电话、外接音源接口、前照灯高度可调、日间行车灯、电动天窗、车顶行李架、感应刮水器、后视镜电动调节、遮阳板化妆镜、皮座椅、后排座椅放倒方式整体放倒、前/后中央扶手、真皮包裹转向盘、铝合金轮毂、多功能转向盘

车身颜色：丹霞红、珠光白、星空蓝、电光橙、皓月灰、墨玉黑、流沙金

内饰颜色：黑红、黑蓝、黑橙

主要车型参数及价格

车 型		绅宝X25
基本参数	长×宽×高(mm)	4110×1750×1583
	轴距(mm)	2519
	前/后轮距(mm)	1467/1453
	油箱容积(L)	45
	整备质量(kg)	1139、1153
	车身类型/乘员人数	5门SUV/5
发动机参数	发动机类型	1.5L 直列4缸
	排量(mL)	1499
	额定功率[kW]	85
	最大转矩[N·m]	148
	排放标准	国V
底盘参数	变速器类型	5MT、4AT
	驱动类型	前置前驱
	悬架系统	前麦弗逊式独立悬架/后H扭力梁式悬架
	制动系统	前通风盘式/后盘式制动器
	轮胎规格	195/55 R15、205/50 R16
性能	最高车速(km/h)	116
工信部综合工况油耗(L/100km)		6.1
上市时间		2015年12月12日
厂家建议价格(万元)		5.58~7.58

注：厂家建议价格以2016年3~8月为准

北京汽车股份有限公司 BAIC MOTOR CORPORATION Ltd.

北汽威旺S50

北汽威旺S50

年度**新上市**车型

S50搭载了一台来自三菱的1.5T涡轮增压发动机，最大输出功率为110kW，并匹配6挡手动变速器。采用同级少有的后多连杆式独立悬架，一举超越同级主要竞争车型。配备了一块9英寸的中央触控屏，并带有1.25m²的全景天窗；双色的真皮坐椅还具备电动调节和加热功能。在最为重要的安全方面，按SAAB设计标准构建安全体系，满足C-NCAP五星要求。S50整体造型时尚动感，充满阳刚之气：晶钻前大灯线条凌厉；尾部饱满有力，双边两出的排气造型更显得十分动感。

主要配置

舒适型：前排安全气囊、ABS防抱死制动系统、EBD制动力分配系统、驾驶席安全带未系提醒、倒车雷达、限速报警、车内中控锁、行车自动落锁/熄火解锁、碰撞后车门自动解锁、儿童安全锁、可溃式转向管柱、折叠遥控钥匙、后排儿童安全座椅接口(ISO FIX×2)、发动机电子防盗系统、车身防盗报警、四门电动车窗玻璃、驾驶席玻璃一键上升带防夹、外接音源接口、USB+SD、6-7扬声器、中控台彩色大屏、蓝牙+车载电话、卤素前照灯、前雾灯、高位制动灯、远光灯辅助照明灯、车外灯光延时关闭、外后视镜集成侧转向灯、直瀑式前格栅形式、前有骨刮水器、后刮水器、车顶行李架、铝合金轮辋、轮辋装饰罩、水切镀铬亮条、双排气管装饰罩、多功能转向盘、转向盘四向调节，乐动版舒适型增加横幅式前格栅形式

精英型：舒适型+SP+TCS+HA、倒车影像

豪华型：精英型+前排侧安全气囊、副驾驶席安全带未系报警、无钥匙进入、一键起动、PEPS遥控钥匙、标准天窗、横幅式前格栅形式、防擦镀铬亮条、日间行车灯

尊贵型：豪华型+胎压监测装置、四门玻璃一键上升降带防夹、车窗玻璃遥控关闭、全景天窗、前雨量感应式无骨刮水器、氙气前照灯、前照灯清洗功能、前照灯自动点亮、前门迎宾踏板、侧窗镀铬亮条、真皮包裹转向盘，乐动版尊贵型增加前照灯高度自动可调

车身颜色：墨玉黑、冰河蓝、海盐灰、火山红、极光银、烈焰橙、雪山白

内饰颜色：黑色+亮棕、深棕

主要车型参数及价格

车型		欢动版			乐动版		
		舒适型	精英型	尊贵型	舒适型	豪华型	尊贵型
基本参数	长×宽×高(mm)	4654×1816×1680					
	轴距(mm)	2670					
	前/后轮距(mm)	1540/1540					
	最小离地间隙(mm)	190					
	油箱/行李舱容积(L)	60/1830					
	整备质量(kg)	1475					
	乘员人数	5					
发动机参数	发动机型号/类型	4A91T/涡轮增压					
	排量(mL)	1499					
	额定功率[kW/(r/min)]	1100/6000					
	最大转矩[N·m/(r/min)]	210/2000~4500					
	排放标准/建议用油	国Ⅴ/93#(京92#)汽油					
底盘参数	变速器类型	6挡手动					
	驱动类型	前置前驱					
	悬架系统	前麦弗逊式独立悬架/后多连杆式独立悬架					
	制动系统	前通风盘式/后盘式制动器					
	轮胎规格	225/60 R17					
工信部综合工况油耗(L/100km)		7.3					
上市时间		2016年4月					
厂家建议价格(万元)		7.98	8.68	10.88	7.98	9.28	10.88

注：厂家建议价格以2016年3~8月为准

华泰汽车集团 HAWTAI MOTOR GROUP

宝利格　新圣达菲

华泰 宝利格

上 位 人 生 • 上 位 车

主要配置

精英型：ABS+EBD、前排双安全气囊、可压溃式转向管柱、电子防盗锁止系统/安全警报、点火锁、前控式后窗玻璃升降锁止功能、四门防撞梁/前后防撞梁、后排儿童安全锁、后排ISO FIX儿童座椅固定装置、转向锁止防盗系统、电子式发动机防盗系统、行车自动落锁、撞车自动开锁功能、驻车制动报警功能(指示灯)、车门未关警报系统、前排3点式安全带、前排3点式安全带预紧和限力功能、后排全3点式安全带、安全带未系提醒(主驾)、倒车雷达、遥控钥匙、遥控式中央控制门锁(带开启行李舱功能)、手动空调、电动车门玻璃、收音机+MP3、2扬声器(高低音集成)、晶透卤素前照灯、前照灯高度电动调整、卤素后组合灯、高位制动灯、后雾灯、行李舱灯、车门开启指示灯、前有骨刮水器、后刮水器、镀铬格栅、侧门窗镀铬亮条、后风窗电加热除霜、排气管加装饰筒、排气管加装饰筒、车顶行李架、外后视镜片电动调节(带侧转向灯)、普通发泡转向盘、转向盘高度/角度可调、多功能智能组合仪表、手动防炫目内后视镜、针织面料座椅、驾驶席座椅6向手动调节、副驾座椅4向手动调节

豪华型：精英型+定速巡航控制系统、倒车摄像头、电动天窗(防夹)、自动空调、中控彩色大屏或IVI导航版、6扬声器、前雾灯、前无骨刮水器、外后视镜片电加热、真皮包裹转向盘、多功能转向盘、仿皮座椅、驾驶席座椅8向电动调节

主要车型参数及价格

车型		1.8T			2.0L	
		精英型	豪华型	豪华型	精英型	豪华型
基本参数	长×宽×高(mm)	4618×1858×1753				
	轴距(mm)	2620				
	前/后轮距(mm)	1540/1540				
	前/后悬距(mm)	941/1057				
	最小离地间隙(mm)	172				
	油箱/行李舱容积(L)	65/690−2100				
	车身材料	钢板				
	乘员人数	5				
发动机参数	发动机型号	18K4G			4G94D−F3	
	排量(mL)	1796			1991	
	额定功率 [kW/(r/min)]	118/5500			100/6000	
	最大转矩 [N·m/(r/min)]	215/2100～4500			177/4800	
	排放标准	国Ⅴ				
底盘参数	变速器类型	5挡手动		5挡手自一体	5挡手动	
	驱动类型	前驱				
	悬架系统	前麦弗逊式独立悬架/后多连杆式独立悬架				
	制动系统	前通风盘式/后实心盘式制动器				
	轮胎规格	235/55 R18				
性能	最高车速(km/h)	170		165	170	
	0～100km加速时间(s)	14.8		14.6	15.3	
工信部综合工况油耗(L/100km)		8.3		8.5	8.3	
厂家建议价格(万元)		7.97	8.57	9.37	7.37	8.17

注：厂家建议价格以2016年3～8月为准

华泰新圣达菲

主要配置

精英型： 前排双安全气囊、ABS+EBD、制动优先系统、倒车雷达、倒车影像、四门前后防撞钢梁、发动机防盗系统、中控门锁、车速感应自动落锁、碰撞感应自动解锁、后排车门儿童安全门锁、车门未关提醒、前排高度可调预紧限力式安全带、后排全席三点式安全带、前排安全带未系提示、ISOFIX后排儿童座椅固定装置、折叠式遥控钥匙、皮质换挡手柄、电动天窗、手动空调、前/后电动车窗、驾驶席车窗一键升降、行车电脑、中控彩色大屏(车载信息娱乐、导航系统)、蓝牙车载电话、外接AUX+USB接口、6扬声器组(2高音+4低音)、卤素前照灯、前照灯电动调节、前照灯回家功能、前/后雾灯、后风窗加热功能、双色保险杠+侧包围装饰、后保险杠反光板、窗框亮条、行李架、尾翼(带LED高位制动灯)、顶置鲨鱼鳍天线、前后刮水器、前无骨刮水器、外门把手(电镀)、LED外后视镜带转向灯、外后视镜电动调节、手动防炫目内后视镜、三辐式真皮包裹转向盘、转向盘快捷键(音响)、转向盘快捷键(蓝牙电话)、转向盘角度可调、组合仪表、驾驶席座椅6向手动调节、副驾驶座椅4向手动调节

智享i3型： 精英型+车身稳定控制系统(ESP+TCS)、HLA上坡辅助系统、PBA紧急制动功能、360度全景系统(行车、泊车、左右盲点监测)、胎压报警系统、一键起动、智能钥匙(无钥匙进入)、自动点亮前照灯、LED日间行车灯

主要车型参数及价格

车型		1.5T汽油			
		精英型	智享i3型	精英型	智享i3型
基本参数	长×宽×高(mm)	4426/1862/1709(带行李架)			
	轴距(mm)	2640			
	前/后悬距(mm)	894/892			
	最小离地间隙(mm)	空载 189、满载 156			
	油箱/行李舱容积(L)	50/430-1401			
	整备质量(kg)	1460		1484	
	车身材料	钢板			
	乘员人数	5			
发动机参数	发动机型号/类型	15S4G/电子油门			
	排量(mL)	1498			
	额定功率 [kW/(r/min)]	115/5500			
	最大转矩 [N·m/(r/min)]	215/2000~4400			
	排放标准	国V			
底盘参数	变速器类型	6挡手动		手自一体	
	驱动类型	两驱			
	悬架系统	前麦弗逊式独立悬架/后多连杆式独立悬架			
	制动系统	前通风盘式/后实心盘式制动器			
	轮胎规格	225/60 R17			
性能	最高车速(Km/h)	180			
工信部综合工况油耗(L/100km)		7.2		8.0	
厂家建议价格(万元)		7.75	8.25	8.55	9.05

注：厂家建议价格以2016年3~8月为准

天津一汽夏利汽车股份有限公司 Tianjin FAW Xiali Automobile Co.,Ltd.

骏派D60

骏派D60

年度**新上市**车型

2016款骏派D60前散热器罩及雾灯罩增加了镀铬装饰，1.8L版本的车尾尾标处“D60”字样改为红字设计，配置方面，除入门车型外，全部增配真皮座椅、真皮包裹转向盘和门内饰板皮革包覆，新车还配备PEPS一键起动、无钥匙进入功能等。

主要配置

标准型：前排安全气囊、ABS+EBD、BA制动辅助装置、BOS制动优先系统、D+P安全带未系视听提示、前排安全带高度可调、发动机电子防盗系统、可溃吸能式转向管柱、儿童安全锁、车内中控锁、遥控钥匙、四门电动车窗、电动空调、车门未关报警(视)、驻车制动未解除警示(视听)、行车门锁自闭、收音机+MP3、外接音源接口(AUX/USB)、4扬声器、前/后雾灯、前照灯高度可调、前照灯未关提醒(听)、铝合金轮毂、印刷式天线、电动外后视镜带侧转向灯、后刮水器、行李架、扰流板(含高位制动灯)、后窗除霜、行李舱灯、前室内灯、针织面料座椅、手动防炫目内后视镜、转向盘上下调节、多功能转向盘、内置开启加油口盖

舒适型：标准型+前排预张紧式安全带、倒车雷达、瞬时油耗显示、收音机+MP3+单碟CD、四门迎宾踏板、真皮座椅、真皮包裹转向盘、皮质门内饰板，1.8L 6AT无单碟CD

技术型：舒适型+ESC车身稳定控制系统、TCS牵引力控制系统、AYC自动横摆控制系统、HSA坡道起步辅助系统、EDC发动机拖拽控制系统、倒车雷达(含倒影)、一键起动+无钥匙进入、收音机+MP3+单碟DVD+7英寸显示屏、GPS导航系统、6扬声器

豪华型：技术型+电动天窗、后室内灯

尊贵型：豪华型+前排侧安全气囊、前后贯通式头部安全气帘

主要车型参数及价格

车型		1.5L MT					1.8L 6AT		
		标准型	舒适型	技术型	豪华型	尊贵型	舒适型	豪华型	尊贵型
基本参数	长×宽×高(mm)	4170×1765×1625					4170×1765×1625		
	轴距(mm)	2557					2557		
	前/后轮距(mm)	1485/1475					1485/1475		
	最小离地间隙(mm)	181					181		
	油箱容积(L)	48					48		
	整备质量(kg)	1206					1246	1276	
	车身材料	钢板					钢板		
	乘员人数	5					5		
发动机参数	发动机型号	CA4GA5					丰田2ZR		
	发动机类型	直列4缸 16气门 DOHC VCT-i 电控多点燃油喷射汽油机					直列4缸 DVVT 可变进气长度电控多点燃油喷射 全铝汽油机		
	排量(mL)	1497					1798		
	额定功率[kW/(r/min)]	75/6000					102/6400		
	最大转矩[N·m/(r/min)]	135/4400					170/3600		
	排放标准	国Ⅴ					国Ⅴ		
底盘参数	变速器类型	5挡手动					6挡手自一体		
	驱动类型	前驱					前驱		
	悬架系统	前麦弗逊式独立悬架/后扭力梁式半独立悬架					前麦弗逊式独立悬架/后扭力梁式半独立悬架		
	制动系统	前通风盘式/后盘式制动器					前通风盘式/后盘式制动器		
	轮胎规格	205/60 R16					205/60 R16		
性能	最高车速(km/h)	168					175		
工信部综合工况油耗(L/100km)		6.6					7.2		
上市时间		2016年7月13日							
厂家建议价格(万元)		6.49	6.99	7.19	7.59	7.99	8.89	9.49	9.99

注：厂家建议价格以2016年3～8月为准

天津一汽丰田汽车有限公司
TIANJIN FAW TOYOTA MOTOR CO.,LTD.

天津一汽丰田汽车有限公司 Tianjin FAW Toyota Motor Co.,Ltd.

丰田TOYOTA：RAV4

2016年7月28日，一汽丰田全新RAV4正式上市，新车在外观上更换了全新前脸造型，动力未变并取消手动挡车型。新车推出两种动力共七款细分车型，售价区间为17.98万～26.98万元。

动力方面，新车依然搭载2.0L和2.5L自然吸气发动机，其中2.0L发动机最大功率为111kW，较现款车型有小幅提高，2.5L发动机最大功率仍为132kW。传动方面依旧搭载CVT变速器。

年度新上市车型

主要配置

都市版：6安全气囊、前排二级式+侧部+左右帘式SRS空气囊、前排+后排左右席预紧限力式安全带、VSC车辆稳定性控制系统、TRC牵引力控制系统、ABS+EBD综合感应防抱死制动系统、HAC上坡辅助控制系统、SPORT运动模式按钮、智能节油起停系统按钮、ECO节能模式按钮、手动空调、可对应PM2.5的空调滤清器、CD+AUX+USB、4扬声器、卤素前照灯、前照灯手动水平调节、前照灯自动关闭系统、组合式LED后尾灯、前雾灯、前风窗绿色隔热防紫外线玻璃、侧窗绿色防紫外线玻璃、绿色防紫外线、外后视镜带转向灯、间歇式刮水器、鲨鱼鳍天线、铝合金轮毂、中控台面板材质(软质树脂+金属色装饰)、树脂转向盘和换挡手柄、带集控按键转向盘、手动防炫目车内后视镜、织物座椅、驾驶席座椅手动6向调节

风尚版：都市版+PVM全景监控系统、一键起动系统/智能钥匙、定速巡航控制系统、左右独立自动式空调、7英寸多媒体音响显示系统(收音机、支持MP3/WMA播放、USB带iPod接口/AUX-IN音频接口功能、支持MP4、AVI、WMV视频播放、蓝牙免提音响系统)、6扬声器、前照灯自动控制系统、后风窗隐私玻璃、天窗、电动折叠/加热外后视镜、镀铬车门外把手、前后排12V电源接口

舒适版：风尚版+前排座椅加热装置

智尚版：舒适版+6安全气囊、前排膝部SRS空气囊、副驾驶席坐垫式SRS空气囊、4.2英寸TFT彩色多功能信息显示屏、远近光一体式LED前照灯、LED日间行车灯、前照灯自动水平调节、前照灯自动控制系统、自动调节远光灯系统(AHB)、电动折叠/加热/自动防炫目外后视镜、真皮包裹转向盘和换挡手柄、自动防炫目车内后视镜、中控台下方LED照明、真皮座椅、驾驶席座椅8向电动调节、驾驶席电动腰部支撑

新锐版：与智尚版配置相同

精英版：新锐版+双天窗、外后视镜(电动折叠/加热)

尊贵版：精英版+DRCC定速巡航控制系统、BSM盲区监测系统、RCTA倒车侧后方盲点警示系统、DAC下坡辅助控制系统、倒车雷达(4眼)、Toyota Safety Sense丰田规避碰撞辅助套装、6.1英寸多媒体音响显示系统(收音机、支持MP3/WMA播放、CD光驱、USB带iPod接口/AUX-IN音频接口功能、蓝牙免提音响系统、DVD播放导航系统)、11(JBL)扬声器、外后视镜(电动折叠/加热/自动防炫目)、间歇式刮水器(可调时长)、车顶行李架(银色)、电动后尾门带记忆功能

主要车型参数及价格

车型		2.0L					2.5L	
		都市版	风尚版	舒适版	智尚版	新锐版	精英版	尊贵版
基本参数	长×宽×高(mm)	4600×1845×1690/1715(尊贵版)						
	轴距(mm)	2660						
	前/后轮距(mm)	1570/1570						1560/1560
	最小离地间隙(mm)	193						159
	油箱/行李舱容积(L)	60/1142(放倒后排座椅)						
	整备质量(kg)	1520	1530		1540	1600	1625	1645
	车身材料	钢板						
	乘员人数	5						
发动机参数	发动机型号	6ZR-FAE					5AR-FE	
	发动机类型	直列4缸 16气门 顶置双凸轮轴电喷(VALVEMATIC)					直列4缸 16气门 顶置双凸轮轴电喷(双VVT-i)	
	排量(mL)	1987					2494	
	额定功率[kW/(r/min)]	111/6200					132/6000	
	最大转矩[N·m/(r/min)]	192/3800					234/4100	
	排放标准/建议用油	国Ⅴ/93#(京92#)以上无铅汽油						
底盘参数	变速器类型	8挡S-CVT					6AT(手自一体)	
	驱动类型	两驱				四驱	四驱	
	悬架系统	前麦弗逊式独立悬架/后双叉臂式独立悬架						
	制动系统	前通风盘式/后实心盘式制动器						
	轮胎规格	225/65 R17					235/55 R18	
性能	最高车速(km/h)	175					180	
工信部综合工况油耗(L/100km)		6.4				6.9	8.0	
上市时间		2016年7月28日						
厂家建议价格(万元)		17.98	19.98	20.08	21.48	22.48	23.98	26.98

注：厂家建议价格以2016年3～8月为准

长城汽车股份有限公司 Great Wall Motor Company Limited

哈弗：哈弗H8　哈弗H6　哈弗H5　哈弗H2

哈弗H8
HAVAL

主要配置

标准型：双安全气囊、前排侧安全气囊、前后一体式侧安全气帘(两排)、胎压监测系统、ABS+EBD+TCS、ESP、BA制动辅助系统、上坡辅助系统、RMI防侧翻系统、陡坡缓降系统、定速巡航、脚踏式驻车制动、三点式后中安全带、儿童座椅固定装置、儿童安全锁、前雷达探头、倒车雷达、倒车影像配动态倒车辅助线、驾驶员状态监测、遥控闭窗、速度感应中央门锁、碰撞自动解锁功能、一键起动系统、无钥匙进入系统、智能钥匙、遥控中控锁、自动回防功能、加油口盖车内电磁开启、熄火解锁、前排安全带未系警示、车门未关警示、防盗报警系统、120km/h车速报警、防误锁功能、寻车功能、紧急制动报警功能、可溃缩式吸能转向管柱、发动机防盗系统、三温区自动空调、粉尘过滤器、车外温度显示、CD机、AUX-IN/USB接口、8英寸TFT彩色液晶触摸屏、车载GPS、4高音+4低音+1中置+1重低音、蓝牙免提通话系统、3.5英寸TFT行车电脑显示屏、后风窗除雾、除霜功能、四门电动防夹车窗、电动折叠带除霜外后视镜、外后视镜LED转向灯、前照灯自动点亮、氙气前照灯、昼间行车灯、雾灯转向辅助照明、电动高度调节前照灯、前/后雾灯、高位制动灯、跟随回家、手动后尾门、智能防夹电动天窗、铝合金轮毂、鲨鱼鳍天线、整体式行李架、雨量感应式自动刮水器、前无骨刮水器、前刮水器加热、手动防炫目后视镜、高级nappa真皮包裹转向盘、转向盘四向手动调节、多功能转向盘、真皮座椅、前排座椅电加热、驾驶座椅8方向电动可调、副驾座椅4方向电动可调

舒适型：标准型+infinity音响(4高音+4低音+1中置+1重低音)独立功放、全景天窗、前刮水器加热、真皮包覆门把手、外后视镜倒车记忆辅助、打孔真皮包裹转向盘、高级超纤皮座椅、电动座椅记忆

豪华型：舒适型+电动后尾门、智能防夹电动天窗、前照灯清洗功能、AFS智能灯光系统、高级nappa真皮包裹转向盘、220V/120W车载电源、前排座椅电加热、第二排座椅电加热、电子防炫目后视镜

精英型：豪华型+全景天窗、高级超纤皮座椅、360度环视

尊贵型：精英型+倒车影像配动态倒车辅助线、智能防夹电动天窗、空气净化系统、后排DVD(带遥控)、转向盘电加热、滑轨式绳钩、高级nappa真皮座椅、副驾座椅6向电动可调、副驾驶座椅VIP开关、前排座椅腿托功能、座椅通风功能、座椅按摩功能

主要车型参数及价格

车型		2.0L				
		标准型	舒适型	豪华型	精英型	尊贵型
基本参数	长×宽×高(mm)	4806×1975×1794				
	轴距(mm)	2915				
	前/后轮距(mm)	1647/1649				
	车身材料	钢板				
	乘员人数	5				
发动机参数	发动机类型	缸内直喷 涡轮增压 双VVT				
	排量(mL)	1967				
	额定功率[kW/(r/min)]	160/5500				
	最大转矩[N·m/(r/min)]	324/2000～4000				
	排放标准	国V				
底盘参数	变速器类型	6挡手自一体				
	驱动类型	两驱、四驱				
	悬架系统	前双叉臂前独立悬架/后多连杆后独立悬架				
	制动系统	前通风盘式/后鼓式、盘式制动器				
上市时间		2015年4月20日				
厂家建议价格(万元)		两驱 20.18 四驱 21.68	两驱 18.88 四驱 20.38	两驱 22.18 四驱 23.68	两驱 20.88 四驱 22.38	两驱 24.18 四驱 25.68

注：厂家建议价格以2016年3～8月为准

哈弗H6 升级版 HAVAL

主要配置

超值型：双安全气囊、ABS+EBD、倒车雷达、BA智能制动辅助系统、前排座椅三点式安全带+高度调节、前排座椅安全带预紧与限力功能、后排中央三点式安全带、安全带未系报警系统、儿童安全锁、儿童座椅固定装置、防盗报警系统、发动机防盗系统、可调转向管柱(四向)、门锁自动回防功能、碰撞自动解锁功能、智能车门防误锁功能、速度感应中央门锁、车门未关警报系统、遥控折叠钥匙、主驾驶车窗一键升降+电动防夹、手动电控空调(粉尘过滤)、后排空调出风口、车外温度显示、收音机FM/AM、4低音扬声器、单碟CD、USB、行车电脑、卤素前照灯、寻车功能+跟随回家、电动高度调节前照灯、前照灯未关报警系统、前/后雾灯、LED高位制动灯、四门电动车窗、后风窗热线除霜、前无骨刮水器片、后刮水器、手动折叠带除霜/电动调节车身同色外后视镜带转向灯、织物座椅、驾驶座椅6向手动可调、副驾驶座椅4向手动可调、仪表亮度可调、内后视镜手动防炫目

都市型：超值型+ESP车身稳定系统、TCS牵引力控制系统、HHC坡道辅助系统、旋钮式一键起动系统、无钥匙进入系统、智能钥匙、GPS导航、单碟CD+MP5、USB/iPod接口、电动折叠带除霜/电动调节车身同色外后视镜带转向灯/照地灯、鲨鱼鳍天线、承载式行李架、皮革座椅

精英型：都市型+倒车影像+静态倒车辅助线、智能胎压监测系统、双温区自动空调(粉尘过滤)、智能双模防夹天窗、2高音+4低音扬声器、多功能真皮包裹转向盘(音响+蓝牙+定速巡航)

尊贵型：精英型+侧安全气囊+侧安全气帘、右前盲区可视系统、单碟DVD、自动前照灯+自动刮水器、整体式行李架、前排座椅电加热、前排主动头枕、驾驶座椅8向电动可调、主驾驶座椅腰部支撑电动可调、行李舱遮物帘、主驾驶侧带眼镜盒

车身颜色：简约白、经典黑、雅致银、摩登灰、风尚蓝、醇魅红、中国红

主要车型参数及价格

车型		1.5T MT				1.5T AT	
		超值型	都市型	精英型	尊贵型	精英型	尊贵型
基本参数	长×宽×高(mm)	4640×1825×1690					
	轴距(mm)	2680					
	行李舱容积(L)	808–2010					
	车身材料	钢板					
	乘员人数	5					
发动机参数	发动机类型	4冲程 水冷 直列 多点电子控制燃油喷射 16气门 双顶置凸轮轴 链传动 可变气门正时 涡轮增压 进气中冷					
	排量(mL)	1497					
	额定功率[kW/(r/min)]	110/5600					
	最大转矩[N·m/(r/min)]	210/2200～4500					
底盘参数	变速器类型	6挡手动				6挡手自一体	
	驱动类型	两驱、四驱					
	悬架系统	前麦弗逊式独立悬架/后双横臂式独立悬架					
	制动系统	前后盘式制动器					
	轮胎规格	225/65 R17					
上市时间		2013年8月					
厂家建议价格(万元)		两驱 8.88 四驱 9.68	两驱 9.48 四驱 10.28	两驱 10.18 四驱 10.98	两驱 11.48 四驱 12.28	11.38	12.68

注：厂家建议价格以2016年3～8月为准

哈弗H5 智尊版
HAVAL

主要配置

4G63T

进取型： 双安全气囊、博世9.0版ABS+EBD、BAS制动辅助系统、碰撞断油系统、N-CAP车架、前排预紧式安全带、后排三点式后中安全带、车门未关报警、安全带报警系统(安全提示系统)、发动机防盗系统、安全吸能管柱、儿童座椅固定装置、KISI儿童保护安全带、后车门儿童锁、定速巡航、折叠式遥控钥匙、遥控中控锁、倒车影像、自动空调、换挡指示器、电子开启式后背门锁、行车电脑、4扬声器、GPS+MP5、转向盘按键音响+蓝牙+巡航控制、欧美风格立体U型前脸、2013款钢琴烤漆+电镀亮条前格栅、2013款电镀亚光运动侧包围、2013款亚光钛银运动行李架、鹰眼炫酷卤素前照灯、无骨前刮水器、镀铬一体式运动雾灯、电动调节同色外后视镜带转向灯、背门窗刮水器、综合显示仪表、仪表亮度可调、真皮转向盘套、高低可调转向盘、织物面料座椅、前排座椅头枕4向可调、前排座椅4向调节

精英型： 进取型+胎压监测系统、自动前照灯+感应自动刮水器、前照灯伴随回家功能、热线除霜、电子防炫后视镜、豪华打孔PU座椅

尊贵型： 精英型+侧安全气囊、侧安全气帘、膝部安全气囊、智能天窗、电动防夹车窗+自动闭窗、2高音+4扬声器、电动高度调节前照灯、电动调节同色外后视镜带转向灯(带除霜功能)、前门斥水玻璃、真皮座椅面料、前排座椅6向电动调节

4G63/4D20 MT

进取型： 双安全气囊、ABS+EBD、碰撞断油系统、KISI儿童保护安全带、N-CAP车架、前排可调预紧安全带、后排三点式后中安全带、车门未关报警、安全带报警系统(安全提示系统)、发动机防盗系统、安全吸能管柱、儿童座椅固定装置、后车门儿童锁、倒车影像、折叠式遥控钥匙、遥控中控锁、4门电动车窗、电子开启式后背门锁、自动空调、GPS+MP5、4扬声器、转向盘按键音响+蓝牙、电动调节同色外后视镜带转向灯、背门窗刮水器、2013款欧美风格立体U型前脸、2013款电镀亚光运动侧包围、2013款亚光钛银运动行李架、新款扰流尾翼、鹰眼炫酷卤素前照灯、全车绿色玻璃、无骨前刮水器、镀铬一体式运动雾灯、综合显示仪表、仪表亮度可调、真皮转向盘套、高低可调转向盘、织物座椅面料、前排座椅头枕4向调节、驾驶座椅4向调节、手动防炫后视镜

4D20 AT

进取型： 双安全气囊、博世9.0版ABS+EBD、BAS、N-CAP车架、胎压监测系统、碰撞断油系统、前排预紧式安全带、后排三点式后中安全带、车门未关报警、安全带报警系统(安全提示系统)、发动机防盗系统、安全吸能管柱、儿童座椅固定装置、KISI儿童保护安全带、后车门儿童锁、折叠式遥控钥匙、遥控中控锁、倒车影像、自动空调、电子开启式后背门锁、行车电脑、4扬声器、GPS+MP5、转向盘按键音响+蓝牙控制、自动前照灯+感应自动刮水器、电动高度调节前照灯、前照灯跟随回家功能、电动折叠同色外后视镜带转向灯、背门窗刮水器、新款欧美风格立体U型前脸、2013款钢琴烤漆+电镀亮条前格栅、2013款电镀亚光运动侧包围、鹰眼炫酷卤素前照灯、前无骨刮水器、综合显示仪表、仪表亮度可调、真皮转向盘套、织物面料座椅、前排座椅头枕4向调节、驾驶座椅4向调节、电子防炫后视镜

精英型： 进取型+定速巡航、倒车雷达、2高音+4扬声器、电动折叠同色外后视镜带转向灯(带除霜功能)、热线除霜、豪华打孔PU座椅，四驱精英型增加驾驶座椅6向电动调节

尊贵型： 精英型+智能天窗、电动防夹车窗+自动闭窗、真皮面料座椅、驾驶座椅6向电动调节

内饰颜色： 炫酷蓝黑

主要车型参数及价格

车型		4G63T		4G63		4D20 MT		4D20 AT	
		两驱	四驱	两驱	四驱	两驱	四驱	两驱	四驱
基本参数	长×宽×高(mm)	4650×1800×1755(四驱1745)							
	轴距(mm)	2700							
	前/后轮距(mm)	515/1520							
	最小离地间隙(mm)	200(空载)							
	油箱容积(L)	70							
	整备质量(kg)	1740		1625		1790		1810	
	车身材料	钢板							
	乘员人数	5							
发动机参数	发动机型号	三菱4G63T		三菱4G63S4M		GW4D20B		4D20	
	排量(mL)	1997				1996		1997	
	额定功率[kW/(r/min)]	140/5200		90/5250		100/4000		110/4000	
	最大转矩[N·m/(r/min)]	250/2400～4800		170/2500～3000		310/1800～2800			
	排放标准	国Ⅳ							
底盘参数	变速器类型	6挡手动		5挡手动		6挡手动		5挡手自一体	
	驱动类型	两驱	四驱	两驱	四驱	两驱	四驱	两驱	四驱
	悬架系统	前双横臂扭杆弹簧独立悬架/后五连杆螺旋弹簧非独立悬架							
	制动系统	前后盘式制动器							
	轮胎规格	235/70 R16							
工信部综合工况油耗(L/100km)		8.3	8.7	9.6	11.1	7.4	7.5	8.8	9.0
厂家建议价格(万元)		进取型 10.28 精英型 10.78 尊贵型 11.78	进取型 11.08 精英型 11.58 尊贵型 12.58	进取型 9.48	进取型 10.28	进取型 11.58	进取型 12.38	进取型 12.78 精英型 13.98 尊贵型 15.58	进取型 13.58 精英型 14.78 尊贵型 16.38

注：厂家建议价格以2016年3～8月为准

哈弗H2
HAVAL

主要配置

都市型： 双安全气囊、ABS+EBD+BA、碰撞断油系统、发动机防盗系统、智能钥匙、中控锁、碰撞自动解锁功能、前排安全带可调可预紧、儿童安全锁、胎压监测系统、倒车雷达、电动转力转向、可调转向管柱、定速巡航、车门未关警报系统、儿童座椅固定装置、无钥匙智能进入系统、一键起动系统、安全带未系报警系统、防盗报警系统、遥控车门解锁系统、门锁自动回防功能、速度感应中央门锁、智能车门防误锁功能、寻车功能、4门电动车窗、驾驶席车窗一键上升/下降功能、驾驶席电动带防夹升降器、手动电控空调、粉尘过滤器、车外温度显示、换挡指示器、单碟CD机+USB+AUX、4扬声器、转向盘按键音响+蓝牙+巡航控制、3.5英寸TFT彩屏行车电脑、蓝牙免提系统、卤素前照灯、电动高度调节前照灯、前后雾灯、昼间行车灯、全车绿色玻璃、前无骨刮水器、鲨鱼鳍天线、铝合金轮辋、铝合金行李架、手动折叠无除霜/电动调节车顶同色外后视镜带转向灯、后风窗热线除霜、手动防炫后视镜、仪表亮度可调、真皮转向盘套、织物座椅、驾驶席座椅6向手动调节、副驾驶座椅4向手动调节

精英型： 都市型+倒车影像配动态倒车辅助线、GPS+MP5+USB+AUX、前照灯伴随回家功能、自动前照灯+自动刮水器、手动折叠带除霜/电动调节车顶同色外后视镜带转向灯、皮革座椅、前排座椅加热功能

尊贵型： 精英型+前排侧安全气囊、侧安全气帘、右前盲区可视系统、前排主动头枕、双温区自动空调、天窗、转向盘按键音响+蓝牙+巡航控制+盲区切换、2高音+4低音扬声器、电动折叠带除霜/电动调节车顶同色外后视镜带转向灯/迎宾灯、自动防炫后视镜、驾驶席座椅6向电动调节、驾驶席座椅腰部支撑电动调节

车身颜色： 黑白套色、红黑套色、红白套色、棕白套色、蓝白套色、中国红、风尚蓝、象牙白、简约白、睿智棕、雅致银、摩登灰、经典黑

车身颜色： 灰黑色

主要车型参数及价格

车　型		1.5L MT		
		都市型	精英型	尊贵型
基本参数	长×宽×高(mm)	4335×1814×1695		
	轴距(mm)	2560		
	前/后轮距(mm)	1525/1520		
	整备质量(kg)	1495		
	车身材料	钢板(高强钢)		
	乘员人数	5		
发动机参数	发动机型号	1.5T发动机		
	发动机类型	直列4缸 16气门 4冲程 水冷 多点电子控制燃油喷射 双顶置凸轮轴 链条传动 可变气门正时 涡轮增压 进气中冷		
	排量(mL)	1497		
	额定功率[kW/(r/min)]	110/5600		
	最大转矩[N·m/(r/min)]	210/2200～4500		
	排放标准/建议用油	国Ⅳ、京Ⅴ/93#汽油、京92#汽油		
底盘参数	变速器类型	6挡手动		
	驱动类型	前驱		
	悬架系统	前麦弗逊式独立悬架/后多连杆式独立悬架		
	制动系统	前通风盘式/后盘式制动器		
	轮胎规格	235/55 R18		
上市时间		2014年7月11日		
厂家建议价格(万元)		9.88	10.38	11.28

注：厂家建议价格以2016年3～8月为准

Brilliance Auto
华 晨 汽 车

华晨汽车集团控股有限公司 Huachen Automotive Group Holdings Co.,Ltd.

中华：中华V5 中华V3 II

中华V5
年度**新上市**车型

2016款中华V5于2016年5月上市，售价区间：8.98万～10.58万元。

2016款中华V5在外观造型上与老款车型保持一致，新车主要针对配置方面进行了升级，其中针对入门级车型，新增了智能手机互联系统、倒车影像、定速巡航、红色制动钳、日行灯等；针对顶配车型（1.5T运动型/智能型），增加胎压监测、迎宾踏板、红色制动钳、日行灯等。

主要配置

舒适型：前排正面双安全气囊、ABC防抱死制动系统、BA制动辅助系统、MASR加速防滑系统、MSR发动机直接转矩控制、前排普通三点式安全带、儿童约束系统固定点、燃油不足警示灯、后排三点式安全带、车门防撞梁、电动转向系统、吸能式转向管柱、倒车雷达、自动落锁功能、驾驶未系安全带报警装置、碰撞后门锁自动解除功能、儿童锁、转向盘防盗锁止机构、发动机防盗系统、门窗控制系统(前后电动)、智能中控门锁(遥控)、行李舱盖中控锁(遥控)、集控关闭车窗、电动车窗(前后)、手动空调系统、空气过滤器、转向盘音响控制、USB接口+AUX-IN音频接口、4扬声器、中控彩屏多媒体系统、新一代车载蓝牙交互系统、高位制动灯、14款卤素前照灯、14款前后雾灯、外后视镜转向灯、行李架、发动机下部导风板、间歇式多级可调刮水器(前后)、电动外后视镜、整车白色玻璃、后风窗定时除霜装置、高档磨纱亚光质感车顶天线、未关车灯报警仪表、转向盘角度可调、驾驶席座椅6向可调、副驾驶座椅4向可调、4/6可折叠翻转后排座椅(放平式)、前后排高度可调座椅头枕、针织面料座椅、PU转向盘、手制动按钮(镀铬)、数字化仪表、防炫内后视镜

豪华型：舒适型+无钥匙进入及一键起动、电动空调系统、一触式双层双模式电动天窗、8扬声器、间歇式多级可调雨刮器(前后无骨)、亮条把手、亮条水切、整车绿色玻璃隔热、高档皮面座椅面料、真皮包裹转向盘

运动型：豪华型+倒车可视、定速巡航、折叠钥匙、6扬声器、智能手机互联系、日间行车灯、外后视镜电加热功能、整车绿色玻璃隔热、红色制动钳，AT运动型增加ESC车身电子稳定系统、AYC车身横摆控制系统、HSA坡道辅助系统、TCS牵引力控制系统

智能型：运动型+无钥匙进入及一起动、电动空调系统、8扬声器、亮条把手、亮条水切、真皮包裹转向盘、后排座椅中央扶手(带杯托)、迎宾踏板，AT智能型增加ESC车身电子稳定系统、AYC车身横摆控制系统、HSA坡道辅助系统、TCS牵引力控制系统

外饰颜色：炫耀红、冰雪白、珍珠黑、白银灰、蒙特利尔灰、威尼斯蓝、阿特拉斯棕

内饰颜色：灰黑、棕黑

主要车型参数及价格

车型		1.6 MT	1.6 AT	1.6 MT	1.6 AT	1.5T MT	1.5T AT	1.5T MT	1.5T AT
		舒适型		豪华型		运动型		智能型	
基本参数	长×宽×高(mm)	4420×1800×1627							
	轴距(mm)	2630							
	油箱/行李舱容积(L)	55/430–1254							
	车身材料	钢板							
	乘员人数	5							
发动机参数	发动机型号	4A92A				BM15TB			
	排量(mL)	1586				1495			
	额定功率[kW/(r/min)]	87/5600–6000				110/5500–6000			
	最大转矩[N·m/(r/min)]	151/4000				220/2000–4500			
	排放标准/建议用油	国V/93#汽油							
底盘参数	变速器类型	5挡手动	5挡自动	5挡手动	5挡自动	5挡手动	5挡自动	5挡手动	5挡自动
	驱动类型	前驱							
	悬架系统	前麦弗逊式悬架/后扭转梁式悬架							
	制动系统	前通风盘式/后盘式制动器							
	轮胎规格	225/55 R17							
上市时间		2014年				2016年5月23日			
厂家建议价格(万元)		7.98	9.98	9.98	10.98	8.98	9.98	9.58	10.58

注：厂家建议价格以2016年3～8月为准

中华V3II代于2016年3月22日上市，售价区间：6.57万～10.27万元。

新款车型的外形尺寸未变，主要对产品配置和内饰顶棚颜色进行调整。V3II代全系加装了发动机舱隔音棉及前排中央扶手，顶棚颜色换为浅灰色；针对高配车型，增加了外后视镜电动折叠、外后视镜加热功能等亮点配置（智能型、旗舰型）；针对顶配车型，增加全景影像系统等高科技配置（旗舰型），提升了产品的竞争力。

主要配置

基本型：前排安全气囊、ABS防抱死制动系统、EBD制动力分配系统、CBC—转弯制动控制系统、前后排普通三点式安全带、未系安全带提醒(SBR)、儿童座椅约束系统、发动机电子防盗系统、车内中控锁、遥控钥匙、换挡提醒、四门电动车窗、手动空调、4扬声器系统、行车电脑显示屏、前照灯高度可调、卤素前照灯、后/前雾灯、白色玻璃、后扰流板、后风窗除霜功能、后刮水器、同色后视镜、织物面料座椅、转向盘上下调节、后视镜电动调节、后视镜手动防炫目、普通转向盘

舒适型：基本型+倒车雷达、折叠遥控钥匙、儿童锁、外接音源接口(AUX和USB)、发动机舱隔音棉、行李舱照明灯、车内灯光延迟关闭、皮质座椅、皮质包覆仪表板、灰色顶棚、前排中央扶手、后排座椅比例放倒、左脚休息踏板、前阅读灯

精英型：舒适型+倒车影像、定速巡航、6扬声器系统、7英寸中控彩屏多媒体系统、智能手机互联系统、时尚炫酷外观套件、高光豪华内饰套件、后视镜加热、皮革包覆门板、多功能转向盘、皮质包裹转向盘，1.5T精英型增加LED日间行车灯、运动版专属标识、红色制动钳

智能型：精英型+YRC横摆率控制功能、TCS牵引力控制系统、HSA坡道起步辅助功能、HBA液压制动辅助功能、ARM主动防侧翻功能、ESC电子稳定控制系统、一键起动+无钥匙进入(智能卡)、电动天窗、高品质音响(8扬声器)、智能行车电脑(TFT彩色仪表)、后视镜电动折叠、外后视镜加热功能、多主题悦耳提示音

旗舰型：智能型+360°环车影像、电动空调、LED日间行车灯、运动版专属标识、红色制动钳

车身颜色：炫舞橙、炫耀红、科技银、冰雪白

主要车型参数及价格

车型		1.5 MT	1.5 MT	1.5 MT	1.5 MT	1.5 AT	1.5 AT	1.5 MT	1.5T MT	1.5T AT	1.5T MT	1.5T AT
		基本型	舒适型	精英型	智能型	舒适型	精英型	智能型	精英型	精英型	旗舰型	旗舰型
基本参数	长×宽×高(mm)	4200×1790×1600										
	轴距(mm)	2570										
	行李舱容积(L)	455										
	最小离地间隙(mm)	170										
	车身材料	钢板										
	乘员人数	5										
发动机参数	发动机型号	BM15LC							BM15TC			
	排量(mL)	1498										
	额定功率[kW/(r/min)]	82/6000							110/5500～6000			
	最大转矩 [Nm/(r/min)]	145/4000							220/2000～4500			
	排放标准	国Ⅳ、国Ⅴ										
底盘参数	变速器类型	5挡手动				5挡自动		5挡手动		5挡自动	5挡手动	5挡自动
	驱动类型	前驱										
	悬架系统	前麦弗逊式独立悬架/后扭力梁式拖曳臂悬架										
	制动系统	前通风盘式/后盘式制动器										
	轮胎规格	215/60 R17							215/55 R18			
上市时间		2016年3月22日										
厂家建议价格(万元)		6.57	6.87	7.27	7.77	7.97	8.37	8.87	8.47	9.57	9.17	10.27

注：厂家建议价格以2016年3～8月为准

华晨宝马汽车有限公司 BMW Brilliance Automotive Ltd.

BMW X1

BMW X1

年度**新上市**车型

全新一代BMW X1根据中国用户的习惯和需求进行了有针对性的设计、调校和改进，是豪华汽车厂商为中国用户量身打造的首款专属SAV车型。与海外市场版本不同的是，中国版本全新BMW X1的轴距加长了110mm，创造了2780mm的同级最长轴距和最宽敞、舒适的内部空间。后排座椅靠背可按40/20/40进行折叠放平，行李舱容积可在505~1650L之间变换，行李舱底板下还隐藏了100L平整存储空间。新车型装备了宝马集团最新一代B系列高效涡轮增压发动机，融合了涡轮增压，Valvetronic电子节气门和高精度燃油直喷三大核心技术。新车型大量使用先进电子技术，增强车辆的运动性和舒适性，如动态减振控制系统、弯道制动辅助系统、驾驶体验控制系统以及xDrive智能全轮驱动系统。全系标配BMW互联驾驶基础功能。

主要配置

sDrive 18Li

时尚型：双前座安全气囊、前后排头部安全气囊、驾驶者和前座乘客侧面安全气囊、防爆轮胎、车轮螺栓锁、报警系统、后部驻车距离报警、伺候式助力转向系统、驾驶体验控制系统、电动驻车控制器、BMW基础型互联驾驶组合(智能紧急呼叫/远程售后服务)、高级双区自动空调带后排扩展出风口、BMW基础多媒体系统(6.5英寸显示屏/6个扬声器/8个快捷记忆键/AM/FM/USB/AUX-IN/Apple iPod/基于蓝牙的免提接口)、雾灯、雨量探测器和自动前照灯控制、全景玻璃天窗、黑色车顶行李架、后视镜组件(电动折叠/加热/驻车辅助/记忆功能)、前排座椅电动调节、驾驶者座椅带记忆功能、后排座椅调节(前后130mm范围手动调节/后排座椅靠背40/20/40折倒)、多功能运动型真皮包裹转向盘、深色亚光氧化银内饰/带黑色高光装饰条、环境灯

尊享型：时尚型+前后部驻车距离报警器、自动泊车辅助系统(带平行驻车功能)、行李舱盖自动操控、后视摄像机、LED前照灯扩展型、自动防炫目功能的内部后视镜、前排座椅加热功能

豪华型：尊享型+单碟CD播放机、高保真音响系统、X设计套装(铝制车顶行李架/铝制缎纹外装组件、前排运动型座椅、深色珠光色内饰/带珠光镀铬装饰条、Dakota多孔型真皮座椅)、可选运动设计套装(黑色车顶行李架/黑色后视镜盖/黑色外装组件/前排运动型座椅/黑色高光内饰/带珠光镀铬装饰条/Dakota多孔型真皮)

sDrive 20Li

豪华型：sDrive 18Li豪华型+驾驶体验控制系统、舒适进入功能(带行李舱便捷开启功能)、BMW基础型互联驾驶组合(智能紧急呼叫/远程售后服务)、BMW标准型互联驾驶组合(资讯在线-百度地图搜索/远程协助服务/导航系统)

xDrive 20Li

豪华型：sDrive 20Li豪华型+智能全轮驱动系统、巡航控制系统带制动功能、全彩平视显示系统、BMW增强型互联驾驶组合(实时路况信息/旅程咨询服务)、BMW增强型导航系统(8.8英寸显示屏/带手写输入iDrive控制钮)、前排座椅腰部支撑

xDrive 25Li

豪华型：xDrive 20Li豪华型+动态减振控制系统、驾驶辅助功能(车道偏离警告、前部碰撞警告、行人碰撞防护、限速提醒标志)

内饰颜色：堪培拉米色、摩卡色、黑色

主要车型参数及价格

车型		sDrive 18Li			sDrive 20Li	xDrive 20Li	xDrive25Li
		时尚型	尊享型	豪华型	豪华型	豪华型	豪华型
基本参数	长×宽×高(mm)	4565×1821×1624					
	轴距(mm)	2780					
	前/后轮距(mm)	1561/1562					
	油箱/行李舱容积(L)	61/505					
	整备质量(kg)	1550			1607	1675	1680
	车身材料	钢板					
	车身类型/乘员人数	SUV/5					
发动机参数	发动机类型	BMW涡轮增压 汽油发动机 发动机节能自动启停					
	排量(mL)	1499			1998		
	额定功率[kW/(r/min)]	100/4400			141/5000		170/5000
	最大转矩[N·m/(r/min)]	220/1250~4300			280/1250		350/1250
	建议用油	95#无铅燃油					
底盘参数	变速器类型	6挡手自一体变速器			8挡手自一体变速器		8挡运动型手自一体变速器带换挡拨片
	驱动类型	前驱				全驱	
	轮胎规格	225/50 R17		225/45 R18			
性能	最高车速(km/h)	195			220	217	230
工信部综合工况油耗(L/100km)		6.1			6.5	7.1	7.3
上市时间		2016年5月20日					
厂家建议价格(万元)		28.60	30.60	31.90	34.50	38.50	43.90

注：厂家建议价格以2016年3~8月为准

一汽轿车股份有限公司 FAW Car Co.,Ltd.

一汽奔腾：奔腾X80

一汽马自达：CX-4

一汽轿车

奔腾X80

2015款奔腾X80于2014年9月16日改款上市，以独有的"X"造型、卓尔不凡的流线式车身、全新17英寸5辐铝合金轮辋、稳重大气家族式前格栅，处处彰显优雅风范。全新搭载的1.8T高性能涡轮增压发动机与全新爱信6速手自一体变速器（加强型）和前后独立悬挂系统完美融合，让驾乘者尽享不凡；领先同级的质感内饰搭配时尚V元素中控面板及8向电动调节座椅，每一英寸都是优雅和品质的完美结合；智能钥匙一键起动系统及MMI人机交互系统等智能科技配备带来愉悦驾乘享受；更有加强型3H结构车身、6安全气囊、倒车影像系统保障行车安全万无一失，凸显五星安全好品质。

2015款奔腾X80运动版特别配置1.8T高性能增压发动机，最大优化输出功率，鲜明的运动气质，让驾乘者欲罢不能。更配置全黑网状前格栅及动感时尚熏黑前照灯、全新17英寸5辐铝合金轮辋，优雅设计与运动感整车内饰完美融合，带给您极致的动感驾驶体验。

运动型

主要配置

2.0手动

基本型： 前排安全气囊、ABS制动防抱死系统、EBD电子制动力分配系统、后车门儿童保护锁、电子驻车制动、驾驶席安全带未系提示、ISO FIX儿童座椅接口、发动机电控防盗系统、车内中控锁、车速20km/h电动锁自动锁止功能、RKE遥控钥匙、电动空调、车外温度显示、后排吹脚出风口、单区空调、前后电动车窗、中央数字信息显示屏、USB接口、AUX-IN接口、单碟CD、4扬声器、行车电脑显示屏、卤素前照灯、前/后雾灯、前照灯延时功能、LED制动灯、高位制动灯、4门车窗防夹功能、防紫外线/隔热玻璃、后视镜电动调节、后视镜带侧转向灯、后刮水器、铝合金轮辋、内后视镜手动防炫、真皮包裹转向盘、多功能转向盘上下/前后调节、织物座椅、腰部支撑调节、前排座椅手动调节(驾驶席6向，副驾驶4向)、前排2向可调头枕

豪华型： 基本型+前排侧安全气囊、侧安全气帘、EBA电子控制辅助制动系统、TCS牵引力控制系统、胎压报警系统、ESP电子稳定程序系统、副驾驶位安全带未系提示、定速巡航、倒车雷达、电动天窗、6扬声器、全自动空调、双区独立控制空调、自动灯光点亮系统、自动刮水器、后视镜电加热、后视镜电动折叠、内后视镜电动防炫、皮革座椅、前排座椅电动调节(驾驶席8向，副驾驶4向)、前排座椅加热

2.0自动

舒适周年纪念型： 基本型+EBA电子控制辅助制动系统、TCS牵引力控制系统、ESP电子稳定程序系统、定速巡航、倒车雷达、电动天窗、6扬声器、内后视镜电动防炫

舒适型： 舒适周年纪念型+胎压报警系统、日间行车灯、后视镜电加热、后视镜电动折叠

豪华型： 舒适型+副驾驶安全带未系提示、倒车视频影像、全自动空调、双区独立控制空调、GPS导航系统、7英寸彩色触摸屏、蓝牙/车载电话、iPod功能、单碟DVD、鲨鱼鳍天线、自动灯光点亮系统、自动刮水器、皮革座椅、前排座椅加热

1.8T自动

豪华型： 与2.0自动豪华型相同

运动型： 豪华型+运动套装

旗舰型： 豪华型+PKE智能钥匙一键起动系统、氙气前照灯、前照灯自动水平控制系统、前照灯智能随动转向、前照灯清洗装置、后排扶手储物盒

车身颜色： 北极白、幻影黑、典雅灰、玛瑙红、炫亮银

内饰颜色： 黑色、灰色

主要车型参数及价格

车型		2.0手动		2.0自动			1.8T自动		
		基本型	豪华型	舒适周年纪念版	舒适型	豪华型	豪华型	运动型	旗舰型
基本参数	长×宽×高(mm)	4586×1820×1695							
	轴距(mm)	2675							
	前/后轮距(mm)	1580/1580							
	最小离地间隙(mm)	190(空载)/130(满载)							
	油箱/行李舱容积(L)	64/398							
	整备质量(kg)	1500		1545			1610		
	车身材料	钢板							
	乘员人数	5							
发动机参数	发动机型号	CA4GD1					CA4GC18T		
	发动机类型	直列4缸 16气门 DOHC 自然吸气					直列4缸 16气门 DOHC 涡轮增压		
	排量(mL)	1999					1796		
	额定功率[kW/(r/min)]	108/6500					132/6000～6500		
	最大转矩[N·m/(r/min)]	184/4000					235/2000～4500		
	排放标准/建议用油	国Ⅳ、京V+OBD/93#汽油							
底盘参数	变速器类型	6挡手动		6挡手自一体					
	驱动类型	前驱							
	悬架系统	前双横臂式独立悬架带横向稳定杆/后E型多连杆式独立悬架带横向稳定杆							
	制动系统	前通风盘式/后盘式制动器							
	轮胎规格	215/60 R17							
性能	最高车速(km/h)	185		180			198		
	90km/h等速油耗(L/100km)	6.4		6.5			–		
工信部综合工况油耗(L/100km)		8.2		8.6			9.6		
改款时间		2014年9月16日							
厂家建议价格(万元)		11.98	13.18	13.18	13.38	14.58	15.15	15.58	18.18

注：厂家建议价格以2016年3～8月为准

CX-4
年度新上市车型

CX-4的商品概念是"Exploring Coupe"。Exploring象征"对未知世界的冒险心"，Coupe象征"各人的独立性和个性"。实际上，这款跨界车具有不逊于SUV的越野性能、如运动型轿车般轻快行驶性能和如乘用车般的良好易用性。这款车的设计创新始于造型比例，定能吸引周边关注，成为长期受宠的经典之作。这些元素定能从精神和物质两方面坚定地支持年轻冒险家们探求"真正的丰富多彩"。

主要配置

蓝天活力版：前排双安全气囊、前排侧安全气囊、DSC电子车身稳定控制系统、TCS牵引力控制系统、HLA坡道起步辅助系统、ABS四轮防抱死制动系统、EBD电子制动力分配系统、EBA电子紧急制动辅助系统、ESS紧急制动警示系统、BOS制动优先系统、行车自动落锁、碰撞自动解锁、发动机一键智能起动系统、EPB电子驻车制动系统、AUTO HOLD 自动驻车功能、前前灯自动延迟关、LED高位制动灯、外后视镜LED侧转向灯、手动防炫目车内后视镜，AT蓝天活力版增加四探头高灵敏度后驻车雷达、双开启模式电动天窗

蓝天活力真皮版：蓝天活力版+四探头高灵敏度后驻车雷达、双开启模式电动天窗、高级真皮包裹转向盘、高级真皮换挡手柄

蓝天品位版：蓝天活力真皮版+前后贯穿式头部安全气帘、高分辨率倒车影像(带辅助线提示)、MAZDA悦联系统、转向盘定速巡航控制、转向盘蓝牙控制

蓝天领先版：蓝天品位版+BSM盲点监测系统、RCTA倒车预警系统、Active Driving Display平视显示系统、前照灯自动开关系统、转向盘换挡拨片、自动防炫目车内后视镜

蓝天激情版：蓝天品位版+铝合金车顶行李架、转向盘换挡拨片

蓝天无畏版：蓝天激情版+BSM盲点监测系统、RCTA倒车预警系统、Active Driving Display平视显示系统、前照灯清洗装置、前照灯自动开关系统、自动防炫目车内后视镜

车身颜色：魂动红、珠光白、星际蓝、紫晶棕、极夜黑、幻影银、晶钻灰

内饰颜色：黑色、沙色/黑色、棕色/黑色、白色/黑色

主要车型参数及价格

车型		2.0L MT	2.0L AT				2.5L AT	
		蓝天活力版	蓝天活力版	蓝天活力真皮版	蓝天品位版	蓝天领先版	蓝天激情版	蓝天无畏版
基本参数	长×宽×高(mm)	4633×1840×1530/1535(MT)					4633×1840×1535	
	轴距(mm)	2700						
	前/后轮距(mm)	1584/1586					1584/1587	
	最小离地间隙(mm)	197	196				191	194
	油箱/行李舱容积(L)	51/400						
	整备质量(kg)	1390	1450				1545	1560
	车身材料	钢板						
	乘员人数	5						
发动机参数	发动机型号	创驰蓝天汽油直喷全铝合金发动机						
	发动机类型	水冷 直列4缸 16气门 双顶置凸轮轴(DOHC)						
	排量(mL)	1998					2488	
	额定功率[kW/(r/min)]	116/6400					141/6100	
	最大转矩[N·m/(r/min)]	202/4000					252/4000	
	排放标准/建议用油	国V/93#(北京92#)及以上无铅汽油						
底盘参数	变速器类型	6挡手动	6挡手自一体全速域锁定技术					
	驱动类型	前驱					智能四驱	
	悬架系统	前麦弗逊式独立悬架/后E型多连杆式独立悬架						
	制动系统	前后盘式制动器						
	轮胎规格	225/65 R17					225/55 R19	
性能	最高车速(km/h)	200	192				198	
工信部综合工况油耗(L/100km)		6.4	6.3				7.3	7.2
上市时间		2016年6月21日						
厂家建议价格(万元)		14.08	15.28	15.68	16.98	18.78	19.28	21.58

注：厂家建议价格以2016年3～8月为准

一汽-大众汽车有限公司 FAW-VW Automobile Co.,Ltd.

奥迪：奥迪Q5　奥迪Q3

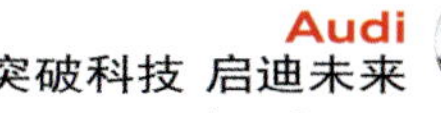

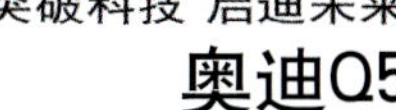

主要配置

进取型：前座侧气囊带盲头部气囊、全尺寸安全气囊、电子停车辅助系统、电子稳定控制系统、ISOFIX儿童座椅固定装置、行李舱盖智能关闭功能、双通道防盗报警、带有能量回收的起停系统、后驻车报警系统、电子机械助力转向系统、胎压监控系统、定速巡航、带有阳光传感器的豪华自动空调、音乐会收音机、CD播放器、奥迪音响系统、蓝牙电话接口、多功能驾驶员信息系统、全景天窗、前照灯清洗装置、LED后尾灯、独立日间行车灯、高光包、前风窗绿色隔热玻璃、前雾灯、铝饰行李架轨道、门槛铝饰条、外后视镜电动调节/可加热、双疝气前照灯、灯光范围自动调整、侧窗和后风窗绿色隔热玻璃、后排座椅靠背可分开折叠、前排座椅电动腰部支撑、哈瓦那织物面料座椅、前座椅电动调节

技术型：进取型+后座侧气囊、模拟可视前后驻车报警系统、三区自动空调、symphony收音机带6碟CD换碟机含MP3播放功能、光线雨水传感器、电动折叠外后视镜/可加热、三维银色铝饰条、椅背网包、3幅真皮包裹多功能运动型转向盘、内部灯光包、米莱诺真皮座椅、前座椅加热、第二排座椅可前后调节

舒适型：技术型+带倒车影像的驻车报警系统、奥迪侧向辅助系统、MMI®中文导航系统/语音控制/CD换碟机、B&O高级音响、奥迪音乐接口、彩色多功能驾驶员信息系统、私密玻璃、灰褐色白蜡木饰条、带换挡拨片的3幅真皮包裹多功能运动型转向盘、加热\制冷杯架、带数字指南针的自动防炫内后视镜

主要车型参数及价格

	车　型	Audi Q5 40 TFSI		
		进取型	技术型	舒适型
基本参数	长×宽×高(mm)	4629×1898×1655		
	轴距(mm)	2807		
	最小离地间隙(mm)	185		
	油箱/行李舱容积(L)	75/540		
	整备质量(kg)	1900、1960		
	车身材料	钢板		
	乘员人数	5		
发动机参数	发动机类型	直列4缸 涡轮增压汽油直喷发动机 带有奥迪两级可变正时控制系统(AVS)		
	排量(mL)	1984		
	额定功率[kW]	165		
	最大转矩[N·m]	350		
底盘参数	变速器类型	8挡Tiptronic手动/自动变速器		
	驱动类型	全时四轮驱动 quattro®		
	悬架系统	前五连杆式独立悬架/后梯形连杆式独立悬架		
	制动系统	前通风盘式/后盘式制动器		
	轮胎规格	235/60 R18	235/55 R19	
性能	最高车速(km/h)	230		
	0～100km/h加速时间(s)	7.2		
工信部综合工况油耗(L/100km)		8.4		
厂家建议价格(万元)		38.34	42.76	47.90

注：厂家建议价格以2016年3～8月为准

Audi

突破科技 启迪未来

奥迪Q3

主要配置

标准型：全尺寸安全气囊、前排侧安全气囊、头部安全气帘、ESP电子稳定程序系统、电子防盗系统、防盗报警系统、防盗车轮螺栓、胎压监控系统、前排未系安全带报警、后排ISOFIX儿童座椅固定装置、遥控中控锁、发动机起停系统、电子机械式驻车制动系统、奥迪坡路起车辅助系统、后倒车雷达、电动尾门、豪华自动空调带阳光雨水传感器、单色驾驶员信息系统、中国型高档收音机、蓝牙接口、奥迪音响系统、铝质车顶行李架导轨、高光包、氙灯组合包(带照明距离自动调节和LED后尾灯)、独立日间行车灯、前后雾灯、原色保险杠及轮眉护板、外后视镜电动可调/加热、自动防炫目内后视镜、微金属饰条、静音风窗玻璃、不锈钢行李舱下沿护板、驾驶席座椅电动调节带电动腰部支撑、前排标准座椅、高档织物面料座椅、四辐真皮包裹转向盘、三角警示牌、侧窗后风窗隔热玻璃、小尺寸备胎、随车工具/千斤顶、12V电源、点烟器烟灰缸、铝制门槛压条

时尚型：标准型+前后倒车雷达组合、全景天窗、保险杠及轮眉护板与车身同色、客舱LED灯光包、前排座椅电动带电动腰部支撑、真皮织物面料组合座椅、后排通过式载物装置带中央扶手、三辐多功能真皮包裹运动型转向盘

风尚型：时尚型+智能泊车系统、倒车影像含前后倒车雷达组合、智能钥匙、斜纹铝饰条、外后视镜电动调节/加热/电动折叠/自动防炫目、内部铝饰包、自动防炫目外后视镜、米莱诺真皮座椅、三辐多功能真皮包裹运动型转向盘带换挡拨片

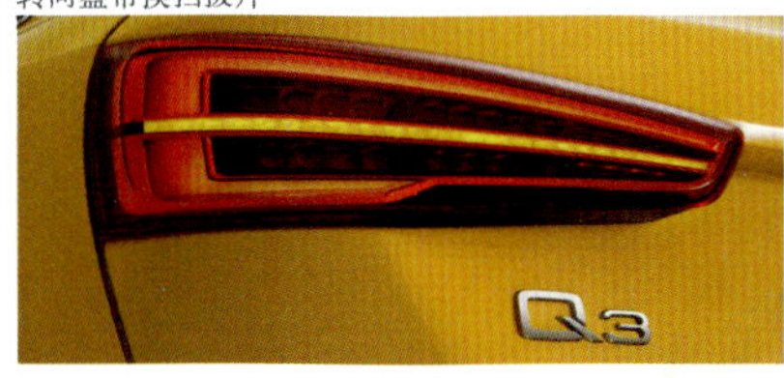

主要车型参数及价格

车型		Q3 30 TFSI		
		标准型	时尚型	风尚型
基本参数	长×宽×高(mm)	4398×1841×1591		
	轴距(mm)	2603		
	油箱/行李舱容积(L)	64/460		
	整备质量(kg)	1525		
	车身材料	钢板		
	乘员人数	5		
发动机参数	发动机类型	直列4缸 16气门 1.4L汽油直喷涡 轮增压发动机		
	排量(mL)	1395		
	额定功率[kW/(r/min)]	110/5000~6000		
	最大转矩[N·m/(r/min)]	250/1750~3000		
底盘参数	变速器类型	6挡双离合变速器S tronic®		
	驱动类型	前驱		
	悬架系统	前麦弗逊独立悬架带三角形下控制臂、铝制副车架/后四连杆独立悬架弹簧和减振器分开布置副车架		
	制动系统	前通风盘式/后盘式制动器		
	轮胎规格	235/55 R17		235/50 R18
性能	最高车速(km/h)	201		
	0~100km/h加速时间(s)	9.2		
工信部综合工况油耗(L/100km)		6.3		
上市时间		2016年4月25日		
厂家建议价格(万元)		23.42	25.92	28.38

注：厂家建议价格以2016年3~8月为准

一汽吉林汽车有限公司 Faw Jilin Automobile Co.,Ltd.

森雅S80

森雅S80

多能家用SUV

主要配置

标准版： 驾驶席SRS空气囊、ABS+EBD、助力转向系统、儿童安全锁、电镀空调出风口旋钮、5门中控、遥控钥匙、倒车雷达、4门电动窗、驾驶席侧车窗一键升降、前置空调、双DIN收音机+USB接口、2扬声器、全电镀前格栅、运动风格大包围、镀铬后背门牌照装饰条、新款带LED前照灯、前雾灯、新款车尾组合灯、车窗外水切电镀条、车顶尾部天线、车顶行李架、手动调节车身同色外后视镜带侧转向灯、车身同色车门外侧拉手、尾翼(带高位制动灯)、后风窗除雾器、加油口盖控制装置、双色仪表板、树脂三辐转向盘、高级织物面料座椅、金属色调电动车窗按钮框、炮筒式中央组合仪表

都市版： 标准版+4扬声器、前无骨刮水器、电动调节车身同色外后视镜带侧转向灯、驾驶席座椅高度可调、真皮包裹三辐转向盘、皮质面料座椅

自动都市版： 都市版+副驾驶席SRS空气囊、中央空调

车身颜色： 典雅白、魔力黑、橄榄棕、香槟橙、摩卡棕、霸道绿

内饰颜色： 黑色、棕色

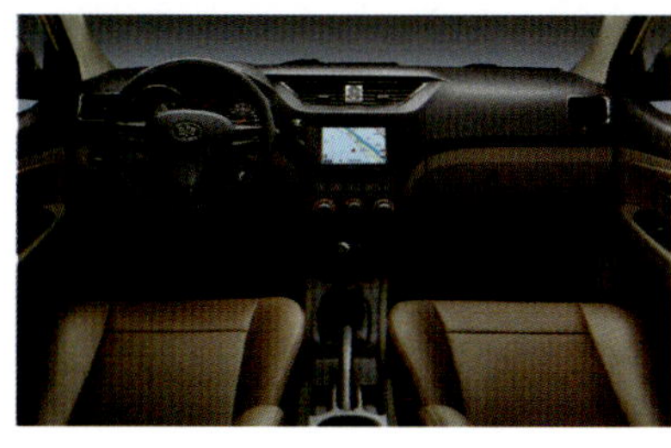

主要车型参数及价格

车 型		1.3L		1.5L			
		标准版		都市版		自动都市版	
基本参数	长×宽×高(mm)	4148×1680×1740					
	轴距(mm)	2655					
	最小离地间隙(mm)	200					
	油箱容积(L)	45					
	整备质量(kg)	1140	1160	1150	1170	1160	1180
	车身材料	钢板					
	乘员人数	5	7	5	7	5	7
发动机参数	发动机型号	CA4GX13		3SZ			
	排量(mL)	1298		–			
	额定功率[kW]	65		80			
	最大转矩[N·m]	120		141			
	排放标准	国IV					
底盘参数	变速器类型	5挡手动				4挡自动	
	驱动类型	后驱					
	悬架系统	前麦弗逊式独立悬架/后五连杆式悬架					
	制动系统	前通风盘式/后鼓式制动器					
	轮胎规格	185/65 R15					
性能	最高车速(km/h)	160		170		160	
上市时间		2015年4月17日					
厂家建议价格(万元)		4.99	5.09	5.49	5.59	6.49	6.59

注：厂家建议价格以2016年3～8月为准

上汽大众汽车有限公司 SAIC VOLKSWAGEN Automotive Co.,Ltd.

大众：途观

斯柯达：野帝

途观
Tiguan

主要配置

旗舰版：前排双SRS安全气囊、前排侧面SRS安全气囊、前后贯穿式头部安全气帘、全能ESP车身动态电子稳定系统、EBD电子制动力分配系统、ASR牵引力控制系统、EDS电子差速锁、EPB电子驻车制动系统、Auto Hold自动驻车功能、智能胎压自动检测系统、自侦测数字式倒车雷达、12探头前后泊车雷达/全方位智能升级版PLA自动泊车辅助系统、智能疲劳监测功能、前排三点式高度可调燃爆式安全带、后排全独立三点式安全带、前排双安全带未系报警、第四代电子滚码防盗系统、ISOFIX儿童安全座椅车身固定装置、KESSY无钥匙进入/一键起动系统、左右分区独立调节智能自动恒温空调/带活性炭过滤器、后排中央通道空调出风口、四门一键升降防夹电动车窗、遥控中央集控门锁、定速巡航、6.5英寸彩色触摸屏音响及导航系统，含单碟CD机(含MP3播放功能)/SD卡播放/AUX-IN音频接口/USB带iPod/iPhone接口功能/手机蓝牙通信系统显示、后视摄像头、丹拿8扬声器豪华高保真立体声、手机蓝牙通信系统、中文显示行车电脑(高清真彩)、随车电子指南针显示、横拉式镀铬前格栅、下进气口镀铬饰条、车窗及车门豪华高光饰条、前后保险杠底部饰板、流光尾部镀铬饰条、底盘装甲保护、锋视氙气前照灯带AFS智能随动转向功能/带前照灯高度自动调节/DLA智能远光灯会车跟车调节及角灯/带前照灯自动清洗装置、晶钻LED日间行车灯、硬朗熏黑LED立体尾灯、隐私尊享后排车窗及后风窗玻璃、双炮筒排气尾管、钛银行李架、前/后雾灯、Panorama全景电动天窗/带电动天窗遮阳帘与防夹功能、外后视镜氛围灯及电动折叠功能、外后视镜记忆功能、前照灯感光自动开启功能/"离家"智能前照灯点亮/"回家"前照灯延迟熄灭、可加热风窗洗涤喷嘴、无骨静音刮水器、雨量传感器、隐藏式风窗天线、尊崇专属LED迎宾踏步饰条、Alcantara豪华真皮座椅、尊贵真皮包裹多功能转向盘、真皮包裹换挡手柄、转向盘高度及长度可调、智趣转向盘换挡拨片、电动调节可加热外后视镜、前排座椅电动12向调节带腰托、驾驶席座椅记忆功能、前排座椅电加热系统、前/后排头枕高度可调、4/6可分体折叠后排座椅/带前后调节功能

车身颜色：岩壁棕、峻岭棕、天漠金、极光白、玄武黑

内饰颜色：黑色、米色、棕色

主要车型参数及价格

车型		330 TSI手自一体
		旗舰版
基本参数	长×宽×高(mm)	4506×1809×1685
	轴距(mm)	2684
	前/后轮距(mm)	1569/1571
	油箱/行李舱容积(L)	63/400–1530
	整备质量(kg)	1720
	车身材料	钢板
	乘员人数	5
发动机参数	发动机类型	TSI涡轮增压汽油直喷发动机
	排量(mL)	1984
	额定功率[kW/(r/min)]	147/5100～6000
	最大转矩[N·m/(r/min)]	280/1700～5000
	排放标准	国V
底盘参数	变速器类型	6挡手自一体
	驱动类型	智能全时四驱
	悬架系统	前麦弗逊式独立悬架/后多连杆独立悬架
	制动系统	前通风盘式/后盘式制动器
	轮胎规格	235/50 R18
性能	最高车速(km/h)	202
	90km/h等速油耗(L/100km)	6.5
工信部综合工况油耗(L/100km)		9.2
上市时间		2015年12月
厂家建议价格(万元)		31.58

注：厂家建议价格以2016年3～8月为准

野帝 Yeti

ŠKODA 斯柯达

主要配置

前行版：前排正面双安全气囊、全席三点式安全带、驾驶席安全带未系报警、EPS电子精确控制动力转向系统、可溃式转向管柱、智能滚码电子防盗系统、ISOFIX儿童座椅固定装置、遥控式中央集控门锁(行李舱/车窗可独立控制)、四门一键式防夹电动车窗、电子手动空调带灰尘花粉过滤器、CAN-BUS电子智能管家、组合仪表带行驶信息显示、单碟CD带MP3功能、SD读卡器和USB接口、AUX-IN音源输入插口、高保真立体声4扬声器、超广角全景天窗带电动天窗遮阳帘、高光黑进气格栅、防紫外线绿色隔热玻璃、卤素前照灯、双C型璨亮LED尾灯、前/后雾灯、前雾灯集成角灯功能、前照灯未关警告装置、高位制动灯、高穿透式侧面转向灯(集成于外后视镜)、前后风窗无骨刮水器、电动调节可加热外后视镜、驾驶席侧前照灯高度可调、PVC+织物座椅、前排座椅手动8向调节带腰托、Varioflex后排座椅自由组合功能、转向盘高度及长度可调，TSI280增加ESP车身动态电子稳定系统、HHC坡道辅助系统

创行版：前行版+ESP车身动态电子稳定系统、HHC坡道辅助系统、TPMS轮胎气压监测系统、数字式无盲区后倒车雷达、驾驶员疲劳识别系统、双温区全自动空调带活性炭过滤器、后排出风口、高保真立体声8扬声器、大屏幕点阵式车辆动态信息显示、车载蓝牙语音系统、高光黑加热烫印立体格栅、高光黑格栅边框、黑色B柱喷漆、内饰镀铬包(前照灯开关/收音机/换挡手柄)、动感三幅真皮包裹转向盘、真皮换档手柄、真皮驻车制动操纵杆、多功能转向盘

尊行版：创行版+前排侧面双安全气囊、免钥匙进入及一键起动、GRA定速巡航、黑色外后视镜、氙气放电式前照灯带可加热、AFS随动转向前照灯洗涤装置、曜黑质感车顶、越野风格外挂备胎、银黑双拼侧面防擦板、前照灯感光自动开启带回家照明功能、雨量传感器、自动防炫目内后视镜、驾驶席座椅电动12向调节带腰托、前座可加热座椅，TSI300增加智能OFF-ROAD越野模式、底盘装甲保护

车身颜色：峻野褐、戈壁棕、极地白、飞沙金

内饰颜色：相拼(灰+黑)、米色、深色

主要车型参数及价格

车型		1.6L 手动	TSI280 手动	TSI280 手自一体			TSI300 手自一体
		前行版	前行版	前行版	创行版	尊行版	尊行版
基本参数	长×宽×高(mm)	4275×1793×1682、4459×1793×1682(创行版带外挂备胎)					
	轴距(mm)	2638					
	前/后轮距(mm)	1541/1537					
	油箱/行李舱容积(L)	55/335-1535（430-1630创行版带外挂备胎）				55/430-1630	
	整备质量(kg)	1350	1415	1435	1435、1465	1465	1620
	车身材料	钢板					
	车身类型/乘员人数	SUV/5					
发动机参数	发动机类型	直列4缸 16气门 电喷汽油机	直列4缸 16气门 TSI汽油机				
	排量(mL)	1598	1395				1798
	额定功率[kW/(r/min)]	81/5800±200	110/5000±200				118/4500~6200
	最大转矩[N·m/(r/min)]	155/3800±200	250 /(1750~3000)±200				250/1500~4500
	排放标准	国V					
底盘参数	变速器类型	5挡手动	7挡DSG双离合手自动一体				6挡DSG双离合手自动一体
	驱动类型	前驱					
	悬架系统	前麦弗逊式独立悬架/后四连杆式独立悬架					
	制动系统	前通风盘式/后盘式制动器					
	轮胎规格	215/60 R16			225/50 R17		
性能	最高车速(km/h)	173	190				196
	0~100km/h加速时间(s)	13.2	9.5				8.9
	90km/h等速油耗(L/100km)	5.9	5.6				6.3
工信部综合工况油耗(L/100km)		6.8	6.2	6.3			7.9
改款时间		2015年8月7日					
厂家建议价格(万元)		12.98	13.98	14.98	16.98	18.98	20.98

注：厂家建议价格以2016年3～8月为准

上汽通用汽车有限公司 SAIC-GM Co.,Ltd.

别克：昂科威　昂科拉

雪佛兰：科帕奇　创酷

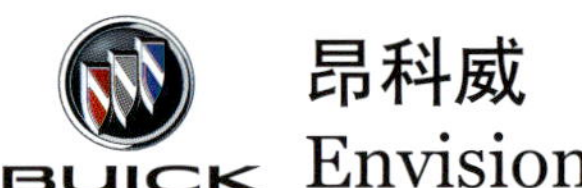

昂科威 Envision

2014年8月28日通用汽车全球新一代战略车型——别克昂科威ENVISION正式亮相。本次别克昂科威共发布4款车型，包括4驱精英型、4驱豪华型、4驱全能旗舰型和4驱全能运动旗舰型，标配新一代2.0T SIDI直喷涡轮增压发动机和全新6速DSS智能起停变速器，并提供雪域白、冰川银、珍珠黑、托帕石棕和星空紫5种车身颜色以及深酒红和燕尾黑2种内饰颜色选择。凭借极富时代感的造型、高档舒适的内部空间、卓越的安全性能、宁静顺畅的驾乘感受和越级科技配置，昂科威全面满足了消费者对城市SUV的更高需求，在当前竞争激烈的SUV主流细分市场中树立了产品力新标杆。

主要配置

精英型：BFI一体化车身结构、前排正面安全气囊、前排侧面安全气囊、TCS牵引力控制系统、EDC发动机阻力矩控制系统、ABS防抱死制动系统、EBD电子制动力分配系统、BAS制动辅助系统、ESC电子稳定控制系统、CBC弯道制动控制系统、ROM翻滚感应系统、SLSC直线稳定性控制系统、HSA坡道辅助系统、TPMS智能胎压监测系统、EPB电子驻车制动系统、ANC主动降噪科技功能、Onstar安吉星全时在线助理、4门自动落锁系统、ISO FIX后排儿童座椅固定装置、前排双预紧式安全带、后排三点式预紧安全带、前排安全带未系提醒、无钥匙进入及一键起动、中控门锁及遥控钥匙、倒车影像、倒车雷达、定速巡航、四门电动车窗(带驾驶席一键升降功能)、智能双区独立全自动空调系统、后排空调出风口、蓝牙免提电话、新一代智慧互联系统、AUX-IN/USB/SD智能多路音源输入系统、AVL随速音量调节系统、8英寸高清触摸式显屏、4.2英寸高清数码显屏行车电脑、高保真立体声收音机、6扬声器高保真车载音响系统、智能降阻进气隔栅、展翼型HID感应前照灯、LED日间行车灯、展翼型LED尾灯、飞翼式扰流板带LED高位制动灯、外后视镜电动调节/加热/折叠/LED转向灯、2片式超大全景天窗、鲨鱼鳍综合信号接收天线、双层绿色隔热隔音玻璃、全框式车窗镀铬饰条、前照灯伴你回家功能、前照灯清洗功能、间歇式无骨刮水器、电动高度可调举升门、后风窗玻璃热线式除雾功能、17英寸双5辐铝合金轮辋、驾驶席座椅12向电动调节带腰托、副驾驶座椅6向调节带4向电动腰托、前排座椅头枕2向调节、3辐运动型多功能转向盘、前排座椅加热功能、手动防炫内后视镜、触摸式空调及座椅控制面板

豪华型：精英型+一体式侧气帘、APA自动泊车系统、ACC自适应巡航系统、LKA车道保持系统、LDW车道偏离预警、SBZA侧盲区预警系统、LCA车道变更辅助系统、FDI前车距离提示、FCA前方碰撞预警、CMB碰撞缓解系统、RCTA泊车预警系统、ACC自适应巡航、车载导航系统、铝合金车顶行李架、电子防炫内后视镜、副驾驶座椅12向电动调节带腰托、前排座椅头枕4向调节、前排座椅制冷通风功能、前排座椅舒适性腿托功能、深酒红高级真皮打孔座椅

全能旗舰型：豪华型+FlexRide四模式自适应驾驶系统、HDC陡坡缓降系统、AFS自适应转向前照灯系统、HBA智能自动远近光灯控制功能、8英寸高清数码显屏行车电脑、Bose高级剧院音响、豪华CD机、Multi-Touch触摸式独立手写输入板、智能前照灯系统(带AFS及HBA功能)、后窗防紫外线隐私玻璃、车身同色前后保险杠及侧裙、雨量感应式刮水器、电动高度可调举升门带脚部感应功能、电加热转向盘、后排220V电源输出

全能运动旗舰型：全能旗舰型+19英寸10辐铝合金轮辋

车身颜色：雪域白、冰川银、珍珠黑、托帕石棕、星空紫

内饰颜色：深酒红、燕尾黑

主要车型参数及价格

车型		2.0T 四驱		2.0T 智能四驱	
		精英型	豪华型	全能旗舰型	全能运动旗舰型
基本参数	长×宽×高(mm)	4667×1839×2750			4667×1696×2750
	轴距(mm)	2750			
	前/后轮距(mm)	1584/1588			1574/1578
	油箱容积(L)	66			
	整备质量(kg)	1800			
	车身材料	钢板			
发动机参数	发动机类型	全新2.0T SIDI直喷涡轮增压发动机 带发动机启停功能			
	排量(mL)	1998			
	额定功率[kW/(r/min)]	191/5500			
	最大转矩[N·m/(r/min)]	353/2000～5300			
	排放标准/建议用油	国V/95#或以上无铅汽油			
底盘参数	变速器类型	全新6挡DSS智能启停变速器			
	驱动类型	智能四驱		智能全路况四驱	
	悬架系统	前麦弗逊式悬架/后多连杆悬架		前麦弗逊式悬架/后多连杆悬架(带CDC全时主动液力减振)	
	制动系统	前通风盘式/后盘式制动器			
	轮胎规格	225/65 R17			235/50 R19
性能	最高车速(km/h)	210			
	0～100km/h加速时间(s)	8.4			
	90km/h等速油耗(L/100km)	6.3			
工信部综合工况油耗(L/100km)		8.8			
上市时间		2014年8月28日			
厂家建议价格(万元)		26.99	29.99	33.99	34.99

注：厂家建议价格以2016年3～8月为准

昂科拉 Encore

BUICK

主要配置

都市进取型：前排正面安全气囊、前排侧面安全气囊、ESC车身电子稳定系统、ABS四轮防抱死制动系统、BAS制动力辅助系统、CBC弯道控制系统、EBD制动力分配系统、TCS牵引力控制系统、ROM翻滚感应系统、HSA坡道辅助系统、倒车雷达、感速型车门自动锁止、电子智能防盗系统、BFI一体化车身结构、前排两级预紧三点式安全带、后排三点式安全带、前排安全带未系提醒、ISOFIX儿童安全座椅接口、四门电动车窗/驾驶座带一键升降防夹功能、中控门锁+遥控钥匙、手动空调、高保真音响系统、AVL随速音量调节功能、USB/AUX-IN/IPOD智能多路音源输入系统、车载蓝牙系统、3.5英寸高清行车电脑、后车窗热线式除雾、飞翼式镀铬进气格栅、一体式抛光车顶行李架、防夹电动天窗、外后视镜电动调节/电加热、间歇式无骨刮水器、后车窗刮水器、LED日间行车灯、展翼型前照灯、展翼型尾灯、驾驶席座椅四向手动调节、副驾驶座椅座两向手动调节、驾驶员座椅扶手、前排座椅四向调节头枕、6:4分割可倒式后排座椅、三辐多功能转向盘、副驾驶手套箱、燕尾黑高级织物内饰

都市领先型：都市进取型+运动模式

都市时尚型：都市领先型+TPMS智能胎压监测系统、无钥匙进入及一键起动

都市精英型：都市时尚型+倒车影像、定速巡航、RES发动机远程起动系统、双区自动恒温空调、OnStar安吉星全时在线助理、新一代智慧互联系统、Baidu CarLife、7英寸高清触摸屏、语音识别系统、展翼型全LED前照灯、展翼型LED尾灯、车窗镀铬饰条、高亮镀铬门把手、前/后防擦护甲板、驾驶席座椅八向电动调节带腰托、后排中央扶手带杯托、副驾驶座隐藏式鞋盒、枫叶红Alcantara麂皮绒面内饰

全能旗舰型：都市精英型+一体式侧气帘、4.2英寸高清真彩行车电脑、车载导航系统、驾驶侧头部眼镜盒、电子防炫目内后视镜

主要车型参数及价格

	车型	18T				18T 四驱
		都市进取型	都市领先型	都市时尚型	都市精英型	全能旗舰型
基本参数	长×宽×高(mm)	4278×1781×1648				4278×1781×1661
	轴距(mm)	2555				
	前/后轮距(mm)	1540/1540				
	油箱/行李舱容积(L)	53/356				
	整备质量(kg)	1405	1430			1510
	车身材料	钢板				
发动机参数	发动机类型	1.4T 涡轮增压发动机 带发动机起停功能				
	排量(mL)	1372				
	额定功率[kW/(r/min)]	103/4900～6000				
	最大转矩[N·m/(r/min)]	200/1700～4800				
	排放标准/建议用油	国V/92#及以上无铅汽油				
底盘参数	变速器类型	6挡手动	6挡DSS智能起停变速器			
	驱动类型	前驱				智能四驱
	悬架系统	前麦弗逊式独立悬架/后复合扭转梁悬架				
	制动系统	前通风盘式/后盘式制动器				
	轮胎规格	215/60 R17			215/55 R18	
性能	最高车速(km/h)	192	186			180
	0～100km/h加速时间(s)	10.2	10.9			11.4
	90km/h等速油耗(L/100km)	6.0	6.3			6.5
工信部综合工况油耗(L/100km)		6.8	7.3			7.7
上市时间		2012年10月				
厂家建议价格(万元)		13.99	14.99	15.59	16.99	18.99

注：厂家建议价格以2016年3～8月为准

科帕奇 Captiva

CHEVROLET

2015款科帕奇共推出4款车型，售价为17.99万～20.99万元，新款科帕奇造型设计和配置进行了20处优化升级，包括全新双翼LED尾灯、镀铬仪表盘、无钥匙进入和一键式起动等时尚设计和实用功能，更在中高配车型上首次装备MyLink2.0智能车载互联系统，可实现双屏互动、智能语音和云电话等操作。

主要配置

城市版： 前排双安全气囊、侧安全气囊、ABS四轮独立防抱死系统、EBD电子制动力分配系统、ISOFIX儿童安全座椅固定装置、EPB电子驻车系统、二级预紧式安全带、前排安全带未系提醒、安全带高度可调、倒车雷达、电子智能防盗系统、四门自动落锁、四门电动车窗(带驾驶席一触式上下功能)、中控门锁/遥控门锁、可折叠式遥控钥匙、电动天窗、手动空调、USB/AUX-IN/CD、8扬声器剧院级音响系统、数字化驾驶席信息中心、智能车载蓝牙系统、灵动式投射前照灯、双翼LED尾灯、前雾灯、金属车顶行李架、矩阵式双排气尾管、亮银前后保险杠护板、外后视镜电动调节带LED转向灯、外后视镜加热、车窗镀铬饰条、雨量智能感应式刮水器、高级布饰座椅、后风窗玻璃电热式除雾功能、驾驶席座椅8向电动调节+2向手动腰枕、多功能控制转向盘、四向可调转向盘，七座城市版增加智能无钥匙进入系统、发动机一键式起动装置、第三排可拆分自动折叠座椅带一触折叠功能、高级真皮座椅

豪华版： 城市版+ESC电子稳定性控制系统、紧急制动电子辅助功能、TCS牵引力控制系统、HSA电子上坡控制辅助系统、AROP电子防翻滚功能、HDC陡坡缓降功能、EDC发动机阻力矩控制系统、CBC弯道控制系统、TPMS电子胎压监测系统、智能无钥匙进入系统、发动机一键式起动装置、APS智能感应型空气调节系统、全自动双区控制恒温空调系统、外后视镜电动折叠、高级真皮座椅、前排电加热座椅

旗舰版： 豪华版+侧安全气帘、智能定速巡航系统、自动前照灯控制系统、旗舰迎宾侧踏板、真皮包裹转向盘

车身颜色： 摩卡棕、旷夜黑、闪电白、波尔红

内饰颜色： 黑色、米色、黑灰色

主要车型参数及价格

车型		五座	七座	五座	七座
		城市版		豪华版	旗舰版
基本参数	长×宽×高(mm)	4690×1849×1753(无蹬车踏板)			4690×1868×1756(含蹬车踏板)
	轴距(mm)	2707			
	油箱/行李舱容积(L)	65/103-1577			
	整备质量(kg)	1750	1765	1810	1845
	车身材料	钢板			
发动机参数	发动机类型	直列4缸 16气门 D-VVT电子可变气门正时系统 DOHC双顶置凸轮轴 ECOTEC全铝发动机			
	排量(mL)	2384			
	额定功率[kW/(r/min)]	123/5600			
	最大转矩[N·m/(r/min)]	230/4600			
	排放标准	国V			
底盘参数	变速器类型	6挡手自一体变速器(带Eco燃油经济模式)			
	驱动类型	前驱		智能适时四驱	
	悬架系统	前麦弗逊式悬架/后四连杆式-四轮独立式悬架			
	制动系统	前后通风盘式制动器			
	轮胎规格	235/60 R17			235/55 R18
性能	最高车速(km/h)	175			
	90km/h等速油耗(L/100km)	7.8			
工信部综合工况油耗(L/100km)		9.9		10.2	
上市时间		2015年6月30日			
厂家建议价格(万元)		17.99	18.69	19.99	20.99

注：厂家建议价格以2016年3～8月为准

创酷 TRAX

主要配置

舒适型： 前排双安全气囊、ABS四轮防抱死制动系统、EBD制动力分配系统、BAS制动力辅助系统、ESC动态稳定控制系统、TCS牵引力控制系统、CBC弯道控制系统、HSA坡道辅助系统、ROM翻滚感应系统、前排安全带未系提醒、全车三点式安全带、ISOFIX儿童安全座椅固定装置、感速型车门自动锁止、电控防盗系统、中控门锁+遥控钥匙、手动空调、多功能驾驶员信息中心、高保真6扬声器音响系统、单碟CD播放系统(带MP3播放功能)、AUX-IN音源输入接口、随速自动音量调节功能、酷锐盾形双格栅、睿视前透前照灯、前照灯自动延迟、前照灯高度手动调节、立体型能量双尾灯、LED高位制动灯、前/后雾灯、外后视镜电加热、可折叠电动调节外后视镜、可变间歇式前刮水器、间歇式后刮水器、后车窗热线式除雾、未来式液晶仪表盘、高级绒面座椅、驾驶席座椅6向手动调节、副驾驶座椅4向手动调节、3辐式运动转向盘、转向盘4向可调

豪华型： 舒适型+前排侧安全气囊、后倒车雷达、防夹设计智能电动天窗、4门电动车窗(驾驶座侧带一触式升降防夹功能)、My Link智能车载互联系统、7英寸高清彩色触摸显示屏、车载蓝牙系统、USB/iPod智能信息输入接口、感应式自动前照灯(带自动延迟功能)、一体式刀锋行李架、高亮镀铬侧窗饰条、前/后流银护甲板、PVC+高级绒面座椅、3辐式运动多功能真皮包裹转向盘

旗舰型： 豪华型+高亮镀铬门把手、高级皮质座椅

车身颜色： 波尔红、烈焰橙、炫冰蓝、珍珠白、流光银、奥丁灰

内饰颜色： 深邃黑、动感黑灰

主要车型参数及价格

车型		1.4T MT	1.4T AT		1.4T AT AWD
		舒适型	舒适型	豪华型	旗舰型
基本参数	长×宽×高(mm)	4248×1776×1647,1674(带行李架)			
	轴距(mm)	2555			
	前/后轮距(mm)	1540/1540			
	油箱/行李舱容积(L)	53/356-1372			
	整备质量(kg)	1380	1410		1480
	车身材料	钢板			
	车身类型/乘员人数	3厢4门/5			
发动机参数	发动机类型	Ecotec 1.4L 双可变气门正时涡轮增压发动机			
	排量(mL)	1372			
	额定功率[kW/(r/min)]	103/4900～6000			
	最大转矩[N·m/(r/min)]	200/1700～4800			
	排放标准/建议用油	国V/93#(京92#)或以上无铅汽油			
底盘参数	变速器类型	6挡手动	6挡手自一体		
	驱动类型	前驱			智能四驱
	悬架系统	前麦弗逊式独立悬架/后复合扭转梁悬架			
	制动系统	前通风盘式/后盘式制动器			
	轮胎规格	215/60 R17		215/55 R18	
性能	最高车速(km/h)	192	186		180
	0～100km/h加速时间(s)	10.1	10.8		11.3
	90km/h等速油耗(L/100km)	6.0	6.3		6.5
工信部综合工况油耗(L/100km)		6.9	7.6		8.1
上市时间		2014年4月19日			
厂家建议价格(万元)		10.99	12.19	13.39	14.99

注：厂家建议价格以2016年3～8月为准

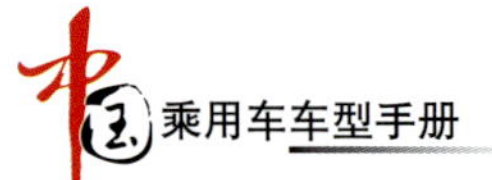

上海汽车集团股份有限公司乘用车公司 SAIC Motor Passenger Vehicle Co.,Ltd.

SAIC MOTOR 上海汽车

荣威：荣威W5　荣威RX5

MG：MG GS名爵锐腾

荣威W5
ROEWE

主要配置

驰域特装版：前排双安全气囊、ABS+EBD、HFA高强度越野型车体结构、全车防侵入报警器、三点式可调预紧式前排ELR安全带、后排ELR三点式安全带、前排安全带未系警报、全息式声波辅助泊车系统、儿童安全门锁、中央门锁、车门未关闭警告、发动机防盗系统、钥匙遗忘警报、智能遥控钥匙、智能电控空调、单碟CD、AUX-IN接口+USB接口、音响系统剧院级6声道高保真音响、时尚行李架、风尚型运动大包围、空气扰流板、明亮风窗玻璃(前后排车窗/后窗/尾门)、Follow me home前照灯延时关闭、后视窗等速无骨刮水器、特装越野脚踏板、前风窗玻璃速度感应式无骨刮水器、后视窗定时加热功能、前风窗玻璃前排侧窗除霜装置、电加热外后视镜、手动防炫目内后视镜、博库曼人体工程式织物座椅、全功能集成转向盘、驾驶席座椅手动8向调节、副驾驶座椅手动4向调节、驾驶座椅人体工程腰部支撑

胜域特装版：驰域特装版+驾驶席一键式电动防夹车窗、电动防夹天窗、真皮排挡/换挡球头、Tip-switch换挡快拨键

豪域特装版：胜域特装版+坡道控制指示/警告、SCS越野型智能主动安全控制系统(ABS+EBD+ESP+ASR+ARP+HBA+HDC)、4WD全时接通式指示/诊断警报、定速巡航、Climate-Tech全自动恒温空调系统、inkaNet 3G极地特装智能系统、音响系统剧院级8声道高保真音响、GPS全球定位导航系统、手机蓝牙免提系统、自动感应式前照灯、电动折叠外后视镜、自动防炫目内后视镜、前排电加热座椅、博库曼人体工程式真皮座椅、真皮包裹转向盘

行政版：胜域特装版+4WD全时接通式指示/诊断警报、SCS越野型智能主动安全控制系统(ABS+EBD+ESP+ASR+ARP+HBA+HDC)

豪域版：行政版+全高清路况行车记录仪、智能盲区检测并线辅助系统、定速巡航、Climate-Tech全自动恒温空调系统、音响系统剧院级8声道高保真音响、GPS全球定位导航系统、手机蓝牙免提系统、3M全车降噪静音系统、驾驶员一键式电动防夹车窗、电动防夹天窗、电加热/电动折叠外后视镜、空气扰流板LED制动灯、豪华型行李舱底板、博库曼人体工程式真皮座椅、真皮包裹转向盘、驾驶席座椅电动8向调节、副驾驶座椅电动4向调节、前排电加热座椅

尊域版：豪域版+侧安全气帘、6.5英寸高清晰度触摸屏DVD+MP3，无全高清路况行车记录仪、智能盲区检测并线辅助系统、3M全车降噪静音系统

车身颜色：温莎白、骑士银、燕尾灰、伯爵黑、罗兰紫

主要车型参数及价格

车型		1.8T 2WD		1.8T 4WD			3.2L 4WD
		驰域特装版	胜域特装版	豪域特装版	行政版	豪域版	尊域版
基本参数	长×宽×高(mm)	4676×1888×1765					
	轴距(mm)	2740					
	最小离地间隙(mm)	165(满载)、193.5(空载)					
	油箱/行李舱容积(L)	75/490-1146					
	整备质量(kg)	1750	1774	1900			2020
	车身材料	钢板					
	乘员人数	5					
发动机参数	发动机类型	Torrento 高效能发动机					3.2L Tornado XGI高性能发动机
	排量(mL)	1800					-
	额定功率[kW/(r/min)]	118/5500					162/6000
	最大转矩[N·m/(r/min)]	215/2000~4500					310/4600
	排放标准	国Ⅳ、国Ⅴ					国Ⅳ
底盘参数	变速器类型	5挡手动	6挡自动 Tip-tronic				5挡自动 Tip-tronic
	驱动类型	后驱		全模式四驱			
	悬架系统	前双叉臂式悬架/后五连杆悬架					
	制动系统	前后盘式制动器					
	轮胎规格	225/75 R16		235/60 R18	235/60 R18		
上市时间		2016年					
厂家建议价格(万元)		14.28	16.38	19.98	19.98	22.18	29.88

注：厂家建议价格以2016年3~8月为准

年度**新上市**车型

荣威RX5定位于中型SUV，车身尺寸为4545×1855×1719mm，轴距为2700mm。在车身颜色方面，荣威RX5将提供宝石红、索尔蓝、巧克力棕、伯爵黑、骑士银和典雅白以供选择。动力系统，荣威RX5将采用上汽“蓝芯”高效动力，涡轮增压发动机。

主要配置

精英版：超高强度钢结构笼式车身、前排双安全气囊、ABS+EBD、EPB电子驻车制动、前排三点式预紧式安全带、驾驶座安全带未系报警、ISOFIX后排儿童座椅固定装置、车门自动落锁、驾驶侧电动车窗一键上升带防夹、前后排电动车窗一键下降、EPS电动助力转向系统、ETC电控空调、USB接口、高保真4扬声器音响系统、前后无骨刮水器、Follow me home前照灯延时关闭、前照灯未关报警、全新一代律动设计展翼格栅、投射式卤素前照灯、LED日间行车灯、LED高位制动灯、小提琴型光幕尾灯、电动调节外后视镜(带转向灯、电加热)、高级织物座椅、驾驶座椅手动6向调节、副驾驶座椅手动4向调节、后排座椅(6/4分体可折叠、可放平、椅背多级可调)

豪华版：精英版+倒车影像(带动态泊车辅助线)、后倒车雷达、8英寸高清触控电容屏、精准导航系统、手机随心互联、蓝牙手机免提系统、多媒体影音娱乐、高保真6扬声器音响、真皮包裹多功能控制转向盘，AT豪华版增加ECO经济驾驶提醒、CCS定速巡航系统、ESP电子稳定程序(EBA+CBC+Hill Hold)、ARP车辆主动防翻滚系统、HDC陡坡缓降系统、Autohold自动驻车、iTPMS胎压监测系统、驻车转向盘回正提醒

旗舰版：豪华版+(EBA+CBC+Hill Hold)ESP电子稳定程序系统、一键式防夹天窗、铝合金一体式行李架、高级打孔皮质座椅，AT旗舰版增加Touch Access智能无钥匙进入、Push Start一键起动功能、ARP车辆主动防翻滚系统、HDC陡坡缓降系统、Auto hold自动驻车、iTPMS胎压监测系统、ECO经济驾驶提醒、CCS定速巡航系统、驻车方向盘回正提醒、驾驶座椅腰部支撑

互联网智享版：旗舰版+前排侧安全气囊、Push Start一键起动功能、Touch Access智能无钥匙进入、ECO经济驾驶提醒、CCS定速巡航系统、ARKAMYS超豪华数字音效、ARP车辆主动防翻滚系统、HDC陡坡缓降系统、Autohold自动驻车系统、iTPMS胎压监测系统、驻车转向盘回正提醒、高保真8扬声器音响系统、10.4英寸高清触控电容屏(智慧个性导航、精微语音交互、远程车辆控制、智能蓝牙钥匙、一键拍摄分享、4G通信、车载Wi-Fi、OTA无限迭代升级)、前雾灯(弯道辅助照明)、副驾驶座椅电动6向调节、驾驶座椅腰部支撑、前排座椅加热。30T互联网智享版增加Start/Stop智能起停系统、超大尺寸全景天窗、自动防炫目内后视镜、打孔头层小牛皮座椅、副驾驶座椅手动4向调节

主要车型参数及价格

车型		20T MT			20T AT			30T AT
		精英版	豪华版	旗舰版	豪华版	旗舰版	互联网智享版	互联网智享版
基本参数	长×宽×高(mm)	4545×1855×1719						
	轴距(mm)	2700						
	油箱/行李舱容积(L)	55/595-1639						
	车身材料	钢板						
	乘员人数	5						
发动机参数	发动机类型	1.5TGI缸内中置直喷涡轮增压发动机						2.0TGI缸内中置直喷涡轮增压发动机
	排量(mL)	1490						1995
	额定功率[kW/(r/min)]	124/5600						162/5300
	最大转矩[N·m/(r/min)]	250/1700～4400						350/2500～4000
	排放标准	国V						
底盘参数	变速器类型	6挡手动			TST 7挡双离合变速器			TST 6挡油冷双离合变速器
	驱动类型	前驱						
	悬架系统	前麦弗逊式独立悬架/后多连杆式独立悬架						
	制动系统	前通风盘式/后盘式制动器						
	轮胎规格	215/65 R16	215/60 R17				235/50 R18	
工信部综合工况油耗(L/100km)		6.8						8.1
上市时间		2016年7月6日						
厂家建议价格(万元)		9.98	11.18	11.98	12.98	13.88	14.88	16.68

注：厂家建议价格以2016年3～8月为准

MG GS名爵锐腾

主要配置

风尚版：前排双SRS安全气囊、FSF超高强度一体轻量化车身、欧洲标准行人保护设计、ABS制动防抱死系统、EBD电子制动力分配系统、ISOFIX儿童安全座椅固定装置、驾驶席安全带未系报警、手动空调、2扬声器、FM/AM电台、USB(带充电)/MP3/AUX-IN、流面切割整车设计、MG翼展式直瀑进气格栅、卤素(反射)前照灯、风尚尾翼、无刮水器、电动调节外后视镜带转向灯、手动防炫目内后视镜、舒适织物座椅、驾驶席座椅手动6向调节、副驾驶座椅手动4向调节、后排座椅椅背角度调节、后座椅靠背4/6分体可折叠、前排杯托

舒适版：风尚版+EPB智能电子驻车系统、4扬声器、前照灯伴我回家功能、前中央扶手

超值版：舒适版+TCS牵引力控制系统、CBC转向制动控制系统、VSC车辆动态稳定性控制系统、MSR加速防滑系统、BA制动辅助系统、BDC制动盘自动清洁功能、HSA坡道起步辅助系统、前排三点式预紧安全带、前雾灯、倒车雷达、倒车影像、自动恒温空调、inkaLink智能娱乐行车系统(8英寸高清多点触控屏/Carplay/Mirrorlink手机车机双屏/互联-蓝牙手机免提系统)、Arkamys 数字音响系统、6扬声器、卤素前照灯、铝合金行李架、鲨鱼鳍天线、外后视镜电加热除雾功能、电动防夹天窗、驾驶侧车窗一键式防夹升降功能、迎宾踏板、后排出风口、高级皮质座椅、多功能转向盘、真皮转向盘套、后排中央扶手、行李舱隐藏式收纳盒、行李舱12V电源

精英版：超值版+ECO节能经济驾驶提醒、Auto Hold自动驻车功能、USB(带充电)/MP3/AUX-IN/iPod多媒体接入端口、可变背光运动型组合仪表盘、舒适织物座椅

豪华版：精英版+侧安全气囊、Keyless Press'n Start智能无钥匙进入/一键起动系统、定速巡航、副驾驶席安全带未系报警、inkaLink智能娱乐行车系统(8英寸高清多点触控屏/Carplay/Mirrorlink手机车机双屏/互联-蓝牙手机免提系统)、光感应自动前照灯、LED日间行车灯、回旋式LED组合尾灯、Lazy Locking功能、运动尾翼、外后视镜电动折叠、高级皮质座椅、驾驶席座椅手动腰托调节，inkaNet豪华版增加inkaNet 4.0 智能网络行车系统(8英寸高清多点触控屏/GPS实时路况导航/智能语音交互/车载Wi-Fi/Mirrorlink手机车机双屏互联/APP应用软件/蓝牙手机免提系统/24小时人工后台服务)、8扬声器、前排座椅加热

旗舰版：豪华版+侧安全气帘、TPMS胎压智能监视系统、ARP主动防翻滚系统、HDC陡坡缓降系统、F1 Paddle Shift转向盘换挡拨片、inkaNet豪华版增加inkaNet 4.0 智能网络行车系统(8英寸高清多点触控屏/GPS实时路况导航/智能语音交互/车载Wi-Fi/Mirrorlink手机车机双屏互联/APP应用软件/蓝牙手机免提系统/24小时人工后台服务)、8扬声器、氙气前照灯、前照灯自动清洗功能、自动防炫目内后视镜、高级真皮座椅、前排座椅加热

车身颜色：月星白、香槟金、耀石黑、雾都灰、伯明翰橙、苏格兰银、约克棕

内饰颜色：棕色、黑色

主要车型参数及价格

车型		1.5TGI 6MT			1.5TGI TST		1.5TGI TST inkaNet	2.0TGI TST	2.0TGI TST 四驱
		风尚版	舒适版	超值版	精英版	豪华版	豪华版	豪华版	旗舰版
基本参数	长×宽×高(mm)	4500×1855×1675		4500×1855×1699					
	轴距(mm)	2650							
	油箱/行李舱容积(L)	55/483–1336							
	整备质量(kg)	1420			1460			1542	1642
	车身材料	钢板							
	车身类型/乘员人数	SUV/5							
发动机参数	发动机类型	SGE 1.5TGI 涡轮增压缸内直喷发动机						MGE 2.0TGI 涡轮增压缸内直喷发动机	
	排量(mL)	1500						1995	
	额定功率[kW/(r/min)]	124/5600						162/5000～5300	
	最大转矩[N·m/(r/min)]	250/1700～4400						350/2500～4000	
	排放标准	国V							
底盘参数	变速器类型	6挡手动变速器			TST 7挡双离合自动变速器			TST 6挡油冷双离合自动变速器	
	驱动类型	前驱							智能四驱
	悬架系统	前麦弗逊式独立悬架/后多连杆式独立悬架							
	制动系统	前后盘式制动器							
	轮胎规格	215/65 R16	215/60 R17			235/50 R18			
性能	最高车速(km/h)	190						208	
工信部综合工况油耗(L/100km)		6.6						7.9	8.3
厂家建议价格(万元)		10.97	11.97	12.97	13.97	14.97	15.47	15.97	17.97

注：厂家建议价格以2016年3～8月为准

观致汽车有限公司 QOROS Automotive Co.,Ltd.

观致5 SUV　观致3都市SUV 1.6T

观致汽车有限公司正式宣布：观致5 SUV正式上市，新车将推出一种排量共计6款车型。其售价区间为13.99万～19.49万元。

观致5 SUV采用了观致家族式设计语言，包括更立体的前保险杠、黑色侧裙与轮眉、尾部跨界车套件等元素的融入，令该车定位更贴近一款纯粹的紧凑型SUV。新车车身尺寸长宽高分别为4587/1869/1676mm，轴距为2697mm，而最小离地间隙也达到了180mm。

观致5 SUV
年度新上市车型　QOROS

主要配置

时尚型：前排双安全气囊、ABS双回路4轮防抱死制动系统、EBD电子制动力分配系统、ESC车身动态稳定控制系统、TCS牵引力控制系统、CBC弯道制动控制系统、HA坡道辅助系统、BA制动辅助系统、HBB液压制动辅助系统、EDC发动机转矩拖拽系统、ARM主动防翻滚系统、LVC低频分段控制悬架、主动限速器、EPB电子驻车制动系统、自动驻车系统、QCMS碰撞管理设计高钢性车身、驾驶员安全带未系提醒、前排三点式预紧限力安全带、后排三点式安全带、ISOFIX+TOP Tether儿童座椅固定装置、发动机防盗锁止系统、一键起动功能、手动空调、驾驶员侧一键升降功能、四门电动车窗、3.5英寸多功能显示屏(彩色TFT)、4扬声器音响、多功能行车电脑、卤素前照灯(带透镜)、前照灯高度手动调节、前后日间行车灯、"Follow me home"伴我回家功能、LED高位制动灯、自动随速间歇式前窗刮水器、全展式尾翼、黑色Qoros-Type纹理装饰件、车内氛围灯-含车顶LED射灯、高级织物座椅、驾驶席座椅6向手动调节、副驾驶座椅4向手动调节

舒适型：时尚型+倒车影像、观致MMH™多媒体信息娱乐系统带8英寸电容式抚屏™、观致逸云®车联网基础服务、车载蓝牙系统带免提及音乐播放功能、间歇式后窗刮水器、车窗下沿镀铬亮条、承重式车顶行李架，AT舒适型增加前排侧安全气囊、行车时自动落锁

精英型：舒适型+前排侧安全气囊、后排三点式限力安全带、行车时自动落锁、双区独立控制自动恒温空调(带后排空调出风口)、6扬声器高保真扬声器音响系统、全景天窗、自动前照灯、前雾灯、外后视镜电加热功能、外后视镜自动折叠功能、环窗镀铬亮条、黑色金属Quartz装饰件、真皮包裹多功能转向盘、驾驶座椅带腰托功能、高级织物+皮质时尚混搭座椅

运动型：精英型+轮胎气压指示、Bose高级音响系统/带11个扬声器(含低音炮)、转向角灯、外后视镜照地灯、黑色外观包(外后视镜/舷窗侧标)、银色髹光Vertex纹理装饰件、红色缝线真皮包裹多功能转向盘、驾驶席座椅6向电动调节、副驾驶座椅4向电动调节、前排中央扶手前后可调

豪华型：运动型+侧安全气帘、前排乘客安全带未系提醒、前排驾驶员三点式双预紧限力安全带、倒车影像带动态倒车辅助线提示+倒车雷达、无钥匙进入功能、环窗镀铬亮条、车门把手镀铬、电动尾门(带高度记忆)、黑色金属Licorice拉丝装饰件、自动防炫目车内后视镜、NAPPA头层小牛皮多功能转向盘、车内氛围灯-含车顶/门把手/副仪表台、豪华真皮座椅、驾驶员座椅带2组记忆功能

主要车型参数及价格

	车　型	1.6T MT		1.6T AT			
		时尚型	舒适型		精英型	运动型	豪华型
基本参数	长×宽×高(mm)	4587×1869×1676					
	轴距(mm)	2697					
	前/后轮距(mm)	1619/1607					
	最小离地间隙(mm)	180					
	油箱/行李舱容积(L)	55/450–1500					
	整备质量(kg)	1525	1540		1600		
	车身材料	钢板					
	乘员人数	5					
发动机参数	发动机类型	涡轮增压 双可变气门正时 双顶置凸轮轴 直列4缸 16气门 多点电喷汽油机					
	排量(mL)	1598					
	额定功率[kW/(r/min)]	115/5500					
	最大转矩[N·m/(r/min)]	210/1750～5000		230/2500～4500			
	排放标准/建议用油	国V/92#或以上汽油					
底盘参数	变速器类型	6挡手动		6挡QorosTroniq™ 手自一体双离合变速器			
	驱动类型	前驱					
	悬架系统	前麦弗逊独立悬架/后多连杆独立悬架					
	制动系统	前通风盘式/后盘式制动器					
	轮胎规格	225/65 R17				235/55 R18	
性能	最高车速(km/h)	195		200			
	0～100km/h加速时间(s)	10.7		10.6	10.9		
	90km/h等速油耗(L/100km)	6.0		5.8	5.9		
工信部综合工况油耗(L/100km)		7.4		7.6	7.7		
上市时间		2016年3月2日					
厂家建议价格(万元)		13.99	14.99	16.49	17.49	18.49	19.49

注：厂家建议价格以2016年3～8月为准

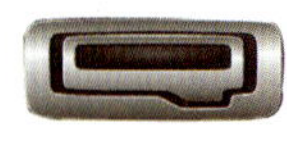

观致3都市SUV 1.6T

主要配置

致享型： 前排双安全气囊、ABS双回路4轮防抱死制动系统、EBD电子制动力分配系统、主动限速器、QCMS碰撞管理设计高钢性车身、驾驶席安全带未系提醒、前排三点式预紧限力安全带、后排三座三点式安全带、ISOFIX+TOP Tether(儿童座椅固定装置)、遥控式中央集控门锁、防盗警报系统、发动机防盗锁止系统、一键起动功能、手动空调、多功能行车电脑、3.5英寸多功能显示屏、观致MMH™多媒体信息娱乐系统带8英寸电容式抚屏™、车载蓝牙系统带免提及音乐播放功能、支持iPod播放的USB和AUX-IN接口、高保真4扬声器音响系统、卤素前照灯、前照灯高度手动调节、LED日间行车灯、"Follow me home"伴我回家功能、LED导光轨组合式尾灯、LED高位制动灯、外后视镜带一体式LED转向灯、间歇式可调前窗刮水器、间歇式后窗刮水器、后窗除雾功能、四门电动车窗、驾驶席侧一键降窗功能、Qoros徽标、流线型行李架、车身包围、全展式尾翼、前/后车底护板、时尚混搭座椅、前排高度可调头枕、后排高度可调头枕(3个)、驾驶席座椅6向手动调节、副驾驶座椅4向手动调节、4/6式可折叠后排座椅

致悦型： 致享型+前排侧安全气囊、ESC车身动态稳定控制系统、TCS牵引力控制系统、CBC弯道制动控制系统、HA坡道辅助系统、BA制动辅助系统、行驶时自动落锁、倒车影像、自动制动盘清洁功能、手动空调(带后排空调出风口)、3.5英寸多功能显示屏(彩色TFT)、高保真6扬声器音响系统、观致逸云™多功能云导航和车管家服务、前雾灯、侧窗镀铬装饰条、外后视镜电加热功能、前排两侧一键式升降电动防夹车窗、一键开启电动防夹天窗、月光银精致装饰套件、双后排阅读灯，AT致悦型增加定速巡航系统、双区独立控制自动恒温空调(带后排空调出风口)、真皮包裹多功能转向盘

致酷型： 致悦型+定速巡航系统、双区独立控制自动恒温空调(带后排空调出风口)、熏黑设计前照灯、前照灯自动开闭、劲酷镀铬套件、外后视镜自动折叠功能、真皮包裹多功能转向盘、跃动红缝线装饰座椅、轮胎气压指示

致臻型： 致酷型+侧安全气帘、前排乘客安全带未系提醒、倒车影像带动态倒车辅助线提示及超声波测距、无钥匙进入功能、双氙气前照灯带主动弯道辅助照明、侧窗/门把手镀铬装饰条、自动随速间歇式前窗刮水器、钢琴黑烤漆精致装饰套件、自动防炫目车内后视镜、臻享皮质座椅带前排电加热、驾驶席座椅6向电动调节、副驾驶座椅4向电动调节、驾驶席座椅带两组记忆功能、流光车内氛围灯、前脚部照明灯、迎宾踏板、后排中央扶手连通行李舱

主要车型参数及价格

车型		1.6T MT	1.6T MT	1.6T AT	1.6T AT	1.6T AT
		致享型	致悦型		致酷型	致臻型
基本参数	长×宽×高(mm)	4452×1854×1504				
	轴距(mm)	2694				
	前/后轮距(mm)	1588/1577				
	最小离地间隙(mm)	170				
	油箱/行李舱容积(L)	55/403-1105				
	整备质量(kg)	1390		1430		
	车身材料	钢板				
	乘员人数	5				
发动机参数	发动机类型	涡轮增压 双可变气门正时 双顶置凸轮轴 直列4缸 16气门 多点电喷汽油机				
	排量(mL)	1598				
	额定功率[kW/(r/min)]	115/5500				
	最大转矩[N·m/(r/min)]	210/1750~5000				
	排放标准/建议用油	国Ⅴ/93#或以上汽油(京/沪92#或以上汽油)				
底盘参数	变速器类型	6挡手动变速器		6挡QorosTroniq™手自一体双离合变速器		
	驱动类型	前驱				
	悬架系统	前麦弗逊式独立悬架/后OMEGA型扭力梁式悬架				
	制动系统	前通风盘式/后盘式制动器				
	轮胎规格	215/60 R17		215/55 R18		
性能	最高车速(km/h)	205		208		
	0~100km/h加速时间(s)	10.1		10.8		
工信部综合工况油耗(L/100km)		6.8		6.9		
上市时间		2014年12月				
厂家建议价格(万元)		12.79	14.29	15.19	15.89	16.99

注：厂家建议价格以2016年3~8月为准

东风悦达起亚汽车有限公司 Dongfeng Yueda KIA Motors Co.,Ltd.

智跑　狮跑　秀尔

智跑 SPORTAGE-R

主要配置

GL MT：前排双安全气囊、ABS+EBD、发动机电子防盗系统、MDPS电动助力转向系统、前排三点式电子预紧安全带、安全带未系提醒、中央控制门锁、儿童安全门锁、Radio+CD+MP3+USB+AUX、前/后雾灯、外置天线、电动调节外后视镜、铝合金轮毂、LED高位制动灯、后扰流板、顶置载物架、车身同色外门把手、前照灯伴我回家、并线超车快闪、发动机罩隔音垫板、电瓶防耗装置、行车电脑、织物座椅、驾驶席座椅高度可调、前排座椅头枕上/下&滑动可调、后排座椅头枕上/下可调、6/4分离式后排座椅、后排座椅角度可调

GL AT：GL MT+倒车雷达、ECO节能驾驶提示、电动天窗

GLS：GL AT+侧安全气囊、VDC车辆动态稳定控制系统、HAC/DBC上/下坡辅助系统、电子防炫目内后视镜带LCD倒车影像显示屏、后方摄像头、离子净化恒温空调(双区独立控制)、脚踏式驻车制动、后排空调出风口、6扬声器、镀铬外门把手、双镀铬外露式排气尾管、外后视镜集成转向灯、鸥翼式电动折叠外后视镜、LED日间行车灯、真皮变速杆球头、真皮包裹转向盘、转向盘4向调节、镀铬内门把手、PU座椅

DLX：GLS+主动式安全头枕、(H.P.D)高性能减振器、车载空气净化器、全景天窗、前排座椅加热(两级调节)

Premium：DLX+定速巡航、驾驶席安全门窗、蓝牙功能、DVD+导航、自动灯光控制、无骨刮水器、迎宾激光灯、豪华门槛装饰

车身颜色：沙滩金、钛银色、檀木黑

主要车型参数及价格

车　型		2.0L MT	2.0L AT			
		GL	GL	GLS	DLX	Premium
基本参数	长×宽×高(mm)	4450×1855×1660				
	轴距(mm)	2640				
	前/后轮距(mm)	1614/1615				
	最小离地间隙(mm)	172(空载)、146(满载)				
	油箱容积(L)	58				
	整备质量(kg)	1431	1470			
	车身材料	钢板				
	乘员人数	5				
发动机参数	发动机类型	双顶置凸轮轴 多点电子喷射				
	排量(mL)	1999				
	额定功率[kW/(r/min)]	165/6500				
	最大转矩[N·m/(r/min)]	199/4800				
	排放标准	国Ⅳ、国Ⅴ				
底盘参数	变速器类型	6挡手动	6挡手自一体			
	驱动类型	前驱				
	悬架系统	前麦弗逊式独立悬架/后多连杆式独立悬架				
	制动系统	前通风盘式/后盘式制动器				
	轮胎规格	215/70 R16		225/60 R17	235/55 R18	
性能	最高车速(km/h)	190	183			
工信部综合工况油耗(L/100km)		7.7	7.8			
上市时间		2015年				
厂家建议价格(万元)		14.48	15.88	17.28	17.78	18.98

注：厂家建议价格以2016年3～8月为准

狮跑
SPORTAGE

主要配置

GL： 前排双安全气囊、ABS+EBD、倒车雷达、中央控制门锁、发动机电子防盗系统、电瓶防耗、前排电子预紧式安全带、前排座椅安全带高度可调、USB+AUX、Radio+CD(支持MP3)、转向盘音响控制、4扬声器、投射式前照灯、铝合金轮毂、前雾灯、高位制动灯、顶置载物架、电动调节外后视镜、车身大包围、可加热后风窗玻璃、6/4分离后排座椅、真皮+桃木纹转向盘、织物座椅、加油口盖车内开启、外接电源，A/T增加真皮+桃木纹变速球头

GLS： GL+自动空调、行车电脑、6扬声器、发动机罩隔热垫、镀铬外门把手、电动天窗、隐私玻璃、外后视镜集成侧转向灯、外后视镜加热、高级皮座椅、钥匙孔点火照明、仪表台高弹性喷涂、皮质装饰门内护板，A/T增加真皮+桃木纹变速杆球头

PREMIUM： GLS+侧安全气囊、一键起动&智能钥匙、智能导航、LED前示廓灯、LED后组合尾灯、电动折叠外后视镜、真皮+桃木纹变速杆球头、超级仪表盘、前排座椅加热

车身颜色： 透明白、钻石银、钛银色、檀木黑

主要车型参数及价格

	车型	2.0L M/T			2.0L A/T		
		GL 2WD	GLS 2WD	GLS 4WD	GL 2WD	GLS 2WD	Premium
基本参数	长×宽×高(mm)	4350×1840×1730					
	轴距(mm)	2630					
	最小离地间隙(mm)	185					
	油箱容积(L)	58					
	车身材料	钢板					
	乘员人数	5					
发动机参数	发动机型号/类型	直列4缸 CVVT					
	排量(mL)	1975					
	额定功率[kW/(r/min)]	142/6000					
	最大转矩[N·m/(r/min)]	184/4500					
	排放标准	国Ⅳ、国Ⅴ					
底盘参数	变速器类型	5挡手动			4挡自动		
	驱动类型	前驱		四驱	前驱		
	悬架系统	前麦弗逊式独立悬架/后双连杆式独立悬架					
	制动系统	前后盘式制动器					
	轮胎规格	215/65 R16		235/60 R16			
性能	最高车速(km/h)	171			156		
工信部综合工况油耗(L/100km)		8.6		9.0	8.9		
上市时间		2013年					
厂家建议价格(万元)		10.98	12.38	13.88	11.98	13.38	14.68

注：厂家建议价格以2016年3～8月为准

秀尔 SOUL

主要配置

GL：前排安全气囊、EBD+ABS、动力/可调转向、中控锁、电动门窗、空气滤清器、AUX/USB、RADIO&CDP、4扬声器、折叠遥控钥匙、电动可调外视镜、高位制动灯、铝合金轮辋、转向盘音响控制

GLS：GL+电动天窗、倒车雷达、6扬声器、MP3、全新中网、镀铬侧装饰条、电动折叠外视镜、外视镜集成LED转向灯、真皮转向盘套

Premium：GLS+智能钥匙、全自动空调、一键起动

车身颜色：番茄红、月光蓝、钛银色、檀木黑、咖啡棕、青石色、钻石银、芳草白、透明白、霞光橙

内饰颜色：黑红色、黑米色、全黑色

主要车型参数及价格

车型		1.6MT		1.6AT		
		GL	GLS	GL	GLS	Premium
		M/T		A/T		
基本参数	长×宽×高(mm)	4096×1785×1663				
	轴距(mm)	2550				
	前/后轮距(mm)	1557/1561				
	最小离地间隙(mm)	140.9				
	油箱容积(L)	48				
	整备质量(kg)	1198		1225		
	车身材料	钢板				
	车身类型/乘员人数	2厢5门/5				
发动机参数	发动机型号/类型	G4FC/直列4缸 CVVT				
	排量(mL)	1591				
	额定功率[kW/(r/min)]	90.4/6300				
	最大转矩[N·m/(r/min)]	155/4200				
	排放标准	E-Ⅳ				
底盘参数	变速器类型	5挡手动		4挡手自一体		
	驱动类型	前驱				
	悬架系统	前麦弗逊式悬架/后扭杆梁式悬架				
	制动系统	前后盘式制动器				
	轮胎规格	205/55 R16 A	205/55 R16B	205/55 R16A	205/55 R16B	
性能	最高车速(km/h)	170		158		
工信部综合工况油耗(L/100km)		6.4		7.2		
改款时间		2011年11月28日				
厂家建议价格(万元)		10.38	11.58	11.48	12.58	12.78

注：厂家建议价格以2016年3～8月为准

长安马自达汽车有限公司 Chang'an Mazda Automobile Co.,Ltd.

MAZDA CX-5

主要配置

舒适型：前排双安全气囊+前排侧安全气囊、前后贯穿式头部安全气帘、ABS四轮防抱死制动系统、EBD电子制动力分配系统、EBA电子紧急制动辅助系统、BOS制动优先系统、DSC电子车身稳定控制系统、TCS牵引力控制系统、HLA坡道起步辅助系统、ESS紧急制动警示系统、前排座椅三点式高度可调预紧式安全带、前排座椅安全带未系提醒、后排座椅(左中右)三点式安全带、4探头高灵敏度后驻车雷达、行车自动落锁/碰撞自动解锁功能、ISO FIX儿童座椅固定装置、后门儿童安全锁、发动机芯片锁止防盗系统、防盗声音报警装置、整车NVH隔音降噪工程、遥控钥匙寻车鸣笛提醒功能、智能遥控钥匙×2、一键起动系统、双区独立控制自动恒温空调(带外部温度显示)、空气过滤器(粉尘过滤)、单碟CD(带MP3播放功能)、随速自动音量调节功能、多功能行车电脑(3.5英寸点阵屏)、USB接口(支持iPod/iPhone)+AUX音频接口+12V电源输出、6扬声器高保真立体声音响系统、魂动标识之翼+横条式高亮运动型进气格栅/雾灯格栅、高品质感透镜式前照灯、高穿透力前/后雾灯、LED高位制动灯、外后视镜电动调节/折叠/加热除雾功能、后风窗玻璃加热除雾功能、鲨鱼鳍天线、带侧翼低风阻后扰流尾翼、双排气尾管、高光铝合金轮辋、高级活性织物座椅、驾驶席座椅8向手动调节、碳纤维纹饰亚光镀铬转向盘/转向盘多功能按键+四向角度调节，2.0L AT舒适型增加i-stop智能怠速停止系统

都市型：舒适型+i-stop 智能怠速停止系统、4探头高灵敏度前驻车雷达、遥控钥匙车窗升降功能、双开启式电动天窗、四门一键升降/防夹电动车窗(按键背光照明)、碳纤维纹饰亚光镀铬真皮包裹转向盘

豪华型：都市型+前后轮转矩动态智能分配(路况/天气/车轮打滑/驾驶意图实时预判)、智能无钥匙进入系统、定速巡航、高分辨率倒车影像(带辅助线提示)、7英寸多媒体娱乐系统(电阻式触摸屏)、蓝牙、车顶行李架、后车窗及后风窗深色隐私玻璃、豪华打孔真皮座椅、红色运动缝线座椅、驾驶席座椅10向电动调节、内后视镜自动防炫

尊贵型：豪华型+BSM盲点监测系统、RCTA倒车预警系统、高级多功能行车电脑(3.5英寸彩色屏)、双层镀铬跑车化三环运动仪表、亚光镀铬强化套件真皮包裹转向盘

旗舰型：尊贵型+i-ELOOP制动能量回收系统、SCBS低速制动辅助系统、MZD CONNECT 马自达悦联系统(7英寸中央信息显示屏(电容式触摸屏)、中央控制人机交互系统、GPS卫星导航系统+TMC实时路况信息、APP热门应用软件、蓝牙音乐流媒体/蓝牙电话、ECO节能减排环保贡献统计(i-ELOOP、i-stop、油耗履历)、车辆功能设定/定期维护提醒、Wi-Fi网络连接功能、双USB接口(支持iPod/iPhone)+导航地图SD卡槽)、9扬声器BOSE殿堂级音响系统(Centerpoint环绕音响技术、AudioPilot噪音补偿技术)、HID高照度氙气前照灯+自动高度调节+前照灯清洗装置、AFS前照灯智能弯道辅助照明系统、AFS前照灯智能随动系统、前照灯自动开关系统、日间行车灯、雨量感应式智能刮水器

车身颜色：激情红、魂动红、雅士黑、星际蓝、炫亮银、珠光白、格调灰

内饰颜色：米色、黑色

主要车型参数及价格

车型		2.0L 6MT	2.0L 6AT			2.5L 6AT	
		舒适型		都市型	豪华型	尊贵型	旗舰型
基本参数	长×宽×高(mm)	4555×1840×1710					
	轴距(mm)	2700					
	前/后轮距(mm)	1585/1590					
	前/后悬距(mm)	950/905					
	最小离地间隙(mm)	210				215	
	油箱/行李舱容积(L)	56/490			58/490		
	整备质量(kg)	1435	1455		1560	1609	1625
	车身材料	钢板					
	乘员人数	5					
发动机参数	发动机类型	直列4缸 16气门 水冷 (DOHC)顶置双凸轮轴 创驰蓝天高压缩比汽油直喷全铝发动机					
	排量(mL)	1998				2488	
	额定功率[kW/(r/min)]	114/6000				144/6100	
	最大转矩[N·m/(r/min)]	200/4000				252/4000	
	排放标准/建议用油	国Ⅳ、京Ⅴ/93#(92#)以上无铅汽油					
底盘参数	变速器类型	6挡手动	6挡手自一体				
	驱动类型	前驱			智能四驱		
	悬架系统	前麦弗逊式独立悬架带横向稳定杆/后多连杆式独立悬架带横向稳定杆					
	制动系统	前后盘式制动器					
	轮胎规格	225/65 R17				225/55 R19	
性能	最高车速(km/h)	197	187		180	188	
工信部综合工况油耗(L/100km)		7.0	6.6		7.4	7.7	7.5
上市时间		2015年6月18日					
厂家建议价格(万元)		16.98	18.38	19.08	20.98	22.28	24.58

注：厂家建议价格以2016年3～8月为准

东风裕隆

东风裕隆汽车有限公司 Dongfeng Yulon Motor Co.,Ltd.

新大7 SUV ECO HYPER　优6 SUV ECO HYPER

新大7 SUV ECO HYPER

当车被赋予了智慧，动力也学会思考。

全新ECO HYPER高效节能动力系统，有效节油。ECO Mode节能模式及智能起停系统，提升燃油经济性。2.2T涡轮增压发动机、AISIN智能型6挡手自一体变速器及智能三模式4WD系统，让能量在思考中澎湃迸发。整合iTouch+镜面智慧触控面板及THINK+2.0智慧互联系统，带来更具智能的驾乘体验。智能型电动尾门，提升便利性及大气豪华感。这就是新大7 SUV，思考改变驾驶，更创造了新世界。

主要配置

智慧型：前排安全气囊、侧安全气囊、ABS防抱死制动系统、BAS电子制动辅助系统、EBD电子制动力分配系统、ESC动态车辆稳定系统、TCS牵引力控制系统、BOS制动优先系统、HBB液压制动增压系统、EPB电子驻车系统、HLA坡道起步辅助系统、SNOW雪地模式、倒车影像(静态车幅线)、双后倒车雷达、电子智能型发动机防盗系统、i-key+智慧芯片钥匙(附遥控防盗功能)、无钥匙进入系统、Push Start无钥匙起动、前排双智慧预缩式安全带、ISO FIX儿童安全座椅固定装置、智能起停系统、ECO Mode节能模式、外滑式电动天窗、四门电动窗、恒温空调、O3活氧空气净化器、THINK+2.0智慧互联系统(基本)、iTouch+9英寸智能触控屏(电阻式)、iTouch+镜面智慧控制面板、Side View+车侧安全影像系统、智能型电动尾门、行车电脑、整合式DVD/MP3/WMA音响主机、6扬声器、前排AUX-IN、AC 220V插座、卤素前照灯(附手动水平调整)、后视镜电动调节、后视镜除雾/电动收折、炫目LED日行灯、前/后雾灯、软骨刮水器、LED后视镜转向灯、LED后视灯、银箭型车侧LED转向灯、精锐双色轮毂、空力扰流尾翼、LED高位制动灯、后窗电动刮水器、航空动力学LED尾灯、多功能皮木转向盘、纳米优皮座椅、驾驶席座椅电动8向调节(附两组记忆功能)、副驾驶座椅手动4向调节、驾驶座椅通风/加热、亮度可调航天智慧高反差仪表板

智尊型：智慧型+定速巡航控制系统、倒车影像(动态车幅线)、双前侦侧雷达、THINK+2.0智慧互联系统(高端)、Active Eagle View+主动式环景影像系统、Dual Side View+后方影像监测系统、蓝牙免持系统、智能声控系统、8扬声器、驾驶席肩部扬声器附麦克风、DSP功能、USB插口、HDMI接口

智尊型(4WD)：智尊型+侧安全气帘、LDWS+行车偏移侦测系统、PDS+行人警示系统、FCW+前车防撞警示系统、氙气前照灯(附电动水平调整)、前照灯自动启闭系统、前照灯清洗器、科技晶钻前照灯组、高刚性锻造轮毂

旗舰型：智尊型(4WD)+Night Vision+高感光夜视辅助系统、NAVI BOX(3G)、9(JBL)扬声器、副驾驶座椅电动8向调节

车身颜色：法瓷白、宝石黑、星光檀

内饰颜色：灰色、黑色

主要车型参数及价格

	车型	2.2T 2WD		2.2T 4WD	
		智慧型	智尊型	智尊型	旗舰型
基本参数	长×宽×高(mm)	4818×1930×1745			
	轴距(mm)	2910			
	前/后轮距(mm)	1610/1640			
	油箱/行李舱容积(L)	75/540			
	整备质量(kg)	1830	1850	1950	
	车身材料	钢板			
	乘员人数	5			
发动机参数	发动机型号/类型	DOHC-L4 Turbo/2.2T 16气门 DOHC			
	排量(mL)	2200			
	额定功率[kW/(r/min)]	148/5000~5500			
	最大转矩[N·m/(r/min)]	295/2400~4000			
	排放标准/建议用油	国Ⅳ/92#及以上无铅汽油			
底盘参数	变速器类型	6挡手自一体			
	驱动类型	前驱		四驱	
	悬架系统	前麦弗逊式独立悬架/后扭力梁式半独立悬架			
	制动系统	前通风盘式/后盘式制动器			
	轮胎规格	235/55 R18			
性能	最高车速(km/h)	9.0		9.3	
	90km/h等速油耗(L/100km)	8.9		9.6	
工信部综合工况油耗(L/100km)		8.9		9.6	
上市时间		2015年6月			
厂家建议价格(万元)		17.98	19.98	21.98	24.98

注：厂家建议价格以2016年3～8月为准

优6 SUV ECO HYPER

当12星座，遇见科技时尚，智慧焕然新生。

当风象星座链接上THINK+2.0智慧互联系统，全能大脑完美延伸，智慧之光全面迸发。土象星座搭配Active Eagle View+主动式环景影像系统，行车更添智慧、倍加安心。LCD/LED科技液晶仪表与火象星座的邂逅，让智慧与激情更加完美交融，纵情燃烧。水象星座、飞航HUD抬头显示器一相逢，完备的智慧安全就像战斗机屏幕冉冉升起。1辆优6 SUV，12个星座，成就千万种智慧时尚绽放。马上启动无限可能的旅程，一起遇见时尚！

主要配置

风尚超值型：前排安全气囊、ABS防抱死制动系统、BAS电子制动辅助系统、EBD电子制动力分配系统、ESC动态车辆稳定系统、TCS牵引力控制系统、BOS制动优先系统、EPB电子驻车系统、防盗警报器、后排三点式安全带(3组)、ISO FIX儿童安全座椅固定装置、车门防撞钢梁、儿童安全锁、ECO Mode节能模式、i-key+智慧芯片钥匙(折叠钥匙)、倒车影像、恒温空调、车外温度显示、四门电动窗(驾驶席一键开启)、行车电脑、THINK+2.0智慧互联系统(基本)、iTouch+9英寸智慧触控屏、CD、6音响扬声器、立体式高音扬声器、USB插口、前/后雾灯、卤素前照灯(附手动高度调整)、后窗除雾线、银箭型车侧转向灯、软骨刮水器、大型尾翼、雾银色车型行李架、航天动力学LED尾灯、后视镜电动调节、PU转向盘、豪华皮质座椅、驾驶席座椅6向手动调节、副驾驶座椅4向手动调节、One-touch一键式收折后座椅、LCD/LED科技液晶仪表(亮度可调)

魅力升级型：风尚超值型+前后下护板&后底盘护板

时尚升级型：魅力升级型+后停车雷达、Side View+车侧安全影像辅助系统、O3活氧空气净化器、飞航HUD抬头显示器、电动天窗、立体式高音扬声器(炫蓝升降)、湛蓝LED日行灯、后视镜电动调节(附照地灯)、后视镜电动折叠、真皮包裹转向盘

智尊型：时尚升级型+侧安全气囊、Immobilizer芯片防盗系统、Push Start(无钥匙起动)、i-key+智慧芯片钥匙(附遥控防盗功能)、无钥匙进入系统、前停车雷达、定速巡航控制系统、THINK+2.0智慧互联系统(高端)、智慧手机连接(多品牌)、Active Eagle View+主动式环景影像系统、Dual Side View+后方影像监测系统、语音声控、DVD、蓝牙免持系统、USB插口(二组)、驾驶席肩部扬声器附麦克风、钥匙行李舱遥控开启、多功能转向盘、驾驶席座椅电动6向调节，2.0T智尊型增加3G NAVI BOX一键导航、智能型电动尾门、转向盘换挡拨片

旗舰型：智尊型+侧安全气帘、Night Vision+高感光夜视辅助系统、LDWS+行车偏移侦测系统、PDS+行人警示系统、FCW+前车防撞警示系统、夜间模式、智慧防盗座椅、(JBL)6音响扬声器、氙气前照灯(附自动水平调整)、前照灯清洗器

车身颜色：法瓷白、宝石黑、星光檀、琉璃红、琥珀金、珊瑚蓝

内饰颜色：灰黑色、黑色

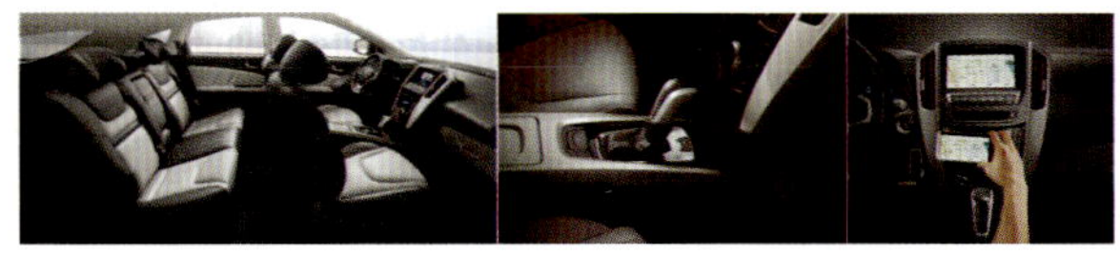

主要车型参数及价格

	车型	1.8T AT				2.0T AT	
		风尚超值型	魅力升级型	时尚升级型	智尊型	智尊型	旗舰型
基本参数	长×宽×高(mm)	4625×1825×1600，1620(含车顶架)					
	轴距(mm)	2720					
	前/后轮距(mm)	1555/1565					
	油箱/行李舱容积(L)	55/405					
	整备质量(kg)	1500				1515	1540
	车身材料	钢板					
	乘员人数	5					
发动机参数	发动机类型	1.8T VVT 涡轮增压发动机					
	排量(mL)	1798				1998	
	额定功率[kW/(r/min)]	132/5000～5500				138/5000～5500	
	最大转矩[N·m/(r/min)]	256/2400～4000				275/2400～4000	
	排放标准	国Ⅳ					
底盘参数	变速器类型	6挡手自一体					
	驱动类型	前驱					
	悬架系统	前麦弗逊式独立悬架/后扭力梁式半独立悬架					
	制动系统	前后盘式制动器					
	轮胎规格	215/55 R17					
性能	最高车速(km/h)	193				199	
	90km/h等速油耗(L/100km)	5.94				6.19	
工信部综合工况油耗(L/100km)		7.9				8.0	
上市时间		2015年6月					
厂家建议价格(万元)		10.98	13.68	14.98	16.98	17.98	20.08

注：厂家建议价格以2016年3～8月为准

GEELY

浙江吉利控股集团有限公司 Zhejiang Geely Holding Group Co.,Ltd.

全球鹰：GX7

帝豪：豪情　帝豪GS

GX7

主要配置

进取型： 高强度吸能式车身、前排双安全气囊、ABS+EBD、转向锁止防盗装置、侧面4门防撞梁、碰撞安全断油系统、碰撞安全车门闭锁开启系统、后车门儿童安全锁、ISOFIX儿童座椅安全固定装置、可溃缩转向管柱、电控防盗报警系统、发动机起动保护功能、速度感应车门自动落锁、前排未系安全带报警装置、未关车门报警装置、超速报警装置、钥匙遗忘警示、制动衬片磨损限量报警、前排普通三点式安全带、第二排三点式安全带、智能折叠遥控钥匙、中控门锁、角度可调式转向管柱、电动空调、4门电动车窗、4门一键降窗、数字行车电脑、6扬声器立体声音响系统、阳光感应智能前照灯(自动开启、伴我回家功能等)、前照灯高度调节、独立前后雾灯、后扰流板集成式高位制动灯、紧急制动时自动激活应急灯、前双臂无骨刮水器、后刮水器电动后视镜(带电加热除霜功能)、一体式后视镜(带侧转向灯)、铝合金轮辋、后风窗玻璃电加热除霜功能、炮筒式组合仪表、发泡多功能转向盘、针织布料座椅、驾驶座椅6向手动调节、副驾驶座椅4向手动调节，2.0L增加发动机防盗系统、双模式电动防夹天窗、驾驶席车门一键升窗、真皮包裹多功能转向盘

精英型： 进取型+前驻车雷达、倒车雷达、自动空调、双模式电动防夹天窗、驾驶席车门一键升窗、单碟CD带收音机、高级打孔皮质座椅、真皮包裹多功能转向盘

尊贵型： 精英型+侧面安全气囊、帘式安全气囊、主驾驶膝部安全气囊、可视倒车系统、发动机防盗系统、前排预紧限力安全带、定速巡航、外接音源接口(USB)、GPS+娱乐系统、驾驶座椅8向电动调节、前排座椅电加热功能，1.8L无发动机防盗系统、定速巡航，2.0L无定速巡航

豪华型： 精英型+发动机防盗系统、定速巡航、电动空调、外接音源接口(USB)

车身颜色： 琥珀金、摩卡棕、冰晶白、墨玉黑、珊瑚红、宝石蓝

主要车型参数及价格

车型		1.8L 5MT			2.0L 5MT		2.0L 6AT		2.4L 6AT
		进取型	精英型	尊贵型	进取型	尊贵型	豪华型	尊贵型	尊贵型
基本参数	长×宽×高(mm)	4541×1833×1700							
	轴距(mm)	2661							
	前/后轮距(mm)	1560/1560							
	前/后悬距(mm)	910/970							
	最小离地间隙(mm)	171							
	油箱容积(L)	60							
	整备质量(kg)	1485			1514		1564		
	车身材料	金属							
	车身类型/乘员人数	3厢4门/5							
发动机参数	发动机型号	JL4G18			JLD-4G20				JLD-4G24
	发动机类型	直列4缸 16气门 水冷 DOHC CVVT MPI							
	排量(mL)	1792			1997				2378
	额定功率[kW/(r/min)]	102/6200			104/6000				119/5700
	最大转矩[N·m/(r/min)]	172/4200			178/4000~4500				220/4000~4200
	排放标准/建议用油	国Ⅳ/93#及以上无铅汽油							
底盘参数	变速器型号/类型	JL-S170BⅡ/5挡手动			V5A1C/5挡手动		DSI575F6/6挡手自一体		
	驱动类型	前驱							
	悬架系统	前麦弗逊式独立悬架+组合式梯形辐车架/后E型多连杆式独立悬架+梯形辐车架							
	制动系统	前后盘式制动器							
	轮胎规格	225/60 R17			225/65 R17				
性能	最高车速(km/h)	150			170		160		170
	0~100km/h加速时间(s)	16.5			15		16.5		14
	90km/h等速油耗(L/100km)	7.0			7.1		7.6		8.1
	120km/h等速油耗(L/100km)	9.5			10.4		10.6		11.0
工信部综合工况油耗(L/100km)		8.1			8.6		9.2		9.5
改款时间		2014年3月3日							
厂家建议价格(万元)		9.29	9.69	10.59	10.39	11.19	11.19	11.99	12.99

注：厂家建议价格以2016年3～8月为准

豪情

吉利汽车 GEELY AUTO 年度新上市车型

吉利新款豪情SUV于2016年2月21日上市，新款车型主要对配置方面进行了升级，并简化了在售车款的数量。据悉，在售豪情SUV共有三款车型选择，售价区间为12.99万~15.29万元。新款豪情SUV手动四驱尊贵型相比老款增配了一些电子辅助系统，包括车身电子稳定系统、制动辅助、上坡辅助以及陡坡缓降系统，其他配置方面没有改变。

主要配置

豪华型升级版：主副驾驶员双安全气囊、第一排侧面安全气囊、ABS+EBD、ESC电子稳定性控制系统、TCS牵引力控制系统、HBA液压制动辅助系统、HHC上坡辅助系统、HDC陡坡缓降系统、RMI电子防侧翻系统、TPMS胎压监测系统、倒车影像、行车记录仪、倒车雷达、转向锁止防盗装置、电子防盗报警系统、发动机防盗系统、起动机起动保护功能、速度感应车门自动落锁、超速报警装置、钥匙遗忘警示、制动片磨损限量报警、碰撞安全断油系统、碰撞安全车门闭锁开启系统、后车门儿童安全锁、第二排儿童座椅固定装置、侧面四门防撞梁、可溃缩转向管柱、高强度吸能式车身、紧急制动时危险报警闪光灯激活功能、角度可调式转向管柱、离合器液压控制、遥控中控门锁、驾驶员车门一键升窗、四门一键降窗、三区独立控制自动空调、备用电源(USB+AUX)、外接音源接口(USB+HDMI)、GPS导航、8英寸触控液晶显示屏、Bluetooth蓝牙免提功能、6扬声器高保真环绕音响系统、双开启模式防夹电动天窗、手动折叠外后视镜带侧转向灯、前无骨刮水器、后刮水器、刮水器自动开启功能(感应刮水器)、前风窗隔音玻璃、绿色隔热玻璃、运动行李架、窗式天线、前后高亮雾灯、卤素自动前照灯(高度可调、伴我回家、自动开闭功能)、后扰流板集成式高位制动灯、四车门礼仪灯、后风窗电加热除霜功能、外后视镜电加热除霜功能、防炫目内后视镜、单门玻璃防夹功能、多功能真皮包裹转向盘、炮筒式组合仪表、数字行车电脑、酷黑搪塑仪表台、金属迎宾踏板、高级打孔皮质座椅、驾驶员航空座椅8向电动调节、副驾驶航空座椅4向手动调节、主副驾驶座椅电加热功能、第二排靠背可调滑轨座椅、第二排座椅4/6拆分放倒功能、第二排座椅巧易翻功能、第三排可折叠式座椅，AT豪华型升级版增加无钥匙进入及一键式起动系统、定速巡航、四门玻璃防夹功能、四门一键升窗

尊贵型：进豪华型升级版+侧面安全气帘、主驾驶膝部安全气囊、360°无盲区全景影像、前排预紧限力安全带、IPOD(USB+AUX)、8扬声器高保真环绕音响系统、音量随速调节、电动折叠外后视镜带侧转向灯、氙气自动前照灯(高度可调、伴我回家、自动开闭功能)、前照灯清洗装置、副驾驶航空座椅4向电动调节

车身颜色：冰晶白、琥珀金、松石青、摩卡棕、墨玉黑

主要车型参数及价格

车型		2.4L MT		2.4L AT
		豪华型升级版	尊贵型	豪华型升级版
基本参数	长×宽×高(mm)	4844×1884×1762		
	轴距(mm)	2804		
	最小离地间隙(mm)	183		
	油箱容积(L)	60		
	整备质量(kg)	1695	1773	1747
	车身材料	钢板		
	乘员人数	7		
发动机参数	发动机型号/类型	JLD-4G24/直列4缸 16气门 水冷 DOHC CVVT MPI		
	排量(mL)	2378		
	额定功率[kW/(r/min)]	119/5700		
	最大转矩[N·m/(r/min)]	210/4000~4500		
	排放标准	国V		
底盘参数	变速器类型	5挡手动		6挡手自一体
	驱动类型	前驱	智能适时四驱	前驱
	悬架系统	前麦弗逊独立悬架/后多连杆独立悬架		
	制动系统	前后盘式制动器		
	轮胎规格	235/60 R18		
上市时间		2016年2月21日		
厂家建议价格(万元)		12.99	15.29	14.29

注：厂家建议价格以2016年3~8月为准

帝豪GS

年度**新上市**车型

2016年5月4日，吉利汽车新车帝豪GS正式上市。与以往不同的是，本次上市发布会采用了线上VR直播的形式呈现。吉利通过这一"高科技发布会"为消费者们带来了科技配置极高的帝豪GS。帝豪GS的内饰设计运用了家族式语言，很多细节与之前的博越一样。车内双色搭配的内饰和网格状中控饰板更加彰显时尚感。

主要配置

风尚型：ABS+EBD、前排预紧限力式安全带(高度可调)、前排主副驾未系安全带提醒、速度感应自动车门锁止系统、儿童安全座椅固定装置(兼容ISO-FIX和LATCH)、后车门儿童安全锁、超速提醒功能、车门未关报警装置、碰撞车门自动解锁系统、碰撞安全断油系统、发动机电子防盗系统、转向锁止电子防盗系统、电子防盗报警系统、PEPS无钥匙进入及一键起动、智能换挡提醒、加油口盖按压式开启功能、全自动恒温空调、四门电动车窗、四门车窗一键升降带防夹功能、四门遥控升降车窗功能、收放机(支持MP3、WMA)、环绕式6扬声器音响系统、5V双USB充电接口(前排带多媒体扩展)、3.5英寸LCD高清仪表(带行车电脑)、前照灯自动开启功能、前照灯电动高度调节、锐利鹰眼远近光一体式前照灯、璀璨科技LED日间行车灯、后雾灯、电动调节外后视镜(带加热除霜功能、LED转向灯)、后风窗带加热除霜功能、间歇式无骨刮水器、后风窗刮水器、机械式防炫目室内后视镜、时尚炫黑内饰、城市魔方装饰套件、高档软质搪塑仪表台、皮饰门内饰板、发泡多功能转向盘、转向盘高度可调节功能、高级织物座椅、主驾驶席座椅6向手动调节、副驾驶席座椅4向手动调节

领尚型：风尚型+前排双侧安全气囊、ESP车身稳定控制系统(博世9.1版本)、TCS牵引力控制系统、HHC坡道辅助系统、HBA制动辅助系统、TPMS智能胎温&胎压监测系统、倒车影像带动态引导线、8英寸高清触控液晶大屏、GPS智能导航系统、蓝牙免提功能、DSP数字音效处理、AUX接口、G-Link 智能双机互联、CarPlay 智能双机互联、铝制车顶行李架、INS模内嵌膜装饰套件、真皮包裹多功能转向盘、舒适人机皮质座椅、发动机舱装饰罩，DCT领尚型增加EPB电子驻车制动系统、AUTOHOLD自动驻车系统、ECO环保节能模式、Sport高效运动模式、换挡锁止电子防盗系统、定速巡航、PM2.5空气净化系统(带等离子、负离子发生器)、3.5英寸TFT彩色高清仪表(带行车电脑)

臻尚型：领尚型+侧面安全气帘、预碰撞安全系统、ACC自适应巡航系统、EPB电子驻车制动系统、AUTOHOLD自动驻车系统、ECO环保节能模式、Sport高效运动模式、后排两侧限力式安全带、换挡锁止电子防盗系统、PM2.5空气净化系统(带等离子、负离子发生器)、3.5英寸TFT彩色高清仪表(带行车电脑)、全景天幕、电动折叠外后视镜、豪华组合棕内饰、高级真皮/皮质双拼座椅、前排座椅电加热功能、主驾驶席座椅6向电动调节

主要车型参数及价格

车型		1.8L MT		1.8L DCT	1.3T MT	1.3T DCT	
		风尚型	领尚型	领尚型	领尚型	领尚型	臻尚型
基本参数	长×宽×高(mm)	4440×1833×1560					
	轴距(mm)	2700					
	前/后轮距(mm)	1556/1562					
	最小离地间隙(mm)	180					
	油箱容积(L)	60					
	整备质量(kg)	1320		1360	1360	1398	
	车身材料	钢板					
	乘员人数	5					
发动机参数	发动机类型	DVVT智能连续可变进 排气正时系统 直列4缸 双顶置凸轮轴			VVT可变进气正时涡轮增压		
	排量(mL)	1799			1299		
	额定功率[kW/(r/min)]	98/6000			95/5500		
	最大转矩[N·m/(r/min)]	170/4400			185/1750～4500		
	排放标准	国V					
底盘参数	变速器类型	6挡手动		6挡双离合	6挡手动	6挡双离合	
	悬架系统	前麦弗逊独立悬架带横向稳定杆/后纵向摆臂耦合式半独立悬架					
	制动系统	前通风盘式/后实心盘式制动器					
	轮胎规格	225/50 R17					225/45 R18
性能	最高车速(km/h)	180		185	185		
工信部综合工况油耗(L/100km)		6.9			5.9		
上市时间		2016年5月4日					
厂家建议价格(万元)		7.78	8.28	9.28	8.48	9.48	10.58

注：厂家建议价格以2016年3～8月为准

众泰控股集团有限公司 Zotye Holding Group Co.,Ltd.

众泰T600　T200

众泰T600 ZOTYE

主要配置

1.5T

精英型：前排双安全气囊、ABS+EBD、制动优先系统、车身防盗报警系统、驾驶席安全带未系报警系统、紧急锁止三点式安全带、后排座椅安全带、后门儿童安全锁、后排儿童座椅接口、遥控折叠钥匙、遥控中央门锁、4门电动车窗、电动空调、发动机罩气动撑杆、花粉过滤器、CAN BUS智能控制系统、行车电脑、RADIO+MP3+USB接口、4扬声器、卤素前照灯、前照灯可延时功能、前照灯高度手动可调、高位制动灯、后刮水器、无骨刮水器、电动调节外后视镜(带侧转向灯)、车顶行李架、铝合金轮辋、皮质转向盘套、角度可调转向盘、无纺布顶棚、织布座椅、驾驶席座椅手动6向调节、副驾驶座椅手动4向调节、后排座椅4/6分离前翻折叠、防炫内后视镜、仪表灯亮度可调

豪华型：精英型+发动机防盗锁止系统、前排安全带未系报警系统、普通倒车雷达、发动机一键起动系统、智能钥匙带行李舱开起功能、MP5+RADIO+USB接口+iPod接口+导航+蓝牙系统、6扬声器、前雾灯、外后视镜电加热除霜、迎宾踏板、皮质座椅、针织顶棚、车门警示灯、多功能转向盘

尊贵型：豪华型+前排侧安全气囊、侧安全气帘、预紧限力三点式安全带、无钥匙进入、可视倒车雷达带循迹功能、全景电动天窗、自动恒温空调、MP5+RADIO+USB接口+iPod接口+导航+智能手机+蓝牙系统、氙气前照灯、前照灯清洗装置、前照灯自动开启、前照灯高度自动调节、感应刮水器、电子防炫内后视镜

尊荣型：尊贵型+ESC、TCS牵引力控制系统、EBA/BAS/BA制动辅助系统、上坡辅助系统、后排预紧限力安全带

2.0T

精英型：1.5T精英型+ESC、TCS牵引力控制系统、EBA/BAS/BA制动辅助系统、上坡辅助系统、EPB电子驻车系统、胎压监测装置系统、发动机防盗锁止系统、普通倒车雷达、车窗防夹及车内氛围灯、MP5+RADIO+USB接口+iPod接口+导航+蓝牙系统、前照灯自动开启、车门警示灯、针织顶棚、迎宾踏板、皮质座椅

豪华型：1.5T豪华型+ESC、TCS牵引力控制系统、EBA/BAS/BA制动辅助系统、上坡辅助系统、EPB电子驻车系统、胎压监测装置系统、可视倒车雷达带循迹功能、MP5+RADIO+USB接口+iPod接口+导航+智能手机+蓝牙系统、氙气前照灯、前照灯清洗装置、前照灯自动开启、前照灯高度自动调节、车窗防夹及车内氛围灯，DCT豪华型增加定速巡航、自动恒温空调、温度分区控制

尊贵型：1.5T尊贵型+ESC、TCS牵引力控制系统、EBA/BAS/BA制动辅助系统、上坡辅助系统、EPB电子驻车系统、胎压监测装置系统、定速巡航、温度分区控制、外后视镜电动折叠、车窗防夹及车内氛围灯、前排座椅加热、驾驶席座椅电动6向调节

主要车型参数及价格

<table>
<tr><th colspan="2" rowspan="2">车　型</th><th colspan="4">1.5T MT</th><th colspan="3">2.0T MT</th><th colspan="2">2.0T DCT</th></tr>
<tr><th>精英型</th><th>豪华型</th><th>尊贵型</th><th>尊荣型</th><th>精英型</th><th>豪华型</th><th>尊贵型</th><th>豪华型</th><th>尊贵型</th></tr>
<tr><td rowspan="8">基本参数</td><td>长×宽×高(mm)</td><td colspan="9">4631×1893×1694</td></tr>
<tr><td>轴距(mm)</td><td colspan="9">2807</td></tr>
<tr><td>前/后轮距(mm)</td><td colspan="9">1611/1612</td></tr>
<tr><td>最小离地间隙(mm)</td><td colspan="9">185</td></tr>
<tr><td>油箱/行李舱容积(L)</td><td colspan="9">60/344</td></tr>
<tr><td>整备质量(kg)</td><td colspan="9">1541</td></tr>
<tr><td>车身材料</td><td colspan="9">钢板</td></tr>
<tr><td>车身类型/乘员人数</td><td colspan="9">2厢5门/5</td></tr>
<tr><td rowspan="5">发动机参数</td><td>发动机型号/类型</td><td colspan="4">15S4G/直列4缸 16气门 双顶置凸轮轴 连续可变气门正时机构 DOHC CVVT</td><td colspan="5">4G63S4T/直列4缸 16气门 单顶置凸轮轴 SOHC</td></tr>
<tr><td>排量(mL)</td><td colspan="4">1498</td><td colspan="5">1997</td></tr>
<tr><td>额定功率[kW/(r/min)]</td><td colspan="4">119/5500</td><td colspan="5">130/5500</td></tr>
<tr><td>最大转矩[N·m/(r/min)]</td><td colspan="4">215/2000～4000</td><td colspan="5">250/2400～4400</td></tr>
<tr><td>排放标准/建议用油</td><td colspan="4">国Ⅳ/93#及以上汽油</td><td colspan="5">国Ⅴ/93#及以上汽油</td></tr>
<tr><td rowspan="5">底盘参数</td><td>变速器类型</td><td colspan="7">5挡手动</td><td colspan="2">DCT</td></tr>
<tr><td>驱动类型</td><td colspan="9">前置前驱</td></tr>
<tr><td>悬架系统</td><td colspan="9">前麦弗逊独立悬架/后多连杆式独立悬架</td></tr>
<tr><td>制动系统</td><td colspan="9">前后盘式制动器</td></tr>
<tr><td>轮胎规格</td><td colspan="9">235/65 R17</td></tr>
<tr><td rowspan="2">性能</td><td>最高车速(km/h)</td><td colspan="4">180</td><td colspan="5">–</td></tr>
<tr><td>0～100km/h加速时间(s)</td><td colspan="4">9.76</td><td colspan="5">–</td></tr>
<tr><td colspan="2">工信部综合工况油耗(L/100km)</td><td colspan="4">7.9</td><td colspan="5">–</td></tr>
<tr><td colspan="2">上市时间</td><td colspan="9">2013年12月22日</td></tr>
<tr><td colspan="2">厂家建议价格(万元)</td><td>7.98</td><td>8.68</td><td>9.88</td><td>–</td><td>–</td><td>–</td><td>–</td><td>–</td><td>–</td></tr>
</table>

注：厂家建议价格以2016年3～8月为准

T200

主要配置

经典型：全金属承载式车身、4门防撞钢梁、可溃缩式转向管柱、仪表台防撞钢梁、ISOFIX儿童座椅固定系统、后门儿童安全锁、安全带未系提示、倒车雷达、车速落锁功能(30km/h)、4门电动车窗、手动空调、FM/AM+USB接口(支持MP3)、2扬声器、晶钻卤素前照灯、精炫后雾灯、大型条状组合式尾灯、前排双无骨刮水器、后窗除霜器、宽大进气格栅、钢制轮辋、高位制动灯、前照灯未关报警系统、前照灯高度可调、LED冷光仪表(亮度可调)、防炫内后视镜、一体化双色仪表台、高级针织地毯、皮质座椅、驾驶席座椅手动调节、副驾驶座椅4向手动调节

都市型：经典型+ABS+EBD、遥控中央门锁、遥控钥匙、精炫前雾灯、电动调节外后视镜(带侧转向灯)、铝合金轮辋、门槛装饰板

精英型：都市型+驾驶席安全气囊、自动恒温空调、CD+USB接口(支持MP3)、4扬声器、后窗带喷水刮水器、扰流板(带高位制动灯)、后排座椅置物帘、多功能转向盘

主要车型参数及价格

车型		1.3L MT			1.5L MT	1.5L CVT
		经典型	都市型	精英型	精英型	精英型
基本参数	长×宽×高(mm)	4005×1570×1704				
	轴距(mm)	2420				
	前/后轮距(mm)	1305/1310				
	最小离地间隙(mm)	195				
	油箱/行李舱容积(L)	46/454-1158(后排座椅放平)				
	整备质量(kg)	1130				
	车身材料	金属				
	车身类型/乘员人数	2厢5门/5				
发动机参数	发动机型号	4G13S1			4G15S	
	发动机类型	直列4缸 16气门 单顶置凸轮轴 多点电喷汽油机				
	排量(mL)	1299			1488	
	额定功率[kW/(r/min)]	68.5/6000				78/6000
	最大转矩[N·m/(r/min)]	113.5/4500				134/4500
	排放标准	国Ⅳ+OBD				
底盘参数	变速器类型	MT				CVT
	驱动类型	前置后驱				
	悬架系统	前麦弗逊式独立悬架带横向稳定杆/后五连杆式非独立悬架带横向稳定杆				
	制动系统	前盘式/后鼓式制动器				
	轮胎规格	205/70 R15				
工信部综合工况油耗(L/100km)		6.5			7.6	
上市时间		2013年5月18日				
厂家建议价格(万元)		4.5999	4.9999	5.3999	5.9999	6.2999

注：厂家建议价格以2016年3～8月为准

广汽吉奥汽车有限公司 Gac-Gonow Auto Co.,Ltd.

奥轩GX5 奥轩G5

主要配置

双安全气囊、ABS+EBD、遥控中控锁、倒车可视、一键起动、定速巡航、可调角度安全吸能管柱、预紧式安全带、儿童安全锁、差速锁、驻车制动报警装置、4门电动车窗、行李舱延迟自动上锁、电子开启式后背门锁、遥控器关闭车窗、车身防盗器、行车自动上锁保护、自动一体化冷暖空调、电控加油锁、智能天窗，数字电视、蓝牙、MP5+7英寸显示屏、GPS语音导航+语音测速提示、6扬声器、遥控点亮前照灯、前照灯高度可调、间歇式后背门刮水器、电动外后视镜带转向灯、外后视镜热除霜、后风窗热线除霜、真皮包裹多功能转向盘、防炫内视镜、真皮座椅，差速锁

车身颜色：丰田白、银灰、珍珠黑、闪棕金、炫枣金、霞光橙、橄榄绿

主要车型参数及价格

	车　型	2.0汽油 MT		2.4汽油 MT		2.4汽油 AT		2.4汽油 MT		2.4汽油 AT	
		时尚版	天窗版	时尚版	天窗版	时尚版	天窗版	时尚版	天窗版	时尚版	天窗版
基本参数	长×宽×高(mm)	4640×1815×1830									
	轴距(mm)	2745									
	前/后轮距(mm)	1510/1485									
	前/后悬距(mm)	890/1005									
	最小离地间隙(mm)	210									
	油箱容积(L)	68									
	整备质量(kg)	1700				1750		1790		1840	
	乘员人数	5									
发动机参数	发动机型号	4G63S4M		4G69S4N							
	排量(mL)	1997		2378							
	额定功率[kW/(r/min)]	90/5500		100/5250							
	最大转矩[N·m/(r/min)]	170/2500～3500		196/2500～3500							
	排放标准	国Ⅳ+OBD									
底盘参数	变速器类型	5挡手动				5挡自动		5挡手动		5挡自动	
	驱动类型	两驱						四驱			
	悬架系统	前双横臂式扭杆弹簧独立悬架/后五连杆螺旋簧非独立悬架									
	制动系统	前后盘式制动器									
	轮胎规格	235/65 R17									
性能	最高车速(km/h)	160									
工信部综合工况油耗(L/100km)		9.9		10.2		10.5				10.8	
上市时间		2012年									
厂家建议价格(万元)		10.98	11.98	11.28	12.28	12.78	13.38	12.48	13.48	14.58	15.18

注：厂家建议价格以最新公布为准

奥轩G5
GONOW

主要配置

双安全气囊、ABS+EBD、倒车可视、可调角度安全吸能管柱、预紧式安全带、儿童安全锁、行车自动上锁保护、驻车制动报警装置、车身防盗器、遥控中控锁、4门电动车窗、遥控器关闭车窗、电子开启式后背门锁、行李舱延迟自动上锁、电控加油锁、自动一体化冷暖空调、智能天窗、MP5+7英寸显示屏、GPS语音导航+语音测速提示、数字电视、蓝牙、6扬声器、遥控点亮前照灯、前照灯高度可调、间歇式后背门刮水器、电动外后视镜(带转向灯)、外后视镜热除霜、后风窗热线除霜、防炫室内镜、真皮面料座椅、仪表背光可调节、真皮包裹多功能转向盘

车身颜色：丰田白、银灰、珍珠黑、闪棕金、炫枣金、霞光橙、橄榄绿

主要车型参数及价格

	车型	2.0汽油 MT			2.4汽油 MT		2.4汽油 AT		2.4汽油 MT		2.4汽油 AT	
		智选版	精英版	至尊版	精英版	至尊版	精英版	至尊版	精英版	至尊版	精英版	至尊版
基本参数	长×宽×高(mm)	4640×1815×1800										
	轴距(mm)	2745										
	前/后轮距(mm)	1510/1485										
	前/后悬距(mm)	890/1005										
	最小离地间隙(mm)	210										
	油箱容积(L)	68										
	整备质量(kg)	1700					1750		1790		1840	
	乘员人数	5										
发动机参数	发动机型号	4G63S4M			4G69S4N							
	排量(mL)	1997			2378							
	额定功率[kW/(r/min)]	90/5500			100/5250							
	最大转矩[N·m/(r/min)]	170/2500～3500			196/2500～3500							
	排放标准	国Ⅳ+OBD										
底盘参数	变速器类型	5挡手动					5挡自动		5挡手动		5挡自动	
	驱动类型	两驱							四驱			
	悬架系统	前双横臂式扭杆弹簧独立悬架/后五连杆螺旋簧非独立悬架										
	制动系统	前后盘式制动器										
	轮胎规格	235/65 R17										
性能	最高车速(km/h)	160										
工信部综合工况油耗(L/100km)		10.1			10.2		10.4		10.5		10.4	
上市时间		2011年										
厂家建议价格(万元)		8.68	9.69	11.28	9.98	11.58	11.78	13.08	11.18	12.78	13.28	14.88

注：厂家建议价格以最新公布为准

奇瑞汽车股份有限公司 Chery Automobile Corporation Limited

新瑞虎5　新瑞虎3

新瑞虎5 TIGGO

年度**新上市**车型

百万用户选择，百万信赖驱动。真实力驾享城市SUV奇瑞新瑞虎5，独具5X5全路况城市驾控系统，以越野式190mm离地间隙，48%大爬坡度及全系标配博世ESP系统，为您带来全面超越的驾控感受。领先的iAUTO均衡智造技术平台及C.LAB四大顶尖实验室更确保其品质标杆，让你在强者路上，不断追逐进取，做同级越野的领先者。

主要配置

家享版： 前排双安全气囊、ABS防抱死制动系统、EBD电子制动力分配系统、博世ESP车身电子稳定系统、ASR牵引力控制系统、HHC上坡辅助系统、EBA制动辅助系统、DTC发动机拖滞扭矩控制系统、前排预紧限力式安全带、后排中间三点式安全带、前排安全带未系提醒功能、车身防盗系统、发动机电子防盗系统、钥匙忘拔警报功能、超速报警功能、全方位4探头后倒车雷达、遥控钥匙(2把)、中控门锁、儿童安全门锁、ISO-FIX儿童座椅安全锁扣装置、瞬时油耗显示、电动空调、前后电动车窗、7英寸触摸式液晶显示屏、车载蓝牙系统、USB+iPod接口、无机芯DVD、松下4高保真扬声器、行车电脑显示屏、劲感铝合金运动轮毂、前无骨刮水器/后刮水器、LED锐目熏黑光导前照灯、LED璀钻间行车灯、前照灯高度电动可调、前雾灯、流动炫动LED尾灯、LED高位制动灯、电动调节外后视镜带加热功能、钢化夹层安全玻璃、普通绿色侧玻璃、流线型行李架、人体工程学织物座椅、驾驶席座椅6向/副驾驶座椅4向手动调节、转向盘角度2向调节、多功能运动转向盘、手动防炫内后视镜，1.5TCI增加胎压监测系统、定速巡航系统、高清级可视化倒车影像、GPS导航系统、全新Cloudrive智云互联行车系统、越级8英寸触摸式真彩大屏、炫光运动式彩屏仪表、真皮包裹转向盘

家悦信赖版： 家享版+前排侧安全气囊、胎压监测系统、定速巡航系统、普通电动天窗、GPS导航系统、全新Cloudrive智云互联行车系统、越级8英寸触摸式真彩大屏、松下6高保真扬声器、高清级可视化倒车影像、人体工程学皮座椅、驾驶席座椅6向电动调节、真皮包裹转向盘，CVT增加一键式起动系统、Valeo无钥匙进入、炫光运动式彩屏仪表，1.5CTI增加一键式起动系统、Valeo无钥匙进入、四门玻璃一键升窗、四门车窗防夹功能、自动亮灯、电动遥控折叠后视镜

家尊信赖版： 家悦信赖版+全方位4探头前雷达、四门玻璃一键升窗、四门车窗防夹功能、双区自动空调、车外温度显示、电动遥控折叠后视镜

卓越信赖版： 家尊信赖版+自动刮水器、全景天窗、自动亮灯、前排座椅电加热

荣耀信赖版： 卓越信赖版+行车记录仪、360度全景摄影、隐私玻璃、驾驶席通风按摩座椅、选装包

车身颜色： 星光蓝、翡冷翠、晶钻紫、皓月白、赤金棕、徽墨黑、烈焰红

内饰颜色： 深色

主要车型参数及价格

车型		2.0DVVT-MT		2.0DVVT-CVVT				1.5TCI-MT		
		家享版	家悦信赖版	家悦信赖版	家尊信赖版	卓越信赖版	荣耀信赖版	家享版	家悦信赖版	卓越信赖版
基本参数	长×宽×高(mm)	4506×1841×1740								
	轴距(mm)	2610								
	前/后轮距(mm)	1550/1530								
	最小离地间隙(mm)	190								
	油箱/行李舱容积(L)	55/370-1000								
	整备质量(kg)	1495		1537				1498		
	车身材料	金属								
	车身类型/乘员人数	封闭承载式/5								
发动机参数	发动机型号/类型	SQR484F/直列4缸						SQRE4T15/直列4缸		
	排量(mL)	1971						1498		
	额定功率[kW/(r/min)]	102/5750						112/5500		
	最大转矩[N·m/(r/min)]	182/4500						205/2000~4000		
	排放标准	国V								
底盘参数	变速器类型	5挡手动变速器		7级CVT无级变速器				5挡手动变速器		
	驱动类型	前驱								
	悬架系统	前麦弗逊式独立悬架带有横向稳定杆/后双连杆独立悬架带有横向稳定杆								
	制动系统	前通风盘式/后实心盘式制动器								
	轮胎规格	225/65 R17					–	225/60 R18		
性能	最高车速(km/h)	175		165				187		
工信部综合工况油耗(L/100km)		8.5		8.96				7.2		
上市时间		2016年3月1日								
厂家建议价格(万元)		8.99	9.99	11.09	11.69	12.49	15.19	9.69	10.79	11.89

注：厂家建议价格以2016年3~8月为准

百万用户选择，百万信赖驱动。奇瑞新瑞虎3锐意前行，不断自我革新。

以领先同级的尺寸、灵活多变的实用空间和深入细节的全新质感酷越内饰设计，让出行更加惬意舒心。硬朗越野的SUV外观，越野式190mm离地间隙，兼全系标配ESP，轻松应付各种复杂路况。全新升级的Cloudrive 2.0智云互联行车系统，带来极智用车科技新体验。

新瑞虎3，以值得信赖的品质基因，带来驾享新生活！

新瑞虎3 TIGGO

年度**新上市**车型

主要配置

风尚版：前排双安全气囊、ABS防抱死制动系统、EBD电子制动力分配系统、ESP博世9.0车身电子稳定系统、EBA制动辅助系统、TCS牵引力控制系统、HHC上坡辅助系统、高灵敏倒车雷达、泊车雷达仪表显示、车身防盗系统、发动机电子防盗系统、转向照明辅助系统、儿童安全门锁、驾驶席安全带未系提醒装置、120km/h超速报警功能、智能可调超速提醒、车门未关提醒功能、钥匙未拔警报、全车三点式紧急锁止安全带、ISO-FIX儿童座椅安全锁扣装置、电控供油、起步辅助系统、遥控钥匙、遥控门锁、中控门锁、电动车窗、瞬时/平均油耗显示、续航里程显示、保养提醒功能、四门一键降窗、手动空调、空调调节/花粉过滤、空调后排脚部出风口、3.5英寸智能行车电脑显示屏、无碟CD、收音机FM/AM、高保真4扬声器、外部USB接口、铝合金轮毂、多挡静音前刮水器/后刮水器、鹰眼式透镜前照灯、前照灯高度电动可调、前照灯伴我回家、双倒双雾光带尾灯、前雾灯、外后视镜集成LED转向灯、电动调节外后视镜、钢化绿色侧玻璃、前风窗夹层安全玻璃、电加热除霜后风窗钢化绿色玻璃、酷黑高亮钢琴烤漆前格栅、镀铬车身防擦条、吸顶式车顶行李架、LED高位制动灯、镶嵌软包裹仪表台、Ice Blue冰蓝自发光立体仪表、PU转向盘、多功能转向盘角度可调、高级透气柔性织物座椅、驾驶席6向/副驾驶4向手动调节，CVT增加ECO/SPT双驾驶模式

智尚版：风尚版+TPMS数显胎压监测系统、智能自动空调、一键双模式电动天窗、高清级可视化动态辅助倒车影像、8英寸超大至炫智能液晶显示器、蓝牙音乐/免提通话、手机全屏映射、USB支持IPOD功能、外后视镜电加热、发动机装饰罩、真皮运动转向盘、皮织拼色运动座椅，CVT增加ECO/SPT双驾驶模式

尊尚版：智尚版+前排侧安全气囊、LDW主动偏航警示系统、行李记录仪系统、前排防夹/一键升窗、GPS导航系统、运动高亮前保护杠、运动侧踏板、高级软触仪表台、前排座椅电加热，CVT增加ECO/SPT双驾驶模式

车身颜色：黑白色、琥珀绿、象牙白、徽墨黑、珊瑚红、耀铂金、钻石银

内饰颜色：酷黑

主要车型参数及价格

车型		1.6DVVT MT			1.6DVVT CVT		
		风尚版	智尚版	尊尚版	风尚版	智尚版	尊尚版
基本参数	长×宽×高(mm)	4420×1760×1670					
	轴距(mm)	2510					
	前/后轮距(mm)	1500/1495					
	最小离地间隙(mm)	190(空载)					
	油箱/行李舱容积(L)	55/550					
	整备质量(kg)	1358			1390		
	车身材料	金属					
	车身类型/乘员人数	3厢4门/5					
发动机参数	发动机型号/类型	ACTECO-SQRE4G16/直列4缸					
	排量(mL)	1598					
	额定功率[kW/(r/min)]	93/6150					
	最大转矩[N·m/(r/min)]	160/3900					
	排放标准	国V					
底盘参数	变速器类型	5挡手动			7CVT无级变速器		
	驱动类型	前置前驱					
	悬架系统	前麦弗逊式独立悬架带横向稳定杆/后双连杆式独立悬架带横向稳定杆					
	制动系统	前通风盘式/后实心盘式制动器					
	轮胎规格	215/60 R17					
性能	最高车速(km/h)	175			165		
工信部综合工况油耗(L/100km)		6.7			7.9		
上市时间		2016年5月21日					
厂家建议价格(万元)		6.89	7.59	8.39	7.79	8.49	9.29

注：厂家建议价格以2016年3～8月为准

安徽江淮汽车股份有限公司 Anhui Jianghuai Automobile Co.,Ltd.

第二代瑞风S5　瑞风S3

第二代瑞风S5 REFINE

主要配置

舒适型：高刚性抗扭力车身、前排双安全气囊、ABS防抱死制动系统、EBD电子制动力分配系统、BOS制动优先系统、倒车雷达、驾驶席安全带未系提醒、前排预紧式安全带、后排中间三点式安全带、车内中控锁(带儿童保护)、ISOFIX儿童座椅固定装置、尾门逃生开关、发动机电子防盗系统、折叠遥控钥匙、四门电动车窗、手动空调、后排隐藏式双排空调出风口、空气调节/粉尘过滤系统、单碟CD、USB+AUX+iPod接口、4扬声器系统、智能行车电脑、前/后无骨刮水器、动感铝合金轮辋、电动外后视镜集成LED转向灯、LED日间行车灯、前照灯高度调节、前照灯自动点亮、Follow me home伴我回家功能、高璨LED后尾灯、高璨前/后雾灯、LED高位制动灯、镀铬装饰运动双排气管、侧围安全防护板、前双门提醒灯、后风窗电热除霜装置、防炫目内后视镜、高级色织布座椅、驾驶席座椅手动6向调节、副驾驶座椅手动4向调节、炮筒式运动仪表、转向盘上下调节、独立车载电源，1.5TGDI 6MT舒适型增加ESC车身稳定控制系统、TCS牵引力控制系统、BA制动辅助系统、HSA上坡辅助系统、HDC陡坡缓降系统、独立数显智能胎压监测系统、CCS定速巡航系统、倒车影像、6扬声器系统、人机智能语音交互系统、GPS导航系统、GPS导航语音识别、车载蓝牙免提系统、顶置行李架、外后视镜电动折叠、外后视镜电加热除霜、高级分色皮质座椅、真皮包裹多功能转向盘

豪华型：舒适型+独立数显智能胎压监测系统、倒车影像、电动天窗、6扬声器系统、人机智能语音交互系统、GPS导航系统、GPS导航语音识别、车载蓝牙免提系统、顶置行李架、外后视镜电动折叠、外后视镜电加热除霜、高级分色皮质座椅、真皮包裹多功能转向盘，2.0T 6DCT豪华型增加侧安全气囊、ESC车身稳定控制系统、TCS牵引力控制系统、BA制动辅助系统、HSA上坡辅助系统、HDC陡坡缓降系统、前驻车雷达、主驾车窗一键升降(防夹功能)、感应刮水器、前风窗电加热，1.5TGDI 6MT豪华型增加侧安全气囊、ESC车身稳定控制系统、TCS牵引力控制系统、BA制动辅助系统、HSA上坡辅助系统、HDC陡坡缓降系统、CCS定速巡航系统、前驻车雷达、驾驶席车窗一键升降(防夹功能)、全景天窗、前风窗电加热、感应刮水器，1.5TGDI 6DCT豪华型增加侧安全气囊、ESC车身稳定控制系统、TCS牵引力控制系统、BA制动辅助系统、HSA上坡辅助系统、HDC陡坡缓降系统、EPB电子驻车系统、CCS定速巡航系统、前驻车雷达、PEPS无钥匙进入及一键起动、驾驶席车窗一键升降(防夹功能)、全景天窗、前风窗电加热、感应刮水器

精英型：舒适型+ESC车身稳定控制系统、TCS牵引力控制系统、BA制动辅助系统、HSA上坡辅助系统、HDC陡坡缓降系统、顶置行李架、高级黑色织布座椅，1.5TGDI 6DCT精英型增加独立数显智能胎压监测系统、CCS定速巡航系统、PEPS无钥匙进入及一键起动、EPB电子驻车系统、倒车影像、人机智能语音交互系统、GPS导航系统、GPS导航语音识别、车载蓝牙免提系统、外后视镜电动折叠、外后视镜电加热除霜、高级分色皮质座椅、真皮包裹多功能转向盘

豪华型运动版：精英型+侧安全气囊、独立数显智能胎压监测系统、CCS定速巡航系统、前驻车雷达、倒车影像、人机智能语音交互系统、GPS导航系统、GPS导航语音识别、车载蓝牙免提系统、感应刮水器、前风窗电加热、外后视镜电动折叠、外后视镜电加热除霜、驾驶席车窗一键升降(防夹功能)、高级分色皮质座椅、真皮包裹多功能转向盘

豪华智能型：豪华型运动版+侧安全气帘、副驾驶席安全带未系提醒、前排主动头枕、双温区自动空调、全景天窗、后窗隐私玻璃、电子防炫目内后视镜、高级黑色皮质座椅、驾驶座椅电动6向调节、驾驶座椅电动记忆功能、前排座椅电加热，1.5TGDI 6DCT豪华智能型增加EPB电子驻车系统、PEPS无钥匙进入及一键起动、氙气前照灯

内饰颜色：黑色、双色

第二代瑞风S5的前脸设计与第一代的虎啸式前脸有所不同。新款前脸采用了江淮家族化的“宝瓶口”式设计理念，两侧日间行车灯与其贯穿相连，进一步增加了前脸的视觉宽度，同时也具有更高的视觉辨识度。新车侧围采用了两段式腰线，配合侧窗线和门槛线，营造浓郁的运动感。

配置方面，第二代瑞风S5将增加智能语音互动系统、一键起动、无钥匙进入、定速巡航、LED日间行车灯等配置，同时，空气调节/粉尘过滤系统、驾驶座电动记忆、驾驶座椅电动6向调节等舒适配置也得以保留。

第二代瑞风S5最大亮点在于动力方面的升级，新车将搭载江淮汽车自主研发的“白金传动系”，即1.5T GDI+6DCT/6MT的动力总成，其额定功率为128kW，最大转矩251N·m，百公里加速时间9.8s，综合油耗仅需百公里7.6L。另外，新车还将提供搭载2.0升自然吸气发动机的车型，其最大功率106kW，峰值转矩180N·m，传动方面匹配的是5MT变速器。

主要车型参数及价格

	车型	2.0VVT 5MT		2.0T 6DCT	1.5TGDI 6MT					1.5TGDI 6DCT		
		舒适型	豪华型	豪华型	精英型	舒适型	豪华型	豪华智能型	豪华型运动版	精英型	豪华型	豪华智能型
基本参数	长×宽×高(mm)	4475×1840×1680/1670										
	轴距(mm)	2645										
	前/后轮距(mm)	1590/1590										
	最小离地间隙(mm)	210										
	油箱/行李舱容积(L)	55/650										
	整备质量(kg)	1445		1545	1475					1495		
	车身材料	钢板										
	乘员人数	5										
发动机参数	发动机型号	HFC4GA3.3D		HFC4GA3.1D	HFC4GC1.6D							
	发动机类型	直列4缸 16气门 DOHC										
	排量(mL)	1997			1499							
	额定功率[kW/(r/min)]	106/5500		120/5200	128/4850～5500					128/4850～5500		
	最大转矩[N·m/(r/min)]	180/3000～4500		235/2000～4000	251/1500～4500					251/1500～4500		
	排放标准	国Ⅳ、国Ⅴ										
底盘参数	变速器类型	5挡手动		6DCT变速器	6挡手动					6DCT变速器		
	驱动类型	前驱										
	悬架系统	前麦弗逊式独立悬架/后E型多连杆独立悬架										
	制动系统	前通风盘式/后盘式制动器										
	轮胎规格	225/60 R17		225/55 R18	225/60 R17	225/55 R18						
性能	最高车速(km/h)	190		180	190							
工信部综合工况油耗(L/100km)		8.5		9.3	7.6					8.6		
改款时间		2015年3月31日										
厂家建议价格(万元)		8.95	9.95	12.58	9.95	10.95	11.95	12.95	11.58	10.75	12.95	13.95

注：厂家建议价格以2016年3～8月为准

瑞风S3 REFINE

主要配置

舒适型：欧洲ECE行人保护法规车身设计、笼式高强度承载车身、前席双安全气囊、博世9代ABS制动防抱死系统、EBD电子制动力分配系统、BOS制动优先系统、驾驶席安全带未系提醒、前排预紧式安全带、后排普通式三点安全带、溃缩吸能式转向管柱、后门儿童安全保护门锁、行车自动闭锁、碰撞后自动解锁功能、高强度侧门防撞钢梁、前后高强度防撞梁、一体式侧围、ISOFIX儿童座椅固定装置、尾门逃生开关、发动机电控防盗系统、电控防盗系统、中控门锁、遥控开启行李舱、折叠遥控钥匙、高效手动空调、4门玻璃电动升降、主驾驶车窗一键升降(防夹功能)、智能行车电脑、收音机、AUX/USB外部音源接口、4扬声器、前风窗玻璃遮阳彩带、光带式LED日间行车灯、透镜前照灯、前照灯高度调节、电动外后视镜集成LED转向灯、高璨花火式炫酷尾灯、高璨后雾灯、LED高位制动灯、博世前风窗无骨刮水器、后风窗电热除霜装置、转向盘上下调节、隐藏式玻璃封装天线、炮筒式自发光仪表、组合仪表调光开关、多功能组合开关、透气柔性织物座椅、驾驶席座椅手动4向调节

豪华型：舒适型+博世9代ESP车身稳定控制系统、BA制动辅助系统、TCS牵引力控制系统、HSA上坡辅助系统、倒车雷达系统、前/后保险杠吸能垫系统、驻车制动未解除报警功能、高璨前雾灯、顶置行李架、后风窗刮水器、动感铝合金轮辋、多功能转向盘(带音响控制)、驾驶席座椅手动6向调节

豪华智能型：豪华型+独立数显智能胎压监测系统、前CCS定速巡航系统、排安全带高度调节、自动恒温空调、空气调节/花粉过滤、7英寸中控彩色大屏、GPS导航系统、车载蓝牙免提系统、6扬声器、外后视镜电加热除霜、皮质包裹转向盘、高级皮质运动座椅

豪华智能型尊享版：豪华智能型+前席侧安全气囊、环绕式侧安全气帘、副驾驶席安全带未系提醒、双模电动天窗

主要车型参数及价格

车型		1.5L 5MT	1.5L 6MT			1.5L CVT	
		舒适型	豪华型	豪华智能型	豪华智能型尊享版	豪华型	豪华智能型
基本参数	长×宽×高(mm)	4325×1765×1625/1660					
	轴距(mm)	2560					
	最小离地间隙(mm)	200					
	油箱/行李舱容积(L)	45/600					
	整备质量(kg)	1210				1220	
	车身材料	钢板					
	乘员人数	5					
发动机参数	发动机型号/类型	HFC4GB2.3D/直列4缸 16气门 DOHC 可变气门正时系统(VVT)					
	排量(mL)	1499					
	额定功率[kW/(r/min)]	83/6000					
	最大转矩[N·m/(r/min)]	146/3500~4500					
	排放标准	国Ⅳ、国Ⅴ					
底盘参数	变速器类型	5挡手动	6挡手动			CVT无级变速器	
	驱动类型	前驱					
	悬架系统	前麦弗逊独立悬架带横向稳定杆/后扭力梁式半独立悬架					
	制动系统	前通风盘式/后鼓式、后盘式制动器					
	轮胎规格	185/65 R15	205/55 R16				
性能	最高车速(km/h)	175					
工信部综合工况油耗(L/100km)		6.5				6.9	
上市时间		2014年8月27日					
厂家建议价格(万元)		6.58	6.98	7.48	7.88	7.98	8.48

注：厂家建议价格以2016年3～8月为准

东南(福建)汽车工业有限公司 South East (Fujian) Motor Corporation Ltd.

东南DX7

东南DX7

主要配置

启航版： ABS+EBD+BAS、超高强度笼式车身结构、ASCB先进高刚性车身、驾驶席安全气囊、ESS紧急制动警示系统、BOS制动优先系统、AWS事故警示信号、驾驶席预紧式安全带、驾驶席安全带未系提醒、发动机防盗锁止系统、ISO FIX儿童安全座椅固定装置、儿童安全锁、遥控中控锁、4门电动窗、4扬声器、MP3/MP4/USB接口/AUX-IN、前风窗无骨刮水器、后刮水器、后风窗除雾线、LED灯带式日间行车灯、前照灯延时关闭、后雾灯、电动外后视镜带LED转向灯、翼展式不锈钢窗框、隔热玻璃、后扰流尾翼、不锈钢运动双排气尾管、延伸护甲式车门、海浪立体皮质中控台、“望远镜”式致炫仪表、织布座椅、驾驶席座椅手动6向调节、副驾驶座椅手动4向调节、后12V电源

舒适型： 启航版+无钥匙进入及一键起动系统、智能钥匙、清新负离子双区恒温空调

精英型： 舒适型+副驾驶席安全气囊、副驾驶席预紧式安全带、副驾驶席安全带未系提醒功能、驻车雷达、倒车雷达、EPB智能电控驻车制动、倒车影像系统、SEMI-II东南多媒体交互系统、HMI快捷操作区+手写控制功能、8英寸LCD悬浮式炫彩显示屏、GPS导航系统、智能语音控制系统、蓝牙功能、6扬声器、指南针、语音提示系统、自动感应式前照灯、AFS转向辅助照明功能、高亮前雾灯、外后视镜电加热、雨量感应式刮水器、冰蓝科技质感背光、多功能转向盘(音响/语音)、双色豪华皮质座椅、后排中央出风口，1.5T AT精英型增加ESC全维车身稳定系统、ROP防侧翻保护系统、TCS牵引力控制系统、HSA坡道起步辅助系统、HDC陡坡缓降系统、AUTO HOLD自动驻车、定速巡航/限速系统、多功能转向盘(音响/语音/定速)、真皮包裹排挡杆

豪华型： 精英型+侧安全气囊、TPMS胎压监测系统、侧安全气帘、车联网智能安全系统、智能车载Wi-Fi、驾驶座电动窗一键上升(防夹)、一键开启大视野全景天窗、外后视镜电动折叠、贴附式行李架(银色)、真皮包裹转向盘、驾驶席座椅电动6向调节、车内气氛灯，1.5T AT豪华型增加ESC全维车身稳定系统、ROP防侧翻保护系统、TCS牵引力控制系统、HSA坡道起步辅助系统、HDC陡坡缓降系统、AUTO HOLD自动驻车、定速巡航/限速系统、多功能转向盘(音响/语音/定速)、真皮包裹排档杆，2.0T运动版豪华型增加ESC全维车身稳定系统、ROP防侧翻保护系统、TCS牵引力控制系统、HSA坡道起步辅助系统、HDC陡坡缓降系统、AUTO HOLD自动驻车、红色运动制动卡钳、黑色钢琴烤漆行李架、运动版个性标牌

尊贵型： 豪华型+BSW盲区警示系统、倒车影像系统带动态辅助线、AVM全景影像显示系统、SIDE VIEW车侧影像实时辅助系统、全智能电动尾门，1.5T AT尊贵型增加ESC全维车身稳定系统、ROP防侧翻保护系统、TCS牵引力控制系统、HSA坡道起步辅助系统、HDC陡坡缓降系统、APA全方位自动泊车系统、AUTO HOLD自动驻车、定速巡航/限速系统、多功能转向盘(音响/语音/定速)、真皮包裹排档杆、行李舱遮物卷帘

旗舰型： 2.0T运动版豪华型+BSW盲区警示系统、倒车影像系统带动态辅助线、AVM全景影像显示系统、SIDE VIEW车侧影像实时辅助系统、全智能电动尾门

车身颜色： 俊雅红、珐琅灰、珍珠白、皓月白、摩卡棕、尊爵黑

主要车型参数及价格

车型		1.5T MT					1.5T AT			2.0T 运动版	
		启航版	舒适型	精英型	豪华型	尊贵型	精英型	豪华型	尊贵型	豪华型	旗舰型
基本参数	长×宽×高(mm)	4530×1900×1700									
	轴距(mm)	2700									
	前/后轮距(mm)	1601/1602									
	最小离地间隙(mm)	200									
	油箱容积(L)	55									
	整备质量(kg)	1485					1545			1580	
	车身材料	钢板									
	乘员人数	5									
发动机参数	发动机型号	三菱新一代全铝4A91T MIVEC								三菱高性能4G63T	
	发动机类型	直列4缸 16气门 DOHC 高效节油可变气门正时系统 涡轮增压发动机									
	排量(mL)	1499								1997	
	额定功率[kW/(r/min)]	115/5600								143/5500	
	最大转矩[N·m/(r/min)]	215/2000～4500								265/2800～4400	
	排放标准/建议用油	国V/93#及以上无铅汽油								国Ⅳ、国V/93#及以上无铅汽油	
底盘参数	变速器类型	德国格特拉克 6挡手动变速器					5挡手自一体变速器			5挡手动变速器	
	驱动类型	前驱									
	悬架系统	前麦弗逊式独立悬架/后多连杆式带防倾平衡杆独立悬架									
	制动系统	前后盘式制动器									
	轮胎规格	225/60 R17	235/55 R18								
工信部综合工况油耗(L/100km)		7.6					8.4			8.6	
上市时间		2015年7月25日									
厂家建议价格(万元)		9.69	9.99	10.99	11.99	12.99	11.99	12.99	13.99	12.99	13.99

注：厂家建议价格以2016年3～8月为准

江西昌河铃木汽车有限责任公司 Jiangxi Changhe-Suzuki Automobile Co.,Ltd.

昌河铃木：昌河Q25

昌河Q25

年度**新上市**车型

主要配置

乐尚版：前排安全气囊、ABS+EBD、前排座椅普通式安全带、后排座椅中间位置三点式安全带、可溃式转向柱、电控供油、制动优先、油路自动切断系统、安全带高度调节(B柱)、驾驶席安全带未系提醒(符号+声音)、发动机电子防盗系统、防盗报警系统(声音+灯光)、行车灯未关报警(符号+声音)、中控锁、车速感应门锁、儿童锁、ISOFIX儿童座椅接口、可折叠遥控钥匙、普通包胶备用钥匙、前/后车门电动车窗、电动空调、高效清洁除尘功能、行车电脑、前排标准USB接口带充电功能、收音机、4扬声器、速度感知音量随速调节、前风窗普通刮水器、后风窗玻璃除霜、外后视镜车身同色/带转向灯/手动折叠、卤素前照灯、前照灯高度可调/延时关闭功能、卤素后尾灯、高位制动灯、前/后雾灯、自动后行李舱灯、外门把手车身同色、外后视镜电动调节、指针式仪表盘、三幅普通转向盘、内视镜手动防炫目、运动织物座椅、前排座椅手动4向调节、整体翻转后排座椅

乐趣版：乐尚版+辅助制动BA(机械式)、7.0英寸显示屏+手机互联、蓝牙系统、四门车窗水切亮条、车顶行李架、四门外包围、三幅真皮包裹转向盘、多功能转向盘+标识+装饰条

乐慧版：乐趣版+倒车影像、后泊车雷达、后排空调吹脚风道、电动天窗、6扬声器、外后视镜蓝光镜面、后刮水器(BBI全塑)、双色轮毂+红色制动钳、驾驶席座椅手动6向调节、主副驾驶员遮阳板(化妆镜)，AT乐慧版增加定速巡航

乐享版：乐慧版+侧安全气囊、侧安全气帘、前排座椅预紧限力式安全带、副驾驶安全带未系提醒(符号+声音)、定速巡航、7.0英寸显示屏+手机互联+GPS导航、前照灯自动亮灯功能、LED日间行车灯、雨量传感器、外后视镜电加热、石英钟、运动真皮座椅、前排腰部支撑

主要车型参数及价格

	车　型	基本型5MT 乐尚版	标准型5MT 乐趣版	舒适型5MT 乐慧版	舒适型4AT 乐慧版	豪华型4AT 乐享版
基本参数	长×宽×高(mm)	4095×1750×1583				
	轴距(mm)	2519				
	前/后轮距(mm)	1467/1453				
	最小离地间隙(mm)	150				
	整备质量(kg)	1139			1153	
	车身材料	钢板				
	乘员人数	5				
发动机参数	发动机型号	北汽A151				
	排量(mL)	1499				
	额定功率[kW]	85				
	最大转矩[N·m]	148				
	排放标准/建议用油	国V/93(京92)#汽油				
底盘参数	变速器类型	5挡手动			4挡自动	
	驱动类型	前驱				
	悬架系统	前麦弗逊式悬架/后H扭力梁式悬架				
	制动系统	前后盘式制动器				
	轮胎规格	195/55 R15	205/50 R16			
性能	最高车速(km/h)	160				
工信部综合工况油耗(L/100km)		6.1			6.8	
上市时间		2016年3月28日				
厂家建议价格(万元)		5.59	5.99	6.39	6.89	7.59

注：厂家建议价格以2016年3～8月为准

江西江铃控股有限公司 Jiangxi Jiangling Holding Co.,Ltd.

江铃陆风：陆风X8　陆风X7　陆风X5

陆风X8 LANDWIND

主要配置

豪华型： ABS防抱死制动系统、EBD制动力分配系统、前排安全气囊、倒车雷达(3探头/声音)、行车自动落锁、倒车静音、四门防撞钢梁、吸能式转向柱、发动机电子防盗系统、前后三点式安全带(后排中座三点)、前后三点式安全带(后排中座两点)、前排安全带高低可调、安全带未系声光报警、转向柱锁、后门儿童安全锁、胎压监测系统、车窗遥控自动关闭器、车窗遥控升降装置、电动车窗(主驾驶座可一触式升降控制)、中控门锁、机械锁止式差速器、油耗显示(仪表指示)、遥控钥匙、旋钮式电控空调、8英寸多媒体显示屏+倒车可视+GPS+导航地图卡插口+USB接口+AUX-IN接口+车载蓝牙、4扬声器、与车身同色外侧门把手、镀铬外窗框压条、镀铬+高亮银中网、黑色顶置行李架、与车身同色电动外后视镜带LED转向灯、与车身同色后扰流板、黑色侧裙装饰板、分色前后保险杠(上部分与车身同色+下部分黑)、鲨鱼鳍天线、后风窗除霜除雾功能、后刮水器、组合前照灯、LED高位制动灯、日行灯(前雾灯)、后雾灯、间歇可调式无骨刮水器、防炫目内后视镜、发泡四幅式转向盘、转向盘倾角可调功能、仪表灯光为全白色(白色刻度白色字体'指针红色)、组合仪表灯光自发光(二档亮度可调)、内开式加油口盖、LATCH座椅接口、针织座椅、前排座椅手动4向调节、后排车顶灯、镀铬门内拉手、前排活动式烟灰缸、针织地毯、遮阳板(副驾驶座带化妆镜)、前排阅读灯带眼镜盒、后座椅6:4分割，四驱增加电子四驱切换、发动机防撞板总成、前桥自动锁止离合器

超豪华型： 豪华型+6扬声器、电动天窗、延时关闭前照灯、镀铬外侧门把手、高亮银色顶置行李架、皮质包覆四幅式转向盘、转向盘音响控制键、易拉式后遮物帘、真皮座椅、驾驶席座椅电动6向调节、副驾驶座椅电动4向调节、后座中央扶手(带杯座)、不锈钢三踏板(离合、制动、加速)、不锈钢迎宾踏板，四驱增加电子四驱切换、发动机防撞板总成、前桥自动锁止离合器

车身颜色： 丝光银、珠光黑、玉白、中国红、海防绿

主要车型参数及价格

车　型		2.0T(柴油)			
		豪华型 4X2	豪华型 4X4	超豪华型 4X2	超豪华型 4X4
基本参数	长×宽×高(mm)	4636×1865×1810			
	轴距(mm)	2760			
	前/后轮距(mm)	1535/1540			
	最小离地间隙(mm)	200			
	油箱/行李舱容积(L)	70/1057-2460(后排座椅放平)			
	车身材料	钢板			
	乘员人数	5			
发动机参数	发动机型号/类型	VM JE4D20E/高压共轨中冷增压 博世电控高压共轨喷射系统 双顶置凸轮轴 双平衡轴/EGR废气再循环 EGR冷却器 16气门			
	排量(mL)	1997			
	额定功率[kW/(r/min)]	90/4000			
	最大转矩[N·m/(r/min)]	280/2000			
	排放标准	国Ⅳ			
底盘参数	变速器类型	5挡手动			
	驱动类型	两驱	四驱	两驱	四驱
	前悬架系统	不等长双A臂独立悬架 扭杆弹簧 充气双向作用液压筒式减振器			
	后悬架系统	非独立悬架 变刚度螺旋弹簧 四连杆结构 加横向稳定杆 带双向充气减振器			
	制动系统	前后通风盘式制动器			
	轮胎规格	235/65 R17			
性能	最高车速(km/h)	160			
	60km/h等速油耗(L/100km)	5.18			
上市时间		2015年3月13日			
厂家建议价格(万元)		12.39	13.99	13.59	15.19

注：厂家建议价格以2016年3～8月为准

陆风X7 LANDWIND

主要配置

全景尊享型：前排双安全气囊、ESC车身稳定控制系统(ABS+EBD)、TCS牵引力控制系统、PBA紧急制动辅助系统、HAC上坡起步辅助系统、HDC陡坡缓降系统、CBC转弯制动平衡系统、BCM车身电子控制系统、电子驻车系统、发动机电子防盗系统、遥控钥匙、智能一键起动、无钥匙进入系统、吸能式转向柱、驾驶席侧中控锁、行车自动落锁、勿忘落锁功能(含车窗自动关闭)、车窗远程遥控升降、后门儿童安全锁、ISO FIX儿童座椅接口、车门开启警示灯及声音警报、超固四门防撞梁、前排安全带三点式安全带、前排安全带未系声光报警、后排安全带两侧三点式安全带、前后侦测雷达声音报警、前两点高感应声音报警侦测雷达、后四点高感应声音报警侦测雷达、实时倒车影像、倒车音响静音、电动车窗、四门一键升降式电动窗(带防夹功能)、中控门锁、高智能定速巡航、尾门电动解锁、自动感应恒温空调、车载信息系统(双屏互动)、高精度卫星导航、10.2英寸超大智能触摸屏、行车电脑、剧院级MP3/MP5音响主机、蓝牙免持系统、6扬声器、通用型USB插口、前座AUX-IN/AV端口、分色前后保险杠、电动外后视镜电加热/电动折叠、电动外后视镜/与车身同色/黑色烤漆、外侧门把手车身同色、高亮门框装饰条、苍穹式全景天窗、后扰流板、铝合金行李架、运动双炮筒高亮排气尾管、卤素组合前照灯、前后高透雾灯、炫亮LED高位制动灯、后风窗玻璃电加热、后刮水器、前无骨刮水器、雨量感应自动无骨刮水器、四门外装饰板、高亮LED日间行车灯、路况感应自动前照灯、前照灯忘关警报提示音、电子式防炫目内后视镜、全封闭发动机舱装饰罩、奢华软质搪塑仪表台、高品质软包内饰板、针织面料座椅、驾驶席座椅手动6向调节、副驾驶座椅手动4向调节、行政级中央扶手带杯座、多功能转向盘、高级皮质包裹转向盘带音响控制键、转向盘四向调节、自发光式组合仪表

全景尊贵版：全景尊享型+前排侧安全气囊、前排安全带三点式带预紧限力功能、后排安全带两侧三点式带预紧限力功能、高清360度环车影像、智能偏航侦测预警系统、车侧安全影像辅助系统、高精度卫星导航、8扬声器、不锈钢高亮迎宾踏板、运动制动踏板、前照灯高度可调、皮质座椅、驾驶席座椅电动6向调节、驾驶席座椅电加热

全景旗舰版：全景尊贵版+前后贯通式双安全气帘、智能胎压监测系统、合金行李架、后风窗玻璃电加热、前风窗玻璃镀膜、运动红色卡钳、副驾驶座椅电动4向调节

主要车型参数及价格

	车 型	8AT		
		全景尊享型	全景尊贵型	全景旗舰型
基本参数	长×宽×高(mm)	4420×1910×1630(1640行李架)		
	轴距(mm)	2670		
	前/后轮距(mm)	1625/1625		
	最小离地间隙(mm)	190		
	油箱容积(L)	67		
	整备质量(kg)	1775		
	车身材料	钢板		
	乘员人数	5		
发动机参数	发动机型号/类型	沈阳三菱4G63S4T/横置 直列4缸 水冷 4冲程 电控涡压增压		
	排量(mL)	1997		
	额定功率[kW/(r/min)]	1400/5000		
	最大转矩[N·m/(r/min)]	250/2800～4400		
	排放标准	国V		
底盘参数	变速器类型	8挡手自一体		
	驱动类型	两驱		
	前悬架系统	前麦弗逊式独立悬架/后多连杆式悬架		
	制动系统	前后盘式制动器		
	轮胎规格	235/60 R18	255/50 R19	
性能	最高车速(km/h)	170		
工信部综合工况油耗(L/100km)		10.4		
上市时间		2015年8月6日		
厂家建议价格(万元)		12.98	13.98	14.78

注：厂家建议价格以2016年3～8月为准

陆风X5
LANDWIND

主要配置

创享版： ABS+EBD、双安全气囊、发动机电子防盗系统、吸能式转向柱、转向柱锁、驾驶席侧车门解锁键、行车自动落锁、ISO FIX儿童座椅接口、后门儿童安全锁、车门开启警告灯、四门防撞钢梁、前排安全带普通三点式安全带、前排安全带高低可调、驾驶席安全带未系声光报警、后排安全带两侧普通三点式/中座两点式、倒车雷达与后保险同色3探头/声音报警、倒车音响静音、电动车窗、车窗自动关闭器、车窗遥控降落装置、中控门锁、遥控钥匙、手动旋钮式电控空调、后出风口、行车电脑、单碟CD+MP3＋收音机+AUX接口、4扬声器、间歇可调式无骨刮水器、示廓灯忘关警报提示音、分色前后保险杠、电动外后视镜与车身同色、电动外后视镜带LED转向灯、镀铬外侧门把手、门框黑化处理、镀铬外窗框下压条、外置天线、高亮银色顶置行李架、保险杠钛银下扰流板、双炮筒式排气尾管、双炮筒式不锈钢装饰罩、组合前照灯、前/后雾灯、LED高位制动灯、后窗玻璃电加热、后刮水器、注塑仪表台、针织面料座椅、前排座椅手动4向调节、6:4分割后排座椅、后排座椅靠背折叠及倾角可调、防炫目内后视镜、转向盘四向可调、自发光式组合仪表，AT创享版增加ESC、TCS、AT定速巡航、转向盘仿皮包覆、转向盘带音响控制键

创领版： 创享版+侧安全气囊、前排预紧加限力三点式安全带、后排预紧加限力三点式安全带、电动天窗、转向盘带音响控制键、6扬声器、电动外后视镜电动折叠/电加热、不锈钢迎宾踏板、真皮座椅、驾驶席座椅电动6向调节、副驾驶座椅电动4向调节、转向盘仿皮包覆，AT创领版增加ESC、TCS、副驾驶安全带未系声光报警、AT定速巡航、发动机下后护板、不锈钢操纵踏板

车身颜色： 珠光黑、玉白、丝光银、中国红、斯巴达褐、新贵橙、摩幻棕

主要车型参数及价格

车型		2.0T MT		2.0T AT		1.5T MT	
		创享版	创领版	创享版	创领版	创享版	创领版
基本参数	长×宽×高(mm)	4568×1855×1680/1710(带行李架)					
	轴距(mm)	2660				2660	
	前/后轮距(mm)	1560/1560				1560/1560	
	最小离地间隙(mm)	190				190	
	油箱/行李舱容积(L)	60/855				60/855	
	整备质量(kg)	1580		1620		1541	
	车身材料	钢板				钢板	
	乘员人数	5				5	
发动机参数	发动机型号/类型	沈阳三菱4G63S4T发动机/横置 直列4缸 水冷 四冲程 电控 涡轮增压				—/4冲程 直列4缸 水冷 DOHC进气可变正时(MIVEC)涡轮增压(TURBO)汽油机	
	排量(mL)	1997				1499	
	额定功率[kW/(r/min)]	140/5500				110/5500	
	最大转矩[N·m/(r/min)]	250/2800～4400				200/2000～4500	
	排放标准	国Ⅳ				国Ⅳ	
底盘参数	变速器类型	6挡手动		8挡自动		6挡手动	
	驱动类型	两驱				两驱	
	悬架系统	前麦弗逊式独立悬架/后多连杆式悬架					
	制动系统	前后盘式制动器					
	轮胎规格	225/65 R17				225/65 R17	
性能	最高车速(km/h)	185		170		175	
	60km/h等速油耗(L/100km)	6.4		5.8		5.7	
工信部综合工况油耗(L/100km)		8.6		8.5		8.1	
上市时间		2015年					
厂家建议价格(万元)		10.38	11.58	12.28	13.38	9.88	10.98

注：厂家建议价格以2016年3～8月为准

江铃汽车股份有限公司 Jiangling Motors Co.,Ltd.

江铃·驭胜

江铃·驭胜

年度**新上市**车型

驭胜S330定位为一款小型SUV，外观方面，该车前保险杠下部为倒梯形大嘴式造型，高配车型的前保险杠两侧配备有C形的LED日间行车灯。全系车型搭载1.5T发动机，最大功率为120kW，最大转矩为250N·m，只有最低配车型采用手动变速器，其他车型均匹配6挡自动变速器。该车将会推出6款车型，动力系统均采用1.5T发动机。

主要配置

舒适版：前排安全气囊、ABS制动防抱死系统、EBD电子制动力分配系统、ESP电子车身稳定装置、HHC坡道辅助系统、BAS制动辅助系统、TPMS胎压监测系统、车速感应式车门自动上锁、发动机防盗系统、驾驶员安全带未系提示、前排安全带高度可调、ISO FIX儿童座椅固定装置、儿童安全锁、中控锁(带遥控器可折叠)、倒车雷达、电子空调、电动车窗、电控开锁上掀尾门、收音机、外接音源接口(USB)、中控台显示大屏(8英寸)、6扬声器、行车电脑、双色保险杠、鲨鱼鳍天线、后组合尾灯、投射式前照灯带LED导光条、高位制动灯、前/后雾灯、LED转向灯、后视镜电动调节、无骨刮水器、尾门玻璃加热、后窗喷淋、后刮水器、手动防炫目内后视镜、仪表指针显示、普通转向盘、12V电源输出、发动机盖隔音垫、两向调节转向盘、驾驶席座椅手动6向调节、副驾驶座椅手动4向调节，AT舒适版增加EPB电子驻车制动系统、定速巡航系统、智能钥匙、一键起动、手机互联、手机无线充电、蓝牙、自动控制前照灯、前照灯延时关闭、后视镜电动折叠、后视镜加热、雨理感应刮水器、电子防炫目内后视镜、真皮包裹多功能转向盘、四向调节转向盘

时尚型：舒适版+前排侧安全气囊、EPB电子驻车制动系统、副驾驶安全带未系提醒、定速巡航系统、智能钥匙、一键起动、360°全景摄像头、四门防夹车窗、四门一触式玻璃升降开关、电动天窗、组合仪表TFT屏/行车电脑显示屏、手机互联、手机无线充电、蓝牙、日间行车灯、自动控制前照灯、前照灯延时关闭、后视镜电动折叠、后视镜加热、雨理感应刮水器、电子防炫目内后视镜、真皮包裹多功能转向盘、四向调节转向盘、仿皮座椅、前排座椅加热、驾驶席座椅电动8向调节

尊贵型：时尚型+电动全景天窗

旗舰型：尊贵型+左右侧安全气帘、单温区自动恒温空调、空气/花粉过滤器、第二排空调出风口、全触摸面板、8扬声器、GPS、镀铬装饰套件/下格栅、行李舱电源(12伏)、真皮座椅

主要车型参数及价格

车型		舒适版		时尚版	尊贵版	旗舰版	
		MT	AT	AT	AT	MT	AT
基本参数	长×宽×高(mm)	4588×1932×1676					
	轴距(mm)	2712					
	前/后轮距(mm)	1625/1625					
	最小离地间隙(mm)	185	180				
	油箱/行李舱容积(L)	52/470–1165					
	整备质量(kg)	1465	1547			1570	1661
	车身材料	钢板					
	乘员人数	5					
发动机参数	发动机型号	1.5L GTDi					
	排量(mL)	1490					
	额定功率[kW]	120					
	最大转矩[N·m]	250					
	排放标准	国V					
底盘参数	变速器类型	6挡手动	6挡手自一体				
	驱动类型	前驱					四驱
	悬架系统	前麦弗逊式独立悬架/后多连杆式独立悬架					
	制动系统	前通风盘式/后实体盘式制动器					
	轮胎规格	215/65 R16		235/55 R17		235/50 R18	
性能	最高车速(km/h)	180					175
工信部综合工况油耗(L/100km)		7.2	7.8				8.4
上市时间		2016年7月21日					
厂家建议价格(万元)		9.78	11.18	11.88	12.18	13.28	14.28

注：厂家建议价格以2016年3～8月为准

郑州日产汽车有限公司 Zhengzhou Nissan Automobile Co.,Ltd.

帕拉丁

帕拉丁 PALADIN

主要配置

标准型： 前排双安全气囊、ABS防抱死制动系统、LSV感载比例阀、前/后排安全带、转向管柱、后门儿童安全门锁、车门防撞杆、防盗报警功能、遥控门锁、电动门窗、中控门锁、转向助力、手动空调、音碟CD/AM/FM/带USB接口、前/后雾灯、高位制动灯、电动可调车体同色后视镜、电加热后除霜器、前无级变频/变速间歇式刮水器、后间歇式刮水器、车顶行李架、转向盘上下角度可调、前排座椅4向手动调节、绒布座椅

豪华型： 标准型+抬压监测系统、倒车雷达、自动空调、DVD、电加热后视镜、驾驶度座椅高度可调带腰托、后排靠背角度可调、新款仪表台

车身颜色： 珍珠白、沙滩银、珍珠黑

内饰颜色： 深色、黑色

主要车型参数及价格

车型		两驱		四驱	
		标准型	豪华型	标准型	豪华型
基本参数	长×宽×高(mm)	4545×1840×1880			
	轴距(mm)	2650			
	前/后轮距(mm)	1525/1505			
	最小离地间隙(mm)	215			
	整备质量(kg)	1675		1815	
	车身材料	钢板			
	乘员人数	5			
发动机参数	发动机型号/类型	KA24/直列4缸			
	排量(mL)	2388			
	额定功率[kW/(r/min)]	110/4800			
	最大转矩[N·m/(r/min)]	208/4000			
	排放标准	国Ⅳ			
底盘参数	变速器类型	5挡手动			
	驱动类型	两驱		四驱	
	悬架系统	前双叉臂式独立悬架/后变刚度钢板弹簧悬架			
	制动系统	前盘式/后鼓式制动器			
	轮胎规格	245/70 R16			
性能	最高车速(km/h)	160		155	
工信部综合工况油耗(L/100km)		9.3	9.7	9.8	10.4
厂家建议价格(万元)		16.48	20.28	20.48	24.78

注：厂家建议价格以2016年3～8月为准

东风本田汽车有限公司 Dongfeng Honda Automobile Co.,Ltd.

CR-V　XR-V

CR-V

主要配置

2.0L经典版LXi–L：主副驾安全气囊、侧安全气囊(副驾驶席带OPDS)、VSA车辆稳定性辅助系统、HSA坡道辅助系统、ABS防抱死制动系统、EBD电子制动力分配系统、前/后座五席三点式安全带、双前座护颈式安全头枕、安全带警示系统、后车门儿童安全锁、双后座儿童安全座椅固定设备(ISO FIX)、防盗报警系统、中央控制门锁、Idle Stop发动机节能自动起停、ECON智能化绿色节能辅助系统、手动空调、空调后排出风口、卤素前照灯、前照灯高度手动调节、前照灯自动延时熄灭、前间歇式刮水器、后间歇式刮水器+倒挡组合、高位制动灯、车身同色门把手、外后视镜带LED转向灯、电动调节外后视镜、单碟CD播放器、高保真扬声器、AUX音频接口、车顶中置鲨鱼鳍天线、电动车窗夜光按键、主驾驶席座椅6向手动调节、副驾驶席座椅4向手动调节、经典织绒座椅、前排中央多功能滑动扶手、4向可调转向盘、3辐经典转向盘、转向盘集成音响控制、3D数字化多层次显示仪表盘

2.0L都市版LXi：2.0L经典版LXi–L+侧安全气帘、DWS智能胎压报警系统、双开启模式防夹电动天窗、日间行车灯

2.0L风尚版EXi：2.0L都市版LXi+智能化多功能显示系统、智能进入系统(智能钥匙+一键起动)、高音单元、USB接口、电动调节外后视镜加热功能、顶置式太阳眼镜盒(带后排观察镜)、双前座椅靠背置物袋

2.4L豪华版VTi：2.0L风尚版EXi+LWC盲点显示系统、高灵敏度倒车雷达、全角度可视化倒车影像、定速巡航系统、双温区自动空调、DA智能屏互联系统、HDMI接口、蓝牙通话系统、前可变间歇式刮水器、豪华镀铬门把手、右外后视镜带摄像头、电动调节外后视镜电动折叠功能、3辐真皮包裹转向盘+多功能快捷键(带夜光)、行李舱软质隔板、主驾驶席座椅8向电动调节、副驾驶席座椅4向电动调节、主驾驶席电动调节腰托、尊贵真皮座椅、电加热双前排座椅

2.4L尊贵版VTi–S：2.4L豪华版VTi+电动尾门、氙气前照灯、前照灯自动清洗装置、前照灯自动水平保持

主要车型参数及价格

<table>
<tr><td colspan="2" rowspan="2">车　型</td><td>LXi–L</td><td>LXi</td><td colspan="2">EXi</td><td colspan="2">VTi</td><td>VTi–S</td></tr>
<tr><td>2.0L经典版</td><td>2.0L都市版</td><td colspan="2">2.0L风尚版</td><td colspan="2">2.4L豪华版</td><td>2.4L尊贵版</td></tr>
<tr><td rowspan="7">基本参数</td><td>长×宽×高(mm)</td><td colspan="7">4585×1820×1685</td></tr>
<tr><td>轴距(mm)</td><td colspan="7">2620</td></tr>
<tr><td>前/后轮距(mm)</td><td colspan="7">1580/1580</td></tr>
<tr><td>最小离地间隙(mm)</td><td colspan="7">137(满载)</td></tr>
<tr><td>油箱容积(L)</td><td colspan="7">58</td></tr>
<tr><td>整备质量(kg)</td><td>1516</td><td colspan="2">1540</td><td colspan="2">1590</td><td>1640</td><td>1655</td></tr>
<tr><td>乘员人数</td><td colspan="7">5</td></tr>
<tr><td rowspan="7">发动机参数</td><td>发动机型号</td><td colspan="4">R20A7</td><td colspan="3">K24V6</td></tr>
<tr><td>发动机类型</td><td colspan="4">水冷4冲程直列4缸16气门</td><td colspan="3">水冷4冲程直列4缸16气门(缸内直喷)</td></tr>
<tr><td>排量(mL)</td><td colspan="4">1997</td><td colspan="3">2356</td></tr>
<tr><td>额定功率[kW/(r/min)]</td><td colspan="4">114/6500</td><td colspan="3">137/6400</td></tr>
<tr><td>最大转矩[N·m/(r/min)]</td><td colspan="4">190/4300</td><td colspan="3">243/3900</td></tr>
<tr><td>排放标准/建议用油</td><td colspan="7">国Ⅳ、国V/92#及以上无铅汽油</td></tr>
<tr><td>变速器类型</td><td colspan="7">CVT(无级变速器)</td></tr>
<tr><td rowspan="3">底盘参数</td><td>驱动类型</td><td colspan="3">两驱</td><td>适时四驱</td><td>两驱</td><td colspan="2">适时四驱</td></tr>
<tr><td>悬架系统</td><td colspan="7">前麦弗逊式独立悬架带稳定杆的前束控制连杆/后双横臂式独立悬架带稳定杆的反作用连杆</td></tr>
<tr><td>轮胎规格</td><td colspan="6">225/65 R17 102T</td><td>225/60 R18 100H</td></tr>
<tr><td colspan="2">工信部综合工况油耗(L/100km)</td><td colspan="3">7.1</td><td>7.2</td><td>7.4</td><td>7.7</td><td>7.9</td></tr>
<tr><td colspan="2">厂家建议价格(万元)</td><td>17.98</td><td>18.98</td><td>19.98</td><td>20.98</td><td>22.98</td><td>23.98</td><td>24.98</td></tr>
</table>

注：厂家建议价格以2016年3～8月为准

XR-V

主要配置

经典版：主副驾i-SRS智能安全气囊、侧安全气囊+乘员感知系统、ABS防抱死制动系统+EBD电子制动力分配系统、VSA车辆稳定性辅助系统(含TCS+BA功能)、BOS制动优先系统、HSA坡道辅助系统、EPB电子驻车制动系统+ABH自动驻车系统、ESS紧急制动提醒系统、前排限载预警式安全带、前排安全带未系提醒功能、后座三点式安全带、后车门儿童安全锁、儿童安全座椅固定设备(ISO FIX)、智能防盗启动锁止系统、防盗报警器、底盘扰流防护板、倒车雷达、遥控钥匙、后排中央控制系统、全车电动车窗、驾驶席车窗一键式升降(防夹)、手动空调、车内空气过滤器(粉尘、花粉过滤)、车载蓝牙系统(语音、音乐)、5英寸彩色智能屏(CD播放、音乐功能、蓝牙手机连接)、4扬声器、单USB、iPod播放功能(USB连接)、SVC音量与车速联动系统、卤素前照灯(高度手动调节)、前照灯自动延时熄灭(锁车后)、前后雾灯、前排绿色隔热玻璃、后排及后风窗绿色隔热玻璃、鲨鱼鳍天线、多级式前风窗玻璃刮水器、后风窗玻璃刮水器(带清洗功能、倒车联动)、LED组合尾灯、LED高位制动灯、多功能转向盘、多状态显示仪表盘、防炫目内后视镜、织物座椅、主驾驶席座椅6向手动调节、副驾驶席座椅4向手动调节、12V电源接口(前排、行李舱)

舒适型：经典版+Idle-stop发动机节能自动起停系统、ECON智能化绿色节能辅助系统、可开启式全景天窗(带防夹手功能)、织物+真皮座椅

豪华版：舒适型+侧安全气帘、可视化倒车系统(DA显示)、智能钥匙进入系统、一键式起动系统、定速巡航系统、自动空调、双USB接口+HDMI接口、7英寸彩色智能屏互联系统(CD播放、手机导航、上网、音乐功能)、6扬声器、外后视镜带转向灯、车顶行李架、触控式中央控制台、多功能真皮包裹转向盘(4向调节)、真皮座椅

车身颜色：拉力红、塔夫绸白、炫金银、绚光蓝、琥珀橙、彩晶黑

主要车型参数及价格

	车型	1.5L LXi MT	1.5L LXi CVT	1.8L EXi MT	1.8L EXi CVT	1.8L VTi CVT
		经典版	经典版	舒适版	舒适版	豪华版
基本参数	长×宽×高(mm)	4270×1772×1605				
	轴距(mm)	2610				
	前/后轮距(mm)	1540/1530				
	最小离地间隙(mm)	135(满载)		140(满载)		
	油箱容积(L)	50				
	整备质量(kg)	1197	1205	1280	1295	1304
	乘员人数	5				
发动机参数	发动机型号	L15B5		R18ZA		
	发动机类型	直列4缸 16气门 水冷 4冲程				
	排量(mL)	1498		1798		
	额定功率[kW/(r/min)]	96/6600		100/6500		
	最大转矩[N·m/(r/min)]	155/4600		169/4300		
	排放标准/建议用油	国Ⅳ、国Ⅴ/92#以上汽油				
底盘参数	变速器类型	6挡手动变速器(6MT)	无级变速(CVT)	6挡手动变速器(6MT)	无级变速器(CVT)	
	驱动类型	前置前驱				
	轮胎规格	215/60 R16 95H		215/55 R17 94V		
性能	最高车速(km/h)	195	185	198	183	
工信部综合工况油耗(L/100km)		6.1	5.9	6.9	6.6	
厂家建议价格(万元)		12.78	13.78	13.98	14.98	16.28

注：厂家建议价格以2016年3～8月为准

海马(郑州)汽车有限公司 Haima(Zhengzhou)Automobile Co.,Ltd.

海马S5

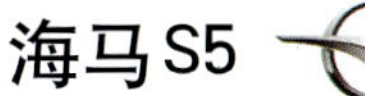

海马S5，相对紧凑的车身上，各部分设计组合大气优雅，车身比例像教科书般规整。大嘴进气格栅的设计与不规则前照灯融合自然，而分层式的日间行车灯、雾灯等，正是时下流行元素。这也为海马S5自动创享版提升行驶稳定性以及燃油经济性创造了条件。除此之外，镀铬装饰的侧裙边以及门把手等细节也是精致感的来源之一。

主要配置

舒适型：前排双安全气囊、3H高刚性车身、ABS+EBD、BAS制动辅助系统、中央控制门锁、后门儿童安全锁、ISOFIX儿童座椅接口、倒车雷达、发动机防盗(ECU防盗)、SFD碰撞控制系统、车门未关报警、车外灯光未关报警、驻车制动未解除报警、安全带未系报警、超速报警、智能行车预警(瞬时油耗、续航里程、水温显示)、遥控钥匙、行李舱应急逃生、电动空调、车窗一键升降(驾驶席带防夹功能)、灰尘过滤器、CAN-BUS系统、CD、高保真4扬声器、鸥翼式镀铬前照灯、前照灯高度可调节、高亮度LED流光日间行车灯、Traveller旅行支架、动感铝合金轮毂、后刮水器、前/后雾灯、LED高位制动灯、电动调节外后视镜、12V户外应急电源(行李舱)、钢琴烤漆中控面板、环保"搪塑工艺"软体材质、绒布座椅、驾驶席座椅6向调节、副驾驶座椅4向手动调节

豪华型天窗版：舒适型+BlueTooth蓝牙系统、自动观星天窗一键开闭(带防夹功能)、双色运动座椅、皮质座椅、多功能皮质包裹转向盘

豪华型科技版：豪华型天窗版+ESP电子车身稳定系统、HHC坡道起步辅助系统、TCS牵引力控制系统、MASR+MSR加速防滑及扭矩控制技术、无骨刮水器、感应刮水器、前照灯自动点亮、锋刃式五幅运动轮毂、车门镭射投影、炫酷冰橙迎宾灯、仪表背光可变

智能豪华型：豪华型天窗版+360°智能驾驶辅助系统、DVD、高保真6扬声器、中控台7英寸液晶大屏、GPS智能导航系统、音量随速调节系统

智能豪华型科技版：智能豪华型+TPMS胎压监测系统、ESP电子车身稳定系统、HHC坡道起步辅助系统、TCS牵引力控制系统、MASR+MSR加速防滑及扭矩控制技术、360° AGi盲点识别系统、行车记录仪、锋刃式五幅运动轮毂、前照灯自动点亮、无骨感应刮水器、外后视镜加热+电动折叠、车门镭射投影、炫酷冰橙迎宾灯、仪表背光可变

主要车型参数及价格

车型		1.6L MT				
		舒适型	豪华型天窗版	豪华型科技版	智能豪华型	智能豪华型科技版
基本参数	长×宽×高(mm)	4358×1823×1630				
	轴距(mm)	2630				
	最小离地间隙(mm)	160(满载)				
	油箱容积(L)	60				
	整备质量(kg)	1350				
	车身材料	钢板				
	乘员人数	5				
发动机参数	发动机型号	HMA GN16-VF1				
	发动机类型	VVT可变气门正时 VIS可变进气歧管 E-GAS电子节气门				
	排量(mL)	1591				
	额定功率[kW/(r/min)]	90/6000				
	最大转矩[N·m/(r/min)]	160/4000				
	排放标准	国V				
底盘参数	变速器类型	5挡手动				
	驱动类型	前驱				
	悬架系统	前麦弗逊式独立悬架+带稳定杆/后多连杆式独立悬架+带稳定杆				
	制动系统	前后盘式制动器				
	轮胎规格	215/65 R16		215/60 R17		
工信部综合工况油耗(L/100km)		7.3				
上市时间		2015年				
厂家建议价格(万元)		7.98	8.58	9.58	9.08	9.58

注：厂家建议价格以2016年3～8月为准

广汽本田汽车有限公司 Guangqi Honda Automobile Co.,Ltd.

广汽 HONDA
让 梦 走 得 更 远

缤智

缤智 VEZEL

缤智(VEZEL)是广汽本田旗下首款SUV，由Honda全新车型平台开发。2014年10月25日正式上市。作为继雅阁(Accord)、飞度(FIT)之后，广汽本田导入的Honda第三款全球战略车型。缤智(VEZEL)不仅完美展现了Honda FUNTEC技术的强大实力，凭借钻石般多变外观、超动感全能驾控、航空式梦幻座舱、多变性灵活空间、人性化智能配置五大颠覆性亮点，全面打破传统、颠覆既有，带给消费者前所未有的潮流体验。

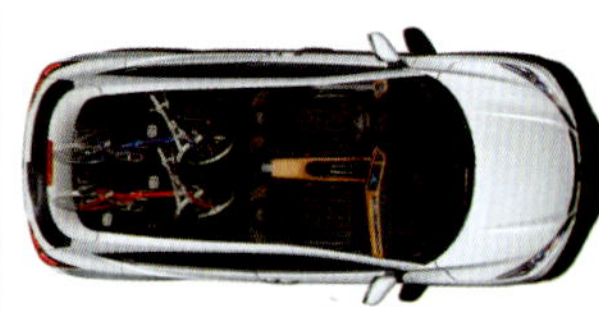

主要配置

舒适版： 前排i-SRS双安全气囊、前排侧安全气囊+乘员感知系统、ACE高级兼容性车身结构，ABS防抱死制动系统、EBD电子制动力分配系统、VSA车辆稳定性控制系统(含TCS+BA功能)、BOS制动优先系统、HAS斜坡起动辅助系统、ESS紧急制动警示系统、底盘扰流防护板、车门内置防侧撞保护杆、前后防撞梁、儿童安全门锁、ISO FIX儿童座椅固定装置、智能防盗启动锁止系统、防盗报警系统、豪华广角后视摄像显示系统(广角/标准/俯视三种模式)、遥控钥匙、中央控制门锁，手动空调，车内空气过滤器(粉尘/花粉过滤)、全车电动车窗、驾驶席车窗一键式升降/防夹、5英寸彩色智能屏(CD播放/音乐功能/蓝牙手机连接)、4杨声器、单USB接口、iPod播放功能(USB连接)、SVC音量与车速联动系统、12V电源接口(前排/行李舱，车载蓝牙系统(语音/音乐)，卤素前照灯、前照灯高度手动调节、前照灯自动延时熄灭(锁车后)、前/后雾灯、前排绿色隔热玻璃、鲨鱼鳍天线、多级式前风窗玻璃刮水器、后风窗玻璃刮水器带清洗功能/倒车联动、LED组合尾灯、LED高位制动灯、多功能转向盘(4向调节)、多功能自发光式仪表，防炫目内后视镜，高级织物座椅、驾驶席座椅6向手动调节、副驾驶座椅4 向手动调节

精英版： 舒适版+电动折叠外后视镜、高级织物/皮双拼座椅

先锋版： 精英版+17英寸熏黑轮辋、豪华全景天窗(防夹)、Smart Entry智能无匙进入系统、一键式启动系统

豪华版： 先锋版+高灵敏泊车雷达(后4探头)、定速巡航系统，单区自动空调、7英寸彩色智能屏互联系统(CD播放/手机导航/上网/音乐功能)、6扬声器、双USB接口+HDMI接口、晶钻LED前照灯(高度自动调节)、LED日间行车灯、外后视镜带转向灯/加热功能、车顶行李架、多级式前风窗玻璃刮水器(可调速)、光纤尾灯、真皮包裹转向盘

旗舰版： 豪华版+侧安全气帘、双区独立控制自动空调、7英寸彩色触摸屏DVD音响导航系统、黑色高级真皮座椅

车身颜色： 海洋蓝、奥夫特黑、玫瑰黑、探戈红、丝缎银、搭夫绸白

主要车型参数及价格

	车型	1.5L 6MT 舒适版	1.5L CVT 舒适版	1.8L 6MT 精英版	1.8L CVT 精英版	1.8L CVT 先锋版	1.8L CVT 豪华版	1.8L CVT 旗舰版
基本参数	长×宽×高(mm)	4294×1772×1605						
	轴距(mm)	2610						
	前/后轮距(mm)	1535/1540						
	油箱/行李舱容积(L)	50/437-1456						50/393-1418
	整备质量(kg)	1200	1204	1248	1256	1292	1302	1390
	车身材料	钢板						
	车身类型/乘员人数	5门SUV/5						
发动机参数	发动机类型	直列4缸 16气门 DOHC i-VTEC 缸内直喷		直列4缸 16气门 SOHC i-VTEC				
	排量(mL)	1498		1799				
	额定功率[kW/(r/min)]	96/6600		100/6500				
	最大转矩[N·m/(r/min)]	155/4600		169/4300				
	排放标准	国Ⅳ、国Ⅴ						
底盘参数	变速器类型	6挡手动	CVT无级变速	6挡手动	CVT无级变速			
	驱动类型	前驱						电子控制适时四驱
	悬架系统	前麦弗逊独立悬架/后扭力梁式悬架						
	制动系统	前通风盘式/后盘式制动器						
	轮胎规格	215/60 R16 95H				215/55 R17 94V		
性能	90km/h等速油耗(L/100km)	5.2	4.9	6.0	5.7			6.1
工信部综合工况油耗(L/100km)		6.2	5.9	7.0	6.7	6.5	6.5	7.1
上市时间		2015年3月26日		2014年10月25日	2015年11月20日	2014年10月25日		
厂家建议价格(万元)		12.88	13.68	13.88	14.68	15.38	16.38	18.98

注：厂家建议价格以2016年3~8月为准

东风汽车集团股份有限公司乘用车公司 Dongfeng Motor Corporation Passenger Vehicle Company

东风风神AX7　东风风神AX3

东风风神AX7
智 引 未 来
年度新上市车型

东风风神AX7是东风乘用车的首款SUV产品。而随着时间的推移，目前紧凑型SUV产品的竞争越来越激烈，东风风神因此也需要推出新动力、新配置车型进一步增强竞争力。1.4T车型的座椅增加了红色缝线装饰。配置方面，新车全系标配坡道起步辅助系统，除入门级车型外，其余车型均配备了胎压监测、定速巡航、后视镜电动折叠及后排出风口等配置。

主要配置

智尚型：前排双安全气囊、ABS制动防抱死系统、EBD电子制动力分配、BA智能制动辅助系统、ESC车身电子稳定控制系统、HSA坡道起步辅助系统、TCS牵引力控制系统、制动优先系统、驾驶席安全带未系提醒、前排燃爆式预张紧安全带(高度可调)、后排中央三点式安全带、ISO Fix儿童座椅固定装置(两个)、后排儿童安全门锁、发动机密码芯片防盗系统、10km/h自动落锁功能、倒车雷达、中控门锁系统、驾驶席车窗一键升降带防夹、车门未关显示、电动空调、行车电脑显示屏、7英寸高清彩色触摸屏、车机智能互联系统(基本)、USB+AUX接口、4扬声器高保真音响系统、LED高位制动灯、卤素前照灯、前照灯未熄蜂鸣警告、前/后雾灯、前照灯伴我回家灯、前照灯高度电动调节、前后双色保险杠、鲨鱼鳍天线、车侧窗框亮条+车身鲨鱼腮装饰、后风窗玻璃带电热除霜、外后视镜带LED侧转向灯、外后视镜电动调节、防炫目内后视镜、多功能转向盘(娱乐)、自发光式仪表盘(亮度可调)、驾驶席座椅手动6向调节、副驾驶座椅手动4向调节

智悦型：智尚型+TPMS胎压监测系统、智能倒车影像、定速巡航、四门车窗一键升降带防夹(带遥控开闭)、自动空调、后排空调出风口、多功能转向盘(娱乐+蓝牙+定速巡航)、车载蓝牙系统、6扬声器高保真音响系统、大尺寸电动天窗(防夹)、LED日间行车灯、可承重式铝合金车顶行李架、动感旋风式铝合金轮毂、Ice Blue仪表氛围灯、皮质座椅、驾驶席座椅带腰靠调节、行李舱12V电源，2.0L智悦型MT无一键起动系统、无钥匙进入系统、四门车窗一键升降带防夹(带遥控开闭)，增加电动空调、驾驶席车窗一键升降带防夹，2.0L智悦型AT无一键起动系统、无钥匙进入系统、电动空调、大尺寸电动天窗(防夹)，增加EPB电子驻车系统、驾驶席车窗一键升降带防夹、织物座椅

智逸型：智悦型+前排侧安全气囊、前后一体式侧安全气帘、副驾驶席安全带未系提醒、GPS导航系统、i-radio智能收音机、USB+AUX接口+SD卡槽、车机智能互联系统(高端)、9英寸高清彩色触摸屏、仪表3.5英寸彩色液晶显示屏、外后视镜电加热除霜、外后视镜电动折叠(锁车自动折叠)、真皮包裹转向盘、Ice Blue前门氛围灯、驾驶席座椅电动6向调节，2.0L智逸型AT增加EPB电子驻车系统、转向盲区可视系统、360°全景影像、驾驶席座椅手动6向调节、220V电源插座

智尊型：智逸型+EPB电子驻车系统、后排两侧座安全带带限力、转向盲区可视系统、360°全景影像、外后视镜带记忆功能、外后视镜倒车自动照地、驾驶席记忆座椅(与外后视镜联动)、前排座椅电加热、220V电源插座

车身颜色：珍珠白、端砚黑、丝绸银、古檀棕、中国红

内饰颜色：炫酷深、雅致灰

主要车型参数及价格

	车　型	1.4T MT			2.0L MT		2.0L AT		2.3L AT
		智尚型	智悦型	智逸型	智悦型	智逸型	智悦型	智逸型	智尊型
基本参数	长×宽×高(mm)	4690×1850×1727							
	轴距(mm)	2712							
	前/后轮距(mm)	1585/1585							
	最小离地间隙(mm)	190							
	油箱/行李舱容积(L)	61/565-1572							
	整备质量(kg)	1542					1572		1590
	车身材料	钢板							
	乘员人数	5							
发动机参数	发动机型号	DFM A14T			PSA RFN 10LH3X				PSA 3FY 10XP01
	排量(mL)	1396			1997				2253
	额定功率[kW/(r/min)]	103/5500			108/6000				126/5875
	最大转矩[N·m/(r/min)]	196/1800~4500			200/4000				230/4150
	排放标准	国V							
底盘参数	变速器类型	5挡手动					6挡手自一体		
	驱动类型	前置两驱							
	悬架系统	前麦弗逊式独立悬架/后双横臂式独立悬架							
	制动系统	前后盘式制动器							
	轮胎规格	225/65 R17	225/60 R18						225/60 R18
性能	最高车速(km/h)	185					180		185
工信部综合工况油耗(L/100km)		7.6			8.0		8.7		9.5
上市时间		2016年4月14日							
厂家建议价格(万元)		9.97	10.97	11.97	10.97	11.97	11.97	12.97	14.17

注：厂家建议价格以2016年3~8月为准

东风风神AX3

年度新上市车型

东风风神AX3在年轻人最注重的空间因素上在同级优势较为明显。东风风神AX3车身尺寸为4518mm×1740mm×1562mm，轴距长达2620mm。除此之外，AX3还有一大亮点——后排采用了平地板设计，纵深可高达1700mm，行李舱拓展容积达1310L，可轻松放下一张双人床或者两辆自行车，在同级别车型也是相当罕见。

主要配置

尚酷型：前排安全气囊、BOSCH 9.0版ABS制动防抱死系统、EBD电子制动力分配系统、可溃缩式制动踏板、驾驶席安全带未系提醒功能(声音+警示灯)、前排预张紧带限力三点式安全带后排中央三点式安全带(两侧带限力功能)、后排儿童安全门锁、ISOFIX后座儿童安全座椅固定装置、发动机密码芯片防盗系统、高灵敏度倒车雷达、行车自动落锁(10km/h)、四门高强度HSS防撞钢梁、碰撞自动解锁及自动断油、定速巡航、可折叠遥控钥匙带寻车功能、集控中央门锁、四门电动车窗(驾驶席一键降)、驻车制动未解除声音/指示提醒、手动空调带空气过滤、智能化多功能行车电脑、Radio+AUX音源接口、MP3多媒体USB接口带可充电功能、多功能转向盘(音响+定速巡航)、6扬声器、晶钻透镜式卤素前照灯、LED位置灯、车门未关显示、高位制动灯、前照灯高度电动调节、LED日间行车灯、顶置行李架、高穿透力前雾灯、高穿透力双后雾灯、电动调节外后视镜带侧转向灯(手动折叠)、车窗高亮镀铬装饰条、绿色隔热玻璃、时尚铝轮毂、后高位扰流板、钛银装饰高品质内饰面板、前照灯伴我回家灯、后背门电动开启、后刮水器、双色运动型防水织物座椅、前排座椅手动4向调节、手动防炫目内后视镜、后风窗玻璃电加热除霜、炮筒式组合仪表亮度可调

致酷型：尚酷型+前排侧面安全气囊、VRI可视倒车影像、双开启电动天窗(带自动关闭/防夹)、7英寸彩色触摸显示屏(集成SD影音播放功能+SD卡槽)、智能MP5系统、Bluetooth车载蓝牙系统、手机智能互联系统、车外温度显示、多功能转向盘(音响+定速巡航+蓝牙)、高质感真皮包裹转向盘，1.4T致酷型增加一键起动系统、智能进入系统(主驾)

尊酷型：致酷型+驾驶席车窗一键升降、利刃式多辐运动铝轮毂、驾驶席座椅手动6向调节

车身颜色：珍珠白、丝绸银、古檀棕、中国红、端砚黑

内饰颜色：炫酷深色

主要车型参数及价格

车型		1.5L MT		1.5L AT		1.4T MT
		尚酷型	致酷型	尚酷型	尊酷型	致酷型
基本参数	长×宽×高(mm)	4518×1740×1562				
	轴距(mm)	2620				
	最小离地间隙(mm)	170				
	油箱/行李舱容积(L)	45/550—1310				
	整备质量(kg)	1222		1241		1275
	车身材料	钢板				
	乘员人数	5				
发动机参数	发动机型号	DFMA15				DFMA14T
	发动机类型	直列4缸 16气门 双顶置凸轮轴 全铝带VVT可变气门正时系统				全铝缸体涡轮增压发动机
	排量(mL)	1497				1396
	额定功率[kW/(r/min)]	85/6000				103/5500
	最大转矩[N·m/(r/min)]	145/4200				196/1800～4500
	排放标准	国Ⅳ/国Ⅴ				国Ⅴ
底盘参数	变速器类型	5挡手动		4挡自动		5挡手动
	驱动类型	前驱				
	悬架系统	前麦弗逊式独立悬架/后扭力梁式半独立悬架				
	制动系统	前通风盘式/后盘式制动器				
	轮胎规格	205/50 R16				
性能	最高车速(km/h)	180		165		190
	90km/h等速油耗(L/100km)	5.5		5.3		5.5
工信部综合工况油耗(L/100km)		6.3	6.1(STT)/6.3	6.6		
上市时间		2015年12月21日				
厂家建议价格(万元)		6.97	7.47	7.77	8.77	8.17

注：厂家建议价格以2016年3～8月为准

神龙汽车有限公司 Dongfeng PEUGEOT CITROEN Automobile Co.,Ltd.

东风标致：东风标致3008　东风标致2008

东风标致新款3008采用了全新的点阵式前进气格栅，全新样式的LED尾灯，后保险杠细节略有调整。新车根据不同车型配备了行车记录仪、驻车辅助、自动紧急制动、车道偏离辅助、360°全景影像系统等配置。2.0L发动机匹配5挡手动或6挡手自一体变速器，1.6T车型匹配6挡手自一体变速器。

东风标致3008
DONGFENG PEUGEOT

年度**新上市**车型

主要配置

经典版：前排双安全气囊+前排座椅侧安全气囊、博世 ESP 9.1车身行驶稳定系统、HHC坡道辅助系统、EPB电子驻车制动系统、超高强度安全座舱、警示灯自动点亮(紧急制动时)前座安全带未系警示、前排带限力器预张紧安全带、后座全3点式安全带、行驶中车门自动落锁+碰撞解锁、机械式儿童安全门锁、后排ISOFIX儿童安全座椅、防盗报警器、后驻车雷达、四门一键式防夹电动车窗、电动天窗、手动空调、CD播放器(支持MP3/带AUX接口)、蓝牙免提电话、6扬声器、点阵式进气格栅、狮眼前照灯、飞翼式LED日行灯、悬浮式前雾灯、狮爪式LED尾灯、轻质铝合金行李架、车窗环绕镀铬装饰条、Hobby分体式尾门、三段空间可调行李舱、后排座椅四六比例放倒、飞航式仪表显示、低风阻超大视野前风窗、多功能转向盘、转向盘四向调节、超柔韧减压航空级织物座椅、后排12V电源、后排空调出风口、内部可开启加油口盖

潮流版：经典版+贯穿式前后侧安全气帘、直接式胎压监测系统、定速巡航+超速控制器、自动双区空调、氙气狮眼前照灯、驾驶席电动座椅、多功能真皮包裹转向盘、超柔韧减压航空级真皮座椅

至尚版：潮流版+前驻车雷达、ADAS智能驾驶辅助系统(前方碰撞预警+360°全景泊车影像+车道偏离警示+盲区探测)、高清行车记录仪、彩色HUD平视显示系统、7英寸彩色触控屏多媒体导航系统、智能前照灯+自动伴我回家功能、智能刮水器、越野轮胎、电子防炫目内后视镜、副驾驶电动座椅、前排座椅加热功能、飞航式中央控制键

主要车型参数及价格

车　型		2.0L MT	2.0L AT		1.6THP AT		
		经典版	经典版	潮流版	经典版	潮流版	至尚版
基本参数	长×宽×高(mm)	4435×1840×1652					
	轴距(mm)	2613					
	前/后轮距(mm)	1531/1525					
	最小离地间隙(mm)	178					
	行李舱容积(L)	503					
	整备质量(kg)	1520	1545		1540		
	车身材料	钢板					
	乘员人数	5					
发动机参数	发动机类型	4冲程 水冷 双顶置凸轮轴 连续可变气门正时			4冲程 水冷 双顶置凸轮轴 连续可变气门正时 缸内直喷 涡轮增压		
	排量(mL)	1997			1598		
	额定功率[kW/(r/min)]	108/6000			123/6000		
	最大转矩[N·m/(r/min)]	200/4000			245/1400～4000		
	建议用油	92#及以上无铅汽油					
底盘参数	变速器类型	5挡手动	6挡手自一体Tiptronic变速器(带QuickShift极速换挡技术)				
	驱动类型	前驱					
	前悬架系统	麦弗逊式独立悬架 液压筒式减振器 带三角型下横臂及横向稳定杆					
	后悬架系统	可变形横梁式半独立悬架					
	制动系统	前通风盘式/后盘式制动器					
	轮胎规格	225/50 R17					
性能	最高车速(km/h)	200	198		205		
工信部综合工况油耗(L/100km)		8.4	8.3		8.4		
上市时间		2016年7月12日					
厂家建议价格(万元)		15.27	16.47	17.97	18.17	19.67	21.97

注：厂家建议价格以2016年3～8月为准

东风标致2008 DONGFENG PEUGEOT

PEUGEOT

主要配置

潮流版： 前排双安全气囊、ABS+EBD+BA、中控门锁、行车自动落锁、发动机滚码防盗系统、紧急制动提醒系统、儿童安全门锁、前排驾驶和乘客安全带未系人性化提醒功能、前排高度可调的带限力器式预张紧安全带、后排三点式安全带、后排ISOFIX全球标准儿童安全座椅接口、三按钮遥控钥匙(可开启行李舱)、手动控制空调(带PM2.5过滤器)、RDC收放机、USB影音接口、4扬声器、高度可调卤素前照灯、前/后雾灯、LED尾灯+LED高位制动灯、电动外后视镜带转向灯、前刮水器(无骨)+后刮水器、4门电动车窗(驾驶席侧带一触式防夹功能)、后风窗带除雾功能和隐藏式天线、SUV车身外观套件、车身同色门把手、黑色亚光车窗条、高光镀铬工艺后车门上部装饰件、转向盘四向调节功能、行车电脑、车门及行李舱门未关提示、黑白全新造型组合仪表、推进器式飞航手制动、Inner-control电动一键自动开启加油口盖、防炫目内后视镜、织物座椅

时尚版： 潮流版+前排侧安全气囊、智能倒车雷达、双区自动空调(带PM2.5过滤器)、7英寸彩色触屏、ARKAMYS数字处理音效、蓝牙免提电话及蓝牙音频输入、全景天幕玻璃顶+环绕式LED氛围灯+电动遮阳帘、组合仪表镀铬装饰、灵动多功能转向盘，1.2THP增加ESC电子稳定控制系统+上坡辅助功能

领航版： 时尚版+前后贯穿式侧安全气帘、后排两侧束力限制式安全带、免钥匙进入和一键起动系统、定速巡航+超速控制器、倒车视频影像、LED日间行车灯、电热除霜式电动外后视镜带转向灯、智能刮水器、门把手高光镀铬装饰条、运动型铝合金踏板套件、真皮包裹转向盘，1.6THP增加真皮座椅

玩酷版： 潮流版+全景天幕玻璃顶+环绕式LED氛围灯+电动遮阳帘

主要车型参数及价格

车型		1.6L MT		1.6L AT				1.2THP AT		1.6THP AT	
		潮流版	时尚版	潮流版	时尚版	领航版	玩酷版	时尚版	领航版	时尚版	领航版
基本参数	长×宽×高(mm)	4180×1745×1580									
	轴距(mm)	2540									
	前/后轮距(mm)	1499/1488									
	最小离地间隙(mm)	140(满载)									
	油箱/行李舱容积(L)	53/354									
	整备质量(kg)	1205		1253				1260		1295	
	车身材料	钢板									
	车身类型/乘员人数	3厢4门/5									
发动机参数	发动机类型	4冲程 水冷 直列四缸 双凸轮轴通过间隙自动补偿的液压挺杆驱动16个气门 多点顺序喷射和电子节气门 连续可变正时气门 适配OBD						4冲程 水冷 直列3缸 涡轮增压 进气中冷 两根凸轮轴通过机械挺柱驱动12个气门 使用缸内直喷燃料供给系统和电子节气门的汽油发动机 连续可变正时气门相位		4冲程 水冷 直列4缸 涡轮增压 进气中冷 双凸轮轴通过间隙自动补偿的液压挺杆驱动16个气门 缸内直喷电子节气门 连续可变正时气门	
	排量(mL)	1587						1199		1598	
	额定功率[kW/(r/min)]	86/6000						100/5500		123/6000	
	最大转矩[N·m/(r/min)]	150/4000						230/1750~3500		245/1400~4000	
底盘参数	变速器类型	5挡手动		Tiptronic 4挡手自一体				第三代6挡手自一体			
	驱动类型	前驱									
	前悬架系统	麦弗逊式独立悬架，螺旋弹簧，带三角型下横臂及横向稳定杆									
	后悬架系统	可变形横梁式准独立悬架									
	制动系统	前通风盘式/后盘式制动器									
性能	最高车速(km/h)	186		178				197		200	
工信部综合工况油耗(L/100km)		6.8		7.4				5.3		6.0	
上市时间		2015年4月						2016年7月			
厂家建议价格(万元)		9.97	11.17	10.97	12.17	13.67	11.82	13.87	15.17	14.97	16.37

注：厂家建议价格以2016年3~8月为准

湖南猎豹汽车股份有限公司 Hunan Liebao Automobile Co.,Ltd.

猎豹CS10

猎豹CS10

主要配置

新锐型： 前排安全气囊、ABS+EBD、牵引力控制系统(ASR/TCS/TRC等)、车身稳定控制系统(ESC/ESP/DSC)、驾驶席安全带未系提示、后车门儿童锁、ISOFIX儿童安全座椅接口、速度感应中央门锁(15KM/H)、坡道起步辅助系统、紧急制动辅助系统、泊车辅助(后雷达)、发动机电子防盗系统、车内中控锁、遥控钥匙、前/后电动车窗、驾驶席侧玻璃一键升降、手动电控空调、空气调节/花粉过滤、行车电脑显示屏(组合仪表集成)、外接音源接(AUX/USB)、4扬声器系统、MP3+收音机、卤素前照灯、前照灯高度手动调节、前照灯延时熄灭功能、LED日间行车灯、LED尾灯、高位制动灯、前雾灯(带转向辅助照明)、尾门玻璃带热线除霜、外后视镜电动调节、行李架、大包围、侧围亮条、扰流板、前刮水器间歇式无骨刮水器、后刮水器、鱼鳍式天线、铝合金轮辋、手动防炫目内后视镜、发泡转向盘、转向盘上下/前后调节、织物座椅、驾驶席座椅手动6向调节、副驾驶座椅手动4向调节、后排座椅比例放倒、后排扶手带杯架、后排阅读灯、发动机装饰盖板、非全尺寸钢圈及小轮胎备胎、备胎放置位置车内、千斤顶、灭火器、行李舱12V车载电源

风尚型： 新锐型+安卓平台MP5+多媒体大屏带导航、蓝牙、GPS导航系统、皮质座椅

卓越型： 风尚型+胎压监测装置系统、泊车辅助(前雷达)、定速巡航、电动天窗、6扬声器系统、外后视镜加热、外后视镜电动折叠、遮阳板化妆镜照明灯、真皮包裹转向盘、多功能转向盘、高档皮质座椅

至尊型： 卓越型+前排侧安全气囊及侧安全气帘、副驾驶安全带未系提示、前排预紧式安全带、倒车视频影像、无钥匙进入系统及一键起动、车载3G/4G网络、后隐私玻璃、驾驶席座椅电动6向调节、腰部支撑调节、前排座椅加热

网络版： 至尊型+定制型logo照地灯总成、定制型外装饰件、定制型迎宾踏板

领先型： 新锐型+EPB电子驻车带auto功能、无钥匙进入系统及一键起动，无牵引力控制系统(ASR/TCS/TRC等)、车身稳定控制系统(ESC/ESP/DSC)

都市型： 领先型+安卓平台MP5+多媒体大屏带导航、蓝牙、GPS导航系统、皮质座椅

豪华型： 都市型+胎压监测装置系统、泊车辅助(前雷达)、定速巡航、电动天窗、6扬声器系统、自动前照灯、外后视镜加热、外后视镜电动折叠、自动感应无骨刮水器、高亮铝合金轮辋、自动防炫目内后视镜、真皮包裹转向盘、多功能转向盘、高档皮质座椅、遮阳板化妆镜照明灯

尊享型： 豪华型+前排侧安全气囊及侧安全气帘、副驾驶安全带未系提示、前排预紧式安全带、倒车视频影像、车载3G/4G网络、后隐私玻璃、驾驶员座椅电动6向调节、腰部支撑调节、前排座椅加热

网络版： 尊享型+定制型logo照地灯总成、定制型外装饰件、定制型迎宾踏板

主要车型参数及价格

车型		MT					DCT				
		新锐型	风尚型	卓越型	至尊型	网络版	领先型	都市型	豪华型	尊享型	网络版
基本参数	长×宽×高(mm)	4719(网络版)、4663×1875×1700									
	轴距(mm)	2700									
	前/后轮距(mm)	1625/1625									
	最小离地间隙(mm)	176									
	油箱容积(L)	60									
	整备质量(kg)	1661									
	车身材料	金属									
	乘员人数	5									
发动机参数	发动机型号/类型	4G63S4T/直列4缸 水冷 涡轮增压 电控式多点燃油喷射									
	排量(mL)	1997									
	额定功率[kW/(r/min)]	130/5250									
	最大转矩[N·m/(r/min)]	250/2800～4400									
	排放标准/建议用油	国Ⅴ/93#汽油(京92#汽油)									
底盘参数	变速器类型	6挡手动变速器					DCT双离合自动变速器				
	驱动类型	前驱									
	悬架系统	前麦弗逊式悬架/后多连杆悬架									
	制动系统	前盘式/后鼓式制动器					前后盘式制动器				
	轮胎规格	225/60 R18									
性能	最高车速(km/h)	195					185				
	0～100km/h加速时间(s)	11					13				
工信部综合工况油耗(L/100km)		8.5					8.8				
上市时间		—					2016年4月25日				
厂家建议价格(万元)		9.68	10.58	11.68	12.58	13.28	10.98	11.98	12.98	13.98	14.68

注：厂家建议价格以2016年3～8月为准

东风日产

东风日产乘用车公司 Dongfeng Nissan Passenger Vehicle Company

东风日产：楼兰　奇骏　逍客

启辰：启辰T70　启辰T70X

楼兰
MURANO

主要配置

精英版：高刚性强抗扭力车身、前排双辅助安全气囊、前排侧辅助安全气囊、驾驶席膝部气囊、大型窗帘式辅助安全气囊、Zone Body车身结构、High－μ超高摩擦力制动装置、ABS制动防抱死系统、EBD电子制动力分配系统、HBA+HBB+HBC全面制动辅助系统、TCS牵引力控制系统、后倒车雷达、倒车影像监视系统、VDC车辆行驶动态控制系统、HSA坡起步辅助系统、ARP防翻滚功能、TPMS胎压监测系统、前席三点式预张紧安全带(带提醒功能/位置可调)、ISO-FIX儿童座椅安全固定装置、发动机防盗锁止系统+报警系统、智能遥控钥匙系统、一键式起动系统、ECO DRIVE节能驾驶助手、双区独立控制自动空调(带后排出风口)、行车电脑4门电动车窗(驾驶席一触式防夹功能)、停车制动系统(脚踏式驻车制动)、ASCD定速巡航系统(带转向盘快捷键)、6扬声器高保真音响播放系统(带AUX/iPod/USB/蓝牙多音源输入系统/带转向盘快捷键/带速度音量控制)、单碟CD音响播放系统(带AM/FM/MP3功能)、蓝牙免提系统(带转向盘快捷键)、7英寸3D平视信息显示系统、7英寸中控台彩色显示屏、自动开闭卤素前照灯、日间行车灯、LED大型组合尾灯、后风窗除霜玻璃、电动调节车外后视镜(带电动加热及折叠功能)、车速感应式前刮水器、前风窗防紫外线高效隔热玻璃、高位制动灯、高穿透力前/后雾灯、多功能转向盘、高级丝绒座椅、驾驶席座椅手动6向调节、转向盘4向调节(伸缩/上下调节)、手动防炫内后视镜

智尚版：精英版+前/后倒车雷达、EYE MAX超大全景天窗(一键开启)、Bose全定制高保真11扬声器音响系统(带AUX/iPod/USB/蓝牙多音源输入系统/带转向盘快捷键/带速度音量控制)、自动开闭LED前照灯、多功能真皮包裹转向盘、高级皮座椅、驾驶席座椅电动8向调节、驾驶席座椅电动腰部疲劳缓解调节装置、前排座椅电加热、副驾驶电动座椅4向调节、室内环绕LED氛围照明系统

尊雅版：智尚版+FEB预碰撞智能制动辅助系统、APM加速踏板误踩智能纠正系统、LDW车道偏离预警系统、ANC主动降噪系统+e-ACM发动机电子主动减振系统、智能感应式全电动尾门、6扬声器高保真音响播放系统(带AUX/iPod/USB/蓝牙/多音源输入系统/带转向盘快捷键/带速度音量控制)、单碟DVD显示音响播放系统、智能NAVI导航系统+CARWINGS智行+(带智能语音识别)、8英寸触屏中控台彩色显示屏、语音识别控制系统、多功能行李架、自动防炫内后视镜

旗舰版：尊雅版+AVM全景式监控影像系统、DAS智能疲劳驾驶预警系统、CTA倒车车侧预警系统、BSW变道盲区预警系统、MOD移动物体&行人探测预警系统、Bose全定制高保真11扬声器音响系统(带AUX/iPod/USB/蓝牙多音源输入系统/带转向盘快捷键/带速度音量控制)、后排独立9英寸双屏娱乐系统(红外线遥控器×1、高级耳机×2)、电动调节车外后视镜(带电动加热及折叠功能/带倒车自动下翻功能)、后排座椅加热转向盘4向电动调节(伸缩/上下调节)、驾驶席智能记忆系统(驾驶席座椅/后视镜/转向盘/中控显示屏界面/3D平视信息显示系统界面)

车身颜色：琉璃金、琥珀金、曜石黑、钨钢灰、月光银、珠光白

内饰颜色：时尚浅色、酷炫黑色

主要车型参数及价格

	车型	2.5 XE 精英版	2.5 XL 智尚版	2.5 S/C HEV XL 超级双擎混动尊雅版	2.5 S/C HEV XV 超级双擎混动旗舰版
基本参数	长×宽×高(mm)	4897×1908×1691			
	轴距(mm)	2830			
	前/后轮距(mm)	1640/1644			
	最小离地间隙(mm)	185		181	
	油箱/行李舱容积(L)	72/442-928			
	整备质量(kg)	1652	1696	1848	1925
	车身材料	钢板			
	乘员人数	5			
发动机参数	发动机型号	QR25			
	发动机类型	直列4缸 2.5L自然吸气(带双C-VTC连续可变气门正时智能控制系统)		直列4缸2.5机械增压 日产高性能混合动力 单电动机双离合结构 采用锂离子电池(带双C-VTC连续可变气门正时智能控制系统 HEV智能怠速起停)	
	排量(mL)	2488			
	额定功率[kW/(r/min)]	137/6000		180/5600 电动机：15/-	
	最大转矩[N·m/(r/min)]	230/4000		330/3600 电动机：160/-	
	排放标准	欧V			
底盘参数	变速器类型	全新一代智能CVT无级变速器(模拟7挡)			
	驱动类型	前驱			智能四驱
	悬架系统	前麦弗逊式独立悬架带稳定杆/后多连杆式独立悬架带稳定杆			
	制动系统	前后通风盘式制动器			
	轮胎规格	235/65 R18		235/55 R20	
性能	最高车速(km/h)	180			
	0~100km/h加速时间(s)	11.4		9.1	9.5
	90km/h等速油耗(L/100km)	6.3		6.2	
工信部综合工况油耗(L/100km)		8.4	8.7	8.0	8.2
上市时间		2015年8月8日			
厂家建议价格(万元)		23.88	26.88	32.58	37.98

注：厂家建议价格以2016年3~8月为准

奇骏
X-TRAIL

主要配置

MT时尚版：ZONE BODY区域车身、高刚性强抗扭力车身、前排双辅助安全气囊、侧辅助安全气囊、ABS制动防抱死系统、EBD电子制动力分配系统、BA辅助制动系统、VDC车辆行驶动态控制系统、TCS牵引力控制系统、HSA上坡起步辅助系统、B-LSD电子制动差速锁、ATC主动循迹控制系统、ARC主动行驶舒适控制系统、车速感应上锁、发动机防盗锁止系统、前排三点式预张紧安全带(带提醒功能、位置可调)、后排三点式安全带、后排中央三点式安全带、中央自动门锁、儿童安全门锁、遥控钥匙系统、4门电动车窗(驾驶席带防夹功能+一键升降)、手动空调、车外温度显示、智能行车电脑、5英寸3D行车信息显示系统、单碟高保真剧院CD+Audio音响系统(带MP3+AUX-IN+USB功能)、4扬声器、高亮度卤素前照灯、前照灯水平调节(手动)、高位制动灯、LED日间行车灯、伴我回家/迎宾灯、速度感应式前刮水器、后刮水器、车外后视镜带转向信号灯、车外后视镜电动调节和电动折叠功能、铝合金轮辋、防炫内后视镜、多功能转向盘、零重力健康高级绒布座椅、驾驶座椅手动6向调节

CVT时尚版：MT时尚版+AEB主动式发动机制动辅助系统、ECO DRIVE节能驾驶助手、停车制动系统(脚踏式驻车制动)、倒车雷达(后4)、智能遥控钥匙系统、一键式起动、后排空调出风口、高穿透力前雾灯

舒适版：CVT时尚版+倒车雷达、AVM全景式监控影像系统、5英寸中控台彩色显示屏、双区独立控制自动空调、6扬声器、超大型全景天窗、真皮转向盘套、零重力健康高级皮座椅

智领版：舒适版+ASCD定速巡航系统、7英寸中控台彩色显示屏、智能NAVI导航系统+CARWINGS智行+(带智能语音识别)、多功能转向盘(带蓝牙)、高保真剧院音响系统(支持DVD/VCD/MP3等格式影音光盘+AUX-IN+USB功能)

智驱版：CVT时尚版+窗帘式辅助安全气囊、YMC动态转矩控制系统、HDC陡坡缓降控制系统(速度可调)、5英寸中控台彩色显示屏、倒车影像监视系统、超大型全景天窗

领先版：智驱版+双区独立控制自动空调、车外后视镜(带转向信号灯、带电加热)、零重力健康高级皮座椅、驾驶座椅8向电动调节、前排座椅电加热、真皮转向盘套

豪华版：领先版+MOD移动物体&行人探测预警系统、BSW变道盲区预警系统、LDW车道偏离预警系统、TPMS胎压监测系统、AVM全景式监控影像系统、智能感应式全电动尾门

尊享版：豪华版+ASCD定速巡航系统、7英寸中控台彩色显示屏、智能NAVI导航系统+CARWINGS智行+(带智能语音识别)、高保真剧院音响系统(支持DVD/VCD/MP3等格式影音光盘+AUX-IN+USB功能)、真皮包裹多功能转向盘(带蓝牙)

至尊版：尊享版+IPA自动泊车辅助系统、倒车雷达(前2后4)、全LED远近光前照灯(自动开闭)、前照灯水平调节(自动)、18英寸轮辋

车身颜色：碧玉黑、曙光金、炫雅红、月光银、翡丽灰、象牙白

主要车型参数及价格

	车型	2.0L XE		2.0L XL	2.0L XL NAVI	2.0L XE-P	2.5L XL	2.5L XL ITS	2.5L XL ITS+NAVI	2.5L XV NAVI
		MT	CVT	CVT	CVT	CVT	CVT	CVT	CVT	CVT
		时尚版		舒适版	智领版	智驱版	领先版	豪华版	尊享版	至尊版
基本参数	长×宽×高(mm)	4643×1820×1725				4643×1820×1722	4643×1820×1724			4643×1820×1724
	轴距(mm)	2706								
	前/后轮距(mm)	1575/1575								
	前/后悬距(mm)	944/993								
	最小离地间隙(mm)	210								212
	油箱/行李舱容积(L)	65/550								
	整备质量(kg)	1432	1460			1545	1564			1577
	车身材料	钢板								
	车身类型/乘员人数	2厢5门/5								
发动机参数	发动机型号/类型	MR20DD/直列4缸					QR25DE/直列4缸			
	排量(mL)	1997					2488			
	额定功率[kW/(r/min)]	110/6000					137/6000			
	最大转矩[N·m/(r/min)]	200/4400					233/4000			
底盘参数	变速器类型	6挡手动	新一代7挡手自一体 Xtronic CVT无级变速器							
	驱动类型	前驱				智能全模式四驱				
	悬架系统	前麦弗逊式独立悬架带横向稳定杆/后复合多连杆式独立悬架带横向稳定杆								
	制动系统	前后通风盘式制动器								
	轮胎规格	225/65 R17								225/60 R18
性能	最高车速(km/h)	183				180	190			
	90km/h等速油耗(L/100km)	6.9	5.3			6.2	6.3			
工信部综合工况油耗(L/100km)		8.3	7.1			7.5	8.3			
上市时间		2014年3月26日								
厂家建议价格(万元)		18.18	18.88	19.68	20.98	21.88	22.88	23.88	25.08	26.78

注：厂家建议价格以2016年3~8月为准

逍客
QASHQAI

主要配置

时尚版： ZONE BODY区域车身、高刚性强抗扭力车身、前席双辅助安全气囊、ABS制动防抱死系统、BA辅助制动系统、EBD电子制动力分配系统、VDC车辆行驶动态控制系统、TCS牵引力控制系统、HSA上坡起步辅助系统、ATC主动循迹控制系统、ARC主动行驶舒适控制系统、遥控钥匙系统、车速感应上锁、前席主动安全保护头枕、发动机防盗锁止系统、前席三点式预张紧安全带(带驾驶席安全带提醒/位置可调)、后席三点式安全带、后席中央三点式安全带、中央自动门锁、ISO-FIX(儿童座椅安全固定装置)、儿童安全门锁、四门电动车窗(驾驶席带防夹功能+一键升降)、电动空调、车外温度显示、智能行车电脑、5英寸3D行车信息显示系统(彩色屏)、单碟高保真剧院CD+Audio音响系统(带MP3+AUX-IN+USB功能)、高穿透力后雾灯、后风窗除雾系统、高位LED制动灯、智能车速感应式前刮水器、后刮水器、后车顶扰流板、晶钻投射式前照灯、LED日间行车灯、LED后组合尾灯、伴我回家/迎宾灯、电动调节车外后视镜(带转向信号灯)、Multi-Layer人体工学双色时尚绒布座椅、多功能转向盘、高质感排挡杆(树脂)、防炫目车内后视镜，CVT增加AEB主动发动机制动辅助系统、ECO DRIVE节能驾驶助手

精英版： 时尚版+侧辅助安全气囊、窗帘式辅助安全气囊、AEB主动发动机制动辅助系统、ECO DRIVE节能驾驶助手、倒车影像监视系统、5英寸中控台多功能彩色液晶显示屏、高穿透力LED时尚前雾灯、外后视镜加热功能、多功能转向盘(带音响控制键)

领先版： 精英版+车顶行李架、多功能真皮转向盘(带音响控制键)、Multi-Layer人体工学双色皮布混搭座椅、高质感排挡杆(真皮)

豪华版： 领先版+AVM全景式监控影像系统、MOD移动物体&行人探测预警系统、TPMS胎压监测系统、一键式起动、智能遥控钥匙系统、通览式全景天窗

尊享版： 豪华版+ASCD定速巡航系统(带转向盘快拨键)、DVD高保真剧院音响系统(支持DVD/CD/MP3等格式影音光盘+AUX-IN+USB功能)、智能NAVI导航系统+CARWINGS智行+(带智能语音识别)、车载蓝牙免提系统(带转向盘快拨键)、7英寸中控台多功能彩色液晶显示屏、Multi-Layer人体工学酷黑高级有氧皮座椅

旗舰版： 尊享版+BSW变道盲区预警系统、LDW车道偏离预警系统、IPA自动泊车辅助系统、FEB预碰撞智能制动辅助系统、EAPM加速踏板误踩智能制动辅助系统、倒车雷达(前4/后4)

车身颜色： 星火金、炫雅红、琥珀金、月光银、曜石黑、珠光白

主要车型参数及价格

车 型		1.2T XE		2.0L XL	2.0L XV	2.0L XV Prem	2.0L XV NAVI	2.0L XV TOP
		时尚版		精英版	领先版	豪华版	尊享版	旗舰版
		MT	CVT	CVT	CVT	CVT	CVT	CVT
基本参数	长×宽×高(mm)	4384×1837×1594			4384×1837×1612			
	轴距(mm)	2646						
	前/后轮距(mm)	1585/1581						
	最小离地间隙(mm)	199	193	188				
	油箱/行李舱容积(L)	65/486						
	整备质量(kg)	1358	1376	1403	1427			
	车身材料	钢板						
	乘员人数	5						
发动机参数	发动机型号	HRA2		MR20				
	发动机类型	直列4缸 16气门 DOHC 双C-VTC 缸内直喷 涡轮增压 带发动机启停		直列4缸 16气门 DOHC 双C-VTC 缸内直喷				
	排量(mL)	1197		1997				
	额定功率[kW/(r/min)]	86/4500	86/5200	110/6000				
	最大转矩[N·m/(r/min)]	190/2000～4000	165/1750～4500	200/4400				
底盘参数	变速器类型	新一代XTRONIC CVT 无级变速器(带7挡手动模式)						
	驱动类型	前驱						
	悬架系统	前麦弗逊式独立悬架带横向稳定杆/后多连杆式独立后悬架带横向稳定杆						
	制动系统	前通风盘式/后盘式制动器						
	轮胎规格	215/60 R17			215/55 R18			
性能	最高车速(km/h)	180	170	186				
	90km/h等速油耗(L/100km)	5.1	5.0	5.2				
工信部综合工况油耗(L/100km)		6.3	6.1	6.9				
上市时间		2015年10月17日						
厂家建议价格(万元)		13.98	14.98	15.28	16.18	16.78	17.98	18.98

注：厂家建议价格以2016年3～8月为准

启辰T70

主要配置

睿行版： ZONE BODY区域组合车身、UHSS高刚性抗扭力车身、前排双辅助安全气囊、博世第9代ABS制动防抱死系统、EBD电子制动力分配系统、BA制动辅助系统、后防撞梁、可溃缩式制动踏板、前排预紧限力三点式安全带、后排中间三点式安全带、后排三点式安全带、驾驶席安全带未系报警提示、中央门锁、自动落锁、儿童安全锁、ISO-FIX儿童座椅固定功能、驾驶席一键升降式电动车窗、熄火延时操作功能(车窗、天窗)、折叠式遥控钥匙、多功能行车电脑、USB/AUX、LED高位制动灯、锋锐卤素前照灯、蜂巢式时尚镀铬前格栅、电动调节后视镜(除雾加热)、钢制轮辋、后刮水器、织物座椅、驾驶席座椅6向调节、炮筒式高清晰组合仪表盘，CVT睿行版增加窗帘式辅助安全气囊、前排侧辅助安全气囊、前排安全带未系报警提示、倒车雷达、单碟CD、铝合金轮辋、行李架、多功能转向盘(带控制键)、高集尘活性炭过滤网

睿趣版： 睿行版+发动机电控防盗系统、倒车雷达、单碟CD、行李架、多功能转向盘(带控制键)，CVT睿趣版增加窗帘式辅助安全气囊、前席侧辅助安全气囊、前排安全带未系报警提示、电动天窗、电动双区空调、智能手机互联互控功能、车载蓝牙免提系统、倒车影像监视系统、7英寸触控屏、速度感应音量调节、投射式锋锐卤素前照灯、高集尘活性炭过滤网、后排出风口

睿享版： 睿趣版+电动天窗、倒车影像监视系统、车载蓝牙免提系统、智能手机互联互控功能、7英寸触控屏、速度感应音量调节、投射式锋锐卤素前照灯、真皮包裹转向盘、皮制座椅、后排出风口，CVT睿享版增加前排侧辅助安全气囊、窗帘式辅助安全气囊、前排安全带未系报警提示、电动双区空调、高集尘活性炭过滤网、3D全景式监控影像系统、ASCD定速巡航

车身颜色： 朝霞红、大漠金、辰辉银、皓星蓝、和玉白、乌金黑

主要车型参数及价格

	车　型	1.6MT	2.0MT		2.0CVT		
		睿行版	睿趣版	睿享版	睿行版	睿趣版	睿享版
基本参数	长×宽×高(mm)	4542×1786×1626	4542×1786×1642				
	轴距(mm)	2630					
	前/后轮距(mm)	1540/1545					
	最小离地间隙(mm)	206	505		204		205
	油箱/行李舱容积(L)	65/534					
	整备质量(kg)	1325	1376	1404	1406	1423	1428
	车身材料	钢板					
	乘员人数	5					
发动机参数	发动机型号	HR16DE	MR20DE				
	排量(mL)	1598	1997				
	额定功率[kW/(r/min)]	89/6000	106/5200				
	最大转矩[N·m/(r/min)]	154/4400	198/4400				
	排放标准	国IV、国V					
底盘参数	变速器类型	5挡手动	6挡手动		XTRONIC CVT无级变速器		
	驱动类型	前驱					
	悬架系统	前麦弗逊式独立悬架带稳定杆/后多连杆独立悬架					
	制动系统	前通风盘式/后盘式制动器					
	轮胎规格	215/65 R16		215/60 R17	215/65 R16		215/60 R17
性能	最高车速(km/h)	173	185		178		
	0~100km/h加速时间(s)	12.5	10.8		11.5		
	90km/h等速油耗(L/100km)	6.4					
工信部综合工况油耗(L/100km)		7.1	7.9		7.8		
上市时间		2015年1月23日					
厂家建议价格(万元)		8.98	9.88	11.08	10.98	11.78	12.78

注：厂家建议价格以2016年3~8月为准

启辰 T70X

主要配置

睿享运动版： 前排双辅助安全气囊、ZONE BODY区域组合车身、UHSS高刚性抗扭力车身、博世第9代ABS制动防抱死系统、EBD电子制动力分配系统、BA制动辅助系统、前排预紧限力三点式安全带、后排中间三点式安全带、后排三点式安全带、驾驶席安全带未系报警提示、中央门锁、自动落锁、儿童安全锁、ISO-FIX(儿童座椅固定功能)、发动机电子防盗系统、后防撞梁、可溃缩式制动踏板、驾驶席一键升降式电动车窗、熄火延时操作功能(车窗/天窗)、折叠式遥控钥匙、电动天窗、倒车影像监视系统、多功能行车电脑、7英寸触控屏、智能手机互联互控功能、车载蓝牙免提系统、速度感应音量调节、USB/AUX、单碟CD、LED高位制动灯、全车身动感大包围、前格栅钢琴漆涂装、投射式锋锐卤素前照灯、蜂巢式时尚镀铬前格栅、电动调节后视镜(除雾加热)、行李架、后刮水器、四门豪华镀铬门把手、真皮包裹多功能转向盘(带控制键)、皮制座椅、驾驶席座椅6向调节、防炫目车内后视镜、炮筒式高清晰组合仪表盘

睿趣运动版： 睿享运动版+窗帘式辅助安全气囊、前席侧辅助安全气囊、前排安全带未系报警提示、电动双区空调、高集尘活性炭过滤网

睿享运动版： 睿趣运动版+3D全景式监控影像系统、ASCD定速巡航

车身颜色： 和玉白、朝霞红、大漠金

内饰颜色： 酷咖色

主要车型参数及价格

车型		2.0 MT	2.0 CVT	2.0 CVT
		睿享运动版	睿趣运动版	睿享运动版
基本参数	长×宽×高(mm)	4582×1840×1644		
	轴距(mm)	2630		
	前/后轮距(mm)	1550/1555		
	最小离地间隙(mm)	207		
	油箱/行李舱容积(L)	65/534		
	整备质量(kg)	1425	1452	1452
	车身材料	钢板		
	乘员人数	5		
发动机参数	发动机型号	MR20DE		
	排量(mL)	1997		
	额定功率[kW/(r/min)]	106/5200		
	最大转矩[N·m/(r/min)]	198/4400		
	排放标准	国Ⅳ、国Ⅴ		
底盘参数	变速器类型	6挡手动	XTRONIC CVT无级变速器	
	驱动类型	前置前驱		
	悬架系统	前麦弗逊式独立悬架带稳定杆/后多连杆独立悬架		
	制动系统	前通风盘式/后盘式制动器		
	轮胎规格	215/55 R18		
性能	最高车速(km/h)	185	175	
	0~100km/h加速时间(s)	10.8	11.8	
	90km/h等速油耗(L/100km)	6.4		
工信部综合工况油耗(L/100km)		7.9		
上市时间		2015年9月4日		
厂家建议价格(万元)		11.68	12.49	13.38

注：厂家建议价格以2016年3～8月为准

广汽丰田汽车有限公司 Gac-Toyota Motor Co.,Ltd.

汉兰达HIGHLANDER

HIGHLANDER
汉兰达

主要配置

精英版/精英版(五座)：前排双SRS空安全气囊、驾驶席膝部SRS空安全气囊、前排侧窗帘式空安全气囊、ABS防抱死制动系统、BA制动辅助系统、VSC车身稳定系统、HAC上坡起动辅助控制系统、发动机报警系统带发动机锁止功能、儿童保护门锁、ISO标准儿童安全座椅、4门电动车窗、6.1英寸触摸屏娱乐系统、蓝牙免提及蓝牙音频播放、AUX+USB接口、3.5英寸单色LCD、高亮度卤素前照灯、LED日间行车灯、折叠外后视镜带转向灯、后风窗玻璃除雾功能、豪华科技中控台、豪华地毯、高级织物座椅、多功能转向盘带音响/多功能显示/电话控制、驾驶席座椅6向手动调节、副驾驶座厅4向手动调节、第三排座椅(可放平/带6:4分割)，精英型(五座)无第三排座椅(可放平/带6:4分割)，四驱精英型增加DAC下坡辅助控制系统

豪华版：精英型/精英版(五座)+智能钥匙、一键起动系统、定速巡航系统、倒车影像监视系统(带倒车轨迹引导线)、三区独立自动恒温空调、分段式全景天窗(可开启/带防夹功能)、电动折叠外后视镜带转向灯、车顶行李架、真皮包裹多功能转向盘带音响/多功能显示/电话控制、真皮座椅、驾驶席座椅6向电动调节、副驾驶座厅4向电动调节、前排座椅加热装置、驾驶席座椅带电动腰靠，四驱豪华型增加DAC下坡辅助控制系统

豪华导航版：豪华版+4.2英寸彩色TFT、8英寸电子语音导航系统、手机版G-book智能辐驾系统，四驱豪华导航型增加DAC下坡辅助控制系统

至尊版：豪华导航版+PCS预碰撞安全系统、BSM盲点监测系统、RCTA侧车盲点监测系统、全方位泊车雷达(6探头)、ACC自适应巡航控制系统、智能防夹电动尾门、透镜式LED前照灯(带清洗/自动水平控制系统)、电动折叠外后视镜带加热/记忆功能/BSM显示、前风窗玻璃除冰功能、后风窗玻璃除雾功能、可开启式后风窗玻璃、光感式智能前照灯、豪华科技中控台(带木纹装饰氛围灯)、自动防炫后视镜(带雷达显示)、驾驶席座椅6向电动调节带记忆功能、前排通风座椅、真皮包裹多功能转向盘带加热音响+多功能显示+电话控制+自适应巡航控制

车身颜色：炫晶黑、珍珠白、水晶银、翡钻红、钨金灰

内饰颜色：米色、黑色

主要车型参数及价格

车 型		2.0T 两驱				2.0T 四驱				3.5L 四驱			
		精英版(五座)	精英版	豪华版	豪华导航版	精英版	豪华版	豪华导航版	至尊版	精英版	豪华版	豪华导航版	至尊版
基本参数	长×宽×高(mm)	4855×1925×1720											
	轴距(mm)	2790											
	前/后轮距(mm)	1635/1630											
	油箱容积(L)	72											
	整备质量(kg)	1900	1925	1990		2000	2070			1990	2060		
	车身材料	钢板											
	乘员人数	5	7										
发动机参数	发动机型号	8AR-FTS								2GR-FE			
	发动机类型	直列4缸 16气门 DOHC双顶置凸轮轴 VVT-iW智能广角可变气门正时进气系统 VVT-i智能可变气门正时电子控制排气系统 D-4ST双涡管涡轮增压直喷发动机								V型6缸 24气门 DOHC双顶置凸轮轴 双VVT-i双智能可变气门正时电子控制系统 ACIS谐波增压进气系统			
	排量(mL)	1998								3456			
	额定功率[kW/(r/min)]	162/4800～5600								201/6200			
	最大转矩[N·m/(r/min)]	350/1700～4000								337/4700			
	排放标准/建议用油	国Ⅴ/95#及以上汽油											
底盘参数	变速器类型	6挡手自一体(带雪地模式)											
	驱动类型	两驱				四驱							
	悬架系统	前麦弗逊式悬架/后双叉臂式悬架											
	制动系统	前通风盘式/后实心盘式制动器											
	轮胎规格	245/60 R18		245/55 R19		245/60 R18	245/55 R19			245/60 R18	245/55 R19		
工信部综合工况油耗(L/100km)		8.2		8.3		8.6	8.7			10.3	10.4		
改款时间		2015年4月											
厂家建议价格(万元)		23.98	24.88	28.48	29.28	25.88	29.48	30.28	33.08	32.28	37.98	38.78	42.28

注：厂家建议价格以2016年3～8月为准

广汽三菱汽车有限公司 GAC MITSUBISHI MOTORS Co.,Ltd.

新劲炫ASX　帕杰罗·劲畅

新劲炫ASX

主要配置

标准版： RISE抗冲撞安全强化车身、前排安全气囊、ABS防抱死制动系统、EBD电子制动力分配系统、BOS制动优先系统、BAS紧急制动辅助系统、EPS电子助力转向系统、倾斜/伸缩调节转向柱、电控防盗锁止系统/安全警报、头部抗冲撞座椅、3点式ELR安全带×2、预紧式安全带和限力器、安全带高度调节/未系报警、3点式ELR&ALR安全带×2/3点式中央席ELR安全带、ISO-FIX儿童安全座椅固定装置、后门儿童保护锁、遥控钥匙操作系统、4门电动车窗(驾驶席一触式防夹功能)、手动空调、空气滤清器、普通多功能行车电脑、AM/FM收音机、CD播放器和中央显示器(数字时间与音频信息)、4扬声器、USB接口(中央置物盒)、转向盘音响控制功能、外后视镜车身同色电动控制系统、防紫外线前风窗玻璃、前可变间歇式刮水器&清洗器、后间歇式刮水器&清洗器、前照灯延迟熄灭(伴您回家功能)、近光灯智能开关(迎宾和伴您回家功能)、前/后雾灯、高位制动LED指示灯、3辐式树脂转向盘、树脂换挡手柄、高品质织布座椅、座椅手动滑动&倾斜调节功能、驾驶席手动座椅高度调节

舒适版： 标准版+侧安全气囊、侧安全气帘、驾驶席膝部气囊、全自动空调(带银色旋钮)

精英版： 与舒适版配置相同

豪华版： 精英版+倒车雷达、一键式起动+智能钥匙操作系统、炫彩高清液晶多功能行车电脑、6扬声器、前格栅镀铬、前雾灯边框镀铬、车身腰线镀铬、高品质真皮皮革座椅、驾驶席座椅8向电动调节、3辐式真皮包裹转向盘、真皮包裹换挡手柄、前排座椅带加热功能，无座椅手动滑动&倾斜调节功能、驾驶席座椅手动高度调节、前排座椅带加热功能

尊贵版： 豪华版+ASC主动稳定控制系统、TCL牵引力控制系统、HSA斜坡起步辅助系统、转向盘定速巡航控制功能、隐私玻璃带紫外线防护功能(后门车窗/后角车窗及尾门玻璃)、带室内LED灯饰的整体式全景玻璃天窗、黑色车顶行李架、车身色电动控制带折叠/除雾功能、3辐式树脂转向盘、树脂换挡手柄、高品质织布座椅、座椅手动滑动&倾斜调节功能、驾驶席座椅手动高度调节

旗舰版： 尊贵版+倒车影像、7英寸超宽DVD导航一体机(USB、SD、AUX、iPod)、蓝牙免提系统、带自动水平调节功能的氙气前照灯(超宽域HID)、前照灯清洁器、前照灯智能开关系统、3辐式真皮包裹转向盘、真皮包裹换挡手柄、高品质真皮皮革座椅、驾驶席8向电动调节座椅、前排座椅带加热功能

车身颜色： 翠鸟蓝、珍珠黑、钛灰、酷银、珍珠白、宝石红

主要车型参数及价格

车　型		1.6 MIVEC	2.0 MIVEC				
		标准版	舒适版	精英版	豪华版	尊贵版	旗舰版
基本参数	长×宽×高(mm)	4295×1770×1615				4295×1770×1625	
	轴距(mm)	2670					
	前/后轮距(mm)	1525/1525					
	最小离地间隙(mm)	195					
	油箱/行李舱容积(L)	63/384				60/384	
	整备质量(kg)	1305	1370	1405		1495	
	车身材料	钢板					
	乘员人数	5					
发动机参数	发动机型号	4A92	4B11				
	发动机类型	直列4缸 16气门 DOHC MIVEC					
	排量(mL)	1590	1998				
	额定功率[kW/(r/min)]	91/6000	123/6000				
	最大转矩[N·m/(r/min)]	149/4000	197/4200				
	排放标准/建议用油	国Ⅳ、京Ⅴ/92#及以上无铅汽油					
底盘参数	变速器类型	5挡手动		INVECS-Ⅲ CVT无极变速器带6挡运动模式			
	驱动类型	两驱				电子控制四驱	
	悬架系统	前麦弗逊独立悬架/后多连杆式独立悬架					
	制动系统	前通风盘式/后盘式制动器					
	轮胎规格	215/65 R16				215/60 R17	
工信部综合工况油耗(L/100km)		6.4	7.8	7.5		8.3	
上市时间		2012年11月					
厂家建议价格(万元)		12.88	14.88	15.98	17.48	19.48	21.88

注：厂家建议价格以2016年3～8月为准

帕杰罗·劲畅

主要配置

舒适版： RISE抗冲撞安全强化车身、前排SRS双安全气囊、侧安全气囊、侧安全气帘、可溃式转向柱、ABS防抱死制动系统、EBD电子制动力分配系统、防撞制动踏板、电控防盗锁止系统/安全警报、前排3点式带限力预紧式安全带、前排安全带高度调节、驾驶席安全带未系提醒装置、第二排3点式ELR/ALR安全带x2/3点式中央席ELR安全带、ISO-FIX儿童座椅固定装置、后门儿童保护锁、第三排3点式ELR安全带×2、倒车雷达、中央门锁系统、遥控钥匙、前全自动空调+后手动制冷空调、空气滤清器、4门电动车窗、AM/FM收音机、CD播放器、6扬声器、USB接口(手套箱)、高位制动LED指示灯、带水平调节功能的卤素前照灯、前照灯延迟熄灭(伴您回家功能)、前/后雾灯、绿色夹层风窗玻璃、前刮水器和洗涤器(2挡/间歇式)、后间歇式刮水器和洗涤器、3辐真皮包裹转向盘套、树脂换挡手柄、转向盘音响控制功能、高品质防水织布座椅、驾驶席座椅6向手动调节、副驾驶座椅4向手动调节、双色立体仪表台、自动发光式组合仪表

豪华版： 舒适版+转向盘定速巡航控制功能、三菱超级音响、8扬声器、3辐真皮转向盘套、真皮包裹换挡手柄、高品质真皮皮革座椅、前排座椅8向电动调节、前排座椅带加热功能

行政版： 舒适版+ASC主动稳定控制系统、TCL牵引力控制系统、后差速器锁、转向盘定速巡航控制功能、4门一键防夹功能、三菱超级音响、8扬声器、3辐真皮转向盘套、真皮包裹换挡手柄

旗舰版： 行政版+倒车影像系统、防夹式电动天窗、7英寸超宽导航一体机(带AM/FM收音机+SD卡插槽)、蓝牙免提系统、6扬声器、前照灯智能开关系统、雨量感应式前刮水器、高品质真皮皮革座椅、前排座椅8向电动调节、前座带加热功能

车身颜色： 珠光黑、极地白、酷银、钛灰、云母绿

主要车型参数及价格

车型		舒适版	豪华版	行政版	旗舰版
		5MT 2WD	5AT 2WD	5AT 4WD	5AT 4WD
基本参数	长×宽×高(mm)	4695×1815×1790	4695×1815×1825	4695×1815×1840	
	轴距(mm)	2800			
	前/后轮距(mm)	1515/1520			
	最小离地间隙(mm)	205		215	
	油箱/行李舱容积(L)	70/137-1499			
	整备质量(kg)	1815	1880	2020	
	车身材料	钢板			
	乘员人数	7			
发动机参数	发动机型号	4G64S4M	6b31		
	排量(mL)	2351	2998		
	额定功率[kW/(r/min)]	101/5250	185/6000		
	最大转矩[N·m/(r/min)]	205/4000	310/4000		
	排放标准/建议用油	国Ⅴ、国Ⅳ/92#及以上汽油	国Ⅴ、国Ⅳ/95#及以上汽油		
底盘参数	变速器类型	5挡手动	INVECS-Ⅱ5挡手自一体带运动模式		
	驱动类型	后驱	超选四驱(SS4)		
	悬架系统	前双横臂独立悬架/后三连螺旋弹簧式悬架			
	制动系统	前通风盘式/后盘式制动器			
	轮胎规格	245/65 R17		265/65 R17	
性能	最高车速(km/h)	160			
工信部综合工况油耗(L/100km)		10.7	10.8	10.9	
上市时间		2013年9月28日			
厂家建议价格(万元)		20.88	24.88	28.88	30.88

注：厂家建议价格以2016年3～8月为准

长安标致雪铁龙汽车有限公司 CHANGAN PSA AUTOMOBILES CO.,LTD.

DS 6

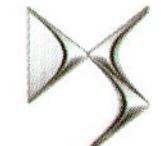

DS AUTOMOBILES

前卫·巴黎

DS 6

DS 6是DS品牌首款A级豪华SUV，融野性与优雅于一体，是DS为满足新锐消费者需求而完美打造的全型、全速、全智能SUV。

DS 6采用连续8年获得国际发动机大奖、由PSA集团与宝马研发设计的1.6THP直喷系列发动机（包括THP160 和THP 200两款）。1.6THP发动机采用领先行业的燃油缸内直喷技术、双涡流涡轮增压技术以及双凸轮轴可变气门正时技术，具有强劲的动力性能和良好的节油性能。DS品牌专属THP200发动机，最高输出功率可达147kW，最大转矩为275Nm，还拥有CVVL技术，能够为驾驶者带来更加激情澎湃的驾驶体验。

主要配置

舒适型：前排正面安全气囊、前排侧面安全气囊、前后贯穿式头部气帘、ABS+EBV+ASR、EPB电子驻车制动系统、ESP动态稳定控制系统、发动机智能起停系统、定速巡航带记忆及限速功能、坡道起动辅助系统、车速感应自动落锁、驾驶席安全带未系报警、后排ISOFIX儿童安全座椅固定装置、发动机电控防盗系统、周边式防盗报警系统、后部泊车距离控制系统、环保型空调系统、收音机带MP3功能、蓝牙功能、Aux in功能及USB接口/iPod功能、Arkamys Sound Process高性能数字音响系统、晶钻投射式前照灯、雾灯弯道辅助照明系统、耀目LED前日间行车灯、流光LED组合尾灯、后排暗色私密玻璃、耀目车身镀铬装饰组合、镀铬双排气尾管造型、环抱式内饰、高级织物面料座椅(黑、米)、后排座椅倾角可调、真皮包裹多功能转向盘、车内LED阅读灯及氛围灯

雅致版：舒适型+可开启式全景天窗、DVD播放器、7英寸彩色触摸显示屏

豪华型：雅致版+前排乘客安全带未系报警、Grip Control多路况适应性系统、Keyless智能免钥进入及起动系统、TPMS主动四轮胎压监测系统、双区智能自动空调带后排通风口、AQS空气质量控制系统、GPS智能导航系统带3D地图、V2.0 DS CONNECT 智能互联系统、前照灯自动开启功能、电动可折叠后视镜带加热功能、智能型雨量感应式刮水器、车内自动防炫后视镜、CLAUDIA高级真皮座椅(黑、拼色)、前排座椅6向电动调节、前排座椅带加热功能、前排头枕高度及角度4向可调

尊享版：豪华型+盲点监测系统、前部泊车距离控制系统、倒车影像系统、空气净化器带离子发生功能、自适应动态高度调节氙气前照灯带随动转向功能、电动行李舱开启/关闭(带自动防夹功能)、真铝饰条装饰、斑马纹天然实木装饰、前排座椅电动腰托调节和按摩功能、高级真皮包裹多功能转向盘、前后门宝石红氛围灯、NAPPA+SEMI ANILINE 顶级真皮座椅(橙色、棕色)

车身颜色：野熔岩、珍珠白、浩瀚灰、静谧黑、星河紫、摩卡棕、流光红、太空银、塞纳蓝

内饰颜色：黑色、米色

主要车型参数及价格

车 型		THP160			THP200	THP160	THP200
		舒适版	雅致版	豪华版	豪华版	尊享版	尊享版
基本参数	长×宽×高(mm)	4553×1858×1588（1610带行李架）					
	轴距(mm)	2732					
	最小离地间隙(mm)	162(满载)					
	油箱/行李舱容积(L)	60/500					
	整备质量(kg)	1525			1540	1525	1540
	车身材料	钢板					
	乘员人数	5					
发动机参数	发动机类型	直列4缸 16气门 缸内直喷 双涡流涡轮增压发动机					
	排量(mL)	1598					
	额定功率[kW/(r/min)]	123/6000			147/5800	123/6000	147/5800
	最大转矩[N·m/(r/min)]	240/1400～4000			275/1700～4500	240/1400～4000	275/1700～4500
	排放标准/建议用油	国Ⅴ/92#及以上汽油					
底盘参数	变速器类型	6挡手自一体(THP200可配换挡拨片)					
	驱动类型	前驱					
	悬架系统	前麦弗逊式独立悬架/后纵臂扭转梁式非独立悬架					
	制动系统	前通风盘式/后盘式制动器					
	轮胎规格	235/55 R17					235/50 R18
性能	最高车速(km/h)	195			210	195	210
	0～100km/h加速时间(s)	9.5			8.4	9.5	8.4
工信部综合工况油耗(L/100km)		6.7			7.4	6.7	7.4
上市时间		2014年9月27日					
厂家建议价格(万元)		19.39	20.69	22.99	24.99	27.29	30.19

注：厂家建议价格以2016年3～8月为准

广州汽车集团乘用车有限公司 Guangzhou Automobile Group Motor Co.,Ltd.

传祺GS4　传祺GS5

主要配置

200T MT/235T MT

舒适型： GAC高强度安全车身设计、前排侧安全气囊、博世ABS制动防抱死制动系统、博世EBD电子制动力分配系统、前排单预紧限力式安全带(高度可调)、后排全独立三点式安全带、驾驶席安全带未系灯光提示及声音报警、ISOFIX儿童安全座椅车身固定装置、后排车门儿童安全门锁、发动机防盗锁止系统(带防盗报警功能)、冲击感应式车门自动开锁装置、倒车雷达、折叠式遥控钥匙、强力环保电控空调(带粉尘过滤功能)、驾驶席侧一键升降式防夹电动车窗、收音机(AM/FM)、支持MP3/WMA文件播放、音响音量随车速调节功能、Fiy Dynamics凌云翼一体式镀铬前格栅、透镜卤素前照灯(带高度手动可调/延时关闭/未关警示/清洗功能)、鲨鱼腮型转向灯、外后视镜集成LED转向灯、光之翼LED组合尾灯、铝合金行李架、可变间歇式前刮水器、外后视镜电动调节、车内灯光延迟熄灭功能、悬浮环绕式360°内饰立体布局、双环抱式钢琴烤漆装饰条、家族三钮式中央控制区(带精致镀铬装饰)、质感织物座椅、驾驶席座椅手动6向调节、副驾驶座椅手动4向调节

精英型： 舒适型+前排侧安全气囊、博世ESP车辆电子稳定控制系统、博世TCS牵引力控制系统、博世HBA紧急制动辅助系统、博世HHC上坡辅助控制系统、博世HHC下坡辅助控制系统、副驾驶安全带未系灯光提示及声音报警、定速巡航系统(带转向盘控制按键)、内藏式防夹电动天窗、高保真6扬声器音响系统、液晶组合仪表盘(带智慧行车电脑显示屏)、炮筒型前雾灯、铝合金行李架、多功能转向盘、高级皮质座椅

豪华型： 精英型+窗帘式侧安全气帘、TPMS直线式智能胎压监测系统(带行车电脑直接显示功能)、广角倒车影像系统带动态辅助线、北斗/GPS双模式3D语音导航系统(带智能手机互联功能)、车载蓝牙免提系统高清全彩8英寸触控屏、LED日间行车灯、外后视镜电动折叠及除霜除雾功能、低风阻鲨鱼鳍天线

200T G-DCT

舒适型： 200T MT舒适型+博世ESP车辆电子稳定控制系统、博世TCS牵引力控制系统、博世HBA紧急制动辅助系统、博世HHC上坡辅助控制系统、博世HHC下坡辅助控制系统、ECO智能化绿色节能模式、高档哑光镀铬航天拉杆式换挡杆

精英型： 200T MT精英型+PEPS无钥匙进入及一键起动系统、一体式智能钥匙、ECO智能化绿色节能模式、LED日间行车灯、低风阻鲨鱼鳍天线、质感织物座椅

豪华型： 200T MT豪华型+Start-Stop智能节油起停系统、ECO智能化绿色节能模式、PEPS无钥匙进入及一键起动系统、一体式智能钥匙、智慧传祺T-BOX智能手机远程监控安防系统、高档哑光镀铬航天拉杆式换挡杆

尊贵版： 豪华型+全自动恒温空调(带粉尘过滤功能)、透镜氙气前照灯(带高度手动可调/延时关闭/未关警示/清洗功能)、AFS智能前照灯随动转向系统、前照灯自动感应开启、雨量感应智能自动刮水器、自动防炫目内后视镜

235T G-DCT

精英型： 200T G-DCT精英型+EPB电子驻车制动系统(带Auto Hold自动驻车功能)、高级皮质座椅

豪华型： 200T G-DCT豪华型+EPB电子驻车制动系统(带Auto Hold自动驻车功能)、Start-Stop智能节油起停系统

尊贵版： 200T G-DCT尊贵版+EPB电子驻车制动系统(带Auto Hold自动驻车功能)

主要车型参数及价格

车型		200T MT			200T G-DCT AT				235T MT		235T G-DCT AT		
		舒适型	精英型	豪华型	舒适型	精英型	豪华型	尊贵型	舒适型	豪华型	精英型	豪华型	尊贵型
基本参数	长×宽×高(mm)	4510×1852×1677(舒适型)、4510×1852×1708											
	轴距(mm)	2650											
	最小离地间隙(mm)	190											
	油箱/行李舱容积(L)	50/450-1410											
	整备质量(kg)	1450~1500											
	车身材料	钢板											
	乘员人数	5											
发动机参数	发动机名称	全新传祺第二代T200发动机							全新传祺第二代T235发动机				
	发动机类型	低惯量E-Turbo增压技术 GCCS燃烧控制技术 DCVVT双连续可变气门正时技术											
	排量(mL)	1325							1495				
	额定功率[kW/(r/min)]	101/5500							112/5000				
	最大转矩[N·m/(r/min)]	202/1500~4200							235/1450~4250				
	排放标准	国V											
底盘参数	变速器类型	爱信手动变速器			7挡G-DCT手自一体变速器				爱信手动变速器		7挡G-DCT手自一体变速器		
	驱动类型	前驱											
	悬架系统	前麦弗逊式独立悬架/后多连杆独立悬架											
	制动系统	前通风盘式/后盘式制动器											
	轮胎规格	215/60 R17、215/55 R18(手自一体豪华版/尊贵版、235T MT豪华版)											
工信部综合工况油耗(L/100km)		6.7			6.5/6.3(启停)		6.3		6.7		6.6		6.4
上市时间		2015年4月											
厂家建议价格(万元)		9.98	10.88	11.78	11.58	12.58	13.68	14.68	10.68	12.38	13.38	14.38	15.38

注：厂家建议价格以2016年3~8月为准

传祺GS5 1.8T

Trumpchi

主要配置

1.8T MT

精英版：前排双安全气囊、前排侧安全气囊、ABS制动防抱死系统+EBD电子制动力分配系统、ESP车辆电子稳定控制系统、TCS牵引力控制系统、HBA紧急制动辅助系统、HHC上坡辅助控制系统、倒车雷达、前排预紧限力式安全带(高度可调)、后排两侧座椅/中间座椅3点式安全带、ISOFIX后排儿童安全座椅固定装置、后排车门儿童安全门锁、发动机防盗锁止系统带防盗报警功能、冲击感应式车门自动开锁装置、掀背门轻触式外把手电动开启/掀背门车内手动开启、折叠式遥控钥匙、双区独立控制自动空调、后排空调出风口、主驾驶一键式防夹电动车窗、智慧行车电脑组合仪表盘、CD播放系统、支持MP3/WMA文件播放、收音机AM/FM、USB接口、高保真音响系统、音响音量随车速调节功能、LED日间行驶灯、透镜卤素前照灯、前照灯高度手动调节、前照灯延时关闭功能、前照灯未关警示功能、LED组合尾灯+LED高位制动灯、外后视镜集成LED转向灯+电动调节功能、双色保险杠及侧面装饰、车顶天线、车顶行李架、可变间歇式前风窗玻璃、无骨刮水器、后风窗玻璃刮水器、前/后风窗玻璃洗涤器、高级真皮座椅、驾驶座椅8向手动调节带手动腰托、副驾驶座椅4向手动调节、后排座椅4/6可分体放倒

1.8T AT

精英版：1.8T MT精英版+内藏式防夹电动天窗、驾驶座椅8向电动调节带手动腰托

豪华版：精英版+TPMS直接式胎压监测系统带行车电脑直接显示功能、智能钥匙、PEPS无钥匙进入及一键起动系统、定速巡航系统带转向盘控制按键、外后视镜电动折叠及除霜除雾功能

1.8T AT i-4WD

豪华版：与1.8T AT豪华版配置相同

尊贵版：豪华版+窗帘式侧安全气帘、EPB电子驻车制动器、透镜氙气前照灯、AFS智能前照灯随动系统(含自动高度调节)、前照灯清洗装置、驾驶座椅10向电动调节带手动腰托、副驾驶座椅4向电动调节、前排座椅高低温双模式电加热功能

至尊版：尊贵版+180°广角双画面倒车后视系统、7英寸彩色高清度触摸屏DVD导航系统、车载蓝牙免提系统(带转向盘控制按键)、Ice Blue氛围灯光

主要车型参数及价格

车 型		1.8T MT	1.8T AT		1.8T AT i-4WD		
		精英版	精英版	豪华版	豪华版	尊贵版	至尊版
基本参数	长×宽×高(mm)	4732×1854×1680					
	轴距(mm)	2710					
	前/后轮距(mm)	1554/1570					
	最小离地间隙(mm)	180			170		
	油箱/行李舱容积(L)	65/480-1350					
	整备质量(kg)	1560～1725					
	车身材料	钢板					
	乘员人数	5					
发动机参数	发动机类型	直列4缸 16气门 DOHC Turbo 涡轮增压					
	排量(mL)	1751					
	额定功率[kW/(r/min)]	130/5250					
	最大转矩[N·m/(r/min)]	237/1700～5250					
底盘参数	变速器类型	5挡手动	5挡手自一体带运动模式				
	驱动类型	前驱			智能适时四驱		
	悬架系统	前双叉臂式独立悬架/后多连杆独立悬架带垂向控制臂					
	制动系统	前通风盘式/后盘式制动器+驻车鼓式制动器					
	轮胎规格	225/60 R17					
性能	最高车速(km/h)	200	192		190		
	90km/h等速油耗(L/100km)	6.5	7.0		7.5		
工信部综合工况油耗(L/100km)		8.5	9.2～9.5				
上市时间		2013年1月					
厂家建议价格(万元)		14.88	16.38	17.38	18.88	20.98	22.98

注：厂家建议价格以2016年3～8月为准

传祺GS5 2.0L Trumpchi

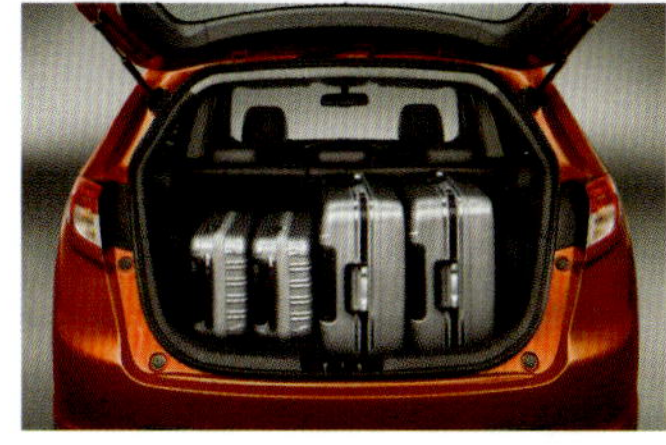

主要配置

2.0L MT

舒适版：前排双安全气囊、ABS制动防抱死系统+EBD电子制动力分配系统、倒车雷达、前排预紧限力式安全带(高度可调)、后排两侧座椅/中间座椅3点式安全带、ISOFIX后排儿童安全座椅固定装置、后排车门儿童安全门锁、发动机防盗锁止系统带防盗报警功能、冲击感应式车门自动开锁装置、掀背门轻触式外把手电动开启/掀背门车内手动开启、折叠式遥控钥匙、主驾驶一键式防夹电动车窗、双区独立控制自动空调、后排空调出风口、CD播放系统、支持MP3/WMA文件播放、收音机AM/FM、USB接口、高保真音响系统、音响音量随车速调节功能、LED日间行驶灯、透镜卤素前照灯、前照灯高度手动调节、前照灯延时关闭功能、前照灯未关警示功能、LED组合尾灯+LED高位制动灯、前/后雾灯、外后视镜集成LED转向灯+电动调节功能、双色保险杠及侧面装饰、车顶天线、车顶行李架、可变间歇式前风窗玻璃、无骨刮水器、后风窗玻璃刮水器、前/后风窗玻璃洗涤器、织物座椅、驾驶座椅6向手动调节、副驾驶座椅4向手动调节、后排座椅4/6可分体放倒

精英版：舒适版+前排侧安全气囊、智慧行车电脑组合仪表盘、真皮包裹多功能转向盘、高级真皮座椅、驾驶席座椅8向手动调节带手动腰托

2.0L AT

精英版：2.0L MT精英版+ESP车辆电子稳定控制系统、TCS牵引力控制系统、HBA紧急制动辅助系统、HHC上坡辅助控制系统、驾驶座椅8向电动调节带手动腰托

周年纪念版：精英版+TPMS直接式胎压监测系统带行车电脑直接显示功能、智能钥匙、PEPS无钥匙进入及一键起动系统、定速巡航系统带转向盘控制按键、内藏式防夹电动天窗、外后视镜电动折叠及除霜除雾功能

豪华版：周年纪念版+EPB电子驻车制动器，无外后视镜电动折叠及除霜除雾功能、定速巡航系统带转向盘控制按键

主要车型参数及价格

车型		2.0L MT		2.0L AT		
		舒适版	精英版	精英版	周年纪念版	豪华版
基本参数	长×宽×高(mm)	4732×1854×1680				
	轴距(mm)	2710				
	前/后轮距(mm)	1554/1570				
	最小离地间隙(mm)	180				
	油箱/行李舱容积(L)	65/480－1350				
	整备质量(kg)	1560～1725				
	车身材料	钢板				
	乘员人数	5				
发动机参数	发动机类型	直列4缸 16气门 DOHC 自然吸气 DCVVT 智能连续进排气可变正时技术				
	排量(mL)	1969				
	额定功率[kW/(r/min)]	108/6300				
	最大转矩[N·m/(r/min)]	187/4500				
底盘参数	变速器类型	5挡手动		5挡手自一体带运动模式		
	驱动类型	前驱				
	悬架系统	前双叉臂式独立悬架/后多连杆独立悬架带垂向控制臂				
	制动系统	前通风盘式/后盘式制动器+驻车鼓式制动器				
	轮胎规格	225/60 R17				
性能	最高车速(km/h)	185		180		
	90km/h等速油耗(L/100km)	6.5		7.0		
工信部综合工况油耗(L/100km)		8.8		9.4		
上市时间		2012年4月				
厂家建议价格(万元)		12.38	13.38	14.98	15.68	15.98

注：厂家建议价格以2016年3～8月为准

东风柳州汽车有限公司 Dongfeng Liuzhou Motor Co.,Ltd.

东风风行：景逸 X3　景逸 X5　景逸 XV　风行 SX6

景逸 X3 JOYEAR

年度新改款车型

景逸X3是东风风行首款加大号城市宽适SUV，以高通过性、高效动力、高安全性、高性价比、宽大空间和时尚外观等产品特征，诠释着越级越舒适的主张，为消费者带来超值感受。

主要配置

舒适型：双安全气囊、ABS+EBD、BA制动辅助系统、驾驶席安全带未系报警、自动落锁及碰撞自动解锁、发动机电子防盗系统、车内中控锁、儿童安全门锁、制动优先系统、ISO FIX儿童座椅固定装置、车门防撞杆、可溃缩转向柱、液压助力转向系统、遥控折叠钥匙、手动旋钮式空调、空调进气过滤、2扬声器系统、高位制动灯、亮边框反射式前照灯、电动高度可调前照灯、前照灯未关提醒、水晶后组合灯、前雾灯、尾翼、发动机装饰罩、运动大包围、铝合金轮毂、亮灰色内饰、指针数显组合仪表、无纺布顶盖面料、高级织布+仿皮座椅、驾驶席座椅6向调节、副驾驶座椅4向调节、前排可调头枕、后排座椅中央扶手带杯架、后排座椅整体前翻、后刮水器+洗涤器、后窗加热、后视镜电动调节、内后视镜防炫目、中央置物盒、固定式行李舱搁物板、PU转向盘、转向盘上下调节

豪华型：舒适型+中央大屏、倒车雷达(车身同色)、倒车影像、电动天窗、亮边框投射式前照灯、LED水晶后组合灯、车窗镀铬装饰条、真皮包裹多功能转向盘、豪华室内前厢灯、针刺顶盖面料

车身颜色：俊雅红、珍珠白、柚木棕、陨石黑、闪耀金

内饰颜色：亮灰色

主要车型参数及价格

车　型		1.5L MT	
		舒适型	豪华型
基本参数	长×宽×高(mm)	4382×1835×1705	
	轴距(mm)	2685	
	前/后轮距(mm)	1540/1523	
	油箱/行李舱容积(L)	55/700－1970	
	整备质量(kg)	1350	
	车身材料	钢板	
	乘员人数	5	
发动机参数	发动机类型	MIVEC	
	排量(mL)	1499	
	额定功率[kW/(r/min)]	88/6000	
	最大转矩[N·m/(r/min)]	143/4000	
	排放标准/建议用油	国Ⅳ/93#汽油	
底盘参数	变速器类型	5挡手动	
	驱动类型	前驱	
	悬架系统	前麦弗逊式独立悬架/后拖曳臂式悬架	
	制动系统	前后盘式制动器	
	轮胎规格	215/65 R16	
性能	最高车速(km/h)	170	
工信部综合工况油耗(L/100km)		6.8	
最新改款时间		2015年11月	
厂家建议价格(万元)		6.69	7.39

注：厂家建议价格以2016年3～8月为准

景逸 X5
JOYEAR
年度新改款车型

景逸X5是东风风行首款加大号城市运动SUV，拥有形神兼具的纯正SUV血统，搭载三菱4A92发动机，采用脉冲减振式多连杆独立悬架系统，配备博世ESP行车稳定系统，一键智能起动系统，无钥匙进入系统，全新胎压监测系统以及傲视同级的205mm高离地间隙，使景逸X5以加大号性能，加大号舒适性，加大号安全性，加大号高性价比，加大号高通过性和加大号硬朗外观等产品特征，诠释着心自由行自由的主张，为消费者带来超值的感受。

主要配置

1.6L MT

豪华型：双安全气囊、ABS+EBD、BA制动辅助系统、ESP车身电子稳定系统、驾驶席安全带未系报警、发动机电子防盗系统、车内中控锁、后门儿童安全门锁、制动优先系统、牵引力控制系统、上坡辅助系统、ISO FIX儿童座椅固定装置、自动落锁、碰撞后自动解锁、车门防撞杆、可溃缩转向柱、倒车雷达(车身同色)、倒车影像、液压助力转向系统、手动旋钮式空调、空调进气过滤、遥控折叠钥匙、电动天窗、蓝牙系统、USB接口带充电功能、MP3/WMA音频格式支持、无机芯视频播放器、4扬声器系统、高位制动灯、投射式熏黑前照灯、电动高度可调前照灯、水晶后组合灯、前雾灯、镀铬格栅、尾翼、发动机装饰罩、发动机罩下隔热垫、运动大包围、铝合金轮毂、行李架、脚踏板、不锈钢车窗亮条、鲨鱼鳍天线、迎宾踏板、后刮水器+洗涤器、后窗加热、后视镜电动调节、内后视镜防炫目、中央置物盒、固定式行李舱搁物板、行李舱开启自动照明、棕色内饰、立体式炮筒组合仪表、顶棚针织布面料、豪华室内前厢灯(带天窗控制)、全仿皮座椅、驾驶席座椅6向调节、副驾驶座椅4向调节、前排可调头枕、后排座椅中央扶手带杯架、后排座椅靠背折叠、PU转向盘、转向盘上下调节

尊享型：豪华型+胎压监测系统、一键起动+无钥匙进入系统、SD卡插口、6扬声器系统、GPS导航系统、后排隐私玻璃、LED水晶后组合灯、真皮包裹多功能转向盘、卷帘式行李舱搁物板、后视镜电动折叠、后视镜加热、仿皮+真皮座椅

1.6L CVT

豪华型：双安全气囊、ABS+EBD、BA制动辅助系统、驾驶席安全带未系报警、发动机电子防盗系统、车内中控锁、后门儿童安全门锁、制动优先系统、ISO FIX儿童座椅固定装置、自动落锁、碰撞后自动解锁、车门防撞杆、可溃缩转向柱、倒车雷达(车身同色)、倒车影像、定速巡航、电动助力转向系统、手动旋钮式空调、空调进气过滤、遥控折叠钥匙、电动天窗、蓝牙系统、USB接口带充电功能、MP3/WMA音频格式支持、无机芯视频播放器、4扬声器系统、高位制动灯、投射式熏黑前照灯、电动高度可调前照灯、水晶后组合灯、前雾灯、镀铬格栅、尾翼、发动机装饰罩、发动机罩下隔热垫、运动大包围、铝合金轮毂、行李架、脚踏板、不锈钢车窗亮条、鲨鱼鳍天线、迎宾踏板、后视镜电动调节、内后视镜防炫目、中央置物盒、卷帘式行李舱搁物板、行李舱开启自动照明、后刮水器+洗涤器、后窗加热、全仿皮座椅、驾驶席座椅6向调节、副驾驶座椅4向调节、前排可调头枕、后排座椅中央扶手带杯架、后排座椅靠背折叠、PU转向盘、转向盘上下调节、棕色内饰、立体式炮筒组合仪表、顶棚针织布面料、豪华室内前厢灯(带天窗控制)

尊享型：豪华型+胎压监测系统、一键起动+无钥匙进入系统、SD卡插口、6扬声器系统、GPS导航系统、LED水晶后组合灯、后排隐私玻璃、后视镜电动折叠、后视镜加热、真皮包裹多功能转向盘、仿皮+真皮座椅

车身颜色：俊雅红、珍珠白、柚木棕、陨石黑、闪耀金

内饰颜色：深棕色

主要车型参数及价格

车型		1.6L MT 豪华型	1.6L MT 尊享型	1.6L CVT 豪华型	1.6L CVT 尊享型
基本参数	长×宽×高(mm)	4382×1835×1739			
	轴距(mm)	2690			
	前/后轮距(mm)	1540/1545			
	油箱/行李舱容积(L)	55/570－1840			
	整备质量(kg)	1410		1430	
	车身材料	钢板			
	乘员人数	5			
发动机参数	发动机型号	4A92			
	排量(mL)	1590			
	额定功率[kW/(r/min)]	90/6000			
	最大转矩[N·m/(r/min)]	151/4000		155/4000	
	排放标准/建议用油	国Ⅳ、京Ⅴ/93#汽油			
底盘参数	变速器类型	5挡手动		CVT无级变速(模拟6挡)	
	驱动类型	前驱			
	悬架系统	前麦弗逊式独立悬架/后多连杆式独立悬架			
	制动系统	前后盘式制动器			
	轮胎规格	215/60 R17			
性能	最高车速(km/h)	160			
工信部综合工况油耗(L/100km)		6.6		6.8	
最新改款时间		2015年11月			
厂家建议价格(万元)		7.99	8.69	8.99	9.79

注：厂家建议价格以2016年3～8月为准

景逸 XV JOYEAR

年度新改款车型

景逸XV是东风风行"景逸X"SUV家族首款全新自动挡车型，搭载三菱4A92发动机(1.6L排量)，采用国际知名品牌比利时邦奇公司的CVT无级变速器，配置 ABS+EBD防抱死系统、BA制动辅助系统、电动助力转向系统、定速巡航等装置，超高离地间隙(200mm)引领同级别市场，使得景逸XV更加安全可靠、高效低耗，超越同级为消费者带来轿车般的驾乘乐趣，休闲享受。

主要配置

舒适型： 双安全气囊、ABS+EBD、BA制动辅助系统、驾驶席安全带未系报警、自动落锁及碰撞自动解锁、发动机电子防盗系统、车内中控锁、儿童安全门锁、制动优先系统、ISO FIX儿童座椅固定装置、车门防撞杆、可溃缩转向柱、定速巡航、电动助力转向系统、手动旋钮式空调、空调进气过滤、遥控折叠钥匙、2扬声器系统、高位制动灯、亮边框反射式前照灯、电动高度可调前照灯、前照灯未关提醒、水晶后组合灯、前雾灯、尾翼、发动机装饰罩、运动大包围、铝合金轮毂、后刮水器+洗涤器、后风窗加热、后视镜电动调节、内后视镜防炫目、中央置物盒、固定式后箱搁物板、PU转向盘、转向盘上下调节、亮灰色内饰、指针数显组合仪表、无纺布顶盖面料、全仿皮座椅、驾驶席座椅6向调节、副驾驶椅4向调节、前座可调头枕、后排座椅中央扶手带杯架、后排座椅整体前翻

豪华型： 舒适型+中控大屏、倒车影像、倒车雷达(车身同色)、电动天窗、亮边框投射式前照灯、LED水晶后组合灯、车窗镀铬装饰条、豪华室内前厢灯、针刺顶盖面料、真皮包裹多功能转向盘

车身颜色： 俊雅红、珍珠白、柚木棕、陨石黑、闪耀金

内饰颜色： 亮灰色

主要车型参数及价格

车　型		CVT	
		舒适型	豪华型
基本参数	长×宽×高(mm)	4348×1835×1705	
	轴距(mm)	2685	
	前/后轮距(mm)	1540/1523	
	油箱/行李舱容积(L)	55/700—1970	
	整备质量(kg)	1380	
	车身材料	钢板	
	乘员人数	5	
发动机参数	发动机型号	4A92	
	排量(mL)	1590	
	额定功率[kW/(r/min)]	90/6000	
	最大转矩[N·m/(r/min)]	155/4000	
	排放标准/建议用油	国Ⅳ/93＃及以上汽油、国Ⅴ/92＃及以上汽油	
底盘参数	变速器类型	CVT无级变速器	
	驱动类型	前驱	
	悬架系统	前麦弗逊式独立悬架/后拖曳臂式悬架	
	制动系统	前后盘式制动器	
	轮胎规格	215/65 R16	
性能	最高车速(km/h)	160	
工信部综合工况油耗(L/100km)		6.8	
最新改款时间		2015年11月	
厂家建议价格(万元)		7.99	8.69

注：厂家建议价格以2016年3～8月为准

风行SX6是东风风行专为中国市场量身打造的旗下首款6.99万～ 9.19万元7座SUV，产品力全面均衡，具有5座、7座等三款座椅布局方式，更符合中国国情，满足"多功能大空间、体面舒适驾乘、高通过性能"的多样实用需求。让消费者驾驶更从容，使用更便利，全员乘坐宽敞舒适，实用更省心。

风行 SX6

DONGFENG FENGXING

年度**新上市**车型

主要配置

1.6L MT

标准型： 5座座椅布局、双安全气囊、ABS+EBD、BA制动辅助系统、ESP车身电子稳定系统、驾驶席安全带未系报警系统、车内中控锁、后门儿童安全门锁、制动优先系统、牵引力控制系统、上坡辅助系统、ISO FIX儿童座椅固定装置、自动落锁、碰撞后自动解锁、车门防撞杆、可溃缩转向柱系统、电动助力转向系统、遥控折叠钥匙、手动旋钮式空调、空调进气过滤、后空调(单冷)、4扬声器系统、高位制动灯、反射式前照灯、电动高度可调前照灯、LED水晶后组合灯、镀铬格栅、尾翼、发动机装饰罩、运动大包围、铝合金轮毂、高灵敏度后置外露天线、后窗加热、后视镜电动调节、内后视镜防炫目、中央置物盒、棕色内饰、立体式炮筒组合仪表、顶棚无纺布面料、普通室内前厢灯、PU转向盘、转向盘上下调节、织布座椅、驾驶席座椅4向调节、副驾驶座椅4向调节、前排可调头枕、第二排座椅6/4分折叠前翻

精英型： 标准型+7座座椅布局、发动机电子防盗系统、后刮水器+洗涤器、投射式前照灯、前雾灯、行李架、真皮包裹多功能转向盘、仿皮座椅

豪华型： 精英型+倒车雷达(车身同色)、前排安全带高位调节器、后空调(单冷)、遥控天窗关闭、电动天窗、USB接口带充电功能、MP3/WMA音频格式支持、无机芯音频播放器、6扬声器系统、日间行车灯、发动机罩下隔热板、车窗全框不锈钢装饰亮条、鲨鱼鳍天线、顶棚针织布面料、豪华室内前厢灯(带天窗控制)、驾驶席座椅6向调节

尊享型： 豪华型+前排侧安全气囊、倒车影像、一键起动+无钥匙进入系统蓝牙系统、中控大屏+无机芯视频播放器、GPS导航系统、车载电话、后视镜加热、迎宾踏板

1.6L CVT

精英型： 双安全气囊、ABS+EBD、BA制动辅助系统、ESP车身电子稳定系统、驾驶席安全带未系报警、发动机电子防盗系统、车内中控锁、后门儿童安全门锁、制动优先系统、牵引力控制系统、上坡辅助系统、ISO FIX儿童座椅固定装置、自动落锁、碰撞后自动解锁、车门防撞杆、可溃缩转向柱、定速巡航、电动助力转向系统、遥控折叠钥匙、手动旋钮式空调、空调进气过滤、4扬声器系统、高位制动灯、投射式前照灯、电动高度可调前照灯、LED水晶后组合灯、前雾灯、镀铬格栅、尾翼、发动机装饰罩、运动大包围、铝合金轮毂、行李架、车窗水切装饰亮条、高灵敏度后置外露天线、后刮水器+洗涤器、后窗加热、后视镜电动调节、内后视镜防炫目、中央置物盒、棕色内饰、立体式炮筒组合仪表、顶棚无纺布面料、普通室内前厢灯、真皮包裹多功能转向盘、转向盘上下调节、仿皮座椅、驾驶席座椅4向调节、副驾驶座椅4向调节、前排可调头枕、第三排座椅6/4分折叠前翻

豪华型： 精英型+倒车雷达(车身同色)、前排安全带高位调节器、USB接口带充电功能、MP3/WMA音频格式支持、无机芯音频播放器、6扬声器系统、日间行车灯、发动机罩下隔热板、车窗全框不锈钢装饰亮条、鲨鱼鳍天线、顶棚针织布面料、豪华室内前厢灯(带天窗控制)、驾驶席座椅6向调节

尊享型： 豪华型+前排侧气囊、倒车影像、胎压监测系统、副驾驶安全带未系蜂鸣报警提示、副驾驶座椅使用状态感应功能、360°全景影像、前驻车雷达、一键起动+无钥匙进入系统、自动空调、蓝牙系统、中控大屏+无机芯视频播放器、GPS导航系统、车载电话、前照灯自动点亮、后视镜加热、后视镜电动折叠、迎宾踏板

2.0L MT

豪华型： 双安全气囊、ABS+EBD、BA制动辅助系统、ESP车身电子稳定系统、驾驶席安全带未系报警、发动机电子防盗系统、车内中控锁、后门儿童安全门锁、制动优先系统、牵引力控制系统、上坡辅助系统、ISO FIX儿童座椅固定装置、自动落锁、碰撞后自动解锁、车门防撞杆、可溃缩转向柱、倒车雷达(车身同色)、前排安全带高位调节器、电动助力转向系统、遥控折叠钥匙、电动天窗、手动旋钮式空调、空调进气过滤、后空调(单冷)、USB接口带充电功能、MP3/WMA音频格式支持、无机芯音频播放器、6扬声器系统、高位制动灯、投射式前照灯、日间行车灯、电动高度可调前照灯、LED水晶后组合灯、前雾灯、镀铬格栅、尾翼、发动机装饰罩、发动机罩下隔热板、运动大包围、铝合金轮毂、行李架、车窗全框不锈钢装饰亮条、鲨鱼鳍天线、迎宾踏板、棕色内饰、立体式炮筒组合仪表、顶棚针织布面料、豪华室内前厢灯(带天窗控制)、后刮水器+洗涤器、后窗加热、遥控天窗关闭、后视镜电动调节、内后视镜防炫目、中央置物盒、真皮包裹多功能转向盘、转向盘上下调节、仿皮座椅、驾驶席座椅6向调节、副驾驶座椅4向调节、前排可调头枕、第三排座椅6/4分折叠前翻

尊享型： 豪华型+前排侧安全气囊、倒车影像、胎压监测系统、前驻车雷达、蓝牙系统、中控大屏+无机芯视频播放器、GPS导航系统、车载电话、手机互联、后视镜加热、后视镜电动折叠

车身颜色： 俊雅红、珍珠白、柚木棕、陨石黑、闪耀金、皓月灰、爵士蓝、钛灰、开士米银

内饰颜色： 深棕色

主要车型参数及价格

车型		1.6L MT				1.6L CVT			2.0L MT	
		标准型	精英型	豪华型	尊享型	精英型	豪华型	尊享型	豪华型	尊享型
基本参数	长×宽×高(mm)	4660×1810×1790								
	轴距(mm)	2750								
	前/后轮距(mm)	1540/1545								
	油箱容积(L)	45								
	整备质量(kg)	1425				1450			1480	
	车身材料	钢板								
	乘员人数	7、5								
发动机参数	发动机型号	4A92							DFMB20	
	排量(mL)	1590								
	额定功率[kW/(r/min)]	90/6000							108/6000	
	最大转矩[N·m/(r/min)]	151/4000							200/4000	
	排放标准/建议用油	国Ⅴ/92#汽油								
底盘参数	变速器类型	5挡手动				CVT无极变速器			5挡手动	
	驱动类型	前驱								
	悬架系统	前麦弗逊式独立悬架/后拖曳臂式非独立悬架								
	制动系统	前后盘式制动器								
	轮胎规格	215/55 R17								
性能	最高车速(km/h)	160				160			165	
工信部综合工况油耗(L/100km)		6.6				6.7			7.9	
上市时间		2016年7月								
厂家建议价格(万元)		6.99	7.49	7.89	8.49	8.59	9.09	10.29	8.59	9.19

注：厂家建议价格以2016年3～8月为准

上汽通用五菱汽车股份有限公司 SAIC GM Wuling Automobile Co.,Ltd.

宝骏560

宝骏560 BAOJUN

主要配置

舒适型：前排双安全气囊、EPS电子助力转向系统、ESC电子稳定系统(含ABS+EBD功能)、VDC车辆动态控制系统、TCS牵引力控制系统、HBA制动辅助功能、车速感应自动落锁功能、后门儿童安全锁、ISO FIX儿童安全座椅固定装置、前排安全带未系提醒、四探头后倒车雷达、车身电控防盗报警系统、折叠遥控钥匙、按键式中控锁、旋转式尾门拉手、四门车窗电动升降(驾驶席侧一键下降)、四门玻璃遥控下降、手动空调、USB+AUXIN接口、CD播放器+收音机、4扬声器、透镜卤素前照灯(双炮筒式)、前照灯高度可调(带延时关闭功能)、前雾灯、LED组合尾灯、车身同色外后视镜(带LED转向灯)、车顶行李架、后扰流板(带LED高位制动灯)、前无骨刮水器、后刮水器、电加热后风窗玻璃、电动调节外后视镜、炮筒式自发光组合仪表、大尺寸行车电脑显示屏、驾驶座椅手动6向调节

精英型：舒适型+前排侧安全气囊、倒车影像带引导功能、定速巡航、电子空调、后排独立冷气出风口、8英寸超灵敏触控屏(带SD卡槽)、智能屏互联系统(手机映射连接)、蓝牙系统(含免提通话和音乐播放功能)、后排USB充电接口、6扬声器、LED日间行车灯、镀铬车窗水切、鲨鱼鳍式天线、豪华皮质座椅、防炫内后视镜、多功能转向盘

豪华型：精英型+TPMS胎压监测系统、前雷达探头、无钥匙进入系统、发动机一键起动系统、智能遥控钥匙、电动天窗、驾驶席侧玻璃一键上升(带防夹功能)、GPS导航、外后视镜电动折叠/带电加热功能、驾驶座椅电动6向调节、真皮包裹转向盘、真皮换挡手柄

车身颜色：糖果白、大地棕、星夜黑、琥珀金、勃艮第红、变色龙

内饰颜色：黑色

主要车型参数及价格

车　型		1.8L		
		舒适型	精英型	豪华型
基本参数	长×宽×高(mm)	4620×1820×1750		
	轴距(mm)	2750		
	前/后轮距(mm)	1554/1549		
	最小离地间隙(mm)	202(空载)		
	油箱/行李舱容积(L)	52/460–1015		
	整备质量(kg)	1370、1390		
	车身材料	钢板		
	车身类型/乘员人数	5门2厢/5		
发动机参数	发动机类型	VVT-i		
	排量(mL)	1798		
	额定功率[kW/(r/min)]	101/5600		
	最大转矩[N·m/(r/min)]	186/3600～4600		
	排放标准/建议用油	国Ⅳ/92#及以上汽油		
底盘参数	变速器类型	5挡手动		
	驱动类型	前驱		
	悬架系统	前麦弗逊式悬架/后扭转梁式悬架		
	制动系统	前后盘式制动器		
	轮胎规格	215/60 R17		
性能	最高车速(km/h)	170		
工信部综合工况油耗(L/100km)		7.5		
上市时间		2015年7月18日		
厂家建议价格(万元)		7.68	8.38	8.98

注：厂家建议价格以2016年3～8月为准

一汽海马汽车有限公司 Faw Haima Automobile Co.,Ltd.

海马S7

海马S7
HAIMA

主要配置

纵享型： 前排双安全气囊(副驾驶席隐藏式)、ABS制动防抱死系统、EBD电子制动力分配系统、BAS制动辅助系统、ISO FIX后排儿童座椅固定装置、后门儿童安全锁、ECU发动机防盗系统、4门侧面防撞钢梁、速度感应自动落锁/碰撞后自动解锁、可溃缩式吸能转向管柱、遥控钥匙、电动空调、智能行车电脑、AM/FM收音机/MP3功能、AUX接口/USB接口、4声道+4扬声器、前雾灯、动感铝合金轮辋、无骨刮水器、LED高位制动灯、车顶行李架、前照灯高度电动调节、电动调节外后视镜带转向灯、手动防炫内后视镜、搪塑仪表板、自发光组合仪表、绒布座椅、驾驶席座椅手动6向调节、副驾驶座椅手动4向调节、驾驶席座椅腰托

纵驰型： 纵享型+倒车雷达、驾驶席一键式玻璃升降带防夹功能、单碟CD、动感亮面铝合金轮辋、外后视镜电热除霜、侧上车踏板、超纤座椅，AT纵驰型增加定速巡航系统，1.8T纵驰型增加EPS电子稳定控制系统、HHC坡道起步辅助系统、TCS牵引力控制系统、碰撞断油功能、定速巡航系统、动感铝合金轮辋

纵骋型： 纵驰型+EPS电子稳定控制系统、HHC坡道起步辅助系统、TCS牵引力控制系统、TPMS胎压监测报警系统、360度全景可视系统、一键式防夹电动天窗、7英寸中控台液晶屏、导航系统(含GPS/影音娱乐功能)、4声道+6扬声器、动感铝合金轮辋、自动防炫后视镜，1.8T纵骋型增加定速巡航系统、一键式防夹电动天窗、蓝牙手机免提系统、前雾灯、前排座椅加热功能

纵领版： 纵骋型+前排侧安全气囊、碰撞断油功能、定速巡航系统、一键起动+无钥匙进入系统、自动空调、一键式防夹电动天窗、蓝牙手机免提系统、8英寸中控台液晶屏、HM-Link智能车载互联系统、前雾灯、动感亮面铝合金轮辋、无骨刮水器带雨量感应器、自感应式前照灯、前照灯延时关闭/伴我回家功能、电动折叠外后视镜带转向灯、驾驶席座椅电动8向调节、前排座椅加热功能

车身颜色： 时尚黑、星月银、极地白、咖啡金

内饰颜色： 米色、黑桔

主要车型参数及价格

车型		2.0L MT			2.0L AT	1.8T AT		
		纵享型	纵驰型	纵骋型	纵驰型	纵驰型	纵骋型	纵领型
基本参数	长×宽×高(mm)	4530×1830×1730						
	轴距(mm)	2619						
	前/后轮距(mm)	1550/1530						
	最小离地间隙(mm)	180(空载)、165(满载)						
	油箱/行李舱容积(L)	61/400						
	整备质量(kg)	1510			1545			
	车身材料	钢板						
	乘员人数	5						
发动机参数	发动机类型	直列4缸 16气门 双顶置凸轮轴 DVVT 电控多点顺序喷射				直列4缸 16气门 中冷器 双顶置凸轮轴 多点喷射汽油发动机 进排气双VVT 废气涡轮增压 静音链驱动低摩擦挺杆		
	排量(mL)	1995				1795		
	额定功率[kW/(r/min)]	110/6000				138/5500		
	最大转矩[N·m/(r/min)]	180/4500				230/1800~4500		
	排放标准/建议用油	国Ⅳ、国Ⅴ/93#汽油				国Ⅴ/93#汽油		
底盘参数	变速器类型	5挡手动			5挡自动	6挡自动		
	驱动类型	前驱						
	悬架系统	前麦弗逊独立悬架/后多连杆独立悬架						
	制动系统	前后盘式制动器						
	轮胎规格	215/70 R16		235/65 R17	215/70 R16	235/65 R17		
性能	最高车速(km/h)	165				170		
工信部综合工况油耗(L/100km)		8.1			8.8	8.4		
上市时间		2015年5月6日						
厂家建议价格(万元)		8.98	9.68	10.68	10.68	11.68	12.88	14.48

注：厂家建议价格以2016年3~8月为准

重庆长安铃木汽车有限公司 Chongqing Chang'an Suzuki Automobile Co.,Ltd.

锋驭　维特拉

锋驭 S.CROSS

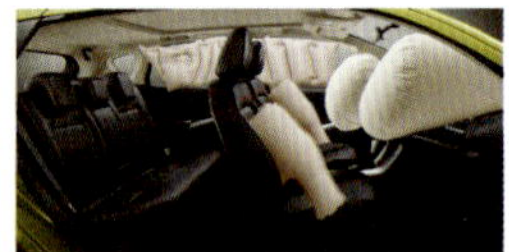

主要配置

进取型： TECT超高强度安全车身、前排双安全气囊、前排侧安全气囊、贯穿式前后侧安全气帘、ABS+EBD+HBA、第九代BOSCH ESP车身动态稳定系统、TCS牵引力控制系统、HHC斜坡起步辅助系统、4门高刚性防侧撞钢梁、可溃缩式驾驶席腿部保护系统、随机滚码智能防盗安全系统、前排爆燃预警限力式安全带、前排安全带未系警示系统、后排全三点式安全带、ISOFIX儿童安全座椅接口、儿童安全门锁、倒车雷达、智能无钥匙进入系统、一键式动力起动系统、电动中央门锁+遥控门锁、高效手动空调、前后排电动窗(驾驶席带自动升降、防夹功能)、CD+MP3+USB接口、6剧院式高保真立体音扬声器、CD+MP3+USB接口、高分辨率倒车影像、飞翼式前格栅、晶钻高亮前照灯、前照灯水平调节、低风阻外后视镜(带转向灯、电动调节、电热除雾功能)、可变间歇式前刮水器、间歇式后刮水器/洗涤器、后风窗电热除霜器、车身信息集成液晶显示矩阵、人体工程学多功能转向盘、运动风格织物座椅、驾驶座椅6向调节

精英型： 进取型+高效自动恒温空调、GPS导航系统、车载蓝牙免提系统(带转向盘快捷键)、全触控数字液晶显示屏、7剧院式高保真立体音扬声器、DVD+MP3+AUX+SD卡接口、可开启全景电动天窗(带电动遮阳帘与防夹功能)、镀铬飞翼式前格栅、HID晶钻氙气前照灯+前照灯清洗装置、前照灯载荷感应自动调节功能、外后视镜电动收折、酷炫风格打孔皮质座椅、真皮转向盘套，MT精英型增加发动机智能起停系统，CVT精英型增加拨片换挡

尊贵型： 精英型+定速巡航系统

车身颜色： 皓月白、星辰银、丹霞红、极光绿、银河蓝、晶岩黑

内饰颜色： 酷炫风格深色

主要车型参数及价格

车　型		进取型MT	进取型CVT	精英型MT	精英型CVT	尊贵型CVT
基本参数	长×宽×高(mm)	4300×1765×1585				4300×1765×1580
	轴距(mm)	2600				
	前/后轮距(mm)	1535/1505				
	最小离地间隙(mm)	180				175
	油箱容积(L)	47				
	整备质量(kg)	1160	1170	1160	1170	1260
	车身材料	钢板				
	车身类型/乘员人数	2厢5门/5				
发动机参数	发动机型号/类型	G-INNOTEC/全铝合金缸体VVT高效能发动机				
	排量(mL)	1586				
	额定功率[kW/(r/min)]	90/6000				
	最大转矩[N·m/(r/min)]	158/4400				
	排放标准/建议用油	国Ⅳ、京Ⅴ/93#(京92#)无铅汽油				
底盘参数	变速器类型	5挡手动	CVT无级变速(带7挡运动模式)	5挡手动	CVT无级变速(带7挡运动模式)	
	驱动类型	前驱				智能四驱
	悬架系统	前麦弗逊式独立悬架/后纵臂扭力梁式半独立悬架				
	制动系统	前后盘式制动器				
	轮胎规格	205/60 R16				205/50 R17
性能	0~100km/h加速时间(s)	11.8	12	11.8	12	13
工信部综合工况油耗(L/100km)		5.6				6.2
上市时间		2013年12月23日				
厂家建议价格(万元)		10.98	11.98	12.48	13.48	15.48

注：厂家建议价格以2016年3～8月为准

2016年6月7日，维特拉精英型/领先型四驱版正式上市，售价14.38万~14.98万元。长安铃木维特拉领先型四驱版车型外观与目前在售的维特拉基本保持一致，但目前在售车型中仅顶配的自动旗舰型车型为四驱版车型，新车的推出将丰富维特拉四驱版车型的选择空间。

主要配置

进取型：前排双安全气囊、TECT高强度安全车身、ABS+EBD+HBA、第九代BOSCH ESP车身动态稳定系统、TCS牵引力控制系统、HHC斜坡起步辅助系统、可溃缩式驾驶席腿部保护系统、随机滚码智能防盗安全系统、四门高刚性防侧撞钢梁、爆燃预警限力式前座安全带、前排驾驶席安全带未系警示系统、后座全三点式安全带、ISOFIX儿童安全座椅接口、儿童安全门锁、电动中央门锁+遥控门锁、前后排电动窗(驾驶席带自动升降、防夹功能)、手动空调、花粉过滤器、收音机+CD+MP3+USB、4扬声器、车身运动风格套件、前后保险杠装饰板、卤素前照灯、前雾灯、前照灯水平手动调节、低风阻外后视镜(带转向灯、电动调节、电热除雾功能)、可变间歇式前/后刮水器、16英寸铝合金轮毂、全尺寸标准备胎、炫酷风格深色内饰、织物座椅、驾驶席座椅高度调节、分体可折叠式后排座椅、前座中央扶手、转向盘音响控制按钮、动感指针式时钟、点烟器&烟灰缸、一体式前座阅读灯

精英型：进取型+前排侧安全气囊、贯穿式前后侧气帘、倒车雷达、智能无钥匙进入系统、一键起动系统、6扬声器、晶钻式LED日间行车灯、17英寸铝合金轮毂、真皮包裹转向盘，四驱精英型增加斜坡防滑装置

领先型：精英型+斜坡防滑装置、Infotainment影音娱乐系统(GPS+USB+SD卡+影音播放)、双层全开启式全景天窗带电动遮阳帘与防夹功能、转向盘蓝牙免提按钮

豪华型：领先型+前雷达、定速巡航系统、高效自动恒温空调、星璨式LED前照灯、自动感应式前照灯、前照灯载荷感应自动调节功能、前照灯水平自动调节、外后视镜电动收折、雨量感应式自动刮水器、高级皮质座椅、转向盘定速巡航控制开关，无斜坡防滑装置

旗舰型：豪华型+斜坡防滑装置、高分辨率倒车影像、前排座椅加热功能

车身颜色：晶岩灰、丹霞红、珊瑚橙、星辰银、冰河蓝、珠光白

主要车型参数及价格

车型		进取型	精英型			领先型	豪华型		旗舰型
		MT	MT	AT	AT	AT	MT	AT	AT
基本参数	长×宽×高(mm)	4175×1775×1610							
	轴距(mm)	2500							
	前/后轮距(mm)	1535/1505							
	油箱容积(L)	47							
	整备质量(kg)	1120	1170	1180	1260		1170	1180	1260
	车身材料	钢板							
	乘员人数	5							
发动机参数	发动机类型	G-INNOTEC全铝VVT高效能发动机	BOOSTERJET涡轮增压发动机						
	排量(mL)	1586	1373						
	额定功率[kW/(r/min)]	90/6000	103/5500						
	最大转矩[N·m/(r/min)]	158/4400	220/1700~4000						
	排放标准/建议用油	国V/93#无铅汽油(京92#)							
底盘参数	变速器类型	5挡手动	6挡手动	6挡手自一体			6挡手动	6挡手自一体	
	驱动类型	前驱			全时四驱		前驱		全时四驱
	悬架系统	前麦弗逊式独立悬架/后纵臂扭力梁式半独立悬架							
	制动系统	前后盘式制动器							
性能	0~100km/h加速时间(s)	11.3	8.7	8.4	9.2		8.7	8.4	9.2
工信部综合工况油耗(L/100km)		5.8	5.6		5.9		5.6		5.9
上市时间		2015年11月30日			2016年6月7日		2015年11月30日		
厂家建议价格(万元)		9.98	11.88	12.68	14.38	14.98	13.18	13.98	15.98

注：厂家建议价格以2016年3~8月为准

长安汽车
CHANGAN

重庆长安汽车股份有限公司 Chongqing Chang'an Automobile Co.,Ltd.

CS75　CS35　CS15　CX70

长安汽车
CHANGAN

CS75

长安CS75是一款在中国SUV市场具有轰动效应的产品，定位于时尚、安全的新锐都市SUV，具备两驱、四驱可以满足不同越野路况选择具有时尚、安全、高性能（操控性好、科技配备水平高）、舒适的特点，搭载Blue core系列发动机，动力方面，长安CS75有两款发动机选择，2.0L自然吸气发动机最大功率输出116Kw，1.8L涡轮增压发动机最大功率输出130Kw，峰值转矩为230N•m。传动方面，与之匹配的是6挡手动变速器和爱信新一代6挡手自一体变速器。

主要配置

超值版：HEEAB高刚度吸能构架式车身、前排双安全气囊、ABS+EBD+BA、4雷达泊车辅助系统、可溃缩式吸能转向柱、前排三点式限力安全带、前排安全带未系提醒系统、后排三点式高度可调安全带、后门儿童安全锁、ISOFIX儿童安全座椅固定装置、行车感应自动落锁、钥匙遥控车窗、熄火自动解锁功能、背门逃生解锁功能、发动机电子防盗系统、熄火车窗电源延时关闭功能、车门开启/未关报警提示、EPB电子驻车系统、四门电动车窗、驾驶席车窗一键降、钥匙遥控行李舱开启、舒适电动空调、多功能行车电脑、CD播放系统、收音机、USB/AUX音频输入接口、车载4扬声器系统、3.5寸高清彩色多功能行车电脑、样杆式收音机、延伸护甲式车门、博世前无骨刮水器、后窗刮水器、卤素前照灯、自动感应式前照灯(前照灯高度可调)、高亮前后雾灯、LED组合式后尾灯(半月点亮式)、电动调节外后视镜/电除霜/LED转向灯、LED高位制动灯、寻车功能+送你回家、运动内饰、自发光仪表盘(亮度可调)、车内背景光亮度可调、车内背影光亮度可调、多功能转向盘(亮度可调)、时尚织物面料座椅、驾驶席座椅手动6向调节、副驾驶座椅手动4向调节、后排座椅2向调节

舒适型：超值版+驾驶席车窗一键升(防夹)、车载6扬声器系统、鲨鱼鳍收音机天线、LED组合式后尾灯(缤纷点亮式)、铝合金贴横式行李架、高级透气皮质座椅、后排中央出风口

豪华型：舒适型+前排侧安全气囊、侧窗帘式安全气囊、TCS牵引力控制系统、ESP(Elecronic Stability Program)车身电子稳定系统、HBB液压制动辅助系统、HHC坡道起步辅助系统、ECD电子控制减速功能、DBF动态驻车系统、TPMS胎压监测系统、6雷达泊车辅助系统、循迹式智能辅助可视泊车系统、智能防误锁功能、无钥匙进入系统、一键起动系统、Auto-Hold自动驻车系统、in Call智能车载互联系统(手机映射、道路救援服务、预订服务、车载蓝牙)、7英寸高清彩色触摸屏、GPS电子语音导航系统、一键式双模防夹电动天窗、真皮包裹多功能转向盘(4向调节)

领先型：豪华型+STT智能节油系统、右侧盲区可视系统、后排左侧三点式限力安全带、四门车窗一键升降(防夹)、氙气前照灯、日间行车灯、驾驶席座椅电动6向调节、驾驶席座椅腰部支撑、前排座椅加热

时尚型：舒适型+HBB液压制动辅助系统、HHC坡道起步辅助系统、ECD电子控制减速功能、DBF动态驻车系统、TCS牵引力控制系统、6雷达泊车辅助系统、Auto-Hold自动驻车系统、人性化自动恒温空调、前照灯自动点亮、双排气尾管

精英型：时尚型+前排侧安全气囊、侧窗帘式安全气囊、TPMS胎压监测系统、循迹式智能辅助可视泊车系统、右侧盲区可视系统、智能防误锁功能、无钥匙进入系统、一键起动系统、定速巡航系统、Auto-Hold自动驻车系统、in Call智能车载互联系统(手机映射、道路救援服务、预订服务、车载蓝牙)、GPS电子语音导航系统、一键式双模式电动天窗、自动折叠外后视镜(钥匙遥控+车内按钮控制)、真皮包裹多功能转向盘(4向调节)

尊贵型：精英型+后排左侧三点式限力安全带、in Call智能车载互联系统(远程开关门锁、远程控制空调、远程开危险警报闪光灯、远程车况查询诊断、防盗监控追踪服务、紧急救援服务、语音控制、应用商店)、8扬声器高保真车载扬声系统、四门车窗一键升降(防夹)、氙气前照灯、日间计车灯、驾驶席座椅电动6向调节、驾驶席座椅腰部支撑、前排座椅加热

尊荣型：尊贵型+全速自适应巡航、盲区监测系统、倒车横向预警系统、换道辅助系统

车身颜色：闪光月光白　闪光水晶银灰　闪光钛金灰　闪光尊贵黑、闪光琥珀金黄、闪光霓虹

主要车型参数及价格

车型		2.0L MT				1.8T AT			
		超值型	舒适型	豪华型	领先型	时尚型	精英型	尊贵型	尊荣型
基本参数	长×宽×高(mm)	4650×1850×1695(1705)							
	轴距(mm)	2700							
	前/后轮距(mm)	1565/1565							
	最小离地间隙(mm)	190							
	油箱容积(L)	58							
	整备质量(kg)	1640				1665			
	车身材料	钢板							
	乘员人数	5							
发动机参数	发动机类型	BlueCore 2.0L VVT发动机				BlueCore 1.8T 涡轮增压发动机			
	排量(mL)	1998				1798			
	额定功率[kW/(r/min)]	116/5500～6000				130/5000～5500			
	最大转矩[N·m/(r/min)]	200/4000～4500				230/1700～5000			
底盘参数	变速器类型	高效6挡手动变速器				高效6挡手自一体变速器			
	悬架系统	前麦弗逊式悬架/后多连杆独立悬架							
	制动系统	前通风盘式/后盘式制动器							
	轮胎规格	225/65 R17							
工信部综合工况油耗(L/100km)		8.5			8.1	8.8			
上市时间		2014年4月20日							
厂家建议价格(万元)		9.29	9.88	11.18	11.98	12.28	12.98	13.98	14.08

注：厂家建议价格以2016年3～8月为准

2016年2月29日，长安CS35 16款和新增的1.5T车型正式上市。CS35作为小型SUV市场最畅销产品，持续领跑自主品牌细分市场。此次上市，2016款CS35通过"科技、动力、安全"进行全面优化升级，持续打造行业标杆的产品目标。

新增的4G15T涡轮增压发动机车型，拥有多项高新技术配置。涡轮增压技术可在2000~4500rpm的宽广转速范围爆发出215 N•m的最大转矩，115kW大功率，澎湃动力瞬间迸发，在风驰电掣间感受速度的自由。

CS35
年度新上市车型

智能方面，2016款长安CS35提供无钥匙进入和一键起动功能，免去插拔钥匙的繁琐，让你的出行更加便捷轻松。in Call智能车载互联系统经过全新升级，新增百度Carlife功能。

安全方面，CS35进行了全方位的安全品质升级，全系标配日间行车灯，主力车型增加ESP车身电子稳定系统、上坡辅助，加上HEEAB高刚度钢吸能构架式车身、胎压监测系统、智能泊车辅助系统、四气囊安全配备等多项安全配置，带给你360°全方位安全护航。

主要配置

舒适型： 前排双SRS安全气囊、HEEAB高刚度吸能构架式车身、ABS+EBD+BA、前排上下可调限力式安全带、后排防压迫三点式安全带、驾驶席安全带未系提醒系统、倒车雷达、紧急转向提示系统(快闪、轻拨转向灯提示三下)、EPS电子随速助力转向系统、ISO FIX儿童安全座椅固定装置、发动机电子防盗系统、遥控智能寻车功能、行李舱独立遥控解锁、可折叠远程遥控钥匙、4门电动车窗(驾驶席侧一键降)、电动空调、隐藏式后排出风口、CD播放系统(支持MP3、WMA)、USB/AUX音频输入接口、6扬声器数字FM/AM带MP3音频输入、鹰眼晶钻透镜照灯、外后视镜集成侧转向灯、日间行车灯、动感V形铝合金轮毂、鲨鱼鳍天线、多功能行李架、发动机装饰罩、电动调节外后视镜、外后视镜加热、多挡位可调速随速刮水器(隐藏式设计)、后除霜除雾系统、前照灯高度可调+"伴您回家"功能、车外灯光未关报警提示、透气柔性织物座椅、驾驶席座椅手动6向调节、后排靠背40/60分体折叠

豪华型： 舒适型+ESP车身电子稳定系统、HHC坡道起步辅助系统、倒车可视影像显示、in Call智能车载互联系统(百度Carlife(手机互联、语音控制、语音导航)、车载导航、生活服务、Wi-Fi通道、一键救援、车载蓝牙)、3.5英寸高清晰多功能行车电脑、一键式双模防夹电动天窗、高级打孔超纤皮质运动座椅、V形元素真皮包裹转向盘带娱乐控制、行李舱中部置物软帘，1.6L AT增加定速巡航、高亮镀铬车窗装饰条

尊贵型： 豪华型+侧安全气囊、STT智能节油系统、TPMS胎压监测系统、无钥匙进入、一键起动、外后视镜电动折叠，1.6L AT增加定速巡航、高亮镀铬车窗装饰条

运动型： 豪华型+镀铬双排气筒

豪华运动型： 运动型+侧安全气囊、TPMS胎压监测系统、无钥匙进入、一键起动、外后视镜电动折叠

主要车型参数及价格

车型		1.6L MT			1.6L AT		1.5T MT	
		舒适型	豪华型	尊贵型	豪华型	尊贵型	运动型	豪华运动型
基本参数	长×宽×高(mm)	4160×1810×1670						
	轴距(mm)	2560						
	油箱容积(L)	52						
	整备质量(kg)	1270			1290		1340	
	车身材料	钢板						
	乘员人数	5						
发动机参数	发动机型号/类型	—/BlueCore 1.6L DVVT DOHC全铝合金发动机					4G15T/涡轮增压发动机	
	排量(mL)	1598					1500	
	额定功率[kW/(r/min)]	92/6000					115/5000	
	最大转矩[N·m/(r/min)]	160/4000~5000					215/2000~4500	
底盘参数	变速器类型	高效5挡手动变速器			日本爱信Ss-Ⅱ手自一体变速器		高效5挡手动变速器	
	驱动类型	前驱						
	悬架系统	前L臂麦弗逊支柱式悬架/后扭转梁式悬架						
	制动系统	前通风盘式/后实心盘式制动器						
	轮胎规格	205/60 R16	215/50 R17				205/60 R16	215/50 R17
上市时间		2016年2月29日						
厂家建议价格(万元)		7.89	8.29	8.79	9.29	9.79	9.19	9.69

注：厂家建议价格以2016年3~8月为准

CS15
年度**新上市**车型

作为长安汽车旗下一款专为年轻人打造的小型SUV， CS15凭借其炫酷的高颜值、舒适的大空间以及个性化配置选择等优势，2016年4月6日在中国人民大学上市发布后即刻俘获了年轻群体的心。

外观上，CS15继承长安独有的设计语言，原创性凌厉前格栅彰显非常规硬派气质，与动感蓄势车体的设计语言融为一体，毫不含蓄的展露其锋芒与灵动。

全方位安全配备的CS15，搭载博世ESP车身电子稳定系统9.0、日间行车灯、胎压监测、倒车影像、坡道辅助，时刻保障出行安全，让家人更安心。

CS15 拥有宽阔的适用空间，巧妙设计将空间运用到极致，拥有多达39处储物空间，加之后排座椅可完全放平和超大全景天窗，为驾乘空间带来更多舒适惬意。

主要配置

舒适版：前排双安全气囊、HEEAB高刚度吸能构架式车身、ABS+EBD+BA、前排安全带上下可调限力式、主驾安全带未系提醒系统、ISO FIX儿童安全座椅固定装置、后门儿童安全锁、五门遥控锁、背门逃生解锁功能、发动机电子防盗系统、EPS电子随速助力转向系统、遥控智能寻车功能(声光提醒功能)、电动空调、净爽花粉过滤器、后排座椅出风口、高清晰多功能行车电脑、4扬声器、车载蓝牙、高度可调式前照灯、前照灯未关报警系统、高位制动灯、外后视镜集成侧转向灯、多功能行李架、手动折叠双模智能后视镜、4门电动车窗、后风窗电子除霜除雾装置、透气柔性织物座椅、驾驶席座椅6向手动调节、副驾驶席座椅4向手动调节、后排座椅全平放倒、前后排活动头枕、前排中央扶手、防炫目内后视镜、前排门侧照明灯、行李舱灯、39处灵动储物空间、自发光仪表盘、中控台、12V电源插口

时尚版：舒适版+ESP(Elecronic Stability Program)车身电子稳定系统、HHC坡道起步辅助系统、制动辅助系统、雷达泊车辅助系统、雷达泊车辅助系统、定速巡航、时尚日间行车灯、高级打孔超纤皮质运动座椅、多功能转向盘

豪华版：时尚版+TPMS胎压监测系统、智能倒车影像、副驾安全带未系提醒系统、in Call智能车载互联系统(百度Carlife(手机互联、语音控制、语音导航)、车载导航、生活服务、Wi-Fi通道、一键救援)、7英寸高清彩色触摸屏、6扬声器、电动加热双模智能后视镜、真皮包裹转向盘前排中央扶手(后部)，1.5L MT增加前排安全带/带预紧功能

尊贵版：豪华版+前排侧安全气囊、无钥匙进入系统+一键起动、STT怠速起停系统、电子转向锁、前排副驾驶座椅下储物盒

车身颜色：闪光宝石红、闪光深海蓝、雪域白、闪光星河银灰、闪光珠光黑、闪光璀璨金黄、闪光炫彩橙黄

主要车型参数及价格

车型		1.5L MT				1.5L AT	
		舒适版	时尚版	豪华版	尊贵版	时尚版	豪华版
基本参数	长×宽×高(mm)	4100×1740×1635					
	轴距(mm)	2510					
	油箱容积(L)	44					
	整备质量(kg)	1210				1235	
	车身材料	钢板					
	乘员人数	5					
发动机参数	发动机类型	BlueCore 1.5L VVT DOHC全铝合金发动机					
	排量(mL)	1480					
	额定功率[kW/(r/min)]	78.5/5500					
	最大转矩[N·m/(r/min)]	145/3500～4500					
底盘参数	变速器类型	高效5挡手动变速器				高效双离合自动变速器	
	驱动类型	前驱					
	悬架系统	前L臂麦弗逊支柱式悬架/后扭转梁式悬架					
	制动系统	前通风盘式/后盘式制动器					
	轮胎规格	205/55 R16					
上市时间		2016年4月6日				2016年8月8日	
厂家建议价格(万元)		5.79	6.39	6.89	7.39	7.29	7.79

注：厂家建议价格以2016年3～8月为准

长安CX70整体采用了较为粗犷的风格设计，前进气格栅采用三横镀铬条幅造型，前照灯组造型犀利，并与格栅相连。此外配合硬朗设计的前保险杠使得新车透露着一丝硬派SUV的视觉效果。其中1.6L自然吸气发动机的代号为"4G18M2"，最大输出功率为86kW。1.5L涡轮增压发动机为长安自主研发生产，最大功率125kW，峰值转矩230N·m。

CX70

年度**新上市**车型

主要配置

都市型：驾驶席安全气囊、ABS防抱死制动系统、EBD制动力分配系统、驾驶席安全带未系提示、ISO FIX儿童座椅接口(2个)、折叠带遥控钥匙、前排普通三点式安全带、后排普通三点式安全带、后驻车雷达(4个)、车门未关提示声(5门)/警示灯、五门开启/关闭状态独立显示、五门遥控、后门儿童锁、前/后电动车窗、驾驶席门窗玻璃一键下降、前排独立空调、行车电脑显示屏、USB带充电功能、支持MP3/WMA、4扬声器、前/后雾灯、前照灯高度可调节、前照灯关闭自动延时系统、寻车灯光、LED高位制动灯、后刮水器+后喷水+后除霜除雾、同色外开手柄、后视镜电动调节、双曲率后视镜、上下调节转向盘

舒适型：都市型+前排安全气囊、倒车视频影像、蓝牙/车载电话、中控台彩色触摸大屏、手机映射(中央大屏手机镜像)、多媒体支持系统、6扬声器、扶手箱后部出风口风量/风向可调、顶置行李架、真皮/皮革包裹转向盘、多功能转向盘、驾驶席座椅6向调节

精英型：舒适型+前排限力/预紧安全带、电动天窗、日间行车灯、后视镜电动折叠、皮革座椅

运动型：精英型+主驾驶席安全未系提示、HBA制动辅助系统、TCS牵引力控制系统、ESP车身稳定控制系统、HHC上坡辅助系统、全景摄像(右侧)，无电动天窗、日间行车灯、皮革座椅

豪华型：运动型+前驻车雷达(2个)、电动天窗、车载Wi-Fi、日间行车灯、皮革座椅

旗舰型：豪华型+前排侧安全气囊、胎压监测装置、智能钥匙(2把)、无钥匙起动系统、无钥匙进入系统、定速巡航、寻业灯光/带声音、后视镜加热、驾驶席座椅电动调节

车身颜色：雪月白、长安红、幻影黑、浩宇灰、自由光绿

主要车型参数及价格

车型		1.6L MT					
		都市型	舒适型	精英型	运动型	豪华型	智能型
基本参数	长×宽×高(mm)	4680×1800×1775\1750(都市型)					
	轴距(mm)	2780					
	前/后轮距(mm)	1495/1505					
	油箱/行李舱容积(L)	48/180					
	整备质量(kg)	1470		1490			
	车身材料	钢板					
	乘员人数	7					
发动机参数	发动机型号	4G18M2					
	排量(mL)	1584					
	额定功率[kW]	86					
	最大转矩[N·m/(r/min)]	150/3500～4500					
	排放标准/建议用油	国V/93#(京92#)汽油					
底盘参数	变速器类型	手动变速器(MT)					
	驱动类型	后驱					
	悬架系统	前麦弗逊独立悬架/后五连杆半独立悬架					
	制动系统	前盘式/后鼓式制动器					
	轮胎规格	215/60 R17					
性能	最高车速(km/h)	160					
工信部综合工况油耗(L/100km)		7.9					
上市时间		2016年4月25日					
厂家建议价格(万元)		6.89	7.39	7.79	7.59	7.99	8.49

注：厂家建议价格以2016年3～8月为准

长安福特

长安福特汽车有限公司 Chang'an Ford Automobile Co.,Ltd.

福特翼虎Kuga　福特翼博Ecosport

福特翼虎
Kuga

主要配置

高强度吸能式车身、7安全气囊、ABS+EBD+EBA+TCS+HAS+ESC+RSC+ACS+ACC+BLIS、无钥匙进入系统、无钥匙起动系统、E-PAS电子辅助转向系统、自动驻车辅助系统、全方位倒车雷达全景天窗、自动恒温空调、感应式电动行李舱门、卓越静肃隔音工程、9音响立体声环绕系统、Aux与USB输入端口、转向盘音响控制、镀铬饰条、LED尾灯、感应式自动氙气前照灯、车顶行李架、18英寸动感铝合金轮辋、飞航式驾驶舱设计、车内氛围灯、60/40式可折叠后座椅、前座储物盒、车门储物空间、超大行李舱空间

车身颜色：琥珀金、珍珠白、糖果红、典雅白、闪耀银、魅影灰、银砂黑

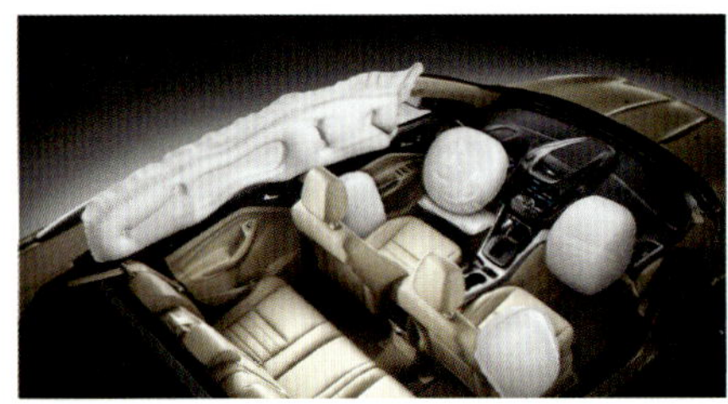

主要车型参数及价格

车型		1.6T			2.0T		
		舒适型	风尚型	精英型	精英型	运动型	尊贵型
基本参数	长×宽×高(mm)	4524×1838×1685		4524×1838×1695			
	轴距(mm)	2690					
	前/后轮距(mm)	1563/1565					
	前/后悬距(mm)	924/910					
	最小离地间隙(mm)	180					
	油箱/行李舱容积(L)	60/960–1915					
	整备质量(kg)	1592		1717	1756		
	车身材料	钢板					
	乘员人数	5					
发动机参数	发动机型号	GTDIQ2			CAF488WQ2		
	发动机类型	直列4缸 16气门 4冲程 液冷 多点燃油喷射 汽油机			直列4缸 16气门 4冲程 液冷 缸内喷射汽油机		
	排量(mL)	1596			1998		
	额定功率[kW/(r/min)]	130/5700			178/5500		
	最大转矩[N·m/(r/min)]	240/1750~4500			350/3000		
	排放标准/建议用油	国Ⅳ/93#汽油					
底盘参数	变速器型号	CV6P–7000		CV6P–7000–D	CV6P–7000–B		
	驱动类型	前驱		四驱			
	悬架系统	前麦弗逊式独立悬架+前防侧倾稳定杆/后全独立多连杆悬架+后防侧倾杆					
	制动系统	前后盘式制动器					
	轮胎规格	235/50 R18 97H					
性能	最高车速(km/h)	185					
	0~100km/h加速时间(s)	11.1		11.2	8.8		
工信部综合工况油耗(L/100km)		7.5		8.0	8.8		
上市时间		2013年3月18日					
厂家建议价格(万元)		19.38	21.78	23.98	25.28	26.28	27.58

注：厂家建议价格以2016年3~8月为准

福特翼博 Ecosport

主要配置

高强度吸能式车身、6安全气囊、E-PAS电子辅助转向系统、ABS+EBD+EBA+HAS+ESC、无钥匙进入系统、无钥匙起动系统、倒车雷达、SYNC车载智能系统、自动恒温空调、卓越静肃隔音工程、天窗、6音响立体声环绕系统、Aux与USB输入端口、转向盘音响控制、镀铬饰条、车顶行李架、后排座椅60/40式可双次折叠、超大行李舱空间

车身颜色：星火红、典雅白、炫舞红、闪耀银、魅影灰、银砂黑、情调蓝

主要车型参数及价格

车型		1.5L MT		1.5L AT	1.5L MT	1.0GTDi MT	1.5L AT
		舒适型	风尚型	风尚型	尊贵型	尊贵型	尊贵型
基本参数	长×宽×高(mm)	4280×1785×1638	4280×1785×1658				
	轴距(mm)	2530					
	前/后轮距(mm)	1527/1533					
	前/后悬距(mm)	800/950					
	最小离地间隙(mm)	172					
	油箱/行李舱容积(L)	52/348–705					
	整备质量(kg)	1245		1295	1245	1290	1295
	车身材料	钢板					
	乘员人数	5					
发动机参数	发动机型号	CT				GTDIQ3	CT
	发动机类型	双独立式凸轮轴可变正时发动机				Ecoboost GTDi汽油直喷涡轮增压	双独立式凸轮轴可变正时发动机
	排量(mL)	1499				977	1499
	额定功率[kW/(r/min)]	81/6045				92/6000	81/6045
	最大转矩[N·m/(r/min)]	140/4500				170/1500～4500	140/4500
	排放标准/建议用油	国Ⅳ/93#汽油					
底盘参数	变速器类型	5挡手动		6挡双离合	5挡手动		6挡双离合
	驱动类型	前驱					
	悬架系统	前麦弗逊式独立悬架/后扭力梁式悬架					
	制动系统	前通风盘式/后鼓式制动器					
	轮胎规格	195/65 R15	205/60 R16				
性能	最高车速(km/h)	175		170	175	180	170
	0～100km/h加速时间(s)	17.4		14.8	14.7	16.2	14.8
	90km/h等速油耗(L/100km)	5.64		5.8	5.64	5.93	5.8
工信部综合工况油耗(L/100km)		6.3		6.5	6.3	5.7	6.5
上市时间		2013年3月19日					
厂家建议价格(万元)		9.48	10.28	11.28	11.58	11.98	12.78

注：厂家建议价格以2016年3～8月为准

重庆力帆乘用车有限公司 Chongqing Lifan Passenger Vehicle Co.,Ltd.

力帆X60　力帆X50　力帆迈威

力帆X60
LIFAN

主要配置

舒适型：前排安全气囊、ABS+EBD、前排三点式安全带、后排两侧三点式安全带、后排中间两点式安全带、遥控防盗系统、倒车雷达、液压助力转向、后排儿童锁、安全带未系警告、车门未关警告、中控锁、可折叠遥控钥匙、前/后电动车窗、电动空调、收音机、USB、CD、6扬声器、卤素前照灯、前照灯高度车内可调功能、前/后雾灯、电动外后视镜、后风窗除霜功能、铝合金轮辋、镀铬外拉手、防炫内后视镜、后视镜带转向灯、外接电源插口、前/后排头枕高度调节、可折叠后排座椅4/6分、皮革座椅、座椅4向调节、遥控开启行李舱、行李舱车内开启

豪华型：舒适型+前排三点预紧式带限力安全带、内藏内电动天窗、软化多功能转向盘、驾驶座椅高低可调

车身颜色：深邃黑、越野绿、粗犷红、戈壁灰、钻石白

主要车型参数及价格

	车　型	舒适型	豪华型
基本参数	长×宽×高(mm)	4325×1790×1690	
	轴距(mm)	2600	
	最小离地间隙(mm)	179	
	油箱/行李舱容积(L)	55/405	
	整备质量	1330	
	车身材料	钢板	
	车身类型/乘员人数	3厢4门/5	
发动机参数	发动机型号	LFB479Q	
	发动机类型	直列4缸 16气门 4冲程 水冷 DOHC 链条驱动 可变正时	
	排量(mL)	1794	
	额定功率[kW/(r/min)]	98/6000	
	最大转矩[N·m/(r/min)]	168/4200～4400	
底盘参数	变速器类型	5挡手动	CVT无级变速器
	驱动类型	前驱	
	悬架系统	前麦弗逊式悬架/后空间3连杆拖曳臂式独立悬架	
	制动系统	前通风盘式/后盘式制动器	
	轮胎规格	215/65 R16	
性能	最高车速(km/h)	170	
工信部综合工况油耗(L/100km)		8.2	
厂家建议价格(万元)		7.54	8.09

注：厂家建议价格以2016年3～8月为准

力帆X50 LIFAN

主要配置

精英型：前排安全气囊、德国博世9.0版ABS+EBD、德国博世BAS制动辅助系统、EPS电动助力转向系统、儿童防护锁、吸能式转向管柱、前排非预紧式安全带、前排安全带高度调节、驾驶席安全带提醒装置(带声音)、前排安全带提醒装置、后排中间三点式安全带、感应碰撞自动解除门匙、车门未关警示、20km/h自动落锁、GSI行车换挡提示系统、ISO FIX儿童安全座椅接口、时速120km警报装置、车内中控锁、一体式遥控钥匙、一键起动、倒车雷达、电动空调、油箱盖车内开启、后行李舱电动/遥控开启、CD、AUX+USB、4扬声器、后雾灯、LED昼间行车灯、前照灯高度一键可调、LED高位制动灯、后风窗除霜、后刮水器、同色外拉手、铝合金轮毂、镀铬进气格栅、高强度铝合金行李架、运动外观套件、后视镜防炫目、前排上下可调头枕、后排分体式头枕、织布座椅、前排座椅4向手动调节、普通转向盘、后视镜电动调节

豪华型：精英型+多模式电动天窗、倒车影像系统、GPS导航、MP5、镀铬外拉手、后轮前挡泥皮、多功能转向盘、红黑运动款皮质座椅

尊贵型：豪华型+侧安全气囊气帘、德国博世9.0版ESP+TCS、TMPS胎压监测系统、前排预紧式安全带、发动机下保护板、驾驶席座椅6向手动调节

主要车型参数及价格

车型		1.5L MT			1.5L CVT		
		精英型	豪华型	尊贵型	精英型	豪华型	尊贵型
基本参数	长×宽×高(mm)	4100×1722×1540					
	轴距(mm)	2550					
	最小离地间隙(mm)	208(空载)、166(满载)					
	油箱容积(L)	42					
	整备质量	1150			1175		
	车身材料	钢板					
	车身类型/乘员人数	SUV/5					
发动机参数	发动机型号	LF479Q2-B					
	发动机类型	VVT					
	排量(mL)	1498					
	额定功率[kW/(r/min)]	76/6000					
	最大转矩[N·m/(r/min)]	133/3500～4500					
底盘参数	变速器类型	5挡手动			CVT无级变速器		
	驱动类型	两驱					
	悬架系统	前麦弗逊式独立悬架/后弹性扭力梁、拖曳臂式半独立悬架					
	制动系统	前通风盘式/后盘式制动器					
	轮胎规格	195/60 R15					
性能	最高车速(km/h)	170			160		
工信部综合工况油耗(L/100km)		6.3			6.5		
上市时间		2014年11月					
厂家建议价格(万元)		5.98	6.68	7.28	6.98	7.68	8.28

注：厂家建议价格以2016年3～8月为准

力帆迈威

LIFAN

年度**新上市**车型

力帆正式发布了7座SUV迈威车型，这款车前脸采用了六边形的格栅设计，中间配以镀铬横条装饰，两侧的前照灯与格栅相连，灯组还采用了蓝色装饰。在侧面和尾部，这款车的线条十分硬朗，腰线采用两段式设计，造型比较动感。尾部则采用了与前脸相似的设计语言。在车身尺寸方面，这款车的长宽高分别为4400/1760/1730mm，轴距为2720mm。

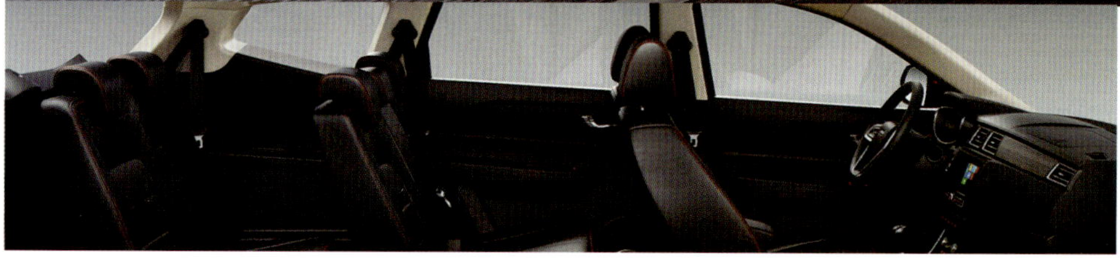

主要配置

基本型： 驾驶席安全气囊、驾驶座安全带未系报警、ISOFIX儿童座椅接口、车内中控锁、HPS机械液压助力、遥控钥匙(2把)、单蒸空调、四门玻璃电动升降、音源接口(SD卡槽+USB+AUX)、炫酷透镜前照灯、普通玻璃、运动分色内饰、驾驶座椅手动4向调节、中排座椅靠背角度调节/放平、中排座椅前后移动、透气柔性织物座椅

舒适型： 基本型+副驾驶安全气囊、博世9代ABS制动防抱死系统、EBD电子制动力分配系统、倒车雷达、电动双蒸空调、MP5+单向互联(ios、Android)、车载蓝牙免提系统、动感双色铝合金轮毂、光带式LED日间行车灯、电动外后视镜集成LED转向灯、铝合金行李架、后风窗刮水器、前雾灯、动感外饰大包围、同色扰流板、多功能转向盘(带音响控制)、手动防炫目内后视镜、驾驶座椅手动6向调节、高级皮质运动座椅

精英型： 舒适型+可视倒车影像、智能钥匙(2把)、一键起动+无钥匙进入、一键式防夹电动天窗

智享型： 精英型+EPS电子随速助力转向系统

尊享型： 智享型+博世9代ESP车身稳定控制系统、智能车联网系统

车身颜色： 皓月白、琥珀橙、激情红、极光绿、冰锐蓝、琥珀咖

主要车型参数及价格

	车　型	1.5MT			1.5AT	
		基本型	舒适型	精英型	智享型	尊享型
基本参数	长×宽×高(mm)	4440×1760×1730				
	轴距(mm)	2720				
	最小离地间隙(mm)	192				
	油箱容积(L)	50				
	整备质量	1400			1440	
	车身材料	钢板				
	车身类型/乘员人数	SUV/7				
发动机参数	发动机型号	LF475Q-h				
	发动机类型	直列4缸 16气门 DOHC 持续可变气门正时系统(DVVT)				
	排量(mL)	1500				
	额定功率[kW/(r/min)]	80/5800				
	最大转矩[N·m/(r/min)]	145/3500～4200				
	排放标准	国V				
底盘参数	变速器类型	5挡手动			4挡自动	
	驱动类型	后驱				
	悬架系统	前麦弗逊独立悬架带横向稳定杆/后导向杆式非独立后悬架				
	制动系统	前盘式/后鼓式制动器(基本型)、前通风盘/后盘式制动器				
	轮胎规格	205/65 R16				
工信部综合工况油耗(L/100km)		7.6				
上市时间		2016年5月4日				
厂家建议价格(万元)		5.78	6.28	6.68	7.38	7.68

注：厂家建议价格以2016年3～8月为准

潍柴(重庆)汽车有限公司 Weichai(Chongqing)Automobile Co.,Ltd.

英致G5　英致G3

"为了满足"二胎时代"的消费者以全家出行为主要诉求的多元化需求，在经历两年多的SUV技术沉淀后，潍柴英致推出了旗下的第二款主打大空间的七座SUV——英致G5，英致G5不仅拥有着能承载全家出行的超大空间，在驾乘舒适性方面同样做到了极致，同时它还拥有黄金动力组合，卓越的操控性，丰富的科技配置。乘坐舒适，驾驭随心，是一款能陪伴全家舒适同行，乐在一起的7座大空间SUV。

英致G5 ENRANGER

年度**新上市**车型

主要配置

精英版： 主驾安全气囊、副驾安全气囊、ABS防抱死制动系统、EBD电子制动力分配系统、BAS制动辅助系统、CAN-BUS智能控制系统、可溃缩式转向柱、笼式高强度车身、侧门防撞钢梁、自动回防系统、碰撞自动解锁功能、行车自动落锁功能、车身电子防盗系统、发动机电子防盗系统、车门未关、行车手制动未松报警功能、后门儿童安全锁、倒车雷达、ISO FIX儿童安全座椅接口、遥控寻车功能、中央控制门锁、电动车窗(一键下降)、可折叠遥控钥匙、电动空调、后排空调出风口(7座)、空气循环过滤系统、收音机、AUX/USB接口、高保真立体声6扬声器、鹰眼透镜前照灯、前照灯高度调节、Follow me home前照灯延时关闭、前雾灯、LED装饰灯、LED高位制动灯、AB组合尾灯、动感贴顶行李架、运动大包围、运动车侧踏板、双五幅铝合金轮毂、印刷天线、镀铬前格栅、镀铬亮条外门把手、流体型车窗亮条、动感扰流尾翼、前无骨刮水器、后风挡玻璃除雾、电动外后视镜(带LED转向灯)、发动机保护罩、车内灯光延时关闭、3.5英寸单色屏行车电脑、电子信息显示屏(时间、日期、室外温度)、防眩目内后视镜、副驾驶遮阳板带梳妆镜、前后中央扶手、2+3+2座椅(中、后排4/6比例放倒)、双拼色皮质座椅、主驾驶座椅6向手动调节、副驾驶座椅4向手动调节、高度可调头枕、双色内饰、皮革包覆门板、高清LED背光仪表、转向盘高度可调，CVT精英版版增加定速巡航、车载蓝牙

豪华导航版： 精英版+前排侧安全气囊、前排预紧式安全带(高度可调)、车侧安全影像可视系统、倒车影像系统、8英寸触摸中控屏、手机互联功能、GPS车载导航系统、车辆状态显示功能、车载蓝牙、自动光感应前照灯、后刮水器、高清投影式迎宾门灯、多功能转向盘、仪表亮度调节、不锈钢迎宾门槛饰条、前排座椅电加热，CVT豪华导航版增加定速巡航

豪华旅行版： 豪华导航版+2+2+3座椅(中排270° 旋转、后排4/6比例放倒)

互联网版： 豪华旅行版+行车记录仪、智能遥控钥匙、智能无钥匙启动系统、智能无钥匙进入系统、智能互联(16英寸电容触摸屏、Meetwo(米图)智能互联系统(多终端互联(手机、车机、电视等)、行车信息(车况提示、续航里程等)、智能信息显示(PM2.5、天气预报、室外温度、位置信息)、智能空调控制系统、移动互助导航系统(可分享定位)、行车记录功能(拍照、视频)、多媒体控制系统(影音娱乐)、车载Wi-Fi热点、车信社交、无限安卓APP应用、互联网连接)、科技型仪表、2+3+2座椅(中、后排4/6比例放倒)， CVT互联网版增加定速巡航

主要车型参数及价格

车　型		1.5L MT				1.5L CVT		
		精英版	豪华导航版	豪华旅行版	互联网版	精英版	豪华导航版	互联网版
基本参数	长×宽×高(mm)	4530×1810×1730						
	轴距(mm)	2785						
	最小离地间隙(mm)	188						
	油箱容积(L)	50						
	整备质量(kg)	1320～1370						
	车身材料	钢板						
	乘员人数	5、6、7						
发动机参数	发动机型号	三菱4A91S						
	发动机类型	直列4缸 DOHC 多点电喷 16气门 MIVEC(智能可变气门正时)						
	排量(mL)	1499						
	额定功率[kW/(r/min)]	83/6000						
	最大转矩[N·m/(r/min)]	141/4000						
	排放标准	国V						
底盘参数	变速器类型	格特拉克5挡手动				邦奇CVT无级变速器		
	驱动类型	前驱						
	悬架系统	前麦弗逊式独立悬架/后扭力梁式半独立悬架						
	制动系统	前通风盘式/后盘式制动器						
	轮胎规格	205/55 R16						
性能	最高车速(km/h)	170						
工信部综合工况油耗(L/100km)		6.5				7.4		
上市时间		2016年10月						
厂家建议价格(万元)		6.98	7.58	–	–	–	–	–

注：厂家建议价格以2016年3～8月为准

英致G3 ENRANGER

年度新上市车型

英致G3是潍柴英致旗下一款颜值与实力并存的小型SUV。英致G3外观时尚个性，内饰动感精致，空间宽敞舒适跨越同级，搭载三菱原装发动机，匹配德国格特拉克5挡手动变速器和比利时邦奇CVT无级变速器，高效节能，底盘由美国顶级团队(AVT)精心调校，操控卓越，配置丰富，性价比高。拥有超强品质、超大空间、超高配置、超低油耗、超高性价比优势的英致G3，成为引领同级的标杆车型。

主要配置

标准版：主驾安全气囊、ABS防抱死制动系统、EBD电子制动力分配系统、BA制动辅助系统、BCM车身控制模块、前排高度可调节安全带、前排安全带未系提醒、可溃缩转向柱、侧门防撞横梁、行车自动落锁、碰撞自动解锁、电子防盗系统、车门未关报警、后门儿童安全锁、ISOFIX儿童安全座椅接口、倒车雷达、遥控寻车、自动回防、车内中控锁、可折叠遥控钥匙、后排平地板设计、四门车窗一键下降、电动空调、花粉过滤器、收音机、AUX/USB接口、SD卡槽、高保真立体4扬声器、透镜前照灯、前照灯高度调节、镀铬前格栅、电动外后视镜带LED转向灯、镀铬装饰外门把手、动感导流尾翼、LED高位制动灯、尾部AB组合灯、车内灯光延时关闭、启动开关照明、转向盘高度可调、行李舱遮物盖板、行李舱照明灯、行车电脑、前排座椅4向手动调节、防炫目内后视镜、织布座椅、镀铬内门板拉手、带阻尼折叠车顶扶手、深色内饰

舒适版：标准版+副驾安全气囊、后刮水器、车顶行李架

豪华版：舒适版+7英寸高灵敏度电阻屏、MP5、蓝牙电话、GPS导航、倒车影像、前雾灯、车窗镀铬饰条、铝合金轮毂、鲨鱼鳍天线、后风挡除雾功能、真皮包裹多功能转向盘、针织顶棚、皮质座椅、主驾驶座椅6向手动调节、浅色内饰

精英版：豪华版+8英寸高灵敏度电容屏、手机互联、高保真立体6扬声器、前照灯延时关闭、前无骨刮水器、运动大包围、红黑内饰

豪华导航版：精英版+车侧安全影像可视系统、电动天窗、LED装饰灯、眼镜盒、前排座椅电加热、后排座椅4/6比例放倒

主要车型参数及价格

车型		2016款G3 MT 标准版	2016款G3 MT 舒适版	2016款G3 MT 豪华版	G3S MT 精英版	G3S MT 豪华导航版
基本参数	长×宽×高(mm)	4066×1737×1657(行李架)				
	轴距(mm)	2502				
	最小离地间隙(mm)	181				
	油箱容积(L)	42				
	整备质量(kg)	1206				
	车身材料	钢板				
	乘员人数	5				
发动机参数	发动机型号	TNN4G15A			4A91S	
	发动机类型	直列4缸 16气门 VVT			直列4缸 DOHC 多点电喷 16气门 MIVEC	
	排量(mL)	1499				
	额定功率[kW/(r/min)]	82/6000			83/6000	
	最大转矩[N·m/(r/min)]	143/4000			141/4000	
	排放标准	国V				
底盘参数	变速器类型	5挡手动				
	驱动类型	前驱				
	悬架系统	前麦弗逊式独立悬架/后扭转梁式悬架				
	制动系统	前通风盘式/后盘式				
	轮胎规格	205/60 R16				
性能	最高车速(km/h)	160				
上市时间		2016年6月30日				
厂家建议价格(万元)		5.69	6.09	6.49	6.68	6.98

注：厂家建议价格以2016年3～8月为准

四川汽车工业集团有限公司 Sichuan Auto Industry Group Co.,Ltd.

野马T70　野马F12　野马F10

野马T70七座版车型车身外观饱满厚重，并提供多种车身配色可选。进入车内，新车采用了全新的座椅布局，考虑到收纳的便捷性，七座版车型第三排座椅并没有配备头枕，在舒适度方面略有欠缺。

YEMA AUTO T70

年度**新上市**车型

主要配置

舒适型：驾驶席安全气囊、副驾驶无缝安全气囊、ABS+EBD、前排电子预紧式安全带(高度可调)、发动机电子防盗系统、CAN-BUS电子智能管理系统、后排ISO FIX儿童座椅接口、折叠遥控钥匙、车速自动落锁、中控锁、后门儿童安全锁、液压助力转向系统、4探头倒车雷达、电子手制动、自动空调、四门电动车窗(四门一触式降)、收音机+CD+USB、支持MP3/WMA音源、4声道扬声器、行车电脑(瞬时油耗/续航里程/平均油耗/维护提醒等)、前照灯高度电动可调、前组合灯、后雾灯、高位制动灯、前风窗无骨刮水器、后风窗加热除霜、后风窗刮水器(带喷洗)、电动调节外后视镜、PU发泡转向盘、驾驶席座椅6向手动可调、副驾驶座椅4向手动可调、PVC仿皮座椅、后排12V电源、转向盘角度可调、手动防炫目内后视镜

精英型：舒适型+防夹天窗、多功能转向盘(集成音轨/音量/菜单选择/音响开关)、7英寸MP5(USB/AUX/导航/倒车影像/车载蓝牙)、6声道扬声器、车窗镀铬装饰条、顶置行李架、双排气筒、前雾灯、日间行车灯、后排出风口、驾驶席座椅8向电动调节

领先型：舒适型+电动助力转向系统、车窗镀铬装饰条、后排出风口、多功能转向盘(集成音轨/音量/菜单选择/音响开关)

豪华型：精英型+电动助力转向系统、无钥匙进入、无钥匙起动、双向胎压监测系统、前泊车雷达、定速巡航、360°全景影像、智能钥匙、10英寸MP5智能高清大屏(USB/AUX/导航/倒车影像/车载蓝牙)、自动前照灯、自动刮水器、电动折叠外后视镜(带加热)、新造型轮毂

尊贵型：豪华型+真皮包裹转向盘

进取型：舒适型+雪地/运动模式、7寸MP5(USB/AUX/导航/倒车影像/车载蓝牙)、后雾灯、电动折叠外后视镜(带加热)、日间行车灯、车窗镀铬装饰条、后窗隐私玻璃、顶置行李架、双排气筒

旗舰型：进取型+前排侧安全气囊、侧安全气帘、双向胎压监测系统、前泊车雷达、360°全景影像、定速巡航、电动助力转向系统、智能钥匙、无钥匙进入/无钥匙起动、10英寸MP5智能高清大屏(USB/AUX/导航/倒车影像/车载蓝牙)、6声道扬声器、防夹天窗、自动前照灯、自动刮水器、新造型轮毂、真皮包裹转向盘、多功能转向盘(集成音轨/音量/菜单选择/音响开关)、后排出风口、驾驶席座椅8向电动调节、驾驶席座椅加热、真皮座椅

主要车型参数及价格

车型		MT					CVT	
		舒适型	精英型	领先型	豪华型	尊贵型	进取型	旗舰型
基本参数	长×宽×高(mm)	4555×1835×1688(行李架1715)						
	轴距(mm)	2665						
	前/后轮距(mm)	1560/1560						
	油箱容积(L)	60						
	整备质量(kg)	1545	1565	1545		1565		
	车身材料	钢板						
	乘员人数	5						
发动机参数	发动机型号	GE18		4A91T		18K4G		
	排量(mL)	1792		1499		1796		
	额定功率[kW/(r/min)]	100/6000		110/5000~6000		118/5500		
	最大转矩[N·m/(r/min)]	170/4100~4300		200/3500~4000		215/2100~4500		
	排放标准/建议用油	国V(带OBD+IUPR)/93#及以上无铅汽油(北京地区92#以上)						
底盘参数	变速器类型	5挡手动				6挡手动	UNCH CVT 6挡手自一体带S/L模式	
	驱动类型	前驱						
	悬架系统	前麦弗逊独立悬架+组合式梯形副车架/后E型多连杆独立悬架+梯形副车架						
	制动系统	前后盘式制动器						
	轮胎规格	225/65 R17						
性能	最高车速(km/h)	170				180	190	
工信部综合工况油耗(L/100km)		8.1					8.4	
上市时间		2016年5月24日						
厂家建议价格(万元)		7.58	8.98	–	–	–	9.98	–

注：厂家建议价格以2016年3~8月为准

野马F12 YEMA AUTO F12

主要配置

F12手动型

ABS+EBD、角度可调转向管柱、液压助力转向、中控、遥控钥匙、儿童安全锁、前排座椅高度可调安全带、手动空调、倒车雷达(蜂鸣)、电动调节外后视镜、四门电动、钛银白变速器操纵柄、收音机+USB接口、2-3扬声器、高位制动灯、前/后雾灯、手动防炫内后视镜、后除霜、后刮水器带喷淋、车身同色前后保险杠、铝合金轮辋、顶置行李架、前/后排座椅头枕(高度可调)、前排座椅手动4向可调、高仿皮套面料座椅、发动机装饰罩、发泡转向盘、前阅读灯、前排无头点烟器、前烟灰缸

主要车型参数及价格

车 型		F12手动型
		SQJ6451B
基本参数	长×宽×高(mm)	4163×1720×1630
	轴距(mm)	2515
	前/后轮距(mm)	1470/1470
	最小离地间隙(mm)	210
	油箱/行李舱容积(L)	50/900
	整备质量(kg)	1130
	车身材料	钢板
	车身类型/乘员人数	承载式/5
发动机参数	发动机型号	CQ4C15F
	发动机类型	直列4缸
	排量(mL)	1498
	额定功率(kW)	70
	最大转矩(N·m)	130
	建议用油	90#及以上无铅汽油
底盘参数	变速器类型	5挡手动
	驱动类型	前驱
	悬架系统	前麦弗逊式独立悬架/后扭转梁式半独立悬架
	制动系统	前后盘式制动器
	轮胎规格	195/60 R16
性能	最高车速(km/h)	150
工信部综合工况油耗(L/100km)		7.7
上市时间		2012年4月
厂家建议价格(万元)		4.98

注：厂家建议价格以2016年3～8月为准

野马F12CVT
YEMA AUTO F12CVT

主要配置

F12CVT

ABS+EBD、角度可调转向管柱、液压助力转向、中控、遥控钥匙、儿童安全锁、前排座椅高度可调安全带、手动空调、倒车雷达(蜂鸣)、电动调节外后视镜、四门电动、钛银白变速操纵柄、收音机+USB接口、2～3扬声器、高位制动灯、前/后雾灯、手动防炫内后视镜、后除霜、后刮水器带喷淋、车身同色前后保险杠、铝合金轮辋、顶置行李架、前/后排座椅头枕(高度可调)、前排座椅手动4向可调、高仿皮套面料座椅、发动机装饰罩、发泡转向盘、前阅读灯、前排无头点烟器、前烟灰缸

主要车型参数及价格

车型		F12CVT
		SQJ6451C
基本参数	长×宽×高(mm)	4163×1720×1630
	轴距(mm)	2515
	前/后轮距(mm)	1470/1470
	最小离地间隙(mm)	210
	油箱/行李舱容积(L)	50/900
	整备质量(kg)	1130
	车身材料	钢板
	车身类型/乘员人数	承载式/5
发动机参数	发动机型号	EC10B
	发动机类型	直列4缸
	排量(mL)	1597
	额定功率(kW)	80
	最大转矩(N·m)	140
	建议用油	90#及以上无铅汽油
底盘参数	变速器类型	无级变速
	驱动类型	前驱
	悬架系统	前麦弗逊式独立悬架/后扭转梁式半独立悬架
	制动系统	前后盘式制动器
	轮胎规格	195/60 R16
性能	最高车速(km/h)	150
工信部综合工况油耗(L/100km)		7.7
上市时间		2013年4月
厂家建议价格(万元)		6.28

注：厂家建议价格以2016年3～8月为准

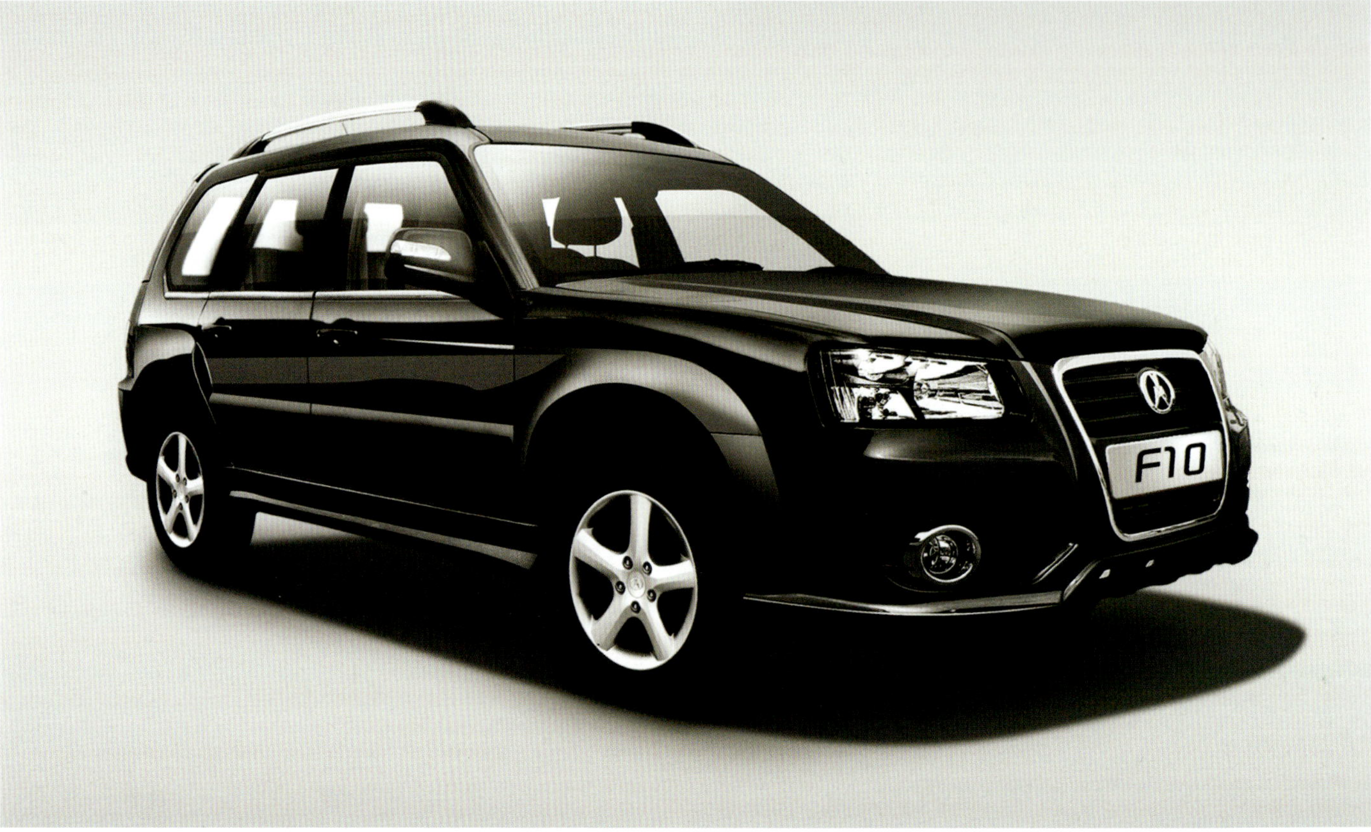

主要配置

F10手动型

ABS+EBD、角度可调转向管柱、液压助力转向、中控、遥控钥匙、儿童安全锁、前排座椅高度可调安全带、手动空调、倒车雷达(蜂鸣)、电动调节外后视镜、四门电动、钛银白变速器操纵柄、收音机+USB接口、2~3扬声器、高位制动灯、前/后雾灯、手动防炫内后视镜、后除霜、后刮水器带喷淋、车身同色前后保险杠、铝合金轮辋、顶置行李架、前/后排座椅头枕(高度可调)、前排座椅手动4向可调、高仿皮套面料座椅、发动机装饰罩、发泡转向盘、前阅读灯、前排无头点烟器、前烟灰缸

主要车型参数及价格

	车　型	F10手动型
		SQJ6451B
基本参数	长×宽×高(mm)	4163×1720×1630
	轴距(mm)	2515
	前/后轮距(mm)	1470/1470
	最小离地间隙(mm)	210
	油箱/行李舱容积(L)	50/900
	整备质量(kg)	1130
	车身材料	钢板
	车身类型/乘员人数	承载式/5
发动机参数	发动机型号/类型	CQ4C15F/直列4缸
	排量(mL)	1498
	额定功率(kW)	70
	最大转矩(N·m)	130
	建议用油	93#及以上无铅汽油
底盘参数	变速器类型	5挡手动
	驱动类型	前驱
	悬架系统	前麦弗逊式独立悬架/后扭转梁式半独立悬架
	制动系统	前后盘式制动器
	轮胎规格	185/65 R15
性能	最高车速(km/h)	150
工信部综合工况油耗(L/100km)		7.7
上市时间		2012年
厂家建议价格(万元)		4.58

注：厂家建议价格以2015年3~8月为准

比亚迪汽车有限公司 BYD Auto Co.,Ltd.

S7 S6

比亚迪S7，为您营造7座大空间，轴距可达2730mm，宽大格局中，驾乘体验更胜一筹。安全方面，S7原有的360°全景影像、博世最新第9代ESP、TPMS胎压监测系统等配置得到保留，同时新增行车记录仪，为行车安全加码。

S7

主要配置

豪华型： 3H高强度全方位碰撞吸能安全车身、前排双安全气囊、ABS+EBD、BOS制动优先系统、ESP+TCS+HAC+HBA、TPMS胎压监测系统、右前轮盲区可视系统、Keyless智能钥匙系统、HPS液压助力式转向系统、智能发动机防盗系统、智能车身防盗系统、儿童座椅固定装置、行车自动落锁、碰撞自动解锁、前排三点式预紧限力式安全带、仪表限速提醒、高强度前后防撞梁、可溃式转向管柱、可溃缩式制动踏板、彩色显距倒车影像监视系统、前后泊车雷达(6探头)、CCS定速巡航系统、中控台液晶显示屏双温区独立控制自动空调、4门遥控降窗、微动开关升降窗、主驾驶一键式电动车窗(防夹)、后行李舱遥控开启(微动开关)、高保真9扬声器、SD+USB接口、10.2英寸超大高清电容触摸屏、GPS语音导航系统、FM+AUX、车载蓝牙电话、车载数字电视、蓝牙手机音乐、环绕立体音响系统、4.3英寸TFT屏液晶组合仪表、卤素前照灯、前照灯自动开启功能、 Follow me home前照灯延时关闭功能、前照灯近光高度调节、LED高位制动灯、LED后组合灯、前/后雾灯、间歇式前无骨刮水器、背门玻璃刮水器、后风窗电加热除霜、后视镜电加热除霜、车顶行李架、LED炫彩尾部品牌LOGO、电子防炫内后视镜、车载12V电源、智能感应迎宾灯、外后视镜倒车自动翻转、驾驶席座椅6向手动调节、多功能转向盘，2.0TID豪华型增加EPB电子驻车系统

尊贵型： 豪华型+、前排座椅侧安全气囊、前后贯穿式侧安全气帘、行车记录仪、双层双模式电动天窗、PM2.5绿净系统、360全景影像系统、LED日间行车灯、电动折叠外后视镜、驾驶座椅8向电动调节、副驾驶座椅电动4向调节，2.0TID尊贵型增加氛围灯

旗舰型： 尊贵型+12.1英寸超视觉TFT全液晶数字仪表、第二排多媒体控制系统、驾驶席座椅+转向盘+外后视镜记忆联动功能、前排座椅加热、门槛踏板迎宾灯

车身颜色： 闪烁蓝、天山白、德兰黑、瑞亚银、香槟金、巧克力棕

主要车型参数及价格

车型		1.5TI		2.0TID		
		豪华型	尊贵型	豪华型	尊贵型	旗舰型
基本参数	长×宽×高(mm)	4835×1855×1720				
	轴距(mm)	2730				
	前/后轮距(mm)	1580/1555				
	油箱/行李舱容积(L)	72/365-1084(2398)				
	整备质量(kg)	1630		1750		
	车身材料	钢板				
	乘员人数	7				
发动机参数	发动机型号	BYD476ZQA		BYD487ZQA		
	发动机类型	中冷涡轮增压 缸内直喷 分层燃烧 自动延时冷却 可变气门正时 全铝合金发动机		废气涡轮增压 缸内直喷 双可变气门正时 双平衡轴 全铝合金发动机		
	排量(mL)	–		1999		
	额定功率[kW/(r/min)]	113/5200		151/5500		
	最大转矩[N·m/(r/min)]	240/1750～3500		320/1750～4500		
	排放标准	国IV				
底盘参数	变速器类型	6挡手动变速器		6挡手自一体自动变速器		
	驱动类型	前驱				
	悬架系统	前麦弗逊式独立悬架/后多连杆独立悬架				
	制动系统	前通风盘式/后盘式制动器				
	轮胎规格	225/65 R17		235/55 R18		
性能	最高车速(km/h)	180				
工信部综合工况油耗(L/100km)		7.5		8.8		
上市时间		2015年5月13日				
厂家建议价格(万元)		10.69	11.69	11.99	12.99	13.99

注：厂家建议价格以2016年3～8月为准

S6

主要配置

豪华型：3H高强度全方位碰撞吸能安全车身、整体钢板冲压侧围、前排双SRS安全气囊、帕卡空腔注蜡技术、瑞士Sika(西卡)空腔阻断技术、ABS+EBD、HPS液压助力转向系统、4门及前后防撞钢梁、智能滚码加密防盗系统、儿童座椅固定装置、无钥匙进入系统、一键式起动系统、三段式溃缩吸能转向柱、双温区独立自动空调+空气过滤装置、AUX+USB音频接口、4.3英寸双TFT屏液晶组合仪表盘、光感自动控制前照灯系统、智能感应迎宾灯、Follow me home前照灯延时关闭功能、外后视镜电加热除霜功能、博世前无骨刮水器、电子防炫内后视镜、多功能集成控制全缝皮包裹转向盘、前后/上下可调式转向盘，2.4LMT豪华型增加手表钥匙、双排气管

尊贵型：豪华型+前排侧SRS安全气囊、窗帘式SRS安全气囊、彩色显距倒车影像监视系统、右前轮盲区可视系统、全方位倒车雷达、双层双模式电动天窗、DTS高级音响(3D环绕5.1声道)、高保真9扬声器、DVD多媒体系统、NAVI语音电子导航系统、7英寸显示触摸屏、移动数字电视、车载蓝牙系统、带海拔显示液晶指南针罗盘、电动折叠+电动调节外后视镜+LED转向、铝合金轮辋、车顶行李架，2.4L7座尊贵型增加ESP车辆稳态控制系统、TCS牵引力控制系统、HAC上坡辅助控制系统、HBA液压制动辅助系统

精英型：豪华型+双层双模式电动天窗、铝合金轮辋

旗舰型：尊贵型+米其林轮胎、驾驶席座椅8向电动调节

车身颜色：天山白、瑞亚银、德兰黑、马赛灰、香槟金、麦加金

主要车型参数及价格

<table>
<tr><td colspan="2" rowspan="2">车　型</td><td colspan="4">1.5TI</td><td colspan="4">2.0L MT</td><td colspan="3">2.4L MT</td><td colspan="4">2.4L AT</td></tr>
<tr><td>豪华型</td><td colspan="2">尊贵型</td><td>旗舰型</td><td colspan="2">豪华型</td><td>精英型</td><td>尊贵型</td><td>豪华型</td><td>精英型</td><td>尊贵型</td><td>豪华型</td><td colspan="2">尊贵型</td><td>旗舰型</td></tr>
<tr><td rowspan="8">基本参数</td><td>长×宽×高(mm)</td><td colspan="15">4810×1855×1680(带行李架高度为1725)</td></tr>
<tr><td>轴距(mm)</td><td colspan="15">2720</td></tr>
<tr><td>前/后轮距(mm)</td><td colspan="15">1580/1555</td></tr>
<tr><td>最小离地间隙(mm)</td><td colspan="15">190</td></tr>
<tr><td>油箱/行李舱容积(L)</td><td colspan="15">72/1084-2398(第二排座椅放倒)</td></tr>
<tr><td>整备质量(kg)</td><td colspan="4">1610</td><td colspan="4">1620</td><td colspan="3">1665</td><td colspan="4">1695</td></tr>
<tr><td>车身材料</td><td colspan="15">钢板</td></tr>
<tr><td>乘员人数</td><td colspan="2">5</td><td>7</td><td colspan="2">5</td><td>7</td><td colspan="7">5</td><td>7</td><td>5</td></tr>
<tr><td rowspan="7">发动机参数</td><td>发动机型号</td><td colspan="4">BYD476ZQA</td><td colspan="4">BYD483QB</td><td colspan="7">BYD488QA</td></tr>
<tr><td>发动机类型</td><td colspan="4">中冷涡轮增压 缸内直喷 分层燃烧 自动延时冷却 可变气门正时 铝合金缸体发动机</td><td colspan="11">直列4缸 16气门 MPI燃油喷射 双顶置凸轮轴</td></tr>
<tr><td>排量(mL)</td><td colspan="4">1497</td><td colspan="4">1991</td><td colspan="7">2362</td></tr>
<tr><td>额定功率[kW/(r/min)]</td><td colspan="4">113/5200</td><td colspan="4">103/6000</td><td colspan="7">123/6000</td></tr>
<tr><td>最大转矩[N·m/(r/min)]</td><td colspan="4">240/1750～3500</td><td colspan="4">186/4000～4500</td><td colspan="7">234/4000</td></tr>
<tr><td>排放标准</td><td colspan="15">国Ⅳ</td></tr>
<tr><td>变速器类型</td><td colspan="4">6挡手动</td><td colspan="4">5挡手动</td><td colspan="3">6挡手动</td><td colspan="4">6挡手自一体</td></tr>
<tr><td rowspan="5">底盘参数</td><td>驱动类型</td><td colspan="15">前驱</td></tr>
<tr><td>悬架系统</td><td colspan="15">前麦弗逊式独立悬架/后三连杆式独立悬架</td></tr>
<tr><td>制动系统</td><td colspan="15">前通风盘式/后盘式制动器</td></tr>
<tr><td>轮胎规格</td><td colspan="15">225/65 R17</td></tr>
<tr><td>最高车速(km/h)</td><td colspan="8">180</td><td colspan="7">185</td></tr>
<tr><td>性能</td><td></td><td colspan="15"></td></tr>
<tr><td colspan="2">工信部综合工况油耗(L/100km)</td><td colspan="4">7.5</td><td colspan="4">8.6</td><td colspan="3">9.0</td><td colspan="4">8.8</td></tr>
<tr><td colspan="2">上市时间</td><td colspan="15">2014年4月26日</td></tr>
<tr><td colspan="2">厂家建议价格(万元)</td><td>8.79</td><td>9.79</td><td>10.29</td><td>10.79</td><td>7.99</td><td>8.49</td><td>8.99</td><td>9.99</td><td>9.29</td><td>9.99</td><td>11.39</td><td>9.99</td><td>10.99</td><td>11.69</td><td>12.39</td></tr>
</table>

注：厂家建议价格以2016年3～8月为准

小型客车
MINI & LIGHT BUS

此专栏由北京汽车股份有限公司特别支持

北汽福田汽车股份有限公司 Beiqi Foton Motor Co.,Ltd.

风景G7 风景

风景G7
VIEW

主要配置

车内中控锁、遥控钥匙、前电动车窗、电动空调、后排独立空调、前雾灯、电动后视镜

车身颜色：钛金白+砂金棕双色、珠光白

主要车型参数及价格

车型		2.0L MT	
		商运版	商旅版
基本参数	长×宽×高(mm)	4840×1695×1980	4840×1695×2240
	轴距(mm)	2570	2570
	前/后轮距(mm)	1470/1465	1470/1465
	最小离地间隙(mm)	160	160
	油箱容积(L)	65	65
	整备质量(kg)	1775～1885	1885
	车身材料	钢板	钢板
	乘员人数	5、6、10	9、10
发动机参数	发动机型号	486EQV4	486EQV4
	排量(mL)	1998	1998
	额定功率[kW/(r/min)]	95/5000	95/5000
	最大转矩[N·m/(r/min)]	186/2200～3500	186/2200～3500
	排放标准	国Ⅳ	国Ⅳ
底盘参数	变速器类型	5挡手动	5挡手动
	驱动类型	中置后驱	中置后驱
	悬架系统	前双横臂扭杆弹簧独立悬架/后钢板弹簧悬架	
	制动系统	前盘式/后鼓式制动器	前盘式/后鼓式制动器
	轮胎规格	195/70 R15LT	195/70 R15LT
性能	最高车速(km/h)	135	135
工信部综合工况油耗(L/100km)		9.2、9.6	9.6、10.0
厂家建议价格(万元)		6.87～7.46	7.65～7.82

注：厂家建议价格以2016年3～8月为准

风景 VIEW

主要配置

动力转向、中控锁、空调、暖风、CD、电动窗、电动后视镜、迎宾踏步、高档地板垫、高档换挡手柄、真皮包裹半桃木转向盘

车身颜色：月光白+松石绿双色、雾影白、中意灰

主要车型参数及价格

车　型		风景 快运版
基本参数	长×宽×高(mm)	5320×1690×1935/2225
	轴距(mm)	2590
	前/后轮距(mm)	1460/1440
	最小离地间隙(mm)	165
	油箱容积(L)	65
	整备质量(kg)	1675～1690
	车身材料	钢板
	乘员人数	6～11
发动机参数	发动机型号	491EQ4
	排量(mL)	2237
	额定功率[kW/(r/min)]	76/4600
	最大转矩[N·m/(r/min)]	193/4000
	排放标准	国Ⅳ
底盘参数	变速器类型	5挡手动
	驱动类型	后驱
	悬架系统	前双横臂式扭杆弹簧独立悬架/后纵置钢板弹簧非独立悬架
	制动系统	前盘式/后鼓式制动器
	轮胎规格	185R 14C
上市时间		2013年
厂家建议价格(万元)		5.73～7.15

注：厂家建议价格以2016年3～8月为准

北京汽车股份有限公司 BAIC MOTOR CORPORATION Ltd.

北汽威旺306

北汽威旺306

主要配置

基本型：ABS防抱死制动系统、EBD制动力分配系统、全车座椅三点式安全带、转向柱锁、车门反射器、儿童后侧门保护锁、前/中门手动窗、电调收音机+MP3/USB接口、双扬声器、统色前格栅、统色保险杠、黑色门外开手柄、车身同色门外开手柄、车身同色后牌照灯盖、蝶形外飘侧窗、电动调节前照灯、车身同色手动调节外后视镜带侧转向灯、高位制动灯、钢轮毂、滑门中央不锈钢导轨、驾驶席遮阳板、组合仪表(带数显发动机转速表)、标准内饰(PVC门板+PVC地毯+软顶)、普通内后视镜、前室灯、前排座椅四向调节高靠背带头枕

舒适型：基本型+双蒸空调、四扬声器、前雾灯、钢轮毂带装饰罩、副驾驶遮阳板、后室灯

豪华型：舒适型+遥控中控门锁、前门电动窗、单碟CD+MP3/USB接口、镀铬门外开手柄、镀铬后牌照灯盖、车身同色电动调节外后视镜带侧转向灯、铝合金轮毂、后电除霜+后刮水器、豪华内饰(注塑门板+PVC地毯+软顶)

车身颜色：水立方蓝、铁灰色、长城灰、鸟巢银、汉玉白、紫禁红、琉璃金

内饰颜色：灰色、浅色

主要车型参数及价格

车型		基本型	舒适型	豪华型
基本参数	长×宽×高(mm)	4030×1636×1907		
	轴距(mm)	2790		
	前/后轮距(mm)	1386/1408		
	最小离地间隙(mm)	150		
	油箱容积(L)	45		
	整备质量(kg)	1150、1185		
	车身材料	金属		
	乘员人数	5、7		
发动机参数	发动机型号/类型	A12/VVT		
	排量(mL)	1199		
	额定功率[kW/(r/min)]	60.5/6000		
	最大转矩[N·m/(r/min)]	108/3000		
	排放标准/建议用油	国Ⅳ、国Ⅴ/93#(京92#)汽油		
底盘参数	变速器类型	5挡手动		
	驱动类型	后驱		
	悬架系统	前麦弗逊式独立悬架/后钢板弹簧悬架		
	制动系统	前盘式/后鼓式制动器		
	轮胎规格	175/70 R14LT		
性能	最高车速(km/h)	130		
工信部综合工况油耗(L/100km)		6.5		
上市时间		2010年4月		
厂家建议价格(万元)		3.74	4.15	4.64

注：厂家建议价格以2016年3～8月为准

Brilliance Auto 华晨汽车

华晨汽车集团控股有限公司 Huachen Automotive Group Holdings Co.,Ltd.

金杯：新海狮Haise　海狮Haise　大海狮Haise

新海狮 Haise

金杯

主要配置

ABS+EBD、安全带、动力转向、可倾式转向管柱、儿童约束系统固定点、制动加力装置、门锁20km/h自动上锁、倒车雷达、中央门锁、车门未关严报警、前空调、后冷风、前后暖风、前门电动窗、拉门全开锁、后门内开启、收音机+USB接口、4扬声器、高位制动灯、保险杠、前风窗玻璃、前门窗玻璃、外后视镜、间歇式刮水器、后刮水器/后洗涤器、后除霜器、踏步灯、防炫内后视镜、组合仪表、PU软质包裹转向盘

主要车型参数及价格

车型		2.0	2.2
		豪华型	豪华型
基本参数	长×宽×高(mm)	4880×1700×2095	
	轴距(mm)	2570	
	车身材料	钢板	
	乘员人数	9	10
发动机参数	发动机型号	V19	V22
	排量(mL)	1997	2200
	额定功率[kW/(r/min)]	78/4600～4800	82/4600
	最大转矩[N·m/(r/min)]	180/2400～3600	198/2600～3200
	排放标准	国Ⅳ、国Ⅴ	
底盘参数	变速器类型	5挡手动	
	驱动类型	后驱	
	后悬架系统	变截面板簧非独立悬架	
	制动系统	前盘式/后鼓式制动器	
	轮胎规格	195/70 R15	
上市时间		2013年11月21日	
厂家建议价格(万元)		9.68	9.68

注：厂家建议价格以2016年3～8月为准

海狮 第六代
Haise

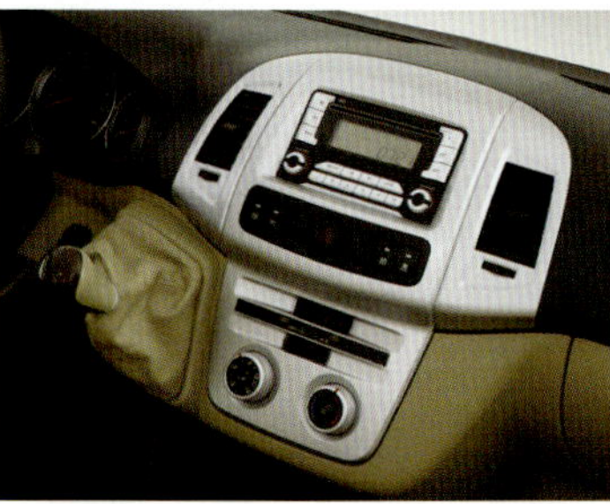

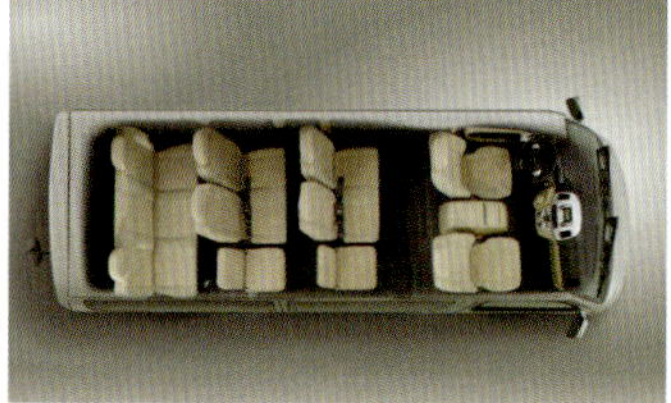

主要配置

经典型：全席安全带、ABS+EBD、转向管柱、电动前空调、收音机+USB接口、2扬声器、柱式天线、外拉手、拉门滑道、自然通风面罩、发动机进气格栅、前风窗玻璃、前门窗玻璃、拉门窗玻璃、后门窗玻璃、前照灯、后组合灯、外后视镜、间歇式前刮水器、PU三幅软质包裹转向盘、组合仪表

主要车型参数及价格

车　型		翔龙2.0
		经典型
基本参数	长×宽×高(mm)	5310×1690×2040
	轴距(mm)	2920
	车身材料	钢板
	乘员人数	6
发动机参数	发动机型号	V19
	排量(mL)	1997
	额定功率[kW/(r/min)]	78/4600–4800
	最大转矩[N·m/(r/min)]	180/2400–3600
	排放标准	国V
底盘参数	变速器类型	5挡手动
	驱动类型	后驱
	后悬架系统	变截面纵置板簧(3片)
	制动系统	前通风盘式/后盘式制动器
	轮胎规格	195/70 R15
厂家建议价格(万元)		8.18

注：厂家建议价格以2016年3～8月为准

海狮 第五代
Haise

金杯

主要配置

动力转向、前暖风、手动前空调、收放机总成(带AUXIN功能)、2扬声器、外后视镜、间歇式前刮水器、后刮水器+后洗涤器、内后视镜、遮阳板、转向盘

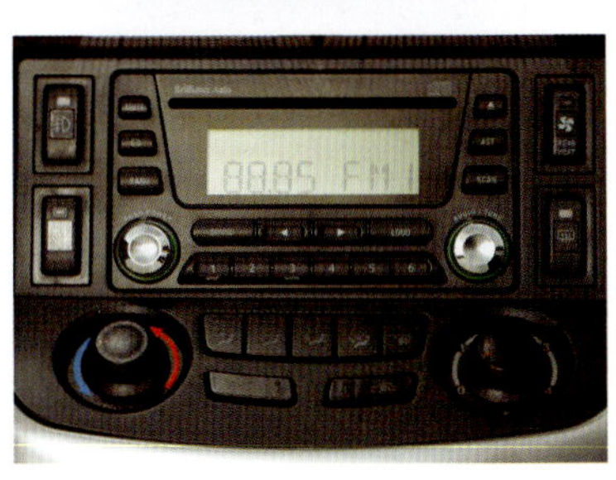

主要车型参数及价格

	车　型	快运王2.0–M	快运王2.0–X	动力王2.0–M	动力王2.2	动力王2.4
基本参数	长×宽×高(mm)	5070×1690×1935				
	轴距(mm)	2590				
	前/后轮距(mm)	1460,1450/1440,1430				
	整备质量(kg)	1750,1720,1700				
	车身材料	钢板				
	乘员人数	6		6、9	11	
发动机参数	发动机型号	4G19	4G20B、21B	V19、V20	4G22D4B	4RB2
	排量(mL)	2000			2200	2400
	额定功率[kW/(r/min)]	73.5/4200～4600	75、76/4600	78/4600–4800	104/5400	102/4600～5000
	最大转矩[N·m/(r/min)]	178/2800～3200		180/3800～4400	205/4000～4400	217/2600～3200
	排放标准	国Ⅳ				
底盘参数	变速器类型	5挡手动				
	驱动类型	后驱				
	后悬架系统	纵置钢板弹簧				
	制动系统	前盘式/后鼓式制动器				
	轮胎规格	185 R14		185 R14、195/70 R15	195/70 R15	
厂家建议价格(万元)		标准型 4.99 舒适Z型 5.59 舒适K型 5.59 豪华型 5.79	标准型 4.99 舒适Z型 5.59 舒适K型 5.59 豪华型 5.79	经典型 6.08 舒适型 7.08 乘用型 7.68 豪华型 8.68	豪华型 9.28	豪华型 10.28

注：厂家建议价格以2016年3～8月为准

大海狮 L
Haise

主要配置

标准型： ABS+EBD、车门防撞梁、发动机转速表、电子扇、中控门锁、动力转向、可倾式转向管柱、前空调、前暖风、收音机+USB接口、2扬声器、手动外后视镜、间歇式前刮水器、后照地镜、普通内饰、防炫内后视镜、组合仪表亮度调节、钥匙孔照明、电控供油系统、中央置物盒

豪华型： 标准型+倒车雷达、单碟CD+MP3、4扬声器、后冷风、地板式后暖风、开关亮化、前门电动摇窗、前雾灯、后除霜器、立体内饰、防炫内后视镜

旗舰型： 豪华型+双气囊、ABS+EBD、制动加力装置、电控防盗器、倒车雷达、停车辅助系统(PDC)、GPS+DVD、6扬声器

主要车型参数及价格

车　型		汽油			柴油		
		标准型	豪华型	旗舰型	标准型	豪华型	旗舰型
基本参数	长×宽×高(mm)	5420×1880×2285					
	轴距(mm)	3110					
	前/后轮距(mm)	1655/1650					
	整备质量(kg)	2120			2155		
	车身材料	钢板					
	乘员人数	14					
发动机参数	发动机型号	4RB2			DK4B		
	排量(mL)	2438			2498		
	额定功率[kW/(r/min)]	102/4600～5000			85/3800		
	最大转矩[N·m/(r/min)]	217/2600～3200			280/1800～2600		
	排放标准	欧Ⅳ			–		
底盘参数	变速器类型	手动					
	驱动类型	后驱					
	后悬架系统	变截面板簧非独立悬架					
	制动系统	前盘式/后鼓式制动器					
	轮胎规格	195R 15C					
性能	最高车速(km/h)	150			140		
厂家建议价格(万元)		15.58	16.98	18.09	–	17.98	19.98

注：厂家建议价格以2016年3～8月为准

大海狮 W Haise

主要配置

标准型：ABS+EBD、制动加力装置、车门防撞梁、发动机转速表、电子扇、中控门锁、动力转向、可倾式转向管柱、前空调、后冷风、前暖风、地板式后暖风、收音机+USB接口、2扬声器、手动外后视镜、间歇式前刮水器、后照地镜、普通内饰、防炫内后视镜、组合仪表亮度调节、钥匙孔照明、线控供油系统、中央置物盒、拉门全开锁

豪华型：标准型+倒车雷达、前门电动摇窗、单碟CD+MP3、4个扬声器、高位制动灯、电动外后视镜、后刮水器/后洗涤器、后除霜器、立体内饰

主要车型参数及价格

车型		汽油		柴油	
		标准型	豪华型	标准型	豪华型
基本参数	长×宽×高(mm)	4880×1880×2285			
	轴距(mm)	2570			
	前/后轮距(mm)	1655/1650			
	整备质量(kg)	2020		2100	
	车身材料	钢板			
	乘员人数	12			
发动机参数	发动机型号	4RB2		DK4B	
	排量(mL)	2438		2498	
	额定功率[kW/(r/min)]	102/4600～5000		85/3800	
	最大转矩[N·m/(r/min)]	217/2600～3200		280/1800～2600	
	排放标准	国Ⅳ			
底盘参数	变速器类型	5挡手动			
	驱动类型	后驱			
	后悬架系统	变截面板簧非独立悬架(3片)			
	制动系统	前盘式/后鼓式制动器			
	轮胎规格	195 R15C			
性能	最高车速(km/h)	150		140	
上市时间		2012年3月23日			
厂家建议价格(万元)		12.98	13.98	13.98	15.88

注：厂家建议价格以2015年3～8月为准

一汽吉林汽车有限公司 Faw Jilin Automobile Co.,Ltd.

佳宝V70Ⅱ代　佳宝V77

佳宝V70Ⅱ代

主要配置

标准型： 三点式安全带、前雾灯、钢制轮辋、带音频输入接口收音机、双扬声器、大视野外后视镜、单色仪表板、PVC地毯(成型或分块)、中排2+1座椅可折叠翻转、后排座椅可折叠翻转、双遮阳板、前门/拉门口踏板、吸能转向盘、转向盘自锁功能

商用型： 标准型+EPS电动助力转向、前门电动窗、双色仪表板、前门异形内饰板

舒适型： 商用型+4门中控锁、中排座椅头枕、中门异形内饰板，1.0L舒适型增加铝合金轮辋

车身颜色： 银灰、典雅白、魔力黑、王冠红

主要车型参数及价格

	车型	1.0L			1.3L	
		标准型	商用型	舒适型	标准型	舒适型
基本参数	长×宽×高(mm)	3930×1585×1857				
	轴距(mm)	2500				
	前/后轮距(mm)	1350/1360				
	最小离地间隙(mm)	150				
	油箱容积(L)	35				
	整备质量(kg)	1123				
	乘员人数	5～8			7、8	
发动机参数	发动机型号/类型	DA465QA/直列4缸 水冷 多点电喷式汽油机			CA4GX13/直列4缸 水冷 多点电喷式汽油机	
	排量(mL)	970			1298	
	额定功率[kW/(r/min)]	44/5500			65/5600～6000	
	最大转矩[N·m/(r/min)]	84/3000～4000			116/4000～4600	
	排放标准/建议用油	国Ⅳ/93#汽油				
底盘参数	变速器类型	5挡手动				
	驱动类型	中置后驱				
	悬架系统	前滑柱摆臂式独立悬架/后纵置半椭圆钢板弹簧悬架				
	制动系统	前通风盘式/后鼓式制动器				
	轮胎规格	165/70 R14				
性能	最高车速(km/h)	105			135	
上市时间		2013年4月26日				
厂家建议价格(万元)		3.49	3.79	3.99	3.99	4.29

注：厂家建议价格以2016年3～8月为准

佳宝V77

主要配置

商用版：ABS、三点式安全带、电调收音机+USB接口、电动前门玻璃升降器、前照灯高度可调、钢轮辋、车门黑色外拉手、成型顶、单色仪表板、前门平板内饰

乘用版：商用版+中控锁(前门/滑门)、前雾灯、铝合金轮辋、车门同色外拉手、后刮水器、后洗涤器、后门窗除霜线、电动外后视镜、双色仪表板、第二排1+1独立座椅、前门异形内饰

主要车型参数及价格

车型		1.0L	1.3L	
		商用版	商用版	乘用版
基本参数	长×宽×高(mm)	4020×1595×1880		
	轴距(mm)	2500		
	前/后轮距(mm)	1350/1360		
	油箱容积(L)	35		
	整备质量(kg)	1115		
	乘员人数	5、7		7
发动机参数	发动机型号	DAM10AR	CA4GX13	
	排量(mL)	–	1298	
	额定功率[kW/(r/min)]	55/6000	65/6000	
	最大转矩[N·m/(r/min)]	96/4000	120/4000～4600	
	排放标准	国Ⅳ、国Ⅴ		
底盘参数	变速器类型	5挡手动		
	驱动类型	后驱		
	后悬架系统	钢板弹簧悬架		
	制动系统	前盘式/后鼓式制动器		
	轮胎规格	165/70 R13		
性能	最高车速(km/h)	130		
上市时间		2015年		
厂家建议价格(万元)		3.09	3.39	3.59

注：厂家建议价格以2016年3～8月为准

上汽大通汽车有限公司 SAIC MAXUS Automotive Co.,Ltd.

上汽大通V80

上汽大通V80

主要配置

短轴低顶/中顶：ABS+EBD+BAS、驾驶席安全带未系报警、全车座椅安全带、感速型自动落锁(20km/h)、中控锁、熄火自动开锁、大功率前冷暖空调、前排电动窗、多功能影音系统(MP3+收音机)、尾门180°开度及限位、自动关闭前照灯、侧移门、LED行车灯、可清洗车顶内饰、多样化折叠前翻座椅，官网版款傲运通短轴低顶/中顶增加遥控钥匙(1把)、镀铬棱型立体前脸、金属漆、车身同色保险杠及门把手+前雾灯、电动电加热后视镜，长轴中顶手动挡增加多样化折叠侧翻座椅

长轴中顶：短轴低顶/中顶手动挡+ESP、多样化折叠侧翻座椅，官网版款傲运通长轴中顶增加遥控钥匙(1把)、镀铬棱型立体前脸、金属漆、车身同色保险杠及门把手+前雾灯、电动电加热后视镜，长轴中顶手动挡增加多样化折叠侧翻座椅

主要车型参数及价格

	车型	傲运通		官网版款傲运通				傲运通	
		短轴低顶/中顶		短轴低顶/中顶		长轴中顶		长轴中顶	
		手动挡	自动挡	手动挡	自动挡	手动挡	自动挡	手动挡	自动挡
基本参数	长×宽×高(mm)	4950×1998×2070/2345				5700×1998×2345			
	轴距(mm)	3100				3850			
	油箱容积(L)	80							
	车身材料	钢板							
	乘员人数	5、6				6、7			
发动机参数	发动机类型	直列4缸 16气门 双顶凸轮轴 增压中冷 Eco-D TDCI柴油发动机							
	排量(mL)	2499							
	额定功率[kW/(r/min)]	136/3800							
	最大转矩[N·m/(r/min)]	330/1800～2800							
	排放标准	国V、欧V							
底盘参数	变速器类型	6挡手动	6挡自动	6挡手动	6挡自动	6挡手动	6挡自动	6挡手动	6挡自动
	驱动类型	前驱							
	悬架系统	前麦弗逊式独立悬架/后非独立悬架							
	制动系统	前后盘式制动器							
性能	最高车速(km/h)	160							
	60km/h等速油耗(L/100km)	5.4				6.0			
上市时间		2014年							
厂家建议价格(万元)		14.18	15.08	13.98	14.88	16.48	17.38	16.58	17.48

注：厂家建议价格以2016年3～8月为准

广汽吉奥汽车有限公司 Gac-Gonow Auto Co.,Ltd.

星旺　星旺L　星旺CL

星旺 WAY

主要配置

超值版：SABS、前排预紧三点式安全带、二排三点式安全带、驾驶座椅安全带未系提示、手动玻璃升降器、中门不绣钢导轨、钢制轮辋、水晶钻石前组合灯、后组合灯、高位制动灯、织绒面料座椅、组合仪表步进电动机指针式+液晶显示、PVC地毯

精英版：超值版+三排三点式安全带、收放机+MP3播放接口、高保真扬声器、前雾灯

豪华版：精英版+环保空调+顶置空调

车身颜色：丰田白、银灰、香槟金

主要车型参数及价格

	车　型	超值版	精英版	豪华版
基本参数	长×宽×高(mm)	3790×1550×1930		
	轴距(mm)	2515		
	前/后轮距(mm)	1295/1310		
	前/后悬距(mm)	560/718		
	最小离地间隙(mm)	165		
	油箱容积(L)	40		
	整备质量(kg)	1020		
	乘员人数	4	4～8	
发动机参数	发动机型号	LJ465QR1E1/GA465QED		
	发动机类型	直列4缸		
	排量(mL)	998		
	额定功率[kW/(r/min)]	44/5600		
	最大转矩[N·m/(r/min)]	85/3500～4000		
底盘参数	变速器类型	5挡手动		
	驱动类型	后驱		
	悬架系统	前麦弗逊式独立悬架/后板簧纵置式非独立悬架		
	制动系统	前盘式/后鼓式制动器		
	轮胎规格	165/70 R13	165/70 R14	
性能	最高车速(km/h)	120		
工信部综合工况油耗(L/100km)		7.3		
上市时间		2010年		
厂家建议价格(万元)		2.59	2.78	2.98

注：厂家建议价格以最新公布为准

星旺L
WAY

主要配置

精英版： SABS、前排预紧三点式安全带、二排三点式安全带、三排三点式安全带、驾驶座椅安全带未系提示、手动玻璃升降器、收放机+MP3播放接口、高保真扬声器、钢制轮辋、水晶钻石前组合灯、后组合灯、高位制动灯、前雾灯、织绒面料座椅、组合仪表步进电机指针式+液晶显示、后顶灯、PVC地毯

豪华版： 精英版+环保空调+顶置空调、轮辋装饰罩

车身颜色： 丰田白、银灰、香槟金

主要车型参数及价格

	车 型	精英版	豪华版
基本参数	长×宽×高(mm)	3970×1535×1930	
	轴距(mm)	2615	
	前/后轮距(mm)	1295/1310	
	前/后悬距(mm)	560/795	
	最小离地间隙(mm)	165	
	油箱容积(L)	40	
	整备质量(kg)	1020	
	乘员人数	4～8	
发动机参数	发动机型号	GA465QED	
	发动机类型	直列4缸	
	排量(mL)	998	
	额定功率[kW/(r/min)]	44/5600	
	最大转矩[N·m/(r/min)]	85/3500～4000	
	排放标准	国Ⅳ+OBD	
底盘参数	变速器类型	5挡手动	
	驱动类型	后驱	
	悬架系统	前麦弗逊式独立悬架/后板簧纵置式非独立悬架	
	制动系统	前盘式/后鼓式制动器	
	轮胎规格	165/70 R14 LT	
性能	最高车速(km/h)	120	
工信部综合工况油耗(L/100km)		7.5	
上市时间		2011年	
厂家建议价格(万元)		3.29	3.48

注：厂家建议价格以最新公布为准

星旺CL WAY

主要配置

精英版：SABS、中门儿童锁、前排三点式安全带、中/后排简易三点式安全带、发动机转速表、中门摇窗、MP3收放机带USB接口、同色保险杠、钢制轮辋、晶钻前照灯、黑色车门把手、黑色外后视镜、后雾灯(集成后组合灯)、织绒座椅、PVC地毯

豪华版：精英版+前蒸发器、顶蒸发器、前门电动窗、前雾灯、镀铬车门把手、扰流板

卓越版：豪华版+前排座椅安全气囊、ABS+EBD、倒车雷达、助力转向、中控门锁、中/后排卷入式安全带、CD播放机带SD、USB、MP3接口、铝合金轮辋、侧门槛外装饰裙板、电热除霜、上下双层套色仪表台、全包豪华内饰、转向盘角度可调、针织座椅、涤纶地毯

车身颜色：丰田白、银灰、香槟金

主要车型参数及价格

	车　型	精英版	豪华版	卓越版
基本参数	长×宽×高(mm)	4150×1620×1905		
	轴距(mm)	2700		
	前/后轮距(mm)	1385/1410		
	前/后悬距(mm)	615/835		
	最小离地间隙(mm)	150		
	油箱容积(L)	40		
	整备质量(kg)	1140	1200	
	乘员人数	5、7、8	7	
发动机参数	发动机型号	GA4G12		
	发动机类型	直列4缸		
	排量(mL)	1206		
	额定功率[kW/(r/min)]	63/6000		
	最大转矩[N·m/(r/min)]	108/4000～4500		
	排放标准	国Ⅳ+OBD		
底盘参数	变速器类型	5挡手动		
	驱动类型	前驱		
	前悬架系统	麦弗逊式独立悬架		
	后悬架系统	板簧纵置式非独立悬架		多连杆螺旋弹簧非独立悬架
	制动系统	前盘式/后鼓式制动器		
	轮胎规格	175/70 R14LT		
性能	最高车速(km/h)	130		
工信部综合工况油耗(L/100km)		6.8		
上市时间		2012年8月		
厂家建议价格(万元)		3.68	3.98	4.58

注：厂家建议价格以最新公布为准

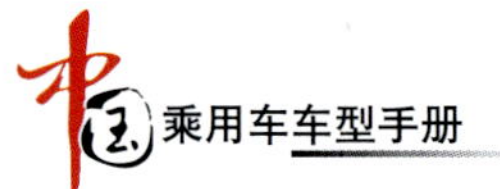

开瑞汽车
开启美好生活

开瑞汽车公司

开瑞：开瑞优优2代　开瑞优优加长版　开瑞优优柴油版　开瑞优雅2代

开瑞优优2代

主要配置

基本型： ABS+EBD、全金属封闭承载式车身、高强度四侧门防撞钢梁、不可调不可溃缩式转向管柱、转向柱锁、前排三点式安全带、中排两套三点式/一套两点式安全带、中排一套三点式/一套两点式安全带、第三排两套三点式/一套两点式安全带、机械转向、手动门锁、儿童锁、单音扬声器、电调收音机、MP3等音频输入接口、USB接口、2扬声器、电动调节前照灯、高位制动灯、黑色堵盖前雾灯、后雾灯、车身同色前后保险杠、顶置天线、手动外后视镜、同色外后视镜、黑色门外开手柄、镀铬前格栅装饰条、内后视镜、简化内饰、PVC地毯、主驾驶遮阳板、5个车内安全扶手、多功能指针指示仪表盘、四门台阶式踏板、布座椅面料、驾驶席座椅手动4向调节、副驾驶座椅手动2向调节、中排整体两人长条座椅可折叠翻转直立/可拆卸、中排长条3座椅可折叠翻转直立可拆卸、第三排座椅可折叠翻转直立/可拆卸、门控灯开关、前室灯

标准型： 基本型+助力转向系统、前门玻璃电动升降、双音扬声器、副驾驶遮阳板、前雾灯、副驾驶座椅手动4向调节、第二排座椅头枕

舒适型： 标准型+手动空调

车身颜色： 奇瑞白、纳斯达克银、玄铁灰

主要车型参数及价格

车　型		1.0—MT		1.2—MT		
		基本型	标准型	基本型	标准型	舒适型
基本参数	长×宽×高(mm)	4015×1607×1908				
	轴距(mm)	2600				
	前/后轮距(mm)	1360/1380				
	最小离地间隙(mm)	155				
	油箱容积(L)	40				
	整备质量(kg)	1160～1180				
	车身材料	金属				
	乘员人数	5～7				
发动机参数	发动机型号	ACTECO—SQR472WC		ACTECO—SQR472WB		
	发动机类型	卧式4缸　16气门　双顶置凸轮轴　多点电喷汽油机				
	排量(mL)	999		1173		
	额定功率[kW/(r/min)]	50/6000		59/6000		
	最大转矩[N·m/(r/min)]	92/3500～4500		106/3500～4500		
	排放标准	国Ⅳ、国Ⅴ+OBD				
底盘参数	变速器类型	5挡手动变速器				
	驱动类型	中置后驱				
	前悬架系统	麦弗逊式独立悬架　圆柱螺旋弹簧　双向作用筒式减振器				
	后悬架系统	钢板弹簧式非独立悬架　双向作用筒式减振器				
	制动系统	前盘式/后鼓式制动器、前后盘式制动器				
	轮胎规格	175/65 R14				
性能	最高车速(km/h)	125		130		
上市时间		2015年				
厂家建议价格(万元)		3.398	3.798	3.498	3.898	4.298

注：厂家建议价格以2016年3～8月为准

开瑞优优加长版

主要配置

标准型： 车身同色前后保险杠、高位制动灯、前雾灯(黑色堵盖)、后雾灯、全金属封闭承载式车身、ABS+EBD、高强度四侧门防撞杆、不可调可溃缩式吸能转向管柱、转向柱锁、前排三点式安全带、中排两套三点式/一套两点式安全带、中排一套三点式/一套两点式安全带、第三排两套三点式/一套两点式安全带、中排整体两人长条座椅/手动角度可调/可折叠翻转直立可拆卸、中排整体三人长条座椅手动角度可调/可折叠翻转直立/可拆卸、第三排座椅手动角度可调/可折叠翻转直立/可拆卸、助力转向系统、手动门锁、儿童锁、暖风、单音扬声器、电调收音机、USB接口、2扬声器、前门电动后门手动玻璃升降、电动调节前照灯、顶置天线、同色外后视镜、黑色门外开手柄、前格栅镀铬、后牌照装饰板镀铬、内后视镜、简化内饰、PVC地毯、主驾驶遮阳板、5个车内安全扶手、多功能指针指示仪表盘、四门台阶式踏板、布面料座椅、驾驶席座椅手动4向调节、副驾驶座椅手动角度可调、副驾驶座椅手动前后可调、前排座椅可拆卸式头枕、第二排座椅可拆卸式头枕、手动外后视镜、前室灯

车身颜色： 奇瑞白、纳斯达克银、玄铁灰

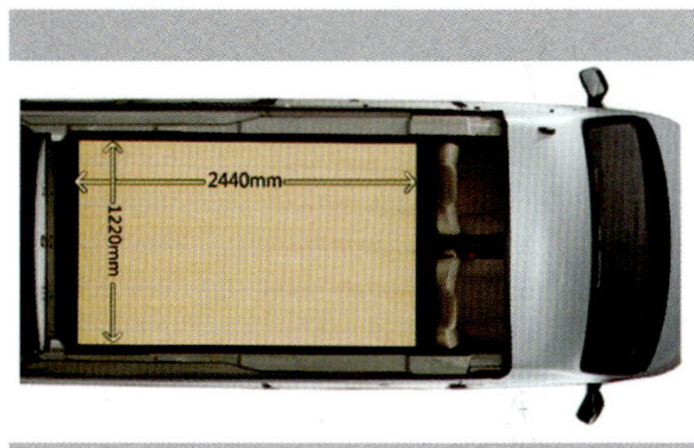

主要车型参数及价格

	车　型	1.2-MT
		标准型
基本参数	长×宽×高(mm)	4430×1626×1930
	轴距(mm)	2800
	前/后轮距(mm)	1360/1380
	最小离地间隙(mm)	155(满载)
	油箱容积(L)	40
	整备质量(kg)	1256～1280
	车身材料	金属
	乘员人数	5～8
发动机参数	发动机型号	ACTECO-SQR472WB
	发动机类型	卧式4缸 16气门 双顶置凸轮轴 多点电喷汽油机
	排量(mL)	1173
	额定功率[kW/(r/min)]	59/6000
	最大转矩[N·m/(r/min)]	106/3500～4500
	排放标准	国Ⅳ+OBD
底盘参数	变速器类型	5挡手动变速器
	驱动类型	中置后驱
	前悬架系统	麦弗逊式独立悬架，圆柱螺旋弹簧、双向作用筒式减振器
	后悬架系统	钢板弹簧式非独立悬架，双向作用筒式减振器
	制动系统	前盘式/后鼓式制动器，真空助力式双回路制动系统
	轮胎规格	175/65 R14
性能	90km/h等速油耗(L/100km)	5.8
厂家建议价格(万元)		4.45

注：厂家建议价格以2016年3～8月为准

Karry 开瑞优优柴油版

主要配置

标准型：全金属封闭承载式车身、EPS电子助力转向、高强度4侧门防撞杆、可溃缩式吸能转向管柱、转向柱锁、手动门锁、儿童锁、暖风、前门电动后门手动玻璃升降、电调收音机、USB接口、2扬声器、车身同色前后保险杠、高位制动灯、后雾灯、钢制轮辋、顶置天线、手动外后视镜、多功能液晶指示仪表盘、布面料座椅、驾驶座椅手动4向调节、副驾驶座椅手动角度可调

舒适型：标准型+手动冷暖空调(前蒸、顶蒸)、前雾灯

车身颜色：奇瑞白、纳斯达克银、玄铁灰

主要车型参数

车　型		1.0 D-MT	
		标准型	舒适型
基本参数	长×宽×高(mm)	3993×1607×1908	
	轴距(mm)	2600	
	前/后轮距(mm)	1360/1380	
	最小离地间隙(mm)	152	
	油箱容积(L)	40	
	整备质量(kg)	1240～1252	
	车身材料	金属	
	乘员人数	5～8	
发动机参数	发动机型号	ACTECO-SQR372A	
	发动机类型	1.0L 直列3缸 增压中冷柴油机	
	排量(mL)	999	
	额定功率[kW/(r/min)]	46/3600	
	最大转矩[N·m/(r/min)]	125/2000	
	排放标准	国Ⅳ+OBD	
底盘参数	变速器类型	5挡手动变速器	
	驱动类型	中置后驱	
	前悬架系统	麦弗逊式独立悬架，圆柱螺旋弹簧，双向作用筒式减振器	
	后悬架系统	5片钢板弹簧式非独立悬架，双向作用筒式减振器	
	制动系统	前后盘式制动器，真空助力式双回路制动系统	
	轮胎规格	175/65 R14	
性能	最高车速(km/h)	115	
工信部综合工况油耗(L/100km)		6.0	

注：价格请咨询厂家或经销商

开瑞优雅2代

主要配置

实力型： 全金属封闭半承载式车身、高强度4侧门防撞杆、液压助力转向、手动门锁、滑门儿童安全锁、不可调可溃缩式吸能转向管柱、转向柱锁、瞬时油耗显示、维护提示、电调收音机、USB接口、2扬声器、车身同色前后保险杠、高位制动灯、后雾灯、手动外后视镜、前门玻璃手动升降、滑门玻璃手动升降、车身同色外后视镜、前格栅镀鉻、后侧蝴蝶窗、电调前照灯、顶置天线、钢制轮辋、多功能仪表盘、亮度可调仪表盘、布面料座椅、前排座椅手动4向调节、PVC地毯

标准型： 实力型+手动空调(前蒸)、前门玻璃电动升降

舒适型： 标准型+中央门锁、遥控锁、手动空调(顶蒸发器)、前雾灯、针织地毯

豪华型： 舒适型+ABS+EBD、遥控闭窗系统、滑门玻璃电动升降、铝合金轮辋

尊贵型： 豪华型+前排单安全气囊、电动外后视镜、4扬声器、B、C柱黑色贴膜、后刮水器、后风窗电热除霜

车身颜色： 奇瑞白、纳斯达克银、玄铁灰、玛格丽特蓝、香槟金

主要车型参数

车型		1.5-MT				
		实力型	标准型	舒适型	豪华型	尊贵型
基本参数	长×宽×高(mm)	4400×1660×1890				
	轴距(mm)	2800				
	前/后轮距(mm)	1420/1420				
	最小离地间隙(mm)	150				
	油箱容积(L)	45				
	整备质量(kg)	1255				
	车身材料	金属				
	乘员人数	5、7、8				
发动机参数	发动机型号	ACTECO-SQRD4G15				
	发动机类型	直列4缸 16气门 多点电喷汽油机				
	排量(mL)	1497				
	额定功率[kW]	80				
	最大转矩[N·m]	140				
	排放标准	国Ⅳ				
底盘参数	变速器类型	5挡手动				
	驱动类型	前置前驱				
	前悬架系统	麦弗逊式独立悬架，圆柱螺旋弹簧、双向作用筒式减振器				
	后悬架系统	钢板弹簧非独立悬架、双向作用筒式减振器				
	制动系统	前盘式/后鼓式制动器，真空助力式对角线双回路制动系统				
	轮胎规格	165/70 R14				
性能	最高车速(km/h)	150				
工信部综合工况油耗(L/100km)		7.3				

注：价格请咨询厂家或经销商

安徽江淮汽车股份有限公司 Anhui Jianghuai Automobile Co.,Ltd.

星锐

星锐
SUNRAY

主要配置

机械式防抱死系统、电控防盗系统、中控锁、全车安全带、遥控钥匙(2把)、倒车雷达、大功率冷暖空调、前排电动车窗、CD播放器/数字调频收音机、电动后视镜、侧车窗、LED高位制动灯、中控台集成式换挡杆、驾驶座椅8向调节、皮质座椅

车身颜色：冷月白、月影橙、极光绿、旭日红、星光银、星辰金、星空蓝

内饰颜色：米色

主要车型参数

车 型		星锐4系	星锐5系	星锐6系
基本参数	长×宽×高(mm)	4900×2080×2340	5650×2098×2405	5945×2098×2645
	轴距(mm)	2960	3570	
	油箱容积(L)	80		
	整备质量(kg)	2300	2515、2555	2585、2625
	车身材料	钢板		
	乘员人数	3、5~7、10~12、10~17		
发动机参数	发动机型号	HFC4DB1-2C	HFC4DA1-2C	
	发动机类型	直列4缸 高压共轨增压 中冷 柴油 电控 高压共轨 缸内直喷		
	排量(mL)	1900	2800	
	额定功率[kW/(r/min)]	139/4000	120/3600	
	最大转矩[N·m/(r/min)]	285/2200~2600	250/2500	
	排放标准	欧Ⅳ		
底盘参数	变速器类型	6挡变速器	5挡变速器	
	驱动类型	后驱		
	悬架系统	前麦弗逊式独立悬架/后霍奇基斯悬架		
	制动系统	前通风盘式/后鼓式制动器		
性能	最高车速(km/h)	140、135		
	90km/h等速油耗(L/100km)	7.3	8.3	8.5
工信部综合工况油耗(L/100km)		9.5~9.9		
上市时间		2010年12月20日		

注：价格及车辆详情请咨询厂家或经销商

东南(福建)汽车工业有限公司 South East (Fujian) Motor Corporation Ltd.

得利卡

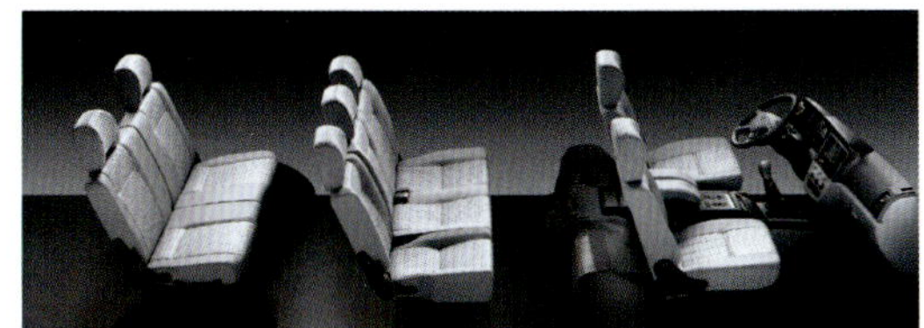

得利卡 DELICA

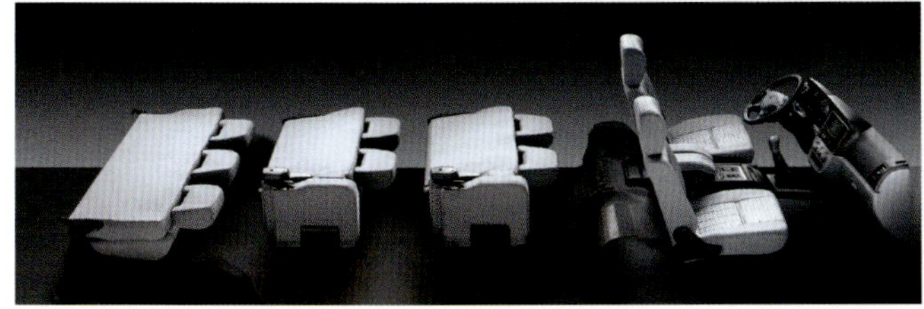

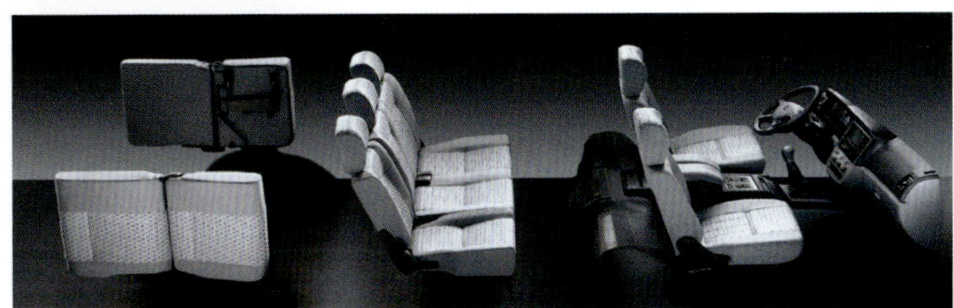

主要配置

经济型：中控锁、前排空调、收音机+MP3、晶钻前照灯、钢制轮辋

经典型：经济型+电子式ABS、前后空调

时尚型：经典型+防盗报警器、前门电动车窗、单碟CD、铝合金轮辋

豪华型：时尚型+倒车雷达

主要车型参数及价格

车　型		经济型	经典型	时尚型	豪华型
基本参数	长×宽×高(mm)	4945×1695×1970			
	轴距(mm)	2435			
	油箱容积(L)	56			
	整备质量(kg)	2500、2400			
	车身材料	钢板			
	乘员人数	7、9			
发动机参数	发动机型号	三菱4G63			
	排量(mL)	1997			
	额定功率[kW/(r/min)]	89.7/6000			
	最大转矩[N·m/(r/min)]	167/4000			
	排放标准/建议用油	国V、国Ⅳ+OBD/93#及以上汽油			
底盘参数	变速器类型	5挡手动			
	驱动类型	后驱			
	悬架系统	前叉骨式与扭力杆式独立悬架/后车轴式叶片弹簧悬架			
	制动系统	前盘式/后鼓式（压液附真空倍力装置）			
	轮胎规格	185R 14			
工信部综合工况油耗(L/100km)		10.3			
厂家建议价格(万元)		6.98	8.38	9.58	10.98

注：厂家建议价格以2016年3~8月为准

江铃汽车

江铃汽车股份有限公司 Jiangling Motors Co.,Ltd.

福特：经典全顺　新世代全顺

经典全顺 TRANSIT

主要配置

全车安全带、中控锁、单碟CD、选装驾驶座安全气囊、ABS、电动后视镜、倒车雷达、铝合金轮辋

主要车型参数

	车　型	汽油		柴油	
		短轴	长轴	短轴	长轴
基本参数	长×宽×高(mm)	4666×1974×2003(低顶)，2200(中顶)	5418×1974×2228(中顶)，2620(高顶)	4666×1974×2003(低顶)，2202(中顶)	5418×1974×2228(中顶)，2620(高顶)
	轴距(mm)	2835	3570	2835	3570
	油箱容积(L)	80			
	车身材料	钢板			
	乘员人数	6/10		3/6/10	
发动机参数	发动机型号	4G64S4N		JX493ZLQ3	JX493ZLQ3
	发动机类型	直列4缸 单顶置凸轮轴		直列4缸 增压 中冷	直列4缸 共轨 增压 中冷
	排量(mL)	2351		2771	2771
	额定功率[kW/(r/min)]	125/2500		102/3600	116/3600
	最大转矩[N·m/(r/min)]	196/2800		240/2000	285/2100
	排放标准	国Ⅲ、国Ⅳ		国Ⅲ、国Ⅳ	
底盘参数	变速器类型	5挡手动			
	驱动类型	后驱			
	悬架系统	前独立悬架/后变截面钢板弹簧悬架			
	制动系统	前盘式/后鼓式制动器			
性能	最高车速(km/h)	140	130	120	
	90km/h等速油耗(L/100km)	8	9	7	8
上市时间		2006年			

注：价格请咨询厂家或经销商

新世代全顺 TRANSIT

主要配置

多功能： 驾驶座椅安全气囊、ABS 8.0+EBD、PATS电控防盗系统、预紧式安全带、全车安全带、倒车雷达、中控锁、遥控钥匙(2把)、前排电动车窗、CAN-BUS、大功率冷暖空调、CD播放器、数字调频收音机、高位制动灯、侧拉门、一体式侧车窗、钢制轮辋、中控台集成式换挡杆、驾驶席座椅8向调节、织布座椅

标准型： 多功能+镀铬照灯、窗框内饰板

豪华型： 标准型+电动后视镜、铝合金轮辋、镀铬进气格栅

主要车型参数

车型		汽油			柴油							
		短轴	长轴		短轴			长轴			加长轴	
		标准型	标准型	豪华型	多功能	标准型	豪华型	多功能	标准型	豪华型	多功能	标准型
基本参数	长×宽×高(mm)	4963×2000×2082(低顶)，2398(中顶)	5780×2000×2360(中顶)		4965×2000×2161(低顶)，2398(中顶)			5782×2374×2360(中顶)，2590(高顶)			6505×2374×2360(中顶)，2590(高顶)	
	轴距(mm)	2933	3750		2933			3750				
	油箱容积(L)	80										
	整备质量(kg)	2085～2130	2250～2300		2010～2265			2170～2445			2330～2735	
	车身材料	钢板										
	乘员人数	10/12	10/14/15		3/6	6～12		3/6	10～15		3/6	15～17
发动机参数	发动机型号	DURATEC			福特Duratorq TDCi高压共轨柴油发动机							
	发动机类型	直列4缸 16气门 双顶置凸轮轴			直列4缸 增压 中冷 高压共轨 柴油							
	排量(L)	2261			2402、2198							
	额定功率[kW/(r/min)]	116/5250			标配：115/3500、125/3500，选配：140/3500			140/3500、135/3500、155/3500				
	最大转矩[N·m/(r/min)]	210/3850			285/1600～2200 350/1500～2000	310/1750～2200 350/1500～2000		375/2000～2250、350/1800～2400、385/1800～2400				
	排放标准	国Ⅳ			国Ⅲ、国Ⅳ、国Ⅴ							
底盘参数	变速器型号/类型	MT75/5挡手动			MT82/6挡手动							
	驱动类型	后驱										
	悬架系统	前麦弗逊式独立悬架/后霍奇基斯悬架										
	制动系统	前通风盘式/后实心盘式制动器										
性能	最高车速(km/h)	155	150		170(国Ⅲ/国Ⅳ)、145(国Ⅴ)							
	90km/h等速油耗(L/100km)	–	–		8.63(国Ⅲ/国Ⅳ)、9.0(国Ⅴ)			8.7(国Ⅲ/国Ⅳ)、9.1(国Ⅴ)			8.9(国Ⅲ/国Ⅳ)、9.3(国Ⅴ)	
工信部综合工况油耗(L/100km)		10.3	10.4		–			–			–	

注：价格请咨询厂家或经销商

东风小康汽车有限公司 DFSK Motor Co.,Ltd.

东风小康C37

东风小康C37
DONGFENG XIAOKANG

主要配置

精典型Ⅱ：EPS电动助力转向系统、机械中控锁、内置双蒸空调、2扬声器、电调收音机、后刮水器、后组合灯、无骨前刮水器、前门电动玻璃升降、高位制动灯、双遮阳板

车身颜色：极地白、银石银、闪耀金、月光蓝

主要车型参数及价格

车型		精典型Ⅱ
基本参数	长×宽×高(mm)	4500×1680×1960
	轴距(mm)	3050
	前/后轮距(mm)	1435/1435
	油箱容积(L)	55
	整备质量(kg)	1370
	车身材料	钢板
	乘员人数	7、8、9
发动机参数	发动机型号	DK15-06
	发动机类型	直列4缸 16气门 水冷 双置顶凸轮 DVVT 电控燃油喷射式汽油发动机
	排量(mL)	1499
	额定功率[kW]	86
	最大转矩[N·m/(r/min)]	124/5200
	排放标准	国Ⅳ
底盘参数	变速器类型	5挡手动
	驱动类型	后驱
	悬架系统	前麦弗逊式独立悬架/后钢板弹簧式半独立悬架
	制动系统	前盘式/后鼓式制动器
	轮胎规格	185 R14LT
性能	最高车速(km/h)	130
工信部综合工况油耗(L/100km)		7.6
厂家建议价格(万元)		5.18

注：厂家建议价格以2016年3~8月为准

上汽通用五菱汽车股份有限公司 SAIC GM Wuling Automobile Co.,Ltd.

五菱荣光 S　新五菱之光　五菱荣光　五菱之光加长版

五菱荣光 S RONGGUANG

主要配置

基本型：中门儿童保护锁、中门摇窗、发动机转速表、转向柱锁、发动机下盖板、收音机+USB、2扬声器、吸能保险杠、晶钻前照灯、一体式扰流板、车身同色后视镜、车身同色车门把手、前雾灯、高位制动灯、电子时钟、移动烟灰缸、豪华内饰、中排2连体/2连体+1、后排3连体/可折叠/可翻转座椅

标准型：基本型+遥控中控门锁(带电控防盗系统)、遥控钥匙、双蒸发器空调、前门电动窗、CD播放器、4扬声器、前保险杠镀铬装饰板、尾门镀铬拉手、铝合金轮辋、后除霜除雾玻璃、后刮水器、开门开启指示灯、中/后排座椅带可调头枕、中排2独立/前后滑动座椅、双色仪表台、遮阳板带化妆镜

主要车型参数及价格

车型		1.2L		1.5L	
		基本型	标准型	基本型	标准型
基本参数	长×宽×高(mm)	4135×1660×1870			
	轴距(mm)	2700			
	前/后轮距(mm)	1386/1408			
	油箱容积(L)	45			
	整备质量(kg)	1140～1205		1170～1230	
	车身材料	钢板			
	乘员人数	5、7、8			
发动机参数	发动机型号	LD6		L3C	
	发动机类型	直列4缸 16气门 双顶置凸轮轴 多点电喷汽油机 进气可变凸轮相位(i-vvt)		直列4缸 16气门 双顶置凸轮轴 多点电喷汽油机 带双可变凸轮相位(DVVT)	
	排量(mL)	1206		1485	
	额定功率[kW/(r/min)]	60.3/5300		79/5400	
	最大转矩[N·m/(r/min)]	116/3600～4000		145/3600～4000	
	排放标准/建议用油	国Ⅳ/93#及以上汽油			
底盘参数	变速器类型	5挡手动			
	驱动类型	后驱			
	悬架系统	前麦弗逊式悬架/后钢板弹簧悬架			
	制动系统	前盘式/后鼓式制动器,双回路液压			
	轮胎规格	175/70 R14 LT			
性能	最高车速(km/h)	130		140	
工信部综合工况油耗(L/100km)		6.9		7.0	
改款时间		2013年			
厂家建议价格(万元)		4.18～5.00		4.48～5.30	

注：厂家建议价格以2016年3～8月为准

新五菱之光
NEW SUNSHINE

主要配置

基本型：前排/中排安全带、转向柱锁、水温燃油表、综合警示灯、收音机(带AUX IN 音源输入接口)、2扬声器、银白色保险杠、飞翼晶钻前照灯、扰流板、蝶形后侧窗、大视野后视镜、可滑动调角驾驶座椅、中排2连体(或2+1)可翻折座椅、后排可翻折3连体座椅

标准型：基本型+发动机转速表、前门电动窗、带USB接口的MP3放收机、4扬声器、车身同色保险杠、前雾灯、高位制动灯、铝合金轮辋、扰流板(带高位制动灯)、前门成型门饰板、中排1+1可滑动翻折座椅(带头枕)

主要车型参数及价格

车型		6390N	6390Q	6390B	6390B
		基本型	基本型	基本型	标准型
基本参数	长×宽×高(mm)	3885×1600×1860			3920×1600×1860
基本参数	轴距(mm)	2500			
基本参数	前/后轮距(mm)	1290/1290			
基本参数	油箱容积(L)	40			
基本参数	整备质量(kg)	995/1040	1000/1050		
基本参数	车身材料	钢板			
基本参数	乘员人数	5~8			
发动机参数	发动机型号/类型	LJ465QR1E6/中置纵列	L2Y/中置纵列	LAQ/中置纵列	
发动机参数	排量(mL)	998	995	1206	
发动机参数	额定功率[kW/(r/min)]	45/5600	50/5600	63/6000	
发动机参数	最大转矩[N·m/(r/min)]	85/3500~4000	90/4000~4400	108/4000~4400	
发动机参数	排放标准/建议用油	国Ⅳ/93#及以上汽油			
底盘参数	变速器类型	5挡手动			
底盘参数	驱动类型	后驱			
底盘参数	悬架系统	前麦弗逊式悬架/后钢板弹簧悬架			
底盘参数	制动系统	前盘式/后鼓式制动器，双回路液压			
底盘参数	轮胎规格	155 R13LT、165/70 R13			
性能	最高车速(km/h)	110	120	130	
工信部综合工况油耗(L/100km)		7.4	7.0		
改款时间		2011年6月	2010年6月		2010年1月
厂家建议价格(万元)		3.53~4.35			

注：厂家建议价格以2016年3~8月为准

五菱荣光 RONGGUANG

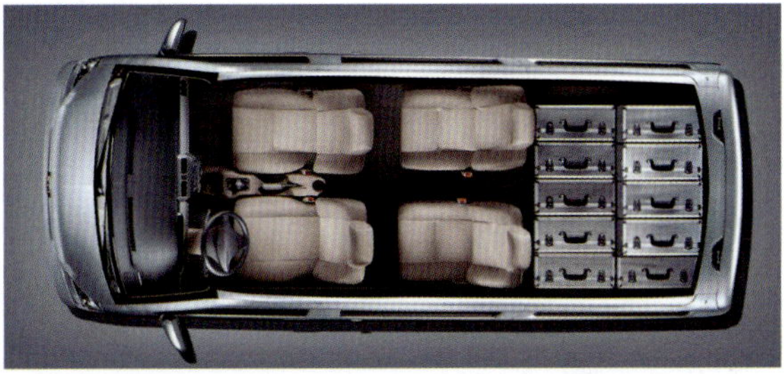

主要配置

LJY-基本型：发动机转速表、水温燃油表、转向柱锁、中门儿童保护锁、发动机下盖板、吸能同色保险杠、晶钻前照灯、前后挡泥板、高位制动灯(在后风窗内侧)、电子时钟、前排座椅带头枕、中排2连体/2连体+1、后排3连体/可折叠/可翻转座椅

LD6-基本型：LJY-基本型+电控供油、驾驶席安全带指示灯、前照灯照射高度调节

主要车型参数及价格

车　型		LJY-基本型	LD6-基本型
基本参数	长×宽×高(mm)	3995×1620×1900	
	轴距(mm)	2700	
	前/后轮距(mm)	1386/1408	
	油箱容积(L)	45	
	整备质量(kg)	1115～1160	
	车身材料	钢板	
	乘员人数	5～8	
发动机参数	发动机型号/类型	LJY/中置纵列	LD6/中置纵列
	排量(mL)	1206	
	额定功率[kW/(r/min)]	61.5/5300	60.3/5300
	最大转矩[N·m/(r/min)]	112/4000～4400	116/3600～4000
	排放标准/建议用油	国Ⅳ/93#及以上汽油	
底盘参数	变速器类型	5挡手动	
	驱动类型	后驱	
	悬架系统	前麦弗逊式悬架/后钢板弹簧悬架	
	制动系统	前盘式/后鼓式制动器，双回路液压	
	轮胎规格	175/70 R14LT	
性能	最高车速(km/h)	130	
工信部综合工况油耗(L/100km)		7.1	7.0
改款时间		2012年9月	
厂家建议价格(万元)		3.88～4.18	

注：厂家建议价格以2016年3～8月为准

五菱之光加长版
RONGGUANG

主要配置

五菱之光

实用型： 转向柱锁、水温燃油表、中排左侧儿童座椅固定装置、电调收音机+AUX IN、双扬声器、异型转角前照灯、大视野后视镜、前照灯高度调节开关、高位制动灯、综合警示灯、固定后侧窗、驾驶员休息踏板、前排头枕连体、中排2连体(或2+1)可折叠座椅、前阅读灯

基本型： 实用型+推拉后侧窗、银白色保险杠、前排头枕分体/高度调节、中/后头枕高度调节、后室内灯

五菱之光加长版

实用型： 中排左侧儿童座椅固定装置、转向柱锁、水温燃油表、综合警示灯、银白色保险杠、异型转角前照灯、大视野后视镜、前照灯高度调节开关、高位制动灯、驾驶员休息踏板

主要车型参数及价格

车型		五菱之光		五菱之光加长版
		实用型	基本型	实用型
基本参数	长×宽×高(mm)	3797×1510×1820		4100×1510×1830
	轴距(mm)	2500		2750
	前/后轮距(mm)	1290/1290		
	油箱容积(L)	38		
	整备质量(kg)	925～972		970～985
	车身材料	钢板		
	乘员人数	5～8		
发动机参数	发动机型号/类型	LJ465QR1E6、L2Y/中置纵列		LD6/中置纵列
	排量(mL)	995、998		1206
	额定功率[kW/(r/min)]	45/5600、50/5600		61.5/5600
	最大转矩[N·m/(r/min)]	85/3500～4000、90/4000～4400		116/3600～4000
	排放标准/建议用油	国Ⅳ/93#及以上汽油		
底盘参数	变速器类型	5挡手动		
	驱动类型	后驱		
	悬架系统	前麦弗逊式悬架/后纵置钢板弹簧悬架		
	制动系统	前盘式/后鼓式制动器，双回路液压，真空助力		
	轮胎规格	165/70 R13C		165/70 R13LT
性能	最高车速(km/h)	110、120		120
工信部综合工况油耗(L/100km)		6.8、6.7		6.5
改款时间		2013年6月		2014年5月
厂家建议价格(万元)		2.97～3.56		3.57～3.84

注：厂家建议价格以2016年3～8月为准

贵州航天成功汽车制造有限公司 Guizhou Aerospace Successful Automobile Manufacture Co., Ltd.

多用途乘用车 SCH6431　多用途乘用车 GHT6403

多用途乘用车 SCH6431

年度**新上市**车型

主要配置

标准型：前排双安全气囊、ABS+EBD、全车三点式安全带、中排座椅2人座(靠背整体式)、收音机电调式+USB、高位制动灯、前雾灯、钢轮毂、同色前罩板装饰件、黑色罩壳外后视镜、黑色外开把手、车身同色前后保险杠、硬顶、豪华型前门内装饰板、全车安全头枕、换挡操纵机构手柄镀铬、驻车制动器操纵杆按钮镀铬、深色面料座椅、哑光漆仪表板中控面板

舒适型：标准型+倒车雷达、双蒸空调、前门电动门窗、同色罩壳外后视镜、铝轮毂、镀铬前罩板装饰件、浅色面料座椅

车身颜色：宝马灰、咖啡金、苹果绿、三菱白、冰晶银

内饰颜色：深色、浅色

主要车型参数及价格

车　型		标准型		舒适型	
		5座	7座	5座	7座
基本参数	长×宽×高(mm)	4330×1650 ×1920			
	轴距(mm)	2850			
	前/后轮距(mm)	1390/1410			
	前/后悬距(mm)	580/900			
	最小离地间隙(mm)	160			
	油箱/行李舱容积(L)	40/1300			
	整备质量(kg)	1220			
	乘员人数	5	7	5	7
发动机参数	发动机型号/类型	HH413Q/P-A/直列4缸 水冷 自然吸气 电控燃油喷射汽油发动机			
	排量(mL)	1300			
	额定功率[kW]	64			
	最大转矩[N·m]	127			
	排放标准/建议用油	国V/92#汽油			
底盘参数	变速器型号/类型	SC12M5C1 MR513/手动			
	驱动类型	中置后驱			
	悬架系统	前麦弗逊式独立悬架/后钢板弹簧式非独立悬架			
	制动系统	前盘式/后鼓式制动器			
	轮胎规格	175/70 R14 LT			
性能	最高车速(km/h)	130			
	0~100km/h加速时间(s)	14.5			
	90km/h等速油耗(L/100km)	6.95			
	120km/h等速油耗(L/100km)	8.79			
工信部综合工况油耗(L/100km)		6.4			
上市时间		2016年8月			
厂家建议价格(万元)		3.68		3.98	

注：厂家建议价格以2016年3～8月为准

多用途乘用车 GHT6403

年度**新上市**车型

主要配置

标准型：前排双安全气囊、ABS+EBD、前/中排三点式安全带、收音机电调式+USB、高位制动灯、前雾灯、钢轮毂、黑色罩壳外后视镜、黑色罩壳外把手、车身同色前后保险杠、中排座椅2+1座(靠背整体式)、换挡操纵机构手柄镀铬、驻车制动器操纵杆按钮镀铬、深色面料座椅、哑光漆仪表板中控面板、硬顶，7座标准型增加前/中/后排三点式安全带、中排座椅2人座(靠背整体式)

舒适型：标准型+全车安全头枕、双蒸空调、前门电动门窗、铝轮毂、豪华型前门内装饰板、同色罩壳外后视镜、浅色面料座椅，7座舒适型增加前/中/后排三点式安全带、中排座椅2人座(靠背整体式)

车身颜色：宝马灰、咖啡金、苹果绿、三菱白、冰晶银

内饰颜色：深色、浅色

主要车型参数及价格

车型		标准型		舒适型	
		5座	7座	5座	7座
基本参数	长×宽×高(mm)	4010×1620×1915			
	轴距(mm)	2700			
	前/后轮距(mm)	1390/1410			
	前/后悬距(mm)	542/768			
	最小离地间隙(mm)	160			
	油箱/行李舱容积(L)	40/897			
	整备质量(kg)	1160			
	乘员人数	5	7	5	7
发动机参数	发动机型号/类型	HH413Q/P-A/直列4缸 水冷 自然吸气 电控燃油喷射汽油发动机			
	排量(mL)	1300			
	额定功率[kW]	64			
	最大转矩[N·m]	127			
	排放标准/建议用油	国Ⅴ/92#汽油			
底盘参数	变速器型号/类型	SC12M5C1 MR513/手动			
	驱动类型	中置后驱			
	悬架系统	前麦弗逊式独立悬架/后钢板弹簧式非独立悬架			
	制动系统	前盘式/后鼓式制动器			
	轮胎规格	165/70 R14LT			
性能	最高车速(km/h)	130			
	0~100km/h加速时间(s)	43.5			
	90km/h等速油耗(L/100km)	7.2			
	120km/h等速油耗(L/100km)	8.9			
工信部综合工况油耗(L/100km)		6.4			
上市时间		2016年11月			
厂家建议价格(万元)		3.48		3.58	

注：厂家建议价格以2016年3~8月为准

皮　卡
PICKUP

此专栏由江西昌河铃木汽车有限责任公司特别支持

北汽福田汽车股份有限公司 Beiqi Foton Motor Co.,Ltd.

萨普　拓陆者

萨普
SUP

主要配置

舒适版：四门电动车窗、遥控中控门锁、助力转向、离合助力、感载比例阀、吸能可调转向管柱、空调、收音机+USB、前雾灯、后雾灯、顶置行李架、高位制动灯、后保险杠、高级织物座椅、防炫目室内镜

豪华版：舒适版+ABS+EBD、电动后视镜、豪华真皮座椅、晴雨挡、货箱宝

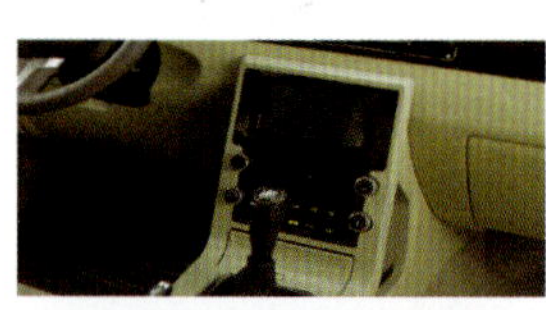

主要车型参数及价格

车型		2.8L	2.4L	2.8L
		舒适版	豪华版	豪华版
基本参数	长×宽×高(mm)	5235×1760×1745	5235×1760×1745	5235×1760×1745
	轴距(mm)	3025	3025	3025
	最小离地间隙(mm)	205	205	205
	车身材料	钢板	钢板	钢板
	乘员人数	5	5	5
发动机参数	发动机型号	BJ493ZLQ4	4G69	BJ493ZLQ4
	排量(mL)	2771	2378	2771
	额定功率[kW/(r/min)]	70/3600	100/5000	70/3600
	排放标准	国Ⅳ	国Ⅳ	国Ⅳ
底盘参数	变速器类型	5挡手动	5挡手动	5挡手动
	驱动类型	两驱	四驱	两驱
	悬架系统	前双横臂扭杆弹簧独立悬架/后钢板弹簧非独立悬架		
	轮胎规格	245/70 R16	245/70 R16	245/70 R16
性能	最高车速(km/h)	130	140	130
厂家建议价格(万元)		7.88	9.085	8.185

注：厂家建议价格以2016年3～8月为准

拓陆者
TUNLAND

主要配置

舒适版： 双安全气囊、ABS+EBD、预张紧安全带、电控供油、遥控中控锁、儿童锁、主驾驶安全带未系提醒、自动落锁、助力转向系统、倒车雷达、四门电动车窗、电动空调、CD、CAN总线数字化仪表、电子可调前照灯、前雾灯、铝合金轮毂、电动后视镜、后视镜除霜、防炫目室内镜、仪表亮度调节、货厢宝

精英版： 舒适版+铝合金轮毂备胎、大轮眉、侧踏板

主要车型参数及价格

车型		2.8L		
		舒适版	精英版	精英版
基本参数	长×宽×高(mm)	5310×1880×1860	5310×1880×1860(1870)	5310×1880×1870
	轴距(mm)	3105	3105	3105
	最小离地间隙(mm)	200	200、210	200、210
	油箱容积(L)	76	76	76
	整备质量(kg)	1860	1860	1950
	车身材料	钢板	钢板	钢板
	乘员人数	5	5	5
发动机参数	发动机型号	ISF2.8	ISF2.8	ISF2.8
	排量(mL)	2780	2780	2780
	额定功率[kW/(r/min)]	96/3600	96/3600	120/3600
	最大转矩[N·m/(r/min)]	280/1400～3000	280/1400～3000	360/1800～3000
底盘参数	变速器类型	5挡手动	5挡手动	5挡手动
	驱动类型	两驱	两驱	电控四驱
	悬架系统	前双横臂螺簧独立悬架/后钢板弹簧悬架		
	轮胎规格	245/70 R16	245/70 R16、265/70 R16	245/70 R16、265/70 R16
性能	最高车速(km/h)	150	150	150
厂家建议价格(万元)		11.98	13.91	14.18

注：厂家建议价格以2016年3～8月为准

长城汽车股份有限公司 Great Wall Motor Company Limited

风骏5

风骏5 WINGLE

主要配置

进取型：倒车雷达、液压助力转向系统、ABS+EBD、后门儿童锁、两点式后中安全带、可调转向管柱、四门防撞梁、四门电动门窗、遥控中控锁、环保空调、2低音扬声器、CD机、铝合金轮毂、前后雾灯、电镀门把手、手动后视镜、手动防炫目室内镜、皮质+织物双色豪华座椅、织物门护板保空调、转向盘音响控制、电动后视镜、防炫内视镜、高级仿皮打孔座椅

主要车型参数及价格

车型		2.8TC		4D20B		2.8TC		4D20B		491QE		491QE	
		小双		小双		大双		大双		小双		大双	
		进取型				进取型				进取型		进取型	
基本参数	长×宽×高(mm)	5060×1720×1675		5090×1810×1980		5360×1720×1675		5390×1810×1980		5060×1720×1675		5360×1720×1675	
	轴距(mm)	3050		3050		3350		3350		3050		3350	
	最小离地间隙(mm)	178		202		178		202		178		178	
	整备质量(kg)	1700	1680	1775	1890	1730	1710	1805	1920	1565	1765	1595	1785
	车身材料	钢板		钢板		钢板		钢板		钢板		钢板	
	乘员人数	5		5		5		5		5		5	
发动机参数	发动机型号	2.8TC	4D20C	4D20B		2.8TC	4D20C	4D20C		491QE		491QE	
	发动机类型	直列4缸 水冷 增压 电控高压共轨				直列4缸 水冷 增压 电控高压共轨				直列 水冷 顶置气门 多点电喷			
	排量(mL)	2771	1996	1996		2771	1996	1996		2237		2237	
	额定功率[kW/(r/min)]	68/3600	78/4000	95/4000	95/4000	68/3600	78/4000	95/4000		74.5/4600		74.5/4600	
	最大转矩[N·m/(r/min)]	220/1600～2600	220/1400～2800	315/1350～2800	315/1350～2800	220/1600～2600	220/1400～2800	315/1350～2800	315/1350～2800	184/2400～2800		184/2400～2800	
	排放标准/建议用油	国Ⅳ/柴油		国Ⅳ/柴油		国Ⅳ/柴油		国Ⅳ/柴油		国Ⅳ/柴油		国Ⅳ/柴油	
底盘参数	变速器类型	5挡手动		6挡手动		5挡手动		6挡手动		5挡手动		5挡手动	
	驱动类型	后驱		后驱		后驱		后驱		后驱		后驱	
	悬架系统	前螺旋弹簧独立悬架/后钢板弹簧非独立悬架											
	制动系统	前盘式/后鼓式制动器				前盘式/后鼓式制动器				前盘式/后鼓式制动器			
	轮胎规格	215/75 R15		245/70 R16		215/75 R15		245/70 R16		215/75 R15		215/75 R15	
性能	最高车速(km/h)	140		140		140		140		130		130	
工信部综合工况油耗(L/100km)		8.6	7.2	7.7	7.9	8.6	7.2	7.7	7.9	9.9	10.8	9.9	10.8
厂家建议价格(万元)		7.58	8.08	9.08	10.58	7.68	8.18	9.18	10.68	6.88	8.38	6.98	8.48

注：厂家建议价格以2016年3～8月为准

广汽吉奥汽车有限公司 Gac-Gonow Auto Co.,Ltd.

财运500　财运300　财运100

财运500 TROY

主要配置

标准型： SABS、后排安全带、液压助力转向、遥控电动门锁、环保空调、电动门窗、MP3收放机、水晶钻石前照灯、隔热绿色玻璃、电动调节外后视镜带转向灯、豪华后保险杠、顶置天线、豪华优雅内饰、不可调转向盘、豪华真皮包裹转向盘、豪华绒布座椅、中央头枕、钢制龙门架

豪华型： 标准型+真皮座椅、豪华铝制龙门架，两驱豪华型增加倒车雷达

车身颜色： 丰田白、珍珠黑、玛瑙灰、银灰、龙绿、龙绿/银灰、龙绿/银、吉奥红、吉奥蓝、工程黄、香槟金

主要车型参数及价格

车　型		汽油机	柴油机	
		标准型	豪华型	豪华型
基本参数	长×宽×高(mm)	5080×1725×1730		
	轴距(mm)	3025		
	前/后轮距(mm)	1445/1430		
	最小离地间隙(mm)	185		
	油箱容积(L)	55		
	整备质量(kg)	1520	1580	
	乘员人数	5		
发动机参数	发动机型号	GA491QEB	GA4D25TCI	
	排量(mL)	2237	2499	
	额定功率[kW]	76	75	
	最大转矩[N·m]	103	102	
	排放标准	国Ⅳ		
底盘参数	变速器类型	5挡手动		
	驱动类型	两驱	四驱	两驱
	悬架系统	前双横臂式扭杆弹簧独立悬架/后钢板弹簧非独立悬架		
	制动系统	前盘式/后鼓式制动器		
	轮胎规格	215/75 R15		
性能	最高车速(km/h)	120		
上市时间		2008年		
厂家建议价格(万元)		6.29	8.88	7.58

注：厂家建议价格以2016年3～8月为准

财运300
TROY

主要配置

车身颜色： SABS、助力转向、环保空调、电动门窗、遥控电动门锁、MP3收音机、水晶钻石前照灯、隔热绿色玻璃、钢轮毂、轮辋装饰罩、电动外后视镜带转向灯、不锈钢保险杆、防撞条、顶置天线、针织地毯、轿车化时尚内饰、中央头枕

豪华型： 标准型+倒车雷达、真皮座椅、铝合金轮毂

车身颜色： 丰田白、珍珠黑、银灰、龙绿、龙绿/银灰、玛瑙灰、吉奥红、吉奥蓝、工程黄、香槟金

主要车型参数及价格

车型		绵阳柴油标准型	汽油豪华型
基本参数	长×宽×高(mm)	5155×1690×1710	
	轴距(mm)	3026	
	前/后轮距(mm)	1445/1430	
	最小离地间隙(mm)	185	
	油箱容积(L)	55	
	整备质量(kg)	–	1520
	乘员人数	5	
发动机参数	发动机型号	D22A	GA491QEB
	排量(mL)	2184	2237
	额定功率[kW]	75	76
	排放标准	国Ⅳ	
底盘参数	变速器类型	5挡手动	
	驱动类型	两驱	
	悬架系统	前双横臂式扭杆弹簧独立悬架/后钢板弹簧非独立悬架	
	制动系统	前盘式/后鼓式制动器	
性能	最高车速(km/h)	120	
工信部综合工况油耗(L/100km)		7.6	–
上市时间		2006年	
厂家建议价格(万元)		6.39	6.88

注：厂家建议价格以2016年3～8月为准

财运100
TROY

主要配置

标准型/舒适型： 助力转向、环保空调、电子门窗、遥控中控门锁、MP3收音机、水晶钻石前照灯、隔热绿色玻璃、钢轮毂、前雾灯、不锈钢后保险杠、手动调节外后视镜带转向灯、顶置天线、轿车化时尚装饰、可调式豪华真皮包裹转向盘、针织地毯、织布座椅，柴油标准型增加电动外后视镜带转向灯、黑色普通转向盘

车身颜色： 丰田白、珍珠黑、银灰、龙绿、银灰/龙绿、龙绿/银、玛瑙灰、吉奥红、吉奥蓝、香槟金、工程黄

主要车型参数及价格

	车　型	汽油		莱动柴油	绵阳柴油
		标准型	舒适型	标准型	标准型
基本参数	长×宽×高(mm)	5255×1690×1710			
	轴距(mm)	3026			
	前/后轮距(mm)	1445/1430			
	最小离地间隙(mm)	185			
	车身材料	钢板			
	乘员人数	5			
发动机参数	发动机型号	GA491QEB		4L22CF	D22A
	排量(mL)	2237		2156	2184
	额定功率[kW]	76		66	75
	排放标准	国Ⅳ			
底盘参数	变速器类型	5挡手动			
	驱动类型	两驱			
	悬架系统	前双横臂式扭杆弹簧独立悬架/后钢板弹簧非独立悬架			
	制动系统	前盘式/后鼓式制动器			
	轮胎规格	215/75 R15			
性能	最高车速(km/h)	120			
上市时间		2005年			
厂家建议价格(万元)		5.29	–	–	5.98

注：厂家建议价格以2016年3～8月为准

江西昌河铃木汽车有限责任公司 Jiangxi Changhe-Suzuki Automobile Co.,Ltd.

昌河铃木：福瑞达K系

福瑞达K系

主要配置

福瑞达K系：手动空调、电调收音机、前排USB接口、MP3功能、2扬声器、有骨刮水器、卤素高亮前照灯、后尾灯、全尺寸备胎、加大后视镜、顶阅读灯、指针式仪表盘、前排遮阳板、前排储物空间、副仪表台杯托、驾驶席座椅手动4向调节、中控储物盒

主要车型参数及价格

车型		福瑞达K系	
		福瑞达K21(单排)	福瑞达K22(双排)
基本参数	长×宽×高(mm)	5280×1760×2065	5450×1760×2120
	轴距(mm)	3190	3400
	前/后轮距(mm)	1410/1350	1460/1350
	整备质量(kg)	1200	1296
	车身材料	钢板	
	乘员人数	2	5
发动机参数	发动机型号	DK12	
	排量(mL)	1240	
	额定功率[kW]	64	
	最大转矩[N·m]	105	
	排放标准/建议用油	国Ⅳ/93(京92)#汽油	
底盘参数	变速器类型	5挡手动	
	驱动类型	中置后驱	
	悬架系统	前后钢板弹簧非独立悬架	
	制动系统	前盘式/后鼓式制动器	
	轮胎规格	185 R14LT	
性能	最高车速(km/h)	90	
工信部综合工况油耗(L/100km)		8.3	8.6
厂家建议价格(万元)		3.79	4.09

注：厂家建议价格以2016年3～8月为准

江铃汽车股份有限公司 Jiangling Motors Co.,Ltd.

江铃·域虎　江铃·宝典

江铃·域虎

主要配置

2WD

舒适款： ABS、EBD、中控锁、遥控器、车门自动上锁功能、车门未关警示灯、电动车窗、手动空调、单碟单碟CD、MP3、前雾灯、铝合金轮辋、货箱耐磨胶涂层

豪华款： 舒适款+前排安全气囊、倒车雷达、电动窗自动关闭器、双碟单碟CD、后保险杠、电动后视镜

超豪华款： 豪华款+电动空调、GPS、DVD、真皮座椅

4WD

舒适款： ABS、EBD、倒车雷达、中控锁、遥控器、车门自动上锁功能、车门未关警示灯、电动车窗、手动空调、单碟单碟CD、MP3、铝合金轮辋、前雾灯、后保险杠、货箱耐磨胶涂层、A柱扶手

豪华款： 舒适款+前排安全气囊、电动窗自动关闭器、双碟单碟CD、电动后视镜

超豪华款： 豪华款+GPS、电动空调、DVD、真皮座椅

主要车型参数及价格

	车型	2WD			4WD		
		舒适款	豪华款	超豪华款	舒适款	豪华款	超豪华款
基本参数	长×宽×高(mm)	(5325/5222)×1828×1710			5325×1905×1815		
	轴距(mm)	3085					
	最小离地间隙(mm)	181			225		
	油箱容积(L)	柴油：68、汽油：74					
	整备质量(kg)	1765			1955		
	车身材料	钢板					
	乘员人数	2+3					
发动机参数	发动机型号	柴油：JX4D24(Puma)/汽油：三菱 4G69 MPI					
	排量(mL)	2404					
	额定功率[kW]	柴油：92、汽油：100			柴油：90、汽油：100		
	最大转矩[N·m]	柴油：310、汽油：201			柴油：290、汽油：201		
	排放标准	国Ⅲ					
底盘参数	变速器类型	5挡手动					
	驱动类型	后驱			四驱		
	悬架系统	前麦弗逊式独立悬架/后钢板弹簧悬架					
	制动系统	前通风盘式/后鼓式制动器					
	轮胎规格	215/70 R15			265/70 R16		
工信部综合工况油耗(L/100km)		8.2					
上市时间		2012年					
厂家建议价格(万元)		11.68	12.68	14.48	14.68	15.48	16.48

注：厂家建议价格以2016年3～8月为准

江铃·宝典

主要配置

2WD舒适款：前排三点式安全带、助力转向、中控锁、冷暖空调、前后电动车窗、单碟CD、收音机、前雾灯、前保险杠、本色门外把手、铝合金轮辋、间歇式刮水器、防炫内后视镜

4WD舒适款：2WD标准版+前保险杠装饰杠、后保险杠、侧踏板

车身颜色：皓白、工程黄、墨绿、太空银、宝红

主要车型参数及价格

车型		宝典超值版	
		2WD 舒适款	4WD 舒适款
基本参数	长×宽×高(mm)	5005×1690×1645	5005×1690×1710
	轴距(mm)	3025	
	最小离地间隙(mm)	185	220
	油箱容积(L)	53	
	整备质量(kg)	1570	
	车身材料	钢板	
	乘员人数	5	
发动机参数	发动机型号	JX493ZLQ4F	
	发动机类型	博世高压共轨系统	
	排量(mL)	2771	
	额定功率(kW)	72	
	最大转矩(N·m)	210	
	排放标准	国Ⅳ	
底盘参数	变速器类型	5挡手动	
	驱动类型	后驱	四驱
	悬架系统	前扭杆弹簧独立悬架/后钢板弹簧悬架	
	制动系统	前盘式/后鼓式制动器	
	轮胎规格	215/75 R15	
性能	最高车速(km/h)	120	
	90km/h等速油耗(L/100km)	7.0	
工信部综合工况油耗(L/100km)		7.8	
上市时间		2011年12月	
厂家建议价格(万元)		7.58	9.18

注：厂家建议价格以2016年3～8月为准

郑州日产

郑州日产汽车有限公司 Zhengzhou Nissan Automobile Co.,Ltd.

东风品牌系列：锐骐皮卡

主要配置

汽油

标准型：中控门锁、遥控钥匙、安全带未系报警、前后电动车窗、空调、收音机、CD+USB、无级间歇刮水器、卤素前照灯、前照灯电动调节、后雾灯、高位制动灯、牌照灯、电动后视镜、植绒座椅、角度可调/缋缩式转向盘，4WD标准型增加前雾灯、后箱宝

豪华型：标准型+ABS+EBD、倒车雷达、前雾灯、真皮座椅、后箱宝

柴油

标准型：ABS+EBD、中控门锁、遥控钥匙、安全带未系报警、第二排座椅安全带、车雷达、前后电动车窗、空调、收音机、CD+USB、、卤素前照灯、前照灯电动调节、后雾灯、前雾灯、高位制动灯、牌照灯无级间歇刮水器、电动后视镜、植绒座椅、倒后箱宝、角度可调/缋缩式转向盘

车身颜色：优雅白、沙滩银、酷绿

内饰颜色：黑色

主要车型参数及价格

车型		汽油 2WD		汽油 4WD		柴油 2WD	柴油 4WD
		标准型	豪华型	标准型	豪华型	标准型	标准型
基本参数	长×宽×高(mm)	5080×1720×1680(2WD)、5080×1820×1715(4WD)					
	轴距(mm)	3050					
	前/后轮距(mm)	1415/1410		1545/1525		1415/1410	1545/1525
	油箱容积(L)	60					
	最小离地间隙(mm)	210		215		210	215
	整备质量(kg)	1495		1698		1620	1790
	车身材料	钢板					
	乘员人数	5					
发动机参数	发动机型号	ZG24				ZD25TCI	
	排量(mL)	2438				2498	
	额定功率[kW/(r/min)]	102/4600~5000				85/3800	
	最大转矩[N·m/(r/min)]	217/2600~3200				280/1800~2600	
	排放标准	国Ⅳ					
底盘参数	变速器类型	5挡手动变速器					
	驱动类型	两驱		四驱		两驱	四驱
	悬架系统	前双叉臂独立式悬架/后钢板弹簧悬架					
	制动系统	前盘式/后鼓式制动器					
性能	最高车速(km/h)	160				150	
工信部综合工况油耗(L/100km)		10.0		10.6		7.8	8.7
厂家建议价格(万元)		8.38	9.18	9.98	10.78	8.18	10.38

注：厂家建议价格以2016年3~8月为准

东风小康汽车有限公司 DFSK Motor Co.,Ltd.

东风小康K01

东风小康K01
DONGFENG XIAOKANG

主要配置

瓦楞货箱：电调收音机、2扬声器、钢制轮毂、新造型同色前/后保险杠、新造型同色前格栅、前/后挡泥板、电动调节前照灯、主驾驶遮阳板、普通电子组合仪表、新造型转向盘、杯托

车身颜色：水晶银

内饰颜色：黑色

主要车型参数及价格

	车　型	2.3m瓦楞货箱	2.5m瓦楞货箱	2.7m瓦楞货箱
基本参数	长×宽×高(mm)	3970×1560×1825	4435×1560×1825	4435×1560×1825
	轴距(mm)	2760		
	前/后轮距(mm)	1310/1310		
	油箱容积(L)	40		
	整备质量(kg)	840	880	
	车身材料	钢板		
发动机参数	发动机型号	AF9-03	AF11-05	AF11-05
	发动机类型	直列4缸 四冲程 水冷 双顶置凸轮 电控燃油喷射式汽油发动机		
	排量(mL)	943	1050	1240
	额定功率(kW)	33	47	40
底盘参数	变速器类型	5挡手动		
	驱动类型	后驱		
	悬架系统	前麦弗逊式独立悬架/后钢板弹簧式非独立悬架		
	制动系统	前盘式/后鼓式制动器		
	轮胎规格	165/70 R14		
工信部综合工况油耗(L/100km)		7.0	7.1	
厂家建议价格(万元)		2.59	2.89	3.09

注：厂家建议价格以2016年3～8月为准

索引一

INDEX 1

中国乘用车车型年度新上市车型索引

年度新上市车型主要包括2015年8月到2016年8月期间，企业全新推出的最新车型

轿车 CAR …… 504

多用途乘用车 MPV …… 507

新能源车 EV …… 508

运动型多用途车 SUV …… 508

小型客车 MINI & LIGHT BUS …… 511

轿车 CAR

车型名称：全新科鲁兹
上市时间：2016年08月
排　　量：1.5L、1.4L
价格区间：10.99万～16.99万元
企业简称：上汽通用
页　　码：127

车型名称：C6
上市时间：2016年10月
排　　量：1.6L、1.8L
价格区间：18.99万～27.99万元
企业简称：神龙汽车
页　　码：184

车型名称：K4
上市时间：2016年08月
排　　量：1.6L、1.8L、2.0L
价格区间：12.88万～18.88万元
企业简称：东风悦达起亚
页　　码：142

车型名称：骏派 A70
上市时间：2016年09月
排　　量：1.6L
价格区间：6.48万～8.78万元
企业简称：天津一汽夏利
页　　码：015

车型名称：全新福克斯 三厢
上市时间：2016年08月
排　　量：1.0L、1.5L、1.6L
价格区间：11.58万～16.58万元
企业简称：长安福特
页　　码：255

车型名称：奥迪A4L
上市时间：2016年09月
排　　量：2.0L
价格区间：29.98万～41.28万元
企业简称：一汽-大众
页　　码：047

车型名称：全新福克斯 两厢
上市时间：2016年08月
排　　量：1.0L、1.5L、1.6L
价格区间：11.58万～16.58万元
企业简称：长安福特
页　　码：256

车型名称：锐3
上市时间：2016年09月
排　　量：1.6L
企业简称：东风裕隆
页　　码：154

车型名称：奔腾B50
上市时间：2016年07月
排　　量：1.4L、1.6L
价格区间：8.18万～11.78万元
企业简称：一汽轿车
页　　码：039

车型名称：福美来轿车
上市时间：2016年09月
排　　量：1.6L
价格区间：7.68万～9.28万元
企业简称：一汽海马
页　　码：242

车型名称：迈腾
上市时间：2016年07月
排　　量：1.4L、1.8L、2.0L
价格区间：18.99万～31.69万元
企业简称：一汽-大众
页　　码：050

车型名称：悦翔 V7
上市时间：2016年09月
价格区间：6.89万～7.29万元
企业简称：长安汽车
页　　码：251

车型名称：新速腾R-Line
上市时间：2016年07月
排　　量：1.4L
价格区间：17.08万元
企业简称：一汽-大众
页　　码：053

车型名称：迈锐宝
上市时间：2016年08月
排　　量：1.5L
价格区间：16.49万～18.99万元
企业简称：上汽通用
页　　码：126

车型名称：金刚 CROSS
上市时间：2016年07月
排　　量：1.5L
价格区间：5.29万～6.59万元
企业简称：吉利汽车
页　　码：161

车型名称：全新 C4L
上市时间：2016年07月
排　　量：1.2L、1.6L
价　　格：13.49万～18.29万元
企业简称：神龙汽车
页　　码：186

车型名称：天语SX4
上市时间：2016年07月
排　　量：1.6L
价格区间：7.98万～8.98万元
企业简称：长安铃木
页　　码：245

车型名称：新逸动 XT
上市时间：2016年07月
排　　量：1.6L
价格区间：8.29万～9.79万元
企业简称：长安汽车
页　　码：249

车型名称：新逸动
上市时间：2016年07月
排　　量：1.6L
价格区间：8.09万～9.59万元
企业简称：长安汽车
页　　码：250

车型名称：新速腾GLI
上市时间：2016年06月
排　　量：2.0L
价格区间：21.88万元
企业简称：一汽-大众
页　　码：052

车型名称：赛欧3
上市时间：2016年06月
排　　量：1.3L
价格区间：6.59万元
企业简称：上汽通用
页　　码：130

车型名称：熊猫
上市时间：2016年06月
排　　量：1.0L
价格区间：3.69万～4.99万元
企业简称：吉利汽车
页　　码：155

车型名称：新生代TIIDA
上市时间：2016年06月
排　　量：1.6L
价格区间：9.99万～13.49万元
企业简称：东风日产
页　　码：212

车型名称：睿骋
上市时间：2016年06月
排　　量：1.8L、2.0L
价格区间：10.88万～20.18万元
企业简称：长安汽车
页　　码：248

车型名称：悦翔 V7
上市时间：2016年06月
价格区间：6.09万～8.79万元
企业简称：长安汽车
页　　码：251

车型名称：全新高尔夫·嘉旅
上市时间：2016年05月
排　　量：1.2L、1.4L、1.6L
企业简称：一汽-大众
页　　码：057

车型名称：全新朗逸运动版
上市时间：2016年05月
排　　量：1.4L
价格区间：15.59万元
企业简称：上汽大众
页　　码：066

车型名称：第五代利亚纳
上市时间：2016年05月
排　　量：1.4L
价格区间：5.49万～6.09万元
企业简称：昌河铃木
页　　码：179

车型名称：明锐
上市时间：2016年04月
排　　量：1.4L、1.6L
价格区间：11.99万～17.99万元
企业简称：上汽大众
页　　码：074

车型名称：MG3
上市时间：2016年04月
排　　量：1.3L、1.5L
价格区间：6.37万～8.37万元
企业简称：上汽乘用车
页　　码：137

车型名称：新K3
上市时间：2016年04月
排　　量：1.4L、1.6L
价格区间：9.68万～15.08万元
企业简称：东风悦达起亚
页　　码：143

车型名称：全新纳5
上市时间：2016年04月
排　　量：1.8L
价格区间：8.58万～11.98万元
企业简称：东风裕隆
页　　码：153

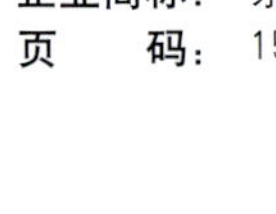

车型名称：东风A9
上市时间：2016年04月
排　　量：1.8L
价格区间：17.97万～21.97万元
企业简称：东风乘用车
页　　码：199

车型名称：西玛
上市时间：2016年04月
排　　量：2.5L
价格区间：23.48万～26.78万元
企业简称：东风日产
页　　码：205

车型名称：蓝鸟
上市时间：2016年04月
排　　量：1.6L
价格区间：14.39万元
企业简称：东风日产
页　　码：209

车型名称：DS 4S
上市时间：2016年04月
排　　量：1.2L、1.6L、1.8L
价格区间：14.99万～22.99万元
企业简称：长安标致雪铁龙
页　　码：232

车型名称：传祺GA8
上市时间：2016年04月
排　　量：2.0L
价格区间：17.98万～29.98万元
企业简称：广汽乘用车
页　　码：233

车型名称：全新宝来
上市时间：2016年03月
排　　量：1.4L、1.6L
价格区间：10.78万～15.38万元
企业简称：一汽-大众
页　　码：058

车型名称：昕动
上市时间：2016年03月
排　　量：1.4L、1.6L
价格区间：6.99万～11.79万元
企业简称：上汽大众
页　　码：075

车型名称：全新一代君越
上市时间：2016年03月
排　　量：1.5L、2.0L
价格区间：22.58万～33.98万元
企业简称：上汽通用
页　　码：120

车型名称：新远景
上市时间：2016年03月
排　　量：1.3L、1.5L
价格区间：5.39万～6.79万元
企业简称：吉利汽车
页　　码：162

车型名称：艾瑞泽5
上市时间：2016年03月
排　　量：1.5L
价格区间：5.89万～9.79万元
企业简称：奇瑞汽车
页　　码：168

车型名称：雅阁
上市时间：2016年03月
排　　量：2.0L、2.4L
价格区间：17.98万～23.78万元
企业简称：广汽本田
页　　码：220

车型名称：传祺GA6
上市时间：2016年03月
排　　量：1.5L
价格区间：10.28万～16.38万元
企业简称：广汽乘用车
页　　码：234

车型名称：凯迪拉克XTS
上市时间：2016年02月
排　　量：2.0L
价格区间：34.99万～47.99万元
企业简称：上汽通用
页　　码：118

车型名称：海马M3
上市时间：2016年02月
排　　量：1.5L
价格区间：5.58万～8.18万元
企业简称：海马郑州
页　　码：183

车型名称：全新金刚
上市时间：2016年01月
排　　量：1.5L
价格区间：4.79万～6.59万元
企业简称：吉利汽车
页　　码：160

车型名称：全新爱丽舍
上市时间：2016年01月
排　　量：1.6L
价格区间：8.38万～12.08万元
企业简称：神龙汽车
页　　码：187

车型名称：东风标致301
上市时间：2016年01月
排　　量：1.6L
价格区间：8.57万～11.97万元
企业简称：神龙汽车
页　　码：193

车型名称：蓝鸟
上市时间：2016年01月
排　　量：1.6L
价格区间：10.59万～13.54万元
企业简称：东风日产
页　　码：209

车型名称：海马M6
上市时间：2016年
排　　量：1.5L、1.6L
价格区间：6.98万～10.28万元
企业简称：海马郑州
页　　码：182

车型名称：新一代308
上市时间：2016年
排　　量：1.2L、1.6L
企业简称：神龙汽车
页　　码：192

车型名称：哥瑞
上市时间：2015年11月
排　　量：1.5L
价格区间：7.98万～11.98万元
企业简称：东风本田
页　　码：198

车型名称：全新速派
上市时间：2015年10月
排　　量：1.4L、1.8L、2.0L
价格区间：16.98万～27.68万元
企业简称：上汽大众
页　　码：073

车型名称：长城C30经典版
上市时间：2015年09月
排　　量：1.5L
价格区间：5.49万～5.89万元
企业简称：长城汽车
页　　码：026

车型名称：DS 5
上市时间：2015年09月
排　　量：1.6L、1.8L
企业简称：长安标致雪铁龙
页　　码：230

车型名称：帝豪 RS
上市时间：2015年08月
排　　量：1.3L、1.5L
价格区间：7.68万～9.48万元
企业简称：吉利汽车
页　　码：159

车型名称：启辰R50X
上市时间：2015年08月
排　　量：1.6L
价格区间：7.45万～8.98万元
企业简称：东风日产
页　　码：215

车型名称：启辰D50
上市时间：2015年08月
排　　量：1.6L
价格区间：6.98万～8.58万元
企业简称：东风日产
页　　码：217

多用途乘用车 MPV

车型名称：福美来七座版
上市时间：2016年09月
排　　量：1.5L
价格区间：8.99万～12.89万元
企业简称：一汽海马
页　　码：318

车型名称：瑞风M3 宜家版
上市时间：2016年07月
排　　量：1.6L、2.0L
价格区间：7.38万～8.88万元
企业简称：江淮汽车
页　　码：295

车型名称：瑞风M5第二代
上市时间：2016年06月
排　　量：2.0L
价格区间：13.95万～16.25万元
企业简称：江淮汽车
页　　码：293

车型名称：NV 200
上市时间：2016年06月
排　　量：1.6L
价格区间：10.78万～12.38万元
企业简称：郑州日产
页　　码：302

车型名称：东风风行F600
上市时间：2016年04月
排　　量：1.5L、2.0L
价格区间：9.99万～12.29万元
企业简称：东风柳州
页　　码：309

车型名称：北汽威旺M35
上市时间：2016年03月
排　　量：1.5L
价格区间：5.58万～6.13万元
企业简称：北汽股份
页　　码：275

车型名称：BMW2系旅行车
上市时间：2016年03月
排　　量：1.5L、2.0L
价格区间：23.69万～33.19万元
企业简称：华晨宝马
页　　码：281

车型名称：全新途安 L
上市时间：2016年03月
排　　量：1.4L、1.8L
价格区间：21.98万～23.08万元
企业简称：上汽大众
页　　码：284

车型名称：英致727
上市时间：2016年03月
排　　量：1.5L
价格区间：4.68万～4.98万元
企业简称：潍柴汽车
页　　码：323

车型名称：东风风行 S500
上市时间：2015年11月
排　　量：1.5L、1.6L
价格区间：6.09万～9.99万元
企业简称：东风柳州
页　　码：314

新能源车 EV

车型名称：EX200
上市时间：2016年04月
价格区间：20.69万～21.69万元
企业简称：北汽新能源
页　　码：331

车型名称：荣威E50
上市时间：2016年04月
价格区间：18.89万元
企业简称：上汽乘用车
页　　码：333

车型名称：和悦IEV6S
上市时间：2016年04月
企业简称：江淮汽车
页　　码：337

车型名称：元
上市时间：2016年04月
排　　量：1.5L
价格区间：20.98万～24.98万元
企业简称：比亚迪汽车
页　　码：346

车型名称：和悦IEV4
上市时间：2015年09月
价格区间：15.78万～15.98万元
企业简称：江淮汽车
页　　码：335

车型名称：唐
上市时间：2015年09月
价格区间：25.13万～26.13万元
企业简称：比亚迪汽车
页　　码：345

运动型多用途车 SUV

车型名称：英致G5
上市时间：2016年10月
排　　量：1.5L
价格区间：6.98万～7.58万元
企业简称：潍柴汽车
页　　码：453

车型名称：北京/BJ20
上市时间：2016年09月
排　　量：1.5L
企业简称：北汽销售
页　　码：359

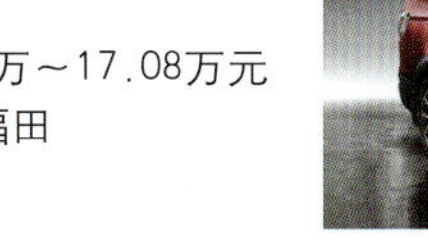

车型名称：萨瓦纳
上市时间：2016年08月
排　　量：2.8L
价格区间：13.88万～17.08万元
企业简称：北汽福田
页　　码：356

车型名称：CS15
上市时间：2016年08月
排　　量：1.5L
价格区间：7.29万～7.79万元
企业简称：长安汽车
页　　码：446

车型名称：骏派D60
上市时间：2016年07月
排　　量：1.5L、1.8L
价格区间：6.49万～9.99万元
企业简称：天津一汽夏利
页　　码：366

车型名称：RAV4
上市时间：2016年07月
排　　量：2.0L、2.5L
价格区间：17.98万～26.98万元
企业简称：天津一汽丰田
页　　码：367

车型名称：荣威RX5
上市时间：2016年07月
排　　量：1.5L、2.0L
价格区间：9.98万～16.68万元
企业简称：上汽乘用车
页　　码：387

车型名称：江铃·驭胜
上市时间：2016年07月
排　　量：1.5L
价格区间：9.78万～14.28万元
企业简称：江铃汽车
页　　码：413

车型名称：东风标致3008
上市时间：2016年07月
排　　量：1.6L、2.0L
价格区间：15.27万～21.97万元
企业简称：神龙汽车
页　　码：421

车型名称：东风标致2008
上市时间：2016年07月
排　　量：1.2L、1.6L
价格区间：13.87万～16.37万元
企业简称：神龙汽车
页　　码：422

车型名称：风行SX6
上市时间：2016年07月
排　　量：1.6L
价格区间：6.99万～10.29万元
企业简称：东风柳州
页　　码：439

车型名称：CX-4
上市时间：2016年06月
排　　量：2.0L、2.5L
价格区间：14.08万～21.58万元
企业简称：一汽轿车
页　　码：376

车型名称：维特拉
上市时间：2016年06月
排　　量：1.4L
价格区间：14.38万～14.98万元
企业简称：长安铃木
页　　码：443

车型名称：英致G3
上市时间：2016年06月
排　　量：1.5L
价格区间：5.69万～6.98万元
企业简称：潍柴汽车
页　　码：454

车型名称：绅宝X35
上市时间：2016年05月
排　　量：1.5L
价格区间：6.58万～8.88万元
企业简称：北汽销售
页　　码：361

车型名称：中华V5
上市时间：2016年05月
排　　量：1.5L
价格区间：8.98万～10.58万元
企业简称：华晨金杯
页　　码：372

车型名称：BMW X1
上市时间：2016年05月
排　　量：1.5L、2.0L
价格区间：28.60万～43.90万元
企业简称：华晨宝马
页　　码：374

车型名称：帝豪 GS
上市时间：2016年05月
排　　量：1.3L、1.8L
价格区间：7.78万～10.58万元
企业简称：吉利汽车
页　　码：399

车型名称：新瑞虎3
上市时间：2016年05月
排　　量：1.6L
价格区间：6.89万～9.29万元
企业简称：奇瑞汽车
页　　码：405

车型名称：力帆迈威
上市时间：2016年05月
排　　量：1.5L
价格区间：5.78万～7.68万元
企业简称：力帆乘用车
页　　码：452

车型名称：野马T70
上市时间：2016年05月
排　　量：1.5L、1.8L
价格区间：7.58万～9.98万元
企业简称：四川汽车工业集团
页　　码：455

车型名称：北京/BJ80
上市时间：2016年04月
排　　量：2.3L
价格区间：28.80万～29.80万元
企业简称：北汽销售
页　　码：357

车型名称：北京/BJ40L
上市时间：2016年04月
排　　量：2.0L、2.3L
价格区间：12.98万～16.98万元
企业简称：北汽销售
页　　码：358

车型名称：北汽威旺S50
上市时间：2016年04月
排　　量：1.5L
价格区间：7.98万～10.88万元
企业简称：北汽股份
页　　码：363

车型名称：东风风神AX7
上市时间：2016年04月
排　　量：1.4L、2.0L、2.3L
价格区间：9.97万～14.17万元
企业简称：东风乘用车
页　　码：419

车型名称：猎豹CS10
上市时间：2016年04月
排　　量：2.0L
价格区间：10.98万～14.68万元
企业简称：猎豹汽车
页　　码：423

车型名称：CS15
上市时间：2016年04月
排　　量：1.5L
价格区间：5.79万～7.39万元
企业简称：长安汽车
页　　码：446

车型名称：CX70
上市时间：2016年04月
排　　量：1.6L
价格区间：6.89万～8.49万元
企业简称：长安汽车
页　　码：447

车型名称：中华V3 II
上市时间：2016年03月
排　　量：1.5L
价格区间：6.57万～10.27万元
企业简称：华晨金杯
页　　码：373

车型名称：观致5 SUV
上市时间：2016年03月
排　　量：1.6L
价格区间：13.99万～19.49万元
企业简称：观致汽车
页　　码：389

车型名称：新瑞虎5
上市时间：2016年03月
排　　量：1.5L、2.0L
价格区间：8.99万～15.19万元
企业简称：奇瑞汽车
页　　码：404

车型名称：昌河Q25
上市时间：2016年03月
排　　量：1.5L
价格区间：5.59万～7.59万元
企业简称：昌河铃木
页　　码：409

车型名称：豪情
上市时间：2016年02月
排　　量：2.4L
价格区间：12.99万～15.29万元
企业简称：吉利汽车
页　　码：398

车型名称：CS35
上市时间：2016年02月
排　　量：1.5L、1.6L
价格区间：7.89万～9.79万元
企业简称：长安汽车
页　　码：445

车型名称：绅宝X55
上市时间：2016年01月
排　　量：1.5L
价格区间：7.68万～11.98万元
企业简称：北汽销售
页　　码：360

车型名称：荣威W5
上市时间：2016年
排　　量：1.8L
价格区间：14.28万～29.88万元
企业简称：上汽乘用车
页　　码：386

车型名称：绅宝 X25
上市时间：2015年12月
排　　量：1.5L
价格区间：5.58万～7.58万元
企业简称：北汽销售
页　　码：362

车型名称：途观
上市时间：2015年12月
排　　量：2.0L
价格区间：31.58万元
企业简称：上汽大众
页　　码：380

车型名称：东风风神AX3
上市时间：2015年12月
排　　量：1.4L、1.5L
价格区间：6.97万～8.77万元
企业简称：东风乘用车
页　　码：420

车型名称：缤智
上市时间：2015年11月
排　　量：1.8L
价格区间：14.68万元
企业简称：广汽本田
页　　码：418

车型名称：维特拉
上市时间：2015年11月
排　　量：1.4L、1.6L
价格区间：9.98万～15.98万元
企业简称：长安铃木
页　　码：443

车型名称：逍客
上市时间：2015年10月
排　　量：1.2L、2.0L
价格区间：13.98万～18.98万元
企业简称：东风日产
页　　码：426

车型名称：启辰T70X
上市时间：2015年09月
排　　量：2.0L
价格区间：11.68万～13.38万元
企业简称：东风日产
页　　码：428

车型名称：野帝
上市时间：2015年08月
排　　量：1.4L、1.6L、1.8L
价格区间：12.98万～20.98万元
企业简称：上汽大众
页　　码：381

车型名称：陆风X7
上市时间：2015年08月
排　　量：2.0L
价格区间：12.98万～14.78万元
企业简称：江铃控股
页　　码：411

车型名称：楼兰
上市时间：2015年08月
排　　量：2.5L
价格区间：23.88万～37.98万元
企业简称：东风日产
页　　码：424

车型名称：多用途乘用车SCH6431
上市时间：2016年08月
排　　量：1.3L
价格区间：3.68万～3.98万元
企业简称：贵航成功
页　　码：489

车型名称：多用途乘用车GHT6403
上市时间：2016年11月
排　　量：1.3L
价格区间：3.48万～3.58万元
企业简称：贵航成功
页　　码：490

索引二

INDEX 2

中国乘用车车型按发动机排量分类索引

发动机排量分类原则以升(L)为单位，保留小数点后一位，其他小数四舍五入。

轿车 CAR

1.0L以下……513
1.0L＜排量≤1.3L……513
1.3L＜排量≤1.6L……513
1.6L＜排量≤2.0L……514
2.0L＜排量≤2.5L……514
2.5L＜排量≤3.0L……514
3.0L以上……514

多用途乘用车 MPV

1.6L以下……514
1.6L＜排量≤2.0L……515
2.0L＜排量≤2.5L……515
2.5L以上……515

运动型多用途车 SUV

2.0L以下……515
2.0L＜排量≤2.5L……516
2.5L＜排量≤3.0L……516
3.0L以上……516

小型客车 MINI & LIGHT BUS

1.0L以下……516
1.0L＜排量≤1.3L……516
1.3L＜排量≤2.0L……516
2.0L＜排量≤2.5L……516
2.5L以上……516

皮卡 PICKUP

2.2L以下……516
2.2L＜排量≤2.5L……516
2.5L以上……516

轿车 CAR

1.0L以下

车型	排量(mL)	页码
天津一汽夏利 夏利N7	993	017
天津一汽夏利 夏利N5	993	018
吉利汽车 熊猫	997	155
众泰汽车 Z100	998	166
奇瑞汽车 新QQ	998	171
江淮汽车 悦悦	999	175
上汽通用五菱 宝骏乐驰	995	239
长安铃木 新奥拓	996	247
长安福特 全新福克斯 三厢	999	255
长安福特 全新福克斯 两厢	999	256
长安福特 新嘉年华 两厢	997	260
比亚迪汽车 F0	998	272

1.0L＜排量≤1.3L

车型	排量(mL)	页码
一汽-大众 高尔夫	1197	054
一汽-大众 全新高尔夫·嘉旅	1197	057
上汽大众 全新朗逸 蓝驱技术版	1197	067
吉利汽车 新帝豪	1299	158
吉利汽车 帝豪RS	1299	159
吉利汽车 新远景	1299	162
神龙汽车 全新C4L	1199	185
神龙汽车 东风标致408	1199	189
神龙汽车 东风标致308S	1199	190
神龙汽车 新一代308	1199	192
东风日产 玛驰	1198	214
东风日产 启辰R30	1198	218
长安标致雪铁龙 DS4S	1199	232
上汽通用五菱 宝骏乐驰	1206	239
一汽海马 丘比特	1299	243
长安铃木 雨燕	1298	246

1.3L＜排量≤1.6L

车型	排量(mL)	页码
北京现代 第九代索纳塔	1591	007
北京现代 名图	1591	008
北京现代 新朗动	1591	009
北京现代 领动	1353	010
北京现代 领动	1591	010
北京现代 瑞纳	1396	011
北京现代 瑞纳	1591	011
北京现代 瑞奕	1396	012
北京现代 瑞奕	1591	012
天津一汽夏利 骏派A70	1598	015
天津一汽夏利 威志V5	1497	016
天津一汽夏利 夏利N7	1339	017
天津一汽夏利 夏利N5	1339	018
天津一汽丰田 卡罗拉	1598	021
天津一汽丰田 花冠	1598	022
天津一汽丰田 威驰	1329	023
天津一汽丰田 威驰	1496	023
长城汽车 长城C50	1497	024
长城汽车 长城C30	1497	025
长城汽车 长城C30经典版	1497	026
华晨金杯 中华新H530	1498	027
华晨金杯 中华H330	1498	028
华晨金杯 中华H320	1498	029
华晨金杯 中华H230	1498	030
华晨金杯 中华H220	1498	031
华晨宝马 BMW3系长轴距	1598	033
华晨宝马 BMW3系标准轴距	1598	034
一汽轿车 奔腾B50	1400	039
一汽轿车 奔腾B50	1595	039
一汽轿车 一汽欧朗 三厢	1497	040
一汽轿车 一汽欧朗 两厢	1497	041
一汽-大众 奥迪A3	1395	048
一汽-大众 迈腾	1395	050
一汽-大众 新速腾	1395	051
一汽-大众 新速腾	1598	051
一汽-大众 新速腾 R-Line	1395	053
一汽-大众 高尔夫	1395	054
一汽-大众 高尔夫	1598	054
一汽-大众 高尔夫 R-Line	1395	055
一汽-大众 高尔夫 GTI	1395	056
一汽-大众 全新高尔夫·嘉旅	1395	057
一汽-大众 全新高尔夫·嘉旅	1598	057
一汽-大众 全新宝来	1395	058
一汽-大众 全新宝来	1598	058
一汽-大众 宝来 Sportline	1390	059
一汽-大众 捷达	1395	060
一汽-大众 捷达	1598	060
上汽大众 全新朗境	1395	063
上汽大众 全新朗境	1598	063
上汽大众 全新朗行	1395	064
上汽大众 全新朗行	1598	064
上汽大众 全新朗逸	1395	065
上汽大众 全新朗逸	1598	065
上汽大众 全新朗逸 运动版	1395	066
上汽大众 New Polo	1598	068
上汽大众 Cross Polo	1598	069
上汽大众 Polo GTI	1395	070
上汽大众 桑塔纳·浩纳	1395	071
上汽大众 桑塔纳·浩纳	1598	071
上汽大众 全新桑塔纳	1598	072
上汽大众 全新速派	1395	073
上汽大众 明锐	1395	074
上汽大众 明锐	1598	074
上汽大众 昕动	1398	075
上汽大众 昕动	1598	075
上汽通用 全新一代君越	1490	120
上汽通用 君威	1598	121
上汽通用 威朗	1490	123
上汽通用 全新英朗	1372	124
上汽通用 全新英朗	1485	124
上汽通用 全新凯越	1485	125
上汽通用 迈锐宝	1490	126
上汽通用 全新科鲁兹	1399	127
上汽通用 全新科鲁兹	1490	127
上汽通用 爱唯欧 三厢	1399	128
上汽通用 爱唯欧 三厢	1598	128
上汽通用 爱唯欧 两厢	1399	129
上汽通用 爱唯欧 两厢	1598	129
上汽通用 赛欧 3	1349	130
上汽通用 赛欧 3	1485	130
上汽乘用车 荣威350	1498	134
上汽乘用车 MG5	1498	136
上汽乘用车 MG3	1343	137
上汽乘用车 MG3	1498	137
观致汽车 观致3五门版	1598	138
观致汽车 观致3轿车	1598	139
东风悦达起亚 全新 K5	1591	140
东风悦达起亚 K4	1591	142
东风悦达起亚 新 K3	1353	143
东风悦达起亚 新 K3	1591	143
东风悦达起亚 K3 S	1591	144
东风悦达起亚 新福瑞迪	1591	145
东风悦达起亚 赛拉图	1599	146
东风悦达起亚 K2 三厢	1396	147
东风悦达起亚 K2 三厢	1591	147
东风悦达起亚 K2 两厢	1396	148
东风悦达起亚 K2 两厢	1591	148
长安马自达 Mazda3 AXELA昂克赛拉 三厢	1496	149
长安马自达 Mazda3 AXEL昂克赛拉 两厢	1496	150
长安马自达 Mazda3星骋 三厢	1598	151
长安马自达 Mazda3星骋 两厢	1598	152
东风裕隆 锐3	1556	154
吉利汽车 自由舰	1342	156
吉利汽车 新帝豪	1498	158
吉利汽车 帝豪 RS	1498	159
吉利汽车 全新金刚	1498	160
吉利汽车 金刚 CROSS	1498	161
吉利汽车 新远景	1498	162
吉利汽车 海景	1498	164
众泰汽车 Z300	1499	165
众泰汽车 Z300	1590	165
奇瑞汽车 艾瑞泽7	1498	167
奇瑞汽车 艾瑞泽7	1598	167
奇瑞汽车 艾瑞泽5	1499	168
奇瑞汽车 艾瑞泽3	1497	169
奇瑞汽车 奇瑞E3	1497	170
江淮汽车 全新和悦	1499	172
江淮汽车 和悦A30	1499	173
江淮汽车 和悦A13	1332	174
东南汽车 蓝瑟	1584	178
昌河铃木 第五代利亚纳	1372	179
昌河铃木 北斗星X5	1372	180
昌河铃木 北斗星	1372	181
海马郑州 海马 M6	1497	182
海马郑州 海马 M6	1591	182
海马郑州 海马 M3	1497	183
神龙汽车 C6	1600	184
神龙汽车 C5	1598	185
神龙汽车 全新 C4L	1598	186
神龙汽车 全新爱丽舍	1587	187
神龙汽车 东风标致508	1598	188
神龙汽车 东风标致408	1598	189
神龙汽车 东风标致308S	1587	190
神龙汽车 东风标致308S	1598	190
神龙汽车 东风标致308	1587	191
神龙汽车 新一代308	1587	192
神龙汽车 新一代308	1598	192
神龙汽车 东风标致301	1587	193
东风本田 思域	1498	196
东风本田 哥瑞	1498	198
东风乘用车 东风风神A60	1396	200
东风乘用车 东风风神A60	1497	200
东风乘用车 东风风神A60	1598	200
东风乘用车 东风风神L60	1587	201
东风乘用车 东风风神H30 CROSS	1497	202
东风乘用车 东风风神A30	1497	203
东风乘用车 东风风神S30	1497	204
东风乘用车 东风风神S30	1587	204
东风日产乘用车 新一代轩逸	1598	208
东风日产乘用车 蓝鸟	1598	209
东风日产乘用车 轩逸·经典	1598	210
东风日产乘用车 阳光	1498	211
东风日产乘用车 新生代TIIDA	1598	212
东风日产乘用车 骊威	1598	213

车型	排量(mL)	页码
东风日产乘用车 玛驰	1498	214
东风日产乘用车 启辰R50X	1598	215
东风日产乘用车 启辰R50	1598	216
东风日产乘用车 启辰D50	1598	217
广汽本田 锋范	1498	222
广汽本田 飞度	1498	223
广汽本田 理念	1339	224
广汽本田 理念	1497	224
广汽丰田 雷凌	1598	226
广汽丰田 致炫	1329	227
广汽丰田 致炫	1498	227
广汽菲克 菲翔	1368	228
广汽菲克 致悦	1368	229
长安标致雪铁龙 DS 5	1598	230
长安标致雪铁龙 DS 5LS	1598	231
长安标致雪铁龙 DS 4S	1598	232
广汽乘用车 传祺GA6	1495	234
广汽乘用车 传祺GA3	1598	236
上汽通用五菱 宝骏630	1485	237
上汽通用五菱 宝骏610	1485	238
东风柳州 东风风行景逸S50	1499	240
东风柳州 东风风行景逸S50	1590	240
一汽海马 福美来轿车	1591	242
一汽海马 丘比特	1497	243
长安铃木 启悦	1586	244
长安铃木 天语SX4	1586	245
长安铃木 雨燕	1490	246
长安汽车 新逸动XT	1598	249
长安汽车 新逸动	1598	250
长安福特 新蒙迪欧	1499	253
长安福特 全新福克斯 三厢	1499	255
长安福特 全新福克斯 三厢	1596	255
长安福特 全新福克斯 两厢	1499	256
长安福特 全新福克斯 两厢	1596	256
长安福特 新嘉年华 三厢	1499	259
长安福特 新嘉年华 两厢	1499	260
比亚迪汽车 思锐	1497	262
比亚迪汽车 速锐	1497	264
比亚迪汽车 L3	1497	265
比亚迪汽车 G6	1497	267
比亚迪汽车 G3	1497	268
比亚迪汽车 F3	1497	270
比亚迪汽车 F3R	1488	271
比亚迪汽车 F3R	1584	271

1.6L＜排量≤2.0L

车型	排量(mL)	页码
北京奔驰 梅赛德斯–奔驰全新长轴距E级轿车	1991	002
北京奔驰 梅赛德斯–奔驰全新长轴距E级运动轿车	1991	003
北京奔驰 梅赛德斯–奔驰长轴距C级轿车	1991	004
北京奔驰 梅赛德斯–奔驰C级运动轿车	1991	005
北京奔驰 梅赛德斯–奔驰全新C级车运动版	1991	006
北京现代 第九代索纳塔	1999	007
北京现代 名图	1797	008
北京现代 名图	1999	008
华泰汽车 华泰B11	1796	013
华泰汽车 华泰B11	1991	013
华泰汽车 路盛E70	1997	014
天津一汽丰田 皇冠	1998	019
天津一汽丰田 卡罗拉	1798	021
华晨宝马 BMW5系长轴距	1997	032
华晨宝马 BMW3系长轴距	1997	033
华晨宝马 BMW3系标准轴距	1997	034
一汽轿车 红旗H7	1796	036
一汽轿车 红旗H7	1995	036
一汽轿车 奔腾B90	1796	037
一汽轿车 奔腾B90	1995	037
一汽轿车 奔腾B70	1796	038
一汽轿车 奔腾B70	1999	038
一汽轿车 睿翼轿车	1999	042
一汽轿车 睿翼轿跑车	1999	043
一汽轿车 阿特兹	1998	044
一汽轿车 马自达6	1999	045
一汽–大众 奥迪A6L	1798	046
一汽–大众 奥迪A4L	1984	047
一汽–大众 CC	1798	049
一汽–大众 CC	1984	049
一汽–大众 迈腾	1798	050
一汽–大众 迈腾	1984	050
一汽–大众 新速腾 GLI	1984	052
上汽大众 全新帕萨特	1984	061
上汽大众 凌渡	1798	062
上汽大众 全新速派	1798	073
上汽大众 全新速派	1984	073
上汽通用 凯迪拉克XTS	1998	118
上汽通用 凯迪拉克ATS–L	1998	119
上汽通用 全新一代君越	1998	120
上汽通用 君威	1998	121
上汽通用 君威GS	1998	122
上汽乘用车 荣威950	1798	131
上汽乘用车 荣威950	1995	131
上汽乘用车 荣威750	1796	132
上汽乘用车 荣威550	1796	133
上汽乘用车 MG6	1796	135
东风悦达起亚 全新K5	1999	140
东风悦达起亚 K5	1998	141
东风悦达起亚 K5	1999	141
东风悦达起亚 K4	1797	142
东风悦达起亚 K4	1999	142
东风悦达起亚 赛拉图	1795	146
长安马自达 Mazda3 AXELA昂克赛拉 三厢	1998	149
长安马自达 Mazda3 AXELA昂克赛拉 两厢	1998	150
长安马自达 Mazda3星骋 三厢	1999	151
长安马自达 Mazda3星骋 两厢	1999	152
东风裕隆 全新纳5	1798	153
吉利汽车 博瑞	1800	157
江淮汽车 全新和悦	1834	172
东南汽车 戈蓝	1998	176
东南汽车 翼神	1798	177
东南汽车 翼神	1998	177
神龙汽车 C6	1751	184
神龙汽车 C5	1751	185
神龙汽车 东风标致508	1751	188
神龙汽车 东风标致508	1997	188
神龙汽车 东风标致408	1813	189
东风本田 思铂睿	2000	194
东风本田 杰德	1798	195
东风本田 杰德	1798	195
东风本田 思铭	1799	197
东风乘用车 东风A9	1751	199
东风乘用车 东风风神L60	1813	201
东风日产乘用车 天籁	1997	207
东风日产乘用车 新一代轩逸	1798	208
广汽本田 雅阁	1997	220
广汽本田 凌派	1799	221
广汽丰田 凯美瑞	1998	225
广汽丰田 雷凌	1798	226
长安标致雪铁龙 DS 5	1751	230
长安标致雪铁龙 DS 4S	1751	232
广汽乘用车 传祺GA8	1991	233
广汽乘用车 传祺GA5	1751	235
广汽乘用车 传祺GA5	1969	235
东风柳州 东风风行景逸 S50	1997	240
一汽海马 海马M8	1795	241
一汽海马 海马M8	1995	241
长安汽车 睿骋	1798	248
长安汽车 睿骋	1998	248
长安福特 福特金牛座	1999	252
长安福特 新蒙迪欧	1999	253
长安福特 经典福克斯 三厢	1798	257
长安福特 经典福克斯 两厢	1798	258
力帆乘用车 力帆820	1794	261
比亚迪汽车 F6	1991	263
比亚迪汽车 G6	1991	267
比亚迪汽车 G3	1800	268
比亚迪汽车 G3 R	1839	269

2.0L＜排量≤2.5L

车型	排量(mL)	页码
北京现代 第九代索纳塔	2359	007
天津一汽丰田 皇冠	2497	019
天津一汽丰田 锐志	2497	020
一汽轿车 阿特兹	2488	044
上汽乘用车 荣威750	2497	132
东风悦达起亚 K5	2359	141
吉利汽车 博瑞	2378	157
吉利汽车 TX4	2378	163
吉利汽车 TX4	2499	163
东南汽车 戈蓝	2378	176
东风本田 思铂睿	2400	194
东风日产乘用车 西玛	2488	205
东风日产乘用车 天籁 · 公爵	2488	206
东风日产乘用车 天籁	2488	207
广汽本田 歌诗图	2354	219
广汽本田 雅阁	2356	220
广汽丰田 凯美瑞	2494	225
长安福特 福特–致胜	2260	254
力帆乘用车 力帆820	2373	261

2.5L＜排量≤3.0L

车型	排量(mL)	页码
天津一汽丰田 锐志	2995	020
华晨宝马 BMW5系长轴距	2979	032
华晨宝马 BMW3系长轴距	2979	033
一汽轿车 红旗H7	2995	036
广汽本田 歌诗图	2997	219
长安福特 福特金牛座	2694	252

3.0L以上

车型	排量(mL)	页码
一汽轿车 红旗L5	5985	035
吉利汽车 博瑞	3456	157

多用途乘用车 MPV

1.6L以下

车型	排量(mL)	页码
北汽股份 北汽威旺M35	1500	275
北汽股份 北汽威旺M30	1500	276
北汽股份 北汽威旺M20	1500	277

车型	排量(mL)	页码
华晨宝马 BMW2系旅行车	1499	281
一汽吉林 佳宝V80	1298	283
上汽大众 全新途安L	1390	284
众泰汽车 众泰M300	1596	290
广汽吉奥 星朗	1332	291
广汽吉奥 星朗	1449	291
江淮汽车 瑞风M3	1590	294
江淮汽车 瑞风M3宜家版	1590	295
昌河铃木 福瑞达M50S	1372	301
昌河铃木 福瑞达M50S	1498	301
郑州日产 NV200	1598	302
东风小康 东风风光370	1499	304
东风小康 东风风光360	1305	305
东风小康 东风风光360	1499	305
广汽丰田 逸致	1598	307
东风柳州 东风风行F600	1499	309
东风柳州 东风风行菱智M3系列	1584	311
东风柳州 东风风行菱智M3长车系列	1584	312
东风柳州 东风风行菱智V3系列	1488	313
东风柳州 东风风行S500	1499	314
东风柳州 东风风行S500	1590	314
上汽通用五菱 宝骏730	1485	315
上汽通用五菱 五菱宏光S	1206	316
上汽通用五菱 五菱宏光S	1485	316
上汽通用五菱 五菱宏光	1206	317
上汽通用五菱 五菱宏光	1485	317
一汽海马 福美来七座版	1497	318
长安汽车 欧诺	1298	319
长安汽车 欧诺	1488	319
长安汽车 欧尚	1498	320
力帆乘用车 力帆乐途	1206	321
力帆乘用车 力帆乐途	1485	321
潍柴汽车 英致737	1495	322
潍柴汽车 英致737	1499	322
潍柴汽车 英致727	1499	323

1.6L＜排量≤2.0L

车型	排量(mL)	页码
北汽福田 蒙派克	1997	274
北汽福田 蒙派克	1998	274
华晨金杯 华颂7	1997	278
华晨金杯 阁瑞斯丰田系列	1998	280
华晨宝马 BMW2系旅行车	1998	281
上汽大众 全新途安L	1798	284
东风裕隆 新大7MPV ECO HYPER	1998	289
奇瑞汽车 艾瑞泽M7	1845	292
奇瑞汽车 艾瑞泽M7	1971	292
江淮汽车 瑞风M5第二代	1947	293
江淮汽车 瑞风M5第二代	1997	293
江淮汽车 瑞风M3宜家版	1997	295
江淮汽车 瑞风·祥和	1997	296
江淮汽车 瑞风·穿梭	1947	297
江淮汽车 瑞风·穿梭	1997	297
东南汽车 君阁	1997	298
广汽丰田 逸致	1798	307
广汽丰田 逸致	1987	307
东风柳州 东风风行CM7	1997	308
东风柳州 东风风行F600	1997	309
东风柳州 东风风行菱智M5系列	1999	310
上汽通用五菱 宝骏730	1798	315
比亚迪汽车 新M6	1991	324

2.0L＜排量≤2.5L

车型	排量(mL)	页码
北汽福田 蒙派克	2499	274
华晨金杯 全新阁瑞斯	2438	279
一汽轿车 Mazda8	2488	282
上汽通用 GL8豪华商务车	2384	285
上汽通用 GL8商务车	2384	286
东风裕隆 MASTER CEO	2198	288
东风裕隆 新大7MPV ECO HYPER	2198	289
江淮汽车 瑞风·祥和	2351	296
福建奔驰 威霆	2143	300
福建奔驰 威霆	2496	300
东风本田 艾力绅	2356	303
广汽本田 奥德赛	2356	306
比亚迪汽车 新M6	2362	324
比亚迪汽车 新M6	2378	324

2.5L以上

车型	排量(mL)	页码
华晨金杯 阁瑞斯丰田系列	2693	280
上汽通用 GL8豪华商务车	2997	285
江淮汽车 瑞风·穿梭	2771	297
江淮汽车 瑞风·穿梭	2771	297
福建奔驰 唯雅诺	2996	299
福建奔驰 唯雅诺	3498	299
福建奔驰 威霆	2996	300

运动型多用途车 SUV

2.0L以下

车型	排量(mL)	页码
北京奔驰 梅赛德斯-奔驰GLK级	1991	350
北京奔驰 梅赛德斯-奔驰GLA	1595	351
北京奔驰 梅赛德斯-奔驰GLA	1991	351
北京现代 全新胜达	1998	352
北京现代 ix35	1999	353
北京现代 ix25	1591	354
北京现代 ix25	1999	354
北京现代 全新途胜	1591	355
北京现代 全新途胜	1999	355
北汽销售 北京/BJ20	1500	359
北汽销售 绅宝X55	1499	360
北汽销售 绅宝X35	1499	361
北汽销售 绅宝X25	1499	362
北汽股份 北汽威旺S50	1499	363
华泰汽车 宝利格	1796	364
华泰汽车 宝利格	1991	364
华泰汽车 新圣达菲	1498	365
天津一汽夏利 骏派D60	1497	366
天津一汽夏利 骏派D60	1798	366
天津一汽丰田 RAV4	1987	367
长城汽车 哈弗H8	1967	368
长城汽车 哈弗H6 升级版	1497	369
长城汽车 哈弗H5 智尊版	1996	370
长城汽车 哈弗H5 智尊版	1997	370
长城汽车 哈弗H2	1497	371
华晨金杯 中华V5	1495	372
华晨金杯 中华V5	1586	372
华晨金杯 中华V3 II	1498	373
华晨宝马 BMW X1	1499	374
华晨宝马 BMW X1	1998	374
一汽轿车 奔腾X80	1796	375
一汽轿车 奔腾X80	1999	375
一汽轿车 CX-4	1998	376
一汽-大众 奥迪Q5	1984	377
一汽-大众 奥迪Q3	1395	378
一汽吉林 森雅S80	1298	379
上汽大众 途观	1984	380
上汽大众 野帝	1395	381
上汽大众 野帝	1598	381
上汽大众 野帝	1798	381
上汽通用 昂科威	1998	382
上汽通用 昂科拉	1372	383
上汽通用 创酷	1372	385
上汽乘用车 荣威W5	1800	386
上汽乘用车 荣威RX5	1490	387
上汽乘用车 荣威RX5	1995	387
上汽乘用车 MG GS名爵锐腾	1500	388
上汽乘用车 MG GS名爵锐腾	1995	388
观致汽车 观致5 SUV	1598	389
观致汽车 观致3都市SUV 1.6T	1598	390
东风悦达起亚 智跑	1999	391
东风悦达起亚 狮跑	1975	392
东风悦达起亚 秀尔	1591	393
长安马自达 MAZDA CX-5	1998	394
东风裕隆 优6 SUV ECO HYPER	1798	396
东风裕隆 优6 SUV ECO HYPER	1998	396
吉利汽车 GX7	1792	397
吉利汽车 GX7	1997	397
吉利汽车 帝豪GS	1299	399
吉利汽车 帝豪GS	1799	399
众泰汽车 众泰T600	1498	400
众泰汽车 众泰T600	1997	400
众泰汽车 T200	1299	401
众泰汽车 T200	1488	401
广汽吉奥 奥轩GX5	1997	402
广汽吉奥 奥轩G5	1997	403
奇瑞汽车 新瑞虎5	1498	404
奇瑞汽车 新瑞虎5	1971	404
奇瑞汽车 新瑞虎3	1598	405
江淮汽车 第二代瑞风S5	1499	406
江淮汽车 第二代瑞风S5	1997	406
江淮汽车 瑞风S3	1499	407
东南汽车 东南DX7	1499	408
东南汽车 东南DX7	1997	408
昌河铃木 昌河Q25	1499	409
江铃控股 陆风X8	1997	410
江铃控股 陆风X7	1997	411
江铃控股 陆风X5	1499	412
江铃控股 陆风X5	1997	412
江铃汽车 江铃·驭胜	1490	413
东风本田 CR-V	1997	415
东风本田 XR-V	1498	416
东风本田 XR-V	1798	416
海马郑州 海马S5	1591	417
广汽本田 缤智	1498	418
广汽本田 缤智	1799	418
东风乘用车 东风风神AX7	1396	419
东风乘用车 东风风神AX7	1997	419
东风乘用车 东风风神AX3	1396	420
东风乘用车 东风风神AX3	1497	420
神龙汽车 东风标致3008	1598	421
神龙汽车 东风标致3008	1997	421
神龙汽车 东风标致2008	1199	422
神龙汽车 东风标致2008	1587	422
神龙汽车 东风标致2008	1598	422
猎豹汽车 猎豹CS10	1997	423
东风日产乘用车 奇骏	1997	425

车型	排量(mL)	页码
东风日产乘用车 逍客	1197	426
东风日产乘用车 逍客	1997	426
东风日产乘用车 启辰T70	1598	427
东风日产乘用车 启辰T70	1997	427
东风日产乘用车 启辰T70X	1997	428
广汽丰田 汉兰达	1998	429
广汽三菱 新劲炫ASX	1590	430
广汽三菱 新劲炫ASX	1998	430
长安标致雪铁龙 DS6	1598	432
广汽乘用车 传祺GS4	1325	433
广汽乘用车 传祺GS4	1495	433
广汽乘用车 传祺GS5 1.8T	1751	434
广汽乘用车 传祺GS5 2.0T	1969	435
东风柳州 景逸X3	1499	436
东风柳州 景逸X5	1590	437
东风柳州 景逸XV	1590	438
东风柳州 风行SX6	1590	439
上汽通用五菱 宝骏560	1798	440
一汽海马 海马S7	1795	441
一汽海马 海马S7	1995	441
长安铃木 锋驭	1586	442
长安铃木 维特拉	1373	443
长安铃木 维特拉	1586	443
长安汽车 CS75	1798	444
长安汽车 CS75	1998	444
长安汽车 CS35	1500	445
长安汽车 CS35	1598	445
长安汽车 CS15	1480	446
长安汽车 CX70	1584	447
长安福特 福特翼虎	1596	448
长安福特 福特翼虎	1998	448
长安福特 福特翼博	977	449
长安福特 福特翼博	1499	449
力帆乘用车 力帆X60	1794	450
力帆乘用车 力帆X50	1498	451
力帆乘用车 力帆迈威	1500	452
潍柴汽车 英致G5	1499	453
潍柴汽车 英致G3	1499	454
四川汽车工业集团 野马T70	1499	455
四川汽车工业集团 野马T70	1792	455
四川汽车工业集团 野马T70	1796	455
四川汽车工业集团 野马F12	1498	456
四川汽车工业集团 野马F12 CVT	1597	457
四川汽车工业集团 野马F10	1498	458
比亚迪汽车 S7	1999	459
比亚迪汽车 S6	1497	460
比亚迪汽车 S6	1991	460

2.0L<排量≤2.5L

车型	排量(mL)	页码
北京现代 全新胜达	2359	352
北京现代 ix35	2359	353
北汽销售 北京/BJ80	2290	357
北汽销售 北京/BJ40L	1985~2290	358
天津一汽丰田 RAV4	2494	367
一汽轿车 CX-4	2488	376
上汽通用 科帕奇	2384	384
长安马自达 MAZDA CX-5	2488	394
东风裕隆 新大7SUV ECO HYPER	2200	395
吉利汽车 GX7	2378	397
吉利汽车 豪情	2378	398
广汽吉奥 奥轩GX5	2378	402
广汽吉奥 奥轩G5	2378	403
郑州日产 帕拉丁	2388	414
东风本田 CR-V	2356	415
东风乘用车 东风风神AX7	2253	419
东风日产乘用车 楼兰	2488	424
东风日产乘用车 奇骏	2488	425
广汽三菱 帕杰罗·劲畅	2351	431
比亚迪汽车 S6	2362	460

2.5L<排量≤3.0L

车型	排量(mL)	页码
北京奔驰 梅赛德斯-奔驰GLK级	2996	350
北汽福田 萨瓦纳	2780	356
广汽三菱 帕杰罗·劲畅	2998	431

3.0L以上

车型	排量(mL)	页码
广汽丰田 汉兰达	3456	429

小型客车 MINI&LIGHT BUS

1.0L以下

车型	排量(mL)	页码
一汽吉林 佳宝V70Ⅱ代	970	470
广汽吉奥 星旺	998	473
广汽吉奥 星旺L	998	474
开瑞汽车 开瑞优优2代	999	476
开瑞汽车 开瑞优优柴油版	999	478
上汽通用五菱 新五菱之光	995	486
上汽通用五菱 新五菱之光	998	486
上汽通用五菱 五菱荣光加长版	995	488
上汽通用五菱 五菱荣光加长版	998	488

1.0L<排量≤1.3L

车型	排量(mL)	页码
北汽股份 北汽威旺306	1199	464
一汽吉林 佳宝V70Ⅱ代	1298	470
一汽吉林 佳宝V77	1298	471
广汽吉奥 星旺CL	1206	475
开瑞汽车 开瑞优优2代	1173	476
开瑞汽车 开瑞优优加长版	1173	477
上汽通用五菱 五菱荣光S	1206	485
上汽通用五菱 新五菱之光	1206	486
上汽通用五菱 五菱荣光	1206	487
上汽通用五菱 五菱荣光加长版	1206	488
贵航成功 多用途乘用车SCH643	1300	489
贵航成功 多用途乘用车GHT6403	1300	490

1.3L<排量≤2.0L

车型	排量(mL)	页码
北汽福田 风景G7	1998	462
华晨金杯 新海狮	1997	465
华晨金杯 海狮第六代	1997	466
华晨金杯 海狮第五代	2000	467
开瑞汽车 开瑞优雅2代	1497	479
江淮汽车 星锐	1900	480
东南汽车 得利卡	1997	481
东风小康 东风小康C37	1499	484
上汽通用五菱 五菱荣光S	1485	485

2.0L<排量≤2.5L

车型	排量(mL)	页码
北汽福田 风景	2237	463
华晨金杯 新海狮	2200	465
华晨金杯 海狮第五代	2200	467
华晨金杯 海狮第五代	2400	467
华晨金杯 大海狮L	2438	468
华晨金杯 大海狮L	2498	468
华晨金杯 大海狮W	2438	469
华晨金杯 大海狮W	2498	469
上汽大通 上汽大通V80	2499	472
江铃汽车 经典全顺	2351	482
江铃汽车 新世代全顺	2261	483
江铃汽车 新世代全顺	2402	483
江铃汽车 新世代全顺	2198	483

2.5L以上

车型	排量(mL)	页码
江淮汽车 星锐	2800	480
江铃汽车 经典全顺	2771	482

皮卡 PICKUP

2.2L以下

车型	排量(mL)	页码
长城汽车 风骏5	1996	494
广汽吉奥 财运300	2184	496
广汽吉奥 财运100	2156	497
广汽吉奥 财运100	2184	497
昌河铃木 福瑞达K系	1240	498
东风小康 东风小康K01	943	502
东风小康 东风小康K01	1050	502
东风小康 东风小康K01	1240	502

2.2L<排量≤2.5L

车型	排量(mL)	页码
北汽福田 萨普	2378	492
长城汽车 风骏5	2237	494
广汽吉奥 财运500	2237	495
广汽吉奥 财运500	2499	495
广汽吉奥 财运300	2237	496
广汽吉奥 财运100	2237	497
江铃汽车 江铃·域虎	2404	499
郑州日产 锐骐皮卡	2438	501
郑州日产 锐骐皮卡	2498	501

2.5L以上

车型	排量(mL)	页码
北汽福田 萨普	2771	492
北汽福田 拓陆者	2780	493
长城汽车 风骏5	2771	494
江铃汽车 江铃·宝典	2771	500

索引三

INDEX 3

中国乘用车车型按价格参考索引

价格是指厂家建议销售价格，以2016年3～8月为准。

轿车 CAR

5万元以下……518
5万～10万元……518
10万～15万元……520
15万～20万元……522
20万～30万元……523
30万～50万元……524
50万元以上……525

多用途乘用车 MPV

10万元以下……525
10万～15万元……525
15万～20万元……526
20万～30万元……526
30万元以上……526

新能源车 EV

20万元以下……526
20万～30万元……526
30万元以上……527

运动型多用途车 SUV

10万元以下……527
10万～15万元……528
15万～20万元……529
20万～30万元……530
30万～50万元……530
50万元以上……531

小型客车 MINI & LIGHT BUS

5万元以下……531
5万～10万元……531
10万～15万元……531
15万元以上……531

皮卡 PICKUP

10万元以下……531
10万～15万元……531
15万元以上……531

轿车 CAR

5万元以下

车型	参考价格(万元)	页码
夏利N7（天津一汽夏利）		
1.3L 豪华型	4.99	017
夏利N5（天津一汽夏利）		
1.0L 标准型	3.89	018
1.0L 舒适型	4.19	018
1.3L 标准型	4.39	018
1.3L 舒适型	4.59	018
1.3L 豪华型	4.79	018
熊猫（吉利汽车）		
1.0L MT 萌动版	3.69	155
1.0L AT 萌动版	4.59	155
1.0L AT 帅真版	4.69	155
1.0L AT 酷趣版	4.99	155
自由舰（吉利汽车）		
1.3L 财富版	3.89	156
1.3L 幸福版	4.19	156
全新金刚（吉利汽车）		
1.5L MT 进取型	4.79	160
1.5L MT 精英型	4.99	160
Z200（众泰汽车）		
1.0L 5MT 标准型	2.9999	166
1.0L 5MT 舒适型	3.1999	166
1.0L 5MT 精英型	3.4999	166
新QQ（奇瑞汽车）		
1.0-MT 活力版	3.79	171
1.0-MT 快乐版	3.99	171
1.0-MT 时尚版	4.29	171
和悦A30（江淮汽车）		
1.5L MT 舒适型 国IV	4.99	173
悦悦（江淮汽车）		
悦悦CROSS 舒适型	3.78	175
悦悦CROSS 豪华型	4.08	175
2013款悦悦 舒适型	3.88	175
2013款悦悦 豪华型	4.18	175
北斗星X5（昌河铃木）		
启航版	4.69	180
北斗星（昌河铃木）		
超值版	3.99	181
超惠版	4.49	181
启辰R30（东风日产）		
MT 易享版	3.99	218
MT 舒享版	4.19	218
MT 优享版	4.59	218
MT 尊享版	4.99	218
宝骏乐驰（上汽通用五菱）		
1.0L 普通款 时尚型	3.98～4.68	239
1.0L 普通款 活力型	3.98～4.68	239
1.0L 普通款 优越型	3.98～4.68	239
1.2L 运动款 时尚型	4.28～4.98	239
1.2L 运动款 活力型	4.28～4.98	239
1.2L 运动款 优越型	4.28～4.98	239
丘比特（一汽海马）		
GL1.3 Csport 青葱型	4.99	243
新奥拓（长安铃木）		
实用型 MT	4.09	247
舒适型 MT	4.59	247
丘比特（一汽海马）		
GL1.3 Csport 青葱型	4.99	248
新奥拓（长安铃木）		
实用型 MT	4.09	247
舒适型 MT	4.59	247
F0（比亚迪汽车）		
铉酷型	3.79	272
悦酷型	4.19	272
尚酷型	4.79	272
铉酷型AMT	4.39	272
悦酷型AMT	4.79	272

5万～10万元

车型	参考价格(万元)	页码
领动（北京现代）		
1.6L GS MT 智炫 · 青春型	9.98	010
瑞纳（北京现代）		
1.4 GS 时尚型 MT	7.39	011
1.4 GS 时尚型 AT	8.19	011
1.4 GLS 智能型 MT	7.89	011
1.4 GLS 智能型 AT	8.69	011
1.4 TOP 旗舰型 MT	8.89	011
1.4 GLX 领先型 AT	9.29	011
1.6 GLX 领先型 AT	9.99	011
瑞奕（北京现代）		
1.4 GL 舒适型 MT	7.29	012
1.4 GLX 领先型 MT	7.99	012
1.4 GLX 领先型 AT	8.79	012
1.4 TOP 旗舰型 AT	9.49	012
1.6 TOP 旗舰型 AT	9.99	012
路盛E70（北京汽车）		
2.0L 手动 舒适型	6.97	014
2.0L 手动 尊贵型	7.97	014
2.0L 自动 舒适型	7.97	014
2.0L 自动 尊贵型	8.97	014
骏派A70（天津一汽夏利）		
1.6L MT 基本型	6.48	015
1.6L MT 技术型	6.98	015
1.6L MT 豪华型	7.58	015
1.6L AT 基本型	7.68	015
1.6L AT 技术型	7.98	015
1.6L AT 豪华型	8.78	015
威志V5（天津一汽夏利）		
1.5L MT 标准型	5.29	016
1.5L MT 进取型	5.59	016
1.5L MT 精英型	5.89	016
1.5L AT 标准型	5.89	016
1.5L AT 进取型	6.19	016
1.5L AT 精英型	6.59	016
夏利N7（天津一汽夏利）		
1.3L 尊贵型	5.09	017
花冠（天津一汽丰田）		
超值版 MT	9.08	022
威驰（天津一汽丰田）		
1.3L 超值版 MT	6.98	023
1.3L 型尚版 MT	7.58	023
1.3L 型尚版 AT	8.38	023
1.5L 智臻版 MT	7.98	023
1.5L 智臻星耀版 MT	8.18	023
1.5L 智臻版 AT	8.78	023
1.5L 智臻星耀版 AT	8.98	023
1.5L 智享版 MT	9.18	023
1.5L 智享版 AT	9.98	023
长城C50（长城汽车）		
1.5T MT 舒适型	7.39	024
1.5T MT 时尚型	7.99	024
1.5T MT 精英型	8.59	024
长城C30（长城汽车）		
1.5L MT 舒适型	6.29	025
1.5L MT 豪华型	6.69	025
1.5L MT 精英型	7.09	025
1.5L AT 舒适型	6.79	025
1.5L AT 豪华型	7.19	025
长城C30经典版（长城汽车）		
1.5L MT 畅享型	5.49	026
1.5L MT 悦享型	5.89	026
中华新H530（华晨金杯）		
1.6 MT 舒适型	8.58	027
1.6 MT 豪华型	9.38	027
1.6 AT 舒适型	9.58	027
1.5T MT 舒适型	9.28	027
1.5T MT 豪华型	9.98	027
中华H330（华晨金杯）		
1.5MT 舒适型	6.58	028
1.5MT 豪华型	7.18	028
1.5AT 舒适型	6.98	028
1.5AT 豪华型	7.58	028
中华H320（华晨金杯）		
1.5MT 舒适型	6.38	029
1.5MT 豪华型	7.18	029
1.5AT 舒适型	7.08	029
1.5AT 豪华型	7.88	029
中华H230（华晨金杯）		
1.5MT 舒适型	5.58	030
1.5MT 精英型	5.98	030
1.5MT 酷悦型	6.28	030
1.5AMT 精英型	6.68	030
1.5AMT 天窗型	6.88	030
中华H220（华晨金杯）		
1.5MT 舒适型	5.48	031
1.5MT 精英型	5.88	031
1.5MT 酷悦型	6.18	031
1.5AMT 精英型	6.58	031
1.5AMT 天窗型	6.78	031
奔腾B70（一汽轿车）		
2.0 MT 舒适型	9.98	038
奔腾B50（一汽轿车）		
1.6L MT 技术型	8.18	039
1.6L MT 舒适型	8.58	039
1.6L MT 豪华型	8.98	039
1.6L AT 舒适型	9.58	039
一汽欧朗 三厢（一汽轿车）		
1.5 MT 基本型	6.28	040
1.5 MT 舒适型	6.68	040
1.5 MT 豪华型	7.38	040
1.5 AT 舒适型	7.38	040
1.5 AT 豪华型	8.18	040
1.5 AT 尊贵型	8.98	040
一汽欧朗 两厢（一汽轿车）		
1.5 MT 舒适型	6.68	041
1.5 MT 豪华型	7.38	041
1.5 AT 舒适型	7.18	041
1.5 AT 豪华型	8.18	041
捷达（一汽-大众）		
1.4L MT 时尚型	7.99	060
1.4L MT 舒适型	8.99	060
1.6L MT 时尚型	8.56	060
1.6L MT 舒适型	9.56	060
1.6L AT 时尚型	9.56	060
昕动（一汽-大众）		
1.4L手动 前行版	6.99	075
1.6L手动 前行版	7.99	075
1.6L手动 创行版	8.99	075
1.6L自动 前行版	8.99	075
1.6L自动 创行版	9.99	075
全新凯越（上汽通用）		
1.5L 手动经典型	8.69	125
1.5L 手动尊享型	9.59	125
1.5L 自动经典型	9.19	125
爱唯欧 三厢（上汽通用）		
1.4L MT 舒适版	7.39	128
1.4L MT 舒享版	7.89	128
1.4L MT 乐悠版	8.39	128
1.4L AT 时尚版	8.69	128
1.4L AT 时尚版(天窗)	8.99	128
1.4L AT 畅悠版	9.39	128
赛欧3（上汽通用）		
1.3L MT 温馨版	5.99	130
1.3L MT 理想版	6.29	130
1.3L MT 理想版(天窗)	6.59	130
1.5L MT 理想版(天窗)	6.79	130
1.5L MT 幸福版(天窗)	7.39	130
荣威350（上汽乘用车）		
1.5L 豪华天窗版 MT	7.87	134
1.5L 豪华天窗版 AT	8.77	134
1.5L 尊享版 MT	9.07	134
1.5L 尊享版 AT	9.97	134
MG5（上汽乘用车）		
1.5L MT 精英版	9.97	136
MG3（上汽乘用车）		
1.3L MT 舒适版	6.37	137

车型	参考价格(万元)	页码
1.3L AT 舒适版	7.07	137
1.5L AT 精英版	8.37	137
新K3（东风悦达起亚）		
1.6L MT GL	9.68	143
新福瑞迪（东风悦达起亚）		
GL M/T	9.88	145
赛拉图（东风悦达起亚）		
赛拉图欧风1.6L GL M/T	8.88	146
新赛拉图1.6L GL M/T	8.98	146
赛拉图欧风1.6L GL A/T	9.98	146
K2 三厢（东风悦达起亚）		
1.4L MT GL	7.29	147
1.4L MT GLS	7.79	147
1.4L MT TOP	8.49	147
1.4L AT GLS	8.59	147
K2 两厢（东风悦达起亚）		
1.4L MT GLS	7.79	148
1.4L MT GLS 炫酷版	7.99	148
1.4L AT GLS	8.59	148
1.4L AT GLS 炫酷版	8.79	148
Mazda3星骋 三厢（长安马自达）		
1.6L MT 舒适型	9.48	151
Mazda3星骋 两厢（长安马自达）		
1.6L MT 舒适型	9.48	152
全新纳5（东风裕隆）		
1.8T MT 智慧型	8.58	153
1.8T AT 智慧型	9.98	153
新帝豪（吉利汽车）		
1.5L MT 时尚型	6.98	158
1.5L MT 豪华型	7.48	158
1.5L MT 向上版	7.98	158
1.3T MT 豪华型	8.28	158
1.3T MT 向上版	8.78	158
1.5L CVT 豪华型	8.58	158
1.5L CVT 向上版	9.08	158
1.3T CVT 向上版	9.78	158
帝豪RS（吉利汽车）		
1.5L MT 向上版	7.68	159
1.3T MT 向上版	8.48	159
1.5L CVT 向上版	8.78	159
1.3T CVT 向上版	9.48	159
全新金刚（吉利汽车）		
1.5L AT 尊贵型	6.59	160
金刚CROSS（吉利汽车）		
1.5L MT 悦享型	5.29	161
1.5L MT 智享型	5.59	161
1.5L AT 尊享型	6.59	161
新远景（吉利汽车）		
1.5L AT 幸福版	6.69	162
1.5L MT 进取型	5.39	162
1.5L MT 幸福版	5.89	162
1.3T MT 幸福版	6.59	162
1.3T MT 尊贵型	6.79	162
海景（吉利汽车）		
1.5L MT 进取型	5.19	164
1.5L MT 精英型	5.69	164
Z300（众泰汽车）		
驾值版 1.5L 5MT 舒适型	5.8999	165
驾值版 1.5L 5MT 精英型	6.1999	165
都市版 1.5L 5MT 豪华型	6.6999	165
都市版 1.5L 5MT 尊贵型	7.1999	165
新视界版 1.5L 5MT 豪华型	6.8499	165
新视界版 1.5L 5MT 尊贵型	7.3499	165
驾值版 1.6L 4AT 精英型	7.6999	165
都市版 1.6L 4AT 豪华型	8.1999	165
都市版 1.6L 4AT 尊贵型	8.6999	165
新视界版 1.6L 4AT 豪华型	8.3499	165
新视界版 1.6L 4AT 尊贵型	8.8499	165
艾瑞泽7（奇瑞汽车）		
1.6DVVT-MT 致领版	7.29	167
1.6DVVT-MT 致尚版	7.99	167
1.6DVVT-MT 致享版	8.85	167
1.6DVVT-CVT 致领版	8.29	167
1.6DVVT-CVT 致尚版	8.99	167
1.6DVVT-CVT 致享版	9.85	167
1.5TCI-MT 致领版	7.99	167
1.5TCI-MT 致尚版	8.69	167
1.5TCI-MT 致享版	9.55	167
艾瑞泽5（奇瑞汽车）		
1.5DVVT-MT 领尚版	5.89	168
1.5DVVT-MT 领潮版	6.39	168
1.5DVVT-MT 智效领动版	6.69	168
1.5DVVT-MT 领锐版	6.99	168
1.5DVVT-MT 领臻版	7.99	168
1.5DVVT-CVT 领潮版	7.19	168
1.5DVVT-CVT 智效领动版	7.49	168
1.5DVVT-CVT 领锐版	7.79	168
1.5DVVT-CVT 领臻版	8.79	168
1.5DVVT-CVT 领尊版	9.79	168
艾瑞泽3（奇瑞汽车）		
1.5 MT 够真版	5.79	169
1.5 MT 够劲版	6.29	169
1.5 MT 够酷版	6.69	169
1.5 AT 够劲版	7.09	169
1.5 AT 够酷版	7.49	169
奇瑞E3（奇瑞汽车）		
1.5-MT 趣尚型	5.29	170
1.5-MT 风尚型	5.69	170
1.5-MT 智尚型	6.09	170
1.5-MT 实尚型	6.49	170
新QQ（奇瑞汽车）		
1.0-AT 巡航版	5.09	171
全新和悦（江淮汽车）		
1.5L 5MT 舒适型 国Ⅳ	5.98	172
1.5L 5MT 舒适型 国Ⅴ	6.28	172
1.5L 5MT 豪华型 国Ⅳ	6.58	172
1.5L 5MT 豪华型 国Ⅴ	6.88	172
1.5L 5MT 豪华智能型 国Ⅳ	7.28	172
1.5L 5MT 豪华智能型 国Ⅴ	7.58	172
1.8L 4AT 豪华型 国Ⅳ	7.88	172
1.8L 4AT 豪华智能型 国Ⅴ	8.58	172
和悦A30（江淮汽车）		
1.5L MT 舒适型 国Ⅴ	5.29	173
1.5L MT 豪华型 国Ⅳ	5.69	173
1.5L MT 豪华型 国Ⅴ	5.99	173
1.5L MT 豪华智能型 国Ⅳ	6.39	173
1.5L MT 豪华智能型 国Ⅴ	6.69	173
1.5L CVT 舒适型 国Ⅳ	6.39	173
1.5L CVT 豪华型 国Ⅳ	6.69	173
1.5L CVT 舒适型 国Ⅴ	6.69	173
1.5L CVT 豪华型 国Ⅴ	6.99	173
1.5L CVT 豪华智能型 国Ⅳ	7.39	173
1.5L CVT 豪华智能型 国Ⅴ	7.69	173
和悦A13（江淮汽车）		
MT 舒适型	5.28	174
MT 豪华型	5.58	174
MT 尊贵型	5.88	174
蓝瑟（东南汽车）		
1.6L MT 舒适型	6.98	178
1.6L MT S-Design版	7.68	178
1.6L MT 乐购版	7.68	178
第五代利亚纳（昌河铃木）		
三厢 畅想型	5.49	179
两厢 畅想型	5.59	179
两厢 理想型	6.09	179
北斗星X5（昌河铃木）		
领航版	5.19	180
海马M6（海马郑州）		
1.6L MT 舒适型	6.98	182
1.6L MT 运动智能型	7.98	182
1.5T MT 舒适型	7.68	182
1.5T MT 豪华型	8.28	182
1.5T MT 运动智能型	8.88	182
1.5T MT 运动尊贵型	9.38	182
1.5T CVT 豪华型	9.08	182
1.5T CVT 运动智能型	9.68	182
海马M3（海马郑州）		
1.5MT 时尚型	5.58	183
1.5MT 舒适型	5.88	183
1.5MT 舒适型天窗版	6.08	183
1.5MT 智能舒适型	6.48	183
1.5MT 智能豪华版	7.18	183
1.5CVT 舒适型	6.88	183
1.5CVT 智能舒适型	7.48	183
1.5CVT 智能豪华型	8.18	183
全新爱丽舍（神龙汽车）		
时尚 MT	8.38	187
舒适 MT	9.28	187
时尚 AT	9.58	187
东风标致301（神龙汽车）		
1.6L手动 舒适版	8.57	193
1.6L手动 豪华版	9.67	193
1.6L自动 舒适版	9.77	193
思铭（东风本田）		
1.8L EXi MT 舒适版	9.99	197
哥瑞（东风本田）		
1.5L MT 经典版	7.98	198
1.5L CVT 经典版	8.98	198
1.5L CVT 舒适版	9.98	198
东风风神A60（东风乘用车）		
1.5L MT 豪华型	6.97	200
1.5L MT 尊贵型	7.57	200
1.5L AT 豪华型	7.77	200
1.4T MT 尊贵型	8.17	200
1.6L MT 专享版	7.78	200
1.6L AT 豪华型	8.37	200
东风风神L60（东风乘用车）		
1.6L MT 新动型	8.97	201
1.6L MT 新享型	9.47	201
1.8L MT 新享型	9.77	201
东风风神H30 CROSS（东风乘用车）		
MT 智驱感恩版/感恩版	6.88/6.58	202
MT 智驱尊尚型/尊尚型	7.78	202
MT 智驱尊逸型/尊逸型	8.28	202
AT 超值版	7.58	202
AT 尊尚型	8.58	202
AT 尊逸型	9.18	202
东风风神A30（东风乘用车）		
1.5L MT 实尚型	6.57	203
1.5L MT 智驱实尚型	6.87	203
1.5L MT 智驱智尚型	7.47	203
1.5L MT 智驱尊尚型	8.07	203
1.5L AT 智尚型	7.97	203
1.5L AT 尊尚型	8.57	203
东风风神S30（东风乘用车）		
MT 感恩版	5.98	204
MT 智驱感恩版	6.28	204
AT 超值版	6.98	204
感恩版 CNG双燃料家轿	7.08	204
尊雅型 CNG双燃料家轿	8.18	204
轩逸·经典（东风日产）		
1.6XE（舒适版）MT	9.98	210
阳光（东风日产）		
1.5XE 舒适版 MT	7.98	211
1.5XE 精英版 MT	8.28	211
1.5XE 大师版 MT	8.40	211
1.5XL 豪华版 MT	9.28	211
1.5XE 舒适版 CVT	8.98	211
1.5XE 精英版 CVT	9.28	211
1.5XE 大师版 CVT	9.40	211
新生代TIIDA（东风日产）		
1.6L 乐动版 MT	9.99	212
骊威（东风日产）		
1.6XE 舒适版 MT	8.58	213
1.6XL 豪华版 MT	9.58	213
1.6XE 舒适版 CVT	9.58	213
1.6XL 骊威·劲锐 舒适版 MT	9.78	213
玛驰（东风日产）		
1.2XE MT 易享版	5.98	214
1.5XL MT 易炫版	7.09	214
1.5XE AT 易型版	7.28	214
1.5XL AT 易炫版	7.85	214

车型	参考价格(万元)	页码
1.5XV AT 易智版	8.75	214
启辰R50X（东风日产）		
潮流版 MT	7.45	215
精英版 MT	7.70	215
豪华版 MT	8.08	215
潮流版 AT	8.35	215
精英版 AT	8.60	215
豪华版 AT	8.98	215
启辰R50（东风日产）		
MT 时尚版	6.98	216
MT 精英版	7.33	216
MT 豪华版	7.68	216
AT 时尚版	7.88	216
AT 精英版	8.23	216
AT 豪华版	8.58	216
启辰D50（东风日产）		
MT 时尚版	6.98	217
MT 精英版	7.33	217
MT 豪华版	7.68	217
AT 时尚版	7.88	217
AT 精英版	8.23	217
AT 豪华版	8.58	217
锋范（广汽本田）		
1.5L MT 进取版	7.98	222
1.5L MT 舒适版	8.28	222
1.5L MT 豪华版	9.88	222
1.5L CVT 舒适版	8.98	222
飞度（广汽本田）		
1.5 LX 舒适版 MT	7.38	223
1.5 LX 舒适版 CVT	8.18	223
1.5 LXS 舒适天窗版 CVT	8.58	223
1.5 SE 时尚版 CVT	8.88	223
1.5 SES 时尚天窗版 CVT	9.18	223
1.5 EX 精英版 CVT	9.88	223
理念（广汽本田）		
1.3MT 舒适版	6.78	224
1.3AT 舒适版	7.78	224
1.5MT 舒适版	7.88	224
1.5MT 运动版	8.58	224
1.5MT 豪华版	9.18	224
1.5AT 舒适版	9.08	224
1.5AT 豪华版	9.98	224
致炫（广汽丰田）		
1.3灵动版 MT	6.98	227
1.3E魅动版 MT	7.48	227
1.3E魅动版 AT	8.28	227
1.5G炫动版 MT	8.58	227
1.5G炫动版 AT	9.38	227
传祺GA3（广汽乘用车）		
1.6 DCVVT 手动 精英版	7.58	236
1.6 DCVVT 手动 豪华版	8.28	236
1.6 DCVVT 手动 豪华ESP版	8.68	236
1.6 DCVVT 手动 尊贵ESP版	9.38	236
1.6 DCVVT 自动 精英ESP版	8.78	236
1.6 DCVVT 自动 豪华ESP版	9.28	236
宝骏630（上汽通用五菱）		
1.5L 手动 标准型	6.58	237
1.5L 手动 舒适型	7.08	237
1.5L 手动 精英型	7.78	237
1.5L 自动 舒适型	7.88	237
1.5L 自动 精英型	8.58	237
宝骏610（上汽通用五菱）		
1.5L 手动 标准型	6.58	238
1.5L 手动 舒适型	7.08	238
1.5L 自动 舒适型	7.88	238
1.5L 自动 豪华型	8.58	238
东风风行景逸S50（东风柳州）		
1.5L MT 豪华型	6.99	240
1.5L MT 尊享型	7.49	240
2.0L MT 豪华型	7.99	240
2.0L MT 尊享型	8.49	240
1.6L CVT 豪华型	7.99	240
1.6L CVT 尊享型	8.79	240
福美来轿车（一汽海马）		
1.6L手动 舒适型	7.68	242
1.6L手动 豪华型	8.28	242
1.6L自动 舒适型	8.78	242
1.6L自动 豪华型	9.28	242
丘比特（一汽海马）		
GLX1.3 Csport 清新型	5.59	243
DX1.5 Csport 清悦型	6.39	243
启悦（长安铃木）		
舒享型 MT	8.79	244
乐享型 MT	9.89	244
舒享型 AT	9.99	244
天语SX4（长安铃木）		
1.6L 经典款 MT	7.98	245
1.6L 锐骑款 MT	8.98	245
1.6L 经典款 AT	8.98	245
1.6L 锐骑款 AT	9.98	245
雨燕（长安铃木）		
1.3L 标准型 MT	5.98	246
1.5L 时尚型 MT	7.08	246
1.5L 时尚型 AT	7.98	246
新奥拓（长安铃木）		
豪华型 MT	5.09	247
豪华型(影音版) MT	5.23	247
炫酷型 MT	5.53	247
豪华型 AT	5.99	247
豪华型(影音版) AT	6.13	247
炫酷型 AT	6.43	247
新逸动XT（长安汽车）		
1.6L MT 俊酷型	8.29	249
1.6L AT 俊酷型	9.29	249
1.6L AT 致酷型	9.79	249
1.6L GDI MT 致酷型	8.89	249
1.6L GDI MT 锐酷型	9.29	249
新逸动（长安汽车）		
1.6L MT 风尚型	8.09	250
1.6L AT 风尚型	8.99	250
1.6L AT 领尚型	9.59	250
1.6L GDI MT 劲尚型	8.69	250
1.6L GDI MT 劲锐型	9.19	250
悦翔V7（长安汽车）		
MT 乐酷型	6.09	251
MT 乐尚型	6.29	251
MT 乐动型	6.69	251
MT 乐享型	7.09	251
MT 乐趣型	7.79	251
AT 乐动型	7.69	251
AT 乐享型	8.09	251
AT 乐趣型	8.79	251
1.0T 劲驰精英型	6.89	251
1.0T 劲驰新锐型	7.29	251
经典福克斯 三厢（长安福特）		
基本型MT	9.98	257
经典福克斯 两厢（长安福特）		
基本型MT	9.98	258
新嘉年华 三厢（长安福特）		
1.5MT 风尚型	7.99	259
1.5MT 时尚型	8.99	259
1.5AT 时尚型	9.89	259
新嘉年华 两厢（长安福特）		
1.5MT 风尚型	7.99	260
1.5MT 时尚型	8.99	260
1.5AT 时尚型	9.89	260
力帆820（力帆乘用车）		
1.8L 舒适型	7.68	261
1.8L 豪华型	8.28	261
1.8L 旗舰型	9.68	261
F6（比亚迪汽车）		
1.8L MT 豪华型	8.98	263
1.8L MT 尊享型	9.98	263
速锐（比亚迪汽车）		
1.5L MT 舒适型	6.99	264
1.5L MT 豪华型	7.69	264
1.5L MT 旗舰型	8.59	264
1.5L AT 舒适型	7.79	264
1.5L AT 豪华型	8.69	264
1.5L AT 旗舰型	9.59	264
L3（比亚迪汽车）		
1.5L MT 舒适型	5.49	265
1.5L MT 尊贵型	6.49	265
1.5L AT 舒适型	6.19	265
1.5L AT 尊贵型	7.19	265
G5（比亚迪汽车）		
1.5TI 豪华型	7.59	266
1.5TI 尊贵型	8.59	266
1.5TI 旗舰型	9.29	266
1.5TID 豪华型	8.59	266
1.5TID 尊贵型	9.39	266
G6（比亚迪汽车）		
2.0L 豪华型	7.98	267
2.0L 尊贵型	8.88	267
1.5TI 尊贵型	9.98	267
G3（比亚迪汽车）		
1.5L MT 标准型	5.69	268
1.5L MT 豪华型	5.99	268
1.5L 6挡手自一体 标准型	6.99	268
1.5L 6挡手自一体 豪华型	7.39	268
1.8L CVT 豪华型	7.89	268
G3R（比亚迪汽车）		
1.5L 尚雅型	5.99	269
1.8L 尚雅型	7.39	269
F3（比亚迪汽车）		
1.5L MT 舒适型	5.19	270
1.5L MT 豪华型	5.59	270
1.5L MT 尊贵型	6.29	270
1.5L AT 豪华型	6.59	270
1.5L AT 尊贵型	7.29	270
F3R（比亚迪汽车）		
精英型	5.39	271
舒适型	5.89	271
时尚型	6.39	271
自动挡 AT	6.99	271

10万～15万元

车型	参考价格(万元)	页码
名图（北京现代）		
1.8 GL MT 舒适型	12.98	008
1.8 GL AT 舒适型	13.98	008
1.8 GLS AT 智能型	14.98	008
新朗动（北京现代）		
1.6 GS MT 时尚型	10.58	009
1.6 DLX MT 尊贵型	11.58	009
1.6 GLS AT 智能型	11.58	009
1.6 DLX AT 尊贵型	12.78	009
领动（北京现代）		
1.6L GLS MT 智炫·活力型	10.98	010
1.6L GS AT 智炫·青春型	11.18	010
1.6L GLS AT 智炫·精英型	11.98	010
1.6L LUX AT 智炫·豪华型	13.38	010
1.4T GLS DCT 炫动·活力型	12.98	010
1.4T GLX DCT 炫动·精英型	13.78	010
1.6L TOP AT 智炫·旗舰型	14.58	010
瑞纳（北京现代）		
1.4 TOP 旗舰型 AT	10.29	011
1.6 TOP 旗舰型 AT	10.69	011
华泰B11（华泰汽车）		
1.8T 汽油 舒适版 MT	11.97	013
1.8T 汽油 舒适版	12.97	013
1.8T 汽油 豪华版	14.47	013
2.0T 柴油 舒适版	13.37	013
卡罗拉（天津一汽丰田）		
1.6L GL MT	10.78	021
1.6L GL CVT	11.78	021
1.6L GL-i MT	11.78	021
1.6L GL-i CVT	12.78	021
1.6L 真皮版 MT	12.48	021
1.6L 真皮版 CVT	13.48	021
1.6L GLX-i MT	13.18	021
1.8L GLX-i MT	14.08	021

车型	参考价格(万元)	页码
1.6L GLX-i CVT	14.18	021
1.6L 导航版 CVT	14.78	021
花冠（天津一汽丰田）		
卓越版 MT	10.08	022
豪华版 MT	10.58	022
卓越版 AT	10.88	022
豪华版 AT	11.38	022
威驰（天津一汽丰田）		
1.5L 智尊版 AT	11.28	023
中华新H530（华晨金杯）		
1.6 AT 豪华型	10.38	027
1.5T AT 精英型	10.38	027
1.5T AT 豪华型	10.98	027
1.5T AT 智能型	12.58	027
奔腾B90（一汽轿车）		
1.8T 舒适型	14.58	037
奔腾B70（一汽轿车）		
2.0 AT 舒适型	10.98	038
2.0 MT 豪华型	10.98	038
2.0 AT 豪华型	11.98	038
1.8T 精英型	12.28	038
1.8T 运动豪华型	12.98	038
1.8T 运动尊享型	13.98	038
1.8T 运动尊贵型	14.98	038
奔腾B50（一汽轿车）		
1.6L AT 豪华型	10.08	039
1.4T AT 豪华型	10.38	039
1.4T AT 运动豪华型	10.78	039
1.4T AT 运动尊贵型	11.78	039
马自达6（一汽轿车）		
2.0L 手动型	12.98	045
2.0L 经典型	13.98	045
2.0L 时尚型	14.78	045
新速腾（一汽-大众）		
1.6L MT 时尚型	13.18	051
1.6L MT舒适型	13.88	051
1.6L AT 时尚型	14.38	051
230TSI(1.4T) MT 舒适型	14.68	051
全新宝来（一汽-大众）		
1.6L 手动时尚型	10.78	058
1.6L 手动舒适型	11.98	058
1.6L 自动时尚型	11.98	058
1.6L 自动舒适型	13.18	058
1.6L 自动豪华型	14.38	058
230TSI 手动舒适型	12.78	058
230TSI 自动舒适型	14.18	058
宝来Sportline（一汽-大众）		
1.4TSI 手动	13.58	059
1.4TSI 自动	14.98	059
捷达（一汽-大众）		
1.6L AT 舒适型	10.56	060
1.6L MT 豪华型	10.93	060
1.6L AT 豪华型	11.93	060
1.4TSI AT 运动版	12.08	060
全新朗逸（上汽大众）		
1.6L自动 豪华版	14.99	065
全新朗逸蓝驱技术版（上汽大众）		
1.2TSI DSG 蓝驱技术版	14.29	067
New Polo（上汽大众）		
1.6L自动 豪华版	11.59	068
Cross Polo（上汽大众）		
Cross Polo 1.6L自动	11.79	069
Polo GTI（上汽大众）		
1.4TSI DSG	14.69	070
桑塔纳·浩纳（上汽大众）		
1.6L自动 豪华版	12.69	071
230TDSG 豪华版	13.68	071
全新桑塔纳（上汽大众）		
1.6L 自动 豪华版	12.38	072
明锐（上汽大众）		
1.6L 手动前行版	11.99	074
1.6L 手动创行版	12.89	074
1.6L 手动智行版	13.99	074
1.6L 手自一体前行版	13.69	074
1.6L 手自一体创行版	14.19	074
昕动（上汽大众）		
1.6L自动 智行版	10.99	075
TSI 230双离合手自动一体 智行版	11.79	075
威朗（上汽通用）		
15S MT 进取型	13.59	123
15S MT 领先型	14.49	123
15S AT 进取型	14.69	123
全新英朗（上汽通用）		
15N MT进取型	10.99	124
15N MT精英型	11.69	124
15N MT豪华型	12.69	124
15N AT进取型	11.99	124
15N AT精英型	12.69	124
15N AT豪华型	13.69	124
18T 双离合精英型	14.09	124
全新英朗（上汽通用）		
15N MT进取型	10.99	124
15N MT精英型	11.69	124
15N MT豪华型	12.69	124
15N AT进取型	11.99	124
15N AT精英型	12.69	124
15N AT豪华型	13.69	124
18T 双离合精英型	14.09	124
全新凯越（上汽通用）		
1.5L 自动尊享型	10.59	125
全新科鲁兹（上汽通用）		
1.5L手动 先锋版	10.99	127
1.5L手动 炫锋版	12.49	127
1.5L自动 先锋版(天窗)	12.49	127
1.5L自动 炫锋版	13.69	127
1.4T双离合 先锋版(天窗)	13.99	127
1.4T双离合 炫锋版	14.99	127
爱唯欧 三厢（上汽通用）		
1.6L AT 风尚版	10.99	128
爱唯欧 两厢（上汽通用）		
1.6L AT 风尚版	10.99	129
荣威550（上汽乘用车）		
550 1.8DVVT 启悦版	11.88	133
550 1.8DVVT 启智版	13.18	133
550S 1.8DVVT 启逸版	12.38	133
550S 1.8DVVT 启臻版	13.68	133
550S 1.8DVVT 智选版(6TST)	12.98	133
550S 1.8DVVT 智选版(MT)	11.68	133
550D 1.8T 品逸版	13.88	133
荣威350（上汽乘用车）		
1.5T 劲锐版	10.57	134
1.5T 劲逸版	11.77	134
1.5T 劲尚版	14.07	134
MG6（上汽乘用车）		
1.8T 性能版 MT	12.57	135
1.8T 性能版 TST	13.87	135
1.8DVVT 驾值版 TST	12.98	135
1.8DVVT 驾值版 MT	11.68	135
MG5（上汽乘用车）		
1.5L AT 精英版	10.77	136
1.5T AT 豪华版	11.97	136
1.5L AT nkaNet 精英版	11.37	136
1.5L AT nkaNet 豪华版	12.37	136
1.5T AT inkaNet 豪华版	12.77	136
1.5T AT inkaNet 旗舰版	14.07	136
观致3五门版（观致汽车）		
1.6L MT致享型	10.39	138
1.6L AT致享型	11.09	138
1.6L AT致能型	12.89	138
1.6L AT致悦型	13.29	138
1.6T AT致酷型	13.99	138
观致3轿车（观致汽车）		
1.6L MT致享型	10.09	139
1.6L AT致享型	10.79	139
1.6L AT致能型	12.59	139
1.6L AT致悦型	12.99	139
1.6T AT致酷型	13.69	139
1.6T AT致臻型	14.69	139
K4（东风悦达起亚）		
1.8 Nu GL MT	12.88	142
1.8 Nu GL AT	13.88	142
1.8 Nu GLS Special	14.98	142
1.6 T-Gdi T-GLS Special	14.98	142
新K3（东风悦达起亚）		
1.6L AT GL	10.68	143
1.6L MT GLS	10.88	143
1.6L AT GLS	11.88	143
1.6L AT DLX	12.58	143
1.6L AT Premium	13.78	143
1.4T DCT GL	12.38	143
1.4T DCT GLS	13.28	143
K3S（东风悦达起亚）		
1.6L MT GL	10.18	144
1.6L MT GLS	11.48	144
1.6L AT GL	11.18	144
1.6L AT GLS	12.48	144
1.6L AT DLX	13.18	144
1.6L AT Premium	14.38	144
新福瑞迪（东风悦达起亚）		
GL A/T	10.88	145
GLS M/T	10.98	145
GLS A/T	11.98	145
Premium A/T	12.48	145
Premium M/T	12.48	145
Special A/T	13.48	145
赛拉图（东风悦达起亚）		
新赛拉图1.6L GL A/T	10.08	146
赛拉图欧风1.6L GLS M/T	10.28	146
赛拉图欧风1.6L GLS A/T	11.38	146
新赛拉图1.6L GLS M/T	10.38	146
新赛拉图1.6L GLS A/T	11.48	146
新赛拉图1.8L TOP M/T	12.38	146
新赛拉图1.8L TOP A/T	13.38	146
K2 三厢（东风悦达起亚）		
1.6L AT Premium	10.19	147
K2 两厢（东风悦达起亚）		
1.6L AT Premium	10.19	148
Mazda3 AXELA昂克赛拉 三厢（长安马自达）		
1.5L 6MT 舒适型	11.49	149
1.5L 6MT 豪华型	12.79	149
1.5L 6AT 舒适型	12.59	149
1.5L 6AT 豪华型	13.89	149
1.5L 6AT 尊贵型	14.79	149
Mazda3 AXELA昂克赛拉 两厢（长安马自达）		
1.5L 6MT 舒适型	11.49	150
1.5L 6AT 舒适型	12.59	150
1.5L 6AT 豪华型	13.89	150
1.5L 6AT 尊贵型	14.79	150
Mazda3星骋 三厢（长安马自达）		
1.6L MT 精英型	10.28	151
1.6L AT 舒适型	10.28	151
1.6L AT 精英型	11.08	151
2.0L AT 运动型	12.58	151
Mazda3星骋 两厢（长安马自达）		
1.6L AT 精英型	11.08	152
2.0L AT 运动型	12.58	152
全新纳5（东风裕隆）		
1.8T AT 智慧型 天窗版	10.58	153
1.8T AT 智尊型	11.58	153
1.8T AT 旗舰型	11.98	153
博瑞（吉利汽车）		
2.4L 标准型	11.98	157
2.4L 舒适型	12.98	157
1.8TD 标准型	12.98	157
1.8TD 舒适型	13.98	157
新帝豪（吉利汽车）		
1.3T CVT 尊贵型	10.08	158
艾瑞泽7（奇瑞汽车）		
1.5TCI-MT 致尊版	10.45	167
戈蓝（东南汽车）		
2.0L 精锐版	14.98	176

车型	参考价格(万元)	页码
翼神（东南汽车）		
1.8L 时尚版 睿智型MT	10.98	177
1.8L 时尚版 舒适型MT	11.78	177
1.8L 致尚版 豪华型MT	12.68	177
2.0L 致炫版 舒适型MT	13.08	177
1.8L 时尚版 舒适型CVT	13.08	177
1.8L 致尚版 豪华型CVT	14.48	177
海马M6（海马郑州）		
1.5T CVT 运动尊贵型	10.28	182
全新C4L（神龙汽车）		
1.2THP 领先型 MT	13.49	186
1.2THP 领先型 AT	14.59	186
全新爱丽舍（神龙汽车）		
舒适 AT	10.48	187
豪华 AT	12.08	187
东风标致408（神龙汽车）		
1.2THP MT 豪华版	13.97	189
1.8L CVVT MT 领先版	12.97	189
1.8L CVVT AT 领先版	14.17	189
1.8L CVVT AT 豪华版	14.97	189
东风标致308S（神龙汽车）		
1.6L MT 尚驰版	11.27	190
1.6L MT 劲驰版	12.47	190
1.2T MT 尚驰版	12.07	190
1.2T AT 尚驰版	13.27	190
1.2T AT 劲驰版	14.47	190
东风标致308（神龙汽车）		
1.6L手动 优尚型	10.59	191
1.6L手动 风尚型	11.39	191
1.6L手动 CNG 优尚型	11.49	191
1.6L自动 优尚型	11.59	191
1.6L自动 风尚型	12.39	191
东风标致301（神龙汽车）		
1.6L自动 豪华版	10.87	193
1.6L自动 尊贵版	11.97	193
杰德（东风本田）		
EXi 5AT 舒适版	14.98	195
思域（东风本田）		
220TURBO MT 豪华版	12.99	196
220TURBO AT 豪华版	13.99	196
思铭（东风本田）		
1.8L EXi AT 舒适版	10.99	197
1.8L VTi AT 豪华版	11.69	197
哥瑞（东风本田）		
1.5L CVT 风尚版	10.68	198
1.5L CVT 豪华版	11.98	198
东风风神L60（东风乘用车）		
1.8L AT 新享型	10.87	201
1.8L AT 新睿型	12.97	201
新一代轩逸（东风日产）		
1.6XE（舒适版）MT	11.90	208
1.6XL（豪华版）MT	12.50	208
1.8XL（豪华版）MT	14.00	208
1.8XL（豪华版）CVT	15.00	208
1.6XE（舒适版）CVT	12.90	208
1.6XL（豪华版）CVT	13.50	208
1.6XV（尊享版）CVT	13.78	208
蓝鸟（东风日产）		
时尚版 MT	10.59	209
炫酷版 MT	11.39	209
炫酷版 CVT	12.39	209
智酷版 CVT	13.19	209
智炫版 CVT	13.54	209
高能版 CVT	14.39	209
轩逸·经典（东风日产）		
1.6XE（舒适版）AT	10.98	210
1.6XL（豪华版）AT	12.08	210
1.6XL（豪华版）MT	11.08	210
阳光（东风日产）		
1.5XL 豪华版 CVT	10.28	211
1.5XV 尊贵版 CVT	11.28	211
新生代TIIDA（东风日产）		
1.6L 酷动版 MT	10.39	212
1.6L 乐动版 CVT	10.99	212
1.6L 酷动版 CVT	11.39	212
1.6L 智行版 CVT	12.29	212
1.6L 智尊版 CVT	13.49	212
骊威（东风日产）		
1.6XL 豪华真皮版 CVT	10.18	213
1.6XL 豪华版 CVT	10.58	213
1.6XV 骊威·劲锐 豪华版 MT	10.72	213
1.6XL 骊威·劲锐 舒适版 CVT	10.78	213
1.6XV 骊威·劲锐 酷咖版 CVT	11.18	213
1.6XV 骊威·劲锐 豪华版 CVT	11.72	213
凌派（广汽本田）		
1.8L MT 风尚版	10.98	221
1.8L MT 舒适版	11.48	221
1.8L MT 豪华版	12.48	221
1.8L CVT 舒适版	12.48	221
1.8L CVT 豪华版	13.48	221
1.8L CVT 领先版	13.98	221
1.8L CVT 旗舰版	14.98	221
锋范（广汽本田）		
1.5L MT 旗舰版	10.98	222
1.5L CVT 豪华版	10.58	222
1.5L CVT 旗舰版	11.98	222
飞度（广汽本田）		
1.5 EXLI 领先版 CVT	11.28	223
雷凌（广汽丰田）		
1.6E MT 新锐版	10.78	226
1.6E AT 新锐版	11.78	226
1.6G MT 精英版	11.48	226
1.6G AT 精英版	12.48	226
1.6G-L AT 领先型	13.08	226
1.8GS MT 精英版	13.08	226
1.8GS AT 精英版	14.08	226
1.8GS-L AT 领先版	14.98	226
致炫（广汽丰田）		
1.5GS锐动版 AT	10.88	227
菲翔（广汽菲亚特）		
1.4T 120HP 手动 悦享版	10.08	228
1.4T 120HP 双离合 悦享版	11.48	228
1.4T 120HP 双离合 劲享版	12.88	228
1.4T 150HP 双离合 跃享版	14.18	228
1.4T 150HP 双离合 尊享版	14.88	228
致悦（广汽菲亚特）		
120HP 手动 时尚版	10.08	229
150HP 双离合 舒适版	12.88	229
150HP 双离合 运动版	13.88	229
150HP 双离合 豪华运动版	14.88	229
DS 5LS（长安标致雪铁龙）		
THP160 基础版	14.98	231
DS 4S（长安标致雪铁龙）		
THP 130 进取型	14.99	232
传祺GA6（广汽乘用车）		
235T MT 舒适型	10.28	234
235T MT 精英型	11.28	234
235T G-DCT AT 舒适型	11.68	234
235T G-DCT AT 精英型	12.68	234
235T G-DCT AT 豪华型	13.68	234
传祺GA5（广汽乘用车）		
2013款1.8L车型 舒适版	10.58	235
2013款1.8L车型 精英版	12.08	235
2013款1.8L车型 豪华版	13.98	235
2013款1.8T车型 舒适版	13.98	235
2013款1.8T车型 精英版	14.88	235
2013款2.0DCVVT车型 精英版	13.88	235
2013款2.0DCVVT车型 豪华版	14.98	235
传祺GA3（广汽乘用车）		
1.6 DCVVT 自动 尊贵ESP版	10.38	236
1.6 DCVVT 自动 至尊ESP版	11.98	236
东风风行景逸S50（东风柳州）		
1.6L CVT 旗舰型	10.29	240
海马M8（一汽海马）		
2.0L MT 时尚型	10.68	241
2.0L AT 时尚型	11.68	241
1.8T AT 舒适型	12.98	241
1.8T AT 豪华型	14.98	241
启悦（长安铃木）		
乐享型 AT	11.09	244
尊享型 AT	12.19	244
睿骋（长安汽车）		
2.0 MT 尊尚型	10.88	248
1.8T AT 尊悦型	12.88	248
1.8T AT 尊驰型	14.88	248
全新福克斯 三厢（长安福特）		
1.6L MT 舒适型	11.58	255
1.6L MT 风尚型	12.78	255
1.6L MT 超能风尚型	13.08	255
1.6L AT 舒适型	12.68	255
1.6L AT 风尚型	13.88	255
1.6L AT 超能风尚型	14.18	255
1.6L AT 精英型	14.98	255
全新福克斯 两厢（长安福特）		
1.6L MT 舒适型	11.58	256
1.6L MT 风尚型	12.78	256
1.6L MT 超能风尚型	13.08	256
1.6L AT 舒适型	12.68	256
1.6L AT 风尚型	13.88	256
1.6L AT 超能风尚型	14.18	256
1.6L AT 精英型	14.98	256
经典福克斯 三厢（长安福特）		
基本型AT	10.98	257
时尚型MT	11.28	257
时尚型AT	12.38	257
经典福克斯 两厢（长安福特）		
基本型AT	10.98	258
时尚型MT	11.28	258
时尚型AT	12.38	258
新嘉年华 三厢（长安福特）		
1.5AT 品尚型	10.39	259
1.5AT 旗舰型	11.19	259
新嘉年华 两厢（长安福特）		
1.5AT 品尚型	10.39	260
1.5AT 运动型	11.19	260
1.0AT GTDi	12.29	260
力帆820（力帆乘用车）		
2.4L 豪华型	10.98	261
2.4L 旗舰型	11.98	261
思锐（比亚迪汽车）		
1.5TI 豪华型	10.39	262
1.5TI 尊贵型	10.99	262
1.5TI 尊享型	11.99	262
1.5TID 豪华型	11.29	262
1.5TID 尊贵型	12.09	262
1.5TID 尊享型	13.59	262
F6（比亚迪汽车）		
2.0L CVT 尊享型	10.98	263
G5（比亚迪汽车）		
1.5TID 旗舰型	10.29	266
G6（比亚迪汽车）		
1.5TID 尊荣型	11.58	267

15万～20万元

车型	参考价格(万元)	页码
第九代索纳塔（北京现代）		
2.0 GLS 智能型	17.48	007
1.6TGDi GS 时尚型	17.98	007
1.6TGDi GX 舒适型	18.68	007
1.6TGDi GLS 智能型	19.48	007
名图（北京现代）		
1.6T-GDi GLS AT 旗舰型	15.98	008
1.6T-GDi TOP AT 旗舰型	16.98	008
1.8 DLX AT 尊贵型	15.98	008
2.0 LUX AT 尊享型	17.68	008
领动（北京现代）		
1.4T TOP DCT 炫动·旗舰型	15.18	010
华泰B11（华泰汽车）		
1.8T 汽油 尊贵版	16.27	013
2.0T 柴油 豪华版	15.87	013

车型	参考价格(万元)	页码
2.0T 柴油 尊贵版	17.67	013
卡罗拉（天津一汽丰田）		
1.8L GLX-i CVT	15.08	021
1.8L 至高版 CVT	15.98	021
奔腾B90（一汽轿车）		
1.8T 豪华型	15.58	037
1.8T 尊贵型	17.78	037
1.8T 旗舰型	19.98	037
2.0T 豪华型	15.98	037
睿翼轿车（一汽轿车）		
睿翼轿车 精英版	16.48	042
睿翼轿车 豪华版	17.28	042
睿翼轿跑车（一汽轿车）		
睿翼轿跑 精英版	17.68	043
睿翼轿跑 豪华版	18.48	043
阿特兹（一汽轿车）		
2.0L 蓝天时尚版	17.58	044
2.0L 蓝天豪华版	18.98	044
2.0L 蓝天尊贵版	19.88	044
2.5L 蓝天运动版	19.98	044
马自达6（一汽轿车）		
2.0L 豪华型	15.28	045
2.0L 超豪华型	15.98	045
奥迪A3（一汽-大众）		
35 TFSI 进取型	18.49	048
迈腾（一汽-大众）		
280TSI DSG 舒适型	18.99	050
新速腾（一汽-大众）		
1.6L AT 舒适型	15.08	051
230TSI(1.4T) MT 豪华型	15.68	051
230TSI(1.4T) AT 舒适型	16.08	051
230TSI(1.4T) AT 豪华型	17.08	051
280TSI(1.4T) 旗舰型	18.58	051
新速腾R-Line（一汽-大众）		
280TSI R-Line	17.08	053
全新宝来（一汽-大众）		
230TSI 自动豪华型	15.38	058
全新朗境（上汽大众）		
1.6L自动 豪华版	16.19	063
230TSI DSG 豪华版	17.19	063
全新朗逸（上汽大众）		
230TSI DSG 豪华版	15.99	065
全新朗逸运动版（上汽大众）		
280TSI DSG 运动版	15.59	066
全新速派（上汽大众）		
TSI280 手动 前行版	16.98	073
TSI280 双离合器手自一体 前行版	17.98	073
TSI280 双离合器手自一体 创行版	18.98	073
TSI330 双离合器手自一体 创行版	19.98	073
明锐（上汽大众）		
1.6L 手自一体智行版	15.19	074
TSI280 双离合手自一体智行版	16.69	074
TSI280 双离合手自一体尊行版	17.99	074
君威（上汽通用）		
2.0L 领先时尚型	17.89	121
2.0L 精英时尚型	19.39	121
1.6T 领先技术型	18.99	121
2.4L 时尚技术型	19.99	121
威朗（上汽通用）		
15S AT 领先型	15.49	123
20T 双离合领先型	16.29	123
20T 双离合精英型	17.29	123
20T 双离合豪华型	18.59	123
20T 双离合旗舰型	19.99	123
全新英朗（上汽通用）		
18T 双离合豪华型	15.09	124
18T 双离合运动旗舰型	15.99	124
迈锐宝（上汽通用）		
1.5T 舒适版	16.49	126
1.5T 豪华版	17.99	126
1.5T 旗舰版	18.99	126
全新科鲁兹（上汽通用）		
1.4T双离合 领锋版	16.99	127
荣威950（上汽乘用车）		
1.8TGI 精英版	17.98	131
1.8TGI 典雅版	18.98	131
1.8TGI 行政版	19.98	131
荣威750（上汽乘用车）		
迅雅版 MT	16.28	132
迅雅版 AT	17.48	132
贵雅版 AT	18.28	132
商雅版 MT	18.28	132
商雅版 AT	19.28	132
荣威550（上汽乘用车）		
550D 1.8T 品臻版	15.18	133
550G 1.8T 品仕版	18.28	133
MG6（上汽乘用车）		
1.8T 豪华版 TST	18.28	135
观致3五门版（观致汽车）		
1.6T AT致臻型	15.39	138
观致3轿车（观致汽车）		
1.6T AT致臻增强型	15.19	139
全新K5（东风悦达起亚）		
2.0L AT GLS	16.48	140
2.0L AT LUX	17.58	140
2.0L AT PRM	19.28	140
1.6T DCT LUX	18.08	140
1.6T DCT PRM	19.78	140
K5（东风悦达起亚）		
2.0L GL MT	15.98	141
2.0L GL AT	16.78	141
2.0L GLS AT	17.88	141
2.0L LUX AT	18.88	141
K4（东风悦达起亚）		
1.6 T-Gdi T-DLX	15.98	142
1.6 T-Gdi T-PRM	17.98	142
1.8 Nu DLX Special	15.98	142
2.0 Nu PRM	18.88	142
新K3（东风悦达起亚）		
1.4T DCT Premium	15.08	143
Mazda3 AXELA昂克赛拉 三厢（长安马自达）		
2.0L 6AT 运动型	15.29	149
2.0L 6AT 旗舰型	15.99	149
Mazda3 AXELA昂克赛拉 两厢（长安马自达）		
2.0L 6AT 运动型	15.29	150
2.0L 6AT 旗舰型	15.99	150
博瑞（吉利汽车）		
1.8TD 尊贵型	15.68	157
1.8TD 旗舰型	17.68	157
戈蓝（东南汽车）		
2.0L 铭仕版	16.18	176
2.4L 尊贵升级版	17.98	176
2.4L 旗舰升级版	19.98	176
翼神（东南汽车）		
2.0L 致炫版 旗舰型CVT	16.98	177
C6（神龙汽车）		
350THP 舒适型	18.99	184
C5（神龙汽车）		
1.6THP 尊悦型	19.29	185
全新C4L（神龙汽车）		
1.2THP 精英型	15.19	186
1.6THP 领先型	15.19	186
1.6THP 精英型	16.09	186
1.6THP 旗舰型	18.29	186
东风标致508（神龙汽车）		
2.0L CVVT AT 致逸版	18.57	188
东风标致408（神龙汽车）		
1.2THP AT 豪华版	15.17	189
1.6THP AT 豪华版	16.17	189
1.6THP AT 尊贵版	17.87	189
1.6THP AT 至尊版	18.97	189
东风标致308S（神龙汽车）		
1.6T AT 劲驰版	15.77	190
1.6T AT 睿驰版	17.97	190
思铂睿（东风本田）		
Lxi 豪华版	17.98	194
Exi 尊贵版	19.58	194
杰德（东风本田）		
EXi 5AT 舒适精英版	15.78	195
EXi 5AT 舒适4+α版	16.28	195
VTi-CVT 豪华版	16.58	195
VTi-CVT 豪华尊享版	17.38	195
VTi-CVT 豪华4+α版	18.38	195
思域（东风本田）		
220TURBO AT 尊贵版	15.59	196
220TURBO AT 尊耀版	16.99	196
东风A9（东风乘用车）		
1.8T 豪华型	17.97	199
1.8T 尊贵型	19.97	199
天籁（东风日产）		
2.0XE 时尚版	17.78	207
2.0XL 舒适版	18.58	207
2.0XE Sporty 欧冠运动版	18.28	207
2.0XL Sporty 欧冠运动版	19.08	207
2.0XL Upper 欧冠科技版	19.54	207
2.0XL NAVI 智领版	19.68	207
新一代轩逸（东风日产）		
1.8XV（尊享版）CVT	16.90	208
雅阁（广汽本田）		
2.0L CVT 舒适版	17.98	220
2.0L CVT 精英版	18.98	220
2.0L CVT 豪华版	19.98	220
凯美瑞（广汽丰田）		
全新凯美瑞 2.0E D-4S 精英版	18.48	225
全新凯美瑞 2.0G D-4S 领先版	19.28	225
凯美瑞 骏瑞 2.0S D-4S 凌动版	19.98	225
DS 5LS（长安标致雪铁龙）		
THP160 舒适版	16.08	231
THP160 风尚版	16.88	231
THP160 雅致版	18.68	231
THP160 豪华版	19.98	231
DS 4S（长安标致雪铁龙）		
THP 130 睿动版	16.39	232
THP 160 睿动版	17.19	232
THP 160 智享版	18.79	232
THP 160 智享科技版	19.99	232
传祺GA8（广汽乘用车）		
320T 豪华版	17.98	233
传祺GA6（广汽乘用车）		
235T G-DCT AT 尊贵型	16.38	234
传祺GA5（广汽乘用车）		
2013款1.8T车型 豪华版	16.18	235
2013款1.8T车型 尊贵版	17.98	235
睿骋（长安汽车）		
1.8T AT 尊雅型	16.58	248
新蒙迪欧（长安福特）		
1.5L GTDi180 舒适型	17.98	253
1.5L GTDi180 时尚型	18.98	253
福特-致胜（长安福特）		
2.3L 时尚型	17.98	254
2.3L 豪华型	19.48	254
全新福克斯 三厢（长安福特）		
1.6L AT 旗舰型	16.58	255
全新福克斯 两厢（长安福特）		
1.6L AT 运动型	16.58	256
思锐（比亚迪汽车）		
1.5TID 旗舰型	15.09	262

20万～30万元

车型	参考价格(万元)	页码
第九代索纳塔（北京现代）		
1.6TGDi GLX 领先型	20.78	007
1.6TGDi DLX 尊贵型	21.78	007
2.4GDi DLX 尊贵型	21.78	007
2.4GDi LUX 尊享型	22.78	007
2.4GDi TOP 旗舰型	24.98	007
皇冠（天津一汽丰田）		
2.5L 行政版	25.48	019
2.5L 智享版	28.48	019
2.0T 先锋版	26.48	019

车型	参考价格(万元)	页码
2.0T 时尚版	29.48	019
锐志（天津一汽丰田）		
2.5S 菁锐版	20.98	020
2.5V 菁锐版	22.98	020
2.5V 尚锐版	24.28	020
2.5V 尚锐导航版	25.18	020
2.5V 尊锐版	25.98	020
2.5V 尊锐导航版	27.48	020
BMW3系标准轴距（华晨宝马）		
316i 时尚型	28.30	034
红旗H7（一汽轿车）		
1.8T 技术型	24.98	036
1.8T 豪华型	27.98	036
奔腾B90（一汽轿车）		
2.0T 旗舰型	20.18	037
阿特兹（一汽轿车）		
2.5L 蓝天尊崇版	21.58	044
2.5L 蓝天至尊版	23.58	044
奥迪A4L（一汽-大众）		
A4L 40 TFSI 进取型	29.98	047
奥迪A3（一汽-大众）		
35 TFSI 领英型	20.92	048
35 TFSI 风尚型	22.59	048
CC（一汽-大众）		
1.8TSI 尊贵型	25.28	049
1.8TSI 豪华型	26.88	049
2.0TSI 尊贵型	26.78	049
2.0TSI 豪华型	28.38	049
迈腾（一汽-大众）		
280TSI DSG 领先型	20.99	050
330TSI DSG 舒适型	20.99	050
330TSI DSG 领先型	21.99	050
330TSI DSG 豪华型	23.49	050
330TSI DSG 尊贵型	25.89	050
380TSI DSG 豪华型	24.99	050
380TSI DSG 尊贵型	27.39	050
新速腾GLI（一汽-大众）		
2.0T GLI	21.88	052
全新帕萨特（上汽大众）		
380TSI DSG 至尊版	29.39	061
凌渡（上汽大众）		
330TSI DSG 豪华版	21.39	062
全新速派（上汽大众）		
TSI280 双离合器手自一体 智行版	21.28	073
TSI330 双离合器手自一体 智行版	21.98	073
TSI330 双离合器手自一体 尊行版	24.98	073
TSI380 双离合器手自一体 旗舰版	27.68	073
凯迪拉克ATS-L（上汽通用）		
20T 领先型	22.58	120
20T 精英型	23.98	120
20T 豪华型	25.98	120
28T 精英型	26.98	120
28T 豪华型	29.98	120
君威（上汽通用）		
2.4L 精英技术型	20.99	121
君威GS（上汽通用）		
2.0T 豪情运动版	22.99	122
2.0T 燃情运动版	24.99	122
2.0T 纵情运动版	27.99	122
荣威950（上汽乘用车）		
1.8TGI 豪华版	20.98	131
2.0TGI 豪华行政版	23.98	131
2.0TGI 旗舰版	28.98	131
荣威750（上汽乘用车）		
祺雅版 AT	22.48	132
豪雅版 AT	22.48	132
全新K5（东风悦达起亚）		
2.0T AT PRM	23.98	140
K5（东风悦达起亚）		
2.0L PRM AT	20.18	141
2.0L PRM 2 AT	21.68	141
2.0T T-PRM AT	22.28	141
2.0T T-Special AT	24.98	141
2.4L LUX AT	22.88	141
2.4L PRM AT	25.18	141
博瑞（吉利汽车）		
3.5L 旗舰型	22.98	157
TX4（吉利汽车）		
2.4L汽油手动版	20.8	163
2.4L汽油自动版	22.8	163
2.5L柴油手动版	21.8	163
2.5L柴油自动版	22.8	163
C6（神龙汽车）		
350THP 豪华型	20.19	184
380THP 豪华型	21.89	184
380THP 尊贵型	23.99	184
380THP 旗舰型	27.99	184
C5（神龙汽车）		
1.6THP 尊享型	20.29	185
1.6THP 尊贵型	21.99	185
1.8THP 尊享型	21.29	185
1.8THP 尊贵型	23.99	185
1.8THP 豪华型	24.99	185
东风标致508（神龙汽车）		
1.6 THP AT 致逸版	20.07	188
1.6 THP AT 致臻版	21.97	188
1.8 THP AT 致臻版	22.97	188
1.8 THP AT 致尊版	24.97	188
1.8 THP AT 旗舰版	26.97	188
2.0L CVVT AT 致臻版	20.37	188
思铂睿（东风本田）		
EXi-L 典藏版	20.58	194
VTi 豪华版	21.98	194
VTi-S 尊贵版	22.98	194
VTi-S ADAS 尊耀版	24.78	194
Si	26.78	194
东风A9（东风乘用车）		
1.8T 旗舰型	21.97	199
西玛（东风日产）		
2.5XE 精英版	23.48	205
2.5XL 豪华版	24.98	205
2.5XV 至尊版	26.78	205
天籁·公爵（东风日产）		
2.5XV 欧冠荣耀版	23.18	206
2.5XV-NAVI 欧冠尊雅版	26.28	206
2.5XV-NAVI-FES 欧冠尊尚版	28.58	206
2.5XV-VIP 欧冠尊领版	29.98	206
天籁（东风日产）		
2.5XL 领先版	20.58	207
2.5XL Upper 欧冠科技版	21.38	207
2.5XL NAVI 豪华版	21.68	207
2.5XL NAVI Tech 欧冠智享版	22.68	207
2.5XL Upper NAVI Tech 欧冠尊贵版	24.88	207
歌诗图（广汽本田）		
2.4 豪华版	25.98	219
2.4 豪华导航版	26.58	219
雅阁（广汽本田）		
2.4L CVT 舒适版	21.18	220
2.4L CVT 智睿版	21.98	220
2.4L CVT 豪华版	22.98	220
2.4L CVT 智尊版	23.78	220
凯美瑞（广汽丰田）		
全新凯美瑞 2.0G D-4S 豪华版	20.28	225
全新凯美瑞 2.5G 豪华导航版	21.98	225
全新凯美瑞 2.5Q 旗舰版	28.98	225
凯美瑞 骏瑞 2.5S 凌动导航版	21.98	225
凯美瑞 双擎 2.5HG 豪华导航版	25.98	225
DS 5LS（长安标致雪铁龙）		
THP200 豪华版	21.68	231
THP200 尊享版	24.68	231
DS 4S（长安标致雪铁龙）		
THP 200 智享版	20.79	232
THP 200 尊享版	22.99	232
传祺GA8（广汽乘用车）		
320T 行政版	21.98	233
320T 尊贵版	24.98	233
320T 至尊版	29.98	233
传祺GA5（广汽乘用车）		
2013款1.8T车型 至尊版	20.18	235
睿骋（长安汽车）		
1.8T AT 尊领型	20.18	248
福特金牛座（长安福特）		
2.0L GTDi 时尚型	24.88	252
2.0L GTDi 豪华型	26.88	252
EcoBoost® 245 至尊型	28.88	252
新蒙迪欧（长安福特）		
2.0L GTDi200 时尚型	20.28	253
2.0L GTDi200 豪华型	22.28	253
2.0L GTDi240 豪华运动型	24.28	253
2.0L GTDi240 至尊型	25.28	253
2.0L GTDi240 旗舰型	26.58	253

30万～50万元

车型	参考价格(万元)	页码
梅赛德斯-奔驰全新长轴距E级轿车（北京奔驰）		
E 200 L	43.68	002
E 300 L 时尚型	47.48	002
E 300 L 豪华型	49.98	002
梅赛德斯-奔驰全新长轴距E级运动轿车（北京奔驰）		
E 200 L	43.68	003
E 300 L 时尚型	47.48	003
E 300 L 豪华型	49.98	003
梅赛德斯-奔驰长轴距C级轿车（北京奔驰）		
C 200 L	36.90	004
C 260 L	47.90	004
梅赛德斯-奔驰C级运动轿车（北京奔驰）		
C 200 L	36.90	005
C 260 L	47.90	005
梅赛德斯-奔驰全新C级车运动版（北京奔驰）		
C 200	31.48	006
C 200 4MATIC	38.98	006
C 300	45.90	006
皇冠（天津一汽丰田）		
2.0T 精英版	33.98	019
2.0T 豪华版	36.98	019
2.0T 尊享版	38.98	019
锐志（天津一汽丰田）		
3.0V 尊锐导航版	31.48	020
BMW5系长轴距（华晨宝马）		
520Li 典雅型	43.56	032
525Li 领先型	46.66	032
525Li 豪华设计套装	49.96	032
BMW3系长轴距（华晨宝马）		
316Li 时尚型	30.98	033
320Li 进取型	32.58	033
320Li 时尚型	34.98	033
320Li 豪华设计套装	39.38	033
328Li 时尚型	43.08	033
328Li 豪华设计套装	46.48	033
328Li xDrive豪华设计套装	48.68	033
BMW3系标准轴距（华晨宝马）		
320i 时尚型	32.80	034
320i M运动型	37.90	034
328i M运动型	45.20	034
328i xDrive M运动型	47.40	034
红旗H7（一汽轿车）		
2.0T 豪华型	31.98	036
2.0T 尊贵型	37.98	036
3.0L 豪华型	39.98	036
3.0L 尊贵型	47.98	036
奥迪A6L（一汽-大众）		
Audi A6L TFSI 技术型	41.53	046
Audi A6L TFSI 舒适型	44.85	046
Audi A6L TFSI 运动型	46.12	046
奥迪A4L（一汽-大众）		
A4L 40 TFSI 时尚型	33.98	047
A4L 40 TFSI 风尚型	36.88	047
A4L 40 TFSI 运动型	37.28	047
A4L 45 TFSI quattro 风尚型	40.88	047
A4L 45 TFSI quattro 运动型	41.28	047

车型	参考价格(万元)	页码
CC（一汽-大众）		
2.0TSI 至尊型	30.38	049
迈腾（一汽-大众）		
380TSI DSG 旗舰型	31.69	050
凯迪拉克XTS（上汽通用）		
28T 技术型	34.99	118
28T 精英型	36.99	118
28T 豪华型	40.99	118
28T 铂金版	47.99	118
凯迪拉克ATS-L（上汽通用）		
28T 时尚型	31.88	119
28T 精英型	33.88	119
28T 豪华型	36.88	119
28T 领先型	42.88	119
全新一代君越（上汽通用）		
28T 旗舰型	33.98	120
歌诗图（广汽本田）		
3.0 AWD 尊贵版	32.98	219
3.0 AWD 尊贵导航版	33.58	219
凯美瑞（广汽丰田）		
凯美瑞 双擎 2.5HG 旗舰版	32.98	225
福特金牛座（长安福特）		
EcoBoost® 245 旗舰型	34.88	252

50万元以上

车型	参考价格(万元)	页码
BMW5系长轴距（华晨宝马）		
528Li 领先型	55.06	032
528Li xDrive领先型	57.66	032
528Li 豪华设计套装	61.96	032
528Li xDrive豪华设计套装	64.56	032
535Li 领先型	68.86	032
535Li 行政型豪华设计套装	77.86	032
BMW3系长轴距（华晨宝马）		
335Li 豪华设计套装	59.88	033
红旗L5（一汽轿车）		
红旗L5 帜尊版	500	035

多用途乘用车 MPV

10万元以下

车型	参考价格(万元)	页码
蒙派克（北汽福田）		
快运版 五座	7.80	274
快运版 六座	8.00	274
快运版 十座	9.90	274
商运版 六座	8.56～11.58	274
商运版 十座	8.56～11.58	274
2.0L 商运版 五座	8.56～11.58	274
北汽威旺M35（北汽股份）		
标准型 国Ⅳ	5.58	275
标准型 国Ⅴ	5.63	275
舒适型 国Ⅳ	6.08	275
舒适型 国Ⅴ	6.13	275
北汽威旺M30（北汽股份）		
基本型 国Ⅳ	4.73	276
基本型 国Ⅴ	4.78	276
舒适型 国Ⅳ	5.38	276
舒适型 国Ⅴ	5.43	276
北汽威旺M20（北汽股份）		
经济型	3.98/4.03	277
实用型	4.68	277
基本型	4.68	277
标准型	4.88	277
舒适型	5.18	277
豪华型	5.48	277
超豪华型	5.68	277
众泰M300（众泰汽车）		
1.6L 汽油 基本型 5座	6.98	290
1.6L 汽油 基本型 6座	7.08	290
1.6L 汽油 豪华型 5座	7.98	290
1.6L 汽油 豪华型 6座	8.08	290
1.6L 双燃料基本型	8.58	290
1.6L 双燃料豪华型	8.88	290
1.6L 汽油 尊贵型(双天窗) 5座	8.88	290
1.6L 汽油 尊贵型(双天窗) 6座	8.98	290
星朗（广汽吉奥）		
1.3L 舒适型	4.98	291
1.3L 豪华型	5.58	291
1.5L 舒适型	5.98	291
1.5L 豪华型	6.88	291
1.5L 至尊型	7.88	291
艾瑞泽M7（奇瑞汽车）		
1.8-MT 宽适版	7.99	292
1.8-MT 宽悦版	8.89	292
1.8-MT 宽享版	9.69	292
2.0-CVT 宽悦版	9.99	292
瑞风M3（江淮汽车）		
1.6VVT汽油 豪华型	6.98	294
1.6VVT汽油 豪华智能型	7.48	294
瑞风M3宜家版（江淮汽车）		
汽油/1.6VVT+5MT 豪华型	7.38	295
汽油/1.6VVT+5MT 豪华智能型	7.88	295
汽油/2.0L+5MT 豪华型	8.38	295
汽油/2.0L+5MT 豪华智能型	8.88	295
瑞风·穿梭（江淮汽车）		
2.0L 汽油 短轴时光型	8.5	297
2.0L 汽油 长轴标准型	9.99	297
福瑞达M50S（昌河铃木）		
1.4L 经济舱 5、7、8座	4.68	301
1.4L 商务舱 5、7、8座	4.78	301
1.4L 公务舱 5、7、8座	5.28	301
1.5L 商务舱 5、7、8座	4.68	301
1.5L 公务舱 5、7、8座	5.28	301
1.5L 头等舱 5、7、8座	5.58	301
1.5L 豪华舱 5、7、8座	5.78	301
东风风光370（东风小康）		
1.5L 标准型	5.59	304
1.5L 尊享型	6.49	304
1.5L 智能型	6.99	304
东风风光360（东风小康）		
汽油版 舒适型 国Ⅴ	5.79	305
汽油版 舒适型 国Ⅳ	5.79	305
汽油版 舒适型Ⅱ 国Ⅳ	6.09	305
汽油版 舒适型Ⅱ 国Ⅴ	6.09	305
汽油版 豪华型 国Ⅴ	6.69	305
汽油版 豪华型 国Ⅳ	6.69	305
欧洲柴油版 豪华型 国Ⅳ	7.49	305
东风风行F600（东风柳州）		
1.5T 豪华型	9.99	309
2.0L 豪华型	9.99	309
东风风行菱智M5系列（东风柳州）		
2.0L MT 标准型L 7座	8.19	310
2.0L MT 舒适型L 7座	8.79	310
2.0L MT 豪华型L 7座	9.49	310
2.0L MT 豪华型S 7座	9.99	310
东风风行菱智M3系列（东风柳州）		
1.6L MT 标准型7座	6.59	311
1.6L MT 舒适型7座	7.19	311
1.6L MT 豪华型7座	7.89	311
东风风行菱智M3长车系列（东风柳州）		
1.6L 标准型7座	6.39	312
1.6L 标准型9座	6.39	312
1.6L 舒适型7座	6.89	312
1.6L 舒适型9座	6.89	312
1.6L 豪华型7座	7.49	312
1.6L 豪华型9座	7.49	312
东风风行菱智V3系列（东风柳州）		
1.5L MT 标准型7座	5.79	313
1.5L MT 舒适型7座	6.19	313
1.5L MT 豪华型7座	6.59	313
东风风行S500（东风柳州）		
1.5L 5MT 标准型	6.09	314
1.5L 5MT 舒适型	6.59	314
1.5L 5MT 豪华型Ⅱ	7.09	314
1.5L 5MT 豪华型	7.09	314
1.5L 5MT 尊享型	7.59	314
1.6L 5MT 豪华型	7.59	314
1.6L 5MT 尊享型	7.99	314
1.6L 5MT 尊贵型	8.69	314
1.6L CVT 豪华型	8.69	314
1.6L CVT 尊享型	9.29	314
1.6L CVT 尊贵型	9.99	314
宝骏730（上汽通用五菱）		
1.5L MT 标准型	6.98	315
1.5L MT 舒适型	7.58	315
1.5L MT 豪华导航型	8.28	315
1.8L MT 舒适型	8.38	315
1.8L MT 豪华导航型	8.98	315
五菱宏光S（上汽通用五菱）		
1.2L 舒适型	6.18	316
1.5L 豪华型	6.58～7.13	316
1.5L 舒适型	6.58～7.13	316
五菱宏光（上汽通用五菱）		
1.2L 基本型	4.38～5.38	317
1.2L 标准型	4.38～5.38	317
1.2L 舒适型	4.38～5.38	317
1.5L 标准型	4.68～6.18	317
1.5L 基本型	4.68～6.18	317
1.5L 舒适型	4.68～6.18	317
1.5L 豪华型	4.68～6.18	317
福美来七座版（一汽海马）		
1.5T 手动 7座 适·悦型	8.99	318
1.5T 手动 7座 适·享型	9.89	318
欧诺（长安汽车）		
1.3L 幸福版	3.59	319
1.5L 基本型	3.89	319
欧尚（长安汽车）		
1.5L MT 时尚型	5.19	320
1.5L MT 标准型	5.59	320
1.5L MT 精英型	5.99	320
1.5L MT 豪华型	6.49	320
力帆乐途（力帆乘用车）		
乐途 基本型	3.58	321
乐途 标准型	4.28	321
乐途 舒适型	4.58	321
乐途S 标准型	4.68	321
乐途S 舒适型	5.08	321
乐途S 豪华型	5.58	321
乐途S 至尊型	5.98	321
英致737（潍柴汽车）		
1.5L MT 标准版	5.68	322
1.5L MT 舒适版	6.18	322
1.5L MT 精英版	6.58	322
1.5L MT 豪华导航版	6.98	322
1.5L MT 互联网版	7.78	322
1.5L CVT 互联网版	8.78	322
1.5L CVT 精英版	7.58	322
1.5L CVT 豪华导航版	7.98	322
英致727（潍柴汽车）		
1.5L MT 标准版	4.68	323
1.5L MT 商务版	4.98	323

10万～15万元

车型	参考价格(万元)	页码
上汽大通G10（上汽大通）		
2.4手动 纪念版	13.78	287
2.4手动 时尚版	13.58～17.08	287
2.4手动 精英版	13.38～17.18	287
2.4手动 豪华版	14.98～20.78	287
2.0T手动 纪念版	14.98	287
2.0T手动 精英版	13.38～17.18	287
2.0T手动 豪华版	14.98～20.78	287
2.0T自动 时尚版	13.58～17.08	287
2.0T自动 精英版	13.38～17.18	287
2.0T自动 豪华版	14.98～20.78	287
艾瑞泽M7（奇瑞汽车）		
2.0-CVT 宽享版	10.79	292
瑞风M5第二代（江淮汽车）		
2.0T汽油 6MT 商务版	13.95	293
2.0T汽油 5AT 商务版	14.95	293

车型	参考价格（万元）	页码
1.9CTI柴油 商务版	14.85	293
瑞风·祥和（江淮汽车）		
2.0T 长轴政采版	11.48	296
2.4L 长轴政采版	11.98	296
2.4L 短轴标准版	13.08	296
2.4L 短轴豪华版	13.88	296
瑞风·穿梭（江淮汽车）		
2.0L 汽油 长轴舒适型	10.58	297
2.8L 柴油 长轴标准型	11.58	297
2.8L 柴油 长轴标准型	12.18	297
1.9CTI 柴油 短轴标准型	12.88	297
1.9CTI 柴油 长轴舒适型	12.88	297
君阁（东南汽车）		
经典型 MT 五座	12.98	298
豪华型 MT 七座	14.48	298
NV 200（郑州日产）		
MT手动挡 豪华型	10.78	302
MT手动挡 尊雅型	11.28	302
XTRONIC CVT无级变速 豪华型	11.88	302
XTRONIC CVT无级变速 尊享型	12.38	302
逸致（广汽丰田）		
160E 精英版	14.98	307
东风风行 CM7（东风柳州）		
2.0T MT 豪华型	14.99	308
东风风行 F600（东风柳州）		
1.5T 豪华型	10.39	309
1.5T 尊享型	10.79	309
1.5T 尊享型	11.29	309
1.5T 尊贵型	12.29	309
2.0L 豪华型	10.39	309
2.0L 尊享型	10.79	309
2.0L 尊享型	11.29	309
2.0L 尊贵型	12.29	309
福美来七座版（一汽海马）		
1.5T 自动 7座 适•享型	10.69	318
1.5T 自动 7座 适•畅型	11.59	318
1.5T 自动 6座 适•畅型	11.39	318
1.5T 自动 6座 适•臻型	12.89	318
新M6（比亚迪汽车）		
2.0L MT 舒适型	10.39	324
2.4L MT 舒适型	11.39	324
2.4L MT 豪华型	12.59	324
2.4L MT 尊贵型	13.59	324
2.4L 4AT 豪华型	14.39	324
2.4L 6AT 豪华型	13.59	324
2.4L 6AT 尊贵型	14.59	324

15万～20万元

车型	参考价格（万元）	页码
全新阁瑞斯（华晨金杯）		
2.4系列 旗舰型 7座	16.18	279
2.4系列 旗舰型 9座	16.28	279
2.4系列 旗舰型 11座	16.48	279
阁瑞斯丰田系列（华晨金杯）		
丰田2.0系列 豪华型 7座	16.98	280
丰田2.0系列 豪华型 11座	17.08	280
上汽大通G10（上汽大通）		
2.4手动 时尚版	13.58～17.08	287
2.4手动 精英版	13.38～17.18	287
2.4手动 豪华版	14.98～20.78	287
2.0T自动 纪念版	16.38	287
2.0T手动 精英版	13.38～17.18	287
2.0T手动 豪华版	14.98～20.78	287
2.0T自动 时尚版	13.58～17.08	287
2.0T自动 行政版	19.98～21.78	287
2.0T自动 精英版	13.38～17.18	287
2.0T自动 豪华版	14.98～20.78	287
新大7 MPV ECO HYPER（东风裕隆）		
2.0T AT 舒享型	16.98	289
2.0T AT 豪华型	17.98	289
瑞风M5第二代（江淮汽车）		
2.0T汽油 6MT 公务版	15.25	293
2.0T汽油 5AT 公务版	16.25	293
1.9CTI柴油 公务版	16.15	293
瑞风·祥和（江淮汽车）		
2.0T 短轴标准版	15.48	296
2.0T 短轴豪华版	16.38	296
君阁（东南汽车）		
豪华型 AT 七座	15.48	298
旗舰型 AT 七座	17.48	298
逸致（广汽丰田）		
180E 精英版MT	15.28	307
180E 精英版AT	15.98	307
180V 至尊版	19.68	307
180G 舒适版	16.98	307
180G 豪华版	17.98	307
180E 精英多功能版	16.98	307
180G 舒适多功能版	17.98	307
180G 豪华多功能版	18.98	307
东风风行CM7（东风柳州）		
2.0T MT 尊享型	15.99	308
2.0T AT 豪华型	16.69	308
2.0T AT 尊享型	17.99	308
2.0T AT 尊贵型	19.99	308
新M6（比亚迪汽车）		
2.4L 4AT 尊贵型	15.39	324

20万～30万元

车型	参考价格（万元）	页码
华颂7（华晨金杯）		
华颂7 2.0T 舒适型（7座）	23.77	278
华颂7 2.0T 豪华型（7座）	25.77	278
华颂7 2.0T 旗舰型（7座）	28.77	278
阁瑞斯丰田系列（华晨金杯）		
丰田2.0系列 豪华型 9座	20.98	280
丰田2.7系列 标准型 11座	20.68	280
丰田2.7系列 标准型 9座	20.98	280
丰田2.7系列 豪华型 7座	23.38	280
丰田2.7系列 豪华型 11座	23.68	280
丰田2.7系列 豪华型 9座	23.78	280
丰田2.7系列 旗舰型 7座AT	26.48	280
丰田2.7系列 旗舰型 9座AT	26.88	280
丰田2.7系列 旗舰型 11座AT	27.18	280
BMW2系旅行车（华晨宝马）		
218i 时尚型	23.69	281
218i 领先型	24.99	281
218i 运动设计套装	26.99	281
220i 领先型	29.89	281
Mazda 8（一汽轿车）		
精英版	21.98	282
至尊版	24.98	282
领航版	25.98	282
全新途安L（上汽大众）		
280TSI 自动 豪华版	21.98	284
330TSI 自动 豪华版	23.08	284
GL8豪华商务车（上汽通用）		
2.4L SIDI 舒适版	28.99	285
GL8商务车（上汽通用）		
AT 经典版	20.9	286
AT 舒适版	22.8	286
AT 行政版	24.8	286
上汽大通G10（上汽大通）		
2.0T自动 行政版	19.98～21.78	287
2.0T自动 豪华行政版	21.98	287
新大7 MPV ECO HYPER（东风裕隆）		
2.2T AT 智享型	21.98	289
2.2T AT 旗舰型	24.98	289
艾力绅（东风本田）		
经典版	24.98	303
舒适版	26.38	303
风尚版	27.58	303
豪华版	29.28	303
奥德赛（广汽本田）		
2016款 2.4L 智酷版	27.68	306
逸致（广汽丰田）		
180V 至尊多功能版	20.68	307
200V 至尊导航版	23.98	307
东风风行CM7（东风柳州）		
2.0T AT 旗舰型	21.99	308

30万元以上

车型	参考价格（万元）	页码
BMW2系旅行车（华晨宝马）		
220i 豪华设计套装	33.19	281
GL8豪华商务车（上汽通用）		
2.4L SIDI 行政版	32.99	285
3.0L SIDI 豪雅版	36.99	285
3.0L SIDI 旗舰版	39.99	285
MASTER CEO（东风裕隆）		
旗舰型	41.80	288
唯雅诺（福建奔驰）		
3.0L 舒适版	44.90	299
3.0L 礼遇版	49.30	299
3.0L 领航版	57.90	299
3.5L 卓越版	68.90	299
威霆（福建奔驰）		
2.5L 精英版	33.9	300
2.2L 精英版	34.9	300
2.5L 商务版	35.9	300
3.0L 精英版	36.9	300
3.0L 商务版	38.9	300
艾力绅（东风本田）		
至尊版	30.98	303

新能源车 EV

20万元以下

车型	参考价格（万元）	页码
EV160（北汽新能源）		
至轻快版	17.69	330
轻秀版	18.89	330
荣威E50（上汽乘用车）		
E50	18.89	333
和悦IEV4（江淮汽车）		
豪华型	15.78	335
豪华智能型	15.98	335
和悦IEV5（江淮汽车）		
和悦IEV5	8.98	336
知豆D2（山东新大洋）		
知豆D2	15.88	338
知豆牌（山东新大洋）		
纯电动轿车 知豆牌	10.88	339
纯电动轿车 知豆牌	10.88	340
F3DM（比亚迪汽车）		
低碳版	16.98	348

20万～30万元

车型	参考价格（万元）	页码
第九代索纳塔混合动力（北京现代）		
2.0 HE 智能型	20.98	326
2.0 HS 领先型	22.98	326
2.0 HL 豪华型	24.98	326
北汽EU260（北汽新能源）		
EU260乐享版	25.69	327
EV200（北汽新能源）		
轻快版	20.89	329
轻秀版	22.69	329
轻享版	24.69	329
EX200（北汽新能源）		
乐活版	20.69	331
乐酷版	21.69	331
普力马EV（一汽海马）		
普力马EV	21.68	341
启辰晨风（东风日产）		
领风版(3.6KW)	24.28	342
领风版(6.6KW)	24.78	342
领航版(6.6KW)	25.68	342
秦EV300（比亚迪汽车）		
豪华型	25.98	344
尊贵型	26.98	344

车型	参考价格(万元)	页码
尊荣型	28.98	344
唐（比亚迪汽车）		
全时四驱 豪华型	25.13	345
全时四驱 尊贵型	26.13	345
全时四驱 旗舰型	27.98	345
元（比亚迪汽车）		
全时四驱 豪华型	20.98	346
全时四驱 尊贵型	22.98	346
全时四驱 旗舰型	24.98	346
秦（比亚迪汽车）		
1.5 新旗舰型	20.98	347
1.5 旗舰Plus	21.98	347

30万元以上

车型	参考价格(万元)	页码
北汽ES210（北汽新能源）		
ES210	34.69	328
e6（比亚迪汽车）		
e6先行者 豪华版	30.98	343
e6先行者 尊贵版	36.98	343
京津 豪华版	30.98	343
京津 精英型	33.00	343
秦EV300（比亚迪汽车）		
旗舰型	30.98	344

运动型多用途车 SUV

10万元以下

车型	参考价格(万元)	页码
北汽绅宝X65（北汽销售）		
1.5T 6MT	7.68～11.98	360
1.5L 5MT	7.68～11.98	360
1.5T CVT	7.68～11.98	360
北汽绅宝X35（北汽销售）		
绅宝X35	6.58～8.88	361
北汽绅宝X25（北汽销售）		
绅宝X25	5.58～7.58	362
北汽威旺S50（北汽股份）		
乐动版 舒适型	7.98	363
乐动版 豪华型	9.28	363
欢动版 舒适型	7.98	363
欢动版 精英型	8.68	363
宝利格（华泰汽车）		
2.0L 精英型	7.37	364
2.0L 豪华型	8.17	364
1.8T 精英型	7.97	364
1.8T 豪华型	8.57	364
1.8T 豪华型	9.37	364
新圣达菲（华泰汽车）		
1.5T汽油 精英型	7.75	365
1.5T汽油 精英型	8.55	365
1.5T汽油 智享i3型	8.25	365
1.5T汽油 智享i3型	9.05	365
骏派D60（天津一汽夏利）		
1.5L MT 标准型	6.49	366
1.5L MT 舒适型	6.99	366
1.5L MT 技术型	7.19	366
1.5L MT 豪华型	7.59	366
1.5L MT 尊贵型	7.99	366
1.8L 6AT 舒适型	8.89	366
1.8L 6AT 豪华型	9.49	366
1.8L 6AT 尊贵型	9.99	366
哈弗H6升级版（长城汽车）		
1.5T MT 超值型 两驱	8.88	369
1.5T MT 都市型 两驱	9.48	369
1.5T MT 超值型 四驱	9.68	369
哈弗H5智尊版（长城汽车）		
4G63 两驱 进取型	9.48	370
哈弗H2（长城汽车）		
1.5L MT 都市型	9.88	371
中华V5（华晨金杯）		
1.6 MT 舒适型	7.98	372
1.6 MT 豪华型	9.98	372
1.6 AT 舒适型	9.98	372
1.5T AT 运动型	9.98	372
1.5T MT 运动型	8.98	372
1.5T MT 智能型	9.58	372
中华V3 II（华晨金杯）		
1.5 MT 基本型	6.57	373
1.5 MT 舒适型	6.87	373
1.5 MT 精英型	7.27	373
1.5 MT 智能型	7.77	373
1.5 MT 智能型	8.87	373
1.5 AT 舒适型	7.97	373
1.5 AT 精英型	8.37	373
1.5T MT 精英型	8.47	373
1.5T MT 旗舰型	9.17	373
1.5T AT 精英型	9.57	373
森雅S80（一汽吉林）		
1.3L 标准版 五座	4.99	379
1.3L 标准版 七座	5.09	379
1.5L都市版 五座	5.49	379
1.5L都市版 七座	5.59	379
1.5L自动都市版 五座	6.49	379
1.5L自动都市版 七座	6.59	379
荣威RX5（上汽乘用车）		
20T MT 精英版	9.98	387
GX7（吉利汽车）		
1.8L 5MT 进取型	9.29	397
1.8L 5MT 精英型	9.69	397
帝豪GS（吉利汽车）		
1.8L MT 风尚型	7.78	399
1.8L MT 领尚型	8.28	399
1.3T MT 领尚型	8.48	399
1.8L DCT 领尚型	9.28	399
1.3T DCT 领尚型	9.48	399
众泰T600（众泰汽车）		
1.5T MT 精英型	7.98	400
1.5T MT 豪华型	8.68	400
1.5T MT 尊贵型	9.88	400
T200（众泰汽车）		
1.3L MT 经典型	4.5999	401
1.3L MT 都市型	4.9999	401
1.3L MT 精英型	5.3999	401
1.5L MT 精英型	5.9999	401
1.5L CVT 精英型	6.2999	401
奥轩G5（广汽吉奥）		
2.0汽油 MT 智选版	8.68	403
2.0汽油 MT 精英版	9.69	403
2.4汽油 MT 精英版	9.98	403
新瑞虎5（奇瑞汽车）		
2.0DVVT-MT 家享版	8.99	404
2.0DVVT-MT 家悦信赖版	9.99	404
1.5TCI-MT 家享版	9.69	404
新瑞虎3（奇瑞汽车）		
1.6DVVT MT 风尚版	6.89	405
1.6DVVT MT 智尚版	7.59	405
1.6DVVT MT 尊尚版	8.39	405
1.6DVVT CVT 风尚版	7.79	405
1.6DVVT CVT 智尚版	8.49	405
1.6DVVT CVT 尊尚版	9.29	405
第二代瑞风S5（江淮汽车）		
2.0VVT 5MT 舒适型	8.95	406
2.0VVT 5MT 豪华型	9.95	406
1.5TGDI 6MT 精英型	9.95	406
瑞风S3（江淮汽车）		
1.5L 5MT 舒适型	6.58	407
1.5L 6MT 豪华型	6.98	407
1.5L 6MT 豪华智能型	7.48	407
1.5L 6MT 豪华智能型 尊享版	7.88	407
1.5L CVT 豪华型	7.98	407
1.5L CVT 豪华智能型	8.48	407
东南DX7（东南汽车）		
1.5T MT 启航版	9.69	408
1.5T MT 舒适型	9.99	408
昌河Q25（昌河铃木）		
基本型5MT 乐尚版	5.59	409
标准型5MT 乐趣版	5.99	409
舒适型5MT 乐慧版	6.39	409
舒适型4AT 乐慧版	6.89	409
豪华型4AT 乐享版	7.59	409
陆风X5（江铃控股）		
1.5T MT 创享版	9.88	412
江铃·驭胜（江铃汽车）		
舒适版 MT	9.78	413
海马S5（海马郑州）		
1.6L MT 舒适型	7.98	417
1.6L MT 豪华型天窗版	8.58	417
1.6L MT 智能豪华型	9.08	417
1.6L MT 豪华型科技版	9.58	417
1.6L MT 智能豪华型科技版	9.58	417
东风风神AX7（东风乘用车）		
1.4T MT 智尚型	9.97	419
东风风神AX3（东风乘用车）		
1.5L MT 尚酷型	6.97	420
1.5L MT 致酷型	7.47	420
1.5L AT 尚酷型	7.77	420
1.5L AT 尊酷型	8.77	420
1.4T MT 致酷型	8.17	420
东风标致2008（神龙汽车）		
1.6L MT 潮流版	9.97	422
猎豹CS10（猎豹汽车）		
MT 新锐型	9.68	423
启辰T70（东风日产）		
1.6MT 睿行版	8.98	427
2.0MT 睿趣版	9.88	427
传祺GS4（广汽乘用车）		
200T MT 舒适型	9.98	433
景逸X3（东风柳州）		
1.5L MT 舒适型	6.69	436
1.5L MT 豪华型	7.39	436
景逸X5（东风柳州）		
1.6L MT 豪华型	7.99	437
1.6L MT 尊享型	8.69	437
1.6L CVT 豪华型	8.99	437
1.6L CVT 尊享型	9.79	437
景逸XV（东风柳州）		
舒适型 CVT	7.99	438
豪华型 CVT	8.69	438
风行SX6（东风柳州）		
1.6L MT 标准型	6.99	439
1.6L MT 精英型	7.49	439
1.6L MT 豪华型	7.89	439
1.6L MT 尊享型	8.49	439
2.0L MT 豪华型	8.59	439
1.6L CVT 精英型	8.59	439
1.6L CVT 豪华型	9.09	439
2.0L MT 尊享型	9.19	439
宝骏560（上汽通用五菱）		
1.8L 舒适型	7.68	440
1.8L 精英型	8.38	440
1.8L 豪华型	8.98	440
海马S7（一汽海马）		
2.0L MT 纵享型	8.98	441
2.0L MT 纵驰型	9.68	441
维特拉（长安铃木）		
进取型 MT	9.98	443
CS75（长安汽车）		
2.0L MT 超值型	9.29	444
2.0L MT 舒适型	9.88	444
CS35（长安汽车）		
1.6L MT 舒适型	7.89	445
1.6L MT 豪华型	8.29	445
1.6L MT 尊贵型	8.79	445
1.6L AT 豪华型	9.29	445
1.5T MT 运动型	9.19	445
1.6L AT 尊贵型	9.79	445
1.5T MT 豪华运动型	9.69	445
CS15（长安汽车）		
1.5T MT 豪华运动型	9.69	445
1.5L MT 舒适版	5.79	446

车型	参考价格(万元)	页码
1.5L MT 时尚版	6.39	446
1.5L MT 豪华版	6.89	446
1.5L MT 尊贵版	7.39	446
1.5L AT时尚版	7.29	446
1.5L AT 豪华版	7.79	446
CX70（长安汽车）		
1.6L MT 都市型	6.89	447
1.6L MT 舒适型	7.39	447
1.6L MT 运动型	7.59	447
1.6L MT 精英型	7.79	447
1.6L MT 豪华型	7.99	447
1.6L MT 智能型	8.49	447
福特翼博（长安福特）		
1.5L MT 舒适型	9.48	449
力帆X60（力帆乘用车）		
舒适型	7.54	450
豪华型	8.09	450
力帆X50（力帆乘用车）		
1.5L MT 精英型	5.98	451
1.5L MT 豪华型	6.68	451
1.5L MT 尊贵型	7.28	451
1.5L CVT 精英型	6.98	451
1.5L CVT 豪华型	7.68	451
1.5L CVT 尊贵型	8.28	451
力帆迈威（力帆乘用车）		
1.5MT 基本型	5.78	452
1.5MT 舒适型	6.28	452
1.5MT 精英型	6.68	452
1.5AT 智享型	7.38	452
1.5AT 尊享型	7.68	452
英致G5（潍柴汽车）		
1.5L MT 精英版	6.98	453
1.5L MT 豪华导航版	7.58	453
英致G3（潍柴汽车）		
2016款G3 MT 标准版	5.69	454
2016款G3 MT 舒适版	6.09	454
2016款G3 MT 豪华版	6.49	454
G3S MT 精英版	6.68	454
G3S MT 豪华导航版	6.98	454
野马T70（四川汽车工业集团）		
MT 舒适型	7.58	455
MT 精英型	8.98	455
CVT 进取型	9.98	455
野马F12（四川汽车工业集团）		
F12手动型 SQJ6451B	4.98	456
野马F12 CVT（四川汽车工业集团）		
F12CVT SQJ6451C	6.28	457
野马F10（四川汽车工业集团）		
F10手动型 SQJ6451B	4.58	458
S6（比亚迪汽车）		
2.0L MT 豪华型	7.99	460
2.0L MT 豪华型 七座	8.49	460
2.0L MT 精英型	8.99	460
2.0L MT 尊贵型	9.99	460
2.4L MT 豪华型	9.29	460
2.4L MT 精英型	9.99	460
2.4L AT 豪华型	9.99	460
1.5TI 豪华型	8.79	460
1.5TI 尊贵型	9.79	460
10万～15万元		
ix35（北京现代）		
2.0 GL MT 舒适型	14.98	353
1.6 GS MT 时尚型	11.98	354
1.6 GS AT 时尚型	13.38	354
1.6 GLS AT 智能型	14.28	354
萨瓦纳（北汽福田）		
2.8T MT 豪华型 两驱	13.88	356
北京/BJ40L（北汽销售）		
越野乘用车四门版	12.98～16.98	358
绅宝X55（北汽销售）		
1.5T 6MT	7.68～11.98	360
1.5L 5MT	7.68～11.98	360
1.5T CVT	7.68～11.98	360
北汽威旺S50（北汽股份）		
欢动版 尊贵型	10.88	363
乐动版 尊贵型	10.88	363
哈弗H6升级版（长城汽车）		
1.5T MT 精英型 两驱	10.18	369
1.5T MT 都市型 两驱	10.28	369
1.5T MT 精英型 四驱	10.98	369
1.5T MT 尊贵型 两驱	11.48	369
1.5T MT 尊贵型 四驱	12.28	369
1.5T AT 精英型	11.38	369
1.5T AT 尊贵型	12.68	369
哈弗H5智尊版（长城汽车）		
4G63 四驱 进取型	10.28	370
4G63T 两驱 进取型	10.28	370
4G63T 四驱 进取型	11.08	370
4G63T 两驱 精英型	10.78	370
4G63T 四驱 精英型	11.58	370
4G63T 两驱 尊贵型	11.78	370
4G63T 四驱 尊贵型	12.58	370
4D20 MT 两驱 进取型	11.58	370
4D20 MT 四驱 进取型	12.38	370
4D20 AT 两驱 进取型	12.78	370
4D20 AT 四驱 进取型	13.58	370
4D20 AT 两驱 精英型	13.98	370
4D20 AT 四驱 精英型	14.78	370
哈弗H2（长城汽车）		
1.5L MT 精英型	10.38	371
1.5L MT 尊贵型	11.28	371
中华V5（华晨金杯）		
1.5T AT 智能型	10.58	372
1.6 AT 豪华型	10.98	372
中华V3 II（华晨金杯）		
1.5T AT 旗舰型	10.27	373
奔腾X80（一汽轿车）		
2.0手动 基本型	11.98	375
2.0手动 豪华型	13.18	375
2.0自动 舒适周年纪念版	13.18	375
2.0自动 舒适型	13.38	375
2.0自动 豪华型	14.58	375
CX-4（一汽轿车）		
2.0L MT 蓝天活力版	14.08	376
野帝（上汽大众）		
1.6L 手动前行版	12.98	381
TSI280 手动前行版	13.98	381
TSI280 手自一体前行版	14.98	381
昂科拉（上汽通用）		
18T 都市进取型	13.99	383
18T 都市领先型	14.99	383
创酷（上汽通用）		
1.4T MT 舒适型	10.99	385
1.4T AT 舒适型	12.19	385
1.4T AT 豪华型	13.39	385
1.4T AT AWD 旗舰型	14.99	385
荣威W5（上汽乘用车）		
1.8T 2WD 驰域特装版	14.28	386
荣威RX5（上汽乘用车）		
20T MT 豪华版	11.18	387
20T MT 旗舰版	11.98	387
20T AT 豪华版	12.98	387
20T AT 旗舰版	13.88	387
20T AT 互联网智享版	14.88	387
MG GS名爵锐腾（上汽乘用车）		
1.5TGI 6MT 风尚版	10.97	388
1.5TGI 6MT 舒适版	11.97	388
1.5TGI 6MT 超值版	12.97	388
1.5TGI TST 精英版	13.97	388
1.5TGI TST 豪华版	14.97	388
观致5 SUV（观致汽车）		
1.6T MT时尚型	13.99	389
1.6T MT舒适型	14.99	389
观致3都市SUV 1.6T（观致汽车）		
1.6T MT致享型	12.79	390
1.6T MT致悦型	14.29	390
智跑（东风悦达起亚）		
2.0L MT GL	14.48	391
狮跑（东风悦达起亚）		
2.0L M/T GL 2WD	10.98	392
2.0L A/T GL 2WD	11.98	392
2.0L M/T GLS 2WD	12.38	392
2.0L A/T GLS 2WD	13.38	392
2.0L M/T GLS 4WD	13.88	392
2.0L A/T Premium	14.68	392
秀尔（东风悦达起亚）		
1.6MT GL M/T	10.38	393
1.6AT GL A/T	11.48	393
1.6MT GLS M/T	11.58	393
1.6AT GLS A/T	12.58	393
1.6AT Premium A/T	12.78	393
优6 SUV ECO HYPER（东风裕隆）		
1.8T AT 风尚超值型	10.98	396
1.8T AT 魅力升级型	13.68	396
1.8T AT 时尚升级型	14.98	396
GX7（吉利汽车）		
1.8L 5MT 尊贵型	10.59	397
2.0L 5MT 进取型	10.39	397
2.0L 5MT 尊贵型	11.19	397
2.0L 6AT 豪华型	11.19	397
2.0L 6AT 尊贵型	11.99	397
2.4L 6AT 尊贵型	12.99	397
豪情（吉利汽车）		
2.4L MT 豪华型升级版	12.99	398
2.4L AT 豪华型升级版	14.29	398
帝豪 GS（吉利汽车）		
1.3T DCT 臻尚型	10.58	399
奥轩GX5（广汽吉奥）		
2.0汽油 MT 时尚版	10.98	402
2.0汽油 MT 天窗版	11.98	402
2.4汽油 MT 时尚版	11.28	402
2.4汽油 MT 天窗版	12.28	402
2.4汽油 MT 时尚版	12.48	402
2.4汽油 MT 天窗版	13.48	402
2.4汽油 AT 时尚版	12.78	402
2.4汽油 AT 天窗版	13.38	402
2.4汽油 AT 时尚版	14.58	402
奥轩G5（广汽吉奥）		
2.0汽油 MT 至尊版	11.28	403
2.4汽油 MT 精英版 四驱	11.18	403
2.4汽油 MT 至尊版	11.58	403
2.4汽油 MT 至尊版 四驱	12.78	403
2.4汽油 AT 精英版	11.78	403
2.4汽油 AT 至尊版	13.08	403
2.4汽油 AT 精英版 四驱	13.28	403
2.4汽油 AT 至尊版 四驱	14.88	403
新瑞虎5（奇瑞汽车）		
1.5TCI-MT 家悦信赖版	10.79	404
1.5TCI-MT 卓越信赖版	11.89	404
2.0DVVT-CVVT 家悦信赖版	11.09	404
2.0DVVT-CVVT 家尊信赖版	11.69	404
2.0DVVT-CVVT 卓越信赖版	12.49	404
第二代瑞风S5（江淮汽车）		
2.0T 6DCT 豪华型	12.58	406
1.5TGDI 6MT 舒适型	10.95	406
1.5TGDI 6MT 豪华型运动版	11.58	406
1.5TGDI 6MT 豪华型	11.95	406
1.5TGDI 6MT 豪华智能型	12.95	406
1.5TGDI 6DCT 精英型	10.75	406
1.5TGDI 6DCT 豪华型	12.95	406
1.5TGDI 6DCT 豪华智能型	13.95	406
东南DX7（东南汽车）		
1.5T MT 精英型	10.99	408
1.5T MT 豪华型	11.99	408
1.5T MT 尊贵型	12.99	408
1.5T AT 精英型	11.99	408
1.5T AT 豪华型	12.99	408

车型	参考价格(万元)	页码
1.5T AT 尊贵型	13.99	408
2.0T 运动版 豪华型	12.99	408
2.0T 运动版 旗舰型	13.99	408
陆风X8（江铃控股）		
2.0T(柴油) 豪华型 4×2	12.39	410
2.0T(柴油) 豪华型 4×4	13.99	410
2.0T(柴油) 超豪华型 4×2	13.59	410
陆风X7（江铃控股）		
8AT 全景尊享型	12.98	411
8AT 全景尊贵型	13.98	411
8AT 全景旗舰型	14.78	411
陆风X5（江铃控股）		
1.5T MT 创领版	10.98	412
2.0T MT 创享版	10.38	412
2.0T MT 创领版	11.58	412
2.0T AT 创享版	12.28	412
2.0T AT 创领版	13.38	412
江铃·驭胜（江铃汽车）		
舒适版 AT	11.18	413
时尚版 AT	11.88	413
尊贵版 AT	12.18	413
旗舰版 MT	13.28	413
旗舰版 AT	14.28	413
XR-V（东风本田）		
1.5L LXi MT 经典版	12.78	416
1.5L LXi CVT 经典版	13.78	416
1.8L EXi MT 舒适版	13.98	416
1.8L EXi CVT 舒适版	14.98	416
缤智（广汽本田）		
1.5L 6MT 舒适版	12.88	418
1.5L CVT 舒适版	13.68	418
1.8L 6MT 精英版	13.88	418
1.8L CVT 精英版	14.68	418
东风风神AX7（东风乘用车）		
1.4T MT 智悦型	10.97	419
1.4T MT 智逸型	11.97	419
2.0L MT 智悦型	10.97	419
2.0L MT 智逸型	11.97	419
2.0L AT 智悦型	11.97	419
2.0L AT 智逸型	12.97	419
2.3L AT 智尊型	14.17	419
东风标致2008（神龙汽车）		
1.6L MT 时尚版	11.17	422
1.6L AT 潮流版	10.97	422
1.6L AT 玩酷版	11.82	422
1.6L AT 时尚版	12.17	422
1.6L AT 领航版	13.67	422
1.2THP AT 时尚版	13.87	422
1.6THP AT 时尚版	14.97	422
猎豹CS10（猎豹汽车）		
MT 风尚型	10.58	423
MT 卓越型	11.68	423
MT 至尊型	12.58	423
MT 网络版	13.28	423
DCT 领先型	10.98	423
DCT 都市型	11.98	423
DCT 豪华型	12.98	423
DCT 尊享型	13.98	423
DCT 网络版	14.68	423
逍客（东风日产）		
1.2T XE 时尚版 MT	13.98	426
1.2T XE 时尚版 CVT	14.98	426
启辰T70（东风日产）		
2.0CVT 睿行版	10.98	427
2.0CVT 睿趣版	11.78	427
2.0CVT 睿享版	12.78	427
2.0MT 睿享版	11.08	427
启辰T70X（东风日产）		
2.0 MT 睿享运动版	11.68	428
2.0 CVT 睿趣运动版	12.49	428
2.0 CVT 睿享运动版	13.38	428
新劲炫ASX（广汽三菱）		
1.6 MIVEC 标准版	12.88	430
2.0 MIVEC 舒适版	14.88	430
传祺GS4（广汽乘用车）		
235T MT 舒适型	10.68	433
200T MT 精英型	10.88	433
200T MT 豪华型	11.78	433
235T MT 豪华型	12.38	433
200T G-DCT AT 舒适型	11.58	433
200T G-DCT AT 精英型	12.58	433
200T G-DCT AT 豪华型	13.68	433
200T G-DCT AT 尊贵型	14.68	433
235T G-DCT AT 精英型	13.38	433
235T G-DCT AT 豪华型	14.38	433
传祺GS5 1.8T（广汽乘用车）		
1.8T MT 精英版	14.88	434
传祺GS5 2.0T（广汽乘用车）		
2.0L MT 舒适版	12.38	435
2.0L MT 精英版	13.38	435
2.0L AT 精英版	14.98	435
风行 SX6（东风柳州）		
1.6L CVT 尊享型	10.29	439
海马S7（一汽海马）		
2.0L MT 纵骋型	10.68	441
2.0L AT 纵驰型	10.68	441
1.8T AT 纵驰型	11.68	441
1.8T AT 纵骋型	12.88	441
1.8T AT 纵领型	14.48	441
锋驭（长安铃木）		
进取型MT	10.98	442
进取型CVT	11.98	442
精英型MT	12.48	442
精英型CVT	13.48	442
维特拉（长安铃木）		
精英型 MT	11.88	443
精英型 AT	12.68	443
豪华型 MT	13.18	443
豪华型 AT	13.98	443
精英型 AT 四驱	14.38	443
领先型 AT	14.98	443
CS75（长安汽车）		
2.0L MT 豪华型	11.18	444
2.0L MT 领先型	11.98	444
1.8T AT 时尚型	12.28	444
1.8T AT 精英型	12.98	444
1.8T AT 尊贵型	13.98	444
1.8T AT 尊荣型	14.08	444
福特翼博（长安福特）		
1.5L MT 风尚型	10.28	449
1.5L MT 尊贵型	11.58	449
1.5L AT 风尚型	11.28	449
1.5L AT 尊贵型	12.78	449
1.0GTDi MT 尊贵型	11.98	449
S7（比亚迪汽车）		
1.5TI 豪华型	10.69	459
1.5TI 尊贵型	11.69	459
2.0TID 豪华型	11.99	459
2.0TID 尊贵型	12.99	459
2.0TID 旗舰型	13.99	459
S6（比亚迪汽车）		
2.4L AT 尊贵型	10.00	460
1.5TI 尊贵型 七座	10.29	460
1.5TI 旗舰型	10.79	460
2.4L MT 尊贵型	11.39	460
2.4L AT 尊贵型 七座	11.69	460
2.4L AT 旗舰型	12.39	460

15万～20万元

车型	参考价格(万元)	页码
ix35（北京现代）		
2.0 GL AT 舒适型	16.38	353
2.0 GLS AT 智能型	17.68	353
2.0 GLX AT 领先型	19.58	353
2.4 GLX AT 领先型	19.68	353
ix25（北京现代）		
1.6 DLX AT 尊贵型	15.68	354
2.0 GLS AT 智能型	16.68	354
2.0 GLX AT 4WD 领先型	17.98	354
2.0 DLX AT 4WD 尊贵型	18.68	354
全新途胜（北京现代）		
2.0 GL MT 舒适型	15.99	355
2.0 GL AT 舒适型	16.49	355
2.0 GLS AT 智能型	17.49	355
1.6T GL DCT 舒适型 双离合	16.99	355
1.6T GLS DCT 智能型 双离合	17.99	355
1.6T GLX DCT 领先型 双离合	19.69	355
萨瓦纳（北汽福田）		
2.8T MT 豪华型 四驱	15.48	356
2.8T MT 尊享型 两驱	15.08	356
2.8T MT 尊享型 四驱	16.68	356
2.8T MT 至尊型 两驱	15.48	356
2.8T MT 至尊型 四驱	17.08	356
北京/BJ40L（北汽销售）		
越野乘用车四门版	12.98～16.98	358
RAV4（天津一汽丰田）		
2.0L 都市版	17.98	367
2.0L 风尚版	19.98	367
哈弗H8（长城汽车）		
2.0L 舒适型 两驱	18.88	368
哈弗H5 智尊版（长城汽车）		
4D20 AT 两驱 尊贵型	15.58	370
4D20 AT 四驱 尊贵型	16.38	370
奔腾X80（一汽轿车）		
1.8T自动 豪华型	15.15	375
1.8T自动 运动型	15.58	375
1.8T自动 旗舰型	18.18	375
CX-4（一汽轿车）		
2.0L AT 蓝天活力版	15.28	376
2.0L AT 蓝天活力真皮版	15.68	376
2.0L AT 蓝天品位版	16.98	376
2.0L AT 蓝天领先版	18.78	376
2.5L AT 蓝天激情版	19.28	376
野帝（上汽大众）		
TSI280 手自一体创行版	16.98	381
TSI280 手自一体尊行版	18.98	381
昂科拉（上汽通用）		
18T 都市时尚型	15.59	383
18T 都市精英型	16.99	383
18T 四驱 全能旗舰型	18.99	383
科帕奇（上汽通用）		
城市版 五座	17.99	384
城市版 七座	18.69	384
豪华版 五座	19.99	384
荣威W5（上汽乘用车）		
1.8T 2WD 胜域特装版	16.38	386
1.8T 4WD 豪域特装版	19.98	386
1.8T 4WD 行政版	19.98	386
荣威RX5（上汽乘用车）		
30T AT 互联网智享版	16.68	387
MG GS名爵锐腾（上汽乘用车）		
1.5TGI TST inkaNet 豪华版	15.47	388
2.0TGI TST 豪华版	15.97	388
2.0TGI TST 四驱 旗舰版	17.97	388
观致5 SUV（观致汽车）		
1.6T AT舒适型	16.49	389
1.6T AT精英型	17.49	389
1.6T AT运动型	18.49	389
1.6T AT豪华型	19.49	389
观致3都市SUV 1.6T（观致汽车）		
1.6T AT致悦型	15.19	390
1.6T AT致酷型	15.89	390
1.6T AT致臻型	16.99	390
智跑（东风悦达起亚）		
2.0L AT GL	15.88	391
2.0L AT GLS	17.28	391
2.0L AT DLX	17.78	391
2.0L AT Premium	18.98	391
MAZDA CX-5（长安马自达）		
2.0L 6MT 舒适型	16.98	394

车型	参考价格(万元)	页码
2.0L 6AT 舒适型	18.38	394
2.0L 6AT 都市型	19.08	394
新大7 SUV ECO HYPER（东风裕隆）		
2.2T 2WD 智慧型	17.98	395
2.2T 2WD 智尊型	19.98	395
优6 SUV ECO HYPER（东风裕隆）		
1.8T AT 智尊型	16.98	396
2.0T AT 智尊型	17.98	396
豪情（吉利汽车）		
2.4L MT 尊贵型	15.29	398
奥轩GX5（广汽吉奥）		
2.4汽油 AT 天窗版	15.18	402
新瑞虎5（奇瑞汽车）		
2.0DVVT-CVVT荣耀信赖版	15.19	404
陆风X8（江铃控股）		
2.0T(柴油) 超豪华型 4×4	15.19	410
帕拉丁（郑州日产）		
两驱 标准型	16.48	414
CR-V（东风本田）		
LXi-L 2.0L经典版	17.98	415
Lxi 2.0L都市版	18.98	415
Exi 2.0L风尚版	19.98	415
XR-V（东风本田）		
1.8L VTi CVT 豪华版	16.28	416
缤智（广汽本田）		
1.8L CVT 先锋版	15.38	418
1.8L CVT 豪华版	16.38	418
1.8L CVT 旗舰版	18.98	418
东风标致3008（神龙汽车）		
2.0L MT 经典版	15.27	421
2.0L AT 经典版	16.47	421
2.0L AT 潮流版	17.97	421
1.6THP AT 经典版	18.17	421
1.6THP AT 潮流版	19.67	421
东风标致2008（神龙汽车）		
1.2THP AT 领航版	15.17	422
1.6THP AT 领航版	16.37	422
奇骏（东风日产）		
2.0L XE MT 时尚版	18.18	425
2.0L XE CVT 时尚版	18.88	425
2.0L XL CVT 舒适版	19.68	425
逍客（东风日产）		
2.0L XL 精英版 CVT	15.28	426
2.0L XV 领先版 CVT	16.18	426
2.0L XV Prem 豪华版 CVT	16.78	426
2.0L XV NAVI 尊享版 CVT	17.98	426
2.0L XV TOP 旗舰版 CVT	18.98	426
新劲炫ASX（广汽三菱）		
2.0 MIVEC 精英版	15.98	430
2.0 MIVEC 豪华版	17.48	430
2.0 MIVEC 尊贵版	19.48	430
DS 6（长安标致雪铁龙）		
THP160 舒适版	19.39	432
传祺GS4（广汽乘用车）		
235T G-DCT AT 尊贵型	15.38	433
传祺GS5 1.8T（广汽乘用车）		
1.8T AT 精英版	16.38	434
1.8T AT 豪华版	17.38	434
1.8T AT i-4WD 豪华版	18.88	434
传祺GS5 2.0T（广汽乘用车）		
2.0L AT 周年纪念版	15.68	435
2.0L AT 豪华版	15.98	435
锋驭（长安铃木）		
尊贵型CVT	15.48	442
维特拉（长安铃木）		
旗舰型 AT	15.98	443
福特翼虎（长安福特）		
1.6T 舒适型	19.38	448

20万～30万元

车型	参考价格(万元)	页码
梅赛德斯-奔驰GLA（北京奔驰）		
GLA 200动感型	26.98	351
GLA 200时尚型	28.98	351
全新胜达（北京现代）		
2.4 GLS 2WD MT 智能型	22.48	352
2.4 GLS 2WD AT 智能型	23.98	352
2.0T GLS 2WD AT 智能型 7座	23.98	352
2.0T GLS 4WD AT 智能型 7座	24.98	352
2.0T TOP 4WD AT 旗舰型 7座	28.98	352
ix35（北京现代）		
2.0 GLS AT 4WD 智能型	20.18	353
2.4 GLX AT 4WD 领先型	22.28	353
全新途胜（北京现代）		
1.6T DLX DCT 4WD 尊贵型 双离合	21.59	355
1.6T TOP DCT 4WD 旗舰型 双离合	23.99	355
北京/BJ80（北汽销售）		
越野乘用车	28.80～29.80	357
RAV4（天津一汽丰田）		
2.0L 舒适版	20.08	367
2.0L 智尚版	21.48	367
2.0L 新锐版	22.48	367
2.5L 精英版	23.98	367
2.5L 尊贵版	26.98	367
哈弗H8（长城汽车）		
2.0L 标准型 两驱	20.18	368
2.0L 标准型 四驱	21.68	368
2.0L 舒适型 四驱	20.38	368
2.0L 精英型 两驱	20.88	368
2.0L 精英型 四驱	22.38	368
2.0L 豪华型 两驱	22.18	368
2.0L 豪华型 四驱	23.68	368
2.0L 尊贵型 两驱	24.18	368
2.0L 尊贵型 四驱	25.68	368
BMW X1（华晨宝马）		
sDrive 18Li 时尚型	28.6	374
CX-4（一汽轿车）		
2.5L AT 蓝天无畏版	21.58	376
奥迪Q3（一汽-大众）		
Q3 30 TFSI 标准型	23.42	378
Q3 30 TFSI 时尚型	25.92	378
Q3 30 TFSI 风尚型	28.38	378
野帝（上汽大众）		
TSI300 手自一体尊行版	20.98	381
昂科威（上汽通用）		
2.0T 四驱 精英型	26.99	382
2.0T 四驱 豪华型	29.99	382
科帕奇（上汽通用）		
旗舰版 七座	20.99	384
荣威W5（上汽乘用车）		
1.8T 4WD 豪域版	22.18	386
3.2L 4WD 尊域版	29.88	386
MAZDA CX-5（长安马自达）		
2.0L 6AT 豪华型	20.98	394
2.5L 6AT 尊贵型	22.28	394
2.5L 6AT 旗舰型	24.58	394
新大7 SUV ECO HYPER（东风裕隆）		
2.2T 4WD 智尊型	21.98	395
2.2T 4WD 旗舰型	24.98	395
优6 SUV ECO HYPER（东风裕隆）		
2.0T AT 旗舰型	20.08	396
帕拉丁（郑州日产）		
两驱 豪华型	20.28	414
四驱 标准型	20.48	414
四驱 豪华型	24.78	414
CR-V（东风本田）		
Exi 2.0L风尚版 四驱	20.98	415
Vti 2.4L豪华版 四驱	23.98	415
VTi-S 2.4L尊贵版	24.98	415
Vti 2.4L豪华版	22.98	415
东风标致3008（神龙汽车）		
1.6THP AT 至尚版	21.97	421
楼兰（东风日产）		
2.5 XE 精英版	23.88	424
2.5 XL 智尚版	26.88	424
奇骏（东风日产）		
2.0L XL NAVI CVT 智领版	20.98	425
2.0L XE-P CVT 智驱版	21.88	425
2.5L XL CVT 领先版	22.88	425
2.5L XL ITS CVT 豪华版	23.88	425
2.5L XL ITS+NAVI CVT 尊享版	25.08	425
2.5L XV NAVI CVT 至尊版	26.78	425
汉兰达（广汽丰田）		
2.0T 两驱 精英版(五座)	23.98	429
2.0T 两驱 精英版	24.88	429
2.0T 两驱 豪华版	28.48	429
2.0T 两驱 豪华导航版	29.28	429
2.0T 四驱 精英版	25.88	429
2.0T 四驱 豪华版	29.48	429
新劲炫ASX（广汽三菱）		
2.0 MIVEC 旗舰版	21.88	430
帕杰罗·劲畅（广汽三菱）		
舒适版 5MT 2WD	20.88	431
豪华版 5AT 2WD	24.88	431
行政版 5AT 4WD	28.88	431
DS 6（长安标致雪铁龙）		
THP160 雅致版	20.69	432
THP160 豪华版	22.99	432
THP160 尊享版	27.29	432
THP200 豪华版	24.99	432
传祺GS5 1.8T（广汽乘用车）		
1.8T AT i-4WD 尊贵版	20.98	434
1.8T AT i-4WD 至尊版	22.98	434
福特翼虎（长安福特）		
1.6T 风尚型	21.78	448
1.6T 精英型	23.98	448
2.0T 精英型	25.28	448
2.0T 运动型	26.28	448
2.0T 尊贵型	27.58	448

30万～50万元

车型	参考价格(万元)	页码
梅赛德斯-奔驰GLK级（北京奔驰）		
3GLK 200	37.80	350
GLK 260 4MATIC 动感型	39.80	350
GLK 300 4MATIC 动感型	43.80	350
GLK 300 4MATIC 时尚型	48.50	350
梅赛德斯-奔驰GLA（北京奔驰）		
GLA 220 4MATIC时尚型	31.98	351
GLA 220 4MATIC豪华型	34.98	351
GLA 260 4MATIC运动型	39.80	351
BMW X1（华晨宝马）		
sDrive 18Li 尊享型	30.60	374
sDrive 18Li 豪华型	31.90	374
sDrive 20Li 豪华型	34.50	374
xDrive 20Li 豪华型	38.50	374
xDrive 25Li 豪华型	43.90	374
奥迪Q5（一汽-大众）		
Audi Q5 40 TFSI 进取型	38.34	377
Audi Q5 40 TFSI 技术型	42.76	377
Audi Q5 40 TFSI 舒适型	47.90	377
途观（上汽大众）		
330 TSI手自一体旗舰版	31.58	380
昂科威（上汽通用）		
2.0T 智能四驱 全能旗舰型	33.99	382
2.0T 智能四驱 全能运动旗舰型	34.99	382
楼兰（东风日产）		
2.5 S/C HEV XL 超级双擎混动 尊雅版	32.58	424
2.5 S/C HEV XV 超级双擎混动 旗舰版	37.98	424
汉兰达（东风日产）		
2.0T 四驱 豪华导航版	30.28	429
2.0T 四驱 至尊版	33.08	429
3.5L 四驱 精英版	32.28	429
3.5L 四驱 豪华版	37.98	429
3.5L 四驱 豪华导航版	38.78	429
3.5L 四驱 至尊版	42.28	429

车型	参考价格(万元)	页码
帕杰罗·劲畅（广汽三菱）		
旗舰版 5AT 4WD	30.88	431
DS 6（长安标致雪铁龙）		
THP200 尊享版	30.19	432

50万元以上

车型	参考价格(万元)	页码
梅赛德斯-奔驰GLK级（北京奔驰）		
GLK 300 4MATIC 豪华型	55.80	350

小型客车 MINI & LIGHT BUS

5万元以下

车型	参考价格(万元)	页码
北汽威旺306（北汽股份）		
基本型	3.74	464
豪华型	4.64	464
舒适型	4.15	464
星旺（广汽吉奥）		
超值版	2.59	473
精英版	2.78	473
豪华版	2.98	473
开瑞优优2代（开瑞汽车）		
1.0-MT 基本型	3.398	476
1.2-MT 基本型	3.498	476
1.2-MT 标准型	3.898	476
1.0-MT 标准型	3.798	476
海狮 第五代（华晨金杯）		
快运王2.0-X 标准型	4.99	467
快运王2.0-M 标准型	4.99	467
星旺L（广汽吉奥）		
豪华版	3.48	474
精英版	3.29	474
星旺CL（广汽吉奥）		
卓越版	4.58	475
豪华版	3.98	475
精英版	3.68	475
多用途乘用车 SCH6431（贵航成功）		
舒适型 7 座	3.98	489
舒适型 5 座	3.98	489
标准型 7 座	3.68	489
标准型 5 座	3.68	489
多用途乘用车 GHT6403（贵航成功）		
舒适型 7 座	3.58	490
舒适型 5 座	3.58	490
标准型 7 座	3.48	490
标准型 5 座	3.48	490
佳宝V70 II 代（一汽吉林）		
1.0L 标准型	3.49	470
1.0L 商用型	3.79	470
1.0L 舒适型	3.99	470
1.3L 标准型	3.99	470
1.3L 舒适型	4.29	470
佳宝V77（一汽吉林）		
1.0L 商用版	3.09	471
1.3L 商用版	3.39	471
1.3L 乘用版	3.59	471
新五菱之光（上汽通用五菱）		
6390B 标准型	3.53~4.35	486
6390B 基本型	3.53~4.35	486
6390N 基本型	3.53~4.35	486
五菱荣光加长版（上汽通用五菱）		
五菱之光 基本型	2.97~3.56	488
五菱之光 实用型	2.97~3.56	488
五菱之光加长版 实用型	3.57~3.84	488
五菱荣光 S（上汽通用五菱）		
1.2L 标准型	4.18~5.00	485
1.2L 基本型	4.18~5.00	485
1.5L 标准型	4.48~5.30	485
1.5L 基本型	4.48~5.30	485
五菱荣光（上汽通用五菱）		
LD6-基本型	3.88~4.18	487
LJY-基本型	3.88~4.18	487
开瑞优优加长版（开瑞汽车）		
1.2-MT 标准型	4.45	477
开瑞优优2代（开瑞汽车）		
1.2-MT 舒适型	4.298	476
新五菱之光（上汽通用五菱）		
6390Q 基本型	3.53~4.35	486

5万～10万元

车型	参考价格(万元)	页码
风景G7（北汽福田）		
2.0L MT 商运版	6.87~7.46	462
2.0L MT 商旅版	7.65~7.82	462
风景（北汽福田）		
风景 快运版	5.73~7.15	463
新海狮（华晨金杯）		
2.0L 豪华型	9.68	465
2.2L 豪华型	9.68	465
海狮 第六代（华晨金杯）		
翔龙2.0 经典型	8.18	466
海狮 第五代（华晨金杯）		
快运王2.0-M 舒适Z型	5.59	467
快运王2.0-M 舒适K型	5.59	467
快运王2.0-X 舒适Z型	5.59	467
快运王2.0-X 舒适K型	5.59	467
快运王2.0-M 豪华型	5.79	467
快运王2.0-X 豪华型	5.79	467
动力王2.0-M 经典型	6.08	467
动力王2.0-M 舒适型	7.08	467
动力王2.0-M 乘用型	7.68	467
动力王2.0-M 豪华型	8.68	467
动力王2.2 豪华型	9.28	467
东风小康C37（东风小康）		
精典型 II	5.18	484
得利卡（东南汽车）		
经济型	6.98	481
经典型	8.38	481
时尚型	9.58	481

10万～15万元

车型	参考价格(万元)	页码
上汽大通V80（上汽大通）		
官网版款傲运通 短轴低顶/中顶 手动挡	13.98	472
官网版款傲运通 短轴低顶/中顶 自动挡	14.88	472
傲运通 短轴低顶/中顶 手动挡	14.18	472
海狮 第五代（华晨金杯）		
动力王2.4 豪华型	10.28	467
大海狮 W（华晨金杯）		
汽油 标准型	12.98	469
汽油 豪华型	13.98	469
柴油 标准型	13.98	469
得利卡（东南汽车）		
豪华型	10.98	481

15万元以上

车型	参考价格(万元)	页码
上汽大通V80（上汽大通）		
傲运通 短轴低顶/中顶 自动挡	15.08	472
傲运通 长轴中顶 手动挡	16.58	472
傲运通 长轴中顶 自动挡	17.48	472
官网版款傲运通 长轴中顶 手动挡	16.48	472
官网版款傲运通 长轴中顶 自动挡	17.38	472
大海狮 W（华晨金杯）		
柴油 豪华型	15.88	469
大海狮 L（华晨金杯）		
柴油 豪华型	17.98	468
柴油 旗舰型	19.98	468
汽油 标准型	15.58	468
汽油 豪华型	16.98	468
汽油 旗舰型	18.09	468

皮卡 PICKUP

10万元以下

车型	参考价格(万元)	页码
萨普（北汽福田）		
2.4L 豪华版	9.085	492
2.8L 舒适版	7.88	492
2.8L 豪华版	8.185	492
风骏 5（长城汽车）		
2.8TC/1 小双 进取型	7.58	494
2.8TC/2 小双 进取型	8.08	494
2.8TC 大双/1 进取型	7.68	494
2.8TC 大双/2 进取型	8.18	494
4D20B/1 小双 进取型	9.08	494
4D20B 大双/1 进取型	9.18	494
491QE 小双/1 进取型	6.88	494
491QE 小双/2 进取型	8.38	494
491QE 大双/1 进取型	6.98	494
491QE 大双/2 进取型	8.48	494
财运500（广汽吉奥）		
汽油机 标准型	6.29	495
柴油机 豪华型	7.58	495
柴油机 豪华型 四驱	8.88	495
财运300（广汽吉奥）		
绵阳柴油标准型	6.39	496
汽油豪华型	6.88	496
财运100（广汽吉奥）		
汽油 标准型	5.29	497
绵阳柴油 标准型	5.98	497
福瑞达K系（昌河铃木）		
福瑞达K系 福瑞达K21(单排)	3.79	498
福瑞达K系 福瑞达K22(双排)	4.09	498
江铃·宝典（江铃汽车）		
宝典超值版 2WD 舒适款	7.58	500
宝典超值版 4WD 舒适款	9.18	500
锐骐皮卡（郑州日产）		
柴油 2WD 标准型	8.18	501
汽油 2WD 标准型	8.38	501
汽油 2WD 豪华型	9.18	501
汽油 4WD 标准型	9.98	501
东风小康K01（东风小康）		
2.3m瓦楞货箱	2.59	502
2.5m瓦楞货箱	2.89	502
2.7m瓦楞货箱	3.09	502

10万～15万元

车型	参考价格(万元)	页码
拓陆者（北汽福田）		
2.8L 舒适版	11.98	493
2.8L 精英版	13.91	493
2.8L 精英版 四驱	14.18	493
风骏 5（长城汽车）		
4D20B/2 小双 进取型	10.58	494
4D20B 大双/2 进取型	10.68	494
江铃·域虎（江铃汽车）		
2WD 舒适款	11.68	499
2WD 豪华款	12.68	499
2WD 超豪华款	14.48	499
4WD 舒适款	14.68	499
锐骐皮卡（郑州日产）		
柴油 4WD 标准型	10.38	501
汽油 4WD 豪华型	10.78	501

15万元以上

车型	参考价格(万元)	页码
江铃·域虎（江铃汽车）		
4WD 豪华款	15.48	499
4WD 超豪华款	16.48	499

附件一

中国乘用车部分车型VIN码一览表 Attachment

北京奔驰汽车有限公司

企业码(WMI)：LE4

梅赛德斯-奔驰E级轿车	LE4HG4JB	LE4HG4HB	LE4HG5EB	
梅赛德斯-奔驰C级轿车	LE4GF4FB	LE4GF4JB	LE4GF4HB	LE4GF4EB

北京现代汽车有限公司

企业码(WMI)：LBE

索纳塔	LBEYFAND			
悦动	LBEHDAGB	LBEHDAHB	LBEHDAFB	LBEHDAEB
	LBEHDAHC			
瑞纳	LBERCAFC	LBERCBFC		
途胜	LBEJMBRA	LBEJMBRB	LBEJMBRC	LBEJMBRD
	LBETCDHK	LBEJMBKA	LBEJMBKB	LBEJMBKC
	LBEJMBKD	LBEJMBJA	LBEJMBJB	LBEJMBJC
	LBEJMBJD	LBETCDBH		

北汽福田汽车股份有限公司

企业码(WMI)：LVC、LVA

MP-X蒙派克	LVCP2FVA	LVCP2FBA	LVCB2FWA	
风景	LVCP2CBA	LVCB1DWA		
萨普	LVAV2MBB	LVAV2MAB	LVAV2MW5	
	LVAV2MWB			

北京汽车销售有限公司

企业码(WMI)：LNB

绅宝D50	LNBSCCAH	LNBSCCAK	
BJ/40	LNBRCDDK	LNBRCFDK	LNBRCFDK
绅宝X55	LNBSCUAK		

北京汽车股份有限公司

企业码(WMI)：LNB

北汽威旺	LNBMCVAA	LNBMCVAA

华泰汽车集团

企业码(WMI)：LRH

圣达菲	LRH12B2B	LRH12R2B	LRH14B1B	LRH14B2B
	LRH14C1B			

天津一汽丰田汽车有限公司

企业码(WMI)：LFM

皇冠	LFMBXK9B	LFMBXK4B	LFMBDK4B	LFMBEK4B
锐志	LFMBDC4D	LFMBEC4D		
卡罗拉	LFMARE2C	LFMAPE2C	LFMARE0C	
花冠	LFMAP22C			
威驰	LFMAP90A	LFMAP92A	LFMAU92A	
RAV4	LFMJW30F	LFMKV30F	LFMKV32F	

长城汽车股份有限公司

企业码(WMI)：LGW

哈弗	LGWFFCA5	LGWEF3A5	LGWFF3A5	LGWEE2A4
风骏	LGWCA219	LGWCA217	LGWCA317	LGWDB317
	LGWCBC17	LGWDBC17		

华晨汽车集团控股有限公司

企业码(WMI)：LSY

阁瑞斯	LSYAABAG	LSYAABBG	LSYAABCG	LSYHGBAG
	LSYHGBBG	LSYHGBCG	LSYADBAG	LSYADBBG
	LSYADBCG	LSYADAAG	LSYADABG	LSYADACG
	LSYAAAAG	LSYAAABG	LSYAAACG	LSYHGAAG
	LSYHGABG	LSYHGACG	LSYAAAAF	LSYAAABF
	LSYAAACF	LSYACABF	LSYHGAAF	LSYHGABF
	LSYHGACF	LSYAABAF	LSYAABBF	LSYAABCF
	LSYAAAAA	LSYAAABA	LSYAAACA	LSYHGAAB
	LSYHGABB	LSYHGACB		
金杯海狮	LSYBCAAA	LSYBCABA	LSYBCAAB	LSYBCABB
	LSYBCACB	LSYHDAAB	LSYHDABB	LSYHDACB
	LSYBCAAB	LSYHBAAB	LSYHBABB	

华晨宝马汽车有限公司

企业码(WMI)：LBV

宝马3系	LBVPS310	LBVPG510	LBVPH110
宝马X1	LBVHZ110	LBVHZ710	
宝马2系	LBV2A340	LBV2A540	

一汽轿车股份有限公司

企业码(WMI)：LFP

奔腾B70	LFPH4ACC	LFPH5ACC	
奔腾B50	LFPH3ACC		
睿翼轿车	LFPM5ACP		
马自达6	LFPM4ACC		
Cx-4	LFPM4APE	LFPM4APP	LFPM5CPP

一汽-大众汽车有限公司

企业码(WMI)：LFV

奥迪A6L	LFV4A24F	LFV5A24F	LFV3A24F	LFV3A14F
	LFV6A24F			
奥迪A4L	LFV3A28K	LFV6A28K		
迈腾	LFV3A13C	LFV3A23C		
速腾	LFV2A11K	LFV2A21K	LFV3A11K	LFV3A21K
宝来	LFV2A115	LFV3A215	LFV2A215	LFV3A115
捷达	LFVBA31G	LFVAA31G	LFV3A31G	LFV2A31G
	LFVBA11G	LFVAA11G	LFV2A11G	

一汽吉林汽车有限公司

企业码(WMI)：LFB、LFP

佳宝	LFB0C134	LFB0C143	LFB0C135

上汽大众汽车有限公司

企业码(WMI)：LSV

帕萨特	LSVET29F	LSVET49F	LSVET69F	LSVEU29F
	LSVEU49F	LSVEU69F	LSVE329F	LSVE349F
	LSVE369F	LSVE429F	LSVE449F	LSVE469F
	LSVE529F	LSVE549F	LSVE569F	
朗逸	LSVAC418	LSVAC218	LSVAD418	LSVAD218
	LSVAF418	LSVAF218	LSVAA418	LSVAA218
	LSVAB418	LSVAB218	LSVAE418	LSVAE218
POLO	LSVGS49J	LSVGS29J	LSVGR49J	LSVGR29J
	LSVGU49J	LSVGU29J	LSVGT49J	LSVGT29J
	LSVGL49J	LSVGL29J	LSVGM49J	LSVGM29J
	LSVGN49J	LSVGN29J	LSVGP49J	LSVGP29J
	LSVNR49J	LSVNR29J	LSVNS49J	LSVNS29J
	LSVNT49J	LSVNT29J	LSVNU49J	LSVNU29J
	LSVNL49J	LSVNL29J	LSVNM49J	LSVNM29J
	LSVNN49J	LSVNN29J	LSVNP49J	LSVNP29J
Cross POLO	LSVPU49J	LSVPU29J	LSVPT49J	LSVPT29J
	LSVPN49J	LSVPN29J	LSVPP49J	LSVPP29J
桑塔纳	LSVA1033	LSVAU033		
途安	LSVRJ41T	LSVRJ21T	LSVRF41T	LSVRF21T
	LSVRK41T	LSVRK21T	LSVRE41T	LSVRE21T
	LSVSF41T	LSVSF21T	LSVSB41T	LSVSB21T
	LSVRA41T	LSVRA21T	LSVRB41T	LSVRB21T
	LSVRG41T	SVRG21T	LSVRH41T	LSVRH21T
途观	LSVU25N	LSVUA65N	LSVUB25N	LSVUB65N
	LSVUC25N	LSVUC65N	LSVUD25N	LSVUD65N
明锐	LSVAE25E	LSVAE45E	LSVAE65E	LSVAF25E
	LSVAF45E	LSVAF65E	LSVAH25E	LSVAH45E
	LSVAH65E	LSVAH25E	LSVAH45E	LSVAH65E
晶锐	LSVFJ20G	LSVFJ40G	LSVFJ60G	LSVFK20G
	LSVFK40G	LSVFK60G	LSVFD20G	LSVFD40G

	LSVFD60G	LSVFB20G	LSVFB40G	LSVFB60G
	LSVFE20G	LSVFE40G	LSVFE60G	LSVFC20G
	LSVFC40G	LSVFC60G	LSVFA20G	LSVFA40G
	LSVFA60G			
野帝	LSVXC45L	LSVXC25L	LSVXC65L	LSVXH45L
	LSVXH25L	LSVXH65L	LSVXJ45L	LSVXJ25L
	LSVXJ65L	LSVXJ45L	LSVXJ25L	LSVXJ65L
	LSVZJ45L	LSVZJ25L	LSVZJ65L	LSVYJ45L
	LSVYJ25L	LSVYJ65L	LSVYK25L	LSVYK65L
全新速派	LSVCA2NP	LSVCA6NP	LSVCC4NP	LSVCC2NP
	LSVCC6NP	LSVCB2NP	LSVCB4NP	LSVCB5NP
	LSVCB6NP	LSVCB7NP	LSVCB8NP	LSVCB8NP
	LSVCD2NP	LSVCD4NP	LSVCD5NP	LSVCD6NP
	LSVCD7NP	LSVCD8NP	LSVCE2NP	LSVCE5NP
	LSVCE6NP	LSVCE7NP	LSVCE8NP	LSVCF2NP
	LSVCF5NP	LSVCF6NP	LSVCF7NP	LSVCF8NP

上汽通用汽车有限公司

企业码(WMI)：LSG

君越	LSGWT52X	LSGWT53X	LSGWS52X	
君威	LSGGA54X	LSGGA53X	LSGGA54Y	LSGGA53Y
景程	LSGVV54Z	LSGVU54Z	LSGVX54Z	
GL8	LSGUD82C	LSGDC82D		

上海汽车集团股份有限公司乘用车公司

企业码(WMI)：LSJ

荣威750	LSJW16G3	LSJW16G6	LSJW16N3	LSJW16N6
荣威550	LSJW26H3	LSJW26G3	LSJW26G8	LSJW26G9
荣威350	LSJA16E9			

东风悦达起亚汽车有限公司

企业码(WMI)：LJD

赛拉图	LJDDAA22	LJDDAA23	LJDDAA12
狮跑	LJDFAC15	LJDFAA14	LJDFAC14

浙江吉利控股集团有限公司

企业码(WMI)：LB3、L6T、LJU

远景	LB37824S	LB37844S	LB378K4S	
金刚	LB37624S	LB376K4S	LB37624Z	
GX7	L108DBS5	L108DBZ5		
全球鹰	LB37102S	LB37122S	LB37122Z	LB37322S
	LB37322Z	LB37724S	LB37744S	LB37744Z
	L6T7524S	L6T7524Z	LJU75K4S	
帝豪	L6T7844S	L6T78K4S	L6T7824S	L6T7844Z
	L6T78E4S	L6T78F4S	L6T7642S	L6T7622S
	L6T7824S	LB37954S	LB37954Z	LB37964Z
	LB37964S	LB37964Z		
英伦SX7	L108DBS5	L108DBZ5		
英伦	LB37422S	LB37422Z	LB37402S	LB37422S
	LB37624S	LB37624Z	LJU8844S	LJU8824S
	LJU8844Z	LJU97H7A	LJU9767B	LJU97C7A
	LJU97C7B			
海景	LB37824S			
新金刚	LB37422S/LB37422Z			

东风裕隆汽车有限公司

企业码(WMI)：LUX

纳智捷 大7 SUV	LUXG92S0	LUXG92S0	LUXG92S0	LUXG92S0
纳智捷 优6 SUV	LUXC71H0	LUXC71H0	LUXC71H0	LUXC71H0
	LUXC71T0	LUXC71T0		
纳智捷 Master	LUXL91S0			
纳智捷 全新纳5	LUXS71H2	LUXS71H0		
纳智捷 锐3	LUXS61F2	LUXS61F0		
纳智捷 新大7 MPV	LUXL92T0	LUXL92T0	LUXL92S0	LUXL92S0

众泰控股集团有限公司

企业码(WMI)：LJ8、LA9

Z200	LJ8A2A3B	LJ8A2C3B	LJ8A2A3D	LJ8A2C3D
	LJ8A3A3D	LJ8A3C3D		
众泰T600	LJ8F2D5D			

广汽吉奥汽车有限公司

企业码(WMI)：LCR

星旺	LCR6U312	LCR6U311	
财运	LCR1B414	LCR1B41D	LCR1B41E

奇瑞汽车股份有限公司

企业码(WMI)：LVV、LVT

瑞虎	LVVDB11A	LVVDB11B	LVVDB24A	LVVDB24B
	LVVDD14A	LVVDD14B		
开瑞	LVVDE11A	LVVDE11B	LVTDB12A	LVTDB12B
	LVTDH12A			

安徽江淮汽车股份有限公司

企业码(WMI)：LJ1

瑞风	LJ16AA23	LJ16AA24	LJ16AA33	LJ16AA3C

东南(福建)汽车工业有限公司

企业码(WMI)：LDN、LTN

戈蓝	LDNG4PFB	LDNH4PFB	LDNM4PFB	LDNP4PFB
蓝瑟	LDND4LFE	LDNH4LGE	LDNP4LFE	
君阁	LDNHBAEK	LDNHBAPK	LDNHBADK	
得利卡	LDNC70KH	LDND70KH	LDNE70KH	LDNE70YH

江西昌河铃木汽车有限责任公司

企业码(WMI)：LVF

利亚纳	LVFAC2AD	LVFAC5AD
北斗星	LVFAB2AB	LVFAB2AD

江西江铃控股有限公司

企业码(WMI)：LVX、LJW

陆风X6	LVXCCBBA	LVXCCBKA	LVXCCDBA	LVXCCDKA
	LJWCCHBA	LJWCCHKA	LVXCCGBA	

江铃汽车股份有限公司

企业码(WMI)：LEF、LJX

江铃全顺	LJXCMDJD	LJXBM2JD	LJXBHDJD	LJXCMCCB
江铃·宝典	LEFADCD1	LEFEDCD1		

郑州日产汽车有限公司

企业码(WMI)：LJN

帕拉丁	LJNMEW1G	LJNMEWAG
NV200	LJNMDV1L	
锐骐皮卡	LJNTFU2X	LJNTGUBX

神龙汽车有限公司

企业码(WMI)：LDC

世嘉	LDCC41L2	LDCC41L3	LDCC41X2	LDCC41X3
爱丽舍	LDC703L2	LDC703L3	LDC271L2	LDC271L3
东风标致408	LDC943L3	LDC943L2	LDC943X2	LDC943X3

东风本田汽车有限公司

企业码(WMI)：LVH

思域	LVHFA162	LVHFA164	LVHFA167	LVHFA152
	LVHFA154	LVHFA157	LVHFA163	LVHFA165
	LVHFA168	LVHFA153	LVHFA155	LVHFA158
CR-V	LVHRE476	LVHRE488	LVHRE487	LVHRE486
	LVHRE477	LVHRE285	LVHRE284	LVHRE275
	LVHRE274	LVHRE182	LVHRE489	LVHRE183

东风汽车集团股份有限公司乘用车公司

企业码(WMI)：LGJ

东风风神	LGJE1FE0

东风日产乘用车公司

企业码(WMI)：LGB、BLJ、BLG、BDR

天籁 BLJALHW8 BLGALHW8 BLGALEW8 BDRALEZ8
轩逸 LGBH1AE0 LGBH12E0
骐达 LGBG22E0 LGBG22E2
骊威 LGBK22E7 LGBK22E5
阳光 LGBP12E2 LGBP12E0
奇骏 LGBM2AE4 LGBM2AE6 LGBM2DE4 LGBM2DE6
逍客 LGBL2AE0 LGBL2AE2

广汽本田汽车有限公司

企业码(WMI)：LHG

雅阁 LHGCP260 LHGCP153 LHGCP168 LHGCP267
LHGCP360
飞度 LHGGE887 LHGGE889 LHGGE673 LHGGE683
LHGGE877
锋范 LHGGM253 LHGGM255
奥德赛 LHGRB184

广汽丰田汽车有限公司

企业码(WMI)：LVG

凯美瑞 LVGBH42K LVGBH40K LVGBE42K LVGBE40K
LVGBH51K LVGBH51K LVGBF53K LVGBF54K
雷凌 LVGBV87E LVGBL80E
致炫 LVGCGE23 LVGCJE73
汉兰达 LVGDA46A LVGES46A

广州汽车集团乘用车有限公司

企业码(WMI)：LMG

传祺 LMGBH1G8

上汽通用五菱汽车股份有限公司

企业码(WMI)：LZW

乐驰 LZWADAGA
五菱之光 LZWACAGA
五菱之光加长版 LZWACAGA
五菱荣光S LZWACAGA
五菱荣光 LZWACAGA

东风柳州汽车有限公司

企业码(WMI)：LGB、LGG

风行景逸 LGB323E1 LGB323E3 LGB32AE3
风行菱智 LGB2ACE3 LGB2LCE3 LGB2ACA3 LGB2LCA3
LGG1B3GB LGB2ACE1 LGB1ACE3 LGB1ACA3
LGB1ACE1 LGB2AAE3 LGB2LAE3 LGB23AE3
LGG152G2 LGB1AAE3 LGB1A6E3 LGB2A6E3
LGB2L6E3 LGG1BCGB LGB1AAA3 LGB2AAA3
LGB2LAA3

一汽海马汽车有限公司

企业码(WMI)：LH1

新福美来 LH17CKKF
普力马 LH16CHH0
丘比特 LH16CKMF

重庆长安铃木汽车有限公司

企业码(WMI)：LS5

天语 SX4 LS5A2ABE LS5A23BE LS5A2CBE LS5A2ADE
LS5A23DE LS5A2ABW LS5A23BW LS5A2ADW
LS5A23DW LS5A3ABE LS5A33BE LS5A3ADE
LS5A33DE LS5A3ABW LS5A33BW LS5A3ADW
LS5A33DW
雨燕 LS5W33BR LS5W3ABR LS5W33DR LS5W3ADR
LS5W33BE LS5W3ABE LS5W33DE LS5W3ADE
羚羊 LS5H2ABR LS5H2CBR
奥拓 LS5A3ABD LS5A3ADD

重庆长安汽车股份有限公司

企业码(WMI)：LS5、LS4

CX70 LS4ASJ2E

长安福特汽车有限公司

企业码(WMI)：LVS

福特麦柯斯S-MAX LVSFFSAF LVSHFSAF LVSHFSAF
蒙迪欧-致胜 LVSFBFAF LVSHBFAF LVSFBFMC LVSHBFMC
福克斯 LVSFCAMC LVSFCAAC LVSHCAAC LVSFCAAE
LVSHCAAE LVSHCAMC LVSFCAMC LVSFCAME
LVSHCAME LVSFCFME LVSHCFME LVSFCFAE
LVSHCFAE LVSFCFAC LVSHCFAC
嘉年华 LVSFFAAA LVSHFAAA LVSFFAAL LVSHFAAL
LVSFFAMA LVSHFAMA LVSFFAML LVSHFAML
LVSFFFAL LVSHFFAL LVSFFFML LVSHFFML

东风小康汽车有限公司

企业码(WMI)：LGK

东风小康 LGKZ32G7 LGKP42G7 LGKG32G6

四川汽车工业集团有限公司

企业码(WMI)：LSA

野马F10 LSA121BL

比亚迪汽车有限公司

企业码(WMI)：LGX

L3 LGXC16DF LGXC16AF LGXC16CF LGXC96DG
LGXC16AG LGXC16CG
G3 LGXC16DF LGXC16AF LGXC16CF LGXC96DG
LGXC96AG LGXC96CG
G3R LGXC14DF LGXC14AF LGXC14CF LGXC94DG
LGXC94AG LGXC94CG
F3 LGXC16DF LGXC16AF LGXC16CF
F3R LGXC34DF LGXC14DF LGXC14AF
F0 LGXC14DA LGXC14AA LGXC14CA
F3DM LGXC76D2
e6 LGXCF4DC LGXCE4DB
M6 LGXC14AG LGXC14DG LGXC14CG LGXC34DG
LGXC34CG
S6 LGXC14DG LGXC14CG LGXC34CG

贵州航天成功汽车制造有限公司

企业码(WMI)：GHT

多用途乘用车 SCH6431 L3HMCKBE
多用途乘用车 GHT6403 LHPECABA

附件二

乘用车企业网址及全国销售热线 Attachment

北京市

北京奔驰汽车有限公司www.bbac.com.cn 4008108880
北京现代汽车有限公司www.beijing-hyundai.com.cn 4008001100，8008101100
北汽福田汽车股份有限公司www.foton.com.cn 4008199199，4007009999
北京汽车销售有限公司www.baicmotorsales.com 4008108100
北京汽车股份有限公司www.baicmotor.com 4008108100
华泰汽车集团www.hawtaimotor.com 4008102066
北汽新能源汽车股份有限公司www.bjev.com.cn 4006506766

天津市

天津一汽夏利汽车股份有限公司www.tjfaw.com.cn 4006518000
天津一汽丰田汽车有限公司www.tftm.com.cn 022/27944050，66230666

河北省

长城汽车股份有限公司www.gwm.com.cn 4006661990

辽宁省

华晨汽车集团控股有限公司www.zhonghuacar.com 4008188333
华晨宝马汽车有限公司www.bmw-brilliance.cn 4008006666，010/84557000

吉林省

一汽轿车股份有限公司www.fawcar.com.cn 4008171717，8008468680
一汽-大众汽车有限公司www.faw-vw.com 4008171888，0431/85990888
一汽吉林汽车有限公司www.fawmc.com 4006068888

山东省

山东新大洋电动车有限公司www.xdy.com 4000502888

上海市

上汽大众汽车有限公司www.csvw.com 4008201111
上汽通用汽车有限公司www.shanghaigm.com 别克 8008202020
雪佛兰 8008201912
凯迪拉克 8008201902
上海汽车集团股份有限公司乘用车公司www.roewe.com.cn 荣威 8008200068
www.saicmg.com MG 8008281088
观致汽车有限公司www.qorosauto.com 4009208088

江苏省

东风悦达起亚汽车有限公司www.dyk.com.cn 8008285985，4007990000
长安马自达汽车有限公司www.chana-mazda.com 4008002777，8008072777

浙江省

浙江吉利控股集团有限公司www.geely.com 4008869888
众泰控股集团有限公司www.zotye.com 4008875858
广汽吉奥汽车有限公司www.gonowauto.com 4008269111
东风裕隆汽车有限公司www.dfyl-luxgen.com 4000588888

安徽省

奇瑞汽车股份有限公司www.chery.cn 4008838888
开瑞汽车公司www.karryauto.cn 4008838888
安徽江淮汽车股份有限公司www.jac.com.cn 4008889933

福建省

东南(福建)汽车工业有限公司www.soueast-motor.com 4006611666
福建奔驰汽车工业有限公司www.mbmpv.com.cn 4006551889

江西省

江西昌河铃木汽车有限责任公司www.changhe-suzuki.com 4008879986
江西江铃控股有限公司www.landwind.com 4008833666
江铃汽车股份有限公司www.jmc.com.cn 8008691099，4008801099

河南省

郑州日产汽车有限公司www.zznissan.com.cn 4006999766
海马（郑州）汽车有限公司www.haima.com 4000459898

湖北省

神龙汽车有限公司
东风雪铁龙www.dongfeng-citroen.com.cn 4008866688
东风标致www.peugeot.com.cn 4008877108
东风本田汽车有限公司www.wdhac.com.cn 8008809899，4008806622
东风汽车集团股份有限公司乘用车公司www.dfpv.com.cn 4008806600，8008806600

湖南省

湖南猎豹汽车股份有限公司www.leopaard.com 4000018000
广汽菲亚特克莱斯勒汽车销售有限公司www.gacfiatauto.com 4008789999

广东省

东风日产乘用车公司www.dongfeng-nissan.com.cn 8008308899,4008308899
广汽本田汽车有限公司www.ghac.cn 8008308999
广汽丰田汽车有限公司www.gac-toyota.com.cn 8008308888 020/39398888
广州汽车集团乘用车有限公司www.gacmotor.com 4008136666
长安标致雪铁龙汽车有限公司www.capsa.com.cn 0755/23586103
广汽三菱汽车有限公司www.gmmc.com.cn 4009773030
比亚迪汽车有限公司www.bydauto.com.cn 4008303666，0755/89888888

广西壮族自治区

上汽通用五菱汽车股份有限公司www.sgmw.com.cn 微型客车 4008895050
轿车 8008792050
东风柳州汽车有限公司www.dflzm.com.cn 4008877668

海南省

一汽海马汽车有限公司www.haima.com 8008768989，4008888323

重庆市

重庆长安铃木汽车有限公司www.changansuzuki.com 8008077988，4001077988
重庆长安汽车股份有限公司www.changan.com.cn 轿车4008886677
微型客车 4008840066，8008070888
长安福特汽车有限公司www.ford.com.cn 8008108168，4008877766
重庆力帆乘用车有限公司www.lifan.com 4000601777
东风小康汽车有限公司 4008875551
潍柴(重庆)汽车有限公司www.weichaimotor.com 4006086333

四川省

四川汽车工业集团有限公司www.yemaauto.cn 8008298008，4006285999

贵州省

贵州航天成功汽车制造有限公司 0355/3031556

TOYOTA